Georg Dorminger
Wörterbuch Latein–Deutsch

Georg Dorminger

Wörterbuch
Latein – Deutsch

Über 20.000 Stichworte und Redewendungen

Mit einem umfassenden Fremdwörterverzeichnis
Deutsch – Latein

Anaconda

Lizenzausgabe mit freundlicher Genehmigung

Die Deutsche Nationalbibliothek verzeichnet diese Publikation in der Deutschen Nationalbibliographie; detaillierte bibliographische Daten sind im Internet unter http://dnb.d-nb.de abrufbar.

Umschlagmotiv: iStockphoto.com / © dkaranouh
Umschlaggestaltung: dyadesign, Düsseldorf, www.dya.de
Reproduktion: paquémedia, Ebergötzen
Printed in Czech Republic 2014
ISBN 978-3-7306-0132-7
www.anacondaverlag.de
info@anacondaverlag.de

Vorwort

Das Lexikon umfaßt den Wortschatz der wichtigsten lat. Autoren der klassischen und nachklassischen Zeit, die heute in der Schule gelesen werden. Von den Vorklassikern – Plautus, Terenz und Lukrez – sind die Stücke bzw. Stellen berücksichtigt, die in der Schullektüre vorkommen. Auch für das lat. Neue Testament und für die heute gelesenen mittellateinischen Autoren ist es ein zuverlässiges Nachschlagewerk. Ferner enthält es den Wortschatz aller auf dem Markt befindlichen lat. Lesebücher.

Es gibt bei den lat. Wörtern die Längen an, soweit sie für eine korrekte Betonung des Wortes erforderlich sind. Die einzelnen Wortartikel, die sehr ausführlich gehalten sind und teilweise die eines Schulwörterbuches überschreiten, enthalten zusätzlich die wichtigsten Hinweise auf die Formenlehre und Satzlehre. Soweit es ohne Spezialkenntnisse plausibel ist, wird die indogermanische Urverwandtschaft eines lat. Wortes mit dem entsprechenden deutschen aufgezeigt. Wenn ein lat. Wort heute noch im Deutschen als Fremdwort benutzt wird oder in einer bekannten lat. Redewendung vorkommt, so wird dies angemerkt. Der Schluß enthält ein systematisches, alphabetisch geordnetes FREMDWÖRTER-VERZEICHNIS der im Deutschen vorkommenden lat. Fremdwörter samt dem lat. Stammwort.

Das Buch eignet sich für Schüler aller Schulformen, Studenten, die Lateinkenntnisse benötigen und für alle Interessenten und Liebhaber der römischen Antike.

H. Werner

Vorwort

Dieses Buch ist aus der Not der Zeit geboren. Die Klagen über das Fehlen eines allen Anforderungen der Schule entsprechenden lateinischen Wörterbuches sind allgemein.

Es sollte jedoch kein Notbehelf gebracht werden. In bewußtem Verzicht auf die Anführung von Stellen aus den römischen Autoren wurde das zum Verständnis der Formen- und Satzlehre Wesentliche mit aufgenommen.

Außerdem bringt das Werk vieles Neue. Zum tieferen Eindringen in das Wesen der Sprache und zur Stütze des Gedächtnisses weist es hin auf die aus dem Indogermanischen stammende Urverwandtschaft des Deutschen mit dem Lateinischen und die aus diesem gebildeten Lehnwörter. Ferner führt es die vielen noch heut im deutschen Wortschatz vorkommenden lateinischen Wörter und Redewendungen an.

Endlich fanden die zahlreichen dem Lateinischen entstammenden Fremdwörter im Anschluß an das lateinische Stammwort samt ihrer Verdeutschung Aufnahme. Am Schluß des Buches, alphabetisch aufgereiht, können sie bequem aufgefunden werden.

So ist dieses Buch weit über den Rahmen der üblichen Wörterbücher hinausgewachsen und nicht nur für Schüler und Studenten, sondern für jeden wertvoll, der, wenn auch des Lateinischen wenig oder gar nicht kundig, die so zahlreichen aus dem Lateinischen gebildeten Fremdwörter richtig verstehen, gebrauchen und ersetzen will.

Möge dieses Handbuch also weitesten Volkskreisen gute Dienste leisten! Möge es beitragen zum Verständnis des durch die Antike geprägten humanistischen Geistes!

Limburg/Lahn, Frühjahr 1950.

Steffen-Verlag. Georg Dorminger.

Einführung

Natürlich sind die bewährten Wörterbücher, insbesondere das von Georges, Stowasser (mit der berühmt gewordenen Einleitung von Professor Dr. Franz Skutsch) und Menge (mit den wertvollen etymologischen Hinweisen) benutzt worden. Sie bleiben unersetzlich insbesondere für die Wissenschaftler.

Leider mußte aus technischen Gründen darauf verzichtet werden, die Länge oder Kürze sämtlicher Silben zu bezeichnen. Es sind nur die Längenbezeichnungen aufgenommen worden, die für die richtige Betonung der Wörter unentbehrlich sind.

Der Hauptton des Wortes liegt bei zweisilbigen Wörtern auf der vorletzten Silbe, z. B. novus, bei drei- und mehrsilbigen Wörtern auf der vorletzten Silbe, wenn diese lang ist z. B. naturālis, dagegen auf der drittletzten Silbe, wenn die vorletzte kurz ist z. B. placidus.

Die Kenntnis bestimmter Gesetze, nach denen die Wörter abgeleitet oder zusammengesetzt sind, erleichtert wesentlich das Verständnis der lateinischen Sprache.

A. Ableitung

Die nach bestimmten Regeln erfolgende Ableitung der Wörter hat auch meist eine verwandte Bedeutung im Gefolge.

I. Abgeleitete Verben

Die von Substantiven und Adjektiven abgeleiteten Verben enden meist auf āre mit transitiver oder auf ēre mit intransitiver Bedeutung z. B. sedāre zum Sitzen bringen, sedēre sitzen.

Eine sich wiederholende (frequentiva) oder verstärkte Handlung (intensiva) drückt die an Stelle des um des Supinums des Stammverbums tretende Endung āre aus z. B. (dictum) dictāre wiederholt sagen, (affectum) affectāre sich mit Nachdruck an etwas machen. Wenn das Stammverbum auf āre ausgeht, so geht das Frequentivum oder Intensivum in itāre über z. B. rogitāre wiederholt bitten, clamitāre laut rufen.

Die Endung scere, ohne Bindevokal an die a-, e-, i-Stämme, an die konsonantischen vermittels eines e oder i geknüpft, bezeichnet das Werden oder Beginnen einer Handlung (incohativa) z. B. convalescere gesund werden, exardescere sich entzünden, reviviscere wiederaufleben.

Ein Wünschen drückt die an den Supinstamm geknüpfte Endung urīre aus (desiderativa) z. B. (partum) parturīre gebären wollen.

Die an den Präsensstamm gehängte Endung illāre bezeichnet eine Verkleinerung (deminutiva) z. B. cantillāre trällern.

II. Substantive

1. Von Verben abgeleitet:

Die an den Präsensstamm des Verbums geknüpfte Endung or (os) bezeichnet eine Handlung oder einen Zustand z. B. amor, timor.

Die an den Supinstamm geknüpfte Endung or bezeichnet eine handelnde Person z. B. cursor. Neben den auf diese Weise gebildeten Maskulinen auf tor gibt es oft Feminina auf trix z. B. adiutrix.

Die Endung a und us, an den Verbalstamm geknüpft, bezeichnet den Täter z. B. incola, servus.

Die an den Supinstamm gehängte Endung io und us drückt eine Handlung oder einen Zustand aus z. B. (cautum) cautio, ōnis Vorsicht, (vestitum) vestitus, ūs Bekleidung, (motum) motio, ōnis und motus, ūs Bewegung.

Substantive auf men, mentum, ulum, bulum, culum drücken die Wirkung des Verbums aus oder bezeichnen das Mittel oder Werkzeug z. B. temptāmen, fulmen, placamentum, coagulum, vocabulum, poculum.

Dagegen drücken Substantive auf crum und trum das Werkzeug oder den Ort aus z. B. claustrum, lavācrum.

2. Von Substantiven abgeleitet:

Die Endungen ulus, (nach Vokalen) olus, culus, ellus, (seltener) illus bezeichnen eine Verkleinerung (deminutiva), z. B. hortulus, filiolus, silvula, avicula, libellus, lapillus, sigillum.

Die Endungen ārium, ētum, īle bezeichnen einen Sammlungsort z. B. pomārium, vinētum, ovīle.

Die meist an Personennamen geknüpfte Endung īna bezeichnet eine gewerbliche Tätigkeit oder den Ort dafür z. B. medicīna, officīna, die Endung ium einen Stand oder eine Gesamtheit z. B. collegium, sacerdotium.

Die an Personennamen auf tor geknüpfte Endung ium kennzeichnet den Ort der Handlung z. B. auditorium, während ātus, an einen Personennamen geknüpft, das Amt bezeichnet z. B. consulātus.

3. Von Adjektiven abgeleitet:

Die Endungen ia, (i) tia, ities, (i) tas, (i) tūdo, ēdo, monia bezeichnen die Eigenschaft z. B. audacia, iustitia, prudentia, pigrities, brevitas, similitūdo, dulcēdo, sanctimōnia.

4. Vom Namen des Vaters abgeleitete Namen (patronymica) enden, wenn sie männlich sind, meist auf ides, īdes, iades und ades z. B. Agenorides, Amyclīdes, Dryantiades, Hippotades, wenn sie weiblich sind, auf is, ēis und ias z. B. Phorcis, Nerēis, Phaethontias.

III. Adjektiva

1. Von Verben abgeleitet:

Die Endungen bundus und cundus verstärken den Sinn des part. praes. z. B. furibundus voller Wut, iracundus jähzornig.

Eine Eigenschaft wird durch die Endung idus z. B. validus, die Möglichkeit durch die Endung ilis und bilis z. B. facilis, amabilis bezeichnet.

Auf eine meist fehlerhafte Neigung weist die Endung ax hin z. B. audax tollkühn, loquax geschwätzig.

Die Endung uus drückt die Möglichkeit aus z. B. conspicuus sichtbar oder hat wie die Endung ulus die Bedeutung des part. praes. act. oder pass. z. B. assiduus ansässig, irriguus bewässernd und bewässert, bibulus gern trinkend, ridiculus lächerlich.

2. Von Substantiven abgeleitet:

An Personennamen werden meist die Endungen iānus, ānus, īnus geknüpft z. B. Caesariānus, Sullānus, Verrīnus, während an griechische Personennamen meist die Endungen ēus oder icus gehängt werden z. B. Epicurēus, Socraticus.

An Ortsnamen knüpft man meistens die Endungen ānus, īnus, ēnsis, as z. B. Romānus, Amerīnus, Cannēnsis, Arpīnas, während bei Völkernamen meist die Endungen icus und ius stehen z. B. Persicus, Syrius.

Bei den von Appellativen gebildeten Adjektiven bezeichnet die Endung eus, ius, icus, icius, īlis, ālis, āris, īvus, ārius, nus die Zugehörigkeit zu einer Sache z. B. aureus, patrius, bellicus, tribunicius, querīlis, navālis, populāris, aestīvus, legionarius, paternus.

Die Fülle bezeichnen die Endungen ōsus und lentus z. B. periculōsus, fraudulentus, das Versehensein mit etwas die Endungen ātus, ītus, ūtus z. B. barbātus, pellītus, cornūtus.

Durch die Endungen ānus und īnus wird die Zugehörigkeit zu einem Ort oder das Herrühren von ihm gekennzeichnet z. B. urbānus, divīnus.

3. Von Adjektiven abgeleitet:

Durch die Deminutivendungen ulus, olus, ellus, culus wird eine Verkleinerung ausgedrückt z. B. parvulus, aureolus, misellus, pauperculus.

4. Von Adverbien abgeleitet:

Bei Adjektiven der Zeit werden die Endungen tinus, tīnus, ernus, urnus an das Adverb geknüpft z. B. diutinus, crastinus, hesternus, diuturnus.

B. Zusammensetzung

Neue lateinische Wörter entstanden durch Zusammensetzung zweier Wörter, die unverändert bleiben können z. B. aquaeductus, aber auch eine Veränderung erfahren z. B. municeps (aus munia - capio).

I. Zusammengesetzte Verben:

1. Bei den mit Verben verbundenen Verben ist der zweite Teil immer facio z. B. patefacio (aus pateo und facio).

2. Mit Substantiven verbundene Verben hatten meistens eine Veränderung beider Teile zur Folge z. B. significare (aus signum und facere), vendere (aus venum und dare).

3. Verben, die mit Adverbien verbunden sind z. B. maledicere.

4. Bei den mit Präpositionen verbundenen Verben werden die Vokale a und e meist in i, der Diphthong ae in ī verwandelt z. B. redigere, colligere, allīdere.

II. Zusammengesetzte Substantive:

1. Der erste Teil ist ein Nomen, der zweite ein Verbalstamm z. vaticinus (aus vates - cano).

2. Aus zwei Nomina zusammengesetzte Substantive z. B. manupretium (aus manus - pretium).

3. Aus einer Präposition und einem Nomen zusammengesetzte Substantive z. B. dedecus, compotor.

III. Zusammengesetzte Adjektiva:

1. Aus zwei Nomina zusammengesetzt z. B. grandaevus (aus grandis und aevum), ignicolor (aus ignis und color).

2. Aus einer Präposition und einem Nomen zusammengesetzt z. B. intercus, affinis. Durch die Präpositionen a, de, ex, in, se wird der Begriff verneint z. B. abnormis, deformis, excors, infelix, securus, durch prae und per die Bedeutung verstärkt z. B. permagnus, praeclavus, durch sub diese abgeschwächt z. B. submolestus.

Das alphabetisch geordnete Verzeichnis der Fremdwörter etc. am Schluß erleichtert das Auffinden. Dem Vorwurf, daß die Anführung der zahlreichen dem Lateinischen entstammenden Fremdwörter ihrem Gebrauch Vorschub leistet, sei damit begegnet, daß der am wenigsten Fremdwörter gebraucht, der ihre Bedeutung versteht und eine treffende Verdeutschung zur Hand hat. Überdies sind viele aus den alten Sprachen stammende Fremdwörter aus dem deutschen Sprachschatz nicht mehr hinwegzudenken.

Bei der Übersetzung ziehe man grundsätzlich in der Regel zuerst die Grundbedeutung des Wortes heran. Gerade sie gibt oft eine überraschende Anschaulichkeit. Erst in zweiter Linie wähle man die in den Sinn passende übertragene Bedeutung. Hauptforderung bleibt immer: in bestem Deutsch möglichst getreu das wiedergeben, was der Verfasser sagt.

Alle Hinweise, Anregungen und Verbesserungsvorschläge werden mit Dank begrüßt.

Abkürzungen

Abk. = Abkürzung
abl. = Ablativ
abl. abs. = Ablativus absolutus
alci = alicui
alcis = alicuius
alqa = aliqua
alqd = aliquid
alqm = aliquem
alqo = aliquo
alqs = aliquis
altl. = altlateinisch
acc. = Akkusativ
acc. c. i. = Akkusativ mit Infinitiv
act. = aktivisch oder Aktiv
adi. = adjektivisch oder Adjektiv
arab. =arabisch oder arabischen Ursprungs
arch. = archaisch
astron. = astronomisch oder Astronomie
biol. = biologisch
bot. = botanisch
buchdr. = Buchdruckerausdruck
c. = cum
ca = circa
chem. = chemisch
cf. = confer
ci. = Konjunktion
comp. = komparativisch oder Komparativ
coni. = konjunktivisch oder Konjunktiv
cons. = konsekutivisch oder Konsekutivum
dat. = Dativ
dem. = Deminutiv
disiunkt. = disjunktiv
dopp. = doppelt
E. = Eigenname
engl. = englisch oder englischen Ursprungs
enkl. = enklitisch
f. = Feminium
F. = Fremdwort
franz. = französisch oder französischen Ursprungs
fut. = Futurum
gen. = Genetiv
geol. = geologisch
germ. = germanisch oder germanischen Ursprungs
griech. = griechisch oder griechischen Ursprungs
i. a. B. = in angeführter Bedeutung
illyr. = illyrisch oder illyrischen Ursprungs
imp. = Imperativ
impf. = Imperfekt
ind. = Indikativ
indecl. = indeklinabel
indef. = Indefinitum
inf. = Infinitiv
insbes. = insbesondere
interi. = Interjektion
intr. = intransitiv
it. = italienisch oder italienischen Ursprungs
jd. = jemand, jemanden, jemandem
jdm. = jemandem
jdn. = jemanden
jds. = jemandes
jur. = juristisch
kelt. = keltisch oder keltischen Ursprungs
L. = Lehnwort
loc. = Lokativ
m. = Maskulinum
M. = Merke
math. = mathematisch
med. = medizinisch
mus. = Musik
n. = Neutrum
n. Chr. = nach Christi Geburt
nom. = Nominativ
obi. = objektivisch oder Objekt
part. = Partizipium
part. coni. = Partizipium coniunctum
pass. = passivisch oder Passiv

patr. = patrizisch
perf. = Perfekt
pers. = persisch oder persischen Ursprungs
Pf. = Pfennig(e)
philos. = philosophisch
phys. = physikalisch
pleb. = plebejisch
plur. = Plural
poet. = poetisch
praep. = Präposition, präpositionell
praes. = Präsens
pron. = Pronomen
pron. dem. = Pronomen demonstrativum
räuml. = räumlich
refl. = reflexiv oder Reflexivum
rel. = relativisch oder Relativum
rom. = romanisch oder romanischen Ursprungs
röm. = römisch
scil. = scilicet
sem. = semitisch oder semitischen Ursprungs
sing. = Singular
span. = spanisch oder spanischen Ursprungs
sprachl. = sprachlich
subi. = subjektivisch oder Subjekt
sup. = superlativisch oder Superlativ
theol. = theologisch
tr. = transitiv
troj. = trojanisch
u. ä. = und ähnliche
übtr. = übertragen, in übertragener Bedeutung
ungebr. = ungebräuchlich
urv. = urverwandt, aus der indogermanischen Sprachfamilie stammend
v. = von
V. = Vorname
v. Chr. = vor Christi Geburt
voc. = Vokativ
z. B. = zum Beispiel
zeitl. = zeitlich
zool. = zoologisch oder Zoologie
1. 2. 3. 4. = 1., 2., 3., 4. Konjugation
3 = dreier Endungen, z. B. clarus, clara, clarum

A

a, A (Abkürzung) 1.) = Aulus (V.) 2.) = absolvo (auf der Stimmtafel, daher littera salutaris) 3.) = antiquo ich verwerfe (das beantragte Gesetz) 4.) = auditor (im Dialog) 5.) a. d. = ante diem 6.) a. u. c. = ab urbe condita

ā (interi.) ah! ach! ha!

a (vor Konsonanten), **ab, abs.** - praep. mit dem abl. 1.) (örtlich) **von - her, von - ab, von - aus;** — ab urbe proficisci aus der Stadt aufbrechen; (scheinbar „wo") a latere in der Flanke, a dextra rechts, a tergo im Rücken, ab utraque parte auf beiden Seiten, ab aliquo stare auf jds. Seite stehen; incipere, ordiri a mit etwas beginnen u. ä. 2.) (zeitlich) **von - an, seit, gleich nach;** — ab urbe condita seit Gründung der Stadt, a puero von Kindsbeinen an, ab itinere aggredi gleich nach dem Marsche angreifen, a cena gleich nach dem Mahle u. ä. 3.) (ursächlich zur Angabe der Person beim Passiv) **von;** — ab hoste interfici vom Feinde getötet werden u. ä. 4.) (beschränkend oder bei der Angabe der Rücksicht) **von Seiten, in Bezug auf, in Hinsicht auf;** — laborare a re frumentaria unter Getreidemangel leiden, nihil a me deficit meinerseits fehlt es an nichts u. ä. 5.) (trennend) **von, gegen, vor** (bei Personen stets ab, bei Sachen auch der bloße abl.) z. B. separare ab amicis von den Freunden trennen, liberare a tyrannis von den Tyrannen befreien, levare curis von Sorgen befreien; bei defendere „gegen" z. B. ab hostibus defendere gegen den Feind verteidigen u. ä.

M. ab (urv.)

abacus, i m. (griech.) Prunktisch, Spiel-, Rechenbrett

abalienātio, ōnis f. (cf. abaliēno) Veräußerung

abaliēno 1. **entfremden; veräußern,** abtreten; **abwendig machen,** zum Abfall bringen

F. abalienieren: entfremden; entwenden

Abas, antis m. E. König von Argos; Abantiades, ae m. Sohn, Nachkomme des A.; Abanteus 3 des A.

ab-avus, i m. Urgroßvater, **Ahne**

Abdēra, ōrum n. und ae, f. E. Stadt in Thrazien, Geburtsort des Protagoras; — Abderites, ae m. Bewohner von A. (wegen ihrer Spießigkeit verspottet, die Schildbürger des Altertums)

abdicātio, ōnis f. (cf. abdico 1.) **Niederlegung** (eines Amtes)

F. die Abdikation: Abdankung, Verzicht

ab-dico 1. (sich) von etw. **lossagen, niederlegen;** meist se a. magistratu ein Amt niederlegen; — **nicht anerkennen** (als Verwandten), **verleugnen**

F. abdizieren: abdanken, verzichten

ab-dīco, dīxi, dictus 3. absagen, **verwerfen,** aves abdicunt die Weissagevögel lassen nicht zu

abditus 3 cf. abdo

ab-do, didi, ditus 3. (cf. do) wegtun, **entfernen;** se a. sich zurückziehen, entweichen; — **verbergen, verstekken;** „wo?" in mit acc. z. B. in silvas; se a. sich verstecken, sich verbergen; — **abditus 3 verborgen; entlegen, abgelegen**

abdōmen, inis n. Bauch, Unterleib, Schmerbauch

F. das Abdomen: Unterleib (med.)

ab-dūco, dūxi, ductus 3. **weg-, fortführen;** — **entführen,** rauben; **ab-**

bringen, abziehen, ablenken; — herabziehen, **erniedrigen;** — **abwendig machen**
F. abduzieren: abführen, abziehen — die Abduktion: Abführung, Abziehung

Abella, ae f. E. Stadt in Kampanien (Avellavecchia); — Abellānus adi. und subst. Bewohner von A.

ab-eo, ii, itum 4. **weg-, fortgehen;** e vita a. aus dem Leben scheiden; abi! geh! scher dich fort!; a. in malam rem sich zum Teufel scheren; — von einem Amt zurücktreten z. B. consulatu; — **davonkommen,** ungestraft davonkommen; impune abit er geht straflos aus; — **abschweifen,** abweichen; a iure a. vom Rechte abweichen; ne longius abeam um nicht weiter abzuschweifen; — **vergehen, verfließen, schwinden;** — **übergehen, in etwas übergehen,** sich verwandeln; in ventos a. vereitelt werden
F. das Abiturium, Abitur: Abgangsprüfung — der Abiturient: Reifeprüfling

ab-equito 1. fortreiten

aberrātio, ōnis (cf. aberro) Entfernung, Zerstreuung
F. die Aberration: Abirrung, Abweichung.

ab-erro 1. abirren; sich irren; — abschweifen

ab-hinc adv. (von hier); **von jetzt an** (nur zeitlich gebraucht)

ab-horreo, ui 2. **vor etwas zurückschrecken, abgeneigt sein** mit ab und bloßem abl. z. B. a bello; **widersprechen, nicht übereinstimmen;** a. a fide unglaublich sein; — **abhorrens,** ntis fremd, abgeneigt; unpassend
F. abhorrieren und abhorreszieren: zurückschrecken, verwerfen — abhorrent: zurückschreckend, unpassend — Abhorreszens: der Abscheu

ab-icio (sprich abjicio), iēci, iectus 3. (cf. iacio) **weg-, hinwerfen;** hastam a. die Lanze schleudern; — **verschleudern;** — **aufgeben, fahren lassen;** se a. sich selbst aufgeben; — **herab-, niederwerfen; niederstrekken, zu Boden schlagen;** — **niederdrücken,** erniedrigen; se a. sich wegwerfen, sich erniedrigen; **abiectus** 3 niedergeworfen; **mutlos,** verzagt; nachlässig; **verworfen, gemein**

abiēgnus 3 (cf. abies) aus **Tannenholz**

abiēs, etis f. **Tanne; Tannenholz;** aus Tannenholz Gefertigtes: Schiff, Speer

ab-igo, ēgi, actus 3. (cf. ago) **wegtreiben,** verjagen; (Leibesfrucht) abtreiben

abitus, ūs m. (cf. abeo) **Abzug;** Ausgang

ab-iūdico 1. absprechen, **aberkennen**
F. abjudizieren: aberkennen (jur.) — die Abjudikation: gerichtliche Aberkennung

ab-iungo, iunxi, iunctus 3. **abspannen;** — **trennen**

ab-iūro 1. **abschwören,** ableugnen
F. abjurieren i. a. B. — die Abjuration: Abschwörung

ablegātio, ōnis f. (cf. ablego) **das Wegsenden**

ab-lēgo 1. **wegsenden,** entfernen

ab-lūdo 3. nicht übereinstimmen

ab-luo, lui, lūtus 3. **abwaschen,** reinigen; tilgen
F. die Ablution: Reinigung, Waschung — die Abluentia: Abführmittel (med.)

ab-nego 1. verweigern, versagen
F. abnegieren: verneinen, abschlagen — die Abnegation: Verneinung, Verleugnung, Entsagung

Abnoba, ae m. (mons) E. Schwarzwald

ab-normis, e (cf. norma) von der Regel abweichend
F. abnorm: regelwidrig, widernatürlich, krankhaft — die Abnormität: Regelwidrigkeit, Naturwidrigkeit

ab-nuo, nui, nuitūrus 3. **abwinken; abschlagen, verweigern;** omnia a. den Gehorsam völlig verweigern; nicht zulassen z. B. locus pugnam abnuit; — **leugnen**

ab-oleo, ēvi, itus 2. **vernichten; abschaffen, aufheben**
F. abolieren: abschaffen, aufheben — die Abolition: Abschaffung, Aufhebung; Begnadigung — der Abolitionismus: Bekämpfung (insbes. der Sklaverei)

abolēsco, ēvi 3. **verschwinden**

abolitio, ōnis f. (cf. aboleo) Abschaffung, Aufhebung

ab-ōminor 1. **verwünschen,** verabscheuen; abominātus 3 (pass.) verwünscht

F. abominabel: verabscheuungswürdig — die Abomination: Verwünschung, Verfluchung

Aborīgines, um m. E. Stammvolk der Latiner

abortīvus 3 (cf. abortus) zu früh geboren

ab-ortus, ūs m. (cf. orior) Früh-, Fehlgeburt

F. der Abort i. a. B. — abortiv: abtreibend — das Abortivum: Abtreibungsmittel

ab-rādo, si, sus 3. abkratzen, abscheren

ab-ripio, ripui, reptus 3. (cf. rapio) **fort-, wegreißen,** fortschleppen; — **entführen,** rauben

abrogātio, ōnis f. (cf. abrogo) Abschaffung, Aufhebung eines Gesetzes

F. die Abrogation i. a. B.

ab-rogo 1. abfordern; **entziehen,** (durch Volksbeschluß) **abschaffen, aufheben;** — zunichte machen

F. abrogieren: abschaffen; einen Kaufauftrag zurücknehmen

abrotonum, i n. (griech.) Stabwurz (Arzneipflanze)

ab-rumpo, rūpi, ruptus 3. **abreißen, abbrechen;** trennen, **zerreißen; abbrechen, aufgeben;** — **abruptus abgerissen; schroff;** — **abruptum,** i n. **Abgrund**

M. ex abrupto: ganz unerwartet

F. abrupt: abgebrochen, zusammenhanglos, plötzlich

abs-cēdo, cessi, cessum 3. weggehen, abziehen; von etwas abgehen, etwas aufgeben z. B. obsidione

F. abszedieren: sich absondern; eitern (med.)

abscessus, ūs m. (cf. abscedo) **Weggang,** Abzug

F. der Abszeß: Absonderung; Eitergeschwür (med.)

abs-cīdo, cīdi, cīsus 3. (cf. caedo) **abschneiden; trennen;** — **abscisus** 3 **steil,** abschüssig, **schroff**

ab-scindo, scidi, scissus 3. **abreißen;** trennen

abscisus 3 cf. abscido

abs-condo, condi (condidi) conditus 3. **verbergen, verstecken, verhüllen; verheimlichen;** — **absconditus** 3 **versteckt; geheim,** dunkel, tiefsinnig

absens, entis (part. praes. von absum) **abwesend;** alqo **absente in jds.** Abwesenheit

F. absent: abwesend — die Absentation: Abwesenheit — absentieren: sich entfernen — der Absentismus: Abwesenheit; Leben im Ausland

absentia, ae f. (cf. absens) Abwesenheit

F. die Absenz i. a. B.

ab-similis, e unähnlich

absinthium, ii n. (griech.) **Wermut**

F. der Absinth: Wermutbranntwein

absisto, abstiti 3. (sich wegstellen) **sich entfernen, ablassen**

F. absistieren: abstehen, ablassen

absolūtio, ōnis f. (cf. absolvo) **Freisprechung, Vollendung**

F. die Absolution: Freisprechung, Lossprechung

ab-solvo, solvi, solūtus 3. **loslösen, freisprechen, vollenden;** absolūtus 3 vollendet, vollkommen, **unbedingt**

F. absolvieren: freisprechen, vollenden — die Absolute: der unveränderliche Grund aller Dinge (philos.) — die Absolutheit: Unbedingtheit, Vollkommenheit — der Absolutismus: unbeschränkte Herrschaft — absolutistisch: nach Art des Absolutismus — absolut: unbedingt

absonus 3 (cf. sono) mißtönend, nicht übereinstimmend, unverändert

ab-sorbeo, sorbui 2. hinunterschlukken, **verschlingen**

F. absorbieren: aufsaugen — die Absorption: Aufsaugung — absorptiv: aufsaugend — Absorbentia: aufsaugende Mittel (med.)

abs-que, apsque (praep. mit abl.) **ohne**

abs-tēmius 3 (cf. temētum) weinlos, **mäßig, enthaltsam**

abs-tergeo, tersi, tersus 2. **abwischen,** beseitigen, **vertuschen**

F. abstergieren: abführen, reinigen — das Abstergens (plur. die Abstergentien): abführende Heilmittel (med.)

abs-terreo, ui 2. **abschrecken,** wegjagen

abstinens, entis (cf. abstineo), adv. abstinenter **enthaltsam,** uneigennützig

abstinentia, ae, f. (cf. abstineo) **Enthaltsamkeit,** Uneigennützigkeit
F. die Abstinenz: Enthaltsamkeit — der Abstinenzler: der den Alkohol meidet

abs-tineo, ui, tentus 2. (cf. teneo) trans. **jemand abhalten; intr. sich enthalten** mit abl. z. B. vino

ab-sto, stāre abseits stehen, entfernt stehen

abs-traho, trāxi, tractus 3. **wegschleppen,** entfernen, trennen, abhalten, abwendig machen
M. in abstracto: im allgemeinen betrachtet
F. abstrahieren: abziehen, von etwas absehen; gedanklich verallgemeinern — abstrakt: abgezogen, nur im Gedanken vorhanden — die Abstraktion: die gedankliche Abziehung, Begriffsbildung — das Abstraktum: (das Abgezogene) das Gedankenwort

abs-trūdo, si, sus 3. **wegdrängen,** verstecken, verbergen; abstrūsus 3 versteckt, verborgen
F. abstrus: verworren, unklar — die Abstrusion: das Schwerverständlichmachen

ab-sum, afui, afutūrus, abesse **weg sein, abwesend sein,** fernbleiben, frei sein, unpassend sein; non multum abest, quin es fehlt nicht viel daran, daß; beinahe, fast; — tantum abest, ut . . . ut weit entfernt zu . . ., ist vielmehr
M. absit: das sei ferne!

ab-sūmo, sūmpsi, sūmptus 3. **verbrauchen,** verzehren, vertun, vergeuden, vernichten
F. absumieren: verbrauchen, aufreiben — die Absumption: Verbrauch, Aufreibung

ab-surdus 3 mißklingend, ungereimt, ungeschickt
M. ad absurdum führen: von der Unsinnigkeit überzeugen — *F.* absurd: ungereimt, widersinnig — die Absurdität: Widersinnigkeit

Absyrtus, i, m. E. Bruder der Medea

abundans cf. abundo

abundantia, ae. f. (cf. abundo) das Überfluten, Überfluß, Reichtum
F. die Abundanz: Überfluß

abunde, adv. (cf. abundo) überfließend, **reichlich,** vollauf, übergenug

ab-undo 1. (cf. unda) **überfließen,** Überfluß haben, im Überfluß vorhanden sein mit abl. z. B. frumento; — abundans, ntis überflutend, reichlich
F. abundieren: Überfluß haben — abundant: reichlich

ab-ūsio, ōnis (cf. abūtor) fehlerhafter Gebrauch eines Wortes

ab-usque von - her, seit

ab-ūtor, ūsus sum 3. (mit abl.) **aufbrauchen,** verbrauchen, **mißbrauchen,** ausnützen mit abl. z. B. patientia

Abydus, i f. E. Stadt am Hellespont

ac = atque

Acadēmia, ae, f. E. (griech.) Gymnasium bei Athen, wo Plato lehrte; Acadēmus E. ein griechischer Heros; diesem war die A. geweiht; — Acadēmicus 3 zur Akademie gehörig
F. die Akademie: Hochschule
F. Akademiker: Hochschüler, Hochschullehrer — akademisch: auf der Hochschule vorgebildet

acalanthis, idis, f. (griech.) Stieglitz

Acamās, antis, m. E. Sohn d. Theseus, Held von Troja

acanthus, i, m. (griech.) Bärenklau (Pflanze)
F. das Akanthusblatt: ein Ornament der griech. Säule

Acanthus, i, f. E. Küstenstadt auf Chalcidice

Acarnānia, ae f. E. griechische Landschaft; Acarnān, ānis m. Arkananier

Acastus, i, m. E. Sohn des Pelias, einer der Argonauten

Acca Larentia, ae, f. E. Frau des Faustulus, Amme des Romulus und Remus

ac-cēdo, cessi, cessum 3. **herantreten,** -kommen, sich nähern mit ad z. B. ad castra; bei Stadtnamen bloßer acc. z. B. Romam; — **kommen, ge-**

langen; ad aures a. zu Ohren dringen; — **sich anschließen, beitreten** z. B. ad sententiam, sententiae; — zu etwas schreiten, **etwas übernehmen** z. B. ad periculum; — nahekommen, ähnlich sein z. B. ad veritatem; — (vermehrend) dazukommen; huc accēdit ut dazu kommt noch, daß; zunehmen, wachsen, alci a. zuteil werden, zufallen

F. akzedieren: beitreten, zustimmen — die Akzedenz: Zustimmung, Beitritt — akzessorisch: hinzutretend — das Akzessorium: Zusatz, Nebenanspruch — die Akzessorietät: Zugänglichkeit, Zulaßbarkeit — der Akzessist: Bewerber, Anwärter

ac-celero 1. (cf. celer) **beschleunigen**; — (intr.) **eilen**, sich beeilen

M. accelerando (it.): schneller werdend (mus.) — *F.* akzelerieren i. a. B., fördern — die Akzeleration: Beschleunigung, Beförderung

ac-cendo, cendi, cēnsus 3. (cf. ad-candeo) **etwas anzünden**, anstecken; — erhellen; erhitzen; — **anfachen**, schüren, erregen, anfeuern; — **steigern**, vermehren

ac-cēnseo 2. hinzuzählen, hinzurechnen

accēnsus, i m. (cf. accenseo) **Amtsdiener**, -bote; — **Leichtbewaffneter**; plur. Ersatzleute, Reserve (aus den Bürgern der 5. Servianischen Vermögensklasse)

accentus, ūs m. (cf. ad-cano) **Ton, Akzent**

F. der Akzent: Ton, Tonzeichen, Tonfall, Aussprache; Nachdruck — akzentuieren: betonen, mit Tonzeichen versehen

acceptio, ōnis f. (cf. accipio) Annahme

accepto 1. (cf. accipio) **empfangen**, annehmen

F. akzeptieren i. a. B. — akzeptabel: annehmbar — der Akzeptant: Annehmer eines Wechsels — die Akzeptation: Annahme

acceptus cf. accipio

accerso = arcesso

accessio, ōnis f. (cf. accedo) **das Herankommen**; — **Zuwachs**, Vermehrung; — **Zugabe**, Zusatz, Zuschuß

F. die Akzession i. a. B.

accessus, ūs m. (cf. accedo) **Annäherung**, Anrücken; — Zutritt, Zugang

F. der Akzeß: Zutritt, Zulassung zum Vorbereitungsdienst — akzessibel: zugänglich

ac-cido, cidi 3. (cf. cado) **hinfallen**, niederfallen; **hindringen**, hingelangen z. B. ad aures; — **vorfallen, sich zutragen**, sich ereignen; si quid gravius accidisset im Falle einer Niederlage; — jdm. (alci) a. **widerfahren, zustoßen**; si quid mihi accidat wenn mir etwas Menschliches zustoßen sollte; — (unpers.) accidit ut es trifft sich, ereignet sich, daß

F. das Akzidens: Hinzukommendes; Eigenschaft; Nebeneinnahme — akzidentell: zufällig, unwesentlich — die Akzidenz: Nebengeschäft — Akzidenzdruck: Anzeigendruck (buchdr.)

ac-cīdo, cīdi, cīsus 3. (cf. caedo) anhauen, **anschneiden**; **schwächen**, zerrütten

ac-cingo, cīnxi, cīnctus 3. **umgürten**; **rüsten**, ausrüsten; se a., accingi sich rüsten, sich waffnen; sich zu etwas rüsten, fertig machen, anschicken z. B. ad pugnam

ac-cio, cīvi und cii, cītus 4. (cf. cieo) **herbeirufen**, kommen lassen; accitus 3 eingeführt, ausländisch

ac-cipio, cēpi, ceptus 3. (cf. ad-capio) **annehmen**, in Empfang nehmen; — (Geld) **einnehmen**; (Lasten) auf sich nehmen; — **etwas annehmen**, billigen, gutheißen; — **aufnehmen, empfangen**, behandeln z. B. alqm bene; — **vernehmen**, wahrnehmen; hören, erfahren; auffassen, auslegen, begreifen; alqd in bonam (malam) partem a. etwas gut (schlimm) auslegen; — bekommen, erhalten; erleiden z. B. cladem; acceptus 3 willkommen, lieb, angenehm

F. das Akzepisse: Empfangsschein — das Akzept: angenommener Wechsel — die Akzeptilation: Eintragung einer Schuld, als sei sie bezahlt, vor der wirklichen Zahlung; Genugtuungslehre

accipiter, tris m. (cf. accipio) **Habicht, Falke**

accitu (von accitus cf. accio) auf den Ruf

Accius 3 E. Name eines röm. Geschlechts; L. Accius der berühmte röm. Tragiker; Acciānus 3 des A.

acclamātio, ōnis f. (cf. acclamo) **Zuruf**
F. die Akklamation i. a. B.

ac-clāmo 1. **zurufen,** zuschreien; alqm a. laut nennen, ausrufen
F. akklamieren i. a. B.

ac-clāro 1. (cf. clarus) **klarmachen,** offenbaren

acclīnis, e (cf. acclino) **sich anlehnend;** geneigt

ac-clīno 1. **anlehnen,** hinneigen; se a. geneigt sein ad alqd

ac-clīvis, e (cf. clivus) **ansteigend,** sich erhebend

acclivitas, tātis f. (cf. acclivis) **sanfte Erhebung**

accola, ae m. (cf. accolo) **Anwohner,** Nachbar

ac-colo, ui, cultum 3. bei etwas wohnen

accommodātio, ōnis f. (cf. accommodo) passende Einrichtung, Anpassung
F. die Akkomodation i. a. B.

accommodo 1. anfügen, **anpassen; nach etwas einrichten;** se a. sich nach etwas richten, sich anbequemen, sich widmen; accomodātus 3 angepaßt, passend, geeignet, zweckdienlich
F. akkomodieren: anpassen, ordnen, vergleichen; (Auge) einstellen — akkomodabel: anpassungsfähig, zweckmäßig, gütlich beilegbar

accommodus 3 = accomodatus

ac-crēdo, credidi, creditum 3. **Glauben schenken**
F. akkreditieren: beglaubigen, bevollmächtigen — das Akkreditiv: Beglaubigungsschreiben, Bürgschaftsschein

ac-crēsco, crēvi, cretus 3. **zuwachsen,** zunehmen; — anwachsen sich mehren
F. akreszieren i. a. B. — die Akreszenz: Zuwachs

accrētio, ōnis f. (cf. accresco) **Zunahme,** Zuwachs
F. die Akkretion i. a. B.; Verwachsung (med.)

accubitio, ōnis f. (cf. accumbo) das Platznehmen (bei Tisch)

ac-cubo 1. **gelagert sein,** liegen; — **bei Tisch** (auf dem Speisesofa) **liegen**

ac-cumbo, cubui, cubitum 3. **sich hinlegen,** sich lagern; **sich zu Tisch legen,** zu Tisch gehen

accumulātor, ōris, m. (cf. accumulo) Anhäufer
F. der Akkumulator: Kraftsammler

ac-cumulo 1. **aufhäufen,** anhäufen
F. akkumulieren: anhäufen, sammeln — die Akkumulation: Anhäufung, Wortschwall

accurātio, ōnis, f. (cf. accūro) **Sorgfalt,** Genauigkeit

accurātus 3 (cf. accūro) mit Sorgfalt gearbeitet, **sorgfältig**
F. akkurat: sorgfältig — die Akkuratesse (franz.): Sorgfalt, Ordnung

ac-cūro 1. **Sorgfalt anwenden,** besorgen

ac-curro, accurri (accucurri) 3. **heranlaufen,** hinzulaufen, herbeieilen

accursus, ūs, m. (cf. accurro) das Herbeilaufen

accusābilis, e (cf. accūso) klagbar, klagenswert

accusātio, ōnis, f. (cf. accūso) **Anklage,** Beschuldigung, Beschwerde, Anklageschrift
F. die Akkusation i. a. B.

accusātor, ōris, m. (cf. accūso) **Ankläger**

accusatōrius 3 (cf. accūso) anklägerisch
F. akkusatorisch i. a. B.

ac-cūso 1. (entstanden aus ad causam = zum Prozeß bringen) **anklagen,** beschuldigen, tadeln
F. Akkusativ: der Wenfall

Acē, ae, f. E. Stadt in Phönizien

acer, aceris, n. Ahorn (urv.)

ācer, ācris, ācre, adv. acriter (cf. acies)

scharf, spitz; **feurig**, tatkräftig, mutig, hitzig, **heftig;** scharfsinnig

acerbitas, tātis, f. (cf. acerbus) **Herbheit,** Härte; Strenge, Bitterkeit, Traurigkeit, Drangsal, Elend

acerbo 1. (cf. acerbus) bitter machen; verbittern, verschlimmern

F. azerbieren: verbittern — die Azerbation: Verbitterung

acerbus 3 (cf. acer) sauer, **herb;** bitter, unreif, rauh, hart, schmerzlich, traurig

F. azerb: bitter, herb

acernus 3 (cf. acer Ahorn) aus Ahornholz

acerra, ae, f. Rauchpfanne, Weihrauchkästchen

Acerrae, ārum, f. E. Stadt in Kampanien; Acerrānus adi. und subst. Einwohner von A.

acervātim (adv.) (cf. acervo) haufenweise

acervo 1. (cf. acervus) einen Haufen bilden, aufhäufen

acervus, i, m. **Haufen,** Masse, Menge

acēsco, acui 3. (cf. acētum) sauer werden

Acesīnes, is, m. E. Fluß in Indien

Acesta, ae, f. E. Stadt in Sizilien = Segesta

Acestes, ae, m. E. König in Sizilien

acētum, i n. (cf. acēsco) **Essig** (L), Weinessig; beißender Witz

F. das Azeton: Essiggeist — das Azetat: essigsaures Salz — das Azetometer: Essigmesser — das Azetylen : das Azetylengas

Achaemenes, is, m. E. Stammvater des persischen Königshauses; Achaemenius 3 persisch; Achaemenides, ae, m. Achämenide

Achaeus 3 E. achäisch

Achāia, ae, f. E. Landschaft im Peloponnes; die römische Provinz Griechenland

Acharnae, ārum, f. E. Ort in Attika

Achātes, ae, m. E. Gefährte des Äneas

Achelōus, ōi, m. E. Fluß in Ätolien, größter Fluß Griechenlands; Stromgott; Achelōius 3 zum A. gehörig; Achelōis, idis und Achelōias, adis, f. E. Tochter d. A.

Acherōn, ontis, m. E. 1.) Fluß in Epirus 2.) Fluß in Bruttium 3.) Fluß in der Unterwelt, auch die Unterwelt selbst; (Acheruns, untis, m. ältere Form); Acherusius (älter Acherunsius) 3 zum Acheron gehörig

Acherontia, ae, f. E. Ort in Apulien (Acerenza)

Achilles, is, m. E. trojanischer Held, Sohn des Peleus u. d. Thetis; dazu Achillēus 3 adi. des A; Achillides, ae, m. Nachkomme des A.

M. die Achillesferse: verwundbare Ferse d. A., verwundbarer Teil

Achivus = Achaeus

Achradina, ae, f. E. der bevölkertste Stadtteil von Syrakus

Acidalia, ae, f. E. Beiname d. Venus (nach der Quelle Acidalia in Böotien)

acidus 3 (cf. acētum) **sauer,** unangenehm, widerlich

F. Acidum: Säure — die Azidität: Sauersein, Säuregrad — die Subazidität: Säuremangel — die Hyperazidät: Säureüberschuß — Azidation: Versäuerung (med.)

aciēs, ēi, f. **Schärfe,** Schneide, Feuer des Blickes, Sehkraft, Auge, Pupille; Schneide des Heeres, **Schlachtlinie,** Gefechtslinie, Front, **Schlacht,** Feldschlacht

M. Ecke (urv.)

Acilius 3 E. Name eines plebejischen römischen Geschlechts der Familien der Balbi, Glabriones, Rufi und Severi. 1.) M' Acilius Glabrio Volkstribun, Konsul (201 v. Chr.) 2.) C. Acilius Glabrio Geschichtsschreiber 3.) M' Acilius Glabrio Konsul (67 v. Chr.)

acina, ae, f. = acinus

acinacēs, is, m. (pers.) kurzer Säbel der Perser und Meder

acinus, i, m. u. acinum, i, n. Beere, Weinbeere

F. azinös: traubenförmig

acipēnser, eris, m. geschätzter Seefisch, Stör, Sterlet

Acis, idis, m. E. Fluß Siziliens; in der Sage ein Hirt, Liebhaber der Galathea

aclys, ydis, f. (griech.) kleiner Wurfspieß (mit einem Schleuderriemen)
Acmōn, onis m. E. 1.) Troer, Gefährte des Äneas 2.) Gefährte des Diomedes
Acmōnia, ae, f. E. Stadt in Phrygien; Acmoniēnsis, is, m. Einwohner v. A.
Acmonīdes, ae, m. E. ein Zyklop
aconīton und aconītum, i, n. (griech.) Eisenhut (giftige Pflanze)
acor, ōris, m. Säure
ac-quiēsco, quiēvi 3. zur Ruhe kommen, Ruhe finden, Ruhe haben, sich beruhigen, zufrieden sein, Beruhigung finden
ac-quīro, quisīvi, quisitus 3. (cf. quaero) **dazusuchen,** dazuerwerben, erwerben, gewinnen
F. akquirieren: erwerben — eine Akquisition: Erwerbung, Errungenschaft — der Akquisitor: Erwerber — das Akquisitum: Erworbenes, Eigentum
Acraeus 3 auf Höhen verehrt (Jupiter u. Juno)
Acragas, antis, m. cf. Agrigentum
acriculus 3 (dem. v. acer) etwas hitzig; ein kleiner Hitzkopf
acrimōnia, ae f. (cf. acer) Schärfe, Tatkraft, Energie
Acrisius, ii, m. E. König von Argos, Vater der Danae; Acrisonēus 3 der Danae gehörig, auch argivisch; Acrisioniadēs, ae, m. Sohn der Danae (Perseus)
arciter cf. acer
acroāma, atis, n. (griech.) das Gehörte, Vortrag, Ohrenschmaus; Vorleser, Tonkünstler, Sänger, Musiker
Acroceraunia, ōrum, n. E. Vorgebirge im Epirus
Acrocorinthus, i, f. E. Burg von Korinth
Acrota, ae, m. E. König von Alba
acta, ae, f. (griech.) Küste, Meeresufer, Strand; Strandleben
acta, actōrum, n. cf. ago
Actaeōn, onis, m. E. Enkel des Kadmus, Sohn des Aristäus und der Antonoe
Actaeus cf. Acte
Acte, ēs f. E. = Attica; Actaeus (f. auch Actias, adis) attisch, athenisch
Actiacus 3 cf. Actium
Actias cf. Acte
actio, ōnis, f. (cf. ago) **Ausführung,** Handlung, Tätigkeit, **Amtshandlung,** Amtsführung, **Gerichtsverhandlung,** Prozeß, Klageformel, Klageschrift, Klagerede, Klagerecht, Vortrag, Vortragsweise
F. die Aktion: Tätigkeit, Wirken, Gebärdensprache, Zivilklage — in Aktion treten: handeln — der Aktionsradius: Wirkungskreis
actito 1. (cf. ago) eifrig betreiben
Actium, ii, n. E. Vorgebirge u. Stadt in Akarnanien (Schlacht b. A. 31 v. Chr.); Actiacus und Actius 3. bei Actium
Actōr, oris, m. E. Vater des Menötius, Großvater des Patroklus; Actoridēs, ae, m. 1.) Nachkomme d. A. 2.) König v. Elis
actor, ōris, m. (cf. ago) Treiber, Hirt, Ausführer, Besorger, Vermögensverwalter, Rechtsbeistand, Schauspieler, Kläger
actuārius 3 (cf. ago) Schnellsegler
actum cf. ago
actuōsus 3 (cf. ago) tätig, wirksam, lebhaft
actus, ūs, m. (cf. ago) **Treiben,** Bewegung, **Tätigkeit,** Ausführung, Gebärdensprache, Akt, Aufzug
F. der Akt: Handlung, Tat, Schauspielaufzug, Darstellung des nackten Körpers
actūtum (adv.) **sofort,** auf der Stelle
aculeātus 3 (cf. aculeus) spitzig, stachelig, stechend, beißend
aculeus, i, m. (cf. acus) Spitze, **Stachel,** Schärfe
acūmen, inis, n. (cf. acuo) **Spitze, Schärfe,** Scharfsinn
acuo, acui 1. (cf. acus, acer) **scharf machen,** schärfen, spitzen; — einschärfen, üben, anregen, erhöhen
F. akuieren: scharf betonen — die Akuität: hitziger Verlauf einer Krankheit (med.)
acus, ūs f. Nadel
F. die Akupunktion: Heilverfahren durch Nadelstiche (med.)
acūtulus 3 (dem. v. acutus) ziemlich spitzfindig

acūtus, 3 (cf. acuo) geschärft, **scharf**, spitzig, scharfsinnig, heftig
F. akut: heftig — der Akut: scharfes Tonzeichen

Acylla, ae, f. E. karthagische Küstenstadt

ad (präp. mit Akk.) **bis, zu, bei, an, gegen - hin, nach**; 1.) (örtlich) z. B. ad Caesarem venire zu Cäsar kommen, ad omnes partes nach allen Seiten, ire ad hostem gegen den Feind rücken, vergere ad septentriones nach Norden sich erstrekken, ad urbem bei (vor) der Stadt verweilen u. ä. 2.) (zeitlich) z. B. ad tempus zur (rechten) Zeit, ad vesperum bis zum Abend, gegen Abend; ad solis occāsum bei Sonnenuntergang; ad nostram memoriam bis auf unsere Zeit; ad extrēmum, ultimum, postremum zuletzt, schließlich u. ä. 3.) (bei Zahlen und Maßen) z. B. ad ducentos gegen zweihundert, ungefähr zweihundert, ad unum vollzählig, ad unum omnes alle bis auf den letzten, insgesamt u. ä. 4.) (übertragen) zu, für; exercitus ad bellum contrahitur das Heer wird zum Krieg zusammengezogen, ad salutem zum Heile, zur Rettung; — auf, infolge, nach z. B. respondere ad alquid auf etwas antworten, ad nutum auf den Wink; — gemäß, nach z. B. ad hunc modum folgendermaßen, ad naturam naturgemäß u. ä.; — dazu, zu, außer u. ä.
M. ad verbum: wörtlich — ad rem: zur Sache — ad hoc: hierfür, zu diesem Zweck

adactio, ōnis, f. (cf. adigo) das Hineinbringen

ad-aeque adv. auf gleiche Weise

ad-aequo 1. 1.) **gleichmachen**, vergleichen; solo ad-aequare völlig zerstören 2.) **erreichen, gleichkommen** (mit acc.) nemo Ciceronem adaequavit; pass. Cicero a nemine adaequatus est
F. adäquieren: ebnen — adäquat: angemessen, passend

adamanteus u. adamantinus 3 (griech.) stählern, stahlhart

adamas, antis, m. (griech.) (acc. anta) Stahl

ad-amo 1. liebgewinnen

ad-aperio, aperui, apertus 4. **aufdekken**, entblößen, öffnen

adapertilis, e, (cf. adaperio) was zu öffnen ist, zu öffnen

ad-augeo, auxi, auctus 2. **vermehren**, vergrößern

ad-bibo 3. trinken, einsaugen

ad-c siehe ac-c

ad-dēnseo 2. (cf. densus) **verdichten**

ad-dico, dixi, dictus 3. **zusagen**, zuerkennen, zusprechen, zuschlagen, verkaufen; — **zu eigen geben**, widmen, **ergeben, zuschreiben**
F. addizieren: zusprechen, zuerkennen

addictio, ōnis, f. das Zusprechen

addictus, i, m. (cf. addico) Schuldknecht

ad-disco, didici 3. **dazulernen**

additamentum, i. n. (cf. addo) Zugabe

ad-do, didi, ditus 3. (cf. do) **hinzugeben, hinzufügen**, hinzusetzen, beigeben, beibringen, **einflößen**
F. addieren: zusammenzählen — die Addition: Zusammenzählung — die Addenda (plur.): Zusätze, Nachtrag — additional: zusätzlich

ad-doceo 2. **hinzulehren**

Addua u. Adua, ae, f. E. Nebenfluß des Po (Adda)

ad-dubito 1. **Zweifel hegen** (wie dubito mit de, auch id, illud)

ad-dūco, dūxi, ductus 3. **heranführen**, heranbringen, heranziehen, zusammenziehen, leiten, zuführen, in eine Lage bringen, in einen Zustand versetzen, bewegen, veranlassen; — adductus 3 zusammengezogen; streng, ernst
F. adduzieren: anziehen — die Adduktion: das Anziehen eines Gliedes (med.) — der Adduktor: Anziehungsmuskel (med.)

ad-edo, ēdi, ēsus 3. anfressen, anbeißen, annagen, aufzehren

ademptio, ōnis, f. (cf. adimo) Wegnahme, Entziehung

ad-eo, ii, itum 4. **herangehen,** herankommen, sich an jemanden wenden, aufsuchen, bereisen, auf jemanden losgehen, angreifen, an ein Geschäft gehen, an etwas herangehen, sich unterziehen

ad-eo adv. (cf. eo dorthin) 1.) räumlich: **bis dahin,** so weit. 2.) zeitlich: **solange, bis** 3.) so weit, **so sehr,** sogar 4.) nachgestellt: eben, gerade 5.) besonders, vorzüglich, zumal

adeps, adipis, m. u. f. **Fett,** Schmer; Schmerbauch
F. Adeps: Fett (med.)

adeptio, ōnis, f. (cf. adipiscor) Erlangung

ad-equito 1. heranreiten

ad-f siehe af-f

ad-g siehe ag-g

ad-haereo, haesi, haesum 2. **an etwas festhangen,** festhangen, angrenzen, anstoßen, angehängt sein
F. adhärieren: anhaften, beipflichten — das Adhärens (plur. die Adhärenzien): Zubehör — die Adhärenz: Anhänglichkeit — die Adhäsion: Anziehung — adhäsiv: anhaftend

ad-haerēsco, haesi, haesum 3. (cf. adhaereo) **sich anhängen,** kleben bleiben, stecken bleiben, sich an etwas anschließen, treu anhängen

Adherbal, alis, m. E. 1.) punischer Feldherr 2.) Sohn des numidischen Königs Micipsa

ad-hibeo, hibui, hibitus 2. (cf. habeo) daranhalten, **dazu nehmen,** heranziehen, hinzuziehen, **anwenden,** verwenden, behandeln; refl. sich benehmen
F. das Adhibendum: anzuwendendes Hilfsmittel — adhibieren: zuziehen — die Adhibition: die Hinzuziehung

ad-hinnio 4. (cf. hinnitus) zuwiehern

adhortātio, ōnis (cf. adhortor) **Ermahnung,** Ermunterung
F. die Adhortation i. a. B.

ad-hortor 1. **ermahnen,** aufmuntern
F. adhortieren i. a. B.

ad-hūc (adv.) (cf. hic) **bisher, bis jetzt,** noch, immer noch, noch mehr, noch weiter

Adiabēnē, es, u. Adiabena, ae, f. E. Landschaft in Assyrien

ad-iaceo 2. **bei etwas liegen,** anliegen, benachbart sein
F. der Adjazent: Anlieger

ad-icio (sprich jicio) iēci, iectus 3. (cf. iacio) **zu etwas werfen, hinwerfen,** auf etwas werfen, hinlenken, **hinzufügen**
F. das Adjektivum: das hinzugefügte Wort, Eigenschaftswort — adjektivisch: wie ein Eigenschaftswort

adiectio, ōnis, f. (cf. adicio) die Hinzufügung, die Aufnahme
F. die Adjektion: Zulage

ad-igo, ēgi, actus 3. (cf. ago) **herantreiben,** hinzutreiben, hineintreiben, hineinschleudern, jemanden zu etw. treiben

Adimantus i, m. E. ein athenischer Feldherr

ad-imo, ēmi, emptus 3. (cf. emo) **an sich nehmen, wegnehmen,** entreißen, rauben

adipātus 3 (cf. adeps) fettig; schwülstig

ad-ipiscor, adeptus sum 3. (cf. apiscor) **erreichen,** einholen, erhalten, erringen
F. der Adept: Eingeweihter, Schwarzkünstler, Goldmacher

aditus, ūs, m. (cf. adeo) das Herangehen, das Nahen, **Zugang,** Eingang, Beginn, Zutritt, Audienz

ad-iūdico 1. **zuerkennen,** zusprechen, zuschreiben
F. adjudizieren: zuerkennen — die Adjudikation: Zuerkennung

adiūmentum, i, n. (cf. adiuvo) **Hilfe,** Beistand, Hilfsmittel

adiunctio, ōnis, f. (cf. adiungo) Anknüpfung, Anschluß, Hinzufügung

adiunctor, ōris, m. (cf. adiungo) Hinzufüger

ad-iungo, iunxi, iunctus 3. **anjochen,** anspannen, anfügen, **verbinden;** — adiunctus 3 eng verbunden, angrenzend, anstoßend, dazugehörig, wesentlich
F. adjungieren: beigeben — der Adjunkt: Gehilfe — die Adjunktion: Beifügung

ad-iūro 1. **dazuschwören,** beschwören

adiūtor, ōris, m. (cf. adiuvo) **Helfer,** Beistand, Gehilfe, Unterbeamter

adiūtrix, icis f. (cf. adiutor) **Helferin,** Unterstützerin

adiuvo, iūvi, iūtus 1. **unterstützen,** helfen, befördern, ermutigen, Dienste leisten, förderlich sein; (mit dem acc.) adiuvo ich helfe dir; a me adiuvaris es wird dir von mir geholfen

F. das Adjuvans: Hilfsmittel (med.) — der Adjuvant (Adjutant): Gehilfe — das Adjutum: Beihilfe, Zuschuß

ad-l siehe al-l

Admagetobriga, ae, f. E. keltische Stadt in Gallien; dort Sieg Ariovists

ad-matūro 1. mit zur Reife bringen, beschleunigen

ad-mētior, mensus sum 4. zumessen

Admētus, i, m. E. 1.) König von Pherä in Thessalien, ein Argonaute, Gemahl der Alcestis 2.) König der Molosser

adminiculum, i, n. Stützpfahl, Stütze, Hilfe, Beistand

administer, tri, m. (cf. administro) Mitarbeiter, Gehilfe, Helfershelfer

administra, ae, f. (cf. administer) Gehilfin, Mitarbeiterin

administrātio, ōnis, f. (cf. administro) Hilfeleistung, Dienstleistung, Hilfe, Verwaltung, Besorgung

F. die Administration: Verwaltung — administrativ: die Verwaltung betreffend

administrātor, ōris, m. (cf. administro) Leiter

F. der Administrator: Verwalter

ad-ministro 1. (cf. ministro) **leiten,** lenken verwalten, besorgen, ausführen, arbeiten, tätig sein

admirābilis, e (cf. admīror) **bewunderungswürdig, erstaunlich, wunderbar, auffallend, seltsam**

F. admirabel: bewunderungswürdig

admirabilitas, tātis, f. (cf. admīror) Bewunderungswürdigkeit

admirandus 3 (cf. admīror) bewunderungswert

admirātio, ōnis, f. (cf. admīror) **Bewunderung,** Verwunderung, Staunen

F. die Admiration i. a. B.

admirātor, ōris, m. (cf. admīror) Bewunderer

ad-mīror 1. **bewundern,** sich wundern, **staunen**

M. nil admirari: sich durch nichts aus der Fassung bringen lassen (Horaz)

ad-misceo, mīscui, mixtus 2. **hinzumischen,** beimischen, beifügen, vermischen

ad-mitto, mīsi, missus 3. 1.) **hinzuschicken, hinzulassen,** zuziehen, zulassen, Zutritt gewähren, zugeben, gestatten, verschulden, verüben, sich zuschulden kommen lassen. 2.) loslassen, in schnellen Gang bringen

F. admittieren: zulassen, gelten lassen — die Admission: Zulassung — admissibel: zulässig

admixtio, ōnis, f. (cf. admisceo) Beimischung

ad-modum adv. bis zum vollen Maße, **völlig,** sehr, äußerst; — bei Zeitangaben: **genau,** gerade, **mindestens,** höchstens; — in Antworten: **allerdings, ja**

ad-mōlior, molitus sum 4. **in Bewegung setzen, hinsetzen**

ad-moneo, monui, monitus 2. **ermahnen,** erinnern, **antreiben,** auffordern

F. admonieren: ermahnen

admonitio, ōnis, f. (cf. admoneo) **Mahnung,** Erinnerung, **Warnung**

F. die Admonition: Mahnung, Verweis

admonitor, ōris, m. (cf. admoneo) Mahner

admonitum, i, n. (cf. admoneo) Mahnung, Erinnerung

admonitus, ūs, m. (cf. admoneo) Mahnung, Warnung, Aufforderung

ad-mordeo, momordi, morsus 2. anbeißen, annagen

admōtio, ōnis, f. (cf. admoveo) Heranbewegung, das Anlegen

ad-moveo, mōvi, mōtus 2. **heranbewegen,** nahebringen, näherbringen, anlegen, zuziehen, anwenden

ad-mugio 4. zubrüllen

admurmurātio, ōnis, f. (cf. admurmuro) Gemurmel

ad-murmuro 1. dabei murmeln, dabei murren

ad-n siehe an-n

ad-oleo, olēvi und olui, 2. Brandopfer darbringen, **opfern,** verbrennen, verehren

adolēscens (adulēscens), ntis (cf. adolesco) **heranwachsend;** — m. der **junge Mann,** f. das junge Mädchen, junge Frau (zwischen 14—30 Jahren, bisweilen bis 45); rüstiger Mann

adolescentia, ae, f. (cf. adolesco) und **adulescentia,** ae, f. Jugendzeit, **Jugend**

F. die Adoleszenz: Jugend

adolescentulus (adulescentulus), i, m. (dem. zu adolescens) ganz junger Mensch

adolēsco u. adulesco, adolēvi, adultus 3. (cf. alo) **wachsen, heranwachsen**

adolēsco 3. (cf. adoleo) **auflodern**

Adōn, onis, m. u. Adōnis, idis, m. E. König von Cypern (von Venus geliebt)

F. ein Adonis: ein schöner junger Mann — adonisch: schön wie A. — adonisieren: schön machen

ad-operio, operui, opertus 4. **bedekken,** verschütten, zumachen, schließen

adoptātio, ōnis, f. = adoptio

adoptio, ōnis, f. (cf. adopto) **Annahme an Kindesstatt**

F. die Adoption i. a. B.

adoptivus 3 zur Adoption gehörig

F. adoptiv: durch Adoption angenommen

ad-opto 1. dazu ausersehen, erwählen, **an Kindesstatt annehmen**

F. adoptieren: an Kindesstatt annehmen

ador, ōris, m. Spelt, Dinkel (Weizenart)

adorātio, ōnis f. (cf. adoro) Anbetung

F. die Adoration i. a. B.

adōrea, ae, f. (Ehrengeschenk von Spelt) Sieg, Ruhm

adōreus 3 (cf. ador) aus Spelt, aus Dinkel

ad-orior, ortus sum 4. sich erheben, **angreifen,** sich an etwas machen, an etwas gehen

ad-orno 1. **ausrüsten,** ausstatten, schmücken

ad-ōro 1. **anflehen, anbeten,** verehren

F. adorieren: anbeten — adorabel: anbetungswürdig — der Adorant: Anbeter

ad-p siehe ap-p

ad-qu siehe ac-qu

ad-r siehe ar-r

ad-rādo, si, sus 3. (nicht arr...) **ankratzen,** anschaben

Adramyttēum, i, n. E. Hafenstadt in Mysien (Edremit); Adramyttēnus subst. und adi. Bewohner von A.

Adrana, ae, f. E. Fluß in Hessen (Eder)

Adrastus, i, m. E. König von Argos

Adria cf. Hadria

Adrumētum, i, n. (auch Hadrumētum) E. Küstenstadt in Nordafrika

ad-s siehe as-s

ad-sc siehe a-sc

ad-sp siehe a-sp

ad-st siehe a-st

ad-t siehe at-t

Aduatuca (Atuatuca), ae, f. E. Kastell im Gebiet der Eburonen

Aduatuci (Atuatuci), ōrum, m. E. germanischer Stamm zwischen Maas und Schelde

adūlātio, ōnis, f. (cf. adūlor) Schmeichelei, **Kriecherei**

adulātor, ōris, m. (cf. adūlor) Schmeichler, **Kriecher;** adulatōrius 3 schmeichlerisch, **kriecherisch**

adulescens cf. adolescens

adulescentia cf. adolescentia

adulescentulus cf. adolescentulus

adūlor 1. (seltener adūlo) **schmeichelnd kriechen,** kniefällig verehren

adulter, era, erum (cf. adultero) **ehebrecherisch;** — adulter, i, m. Ehebrecher; adultera, ae, f. Ehebrecherin

F. der Adulter: Ehebrecher — die Adultera: Ehebrecherin

adulterīnus 3 nachgemacht, unecht, falsch

adulterium, ii, n. (cf. adultero) **Ehebruch,** Buhlschaft

ad-ultero 1. (wahrscheinlich aus ad alteram: zur anderen gehen) **Ehebruch treiben,** buhlen; verfälschen, **nachmachen**

adultus 3 (cf. adolesco) **herangewachsen,** entwickelt, erstarkt

F. der Adult: Erwachsener

adumbrātio, ōnis, f. (cf. adumbro) Umriß

ad-umbro 1. (cf. umbra) **Schatten machen,** schattieren (in der Malerei), skizzieren, **andeuten,** schildern, nachahmen; adumbrātus 3 skizziert, angedeutet, undeutlich, unvollständig; erdichtet, falsch, scheinbar

aduncitas, tātis, f. (cf. aduncus) Krümmung

aduncus 3 **gekrümmt,** hakenförmig

ad-urgeo 2. **andrängen,** nachdrängen

ad-ūro, ussi, ustus 3. **anbrennen,** versengen

ad-ūsque 1.) (praep. mit acc.) = usque ad **bis an, bis zu** 2.) (adv.) **fort und fort,** überall

adustus cf. aduro

advecticius 3 (cf. adveho) eingeführt

advecto 1. (cf. adveho) häufig zuführen

advectus, ūs, m. (cf. adveho) Einführung

ad-veho, vexi, vectus 3. **heranführen, herbeibringen,** heranfahren; pass. heranfahren, heranreiten, landen

ad-vēlo 1. (cf. vēlum) **umhüllen**

advena, ae, m. (cf. advenio) **Ankömmling, Fremdling;** auch adi. fremd, ausländisch

ad-venio, vēni, ventum 4. **ankommen,** sich nähern, erscheinen; res advenit die Sache fällt zu

M. Abenteuer (urv.), entstanden aus adventura mh. aventiure

adventicius 3 (cf. advenio) hinzugekommen, ausländisch, fremd; außergewöhnlich, zufällig

advento 1. (cf. advenio) **anrücken,** herannahen

adventus, ūs, m. (cf. advenio) **Ankunft,** Anmarsch; Nahen, Anbruch, Ausbruch

F. der Advent: Vorweihnachtszeit — adventiv: hinzugekommen, nebensächlich

adversārius 3 (cf. adversus) **entgegenstehend, feindlich;** subst. **Gegner,** Feind; adversaria, ae, f. Gegnerin; adversāria, ōrum, n. Behauptungen der Gegenpartei

F. die Adversarien: ungeordnete Aufzeichnungen

adversio, ōnis, f. (cf. adverto) das Hinwenden, Richtung

adversor 1. (cf. adversus) entgegen sein, **sich widersetzen,** entgegentreten

adversus 3 (cf. adverto) **zugekehrt,** zugewandt; **vorn,** von vorn, vordern; gegenüberstehend, gegenüber befindlich; **entgegenstehend, feindlich, widrig,** ungünstig, zuwider, verhaßt; — adversum, i, n. die entgegengesetzte Richtung; Unglück, Mißgeschick; res adversae Unglück

adversus und **adversum** 1.) (adv.) **entgegen;** 2.) (praep. mit acc.) **gegen,** nach etwas hin, im Widerspruch, gegenüber, im Vergleich mit, in Hinsicht auf

ad-verto, verti, versus 3. **hinwenden, hinrichten;** animum advertere den Geist auf etwas richten, etwas bemerken, achtgeben, erkennen; auch advertere wahrnehmen, bemerken; strafend sich gegen jemanden wenden, strafen

ad-vesperāscit, rāvit 3. (cf. vesper) es wird Abend, dämmert

ad-vigilo 1. dabei warten, wachsam sein

ad-vocātio, ōnis, f. Berufung (von Sachverständigen), Beistand (jur.)

advocātus, i, m. (cf. advoco) Rechtsbeistand; Rechtsanwalt, Hilfe, Beistand

M. Vogt (L) aus advocatus — *F.* der Advokat: Anwalt — die Advokatur: Rechtsanwaltschaft — advokatorisch: einem Anwalt gemäß

ad-voco 1. **herbeirufen; anrufen,** berufen, anwenden, gebrauchen

F. advozieren: vor Gericht vertreten

advolātus, ūs, m. (cf. advolo) **das Herbeifliegen**

ad-volo 1. **herbeifliegen,** herbeieilen

ad-volvo, volvi, volūtus 3. **heranwälzen**

advorsarius ältere Form für adversarius

advorsor ältere Form für adversor

advorto ältere Form für adverto

adytum, i, n. (griech.) Allerheiligstes, Inneres eines Tempels

Aea, ae, f. E. mythischer Name von Kolchis; Aeētes, ae und Aeeta, ae, Kolchis; Aeetes, ae und **Aeēta,** ae, E. König von Kolchis, Vater der Medea; **Aeētias,** adis, f. Tochter des Aeetes, Medea; Aeēus 3 ääisch

Aeacus, i, m. Sohn Jupiters, einer der drei Richter der Unterwelt; Aeacidēs, ae m. Nachkomme d. Ä. (Söhne: Peleus und Telamon; Enkel: Achilles und Ajax, der Telamonier; Urenkel: Neoptolemus, Achills Sohn. Nachkommen d. Achill: König Perseus von Mazedonien und König Pyrrhus von Epirus); Aeacideïus den Äaciden gehörig

Aeas, antis, m. E. Fluß in Epirus

Aebura, ae, f. E. Stadt in Spanien (Cuerva)

Aebutius 3 Name eines plebejischen Geschlechtes

Aeculānum, i, n. E. Stadt in Samnium

aecus = aequus

aedes, is, f. **Tempel, Haus,** Gemach

aedicula, ae, f. (dem. zu aedes) **Tempelchen,** kleines Gemach, **Häuschen**

aedificātio, ōnis, f. (cf. aedifico) **das Bauen,** Bauwerk

aedificātor, ōris, m. (cf. aedifico) **Erbauer**

aedificium, ii, n. (cf. aedifico) **Gebäude, Gehöft**

aedifico 1. (cf. aedes-facio) **bauen,** erbauen, anlegen

aedilicius 3 (cf. aedīlis) den Ädil betreffend, **ädilisch;** subst. gewesener Ädil

aedīlis, is, m. Tempelaufseher, **Ädil** (hoh. röm. Beamter, später Polizeivorsteher)

F. Ädil i. a. B.

aedīlitas, tātis, f. (cf. aedīlis) **Ädilität,** Amt des Ädilen

F. Ädilität i. a. B.

aedis = aedes

aeditumus, i, m. (cf. aedes) Tempelhüter

aedituus = aeditumus

Aedui, ōrum, m. E. kelt. Volk zwischen Loire und Seine; — **Aeduus 3 u. subst. äduisch, der Äduer**

Aeētes, Aeētias cf. Aea

Aefula, ae, f. E. Gebirgsort in Latium; — Aefulānus 3 m. **Bewohner von Äfula**

Aegae, ārum, f. E. 1.) Stadt in Cilicien 2.) Stadt in Mazedonien

Aegaeōn, ōnis, m. E. Meerriese Briareus

Aegaeus 3 E. ägäisch, **zum ägäischen** Meere gehörig; Aegaeum, i, n. **der** Archipel

M. das Ägäische Meer (zwischen Griechenland und Kleinasien)

Aegātes, ium, f. die Ägatischen Inseln (an der Nordwestspitze Siziliens)

Aegēae = Aegae

aeger, gra, grum **krank,** krankhaft, bekümmert, **traurig,** schmerzlich, peinlich

Aegeus, ei, m. E. König von Athen, Vater des Theseus; Aegidēs, ae, m. E. Nachkomme d. Ä.; insbesonders Theseus

Aegīae = Aegēae

Aegimūrus, i, f. E. Insel im Golf von Karthago

Aegīna, ae, f. E. 1.) Insel südwestlich von Athen 2.) Nymphe

Aegīnium, ii, n. E. Grenzfeste in Mazedonien

aegis, idis, f. (acc. aegida) (griech.) **die Ägis** 1.) der Schild des Zeus 2.) der Panzer (in der Mitte das Gorgonenhaupt) der Minerva

M. Ägid(ius) (V) — *F.* die Ägide: der Schild

Aegīsos, i, f. E. Stadt in Mösien

Aegisthus, i, m. E. Sohn d. Thyestes, Mörder des Agamemnon

Aegium, ii, n. E. Stadt in Achaia; **adi.** Aegiēnsis, e ägisch

Aegos flumen, E. (Ziegenfluß) Fluß u. Stadt auf dem thrazischen Chersonnes; dort Niederlage der Athener 405 v. Chr.

aegre (adv. v. aeger) schmerzlich, mit Not, mit Mühe, **mit genauer Not, kaum,** mit Überwindung, **ungern; aegre ferre** quod od. acc. c. i. Kummer haben, sich gekränkt fühlen, **mit Unwillen ertragen,** verstimmt sein u. ä.

aegrēsco 3. (cf. aeger) **erkranken;** ärger werden, sich verschlimmern; sich ärgern

aegrimōnia, ae, f. (cf. aeger) **Kummer,** Verstimmung, Gram

aegritūdo, inis, f. (cf. aeger) **das Kranksein,** Unpäßlichkeit, Gram, Kummer

aegrotātio, ōnis, f. (cf. aegrōto) **Krankheit,** Siechtum

aegrōto 1. (cf. aegrōtus) **krank sein,** krank daniederliegen, daniederliegen, leiden

F. der Ägrotant: Kränkelnder

aegrōtus 3 (cf. aeger) **krank,** siech

Aegyptus, i, f. E. Ägypten; Aegyptius 3 ägyptisch

aelinos, i, m. (griech.) Klagelied

Aelius 3. Name eines plebejischen Geschlechts (lex Aelia 156 v. Chr.); Aeliānus 3. älianisch

Aemilius 3. E. Name eines patrizischen Geschlechts (Familien Lepidi, Paulli u. a.); Aemilia via Straße von Rimini nach Piacenza; 1.) L. Aemilius Paullus Konsul, fiel bei Cannae 216 v. Chr. 2.) Sein Sohn, Beinamen Macedonicus, Sieger von Pydna 168 v. Chr. 3.) Ein anderer Sohn (von den Scipionen adoptiert) Scipio Aemilānus Africānus. Aemilianus 3. ämilianisch

M. Emil, Emilie (V)

aemulātatio, ōnis, f. (cf. aemulor) **Nacheiferung,** Wetteifer, Eifersucht, Mißgunst

aemulātor, ōris, m. (cf. aemulor) **Nacheiferer**

aemulātus, ūs, m. (cf. aemulor) = aemulatio

aemulor 1. (cf. aemulus) (mit dem acc.) **nachstreben,** nacheifern, wetteifern, eifersüchtig sein

aemulus 3. **nachstrebend,** nacheifernd wetteifernd, eifersüchtig; subst. m. Nebenbuhler; f. aemula Nebenbuhlerin

Aenāria, ae, f. E. Insel im Golf von Neapel (Ischia)

Aenēas, ae, m. E. Sohn des Anchises und der Venus, trojanischer Held, Ahn d. römischen Volkes; Aeneādes, ae, m. und Aenīdes, ae, m. Nachkomme des Ä.; Aenēis, idos und idis, f. die Äneis, Lied vom Äneas

aēneus 3 (cf. aes) **kupfern,** ehern, bronzen

Aenīa ae f. E. Stadt auf Chalcidice

Aeniānes, um m. E. Volk in Thessalien

aenigma, atis n. (griech.) Rätsel

aēni-pēs, edis (cf. aenus-pes) erzfüßig

Aēnobarbus u. Ahēnobarbus E. (Rotbart (Beiname z. B. Domitius)

aēnum u. ahēnum, i n. eherner Kessel

aēnus und **ahēnus** 3 = aēneus

Aenus, i f. E. Stadt in Thrazien (Enos); Aenii, ōrum m. Bewohner von Ä.

Aenus, i m. E. der Inn

Aeoles, um m. E. Stamm auf Lesbos; —Aeolius 3 äolisch; — Aeolia, ae f. auch Aeolis, idis f. Äolien 1.) Nordwestküste Kleinasiens, 2.) die Aeolusinsel; — Aeolus, i m. E. 1.) Herr d. Winde, Sohn des Hellen, Stammvater der Äoler. Aeolides, ae, m. E. der Nachkomme des Äolus; — Aeolis, idis f. E. Tochter des Äolus; Aeolius 3 äolisch

M. Äolsharfe: Windharfe

aequābilis, e (cf. aequo) **gleich,** gleichförmig; unparteiisch

aequabilitas, tātis f. (cf. aequo) **Gleichmäßigkeit; Unparteilichkeit**

aequ-aevus 3 (aus aequus und aevum) **gleichaltrig**

aequālis, e (cf. aequus) **gleich,** eben, gleichförmig, gleichmäßig, gleichstehend, gleichaltrig; subst. m. u. f. Altersgenosse, Zeitgenosse, Gespiele

aequālitas, tātis f. (cf. aequālis) **Gleichheit**
F. die Äqualität i. a. B.

aequātio, ōnis f. (cf. aequo) Gleichstellung

aeque (adv. v. aequus) **gleich,** gleichmäßig, in gleicher Weise, **ebenso**

Aequi, ōrum m. E. Volk in Latium; Aequicus 3 äquisch

Aequiculi, ōrum m. E. Volk, Nachbarn der Äquer

aequi-libritas, tātis f. (cf. libra) das Gleichgewichtsgesetz

Aequimaelium (Aequimēlium), ii n. Platz in Rom

aequinoctiālis (cf. aequus-nox) **zur Tag- und Nachtgleiche gehörig**
F. äquinoktal: zur Zeit der Tag- und Nachtgleiche

aequinoctium, ii n. (cf. aequus u. nox) **Tag- und Nachtgleiche**
F. das Äquinoktium i. a. B.

aequiperābilis, e (cf. aequipero) vergleichbar

aequi-pero u. aequi-paro 1. (cf. aequus u. paro) **gleichmachen,** gleichstellen, **vergleichen;** gleichkommen, erreichen

aequitas, tātis f. (cf. aequus) **Gleichheit;** — **Gleichmut,** Gelassenheit; Gleichheit, Gerechtigkeit, Billigkeit
F. die Äquität: Billigkeit, Rechtlichkeit

aequo 1. (cf. aequus) **gleichmachen,** ebnen, gleichstellen, vergleichen, ausgleichen, gleichmäßig verteilen, **gleichkommen** (mit acc.)
F. der Äquator: der Gleicher, Mittellinie — äquatorial: zum Äquator gehörig — die Äquation: Gleichung, Gleichmachung

aequor, oris n. (cf. aequus) **Ebene,** Fläche, flaches Feld, **Meeresfläche,** Meereswasser, Meer

aequoreus 3 (cf. aequor) zum Meer gehörig

aequus 3 (ältere Form aecus) **gleich, eben, flach;** — (vom flachen, zum Kampf geeigneten Gelände) **günstig gelegen, vorteilhaft;** — **günstig,** wohlwollend, geneigt; — gleichbleibend, gleichmäßig, gleichartig, gelassen, ruhig; — gleichdenkend, **gerecht, unparteiisch,** gleich, gleichartig, gleichmäßig, gleich **groß,** gleich verteilt, **unentschieden;** — aequo Marte pugnare mit gleichen Glück (unentschieden) kämpfen; aequum, i n. Ebene, Fläche— Billigkeit; Gleichheit. ex aequo (adv.) gleichmäßig, in gleicher Weise
F. in Fremdwörtern die Vorsilbe äqui = gleich

aer, āëris, m. (acc. aëra) (griech.) **Luft,** Nebel, Wolke, Hauch
F. der Aeroplan: Flugzeug

aerārius 3 (cf. aes) **erzen, zum Erz** gehörig, **zum Geld gehörig; aerārius,** ii m. Ärarier, Angehöriger der letzten Bürgerklasse; aerārium, ii n. Schatzkammer, Staatskasse
F. das Ärar: Staatsschatz, Staatskasse — ärarisch und ärarial: die Staatskasse betreffend

aerātus 3 (cf. aes) erzbeschlagen, **ehern**

aereus 3 (cf. aes) = aerātus

aeri-fer, fera ferum (cf. fero-aes) erztragend, eherne Zimbel tragend

aeri-pes, pedis (cf. aes u. pes) erzfüßig

āërius 3 (cf. aër) **luftig**

Aeropā, āe f. u. Aeropē, es f. E. Gattin des Atreus

aerūgo, inis f. (cf. aes) Grünspan; — Eigensucht, Eigennutz, Neid

aerumna, ae f. Mühsal, Trübsal

aerumnōsus 3 (cf. aerumna) trübselig, kummervoll, unglücklich

aes, aeris n. **Erz** (urv.), **Kupfer, Bronze;** Kupfergeld, Geld, Vermögen; Lohnung, Sold; — Dienstjahre; — aes aliēnum Schulden
F. die Ära: Zeitrechnung, Zeit (von „Dienstjahre")

Aesacus, i m. E. Sohn des Priamus, Geliebter der Hesperia

Aesar, aris m. E. kl. Fluß in Bruttium

Aeschines, is m. E. 1.) Philosoph, Schüler des Sokrates 2.) berühmter Redner

Aeschylus, i m. E. der berühmte tragische Dichter

Aesculāpium, ii n. Äskulaptempel

Aesculāpius, ii m. E. Gott der Heilkunde, Sohn Apollos
F. der Äskulapstab: Symbol der ärztlichen Kunst, ein von einer Schlange umwundener Stab

aesculētum, i n. Eichenwald

aesculeus 3 (cf. aesculus) eichen

aesculus, i f. Wintereiche

Aesernia, ae f. Stadt der Samniter (Sergna); Aesernīnus der Bewohner von Ä.; adi. Beiname des bei A. gefangengenommenen M. Claudius Marcellus

Aesis, is m. E. Fluß in Umbrien

Aeson, ōnis m. E. König von Jolkus, Vater des Jason; Aesonidēs, ae m. Nachkomme d. Ä.; Aesonius 3. des Äson

Aesōpus, i m. E. 1.) griech. Fabeldichter 2.) Clodius Aesopus bekannter Schauspieler zu Rom, Freund Ciceros; Aesopeus 3. u. Aesopius 3. äsopisch
M. äsopisch: in der Art Äsops, witzig

aestas, tātis f. (cf. aestus) **Sommer,** warme Jahreszeit; Sommerhitze, Hitze

aesti-fer, fera, ferum (cf. aestus-fero) hitzebringend

Aestii, ōrum m. E. nichtgermanisches Volk an der Ostsee, Esten

aestimātio, ōnis f. (cf. aestimo) **Abschätzung,** Würdigung, Schätzung, Anerkennung
F. die Ästimation i. a. B.

aestimātor, ōris (cf. aestimo) Abschätzer, Beurteiler

aestimo 1. (älter aestumo) **abschätzen, schätzen** (die allgemeine Wertangabe steht im gen. z. B. magni aestimare hochschätzen, plurisaestimare höher taxieren u. ä.), würdigen, beurteilen, anerkennen, **glauben, meinen**
F. ästimieren: würdigen — ästimabel: schätzenswert — ästimatorischer Eid: Eid auf die Wertangabe einer Sache (jur.)

aestīvus 3 (cf. aestas) **sommerlich;** — **aestiva,** ōrum (scil. castra) **Sommerlager,** Feldzug; (scil. stabula) Sommerweide
M. Stiefel (L) (aus aestivalis)

aestuārium, ii n. (cf. aestuo) Lagune, Lache, Bucht

aestumo cf. aestimo

aestuo 1. (cf. aestus) 1.) (vom Feuer) **lodern,** auflodern; glühen, Hitze leiden 2.) (vom Wasser) **wallen,** wogen, schäumen, branden; — aufwallen, **aufgeregt sein,** glühen 3.) in Unruhe sein, schwanken, unschlüssig sein

aestuōsus 3 (cf. aestus) 1.) **glühend** 2.) **wogend**

aestus, ūs m. 1.) (vom Feuer) **Glut,** Hitze, Sommerhitze 2.) (vom Wasser) **Brandung,** Wallen, Fluten, die Flut; — **Ungestüm, Leidenschaft,** Heftigkeit, Schwanken, Unruhe, Besorgnis

aetas, tātis f. (aus aevitas cf. aevum) 1.) **Lebenszeit,** Leben, Menschenleben 2.) **Lebensalter,** Altersstufe; prima oder iniens aetas = Jugend; in aetatem venire zu Jahren kommen; per aetatem altershalber 3.) **Zeit, Zeitalter;** (das in einem Zeitalter lebende) Geschlecht

aetātula, ae (cf. aetas) zartes Alter

aeternitas, tātis f. (cf. aeternus) **Ewigkeit;** Unsterblichkeit

aeterno 1. (cf. aeternus) ewig machen, **verewigen**

aeternus 3 (aus aeviternus cf. aevum) **ewig,** unvergänglich, **beständig;** aeternum, i n. Ewigkeit
M. in aeternum: für die Ewigkeit

Aethalia, ae f. E. Insel Chios

aether, eris m. (griech.) **Äther, Himmel;** die Götter, Luft, Oberwelt
F. der Äther i. a. B.; auch alkoholische Flüssigkeit — ätherisieren: durch Äther betäuben

aetherius 3 (cf. aether) ätherisch, himmlisch, luftig, zum Himmel ragend
F. ätherisch: himmlich, flüchtig, vergeistigt

Aethiopia, ae f. E. Äthiopien, südl. von Ägypten; — Aethiopicus 3 äthiopisch; — Aethiops, opis m. Äthiopier, Neger

aethra, ae f. (griech.) helle Luft, Himmelsglanz

Aethra, ae f. E. 1.) Mutter des Theseus 2.) Tochter des Oceanus

Aëtion, ōnis m. E. griech. Maler

Aetna, ae und Aetne, ēs f. 1.) der Ätna; Aetnaeus 3. vom Ätna 2.) Stadt am Fuß des Ätna; Aetnēnses, ium m. Bewohner von Ätna

Aetōlia, ae f. E. Landschaft in Mittelgriechenland; — Aetōlus, i m. E. der Ätolier; — Aetōlius u. Aetōlicus ätolisch

aevum, i n. 1.) **Ewigkeit** 2.) (= aetas) **Zeit,** Lebenszeit, Menschenalter, Altersstufe, Zeitalter
M. Ehe, ewig (urv.)

Afer, Afra, Afrum, E. afrikanisch, punisch; Afer, Afri, m. Hannibal
M. Afra (V)

affābilis, e (cf. affor) ansprechbar, leutselig, freundlich
F. affabel i. a. B.

af-fatim (cf. fatigo) (bis zur Ermüdung) **zur Genüge,** genug, reichlich

affectātio, ōnis f. (cf. affecto) Streben
F. die Affektation: Getue, Ziererei

affectio, ōnis f. (cf. afficio) **Einwirkung,** Zustand, Beschaffenheit, **Stimmung,** Neigung
F. die Affektion: Anhänglichkeit, Wohlwollen; krankhafte Störung (med.) — affektioniert: gewogen

af-fecto 1. (cf. afficio) 1.) **sich an etwas machen,** greifen, ergreifen 2.) **erstreben,** nach etwas streben
F. affektieren: erkünsteln, sich zieren — affektiert: geziert

affectus, ūs m. (cf. afficio) Zustand, **Gemütsstimmung,** Leidenschaft
F. der Affekt: Leidenschaft

af-fero, attuli, allātus, afferre **herantragen,** heranbringen, beibringen, beitragen; überbringen, melden, verkünden; dazubringen, verursachen, veranlassen; manus afferre Hand anlegen; sibi manus afferre Hand an sich legen — vim afferre Gewalt antun — cladem afferre eine Niederlage beibringen
F. der Adlatus: der Helfer

af-ficio, fēci, fectus 3. (cf. facio) **antun,** zufügen, jemand **mit etwas** (**alqua re**) **versehen** (z. B. beneficio, praemio, honore, dolore, laetitia, supplicio afficere); — erregen, stimmen; — hart mitnehmen, angreifen, schwächen; affectus 3 versehen, ausgerüstet; eingerichtet; gestimmt, gesinnt; angegriffen, geschwächt, zu Ende gehend
F. affizieren: angreifen, reizen — affizierbar: reizbar

af-fīgo, fīxi, fīxus 3. (cf. fīgo) **anheften;** befestigen; festhalten, einprägen
F. affigieren: aushängen — das Affix: Anhängsel, Verlängerungssilbe

af-fingo, fīnxi, fictus 3. (cf. fingo) **hinzubilden,** andichten, **hinzudichten**

af-fīnis, e (cf. fīnis) **angrenzend,** benachbart; — an etwas teilnehmend, beteiligt, verwickelt, verschwägert; subst. m. u. f. der Schwager, die Schwägerin
F. affinieren: verfeinern, reinigen, läutern — affiniert: verwandt

affīnitas, tātis f. (cf. affinio) **Verschwägerung,** Schwägerschaft
F. die Affinität: Verwandtschaft

affirmātio, ōnis f. (cf. affirmo) **Versicherung,** Beteuerung
F. die Affirmation: Bejahung, Behauptung

affirmo 1. (cf. firmus) **festmachen,** befestigen, bekräftigen, versichern, beteuern; — affirmātus 3 bestimmt teuer, heilig
F. affirmieren: bejahen — affirmativ: bejahend

afflātus, ūs m. (cf. afflo) das Anblasen, Anhauchen; — Begeisterung

af-fleo 2. (cf. fleo) **mitweinen**

afflictātio, ōnis f. (cf. afflicto) **Pein, Qual**

afflīcto 1. (cf. afflīgo) **anschlagen,** beschädigen; — plagen, peinigen

af-flīgo, flīxi, flīctus 3. **anschlagen, niederschmettern,** zu Boden werfen, niederdrücken, entmutigen; afflīctus 3 angeschlagen, beschädigt, übel zugerichtet, unglücklich, niedergeschlagen, mutlos

af-flo 1. **anblasen,** anhauchen, entgegenwehen

af-fluentia, ae f. (cf. affluo) Überfluß, Fülle

af-fluo, flūxi 3. heranfließen, herankommen, zuströmen; reichlich zuströmen, reichlich vorhanden sein
F. die Affluenz: Zufluß

af-for 1. anreden, ansprechen

af-fore = affuturum, am, um, esse; afforem = affuturus, a, um essem (cf. assum)

af-fulgeo, fulsi 2. (cf. fulgeo) **anstrahlen,** entgegenstrahlen, leuchtend erscheinen, aufleuchten

af-fundo, fūdi, fūsus 3. (cf. fundo) **hinzugießen,** hinzuschütten, hinzuwerfen

afluo = affluo

a-fore = afuturum, am, um esse; — aforem = afuturus, a, um essem (cf. absum)

Afrānius 3. E. Name eines plebejischen Geschlechts 1.) L. Afranius röm. Lustspieldichter 2.) L. Afranius Anhänger des Pompejus; Afraniānus adi. des A.

Africus 3 afrikanisch, punisch; Africus, i m. der Südwestwind; Africa Afrika die römische Provinz Afrika; Africānus 3 afrikanisch; Beiname der Scipionen

Agamēdes, is m. E. griechischer Baumeister

Agamemno u. Agamemnon, onis m. E. König v. Mykenä, griech. Heerführer vor Troja; Agamemnonius 3 des A.

Aganippe, ēs f. E. heilige Quelle in Boötien am Helikon; Aganippēus von A. abstammend; Aganippis, idos f. Tochter d. A.

agāso, ōnis m. (cf. ago) Stall-, Pferdeknecht

Agathoclēs, is u. i m. E. 1.) König v. Syrakus 2.) griechischer Geschichtsschreiber

Agathyrna, ae f. E. Stadt in Sizilien (Sant Agata)

Agathyrsi, ōrum m. szythischer Volksstamm

Agauē, ēs f. E. u. Agāve, ēs Tochter des Kadmus

age cf. ago

Agedincum, i n. E. Hauptstadt der Senonen (Sens)

agellus, i m. (dem. v. ager) Gütchen

agēma, atis n. (griech.) Schar, Auswahltruppe der Mazedonier

Agēnor, oris m. E. König von Sidon, Vater des Kadmus; Agēnoreus 3 des A.; Agenoridēs, ae m. Nachkomme des A.

ager, agri m. (cf. ago) **Acker, Feld;** das offene Land (im Gegensatz zur Stadt); Gebiet, Landschaft; — in agrum feldein, in die Tiefe

Agesilāus, i m. E. König v. Sparta

Agesimbrotos, i m. E. Admiral der Rhodier

Agesipolis, idis m. E. König v. Sparta

ag-gemo 3. dazu seufzen

ag-ger, eris m. (cf. aggero) (Herbeigetragenes) **Schanzmaterial,** Dammerde, **Damm,** Wall; Dammweg, Knüppeldamm, Straßenaufschüttung; Erhöhung, Haufe

aggerātio, ōnis f. (cf. aggero) Aufdämmung

aggero 1. **einen Damm aufwerfen, aufhäufen**

ag-gero, gessi, gestus 3. **herantragen,** heranschaffen; beibringen, verbringen

aggestus, ūs m. (cf. aggero) Herantragen, Herbeischaffen

agglomero 1. ein Knäuel bilden, dicht aneinanderdrängen, fest anschließen
F. das Agglomerat: Aufhäufung — die Agglomeration: Zusammenballung

ag-gravo 1. **schwerer machen, verschlimmern**
F. aggravieren: beschweren — die Aggravation: Erhöhung, Erschwerung, Steigerung

ag-gredior, gressus sum 3. (cf. gradior) **herangehen, angehen, angreifen,** etwas angreifen, unternehmen, beginnen, an etwas gehen

F. die Aggression: Angriff — der Aggressor: Angreifer — aggressiv: angreifend

ag-grego 3. (cf. grex) **hinzuscharen,** beigesellen

F. das Aggregat: Anhäufung, Summe (math.) — die Aggregation: Anhäufung

aggressio, ōnis f. (cf. ag-gredior) **Angriff; — der Anlauf** (des Redners)

agilis, e (cf. ago) **beweglich, behend,** schnell, tätig, **rührig**

F. agil: beweglich, gewandt

agilitas, tātis f. **Beweglichkeit,** Schnelligkeit

F. die Agilität: Gewandtheit

Agis, idis m. E. König in Sparta

agitābilis, e (cf. agito) leicht beweglich

agitātio, ōnis f. (cf. agito) **Bewegung,** Betreibung — Regsamkeit, Rührigkeit

F. die Agitation: Bewegung, Werbearbeit, Aufreizung

agitātor, ōris m. (cf. agito) der Treiber, Lenker

F. der Agitator: Werber, Aufwiegler, Aufhetzer

agito 1. (cf. ago) **heftig betreiben, bewegen,** treiben; hetzen, jagen; schütteln, aufrühren, aufwirbeln, beunruhigen, plagen, verfolgen; begehen, zubringen, feiern; sich herumtreiben, verweilen, wohnen; besprechen, verhandeln; bedenken, überlegen, beabsichtigen, im Sinne haben

F. agitieren: aufwiegeln, hetzen, werben

Aglaophon, ōntis m. E. griech. Maler

Aglaurus und os, i f. E. Tochter des Kekrops

agmen, inis n. (cf. ago) **Zug, Heereszug,** Marsch; **Heerhaufen**

āgna, ae f. Mutterlamm

a-gnāscor, agnātus sum 3. **hinzugeboren werden;** agnātus, i m. der nachgeborene Sohn, Verwandter (väterlicherseits)

F. der Agnat: Verwandter (väterlicherseits)

agnātio, ōnis f. (cf. agnascor) Blutsverwandter (väterlicherseits)

F. die Agnation i. a. B.

agnīnus 3 (cf. agnus) vom Lamm; agnīna (scil. caro) Lammfleisch

agnitio, ōnis (cf. agnosco) Anerkennung, Erkenntnis

F. die Agnition: Anerkennung

agnōsco, agnōvi, agnitus 3. (auch adgnosco) (cf. nosco) **anerkennen, erkennen; wiedererkennen, gelten lassen**

F. agnoszieren: anerkennen

āgnus, agni, m. Lamm

M. agnus dei: Lamm Gottes, Beiname Christi

ago, ēgi, āctus 3. **treiben; trans. in Bewegung setzen,** bewegen; führen; jagen, hetzen; antreiben, verleiten; gerichtlich verfolgen, anklagen; hervorbringen, hervortreiben; etwas treiben, vollbringen, ausführen; etwas vornehmen, sich mit etwas beschäftigen; — conventus agere Gerichtstage abhalten; vitam agere sein Leben verbringen; — id ago ut (ne) darauf ausgehen; — an den Tag legen, zeigen; (Zeit) zubringen, hinbringen, verleben (annus agitur das Jahr vergeht); abs.: **leben,** sich aufhalten, z. B. sine legibus agere ohne Gesetz leben, Romae agere in Rom leben, sich aufhalten; — ein Bühnenstück (tragoediam) aufführen; eine Rolle spielen; primas partes die Hauptrolle, secundas partes Nebenrolle spielen; se agere sich aufführen, sich benehmen; — verhandeln, besprechen; — causam agere bei Gericht klagen, einen Prozeß führen (vom Kläger u. Verteidiger gesagt) — **intr. tätig sein, handeln; — zu Werke gehen; verfahren;** bene agitur es geht gut; male cum alquo agere schlecht umgehen mit jemandem u. ä.; de me actum es ist mit mir aus;— age, agite (imp.) (verstärkt agedum, agitedum) mach! macht! wohlan! auf! vorwärts! weiter! ferner! wohlan! schön! gut!; laß das! leider!; — acta, ōrum n. Taten, Werke; Verfügungen, Verordnungen, Protokolle; Tagesberichte, Amtsblatt, Tagblatt (acta diurna, publica)

F. ad acta: zu den Akten — das Agens

(plur. Agenzien): wirkende Ursache, Triebkraft — die Agenda: Merkbuch, Taschenbuch — agieren: handeln — der Agent: Geschäftsträger, Vertreter, Vermittler — die Agentur: Vertretung — aktiv: tätig, wirksam, im Dienste stehend — inaktiv: untätig, außer Dienst — aktivieren: in Tätigkeit setzen, in Gang bringen — inaktivieren: in einem Amt anstellen — die Inaktivierung: die Anstellung — der Aktivismus: lebensbejahende Gesinnung — die Aktivität: Geschäftigkeit, Tätigkeitstrieb — die Aktivitas: die aktiven Mitglieder einer Studentenverbindung — die Inaktivitas: die inaktiven (älteren) Mitglieder einer Studentenverbindung — die Akte: Verhandlungsschrift, Urkunde, Verfügung, Beschluß — die Aktie: Anteilschein — der Aktionär: Anteilscheininhaber — der Aktuar: Gerichtsschreiber — aktuell: wirklich, gegenwärtig, zeitgemäß, lebendig — die Aktualität: Wirklichkeit, Zeitgemäßheit — reagieren: gegenwirken, auf etwas eingehen — das Reágens, das Reàgens: das Rückwirkende, der eine chem. Wirkung erzeugende Stoff — die Reaktion: Rückwirkung, Rückschritt, Rückschrittspartei — reaktionär: rückschrittlich — reaktiv: rückwirkend — reaktivieren: wiederanstellen — die Reaktivierung: die Wiederanstellung — abreagieren: zum Abklingen bringen

Agonālia, ōrum n. E. Fest zu Ehren des Janus; Agonālis, e zu den A. gehörig

agrārius 3. (cf. ager) **den Acker betreffend,** die Ackerverteilung betreffend; — lex agrāria Gesetzvorschlag betr. die Staatsländereien; agrārii, orum m. die Agrarpartei

F. der Agrarier: Vertreter der Landwirtschaft

agrestis, i (cf. ager) **auf dem Acker befindlich;** wild auf dem Felde lebend; **ländlich;** bäurisch; agrestis, is m. der Bauer

agri-cola, ae m. (cf. ager und colo) Ackerbauer, **Landmann**

Agricola, ae m. E. Cn. Julius Agricola, Schwiegervater des Tacitus

agricultio, ōnis f. (cf. ager und colo) **Ackerbau**

agri-cultūra, ae f. (cf. ager und colo) **Ackerbau**

agri-cultor, ōris m. **Landwirt**

Agrigentum, i n. E. (auch Acragas, Agragas, antis m.) Stadt in Sizilien (Girgenti)

agripeta, ae f. (cf. ager u. peto) der nach Acker Strebende, Kolonist

Agrippa, ae m. E. 1.) Menenius, Konsul 2.) M. Vipsanius A. Feldherr d. Augustus 3.) A. Postumus, Sohn des vorigen u. d. Augustustochter Julia

Agrippīna, ae f. E. 1.) Tochter des M. Vipsanius Agrippa und der Pomponia 2.) Tochter des vorigen u. der Julia, Gemahlin des Germanicus, Mutter d. Caligula. — Ihr Geburtsort ist Colonia Agrippinēnsis = Köln; Agrippinēnses, ium n. E. Bewohner von C. A.

Agylla, ae f. E. Stadt in Etrurien; Aggyllīnus i m. Einwohner von A.

ah und a ach! oh! ha!

Ahāla, ae m. E. Beiname d. gens Servilia

ahēnus u. ahēneus 3 = aeneus

ai ach!

Aiax, ācis m. E. 1.) der Kleine, Sohn des Oileus, troj. Held 2.) der Große, Sohn Telamons, troj. Held

āio (es kommt nur vor: aio, ais, ait, aiunt, aiam, aias, aiat, aiant u. das vollständige Imperf. aiebam, aiens) **ja sagen, bejahen,** behaupten, sagen; ain = aisne? sagst du?

Aius Locūtius (cf. aio-loquor) die göttl. Stimme, die die Römer vor dem Anrücken der Gallier warnte

ala, alae f. (cf. axilla) **Achsel** (urv.), **Schulter;** Achselhöhle; Flügel; die auf den Flügeln stehenden Truppen, **Hilfstruppen;** Reiterschar

Alabanda, ōrum n. E. Stadt in Karien; Alabandeus, i n. und Alabandandis, is m. Bewohner von A.

alacer, cris, cre **lebhaft, feurig,** eifrig, munter, lebendig, freudig

M. allegro (it): geschwind — allegretto: mäßig geschwind — allegramento: munter, lebhaft (mus.)

alacritas, tātis f. **Eifer, Feuer, Munterkeit**

alapa, ae f. **Ohrfeige,** Backenstreich

(den der Herr dem Sklaven bei der Freilassung gibt), **Freilassung**

alārius 3 und alāris, e (cf. ala) **zu den Heeresflügeln gehörig; alārii,** orum m. oder **alāres,** ium m. **Hilfstruppen**

alātus 3 (cf. ala) geflügelt

alauda, ae f. Lerche, Haubenlerche; Name einer vor Cäsar aufgestellten gallischen Legion, genannt nach den Federbüschen der Helme

Alba, ae m. E. Stadtname 1.) Alba Longa, älteste Stadt in Latium, Mutterstadt Roms 2.) Alba am Fucinersee; — Albānus der Albaner; Albēnsis, e albanisch

Albānia, ae f. E. Landschaft in Kleinasien; Albāni, ōrum m. Bewohner von A.

Albānum, i n. Landgut am Fuße des Albanerberges

albātus 3. (cf. albus) weiß gekleidet

albeo 2. (cf. albus) **weiß sein**

albēsco 3. (cf. albus) **weiß werden,** hell werden; ergrauen, grauen

Albici, ōrum m. E. Gebirgsvolk in Gallien

albico 1. (cf. albus) = albeo

albidus 3 (cf. albus) weißlich

Albigauni, ōrum m. E. Volksstamm in Ligurien; Albigaunum i n. Stadt der A.

Albinovānus, i m. E. 1.) Dichter und Freund Ovids 2.) Privatsekretär des Tiberius

Albinus, i m. E. Beiname der gens Postumia; A. Postumius Albinus Konsul, Verfasser einer röm. Geschichte

Albis, is m. E. (acc. Albim, abl. Albi) Elbe

albitūdo, inis f. (cf. albus) die weiße, graue Farbe

Albius 3. E. Name eines röm. Geschlechts; Albius Tibullus der Dichter

Albrūna, ae f. E. germanische Seherin

Albula, ae f. E. alter Name des Tiber

Albunea, ae f. E. Quellnymphe bei Tibur

Alburnus, i m. E. Gebirge in Lukanien

albus 3 **weiß,** bleich, grau, hell; — heiter, glückverkündend, günstig; album, i n. das Weiße, die weiße Farbe, die weiße Tafel (für Veröffentlichungen); album senatorium Senatorenliste

F. die Albe: weißes Priestergewand — das Album: Stammbuch, Gedenkbuch, Sammelbuch für Bilder — das Albumin: Eiweißstoff — albuminos: eiweißhaltig — Albin und Albinus (V) — Albinismus: Weißsucht — der Albino (it.): der Weißling (bei Mensch und Tier)

Alcaeus, i m. E. Dichter, Lyriker

Alcamenes, is m. E. griech. Bildhauer

Alcathous, i m. E. Sohn des Pelops, Wiedererbauer von Megara; Alcathoē, es f. = Megara

alcēdo, inis f. Eisvogel

alcēs, is f. Elch (urv.)

Alcēstis, idis f. E. Gattin d. Admetus

Alcibiades, is m. E. der bekannte athenische Feldherr, Schüler des Sokrates

Alcidamas, antis m. E. griech. Redner, Schüler des Gorgias

Alcīdes, ae m. E. Herkules (als Enkel des Alceus)

Alcinous, i m. E. König der Phäaken, Vater der Nausikaa

Alcis m. auch Alci, ōrum m. E. germanische Doppelgottheit

Alcmaeon, Alcmaeo, Alcmeo, onis m. E. 1.) Sohn des Amphiaraos, tötete die Mutter und wurde wahnsinnig 2.) griech. Philosoph, Schüler des Pythagoras

Alcmēna, ae u. Alcmēne, es f. E. Mutter des Herkules

Alco, ōnis m. E. 1.) Sohn des Atreus 2.) Erzgießer

alcyon (halycōn), onis f. = alcēdo

Alcyonē, ēs f. E. 1.) Tochter des Aöolus, sie und ihr schiffbrüchiger Gatte wurden in Eisvögel verwandelt 2.) Tochter des Atlas, eine der Plejaden

alea, ae f. Würfel, Würfelspiel; — Wagnis, Risiko, Gefahr

M. alea iacta est: der Würfel (die Entscheidung) ist gefallen

aleātor, ōris m. (cf. alea) der Spieler, Würfelspieler

aleatōrius 3 (cf. alea) zum Spiel gehörig

alec siehe allec

Alēcto (Allēcto) (nom. u. acc.) E. eine der drei Furien

Alēius campus m. (meist Plural) E. getreidereiche Ebene Ciliciens

Alēmon, onis m. Erbauer von Kroton; Alemonides, ae m. Sohn des A.

āles, itis (cf. ala) (gen. plur. alitum, Nebenform alituum) **geflügelt,** beflügelt; flüchtig, rasch, schnell; (subst.) f. Wahrsagevogel, Vogel, Vorbedeutung, Vorzeichen

Alesia, ae f. E. Festung d. Mandubrier (bei Dijon), in der sich Vercingetorix dem Cäsar ergibt

Alexander, dri m. E. 1.) Sohn d. Priamus 2.) Tyrann v. Pherä 3.) Alexander Magnus, Sohn Philipps v. Mazedonien

M. Alexander, Alice (V)

Alexandrīa (Alexandrēa), ae f. E. Name vieler Städte zu Ehren Alexanders des Großen; am bedeutendsten die an der Mündung des westl. Nilarmes (Alexandrien); Alexandrīni, ōrum m. Bewohner von A.

Alexis, idis m. E. (acc. im, voc. i) Sklave des Asinius Pollio

Alfēnus, i m. E. P. Alfenus Varus Jurist

Alfius 3 E. Name eines römischen Geschlechts 1.) C. Alfius Flavus Freund Ciceros 2.) Finanzmann u. Wucherer in Rom zur Zeit des Horaz

alga, ae f. Seegras, Seetang

F. die Alge: blütenlose Wasserpflanze

algeo, alsi 2. frieren

Algidum, i n. E. Bergfestung auf dem Algidus

algidus 3 (cf. algeo) kalt

Algidus (mons) m. E. rauhe Hügelkette südöstl. Roms

algor, ōris m. (cf. algeo) Frost, Kälte

Alia = Allia

aliā (scil via) adv. (cf. alius) **auf anderem Wege;** — alius alia via der eine auf diesem, der andere auf jenem Wege

alias (cf. alius) (adv.) **zu anderen** Malen, **sonst,** auf andere Weise, **anders;** — alias — alias **bald — bald;** non alias quam nichts andres als; aus keinem anderen Grunde als

F. alias: sonst

alibi (adv.) (cf. alis und ibi) **anderswo**

F. das Alibi: Abwesenheit vom Tatort

alica, ae f. Graupe, Grütze

alicubi (adv.) (cf. aliquis und ubi) **irgendwo**

alicunde (adv.) (cf. aliquis und unde) **irgendwoher**

alienātio, ōnis f. (cf. aliēno) **Entfremdung, Entäußerung,** Abneigung, Abfall

F. die Alienation: Veräußerung

alieni-gena, ae m. (cf. aliēnus-gigno) ausländisch, fremd

aliēno 1. (cf. alienus) **fremd machen, entfremden,** veräußern, weggeben, in fremde Hände geben; in fremde Gewalt bringen, verfeinden, abgeneigt machen, abspenstig machen; pass. feind werden, abfallen; — mentem alienare den Verstand verrücken, wahnsinnig machen; alienātus 3 außer sich, verrückt

F. alienieren: veräußern — alienabel: veräußerlich

aliēnus 3 (cf. alius) **fremd;** alienum, i n. und aliena, orum n. fremdes Eigentum, fremde Angelegenheiten; aes alienum Schulden; — **ausländisch;** alienus, i m. Fremder, Ausländer; — fernstehend, nicht verwandt; entfremdet, abgeneigt, feindselig; ungünstig; nachteilig; unpassend, unangemessen, widersprechend (ab alquo und alqua re)

ali-ger, a um (cf. ala-gero) **beflügelt,** beschwingt

alimentārius 3 (cf. alimentum) zur Nahrung gehörig

alimentum, i n. (cf. alo) Nahrungsmittel; Erzieherlohn

F. das Aliment: Unterhaltungsbeitrag

alimōnium, ii n. (cf. alo) Nahrung. Erziehung

alio (cf. alius) adv. 1.) **anderswohin** (alius alio der eine hierhin, der andre dorthin) 2.) **zu jemand anderem,** zu etwas anderem

aliō-qui oder aliō-quin 1.) **in anderer Hinsicht, sonst,** im übrigen 2.) **überhaupt, ohnehin** 3.) **andernfalls,** widrigenfalls, sonst

aliōrsum u. aliōrsus (cf. alio-versum) anderswohin

ali-pes, pedis (cf. ala-pes) flügelfüßig, schnellfüßig

Aliphēra, ae f. (griech.) E. Bergstadt in Arkadien

alīpta, ae m. und alīptes, ae m. (griech.) Salber, Masseur

aliquā (adv.) (scil. via) (cf. aliqui) auf irgendeinem Wege, **irgendwie**

aliquam-diu (adv.) **ziemlich lange, eine Zeitlang**

aliquam-multi 3 ziemlich viele

aliquando (adv.) **irgend einmal, einst,** endlich einmal, endlich, manchmal, bisweilen

ali-quantus 3 **ziemlich groß, ziemlich viel;** aliquantum, i n. ein ziemliches Stück, ein gut Teil, ein Bedeutendes; aliquantum (adv.) ziemlich bedeutend; aliquanto (abl.) um ein Bedeutendes, bedeutend

F. die Aliquante: ungleichteilende Zahl (math.) — aliquant: ungleich teilend

aliquā-tenus adv. bis zu einem gewissen Grade

ali-qui, qua, quod (adi. pron. indef.) **irgendein**

ali-quis, qua, quid (subst. pron. indef.) **irgendeiner, irgend jemand;** plur. manche, einige; aliquid (adv.) einigermaßen

ali-quō (adv.) **irgendwohin,** anderswohin

aliquot (cf. alis-quot) **einige**

F. aliquot: gleich teilend

ali-quoties u. ali-quotiens (adv.) **einige Male**

Alis siehe Elis

alis, alid, ältere Form für alius, aliud

Aliso, onis m. E. befestigter Platz an der Lippe

aliter (adv.) (cf. alius) **anders,** auf andere Weise; andernfalls, sonst, entgegengesetzt

alituum, cf. ales

alium, ii n. (auch allium) **Knoblauch**

aliunde (adv.) (cf. alius und unde) **anderswoher** (von Ort, Person und Sache)

alius, alia, aliud (Gen. alterius, Dat. alii) **ein anderer** (von mehreren); alii andere; aliud (alia, ōrum) **etwas anderes;** — (Merke: alius atque [ac] und et „als" [im bejahenden Satz] z. B. aliter atque heri agit er handelt anders wie gestern. Steht bei alius eine Negation, so folgt nisi [praeter] z. B. nihil aliud nisi falsa loquitur nichts anderes wie Falsches — nur Falsches; — auf non aliter folgt ac [atque] oder quam z. B. non aliter scribo ac sentio); alius — alius der eine — der andere; alii — alii die einen — die anderen; alius aliud dicit der eine sagt dies, der andere jenes; alius alio more vivit der eine lebt auf diese, der andere auf jene Weise = jeder lebt auf seine Weise; — anders, verschieden; seltener auch: der eine von zweien (statt alter)

al-lābor, lāpsus sum 3. **herangleiten,** heranfließen

al-labōro 1. **dazu arbeiten**

al-lacrimo 1. **dabei weinen**

al-lapsus, ūs m. (cf. allabor) **das Heranschlüpfen**

al-lātro 1. (cf. latro) **anbellen**

allec, ēcis n. (auch alec und allex) (griech.) Fischtunke

Allēcto cf. Alecto

al-lecto 1. (cf. allicio) **anlocken**

al-lēgo 1. (cf. lēgo) **absenden; vorbringen**

F. allegieren: anführen (eine Stelle eines Schriftstellers) — die Allegierung: Anführung einer Stelle — das Allegat: die angeführte Stelle

al-lego, lēgi, lectus 3. **hinzuwählen**

allevamentum, i n. (cf. allevo) Erleichterung

allevātio, ōnis f. Erleichterung

allevo 1. (cf. levo) **leicht machen,** erleichtern; beistehen, emporheben

allex cf. allec

Allia (auch Alia), ae f. E. Nebenfluß des Tiber (Aja); dort 390 v. Chr. römische Niederlage; — Alliēnsis, is, e adi.; dies A. Tag d. Niederlage a. d. Allia, Unglückstag

al-licio, lēxi, lectus 3. (cf. lacio) **anlocken**

al-līdo, līsi, līsus 3. (cf. laedo) **anschlagen**

Allīfae, ārum f. E. Stadt in Samnium (Alife); — Allifānus, i m. E. Bewohner von A. — Allifāna (scil. pocula) irdene Krüge aus A.

al-ligo 1. **anbinden,** verbinden, fesseln; festhalten, hemmen; binden, verpflichten

F. die Alligation: Beimengung, Zusatz

al-lino, lēvi, litus 3. **bestreichen,** anschmieren, beflecken

allium = alium

Allobroges, um m. E. gallisches Volk (im heutigen Savoyen)

allocūtio, ōnis f. (cf. alloquor) **Anrede**

F. die Allokution: feierliche Ansprache, Papstrede

alloquium, ii n. (cf. alloquor) **Anrede,** Zuspruch, Gespräch

al-loquor, locūtus sum 3. (cf. loquor) ansprechen, anreden

al-lūdo, lūsi, lūsum 3. sich spielend nähern; dazu spielen, dazu scherzen, scherzend hinzufügen

F. alludieren: anspielen — die Allusion: Anspielung, Andeutung

al-luo, lui 3. (cf. luo) **anspülen,** bespülen

alluviēs, ēi f. (cf. alluo) **Überschwemmung**

alluvio, ōnis f. (cf. alluo) **Anschwemmung,** angeschwemmte Erde

F. die Alluvion: Anschwemmung — alluvial: angeschwemmt — das Alluvium: Schwemmland, die jüngste Erdbildung

Almo, ōnis m. E. Nebenfluß d. Tiber (Aquataccio); auch der Name des Flußgottes

almus 3 (cf. alo) **nährend, fruchtbar;** segenspendend, gütig

F. die Alma mater: (nährende Mutter) Hochschule — Alma (V)

alnus, i f. Erle (urv.); Kahn (aus Erlenholz)

alo, alui, altus 3. **nähren,** ernähren; **fördern,** vermehren

M. alt (urv.)

Aloeus, ei m. E. Gigant; Aloīdae, ārum Söhne des A.

Alopē, ēs f. E. Stadt in Lokris

Alpes, ium f. E. die Alpen; Alpīnus, adi.; — Alpicus, i m. Älpler

Alphēos (acc. on), Alphēus, i m. E. Fluß in Elis; Flußgott, der Arethusa liebte; — Alphēus adi.; — Alpheïas, adis f. E. Beiname der Arethusa

Alsium, ii n. E. Ort an der etrurischen Küste, Vergnügungsort; — Alsiēnsis, e adi.; — Alsiēnse (scil. praedium) Landgut des Pompejus

alsus 3. kühlend, kühl

altāria, ium n. Altar (L)

alter, era, erum (gen. sing. alterīus; dat. sing. alteri) (cf. alius) **der eine, der andere (von zweien);** entgegengesetzt; — alter... alter der eine... der andere; alter der zweite (als Zahlwort); alter, īus m. der Nächste

M. alter ego: zweites Ich — audiatur et altera pars: auch die andere Partei soll man hören — *F.* altruistisch: uneigennützig (Gegensatz zu „egoistisch") — der Altruismus: Uneigennützigkeit — der Altruist: uneigennütziger Mensch

altercātio, ōnis f. (cf. altercor) **Wortwechsel,** Zank

altercor 1. (cf. alter) streiten, **Wortwechsel führen**

alterno 1. (cf. alternus) **abwechseln**

F. alternativ: abwechselnd — alternieren: abwechseln — alternierendes Fieber: Wechselfieber — die Alternative: Entscheidung, Wahl

alternus, a, um (cf. alter) **abwechselnd,** gegenseitig; — **zweiteilig,** im Doppelvers, in elegischem Versmaß

alter-uter 3 (altera utra, alterum

utrum) **der eine, der andere (von zweien)**

altilis, e (cf. alo) **genährt,** gemästet; altiles, ium f. (scil. aves) Mastgeflügel

alti-sonus (cf. altus und sono) hochdonnernd

altitūdo, inis f. (cf. altus) **Höhe;** Erhabenheit; **Tiefe; Seelengröße;** Verschlossenheit

altor, ōris m. (cf. alo) **Ernährer,** Erhalter

altrix, icis f. **Ernährerin,** Amme

altus, a, um (cf. alo) **hoch,** erhaben; **tief,** tiefgehend, gründlich, versteckt, geheim; altum, i n. Höhe, hohes Meer, Tiefe, Weite, Ferne
M. Altar (L) — *F.* die Exaltation: Erhöhung, Begeisterung, Überspanntheit — exaltiert: überspannt — die Exaltiertheit: Überspanntheit — exaltieren: erhöhen, erregen, begeistern

alūmen, inis n. Alaun (L.)

alumnus, i m. (cf. alo) der Pflegling, Jünger, Schüler, Pflegesohn, Zögling; alumna, ae f. Pflegetochter
F. der Alumnus, der Alumne: Kostschüler — das Alumnat: Schülerheim

alūta, ae f. (alumen) (mit Alaun gegerbtes) Leder

alveārium (alvārium), ii n. (cf. alveus) Bienenkorb

alveolus, i m. (cf. alveus) kleine Wanne; Spielbrett (mit einem Rande); kleines Flußbett

alveus, i m. (cf. alvus) **Höhlung;** Mulde, Trog, **Wanne,** Badewanne; Kahn; Flußbett; Bienenkorb; Spielbrett (mit einem Rand)

alvus, i m. **Bauch, Magen;** Schiffsbauch; Bienenkorb

Alyattes, is m. E. König von Lydien, Vater des Krösus

amābilis, e (cf. amo) **liebenswürdig**

Amafinius, ii m. E. Philosoph, Epikureer

Amalthēa, ae f. E. Nymphe, Amme d. Zeus; Amalthēum, ēï Heiligtum d. A., dem Atticus gehörig

amandātio, ōnis f. (cf. amando) **Verweisung,** Verbannung

a-mando (amendo) 1. wegbefehlen, **verweisen, entfernen,** verbannen
F. amendieren: (Fehler entfernen) verbessern; einen Zusatzantrag stellen

Amantia, ae f. E. Stadt in Epirus; Amantīni, ōrum m. Einwohner v. A.

Amānus, i m. E. Teil des Taurusgebirges; Amaniēnses, ium m. Bewohner d. A.; Amanicus 3 amanisch

amaracum, i n. und amaracus, i m. und f. (griech.) Majoran

amarantus, i f. (griech.) Amarant, Tausendschön
F. der Amarant i. a. B.

amaritūdo, inis f. (cf. amārus) die Bitterkeit

amārus 3 **bitter, herb;** — **unangenehm,** widerlich, verletzend

Amarynthos, i f. E. kleiner Ort auf Euböa mit einem Dianatempel; — Amarynthis, idis f. Beiname der Diana

Amasēnus, i m. E. Fluß in Latium (Amaseno)

Amāsis, is (idis) m. E. König v. Ägypten

Amāstris, idis f. E. Stadt in Paphlagonien (Amasserah)

Amāta, ae f. E. Gattin des Latinus

Amathus, ūntis f. (acc. unta) E. Stadt auf Cypern mit Venustempel; Amathūsia, ae f. Beiname d. Venus

amatōrius 3 (cf. amator) Freund, Verehrer; Buhle, Lüstling; verliebt, buhlerisch

Amāzon, onis f. E. Amazone; plur. Amazones, um u. Amazonides, um f. die Amazonen, ein kriegerisches Frauenvolk; adi. Amazōnius 3 der A.
F. die Amazone: Heldenweib

amb cf. ambi

ambactus, i m. **Dienstmann,** Höriger
M. Amt (L)

amb-āges, um f. (im sing. nur abl. ambage) (cf. ambi-ago) **Umweg, Irrweg;** — **Umschweife,** Weitschweifigkeit, Ausflüchte, Winkelzüge; Zweideutigkeit, Dunkelheit, Rätselworte

Ambarri, ōrum m. E. keltisches Volk

amb-edo, ēdi, ēsus 3. (cf. ambi-edo) rings anfressen, benagen, aufessen

ambi, amb, am, an (Präfix) zu beiden Seiten, rings

Ambiāni, ōrum m. E. belgisches Küstenvolk

Ambibarii, ōrum m. E. keltisches Volk in der Bretagne

amb-igo 3. (cf. ambi-ago von zwei Seiten treiben) trans. **bezweifeln,** in Zweifel ziehen, rechten, intr. **zweifeln,** schwanken, ungewiß sein; ambigitur de man zweifelt an etwas; res ambigitur eine Sache ist zweifelhaft

ambiguitas, tātis f. (cf. ambiguus) Zweideutigkeit, **Doppelsinn**

ambiguus 3. (cf. ambigo) nach zwei Seiten sich hinneigend; **schwankend, zweifelhaft,** ungewiß, unentschlossen, zweideutig, doppelsinnig, rätselhaft, dunkel, unklar, unzuverlässig; mißlich, streitig

ambiguum, ī n. Zweideutigkeit

Ambiliāti, ōrum m. E. keltisches Volk in Nordgallien

ambio, ivi und ii, itus 4. (cf. ambi u. eo, wird aber nach der 4. Konj. flektiert) **herumgehen,** umkreisen, umgeben; bittend herumgehen, **sich bewerben,** jemand angehen

F. ambieren: nach etwas trachten, sich bewerben — der Ambient: der Bewerber

Ambiorix, īgis m. E. Eburonenfürst

amb-itio, ōnis f. (cf. ambio) **das Herumgehen,** Amtsbewerbung; Gunstbuhlerei, Liebedienerei, Rücksichtnahme, Ehrsucht, Ehrgeiz, Prahlerei, Eitelkeit

F. die Ambition: Ehrgeiz

ambitiōsus 3 (cf. ambitio) **herumgehend,** umschlingend, **eifrig bewerbend,** nach Gunst haschend; **ehrgeizig,** ehrsüchtig, eitel

F. ambitiös: ehrgeizig

ambitus, ūs m. (cf. ambio) **das Herumgehen,** Umgang, Umlauf, Kreislauf, Umkreis, Rand, Umfang, Umschweif, ambitus verborum die Satzperiode. - **Amtserschleichung,** Gunstbuhlerei

Ambivarēti, ōrum m. E. keltisches Volk in Gallien

Ambivariti, ōrum m. E. belg. Volk am linken Maasufer

Ambivius (L. Ambivius Turpio) E. römischer Schauspieler

ambo, ae, o (acc. ambo) **zusammen, beide** (urv.)

M. um (urv.) — *F.* die Ambe: Doppelnummer

Ambracia, ae f. E. Stadt in Epirus (Arta). — Ambracius 3 und Ambraciēnis, e aus A.

Ambrōnes, um m. E. keltisches Volk

ambrosius 3 (griech.) **unsterblich, göttlich;** ambrosia, ae f. Götterspeise

F. Ambrosius (V) — der ambrosianische Lobgesang (te Deum laudamus): nach Ambrosius genannt — ambrosisch: göttlich — die Ambrosia: Götterspeise

Ambrȳsus, i f. E. Stadt in Phokis

ambubāia, ae f. (arab.) syrische Flötenspielerin, Bajadere

ambulātio, ōnis f. (cf. ambulo) **Spazierengehen,** Spaziergang; Wandelbahn

ambulatiuncula, ae f. (cf. ambulatio) kleiner Spaziergang; kleine Wandelhalle

ambulo 1. **hin und hergehen,** einhergehen, einherstolzieren, herumgehen, **spazieren gehen**

F. ambulant: umherziehend — ambulante Behandlung: bei der der Patient umhergehen kann — die Ambulanz: Krankenwagen, Feldlazarett

amb-ūro, ūssi, ūstus 3 (cf. ambi-uro) **rings anbrennen, verbrennen;** — frigore amburi erfrieren; ambūstus 3 hart mitgenommen

amellus, i m. Sternblume

Amenānus, i m. E. Fluß in Sizilien

amendo cf. amando

amens, entis (cf. mens) **sinnlos, kopflos,** betäubt, wahnsinnig

amentātus 3 (cf. amentum) mit einem Schwungriemen versehen

amentia, ae f. (cf. amens) **Sinnlosigkeit,** Verrücktheit, Wahnsinn

amentum, i n. Schwung-, Wurfriemen

Ameria, ae f. E. Stadt in Umbrien (Amelia); adi. Amerinus aus A.

Ameriola, ae f. E. Stadt im Sabinerlande

ames, itis m. Stellgabel (für das Netz beim Vogelfang)

amfractus cf. anfractus

amica, ae f. (cf. amo) **Freundin,** Geliebte

amicio, amictus 4. (cf. amb-iacio) **umwerfen,** umlegen, anlegen; **umhüllen,** einhüllen

amicitia, ae f. (cf. amicus) **Freundschaft,** Freundschaftsbund; die Freunde

amictus, ūs m. (cf. amicio) **das Umwerfen** (eines Gewandes), **Tracht,** Mantel, **Hülle**

amicula, ae f. (cf. amica) Liebchen

amiculum, i n. (cf. amicio) Überwurf, Mantel

amiculus, i m. (cf. amicus) Freundchen, lieber Freund

amicus 3 (cf. amo) **freundlich,** freundschaftlich, wohlwollend, geneigt, **lieb,** willkommen; angenehm, gefällig

F. amikabel: freundschaftlich — die Amikabilität: Wohlwollen

amicus, i m. **der Freund,** Gönner, Staatsfreund, Bundesgenosse, Gefährte, Kamerad; Plur. Höflinge, Günstlinge

a-migro 1. **fortwandern**

Aminaea, ae f. E. Weingegend in Picenum; Aminaeus 3 aus A.

Amisia, ae f. E. die Ems

amissio, ōnis f. (cf. amitto) Verlust

Amisus, i f. E. Stadt im Pontus (Samsun)

amita, ae f. Tante (väterlicherseits)

Amiternum, i n. E. Stadt im Sabinerlande (dort wurde Sallust geboren) (Amatrice); Amiternus u. Amiterninus 3 aus A.

a-mitto, misi, missus 3. **fortschicken,** entlassen, fahren lassen, aufgeben, entkommen lassen, außer acht lassen, **verlieren**

Ammon cf. Hammon

amni-cola (cf. amnis-cola) am Fluß wohnend, am Fluß heimisch

amniculus, i m. (dem. von amnis) kleiner Fluß

amnis, is m. **Fluß,** Strom; Gießbach; Strömung, Wasser

amo 1. **lieben,** liebhaben, gernhaben, schätzen, Gefallen an etwas haben, verliebt sein

F. Amadeus (V) (= Gottlieb) — Amand (V) (=der Liebenswerte) — Amanda (V) (= die Liebenswerte)

amoenitas, tātis f. (cf. amoenus 3) **Reiz,** Schönheit; reizende Lage, Lieblichkeit, Annehmlichkeit

amoenus 3 (cf. amo) **reizend,** schön, lieblich anzusehen, reizend gelegen

F. amön i. a. B.

a-molior, molītus sum 4. **fortbewegen,** fortschaffen, beseitigen, entfernen, aus dem Wege schaffen

amōmum, i n. (griech.) Amomum, Gewürzpflanze; plur. amōma, ōrum n. Balsam

amor, ōris m. (cf. amo) **Liebe;** Liebschaft, Lust, Begierde, Trieb; Liebeslied, der Liebling, der Geliebte; der Liebesgott

F. der Amor: Liebesgott — die Amorette (franz.): Gott Amor in Knabengestalt

Amorgus, i f. E. kleine Insel der Sporaden (Morgo)

amōtio, ōnis f. (cf. amoveo) **Entfernung,** Beseitigung

a-moveo, mōvi, mōtus 2. **wegbewegen,** fortschaffen, **entfernen,** beseitigen, fernhalten; verbannen

Amphiarāus, i m. E. König v. Argos, berühmter Seher

Amphictyones, um m. (griech.) griechische Eidgenossenschaften

Amphilochi, ōrum m. E. Stamm in Akarnanien; — adi. Amphilochius; — Amphilochia, ae f. E. Landschaft

Amphilochus, i m. E. Sohn d. Amphiaraus, Seher

Amphion, onis m. E. ein Sohn des Zeus, Gemahl der Niobe

Amphipolis, is f. (acc. im, abl. i) E. Stadt in Mazedonien (Emboli)

Amphissa, ae f. E. Hauptstadt der Lokrer

amphitheātrum, i n. (griech.) Amphitheater (mit rings aufsteigenden Stufenreihen) für Gladiatorenkämpfe, Tierhetzen usw.

F. das Amphitheater i. a. B.

Amphitrīte, ēs f. E. Meergöttin, Neptuns Gemahlin

Amphitryon, ōnis m. E. Vater d. Herkules; Amphitryoniades, ae m. = Herkules

amphora, ae f. (griech.) zweihenkeliger Krug; meist Weingefäß; ein Maß (ca. 20 Liter), ein Gewicht (ca. 80 röm. Pfund)

F. die Amphora: zweihenkliger Krug

Amphrysos, i m. E. Fluß in Thessalien, an dem Apollo Hirt war; Amphrysius 3 apollinisch

am-plector, plexus sum 3. (cf. ambplecto) **umschlingen,** umfassen, umarmen, **liebgewinnen,** lieben, hegen, pflegen, willkommen heißen, begrüßen; einschließen, behandeln, besprechen; zusammenfassen

amplexor 1. **umfassen, umarmen,** hochhalten, hochschätzen

amplexus, ūs m. (cf. amplector) Umschlingung, Umarmung

amplificātio, ōnis f. (cf. amplificio) Vermehrung, Vergrößerung, Steigerung

F. die Amplifikation: ausführlichste Darstellung

amplificātor, ōris m. (cf. amplifico) Vermehrer, Förderer

amplifice (cf. amplifico) adv. prächtig

amplifico 1. (cf. amplus) **erweitern, vergrößern,** vermehren, erhöhen, hervorheben

F. amplifizieren: weiter ausführen

amplio 1. (cf. amplus) **großmachen,** vergrößern; vermehren, erhöhen, vertagen (causam einen Prozeß hinausziehen)

amplitūdo, inis f. (cf. amplus) **Weite, Größe,** Großartigkeit, Ansehen, Hoheit

F. die Amplitude: größte Abweichung eines Pendels oder einer Wellenlinie; Bogenweite; größte Stromstärke

amplus 3 **weit, geräumig,** groß, bedeutend, glänzend, herrlich, angesehen, **hochgeehrt,** hoch; — amplius (adv. des Komp.) weiter, länger, mehr, noch mehr, außerdem

Ampsānctus, i m. E. See in Samnium (infolge Schwefelgehaltes übelriechend)

Ampsivarii, ōrum m. E. Stamm der Germanen an der Ems

ampulla, ae f. (dem. von amphora) kleines Gefäß, Salbenfläschchen, Schminkdöschen; — **Schwulst**

M. die Ampel (L) — *F.* die Ampulle: Flasche

ampullor 1. (cf. ampulla) schwülstig reden, schwülstig schreiben

amputātio, ōnis f. (cf. amputo) das Abschneiden

am-puto 1. (cf. ambi und puto) rings beschneiden, **abschneiden,** abhauen; vermindern, verkürzen

F. amputieren: ein Glied operativ abnehmen

Ampycus, i m. E. Priester der Ceres

Ampyx, ycis m. E. griech. Held

Amūlius, ii m. E. König von Alba

amurca, ae f. (griech.) Ölschaum

Amyclae, ārum f. E. 1.) Stadt in Lakonien 2.) Stadt in Italien; Amyclaeus 3 lakonisch; Amyclides, ae Sohn des Amyclas, Hyakinthos

Amymōne, ēs f. E. Quelle in Argos

Amyntas, ae m. E. mazedonischer König; Amyntiades, ae m. Sohn d. A. = Philipp von Mazedonien

Amyntor, oris m. E. König d. Doloper

amystis, idis f. (griech.) Heruntergießen des Bechers auf einen Zug

Amythāon, onis m. E. Sohn d. Windgottes; Amythaonius 3 des A.

an cf. ambi

an Fragepartikel (**oder, oder ob, oder etwa**) 1.) leitet in der Doppelfrage das 2. Glied ein, z. B. (utrum) verum an falsum est? Quaero, utrum maneas an eas? — („oder nicht" in der Doppelfrage heißt an non od. necne, letztes fast nur in indirekten Fragen). 2.) in einfacher direkter Frage (zu erklären durch Ergänzung des 1. Gliedes einer Doppelfrage) zur Begründung einer vorausgehenden Behauptung, z. B. Invitus hoc feci. An putas me hoc voluisse? Oder glaubst du etwa? 3.) in einfacher indirekter Frage („ob nicht") besonders nach hand scio, nescio, dubito, incertum est u. ä. Also haud scio an ich weiß nicht, ob nicht = vielleicht, — haud scio an non vielleicht nicht

Anaces, um m. E. Dioskuren Kastor und Pollux

Anarcharsis, idis m. E. Fürst der Szythen

Anacreon, ontis m. E. griech. Lyriker

Anāgnia, ae f. Stadt in Latium (Anagni); Anagnīnum, i n. ein Landgut Ciceros bei A.

anagnōstes, ae m. (griech.) Vorleser

anapaestus 3 (griech.) „zurückgeschlagen", pes A. der Anapäst; anapaestum, i n. Lied in Anapästen

F. der Anapäst: Versfuß (kurz-kurz-lang)

Anaphe, ēs f. E. Insel der Sporaden (Anafi)

Anāpus, i und Anāpis, is m. E. Fluß in Sizilien (Anapo)

Anartes, ium m. E. Volk in Dazien

Anas, ae m. E. Fluß in Spanien (Guadiana)

anas, anatis u. anitis f. Ente (urv.)

anatocismus, i m. (griech.) Zinseszins

Anaxagoras, ae m. E. griech. Philosoph

Anaxarchus, i m. E. griech. Philosoph

Anaximenes, is m. E. griech. Philosoph

Ancalites, um m. E. britannisches Volk

an-ceps, cipitis (abl. ancipiti) (cf. ambi-caput) **doppelköpfig,** doppelseitig, **schwankend,** unentschieden, doppelsinnig, zweideutig, gefährlich; ancipiti proelio (Marte) pugnare einen unentschiedenen Kampf führen

F. anzeps: schwankend, zweideutig

Anchialos, i f. E. Stadt in Thrazien (Akiali)

Anchises, ae m. (griech.) E. Vater des Äneas; Anchisiades, ae m. = Äneas

ancile, is n. heiliger Schild

ancilla, ae f. **Magd**

ancillāris, e den Mägden zukommend

ancillula, ae f. junge Sklavin

Ancon, ōnis f. und Ancōna, a f. E. Stadt in Italien (Ancona)

ancora, ae f. (griech.) **Anker** (urv.)

ancorāle, is n. (cf. ancora) Ankertau

ancorārius 3 (cf. ancora) zum Anker gehörig

Ancus Marcius, i m. E. Name des vierten römischen Königs

Ancȳra, ae f. E. Stadt in Phrygien (Angora)

andabata, ae m. Gladiator, der im visierlosen Helm blind kämpfte

Andania, ae f. E. Stadt in Messenien

Andecāvi, ōrum u. Andes, ium, Andi, ōrum m. E. Stamm in Gallien

Androgeon, ōnis m.; Androgeus, i m. E. Sohn des Minos

androgynos, androgynus, i m. (griech.) Mannweib, Zwitter

Andromache, ēs, Andromacha, ae f. E. Gemahlin Hektors

Andromeda, ae f. E. Königstochter; nach ihr das Sternbild

Andronīcus cf. Livius

Andros, i f. E. nördlichste Insel der Zykladen (Andro)

anellus, i m. (dem von anulus) Ringlein

Anemūrium, ii n. E. Südspitze und Stadt Ciliciens (Anemur); Anemuriēnsis, e aus A.

anēthum, i n. (griech.) Dill

an-fractus, ūs m. (cf. ambi-frango) Biegung, Krümmung

angīna, ae f. (cf. ango) Halsentzündung

F. die Angina i. a. B. — A. pectoris: Herzbräune, Herzangst

angiportum, i n. und angiportus, i m. enge Gasse

Angitia, ae f. E. Heilgöttin d. Marser

Anglii, ōrum m. E. germ. Volk, das

später nach Britannien auswanderte

ango, anxi, anctus 3. **beengen,** zusammendrücken, würgen; ängstigen

angor, ōris m. **Beklemmung,** Atemnot, Angst

Angrivarii, ōrum m. E. germanischer Volksstamm

angui-comus 3 (cf. anguis-coma) schlangenhaarig

angui-fer, fera, ferum (cf. anguis-fero) schlangentragend

angui-gena, ae m. u. f. (cf. anguis u. ango) schlangenerzeugt

anguineus u. anguinus 3 (cf. anguis) schlangenartig

angui-pes, edis (cf. anguis-pes) schlangenfüßig

anguis, is m. u. f. **Schlange;** Sternbild am südlichen Himmel

angui-tenens, ntis m. (cf. anguis-teneo) schlangentragend

angulātus 3 (cf. angulus) eckig

angulus, i m. (cf. ango) **Ecke, Winkel**

F. angular: winklig, eckig

angustiae, ārum f. (cf. angustus) **Enge,** Landenge, Meerenge, **Engpaß;** — beengte Lage, **Mangel,** Verlegenheit, Bedrängnis, Not

angustus 3 (cf. ango) **eng** (urv.), schmal, **knapp;** — dürftig, arm, mißlich; engherzig, kleinlich; angustum, i n. Enge, Verlegenheit

anhelitus, ūs m. (cf. anhelio) das Keuchen, schnaubender Atem, Dunst

anhēlus 3 (cf. anhelo) keuchend, schnaubend, atembeschwerend

Anicius 3 E. Name eines römischen Geschlechtes; L. Anicius Gallus Konsul 160 v. Chr.; Aniciānus 3 des A.

anicula, ae f. (cf. anus) altes Mütterlein

Aniēnsis und Aniēnus cf. Anio

Anigros, i m. E. Fluß in Elis

anilis, e (cf. anus) altweiberhaft, altmütterlich, greisenhaft

anima, ae f. (cf. animus) Lufthauch, Luft, **Hauch,** Atem; **Seele, Leben;** Seele des Verstorbenen, Schatten, Manen; Geist

animābilis, e (cf. animo) belebend

animadversio, ōnis f. (cf. animadverto) **Wahrnehmung,** Aufmerksamkeit, **Beobachtung;** Tadel, Strafe

animadversor, ōris m. (cf. animadverto) Beobachter

animadverto, ti, sus 3. (cf. animus-ad-verto) **den Geist auf etwas richten;** achtgeben, **wahrnehmen, beobachten;** tadeln, strafen; in aliquem gegen jemand einschreiten

animal, ālis n. (cf. anima) **lebendes Wesen,** Geschöpf, Tier

F. animalisch: tierisch — animalisieren: tierähnlich machen — der Animalismus: tierische Natur — die Animalität: tierisches Wesen

animālis, e (cf. anima) luftig; **beseelt,** lebend

animans, ntis (cf. animo) lebend, belebt

animātus 3 (cf. animo) belebt, beseelt; mutig

animo 1. (cf. anima) beleben, beseelen, ermutigen

F. animieren i. a. B. — der Animismus: Beseelungslehre, die leblosen Dingen eine Seele zuschreibt

animōsus 3 (cf. animus) **mutig;** leidenschaftlich

F. animos: leidenschaftlich, gereizt, erbittert — die Animosität: die Leidenschaftlichkeit, Gereiztheit

animula, ae f. (cf. anima) Seelchen

animus, i m. **Seele, Geist;** denkende Seele, Geist; **Bewußtsein, Besinnung,** Urteil, **Überlegung, Gedanken;** — **empfindende Seele, Gemüt, Herz;** Sinnesart, Charakter; **Stimmung,** Gesinnung; Mut, Stolz, Zorn; — wollender Geist, Wille, **Wunsch;** Absicht, Lust, Vergnügen

M. ahnen, ahnden (urv.)

Anio, ēnis E. Nebenfluß des Tiber (Teverone); — Aniēnsis, e und Aniēnus 3 des A.

Anius, ii m. (griech.) hoher Priester auf Delos

Anna, ae f. E. 1.) Schwester d. Dido 2.) Anna Perenna Jahresgöttin, ihr Fest am 15. März

Annaeus 3 E. Name eines römischen

Geschlechts; 1.) L. Annaeus Seneca Philosoph u. Dichter, Erzieher Neros 2.) M. Annaeus Lucānus epischer Dichter

annālis, e (cf. annus) **das Jahr betreffend;** annāles, ium m. **Jahrbücher, Geschichtsbuch, Geschichte**
F. die Annalen i. a. B. — der Annalist: Verfasser von Jahrbüchern — die Annalistik: Geschichtsschreibung

an-nato 1 herausschwimmen

an-ne = an

an-necto, nexui, nexus 3. **anknüpfen,** verbinden, hinzufügen
F. annektieren: sich (gewaltsam) aneignen — die Annexion: Einverleibung — der Annexionist: Freund von Annexionen

annexus, ūs m. (cf. annecto) Verbindung
F. der Annex: Anhang, Zubehör

Annicerii, ōrum m. (griech.) Anhänger einer Philosophenschule

anniculus 3. (cf. annus) einjährig

an-nitor, nixus und nisus sum 3. **sich anstemmen,** anlehnen; **sich anstrengen,** sich bemühen

Annius 3. E. Name eines römischen Geschlechts; T. Annius Milo cf. Milo; Anniānus adi. des A.

anni-versārius 3 (cf. annus-verto) alljährlich
F. die Anniversarien: Jahrestag

an-no 1. (cf. no) heranschwimmen

annōna, ae f. (cf. annus) Jahresertrag, Jahrespreis; **Getreidepreis;** hoher Getreidepreis, **Teuerung; Getreide**

annōsus 3 (cf. annus) bejahrt, hochbejahrt

annotātio, ōnis f. (cf. annoto) Anmerkung

annōtinus 3 (cf. annus) vorjährig

an-noto 1 (cf. noto) **bemerken,** vermerken, notieren

an-numero 1. **zuzählen,** hinzureihen, **auszählen**

an-nūntio 1 **ankündigen**
F. die Annunziation: Ankündigung, Verkündung Marias

an-nuo, nui 3. **zunicken, zustimmen,** genehmigen, zusagen, zugestehen

annus, i m. **Jahr,** Lebensjahr, Amtsjahr, Jahreszeit, Jahresertrag, Ernte; Lebenszeit, Leben, Zeit
M. Anno: im Jahre — anno Domini (A. D.): im Jahre des Herrn — anno (adi.): während eines Jahres — ad annum: übers Jahr — in annum: für ein Jahr — anni futuri (a. f.): künftigen Jahres —
F. die Annalen: Jahresgeld; Jahresmessen

annuus 3 (cf. annus) jährig, das Jahr dauernd; jährlich
F. die Annuität: jährliche Zahlung, Jahresrente

Anquillāria, ae f. E. Ort am Meerbusen von Karthago

an-quīro, quisīvi, quisītus 3. (cf. ambi-quaero) **aufsuchen, untersuchen,** nachforschen, Strafe beantragen

ānsa, ae f. **Griff,** Henkel; **Anhalt,** Anhaltspunkt

ānser, eris m. **Gans** (urv.)

Antaeus, i m. E. Sohn des Neptun, Riese

Antandros, i f. E. Stadt in Mysien (Antandro)

ante (praep. mit acc.) **vor** (von Ort und Zeit); auf den Abl. mensurae mit einer Zahl folgend, z. B. tribus annis ante, tribus ante annis, drei Jahre vorher, biduo ante zwei Tage vorher, aliquanto, multo, paulo ante etc. — (adv.) vorn, voran, voraus, (zeitlich) **vor**
M. ante Christum natum (a. Chr. n.): vor Christi Geburt — ante lineam: vor der Linie — Vorsilbe ant, ent (z. B. Antlitz) (urv.) — *F.* die Antepänultima: drittletzte Silbe (vor der Pänultima — ante: als Vorsilbe = vor, vorher

antea (cf. ante-ea) **vorher**

ante-capio, cēpi, ceptus 3. vorwegnehmen, **vorher besetzen;** vorher fassen; **vorher besorgen,** vorher benutzen; nicht abwarten

ante-cēdo, cessi, cessum 3. (cf. cēdo) **vorangehen,** vorausgehen, jemd. zuvorkommen, jemd. überholen; **übertreffen**
F. antezedieren: vorangehen — die Antezedentien: Vorleben — das Antezedens: das Vorhergehende, Vordersatz — der Antezessor: Vorgänger

ante-cello 3. **hervorragen, übertreffen**

antecessio, ōnis f. (cf. antecedo) Vorausgehen; Ursache, Bedingung

ante-cursor, ōris m. Vorläufer; plur. **Vortrab,** Aufklärungsabteilungen

ante-eo, ii, īre (später anteo, antirem, antibo, antissem usw.) **vorangehen,** vorausgehen, zuvorkommen; **übertreffen**

ante-fero, tuli, lātus, ferre **vorantragen;** voranstellen, **vorziehen;** vorwegnehmen

ante-fixus 3 (cf. figo) vorn befestigt, angenagelt; antefixa, ōrum n. Gesimsverzierungen

ante-gredior, gressus sum 3. (cf. gradior) **vorangehen** (räumlich u. zeitlich)

ante-habeo 2. vorziehen

ante-hāc (adv.) vordem, früher, bisher

Antēius 3 E. Name eines römischen Geschlechts

ante-lucānus 3 (cf. lux) vor Tagesanbruch

ante-meridiānus 3 (cf. meridies) vormittägig

antemna und antenna, ae f. Segelstange, Rahe

F. die Antenne: Empfangsdraht für Rundfunkempfänger

Antemnae, ārum f. E. Sabinerstadt an der Mündung des Anio in den Tiber; Antemnātes, ium m. Bewohner von A.

Antēnor, oris m. E. Trojaner, Schwager des Priamus; Antenorides, ae f. Sohn des A., Gründer von Patavium (Padua)

ante-occupātio, ōnis f. Vorwegnahme (der gegnerischen Einwürfe)

ante-pilāni, ōrum m. (cf. pilum) die beiden ersten Schlachtreihen (vor den Triariern)

ante-pōno, posui, positus 3. **voranstellen, vorziehen**

F. anteponieren i. a. B.

ante-quam eher als, bevor

Ant-eros, ōtis m. (griech.) E. Gegner des Eros, der rächende Gott verschmähter Liebe

antes, ium m. Reihen der Weinstöcke

ante-signānus, i m. (cf. signum) Vorkämpfer, eine Auswahltruppe

ante-sto cf. antisto

an-tēstor 1. zum Zeugen anrufen

ante-venio, vēni, ventum 4. **zuvorkommen,** jemand überholen; **übertreffen;** zuvorkommen, **vereiteln**

ante-verto, verti, versus 3. **einen Vorsprung gewinnen, vereiteln,** vorher **betreiben;** vorziehen

Anthēdon, onis f. E. Stadt in Böotien (Lukisi)

Anthemūsias, adis f. E. Stadt in Mesopotamien

Antias cf. Antium

anticipātio, ōnis f. (cf. anticipo) Vorbegriff, vorgefaßte Vorstellung

F. Antizipation: Vorwegnahme

anti-cipo 1. (cf. capio) **vorwegnehmen,** vorausnehmen

F. antizipieren i. a. B. — antizipando: vorwegnehmend

Anticlēa, ae f. E. Mutter d. Odysseus

anticus cf. antiquus

Anticyra, ae f. E. Stadt in Phokis (dort wuchs die Nieswurz, Heilmittel gegen den Wahnsinn)

antid-ea (alte Form) = antea

antidotum, i n. (griech.) Gegengift

F. das Antidos i. a. B.

Antigenes, is m. E. Feldherr Alexanders d. Gr.

Antigone, ēs f. E. Tochter des Ödipus und der Jokaste

Antigonēa, ae f. E. 1.) Stadt in Epirus; Antigonēnsis adi. 2.) Stadt auf der Chalcidice

Antigonus, i m. E. 1.) Feldherr Alexanders d. Gr. 2.) mazedonische Könige

Antilibanus, i m. E. Gebirge in Syrien

Antilochus, i m. E. trojanischer Held, Nestors Sohn, Achills Freund

Antimachus, i m. E. griech. Epiker

Antiochīa (Antiochēa), ae f. E. Name v. Städten; Antiochēnsis, is m. Einwohner von A.

Antiochus, i m. E. 1.) Name syrischer

Könige 2.) Name von Fürsten von Kommagene 3.) griechischer Philosoph; Antiochius, ii m. Anhänger des letzten

Antiopa, ae f. E. 1.) Mutter des Amphion 2.) Mutter der Pieriden

Antipater, tri m. E. 1.) Feldherr Alexanders d. Gr. 2.) Name griech. Philosophen 3.) L. Caelius Antipater röm. Annalist

Antipatria, ae f. E. Stadt in Mazedonien (Berat)

Antiphates, ae m. E. König d. Lästrygonen

Antiphon, ōntis m. E. 1.) griech. Redner 2.) Sophist, Gegner des Sokrates

Antipolis, is f. E. Kolonie der Massilier in Gallia Narbonensis (Antibes)

antiquārius 3 (cf. antiquus) Altertümler, Kenner alter Kunst
F. der Antiquar: Altertumskenner, Altbuchhändler — das Antiquariat: Altbuchhandel — antiquarisch: alt, gebraucht

antīquitas, tātis f. (cf. antiquus) alte Zeit, **Altertum;** Geschichte d. Altertums (antiquitates Altertümer) — Altertümlichkeit, alte Sitte, Biederkeit; — die Alten
F. die Antiquität: altertümlicher Gegenstand

antīquitus (cf. antiquus) (adv.) seit alter Zeit, **von alters her;** in alten Zeiten

antīquo 1. (cf. antiquus) alt machen, es beim alten lassen; **ablehnen, verwerfen** (z. B. legem)
F. antiquieren: (intr.) veralten, (trans.) für veraltet erklären

antiquus 3 (anticus) (cf. ante) vorderer (räumlich); — wichtig; — vorig, früher; **alt,** ehemalig; — aus dem Altertum stammend, altertümlich, altehrwürdig; — antiqui, ōrum m. die Alten, Altvordern
F. antik: altertümlich — die Antike: Altertum, Denkart des Altertums; Kunstwerk des Altertums — antikisieren: (intr.) altertümeln, (trans.) antiken Vorbildern nachbilden — die Antiqua: Lateinschrift

Antissa, ae f. E. Stadt auf Lesbos; Antissaeus Bewohner von A.

antistes, itis m. u. f. (cf. antisto) Tempelvorsteher(in), **Oberpriester(in);** der Priester, Eingeweihter, Meister

Antisthenes, is m. E. Schüler des Sokrates, Gründer der zynischen Schule

antistita, ae f. = antistes

Antistius 3 E. Name einer plebejischen röm. Familie

anti-sto und ante-sto, steti 1. voranstehen, übertreffen

Antium, ii n. E. Stadt in Latium (Porto d. Anzio); — Antias, ātis subst. und adi. Bewohner von A.

Antōnius 3. E. Name eines patrizischen und plebejischen römischen Geschlechts. 1.) M. Antonius Redner 2.) M. Antonius-Triumvir, Anhänger Cäsars 3.) dessen Sohn Jullus Antonius; seine Schwestern Antonia, Großmutter Neros; und A. (die jüngere), die Gattin des Drusus und Mutter des Germanicus 4.) L. Antonius, Bruder des Triumvirn, Feldherr 5.) L. Antonius Hybrida, Konsul, Mitverschworener Catilinas. — Antoniānus 3 des A.
M. Anton (V) — Antonie (V)

Antron, ōnis f. E. Stadt an der Küste Thessaliens

antrum, i n. (griech.) Höhle, Grotte

Anūbis, idis m. E. ägyptischer Gott, Sohn des Osiris

ānulus, i m. (cf. ānus) Ring, Fingerring (a. equestris goldener Ritterring, als Zeichen der Würde)

ānus, i m. 1.) Ring 2.) After
F. anal: zum After gehörig (med.)

anus, ūs f. Greisin; Wahrsagerin
M. Ahn (urv.)

anxietas, tātis f. (cf. anxius) Ängstlichkeit

anxi-fer, fera, ferum (cf. anxius und fero) angstbringend, peinigend

anxitūdo, inis f. = anxietas

anxius 3 (cf. ango) **ängstlich,** besorgt; ängstigend, peinigend

Anxur, uris n. E. 1.) alte Volskerstadt (Terracina) 2.) m. (auch Anxurus, i m.) alter Gott der Volsker; — Anxurnas, ātis adi.

Anytos, i m. E. Mitankläger des Sokrates

Aones, um m. E. altes böotisches Volk; Aonius 3 böotisch; — Aonides, um f. die Musen

Aornos, i m. E. Avernersee

Aōus, i m. E. Fluß in Illyrien

apage (griech.) pack dich! mach, daß du fortkommst!

Apamēa (Apamia), ae f. E. 1.) Stadt in Syrien 2.) Stadt in Phrygien 3.) Stadt in Bithynien; Apamēnsis, e adi. und subst. Bewohner von A.

Apella, ae n. E. häufiger Freigelassenenname

Apelles, is m. E. berühmter griechischer Maler

Apennīnus = Appennīnus

aper, apri m. Wildschwein, **Eber** (urv.)

Aper, Apri m. E. römischer Beiname

Aperanti, ōrum m. E. Stamm in Ätolien; Aperantia, ae f. die Landschaft A.

a-perio, aperui, apertus 4. **öffnen**; zugänglich machen; einfließen, sichtbar machen, aufdecken, offenbaren, enthüllen

F. die Aperientia: Abführmittel (med.) — aperitiv: abführend

apertus 3. (cf. aperio) geöffnet, **offen**, offenkundig, klar, deutlich; offenherzig; unverschlossen, zugänglich, frei (apertum, i n. freie Feld)

F. apert: offen, unverhohlen

apex, icis m. **Spitze**, Kuppe, Gipfel; spitze Mütze, Priestermütze; Fürstenhut, Tiara, Königskrone, Schmuck; — Königsmacht

F. der Apex: Gipfel, Kegelspitze, kegelförmiger Priesterhut; Längen- und Tonzeichen (sprachl.); Zielpunkt der Erdbewegung (astron.)

Aphareus, ei m. E. 1.) König v. Messenien 2.) Zentaur; — Apharēïus 3 des A.

Aphidna, ae f. E. Stadt in Attika

Aphrodisias, adis f. E. Stadt an der Grenze Kariens und Phrygiens mit bekanntem Venustempel 2.) Stadt in Cilicien; Aphrodisiēnses, ium m. Bewohner von A.

apicātus 3. (cf. apex) mit der Priestermütze geschmückt

Apidanus, i m. E. Fluß in Thessalien

Apiolae, ārum f. E. Stadt in Latium

Apion, ōnis m. E. Beiname d. Königs Ptolemäus

apis, is f. Biene

Apis, is m. der heilige schwarze Stier der Ägypter

apiscor, aptus sum 3. erreichen, erlangen

apium, ii n. Sumpfeppich (L)

apoclēti, ōrum, (griech.) der ständige Ausschuß des ätolischen Bundes

Apollo, inis (später auch ōnis) m. E. griechischer Gott der Weissagung, Heilkunst, Poesie; — Apollināris, e dem A geweiht; — Apollināre, āris n. Apolloplatz; — Apollineus 3 apollinisch

F. Apoll (verkürzte Form): apollinisch, apollisch, A. betreffend, wie A. beschaffen

Apollodōrus, i m. E. Redner, **Lehrer** des Augustus

Apollōnia, ae f. E. 1.) Stadt in Illyrien (Polonia) 2.) Stadt in Sizilien 3.) Stadt auf Kreta 4.) Feste bei Naupaktus; — Apolloniātes, ae und Apollonias, ātis, ae m. Bewohner v. A. — Apolloniēnsis, e aus A.

Apollōnis, idis f. E. Stadt in Lydien; — Apollonidēnses, ium m. Bewohner v. A.

Apollōnius, ii m. E. 1.) Redner, Lehrer Ciceros 2.) Dichter aus Rhodus

apologus, i m. (griech.) Erzählung, Fabel, Märchen

F. der Apolog: Lehrfabel

apothēca, ae f. (griech.) Warenlager, Vorratskammer, Weinlager

F. die Apotheke: Arzneiladen

apparātio, ōnis f. (cf. apparo) Beschaffung, Zurüstung

apparātus 3 cf. apparo

apparātus, ūs m. (cf. apparo) Zubereitung, **Zurüstung**; **Werkzeug**, Gerät; prächtige Zurüstung; **Pracht**, Prunk; Redeprunk

F. der Apparat: Zubehör, Gerät, Werkzeug; Aufwand, verwickelter Aufbau — die Apparatur: Gesamtheit von Vorrichtungen, Werkzeugen

ap-păreo, parui, itūrus 2. zum Vorschein kommen, **erscheinen;** zu Gebote stehen, dienen; — sich zeigen, **einleuchten,** klar sein; apparet es leuchtet ein, es ist klar

F. apparent: augenscheinlich — die Apparenz: Anschein, Wahrscheinlichkeit, äußeres Aussehen der Waren (kaufm.) — die Apparition: Erscheinung, Sichtbarwerden eines Sternes (astr.)

apparitio, ōnis f. (cf. appareo) Bedienung, Dienst

apparitor, ōris m. (cf. appareo) Amtsdiener, Unterbeamter

ap-paro 1. **zubereiten, zurüsten;** sich anschicken; apparātus 3 ausgerüstet, reich ausgestattet, prächtig

appellātio, ōnis f. (cf. appello) 1 **Anrede,** Ansprache; Benennung; Aussprache; **Berufung**

F. die Appellation: Berufung

appellātor, ōris m. (cf. appello) Berufer

appellito 1. (cf. appello) zu nennen pflegen

appello 1. **ansprechen, anreden;** auffordern; um Hilfe ansprechen, anrufen; nennen, benennen ;anklagen; aussprechen (z. B. litteras)

F. appellieren: Berufung einlegen; anrufen — der Appellant: Berufungskläger — der Appellat: Berufungsbeklagter — appellabel: angreifbar, Berufung zulassend — das Appellativum: Gattungsname — der Appell: Mahnruf, Sammelruf — inappellabel: nicht anfechtbar

ap-pello, puli, pulsus 3. **herantreiben,** heranbringen; **ans Land treiben,** landen lassen; pass. landen, z. B. classis appellitur ad insulam

appendix, icis f. (cf. appendo) Anhängsel, Beigabe

F. der Appendix i. a. B.; Blinddarm (med.) — die Appendizitis: Blinddarmentzündung

ap-pendo, pendi pēnsus 3 **zuwägen**

Appenīni-cola, ae m. E. Apenninenbewohner

Appenīni-gena, ae m. im Apennin entspringend

Appennīnus, i m. E. die Apenninen

appetentia, ae f. = appetitio

appetītio, ōnis f. (cf. appeto) Begehren, Verlangen, Trachten, Streben

appetītus, ūs m. (cf. appeto) Verlangen, Trieb

F. der Appetit: Eßlust — appetitlich: die Eßlust anregend

appeto, petīvi (petii), petītus 3. anstreben, **nach etwas streben,** verlangen; begehren; nach etwas greifen; herankommen, nahen; — appetens, ntis trachtend, strebend, begehrlich

F. die Inappetenz: fehlendes Verlangen nach Nahrung (med.)

Appia, ae f. E. Stadt in Phrygien; Appiānus, i m. Bewohner v. Appia

Appius, ii m. E. römischer Vorname (abgek. App.); Appius 3 des Appius; via Appia die vom Zensor Appius Claudius gebaute bekannte Straße von Rom nach Capua; aqua Appia die von diesem gebaute Wasserleitung; forum Appii kleiner Ort an der via Appia. — Appiānus 3 des Appius; — Appietas, ātis f. der alte Adel des Appischen Geschlechtes

ap-plaudo, si, sum 3. an etwas schlagen

F. applaudieren: Beifall klatschen — der Applaus: Beifall

applicātio, ōnis f. (cf. applico) das Anschließen, Anschluß, Zuneigung

F. die Applikation: Anwendung, Fleiß, Eifer; künstlerische Aufnäharbeit — die Inapplikation: Ungeschicklichkeit, Unfleiß, Nachlässigkeit

ap-plico 1. (selten plicui, plicitus) **heranbringen,** anfügen, nahebringen, hinzufügen; navem applicare landen lassen, anlegen, landen; — **hinrichten, hinwenden; se applicare sich anschließen,** sich auf etwas verlegen

F. applizieren: anwenden, beibringen, sich befleißigen — der Applikant: Bewerber, Anwärter — Applikatur: zweckmäßiger Gebrauch; Fingersatz (mus.) — applikabel: anwendbar — inapplikabel: nicht anwendbar — die Inapplikabilität: Unanwendbarkeit

applōdo, si, sum 3 = applaudo

ap-plōro (cf. ploro) dabei klagen

ap-pōno, posui, positus 3 **hinzulegen,** hinzustellen; hinstellen, hinsetzen; vorsetzen, vorlegen, einem andern beigeben, beiordnen, an die Seite setzen; — appositus 3 nahe gelegen; geeignet, geschickt, **brauchbar**

F. die Apposition: Hinzufügung, Beifügung (sprachl.) — appositionell: als Beifügung gebraucht (sprachl.)

ap-porrēctus 3 (cf. porrigo) **daneben hingestreckt**

ap-porto 1. **herbeitragen, heranschaffen** *F*. apportieren i. a. B.

ap-positus 3 cf. appono

ap-precor 1 (cf. precor) **anrufen**

ap-prehendo, di, sus 3. (auch apprendo) **anfassen, ergreifen**

F. die Apprehension: Ergreifung, Auffassung, Begriffsvermögen

ap-prīme adv. vorzüglich, **besonders**

ap-primo, pressi, pressus 3. (cf. premo) andrücken, festdrücken

approbātio, ōnis f. (cf. approbo) Billigung, Zustimmung

F. die Approbation: staatliche Zulassung; (kirchliche) Druckerlaubnis

approbātor, ōris m. Billiger

ap-probo 1. **billigen,** zustimmen, gutheißen, beifällig aufnehmen, segnen; beifallswert machen; **beweisen, bestätigen**

F. approbieren: billigen, genehmigen; staatlich zulassen

ap-promitto 3. **noch dazu versprechen**

ap-propero 1. **etwas beeilen, beschleunigen,** befördern; — intr. **eilen,** sich **beeilen, sputen**

appropinquātio, ōnis f. (cf. appropinquo) Nahen, **Annäherung**

ap-propinquo 1. **sich nähern,** nahen, bevorstehen, nahe daran sein

ap-pugno 1 (nachkl.) bekämpfen, angreifen

appulsus, ūs m. (cf. appello 3) **Annäherung, Landung**

apricātio, ōnis f. (cf. apricor) Verweilen in der Sonne

aprīcor 1. sich sonnen

aprīcus 3 (cf. aprico) **besonnt, sonnig;** sich sonnend; — aprīcum, i n. Sonnenlicht

Aprīlis, e **zum April gehörig;** Aprilis, is m. **der April**

Aprōnius 3 Name eines plebejischen römischen Geschlechts

aps, apsque cf. ab, absque

Apsus, i m. E. **Fluß in Illyrien**

apto 1. (cf. aptus) **passend machen, anpassen,** anfügen, anlegen, anknüpfen; **zurechtmachen,** instand **setzen;** ausrüsten

F. adaptieren: anpassen, anwenden — adaptabel: passend, anwendbar — die Adaptierung: Anpassung, Anwendung — die Adaptibilität: Anwendbarkeit

aptus 3. **angepaßt,** angefügt; festanschließend; zusammengefügt, verknüpft; eingerichtet, ausgerüstet; abhängend, entspringend; — **passend,** genau, angemessen, tauglich, geeignet

apud (seltener aput) praep. mit acc. **bei, in der Nähe, vor**

Apulēius 3. E. Name eines plebejischen römischen Geschlechts

Apulia, ae f. E. Landschaft in Unteritalien; Apulus, i m. Bewohner v. A.

aput = apud

aqua, ae f. **Wasser,** Gewässer; Meer, Hochwasser, Überschwemmung; Quelle, Heilquelle; Bad; Wasserleitung

M. aa (z. B. Aa), au (z. B. Königsau), ach (z. B. Salzach), aff (z. B. Aschaff), ef (z. B. Honnef), ep (z. B. Lennep) urv. — *F*. das Aquarell: Gemälde in Wasserfarben — aquarellieren: in Wasserfarben malen — der Aquamarin: meergrüner Edelstein — der Aquavit: Lebenswasser, ein Branntwein

aquaeductus, ūs m. (cf. aqua u. duco) **Wasserleitung**

F. der Aquädukt i. a. B.

aquārius 3 (cf. aqua) **zum Wasser gehörig;** Aquārius, ii n. E. der Wassermann (Sternbild)

F. das Aquarium: Behälter für lebende Wasserpflanzen und -tiere

aquāticus 3 (cf. aqua) **feucht**

aquātilis, e (cf. aqua) im Wasser lebend, wässerig, feucht

aquātio, ōnis f. (cf. aquor) Wasserholen

aquātor, ōris m. (cf. aquor) Wasserholer

aquila, ae f. Adler; **Adler** (als Feldzeichen); Giebelfeld (über dem Gebälk der Tempelsäulen)

Aquilēia, ae f. E. Stadt in Italien; Aquileiēnsis adi. u. subst. Bewohner von A.

aquili-fer (cf. aquila-ferre) **Adlerträger**

Aquilius 3 (Aquillius 3) E. Name eines röm. Geschlechtes. 1.) M. Aquillius, Konsul 129 v. Chr. 2.) C. Aquillius Gallus, Jurist, Freund Ciceros

aquilo, ōnis m. **Nordwind** (Nord-Nord-Ost); Sturm, **Norden**

Aquilōnia, ae f. E. Stadt in Samnium

aqilōnius 3. (cf. aquilo) nördlich

Aquīnum, i n. E. Stadt in Latium (Aquino); Aquinas, ātis adi. u. subst. Bewohner von A.

Aquitānia, ae f. Landschaft in Südgallien; Aquitānus i m. adi. u. subst. Bewohner von A.

aquor 1 (cf. aqua) **Wasser holen**

aquōsus 3 (cf. aqua) wasserreich, feucht

aquula, ae f. (dem. von aqua) Wässerchen

āra, ae f. **Altar;** Zufluchtstätte, Schutz, Schirm; Erhöhung; Scheiterhaufen (a. sepulcri)

Ara Ubiorum, E. Stadt am Rhein (Godesberg); Arae, ārum f. Klippen im Golf von Karthago

Arabia, ae f. E. Arabien; Arabs, is m. Araber; Arabius 3, Arabicus 3, Arabs (adi.) arabisch

Arabus, i m. E. Fluß westlich der Indusmündung; Arabitae, arum m. Bewohner

Arachne, ēs f. E. sagenhafte Jungfrau, kunstvolle Weberin, in eine Spinne verwandelt

Arachōsia, ae f. E. Provinz in Südpersien; Arachōsii, ōrum m. Bewohner von A.

Arachthus cf. Aratthus

Aracynthus (Aracinthus), i m. E. Gebirge in Ätolien

Aradus, i f. Stadt in Phönizien (Ruad)

arāneus 3 (cf. Arachne) zur Spinne gehörig; aranea, ae f. Spinne; arāneum, i n. Spinngewebe; arāneola, a f. kleine Spinne

Arar, is m. (acc. im. abl. i.) E. Nebenfluß der Rhone (Saone)

arātio, ōnis f. (cf. aro) **Ackerbau;** plur. Staatsländereien, Domänen

arātor, ōris m. (cf. aro) **Pflüger,** Bauer; Domänenpächter

arātrum, i n. (griech.) **Pflug**

Aratthus (Arachtus), i m. u. Aretho, ontis m. E. Fluß in Epirus (Arta)

Arātus, i m. E. 1.) Feldherr des achäschen Bundes 2.) Dichter einer Astronomie, Freund Theokrits

Aravisci, ōrum m. E. Volksstamm zwischen Donau und Raab

Araxes, is m. E. Fluß in Armenien (Aras)

Arbēla, ōrum n. E. Stadt in Assyrien (Arbil); dort Schlacht 331 v. Chr.

arbiter, tri m. (cf. arbitror) **Augenzeuge,** Mitwisser; — **Schiedsrichter,** Gebieter, Herr

M. arbiter elegantiarum: Schiedsrichter finden guten Geschmack

arbitra, ae f. (cf. arbiter) **Zeugin, Mitwisserin**

arbitrātus, ūs m. (cf. arbitror) (meist nur abl.) Gutdünken, Belieben

arbitrium, ii n. (cf. arbiter) **Schiedsspruch, Urteil;** Ermessen, **Willkür,** Macht, Gewalt, Herrschaft

arbitro 1. (cf. arbiter) meinen, glauben

arbitror 1. (cf. arbiter) **beobachten; meinen,** dafürhalten

F. arbitrieren: bewerten; nach Gutdünken entscheiden — arbiträr: nach Ermessen, annähernd, willkürlich

arbor (älter arbōs), ris f. **Baum** — Mastbaum, Mast; Ruder; Schiff

arboreus 3 (cf. arbor) **vom Baume;** baumartig, ästig

arbos = arbor
arbuscula, ae f. (dem. von arbos) Bäumchen
Arbuscula, ae f. E. römische Schauspielerin
arbustus 3 (cf. arbor) mit Bäumen bepflanzt; arbustum, i n. Baumpflanzung, Baumgarten
arbuteus 3. vom Erdbeerbaum; arbutum, i n. Frucht des Erdbeerbaumes; arbutus, i f. immergrüner Strauch, Erdbeerbaum
arca, ae (cf. arceo) **Kasten, Lade,** Kiste; — Totenlade, Sarg; — Geldkasten, Kasse; — Gefängniszelle (Kasten)
M. Arche (L)
Arcadia, ae f. E. Landschaft im Peloponnes; Acras, adis m. Arkadier; Arcadius und Arcadicus 3, Arcar, adis adi. aus A.
F. arkadisch: ländlich, schäferlich, unschuldig
arcānus 3 (cf. arca) verschlossen, **geheim,** geheimnisvoll, mysteriös; arcānum, i n. Geheimnis; arcāno (adv.) insgeheim, heimlich
F. das Arkanum: Geheimnis, Geheimmittel
arceo, arcui 2. (cf. arx, arca) **einschließen, in Schranken halten;** (vom Zutritt) abhalten, fernhalten, abwehren; schützen
Arcesilās, ae m. E. griechischer Philosoph
Arcēsius, ii m. E. Vater des Laertes
arcessitus, ūs m. (cf. arcesso) (meist nur abl.) Herbeirufen, Ruf
arcesso, ivi, itus 3. (Nebenform accerso) **holen, kommen lassen;** vor Gericht fordern, gerichtlich belangen; — herbeischaffen, gewinnen, verschaffen
Archelāus, i m. E. 1.) Philosoph, Schüler des Anaxagoras 2.) mazedonischer König, Freund Platos 3.) König von Kappadozien, Parteigänger des Antonius
Archias, ae m. E. griech. Dichter, von Cicero in seinem Bürgerrechtsprozeß verteidigt; Archiacus 3 des A.; Archiaci lecti von einem Tischler A. angefertigte Speisesofas
Archilochus, i m. E. griech. Dichter, Erfinder der jambischen Poesie und der scharfen Satire
F. archilochisch: in der Art des Archilochus; beißend, schmähend
Archimēdes, is m. E. Mathematiker und Mechaniker
architectūra, ae f. Baukunst
F. die Architektur i. a. B.
architectus, i m. (griech.) Baumeister
F. der Architekt i. a. B. — architektonisch: baukünstlerisch, baulich
archon, ontis m. (griech.) **der Archont** (F.), höchster Beamter in Athen
Archytas, ae m. E. griech. Philosoph und Mathematiker
arci-tenens, ntis (cf. arcus- tenos) bogenführend
Arctophylax, acis m. (griech.) (Bärenführer) Gestirn (Bootes)
Arctos, i f. (plur. Arctoe) (griech.) der Bär (Sternbild)
Arctūrus, i m. (griech.) Sternbild Bootes
arcuātus 3 (cf. arcus) gebogen
arcula, ae f. (cf. arca) Kästchen
arcus, ūs m. Bogen (Waffe); Regenbogen; Triumphbogen; Wölbung; Krümmung
M. Erker (L), Armbrust (L) (aus arcubalista) — *F.* die Arkade: Bogenwölbung
ardalio, ōnis m. (griech.) geschäftiger Nichtstuer
ardeo, ārsi, arsūrus 2. (cf. aridus) **brennen,** in Flammen aufgehen, **glühen;** funkeln, leuchten; in Flammen stehen; entbrannt sein; in Leidenschaft entflammt sein; — ārdēns, ntis glühend, brennend; **heiß,** funkelnd, schimmernd; — **heftig,** leidenschaftlich
ardēsco, ārsi 3. entbrennen
ārdor, ōris m. (cf. ardeo) Brand, Glut, Feuer, Hitze, Leidenschaft; Funkeln, Blitzen
Arduenna, ae f. E. Ardennerwald
arduus, 3 **steil,** jäh; schwer zu erreichen, **schwierig,** mühevoll, lästig; res arduae Not; arduum, i n. steile Höhe, Schwierigkeit

ārea, ae f. **freier Platz, Fläche;** Bauplatz; — Tenne; — Hofraum, Hof; — Platz, Stadtplatz; — Spielplatz; — Rennbahn, Kampfplatz
F. die Area i. a. B. — das Areal: Fläche, Flächeninhalt
Arecomici cf. Volcae
Arelāte, is n. E. Stadt an der Rhone (Arles)
Aremorici, ōrum m. E. (am Meer liegend) die Küstenvölker der Bretagne und Normandie
arēna (harēna), ae f. **Sand;** Sandwüste; der sandige Strand; **die Arena im Amphitheater**
F. die Arena: sandbedeckter Turnerplatz, Zirkusplatz
Arenācum, i n. Feste der Bataver
arenōsus 3 (cf. arena) sandig
āreo, ārui 2. **trocken sein,** dürr sein; (vor Durst) lechzen
Areopagus (Ariopagus), i m. (griech.) E. 1.) Areshügel in Athen 2.) der dort tagende Gerichtshof; Areopagītes, ae m. (Areopagita, ae) Mitglied des Areopags
arēsco, ārui 3 (cf. areo) **trocken werden,** vertrocknen, versiegen
Arestorides, ae m. E. Argus, der Sohn Arestors
Arethūsa, ae f. E. 1.) Quelle bei Syrakus 2.) Quellnymphe; — Arethūsis, idis adi. arethusisch
Arēus 3 des Ares
Arganthōnius, ii m. E. König in Tartessus
Argēi, ōrum m. 1.) 24 Opferstätten in Rom 2.) Menschenfiguren aus Binsen, die alljährlich feierlich in den Tiber geworfen wurden
Argentānum, i n. E. Stadt in Bruttium (Argentino)
argentārius 3 (cf. argentum) zum Silber, zum Geld gehörig; argentārius, ii m. Wechsler; argentāria, ae f. Wechslerbude, Wechslergeschäft; Silbergrube
argentātus 3 (cf. argentum) mit Silber beschlagen
argenteus 3 (cf. argentum) **silbern,** versilbert, silberbeschlagen, silbernfarbig; — zum silbernen Zeitalter gehörig; argenteus, i m. Silberdenar (= 10 Ass)
argentum, i n. **Silber;** — Silbergeschirr; — Silbergeld, Geld
argestes, is m. (griech.) Südwestwind
Argēus, Argi cf. Argos
Argilētum, i n. Stadtteil in Rom; Argilētānus 3 in A. wohnend
argilla, ae f. (griech.) weißer Ton, Töpfererde
Argilos, i f. E. Stadt in Mazedonien; Argīlius 3 adi. u. subst. Bewohner von A.
Arginūsae (Arginussae), ārum f. E. 3 Inseln an der äolischen Küste; Schlacht 406 v. Chr.
argītis, idis f. (griech.) Rebe mit weißen Trauben
Argīvus, Argius cf. Argos
Argo, ūs f. (griech.) **die Argo** (Schiff der Argonauten); Argonautae, ārum m. die Argofahrer; Sternbild; Argōus 3 zu der Argo gehörig
Argos n. (nur nom. und acc.) u. **Argi,** ōrum m. E. 1.) Stadt in Argolis 2.) Stadt in Epirus; — Argīvus 3 (seltener Argēus und Argīus) adi. argivisch, griechisch; Argolis, idis f. argivisch; — Argolicus 3 zu Argos gehörig
argumentātio, ōnis f. (cf. argumentor) **Beweisführung**
F. die Argumentation i. a. B.
argumentor 1. (cf. argumentum) **Beweis führen,** begründen, klarlegen; als Beweis anführen
F. argumentieren: beweisen, folgern
argumentum, i n. (cf. arguo) **Beweis,** Grund; Kennzeichen; — Darstellung, Stoff, Geschichte; Fabel, Stoff; Bühnenstück
F. das Argument: Beweismittel, Beweisgrund, Beweis
arguo, argui, arguitūrus 3. **hellmachen, klarmachen,** dartun; — **beschuldigen,** bezichtigen; — als falsch erweisen, widerlegen
Argus, i m. E. hundertäugiger Riese, Wächter der Jo

M. Argusaugen: scharfe Augen

argūtiae, ārum f. (cf. argūtus) ausdrucksvolle Darstellung; Scharfsinn; Schlauheit, Spitzfindigkeit

argūto 1. (auch argutor 1.) (cf. arguo) immer wieder klarmachen, vorschwatzen

argūtus 3 (cf. arguo) hellgemacht; **deutlich,** klar, ausführlich; (für das Ohr) helltönend, klangvoll; (von Personen) hell, **geistvoll,** scharfsinnig, **witzig, schlau,** verschlagen, gerissen, pfiffig

argyraspides, um m. (griech.) die Silbergeschildeten, Auswahltruppe der Mazedonier

Argyripa (arch.) = Arpi

Ariadne, ēs und Ariadna, ae f. E. Tochter des Minos, half durch ein Fadenknäuel Theseus aus dem Labyrinth

M. Ariadnefaden: ein rettender Leitfaden aus Wirrnis

Ariāthes, is m. E. Name von kappadozischen Königen

Aricia, ae f. E. Stadt in Latium (Ariccia); Arīcīnus adi. und subst. Bewohner von A.

aridus 3 (cf. areo) **trocken,** dürr; ausgetrocknet, durstig, mager, dürftig; aridum, i n. das Trockene

F. arid: trocken, dürr — die Ariditāt: Dürre, Trockenheit, Magerkeit

aries, arietis m. **Widder;** — **Sturmbock,** Mauerbrecher; — Sternbild

arieto 1. (cf. aries) (wie ein Bock) stoßen

Arii, ōrum m. E. 1.) germ. Volksstamm 2.) Bewohner von Arien (Iran)

M. Arier: Urvolk der Indoeuropäer — arisch: zu den Ariern gehörig

Arimaspi, ōrum m. E. persisches Räubervolk

Ariminum, i n. E. Stadt in Umbrien (Rimini); Arimiēnsis, e adi. aus A.

Ariobarzānes, is m. E. Name von Satrapen und Königen

Arion, onis m. E. Dichter, Sänger und Zitherspieler; Arionius 3. des A.

Ariopagus cf. Areopagus

Ariovistus, i m. E. König d. Sueben, Gegner Cäsars

Arisba, ae f. (griech.) E. Stadt in Troas

arista, ae f. Ährenspitze, Granne; — Ähre, Ährenfrucht

Aristaeus, i m. E. Halbgott, Sohn Apollos, Beschützer des Viehs und Ackerbaues

Aristarchus, i m. E. griech. Grammatiker und scharfer Kritiker

Aristīdes, is m. E. athenischer Staatsmann

Aristippus, i m. E. griech. Philosoph, Sokratesschüler, Begründer der kyrenäischen Schule

Aristius 3 E. Name einer römischen Familie; Aristius Fuscus Freund des Horaz

Aristo, ōnis m. E. 1.) griech. Philosoph, Stoiker 2.) griech. Philosoph, Peripatetiker

Aristogīton, onis m. E. Athener, ermordete mit Harmodius den Tyrannen Hipparch

Aristophanes, is m. E. 1.) der bedeutendste griechische Komödiendichter; Aristophanēus und Aristophanius 3 des A. 2.) Vorsteher der alexandrischen Bibliothek, Grammatiker und Kritiker

Aristoteles, is m. E. der bekannte griech. Philosoph, Schüler Platos, Haupt der peripatetischen Schule; Aristotelīus 3 adi. des A.

Aristoxenus, i m. E. griech. Philosoph, Schüler des Aristoteles, Musiker

Aristus, i m. E. griech. Philosoph, Akademiker

arithmētica, ōrum n. (griech.) Arithmetik

Ariūsius 3 ariusisch (aus der Weingegend auf Chios)

arma, ōrum n. 1.) **Geräte,** Werkzeug, Ausrüstung 2.) **Kriegsgerät, Waffen** 3.) **Kampf, Krieg** 4.) Kriegsmacht, **Bewaffnete, Truppen**

armamaxa, ae f. (griech.) Reisewagen

armamenta, ōrum n. (cf. armo) **Schiffsausrüstung,** Takelwerk, Segelwerk

armamentārium, ii n. Rüstkammer, Zeughaus

armārium, ii n. (cf. arma) Schrank

armatūra, ae f. (cf. armo) Bewaffnung; Waffengattung, Bewaffnete
F. die Armatur: Ausrüstung, Zubehör

armātus, ūs m. (cf. armo) = armatura

Armenia, ae f. E. asiatisches Hochland; Armenius adi u. subst. Armenier

armentālis, e (cf. armentum) in Herden weidend

armentārius 3 (cf. armentum) Herden weidend

armentum, i n. **Großvieh, Herde**

armi-fer, fera, ferum (cf. arma und fero) **waffentragend**

armi-ger, gera, gerum (cf. arma und gero) **waffentragend;** Bewaffneter, Waffenträger; — Leibwächter

armilla, ae f. (cf. armus) Armband, Armspange

Armi-lustrum, i n. Platz in Rom, wo alljährlich ein Waffenfest gefeiert wurde

Arminius, ii m. E. Cheruskerfürst, Sieger im Teutoburger Wald, 9. n. Chr.

armi-potens, ntis (cf. arma u. potens) waffenmächtig

armi-sonus 3 (cf. arma u. sono) waffenklirrend

armo 1. (cf. arma) **ausrüsten;** mit etwas versehen, zum Kampfe rüsten; **bewaffnen;** segelfertig machen; armātus 3 bewaffnet, gerüstet
F. armieren: bewaffnen, ausrüsten, verstärken — die Armierung: Bewaffnung, Ausrüstung

armus, i m. Oberarm, Arm (urv.), Schulterblatt, Schulter

Arnus, i m. E. Fluß in Etrurien (Arno); Arniēnsis, e des A.

aro 1. **pflügen,** ackern; (mare) durchschiffen, durchfurchen

Arpi, ōrum m. E. Stadt in Apulien; Arpini, ōrum m. Einwohner von A.

Arpinum, i n. E. Stadt in Latium (Arpino); — Arpinas, ātis m. Einwohner; Arpinas (scil. praedium) Landgut Ciceros in A.

arquātus 3. cf. arcuatus; arquitenens cf. arcitenens

ar-rēpo, rēpsi 3. **herankriechen,** heranschleichen, sich einschleichen

Arrētium, ii n. E. Stadt in Etrurien (Arezzo); Arretinus, adi. und subst. Einwohner von A.

Arrhidaeus, i m. E. Sohn Philipps v. Mazedonien

ar-rideo, risi 2. **dazu lachen,** mitlachen; anlachen, anlächeln, **zulächeln;** zusagen, gefallen

ar-rigo, rēxi, rectus 3. emporrichten, **aufrichten;** anspannen, spannen aufrichten, ermutigen; — arrectus 3 steil aufgerichtet, steil, jäh

ar-ripio, ripui, reptus 3. (cf. rapio) **an sich raffen, an sich reißen,** ergreifen, sich aneignen; anfallen, überfallen, auf jemd. losgehen; vor Gericht bringen

Arrius 3. E. Name einer römischen Familie

ar-rōdo, rōsi, rōsus 3. (cf. rodo) **annagen,** benagen
F. die Arrosion: Knochenfraß (med.)

arrogans, ntis (cf. arrogo) **anmaßend,** hochmütig
F. arrogant i. a. B.

arrogantia, ae f. **Anmaßung,** Hochmut *F.* die Arroganz i. a. B.

ar-rogo 1. **dazufordern,** hinzufügen, verschaffen, sich etwas aneignen; anmaßen; — (durch Gesetzantrag) beigeben

Arrūns, ntis m. E. etruskischer Vorname

Arruntius 3. E. Name einer römischen Familie; L. Arruntius röm. Staatsmann unter Tiberius

ars, artis f. **Kunst,** Können, **Geschicklichkeit,** Tüchtigkeit; — **Kunstgriff,** Kniff, List; — niedere und höhere Kunst, Handwerk, schöne Kunst, Wissenschaften; Lehrbuch (über Kunst od. Wissenschaft); — **Kunstwerk;** Kunstwert — Eigenschaft, Verhalten, Verfahren
M. Art (urv.) — *F.* der Artefakt: Kunstarbeit — der Artist: Künstler — artistisch: künstlerisch

Arsaces, is m. E. Name von Persern und Medern; Arsacides, ae m. Nachfolger des A., des Stifters des persischen Reiches

Arsamōsata, ae f. E. Stadt in Großarmenien (Schemschat)

Arsanias, ae m. E. Arm des Euphrat

Arsia silva Wald in Etrurien

Artabānus, i m. E. 1.) Name persischer Könige 2.) Führer der Leibwache des Xerxes und dessen Mörder

Artabāzus, i m. E. Name persischer Satrapen und Feldherrn

Arthaphernes, is m. E. Name persischer Satrapen und Feldherrn

Artavasdes, is m. E. König von Großarmenien

Artaxata, ōrum n. (auch ae f.) E. Hauptstadt von Großarmenien

Artaxerxes, is m. E. Name persischer Könige

Artaxias, ae m. E. König von Großarmenien

Artemisia, ae f. E. Königin, Gemahlin d. Mausolus, dem sie das prächtige Grabmal erbaute

Artemisium, ii n. E. Vorgebirge von Euböa (Schlacht 480 v. Chr.)

artēria, ae f. (griech.) 1.) Pulsader 2.) Luftröhre

F. die Arterie: Pulsader, Schlagader

articulātim adv. (cf. articulus) gliederweise, **Stück für Stück;** deutlich, Punkt für Punkt

articulus, i m. (dem. von artus) **Gliedchen, Fingerglied;** Gelenk; Pflanzenknoten; — Satzglied, Stück, Teil; — Zeitpunkt, **Wendepunkt, Augenblick**

M. in articulo mortis: in Todesgefahr, im Augenblick des Todes — *F.* der Artikel: Geschlechtswort; Warengattung; kurze schriftliche Abhandlung — artikulieren: gliedern, die einzelnen Laute deutlich aussprechen — die Artikulation: Gliederung, deutliche Aussprache; Knochen-, Gelenkfügung (med.) — artikular: zu einem Gelenk gehörig (med.)

arti-fex, icis m. (cf. ars und facio) kunstfertig; kunstvoll, subst. m. u. f. Künstler, Künstlerin; Meister, Meisterin; Arbeiter, Arbeiterin; Schöpfer, Urheber, Anstifter, Betrüger, Schelm

artificiōsus 3 (cf. ars u. facio) **kunstfertig,** kunstvoll

artificium, ii n. (cf. artifex) **Kunstfertigkeit,** Kunst, Geschicklichkeit; Kunst, Gewerbe, **Handwerk; Kunstwerk,** Kunstlehre, Theorie; Kunststück, Kunstgriff

arto 1. (cf. artus) eng machen, **einengen,** beschränken

artolaganus, i m. (griech.) Brotkuchen

artus 3 eng, **fest,** straff, **dicht,** innig; beengt, beschränkt, **knapp, mißlich;** artum, i n. die Enge; die beschränkte Lage, Knappheit; — Kampfgedränge

artus, ūs m. (cf. articus) (meist plur.) **Gelenke;** Gliedmaßen

ārula, ae f. (cf. ara) kleiner Altar

arundi-fer, a, um (cf. arundo-ferre) Rohr tragend

arundineus 3 (cf. arundo) aus Rohr

arundo (ältere Form harundo), inis f. Rohr, Rohrpfeife, Flöte. — Angelrute. — Schaft des Pfeiles, Pfeil; Kamm des Webstuhls (aus Rohr); — Leimrute (aus Rohr) für den Vogelfang; — Steckenpferd

aruspex cf. haruspex

Arverni, ōrum m. E. Volk in Gallien

arvina, ae f. Fett, Speck; Arvīna, ae m. E. römischer Beiname

arvus 3. (cf. aro) **pflügbar; arvum,** i n. Ackerland, Saatfeld, **Flur,** Feld, Gegend; — Getreide

arx, arcis f. (cf. arceo) **Wehr, Burg,** Feste; Schutzwehr, Bollwerk, Zufluchtsort; — Berggipfel, Anhöhe, Gipfel

ās, assis m. (gen. plur. assium) 1.) **Pfund** (als Münzeinheit), es hatte 12 unciae 2.) **der As,** röm. Münze, ursprünglich das einpfündige Kupferas = 1,50 M, oft herabgewertet bis auf 4 Pf.; also = Pfennig, Heller; ad assem pendere bis auf den letzten Heller bezahlen

Ascalaphus, i m. (griech. „Eule") mythol. Gestalt, Sohn des Acheron, wurde in eine Eule verwandelt

Ascanius, ii m. E. 1.) Sohn des Äneas 2.) See in Bitynien und dessen Ausfluß

a-scendo, di, sus 3. (cf. scando) ersteigen, **erklimmen, besteigen;** — intr. emporsteigen, sich erheben, sich aufschwingen

F. aszendieren: aufrücken — der Aszendent: Vorfahr — die Aszendenz: Vorverwandtschaft

ascēnsio, ōnis f. (cf. ascendo) Aufschwung, Schwung *F.* die Aszension:

ascēnsus, ūs m. (cf. ascendo) das Hinaufsteigen; **Aufgang,** Aufstieg, **Zugang**

a-scio 4. (cf. asciso) annehmen, aufnehmen

a-scisco, scīvi, scītus 3. (adscisco) **an sich ziehen, annehmen,** sich aneignen; sich anmaßen; — gutheißen, billigen; ascītus herbeigeholt, fremd

Asclepiades, ae m. E. 1.) griech. Philosoph 2.) griech. Arzt und Redner

Ascra, ae f. E. Geburtsort des Hesiod in Böotien; Ascraeus 3 des H.

a-scrībo, scripsi, scriptus 3 (aus adscribo) hinzuschreiben, schriftlich hinzufügen, in eine Liste einschreiben, schriftlich einsetzen; — zurechnen, zuzählen, **zuschreiben,** beimessen

F. adskribieren: zuschreiben, zueignen — die Adskription: Zuschreibung — adskriptiv: überzählig

ascripticius 3 (cf. ascribo) aufgenommen (in die Bürgerliste)

Asculum, i n. E. Stadt in Picenum (Ascoli); Asculānus ad,. und subst. Bewohner von A.

asellus, i m. (dem. von asinus) **Esel**

M. Esel (L), Assel (L)

Asia, ae f. E. Asien 1.) der Erdteil 2.) Kleinasien 3.) die röm. Provinz Asien; Asiaticus und Asius 3 (auch Asis, idis f.) asiatisch

Asiāgenes, is m. E. in Asien geboren; Beiname des L. Cornelius Scipio

asilus, i m. Bremse

Asinius 3 E. Name römischer plebejischer Familien; cf. Pollio

asinus, i m. Esel

Asōpus, i m. E. 1.) Fluß in Böotien 2.) Fluß in Thessalien 3.) Flußgott, Sohn des Oceanus, Vater der Ägina, der Mutter des Äakus. Asōpis, idis f. = Ägina; Asopiades, ae m. Nachkomme des Äakus

asōtus, i m. (griech.) Schlemmer, Wüstling

Asparagium, ii n. E. Stadt in Illyrien

asparagus, i m. (griech.) Spargel (L)

a-specto 1. (cf. aspicco) **anschauen, anblicken;** hinsehen, auf etwas achten; gerichtet sein, liegen

aspectus, ūs m. (cf. aspicio) **Anblick,** Blick, Ausblick. — Sehkraft, Gesicht; — (pass.) das Sichtbarwerden, **das Erscheinen,** die äußere Erscheinung, Aussehen

F. der Aspekt: Anblick, Stellung der Gestirne, Vorzeichen, Aussicht

as-pello, puli, pulsus 3. (cf. abs. und pello) **wegtreiben**

Aspendus, i f. (griech.) E. Stadt in Pamphylien; Aspendius, ii m. Einwohner von A.

asper, era, orum **rauh,** uneben; **grob, roh,** wild, hart, bitter, bissig, **streng**

M. per aspera ad astra: durch Nacht zum Licht

aspergo, spersi, spersus 3. (cf. ad und spargo) **anspritzen,** bespritzen, bestreuen, einspritzen, hinstreuen; beschmutzen, hinzustreuen, hinzufügen

F. aspergieren: besprengen — die Aspersion: Besprengung mit Weihwasser — das Aspersorium: Weihwasserkessel

aspergo (adspargo), inis f. (cf. aspergo) das Hinspritzen, Gischt, Naß, Tropfen

asperitas, tātis f. (cf. asper) **Rauheit,** Unebenheit; **Mißlichkeit,** Schwierigkeit; **Bitterkeit,** Härte, **Roheit,** Wildheit, Strenge

aspernātio, ōnis f. (cf. aspernor) **Verschmähung**

a-spernor 1. (cf. ab und sperno) **zurückweisen, verschmähen,** verwerfen

aspero 1. (cf. asper) **rauh machen;** schärfen — aufreizen

a-spicio, spexi, spectus 3. (cf. ad und specio) **anblicken,** hinblicken; genau betrachten, besichtigen; beachten, erwägen, beherzigen, berücksichtigen

aspirātio, ōnis f. (cf. aspiro) das Anhauchen, Einatmen, Ausdünstung. — Hauchlaut, Buchstabe H

F. die Aspiration: Streben; Behauchung

aspiro 1. (cf. ad und spiro) **hinhauchen, begünstigen, unterstützen,** fördern; — nach etwas trachten, hinstreben

F. aspirieren: ansaugen; mit einem Hauchlaut sprechen, streben — der Aspirant: Bewerber, Anwärter — die Aspirata: behauchter Verschlußlaut — aspiratorisch: mit Hauch gesprochen

aspis, idis f. (griech.) Natter, Viper

F. die Aspis: ägyptische Brillenschlange

asportātio, ōnis f. (cf. asporto) Wegschaffen, Fortführen

as-porto 1. (cf. abs und porto) **fortschaffen,** wegführen

asprētum, i n. (cf. asper) steiniger Ort

Assaracus, i m. E. König von Troja, Großvater des Anchises

assecla (assecula), ae m. (cf. assequor) Begleiter, Anhänger (in üblem Sinne)

assectātio, ōnis f. (cf. assector) ständige Begleitung (insbes. eines Amtsbewerbers)

assectātor, ōris m. (cf. assector) Anhänger

assector 1. (cf. assequor) ständig begleiten, sich an jemd. anschließen

assecula cf. assecla

assēnsio, ōnis f. (cf. assentior) **Beifall,** Zustimmung

assēnsus, ūs m. (cf. assentior) **Zustimmung,** Beifall; Nachhall, Echo

assentātio, ōnis f. (cf. assentor) Beipflichten, Schmeichelei

assentatiuncula, ae f. (cf. assentatio) Liebedienerei, niedrige Schmeichelei

assentātor, ōris m. (cf. assentor) Schmeichler

assentio, sēnsi, sēnsus 4. und häufiger assentior, sensus sum 4. (cf. sentio) **beistimmen,** zustimmen, **beipflichten**

F. assentieren: zustimmen, fürs Militär tauglich erklären — die Assentierung: Musterung, Aushebung

as-sentor 1. **beipflichten,** nach dem Munde reden, **schmeicheln**

as-sequor, secūtus sum 3. (cf. ad und sequor) (mit dem acc.) **erreichen,** einholen, gleichkommen, erlangen, erfassen, begreifen, verstehen

āsser, eris m. Stange

as-sero, sēvi, situs 3. (cf. ad u. sero) **säen,** daneben pflanzen

as-sero, serui, sertus 3. (cf. ad und sero reihen) **anreihen, hinzufügen,** zueignen, sich anmaßen; — **für frei** (in libertatem), **für unfrei** (in servitutem) **erklären**

F. die Assertion: Behauptung; Vertretung der Freiheit (jur.) — assertorisch: behauptend, bekräftigend

assertio, ōnis f. (cf. assertor) Freiheitserklärung

assertor, ōris m. (cf. assero anreihen) der (jemd. als Sklaven) Beanspruchende; Befreier

as-servio 4. (cf. servio) beistehen

as-servo 1. (cf. ad und servo) **aufbewahren, verwahren,** in Gewahrsam halten; bewachen

F. asservieren: aufbewahren — das Asservat: aufbewahrter Gegenstand — die Asservation: Aufbewahrung

as-sessio, ōnis f. (cf. assideo) das Dabeisitzen

as-sessus, ūs m. = assessio

as-severātio, ōnis f. (cf. assevero) ernste Behauptung, Beteuerung; Ernst, Nachdruck

F. die Asseveration i. a. B.

as-sevēro 1. (cf. sevērus) **ernstlich betreiben,** mit Ernst verfahren; ernstlich behaupten, beteuern, bezeugen

as-sideo, sēdi, sessum 2. (cf. ad und sedeo) **dabei sitzen, zur Seite stehen,** pflegen, verpflegen; — **bei (vor)** einem Orte lagern, Wache halten, **belagern**

F. der Assessor: Beisitzer (Gerichts-, Studien-, Forstassessor etc.; nach Ablegung der zweiten Prüfung)

as-sīdo, sēdi 3. **sich niedersetzen,** sich niederlassen

assiduitas, tātis f. (cf. assiduus) die Ansäßigkeit, die ständige Anwesenheit, Begleitung; Beharrlichkeit, Beständigkeit, Fortdauer

F. die Assiduität: Beharrlichkeit

assiduus 3 (cf. assideo) **ansäßig,** gegenwärtig, **beständig,** beharrlich, fleißig, unablässig, fortwährend; assiduus, i m. der ansäßige, steuerpflichtige Bürger

assignātio, ōnis f. (cf. assigno) **Anweisung** (insbes. von Land)

F. die Assignation i. a. B.

as-signo 1 (cf. signo) **anweisen,** zuweisen, **zuteilen, zuschreiben,** bestimmen

F. assignieren: anweisen — der Assignant: der Anweisende — der Assignat: der zugewiesene Schuldner — der Assignator: Empfänger einer Anweisung — die Assignate: Anweisung, Staatspapier, Papiergeld der franz. Republik nach der franz. Revolution

as-silio, silui 4. (cf. ad und salio) **heranspringen, heranstürmen,** heranwogen, (in der Rede) auf etwas überspringen

as-similis, e (cf. ad u. similis) **ähnelnd,** ziemlich ähnlich

assimulātio, ōnis f. (cf. assimulo) Gleichstellung

as-simulo (as-similo) 1. (cf. similis) **ähnlich machen,** nachbilden, vergleichen, nachahmen, vorgeben, heucheln; assimulātus 3 erheuchelt

F. assimilieren: ähnlich machen, ausgleichen — die Assimilation: Angleichung, Anpassung; Umwandlung aufgenommener Nahrungsstoffe (med.)

as-sisto, astiti und adstiti 3. (cf. ad und sisto) **sich hinzustellen, hinzutreten,** stehen bleiben; **dabeistehen;** beistehen

F. assistieren: zugegen sein, helfen — der Assistent: Gehilfe, Hilfsbeamter — die Assistenz: Hilfe, Beistand, Mitarbeit

as-soleo 2. (cf. ad und soleo) **pflegen,** Brauch sein

as-sono 1. (cf. ad und sono) tönend beistimmen

F. assonieren: anklingen — die Assonanz: Anklang, vokalischer Gleichklang

assue-facio, fēci, factus 3. (pass. assuefio) (cf. ad und suesco) gewöhnt machen, **jemd. an etwas gewöhnen**

as-suēsco, suēvi, suētus 3. (cf. ad und suesco) **sich an etwas gewöhnen;** (alicui und aliquo) jemd. liebgewinnen; assuēvi ich pflege; — assuētus (adsuētus) 3 an etwas gewöhnt, gewohnt, bekannt, gewöhnlich

as-suetūdo, inis f. (cf. assuesco) **Angewöhnung;** vertrauter Umgang

as-sulto 1. (cf. assilio) **heranspringen, heranstürmen,** bestürmen

assultus, ūs m. (cf. ad und salio) das Anspringen, Ansturm

as-sum (adsum), af-fui (ad fui), affutūrus (adfuturus), adesse (coni. impf. auch afforem [adforem], inf. fut. auch affore [adfore]) **dabei sein, anwesend sein,** da sein, erscheinen, bevorstehen, **zur Stelle sein, teilnehmen** (alicui rei); — **beistehen, helfen** (alicui); animo adesse aufmerken, gefaßt sein

as-sūmo, sūmpsi, sūmptus 3. (cf. ad und sumo) **an sich nehmen,** annehmen, hinzunehmen, in Anspruch nehmen, sich beilegen, erwerben; sich anmaßen, beanspruchen

F. assumieren: gelten lassen, begreifen

F. die Assumtion: Aufnahme (in den Himmel); Darstellung der Himmelfahrt Christi

as-suo, assui, assūtus 3. (cf. ad und suo) **annähen,** anflicken

as-surgo, surrēxi, surrēctus 3. (cf. ad und surgo) **sich aufrichten,** sich erheben, emporsteigen

assus 3 (cf. areo) gebraten

Assyria, ae f. E. Land am Tigris; Assyrius, ii m. u. adi. Einwohner v. A.; asiatisch, morgenländisch

F. die Assyriologie: Wissenschaft von den assyrischen Altertümern

ast = at

Asta, ae f. E. Stadt in Spanien (Mera de Asta); Astensis, e adi.

Astapa, ae f. E. Stadt in Spanien (Estepa)

Astarte, ēs f. E. phönizisch-syrische Mondgöttin

Asteria, ae (Asterie, ēs) f. E. Gemahlin des Perseus, Schwester der Latona

a-sterno 3. (cf. ad und sterno) hinstrecken

a-stipulor 1. beistimmen

a-sto, astiti 1. **dabeistehen,** dastehen; aufrecht stehen, emporragen

Astraea, ae f. E. Tochter des Zeus, Göttin der Gerechtigkeit; der Stern Jungfrau im Tierkreise

Astraeus, i m. E. Titan, Vater der Winde

a-strepo, ui 3. (cf. ad und strepo) dazu lärmen, lärmend zurufen, zujauchzen

a-stringo, strinxi, strictus 3. (cf. ad und stringo) **festschnüren,** anbinden, zusammenziehen, festmachen; **fesseln,** verpflichten, in Schranken halten, **einschränken;** astrictus 3 festgebunden, gebunden, knapp, sparsam, **kurz**

F. adstringieren: zusammenziehen — das Adstringens (plur. die Adstringenzien): zusammenziehende Mittel (med.) — die Adstriktion: Zusammenziehung

astrologia, ae f. (griech.) Sternkunde, Astronomie (nicht Astrologie)

F. die Astrologie: Sterndeuterei

astrologus, i m. (griech.) Sternkundiger, Astronom; Sterndeuter

F. der Astrolog: Sterndeuter

astrum, i n. (griech.) **Gestirn,** Sternbild — **Geburtsstern,** Konstellation der Geburtsstunde; Nativität; Himmel

M. Estrich (L) (von den sternförmigen Verzierungen des Bodens) — *F.* asterisch: die Sterne betreffend; sternähnlich — die Aster: Sternblume — der Asteriskus: Sternchen (in Druck und Schrift) — der Asteroid: kleiner Planet — astral: sternhaft — der Astralleib: verklärter Leib, Geisterleib — das Astrallicht: Sternlicht, Schein der Milchstraße

a-struo, strūxi, strūctus 3. (cf. adstruo) **hinzubauen,** anbauen, hinzufügen

astu n. (griech.) Stadt = Athen

a-stupeo 2. (cf. ad und stupeo) **anstaunen**

Astura, ae f. E. Fluß in Latium

astus, ūs m. **List,** Kriegslist, Finte

astūtia, ae f. (cf. astus) **List,** Verschlagenheit; plur. Ränke

astūtus 3 (cf. astus) **listig,** verschlagen

Astyages, is m. E. letzter medischer König

Astyanax, actis m. E. Sohn des Hektor und der Andromache

Astypalaea, ae f. E. Insel bei Rhodus (Stampalia); Astypalēïus 3. u. Astypalaēnsis, e adi. und subst. Bewohner von A.

asȳlum, i n. (griech.) Freistatt, Zufluchtsstätte

F. das Asyl i. a. B.

at (advers. ci) 1.) **aber, dagegen** (besonders zur Einführung oder zur Widerlegung eines Einwurfs) 2.) beschränkend nach konzessiven Gedanken: **aber doch, doch wenigstens;** si non (minus) at (at certe, at tamen) wenn nicht — so doch wenigstens 3.) bei Ausrufen: aber

atābulus, i m. Südostwind, Schirokko

Atacīnus cf. Atax

Atalanta, ae und Atalante, ēs f. E. 1.) mythische Jägerin 2.) kleine Insel im Opuntischen Meerbusen (Talanda)

at-avus, i m. Vater des Urgroßvaters, **Urahn, Vorfahr**

F. der Atavismus: Vererbung, Rückartung — atavistisch: auf Rückartung beruhend

Atax, acis m. E. Fluß und Ort in Gallia Narbonensis (Aude); Atacinus, i m. Beiname des Dichters P. Terrentius Varro

Atēius 3 E. Name eines römischen Geschlechtes. 1.) C. Ateius Capito, Volkstribun, Gegner des Pompejus 2.) sein Sohn, Konsul und Jurist

Atella, ae f. E. Stadt in Kampanien; Atellānus 3 aus A.; Atellāna, ae f. (scil. fabella) volkstümliche Posse

F. die Atellane i. a. B.

āter, ātra, ātrum **schwarz,** dunkel, düster, finster, traurig, **unheilvoll,**

grauenvoll; boshaft, neidisch, giftig; —schwarz gekleidet; — dies ater Unglückstag

Ateste, is n. E. Stadt im Lande der Veneter (Este)

Athamānia, ae f. E. Landschaft in Epirus; Athamānes, um m. Bewohner von A.

Athamas, antis m. E. Sohn des Äolus, Vater des Phrixus und der Helle; Athamantēus 3. adi. — Athamantiadēs, ae m. Sohn des Athamas, Phrixus; — Athamantis, idis f. Tochter des A., Helle

Athēnae, ārum f. E. Athen; Atheniēnsis, e adi; Atheniēnses, ium m. die Athener

Athenaeum, i n. E. Feste in Athamanien

Athesis, is m. E. Fluß in Oberitalien (Etsch)

athlēta, ae m. (griech.) Wettkämpfer, Athlet (F.)

Athos m. (dat. u. abl. Atho, acc. Athon und Atho), Atho, ōnis m. E. Berg Athos auf der Chalcidice

Atilius 3. E. Name eines plebejischen Geschlechtes. 1.) A. Atilius Calatinus Konsul und Diktator (im 1. punischen Kriege) 2.) M. Atilius Regulus Konsul (im 1. punischen Kriege) 3.) M. Atilius römischer Dichter

Atīna, ae f. E. Stadt in Latium (Atina); Atinas, ātis adi. und subst. Bewohner von A.

Atīnius 3. E. Name eines römischen Geschlechtes; C. Atīnius Labeo, Volkstribun 130 v. Chr.; lex Atīnia betr. die Aufnahme des Volkstribunen in den Senat

Atintānia, ae f. E. Landschaft in Epirus

Atius 3. E. Name eines römischen Geschlechtes; Atia Mutter d. Augustus

Atlas, antis m. E. 1.) Titane, Träger des Himmelsgewölbes 2.) der Atlas, Gebirge in Marokko; — Atlantiades, ae m. Nachkomme des Atlas; Merkur (Enkel) und Hermaphroditus (Urenkel); Atlantis, idis f. Tochter des A.; die Plejaden Maja und Elektra; Atlantēus 3 und Atlanticus 3 **atlantisch, westafrikanisch**

F. der Atlas: erdkundliche Kartensammlung (nach dem die Erde tragenden Titanen)

atque (ad-que), **ac** (vor Konsonanten) **und dazu; und sogar, und besonders;** nach negativen Begriffen: **sondern;** nach Vergleichungswörtern: **als, wie,** z. B. idem atque derselbe wie; aliter atque anders als; — Sätze verbindend: **und**

atqui (atquin) (advers. ci.) **und doch, nun aber**

Atracides cf. Atrax

atramentum, i n. (cf. atro) Schwärze, Tinte

Atrax, cis f. E. Stadt in Thessalien; Atracides, ae m. Thessalier; Atracis, idis f. Thessalierin

Atrebātes, um m. E. gallischer Stamm in Artois

Atreus, ei m. E. König von Mykene; Atrides, ae m. Nachkomme des A., Menelaus u. Agamemnon (wird auch griech. dekliniert gen. Atreos, dat. Atrei; acc. Atrea, voc. Atreū)

atriēnsis, e m. (cf. atrium) Haushofmeister, Kastellan

atrium, ii n. die **Halle,** das **Atrium;** Wohnzimmer, Saal, Empfangssaal, Haus, Palast

F. das Atrium: Vorhalle; Vorkammer des Herzens (med.)

atro (cf. ater) schwarz machen; atrātus 3 verdunkelt, schwarzgekleidet

atrōcitas, tātis f. (cf. atrox) **Schrecklichkeit, Scheußlichkeit;** Härte, Strenge

atrōx, ōcis **schrecklich, scheußlich,** furchtbar, gräßlich; hart, streng, **wild**

Atta, ae m. E. C. Quintius Atta römischer Lustspieldichter, Schöpfer der fabula togata

attactus, ūs m. (cf. attingo) Berührung

attagēn, ēnis m. (griech.) Haselhuhn

Attalus, i m. E. 1.) Feldherr Philipps

von Mazedonien 2.) Name von Königen von Pergamus. Attalicus 3 attalisch, pergamenisch; — reich, prachtvoll; Attalis, idis f. eine attalische Phyle

at-tamen **aber dennoch, aber doch**

at-tempto cf. attento

at-tendo, attendi, attentus 3. (cf. ad und tendo) hinspannen, **hinlenken, achtgeben,** beachten; animum attendo seine Aufmerksamkeit auf etwas richten; attentus 3 gespannt, aufmerksam; genau, sparsam, karg

attentio, ōnis f. (cf. attendo) Spannung, **Aufmerksamkeit**

F. die Attention i. a. B.

at-tento, at-tempto 1. **antasten, versuchen,** angreifen, anfechten

F. das Attentat: Gewalttat — der Attentäter: Angreifer

attentus cf. attendo

at-tenuo 1. (cf. ad und tenuis) **dünn machen;** vermindern, schwächen; pass. dünn werden; attenuātus 3. abgeschwächt, einfach, schmucklos

at-tero, trīvi, trītus 3. (cf. ad und tero) **anreiben,** reiben; **abreiben,** abnutzen; **schwächen;** attrītus 3 abgenutzt, abgegriffen

F. die Attrition: Reibung, Wundwerden der Haut; unvollkommene Reue

at-tēstor 1. (cf. ad und testor) **bezeugen**

F. attestieren: beglaubigen — das Attest: Zeugnis, Gutachten

at-texo, texui, textus 3. (cf. ad-texo) daraufflechten; **hinzufügen**

Attica, ae f. E. Landschaft Attika; Atticus, i m. Attiker, Athener; adi. attisch; — **Atticus** 3 E. röm. Beiname. T. Pomponius Atticus, röm. Ritter, Vertrauter Ciceros

F. der Attizismus: attischer Sprachgebrauch; Feinheit der Sprache und Rede — attisches Salz = Witz

Attilius cf. Atilius

at-tineo, tinui, tentus 2. (cf. ad und teneo) **festhalten,** anhalten, behaupten, hinhalten, — intr. **sich erstrekken,** sich beziehen, betreffen, angehen; non (nihil) attinet es kommt nicht darauf an; quod attinet ad was betrifft; quod ad me attinet was mich anbetrifft, meinetwegen

at-tingo, attigi, attactus 3. (cf. ad u. tango) **berühren,** anrühren, antasten, besprechen, anstoßen, angrenzen, **betreffen,** treffen, sich an etwas machen, es versuchen; auf jemand stoßen, angreifen, schlagen

Attis, idis m. (acc. Attim) E. schöner phrygischer Hirt, Priester der Kybele, in eine Fichte verwandelt

Attius 3 E. Name eines römischen Geschlechtes 1.) P. Attius Varus Pompejaner 2.) Attius Labienus der verdienstvollste General Cäsars, später Pompejaner. Attiānus 3 des A.

at-tollo 3. **emporheben,** aufheben, aufrichten, erhöhen, auszeichnen, refl. u. pass. sich emporrichten, sich erheben, steigen, wachsen

at-tondeo, tondi, tōnsus 2. (cf. ad u. tondeo) beschneiden, scheren, schmälern

at-tono, tonui, tonitus 1. (cf. ad und tono) andonnern, betäuben; attonitus 3 vom Donner getroffen; betäubt, bestürzt, entsetzt, sinnlos; — begeistert

at-torqueo 2. (cf. ad und torqueo) emporschwingen

attracto cf. attrecto

at-traho, trāxi, tractus 3. (cf. ad und traho) **heranziehen,** anziehen, herbeischleppen; **hinziehen**

F. die Attraktion: Anziehung, Anziehungskraft, etwas Zugkräftiges — attraktiv: anziehend

attrectātus, ūs m. (cf. attrecto) das Berühren

at-trecto (at-tracto) 1. (cf. attraho) betasten, berühren; sich mit etwas befassen

at-tribuo, tribui, tribūtus 3. (cf. ad und tribuo) **zuteilen,** anweisen, verleihen, **beimessen,** zuschreiben

F. das Attribut: Beifügung (sprachl.), beigelegtes Merkmal, Sinnbild — die Attribution: Rechtsverleihung, Bevollmächtigung — attributiv: beifügend

attrītus cf. attero

Atuatuca, ae f. E. Festung der Eburonen
Atuatuci, ōrum m. germ. Volksstamm zwischen Maas und Schelde
Attus Navius E. altrömischer Augur
Atys, yos (abl. ye) E. 1.) Sohn d. Herkules 2.) Troer, Stammvater der gens Atia
au vor f = ab
au-ceps, aucupis m. (cf. avis u. capio) Vogelfänger, Vogelsteller; a. syllabarum Silbenstecher
auctio, ōnis f. (cf. augeo) das Mehrbieten, Versteigerung
F. die Auktion i. a. B.
auctionārius 3 zur Versteigerung gehörig
auctiōnor 1. eine Versteigerung veranstalten
auctito 1. (cf. augeo) stark vermehren
auctor, ōris m. (cf. augeo) **Mehrer,** Vermehrer, **Förderer;** Gewährsmann, Bürge; Berichterstatter; **Schriftsteller,** Geschichtsschreiber; Vertreter, Muster, Vorgänger, Leiter, Lehrer; Ratgeber, **Anstifter, Urheber,** Veranlasser, Gründer, Stifter, Erfinder; Gründer, Erbauer, Ahnherr; — auctore alquo auf Antrieb, Veranlassung, Rat, Geheiß jds.
F. der Autor: Verfasser, Schriftsteller, Künstler — die Autorschaft: Urheberschaft — autoritativ: maßgebend — autorisieren: ermächtigen — die Autorisation: Vollmacht(erteilung) — die Autorität: Ansehen, Obrigkeit, maßgebende Persönlichkeit
auctoramentum, i n. (cf. auctōro) Verpflichtung; Handgeld
auctōritās, tātis f. (cf. auctor) **Gewähr,** Beglaubigung; Glaubwürdigkeit; Vorbild, Muster; Haltung, **Ansehen,** Einfluß, Antrieb, Rat, Zuspruch; Wille, Beschluß, Erklärung; — Urkunde, Aktenstück, (jur.) Vollmacht, Eigentumsrecht, rechtgültiges Eigentum; — senatus auctoritas Senatsbeschluß
auctōro 1. (cf. auctor) verpflichten
auctumnus cf. autumnus
auctus, ūs m. (cf. augeo) **Vermehrung,** Verstärkung, Zunahme, Wachstum
aucupium, ii n. (cf. auceps) Vogelfang; Jagd, Jagen
aucupor 1. (cf. auceps) jagen, Jagd machen, belauern
audācia, ae f. (cf. audax) **Kühnheit,** Keckheit, **Frechheit;** Tollkühnheit, Verwegenheit, — Wagnis
audax, ācis (adv. meist audacter) (cf. audeo) **kühn,** keck, **frech;** tollkühn, verwegen
audentia, ae f. (cf. audeo) Kühnheit
audeo, ausus sum 2. (alter opt ausim, is, it ich möchte wagen) (cf. avidus) begierig sein, Lust haben, wollen, **wagen,** sich erkühnen; audens, entis wagend, kühn, beherzt
audientia, ae f. (cf. audio) Gehör, Aufmerksamkeit
F. die Audienz: Zutritt, Empfang
audio, īvi (ii), ītus 4. **hören,** anhören, erhören, zugeben, billigen, beistimmen, rechtgeben; verhören; — gehorchen, folgen; dicto audientem esse aufs Wort gehorchen; — über sich hören, einen Ruf haben, gelten; audiens, ntis m. Hörer, Zuhörer
F. das Audion: Rundfunkröhre
auditio, ōnis f. (cf. audio) **das Anhören,** Gerücht, Hörensagen
auditor, ōris m. (cf. audio) Zuhörer, Schüler
F. der Auditor i. a. B.
auditōrium, ii n. (cf. audio) Hörsaal
F. das Auditorium i. a. B.
auditus, ūs m. (cf. audio) **Gehör,** Gehörsinn; — der Hörer, — Anhören; Gerücht
au-fero, abs-tuli, ab-lātus, auferre (cf. ab und fero) **wegtragen,** wegbringen, fortreißen, verleiten, **entreißen, wegnehmen,** rauben, **abtrennen,** entziehen, für sich davontragen, erlangen
F. die Ablation: Wegnahme, Wegnahme von verwittertem Gestein durch Eis und Schnee — der Ablativ: der 6. Fall der lat. Dekl.
Aufidēna, ae f. E. Stadt in Samnium (Alfidena)
Aufidius 3 E. Name eines römischen

plebejischen Geschlechtes. 1.) Cn. Aufidius Volkstribun, Verfasser einer röm. Geschichte 2.) Cn. Aufidius Orestes Aurelianus Konsul 3.) M. Aufidius Lurco Volkstribun 4.) Aufidius Bassus röm. Geschichtsschreiber unter Augustus

Aufidus, i m. E. Fluß in Apulien (Ofanto)

au-fugio, fūgi 3. (cf. ab-fugio) **entfliehen**

augeo, auxi, auctus 2. (alter opt. auxim, auxitis) **vermehren, vergrößern, fördern,** erweitern; bereichern, überhäufen, beglücken; — pass. wachsen, sich vermehren; auctus 3 (nur comp.) vergrößert, größer

M. auch (urv.) — *F.* das Augment: Vermehrung, Zuwachs, Zusatzvorsilbe — augmentieren: vermehren, vergrößern, mit einem Augment versehen — die Augmentation: Vermehrung, Verlängerung der Notengeltung, Ausbreitung des Themas (mus.)

augēsco, auxi 3. (cf. augeo) **wachsen,** zunehmen, gedeihen

augur, uris m. Vogelschauer, **Augur,** Weissager, f. Weissagerin

F. das Augurenlächeln: Lächeln des Eingeweihten, verständnisvolles Lächeln

augurālis, e (cf. augur) zum Augur gehörig; augurale, is n. Feldherrnzelt (in dem man die Vögel beobachtete)

augurātus, ūs m. (cf. augur) das Auguramt

augurium, ii n. (cf. augur) **Zeichendeutung, Weissagung, Vorzeichen;** Vorgefühl, Ahnung; Weissagekunst

F. das Augurium i. a. B.

augurius 3 = augurālis

auguro 1. (häufiger auguror) Augurien anstellen, **Zeichen beobachten** und deuten; **wahrsagen,** prophezeien; **weissagen,** einweihen; **ahnen,** vermuten

F. augurieren: wahrsagen, mutmaßen — inaugurieren: feierlich einweihen, einsetzen

Augusto-dūnum, i n. E. Hauptstadt der Häduer (Autun)

augustus 3 (cf. augeo) **geweiht, heilig; erhaben,** hoch, ehrwürdig, majestätisch

Augustus, i m. 1.) Ehrenname des Octavianus 2.) Name des Monats Sextilis (zu Ehren des Kaisers Augustus); — Augustus 3, Augustālis e u. Augustiānus 3 kaiserlich, des Augustus; — Augusta, ae f. 1.) Titel der Frau (Mutter, Schwester, Tochter) des Kaisers 2.) Name zahlreicher Städte, z. B. A. Treverōrum Trier, A. Vindelicōrum Augsburg, A. Taurinōrum Turin

M. August (V), Auguste (V)

aula, ae f. (griech.) **Hof, Halle** (=atrium), (fürstlicher) Hof; Schloß; Hofstaat, Hofleben, Hofleute; — Zelle der Bienenkönigin

F. die Aula: Festhalle, Festsaal

aulaeum, i n. (griech.) Vorhang; Teppich; Baldachin

Aulerci, ōrum m. E. großes gallisches Volk, umfaßte 4 Stämme: 1.) Aulerci Eburovices in der Normandie 2.) Aulerci Cenomāni südl. von diesen 3.) Aulerci Diablintes nördl. der Loire 4.) Aulerci Brannovices zwischen Saône und Loire

aulicus 3 (griech.) zum Hofe gehörig, Höfling

Aulis, idis f. (acc. dem und da) E. Küstenstadt in Böotien, Stammplatz der gegen Troja ziehenden griechischen Flotte

auloedus, i m. (griech.) Sänger zum Flötenspiel

Aulon, ōnis m. E. Weingegend bei Tarent

Aulus, i m. (abgekürzt A.) römischer Vorname

aura, ae f. (alter gen. aurai) (griech.) **Hauch,** Luftzug, Lüftchen, Wind; Duft, Dunst; Schimmer, Schein; Höhe, Himmel; Oberwelt; — günstiges Wehen, Gunst; aura populāris Volksgunst; — Schimmer, Spur

aurārius 3 (cf. aurum) **zum Gold gehörig;** aurāria, ōrum n. Goldgrube

aurātus 3 (cf. aurum) **vergoldet,** goldgeschmückt

Aurēlius 3 E. Name eines römischen plebejischen Geschlechtes; C. Aurelius Cotta 1.) Konsul, Feldherr im 1. punischen Krieg 2.) Konsul 75 v. Chr., Redner 3.) L. Aurelius Cotta, dessen Bruder, Freund Ciceros, Zensor; — via Aurēlia vom Zensor L. Aurelius Cotta 241 v. Chr. angelegte Straße von Rom nach Pisa
M. Aurel (V), Aurelie (V)

aureolus 3 (cf. aureus) **schön golden, goldig, allerliebst**
F. die Aureole (aus anulus aureolus Goldreif): Heiligenschein, Ruhmesglanz; kleiner Hof um Sonne und Mond

aureus 3 (cf. aurum) **golden**, vergoldet, goldgeschmückt, goldfarbig, schimmernd, herrlich, reizend; — aureus, i m. Goldstück, Golddenar (= 25 Silberdenar, = 100 Sesterzen)

auri-comus 3 (cf. aurum und coma) goldhaarig

auricula, ae f. (cf. auris) Öhrchen, Ohr
F. die Aurikularkonfession: Ohrenbeichte — die Aurikel: Primelart

auri-fer, fera, ferum goldtragend

auri-fex, ficis m. (cf. aurum u. facio) Goldschmied

aurīga, ae m. **Wagenlenker**, Kutscher; Fuhrmann (als Gestirn)

auri-gena, ae m. Goldgeborener (Beiname des Perseus)

auris, is f. **Ohr** (urv.); Gehör; — Zuhörer; — Streichbrett am Pflug

aurītulus, i m. (cf. auritus) Langohr, Esel

aurītus 3. (cf. auris) langohrig; lauschend

aurōra, ae f. **Morgenröte**; — Osten; — Aurora, ae f. Göttin der Morgenröte
M. Ost (urv.) — *F*. die Aurora: Göttin der Morgenröte; Name eines Schmetterlings

aurum, i n. **Gold**; Goldgerät; Goldglanz, Geld; — (poet.) goldenes Zeitalter

Aurunci, ōrum m. E. altes Volk in Latium; Auruncus 3 aurunkisch; — Suessa Aurunca E. Stadt in Latium (Sessa)

Ausci, ōrum m. E. Volksstamm in Aquitanien

ausculor, ausculum cf. osculor, osculum

aus-culto 1. (cf. auris) **horchen, gehorchen**
F. auskultieren: ärztlich untersuchen; zuhören — der Auskultant und Auskultator: Beisitzer (ohne Stimmrecht) — die Auskultation: Behorchen, Untersuchung

Ausetāni, ōrum m. E. Volksstamm im nordöstl. Spanien

ausim cf. audeo

Ausones, um m. E. Gesamtname der mittel- und süditalienischen Stämme. Ausonius 3 u. Ausonis, idis f. adi. ausonisch, italisch; — Ausonia, ae f. Land der Ausoner; Ausonidae, ārum m. Italiker; Ausona, ae f. Stadt der Ausoner

au-spex, spicis m. (cf. avis-specio) **Vogelschauer**; — Leiter, Beschützer, Führer; Ehestifter

auspicātus, auspicato cf. auspico

auspicium, ii n. (cf. auspex) **Vogelschau; Vorzeichen**; — Recht der Vogelschau (stand in verschiedenen Maßen Beamten zu); Oberbefehl, Oberleitung, Macht, Recht
F. die Auspizien: Vorbedeutung — unter jemds. Auspizien: unter jemds. Leitung, Schutz

auspicor (seltener auspico) 1. (cf. auspex) **Vogelschau halten**, — glücklich beginnen; auspicātus 3 durch Auspizien geweiht, geheiligt, glückverheißend, glücklich begonnen, günstig; auspicāto nach Anstellung der Auspizien, unter guter Vorbedeutung

auster, stri m. **Südwind**; — Süden

austērus 3 (griech.) herb, sauer; ernst, streng, unfreundlich, finster

austrālis, e 1.) **zum Südwind gehörig** 2.) **südlich**
M. Australien (L) — *F*. austral: auf der südl. Erdkugel befindlich — das Australlicht: Südlicht, Polarlicht

austrīnus 3 (cf. auster) vom Südwind kommend

ausum, i n. (ausūs, us m.) (cf. audeo) **Wagnis**

aut (disiunkt. ci.) **oder** (anschließend); aut ... aut entweder ... oder; **sonst, widrigenfalls; oder sogar** (aut etiam), **oder vielmehr** (aut potius), oder überhaupt (aut omnino); — oder wenigstens (aut certe, aut saltem, aut denique); — neque aut ... aut und weder ... noch; ne aut ... aut damit weder ... noch

M. aut Caesar — aut nihil: entweder Cäsar (alles) oder nichts

autem (ci.; nachgestellt) 1.) **aber** (entgegenstellend), hingegen, **andererseits** 2.) (anreihend) aber, **ferner, nämlich**, weiter

authepsa, ae f. (griech.) Selbstkocher, Kochmaschine

Autolycus, i m. E. Sohn des Merkur, berüchtigter Dieb

Automatia, ae f. E. Zufallsgöttin, Glücksgöttin

Automedon, ontis m. E. Kampfgenosse und Wagenlenker Achills

Autonoē, ēs f. E. Tochter des Kadmus, Mutter d. Aktäon; Autonoēïus, i m. Aktäon

Autrōnius 3. E. Name eines röm. Geschlechtes; P. Autronius Paetus Mitverschworener Katilinas

autumnālis, e (cf. autumnus) **herbstlich**

autumnus, i m. **Herbst**

au-tumo 1. meinen, glauben, behaupten

auxiliāris, e (cf. auxilium) **helfend,** hilfreich, auxiliāres, ium m. Hilfstruppen

auxiliārius 3 (cf. auxilium) Hilfe bringend

auxiliātor, ōris m. (cf. auxilior) **Helfer**

auxilior 1. **helfen,** Hilfe leisten; — heilen

auxilium, ii n. (cf. augeo) **Hilfe,** Unterstützung; (plur.) Hilfsmittel; **auxilia,** ōrum, n. **Hilfstruppen,** Truppen

Auximum, i n. E. Stadt in Picenum (Osimo); Auximātes, um m. Bewohner von A.

Avāricum, i n. E. Stadt in Gallien (Bourges); — Avaricēnsis, e aus A.

avaritia, ae f. (cf. avārus) **Habsucht,** Geiz

avārus 3 (cf. aveo) **habsüchtig, geizig,** gierig; subst. Geizhals

a-veho, vexi, vectus 3. **wegführen, wegschaffen;** pass. sich entfernen, wegfahren, wegreiten

a-vello, velli und vulsi, vulsus 3. **abreißen, entreißen,** trennen, entfernen

F. die Avulsion: Abreißung, Abschwemmung, abgerissenes Landstück

avēna, ae f. **Hafer** (urv.); — **Rohr;** — Hirtenpfeife

Aventicum, i n. E. Hauptort der Helvetier (Avenches)

Aventīnus 3 aventinisch; collis A. einer der 7 Hügel Roms; Aventīnus, i m. E. 1.) der Aventin 2.) Sohn des Herkules, der Heros des Aventins

aveo (haveo) 2. sich an etwas freuen, verlangen, begehren; **ave** (als Grußformel) **sei gegrüßt! lebe wohl!**

M. Ave Maria: Gegrüßt seist du, Maria! (Beginn eines kath. Gebets) — Ave, Caesar, morituri te salutant: Heil dir, Cäsar, die Todgeweihten grüßen dich! (Gladiatorengruß)

Avernus, i m. E. Avernersee (Lago d' Averno), Kratersee mit Schwefeldämpfen, dort Eingang in die Unterwelt; Avernus 3 avernisch; — Averna, ōrum n. Gegend um den Avernersee; Avernālis, e vom Avernersee

F. avernisch: höllisch, qualvoll

a-verro, verri 3. **wegfegen**

averrunco, 1. etwas Böses abwenden

aversor, ōris m. (cf. averto) Entwender, Unterschlager

a-versor (avorsor) 1. (cf. averto) **sich abwenden;** verschmähen, zurückweisen, verabscheuen

a-verto (avorto) verti, versus 3. **abwenden,** abkehren, **ablenken;** vertreiben, zurücktreiben; abwenden, fernhalten; abziehen, abbringen;

entfremden, abwendig machen; **entwenden**, unterschlagen; — averus 3 abgekehrt, abgewandt, im Rücken, von hinten; aversa, ōrum n. Rückseite; — abgeneigt, ungünstig

F. die Aversion: Abneigung, Widerwille — aversionieren: abfinden — Aversionsvermerk: Ablösungsvermerk (bei der Post) — das Aversum, Aversal: Abfindungssumme — der Avers (franz.): Abfindung; Bildseite einer Münze

avia, ae f. (cf. avus) **Großmutter**

aviārium, ii n. (cf. avis) Vogelweide, Vogelhaus

aviditas, tātis f. (cf. avidus) **Begierde, Gier**; Habsucht; Geiz

avidus 3 (cf. aveo) begehrend, **begierig, habsüchtig**, geizig; gierig, gefräßig; wild, leidenschaftlich

avis, is f. **Vogel**; — Weissagevogel; —Vogelzeichen, Vorbedeutung

F. die Aviatik: Flugwesen — aviatisch: das Flugwesen betreffend — der Aviatiker: Flieger

avītus 3 (cf. avus) **großväterlich**, großmütterlich, ererbt, angestammt

avius 3 (cf. a — via) abseits des Weges, **abgelegen**, unbetreten, einsam; avia, ōrum n. Einöde, Wildnis

avocamentum, i n. (cf. avoco) Ablenkungsmittel, Zerstreuung

a-vocātio, ōnis f. (cf. avoco) Ablenkung

a-voco 1. **wegrufen**, abrufen, abberufen, ablenken, abziehen

a-volo 1. **wegfliegen**, entfliehen

Avona, ae m. E. Fluß in Britannien (Avon)

avunculus, i m. **Onkel** (urv.), Mutterbruder

avus, i m. **Großvater**; — Vorfahr, Ahnherr

Axenus (Axinus), i m. E. das (ungastliche) Schwarze Meer, später Euxinus (gastlich) genannt

axilla, ae f. Achselhöhle

F. axillar: auf die Achsel beziehend — Axillardrüse: Drüse der Achselhöhle (med.)

axis, is m. **Wagenachse** (urv.); **Wagen**, Himmelsachse; Pol, Nordpol; Himmelsgegend, Himmel

F. axial: in der Richtung der Erdachse

axis, is m. Diele, Brett

Axius, ii m. E. Fluß in Mazedonien (Vardar)

Axona, ae f. E. Nebenfluß der Oise, die Aisne

B

Babylōn, ōnis f. E. die Stadt am Euphrat; Babylōnius, Babylōnicus adi. u. subst. Babylonier, babylonisch; Babylōnia, ae f. die Landschaft B., auch die Stadt B.

bāca (seltener bācca), ae f. 1.) Beere 2.) Olive 3.) Perle

bacātus 3 (cf. baca) mit Perlen besetzt

baccar (bacchar), aris n. u. baccaris, is f. (griech.) keltischer Baldrian

Baccha, ae f. (griech.) Bacchantin

F. die Bacchantin: Schwärmerin, Zechgenossin

bacchabundus 3 (cf. bacchor) **schwärmend**

Bacchānal, ālis n. (cf. Bacchus) 1.) Stätte der Bacchusfeier 2.) Bacchusfest, Jahrfeier des Bacchus

F. das Bacchanal i. a. B. und übermütiges Trinkgelage

Bacchēus (Bacchēīus) 3 (cf. Bacchus) (griech.) bacchisch

Bacchiadae, ārum m. E. Herrschergeschlecht in Korinth

Bacchicus u. Bacchius 3. (cf. Bacchus) (griech.) E. bacchisch

F. der Bacchius (plur. die Bacchien): Versmaß (kurz-lang-lang)

bacchor 1. (fc. Bacchus) **das Bacchusfest feiern, schwärmen,** rasen, wild umherschweifen; bacchātus 3. von Bacchantinnen durchschwärmt

F. der Bacchant: Teilnehmer am Bacchusfest, trunkener Schwärmer — bacchantisch: trunken, ausgelassen, rasend

Bacchus, i m. E. 1.) Weingott, Sohn des Zeus u. der Semele 2.) Bacchusruf (evoe! io!) 3.) Weinstock 4.) Wein

Bacēnis, is f. (scil. silva) Gesamtname für das Wesergebirge u. hessische Bergland

bacillum, i n. (cf. baculum) kleiner Stab *F.* der Bazillus: Stäbchenpilz

Bactra, ōrum, n. E. Hauptstadt der asiatischen Landschaft Baktrien (Balk); Bactrius und Bactriānus adi. u. subst. Bewohner von B.

Bactrus, i m. E. Nebenfluß des Oxus

baculum, i n. (seltener baculus, i m.) **Stock, Stab**

F. der Bakel: Stock des Schulmeisters

Baduhennae lucus, E. Wald in Westfriesland

Baebius 3 E. Name eines römischen plebejischen Geschlechtes

Baetasii, ōrum m. E. Volksstamm am unteren Rhein

Baetica, ae f. E. Provinz B. im südl. Spanien; Baeticus adi. u. subst. Bewohner von B.; — Baetis, is m. (abl. i und e, acc. im und in) Hauptstrom Südspaniens (Quadal quiquir)

Baetūria, ae f. E. spanische Landschaft

Bagrada, ae m. E. Fluß in Nordafrika (Medscherda)

Baiae, ārum f. E. Badeort in Kampanien (Baja); Baiānus 3. aus B.

bāiulo 1. eine Last tragen

bāiulus (bāiolus), i m. Lastträger

balaena (ballaena), ae f. (griech.) Walfisch

bālanus, i f. (griech.) **Eichel**

balatro, ōnis m. (cf. balo) Hanswurst

balātus, ūs m. (cf. balo) das Blöken

balbus 3 (cf. barbarus) **stammelnd, stotternd**

balbūtio 4. **stammeln,** stottern

Baleāres (Baliāres), ium f. E. 1.) die Balearen (Malorka und Minorka) 2.) die Einwohner der B., geschickte Schleuderer; Baleāricus 3. balearisch; Beiname des Konsuls A. Caecilius Metellus, des Unterwerfers der B.

balineum (balneum), i n. (griech.) Badestube; **balinea (balnea),** ōrum n. und **balneae,** ārum f. **Badeanstalt,** Badehaus

F. die Balneologie: Heilbäderkunde — die Balneographie: Heilbäderbeschreibung

ballista (balista), ae f. (griech.) **Wurfmaschine, schweres Geschütz — Wurfgeschoß**

F. die Balliste: Schleudermaschine — die Ballistik: Lehre von der Bewegung geschleuderter Körper — ballistisch: die Flugbahn betreffend

balneum, balnea, balneae cf. balineum etc.

balneārius 3 (balneum) zu den Bädern gehörig

bālo 1. blöken

balsamum, i n. (griech.) Balsamstaude, **Balsam** (L.)

F. balsamieren: einsalben — balsamisch: duftend — die Balsamine: Springkraut

balteus, i m. (seltener balteum, i n.) **Gürtel, Wehrgehenk**

Bandusia, ae f. E. Quelle auf dem Landgute des Horaz

Bantia, ae f. E. Stadt in Apulien (Banzi); Bantinus 3. aus B.

Baphyrus, i m. E. Fluß in Thessalien

barathrum, i n. (griech.) Schlund, Abgrund, Hölle

barba, ae f. Bart (urv.)

F. der Barbier: Bartscherer

Barbāna, ae m. E. Fluß Albaniens

barbaria, ae f. (seltener barbariēs, ēi f.) (cf. barbarus) **Barbarei, Ausland;** Barbarenvolk, Unkultur

barbaricus 3 (griech.) = barbarus

barbarus 3 (griech.) barbarisch; **ausländisch; unkultiviert,** roh, ungebildet; **wild,** grausam; subst. der Barbar, Ausländer

F. der Barbar, die Barbarin, die Barbarei,

barbarisch i. a. B. — der Barbarismus: grober Sprachfehler — barbarisieren: die Sprache verderben — Barbara (V), Bärbel (V) — der Antibarbarus: Gegner der Roheit; Feind sprachlicher Verstöße; Titel eines Buches über sprachliche Verstöße — die Barbarei: barbarisches Wesen, barbarische Tat

barbātulus 3 (barba) ein wenig bärtig

barbātus 3 (barba) **bärtig;** Altrömer, der einen Bart trug

barbitos, i m. u. f. (griech.) Laute, Lyra

Barca (Barcas), ae m. E. Stammvater der karthagischen Familie der Barciden; Barcinus 3 des B.

barditus cf. barrītus

bardus 3 stumpfsinnig, dumm

Bargūsii, ōrum m. E. Volk in Spanien

Bargyliae, ārum f. E. Stadt in Karien; Bargylieticus 3 aus B.

bāris, idos f. (griech.) Nilbarke

Bārium, ii n. E. Stadt in Apulien (Bari)

barrītus, ūs m. Schildgesang der Germanen

M. der Barde, der Bardengesang (L)

barrus, i m. Elefant

basiātio, ōnis f. (bāsio) das Küssen, Kuß

basilicus 3. (griech.) **königlich;** basilica, ae f. Gerichtshalle, Gebäude mit Säulenhalle

F. die Basilika i. a. B., Hallenkirche

bāsio 1. (cf. basium) **küssen**

basis, is f. (acc. im, abl. i) (griech.) Sockel, Grundmauer

F. die Basis und Base: Grundlinie, Grundfläche, Sockel; chem. Verbindung; Grundzahl eines Logarithmensystems (math.) — basieren: festigen, gründen — basisch: sich wie eine Base verhalten (chem.)

basium, ii n. Kuß

Bassānia, ae f. E. Stadt in Illyrien (El-bassan); Bessanitae, ārum m. Bewohner von B.

Bastarnae (Basternae), ārum m. E. germanisches Volk in Galizien

Batāvi, ōrum m. E. germ. Volk an der Mündung des Rheins

Batavodūrum, i n. E. eine Stadt der Bataver

Bathyllus, i m. E. Freigelassener des Mäcenas, führte die Pantomime in Rom ein

batillum = vatillum

Battiades, ae m. E. Gründer von Kyrene; = Kallimachus (in Kyrene geboren)

Batulum, i n. E. kampanische Stadt

Baucis, idis f. E. Gemahlin des Philemon

Bauli, ōrum m. E. kampanischer Ort

Bavius, ii m. E. schlechter Dichter zu Vergils Zeiten

beātitas, tātis f. Glückseligkeit

beātus 3 (cf. beo) bereichert, **begütert,** gesegnet; **glücklich,** glückselig; beātum, i n. Glückseligkeit

M. beati possidentes: glücklich die Besitzenden — B. M. V. = beata Maria virgo — Beate, Beatus (V) — *F.* die Beatifikation: Seligsprechung

Bebrycia, ae f. E. = Bithynia; Bebrycius 3 = bithynisch

Bedriācum, i n. E. norditalienischer Ort (Beverara)

Belgae, ārum m. E. Name der germanisch-keltischen Stämme (im heutigen Belgien); Belgicus 3 belgisch; — Belgium, ii n. (oder Belgica, ae f.) Land der B.

bellātor, ōris m. (cf. bello) Streiter, Krieger; adi. kriegerisch; bellātrix, icis f. Kriegerin, Streiterin

Bellerophon, ōntis m. (Bellerophontes, ae m.) E. Enkel des Sisyphus, erlegte mit Hilfe des Flügelpferdes Pegasus das Ungetüm Chimära

bellicōsus 3 (cf. bellum) **kriegerisch;** reich an Krieg

bellicus 3 (cf. bellum) **den Krieg betreffend,** zum Krieg gehörig; bellicum, i n. (scil. signum) Signal, Kampfruf; bellicum canere das Kriegssignal geben, das Alarmhorn blasen

belli-ger 3 (bellum und gero) kriegführend, streitbar

belligero 1. (cf. belliger) Krieg führen, kämpfen

belli-potens, entis m. (bellum-potens) kriegsgewaltig (=Mars)

bello 1. (cf. bellum) **Krieg führen, kämpfen**

Bellōna, ae f. (cf. bellum) E. Kriegsgöttin, des Mars Schwester
F. die Bellona i. a. B.

Bellovaci, ōrum m. E. belgischer Volksstamm

bellum, i n. (aus duellum) **Krieg,** Kampf, Schlacht

bellus 3. (aus benulus) (cf. bene) **hübsch,** schön, nett

bēlua, ae f. Tierungeheuer, **Ungetüm,** großes Tier

beluōsus 3 (cf. belua) reich an Ungeheuern

Bēlus, i m. 1.) Bel, babylonisch-assyrischer Gott, Erbauer Babylons, Gründer des assyrischen Reiches 2.) ägyptischer König, Vater des Danaus, Großvater der 50 Danaiden; Belides, um f. die Danaiden; — Belides, ae m. 1.) Nachkomme des Bēlus 2.) Fluß in Phönizien

Benācus, i m. E. Gardasee

bene (adv. von bonus; comp. melius, sup. optime) **gut, wohl;** — (bei adi. und adv.) sehr, recht, tüchtig; — rem bene gerere tapfer, glücklich kämpfen; bene agere gut handeln, recht verfahren; cum aliquo mit jemand gut umgehen, jemand gut behandeln; — bene dicere gut reden, beredt sein; — alicui bene dicere von jdm. gut reden, loben; bene audire in gutem Ruf stehen, einen guten Leumund haben; bene facere gut, recht machen, recht handeln; alicui bene facere jemd. wohltun, gute Dienste leisten; bene est es geht gut
M. bene i. a. B. — sich bene tun: sich etwas Gutes antun — ubi bene, ibi patria: wo es mir gut geht, dort ist mein Vaterland — Benedikt (V) — *F.* die Benediktion: Segnung, Weihe — der Benediktiner: Angehöriger des bekannten Mönchsordens — benedizieren: (benedeien [L]) segnen

bene-ficentia, ae f. (cf. beneficus) **Wohltätigkeit**

beneficiārius 3 (cf. beneficium) eine Wohltat genießend; subst. der von gewöhnlicher Arbeit befreite Soldat, Gefreiter

beneficium, ii n. **Wohltat, Gefälligkeit,** Gnade, Begünstigung, Auszeichnung, Beförderung
F. das Benefiz i. a. B. — Benefizvorstellung, Ehrenvorstellung (zu Gunsten eines Schauspielers) — der Benifiziant: der Wohltäter — der Benefiziat: Unterstützte; Gelehrtenschüler; Titel bei kath. Geistlichen

bene-ficus 3 **wohltätig**

Beneventum, i n. E. Stadt in Samnium (Benevento); Schlachtort 275 v. Chr.; Beneventānus adi. u. subst. Bewohner von B.

bene-volentia, ae f. (cf. bene u. volo) **Wohlwollen,** Zuneigung, Gewogenheit

bene-volus 3 (cf. bene u. volo) **wohlwollend,** gewogen

benignitas, tātis f. (cf. benignus) **Güte,** Gutmütigkeit, Freundlichkeit, Wohlwollen, Wohltätigkeit, Freigebigkeit
F. die Benignität i. a. B.; Gutartigkeit einer Krankheit (med.)

benignus 3 (cf. bene u. gigno) **gütig,** freundlich, wohlwollend; wohltätig, freigebig; reichlich spendend, reich
M. Benignus (V), Benigna (V)

beo 1. (poet) beglücken, beschenken

Berecyntae, ārum und Berecyntes, um m. E. alter Volksstamm der Phrygier; — Berecyntius 3 phrygisch

Berenice, ēs f. E. Tochter des Königs Agrippa I., Gemahlin des Herodes

Beroē, ēs f. E. griech. Frauenname

Beroea, ae f. E. Stadt in Mazedonien (Veria); Beroaeus adi. u. subst. Bewohner von B.

beryllus, i m. (griech.) Beryll (Edelstein)
M. Brille (L)

Berȳtus, i f. E. Stadt in Phönizien (Beirut)

Bessi, ōrum m. E. Volk in Thrazien; Bessicus (adi.) bessisch

bestia, ae f. Tier; **wildes Tier,** Raubtier
M. Biest (L) — *F.* die Bestie: wildes

Tier, ein roher Mensch — bestialisch: tierisch — die Bestialität: tierische Roheit, tierische Tat

Bestia, ae m. E. Beiname des gens Calpurnia

bestiārius, ii m. (cf. bestia) Tierkämpfer (im Zirkus)

bestiola, ae f. (dem. von bestia) Tierchen

bēta, ae f. Beete (L), rote Rübe

Biānor, oris m. E. 1.) Zentaur 2.) Gründer von Mantua

Biās, antis m. E. einer der 7 Weisen

bibliothēca, ae f. (griech.) Bibliothek, Bücherschrank, Büchersaal

F. die Bibliothek i. a. B.

bibo, bibi 3. **trinken;** einsaugen, einziehen, in sich aufnehmen

Bibracte, is n. E. Hauptstadt der Häduer (Autun)

Bibrax, actis f. E. Stadt der Remer (Bièvre)

Bibroci, ōrum m. E. britannischer Volksstamm

bibulus 3 (cf. bibo) gern trinkend, durstig; nach etwas dürstend, einsaugend

bi-ceps, cipitis (cf. bis u. caput) zweiköpfig

F. Bizeps: der doppelköpfige Janus — der Bizeps: (zweiköpfiger) Oberarmmuskel (med.)

bi-color, ōris (cf. bis u. color) zweifarbig

bi-corniger, gera, gerum (cf. bis-cornugero) zweihörnig

bi-cornis, e (cf. bis u. cornu) zweihörnig

F. die Bikornen: zweihörnige Tiere — bikornisch: zweihörnig

bi-corpor, oris (cf. bis u. corpus) doppelleibig

bi-dēns, dentis (cf. bis u. dens) zweizähnig; f. (scil. hostia) ausgewachsenes Opfertier; (zweizinkige) Hakke, Gabel

bi-dental, ālis n. Blitzmal (ein vom Blitz getroffener Ort, der durch ein Opfertier entsühnt wurde)

bi-duum, i n. (cf. bis und dies) **Zeitraum von zwei Tagen**

F. das Biduum i. a. B.

bi-ennium, ii n. (cf. annus) **zwei Jahre**

F. das Biennium i. a. B. — biennal: zweijährig

bi-fariam (adv.) zweifach, doppelt

bi-fer, era, erum (cf. bis und fero) zweimal im Jahr tragend

F. biferisch i. a. B.

bi-fidus 3 (cf. bis u. findo) gespalten

bi-foris, e (cf. bis und fores) zweitürig, zweiflügelig

bi-formātus 3 bi-fōrmis, e (cf. bis und forma) zweigestaltig, doppelleibig

bi-frons, ntis (cf. bis und frons) zweistirnig

bi-furcus 3 (cf. bis und furca) zweizackig

F. die Bifurkation: gabelförmige Teilung

bīgae, ārum f. (später auch biga, ae) (cf. bis und iugum) **Zweigespann**

bigātus 3 (cf. bigae) mit einem Zweigespann versehen, geprägt; bigātus, i m. Silberdenar

Bigerra, ae f. E. Stadt in Spanien (Becerra)

Bigerriōnes, um m. E. ein aquitanischer Volksstamm

bi-iugis, e und bi-iugus 3 (cf. bis u. iugum) **zweispännig;** biiugi, ōrum m. (scil. equi) Zweigespann, Streitwagen

bi-lībra, ae f. (cf. bis und libra) zwei Pfund

bi-lībris, e (cf. bilibra) zweipfündig

bi-linguis, e (cf. bis und lingua) **zweizüngig;** zweisprachig; — **doppelzüngig,** falsch

bīlis, is f. 1.) **Galle** 2.) Zorn, Unwille; bīlis atra (nigra) **Trübsinn,** Schwermut

F. biliar: die Galle betreffend — biliös: gelbsüchtig

bi-lix, līcis (cf. bis und licium) zweifädig, doppeldrähtig

bi-maris, e (cf. bis und mare) von zwei Meeren bespült

bi-marītus (3) (cf. bis und maritus) doppelt verheiratet

bi-māter, tris (cf. bis und mater) von zwei Müttern geboren (Bacchus)

bi-membris, e (cf. bis und membrum) zweigliedrig
bi-mēstris, bi-mēnstris, e (cf. bis u. mensis) **zweimonatig**
bimus 3 (cf. bis und hiems) **zweiwinterig,** zwei Jahre alt
Bingium, ii n. E. Stadt an der Nahe (gegenüber von Bingen)
bini, ae, a (cf. bis) **je zwei;** (bei pl. tant. zwei z. B. bina castra); (bei zusammengehörigen Dingen) **ein Paar**
F. binär: zweiteilig — kombinieren: berechnen — die Kombination: Vereinigung, Vergleichung, Berechnung — kombinatorisch: zusammenhaltend, vergleichsweise — die Bination: zweimaliges Zelebrieren eines Priesters an einem Tage
bi-noctium, ii n. (cf. bis u. nox) **zwei Nächte**
bi-nōminis, e (cf. bis u. nomen) zweinamig
Bion, ōnis m. E. griech. Philosoph, scharfer Satiriker; Bionēus 3 in Bions Art, satirisch
bi-palmis, e (cf. bis und palma) zwei Spannen lang
bi-partītus (bi-pertītus) 3 (cf. bis u. partio) **in zwei Teile geteilt,** doppelt, zwiefach; bipartīto (bipertīto) (adv.) zweifach
bi-patens, ntis (cf. bis u. pateo) doppelt geöffnet
bi-pedālis, e (cf. bis und pes) zwei Fuß lang, zweifüßig
bipenni-fer, fera, ferum (cf. bipennis und fero) Doppelaxt tragend
bi-pennis, e (cf. bis und penna) zweiflüglig, zweischneidig; **bipennis,** is f. (scil. securis) **Doppelaxt**
bi-pertītus cf. bipartītus
bi-pēs, pedis (cf. bis und pes) zweifüßig
bi-rēmis, e (cf. bis und remus) **zweiruderig;** mit zwei Reihen Ruderbänken versehen; **birēmis,** is f. (scil. navis) **Zweiruderer**
bis adv. (aus duis) **zweimal**
M. bis dat, qui cito dat: doppelt gibt, wer rasch gibt
Bisaltia (Bisaltica), ae f. E. thrazische Landschaft; Bisaltae, ārum m. thrazisches Volk; Bisaltes, is m. Heros, der dem Land den Namen gab; Bisaltis, idis f. dessen Tochter Theophane
Bistones, um m. E. thrazisches Volk; Bistonius 3 bistonisch; Bistonis, idis f. die Thrazierin, thrazisch
bi-sulcus 3 gespalten
Bithon, ōnis m. E. Bruder d. Kleobis, beide bekannt durch die Liebe zu ihrer Mutter
Bithȳnia, ae f. E. kleinasiatische Landschaft; Bithynus und Bithynicus. adi. und subst. Bewohner von B.; Bithynis, idis f. Bithynierin
bitūmen, inis n. **Erdpech, Asphalt**
F. das Bitumen i. a. B. — bituminös: teerhaltig
bitumineus 3 (cf. bitumen) erdpechhaltig
Bitur̄iges, um m. E. großer keltischer Volksstamm
bi-vius 3 (cf. bis und via) doppelwegig; bivium, ii n. Doppel-, Scheideweg
blaesus 3 (griech.) lispelnd; Blaesus E. römischer Beiname
Blanda, ae; Blandae, ārum f. E. Stadt in Lukanien
blandi-loquentia, ae f. (cf. blandus und loquor) **Schmeichelrede**
blandi-loquentulus 3 (cf. blandus u. loquor) schmeichlerisch
blandimentum, i n. (cf. blandior) **Schmeichelei;** Annehmlichkeit, Reiz
blandior 4. (cf. blandus) **schmeicheln,** liebkosen; gefallen, locken, reizen
blanditia, ae f. (cf. blandus) **Schmeichelei;** plur. Schmeicheleien, Schmeichelworte; — Reiz, Annehmlichkeit
blandus 3 schmeichelnd, **schmeichlerisch,** gewinnend, lockend, reizend
blatero 1. plappern, faseln, schwatzen
blatta, ae f. Motte, Schabe
Blossius 3. E. Name einer römischen Familie; C. Blossius, stoischer Philosoph
boārius (bovārius) 3 (cf. bos) zum Rinde gehörig

Bocchus, i m. E. König von Mauretanien

Bodotria, ae f. E. Ostbucht Schottlands (Firth of Forth)

Boebe, ēs und Boebeis, idis E. Ort in Thessalien

Boeotarches, ae m. (griech.) Leiter des Böotischen Bundes

Boeōtia, ae f. E. Landschaft in Mittelgriechenland; Boeōti, ōrum m. Bewohner von B.; Boeōtius und Boeōtus böotisch

Boēthus, i m. E. griech. Bildhauer

Bōi (Bōii), ōrum m. E. Keltenvolk; Boihaemum, i n. Land der Bojer, Böhmen (wo sich die Bojer festsetzten)

Bōla, ae (Bōlae, ārum) f. E. Stadt in Latium (Lugnano); Bolānus, i m. Bewohner von B.

bolētus, i m. (griech.) **Pilz**

M. Pilz (L)

bombus, i m. (griech.) dumpfes Getöse, Brummen

F. der Bombast: Wortschwall, Schwulst — bombastisch: schwülstig

Bomilcar, aris m. E. 1.) Name karthagischer Feldherrn 2.) Numider, Günstling Jugurthas

Bona dea, ae f. (gute Göttin) altrömische Göttin der Fruchtbarkeit

bonitas, tātis f. (cf. bonus) gute Beschaffenheit, **Güte,** Vortrefflichkeit

F. die Bonität: Güte, Sicherheit, Zahlungsfähigkeit — bonitieren: abschätzen, veranschlagen

Bonna, ae f. E. Stadt der Ubier (Bonn); Bonnēnsis, e aus B.

bonus 3 (comp. melior, **melius**; sup. optimus [optumus] 3 adv. bene) **gut,** trefflich, tüchtig, tauglich, zweckmäßig, vorteilhaft, heilsam, wacker, brav, tapfer; von guter Herkunft, vornehm, edel; schön ansehnlich, erfreulich, glückbringend, günstig; moralisch gut, sittsam, redlich, ehrenhaft; gut gesinnt (vaterländisch), patriotisch; — bonum, i n. das Gute; die gute Eigenschaft, Tugend, Vorzug; plur. Hab und Gut, Vermögen, Reichtum; Nutzen, Vorteil

M. cui bono?: Wenn zum Vorteil?, was hat man davon? — quod bonum felix faustum que sit (abgek. Q.B.F.F.Q.S.): was gut, glückbringend und gesegnet sei!

Boōtes, ae m. (griech.) (Ochsentreiber) Sternbild in der Nähe des großen Bären (Wagen)

Bora, ae m. E. Berg in Mazedonien

boreas, ae m. (griech.) **Nordostwind,** Nordwind

F. der Boreas i. a. B. — boreal: nördlich

Boresti, ōrum m. E. Volk in Nordschottland

Borysthenes, is m. Fluß in Sarmatien (Dnjepr); Borysthenius 3 am B. gelegen

bōs, bovis m. (gen. plur. boum, bovom, bovum; dat. plur. bōbus, bubus) **Rind, Stier, Ochse; f. Kuh** (urv.)

Bosporus (Bosphorus), i m. (griech.) E. 1.) Straße von Konstantinopel 2.) Meeresenge zwischen dem Schwarzen und Asowschen Meer. — Bosporus, i f. das Reich am Bosporus; Bosphorius (Bosphorānus) adi. und subst. Anwohner des B.

M. der Bosporus: Meerenge bei Konstantinopel

Bōstar, aris m. E. General Hasdubrals

Bottiaea, ae f. E. mazedonischer Gau

bovārius = boārius

Boviānum, i n. E. Stadt in Samnium (Bojano)

Bovillae, ārum f. Stadt in Latium; Bovillānus 3 aus B.

bovillus 3 (cf. bos) zum Rinde gehörig

brāca, ae f. (meist plur.) Hose

bracātus 3 (cf. brāco) mit Hosen bekleidet

bracchium (brachium), ii n. Unterarm, **Arm;** — Meeresarm, Ast, Zweig, Segelstange, Bogenende, Zirkelschenkel; Seitendamm (bei Belagerungen)

M. die Brezel (L), die Bratsche (L)

F. brachial: auf den Arm bezüglich — die Brachialgewalt: Faustgewalt, rohe Gewalt

Brannovices, um m. E. Untertanen der Aulerker

brattea, ae f. Metallblättchen, Goldblättchen

Bratuspantium, ii n. E. Stadt der Bellovaker

Brennus, i m. E. Führer der Gallier, Sieger an der Allia (390 v. Chr.)

Breuni, ōrum m. E. Alpenvolksstamm

brevi-loquens, entis (cf. brevis und loquor) wenig redend, sich kurz fassend

brevi-loquentia, ae f. (cf. brevis und loquor) Kürze im Ausdruck

brevis, e **kurz,** klein; kurz gefaßt; kurz dauernd, vergänglich
M. Brief (L); brevi manu: kurzer Hand
F. das Breve: kurzes Schreiben, päpstliches Schreiben — das Brevier: tägliches Gebet der kathol. Priester — die Abbreviation, die Abbreviatur: Abkürzung — abbreviieren: abkürzen

brevitās, tātis f. (cf. brevis) **Kürze**

Briareus, ei m. E. hundertarmiger Riese (= Aegaeon)

Brigantes, um m. E. keltischer Volksstamm in Nordbritannien; Briganticus adi. und subst. Beiname des Julius

Briniātes, um m. E. ligurischer Volksstamm

Brisēis, idos und idis f. (acc. ida und idem) E. Tochter des Brises, Geliebte Achills

Britannia, ae f. E. Großbritannien; Britannus, (Britannicus), i m. Bewohner von Britannien; auch adi.; — Britannicus, i m. Beiname des Sohnes des Kaisers Claudius und der Messalina

Brittii cf. Bruttii

Brixellum, i n. E. Stadt am Po (Brescella)

Brixia, ae f. E. Stadt in der Lombardei (Brescia)

Bromius, ii m. (griech.) der Lärmende (= Bacchus)

Bructeri, ōrum m. E. germ. Volksstamm zwischen Ems und Lippe

brūma, ae f. (entstanden aus brevima) **der kürzeste Tag; Winter**

brūmālis, e (cf. brūma) zur Wintersonnenwende gehörig, **winterlich**

Brundisium, ii n. E. Hafenstadt in Kalabrien (Brindisi); Brundisīnus, i m. (auch adi.) Bewohner von B.
M. die Bronze (L) (entstanden aus: aes Brundisinum)

Bruttii, ōrum (Brittii) m. E. Bewohner von Südwestitalien; ager Bruttius ihr Land

brūtus 3 **schwerfällig, stumpfsinnig,** blöde
F. brutal: roh, gefühllos — die Brutalität: Roheit, Gefühllosigkeit — brutto (it): roh, d. h. mit Verpackung

Brūtus, i m. Beiname des römischen Geschlechts der Junier 1.) L. Junius Brutus Befreier Roms von den Tarquiniern 2.) M. Junius Brutus Mitmörder Cäsars

Būbasus, i f. E. Stadt in Karien; Bubasius 3, Bubasis, idis f. aus B.

Būbastis, is f. E. ägyptische katzenköpfige Göttin

bubīle, is n. Ochsen-, Kuhstall

būbo, ōnis m. Uhu

bubulcus, i m. (cf. bos) Ochsenknecht

būbulus 3 (cf. bos) zum Rinde gehörig; bubula, ae f. (scil. caro) Rindfleisch

bucca, ae f. **Backe** (urv.)

buccula, ae f. (dem. v. bucca) Backe; Backenstück am Helm
M. der Buckel (L)

Bucephalas, ae m. (griech.) (Stierkopf) das Pferd Alexanders d. Gr.; Bucephala, ōrum n. indische Stadt, zu Ehren des B. benannt

būcerus 3 (griech.) rindshörnig

būcina, ae f. **Horn, Trompete;** Tritonshorn; Trompetensignal
M. Posaune (L)

bucinātor, ōris m. Trompeter

būcolicus 3 (griech.) **zum Hirten gehörig, ländlich**
F. der Bukoliker: Hirtenlied-Dichter — bukolisch: schäferlich

būcula (bōcula), ae f. junge Kuh

būfo, ōnis m. Kröte

bulla, ae f. Blase; Buckel, Knopf; Kapsel, Amulett

M. die Bulle (urv.): versiegelte Urkunde, päpstliche Verordnung

Bullis, idis f. E. Stadt in Illyrien; Bullidēnses, ium m. Einwohner von B.; Bullīnus, i m. u. adi. aus B.

bumastus, i f. (griech.) (kuheutrig) großtraubige Rebe

Būpalus, i m. E. Bildhauer aus Chios

Būri (Burii), ōrum m. E. germanischer Volksstamm am oberen Oderlauf

būris, is m. Krummholz (am Hakenpflug), Krümmel

Būris, is f. E. Stadt in Achaja

Busīris, idis m. E. ägyptischer König

būstum, i n. (cf. comburo) Leichenbrandstätte; Grabhügel, Grab

Buthrōtum, i n. E. Stadt in Epirus (Butrinto)

Buxentum, i n. E. Stadt in Lukanien (Policastro)

buxi-fer, fera, ferum (cf. buxus) Buchsbaum tragend

buxus, i f. (buxum, i n.) Buchsbaum (L), Buchsbaumholz

M. Büchse (L)

Byblis, idis f. (griech.) E. Tochter des Miletus (in eine Quelle verwandelt)

Byrsa, ae f. (griech.) E. Burg von Karthago

Byzantium, ii n. E. Byzanz (Konstantinopel); Byzantius, subst. und adi. Bewohner von B.

C

C 1.) = Gaius (V.) (C war zuerst Zeichen des g) 2.) = condemno (auf dem Stimmtäfelchen)

caballus, i m. (griech.) **Pferd,** Gaul

Cabillōnum, i n. E. Stadt in Gallien (Chalons sur Saône)

Cabīrus, i m. E. semitisch-griechische Gottheit

cachinnātio, ōnis f. (cf. cachinno) schallendes Gelächter

cachinno 1. laut auflachen

cachinnus, i m. schallendes Gelächter

caco 1. kacken (urv.), beschmieren

cacūmen, inis n. Spitze, Gipfel, Wipfel

cacūmino 1. (cf. cacumen) spitz machen, spitzen

Cācus, i m. E. Sohn des Vulkan, feuerspeiender Riese

cadāver, eris n. (cf. cado) **Leichnam;** Aas; Trümmer

F. der Kadaver i. a. B. — der Kadavergehorsam: blinder Gehorsam — kadaverös: leichenartig

Cadmus, i m. E. Erbauer der Burg von Theben; Cadmēus 3 adi. des C.; Cadmēa, ae f. Burg von Theben; Cadmēis, idis f. Kadmustochter (Semele und Ino)

cado, cecidi, casūrus 3. **fallen,** treffen, stürzen, untergehn; herabfallen, im Kampfe fallen, umkommen; erobert werden; unterliegen, durchfallen, herunterfallen, schwinden, abnehmen, verfallen, hineingeraten, zufallen, zutreffen; ausfallen, ablaufen, ausgehen

F. kadent: fallend, sinkend — die Kadenz: Schlußverzierung eines Tonstückes (mus.) — dekadent: verfallend, verdorben — die Dekadenz: Verfall

caduceātor, ōris m. (cf. caduceus) Herold, Unterhändler

cadūceus, i m. (caduceum, i n.) (griech.) Heroldsstab

cadūci-fer, i m. (cf. caduceus u. fero) der Heroldstabträger (= Merkur)

cadūcus 3 (cf. cado) **fallend,** leicht fallend, **hinfällig,** vergänglich; verfallen, herrenlos (iur.)

F. kaduk: hinfällig, verfallen, verloren;

uneinbringlich — kaduzieren: für verfallen erklären, aberkennen, niederschlagen — die Kaduzierung: Verfallserklärung — die Kaduzität: Hinfälligkeit, Verfallensein, Baufälligkeit

Cadurci, ōrum m. E. keltischer Volksstamm

cadus, i m. (griech.) Tonkrug, Weinkrug; Aschenurne

Cadūsii, ōrum m. E. Volksstamm am Kaspischen Meer

Caecilius 3. E. Name eines römischen plebejischen Geschlechtes 1.) C. Caecilius Statius römischer Komödiendichter; Caeciliānus 3 des C. 2.) Caecilius Metellus Name verschiedener römischer Feldherren u. Staatsmänner

caecitas, tātis f. (cf. caecus) **Blindheit**

caeco 1. (cf. caecus) **blind machen, blenden;** trüben, verdunkeln

Caecubum, i n. E. (ager Caecubus) Landschaft in Latium, bekannt durch einen guten Wein; Caecubus adi. aus C.; Caecubum (vinum) der Cäcuber

Caeculus, i m. E. Sohn des Vulkan

caecus 3 **blind,** verblendet; lichtlos, dunkel, finster, unsichtbar, verdunkelt, versteckt, geheim; nicht wahrnehmbar, unergründlich, unerweislich; unsicher, ziellos, zwecklos

M. Cäcilia, Cäcilie (V)

caedes, is f. (caedis, is f.) (cf. caedo) das Fällen, **Niederhauen,** Töten, **Mord, Blutbad, Gemetzel;** — hingemordete Menschen, Leichen

caedo, cecīdi, caesus 3. **fällen,** schlagen, **niederhauen,** töten, morden, schlachten, opfern

F. die Cäsur: Verseinschnitt — das Suizid(ium): Selbstmord

caelāmen, inis n. (cf. caelo) Reliefarbeit

caelātor, ōris m. (cf. caelo) Bildstecher, Künstler in Reliefarbeit

caelebs, ibis **ehelos,** ledig

F. der (das) Zölibat (Cölibat): Ehelosigkeit

caeles, itis (cf. caelum) himmlisch

caelestis, e (cf. caelum) **himmlisch,** göttlich; göttergleich, unvergleichlich, herrlich; subst. Gott; caelestia, ium n. Himmelszeichen, Himmelskörper

caeli-cola, ae m. (cf. caelum u. colo) Himmelsbewohner, Gott

caeli-fer, fera, ferum (cf. caelum u. fero) himmeltragend (= Atlas), Gott

Caelius (Caeliānus) 3 E. Name eines römischen plebejischen Geschlechtes; aus ihm verschiedene römische Staatsmänner, Redner und Schriftsteller; Caelius (scil. mons) einer der sieben Hügel Roms

caelo 1. (cf. caelum) mit dem Grabstichel bearbeiten, ziselieren

F. die Zälatur: getriebene Arbeit, Bildschnitzerei

caelum, i n. (cf. caedo) Grabstichel, Meißel

caelum, i n. **Himmel,** Himmelsgegend, Himmelsluft, Luft, Wetter, Klima; Himmelshöhe, höchstes Glück, Unsterblichkeit

M. Cölestine, Cölestin (V)

F. der Cölestin: himmelblauer Stein — cölestisch: himmlisch

Caelus, i m. E. der Himmelsgott

caementum, i n. (cf. caedo) Bruchstein, Baustein

F. der Zement: Kalkmörtel, Steinmehl — zementieren: mit Zement behandeln — die Zementation: Art der Kupfer- und Stahlgewinnung

Caeneus, ei m. E. Elatus, König der Lapithen; Caenis, idis f. Tochter des E.

Caenina, ae f. E. Ort in Latium; Caenīnus 3 aus C.; Caeninēnses, ium m. Bewohner von C.

caenum, i n. Schmutz, Kot, Unflat; Hefe des Volkes

caepa, ae f. (caepe, is n.) **Zwiebel**

M. Zwiebel (urv.) (aus caepula, dem. von caepa)

Caepio, ōnis m. Beiname der Familien der Servilier und Fannier

Caere, n. (indekl.) E. eine der zwölf alten etruskischen Bundesstädte (Cervetri); Caeres, itis aus C.;

Caerites, um m. Bewohner von C., die das röm. Bürgerrecht, aber kein Stimmrecht hatten; tabulae Caeritum Verzeichnis der römischen Bürger ohne politische Rechte

caeremōnia (caerimōnia), ae f. **Ehrfurcht**, Verehrung, Ehrwürdigkeit, Heiligkeit; heilige Handlung, religiöse Feierlichkeit

F. die Zeremonie (Ceremonie): religiöse Handlung, Feierlichkeit — der Zeremonienmeister: der Überwacher der feierlichen Gebräuche — das Zeremonial: Vorschrift für Feierlichkeit — das Zeremoniell: die Gebräuche bei Festlichkeiten — zeremoniell: feierlich — zeremoniös: förmlich, steif

caerulus und **caeruleus** 3 (cf. caelum) himmelblau, meerblau, blau, dunkelblau, dunkel; blaugrün

Caesar, aris m. E. Beiname der Familie der Julier 1.) C. Julius Caesar Strabo römischer Redner 2.) C. Julius Caesar der große römische Staatsmann 3.) C. Julius Caesar Octaviānus sein Neffe; Kaiser Augustus; Caesareus, Caesariānus, Caesarinus 3 cäsarisch; Caesariānus, i m. der Cäsarianer

M. Kaiser (L), Czar, Zar (L)

F. Cäsar (plur. die Cäsaren): die römischen Alleinherrscher — das Cäsarentum: Würde eines Cäsaren — cäsarisch: selbstherrlich — der Cäsarismus: Gewaltherrschaft

Caesarēa, ae f. E. 1.) Hauptstadt von Kappadozien 2.) Stadt in Palästina 3.) Hauptstadt von Mauretanien

caesaries, ēi f. Haupthaar, Lockenhaar

Caesia silva, ae f. E. deutsche Waldgegend an der Lippe

caesim adv. (cf. caedo) hiebweise, mit einem Hieb, mit einem Schlage

caesius 3 (cf. caelum) blaugrau, grau

caespes, itis m. ausgestochenes **Rasenstück,** Rasen; Rasenplatz, Rasenaltar

caestus, ūs m. (cf. caedo) lederner Schlagriemen mit eingenähten Metallknöpfen

caetra (cetra), ae f. leichter Schild

caetrātus (cetrātus) 3 (cf. caetra) leicht beschildet

Caīcus, i m. E. Fluß in Mysien

Caiēta, ae f. E. 1.) Amme des Äneas 2.) (nach ihr benannt) Stadt in Latium (Gaeta)

Cāius = Gaius, römischer Vorname

Calabria, ae f. E. Kalabrien, südöstliche Halbinsel Italiens; Calaber 3 u. i m. Bewohner von K.

Calacte, ēs f. E. Stadt in Sizilien (Calonia); Calactinus 3 adi. u. subst. Bewohner von C.

Calagurris, is f. E. Stadt in Spanien (Calahorra); Calagurritāni, ōrum m. E. Bewohner von C.

Calaïs, idis m. E. Sohn des Boreas, Argonaut

Calamis, idis m. E. griechischer Bildhauer

calamister, tri m. und calamistrum, i n. Lockenbrenneisen; — Künstelei (in der Rede)

calamistrātus 3 (cf. calamister) mit dem Brenneisen gekräuselt

calamitās, ātis f. Schaden, **Unglück,** Mißgeschick, Unfall, Schlappe, Niederlage

F. die Kalamität: Schicksalsschlag, Verlegenheit, Unglück

calamitōsus 3 (cf. calamitas) **schadenbringend,** schädlich, unheilvoll; **unglücklich,** elend

calamus, i m. (griech.) **Rohr,** Schilf, **Halm** (urv.), Schreibrohr, Schreibfeder; Pfeil; Rohrpfeife, Flöte, Hirtenpfeife *M.* Schalmei (L)

F. der Kalmus: würziges Schilfrohr

calathus, i m. (griech.) geflochtener Korb, Blumen-, Fruchtkörbchen; Napf, Schale

Calātia, ae f. E. Stadt in Kampanien (Guajazzo); Calatīnus 3 und subst. Bewohner von C.

Calatīnus 3 Beiname der Familie der Atilier

Calaurēa, ae f. E. Insel an der Küste von Argolis mit Neptuntempel

calcar, āris n. (cf. calx Ferse) **Sporn;** Ansporn, Antrieb

calceāmentum, i n. (cf. calceus) Schuhwerk

calceo 1. (cf. calceus) mit Schuhen bekleiden

calceolus, i m. (cf. calceus) kleiner Schuh

calceus, i m. (cf. calx) Schuh (im Gegensatz zur Sandale)

Calchas, ae und antis m. E. Seher im Griechenheer vor Troja

Calchēdon (Chalcēdon), onis f. E. Stadt am Bosporus (Kadikjo); Calchedonii, orum m. Bewohner v. Ch.

calciamentum = calceamentum

calcitro 1. (cf. calx Ferse) mit der Ferse schlagen, hinten ausschlagen

calco 1. (cf. calx Ferse) treten, betreten, eintreten, festtreten, keltern; mit Füßen treten, niedertreten, unterdrücken, beschimpfen

M. Kelter (L) (von calcatura)

calculus, i m. (cf. calx Kalk) Steinchen, Stein im Brettspiel, Rechenstein, Stimmstein

F. die Kalkulation: Berechnung, Überschlag — der Kalkulator: Rechner, Rechnungsprüfer — kalkulieren: berechnen, überschlagen

caldus = calidus

Caledonia, ae f. E. Hochschottland

cale-facio, fēci, factus 3. (cf. caleo und facio) stark erwärmen, heißmachen

F. der Kalefaktor (Kalefakter): Heizer, Schuldiener; Schmeichler — kalefaktern: sich in fremde Angelegenheiten einmischen

Calendae (Kalendae), ārum f. (abgekürzt: Cal. und Kal.) der 1. Monatstag

F. der Kalender: Jahreseinteilung — das Kalendarium: kirchliches Festverzeichnis

M. ad Kalendas Graecas: nie, am Nimmermehrstage

Calēnus cf. Cales

caleo, calui, calitūrus 2. **warm sein,** heiß sein, glühen, entflammt sein, aufgeregt sein; mit Eifer betrieben werden *M.* lau (urv.)

Cales, ium f. E. Stadt in Kampanien (Calvi); Calēnus adi. u. subst. Bewohner von C.

calēsco, calui 3. (cf. caleo) warm, heiß werden; glühen, erglühen

Caletes, um und Caleti, ōrum m. gallischer Volksstamm i. d. Normandie

cal-facio = calefacio

caliandrum (caliendrum), i n. hohe Frisur, Perücke

Calidius 3 E. Name einer römischen Familie

calidus (caldus) 3 (cf. caleo) **warm,** heiß; hitzig, feurig

caliga, ae f. Soldatenstiefel

caliginōsus 3 (cf. caligo) finster, nebelig, düster

caligo, inis f. **Finsternis,** Dunkelheit; Nebel, Qualm, Rauch; Schwindel; Dunkel, Nacht, Elend

caligo 1. **verfinstern,** umdunkeln; pass. dunkel, finster sein; — blind sein

F. die Kaligation: Verdunklung

calix, icis m. (griech.) Kelch, Becher; Schüssel, Topf *M.* Kelch (L)

F. die Kalixtiner: gemäßigte Hussiten

calleo, ui 2. (cf. callum) **schwielig sein;** geübt, erfahren, gewitzigt sein; (trans.) kennen, verstehen

Callicratidas, ae m. E. spartanischer Admiral

Callicula, ae m. (scil. mons) E. Berghöhe in Kampanien

calliditas, tātis f. (cf. callidus) **Klugheit,** Erfahrung, Gewandtheit, Verschlagenheit, **Schlauheit,** List

Callidromus, i m. E. Ostausläufer des Ōta

callidus 3 (cf. calleo) erfahren, geübt, **klug,** vertraut, **schlau,** gerieben; — sinnreich, fein ausgedrückt

Callifae, ārum f. E. Stadt in Samnium

Callimachus, i m. E. griech. Dichter

Calliope, ēs f. (Calliopēa, ae f.) Muse der epischen Dichtkunst

Calliphon, ōntis m. E. griech. Philosoph

Callipolis, is f. E. Stadt am Hellespont (Gallipoli)

callis, is f. Bergpfad; Bergtritt

Callisthenes, is m. E. griech. Philosoph

Callisto, ūs f. (griech.) E. Mutter des Lykaon, in eine Bärin verwandelt und an den Himmel versetzt
callōsus 3 (cf. callum) dickhäutig
callum, i n. **Schwiele;** — Stumpfsinn, Unempfindlichkeit
F. der Kallus: Schwiele, Knorpel, Knochengeschwulst (med.) — kallös: schwielig — die Kallosität: Verhärtung (med.)
cālo ōnis m. **Troßknecht, Pferdeknecht**
calor, ōris m. (cf. caleo) **Wärme, Hitze,** Glut, Feuer, Leidenschaft
F. die Kalorie: Wärmeeinheit — die Kalorik: Wärmelehre — der Kalorimeter: Wärmemesser — die Kaloreszenz: Erglühen, Wärmestrahlung
Calor, ōris m. Fluß bei Benevent (Calore)
Calpurnius 3 Name der römischen plebejischen Familien der Pisones, Bestiae, Bibuli
caltha, ae f. Dotter-, Ringelblume
calumnia, ae f. (cf. calumnior) **Ränke, Anschlag,** bösw. Anklage, Schurkerei, Lug und Trug
calumniātor, ōris m. (cf. calumnior) **Verleumder,** Ränkeschmied, Rechtsverdreher
calumnior 1. (cf. calumnia) **falsch anklagen, Ränke schmieden,** schmähen
calva (calvaria), ae f. (cf. calvus) Schädel
F. der Kalvarienberg: Richtplatz, Golgatha, Gnadenstätte mit den 14 Kreuzwegstationen
calvitium, ii n. (cf. calvus) Glatze
calvus 3 **kahl** (urv.), glatzköpfig
Calvus 3. E. Beiname der Familie der Licinier
calx, cis f. **Ferse**
calx, cis f. (griech.) **Kalk;** (das mit Kalk gekennzeichnete Ende der Rennbahn); Ende, Ziel
M. Kalk (L)
F. kalzinieren: zu Kalk brennen; oxydieren — die Kalzifikation: Verkalkung — Kalzium (Calcium): ein chem. Grundstoff
Calycadnus, i m. E. Fluß und Vorgebirge in Cilicien
Calydon, ōnis f. E. Hauptstadt Ätoliens (Aïdon); Calydōnius 3 ätolisch; Colydōnis, idis f. Kolydonierin
Calymne, es f. E. Sporadeninsel
Calypso, ūs f. (acc. o) E. Nymphe auf der Insel Ogygia
camara cf. camera
Camarīna (Camerīna), ae f. E. Stadt in Sizilien (Camerina)
Cambunii montes m. E. Grenzgebirge zwischen Mazedonien und Thessalien (Voluzza)
Cambȳses, is m. (auch ae) E. Perserkönig
camella, ae f. (dem. von camera) Schale
camēlus, i m. u. f. (griech.) **Kamel** (L.)
Camēna, ae f. E. Kamene, weissagende Quellgöttin
F. die Kamene (Kamöne): Muse
camera (camara), ae f. (griech.) **Gewölbe; Barke**
M. Kammer (L); stud. cam. (studiosus cameralium): Studierender der Staatswirtschaftslehre
F. die Kamera: Photoapparat — die Kameralien: Verwaltungswissenschaften — der Kameralist: Staatswirtschaftskundiger
Cameria, ae f. und **Camerium,** ii n. E. Stadt in Latium; Camerīnus adi u. subst. Bewohner von C., auch Beiname der Familie der Sulpicier
Camerīna cf. Camarina
Camerīnum, i n. E. Stadt in Umbrien (Camerino); Camers, tis kamerinisch
Camillus 3. E. Beiname der Familie der Furier; M. Furius Camillus Besieger der Gallier
M. Kamilla (V)
camīnus, i m. (griech.) **Kamin** (L), Ofen, Schmelzofen, Schmiedesse
Camīrus, i f. E. dorische Stadt; m. Heros dieser Stadt
Campānia, ae f. E. mittelitalienische Landschaft; Campānus adi. u. subst. Bewohner von C.
campester, tris, tre (cf. campus) **in der Ebene gelegen, flach;** auf dem Marsfeld, zum Marsfeld gehörig; campestre, is n. Schurz (bei den Übungen auf dem Marsfeld getragen)
campus, i m. **Feld, Ebene;** Saatfeld;

Fläche; Platz; das Marsfeld, Spielplatz, Sportplatz, Tummelplatz
M. Kampf (L)
F. kampieren: im Felde liegen, gelagert sein
Camulodūnum, i n. E. Stadt in Britannien (Colchester)
camur, a, um (cf. camera) gekrümmt
canālis, is m. Röhre, Rinne, Kanal (F)
Canastrum, i n. E. Vorgebirge auf Halbinsel Pallene; Canastraeus 3 aus C.
cancelli, ōrum m. (dem von cancer) Gitter, Schranken; Grenzen
M. Kanzel (L), Kanzlei (L), Kanzler (L), abkanzeln (L), Kanzlist (L)
cancer, cri m. (cf. carcer) Gitter
cancer, cri m. Krebs, Krebsgeschwür, Sternbild des Krebses
F. der Kanker: Krebs (Tier und Geschwulst) — kankrös: krebsartig
candēla, ae f. (cf. candeo) Wachskerze; mit Wachs überzogene Schnur
candelābrum, i n. (cf. candela) Leuchter, **Kandelaber** (F)
candeo, ui 2. glänzend weiß sein, **glänzen,** schimmern, weiß glühen
candēsco, candui 3. weiß erglänzen, erglühen
candidatōrius 3 (cf. candidātus) zum Amtsbewerber gehörig
candidātus, i m. (cf. candidus) in weißer Toga; **Amtsbewerber**
M. cand. = candidatus
F. der Kandidat i. a. B. — kandidieren: sich bewerben — die Kandidatur: Anwartschaft, Bewerbung
candidulus 3 (cf. candidus) glänzend weiß
candidus 3 (cf. candeo) **glänzend weiß,** schneeweiß; weiß gekleidet; strahlend, glänzend, heiter, froh; klar, ungekünstelt; ehrlich, offen
M. Kandida (V)
candor, ōris m. (cf. candeo) glänzend weiße Farbe, **Glanz,** Schimmer, Schönheit; Klarheit, Natürlichkeit, Aufrichtigkeit, Redlichkeit
caneo, ui 2. (cf. cānus) **weiß sein, grau sein**
canephoroe f. (griech.) Korbträgerinnen (in den griechischen Festzügen)
canēsco, canui 3. grau werden
Cangi cf. Ceangi
Canīcula, ae f. E. (cf. canis) Sirius, Hundsstern
Canidia, ae f. E. römische Freigelassene, Giftmischerin
Canidius 3 E. Name einer römischen Familie
Caninius 3 E. Name einer römischen plebejischen Familie
canis, is m. u. f. **Hund** (urv.), **Hündin,** Seehund; Schmarotzer; der große und kleine Hund (Sternbilder)
M. cave canem: Achtung! Bissiger Hund!
F. die Kaniden: Hunde
canistra, ōrum n. (griech.) Körbchen
F. der Kanister: Blechgefäß
canities, ēi f. (cf. cānus) Grausein; graues Haar; — Alter
canna, ae f. (griech.) Rohr, Schilf; Rohrpfeife, Syrinx
F. kannelieren: den Säulenschaft mit Längsrillen versehen — die Kannelierung: Riefelung
Cannae, ārum f. E. Ort in Apulien (Caune); dort 216 v. Chr. die Niederlage der Römer; Cannēnsis, e bei C.
Canninefātes, ium f. E. batavischer Volksstamm
cano, cecini, cantātus 3. (intr.) **singen,** tönen, schallen, blasen, spielen (mit abl.); (trans.) **besingen,** preisen; dichten, weissagen, ertönen lassen, erklingen lassen
F. die Akzentuierung, die Akzentuation: Betonung, Tonbezeichnung — das Bicinium: zweistimmiges Tonstück, Musikstück für 2 Blasinstrumente
Canōpus, i m. E. Stadt an der westlichen Nilmündung; Canopītes, ae m. Bewohner von C.; Canopeus 3 = ägyptisch
canor, ōris m. (cf. cano) Klang, Gesang
canōrus 3 (cf. cano) klingend, singend, wohlklingend
Cantabria, ae f. E. Landschaft an der span. Nordküste; Cantaber, bri m. Kantabrer; Cantabricus 3 kantabrisch

cantāmen, inis n. (cf. canto) Zauberformel

cantharis, idis f. (griech.) spanische Fliege

F. die Kantharide i. a. B. — das Kantharidenpflaster: Zugpflaster

cantharus, i m. (griech.) Humpen, Kanne

canthērius, ii m. (griech.) Wallach, Klepper, Gaul; minime cantherium in fossam nicht mit dem Gaul in den Graben = handle nicht so verkehrt

canticum, i n. (cf. canto) (in der Komödie) lyrische Stelle (mit Flötenbegleitung vorgetragen); Gesang, Lied

cantilēna, ae f. (cf. canto) altbekanntes Lied, alte Leier

F. die Kantilene: Liedchen

Cantium, ii n. E. Landschaft in Südengland (Kent)

cantio, ōnis f. (cf. cano) Zauberformel

cantito 1. (cf. canto) oft singen

canto 1. (cf. cano) (intr.) singen, ertönen, spielen, blasen; (trans.) singen, besingen, preisen; dichten; bezaubern, besprechen; verkünden

F. die Kantate: ernstes Musikstück — Kantate: Name des 4. Sonntag nach Ostern

cantor, ōris m. (cf. cano) **Sänger,** Schauspieler

M. Hahn (urv.)

F. der Kantor: Vorsänger, Organist — das Kantorat: Amt des Organisten — die Kantorei: Wohnung des Organisten

cantus, ūs m. (cf. cano) **Gesang, Lied,** Musik, Klang; Zaubergesang

F. der Kantus: studentischer Gesang

Canulēius 3 E. Name eines römischen plebejischen Geschlechtes

cānus 3 weiß, **grau,** grauhaarig; alt, hochbetagt, altehrwürdig

Canusium, ii n. E. Stadt in Apulien (Canosa); Canusius adi. und subst. Bewohner von C.

capācitas, tātis f. **Fassungsfähigkeit;** Raum

F. die Kapazität: Aufnahmefähigkeit, Ladungsfähigkeit; Befähigung; wissenschaftlicher Spezialist — die Inkapazität: Unfähigkeit, Untüchtigkeit

Capaneus, ei m. (acc ea, voc. eu) E. einer der Sieben gegen Theben

capāx, ācis (cf. capio) **fassungsfähig,** geräumig, leicht fassend, empfänglich, fähig, tauglich

F. kapabel: fähig, geschickt — inkapabel: untauglich

capēdo (capudo), inis f. (cf. capio) Opferschale

capeduncula, ae f. (dem. v. capedo) kleine Opferschale

capella, ae f. (dem v. capra) kleine Ziege, Geiß; Stern im Fuhrmann

Capēna, ae f. E. Stadt in Etrurien; Capēnas, ātis und Capēnus 3 Bewohner von C.

Capēna porta E. Tor an der Südseite Roms

caper, pri m. (griech.) Ziegenbock, Bock

capesso, īvi (seltener ii), ītus 3. (cf. capio) **hastig ergreifen,** packen, fassen; eifrig ergreifen, an etwas gehen; hinstreben, hineilen

Capetus, i m. E. König in Alba

Caphareus (Caphereus), ei m. (acc. ea) E. Vorgebirge von Euböa (Capo d'Oro)

capillus, i m. (cf. caput) **Haupthaar**

F. kapillar: haarähnlich, haarfein — Kapillargefäße: enges Röhrchen, feines Blutäderchen — die Kapillarität: Haarröhrchenanziehung

capio, cēpi, captus 3. **erfassen, ergreifen, besetzen, einnehmen;** erreichen, gewinnen; wegnehmen, fangen, erobern, erbeuten, gewinnen, erwerben; in die Hand nehmen, beginnen, übernehmen, antreten; anziehen, fesseln, verleiten, verlocken; jemd. ergreifen, befallen, anfallen; aussuchen, wählen; annehmen, empfangen, bekommen; einnehmen, beziehen; erleiden; empfinden; fassen, aufnehmen; brauchbar sein, passen; geistig aufnehmen, verstehen, erfassen; pass. (mit abl.) von etwas ergriffen werden; oculis capi erblinden, auribus captus taub; (geistig) geschwächt werden; mente capi den Verstand verlieren

M. heben, Hebel (urv.); haft (von captus) z. B. herzhaft (urv.)
F. kapieren: erfassen, begreifen — kapern: Seeraub treiben, wegnehmen — der Kaper: Freibeuter — die Kaperei: Seeräuberei — anticipando: vorwegnehmend

capis, idis f. (cf. capio) Opferschale

capistro 1. (cf. capistrum) anschirren

capistrum, i n. (cf. capio) Halfter, Maulkorb
F. das Kapistrum: Kopf- und Stirnverband (med.)

capital, ālis n. (cf. capitālis) todeswürdiges Verbrechen

capitālis, e (cf. caput) das Haupt (Leben) betreffend; **todbringend,** tödlich, — **hauptsächlich,** vorzüglich
F. kapital: 1. was den Kopf kosten kann; 2. hauptsächlich, vorzüglich — Kapitalbuchstabe: verzierter Anfangsbuchstabe — Kapitalfehler: grober Fehler — das Kapitel: 1. Buchabschnitt, Hauptteil; 2. Versammlung geistlicher Körperschaften, z. B. Domkapitel

capito, ōnis m. Großkopf, Dickkopf

Capitōlium, ii n. E. (cf. caput) das Kapitol, Berg Roms, mit dem Forum; Capitolīnus 3 kapitolinisch
F. das Kapitol i. a. B.; Regierungsgebäude — kapitolinisch: zum K. gehörig

capitulātim adv. (cf. capitulum) kurz zusammengefaßt

capitulum, i n. (dem. v. caput) kleiner Kopf; **Abschnitt**
F. der Kapitular: Domherr — rekapitulieren: wiederholen, zusammenfassen — kapitulieren: einen Vertrag in Kapitel abfassen; sich ergeben; sich zu längerem Dienst verpflichten — der Kapitulant: der sich zu längerem Militärdienst Verpflichtende — die Kapitulation: Ergebung

Cappadocia, ae f. E. Landschaft Innerasiens; Cappadox, ocis m. E. Bewohner von C.

capra, ae f. (cf. caper) **Ziege;** Sternbild der Ziege; — Bocksgeruch

caprea, ae f. wilde Ziege, Reh

Capreae, ārum f. E. Insel an der kampanischen Küste (Capri)

capreolus, i m. (dem v. capreus) Rehböckchen; — Dachsparren, Stützenträger

F. die Kapriole: Bocksprung, Luftsprung

Capri-cornus, i m. (griech.) Gestirn des Steinbocks

capri-ficus, i f. (cf. caper u. ficius) Ziegenfeige, wilder Feigenbaum

capri-genus 3 (cf. caper u. geno) von Ziegen stammend

capri-mulgus 3 (cf. caper u. mulgeo) Ziegenmelker, Hirt

caprīnus 3 (cf. caper) zu den Ziegen gehörig

capri-pēs, pedis (cf. caper und pes) bocksfüßig

capsa, ae f. (cf. capio) **Kapsel,** Behälter
M. die Kapsel (L), die Kasse (L)

Capsa, ae f. E. Stadt in Numidien (Gafza); Capsēnsis, is m. Einwohner von C.

captātio, ōnis f. (cf. capto) **das Haschen,** Jagen
M. captatio benevolentiae: Werben um Gunst

captātor, ōnis m. (cf. capto) Jäger, Hascher; Erbschleicher

captio, ōnis f. **das Fangen; Betrug,** Täuschung, **Kniff,** Spitzfindigkeit
F. die Kaption: Trugschluß

captiōsus 3 (cf. captio) **täuschend, verfänglich,** sophistisch
F. kaptiös: verfänglich

captivitas, tātis f. (cf. captivus) **Gefangenschaft,** Eroberung, Einnahme
F. die Kaptivität: Haft

captivus 3 (cf. capio) **gefangen, kriegsgefangen**
F. kaptivieren: gefangennehmen; für sich einnehmen — die Kaptivation: Gefangennahme; Bestechung durch Redensarten

capto 1. (cf. capio) **fassen, greifen,** haschen, zu fangen suchen, jagen, zu erlangen suchen, streben, trachten; zu gewinnen suchen, überlisten

captus, ūs m. (cf. capio) das Fassen; **Auffassung, Fassungskraft**
F. der Kaptus: Fassungskraft

Capua, ae f. E. Hauptstadt Kampaniens

capulus, i m. (cf. capio) Griff, Handhabe, Schwertgriff

caput, itis n. **Haupt** (urv.), **Kopf;**

Mensch, Person; (bei Tieren) Stück; Spitze, Kuppe; — Quelle, Ursprung; — Leben, Existenz; persönliches Recht, bürgerliche Ehre; — Hauptperson, Urheber; — **Hauptsache**, Hauptpunkt; Hauptabschnitt, Kapitel; Hauptort, **Hauptstadt**; Hauptsumme, **Kapital**

M. quot capita, tot sensus: wieviel Köpfe, soviel Meinungen.

F. das Kapital: Geldbetrag — der Kapitalismus: Geldwirtschaft, Geldherrschaft — kapitalisieren: zu Geld machen, das Geld anlegen — der Kapitalist: Geldmann — kapitalistisch: geldwirtschaftlich — die Kapitale: Hauptstadt

Capys, yis m. (acc. yn, abl. ye) E. 1.) Vater des Anchises 2.) Gefährte des Äneas 3.) König von Alba

Cār, Cāris m. Karer; Caria, ae f. Landschaft in Kleinasien; — Caricus 3 karisch; — Carica, ae f. karische, getrocknete Feige

Caralis, is f. E. Stadt in Sardinien (Cagliari); Caralitānus adi. u. subst. Bewohner von C.

carbasus, i f. und carbasa, ōrum n. (griech.) feines Gewebe aus Leinen oder Baumwolle, Batist, Musselin; carbaseus u. carbasus 3 aus Batist, aus Musselin

carbo, ōnis m. **Kohle**

F. karbonisch: kohlenartig — karbonisieren: verkohlen lassen — das Karbonat: kohlensaures Salz — das Bikarbonat: doppelkohlensaures Salz — das Karbonit: ein Sprengstoff — das Karbid: eine Kohlenstoffverbindung — das Karbol, das Karbolineum: fäulnisverhindernder Stoff — der Karbunkel: Brandgeschwür — der Karfunkel: roter Edelstein

Carbo E. Beiname der Papirier

Carcaso, ōnis f. E. Stadt in Gallien

carcer, eris m. Umfriedung, Schranke, **Gefängnis; Kerker** (L)

F. der Karzer: Schul-, Hochschulhaft — inkarzerieren: einsperren; einklemmen (med.) — die Inkarzeration: Einkerkerung; Einklemmung (med.)

carchēsium, ii n. (griech.) Trinkgefäß, Becher

cardaces, um m. (griech.) persische Auswahltruppe

Cardia, ae f. E. Stadt auf thrazischen Chersonnes; Cardiānus adi. u. subst. Bewohner von C.

cardo, inis m. **Türangel**; — Angel-, Dreh-, Wendepunkt

F. kardinal: wichtig — die Kardinalzahl: Grundzahl — der Kardinal: katholischer Kirchenfürst; Name eines Vogels; Apfelsinenpunsch

carduus, i m. Distel

cārectum, i n. (cf. carex) Grasplatz

careo, carui, caritūrus 2. (mit abl.) **frei sein,** leer sein, **nicht haben,** ermangeln; sich einer Sache enthalten, meiden, fernbleiben; entbehren, vermissen

F. die Karenz: Entbehrung, Wartezeit

carex, icis f. Riedgras

Caria cf. Car

caries, ēi f. **Morschheit,** Fäulnis

F. die Karies: Knochenfraß; Zahnfäule

carīna, ae f. Schiffskiel, Kiel, Schiff

Carīnae, arum f. E. Stadtteil v. Rom

cariōsus 3 (cf. caries) morsch, faulig, mürbe

F. kariös: angefault, angefressen

caritās, ātis f. (cf. carus) **hoher Preis,** Teuerung; — Hochachtung, **Hochschätzung,** Liebe

F. die Caritas: Nächstenliebe, Wohltätigkeit — caritativ: wohltätig

Carmēlus, i m. E. Bergrücken in Galiläa

F. die Karmeliter: Angehörige des Karmeliterordens

carmen, inis n. **Gesang, Lied,** Ton, Klang; — Aufschrift, Inschrift; Weissagung, Orakelspruch, Spruch, Formel, Gebetsformel, Gesetzesformel; Spott- und Schmähgedicht

M. Carmen (V)

Carmenta, ae f. E. (Carmentis, is) Seherin; Carmentālia, ium n. Frauenfest zu Ehren der C.

Carmo, ōnis f. E. Stadt in Andalusien (Carmona); Carmonēnsis, is m. Bewohner von C.

Carna, ae f. E. röm. Schutzgottheit des Leibes

Carneades, is m. E. griech. Philosoph, Stifter der neueren Akademie; Carneadēus 3 des C.

Carni, ōrum m. E. keltisches Volk in Kärnten

carni-fex (carnufex), icis m. (cf. caro und facio) Scharfrichter, Henker; Schinder, Peiniger

carnificīna, ae f. (cf. carnifex) Folter, Qual, Folterkammer

carni-fico 1. (cf. carnifex) köpfen

carnis cf. caro

Carnutes, um m. E. keltischer Volksstamm an der Loire

caro, carnis f. (ältere Form carnis) **Fleisch**

F. karnal: fleischlich — die Karnalität: Fleischlichkeit — die Karnation: Fleischfarbe, Fleischton — inkarnat: fleischfarben — das Inkarnat: Fleischfarbe — inkarnieren: Fleischfarbe annehmen — die Inkarnation: Fleisch-, Menschwerdung — karnivor: fleischfressend — die Karnifikation: Fleischweichheit der Knochen (med.) — die Karnosität: fleischliche Geschwulst (med.)

Carpathus, i f. E. Insel im Ägäischen Meer; Carpathius 3 ägäisch

carpentum, i n. zweirädiger Reise- u. Gepäckwagen

Carpentāni, orum m. E. spanisches Volk

carpo, carpsi, carptus 3. rupfen, **pflücken**; zerreißen, zersplittern; stückweise zurücklegen, durchwandern; abpflücken, abfressen, abweiden; — genießen, verzehren; benagen, tadeln; schwächen, entkräften; necken, beunruhigen

M. carpe diem: (pflücke) nütze den Tag (Horaz)

carptim adv. (cf. carpo) stückweise; vereinzelt; wiederholt

carrus, i m. **Karre** (L), Karren (L)

Carseoli, ōrum m. E. Stadt der Äquer (Carsoli)

Carsulae, arum f. E. Stadt in Umbrien

carta cf. charta

Cartēia, ae f. E. Stadt in Südspanien (gegenüber Gibraltar)

Carthaea, ae f. E. Stadt auf der Insel Keos; Carthaeus (Carthēïus) 3 aus C.

Carthāgo (Karthago), inis f. E. Stadt an der Nordküste Afrikas; Carthaginiensis, adi. u. subst. karthagisch, der Karthager

cārus 3 **teuer,** hoch im Preise, wert, **lieb**

Carus i m. E. Beiname römischer Familien

Carventum, i n. E. Stadt in Latium; Carventānus subst. u. adi. Einwohner v. C.

Caryae, ārum f. E. Ort in Lakonien (Karyaes)

Carystos (Corystus), i f. E. Stadt auf Euböa; Carystēus u. Carystius subst. u. adi. Bewohner von C.

casa, ae f. **Hütte,** Häuschen

M. Casa sancta: das Haus Marias zu Loretto

cascus 3 (cf. canus) uralt

caseus, i m. **Käse** (L)

casia, ae f. (griech.) wilder Zimt

Caselīnum, i n. E. Stadt in Latium; Casilinēnsis, is m. Einwohner v. C.

Casīnum, i n. E. Stadt in Latium (dort das berühmte Kloster Monte Cassino); Casīnas, ātis m. Bewohner von C.

Casperia, ae f. E. Stadt in Samnium

Caspius 3. E. zum kaspischen Meere gehörig; Caspiāni (auch Caspii), ōrum m. Anwohner des Kaspischen Meeres

Cassander (Cassandrus), dri m. E. Diadoche, König von Mazedonien

Cassandra, ae f. E. Tochter des Priamus und der Hekuba, Unglücksprophetin

Cassandrēa, ae f. E. Stadt auf der Chalcidice; Cassandrēnsis, is m. Bewohner von C.; Cassandreus, ei m. Appollodor, der Tyrann von C.

Cassiānus cf. Cassius

cassida, ae f. (cf. cassis) **Helm**

Cassiope, ēs f. E. (Cassiopēa, Cassiepia, ae f.) Mutter der Andromeda; Gestirn am Himmel

cassis, idis f. Metallhelm, **Sturmhaube**

cassis, is m. (cf. catena), meist plur.

casses, cassium m. Netz, Jägernetz; Spinnennetz

Cassius 3. E. Name eines alten röm. Geschlechtes. 1.) Sp. Cassius Viscellinus Konsul (502 u. 493 v. Chr.) 2.) L. Cassius Longinus Konsul (107 v. Chr.) 3.) Cassius Longinus Ravilla, gewissenhafter Zensor 4.) C. Cassius Longinus Mörder Cäsars 5.) sein Bruder 6.) sein Vetter, Anhänger Cäsars 7.) L. Cassius Longinus Mitverschworener Katilinas 8.) Cassius Parmensis Cäsarmörder, Anhänger des Antonius, Tragödiendichter 9.) T. Cassius Severus Redner unter Augustus 10.) C. Cassius Longinus Rechtsgelehrter unter Nero und Vespasian

cassus 3 **hohl,** leer; entbehrend, ermangelnd; — eitel, nichtig, vergeblich; in cassum (incassum) ins Leere, erfolglos

Castalia, ae f. E. heilige Quelle bei Delphi; Castalius 3 kastalisch, delphisch

castanea, ae f. **Kastanie** (L); castaneus 3 von der Kastanie

castellānus 3 (cf. castellum) **zu einer Feste gehörig;** subst. Bewohner eines Kastells

F. der Kastellan: Burgvogt, Schloßverwalter, Hausmeister

castellātim (cf. castellum) adv. kastellweise, in einzelnen Kastellen

castellum, i n. (dem von castrum) **befestigter Platz, Kastell,** Burg, Schloß; Außenwerk, Redoute, Bastion; Zufluchtsort, Schutzwehr

F. das Kastell: befestigter Platz, Schloß, Festung

castigātio, ōnis f. (cf. castigo) **Züchtigung,** Zurechtweisung, Tadel, Strafe

castigātor, ōris m. (cf. castigo) Zurechtweiser, **Tadler,** Zuchtmeister

castigo 1. **züchtigen, zurechtweisen,** tadeln, strafen; in Schranken halten, zügeln

castimōnia, ae f. (cf. castus) **Enthaltsamkeit,** Sittenreinheit

castitas, ātis f. (cf. castus) **Keuschheit**

castor, oris m. (griech.) Biber; castorēum, ii n. Bibergeil (Arzneimittel)

Castor, oris m. E. Bruder des Pollux, einer der Dioskuren, Schirmherr der Schiffer

castra, ōrum n. **Lager,** Feldlager; Tagemarsch (weil jeden Abend nach dem Marsche ein Lager aufgeschlagen wurde); Krieg, Kriegsdienst

castrēnsis, e (cf. castra) **zum Lager gehörig**

castro 1. **verschneiden,** entmannen; entkräften, schwächen; castrātus, i m. der Verschnittene, der Eunuch

F. kastrieren i. a. B. — der Kastrat i. a. B. — die Kastration: Verschneidung, Entmannung

castrum, i n. (selten, = castellum); Castrum album in Spanien; Castrum novum in Etrurien

Castulo, ōnis m. E. Stadt in Spanien; Castulonēnsis, e adi. u. subst. Bewohner von C.

castus 3 (cf. careo) **sittenrein,** unschuldig, **keusch,** züchtig; fromm, gottesfürchtig, heilig; gewissenhaft, uneigennützig

F. kasteien: durch Bußübungen abtöten — die Kasteiung: die Qual, die Bußübung

cāsus, ūs m. (cf. cado) **der Fall,** Sturz; Verfall, Untergang; Beugefall, Kasus; der Eintritt; der Vorfall, Zwischenfall, **Zufall,** Gelegenheit; Unfall, Unglücksfall, Tod

M. casus belli: Kriegsfall — casus obliquus: Wortbeugung, abhängiger Fall

F. der Kasus: Fall, Vorfall, Zufall, Begebenheit — Kasusbildung: Wortbiegung (sprachl.) — kasual: zufällig, gelegentlich — der Kasualismus: Zufallslehre, Annahme des Zufalls als Grund aller Dinge — der Kasualist: Anhänger des Kasualismus — die Kasualität: Zufälligkeit — der Kasuist: Kenner schwieriger Rechtsfälle — die Kasuistik: Behandlung schwieriger Rechtsfälle

Catabathmos, i m. E. Talsenke zwischen Ägypten und Cyrenaika (Abakah)

Catadūpa, ōrum n. E. die kleinen Nilschwellen

Catamītus, i m. E. Lustknabe, Buhler
Cataonia, ae f. E. Landschaft in Cappodocien; Cataones, um m. Bewohner von C.
cataphractes, ae f. (griech.) Schuppenpanzer; cataphractus 3 gepanzert
catapulta, ae f. (griech.) **Wurfmaschine**
F. das Katapult i. a. B. — Katapultflugzeug: abgeschleudertes Flugzeug
cataracta, ae f. (cataractes, ae m.) (griech.) Wasserfall; Fallgitter (an Toren)
F. der Katarakt i. a. B.; (med.) grauer Star
catasta, ae f. (griech.) Sklavenbühne (zur Ausstellung verkäuflicher Sklaven)
catēia, ae f. (kelt.) **Wurfkeule**
catēlla, ae f. (dem. von catena) Kettchen
catellus, i m. (dem. v. catulus) Hündchen (auch Schmeichelwort)
catēna, ae f. **Kette** (L), Fessel, Band
catenātus 3 (cf. catena) gekettet, gefesselt
caterva, ae f. **Haufe,** Schar, Trupp, Bande; Schauspielertruppe, Chor
catervātim adv. (cf. caterva) **haufenweise,** scharenweise
cathedra, ae f. (griech.) **der Armstuhl**
M. ex cathedra: vom Lehrstuhl (Petri) herab entschieden
F. der Katheder: der Redner-, Lehrstuhl — die Kathedra: Bischofsitz, Stuhl Petri — kathedral: zum Bischofsstuhl gehörig — die Kathedrale: bischöfliche Hauptkirche, Dom
Catilīna, ae m. E. Beiname der Sergier; L. Sergius Catilīna der Verschwörer des Jahres 63 v. Chr.; Catilinārius 3 katilinarisch
M. Catilinarische Existenzen: gefährliche Umstürzler
catīllus, i m. (dem. v. catīnus) Näpfchen, Schüsselchen, Tellerchen
Catillus (Catilus), i m. E. Sohn des Amphiaraus
Catina, ae f. E. Stadt an der Ostküste Siziliens (Catania); Catinēnsis subst. u. adi. Bewohner v. C.
catīnus, i m. Napf, **Schüssel**
M. Kessel (L)
Catius, i m. E. 1.) epikureischer Philosoph 2.) römischer Feinschmecker
Cato, ōnis m. E. Beiname der Familie Porcia 1.) M. Porcius Cato römischer Zensor, bekannt durch seine altrömische Sittenstrenge, Schriftsteller 2.) sein Urenkel M. Porcius Cato (Uticēnsis) stoischer Philosoph, begeisterter Republikaner
M. katonische Strenge — katonisch: streng wie Cato
catula, ae f. **Hündchen**
Catullus, i m. römischer Beiname; Valerius Catullus berühmter römischer Lyriker
catulus, i m. **Junges** (eines Tieres); Hündchen
Catulus, i m. E. Beiname der Familie Lutatia
Caturīges, um m. E. Volksstamm in der Provence
catus 3 **gescheit,** schlau, klug, witzig
Caucasus, i m. E. 1.) Gebirge zwischen dem Schwarzen und Kaspischen Meere 2.) der Hindu-kusch; Caucasius subst. u. adi. Bewohner des K., kaukasisch
cauda, ae f. **Schwanz,** Schweif; caudam trahere einen Schwanz nach sich ziehen = Hohn ernten
caudex cf. cōdex
Caudium, ii n. E. Stadt in Samnium (Sta. Maria di Goti); dort römische Niederlage 321 v. Chr.); Caudīnus subst. u. adi. Bewohner von C.
F. kaudinisch: schmachvoll — das kaudinische Joch: Joch, durch das die geschlagenen Römer nach ihrer Niederlage bei Caudium gehen mußten; Demütigung
caulae, ārum f. Pferch, Hürde
caulis, is m. (griech.) Kohlstrunk; **Kohl** (L)
Caulon, ōnis m. (Caulonia, ae f.) E. Stadt in Süditalien
Caunus, i f. E. Stadt in Südkarien; Caunius (Cauneus) subst. u. adi. Bewohner von C.
caupo, ōnis m. **Schenkwirt,** Gastwirt, Krämer

M. Kauf (L); kaupeln: unerlaubt handeln — die Kaupelei: unerlaubter Handel

caupōna, ae f. (cf. caupo) **Wirtshaus,** Schenke, Kneipe

caupōnor 1. (cf. caupo) schachern

caupōnula, ae f. (dem. von caupona) Kneipe

caurus (cōrus, chorus) i m. der Nordwestwind

causa (seltener caussa), ae f. **Grund, Ursache,** Beweggrund, Einwand, Vorwand, Ausrede, Anlaß, — Sache, Angelegenheit, Fall; streitiger Punkt, Rechtssache, Prozeß; causam dicere sich vor Gericht verantworten; Interesse, Partei; Angelegenheit, Auftrag; Lage, Umstand, Verhältnis, persönliche Beziehung; — **abl. causā** mit gen. wegen, um ... willen, in jemds. Interesse, in Hinblick auf

M. kosen (L)

F. kausal: ursächlich, bewirkend, begründend — der Kausalsatz: begründeter Satz — die Kausalität: ursächlicher Zusammenhang — kausativ: verursachend, bewirkend — das Kausativum: Bewirkungszeitwort (sprachl.)

causārius, i m. (cf. causa) Invalide

causi-dicus, i m. (cf. causa u. dico) Advokat, Rechtsanwalt

causor 1. (cf. causa) als Grund angeben, vorschützen

causula, ae f. (dem. v. causa) kleiner Rechtsfall, unbedeutende Veranlassung

cautes (cōtes), is f. (meist plur.) **Fels, Klippe,** Riff

cautio, ōnis f. (cf. caveo) Behutsamkeit, Vorsicht, Sicherheit, Sicherstellung, Kaution; **Schuldschein**

F. die Kaution: Bürgschaft, Gewähr, Haftsumme — kautionieren: sich für jemand verbürgen

cautor, ōris f. (cf. caveo) der Sichersteller, der Abwender

cautus 3 (cf. caveo) **sichergestellt,** sicher, **vorsichtig,** behutsam

cav-aedium, i n. (cf. cavum-aedium) Innenhof

cavea, ae f. (cf. cavus) **Höhlung, Käfig;** Zuschauerraum; Theater; Theaterpublikum *M.* Käfig (L)

caveo, cāvi, cautus 2. 1.) **sich hüten,** sich in acht nehmen (alqm. od. ab alqo vor jemand); mit ne und ut ne verhüten, daß; cave, cavete mit konj. = ja nicht z. B. cave credas glaube ja nicht! — 2.) **vorsorgen,** Fürsorge treffen, sicherstellen, sichern; (mit dat.) Beistand leisten; Bürgschaft geben, Kaution stellen; sich Sicherheit geben lassen (ab alqo); (gerichtlich, testamentarisch) feststellen, verfügen, verordnen

F. kavieren: bürgen — präkavieren: sich vorsehen, vorbeugen — der Kavent: Bürge — der Kavetschein: Bürgschein — die Kautel: Vorsichtsmaßregel, Vorbehalt, Verwahrung

caverna, ae f. (cf. cavus) **Höhle,** Hohlraum, Schiffsraum, Grotte

F. die Kaverne: Höhle, Grotte, Keller; durch Vereiterung entstandene Höhle (med.) — kavernös: voll Höhlungen

cavilla, ae f. (cavillum, i n.) (cf. cavillor) Neckerei

cavillātio, ōnis f. (cf. cavillor) das Necken, Stichelei, Spott

cavillor 1. (cf. cavilla) **necken,** hänseln, aufziehen, Ausflüchte suchen, Winkelzüge machen

cavo f. (cf. cavus) **hohlmachen,** aushöhlen; cavātus hohl

cavus 3 1.) **hohl,** gehöhlt, gewölbt; cavus, i m. und cavum, i n. das Loch 2.) umhüllend, deckend

F. konkav: hohl, einwärts gewölbt — Konkavspiegel: Brennspiegel — die Konkavität: das Hohlsein, die Höhlung

Caystrus, i m. E. Fluß in Lydien; Caystrius 3 beim C.

ce (oft abgestumpft zu c) hinweisende Partikel: **da, hier,** z. B. huius-ce, his-ce, hi-ce, hunc-ce, hu-ce, illi-ce, illic, illuc

Cēa (Cīa), ae f. E. Insel der Zykladen, Geburtsort des Dichters Simonides und Bacchylides (Zea); Ceūs Cīus) 3 aus C.

Ceangi, ōrum m. E. britannischer Volksstamm

Cebenna, ae m. E. Gebirge in Südgallien, die Cevennen

Cebren, ēnis m. E. Stadt und Fluß in Troas; Cebrēnis, idis f. Tochter des Flußgottes C.

Cecrops, opis m. E. ältester attischer König; Cecropius 3. = athenisch, attisch; Cecropis, idis Tochter d. C.; Cecropides, ae m. Nachkomme des C. = Theseus; Athener

cedō (älter cette) adv. her damit! heraus damit! sag an! laß hören! sieh nur! denk dir einmal!

cēdo, cessi, cessūrus 3. **gehen,** einhergehen; vonstatten gehen, ablaufen; in etwas übergehen, zu etwas ausschlagen; zufallen, anheimfallen, zuteilwerden, widerfahren; für etwas gelten (mil pro); — **weggehen, weichen;** sich zurückziehen, zurückgehen; verschwinden, vergehen; zurücktreten; (mit dat.) sich fügen, nachgeben, sich unterordnen, nachstehen; (mit abl.) von etwas ablassen, aufgeben, verzichten; — (selten trans.) etwas abtreten, überlassen; (mit ut) zugestehen, einräumen, daß
F. zedieren: weichen, abtreten, übertragen — der Zedent: Schuldabtreter, Vorgläubiger — die Zession: Abtretung, Überweisung — der Zessionar: Rechtsübernehmer, neuer Gläubiger, neuer Besitzer

cedrus, i f. (griech.) die Zeder (L); Zedernholz; Zedernöl; (carmina linenda cedro = der Unsterblichkeit wert)

Celaenae, ārum f. E. Hauptstadt von Großphrygien

Celaeno , ūs f. E. 1.) Tochter d. Atlas, eine der Plejaden 2.) Harpyie

celeber, bris, bre (seltener celebris, e) (cf. celebro) **stark besucht, volkreich,** belebt; **feierlich, festlich;** viel besprochen, gefeiert, **berühmt,** bekannt, üblich

celebrātio, ōnis f. (cf. celebro) Zusammenströmen, zahlreiche Versammlung; Festlichkeit, Feier

celebritas, tātis f. (cf. celeber) **Belebtheit, Zulauf,** zahlreicher Besuch; **Festlichkeit,** Feierlichkeit, **Berühmtheit,** Häufigkeit; — Volksmenge
F. die Zelebrität: Feierlichkeit, Berühmtheit, berühmte Person

celebro 1. (cf. celeber) **zahlreich besuchen,** beleben, umdrängen, begleiten; **festlich begehen, feiern; preisen,** rühmen; verbreiten, bekannt machen; betreiben, ausüben
F. zelebrieren: feierlich begehen, Messe lesen — der Zelebrant: der die Messe lesende Geistliche

Celemna, ae f. E. Stadt in Kampanien

Celenderis, is f. E. Hafenstadt in Cilicien (Kilindria)

celer, eris, ere **schnell;** übereilt, hitzig

Celeres, um m. ältester Name der römischen Ritter, eine Reiterschar von 300 Mann

celeritas, tātis f. (cf. celer) **Schnelligkeit**

celero 1. (cf. celer) **beschleunigen,** schnell ausführen; (intr.) eilen, sich sputen

Celetrum, i n. E. Stadt in Mazedonien (Kastoria)

Celeus, i m. E. König von Eleusis

cella, ae f. **Zelle** (L), Kammer, Speisekammer, Keller; Bienenzelle, Tempelzelle, Kapelle, Heiligtum, Tempel
M. Halle (urv.)
F. zellular, zellulös: aus Zellen gebildet, zellig — die Zellulose: Zellstoff, Holzfaser

cellārius, ii m. (cf. cella) der Kellermeister *M.* Keller (L)

cello 3. (nicht belegt) 1.) ragen cf. praecello 2.) schlagen cf. percello

cēlo 1. verheimlichen, verbergen, verschweigen, verhehlen (urv.); (alqm alqd) etwas vor jemd. verheimlichen; (alqm de alqa re) jemd. in Unkenntnis über etwas halten

celox, ōcis (cf. celer) schnell segelnd; subst. m. u. f. Schnellsegler, Jacht

celsus 3 (cf. antecello) **emporgerichtet,** emporragend, hoch erhaben; hochherzig, hochgesinnt; hochmütig, stolz

Celtae, ārum m. E. die Kelten, großer indogermanischer Volksstamm; Celticus 3 keltisch; Celticum, i n. keltisches Land

Celt-ibēri, ōrum m. E. Volksstamm im nördlichen Spanien; Celtibēria, ae f. ihr Land; Celtibēricus 3 keltiberisch

cēna, ae f. die **Hauptmahlzeit** (bei den Römern zwischen 3 und 4 Uhr nachmittags); Gastmahl
M. post cenam stabis, seu passus mille meabis: nach dem Mahle sollst du ruhn oder tausend Schritte tun

Cēnabum, i n. E. Hauptstadt d. Karnuten (Orlêans); Cenabēnsis subst. und adi. Einwohner von C.

cēnāculum, i n. (cf. cena) Speisezimmer; oberes Stockwerk, Dachgeschoß
F. das Zenakel: Speisesaal im Kloster

Cenaeum, i n. E. Vorgebirge an der Nordwestspitze Euböas

Cenchreae, ārum f. E. die Hafenstadt Korinths

cēnito 1. (cf. ceno) häufig speisen, zu speisen pflegen

cēno 1. (cf. cēna) die Hauptmahlzeit einnehmen, **speisen,** essen; cēnātus 3 der gespeist hat

Cenomani, ōrum m. E. ein Stamm der Aulerker

cēnseo, censui, census 2. **abschätzen, schätzen,** dafürhalten, **meinen, dafür stimmen,** beantragen, beschließen, verordnen; (pass.) sich schätzen lassen
M. Celerum censeo Carthaginem esse delendam: Übrigens bin ich der Meinung, Karthago muß zerstört werden (berühmter Ausspruch des älteren Kato)
F. das Celerum censeo: immer wieder betonte Meinung — zensieren: abschätzen, prüfen, beurteilen — die Zensierung: Abschätzung, Beurteilung

cēnsor, ōris m. (cf. censeo) **der Zensor(römischer Beamter)**
F. der Zensor i. a. B.; Abschätzer, Beurteiler, Sittenrichter, scharfer Kritiker

cēnsōrius 3 (cf. censor) zum Zensor gehörig; gewesener Zensor; — streng richtend

cēnsūra, ae f. (cf. censeo) **Zensur,** Zensorant
F. die Zensur i. a. B.; Beurteilung, Zeugnis; Prüfung von Büchern — zensurabel: der Prüfung unterworfen

cēnsus, ūs m. (cf. censeo) **Vermögensschätzung,** Volkszählung; Bürger-Steuerliste; Vermögen, Besitz
M. Zins (L)
F. der Zensus: Abschätzung des Vermögens, Volkszählung

centaurēum, i n. (griech.) Tausendguldenkraut

Centaurus, i m. (griech.) Zentaur (F), sagenhaftes Ungeheuer (halb Mensch, halb Pferd); — **auch ein südl.** Gestirn; Centaurēus 3 des Z.

centēni, ae a (cf. centum) **je hundert**

centēsimus 3 (cf. centum) **der hundertste;** centēsima, ae f. (scil. pars) ein Hundertstel, ein Prozent; eine einprozentige Steuer
F. zentesimal: hundertteilig — Zentesimalwaage: große Brückenwaage

centi-ceps, cipitis (cf. centum und caput) hundertköpfig

centiēns (centies) (adv.) hundertmal

centi-manus 3 (cf. centus und manus) hundertarmig

cento, ōnis m. Lappenwerk, Flickwerk

centrum, i (griech.) Schenkel des Zirkels; Mittelpunkt des Kreises
F. das Zentrum: Mittelpunkt; Mittelpartei — zentral: in der Mitte befindlich, beherrschend, wesentlich, — die Zentrale: Mittelpunkt, Hauptstelle, elektr. Krafterzeugungsstelle — die Zentralisation: Vereinigung um einen Mittelpunkt, Vereinheitlichung — zentralisieren: um einen Punkt vereinigen, zusammenfassen, einen Staat zu straffer Einheit verbinden — der Zentralismus: Streben nach Vereinigung, Zusammenziehung — der Zentralist: Anhänger des Zentralismus — zentralistisch: Vereinigung erstrebend — zentrieren: in den Mittelpunkt bringen — konzentrieren: vereinigen, sammeln; sättigen (chem.) — Konzentration: Vereinigung in einem Mittelpunkt; angespannte Aufmerksamkeit — zentrifugal: den Mittelpunkt fliehend — Zentrifugalkraft: Schwungkraft — die Zentrifuge: Schleudermaschine — zentri-

petal: zum Mittelpunkt hinstrebend — zentrisch = zentral — bizentrisch: mit zwei Mittelpunkten — egozentrisch: auf das Ich gerichtet — exzentrisch: vom Mittelpunkt abweichend, überspannt — konzentrisch: von einem Mittelpunkt ausgehend, von allen Seiten umfassend — die Zentrobarik: Schwerpunktlehre — die Zentroskopie: die Beobachtung des Schwerpunktes — das Zentrosoma: Zentralkörperchen, Kernkörperchen der Zelle (zool.) — die Zentrosphäre: innerster Kern der Erde (geol.) — der Exzenter: Scheibe zur Regelung der Wellendrehung

centum hundert; sehr viel, zahlreich
F. der Cent: ein hundertstel Dollar — der Zentenar: Hundertjähriger — das Zentenarium, die Zentenarfeier: Hundertjahrfeier — die Zentifolie: Gartenrose — der Zentigrad: Hundertstelgrad — das Zentigramm: Hundertstelgramm — das Zentimeter: Hundertstelmeter — der Zentner: 100 Pfund — das Prozent: „für hundert", Gewinn vom Hundert, plur. Zinsen

centum-geminus 3 hundertfältig, hundertarmig

centum-viri, ōrum m. (die hundert Männer) Richterkollegium für Zivilsachen

centunculus, i m. (dem. von cento) kleiner Lappen

centuria, ae f. (cf. centum) **Hundertschaft, Zenturie** (F) (Wahleinheit), **Kompanie** (60 bis 100 Mann) = $^1/_2$ Manipel = $^1/_6$ Kohorte = $^1/_{60}$ Legion

centuriātim adv. (cf. centuria) kompanieweise, centurienweise

centuriātus, ūs m. (cf. centuria) 1.) Zenturienstelle, Hauptmannstelle 2.) Einteilung in Zenturien

centurio, ōnis m. (cf. centuria) **Zenturio** (F), **Kompanieführer, Hauptmann**

centurio 1. (cf. centuria) in Zenturien einteilen; comitia centuriāta Zenturiatkomitien, in denen bei Volksversammlungen abgestimmt wurde

centurionātus, ūs m. (cf. centurio) Zenturionenwahl

Centuripae, ārum f. E. Stadt in Zizilien (Centorbi); Centuripīnus (subst. u. adi.) Bewohner von C.

cēnula, ae f. (dem. von cena) kleine, einfache Mahlzeit

cepa, cepē cf. caepa

Cephāllēnia, ae f. E. größte Insel im Jonischen Meere (Kefalonia); Cephallēnes, um m. Bewohner v. C.

Cephalus, i m. E. Sohn des Merkur, Gemahl der Prokris

Cephēnes, um m. E. Volk in Äthiopien; Cephēnus 3 äthiopisch

Cēpheus, ei m. E. König in Äthiopien, Gemahl der Kassiopea, Vater der Andromeda, Sternbild; Cēpheïus u. Cēpheus 3 von C. stammend

Cephīsus, i m. E. 1.) Fluß in Böotien 2.) Fluß in Attika; Cephisius 3. zum C. gehörig; Cephisius, i m. Sohn des C., Narzissus; Cephisis, idis f. und Cephisias, adis f. zu C. gehörig

cēra, ae f. (griech.) **Wachs; Wachstafel, Schreibtafel; Wachssiegel; Wachsbild, Ahnenbild**
F. das Zerat: Wachssalbe — die Zeration: Überziehung mit Wachs zur Abdichtung — das Zerin: ein Stoff im Bienenwachs — die Zeroplastik: Wachsbildekunst — die Zerographie: ein Verfahren bei der Klischeeherstellung

Cerambus, i m. E. ein in einen Hirschkäfer verwandelter Mann

cerastes, ae m. (griech.) Hornschlange; Cerastae, ārum m. E. Volksstamm auf Zypern (mit Hörnern versehen)

cerasus, i f. (griech.) **Kirschbaum**
M. Kirsche (L)

cērātus 3 (cf. cera) mit Wachs überzogen

Ceraunia, ōrum n. E. Felsengebirge an der epirischen Küste (cf. Acroceraunia)

Cerberus, i m. E. der dreiköpfige Höllenhund, der Zerberus (F); Cerbereus 3 des Z.

Cercetius, i m. E. Berg in Thessalien

Cercīna, ae f. E. Insel an der nordafrikanischen Küste (Kerkena); Cercinitāni, ōrum m. Einwohner v. C.

Cercōpes, um m. E. sagenhaftes Volk auf der Insel Ischia, in Affen verwandelt

cercūrus, i m. (griech.) Schnellboot, Kutter

Cercyo (Cercyon), onis m. E. Räuber in Eleusis, von Theseus erlegt; Cercyonēus 3 des C.

Cereālis cf. Ceres

cerebrōsus 3 (cf. cerebrum) hirnwütig; Hitzkopf

cerebrum, i n. **Gehirn** (urv.), Verstand; Zornwut

Ceres, Cereris f. E. Mutter der Proserpina, Göttin der Feldfrüchte und des Landlebens, Göttin der Ehe; Cereālis und Cerialis, e der Ceres heilig, der Ceres; Cereālia, ium n. (scil. sacra) das Ceresfest (am 12. April); — ceres Gabe der Ceres, Saat, Getreide, Korn, Brot

M. Hirse (urv.)

F. die Cerealien i. a. B.; Getreidearten

cēreus 3 (cf. cera) wächsern, aus Wachs; wachsfarbig; weich, biegsam; — cēreus, i m. die Wachskerze

cērintha, ae f. (griech.) Wachsblume

cerno, crēvi, cretus 3. **scheiden,** sieben; scharf sehen, **wahrnehmen,** unterscheiden, einsehen, erkennen, berücksichtigen, **entscheiden, beschließen;** durch Kampf entscheiden, erkämpfen, kämpfen; für eine Erbschaft sich entscheiden, sie antreten

cernuus 3 kopfüber stürzend, sich überschlagend

cerrītus 3 hirnkrank, verrückt

certāmen, inis n. (cf. certo) **Kampf,** Streit, **Wettkampf,** Wettstreit, Treffen, Gefecht, Streitigkeit, Fehde, Händel

F. das Zertamen: Wettkampf, Wett- oder Preisprüfung

certātim adv. (cf. certo) um die Wette, wetteifernd

certātio, ōnis f. (cf. certo) Wettkampf, Wetteifer; Streit

certē (adv. von certus) **gewiß,** sicher, **sicherlich,** in der Tat; allerdings, ja, freilich (in Antworten); doch, sicherlich, doch wenigstens (beschränkend)

certō adv. (cf. certus) **sicher, gewiß;** certo scio ich weiß es bestimmt

certo 1. (cf. certus) **zur Entscheidung bringen, kämpfen,** streiten, vor Gericht verhandeln; **wetteifern,** wettkämpfen

certus 3 (cf. cerno) **beschlossen,** entschieden, **bestimmt,** unzweifelhaft, **sicher,** gewiß, feststehend, benachrichtigt; — aliqm. certiorem. facere jemd. in Kenntnis setzen, benachrichtigen; pass. certiorem fieri in Kenntnis gesetzt werden, benachrichtigt werden; certum scire sicher wissen; certum habere sicher wissen; pro certo habere für gewiß halten

F. zertifizieren: bescheinigen, beglaubigen — das Zertifikat: Beglaubigung, Bescheinigung

cerva, ae f. (cf. cervus) **Hirschkuh,** Hindin

cervīnus 3 (cf. cervus) vom Hirsch

cervix, īcis f. (meist plur.), cervīces, um f. **Nacken,** Genick, Hals

cervus, i m. **Hirsch** (urv.); gabelförmiger Spitzpfahl, spanischer Reiter

cessātio, ōnis f. (cf. cesso) das Zögern, Untätigkeit

cessātor, ōris m. (cf. cesso) Zauderer, Saumseliger, Müßiggänger, Nichtstuer

cesso 1. (cf. cedo) **zögern, säumen;** müßig sein, ruhen, feiern, nachlassen, aussetzen

Cestius 3. E. Name einer römischen plebejischen Familie

cestrosphendone, ēs f. (griech.) Wurfmaschine

cētārius 3. (cf. cetus) zu den Seefischen gehörig; cetarius, ii m. Seefischhändler; cetarium, ii n. Fischbehälter (zum Fangen von Thunfischen)

ceterō-qui, adv. übrigens, sonst

cēterus 3 (meist plur. ceteri, ae, a) der sonstige, andere, **übrige;** ceterum adv. übrigens, im übrigen, sonst; aber, doch, gleich wohl

M. et cetera (etc.): und so weiter — ceteris paribus: unter sonst gleichen Umständen

Cethēgus, i m. E. Beiname der Familie der Kornelier. 1.) M. Cornelius Cethēgus Konsul (204 v. Chr.), Redner 2.) C. Cornelius Cethegus, Konsul (197 v. Chr.), Sieger über die Gallier 3.) C. Cornelius Cethegus Mitverschworener Katilinas, hingerichtet

cētra, cetratus cf. caetra

cette cf. cedo

cētus, i m. (griech.) großer Seefisch (Walfisch, Hai, Delphin, Thunfisch); Meerungeheuer

ceu (entstanden ce-ve) adv. so wie, gleich wie, ganz wie; mit coni. als ob, wie wenn

Cēus cf. Cea

Ceutrones, um m. E. 1.) Volksstamm in Belgien 2.) Volksstamm in Savoyen

Cevenna cf. Cebenna

Cēyx, ycis m. E. König in Trachis, mit seiner Gattin Alcyone in Eisvögel verwandelt

Chaeronēa, ae f. E. Stadt in Böotien (Schlacht 338 v. Chr.)

chalcaspides, um m. (griech.) mit Erzschilden bewaffnete Mazedonier

Chalcēdon cf. Calchedon, Chalcedonii cf. Calchedonii

Chalcioecus, i f. E. (Göttin im ehernen Tempel) Minerva; Minervatempel, Geburtsort des Euphorion

Chalcis, idis f. E. Hauptstadt von Euböa (Evripos); Chalcidēnsis, is m. Bewohner von Ch..; Chalcidicus 3 aus Ch.

Chaldaea, ae f. Südbabylonien; Chaldaeus, i m. Chaldäer, Priester (bekannt als Sterndeuter)

chalybēïus 3 (griech.) stählern

Chalybes, um m. E. Volk an der Südküste des Schwarzen Meeres, Erfinder der Erzbereitung

chalybs, ybis m. (griech.) Stahl

Chamāvi, ōrum m. E. germanischer Volksstamm an der Ems

Chāones, um m. E. Volksstamm in Epirus; Chaonius 3 (cf. Chaonis, idis) chaonisch, epirotisch, dodonäisch; Chaonia, ae f. Landschaft zwisehcn Dodona und den Karaunischen Bergen; auch Stadt in Kommagene

chaos n. (griech.) der leere unermeßliche Weltraum; die unermeßliche Unterwelt; die formlose Urmasse
F. das Chaos i. a. B.; Unordnung, Wirrwarr — chaotisch: wirr, ungeordnet

chara, ae Charawurzel (eßbar)

Charax, acis f. E. Befestigung im Tempetal

Chares, ētis m. E. athenischer Feldherr zur Zeit des Demosthenes

Charistia, ōrum n. (griech.) Eintrachtsfest (am 22. Februar gefeiert)

Charites, um f. (griech.) E. die drei Grazien, Aglaia, Euphrosyne, Thalia

Charmadas, ae m. E. griech. Philosoph, Akademiker

Charon, ōntis m. E. Fährmann der Unterwelt

charta (carta), ae f. (griech.) Papyrus, Papier; das beschriebene Papier, Schrift, Buch
M. Karte (L) — Magna Charta: der große Freibrief der englischen Verfassung

chartula, ae f. (dem. von charta) Blättchen, Briefchen

Charybdis, is f. E. Meerstrudel in der Straße von Messina der Scylla gegenüber

Chasuārii, ōrum m. E. germanischer Volksstamm am Niederrhein

Chatti (Catti), ōrum m. E. germanischer Volksstamm in Hessen und Thüringen (Hessen)

Chauci, ōrum m. E. germanischer Volksstamm an der Nordsee (Ostfriesen)

Chelae, ārum f. E. (griech.) Scheren des Skorpions, die innerhalb der Scheren liegende Wage (Gestirn)

Chelidoniae insulae f. E. Schwalbeninsel an der Küste von Lycien (Chelidoni)

chelydrus, i m. (griech.) Schildkrötenschlange

chelys, oys f. (griech.) Schildkröte; Lyra, Leier
cherāgra (chiragra), ae f. (griech.) Handgicht
Chersonēsus (Cherronesus), i f. E. (griech.) Halbinsel 1.) Chersonesus Thracia der Thrazische Chersones, die Halbinsel von Gallipoli 2.) Ch. Taurica, die jetzige Krim
Cherusci, ōrum m. E. germanischer Volksstamm zwischen Weser u. Elbe
chiliarchus, i m. E. und chiliarches, ae m. (griech.) Anführer von 1000 Mann, Oberst; Großwesir; Staatskanzler
Chimaera, ae f. E. (griech.) feuerspeiendes Ungeheuer; chimaeri-fer 3 (cf. chimaera und fero) die Ch. erzeugend = Lycia
F. die Chimäre i. a. B.; Hirngespinst — chimärisch: eingebildet, erträumt, grillenhaft
Chione, ēs f. E. Tochter des Dädalion
Chios (Chius), ii f. E. große Insel an der jonischen Küste, bekannt durch guten Wein; Chius subst und adi. Einwohner von Ch.; Chium, i n. Chierwein
chiragra, ae f. = cheragra
F. die Chiragra: Handgicht
chirographum, i n. (griech.) Handschrift, Schriftstück; Verschreibung, Schuldschein, Wechsel
F. das Chirograph i. a. B. — chirographisch: handschriftlich
Chiron, onis m. E. (acc. ōnem u. ōna) Zentaur, Musiker, Arzt, Wahrsager, Erzieher Achills, Äskulaps und Jasons; Gestirn (Schütze)
chirūrgia, ae f. (griech.) Chirurgie (F); Gewaltmaßregel
chlamydātus 3. (cf. chlamys) mit dem Kriegsmantel bekleidet
chlamys, ydis f. (griech.) Oberkleid, Mantel; Kriegsmantel, Jagdmantel
Chloe, ēs f. E. Mädchenname
Chlōris, idis f. E. Mädchenname; auch Flora
Choaspes, is m. E. 1.) Fluß in Medien 2.) Fluß in Indien
Choerilus, i m. E. Hofdichter Alexanders, bezahlter Hofpoet
Chorasmii, ōrum E. Volk am Oxus
chorda (corda), ae f. (griech.) Darmsaite, Darm; plur. Saitenspiel
chorēa (auch chorea), ae f. (griech.) Chortanz, Reigen
chorēus, i m. (griech.) Versmaß, Trochäus (lang—kurz)
chorus, i m. (griech.) **Chortanz, Reigen;** Chor; Schar, Haufe, Reihe
F. der Chor: erhöhter Kirchenraum; Singschar, Tänzerinnenschar; Musikstück
Chremes, ētis m. E. Name des grämlichen Geizhalses in der Komödie; = Geizhals
Christus, griech. E. (griech.) **der Gesalbte;** Christiānus subst. und adi. Christ, christlich
M. Christian (V), Christiane (V)
Chryse, ēs f. E. Stadt in Troas mit Apollotempel; — Chryses, ae m. Priester in Troja; Chrysēis, idis f. Tochter des Chr.
Chrysippus, i m. E. stoischer Philosoph, Schüler des Zeno
Chrysis, idis f. E. Mädchenname
Chrysogonus, i m. E. L. Cornelius, Freigelassener Sullas
chrysolithos, i m. u. f. (griech.) Goldtopas, Chrysolith (F.)
cibārius 3 (cf. cibus) **zur Speise gehörig;** cibāria, ōrum n. Lebensmittel, Proviant, Futter
cibōrium, ii n. (griech.) (Fruchtgehäuse), Trinkbecher
F. das Ciborium (Ziborium): Hostienkelch
cibus, i m. **Speise, Nahrung, Futter**
Cibyra, ae f. E. Stadt in Kleinasien; Cibyrātes, ae m. Einwohner von C.; Cibyrāticus 3 aus C.
cicāda, ae f. Baumgrille, Zikade (F.), Zirpe
cicatricōsus 3 (cf. cicātrix) **narbig;** n. plur. Flickwerk, oft verbessertes Schriftwerk
cicātrix, īcis f. **Narbe,** Kerbe
cicer, eris n. Kichererbse (L)
Cicero, ōnis E. M. Tullius Cicero, der berühmte Redner, 43 v. Chr. ermor-

det; Q. Tullius Cicero, sein Bruder, ebenfalls 43 v. Chr. ermordet
F. Cicero: Zwölfpunktschrift (buchdr.)

cichorēum, i n. (griech.) Endivie, Zichorie (F.)

cicirrus, i m. (griech.) Kampfhahn, Schreihals

Cicones, um m. E. Volk in Thrazien

cicōnia, ae f. **Storch**

cicur, uris zahm

cicūta, ae f. Schierling, Rohrpfeife (aus Stengeln des Sch.)

Cicūta, ae m. E. Name eines Wucherers

cidaris, is f. (griech.) Turban, Tiara

cieo, civi, citus 2. **in Bewegung setzen, bewegen; erregen,** hervorbringen, veranlassen, wecken, anstiften, aufregen, erschüttern; **aufrufen,** aufbieten; rufen, herbeirufen, nennen

Cilicia, ae f. E. Landschaft in Kleinasien; Cilix, icis m. Bewohner v. C.; Cilissa, ae f. Cilicierin; Ciliciēnsis, e und Cilicius 3 aus C.

cilicium, ii n. Haardecke, Teppich (in Cilicium gefertigt)

Cilla, ae f. E. Stadt in Troas mit Apollotempel

Cilnius 3. E. Name eines etruskischen Herrschergeschlechtes (cf. Maecenas)

Cimber, bri m. E. Name eines germanischen Volkes, 101 v. Chr. von Marius bei Vercellä vernichtet; Cimbricus 3 zimbrisch; Cimber auch Beiname, z. B. L. Tillius Cimber, einer der Cäsarmörder

cimex, icis m. Wanze; auch Spottname

Ciminius 3 E. ciminisch (Gegend im südlichen Etrurien)

Cimmerii, ōrum m. E. mythisches Volk im äußersten Westen, in ständige Finsternis gehüllt; Cimmerius 3 cimmerisch, finster

Cimōlus, i f. E. kleine Zykladeninsel, bekannt durch Seifenton

Cimon, ōnis m. E. Sohn des Miltiades, athenischer Feldherr

cinaedus, i m. (griech.) Wüstling

Cinara, ae f. E. Name einer Geliebten des Horaz

cincinnātus 3 (cf. cincinnus) gelockt

Cincinnātus, i m. E. Beiname einer römischen Familie. L. Quinctius C. Konsul 460 v. Chr., sittenstrenger Altrömer

cincinnus, i m. (griech.) Haarlocke; Schnörkelei

Cinciolus, i m. (dem. v. Cincius) der kleine, liebe Cincius

Cincius 3. E. Name einer römischen Familie

cinctus, ūs m. (cf. cingo) das Gürten; Gurt

cinctūtus (nur) mit einem Schurz bekleidet, altrömisch

Cineas, ae m. E. Freund des Pyrrhus, Schriftsteller

Cinga, ae m. E. Fluß in Nordspanien, Seitenfluß des Ebro (Cinca)

Cingetorix, igis m. E. 1.) Fürst der Treverer 2.) britannischer Fürst

cingo, cinxi, cinctus 3. **gürten, umgürten,** umgeben, einschließen, umringen, umzingeln, begleiten; umwinden, umkränzen

cingulum, i n. (cf. cingo) **Gurt, Gürtel,** Wehrgehenk; **cingulus,** i m. Erdgürtel, Zone
M. zingeln (umzingeln) (L)
F. das Zingulum: Gürtel der katholischen Priester

cini-flo, ōnis m. (cf. cinis und flo) Haarkräusler (der das Brenneisen heißmachende Sklave)

cinis, eris m. **Asche;** Totenasche, Brandstätte, Trümmer; — Vernichtung, Zerstörung
F. die Zinerarie: Aschenkrug, Urne; Aschenblume

Cinna, ae m. E. römischer Beiname der Kornelier und Helvier; L. Cornelius Cinna Konsul 87 u. 86 v. Chr. Anhänger des Marius; Cinnānus 3 des Cinna

cinnamum, i n. (griech.) **Zimt** (L)

Cinyps, yphis m. E. Fluß in Nordafrika; Cinyphius 3 vom Fluß C.; afrikanisch

Cinyras, ae m. E. 1.) König von Assyrien 2.) König auf Cypern, Vater der Myrrha und des Adonis; Cinyrēus 3 des C.

Cios, i f. E. Stadt in Bithynien (Kio); Ciānus subst. u. adi. Bewohner v. C.

cippus, i m. **Spitzpfahl;** Spitzsäule, Grabsäule

F. der Zippus i. a. B.

circa (cf. circum) 1.) adv. **ringsum,** im Umkreis, umher 2.) praep. mit acc. (räumlich) um, um ... her, im Umkreise, in der Nähe, **nahe bei, in ... umher, in ... herum;** — (zeitlich) **um, gegen;** — bei Zahlen: gegen, ungefähr; — in Bezug auf, bezüglich, um, in betreff

M. cirka (zirka): ungefähr, rund

circa-moerium, ii n. (cf. circa und murus, moerus) Raum um die Mauer

Circe, ēs f. E. (Circa, ae f. E.) zauberkundige Nymphe auf der Insel Äaa; Circaeus 3 der Circe, zauberisch, vergiftend

M. die Circe i. a. B.; Zauberin, Verführerin

Circēi, ōrum m. E. Stadt in Südlatium (Circello); Circeiēnsis subst. u. adi. Bewohner von C.

circēnsis, e (cf. circus) **zum Zirkus gehörig;** circēnses, ium Zirkusspiele

M. Panem et circenses: Brot Zirkusspiele (Juvenal). Losungswort, mit dem die römischen Kaiser das Volk in Gehorsam hielten; Verlangen des Volkes nach Spenden und Schauspielen

circino 1. (cf. circinus) kreisförmig machen, durchkreisen

circinus, i m. (griech.) der Zirkel

circiter (cf. circum 1.) adv. **um, ungefähr** 2.) praep. mit acc. **um, an, gegen**

circlus = circulus

circueo = circumeo

circuĭtio, ōnis f. (cf. circueo) **das Herumgehen,** die Runde; **Umweg,** Umschweif

circu-itus (circum-itus), ūs m. (cf. circumeo) **das Herumgehen,** Kreislauf; **Umkreis,** Umfang; **Umweg, Umschweif;** Umschreibung, Periode, Satzgefüge

circulātor, ōris m. (cf. circulor) Umherläufer, Trödler, Marktschreier

circulatōrius 3 (cf. circulator) marktschreierisch

circulor 1. (cf. circulus) Gruppen bilden, in Gruppen zusammentreten, sich herumtreiben

circulus, i m. (dem. v. circus) **Kreis,** Ring; Reif, Ring, gesellschaftlicher Kreis, Zirkel (L)

M. Circulus vitiosus: Zirkelschluß, fehlerhafter Beweis; der Zirkel (L); Bezirk (L)

F. das Zirkular: Rundschreiben, Umlauf — zirkulieren: im Umlauf sein — zirkular, zirkulär: kreisförmig, den Kreislauf machend — der Zirkularerlaß: Runderlaß — die Zirkulation: Umlauf, Kreislauf

circum (acc. von circus) 1.) adv. im Kreise, **ringsum,** um 2.) (praep. mit acc.) rings um, **rund um, um ... her,** um, bei, in der Nähe, in der Gegend, bei ... herum, in ... umher

circum-ago, ēgi, actus 3. **herumführen,** umwenden, herumtreiben; **umstimmen;** pass. sich herumbewegen, sich umhertreiben; — (von der Zeit) den Kreislauf vollenden, ablaufen, vergehen, verfließen; — **circumactus** 3 (cf. circumago) gekrümmt

circum-aro 1. umpflügen

circum-cīdo, cīdi, cīsus 3. (cf. circum u. caedo) ringsum beschneiden, **abschneiden;** einschränken, beschneiden, vermindern; abkürzen; circumcīsus 3 ringsum abgeschnitten; **steil abfallend, abschüssig;** beschnitten, kurz, gedrängt

F. die Zirkumzision: die Beschneidung

circum-circa adv. um und um, ringsum

circum-clūdo, clūsi, clūsus 3. (cf. circum und claudo) rings **umschließen, umzingeln;** einfassen

circum-colo 3. umwohnen

circum-do, dedi, datus 1. **ringsumgeben, umgeben,** umstellen, umzingeln, umringen; etwas herumlegen, **um** etwas legen, **mit etwas umgeben**

circum-dūco, duxi, ductus 3. **herumführen,** umherführen, vorbeimar-

schieren, auf Umwegen führen, in die Länge ziehen, ausdehnen
circum-eo (circu-eo), ii itus, ire **um etwas herumgehen, umgehen,** einen Umweg machen, vermeiden; im Kreise umgeben, umschließen, **umzingeln,** umringen, überflügeln; bei etwas umhergehen, umherziehen, von einem zum andern gehen, die Runde machen, besuchen, **bereisen,** besichtigen
circum-equito 1. umreiten
circum-fero, tuli, lātus, ferre **herumtragen,** herumreichen, herumgehen lassen, ringsum ausbreiten, **verbreiten;** pass. herumgetragen werden, sich umdrehen, sich umhertreiben; (vom Geschrei) rings ertönen
circum-flecto, flexi, flexus 3. **umbiegen**
F. der Zirkumflex: Dehnungszeichen — zirkumflektieren: mit dem Zirkumflex versehen
circum-flo 1. rings umwehen
circum-fluo, flūxi, flūxtum 3. 1.) trans. **rings umfließen** 2.) intr. rings abfließen, **überfließen,** reichlich vorhanden sein, Überfluß haben
circumfluus 3 (cf. circumfluo) umfließend, umflossen
circum-forāneus 3 (cf. circum und forum) auf dem Markte befindlich; auf Märkten umherziehend
circum-fundo, fūdi, fūsus 3. **um etwas herumgießen;** mit etwas umgießen, **umgeben,** umschließen, umdrängen; meist pass. **umfließen,** umströmen, sich ausbreiten, umdrängen, heranströmen
circum-gemo 3. umbrummen
circum-gesto 1. herumtragen
circum-gredior, gressus sum 3. (cf. circum u. gradior) **umgehen,** umringen
circum-iaceo 2. **ringsherum liegen,** ringsherum wohnen
circum-icio (sprich jicio), iēci, iectus 3. (cf. circum u. iacio) **rinsherumwerfen,** herumstellen, herumlegen; mit etwas umschließen; circumiectus 3 herumliegend, umherliegend
circumiectus, ūs m. **das Umfassen,** Umschlingung — **die Umgebung**
circumitio = circuitio
circumitus = circuitus
circum-ligo 1. umbinden, umwickeln
circum-lino, —, litus 3. umschmieren beschmieren, bestreichen, überziehen
circum-luo 3. umspülen, umfließen
circumluvio, ōnis f. (cf. circumluo) Umspülung, Inselbildung
circum-mitto, mīsi, missus 3. **herumschicken,** ringsumherschicken
circum-moenio = circummunio
circum-mūgio 4. umbrüllen
circum-mūnio (ältere Form circummoenio), ivi (ii), itus 4. rings ummauern, **einschließen**
circummunitio, ōnis f. (cf. circummunio) **Einschließung,** Umschanzung
Circum-padānus 3 um den Po gelegen
circum-pendeo 2. herumhängen (intr.)
circum-plaudo 3. umklatschen
circum-plector, plexus sum 3. **umfassen,** umschlingen
circum-plico 1. umwickeln, umschlingen
circum-pōno, posui, positus 3. ringsherumstellen
circum-rētio 4. (cf. rete) ringsumgarnen, umstricken
circum-rōdo 3. ringsum benagen
circum-saepio, saepsi, saeptus 4. umzäunen, **umgeben**
circum-scindo 3. rings die Kleider vom Leibe reißen
circum-scrībo, scrīpsi, scriptus 3. **umzeichnen; abgrenzen, begrenzen;** einschränken, in Schranken halten; umgehen, nicht berücksichtigen; übervorteilen, betrügen; circumscriptus 3 scharf begrenzt, bündig
circumscrīptio, ōnis f. (cf. circumscribo) der Umriß, Begrenzung, der umschriebene Kreis; die Periode, Satzgefüge; Übervorteilung, Betrug
circumscriptor, ōris m. (cf. circumscribo) Betrüger
circum-seco 1. **rings beschneiden**
circum-sedeo, sēdi, sessus 2. (um et-

was sitzen), **umlagern,** belagern; bestürmen (z. B. lacrimis)
circumsessio, ōnis f. (cf. circumsedeo) **Belagerung**
circum-sīdo, sēdi 3. **sich ringsum festsetzen,** Belagerung einleiten
circum-silio 4. (cf. circum und salio) im Kreise umtanzen, herumhüpfen
circum-sisto, steti 3. **sich herumstellen, umstellen, fdl. umstellen,** umringen, bedrängen
circum-sono, sonui 1. **rings ertönen,** widerhallen, umtönen
circumsonus 3 (cf. circumsono) **rings umtönend,** umlärmend
circumspectio, ōnis f. (cf. circumspecto) **Umschau,** Umsicht
circum-specto 1. **rings umherschauen,** sich umsehen, betrachten, anblikken, umherspähen
circumspectus, ūs m. (cf. circumspicio) **Umblick,** Umschau, Ausschau; Betrachtung, Erwägung
circum-spicio, spexi, spectus 3. (cf. circum und specio) **rings umherschauen,** sich umschauen, betrachten, mustern, sich umsehen, suchen; erwägen, überlegen
circum-sto, steti 1. **umherstehen, umstehen,** umringen, bedrängen, umlagern
circum strepo, ui, itus 3. **umrauschen,** umlärmen, umtosen
circum-texo, texui, textus 3. **rings umweben,** verbrämen
circum-tono, tonui, 1. **umdonnern,** umtosen
circum-vādo, vāsi 3. **rings umschreiten,** von allen Seiten losgehen angreifen
circum-vagus 3 **ringsum streifend,**
circum-vallo 1. **rings mit einem Wall umgeben,** einschließen
F. die Zirkumvallation: Umwallung
circumvectio, ōnis f. (cf. circumveho) das Herumführen, Umlauf; Warenumlauf, Handelsverkehr, Einfuhr
circum-vector 1. (cf. circumvehor) **herumfahren**
circum-vehor, vectus sum 3. **herumfahren;** herumsegeln, herumreiten; umreiten, umfahren
circum-vēlo 1. **rings umhüllen**
circum-venio, vēni, ventum 4. (rings um etwas kommen) **umringen,** umgeben, umschließen, umfließen; — umstricken, umgarnen
circum-verto, ti, sus 3. **umdrehen,** umwenden
circum-vestio 4. **umkleiden**
circum-volito 1. **umherfliegen,** umflattern
circum-volo 1. **umfliegen**
circum-volvo 3. **herumwälzen;** pass. sich drehen
circus, i m. (griech.) **Kreis, Ring; Zirkus** (L), Rennbahn
F. zirzensisch: zum Zirkus gehörig
ciris, is f. (griech.) ein Meervogel
cirrātus 3 (cf. cirrus) **gelockt,** büschelig
Cirrha, ae f. E. Hafenplatz von Delphi
cirrus, i m. **Haarlocke,** Kleidfranse
F. der Zirrus: Federwolke — der Zirrokumulus: Schäfchenwolke
Cirta, ae f. E. Stadt in Numidien (Konstantine); Cirtēnses, ium m. Einwohner von C.
cis (praep. mit acc.) **diesseits**
M. hier (urv.)
Cis-alpinus 3 **diesseits der Alpen;** Gallia Cisalpina Oberitalien
cisium, ii n. (kelt.) leichter zweirädiger Reisewagen
Cispius mons E. Nordwestkuppe des Esquilinus
Cis-rhenānus 3. E. **diesseits d. Rheins**
Cissēis, idis f. E. Tochter d. Cisseus, Hekuba
cista, ae f. **Kiste** (L), Kasten
F. die Ciste: Kästchen, Urne
cisterna, ae f. (cf. cista) **Zisterne** (F)
cistophorus, i m. (griech.) asiatische Silbermünze (= 4 römische Denare)
citātus cf. cito
citerior, ius (comp. citer) (sup. citimus) **diesseitig**
Cithaeron, ōnis m. E. Grenzgebirge zwischen Attika und Böotien
cithara, ae f. (griech.) **Zither** (L), Zitherspiel

citharizo 1. (griech.) **die Zither spielen**
citharoedus, i m. (griech.) **Zithersänger** (der zur Zither singt)
citimus cf. citerior
Citium, ii n. E. 1.) Stadt in Zypern; Citiēus adi. u. subst. Einwohner von C.; Philosoph Zeno 2.) Stadt in Mazedonien
Citius mons E. mazedonischer Berg
cito 1. (cf. citus) **in Bewegung setzen,** rege machen, **antreiben,** herbeirufen, aufrufen, namentlich nennen, vorladen
F. zitieren: vorladen; (eine Schriftstelle, einen Ausspruch) anführen — das Zitat: angeführte Stelle — die Zitation: Anführung, Vorführung
cito cf. citus
citra 1.) adv. **diesseits;** näher; 2.) praep. (mit acc.) **diesseits, innerhalb;** — ohne, außer, abgesehen von
citreus 3 (cf. citrus) **aus Zitronenholz**
citrō (adv.) (cf. cis) **hierher**
citrus, i f. (griech.) 1.) **Zitronenbaum** 2.) **Zitrusbaum**
M. die Zitrone (F)
citus 3 (cf. cieo) **in Bewegung gesetzt, schnell,** rasch, eilig; adv. **citō** schnell; comp. citius schneller; — eher, leichter
M. cito, citissime i. a. B.
Cius cf. Cea
civicus 3 (cf. civis) **den Bürger betreffend;** corona civica Bürgerkranz, Eichenlaubkranz (für Rettung eines Mitbürgers)
civilis, e (cf. civis) 1.) **bürgerlich;** patriotisch, leutselig, herablassend 2.) staatlich, öffentlich, politisch
F. zivil: bürgerlich, höflich, gesittet; billig, mäßig (vom Preis) — das Zivil: Bürgerstand; bürgerliche Kleidung — die Zivilisation: Gesittung, Bildung — zivilisieren: verfeinern, bilden — der Zivilist: Bürger, Nichtsoldat
Civilis, is m. E. Claudius C. Bataverfürst
civis, is m. u. f. **Bürger,** Bürgerin; **Mitbürger;** Untertan
M. Civis Romanus sum: ich bin römischer Bürger — Civis academicus: Hochschulstudent
civitas, tātis f. (cf. civis) 1.) **Bürgerrecht** 2.) **Bürgerschaft,** Gemeinde, **Staat** 3.) **Stadt**
clādes, is f. Verletzung, **Schaden, Unheil, Niederlage;** cladem accipere erleiden; cladem afferre (inferre alci), clade afficere alqm beibringen
clam adv. (cf. celo) **heimlich;** (praep.) mit abl. **heimlich vor**
clamātor, ōris m. (cf. clamo) **Schreier**
clāmito 1. (cf. clamo) **laut schreien**
clamo 1. (cf. calo) **schreien, rufen,** anrufen, laut nennen, laut bezeugen, verraten
clāmor, ōris m. (cf. clamo) **Geschrei,** Beifallsgeschrei; Lärm, Getöse, Kriegsgeschrei; Klagegeschrei
M. der Klamauk: Geschrei
clandestīnus 3 (cf. clam) **heimlich,** geheim
clangor, ōris m. **Klang, Geschrei**
Clānis, is m. E. Nebenfluß des Tiber (Chiana)
Clanius, ii m. E. Fluß in Kampanien (Clanio vecchio)
clāreo 2. (cf. clarus) **klar sein,** glänzen
clarēsco, ui 3. (cf. clareo) **klar werden,** erglänzen; hell werden, **berühmt werden**
clarigātio, ōnis f. (cf. clarus) Ersatzforderung, Ersatzanspruch
clari-sonus 3 (cf. clarus u. sono) helltönend
clāritas, tātis f. (cf. clarus) **Klarheit; Berühmtheit**
claritūdo, inis f. (cf. clarus) **Helligkeit; Berühmtheit**
clāro 1. (cf. clarus) **berühmt machen**
F. klarieren: klären, bereinigen; verzollen
Claros (Clarus), i f. E. Stadt in Jonien mit Apollotempel, Geburtsort des Antimachus; — Clarius adi. u. subst. Einwohner von C., Apollo, Antimachus
clārus 3 **klar** (L), **hell,** glänzend; deutlich, vernehmlich; **berühmt,** ruhmvoll; — berüchtigt
M. Klara (V)
classiārius 3 (cf. classis) **zur Flotte gehörig;** subst. Matrose
classicus 3 (cf. classis) **das Heer, die**

Flotte betreffend; classicum, i n. (scil. signum) **Signal;** classici, ōrum m. Marine

classis, is f. **Bürgerklasse,** Vermögensklasse; — **Klasse,** Abteilung; — selten Heeresabteilung; — Flottenabteilung, **Flotte**

F. die Klasse: zusammengehörige Abteilung,; Volksschicht; hoher Rang; Schulklasse, Schulzimmer — klassifizieren: einteilen, ordnen — die Klassifikation, Klassifizierung: Einteilung, Ordnung — die Klassik: klassische Zeit der Literatur — der Klassiker: Angehöriger der besten Klasse — klassischer Schriftsteller: hervorragender Schriftsteller oder Künstler — klassisch: mustergültig, vollgültig — die Klassizität: Mustergültigkeit

Clastidium, ii n. E. Stadt in Ligurien (Casteggio), dort Sieg der Römer über die Gallier (222 v. Chr.)

Claterna, ae f. E. Feste in Oberitalien

clātri, ōrum m. (griech.) Gitter

claudeo 2. (selten claudo 3.) (cf. claudus) **lahm sein;** auf schwachen Füßen stehen

claudicātio, ōnis f. (cf. claudus) das Hinken, Lahmsein

claudico 1. (cf. claudus) **lahm sein,** hinken; auf schwachen Füßen stehen, schlecht bestellt sein

Claudiopolis, is f. E. Stadt in Bithynien; Claudiopolitāni, ōrum m. Bewohner von C.

Claudius (Clodius) 3. E. Name eines römischen patrizischen Geschlechtes; — 1.) Appius Claudius Dezemvir, der Virginia nachstellte 2.) Appius Claudius Caecus Zensor, erbaute die Via Appia 3.) P. Claudius Pulcher Konsul 249 v. Chr. 4.) P. Clodius Pulcher Volkstribun 58 v. Chr., Bandenführer, von Milo ermordet 5.) dessen Schwester Clodia, Gattin des Q. Metellus Celer, Geliebte des Katull (als Lesbia besungen) 6.) Tiberius Claudius Nero Germanicus = Kaiser Claudius; seine erste Gemahlin die berüchtigte Messalina, die zweite Agrippina vergiftete ihn. — Claudiānus (Clodianus) 3 und Claudiālis, e des C.

M. Klaudius (V), Klaudia (V)

claudo, clausi, clausus 3. (selten clūdo, clōdo) (cf. clāvis) **schließen** (urv.), **verschließen,** abschließen; absperren, versperren; einschließen, umzingeln; clausum, i m. Verschluß

M. Klause (L), das Kloster (L)

F. die Klausur: Absperrung — die Klausurarbeit: Prüfungsarbeit unter Aufsicht

claudus (seltener clōdus) 3 **lahm,** hinkend; gelähmt, behindert, unsicher. schwankend

claustra, ōrum n. (später claustrum, i n.) (cf. claudo) **Verschluß,** Schloß, **Riegel;** Sperre, Damm; Schranke, Hindernis; Gewahrsam, Käfig; Paß, Durchgang; **Bollwerk,** beherrschende Feste, Schlüssel zu einer Gegend; — Grenze

clausula, ae f. (cf. claudo) **Schluß,** Ende, Schlußsatz

F. die Klausel: Vorbehalt, Einschränkung

clāva, ae f. 1.) **Knüppel,** Keule 2.) (= scytala) Briefstab

clavārium, ii n. (cf. clavus) Nagelgeld (Geschenk an die Soldaten zur Erhaltung der Soldatenschuhe)

clavicula, ae f. (cf. clava) Ranke, Gäbelchen (am Weinstock)

clavi-ger, eri m. (cf. clava, clavis und gero) Keulenträger, Schlüsselträger

clāvis, is f. **Schlüssel;** Schloß, Riegel

F. die Enklave: in fremdem Gebiet eingeschlossenes Land — die Exklave: dasselbe Gebiet, vom anderen Lande aus gesehen

clāvus, i m. **Nagel;** Griff am Steuerruder, **Steuerruder;** — Purpurstreif an der Tunika; — Hühnerauge

Clazomenae, ārum f. E. Stadt in Jonien (Kelisman), Geburtsort des Philosophen Anaxagoras; Clazomenius adi. und subst. Einwohner von C.; Anaxagoras

Cleanthes, is m. E. stoischer Philosoph

clēmens, ntis **sanftmütig, mild,** sanft

M. Klemens (V), Klementine (V)

clementia, ae f. (cf. clemens) **Sanftmut, Milde,** Nachsicht

Cleombrotus, i m. E. 1.) spartanischer König 2.) akademischer Philosoph

Cleon, ōnis m. E. 1.) Demagog in Athen 2.) griech. Redner

Cleōnae, ārum f. E. Ort in Argolis (Klenia); Cleonaeus adi. und subst. Bewohner von Cl.

Cleopatra, ae f. E. 1.) Gattin Philipps von Mazedonien 2.) deren Tochter, Gattin Alexanders von Epirus 3.) die bekannte Königin von Ägypten

clepo, clepsi, cleptus 3. (griech.) **stehlen**

clepshydra, ae f. (griech.) Wasseruhr

cliens, ntis m. **Klient, Höriger;** — **Schutzbefohlener,** Schutzgenosse; — **Gefolgsmann, Lehnsmann,** Dienstmann

F. der Klient: Auftraggeber in Rechtssachen, Kunde, Schutzbefohlener

clienta, ae f. **Klientin** (F)

clientēla, ae f. die **Klientel, Schutzverwandtschaft, Schutzgenossenschaft**

F. die Klientel: Verhältnis des Schützlings zum Schutzherrn; die Kundschaft eines Rechtsanwalts

clientulus, i m. (dem. zu cliens) **ärmlicher Klient**

climactērius 3 (griech.) **zu einem Lebensabschnitt gehörig**

F. das Klimakterium: Wechseljahre — klimakterisch: die Witterung betreffend, für die Entwicklung bedeutungsvoll

clinātus 3 gesenkt, geneigt

Clinias, ae m. E. Vater des Alkibiades

Clīo, ōnis f. E. Muse der Geschichte

F. Klio i. a. B.

clipeātus 3 (älter clupeatus) (cf. clipeus) **schildtragend;** clipeāti, ōrum m. Schildträger (besondere Abteilung)

clipeus (älter clupeus), i m. (seltener clipeum, i n.) 1.) **der Schild,** runder Erzschild; — 2.) Sonnenscheibe 3.) Brustbild, Medaillon

Clisthenes, is m. E. Staatsmann zu Athen

Clitarchus, i m. E. Historiker Alexanders d. Gr.

clitellae, ārum f. Saumsattel, Packsattel

clitellārius 3 einen Saumsattel tragend

Clitomachus, i m. E. akademischer Philosoph

Clitor, ōris f. E. Stadt in Arkadien; Clitorius adi. u. subst. Einwohner von C.; — fons Cl. ein Quell, der angeblich den Geschmack des Weins verdarb

Clitumnus, i m. E. Fluß in Umbrien (Clitumno)

Clītus, i m. E. General Philipps von Mazedonien, von Alexander ermordet

clivōsus 3 (cf. clivus) **hügelig,** steil

clīvus, i m. **Abhang,** Steigung, **Hügel;** ansteigende Straße

cloāca, ae f. Abzugskanal, **die Kloake** (F); arcem facere ex cloaca (sprichw.) aus der Mücke einen Elefanten machen

Cloacina, ae f. die Reinigende, Beiname der Venus

Cloelius (Cluilius) 3 E. Name eines römischen patrizischen Geschlechts. 1.) C. Cloelius letzter albanischer König 2.) Cloelia mutige römische Jungfrau, entfloh aus dem Lager des Porsena

Clōtho, ūs f. E. (griech. Spinnerin) eine der drei Parzen

clūdo cf. claudo

Cluilius cf. Cloelius

clūnis, is m. u. f. (griech.) **Steiß,** Hinterschenkel

Clupea, ae f. E. Vorgebirge und Stadt in Nordafrika (Kalibia)

clupeātus, clupeus cf. clipeatus, clipeus

Clūsium, ii n. E. etrurische Stadt (Chiusi); Clusīnus adi. u. subst. Einwohner von C.

Clūsius, ii m. E. (cf. cludo) (Schließer) Beiname des Janus

Cluvia, ae f. E. Ort in Samnium (Campo di Giove); Cluviānus adi. u. subst. Einwohner von C.

Cluvius 3. E. Name eines römischen Geschlechts; M. Cluvius Rufus römischer Staatsmann und Historiker

Clymene, ēs f. E. Tochter des Ocea-

nus, Mutter des Phaëthon; Clymenēïus 3 der C.
Clymenus, i m. E. Beiname des Pluton
clypeus = clipeus
Clytaemnēstra, ae f. E. Gemahlin des Agamemnon, Mutter des Orest
Clytie, ae f. E. Geliebte Apolls
Cn. = Gnaeus
Cnidus (Gnidus), i f. E. Seestadt in Karien, Hauptsitz des Venuskultes (Cnido); Cnidii, ōrum m. Bewohner von C.
Cnōsus cf. Gnossus
co = com, cum
coacervātio, ōnis f. (cf. coacervo) **Aufhäufung**
co-acervo 1. **aufhäufen**
co-acēsco, coacui 3. sauer werden
coāctor, ōris m. (cf. cōgo) (Zusammentreiber) 1.) **Einnehmer, Makler** 2.) Zugschließer; plur. **Nachtrab**
coactum, i n. (cf. cōgo) Filz
coactus, ūs m. (cf. cogo) Zwang, Nötigung; meist coactu (abl.) zwangsweise
co-aedifico 1. **bebauen**
co-aequo 1 **gleichmachen, ebnen**
coagmentātio, ōnis f. (cf. coagmento) **Zusammenfügung,** Verbindung
coagmento 1. (cf. co und ago) **zusammenfügen,** verbinden
coagmentum, i n. (cf. co u. ago) **Zusammenfügung;** Fuge
coāgulum, i n. (cf. co und ago) das Lab, Gerinnmittel im Labmagen
F. koagulieren: gerinnen — das Koagulat: Gerinnsel
co-alēsco, alui, alitus 3. (cf. alo) **zusammenwachsen,** sich verbinden, sich vereinigen, verschmelzen; — emporwachsen, erstarken
F. koaleszieren, koalieren: sich innig verbinden, verwachsen, verschmelzen — die Koalition: Bündnis
co-argo, argui, uitūrus 3. **deutlich kundgeben,** erweisen, beweisen; **überführen;** alqm alcis rei; als falsch, unhaltbar erweisen
coartātio, ōnis f. (cf. coarto) das Zusammendrängen
co-arto 1. **enge machen,** verengen, zusammendrängen, verkürzen, abkürzen
coaxo 1. **quaken** (urv.)
Cōcalus, i m. E. König in Sizilien
Coccēius 3 E. Name eines römischen Geschlechtes, in ihm bekannte römische Juristen
coccum, i n. (griech.) Scharlachfarbe
cochlea, ae f. (griech.) Schnecke
Cocles, itis m. E. Beiname des Horatius, des Verteidigers der Tiberbrücke gegen Porsena
Cocosātes, um m. E. ein aquitanischer Stamm am Ozean
coctilis, e (cf. coquo) gebrannt; later c. Ziegelstein
cocus = coquus
Cocytus, i m. E. Fluß in der Unterwelt; Cocytius 3 des C.; virgo Cocytia = Alekto
cōdex (älter caudex), icis m. 1.) Baumstamm 2.) **Holztäfelchen, Notizbuch,** Buch, Heft 3.) Hauptbuch, Rechnungsbuch
F. der Kodex (plur. die Kodizes oder ze): alte Handschrift, Gesetzbuch — kodifizieren: in das Gesetzbuch einordnen — die Kodifikation: Aufnahme in ein Gesetzbuch
codicillus, i m. (dem. zu codex) **Schreibtäfelchen, Brief,** Billet; Bittschrift; kaiserliches Handschreiben; Zusatz zu einem Testament
F. das Kodizill: Zusatz zu einem Testament
Codrus, i m. E. 1.) letzter König von Athen 2.) Gegner Vergils, ein minderwertiger Dichter
Coela, ōrum E Klippen an der Südwestküste Euböas
Coele, ēs f. und Coelesyria, ae f. E. Südsyrien
co-emo, ēmi, emptus 3. **zusammenkaufen,** aufkaufen
coemptio, ōnis f. Kaufehe, Scheinehe
co-eo, ii (selten ivi), itūrus, īre **zusammengehen, zusammenkommen,** sich versammeln, sich vereinigen, zusammenfließen, zusammentreffen, zusammenstoßen; sich ehelich verbinden; sich sammeln; sich konzentrieren; sich schließen; sich verdikken, gerinnen, erstarren

F. der Koitus: Paarung

(coepio 3.), coepi, coeptus **ich habe angefangen;** bei einem pass. inf. mit wirklich pass. Bedeutung wird coeptus sum für coepi gebraucht, z. B. urbs deleri coepta est, pugnari coeptum est; — coeptus 3 angefangen, begonnen; coeptum, i n. das Beginnen, das Unternehmen

coepto 1. (cf. coepio) **anfangen,** beginnen, unternehmen

co-erceo, cui, citus 2. (cf. arceo) **zusammenhalten,** einschließen; in Ordnung halten, einschränken, in Schranken halten, **zügeln,** bändigen, strafen, züchtigen

F. koerzibel: zusammenpreßbar, verdichtbar; zähmbar — die Koerzitivkraft: Widerstandsfähigkeit des Eisens und Stahls gegen Magnetisierung und Entmagnetisierung — die Koerzitivmaßregel: Zwangsmaßregel

coërcitio, ōnis f. **Einschränkung;** Bestrafung, Strafe

coetus, ūs m. (cf. coeo) das Zusammenkommen, **Zusammenkunft,** Versammlung; Auflauf, Zusammenrottung

F. der Coetus: Jahrgang von Schülern, Lehrstufe

Coeus, i m. E. Titan, Vater der Latona

cogitātio, ōnis f. (cf. cogito) **das Denken,** Überlegung; Denkkraft, Einbildungskraft, Phantasie; Gedanke, Vorstellung; Absicht, Plan

cōgito 1. (cf. co und agito) **denken,** nachdenken, überlegen; — ausdenken, erinnern; gedenken, vorhaben, planen, beabsichtigen; gesinnt sein; — cogitātus 3 durchdacht, wohlerwogen, beabsichtigt, gewollt; — cogitātum, i n. Gedanke; Plan, Vorsatz; Absicht

cognātio, ōnis f. (cf. cognatus) **Blutsverwandtschaft;** Verwandtschaft; Ähnlichkeit

F. die Kognation: Verwandtschaft durch weibliche Abstammung; Stamm-, Blutsverwandtschaft

co-gnātus 3 (cf. con-nascor) **blutsverwandt,** verwandt, zugehörig

F. der Kognat: Verwandter von weibl. Seite

cognitio, ōnis f. (cf. cognosco) **das Kennenlernen,** Bekanntschaft, das Erkennen, Erkenntnis — **gerichtliche Untersuchung,** — Vorstellung, Begriff

F. die Kognition: Kenntnis; richterliche Entscheidung

cōgnitor, ōris m. (cf. cognosco) Erkenner; 1.) Bezeuger der persönlichen Identität 2.) Vertreter vor Gericht, Anwalt

cōgnitus cf. cognosco

cognōmen, inis n. **Familienname, Beiname,** Bezeichnung, Namen

cognomēntum, i n. = cognōmen

cognōmino 1. (cf. cognomen) **mit dem Beinamen benennen;** cognominātus 3 **gleichbedeutend,** sinnverwandt

cognōminis, e (cf. cognomen) **gleichnamig**

cognōsco, gnōvi, gnitus 3. (cf. nōsco) **erkennen,** kennen lernen; — wiedererkennen; vor Gericht anerkennen, die Identität bezeugen; **(fleischlich)** erkennen, mit jemd. verkehren; — **wahrnehmen,** bemerken, vernehmen, **erfahren,** einsehen; auskundschaften; — **prüfen, untersuchen,** — lesen; cognovisse wissen, verstehen; cognitus 3 bekannt; erprobt, bewährt

cōgo, co-ēgi, coāctus 3. (cf. co-ago) **zusammentreiben,** zusammenbringen, zusammenführen; **sammeln,** einsammeln, einernten; versammeln, vereinigen; **zusammenziehen, aufbieten;** in unum locum c. an einem Ort zusammenziehen; entbieten; laden; **eintreiben,** betreiben; zusammenhalten; (einen Heereszug) schließen; die Nachhut bilden; **zusammenstellen,** verbinden; zusammendrängen, verdichten; logisch folgern, schließen; hineindrängen, drängen, hineintreiben, beengen; **zwingen,** nötigen (meist mit inf.)

cohaerentia, ae f. (cf. cohaereo) **Zusammenhang**

cohaereo, haesi 2. (cf. haereo) **zusam-**

menhängen, verbunden sein; zusammenhalten, Halt haben, Bestand haben

F. kohärieren: zusammenhängen — die Kohäsion, die Kohärenz: Zusammenhang, Zusammenhalt, Bindekraft — kohäsiv: zusammenhaltend — inkohärent: zusammenhanglos — die Inkohärenz, Inkohäsion: Mangel an Zusammenhang; Schlußwidrigkeit

co-haerēsco, haesi 3. (cf. cohaereo) **verwachsen**, sich verbinden

co-hēres, ēdis m. **Miterbe**, f. Miterbin

co-hibeo, bui, bitus 2. (cf. habeo) **zusammenhalten**; umschließen, einschließen, zurückhalten, **hemmen, zügeln**; fernhalten, **zurückhalten** (mit ab)

F. kohibieren: zurückhalten, mäßigen

co-honesto 1. **mitehren, sehr ehren**, feiern, verherrlichen

co-horrēsco, horrui 3. **zusammenschaudern**

co-hors (selten cōrs), tis f. (cf. hortus) 1.) **Gehege**, Hofraum, Viehhof 2.) **Kohorte** (= $^1/_{10}$ Legion = 3 Manipel = 6 Zenturien); c. praetoria Leibkohorte, Leibwache 3.) **Gefolge**, Umgebung 4.) **Schar**, Haufe, Menge

M. Rotte (L)

F. die Kohorte i. a. B.

cohortātio, ōnis f. (cf. cohortor) **Aufmunterung**, Zuspruch, Anfeuerung

co-hortor 1. (cf. hortor) **ermuntern, anfeuern**

co-inquino 1. (cf. inquino) **besudeln**, beflecken

coïtio, ōnis f. (cf. coëo) **das Zusammengehn**, Zusammenkunft, Vereinigung, Komplott, Kompromiß

Colchis, idis f. E. Landschaft südlich des Kaukasus; Colchus und Colchicus adi. und subst. Bewohner v. K.; Colchis, idis f. Kolchierin, Medea

cōleus, i m. **Schlauch**, Sack

cōlis cf. caulis

col-labefacto 1. **zum Wanken bringen**

col-labefīo, factus sum, fieri (cf. labe facio) **zusammenbrechen**, zusammensinken

col-lābor, lāpsus sum 3. **zusammensinken**, zusammenfallen, zusammenbrechen

F. der Kollapsus, Kollaps: Zusammenbruch, Kräfteverfall

col-lacerātus (cf. lacero) **zerfleischt**

col-lacrimātio, ōnis f. (cf. collacrimo) Tränenerguß

col-lacrimo 1. (cf. lacrimo) **in Tränen ausbrechen**, beweinen

Collatia, ae f. E. Stadt am Anio; Collatinus adi. u. subst. Bewohner von C.

collātio, ōnis f. (cf. confero) **Zusammenbringen**, Zusammenschießen von Geld, Betrag; Vergleichung, Vergleich

collēcta, ae f. (cf. colligo) Geldbeitrag (zu oder bei einem gemeinsamen Schmause)

F. die Kollekte: Geld- und Almosensammlung — kollektieren: für milde Zwecke sammeln

collecticius 3 (cf. colligo) zusammengerafft

collēctio, ōnis f. (cf. colligo) **Sammeln**; — Zusammenfassung, kurze Wiederholung

F. die Kollektion: Sammlung, Mustersammlung — kollektiv: zusammenfassend, gemeinsam, gemeinschaftlich — das Kollektiv: russische Wirtschaftsform, beruhend auf dem Zusammenschluß zu gemeinschaftlicher Arbeit — der Kollektivist: Anhänger des Kollektivs

col-lēga, ae m. (cf. legere) **Amtsgenosse**; Genosse, Teilnehmer

F. der Kollege, die Kollegin i. a. B. — kollegial: amtsbrüderlich, einträchtig — die Kollegialität: Amtsbrüderlichkeit, Eintracht

collēgium, ii n. (cf. collega) **Amtsgenossenschaft**; Genossenschaft; Brüderschaft, Korporation, Klub

F. das Kollegium, das Kolleg: Beamtenkörper; Vorlesung; Gymnasium — Collegium publicum: öffentl. Hochschulreife

col-lībertus, i m. Mitfreigelassener

collibet (älter col-lubet), libuit (libitum est) 2. **es gefällt, es beliebt**

col-līdo, līsi, līsus 3. (cf. laedo) **zusammenschlagen**, zerschlagen (pass. zusammenstoßen)

F. kollidieren: zusammenstoßen, widerstreiten — die Kollision: Zusammenstoß, Streit, Widerstreit, Verlegenheit

colligātio, ōnis f. (cf. colligo 1.) Verbindung

col-ligo 1. **zusammenbinden,** vereinen; festbinden

col-ligo, lēgi, lēctus 3. (cf. legere) zusammenlesen, **sammeln,** zusammenziehen, zusammenbringen; erwerben, gewinnen, ernten; schließen, folgern; se colligere sich erholen, sich fassen, sich sammeln

F. der Kollektor: Kraftstromsammler — die Kollektaneen: gesammelte Bemerkungen, Lesestück, Sammelbuch

col-lino, lēvi, litus 3. **beschmieren**

collīnus 3 (cf. collis) am Hügel; Collīnus 3 kollinisch, zum collis Viminalis und Quirinalis gehörig

collis, is m. **Hügel**

collocātio, ōnis f. (cf. collaco) **Stellung, Anordnung**

colloco 1. **aufstellen,** hinstellen (wo in re); unterbringen, ansiedeln, einquartieren, postieren; einrichten, anordnen; — unterbringen, verheiraten (alicui in matrimonium oder in matrimonio); — (Geld) anlegen; — anwenden, verwenden; — se collocare in re sich auf etwas verlegen

collocūtio, ōnis f. (cf. colloquor) Unterredung

colloquium, ii n. (cf. colloquor) **Unterredung, Gespräch**

F. das Kolloquium: Unterredung, Gespräch, Prüfungsgespräch

col-loquor, locūtus sum 3. **sich besprechen, sich unterreden**

collubet cf. collibet

col-lūceo 2. **leuchten,** glänzen, hellerleuchtet sein

col-lūdo, lūsi 3. **mit jemd. spielen**

F. kolludieren: in geheimem Einverständnis stehen — die Kollusion: unerlaubtes Einverständnis, Durchsteckerei

collum, i n. Hals (urv.)

M. das Koller (L): Halskragen; ärmelloses Lederwams

F. das Kollare: Halskragen der kathol. Geistlichen — dekolletieren: Hals entblößen — die Dekollation: Enthauptung — dekollieren: enthaupten; Kolbenhals absprengen (chem.) — das Dekolleté (franz.): Halsausschnitt am Kleid

col-luo, lui, lūtus 3. (cf. lavo) **benetzen**

col-lūsor, ōris m. (cf. collūdo) Mitspieler

col-lustro 1. **erhellen,** erleuchten; besichtigen; **mustern, betrachten**

colluvies, ēi f. (colluo) **Unrat,** Schlamm, Mischmasch, Verwirrung

colluvio = colluvies

collyrium, ii n. (griech.) Augensalbe

colo 1. **durchseihen**

F. die Kolation, Kolatur: Durchseihung

colo, colui, cultus 3. **bebauen,** bearbeiten, Ackerbau treiben; — wohnen, bewohnen; — **pflegen** (körperlich u. geistig), verpflegen; schmükken; ausbilden, veredeln; **hegen;** Sorge tragen; — etwas üben, betreiben, hochhalten; **ehren,** verehren, anbeten; colens, ntis m. Einwohner; cultus 3 angebaut; geschmückt, gebildet, veredelt

colocāsium, ii n. (griech.) indische Wasserrose

colōnia, ae f. (cf. colōnus) **Pflanzstadt,** Kolonie; die Ansiedler, Kolonisten

F. die Kolonie i. a. B. — kolonial: die Kolonie betreffend — kolonisieren: besiedeln — die Kolonisation: Besiedelung, Anlegung von Pflanzstätten — der Kolonist: Pflanzer, Ansiedler

colōna, ae f. (cf. colōnus) **Bäuerin**

Colōnae, ārum f. E. Stadt in Troas; Coloneus adi. u. subst. Bewohner von C.

colōnicus 3 (cf. colōnus) **zu den Kolonien gehörig,** in der Kolonie ausgehoben

colōnus, i m. (cf. colo) 1.) **Bauer, Pächter** 2.) Ansiedler, **Kolonist** 3.) **Bewohner, Einwohner**

F. der Kolone: Bauer, Ansiedler — das Kolonat: Verleihung von Bauernstellen, Erbpachtgut

Colonus, i f. E. Hügel und Demos nördlich von Athen; Colonēus adi. vom C.

Colophon, ōnis f. E. Stadt in Jonien; Colophōnius adi. u. subst. Einwohner von C.
color (älter colos), ōris m. **Farbe,** Gesichtsfarbe; Färbung, Aussehen, **Äußeres**
F. das Kolorit: Färbung, Farbenton — das Kolorin: Farbstoff
colōro 1. (cf. color) **färben, bräunen**
F. kolorieren: bemalen, ausmalen — der Kolorist: Meister der Farbengebung
colos cf. color
coluber, bri m. kleine Schlange, Ringelnatter
colubra, ae f. (coluber) Schlangenweibchen
colubri-fer, fera, ferum schlangentragend
cōlum, i n. Sieb, Durchschlag
columba, ae f. **Taube**
F. das Kolumbarium: Taubenhaus, Urnenhalle in römischem Grabgewölbe
columbīnus 3 von der Taube
M. Kolumbine (Kolombine) (V) — weibliche Figur im italienischen Lustspiel
F. der Kolumbinlack: taubenfarbiger Lack
columbulus, i m. (dem. v. columbus) Täubchen
columbus, i m. **Täuber**
columella, ae f. (dem. von columna) **kleine Säule**
columen, inis n. (cf. columna) 1.) **Säule, Stütze** 2.) **Gipfel, Spitze**
columna, ae f. (cf. cello) **Säule, Pfeiler**
F. die Kolumne: Schriftsäule, Druckseite, senkrechte Zahlenreihe
columnārius 3 auf Säulen bezüglich; columnārii, ōrum m. an der columna Maenia gerichtete Verbrecher; columnarium, ii n. Säulensteuer
colurnus 3 (cf. corulus) aus Haselholz
colus, i und ūs m. und f. Spinnrocken
com = cum
coma, ae f. (griech.) 1.) **Haupthaar** 2.) Wolle 3.) Laub, Blätter
comans, antis (cf. coma) **behaart;** belaubt
comātus 3 (cf. coma) behaart
com-bibo, ōnis m. **Mitzecher,** Trinkkumpan
com-bibo, bibi 3. **einsaugen,** verschlucken
comb-ūro, ussi, ūstus 3. **etwas verbrennen**
Come, ēs f. E. Name von Ortschaften, z. B. Hiera Come in Thessalien
com-edo, ēdi, ēsus 3. (coni. praes. auch comedim) **verzehren;** verprassen
comes, itis m. (cf. co) **Begleiter,** Gefährte; Teilnehmer; Kinderführer, Erzieher; f. Begleiterin etc.; — plur. Gefolge
comētes, ae m. (griech.) **Komet** (F)
cōmicus 3 (griech.) **zum Lustspiel gehörig,** komisch; subst. Komödiendichter
F. der Komiker: Lustspieldichter, Schauspieler in komischen Rollen — komisch: scherzhaft, spaßhaft, Heiterkeit erregend, lustspielartig — die Komik: Darstellung des Komischen, Drolligkeit
cōminus cf. comminus
cōmis, e **freundlich, zuvorkommend,** leutselig
comisabundus 3 (cf. comisor) umherschwärmend
comisātio (comissatio), ōnis f. (cf. comisor) Umherschwärmen, Umzug; Trinkgelage
comisātor, ōris (comissātor) Zechkumpan, Schwärmer
comisor (comissor) 1. (griech.) **schwärmen;** einen fröhlichen Umzug halten
cōmitas, tātis f. (cf. comis) **Heiterkeit, Leutseligkeit,** Freundlichkeit
comitātus, ūs m. (cf. comitor) **Begleitung,** Geleite, Gefolge; Reisegesellschaft
F. das Komitat: Geleit; Grafschaft in Ungarn
comitia, ōrum n. **Volksversammlung**
comitiālis, e (cf. comitia) **zur Wahl gehörig**
comitium, ii n. **Versammlungsplatz,** Wahlort
com-ito 1. (cf. comes) **begleiten**
comitor 1. **begleiten;** — zu Grabe geleiten; — zur Seite stehen
com-maculo 1. beflecken, besudeln
Commagēne, ēs f. E. nördlichster Teil

Syriens; Commagēnus adi. u. subst. Bewohner von C.

com-manipulāris, is m. (cf. manipulus) Manipelkamerad

commeātus, ūs m. (cf. commeo) das Zusammenkommen, **Verkehr**, Urlaub; Sendung, Transport; **Zufuhr**, Lebensmittel, **Proviant**

com-memini, isse **sich erinnern**, **eingedenk sein**

commemorābilis, e (cf. commemoro) **erwähnenswert**, denkwürdig

F. die Kommemorabilien: Erinnerungen

commemorātio, ōnis f. (cf. commemoro) Erinnerung, Erwähnung, Anführung

F. die Kommemoration: Erinnerung, Gedächtnis; Gedenken an Verstorbene (durch Gebet und Messen)

com-memoro 1. (cf. memor) (intr.) **sich erinnern**, (trans.) **erwähnen, anführen** *F.* kommemorieren: erwähnen

commendābilis, e (cf. commendo) **empfehlenswert**

commendatīcius 3 (cf. commendo) **empfehlend**

commendātio, ōnis f. (cf. commendo) **Empfehlung**; das Empfehlende

commendātor, ōris m. (cf. commendo) Empfehler

com-mendo 1. (cf. mando) **anvertrauen, empfehlen**; commendātus 3 empfohlen, empfehlenswert

F. kommendabel: empfehlenswert — die Kommende: zur Nutznießung anvertraute Pfründe; Verwaltungsbezirk eines Ritterordens — rekommandieren: empfehlen, einschreiben (bei der Post)

commentariolus, i m. (dem. zu commentarius) **Entwurf**, Skizze

commentārius, ii m. (selten commentarium, ii n.) **Notiz**, Skizze, Notizbuch; plur. Aufzeichnungen, Denkwürdigkeiten, Memoiren

commentātio, ōnis f. (cf. commentor) **Überdenken, Studium**, Vorbereitung, Vorübung; wissenschaftliche Abhandlung

commentīcius 3 (cf. commentum) ersonnen, erdacht; vorgestellt, ideal, erdichtet, erlogen, gefälscht

commentor 1. (cf. comminiscor) **überdenken, überlegen; studieren**

F. kommentieren: erläutern, erklären — der Kommentar: Erläuterungsschrift, erklärende Anmerkungen — der Kommentator: Erklärer

commentor, ōris m. (cf. comminiscor) Erfinder, Schöpfer

commentum, i n. (cf. comminiscor) **Erfindung**, Einfall; Erdichtung, **Lüge**

com-meo 1. **zusammenkommen**, zusammenströmen; ein- und ausgehen, gehen und kommen, **verkehren**, reisen, fahren, gehen

commercium, ii n. (cf. commercor) **Handel, Verkehr**, Umgang, Gemeinschaft; Verkehrsrecht, Handelsrecht, Marktrecht

F. der Kommerz: Handel — kommerzial, kommerziell: den Handel betreffend, kaufmännisch — der Kommerzienrat: Titel (Handelsrat) — der Kommers: studentisches Trinkgelage

com-mercor 1. zusammenkaufen

com-mereo, ui, itus 2. **verdienen**; verschulden, begehen

com-mētior, mensus sum 4. **ausmessen**; vergleichen

F. kommensurabel: mit gleichem Maßstab meßbar, vergleichbar — die Kommensurabilität: die Meßbarkeit mit gleichem Maße, Vergleichbarkeit

com-migro 1. **wandern**, wohin ziehen

com-militium, ii n. (cf. miles) Kriegskameradschaft

com-milito, ōnis m. (cf. miles) **Kriegskamerad**, Waffenbruder

F. der Kommilitone: Studiengenosse, Kamerad

comminātio, ōnis f. (cf. comminor) **Drohung**, Bedrohung

com-mingo, mixi, mictus 3. bepissen, besudeln

com-miniscor, mentus sum 3. (cf. memini) **ausdenken**, ersinnen; erdichten, erlügen

com-minor 1. **androhen**, bedrohen, drohen

com-minuo, ui, ūtus 3. **zerkleinern; vernichten**, schwächen, entkräften, aufreiben; zerschlagen, zertrümmern

com-minus adv. (cf. manus) **handge-**

mein, in Handgemenge, Mann gegen Mann; in der Nähe, von Angesicht zu Angesicht, persönlich

com-misceo, miscui, mixtus 2. zusammenmischen, **vermischen,** vermengen

com-miserātio, ōnis f. (cf. commiseror) **das Bemitleiden;** rührender Ausdruck, Rührung

commissio, ōnis f. (cf. committo) Wettkampf, Wettstreit

commissum, i n. (cf. committo) 1.) das Unternehmen 2.) das Anvertraute Geheimnis 2.) das Vergehen, die Schuld

commissūra, ae f. (cf. committo) Verbindung, Band

com-mitto, misi, missus 3. **zusammenbringen,** zusammenführen, vereinigen, verbinden; — **etwas zustande bringen,** anfangen, beginnen; — **begehen, verüben,** verschulden, es dahin kommen lassen; — **übergeben, anvertrauen,** überlassen; — preisgeben, aussetzen; — se committere sich anvertrauen, sich hineinwagen; **anfangen, beginnen;** proelium (pugnam) c. den Kampf beginnen, eine Schlacht liefern, kämpfen

F. kommittieren: beauftragen, bevollmächtigen — der Kommittent: Auftraggeber, Aussteller einer Vollmacht — die Kommission: Auftrag, Vollmacht, ein Ausschuß von Beauftragten — kommissarisch: beauftragt, im Auftrage, auftragsweise — das Kommissorium, Kommissoriale: Auftrag, Geschäftsauftrag — der Kommissar, Kommissarius: Beauftragter, Verwalter, Unterhändler — Kommiß: was dem Soldaten zum Gebrauch übergeben wird, z. B. Kommißstiefel, Kommißbrot — der Kommiß: der Soldatenstand (volkstümlich)

commoditas, tātis f. (cf. commodus) **Angemessenheit,** Zweckmäßigkeit; **Bequemlichkeit,** Annehmlichkeit; **Vorteil; Zuvorkommenheit,** Gefälligkeit

F. die Kommodität: Bequemlichkeit, Schlaffheit

commodo 1. (cf. commodus) 1.) (intr.) **sich gefällig erweisen** 2.) (trans.) **überlassen,** hergeben, leihen

commodum adv. **gerade,** soeben

commodum, i n. **Bequemlichkeit; Vorteil, Nutzen;** geliehener Gegenstand

com-modus 3 **angemessen, passend,** zweckmäßig; **bequem,** leicht; günstig; **zuvorkommend,** gefällig; — commode adv. angemessen, passend, gut, trefflich, bequem, leicht

F. kommod: bequem — die Kommode: Schubladenschrank

com-mōlior 4. **in Bewegung setzen**

com-mone-facio, fēci, factus 3. (pass. commonefīo, fieri) in Erinnerung bringen, **erinnern,** mahnen

com-moneo, ui, itus 2. **erinnern,** mahnen, ermahnen, auffordern

com-mōnstro 1. **deutlich zeigen,** nachweisen

commorātio, ōnis f. (cf. commoror) **das Verweilen,** Aufenthalt

com-moror 1. **verweilen,** verbleiben, sich aufhalten

commōtio, ōnis f. (cf. commoveo) **Erregung,** Aufregung

com-moveo, mōvi, mōtus 2. **in Bewegung setzen, bewegen,** rühren; anregen, aufregen, beunruhigen, erschrecken, erschüttern, ergreifen, aufbringen, empören, reizen; bestimmen, antreiben; erregen, hervorrufen, veranlassen; — commōtus 3 erregt, aufgeregt, gereizt

F. die Kommotion: Bewegung, Gemütsbewegung, Rührung; innere Erschütterung (med.)

communicātio, ōnis f. (cf. communico) **Mitteilung;** rhetorische Figur, bei der der Redner den Zuhörer gleichsam zu Rate zieht

commūnico 1. (cf. commūnis) 1.) (trans.) **gemeinsam machen, vereinigen,** zusammenlegen; — teilen, teilnehmen lassen, Anteil haben, Anteil nehmen; — 2.) (intrans.) **eine Mitteilung machen,** sich beraten, sich besprechen

F. kommunizieren: mitteilen; in Verbindung stehen; die hl. Kommunion empfangen, zum hl. Abendmahl gehen — der Kommunikant: Teilnehmer an der hl. Kommunion — exkommunizieren: aus der Kirchengemeinschaft ausschließen — die Exkommunikation: Ausschluß aus der Kirchengemeinde — das Kommunikat: Mitteilung einer Behörde — die Kommunikation: Mitteilung, Verbindung

com-mūnio, īvi (ii), ītus 4. **befestigen,** verschanzen

commūnio, ōnis f. (cf. communis) **Gemeinschaft**

F. die Kommunion: Gemeinschaft; Vereinigung mit Gott im Altarssakrament

com-mūnis, e **gemeinsam,** gemeinschaftlich, **gemein** (urv.), **allgemein,** gewöhnlich; umgänglich, herablassend, leutselig; commūne, is n. Gemeingut, Gemeinwesen; in commune fürs Allgemeine, zum gemeinsamen Nutzen; im allgemeinen, gemeinsam

F. kommun: gemein, gemeinschaftlich — die Kommune: Gemeinde; Pariser Schrekkensherrschaft — kommunal: Gemeinde betreffend — kommunalisieren: eingemeinden; in Gemeindebetrieb übergehen — der Kommunismus: Gütergemeinschaft — der Kommunist: Anhänger des Kommunismus — kommunistisch: die Gütergemeinschaft betreffend

commūnitas, tātis f. (cf. communis) **Gemeinschaft; Gemeinsinn; Leutseligkeit**

communītio, ōnis f. (cf. communio 4.) Wegbahnung

commutābilis, e (cf. commuto) **veränderlich**

commutātio, ōnis f. (cf. commuto) **Veränderung,** Wechsel

com-mūto 1. **verändern,** umwandeln, wechseln, austauschen

cōmo, compsi, comptus 3. (cf. co-emo) zusammennehmen, **das Haar ordnen,** flechten, kämmen; cōmptus 3 geschmückt, geputzt, sauber

comoedia, ae f. (griech.) **Lustspiel,** Komödie (F)

comoedus, i m. (griech.) **Komiker,** Schauspieler in komischer Rolle

F. der Komödiant: Schauspieler in komischer Rolle, Schauspieler (verächtlich)

comōsus 3 (cf. coma) **stark behaart**

compactus 3 (cf. compingo) **gedrungen,** untersetzt

F. kompakt i. a. B. — die Kompaktheit: Gedrungenheit

compāges, is f. (cf. compingo) **Zusammenfügung,** Gefüge; Bau, Organismus; — Fuge

compāgo, inis f. (cf. compingo) Bindemittel

com-par, paris **völlig gleich;** subst. m. Genosse, f. Genossin

comparābilis, e (cf. comparo) **vergleichbar**

F. komparabel: vergleichbar — inkomparabel: unvergleichbar, nicht steigerungsfähig — das Inkomparabile: ein nicht steigerungsfähiges Eigenschaftswort (sprachl.)

comparātio, ōnis f. (cf. comparo) 1.) **Zusammenstellung, Vergleichung,** Vergleich 2.) **Vorbereitung, Zurüstung,** Zubereitung, Beschaffung

F. die Komparation: Vergleichung, Steigerung (sprachl.)

com-pāreo, ui 2. **erscheinen, sichtbar** sein

F. der Komparent: vor Gericht Anwesender

com-paro 1. 1.) **bereiten, beschaffen,** zusammenbringen, aufbieten, (zum Kampfe) **rüsten,** herbeischaffen, zurüsten, bereiten, veranstalten, herrichten, einrichten, anordnen 2.) zusammenstellen, feindlich gegenüberstellen; gleichstellen, an die Seite stellen; **vergleichen,** ausgleichen

F. komparieren: vergleichen, steigern (sprachl.) — der Komparativ: der erste Steigerungsgrad (sprachl.)

compectum, i n. (cf. compaciscor) **die** Verabredung

compellātio, ōnis f. (cf. compello) Vorwurf

com-pello 1. (cf. appello 1.) **anreden,** anrufen; hart anreden, schelten, Vorwürfe machen, schmähen, anklagen

com-pello, puli, pulsus 3. **zusammentreiben,** treiben, jagen, zusammendrängen, in die Enge treiben, zwingen

compendiārius 3 (cf. compendium) vorteilhaft; kurz

compendium, ii n. (cf. com-pendo) Ersparnis, Vorteil, Gewinn; **kürzerer Weg,** Richtweg

F. das Kompendium: Abriß, Leitfaden — kompendiös: gedrängt, kurz gefaßt

compensātio, ōnis f. (cf. compenso) **Ausgleichung**
F. die Kompensation: Ausgleichung, Ersetzung, Aufrechnung

com-pēnso 1. **gegeneinander abwägen,** ausgleichen, ersetzen
F. kompensieren i. a. B. — rekompensieren: entschädigen, vergelten

comperendinātio, ōnis f. und comperendinātus, ūs m. (cf. comperendino) zweitägige Vertagung

comperendino 1. (cf. perendie) auf den drittnächsten Gerichtstag vertagen, zum zweiten Termin vorladen

com-perio, peri, pertus 4. und **comperior** 4. (cf. peritus) **in Erfahrung bringen, erfahren**; compertus gehört, vernommen; gewiß, zuverlässig; überführt

com-pēs, pedis f. **Fußfessel**, Fessel

compesco, pescui 3. **einschränken**, beschränken, unterdrücken

competītor, ōris m. (cf. competo) **Mitbewerber**

competītrix, icis f. Mitbewerberin

com-peto, petīvi (petii), petitus 3 **gemeinsam erstreben**, zusammenfallen, zusammentreffen; **ausreichen**, für etwas passen, geeignet sein
F. kompetent: befugt, zuständig — inkompetent: nicht befugt, nicht zuständig — die Kompetenz: Zuständigkeit, Rechtsgültigkeit, Befugnis, Geschäftskreis; die zum Amt gehörigen Einkünfte — die Inkompetenz: Nichtberechtigung, Unzuständigkeit, Ungültigkeit, Untüchtigkeit

com-pīlo 1. **ausplündern**, berauben, ausbeuten
F. kompilieren: zusammentragen, aus fremden Büchern zusammentragen — der Kompilator: Ausschreiber, Zusammenstoppler — die Kompilation: Zusammentragung, Sammelwerk

com-pingo, pēgi, pactus und pectus 3. (cf. pango) **zusammenfügen**; hineintreiben, hineindrängen

compitum, i n. (cf. competo) das Zusammentreffen zweier Wege, **Kreuzweg, Scheideweg**

com-plector, plexus sum 3. **umschlingen, umarmen**; einschließen, vereinigen, **zusammenfassen**; zusammenfassend darstellen, schildern, erzählen; erfassen, begreifen; mit Liebe umfassen, sich annehmen, pflegen, hegen, hochhalten
F. komplektieren: zusammenfassen, umfassen, in sich schließen — der Komplex: Zusammenfassung, Inbegriff, Gesamtmasse, Umfang, Gruppe, verdrängte Vorstellung — komplex: zusammengefaßt; aus imaginären und reellen Größen zusammengesetzt (math.)

complementum, i n. (cf. compleo) **Ergänzung**
F. das Komplement i. a. B.

com-pleo, plēvi, plētus 2. (cf. plenus) **anfüllen.** vollzählig machen, **ergänzen**, vollständig machen, vollenden. erfüllen, zurücklegen, verleben
F. die Komplettierung: Ergänzung, Vervollständigung — komplettieren: ergänzen — komplett: vollständig

complexio, ōnis f. (cf. complector) **Verbindung**

complexus, ūs m. (cf. complector) **Umfassung**, Umschließung, Umarmung, Umschlingung

com-plico 1. **zusammenfalten**
F. komplizieren: verflechten, verwickeln — die Komplikation: Verwicklung

complōrātio, onis f. (cf. complōro) **lautes Wehklagen**

complōrātus, ūs m. = comploratio

com-plōro 1. **gemeinsam klagen, laut beklagen**

com-plūres, a **mehrere, einige** (niemals komparativisch)

com-pōno, posui, positus 3. **zusammenstellen, zusammensetzen**, zusammenführen, zusammenziehen; beisetzen, bestatten; zusammenlegen, einziehen; gegenüberstellen; vergleichen, zusammenfügen, zustande bringen, abfassen, verfassen; festsetzen, verabreden; ersinnen, aussinnen; zurechtlegen, ordnen, aufstellen, einrichten; zur Ruhe bringen, beruhigen, beilegen, schlichten; ten; — compositus 3 geordnet, wohleingerichtet, gerüstet, geeignet, verabredet, erdichtet, erlogen; ruhig, gelassen, gesetzt; ex compositō und compositō verabredetermaßen

F. komponieren: zusammensetzen, verfassen, dichten, vertonen — der Komponist: Tondichter, Tonsetzer — die Komponente: wesentlicher Bestandteil, Teilkraft; der einzelne Stern eines Doppelgestirns — das Kompositum: Zusammensetzung, zusammengesetztes Wort (sprachl.) — die Komposite: Korbblütler (bot.)

com-porto 1. **zusammentragen,** zusammenbringen

com-pos, potis (cf. potis) „Mitherr", **mitbeteiligt,** im Mitbesitz, im Mitgenuß; mächtig (mit gen.)

compositio, ōnis f. (cf. compōno) **Zusammenstellung;** Einrichtung, Anordnung; Einigung, Aussöhnung; Wortführung, Satzstellung, Periodenbau

F. die Komposition: Zusammensetzung; Metallmischung (techn.); künstlerisches Schaffen, künstlerische Anordnung; Tondichtung

compositor, ōris m. (cf. compōno) **Anordner,** Ordner; Verfasser

compositus 3 cf. compōno

compotātio, ōnis f. (cf. poto) Trinkgesellschaft

com-pōtor, ōris m. (cf. poto) Trinkgenosse

com-prānsor, ōris m. (cf. prandeo) Tischgenosse

comprecātio, ōnis f. (cf. comprecor) Anflehen

com-precor 1. **flehen, anflehen**

com-prehendo (comprēndo), di, sus 3. **zusammenfassen;** umfassen; erfassen, **ergreifen,** festnehmen; **entdecken;** — geistig erfassen, begreifen

comprehēnsio, ōnis f. (cf. comprehendo) Zusammenfassung; — Periode, Satz; — Anfassen, Ergreifen

comprēndo, cf. comprehendo

compressio, ōnis f. (cf. comprimo) das Zusammendrücken; gedrängte Darstellung

compressus, ūs m. (cf. comprimo) das Zusammendrücken

com-primo, pressi, pressus 3. (cf. premo) **zusammenpressen;** zusammendrängen; zurückhalten, unterdrücken, hemmen, einhalten, **niederhalten, niederschlagen; nicht herausgeben, geheimhalten**

F. komprimieren: zusammenpressen — die Kompression: Zusammenpressung, Verdichtung von Dämpfen — kompreß: zusammengepreßt, dicht — die Kompresse: Umschlag, Wundbausch — kompressibel: preßbar — die Kompressibilität: Preßbarkeit

com-probo 1. **billigen,** genehmigen; bestätigen, beweisen

F. die Komprobation: Billigung

com-pro-mitto, misi, missus 3. **übereinkommen,** sich gegenseitig versprechen, die Entscheidung einem Schiedsrichter überlassen

F. kompromittieren: sich einigen; bloßstellen — der Kompromiß: Abkommen, Ausgleich

Compsa, ae f. E. Stadt in Samnium; Compsānus adi. u. subst. Bewohner von C.

cōmptus cf. como

com-pungo, punxi, punctus 3. zerstechen

com-puto 1. **zusammenrechnen,** ausrechnen

F. die Komputabilität: Berechenbarkeit

Cōmum, i n. E. Stadt in Oberitalien (am Comersee) (Como); Comēnsis adi. u. subst. Bewohner von C.

con = com cf. cum

conāmen, inis n. (cf. cōnor) **Anstrengung,** Stütze

conātum, i n. (cf. cōnor) **Versuch,** Wagnis, Unternehmen

conātus, ūs m. (cf. cōnor) **Versuch;** Anstrengung, Wagnis; Trieb

M. Imperfectum de conatu, z. B. laudabat er versuchte zu loben

conb cf. comb

con-caedes, is f. **Verhau**

con-cale-facio, fēci 3. (pass. fio, factus sum, fieri) (cf. calor) **erwärmen**

con-calēsco, lui 3. (cf. calor) **warm werden,** sich erwärmen

con-callēsco, callui, 3. (cf. calleo) **schwielig werden; stumpf werden,** durchtrieben, **gewitzigt werden**

Concani, ōrum m. E. Volksstamm im nördlichen Spanien

con-cavo 1. hohl machen, **aushöhlen,** krümmen

concavus 3 hohl, gehöhlt, gewölbt

F. konkav i. a. B. — bikonkav: doppelseitig hohlgeschliffen

con-cēdo, cessi, cessus 3. intr. **weichen,** weggehn, gehn, sich begeben, übergehen, beipflichten; (mit dat.) **das Feld räumen,** nachstehen, nachgeben, sich fügen, einräumen, Nachsicht haben, verzeihen; — (trans.) **abtreten, freigeben,** überlassen; aufgeben, hingehen lassen, begnadigen; **erlauben, zugestehen**

F. konzedieren: zulassen, bewilligen — konzessiv: einräumend (sprachl.) — der Konzessivsatz: Einräumungssatz (sprachl.) — konzessibel: zulässig

con-celebro 1. **belebt machen,** festlich begehen, feiern; bekannt machen, rühmend verbreiten

con-cenātio, ōnis f. Speisegesellschaft

con-centio = concentus

concentus, ūs m. (cf. concino) das Zusammensingen, Zusammenklingen; Einklang, Harmonie, Übereinstimmung

con-ceptio, ōnis f. (cf. concipio) Empfängnis; Abfassung (juristischer Begriffe)

M. Immaculata conceptio: die unbefleckte Empfängnis

con-cerpo, psi, ptus 3. (cf. carpo) **zerpflücken,** zerreißen

concertātio, ōnis f. (cf. concerto) Streit

concertātor, ōris m. (cf. concerto) Nebenbuhler

concertatōrius 3 zum Wortstreit gehörig, streitend

con-certo 1. **streiten,** kämpfen, wettstreiten

F. das Konzert: musikalische Aufführung

concessio, ōnis f. (cf. concedo) **Einräumung,** Bewilligung

F. die Konzession: Zugeständnis, Erlaubnis, behördliche Genehmigung

concessus, us m. = concessio

concha, ae f. (griech.) **Muschel,** Muschelschale; Perle; Purpur (Saft der Purpurschnecke); — Salzfaß, Büchschen, Näpfchen (in Muschelform)

conchyliātus 3 (cf. conchylium) purpurfarben

conchylium, ii n. (griech.) Muscheltier, Auster, Purpurschnecke; — Purpurfarbe

F. die Konchylie: Schaltier, Muschelschale

con-cido, cidi 3. (cf. cado) **zusammenfallen,** einstürzen; fallen, niederstürzen; sinken, schwinden; unterliegen, gestürzt werden

con-cīdo, cīdi, cīsus 3. (cf. caedo) **zusammenhauen,** niederhauen; in Stücke hauen; durchprügeln, wund hauen; zu Boden schlagen, niederwerfen, zugrunderichten; — concisus 3 zusammengehauen, zusammengeschnitten, kurzgefaßt

F. konzis: kurzgefaßt, gedrängt

con-cieo, cīvi, citus 2. meist concio īvi, ītus 4. **zusammenbringen,** herbeiziehen, herbeirufen, aufbieten; in Bewegung setzen, antreiben; **aufregen,** aufreizen, aufwiegeln; **erregen,** veranlassen; — concitus 3 schnell, in schnellem Lauf; reißend

conciliābulum, i n. (cf. concilio) Versammlungsplatz, Marktplatz, Gerichtsstätte

conciliātio, ōnis f. (cf. concilio) **Vereinigung,** Verbindung, Gewinnung, Einwirkung

conciliātor, ōris m. (cf. concilio) Vermittler, Stifter, Fürsprecher; conciliātrix, icis f. Vermittlerin, Stifterin, Fürsprecherin

conciliatrīcula, ae f. (dem. zu conciliatrix) Fürsprecherin, Vermittlerin

concilio 1. (cf. concilium) **zusammenbringen, vereinigen,** verbinden, gewinnen; empfehlen; — vermitteln, zustandebringen, stiften; erwerben, verschaffen; — conciliātus 3 verbunden, beliebt, befreundet

F. konziliant: gewinnend, entgegenkommend, versöhnlich — die Konzilianz: Entgegenkommen

con-cilium, ii n. (cf. calo rufen) **Versammlung;** Landtag, Volksversammlung

F. das Konzil: Kirchenversammlung

concinnitas, tātis f. (cf. concinnus)

kunstgerechte Verbindung, Abrundung, Harmonie

F. die Konzinnität: Ebenmaß, Angemessenheit, Schönheit der Form

concinno 1. (cf. concinnus) **kunstvoll** zusammenfügen; — anstiften

con-cinnus 3 kunstvoll zusammengefügt, kunstgerecht, wohlgeordnet, ebenmäßig, geschmackvoll; — gefällig, liebenswürdig

F. konzinn: wohlgefügt, ebenmäßig, schmuck

con-cino, cinui, centus 3. (cf. cano) 1.) intrans. **zusammensingen, übereinstimmen,** zugleich ertönen 2.) trans. zugleich singen, anstimmen, besingen, preisen

concio cf. concieo

con-cipio, cēpi, ceptus 3. (cf. capio) **zusammenfassen,** abfassen; — **aufnehmen,** empfangen; — auffassen, erkennen, begreifen; sich vorstellen, sich einbilden; — empfinden, fühlen; — sich zuziehen, auf sich laden, sich zuschulden kommen lassen, begehen

F. konzipieren: aufnehmen, empfangen, verfassen, entwerfen — der Konzipient: der Verfasser — der Konzipist: Verfasser, Schriftführer — das Konzept: schriftl. Entwurf — aus dem Konzept bringen: verwirren — Konzeptpapier: Papier für den Entwurf — konzeptibel: begreiflich, faßlich

concisus cf. concīdo

concitātio, ōnis f. (cf. concito) **das Inbewegungsetzen,** Bewegung; — Aufregung, Auflauf

concitātor, ōris m. **Aufwiegler,** Anstifter

concito 1. (cf. concieo) zusammenbringen; **in Bewegung setzen, antreiben; — erregen,** aufregen, anregen; aufreizen, erbittern, aufwiegeln; hervorrufen, veranlassen; — concitātus 3 angetrieben, beschleunigt, hastig; heftig erregt

concitor, ōris m. (cf. concieo) Aufwiegler, Anstifter

conclamātio, ōnis f. (cf. conclāmo) **Geschrei, Zuruf**

con-clāmo 1. **zusammenrufen; schreien,** rufen; — **beklagen**

con-clāve, is n. (cf. clavis) Gemach, Zimmer

F. das Konklave: Ort der Papstwahl, Versammlung der Kardinäle zur Papstwahl, die Papstwahl

con-clūdo, clūsi, clūsus 3. (cf. claudo) **zusammenschließen, einschließen,** einsperren; abschließen, zum Abschluß bringen; — **schließen,** folgern

F. konkludieren: schließen, folgern — konkludent: schließend, folgernd; eine Schlußfolgerung zulassend — konklusiv: folgernd, endgültig

conclūse adv. (cf. conclūdo) **rhythmisch** abgerundet

conclūsio, ōnis f. (conclūdo) **Einschließung,** Blockade; Schluß, Abschluß, Schlußfolgerung

F. die Konklusion: Schlußfolgerung, Schluß

conclūsiuncula, ae f. (dem. von conlusio) kleiner, schwacher, nichtssagender Schluß

con-color, ōris **gleichfarbig**

con-coquo, coxi, coctus 3. verdauen; sich gefallen lassen, ertragen; — zusammenbrauen, ersinnen

concordia, ae f. (cf. concors) **Eintracht,** Einigkeit, Einklang, Harmonie; Concordia, ae f. Göttin der Eintracht

F. die Konkordia i. a. B.

concordo 1. **übereinstimmen,** harmonieren

F. konkordant: übereinstimmend — die Konkordanz: Übereinstimmung; Zusammenstellung aller Wörter eines Buches z. B. der Bibel mit Stellenangabe; gleichförmige Lagerung der Schichten (geol.); Satzmaß, Füllstück hinter den Absätzen (buchdr.) — das Konkordat: Vertrag zwischen Staat und Kirche

con-cors, dis (cf. cor) **einmütig,** einig, einträchtig, übereinstimmend, harmonierend

con-crēdo, didi, ditus 3. **anvertrauen**

con-cremo 1. **verbrennen,** niederbrennen

con-crepo, ui 1. **stark tönen,** dröhnen

con-crēsco, crēvi, crētus 3. **zusam-**

menwachsen, entstehen, sich bilden; sich verdichten, erstarren, gerinnen, verhärten
M. in concreto: in einem bestimmten Fall, in Wirklichkeit
F. konkret: zusammengewachsen, körperlich, greifbar, sinnenfällig — das Konkretum: Gegenständliches — das Konkrement: Verdichtung, Versteinerung, fester Niederschlag in Flüssigkeit

concrētio, ōnis f. (cf. concrēsco) **Verdichtung**
F. die Konkretion: Verwachsung, Ablagerung fremdartiger Stoffe

concubīna, ae f. (cf. concumbo) Beischläferin, Konkubine (F), Zuhälterin
F. Konkubine i. a. B.

concubīnus, i m. (cf. concumbo) Beischläfer *F.* das Konkubinat: wilde Ehe

concubitus, ūs m. (cf. concumbo) Beischlaf, Beilager

concubius 3 (cf. concumbo) zur Zeit tiefen Schlafes; concubia nocte in tiefer Nacht

con-culco 1. (cf. calco) niedertreten, mit Füßen treten, mißhandeln

con-cumbo, cubui, cubitūrus 3. Beischlaf pflegen

con-cupisco, cupīvi (cupii), cupitus 3. (cf. cupio) **stark begehren,** wünschen, verlangen; beanspruchen

con-curro, curri (selten cucurri), cursum 3. **zusammenlaufen,** herbeieilen, zusammenstoßen, aneinandergeraten, zusammentreffen, zugleich eintreten, zusammenfallen
F. konkurrieren: zusammentreffen, wetteifern, sich mitbewerben — die Konkurrenz: Wettbewerb, Wettstreit, störende Begegnung beim Kauf oder Verkauf — der Konkurrent: Mitbewerber, Nebenbuhler

concursātio, ōnis f. (cf. concurso) das Zusammenlaufen, das Herumlaufen, Umherziehen; das Plänkeln

concursātor, ōris m. (cf. concurso) Plänkler

concursio, ōnis f. (cf. concurro) **das Zusammentreffen,** Zusammenstoßen — Wiederholung derselben Worte am Anfang und Ende der Sätze

concurso 1. (cf. concurro) **zusammenlaufen,** umherlaufen, umherstreifen; umherplänkeln

concursus, ūs m. (cf. concurro) **das Zusammenlaufen,** Zusammenstoßen, **Angriff,** Auflauf
F. der Konkurs: gemeinschaftliche Bewerbung; Zahlungsunfähigkeit — außer Konkurs: außer Mitbewerb

con-custōdio 4. mit bewachen

con-cutio, cussi, cussus 3. (cf. quatio) **zusammenschlagen, erschüttern,** schütteln, erschrecken, beunruhigen, zerrütten, schwächen

condemnātor, ōris m. (cf. condemno) der die Verurteilung Durchsetzende

con-demno 1 (cf. damno) **verurteilen;** bezichtigen, mißbilligen; die Verurteilung durchsetzen

con-dēnso 1. (cf. dēnsus) **dicht zusammendrängen**
F. kondensieren: verdichten, eindicken, eindampfen — die Kondensation: Verdichtung, Eindampfung, Eindickung — der Kondensator: Verdichter — der Kondensor: elektr. Sammler; Sammellinse — das Kondenswasser: Dampfwasser

con-dēnsus 3 **sehr dicht,** dicht gedrängt

condīcio, ōnis f. (cf. condīco) **Übereinkunft,** Vertrag, Vergleich; Heiratsvertrag, Heirat; — **Zusage,** Anerbieten, Vorschlag, **Bedingung;** — Verhältnis, **Beschaffenheit,** Zustand; — Stand, Stellung; — **Lage,** Los
M. Condicio sine qua non: unerläßliche Bedingung
F. die Kondition: Bedingung, Zustand, Dienstverhältnis — konditional, konditionell: bedingend — Konditionalsatz: Bedingungssatz (sprachl.) — der Konditionalis: Bedingungsform (sprachl.) — der Konditionalismus: eine philosophische Lehre — konditionieren: in einem Dienst stehen; den Feuchtigkeitsgrad von Gespinstfasern ermitteln

con-dīco, dīxi, dictus 3. gemeinschaftlich verabreden

condīmentum, i n. (cf. condio) **Gewürz, Würze**

condio, īvi (ii), ītus 4. **würzen; — einbalsamieren;** conditus 3 **gewürzt,** schmackhaft

F. der Konditor: Zuckerbäcker — die Konditorei: Zuckerbäckerei

condiscipulātus, ūs m. (cf. condiscipulus) Schulfreundschaft

con-discipulus, i m. **Mitschüler,** Schulfreund

con-disco, didici 3. **zusammenlernen, vollständig erlernen,** sich ganz aneignen

conditio, ōnis f. (cf. condio) **das Würzen,** das Einmachen, Einlegen

conditor, ōris m. (cf. condo) **Gründer,** Begründer, Urheber, Verfasser

con-do, didi, ditus 3. **zusammenfügen; bauen,** erbauen; **gründen,** begründen; schaffen, stiften; verfassen, darstellen, beschreiben; — verwahren, **bergen,** sichern; verbergen, verstecken, (Tote) beisetzen; — **aufspeichern; — bewahren, zuende führen**

M. ab urbe condita: seit Gründung der Stadt (Roms) 753 v. Chr.

con-doce-facio, fēci, factus 3. **belehren,** unterrichten, abrichten

con-doleo, ui 2. **mit Schmerz empfinden**

F. kondolieren: Beileid bezeigen — die Kondolenz: Beileidsbezeigung

con-dolēsco, dolui 3. (cf. doleo) **zu schmerzen beginnen;** Schmerz empfinden

con-dōno 1. **schenken,** verschenken; (eine Schuld) erlassen; aufgeben, aufopfern; vergeben, verzeihen, ungestraft lassen

con-dormio 4. einschlafen

Condrūsi, ōrum m. E. ein germanischer Stamm östlich der Maas

con-dūco, dūxi, ductus 3 **zusammenführen,** versammeln, vereinigen; — **mieten, pachten,** pachtweise übernehmen; **anwerben,** in Sold nehmen; — conducit es nützt, es ist zuträglich, es frommt; — conducti, ōrum m. Mietlinge, Söldner

F. der Kondukt: Geleit, Begleitung, Leichenzug — der Konduktor: Leiter, Führer, Pächter; elektr. Leiter; Hohlsonde

conducticius 3 (cf. condūco) **gemietet,** in Sold genommen

conductio, ōnis f. (cf. condūco) Pachtung

conductor, ōris m. (cf. conduco) Mieter, Pächter

co-necto (seltener connecto), nexui, nexus 3. **zusammenknüpfen,** verknüpfen, verbinden, vereinigen, verwickeln

F. der Konnex: Zusammenhang, Verbindung — die Konnexion: Verbindung, einflußreiche Bekanntschaft

con-farreo 1. (cf. far) unter religiösen Zeremonien die Ehe schließen (bei der ein Speltkuchen [farreum libum] geopfert wurde)

confectio, ōnis f. (cf. conficio) Herstellung, Anfertigung; — Zermalmung (der Speisen)

F. die Konfektion: fabrikmäßige Anfertigung von Kleidern

confector, ōris m. (cf. conficio) Vollbringer, Vollender, Beendiger; — Vernichter, Zerstörer

con-fercio, fersi, fertus 4. (cf. farcio) vollstopfen, **dicht zusammendrängen; — confertus** 3 vollgestopft, zusammengedrängt, **dicht gedrängt,** geschlossen; — confertim adv. vollgestopft, zuesammengedrängt

cōn-fero, contuli, collātus, conferre **zusammentragen,** zusammenbringen, zusammenfassen, zusammenziehen; heranbringen, nahebringen; **zusammenstellen, vergleichen;** (Worte) austauschen, wechseln; aneinanderbringen, zum Zusammenstoß bringen; — Geld aufbringen, beisteuern; — **hinbringen,** hinschaffen; zuschreiben, zuschieben; hergeben, verwenden, überlassen, übertragen; — **verlegen, verschieben;** se conferre sich begeben, sich anschließen, sich widmen

M. confer (abgekürzt cf.): vergleiche

F. konferieren: besprechen, beraten, verhandeln — die Konferenz: Verhandlung, Sitzung, Beratung, Besprechung — die Kollation: Zusammentragung, Vergleichung, Verleihung, Imbiß — die Kollationspflicht: Ausgleichspflicht eines Erben (jur.) — kollationieren: Abschrift und Urschrift vergleichen; eine Erfrischung zu sich nehmen

— die Kollatur: Besetzungsrecht, Verleihungsrecht

confertim, confertus cf. confercio

con-fervēsco, ferbui 3. (cf. ferveo) **zu sieden beginnen,** sich erhitzen, erglühen

confessio, ōnis f. (cf. confiteor) **Geständnis,** Bekenntnis

F. die Konfession: Bekenntnis, Glaubensbekenntnis — konfessionell: das Glaubensbekenntnis betreffend

con-festim adv. (cf. festino) **eilig, sofort**

con-ficio, fēci, fectus 3. (pass. auch confīo) (cf. facio) **fertig machen,** anfertigen, ausführen, **vollenden;** (Weg) **zurücklegen,** (Geschäfte) abmachen, vollziehen, (Zeit) zurücklegen, **zubringen;** — **bewirken,** erzeugen; — zusammenbringen, **aufbringen, auftreiben;** — (gedankl.) folgern, schließen; — zerkauen, verdauen; verzehren, **aufreiben;** durchbringen, vergeuden; umbringen, **niedermachen,** niederwerfen

F. das Konfekt: Zuckerwerk

confictio, ōnis f. (cf. confingo) Erdichtung

confīdens, ntis adv. confidenter (cf. confīdo) **zuversichtlich,** mutig, **dreist,** verwegen, unverschämt

F. der Konfident: Busenfreund

confīdentia, ae f. (cf. confīdo) **Selbstvertrauen; Dreistigkeit,** Verwegenheit

F. konfidentiell: vertraulich — die Konfidenz: das Vertrauen, die Vertraulichkeit

con-fīdo, fīsus sum 3. **vertrauen,** sich verlassen; **fest glauben,** zuversichtlich hoffen

con-fīgo, fīxi, fīxus 3. **zusammenheften,** zusammennageln; **durchbohren,** durchstechen

con-fingo, finxi, fictus 3. **erdichten,** ersinnen

con-finis, e **angrenzend,** benachbart; verwandt

confīnium, ii n. (cf. finis) **Grenzgebiet, Grenze,** Grenzlinie

confīo, fieri = confici

confirmātio, ōnis f. (cf. confirmo) **Befestigung,** Beruhigung, **Ermutigung,** Bekräftung, **Bestätigung,** Begründung, Tröstung

F. die Konfirmation: Einsegnung

con-firmo 1. **befestigen,** stärken, kräftigen; — **bestärken, ermutigen;** — bestätigen, **bekräftigen,** beteuern, versichern, **beweisen**

F. konfirmieren: bestätigen; im Glauben befestigen, einsegnen — der Konfirmand: der Einzusegnende

confīsio, ōnis f. (cf. confīdo) **Vertrauen**

con-fiteor, fessus sum 2. (cf. fateor) **gestehen, eingestehen;** offenbaren, zu erkennen geben; — confessus 3 (act.) geständig, (pass.) eingestanden

cōn-flagro 1 **brennen,** in Flammen aufgehen, **verbrennen**

conflīctio, ōnis f. (cf. conflīgo) **das Zusammenschlagen; der Streit**

conflīcto 1. (cf. conflīgo) **niederschlagen, hart mitnehmen;** — pass. hart mitgenommen werden, heimgesucht werden

conflīctus, ūs m. (cf. conflīgo) **das Zusammenschlagen**

F. der Konflikt: Zusammenstoß, Streit

con-flīgo, flixi, flictus 3. **zusammenschlagen,** zusammenstoßen, in Kampf geraten, **kämpfen**

con-flo 1. **anblasen, schüren;** anstiften, erregen; — zusammenschmelzen; — **vereinigen,** zusammenbringen

con-fluo, flūxi 3. **zusammenfließen,** zusammenströmen, zusammenkommen; — confluens, entis und confluentes, ium m. Zusammenfluß zweier Flüsse; — **Confluentes,** ium f. E. Koblenz

con-fodio, fōdi, fossus 3. **durchbohren,** niederstechen; vernichten

conformātio, ōnis f. (cf. conformo) **Bildung,** Gestaltung, Gestalt; — Vorstellung, Begriff; — c. sententiae (sententiarum) Redefigur

con-fōrmo 1. **bilden,** gestalten; ausbilden, schulen

confragōsus 3 (cf. frango) holperig, uneben

con-fremo, fremui 3. **murren**

con-fringo, frēgi, frāctus 3. (cf. frango) **zerbrechen**

con-fugio, fūgi, fugitūrus 3. **fliehen, seine Zuflucht nehmen**

confugium, ii n. (cf. confugio) **Zufluchtsort, Zuflucht**

con-fundo, fūdi, fūsus 3. **zusammengießen,** vermengen, vermischen, vereinigen, verbinden; — **durcheinander bringen, verwirren;** entstellen, außer Fassung bringen; — confūsus 3 verstört, verwirrt, verworren

F. konfundieren: vermengen, verwechseln, verwirren — konfus: verwirrt, zerstreut, verworren

confūsio, ōnis f. (cf. confundo) **Vermischung,** Verschmelzung; — Vermengung, **Verwirrung,** Unordnung; — das Verstörtsein, Erröten, Verlegenheit

F. die Konfusion: Verwirrung, Verworrenheit, Unklarheit, Durcheinander

con-fūto 1. (cf. futilis) **niederschlagen, zum Schweigen bringen,** widerlegen, dämpfen, niederhalten

F. die Konfutation: Widerlegung — konfutabel: widerlegbar

con-gelo 1. (cf. gelu) (trans.) **zum Gefrieren bringen,** starr machen, **verhärten;** (intr.) **einfrieren,** sich härten, **erstarren**

con-gemino 1. (nur poet.) **verdoppeln**

con-gemo, gemui 3. **aufseufzen,** stöhnen, ächzen

congeries, ēi f. (cf. congero) **Zusammenhäufung,** Haufe, Masse

con-gero, gessi, gestus 3. **zusammentragen,** zusammenbringen, zusammenwerfen; — **zusammensetzen, bauen,** errichten, ein Nest bauen, nisten; — **aufhäufen,** aufbürden; — zusammenstellen, zusammenfassen

F. die Kongestion: Blutandrang (med.)

congesticius 3 (cf. congero) **zusammengetragen,** aufgeschüttet

congestus, ūs m. (cf. congero) **das Zusammentragen, Aufhäufung** — **Masse,** Haufe

congius, ii m. (griech.) römisches Hohlmaß, $3^1/_4$ Liter fassend; congiārius 3 einen congius enthaltend; congiārium, ii n. Geschenk, Spende (von einem Congius Wein oder Öl)

con-glacio 1. (cf. glacies) **gefrieren**

conglobātio, ōnis f. (cf. conglobo) **Zusammenrottung**

F. die Konglobation: Zusammenballung, Häufung der Beweise in der Redekunst

con-globo 1. (cf. globus) **zusammenballen,** abrunden; zusammendrängen, zusammenscharen

F. konglobieren: zusammenballen, kugelförmig machen

conglutinātio, ōnis f. (cf. conglutino) Zusammenleimung, Zusammenfügung

con-glūtino 1. **zusammenleimen,** zusammensetzen, verknüpfen, verbinden

F. konglutinieren: zusammenleimen, zusammenkitten

con-grātulor 1. **Glück wünschen**

con-gredior, gressus sum 3. (cf. gradior) **zusammenkommen, zusammentreffen; zusammenstoßen,** kämpfen, streiten

congregābilis, e (cf. congrego) **gesellig**

congregātio, ōnis f. (cf. congrego) **Geselligkeit**

F. die Kongregation: Vereinigung mehrerer Klöster, Versammlung, Ordensverbindung, Ratsversammlung der Kardinäle

con-grego 1. (cf. grex) (zu einer Herde) **vereinigen, zusammenscharen,** versammeln, zugesellen, zusammenhäufen

F. das Kongregat: Aufhäufung; nicht kristallinisches Gestein (geol.)

congressio, ōnis = congressus

congressus, ūs m. (cf. congredior) **Zusammenkunft,** Begegnung; Verkehr, Gesellschaft; **Zusammenstoß,** Angriff

F. der Kongreß: Zusammenkunft, Versammlung; gesetzgebende Versammlung

congruentia, ae f. (cf. congruo) **die Ebenmäßigkeit**

F. die Kongruenz: Übereinstimmung, Formengleichheit, Folgerichtigkeit

con-gruo, ui 3. (cf. ruo) **zusammenlaufen,** zusammentreffen, **stimmen, übereinstimmen,** einander entsprechen, harmonieren

F. kongruieren: sich decken, völlig übereinstimmen — kongruent: sich deckend, zusammenstimmend, formgleich — die Kongrua: gesetzliches Einkommen, besonders von Geistlichen — inkongruent: nicht übereinstimmend — die Inkongruenz: Mangel an Übereinstimmung

con-icio (sprich jicio), iēci, iectus 3. (cf. iacio) **zusammenwerfen,** zusammenbringen; — **vermuten,** schließen; — **hinwerfen, schleudern,** treiben, bringen, in einen Zustand versetzen; — se conicere sich eilig begeben, sich stürzen, sich flüchten

F. konjizieren: vermuten, mutmaßliche Lesarten alter Schriftsteller aufstellen

coniecto 1. (cf. conicio) **mutmaßen,** vermuten

coniector, ōris m. (cf. conicio) Deuter, Traumdeuter, Wahrsager

coniectūra, ae f. (cf. conicio) **Mutmaßung,** Vermutung; Auslegung, Deutung, Wahrsagung

F. die Konjektur: Vermutung, Schluß — konjektural: auf Mutmaßungen beruhend

coniectus, ūs m. (cf. conicio) **das Zusammenwerfen,** Werfen, Schießen; Richtung; — teli coniectus Schußweite

coni-fer und **coni-ger,** era, erum (cf. conus) zapfentragend

F. die Konifere: Nadelbaum

co-nitor, nisus und nixus sum 3. **sich anstemmen;** sich aufrichten, mühsam emporsteigen; **sich bemühen**

coniugālis (coniugialis), e (cf. coniux) **ehelich**

coniugium, ii n. (cf. coniux) **Ehe;** Liebschaft; — Gemahl, Gemahlin

con-iugo 1. (cf. coniux) **verbinden**

F. konjugieren: abwandeln, ein Zeitwort beugen (sprachl.) — die Konjugation: Zeitwortbiegung (sprachl.)

coniunctim (adv.) (cf. coniungo) gemeinschaftlich

coniunctio, ōnis f. (cf. coniungo) Verbindung, Vereinigung; Verwandtschaft; Freundschaft; — Bindewort, Konjunktion

con-iungo, iunxi, iunctus 3. **verbinden,** vereinigen, verknüpfen; pass. **verbunden werden,** vereinigt werden, **angeschlossen werden; sich vereinigen;** — coniunctus 3 verbunden, vereinigt; angrenzend; **nahestehend; verbunden, vertraut**

F. konjungieren: verbinden — die Konjunktion: Bindewort (sprachl.) — der Konjunktiv: Möglichkeitsform des Zeitworts (sprachl.) — konjunktivisch: bedingt, abhängig, den Konjunktiv betr. (sprachl.) — die Konjunktur: Verbindung von Umständen; Geschäftslage, Geschäftsaussichten — die Konjunktiva: Augenbindehaut (med.) — die Konjunktivitis: Bindehautentzündung (med.)

coniunx (coniux), coniugis f. (cf. coniungo) **Gemahlin,** Gattin; Braut, Geliebte

coniurātio, ōnis f. (cf. coniūro) **Eidgenossenschaft; Verschwörung;** — die Verschwörer

con-iūro 1. **zusammenschwören,** zugleich schwören; **den Fahneneid leisten;** sich eidlich verbinden; **sich verschwören;** con-iurātus 3 eidlich verbunden, vereidigt, verschworen; (subst. m.) der Verschworene, der Verschwörer

co-niveo (conniveo) 2 die Augen schließen; ein Auge zudrücken, Nachsicht üben; — (von den Augen) geschlossen sein

con-l cf. coll

con-m cf. comm

connecto cf. conecto

connitor cf. conitor

conniveo cf. coniveo

connubialis und **connubium** cf. conubialis, conubium

Conon, ōnis m. E. 1.) athenischer Flottenführer 2.) aus Samos, Mathematiker und Astronom

conōpium und conopēum, ii n. (griech.) Mückennetz; mit Mückenschutz versehenes Ruhebett

F. das Conopeum: Tabernakelvorhang — das Kanapee: Ruhebett

cōnor 1. **wagen,** unternehmen, **versuchen**

con-p cf. comp

conquassātio, ōnis f. (cf. conquasso) **Erschütterung,** Zerrüttung

con-quasso 1. **erschüttern,** zerrütten
con-queror, questus sum 3. klagen **sich beklagen,** sich beschweren
conquestio, ōnis f. (cf. conqueror) **Klage, Beschwerde**
conquestus, ūs m. = conquestio
con-quiēsco, ēvi, etūrus 3. **zur Ruhe kommen,** Ruhe finden; Rast machen; **ruhen,** aufhören, stillstehen
con-quīro, quisivi, quisitus 3. (cf. quaero) **zusammensuchen;** aufsuchen; **sammeln,** werben, ausheben; **aufsuchen;** aufspüren; conquisītus 3 ausgesucht, erlesen
conquisītio, ōnis f. (cf. conquiro) **das Zusammensuchen; Aushebung,** Werbung
conquisītor, ōris m. (cf. conquiro) **Werber**
conr = corr
con-saepio, saepsi 4. **umzäunen**
consaeptum, i n. (cf. consaepio) **Umzäunung**
consalutātio, ōnis f. (cf. consalūto) **Begrüßung**
con-salūto 1. **gleichzeitig begrüßen**
con-sanēsco, sanui 3. (cf. sano) **genesen,** verheilen
con-sanguineus 3 (cf. sanguis) **blutsverwandt;** subst. m. Bruder, f. Schwester
consanguinitas, tātis f. (cf. consangineus) **Blutsverwandtschaft**
F. die Konsanguinität i. a. B.
con-scelero 1. (cf. scelus) mit einem Verbrechen **beflecken;** consccelerātus 3 befleckt, verrucht, frevelhaft
con-scendo, scendi, scēnsus 3. (cf. scando) **besteigen;** sich aufschwingen
conscēnsio, ōnis f. (cf. conscendo) **Besteigen,** Einsteigen
conscientia, ae f. (cf. conscio) **Mitwissen, Einverständnis; Bewußtsein;** (gutes und schlechtes) Gewissen
con-scindo, scidi, scissus 3. etwas **zerreißen**
con-scio 4. **sich bewußt sein**
con-scisco, scivi (scii), scitus 3. **gemeinsam beschließen,** mitbeschließen; bei sich beschließen, sich zu fügen; — mortem sibi c. sich selbst töten
conscius 3 (cf. conscio) **mitwissend, eingeweiht,** vertraut; subst. m. Mitwisser, Vertrauter; f. Mitwisserin, Vertraute; — sich bewußt; selbstbewußt; — schuldbewußt
con-scrībo, scripsi, scriptus 3. **zusammenschreiben,** schreiben, verfassen; — in eine Liste einschreiben, eintragen; **ausheben;** einreihen; (in die Senatorenliste) eintragen, beiordnen
F. konskribieren: ausheben — die Konskription: Aushebung
conscriptio, ōnis f. (cf. conscrībo) schriftliche Abfassung
con-seco, secui, sectus 1. **zerschneiden**
consecrātio, ōnis f. (cf. consecro) **Heiligung, Weihe**
F. die Konsekration: kirchl. Einweihung, Einsegnung; die hl. Wandlung beim Meßopfer
con-secro 1. (cf. sacro) **weihen, heiligen;** — zur Gottheit erheben, vergöttern, für heilig erklären; unsterblich machen, verewigen; — den Göttern der Unterwelt weihen, verfluchen, verwünschen; — consecrātus 3 geweiht, heilig
F. konsekrieren: weihen, segnen
consectārius 3 (cf. consector) folgerichtig
consectātio, ōnis f. (cf. consector) **das Streben,** Trachten
consectio, ōnis f. (cf. conseco) **das Zerschneiden**
con-sector 1 (cf. consequor) **nachgehen; verfolgen,** nachsetzen; **streben,** trachten nach etwas alqd
consecūtio, ōnis f. (cf. consequor) **Folge**
M. Consecutio temporum: Folge der Zeiten (sprachl.)
con-senēsco, senui 3. gemeinsam altern; **altern;** erlahmen, schwach, stumpf werden; an Einfluß verlieren
consēnsio, ōnis f. (cf. consentio) **Übereinstimmung,** Einigkeit, Harmonie; geheimes Einverständnis, Verschwörung

consēnsus, us m. cf. consensio
F. der Konsens: Zustimmung, behördliche Genehmigung

consentāneus 3. (cf. consentio) **vereinbar,** verträglich; consentaneum est es ist vernunftgemäß, natürlich, passend, schicklich

Consentia, ae f. E. Stadt in Bruttium (Cosenza); Consentīnus adi. u. subst. Einwohner von C.

con-sentio, sēnsi, sēnsum 4. **übereinstimmen;** sich einigen, beschließen; harmonieren; sich verschwören; consentiens, ntis übereinstimmend, einstimmig

con-sequor, secūtus sum 3. (mit acc.) **nachfolgen,** verfolgen, folgen, einholen, erreichen, ereilen; — **erstreben,** gewinnen; — gleich kommen; — geistig begreifen, erkennen; — vollständig ausdrücken
F. konsequent: folgerichtig, überzeugungstreu — die Konsequenz: Folge, Folgerichtigkeit, Überzeugungstreue — inkonsequent: folgewidrig, sich widersprechend — die Inkonsequenz: Folgewidrigkeit, Widerspruch mit sich selbst — konsekutiv: folgend, eine Folge ergebend — der Konsekutivsatz: Folgesatz (sprachl.)

con-sero, sēvi, situs 3. **besäen, bepflanzen,** anpflanzen

con-sero, serui, sertus 3. **aneinanderreihen, verknüpfen,** zusammenfügen, zusammenflechten; **feindlich zusammenbringen,** aneinanderbringen, den Kampf beginnen; manus conserere handgemein werden; manum ex iure conserere Hand an die strittige Sache legen (bei Eröffnung eines Eigentumsprozesses [jur.])

conserva, ae f. **Mitsklavin**

conservātio, ōnis f. (cf. conservo) **Aufbewahrung; Erhaltung, Errettung**

conservātor, ōris m. (cf. conservo) **Erhalter, Bewahrer, Retter**
F. der Konservator: Verwalter von Sammlungen, Denkmalspfleger

conservātrix, icis f. **Erhalterin,** Bewahrerin

con-servo 1. **aufbewahren, bewahren,** erhalten, beobachten, **retten;** begnadigen
F. konservieren: aufbewahren, haltbar machen — konservativ: erhaltend, staatserhaltend, am Hergebrachten festhaltend — der Konservatismus: Eintreten für die bestehende Staatsform — das Konservatorium: Anstalt zur Erhaltung guter Musik, Musikschule — konservatorisch: das Konservatorium betreffend — die Konserve: Eingemachtes, haltbar gemachtes Nahrungsmittel

con-servus, i m. **Mitsklave**

consessor, ōris m. (cf. sedeo) Platznachbar

consessus, ūs m. (cf. sedeo) das Beisammensitzen; Versammlung; Gerichtssitzung

considerātio, ōnis f. (cf. considero) **Betrachtung**

con-sīdero 1 (cf. sidus) **betrachten, überlegen,** erwägen; considerātus 3 (pass.) überlegt, erwogen, bedacht; besonnen, bedächtig
F. konsiderabel: beträchtlich, beachtlich

con-sīdo, sēdi 3. **sich zusammensetzen,** sich niedersetzen, **sich niederlassen,** sich versammeln, sich ansiedeln; landen, einlaufen, sich lagern, sich aufstellen, **Stellung nehmen;** sich setzen, sich legen, sinken, einsinken, nachlassen

con-sīgno 1. **siegeln,** versiegeln; besiegeln, **bestätigen,** beglaubigen, verbürgen; **aufzeichnen**
F. konsignieren: beurkunden, zum Verkauf anvertrauen, Truppen marschbereit halten — der Konsignant: der Waren zum Weiterverkauf gibt — der Konsignatar: der Waren zum Weiterverkauf erhält — die Konsignation: Verkaufsauftrag

consiliārius, ii m. (cf. consilium) **Ratgeber**

consiliātor, ōris m. (cf. consilium) **Ratgeber**

consilior 1. (cf. consilium) **beratschlagen,** sich beraten

consilium, ii n. (cf. consulo) (act.) **Rat, Beratung,** Ratsversammlung, Beirat, **Kriegsrat; Überlegung,** Einsicht, Klugheit; — (pass.) Ratschluß, Entschließung, Entschluß, **Beschluß,**

Plan, Absicht, List. Kriegslist; Vorschlag; — Rat, Ratgeberin

M. Consilium abeundi: Rat abzugehen
F. das Konsilium: Rat, Gutachten

con-similis, e völlig ähnlich

con-sisto, stiti 3. **sich hinstellen,** sich aufstellen, **Stellung nehmen,** in Stellung gehen; hintreten, eintreten, stattfinden, beistehen, vorhanden sein; sich auf etwas stellen, beruhen, auf etwas begründet sein; — stillstehen, stehenbleiben, **haltmachen, sich lagern,** festen Fuß fassen, sich niederlassen, sich ansässig machen, halten, rasten; steckenbleiben, stocken; innehalten, zur Ruhe kommen, aufhören, Ruhe gewinnen, sich sammeln, sich fassen, zum Stillstand kommen

F. konsistent: dauerhaft, fest, dicht — inkonsistent: ohne Bestand, unhaltbar, widersprechend, unverträglich — die Konsistenz: Bestand, Dauerhaftigkeit, Festigkeit — die Inkonsistenz: Unbeständigkeit, Mißhelligkeit — das Konsistorium: Kirchenrat — der Konsistorialrat: Mitglied des Konsistoriums

consitio, ōnis f. (cf. consero) **das Besäen, das Bepflanzen,** Art des Bepflanzens

consitor, ōris m. (cf. consero) **Pflanzer**

consitūra, ae f. (cf. consero) **Anbau**

con-sobrīnus, i m. und consubrīna, ae f. (cf. soror) **Geschwisterkind** von mütterlicher Seite, Vetter, Base

consociātio, ōnis f. (cf. consocio) **Genossenschaft,** Vereinigung

F. die Konsoziation: Vergesellschaftung

con-socio 1. **vereinigen,** verbinden; gemeinsam machen, **mitteilen**

F. konsoziieren: vergesellschaften

consolātio, ōnis f. (cf. consōlor) **Tröstung,** Trost; plur. Tröstungen, Trostworte; — **Trostschrift,** Trostrede

consolātor, ōris m. (cf. consōlor) **Tröster**

consolatōrius 3 (cf. consōlor) **tröstend**

con-sōlor 1. **trösten, ermutigen;** durch Trost lindern, beschwichtigen, mildern

cōn-sono, ui 1. **zusammentönen, übereinstimmen; widerhallen**

F. der Konsonant: Mitlaut (sprachl.) — die Konsonanz: harmonischer Zusammenklang, Mitlautgruppe (sprachl.) — konsonantisch: übereinstimmend, den Mitlaut betreffend (sprachl.)

cōn-sonus 3 (cf. sono) **zusammentönend,** zusammenklingend, **harmonisch,** passend

con-sōpio 4. **fest einschläfern,** völlig betäuben

cōn-sors, sortis **gleiches Los habend, gleich beteiligt,** Teilhaber, Genosse. Geschäftsteilhaber; — (poet.) brüderlich, schwesterlich, Bruder, Schwester

F. der Konsorte: Teilnehmer, Genosse, Spießgeselle

consortio, ōnis f. (cf. consors) **Genossenschaft,** Gemeinschaft

consortium, ii n. = consortio

F. das Konsortium: Gemeinschaft, Handelsgenossenschaft

conspectus, ūs m. (cf. conspicio) (act.) **Anblick,** das Schauen, Aussicht; **Angesicht,** die Augen, Gegenwart, Nähe; geistiger Blick, Anschauung, Betrachtung; — (pass.) **das Sichtbarwerden,** Erscheinung, Anblick; in conspectu alcis vor jds. Augen, in jds. Angesicht, Gegenwart

F. der Konspekt: Überblick, Übersicht; Verzeichnis

con-spergo, spersi, spersus 3. (cf. spargo) bespritzen, **besprengen; überschütten,** bedecken

con-spicio, spexi, spectus 3. (cf. specio) **erblicken,** anblicken; gewahr werden, sehen; — einsehen, begreifen; pass. in die Augen fallen, die Blicke auf sich ziehen, auffallen; — conspectus 3 sichtbar; in die Augen fallend, auffallend, stattlich; conspiciendus 3 sehenswert, ansehnlich

cōnspicor 1. (cf. conspicio) **erblicken,** gewahren; (selten pass. sichtbar werden)

conspicuus 3 (cf. conspicio) **weithin sichtbar,** auffallend

conspirātio, ōnis f. (cf. conspiro) **Zusammenklang,** Einigkeit, **Einmütigkeit; Verschwörung**
F. die Konspiration: Verschwörung

conspīro 1. **zusammenhauchen, zusammenblasen,** ertönen; — **übereineinstimmen,** einmütig sein; — **sich verschwören**
F. konspirieren: sich verschwören

con-spōnsor, ōris m. **Mitbürge**

con-spuo, spui, spūtus 3. **bespeien,** bespucken

cōnstans, antis (cf. consto) **fest,** ruhig; stetig, unwandelbar; **standhaft,** charakterfest; übereinstimmend, gleichförmig
M. Konstanz, Konstanze (V)
F. konstant: beständig, standhaft

constantia, ae f. (cf. constans) **Festigkeit,** Stetigkeit; **Standhaftigkeit,** Beständigkeit; Charakterfestigkeit; Übereinstimmigkeit, Folgerichtigkeit
F. die Konstanz: Beständigkeit, Standhaftigkeit

consternātio, ōnis f. (cf. consterno) das Scheuwerden; Bestürzung, Entsetzen; — Erregung, Aufruhr, Empörung
F. die Konsternation: Betroffenheit, Bestürzung

con-sterno 1. **scheu machen,** erschrecken, aufscheuchen, verscheuchen; **bestürzt machen,** entsetzen; aufregen, erbittern, empören
F. konsternieren: verwirren, aus der Fassung bringen

con-sterno, strāvi, strātus 3. **bestreuen,** bedecken, überdecken, **belegen; niederwerfen,** zu Boden werfen

con-stipo 1. **zusammendrängen**
F. die Konstipation: Verstopfung, Hartleibigkeit (med.)

con-stituo, stitui, stitūtus 3. (cf. statuo) **zusammenstellen,** zugleich aufstellen; **hinstellen,** hinsetzen; **Halt machen lassen,** ansiedeln, verlegen, anstellen, wozu bestellen, einsetzen, anstellen; — gemeinsam festsetzen, **beschließen** (bei gleichem Subjekt mit inf., bei neuem mit ut [ne], oft acc. c. gerundiv. z. B. constinuit arbitros dandos. esse)
F. konstituieren: anordnen, festsetzen, einrichten — sich konstituieren: sich zusammenschließen — der Konstituent: Vollmachtgeber — das Konstitut: Festgesetztes, Vertrag

constitūtio, ōnis f. (cf. constituo) **Einrichtung, Verfassung;** Feststellung; Verodnung; **Lage, Zustand**
F. die Konstitution: Verfassung; Körperbeschaffenheit — konstitutionell: verfassungsgemäß — der Konstitutionalismus: verfassungsmäßige Regierungsform — konstitutiv: wesentlich, bestimmend

constitūtum, i n. (cf. constituo) **Verabredung;** Verfügung, Verodnung; — Zusammenkunft, Stelldichein

cōn-sto, stiti, statūrus 1. **beisammenstehen,** feststehen, bleiben, **bestehen,** unverändert bleiben, **gleich** bleiben; (mit in oder abl.) **beruhen auf; übereinstimmen, gleichbleiben;** feststehen, **bekannt sein,** gewiß sein; — zu stehen kommen, **kosten** (urv.), zusammengesetzt sein, bestehen; — constat alci es steht bei jemd. fest, es ist bei jemd. beschlossene Sache; — **constat es ist bekannt,** es steht fest; inter omnes (omnibus) constat (mit acc. c. inf.) es ist allgemein bekannt
F. die Konstante: unveränderliche Größe (math.)

con-stringo, strinxi, strictus 3. **zusammenschnüren;** binden, fesseln; **beschränken,** einschränken; **verpflichten; zusammenziehen**
F. konstringieren: zusammenziehen, binden — der Konstriktor: Schließmuskel (med.) — die Konstriktion: Zusammenschnürung (med.) — Boa constrictor: Riesenschlange

constrūctio, ōnis f. (cf. construo) **Aufschichtung,** Zusammenfügung

con-struo, strūxi, strūctus 3. **aufschichten,** aufhäufen; **bauen, errichten**
F. konstruieren: aufbauen, zusammensetzen, berechnen und zeichnen — die Konstruktion: Aufbau, Berechnung, Satzbau

(sprachl.), Berechnung und Zeichnung (math.) — konstruktiv: ordnend, zusammensetzend, folgerecht entwickelnd — rekonstruieren: wiederaufbauen, wiederherstellen — Rekonstruktion: Wiederaufbau, Wiederherstellung

constuprātor, ōris m. (cf. constupro) **Schänder**

con-stupro 1. **schänden**

Consuālia, ium n. Fest zu Ehren des Gottes Consus

consue-facio, fēci, factus 3. **an etwas gewöhnen**

con-suēsco, suēvi, suētus 3. (Nebenformen: consuēmus = consuevimus, consuēram = consueveram, consuēsti = consuevisti, consuēsse = consuevisse u. a.) **sich gewöhnen;** pf. **consuēvi ich bin gewohnt, ich pflege;** — consuētus 3 gewöhnt, gewohnt

consuetūdo, inis f. (cf. consuēsco) **Gewohnheit,** Sitte, **Brauch;** Lebensweise; **Umgang,** Verkehr; Liebesverhältnis; — Sprachgebrauch

consuētus cf. consuesco

cōnsul, is m. (Abkürz. sing. COS, pl. COSS) (cf. consulo) **Konsul** (F), höchster römischer Beamter

consulāris, e (cf. consul) adi. **konsularisch** (F); subst. **gewesener Konsul**

consulātus, ūs m. (cf. consul) **Konsulwürde,** Konsulamt, **Konsulat** (F)

cōnsulo, sului, sultus 3. (cf. consilium) trans. **jemd. um Rat fragen,** befragen; intr. **sich beraten,** beratschlagen; beschließen, Maßregeln ergreifen, verfahren; — (mit dat.) Rat schaffen, **raten, für jemd. sorgen,** jemd. helfen; — **consultus 3 überlegt,** bedacht; kundig, erfahren; subst. (iuris oder iure) Rechtsgelehrter; — **consultum,** i n. **Beschluß,** Plan, Maßregel; — **consultō** adv. **mit Absicht,** absichtlich

F. konsulieren: um Rat fragen, überlegen — der Konsulent: Ratgeber, Rechtsbeistand — das Konsult: Rechtsgutachten, Beschluß

consultātio, ōnis f. (cf. consulto) **Beratung,** Erwägung; Anfrage; Thema, Frage

F. die Konsultation: Beratung, Befragung

consultō cf. consulo

consulto 1. (cf. consulo) (trans.) **befragen;** (intr.) **beratschlagen, überlegen**

F. konsultieren: um Rat fragen, überlegen — konsultativ: beratend

consultōr, ōris m. (cf. consulo) **Befrager, Klient;** — **Ratgeber,** Berater

consultrix, īcis f. (cf. consultor) Beraterin, Fürsorgerin

consultum, consultus cf. consulo

con-summo 1. (cf. summa) **zusammenrechnen; vollbringen,** ausführen; vervollkommnen

M. consummatum est: Es ist vollbracht (Wort Christi am Kreuze)

con-sūmo, sūmpsi, sūmptus 3. **verbrauchen; aufzehren;** vergeuden; verprassen; vernichten, **zerstören;** aufreiben, wegraffen; **Zeit verbringen,** zubringen, pass. verstreichen

F. konsumieren: verbrauchen — der Konsument: Verbraucher, Abnehmer, Käufer — der Konsum: Verbrauch — die Konsumption: Verbrauch — die Konsumptibilien: Verbrauchsgegenstände

consūmptor, ōris m. **Verzehrer**

con-surgo, surrēxi, surrēctum 3. **sich erheben;** aufstehen; emporsteigen, geistig emporstreben

consurrēctio, ōnis f. (cf. consurgo) allgemeines Aufstehen

Consus, i m. E. (cf. condo) Gott, der die Feldfrüchte in den Scheuern birgt; cf. Consualia

con-tabēsco, tābui 3. (cf. tābeo) **hinschwinden**

contabulātio, ōnis f. (cf. contabulo) **Balkenlage,** Bretterdecke; **Stockwerk**

con-tabulo 1. (cf. tabula) **mit Brettern belegen; mit mehrstöckigen Türmen versehen;** — überbrücken

contactus, ūs m. (cf. contingo) **Berührung; Ansteckung;** — verderblicher Einfluß, böses Beispiel

F. der Kontakt: Berührung; Stromschluß

contāgio, ōnis f. = contactus

contāgium, ii n. **Ansteckung,** Seuche

F. das Kontagium: Ansteckungsstoff — die Kontagion: Ansteckungsseuche — kontagiös: ansteckend — der Kontagionist: Vertreter der Ansteckungstheorie bei Infektionskrankheiten — die Kontagiosität: Ansteckungskraft

contāmino 1. (cf. tango) **beflecken,** besudeln, entweihen; contaminātus 3 befleckt

F. kontaminieren: verunreinigen, mischen, verschmelzen (sprachl.) — die Kontamination: Verunreinigung, Mischung, Verschmelzung (sprachl.)

con-tego, tēxi, tēctus 3. **bedecken,** decken, schützen; verdecken, verhüllen, verbergen

con-temno, tempsi, temptus 3. **verachten;** herabsetzen, verspotten

contemplātio, ōnis f. (cf. contemplor) **Betrachtung**

F. die Kontemplation: Betrachtung, Beschaulichkeit

contemplātor, ōris m. (cf. contemplor) **Beobachter**

contemplātus, ūs m. (cf. contemplor) **Betrachtung**

con-templor 1. (cf. templum) **betrachten,** beschauen; **erwägen**

F. kontemplativ, kontemplatorisch: beschaulich

contemptim (cf. contemno) **geringschätzig,** verächtlich

contemptio, ōnis f. (cf. contemno) **Verachtung,** Geringschätzung

contemptor, ōris m. (cf. contemno) **Verächter;** adi. verachtend

contemptrix, īcis f. (cf. contemptor) **Verächterin;** adi. verachtend

contemptus, ūs m. (cf. contemno) **Verachtung,** Geringschätzung

con-tendo, tendi, tentus 3. **zusammenspannen,** zusammenstellen, vergleichen; — mit jemd. anbinden, sich messen, **streiten, kämpfen;** — anspannen, spannen, abschießen, zielen, richten; — Kräfte anspannen, **sich anstrengen; eilen;** sich bemühen, streben; etwas erstreben; fordern, verlangen; fest behaupten, nachdrücklich versichern; — **contentus** 3. **gespannt,** straff; angestrengt, **eifrig**

contentio, ōnis f. (cf. contendo) **Zusammenstellung,** Vergleich; — **Wettstreit,** Kampf; — **Anspannung,** Anstrengung; — **Streben,** Eifer

contentus 3 cf. contendo

contentus 3 (cf. contineo) sich begnügend, **zufrieden**

conterminus 3 (cf. terminus) gemeinsame Grenzen habend, **benachbart,** angrenzend

con-tero, trivi, trītus 3. **zerreiben,** aufreiben, abnutzen; (Zeit) **hinbringen,** zubringen

F. die Kontrition: Zerknirschung, vollkommene Reue

con-terreo, ui, itus 2. **erschrecken**

con-tēstor 1. **als Zeugen anrufen,** beschwören

F. kontestieren: anfechten — kontestabel: anfechtbar

con-texo, texui, textus 3. **zusammenflechten;** zusammensetzen, zusammenfügen; verbinden, verknüpfen

contextus, ūs m. (cf. contexo) das Zusammenfügen, Zusammenhang; Gewebe

F. der Kontext: der Zusammenhang der Gedanken — die Kontextur: Verbindung, Zusammenhang

con-ticēsco, ticui 3. (cf. taceo) **verstummen;** sich legen, still werden

contignātio, ōnis f. (cf. contigno) **Gebälk,** Balkenlage; Stockwerk

con-tigno 1. (cf. tignum) **mit Balken belegen**

contiguus 3 (cf. contingo) **angrenzend,** benachbart; erreichbar

continens cf. contineo

continentia, ae f. (cf. contineo) **Enthaltsamkeit,** Mäßigung, Selbstbeherrschung

con-tineo, tinui, tentus 2. (cf. teneo) **zusammenhalten,** festhalten, verbinden, erhalten, aufrecht erhalten; — **umschließen, einschließen,** umfassen, enthalten; — **festhalten,** aufhalten, zurückhalten; **zügeln,** mäßigen, von etwas abhalten, hindern; pass. enthalten sein; auf etwas beruhen, in etwas bestehen; — **continens,** ntis **zusammenhaltend, enthaltsam,** mäßig; — **zusammenhängend,** anstoßend, angrenzend, unmittelbar folgend; — **fortlaufend,** anhaltend; subst. f. (scil. terra) **Festland,** Kontinent

F. der Kontinent: Festland — kontinental: festländisch

con-tingo, tigi, tactus 3. (cf. tango) **berühren,** anrühren; — (ein Ziel) erreichen, treffen; — anstoßen, **angrenzen;** nahestehen, in Beziehung, Berührung stehen; — betreffen, angehen; — intr. **zuteil werden, widerfahren, glücken,** gelingen; — contactus 3 befleckt, verunreinigt, **beladen, behaftet**

F. das Kontingent: Pflichtbeitrag, Pflichtteil, zugewiesener Anteil, vertragsmäßig zu stellender Truppenteil — kontingentieren: den Höchstbetrag, Höchstanteil festsetzen — die Kontingenz: Zufälligkeit, Ungewißheit

continuātio, ōnis f. (cf. continuo) die ununterbrochene **Fortführung, Fortdauer;** c. verborum Periode;

continuō cf. continuus

continuo 1. (cf. continuus) **zusammenhängend machen,** aneinanderreihen, verbinden; erweitern; **fortsetzen,** fortführen

F. kontinuieren: fortsetzen, fortfahren — kontinuierlich: fortwährend, stetig, unablässig — die Kontinuität: Stetigkeit, ununterbrochener Zusammenhang — die Kontinuation: Fortsetzung

continuus 3 (cf. contineo) **zusammenhängend,** ununterbrochen, aufeinanderfolgend, unablässig, **unaufhörlich; continuō** adv. gleich darauf, sofort, alsbald, ohne weiteres

cōntio, ōnis f. (aus conventio) **Versammlung** des Heeres, des Volkes; — die Versammelten; Rede an die Versammelten

contionabundus 3 (cf. contiōnor) öffentlich redend

contionālis, e (cf. contio) **zur Volksversammlung gehörig**

contionātor, ōris m. (cf. contio) **Volksredner,** Demagog

contiōnor 1. (cf. contio) **öffentlich reden;** — versammelt sein

contionuncula, ae f. (dem. von contio) kleine Volksversammlung; unbedeutende Rede, die die Sache nur andeutet

con-torqueo, torsi, tortus 2. **herumdrehen,** herumwenden; **schwingen,** schleudern; contortus 3 schwungvoll; verdreht, verschroben, verwickelt, gekünstelt

F. die Kontorsion: Verdrehung, Verrenkung, Verstauchung (med.)

contortulus 3 (dem. von contortus) etw. verschroben, ziemlich geschraubt

contra 1.) (adv.) **gegenüber, dagegen,** hingegen, entgegen, im Gegenteil 2.) (praep. mit acc.) **gegen, wider,** im Widerspruch mit

F. Kontra geben: widersprechen — das Kontrabuch: Gegenbuch — der Kontrabaß: große Baßgeige

Die mit „Kontra" zusammengesetzten Wörter, z. B. Kontradiktion, siehe bei dico usw.

contractio, ōnis f. (cf. contraho) **das Zusammenziehen,** Verkürzung; — Beklommenheit

F. die Kontraktion: Zusammenziehung

contractiuncula, ae f. (dem. zu contractio) leichte Beklommenheit

contractus cf. contraho

contra-dico, dixi, dictus 3 **widersprechen**

F. kontradizieren i. a. B. — der Kontradizent: Gegner (jur.)

M. Contradictio in adiecto: Widerspruch im Beiwort

contradictio, ōnis f. (cf. contradico) **Widerspruch**

F. die Kontradiktion i. a. B. — kontradiktorisch: widersprechend

con-traho, trāxi, tractus 3. **zusammenziehen,** einschränken, kürzen; einengen, beklemmen; — **vereinigen,** sammeln; herbeiführen, zustandebringen, (ein Geschäft) eingehen, abschließen; — **contractus** 3 **zusammengezogen; gedrängt,** kurz, knapp, beschränkt; — eingezogen lebend

F. kontrahieren: zusammenziehen; einen Zweikampf verabreden — der Kontrahent: Vertragschließender; Zweikampfgegner — der Kontrakt: Vertrag — kontrakt: gelähmt, gekrümmt — kontraktibel, kontraktil: zusammenziehbar, verkürzbar — die Kontraktibilität: Zusammenziehbarkeit

contrārius 3 (cf. contra) **gegenüberliegend;** entgegengesetzt, gegensätzlich, widersprechend, feindlich, zuwider, verderblich; **contrārium,** ii n. **Gegegenteil; e (ex) contrario im Gegenteil,** dagegen
F. konträr: entgegengesetzt, widerstreitend, widerlich — das Kontrarium: Gegenteil
Contrebia, ae f. E. Stadt in Spanien
contrectātio, ōnis f. (cf. contrecto) Betastung
contrecto 1 (cf. tracto) **betasten,** befühlen; **sich befassen,** handhaben
con-tremīsco (con-tremēsco), tremui 3. **erbeben,** erschauern, erzittern
con-tremo 3. (poet.) **erzittern,** erbeben
con-tribuo, ui, ūtus 3. **vereinigen,** verbinden; einverleiben, zu erteilen; **beisteuern**
F. kontribuieren: beisteuern — der Kontribuent: Beitragspflichtiger — die Kontribution: Beisteuer; Kriegsentschädigung
con-tristo 1. (cf. tristo) **trüb machen,** verdüstern
contrītus cf. contero
controversia, ae f. (cf. controversus) **Streit,** Streitigkeit; Rechtsstreit; Widerspruch
F. die Kontroverse: Streitfrage, Streit
controversiōsus 3 = controversus
controversus 3 (cf. contra und verto) **entgegengewandt; strittig, streitig**
F. Kontrovers: strittig
con-trucīdo 1. **zusammenhauen,** niedermetzeln
con-tubernālis, is m. (cf. taberna) **Zeltgenosse;** Kamerad, Gefährte
con-tubernium, ii n. (cf. taberna) **gemeinschaftliches Zelt,** gemeinsame Wohnung; **Kameradschaft,** Zusammenleben, Umgang
con-tueor, tuitus sum 2. **beschauen,** betrachten
contuitus, ūs m. **das Anschauen,** Anblick
contumācia, ae f. **Widerspenstigkeit, Trotz**
F. in contumacian verurteilen: wegen Nichterscheinens vor Gericht verurteilen, in Abwesenheit verurteilen — die Kontumaz: Ungehorsam gegen gerichtliche Vorladung; Seuchensperre
contumax, ācis (cf. contemno) **trotzig,** eigensinnig
contumēlia, ae f. (cf. contemno) **Mißhandlung;** Ungemach; Beschimpfung, **Beleidigung, Schande**
contumeliōsus 3 (cf. contumēlia) **schmähsüchtig;** schmachvoll, **schimpflich**
con-tumulo 1. (cf. tumulus) mit einem Grabhügel bedecken, **begraben**
con-tundo, tudi, tūsus 3. **zerstoßen, zerschlagen;** niederschlagen, vernichten, brechen, aufreiben
F. kontundieren: quetschen — die Kontusion: Quetschung (med.)
conturbātio, ōnis f. (cf. conturbo) **Verwirrung,** Bestürzung
con-turbo 1. **verwirren,** bestürzt machen; — Bankerott machen; — conturbātus 3 verwirrt, bestürzt
contus, i m. (griech.) Stange, Ruderstange; Wurfspieß, Pike
conubiālis, e (cf. conūbium) **ehelich**
co-nūbium, ii n. (cf. nubo) **Ehe;** Eherecht
cōnus, i m. (griech.) Kegel; Helmspitze
F. der Konus: Kegel, Trichter, Kegelschnecke (bot.) — konisch: kegelförmig
con-valēsco, valui 3. **erstarken;** sich erholen, **genesen**
F. der Rekonvaleszent: Genesender — die Rekonvaleszenz: Genesung
con-vallis, is f. **Talkessel**
convecto 1. (cf. conveho) **zusammenführen**
con-veho, vēxi, vectus 3 **zusammenführen, zusammenfahren,** zusammentragen
con-vello, velli, vulsus (volsus) 3. **zusammenreißen, niederreißen,** zerreißen; erschüttern, ins Wanken bringen
F. die Konvulsion: Krampf, Zuckung (med.) — konvulsivisch: krampfhaft, zuckend (med.)
convenae, ārum m. (cf. convenio) **zusammengelaufenes Volk**
conveniens cf. convenio

convenientia, ae f. (cf. convenio) **Übereinstimmung,** Harmonie
F. die Konvenienz: Übereinkunft, Bequemlichkeit, Schicklichkeit

con-venio, vēni, ventum 4. **zusammenkommen,** sich versammeln; aufsuchen, treffen, besuchen; — nur unpersönlich: **zustande kommen; convenit man kommt überein,** man einigt sich; — **es stimmt überein,** es stimmt; es passt, **es gebührt sich,** es schickt sich; **conveniens,** ntis übereinstimmend, **angemessen, schicklich**
F. konvenieren: übereinkommen, passen, zusagen, genehm sein

conventicium, ii n. (scil. aes) Versammlungsgeld, Diäten

conventiculum, i n. (cf. conventus) Zusammenkunft, Verein; — Versammlungsort
F. das Konventikel: heimliche Zusammenkunft; außerkirchliche Andacht

conventio, ōnis f. (cf. convenio) **Übereinkunft,** Verabredung
F. die Konvention i. a. B. — die Konventionalstrafe: Strafe für Vertragsbruch — konventionell: vertragsmäßig, üblich, herkömmlich

conventum, i n. = conventio

conventus, ūs m. (cf. convenio) **Zusammenkunft,** Versammlung; Gerichtstag
F. der Konvent: Zusammenkunft, Beratung, Mönchsversammlung; Kloster, Stift; studentische Verbindungsberatung

con-verbero 1. **stark schlagen,** zerschlagen

con-verro, verri, versus 3. **zusammenfegen,** zusammenscharren

conversātio, ōnis f. (cf. converso) **Umgang,** Verkehr
F. die Konversation: Unterhaltung — das Konversationslexikon: Nachschlagewerk des allgemeinen Wissens

conversio, ōnis f. (cf. converto) **Umdrehung;** Umwandlung, Umwälzung; c. orationis Periode
F. die Konversion: Umwandlung; Veränderung des Zinsfußes; Glaubenswechsel

conversor 1. **verkehren,** sich aufhalten

con-verto, verti, versus 3. **umdrehen, umwenden,** umwandeln, verwandeln, verändern; — (Schrift) übersetzen; — **hinwenden,** hinkehren, hinlenken; se convertere und pass. sich wenden, sich verwandeln
F. konvertieren: umwandeln, bekehren — der Konvertit: der zu einem anderen Glauben Übergetretene — Konversion, Konvertierung: Umwandlung einer Schuld durch Änderung der ursprünglichen Bedingungen, insbesondere des Zinsfußes

con-vestio 4. **bedecken, bekleiden**

convexus 3 (cf. conveho) **gewölbt,** gerundet; geneigt, abschüssig; — convexum, i n. Wölbung, Himmelsgewölbe
F. konvex: gewölbt — bikonvex: beiderseits gewölbt — die Konvexität: Wölbung

conviciātor, ōris m. (cf. convicior) Lästerer

convīcior 1. (cf. convicium) **lästern,** schmähen

con-vīcium, ii n. (cf. vox) **Geschrei, Zanken,** Schmähung, Scheltwort, **Vorwurf,** Tadel

convīctio, ōnis f. (cf. convīvo) das Zusammenleben; — Hauspersonal

convīctor, ōris m. (cf. convīvo) **Tischgenosse,** Gesellschafter, Hausfreund
F. der Konviktorist: Freitischgenosse, Konviktsinsasse

convictus, ūs m. (cf. convīvo) **Zusammenleben,** Umgang, Geselligkeit; **Gesellschaft; — Gastmahl**
F. das Konvikt: Zusammenleben; Anstalt für künftige kathol. Theologen; Freitisch für Hochschüler

con-vinco, vici, victus 3. **siegreich widerlegen, überführen,** beweisen, begründen

convīva, ae m. (cf. convīvo) **Tischgenosse, Gast**

convīvālis, e (cf. convīva) **zum Gastmahl gehörig**

convīvātor, ōris m. (cf. convīvor) **Gastgeber,** Wirt

convīvium, ii n. (cf. convīvo) **Gastmahl,** Schmaus, Tischgesellschaft
F. das Konvivium i. a. B.

convīvor 1. (cf. convīva) **gemeinsam schmausen**

con-voco 1. **zusammenrufen,** berufen

con-volo 1. **zusammenfliegen,** zusammeneilen, **herbeieilen**

con-volvo, volvi, volūtus 3. **zusammenrollen,** herumrollen, umrollen
F. das Konvolut: Schriftenpack, Aktenheft, Pack von Schriften — die Konvolute: Schnecke am jonischen Säulenkapitell

con-vomo, vomui 3. **bespeien**

convorto (arch.) = converto

con-vulnero 1. **schwer verwunden**

co-operio, operui, opertus 4. **bedekken**

cooptātio, ōnis f. (cf. coopto) **Ergänzungswahl,** Selbstergänzung durch Wahl
F. die Kooptation: Ergänzungs-, Zusatzwahl

co-opto 1. **dazuwählen,** zur Ergänzung wählen
F. kooptieren: hinzuwählen

co-orior, ortus sum 4. **sich erheben,** auftreten, ausbrechen

Coos, Cous, Cos f. E. Insel der Sporaden, bekannt durch Weinbau und Seidenweberei (Kos); Cōus adi. und subst. Bewohner von C.; Cōum, i n. koischer Wein; koisches Gewand aus durchscheinender Seidengaze

Copae, ārum f. E. Stadt in Nordböotien; Copāis, idis f. kopaisch; palus C. Kopaissee

cōpia, ae f. (cf. in-opia) **Vorrat, Fülle,** Reichtum; plur. **Mittel, Vorräte,** Lebensmittel, **Kriegsvorräte,** Proviant; Vermögen, Wohlstand, **Streitkräfte, Truppen;** — Menge; Redefülle; Wissensfülle; Fähigkeit, Möglichkeit, Erlaubnis; Copia, ae f. Göttin des Überflusses
F. die Kopie: Abschrift, Umdruck — kopieren: abschreiben, umdrucken, nachbilden — der Kopist: Abschreiber, Umdrucker, Nachbilder

copiōsus, 3 (cf. cōpia) **reich,** reichlich, wohlversehen; — **wortreich,** beredt, gedankenreich
F. kopios, kopiös: reichlich, in Fülle

copis, idis f. (griech.) Krummsäbel

cōpula, ae f. **Band,** Strick, Riemen; Fessel
M. Koppel (L)
F. die Kopula: Band, Verbindung

copulātio, ōnis f. (cf. copula) **Verbindung**
F. die Kopulation: Verbindung, Trauung, Veredelung (bot.)

cōpulo 1. (cf. copula) **verbinden, zusammenkoppeln;** verknüpfen, verketten; — copulātus 3 verbunden, vereint
M. koppeln, kuppeln (L)
F. kopulieren: verbinden, anreihen; trauen; veredeln (bot.) — kopulativ: verknüpfend, verbindend — das Kopulativ: anfügendes Bindewort (sprachl.)

coquo, coxi, coctus 3. **kochen (L),** backen, zubereiten; — **dörren,** trocknen; — reif machen, **reifen;** verdauen; — ausbrüten, aussinnen, beunruhigen, ängstigen

coquus (cocus), i m. (cf. coquo) **Koch** (L)

cor, cordis n. **Herz** (urv.); — **Gemüt;** Mut, Seele; — Geist, Sinn, Verstand; Seele = Person; — **Magen,** Mund
M. Cordula, Cordelia (V)
F. kordial: herzlich, vertraut — die Kordialität: Herzlichkeit, Gemütlichkeit — das Kordiale: herzstärkende Arznei

Cora, ae f. E. Stadt in Latium; Corānus adi. und subst. Bewohner v. C.

Coracēsium, ii n. E. Stadt an der Grenze von Cilicien

coralium cf. curalium

Coralli, ōrum m. E. Volksstamm in Niedermösien

cōram (cf. ōs) adv. **im Angesicht; persönlich** anwesend; **öffentlich,** vor aller Augen; — (praep. mit abl. in Anwesenheit, **in Gegenwart, vor**
M. coram publico: in der Öffentlichkeit — kuranzen (L): quälen, placken
F. koram: von Angesicht zu Angesicht — koramieren: unter vier Augen zurechtweisen

Corax, acis m. E. griech. Redner

Corbio, ōnis f. E. 1.) Stadt der Äquer 2.) Stadt in Spanien (Berga)

corbis, is m. u. f. **Korb** (L)

Corbulo, ōnis m. E. Cn. Domitius Corbulo Schwager des Caligula, Feldherr und Redner

Corculum, i n. E. (Herzchen) Beiname des Scipio Nasika

Corcyra, ae f. E. Insel Korfu; Corcyraeus adi. und subst. Einwohner von C.

corda = chorda

cordātus 3 (cf. cor) **verständig,** gescheit

cordax, ăcis m. (griech.) ein ausgelassener Tanz; — der Versfuß Trochäus

Corduba, ae E. Stadt in Südspanien (Cordova); Cordulēnsis adi. u. subst. Einwohner von C.

Corfinium, i n. E. Stadt in Samnium; Corfiniēnsis adi. und subst. Einwohner von C.

Corinthus, i f. E. Stadt im Peloponnes; Corinthius, i m. der Korinther; Corinthiacus 3 und Corinthiēnsis, e korinthisch

Corioli, ōrum m. E. Stadt in Latium; **Coriolānus** adi. u. subst. Einwohner von C., auch Beiname des C. Marcius, des Zerstörers von C.

Coriosolites, um m. E. keltisches Küstenvolk in der Bretagne

corium, ii n. (griech.) Fell, Haut, Leder

Cornēlius 3 E. Name einer der angesehensten römischen Familien; P. Cornelius Scipio Africanus maior (gestorben 183 v. Chr.) und minor (Numantinus) (gest. 129 v. Chr.) die Helden der Punischen Kriege; — Cornēlia, die Tochter des älteren Scipio, Mutter der beiden Gracchen; — Cornēlius 3 und Corneliānus 3 adi.

M. Kornelia, Kornelius (V)

corneolus 3 (dem. von corneus) hornartig

corneus 3 1.) (von cornu) aus Horn 2.) (von cornus) vom Kornelkirschbaum, aus Hartriegelholz

corni-cen, cinis m. (cf. cornu u. cano) Hornbläser, Hornist

cornicula, ae f. (dem. von cornix) junge Krähe

corniculum, i n. (dem. von cornu) Hörnchen; hornförmige Helmzier, ein militärisches Ehrenzeichen

Corniculum, i n. E. alte Stadt in Latium; Corniculānus adi. und subst. Einwohner von C.

corni-ger, gera, gerum (cf. cornu und gero) horntragend, gehörnt, geweihtragend

corni-pes, pedis hornfüßig, Hufe tragend

cornix, icis f. Krähe

cornu, ūs n. **Horn** (urv.), Gehörn, Geweih; Horn am Schnabel oder Huf; Horn zum Blasen, Flöte; — Bogen zum Schießen; — Hornflasche; — Horntrichter; — **Flügel des Heeres** und der Flotte; — Hörner der Mondsichel; — Hornknauf des Stabes, um den man die Buchrollen wand; — Helmkegel; — Spitze der Rahe; Rahe oder Segelstange; — Landzunge; — Flußarm; — Ende, Flügel

F. die Kornea: Hornhaut des Auges med.)

cornum, i n. Kornelkirsche; Lanze aus Kornelkirschholz

cornus, i (selten ūs) f. Kornelkirschbaum; — Hartriegelholz; Lanze aus Hartriegelholz

corollārium, ii n. (cf. corona) Kränzlein, Geschenk (an Schauspieler); — Geschenk

corōna, ae f. **Kranz;** Kreis, Schar; Truppenkette, Einschließungslinie; — Krone, Diadem; — sub corona vendere als Sklaven verkaufen

F. die Korona: Zuhörerkreis, Tafelrunde; Strahlenkranz — die Koronar-Arterie: Kranzarterie (med.)

Corōne, ēs f. E. Stadt in Messenien (Koroni)

Coronēa, ae f. E. Stadt in Böotien; Coronaeus und Coronēnsis subst. u. adi. Bewohner von C.

corōno 1. (cf. corōna) bekränzen, umkränzen, umgeben

corporeus 3 (cf. corpus) körperlich; aus Fleisch

corpus, oris n. **Körper** (L), Leib; Fleisch; Leichnam; Rumpf; Person; ein Ganzes; Körperschaft

M. in corpore: in Gesamtheit, alle gemein-

sam — Corpus delicti: Beweisstück — Corpus iuris: Gesetzbuch
F. das Korpus: Körper; Gesamtheit; Zehnpunktschrift, ein Schriftgrad — die Korporation: Körperschaft, Genossenschaft, Gesellschaft, Innung; studentische Verbindung — korporativ: körperschaftlich — korporell: körperlich, leiblich — inkorporieren: einverleiben — die Inkorporation: Einverleibung, Vereinigung; Aufnahme in eine Verbindung — das Korporale: quadratförmiges Leinentuch (in der kathol. Kirche), Unterlage für den sakramentalen Leib Christi — Inkorporalia: Unkörperlichkeiten, abgezogene Begriffe — die Habeaskorpusakte: englisches Staatsgrundgesetz zum Schutze der persönl. Freiheit; beginnt mit den Worten: habeas corpus

corpus-culum, i n. (dem. von corpus) **Körperchen**
F. die Korpuskel: kleinstes Körperteilchen (phys.) — korpuskular: die Korpuskel betreffend

corrēctio, ōnis f. (cf. corrigo) **Verbesserung;** Zurechtweisung; Berichtigung
F. die Korrektion: Berichtigung, Züchtigung — Korrektionsanstalt: Fürsorgeanstalt

corrēctor, ōris m. (cf. corrigo) **Verbesserer;** Hofmeister; Sittenprediger
F. der Korrektor: Verbesserer, Druckberichtiger

cor-rēpo, rēpsi 3. wohin **kriechen,** sich verkriechen

correptus cf. corripio

cor-rigo, rēxi, rēctus 3. (cf. rego) **gerade richten;** berichtigen, **verbessern;** zurechtweisen
F. Corrigenda: zu Verbesserndes, Druckfehlerverzeichnis — korrigieren: berichtigen, verbessern — korrigibel: verbesserlich — der Korrigend: Sträfling — korrekt: richtig, tadellos — die Korrektheit: Richtigkeit — das Korrektum: Verbessertes, Neubearbeitung — die Korrektur: Berichtigung, Druckberichtigung — das Korrektiv: Besserungs-, Zuchtmittel

cor-ripio, ripui, reptus 3. (cf. rapio) **zusammenraffen,** heftig ergreifen, packen, gewaltsam an sich reißen, aufgreifen, er-, aufraffen; hart anpacken, herunterreißen; — vor Gericht ziehen, anklagen; — abkürzen, verkürzen

cor-rōboro 1. stärken, kräftigen; **pass.** erstarken

cor-rōdo, rōsi, rōsus 3. zernagen
F. korrodieren: zernagen, ätzen — die Korrosion: Zernagung, Ätzung, Auflösung durch Ätzmittel — korrosiv: beizend, ätzend

cor-rogo 1. **zusammenbitten,** zusammenbetteln

cor-rūgo 1. (cf. ruga) **runzlig machen**

cor-rumpo, rūpi, ruptus 3. **zerbrechen; zugrunde richten, verderben,** entstellen, verunstalten; **fälschen;** verführen, verleiten, **bestechen;** corruptus 3 verdorben; **verkehrt,** schlecht
F. korrumpieren: verderben, verführen, bestechen — korrupt: verderbt, verkommen

cor-ruo, rui 3. (intr.) **zusammenstürzen,** einstürzen, zu Boden **stürzen;** zugrunde gehen; bankerott werden; durchfallen

corruptēla, ae f. (cf. corrumpo) **Verderben,** Verderbnis; Verführung, **Bestechung**

corruptio, ōnis f. (cf. corrumpo) **Verderbtheit; Bestechung**
F. die Korruption: Sittenverderbnis, Verkommenheit, Bestechung, Bestechlichkeit

corruptor, ōris m. (cf. corrumpo) **Verderber, Bestecher,** Verführer

corruptrix, īcis f. **Verführerin;** adi. verführerisch

corruptus cf. corrumpo

cōrs = cohors

Corsica, ae f. E. Insel Korsika; Corsus subst. und adi. Bewohner von K.

cortex, icis m. (poet. f.) Baumrinde; **Kork** (L)

cortīna, ae f. Kessel; — Kreis, Runde; — Dreifuß der Pythia

Cortōna, ae f. E. Stadt in Etrurien; Cortonēnsis subst. und adi. Bewohner von C.

corulētum (corylētum), i n. Haselgebüsch

corulus (corylus), i f. Hasel (urv.), Haselstaude

corus = caurus

corusco 1. (cf. coruscus) (trans.) schnell schwingen, bewegen; (intr.)

sich zitternd bewegen; schillern, schimmern
coruscus 3 schwankend, zitternd; schillernd, schimmernd
Corvinus cf. Valerius
corvus, i m. (cf. cornix) **Rabe** (urv.); Brechstange, **Mauerbrecher**
Corybantes, um und ium m. (griech.) die Korybanten, Priester der Cybele, die ihre Göttin mit Musik und wilden Tänzen feierten; Corybantius 3 korybantisch; — Corytas, antis m. Sohn der Cybele, Vater Apolls
F. korybantisch: wild begeistert, ausgelassen lärmend
Corycus, i m. E. 1.) Hafenstadt und Vorgebirge an der jonischen Küste (Koraka) 2.) Stadt in Cilicien; Corycius subst. u. adi. Bewohner von C.
corylētum cf. coruletum
corylus cf. corulus
corymbifer, fera, ferum (griech.) Efeutrauben tragend
corymbus, i f. (griech.) Blütentraube des Efeus
coryphaeus, i m. (griech.) Oberhaupt
F. der Koryphäe: hervorragende Persönlichkeit in Kunst und Wissenschaft
Corythus, i f. E. 1.) Stadt in Etrurien (Cortona) 2.) Heros dieser Stadt, Stammvater des troischen Königshauses
corȳtus, i m. (griech.) Köcher
cos, coss cf. consul
Cos cf. Coos
cōs, cōtis f. (cf. catus) Schleifstein, **Wetzstein**
Cosa(Cossa), ae oder Cosae (Cossae), ārum f. E. 1.) Stadt in Etrurien 2.) Stadt in Lukanien; Cosānus (Cossānus) subst. u. adi. Einwohner von C.
cosmoe, ōrum m. (griech.) Zehnmännerbehörde auf Kreta
Cossus E. Beiname des gens Cornelia; A. Cornelius Cossus Arvina Konsul
costa, ae f. Rippe; plur. Bauch, Gerüst
costum, i n. (griech.) indischer Strauch, aus dessen Wurzeln eine duftende Salbe bereitet wurde

Cosȳra (Cossyra), ae f. E. Insel Pantelleria zwischen Sizilien und Afrika
cōtes cf. cautes
cothurnātus 3 auf Kothurnen einherschreitend
cothurnus, i m. (griech.) Hochschuh, **Kothurn**; — erhabener, tragischer Stil; Tragödie; — Jagdstiefel
F. der Kothurn i. a. B.; Schwung, Schwulst; auf (hohem) Kothurn einhergehen: hochtrabende Worte gebrauchen
cotidiānus (cottidiānus) 3 (cf. cotidie) **täglich,** alltäglich, gewöhnlich
cotidie (cottidie) (cf. quot-dies) **täglich**
Cotini, ōrum m. E. keltischer Volksstamm in den Karpaten
Cotta E. Beiname des gens Aurelia
coturnus = cothurnus
Cotus, i, Cotys, yis m. E. thrazischer Fürstenname
Cotyttia, ōrum n. E. zuchtlose Festfeier zu Ehren der thrazischen Göttin Cotys
covinnus, i m. (kelt.) Sichelwagen; covinnārius, ii m. Sichelwagenkämpfer
crābro, ōnis m. Hornisse
Cragus, i m. E. Gebirge in Lyzien
Cranii, ōrum m. E. Einwohner von Kranion auf Kephalenia
Cranon (Crannon), ōnis f. E. Stadt in Thessalien
Crantor, ōris m. E. akademischer Philosoph
crāpula, ae f. (griech.) Rausch, Trunkenheit
crās morgen
crassitūdo, inis f. **die Dicke**
crassus 3 **dick;** grob; unfein; dicht
F. kraß: dick, grob, außergewöhnlich — die Kraßheit: Dickheit, Grobheit
Crassus Beiname der Licinier und Papirier
crās-tinus 3 (cf. cras) **zum Morgen gehörig, morgig**
Crataeis, idis f. E. Mutter der Scylla
crāter, ēris m. und cratēra (creterra), ae f. (griech.) **Gefäß** (in dem man den Wein mischte); **Krater** (F), Schlund

Craterus, i m. E. 1.) General Alexanders d. Gr. 2.) berühmter griechischer Arzt
crates cf. cratis
Crāthis, idis m. Grenzfluß zwischen Lukanien und Bruttium
Cratinus, i m. E. Dichter der älteren attischen Komödie
Cratippus, i m. E. griech. Philosoph
cratis, is f. (meist plur. crātes, ium) **Flechtwerk,** Geflecht; **Faschinen**
M. Hürde (urv.)
creātor, ōris m. (cf. creo) **Erzeuger,** Vater
creātrix, icis f. (cf. creator) **Mutter**
crēber, crēbra, crēbrum (cf. crēsco) **üppig** wachsend, dicht, gedrängt, voll; **häufig,** wiederholt; — crebrō adv. oft, wiederholt
crebrēsco, crēbrui 3. wachsen, **häufig werden,** sich vermehren, sich verbreiten
crēbritas, tātis f. **Häufigkeit**
crēbrō cf. crēber
credibilis, e (cf. crēdo) **glaublich,** glaubhaft, glaubwürdig
crēditor, ōris m. (cf. credo) **Gläubiger**
F. der Kreditor i. a. B.
crēditum, i n. (cf. credo) Darlehn, Schuld
F. das Kredit: das „Haben" im Geschäftsbuch, Forderung, Außenstände; Vertrauen — auf Kredit: auf Borg — kreditieren: leihen, stunden, gutschreiben
credo, didi, ditus 3. **anvertrauen,** überlassen; darleihen, borgen; — vertrauen; Glauben schenken, **glauben,** für wahr halten, der Ansicht sein, meinen; — crēdo (eingeschoben) denke ich, wohl; crēderes man könnte glauben, man hätte glauben können
F. das Kredo: Glaubensbekenntnis; ein Teil der Messe — der Kredit: Geschäftsvertrauen, guter kaufm. Ruf — das Kreditiv: Vollmacht, Beglaubigungsschreiben
credulitas, tātis f. (cf. crēdo) **Leichtgläubigkeit**
crēdulus 3 (cf. crēdo) **leichtgläubig,** vertrauensselig
Cremera, ae f. E. Fluß in Etrurien, dort Untergang der 300 Fabier (479 v. Chr.); Cremerēnsis, e adi. an der Cr.; dies Cr. der Unglückstag der Fabier
cremo 1. etw. **verbrennen,** einäschern
F. das Krematorium: Einäscherungsanstalt — die Kremation: Feuerbestattung
Cremōna, ae f. E. Stadt in Oberitalien (Cremona); Cremonēnsis adi. u. subst. Einwohner von Cr.
Cremōnis iugum n. E. Teil der Penninischen Alpen
Cremūtius 3 E. Name einer römischen Familie; A. Cremutius Cordus röm. Historiker unter Tiberius
creo 1. **schaffen,** erschaffen; zeugen, gebären; verursachen; wählen
F. kreieren: schaffen, ins Leben rufen: eine Rolle zuerst gestalten — die Kreation: Schöpfung — die Kreatur: Geschöpf; abhängiger Günstling
Creon, ontis m. E. 1.) König in Korinth 2.) König von Theben
crepida, ae f. (griech.) Sandale, Halbschuh, Sohle
crepido, inis f. (griech.) Sockel; Uferrand, Kai
crepito 1. (cf. crepo) **laut schallen**
crepitus, ūs m. (cf. crepo) **Schall**
crepo, crepui, crepitus 1. (trans.) **erschallen lassen;** reden, schwatzen; (intr.) **schallen,** tönen
F. krepieren: laut bersten, zerspringen — die Krepitation: das Prasseln
crepundia, ōrum n. (cf. crepo) Klapper, Kinderklapper
crepusculum, i n. **Abenddämmerung,** Zwielicht; Dunkel
Cres cf. Creta
crēsco, crēvi, crētus 3. **wachsen,** entstehen, aufwachsen, zunehmen, sich vergrößern, groß werden, Macht gewinnen; crētus 3 geboren, entsprossen
M. crescat: er wachse! — Crescentia, Crescentius (auch Kresz...) (V)
F. die Kreszenz: Wachstum, Ertrag
Crēta, ae (Crete, ēs) f. E. größte der griech. Inseln in der Südägeis (Kandia); Crēs, tis adi. u. subst. Bewohner von K., die Kreter, bekannte

Bogenschützen; Cressa, ae (Crētis, idis) f. kretisch; Crēsius, Crētaeus, Crēticus 3 kretisch; Q. Caecilius Creticus, der Unterwerfer Kretas

crēta, ae f. **Kreide** (L); Schminke; weißer Schlamm

cretātus 3 (cf. creta) mit Kreide bestrichen

crētio, ōnis f. (cf. cerno) Erbschaftsübernahme

crētōsus 3 (cf. creta) kreidereich

crētula, ae f. (cf. creta) Siegelerde; Siegel

crētus cf. cerno und cresco

Creūsa, ae f. E. 1.) Tochter des Priamus, Gemahlin des Äneas 2.) Tochter des Kreon, Gemahlin des Jason 3.) Hafenstadt in Böotien

cribrum, i n. (cf. cerno) Sieb

crīmen, inis n. (cf. cerno) **Beschuldigung, Anklage;** Anklagepunkt; — Vorwurf; — Vorwand; — **Schuld,** Verbrechen

F. kriminal (kriminell): auf Verbrechen und ihre Bestrafung bezüglich — die Kriminalität: Strafbarkeit, Strafgerichtsbarkeit, das Verbrecherische — der Kriminalist: Strafrechtler, Kenner des Strafrechts — inkriminieren: beschuldigen — rekriminieren: Gegenklage einreichen — die Rekrimination: Gegenklage

crīminātio, ōnis f. (cf. criminor) **Anschuldigung,** Verleumdung

crīminātor, ōris m. (cf. criminor) **Verleumder**

crīminor 1. (cf. crīmen) **klagen,** Klage führen; verklagen; **verleumden;** vorwerfen, zum Vorwurf machen, Beschwerde führen

crīminōsus 3 (cf. crīmen) **beschuldigend, verleumderisch,** vorwurfsvoll, anschwärzend, gehässig

Crimisus (Crimissus), i m. E. kleiner Fluß in Sizilien

crīnālis, e (cf. crīnis) zum Haar gehörig

crīnis, is m. (meist plur.) **Haar;** Schweif (des Kometen)

Crinīssus, Crinīsus = Crimissus

crīnitus 3 (cf. crīnis) behaart, langhaarig

Crispīnus, i m. E. stoischer Schwätzer

crispo 1. (cf. crispus) in zitternde Bewegung setzen, schwingen

crispus 3 (cf. crīnis) **kraus;** dicht

M. der Krepp (L): leichtes Gewebe

Crispus, i m. E. röm. Beinamen; — C. Sallustius Crispus der bekannte römische Schriftsteller

crista, ae f. (cf. crispus) Kamm (von Tieren); — Helmbusch, Helmraupe; cristātus 3 kammtragend, helmbuschtragend

Crithōte, ēs f. E. Stadt im thrazischen Chersonnes

Critias, ae m. E. Dichter, Redner, Staatsmann in Athen

criticus, i m. (griech.) Kunstrichter, **Kritiker** (F)

Crito, ōnis m. E. Freund und Schüler des Sokrates

Critobūlus, i m. E. Schüler d. Sokrates

Critolāus, i m. E. 1.) peripatetischer Philosoph 2.) Feldherr des Achäischen Bundes

croceus 3 (cf. crocus) zum Safran gehörig, **safrangelb,** hochgelb, goldblond

crocodīlus, i m. (griech.) **Krokodil** (L)

Crocus (Crocos), i m. E. Jüngling, in die Safranstaude verwandelt

crocus, i m. (crocum, i n.) (griech.) **Safran;** Safrangelb, Safranwasser (ein Parfüm)

Croesus, i m. E. der reiche König von Lydien

M. ein Krösus: ein reicher Mann

Cromyon, ōnis f. E. Ort am Saronischen Busen

crotalum, i n. (griech.) Klapper, Kastagnette

Croto (Croton), ōnis f. E. Stadt an der Ostküste von Bruttium; Crotoniātes, ae m. Bewohner von C.; — Crotoniēnsis, e aus C.

cruciātus, ūs m. (cf. crucio) **Marter,** Qual, Folter; Hinrichtung

cruci-fixus (cf. crux und fīgo) ans Kreuz geheftet

F. der Kruzifixus: der gekreuzigte Christus — das Kruzifix: bildliche Darstellung Christi am Kreuze

crucio 1. (cf. crux) **martern, quälen,** hinrichten; se cruciare od. cruciari sich quälen, sich abhärmen

crudēlis, e (cf. crūdus) **roh, grausam,** gefühllos; schrecklich, entsetzlich, grausig

crudēlitas, tātis f. (cf. crudelis) **Grausamkeit,** Gefühllosigkeit, Roheit

crudēsco 3 (cf. crudus) roher werden; heftiger werden, zunehmen

crūditas, tātis f. (cf. crudus) Überladung des Magens, verdorbener Magen

crūdus 3 **roh;** ungekocht, unreif, noch frisch, ungebrannt, unbearbeitet; — gefühllos, grausam; — schlecht verdauend, mit verdorbenem Magen
F. die Kruditāt: Unverdaulichkeit

cruento 1. (cf. cruentus) **mit Blut bespritzen,** besudeln; blutig verwunden; — pass. blutig werden

cruentus 3 (cf. cruor) **blutig,** blutbedeckt; blutrot; blutdürstig, grausam

crumēna (crumina), ae f. Lederbeutel, Geldbeutel; Geldkasse

cruor, ōris m. **Blut,** Blutstrom; Blutvergießen, **Bluttat,** Mord
M. roh (urv.)

cruppellārius, ii m. (kelt.) geharnischter Fechter bei den Häduern

crūs, crūris, n. **Unterschenkel,** Schienbein; **Bein**

crūsta, ae f. Eisrinde, Kruste; — eingelegte Arbeit, Relief-, Stuckarbeit
M. die Kruste (L)

crūstulum, i n. (dem. von crustum) Zuckerplätzchen; plur. Naschwerk

crūstum, i n. (cf. crusta) Backwerk, Naschwerk

Crustumeria, ae f. und Chrustumerium, ii n. E. sabinische Stadt am linken Tiberufer; Crustuminus adi. und subst. Einwohner von C.

crux, crucis f. **Kreuz** (L); Kreuzigung; Qual, Unglück, Marter
M. abi in malam crucem: geh zum Henker
F. die Kruzifere: Kreuzblütler (bot.)

crystallus, i f. (griech.) Kristall (L), Bergkristall; Eis

Ctēsias, ae m. E. Leibarzt des Perserkönigs Artaxerxes Mnemon

Ctēsiphon, ontis 1.) m. E. Freund des Demosthenes 2.) f. E. assyrische Stadt am linken Tigrisufer

cubiculāris, e (cf. cubiculum) zum Schlafzimmer gehörig

cubiculum, i n. (cf. cubo) **Schlafzimmer; Wohnzimmer**

cubīle, is n. (cf. cubo) **Lager, Bett,** Lagerstätte, Nest

cubital, ālis n. (cf. cubitum) Armpolster

cubitālis, e (cf. cubitum) **eine Elle lang**

cubito 1. (cf. cubo) **liegen,** lagern

cubitum, i n. und cubitus, i m. **Ellbogen;** Elle

cubo, cubui, cubitum 1. **liegen;** im Bett liegen, schlafen, bei Tisch liegen, speisen; krank liegen, krank sein

cucūlus, i m. der Kuckuck

cucumis, mis und meris, m. Gurke

cucurbita, ae f. Kürbis (urv.)

Cugerni, ōrum m. E. germanisches Volk am Niederrhein

cuias, ātis m. (cf. cuius) **aus welchem Lande stammend?** was für ein Landsmann?

cuicui-modi (cf. quisquis und modus, in Verbindung mit esse) welcher Art immer, **wie immer beschaffen**

cuius 3 (cf. quis, qui) wem gehörig? wessen?; — rel. welchem gehörend, dessen

cuius-modi (cf. quis modus) **von welcher Art?** wie beschaffen?

cuiusque modi (cf. quisque modus) **von jeder Art und Beschaffenheit,** jederlei

culcita, ae f. Matratze, Polsterkissen

culeus = culleus

culex, icis m. Mücke, Schnake

culillus, i m. Becher, Pokal

culīna, ae f. **Küche,** Kost, Essen
F. kulinarisch, die Kochkunst betreffend — kulinarische Genüsse: Tafelfreuden

culleus, i m. Ledersack

culmen, inis (cf. columen) **höchster Punkt; Gipfel,** Kuppe, Scheitel; — Halme, Stroh

F. kulminieren: gipfeln, den Höhepunkt erreichen — der Kulm: kegelförmiger Berggipfel — die Kulmination: höchster Stand, Höhepunkt; Durchgang eines Sterns durch den Mittagskreis

culmus, i m. **Halm** (urv.), Strohhalm; — Ähre; Stroh, Strohdach

culpa, ae f. **Schuld,** Vergehen; Sünde, Unkeuschheit; — der Schuldige

M. Culpa lata: Schuld — Culpa levis: Fahrlässigkeit (jur.)

culpo 1. (cf. culpa) **tadeln, beschuldigen**

F. der Inkulpat: Angeschuldigter — der Inkulpant: Ankläger — inkulpieren: anschuldigen, beschuldigen

cultellus, i m. Messerchen

culter, cultri m. **Messer,** Bartschere

cultio, ōnis f. (cf. colo) **Bebauung,** Anbau

cultor, ōris m. (cf. colo) Bebauer, **Landmann,** Bewohner; Freund; Verehrer, Liebhaber, Anbeter

cultrix, icis f. (cf. cultor) Pflegerin; Bewohnerin

cultūra, ae f. (cf. colo) **Bearbeitung, Anbau;** Ausbildung, Veredlung; **Verehrung,** Huldigung

F. die Kultur: Bearbeitung, Ausbildung, Anbau; Feldbau, landwirtschaftl. Bodenverbesserung, Pflege von Gewächsen; Bildung, Geistesbildung — kulturell: die Kultur betreffend

cultus, ūs m. (cf. colo) **Bearbeitung, Pflege,** Anbau, **Anpflanzung;** Pflege, Wartung; — **Bildung,** Ausbildung; **Verehrung,** Anbetung, Huldigung; Kleidung, Tracht; — Putz, Schmuck, Lebensweise, Lebenseinrichtung; üppige Lebensweise, Üppigkeit

F. der Kult, Kultus: Pflege, Verehrung, Gottesverehrung — kultisch: auf den Kult bezüglich — die Kultivation, Kultivierung: Anbau, Bebauung, Veredelung — kultivieren: anbauen, urbar machen, anpflanzen; pflegen, unterhalten; bilden, ausbilden; verfeinern, gesittet machen

culullus = culillus

cum (praep. mit abl.) **mit, mitsamt, nebst** (zur Angabe einer Begleitung, Zusammengehörigkeit, Gemeinschaft, gemeinschaftlichen Tätigkeit, Versehenseins mit einer Sache, der Gleichzeitigkeit, der begleitenden Umstände, der Beschränkung)

M. Silbe „ge" (urv.) z. B. Gebirge

cum (alte Form quom, quum) (ci.) I. zur Einleitung von Temporalsätzen: 1.) cum temporale mit ind. **wann, wenn, als, da, seitdem, nachdem** 2.) cum iterativum mit ind. impf. oder ppf., später auch mit coni.: **sooft als, wenn** 3.) cum narrativum mit coni. impf. oder ppf.: **als, nachdem** 4.) cum explicativum mit ind.: **indem, dadurch, daß.** — II. zur Einleitung von Kausalsätzen mit coni.: cum causale **da, weil.** — III. zur Einleitung von Konzessivsätzen mit coni.: cum concessivum **da, doch, obgleich.** — IV. cum adversativum mit coni.: **während, während dagegen;** — **cum - tum sowohl - als auch besonders, wie - so besonders**

Cumae, arum f. E. Stadt in Kamponien; Cumaeus und Cumānus 3 adi. u. subst. Bewohner von C.; — Cumānum, i n. ein Landgut Ciceros bei C.

cumba = cymba

cumera, ae f. Korb, Getreidekorb

cuminum, i n. (griech.) **Kümmel** (L)

cum-maxime am allermeisten, besonders

cum-prime, cum-primis besonders, vornehmlich

cum-primum (mit ind. perf.) **sobald als, sowie**

cum-que (cunque, quomque) **wann auch immer,** jederzeit

cumulo 1. (cf. cumulus) **aufhäufen,** anhäufen, überschütten; vergrößern, steigern; vollständig machen, vollenden, vollkommen machen, krönen; — cumulātus 3 gehäuft, gesteigert

F. kumulieren: anhäufen — die Kumulation, Kumulierung: Anhäufung — kumulativ: anhäufend, zusammengenommen, gemeinsam

cumulus, i m. **Haufe;** Übermaß, Überschuß, Zuwachs; — Gipfel, Krone

F. der Kumulus: Haufenwolke
cunābula, ōrum n. (cf. cunae) **Wiege;** Heimat
cūnae, arum f. **Wiege,** Nest
cunctabundus 3 (cf. cunctor) **zögernd**
cunctans cf. cunctor
cunctātio, ōnis f. (cf. cunctor) **Zaudern,** Zögern
cunctātor, ōris m. (cf. cunctor) **Zauderer,** Zögerer; Beiname: Qu. Fabius Maximus Cunctator
cunctor 1. **zögern,** zaudern; cunctans, ntis zögernd, unentschlossen, langsam
cunctus 3 **gesamt,** gänzlich; plur. alle zusammen; cuncta, ōrum n. Gesamtheit
cuneātim (adv.) (cf. cuneus) **keilförmig**
cuneātus 3 (cf. cuneus) **keilförmig, angespitzt**
cuneus, i m. **Keil** (zum Spalten); Keil (Figur); keilförmige Schlachtordnung; Sitzreihen im Theater (keilförmig)
cunīculus, i m. **Kaninchen** (L); — unterirdischer Gang, Stollen, **Mine**
cunnus, i m. weibliche Scham; — Weib, Dirne
cunque = cumque
cūpa, ae f. **Tonne,** Faß, **Kufe** (L)
cupēdia = cuppēdia
Cupidineus 3 (cf. Cupido) des Liebesgottes
cupiditas, tātis f. (gen. plur. auch cupiditātium) (cf. cupidus) **Begierde,** Verlangen, Leidenschaft; Sucht, Habsucht; Ehrsucht; Genußsucht, Sinnlichkeit, Liebe, Leidenschaftlichkeit; Begeisterung; Parteilichkeit
cupīdo, inis f. = cupiditas
Cupīdo, inis m. Liebesgott, Amor
cupidus 3 (cf. cupio) **begierig,** leidenschaftlich; habsüchtig, eigennützig; parteiisch; ergeben, zugetan
cupio, cupīvi (cupii), cupītus 3. (cupissem, cupisse = cupivissem, cupivisse) **begehren,** verlangen, wünschen; mit dat. gewogen, zugetan sein, interessiert sein; cupiens, entis verlangend, begehrend, begierig
cupītor, ōris m. (cf. cupio) **Begehrer**
cuppēdia (cupēdia), ae f. Naschhaftigkeit
cupresseus 3 (cf. cupressus) aus Zypressenholz
cupressi-fer, fera, ferum Zypressen tragend
cupressus (auch cyparissus), i (auch ūs) f. (griech.) **Zypresse** (L)
cūr weshalb? warum?
cūra, ae f. **Sorge, Fürsorge,** Bemühung; Aufmerksamkeit; Studium; Schrift; — Besorgung, **Pflege,** Krankenpflege; — Hut, Obhut; Aufsicht, Verwaltung, Leitung; Amt; Geschäft, — Besorgnis, Kummer, Betrübnis; Sehnsucht, Liebeskummer, Neugier
F. die Kur: Behandlung, Heilung, Wiederherstellung der Gesundheit
curalium, ii n. (griech.) Koralle
curātio, ōnis f. (cf. curo) **Besorgnis,** Wartung, **Pflege** — Heilung, Behandlung; Besorgung, Leitung, Verwaltung
curātor, ōris m. (cf. curo) **Besorger,** Wärter; **Verwalter,** Leiter; Vormund
F. der Kurator: Vormund, Verwalter — die Kuratel: Pflegschaft, Vormundschaft — das Kuratorium: Aufsichtsbehörde, Pflegeamt
curātus 3. (cf. curo) **gepflegt; — sorgfältig,** eifrig
F. der Kurat: Geistlicher, Seelsorger
curculio, ōnis m. (cf. curvus) Kornwurm
Cures, ium f. E. Stadt der Sabiner (Coresse); Cures, ētis und Curēnsis, is subst. u. adi. Bewohner von C.
Curētes, um m. Jupiterpriester auf Kreta; Curētis, idis f. kuretisch, kretisch
cūria, ae f. (aus co-viria Männerzusammenkunft) 1.) **Senatsversammlung,** Senat 2.) **Senatsgebäude,** Rathaus 3.) Volksabteilung; **Kurie** (ein Zehntel einer Tribus) 4.) **Kuriengebäude** (auf dem Palatin)
F. die Kurie: Rathaus; Gerichtshof; päpst-

liche Regierung, päpstlicher Hof — kurial: zur Kurie gehörig; förmlich — der Kurialstil: Kanzleistil — die Kurialien: die im Kanzleistil üblichen Formeln

curiālis, is m. (cf. cūria) **Mitglied einer Kurie,** Kuriengenosse

Cūriātii, ōrum m. E. albanisches Geschlecht; die Drillinge, welche im Kampfe gegen die Haratier fielen

curiātim (cf. cūria) (adv.) **kurienweise**

curiātus 3 (cf. ciuria) aus Kurien bestehend; in Kurien beschlossen

Curicta, ae f. E. Insel im Adriatischen Meer (Veglia)

curio, ōnis m. (cf. curia) Kurienvorsteher; Curio Beinamen der gens Scribonia z. B. C. Scribonius Curio Anhänger Cäsars

curiōsus 3 (cf. curia) **sorgfältig; wißbegierig;** neugierig; besorgt

F. kurios: seltsam, wißbegierig — das Kuriosum: Seltsames, Sehenswürdigkeit — die Kuriosität: Seltenheit, Sehenswürdigkeit

curis, is f. Lanze

Curius 3 Name einer plebejischen römischen Familie; — M.' Curius Dentatus, Konsul, Muster altrömischer Tugend

cūro 1. (cf. cūra) **besorgen,** sorgen, Sorge tragen; sich kümmern, sich angelegen sein lassen; pflegen, warten; verwalten, befehligen; behandeln; verschaffen, (Geld) auszahlen

F. kurieren: pflegen, heilen — kurabel: heilbar — inkurabel: unheilbar — die Inkurabilität: Unheilbarkeit

curriculum, i n. **Wettlauf,** Wettrennen; — Kreislauf; — Rennbahn; Rennwagen

M. Curriculum vitae: Lebenslauf

curro, cucurri, cursum 3. **laufen, rennen;** durchlaufen, fließen, dahineilen, rasch fortschreiten

F. kurrent: laufend — die Kurrentschrift: fortlaufende Schreibschrift, gewöhnliche Schrift — kursiv: laufend, schräg — die Kursivschrift: schräge Druckschrift — die Kurrende: Umlaufschreiben; Knabenchor, der singend herumzieht — kurrendieren: durch Laufzettel suchen

currus, ūs m. (dat. sing. currui und curru, gen. plur. curruum und currūm) (cf. curro) **Wagen;** Streitwagen; Rennwagen; Triumphwagen; — Triumph; — Gespann; — Pflug

cursim adv. (cf. curro) **im Lauf-, Sturmschritt,** schnell

cursito 1. (cf. curso) **hin und her laufen**

curso 1. (cf. curro) **umherlaufen**

F. kursieren: umlaufen, verkehren — kursorisch: fortlaufend, schnell; vorankommend

cursor, ōris m. (cf. curro) **Läufer;** Wettläufer, Wettfahrer; Eilbote; Cursor E. Beiname der gens Papiria; L. Papirius Cursor Held der Samniterkriege

cursus, ūs m. (cf. curro) **Lauf;** Laufschritt, Sturmschritt; Eile; Fahrt, Reise; Richtung, Kurs; Verlauf, Fortgang; Wettlauf; Laufbahn; Umlauf; Strömung, Strom

F. der Kursus: Lehrgang — der Kurs: Lauf, Umlauf (einer Münze); der laufende Preis der Staatspapiere; Straße, Weg, Richtung; Lauf des Schiffes; Brauch, Mode; Lehrgang — kursibel: gangbar, geläufig — der Kursist: Teilnehmer an einem Lehrgang

Curtius 3. E. Geschlechtername; Mettius Curtius ein edler heldenhafter Jüngling; Q. Curtius Rufus, römischer Historiker unter Claudius

curto 1. (cf. curtus) **kurz machen,** verkürzen, schmälern

curtus 3 **verkürzt,** verstümmelt, unvollständig

M. kurz, Schurz, Schürze (L)

curūlis, e (aus currulis von currus) kurulisch (sich des Wagens bedienend); sella curūlis Amtsstuhl (der hohen Beamten)

F. kurulisch i. a. B.

curvāmen, inis n. = curvatūra

curvatūra, ae f. (cf. curvo) Krümmung

F. die Kurvatur: Krümmung

curvo 1. (cf. curvus) **krumm machen,** krümmen, beugen, biegen; nachgiebig machen; pass. sich krümmen; curvātus 3 gekrümmt, krumm, gewölbt

curvus 3 **gekrümmt, gebogen,** gebeugt; hohl, bauchig; gewunden; gewölbt; — unrecht, böse
F. die Kurve: krumme Linie, Biegung, Bogen; Bahn, Flugbahn — kurvisch: gekrümmt, gebogen

cuspis, idis f. **Stachel,** Spitze; **Lanze,** Spieß, Dreizack (Neptuns)

custōdia, ae f. (cf. custos) **Bewachung,** Bewahrung; Hut, Obhut; **Wache,** Schildwache, Posten; **Wachposten,** Warte; Haft, Gewahrsam

custōdio 4. (cf. custos) **bewachen, hüten;** aufbewahren; gefangen halten

custos, ōdis m. **Wächter,** Hüter, f. Hüterin; — Behüter, Schirmer; Leibwächter, Trabant; Posten, Schildwache; plur. Bedeckung, Besatzung; — Überwacher, Aufpasser, Aufseher
M. der Küster (L)
F. der Kustos: Aufseher, Hüter, Blatt-, Seitenhüter, Stichwort in Büchern; Leitzeichen auf Notenblättern — das Kustodiat: Hütertum — die Kustodie: Haft, Wache, Gefängnis

Cutilae, ārum f. E. alte sabinische Stadt (Contiglione)

cutis, is f. **Haut** (urv.); — **Oberfläche,** Hülle
F. subkutan: unter der Haut befindlich (med.)

Cyane, ēs f. E. Nymphe einer Quelle bei Syrakus

Cyaneae, ārum f. E. zwei kleine Inseln im Bosporus (Symplegaden)

cyathus, i m. (griech.) Schöpfbecher, Becher

cybaeus 3. (griech.) **bauchig;** cybaea, ae f. Transportschiff

Cybele, ēs f. E. 1.) phrygische Göttin, die große Göttermutter, Symbol der Fruchtbarkeit; ihr Kult war orgiastisch 2.) Gebirge in Phrygien; Cybelēius 3 der Kybele gehörig

Cyclades, um f. E. die im Kreise um Delos herumliegende Inseln

cyclĭcus 3 (griech.) zum Kreise gehörig; — einer der Dichter des epischen Zyklus
F. der Zykliker: Dichter des Sagenkreises der Ilias und Odyssee — zyklisch: kreisförmig, in regelmäßiger Folge wiederkehrend

Cyclops, ōpis m. E. einäugiger wilder Riese, Polyphem; — Cyclōpius 3 zyklopisch

cycnus (cygnus), i m. (griech.) **Schwan;** — **Cycnus,** i m. E. 1.) Sohn d. Apollo und der Hyrie, schöner, in einen Singschwan verwandelter Jüngling 2.) Sohn des Sthenelus, als Schwan unter die Sterne versetzt; — Cycnēius 3 zykneisch, böotisch

Cydnus, i m. E. Fluß in Cilicien

Cydōnia, ae f. E. Stadt in Kreta; — Cydon, ōnis m. Einwohner von C.; — Cydōnius und Cydonēus 3 kydonisch, kretisch; Cydonatāe, ārum m. Bewohner von C.

cygnus = cycnus

cylindrus, i m. (griech.) Walze, Zylinder
F. der Zylinder: Walze, Lampenglas, hoher Hut — zylindrisch: walzenförmig

Cyllēne, ēs und ae f. E. 1.) Randgebirge von Arkadien, Geburtsstätte des Merkur; — Cyllēnius und Cyllenēus (fem. auch Cyllēnis, idis) zyllenisch, des Merkur 2.) Hafenstadt in Elis

cymba (cumba), ae f. (griech.) Nachen, Kahn

cymbalum, i n. (griech.) **Zimbel,** Schallbecken
F. die Zimbel: schellenartiges Musikinstrument

cymbium, ii n. (griech.) Trinkschale

Cyme, ēs f. E. 1.) Stadt in Äolis 2.) = Cumae; Cymaeus adi. u. subst. Bewohner von C.

Cynapses, is m. E. Fluß in Asien, ins Schwarze Meer mündend

cynicus 3. (griech.) zynisch, zur zynischen Philosophie gehörig; subst. der Zyniker
F. zynisch: gemein, schamlos, beißend, spöttisch — der Zyniker: Anhänger der philosophischen, zynischen Schule; ungesitteter, schamloser Mensch, beißender Spötter — der Zynismus: griechische philosophische Schule; absichtliche Verletzung des Anstandsgefühls, zynischer Spott

Cynosarges, is n. E. (griech.) Hügel bei Athen, mit einem Gymnasium des Herakles

Cynoscephalae, ārum f. E. (griech.) die Hundsköpfe, Hügelkette in Thessalien, dort Schlacht (197 v. Chr.)

Cynosūra, ae f. E. 1.) plur. Vorgebirge auf Salamis 2.) der Kleine Bär; Cynosūris, idis (scil. ursa) der Kleine Bär

Cynthus, i m. E. Berg auf Delos, Geburtsstätte des Apollo und der Artemis; Cynthius 3 zynthisch, Beiname beider Gottheiten

Cynus, i f. E. Hafen am Sund von Euböa

cyparissus = cupressus

Cyprius vicus m. E. Straße in Rom, vom Kolosseum zur Suburra

Cypros, Cyprus, i f. E. Insel Zypern; Cyprius adi. u. subst. Bewohner von Z., zyprisch

Cypselus, i m. E. Tyrann zu Korinth

Cyrēne, ēs f. E. 1.) Stadt in Nordafrika (auch Cyrēnae, ārum) 2.) Nymphe, Mutter des Aristäus; — Cyrenaeus, Cyrenaicus, Cyrenēnsis adi. u. subst. Bewohner von C.

Cyrnos, Cyrnus, i f. E. die Insel Korsika; Cyrnēus 3. korsisch

Cyrtii, ōrum m. E. Räubervolk in Medien

Cyrus, i m. E. 1.) der ältere C., Sohn des Kambyses, Gründer des Perserreiches 2.) der jüngere C., Bruder des Artaxerxes Mnemon, fiel 401 v. Chr. bei Kunaxa

Cyssus, ūntis f. E. Hafenstadt gegenüber Chios

Cythēra, ōrum n. E. Insel und Stadt in Lakonien, mit altem Aphroditekult (Cerigo); Cytherēus, Cytherēius, Cytheriacus 3 zytherisch, der Venus heilig; Cytherēa, ae und Cytherēis, idis f. = Venus

Cythnus, i f. E. zykladische Insel (Thermia)

cytisus, i m. u. f. (griech.) Schneckenklee

Cytōrus, i m. E. Berg in Paphlagonien, reich an Buchsbaum; Cytoriacus und Cytorius 3 aus Buchsbaumholz

Cyzicos, Cyzicus, i f. E. Stadt und Halbinsel am Südufer der Propontis; Cyzincēnus adi. u. subst. Bewohner von C.

D

D = 500

D. = Decimus (Vorname)

D. = Divus

d. = dies; a. d. = ante diem

Dācia, ae f. E. Landschaft Dazien zwischen Theiß, Donau und Pruth; Dācus, i m. der Dazier; Dācius 3 dazisch

dactylicus 3 (griech.) **daktylisch; dactylus,** i m. (griech. „Finger") **Daktyl** (Versmaß)
F. der Daktyl: ein Versfuß (lang - kurz - kurz)

Daedala, ōrum n. E. 1.) Stadt in Karien 2.) Stadt und Gegend am indischen Choaspes

Daedalion, ōnis m. E. Sohn des Luzifer, in einen Habicht verwandelt

daedalus 3 (griech.) **kunstvoll; — Daedalus,** i m. E. Vater des Ikarus, Erbauer des Labyrinths; Daedalēus 3 des D.

Dahac, ārum m. E. szythisches Volk

Dalmatia (Delmatia), ae f. E. Landschaft Dalmatien; Dalmatae (Del-

matae), ārum m. Dalmater; Dalmaticus 3 dalmatisch
dāma = dāmma
Damarātus = Demaratus
Damascus, i f. E. Hauptstadt von Syrien (Dimeschk); Damascēnus 3 subst. u. adi. Bewohner von D.
F. der Damast: kunstreiches Gewebe — der Damaszener: biegsame Stahlklinge — damaszieren: Stahl durch Gravieren oder Ätzen verzieren
Damasippus, i m. E. 1.) L. Junius D. ein Marianer 2.) Licinius D. ein Tugendschwätzer
damiūrgus = demiūrgus
dāmma (dāma), ae f. Reh, Gemse, Antilope
M. Damhirsch (L)
damnātio, ōnis f. (cf. damno) **Verurteilung**
damno 1. (cf. damnum) mit einer Buße belegen, **verurteilen, verdammen** (urv.); verurteilen lassen, die Verurteilung durchsetzen; verwerfen, mißbilligen; capitis damnare zum Tode verurteilen; voti damnari zur Erfüllung eines Gelübdes verpflichtet werden
M. verdammen (L)
damnōsus 3 (cf. damnum) **schädlich,** verderblich
damnum, i n. **Geldbuße,** Geldstrafe; **Buße,** Einbuße, Verlust, **Schaden,** Nachteil
F. das Damnum: Nachteil, Vermögenseinbuße — das Damno (it.): Schaden, Verlust — der Damnifikant: Schadenstifter — der Damnifikat: Geschädigter
Dāmocles, is m. E. Günstling des Dionys von Syrakus
F. das Damoklesschwert: drohende Gefahr
Dāmon, ōnis m. E. 1.) Pythagoreer in Syrakus, Freund des Phintias 2.) Musiker in Athen, Lehrer des Sokrates
Danaē, ēs f. E. Tochter des Akrisius, Mutter des Perseus; Danaēïus 3 der Danae; subst. Perseus
Danaus, i m. E. Vater der 50 Danaiden; Danaus 3 argivisch, griechisch; Danai, ōrum m. die Griechen (vor Troja); Danaides, um f. die Danaiden
Dandaridae, ārum m. E. szytisches Volk; ihr Land Dandarica, ae f.
Dānuvius, ii m. E. Donau (Ober- und Unterlauf)
Daphne, ēs f. E. 1.) Nymphe, in einen Lorbeerbaum verwandelt 2.) Tempel und Lorbeerhain des Apollo bei Antiochia
Daphnis, idis m. E. Sohn Merkurs, Götterliebling, erfand das Hirtenlied
daps, dapis f. **Opfermahl;** Speise
Dardania, ae f. E. 1.) Stadt am Ida 2.) Landschaft D. (Serbien); Dardani, ōrum m. Einwohner von D.
Dardanus, i m. E. Sohn Jupiters und der Elektra, Ahnherr des troischen Hauses und der Römer; Dārdanidae, ārum die Troer; Dardanides, ae m. Äneas; Dardanis, idis f. die Trojanerin; Dardanius (Dardanus) 3 dardanisch, troisch
Darēus, i m. E. (Darius) persischer Königsname 1.) D. Hystaspis, Vater des Xerxes 2.) D. Ochus oder Nothus, Vater des Artaxerxes und des jüngeren Cyrus 3.) D. Codomannus, von Alexander besiegt
datio, ōnis f. (cf. do) das Geben
dator, ōris m. (cf. do) Geber
Daulis, idis f. E. Stadt in Phokis; Daulius 3 daulisch; fem. Daulias, adis aus D.
Daunus, i m. E. König von Apulien, Ahnherr des Turnus; — Daunius 3 von D.; f. Daunias, adis (=pulien)
de (praep. mit abl.) I. räumlich: 1.) **von . . . herab** z. B. de vallo vom Wall herab 2.) **von . . . weg,** von . . . her, aus z. B. de finibus aus dem Gebiet 3.) zur Bezeichnung der Herkunft: **aus** z. B. de plebe aus dem Volke; — des Stoffes (seltener) de ligno aus Holz; — der Geldquelle z. B. de publico aus der Staatskasse; — des partitiven Verhältnisses z. B. de militibus fortissimus von den Soldaten der tapferste.

— II. zeitlich: 1.) **unmittelbar nach,** von z. B. diem de die differre von Tag zu Tag verschieben 2.) **im Verlauf, noch während, schon während** z. B. de tertia vigilia um die dritte Nachtwache. — III. kausal: 1.) **wegen, um ... willen, aus** z. B. multis de causis aus vielen Gründen 2.) **nach, zufolge, gemäß** z. B. de consilio dem Rat zufolge. — IV. berücksichtigend (bei Verben): **bezüglich, hinsichtlich, in betreff,** über z. B. legatos mittere de pace in betreff des Friedens. — V. adverbiell: **de integrō von neuem; de improvisō unvermutet; denuō** (= de novo) **von neuem; de industria mit Fleiß,** absichtlich; **de ceterō übrigens**

M. de dato (d. d.): vom Tage der Ausstellung an

dea, ae f. **Göttin**

de-ambulo 1. spazierengehen

de-armo 1. **entwaffnen**

de-bacchor 1. **sich austoben,** rasen

debellātor, ōris (cf. debello) **Überwinder,** Bezwinger

de-bello 1. **niederkämpfen,** völlig bezwingen; zu Ende kämpfen, den Krieg beendigen

F. die Debellation: völlige kriegerische Niederwerfung; Vernichtung der Staatsgewalt

dēbeo, dēbui, dēbitus 2. (cf. de-habeo) **Schulden haben,** schuldig sein; **schulden, verpflichtet sein, sollen, müssen; verdanken;** zu etwas bestimmt sein; geweiht, verfallen sein; dēbitum, i n. Schuldigkeit; Schulden; dēbitus 3 schuldig, gebührend, wohlverdient

F. der Debent: Schuldner — das Debet: Soll, Schuld

dēbilis, e von Kräften, **schwach,** gelähmt, kraftlos, haltlos

F. debil: schwach, beschränkt

dēbilitas, tātis f. (cf. dēbilis) Lähmung, **Schwäche**

F. die Debilität: Schwäche; leichtester Grad des Schwachsinns (med.)

dēbilito 1. (cf. dēbilis) lähmen, **schwächen;** außer Fassung bringen

dēbitio, ōnis f. (cf. debeo) Schuld

dēbitor, ōris m. (cf. dēbeo) **Schuldner;** adi. zu Dank verpflichtet

F. der Debitor i. a. B.

dēbitum, dēbitus cf. debeo

dē-canto 1. absingen, hersingen, ableiern; — zu Ende singen

dē-cēdo, cessi, cessum 3. **weggehen, abziehen;** abmarschieren; — die Provinz verlassen; — scheiden, vergehen, weichen; verscheiden, sterben; von etwas abstehen, abgehen, abtreten, zurücktreten

F. dezedieren: abweichen, abgehen

Decelēa, ae f. E. fester Platz in Attika

decem zehn (urv.); decem primi die zehn ersten Ratsherrn der Munizipalsenate

december, bris, bre (cf. decem) zum Dezember gehörig; December(scil. mensis) der Dezember (F); — in ihm das Saturnalienfest, daher libertas Decembris die Freiheit am Saturnalienfest

decem-peda, ae f. (cf. pes) (die zehn Fuß lange) Meßstange

decem-plex, plicis (cf. duplex) **zehnfach**

decem-prīmi cf. decem

decemviri, ōrum m. die **Zehnmänner,** Magistratskollegien z. B. legibus scribundis oder ferendis zur Aufzeichnung der Gesetze, stlitibus iudicandis zur Entscheidung über Freiheits- u. Bürgerrechtsbeschränkungen; sacris faciundis oder sacrōrum die Aufseher über die sibyllinischen Bücher; agris metiendis dividendisque zur Verteilung des ager publicus; — decemvir, i m. der Dezemvir (F)

decemvirālis, e (cf. decemvir) die Dezemvirn betreffend

decemvirātus, us m. (cf. decemvir) **das Dezemvirat** (F), Zehnmänneramt

decens cf. deceo

decentia, ae f. (cf. deceo) Anstand, Schicklichkeit
F. die Dezenz i. a. B.

deceo, decui 2. (cf. decus) **schmükken, zieren; sich schicken, sich geziemen;** decet me es schickt sich für mich; — **decens,** ntis schicklich, geziemend, anständig, reizend, anmutig
F. dezent i. a. B.

dē-cerno, crēvi, crētus 3. **entscheiden, bestimmen;** — **festsetzen, beschließen,** verordnen; — anweisen, zuerkennen; dafürstimmen, daß; sich erklären für; **beschließen,** sich entschließen; (im Kampfe) entscheischeiden; proelio, pugna acie, armis, classe decertare entscheidend, bis zur Entscheidung kämpfen; decrētum, i n. **Beschluß,** Entscheidung
M. ex decreto: gemäß der Verfügung
F. dezernieren, dekretieren: beschließen, verfügen, verordnen — der Dezernent: Fachbearbeiter; Berichterstatter für einen Amtszweig — Urteilsverfasser (jur.) — das Dezernat: Amtsbereich, Geschäftsbereich — das Dekret: Beschluß, Erlaß, Verfügung — dekretorisch: entscheidend — das Dekretale: päpstlicher Bescheid — der Dekretist: Kirchenrechtslehrer

dē-cerpo, cerpsi, cerptus 3. (cf. carpo) **abpflücken,** pflücken; — entnehmen; genießen; — Abbruch tun, vermindern

dē-certo 1. **bis zur Entscheidung kämpfen;** proelio, pugna, armis, ferro cum alqo mit jem.

decessio, ōnis f. (cf. decedo) **Abgang;** Abnahme
F. die Dezession: Abgehen, Weichen

decessor, ōris m. (cf. decēdo) **Amtsvorgänger**
F. der Dezessor i. a. B.

decēssus, ūs m. (cf. decēdo) **Abgang,** Abzug; Rücktritt; **Hinscheiden,** Tod

Decetia, ae f. E. Stadt der Äduer an der Loire (Decize)

dē-cido, cidi 3. (cf. cado) **herabfallen,** zu Boden fallen, abfallen; verfallen, hineingeraten; ins Grab sinken, sterben; — zu Falle kommen, gestürzt werden

de-cīdo, cidi, cisus 3. (cf. caedo) **abschneiden, abhauen;** — kurz abmachen, abschließen; — mit jemd. sich vergleichen, ein Abkommen treffen
F. dezidieren: entscheiden, schlichten — dezidiert: entschieden kurzentschlossen — die Dezision: Entscheidung (jur.) — dezisiv: entscheidend

deciens (decies) (cf. decem) **zehnmal;** — oftmals

decimānus (älter decumānus) (cf. decuma) 1.) **zum Zehnten gehörig;** subst. Zehntpächter 2.) zur 10. Kohorte gehörig; **porta decumāna** Haupttor des Lagers (dem Feinde abgekehrt; dort lagen die 10. Kohorten) 3.) zur 10. Legion gehörig

Decimius 3. E. Name eines Geschlechtes in Samnium

decimo (decumo) 1. **jeden zehnten Mann bestrafen,** dezimieren
F. dezimieren: den 10. Mann hinrichten; (durch Seuchen) stark vermindern — die Dezimation: Aushebung, Hinrichtung jedes 10. Mannes; Erhebung des Zehnten

decimus (älter decumus) 3 (cf. decem) **der zehnte;** — poet. ungeheuer groß, gewaltig; decimum adv. zum zehnten Male; — decimum, i n. das Zehnfache, zehnfacher Ertrag; decima (meist decuma), ae f. das Zehntel (der Beute), der Zehnte (als Abgabe); — Decimus (D.) römischer Vorname
F. dezi = ein Zehntel z. B. das Dezigramm; dezimal: zehn Einheiten enthaltend — der Dekan (Dechant) (der Zeltälteste): Stiftgeistlicher; Vorsteher eines Kirchensprengels; Fakultätsvorsteher der Hochschule — das Dekanat: Amt eines Dekans — die Dekanei, Dechanei: Amt, Sprengel des Dekans

de-cipio, cēpi, ceptus 3. (cf. capio) **wegfangen; hintergehen,** berücken, **täuschen;** jdm. (alqm) entgehen, unbemerkt bleiben; — über etwas hinwegtäuschen, vergessen machen
F. dezipieren: betrügen — die Dezeption: Betrug — der Dezeptor: Betrüger

Decius 3. E. Name eines römischen plebejischen Geschlechts; Decius Mus Konsul 340 v. Chr.; er, sein

Sohn und seine Enkel weihten sich freiwillig dem Tode; Deciānus 3 des D.

declamātio, ōnis f. (cf. declāmo) **Redeübung**

F. die Deklamation i. a. B., kunstmäßiger Vortrag

declamātor, ōris m. (cf. declāmo) **Redekünstler;** declamātōrius 3 des Redekünstlers

F. der Deklamator i. a. B. — deklamatorisch: in kunstmäßigem Vortrag, (schön)-rednerisch — die Deklamatorik: Anweisung zum Kunstvortrag

de-clāmito 1 (cf. declāmo) ständig Redeübungen halten

de-clāmo 1. **Redeübungen halten;** — laut hersagen; — eifern, poltern

F. deklamieren: kunstmäßig vortragen

de-clāro 1. (cf. clārus) **klar machen,** kenntlich machen; offenbaren, dartun; verkünden, **ausrufen;** deutlich **ausdrücken**

F. deklarieren: erklären; Inhalt, Wert angeben — die Deklaration: Bekanntmachung; Steuer-, Zollerklärung — deklarativ, deklaratorisch: erklärend

declinātio, ōnis f. (cf. declino) **Abbiegen,** Beugung; — Vermeidung, Abweichung, Abschweifung

F. die Deklination: Abweichung der Magnetnadel; Abweichung der Gestirne vom Äquator; Fallbiegung (sprachl.)

declino 1. 1.) trans. **abbiegen,** abwenden; vermeiden, aus dem Wege gehen 2.) intr. **ausbiegen,** ausweichen; abirren, abschweifen

F. deklinieren: abwandeln, abweichen; biegen (sprachl.) — deklinabel: abwandelbar (sprachl.) — indeklinabel: nicht wandelbar (sprachl.) — die Deklinabilität: Abwandelbarkeit (sprachl.) — der Deklinator, das Deklinatorium: Kompaß, der die Abweichung der Magnetnadel zeigt — deklinatorisch: abweichend

de-clīvis, e (cf. clīvus) **bergab gehend, geneigt;** abgedacht, abschüssig; declīve, is n. Abhang

F. dekliv i. a. B.

declīvitas, tātis f. (cf. declīvis) **Abschüssigkeit**

F. die Deklivität i. a. B.

decoctor, ōris m. (cf. decoquo) Verschwender

de-color, ōris **entfärbt,** verfärbt; gebräunt

de-colōro 1. **entfärben**

de-coquo, coxi, coctus 3. **abkochen,** einkochen; sein Vermögen durchbringen, Bankerott machen

F. das Dekokt: Absud, abgekochter Kräutertrank

decor, ōris m. (cf. deceo) **Schicklichkeit,** Anstand; Schmuck, Zierde; Anmut, Würde

decoro 1. (cf. decus) **schmücken,** zieren; ehren, auszeichnen, verherrlichen

F. dekorieren: schmücken, verzieren, (durch Ordensverleihung) auszeichnen — dekorativ: schmückend, nur zur Verzierung dienend — die Dekoration: Ausschmückung, Ausstattung; Ausstattung mit Orden; der Orden

decōrus 3 (cf. decor) **schicklich,** geziemend, anständig, passend; — reizend, anmutig, schön; — geschmückt, geziert

de-crepitus 3 (cf. crepo) abgelebt

de-crēsco, crēvi 3. im Wachstum zurückgehen, **abnehmen, kleiner werden; sich vermindern**

decrētum, i n. cf. decerno

decuma, decumus cf. decima, decimus

decumānus cf. decimānus

decumātes agri (cf. decuma) das zehntpflichtige Land, **Zehntland,** der südwestliche durch den Limes geschützte Teil Germaniens zwischen Rhein und Donau

de-cumbo, cubui 3. (cf. accumbo) **sich niederlegen;** niedersinken

F. der Dekubitus: Wundliegen von Kranken; Ablagerung von Körpersäften (med.)

decumo cf. decimo

decuria, ae f. (cf. decem) **Zehntschaft, die Dekurie** (Abteilung von zehn Personen); Abteilung, Klasse, Zug (ohne Rücksicht auf die Zahl)

F. die Dekurie i. a. B.

decuriātio, ōnis f. und decuriātus, ūs m. Einteilung in Dekurien

decurio 1. (cf. decuria) **in Zehnt-**

schaften einteilen, in Abteilungen einteilen, sammeln

decurio, ōnis m. **Führer einer Zehntschaft, Dekurio;** Wachtmeister; — Ratsherr, Gemeinderat

F. der Dekurio i. a. B.

de-curro, curri (cucurri), cursum 3. **herablaufen,** -eilen, -stürmen, -fließen, -marschieren, -segeln; — laufen, eilen; — vorbeimarschieren, defilieren; — zu etwas schreiten, die Zuflucht nehmen; — durchlaufen, zurücklegen; — durchnehmen, besprechen

decursus, ūs m. (cf. decurro) **Hinablaufen;** Herabstürmen, Überfall; — Parade, Revue; — das Durchlaufen, Verlauf

F. der Dekurs: Krankheitsverlauf (med.) — dekursiv: abwärts laufend

de-curto 1. **abkürzen,** verkürzen, verstümmeln

decus, decoris n. (cf. deceo) **Schmuck, Zier;** Schönheit, Reiz; — Ehre, Würde, Ruhm, Lob, Tugend; Stolz, Zierde; — Heldentat; — Ahnenreihe, Ahnen

de-cutio, cussi, cussus 3. **abschütteln, abschlagen,** herabschleudern

de-deceo, ui 2. **verunzieren,** schlecht kleiden; **dedecet alqm es gereicht jedem zur Schande,** zur Unehre, es schickt sich nicht, ziemt sich nicht

de-decoro 1. **entehren,** schänden

de-decōrus 3 **entehrend,** verunehrend

de-decus, oris n. **Unehre, Schande;** Schändlichkeit, Schandtat, Schandfleck; — Entwürdigung, Beschämung

dedicātio, ōnis f. (cf. dedico) **Weihung,** Einweihung

F. die Dedikation: Widmung, Schenkung

de-dico 1. **weihen, einweihen;** der Gottheit einen Tempel weihen, sie ehren z. B. deum; — widmen

F. dedizieren: widmen, schenken

de-dignor 1. **unwürdig finden;** verschmähen, verwerfen

de-disco, didici 3. **verlernen,** vergessen

deditīcius 3 (cf. dēdo) der sich auf Gnade und Ungnade ergeben hat, **unterworfen,** untertan; subst. der Untertan, Unterworfene

deditio, ōnis f. das Sichergeben, **Übergabe,** Unterwerfung, Kapitulation

deditus cf. dedo

dē-do, didi, ditus 3. **ganz hingeben, übergeben;** preisgeben; **überlassen,** hingeben; se dedere u. pass. sich ergeben, kapitulieren; sich hingeben, widmen, fröhnen; dēditus 3 ergeben, anhänglich; hingegeben, geweiht; beflissen, fröhnend; dēdita opera mit Fleiß, geflissentlich, absichtlich

de-doceo 2. verlernen machen, vergessen machen

de-doleo, dolui 2. (poet.) seinen Schmerz, Kummer enden

de-dūco, dūxi, ductus 3. **hinabführen,** -ziehen, -bringen, -ziehen, hinabmarschieren lassen; — wegführen, abführen; — entfernen; verpflanzen, ansiedeln, eine Kolonie gründen; — (Wasser) ableiten; (beim Rechnen) abziehen; (Fäden) spinnen; ausspinnen; — abziehen, abbringen, abwendig machen; verlocken, verführen; — hinführen, hinbringen, hinschaffen, zuführen; geleiten, das Geleit geben; — in eine Lage bringen, in einen Zustand versetzen; — deductus 3 herabgestimmt, gedämpft

F. deduzieren: ableiten, aus dem Allgemeinen auf das Besondere schließen; darlegen — deduktiv: herleitend, vom Allgemeinen ausgehend

deductio, ōnis f. (cf. dedūco) das Ab-, Fortführen, Ableiten; Abzug (von einer Geldsumme

F. die Deduktion: Abzug einer Summe; Herleitung des Besonderen aus dem Allgemeinen; Ableitung der Rechtsansprüche aus den Rechtsgrundsätzen (jur.)

deductor, ōris m. (cf. dedūco) Begleiter eines Amtsbewerbers

deductus 3 cf. dedūco

de-erro 1. **abirren,** sich verirren

defatigātio, ōnis f. (cf. defatigo) **Ermüdung,** Erschöpfung

de-fatigo 1. **völlig ermüden, erschöpfen,** matt machen

defectio, ōnis f. (cf. deficio) **Abfall,** Empörung; — **Abnahme,** das Ausbleiben; (solis, lunae) **Finsternis;** — **Entkräftung,** Erschöpfung

defector, ōris m. (cf. deficio) **Abtrünnige,** Abgefallene

defectus, ūs m. (cf. deficio) **Abfall;** Abnahme; (solis, lunae) Finsternis

F. der Defekt: Fehler; Schadhaftigkeit; Lücke; Fehlbuchstabe (buchdr.)

dē-fendo, fendi, fēnsus 3. (cf. offendo) **abwehren,** abhalten; Widerstand leisten, **sich wehren; verteidigen,** schützen; — verfechten, behaupten; (vor Gericht) vertreten; — zu seiner Verteidigung sagen, geltend machen

F. defendieren: verteidigen — der Defendend: der zu Verteidigende, Schützling

defēnsio, ōnis f. (cf. defendo) **Abwehr, Verteidigung;** Rechtfertigung; Vertretung; Verteidigungsrede; Verteidigungsgrund

F. die Defension: Verteidigung — defensiv, defensional: verteidigend — die Defensive: Verteidigung, Verteidigungskrieg

defēnsito 1. (cf. defenso) zu verteidigen pflegen

defēnso 1. (cf. defendo) **eifrig verteidigen**

defēnsor, ōris m. (cf. defendo) **Verteidiger;** Beschützer; plur. Besatzung, Bedeckung

M. Defensor fidei: Verteidiger des Glaubens, Ehrentitel der englischen Könige seit Heinrich VIII. — Defensor vinculi: amtlicher Verteidiger in Prozessen über die Gültigkeit von Weihen und Ehen

F. der Defensor: Beschützer; in der alten Kirche Witwen- und Waisenanwalt — defensorisch: verteidigungsweise

dē-fero, tuli, lātus, deferre **hinabtragen,** -führen, -bringen; abwärts führen; abführen, abbringen, verschlagen; — hintertragen, hinterbringen; abliefern, abführen; — darbringen, darbieten, **übertragen; überbringen,** melden; angeben, anzeigen, anmelden; denunzieren, anklagen; pass. abirren, verschlagen werden

F. deferieren: anzeigen, berichten; übertragen; willfahren; Eid zuschieben (jur.) — die Deferenz: Willfährigkeit, Ehrerbietung — der Deferent: Angeber; Eidabforderer — der Delat: Verklagter — die Delation: Anzeige; Zuschiebung eines Eides (jur.); Übertragung eines Eides (jur.) — delatorisch: angeberisch, verräterisch

de-fervēsco, fervi (ferbui) 3. (cf. fervio) austoben

defessus 3 **gänzlich ermüdet,** ermattet, erschöpft

defetigātio, defetigo cf. defatigātio, defatigo

de-ficio, fēci, fectus 3. (cf. facio) 1.) intr. **sich losmachen, abfallen;** — ausgehen, zu fehlen beginnen, **fehlen;** — erlahmen, ermatten; kleinmütig werden, **(animo) den Mut verlieren;** — (von Sternen) sich verfinstern; — (von Geschlechtern) aussterben, erlöschen 2.) trans. **verlassen,** im Stiche lassen — **ausgehen, mangeln** (mit acc. z. B. pecunia me deficit); — defectus 3 verlassen — entkräftet, geschwächt

F. defekt: mangelhaft, schadhaft — defektieren: Verrechnungsfehler feststellen; ergänzen; fehlmelden (post.); veruntreuen — das Defektivum: unvollständiges Zeitwort — das Defizit: Fehlbetrag, Verlust

de-fīgo, fīxi, fīxus 3. **festheften,** fest einschlagen; hineinschlagen, hineinbohren; jemanden bannen, **festhalten;** pass. festhaften, haften bleiben

de-fingo 3. **abformen,** zeichnen

de-fīnio 4. **abgrenzen,** begrenzen; **genau bestimmen,** bezeichnen, einen Begriff abgrenzen, definieren; festsetzen; feststellen; abschließen; beschränken, pass. sich beschränken; — definitus 3 abgegrenzt, bestimmt, deutlich

F. definieren: genau bestimmen — definitiv: entscheidend, bestimmend, bestimmt, endgültig — das Definitivum: endgültige Erklärung, endgültige Einrichtung, endgültiger Zustand — definitorial: endgültig, abschließend — das Definitum: genau bestimmter Begriff — das Indefinitum: unbestimmter Begriff — der Definitor: Stellvertreter des Landdekans; Beirat des Provinzialobern eines Ordens

definitio, ōnis f. (cf. definio) **Begriffsbestimmung**
F. die Definition i. a. B.

definitus cf. definio

de-fio (pass. zu deficio) fehlen, ausgehen

deflagrātio, ōnis f. (cf. deflagro) **das Niederbrennen,** Verbrennung

de-flagro 1. 1.) intr. **völlig niederbrennen,** in Flammen aufgehen; — untergehen; — verrauchen, austoben 2.) trans. **verbrennen**

de-flecto, flexi, flexus 3. herabbiegen; **ablenken, abwenden**; abändern, umwandeln, verdrehen; — intr. abbiegen, **abweichen**
F. deflektieren: trans. ablenken; intr. abweichen — die Deflektion: Ablenkung, Abweichung — der Deflektor: Ablenkelektrode im Zyklotron

de-fleo, flēvi, flētus 2. 1.) trans. **beweinen;** (intr.) **sich ausweinen**

de-florēsco, florui 2. (cf. floreo) **verblühen, verwelken**
F. deflorieren: entjungfern — die Defloration: Entjungferung

de-fluo, flūxi 3. **herabfließen;** herabschwimmen, herabgleiten, herabsinken; herabwallen, herabhängen; (vom Haar) ausfallen, ausgehen; von etwas abkommen, abfallen; — **abfließen;** aufhören, verschwinden; — herströmen, zuströmen
F. defluieren: abfließen, schwinden — die Defluktion: Abfluß

de-fodio, fōdi, fossus 3. **vergraben,** eingraben; — aufgraben, ausgraben

de-fore cf. dēsum

deformātio, ōnis f. (cf. deformo) **Verunstaltung,** Entstellung
F. die Deformation i. a. B., Mißbildung

defōrmis, e (cf. defōrmo) **formlos; verunstaltet,** mißgestaltet, häßlich; schimpflich, schmachvoll, unehrenhaft

defōrmitas, tātis f. (cf. defōrmis) **Mißgestalt,** Häßlichkeit, Verunstaltung
F. die Deformität i. a. B.

de-fōrmo 1 entstellen, verunstalten, entehren, schänden
F. deformieren: verunstalten

de-fraudo 1. **betrügen, täuschen,** übervorteilen
F. defraudieren i. a. B. — der Defraudant: Betrüger — die Defraudation: Betrug, Unterschlagung

de-frenātus 3 (cf. freno) **ungezügelt**

de-frico, fricui, frictus (fricatus) 1. **abreiben;** durchhecheln

de-fringo, frēgi, frāctus 3. (cf. frango) **abbrechen**

de-frutum, i n. eingekochter Most

de-fugio, fūgi 3. 1.) (intr.) (mit acc.) **entfliehen,** enteilen 2.) (trans.) etwas fliehen, ausweichen, vermeiden; aus dem Wege gehen

de-fundo, fūdi, fūsus 3. **herabgießen,** ausgießen; einschenken, (als Libation) auf den Boden gießen

de-fungor, fūnctus sum 3. **völlig beendigen,** erledigen, überstehen, mit abl. z. B. periculis; — **sterben,** verscheiden
F. der Defunktus: der Verstorbene — die Defunkta: die Verstorbene

de-gener, eris m. u. f. (cf. genus) **entartet;** unecht; unedel, niedrig, unwürdig, gemein

de-genero 1. 1.) (intr.) **ausarten,** entarten; abweichen, abfallen 2.) (trans.) **herabwürdigen,** entehren, entstellen
F. degenerieren: entarten — die Degeneration: Entartung

dēgo, dēgi 3. (cf. de-ago) **zubringen, verleben;** leben

de-grandinat (poet.) es hagelt zu Ende

de-gravo 1. **niederdrücken,** niederbeugen; beschweren

de-gredior, gressus sum 3. (cf. gradior) **herabschreiten, hinabsteigen, hinabmarschieren;** weggehen

de-gūsto 1. **von etwas kosten;** etwas versuchen, probieren, leicht berühren, leicht behandeln

de-hinc 1.) (räumlich): **von hier aus,** 2.) (zeitlich): **von jetzt an,** künftig; **von da an,** seitdem; **hierauf**

de-hisco 3. (cf. hio) aufklaffen, bersten

dehonestamentum, i n. (cf. dehonesto) **Verunstaltung;** Beschimpfung, Entehrung, Schande

de-honesto 1. **entehren,** beschimpfen, schänden

de-hortor 1. **abmahnen,** abraten

Deïanira, ae f. E. Gemahlin des Herkules

de-icio (sprich jicio), iēci, iectus 3. (cf. iacio) **abwerfen,** herabwerfen; **zu Boden werfen, niederwerfen,** einreißen; zu Boden strecken, töten, erlegen; niederschlagen, stürzen; — abschlagen, wegschlagen, **vertreiben,** werfen, aus der Stellung werfen; — **verdrängen,** (ein Schiff) verschlagen; abwenden, entfernen; **einer** Sache berauben; spe deicere der Hoffnung berauben; de sententia deicere von seiner Absicht abbringen; de fide deicere in seiner Treue wankend machen; — deiectus 3 mutlos, kleinmütig; — gesenkt, tief liegend

deiectus, ūs m. (cf. deicio) das **Herabwerfen,** das Herabstürzen; **Absturz, Abhang,** Abschüssigkeit

de-in = deinde

dein-ceps (adv.) (cf. dein und capio) **nacheinander, der Reihe nach; demnächst,** zunächst

de-inde (adv.) 1.) (räumlich): **von da an, von dort an,** weiterhin 2.) (zeitlich): **hierauf,** darauf 3.) (anreihend): hierauf, alsdann, ferner

Deionides, ae m. E. Sohn der Deïone, Miletus

Deiphobus, i m. E. Sohn des Priamus, trojanischer Held

Deiotarus, i m. E. Vierfürst von Galatien, von Cicero verteidigt

de-iungo 3. **abspannen,** ausspannen

de-lābor, lāpsus sum 3. **herabgleiten,** herabfallen, entgleiten, hineingeraten, sich verirren, verfallen

de-lāmentor 1. **bejammern**

dē-lasso 1. **gänzlich ermüden** jdn. alqm

delātio, ōnis f. (cf. defero) **Anklage,** Denunziation

delātor, ōris m. (cf. defero) Denunziant

delectābilis, e (cf. delecto) **schmackhaft,** lecker

delectamentum, i n. (cf. delecto) **Ergötzlichkeit**

delectātio, ōnis f. (cf. delecto) **Unterhaltung,** Vergnügen

delecto 1. (cf. delicio) stark anlocken, anziehen, **erfreuen,** vergnügen, unterhalten *F.* delektieren i. a. B.

delēctus (dilēctus), ūs m. (cf. deligo) **Auswahl,** Wahl; **Aushebung**

de-lēgo 1. **hinschicken,** überweisen, übertragen, verweisen, zuschieben, zuschreiben

F. delegieren: abordnen; Schuld überweisen (jur.) — der Delegierte: Abgeordnete die Delegation: Abordnung; Schuldüberweisung (jur.)

delenimentum, i n. (cf. delēnio) **Linderungsmittel;** Lock-, Reizmittel

de-lēnio 4. **lindern,** besänftigen; **beschwichtigen;** für sich einnehmen, ködern, bezaubern

delenitor, ōris m. (cf. delēnio) der für sich Einnehmende, Gewinnende

dēleo, ēvi, ētus 2 **tilgen,** vertilgen, auslöschen, **zerstören**

M. Deleatur (auf Korrekturbogen): man streiche

Delia, Deliacus, Delius cf. Delos

deliberabundus 3 (cf. delibero) in tiefes Nachdenken versunken

deliberātio, ōnis f. (cf. delibero) **Erwägung,** Überlegung

deliberātor, ōris m. (cf. delibero) einer, der überlegt

de-libero 1. (cf. libra) **abwägen,** erwägen, **überlegen,** beraten; sich entscheiden, beschließen; das Orakel befragen; — deliberātus 3 entschieden, bestimmt

M. ad deliberandum nehmen: vertagen

de-lībo 1. abgießen, abnehmen; kosten, genießen

de-libro 1. (cf. liber) abschälen

de-libūtus 3 bestrichen, gesalbt

delicātus 3 köstlich, reizend; **üppig,** wollüstig, genußsüchtig; **wählerisch,** verzogen, verwöhnt

F. delikat: zart, wohlschmeckend, heikel, behutsam zu behandeln — die Delikatesse: Leckerbissen; Zartgefühl; zarte Schonung; künstlerischer Feingeschmack; Zierlichkeit

deliciae, ārum f. (cf. delicium, ii n.) **Wonne, Lust, Üppigkeit, Vergnügen, Liebhaberei; Liebling, Kleinod**

F. deliziös: köstlich, wohlschmeckend

deliciolae, ārum f. (dem. von deliciae) kleiner, teurer Liebling

delictum, i n. cf. delinquo

de-ligo 1. **anbinden,** befestigen

de-ligo, lēgi, lēctus 3. **auslesen, auswählen; ausscheiden;** delēctus 3 auserlesen; delecti, ōrum m. Auserlesene, Elite

delinio = delenio

de-linquo, liqui, lictum 3. **sich vergehen, fehlen; delictum,** i n. Vergehen, Fehler, Schuld

F. der Delinquent: Angeklagter, Verbrecher — das Delikt: Vergehen, Verbrechen

de-liquēsco (diliquēsco), delicui 3. (cf. liquo) **zerschmelzen,** zerfließen

deliramentum, i n. (cf. delīro) **Schwachsinn, Wahnwitz,** Albernheit, Faselei

delirātio, ōnis f. = deliramentum

de-līro 1. (cf. lira) außer Rand und Band sein, **verrückt sein,** rasen

F. delirieren: i. a. B. — der Delirant: Wahnsinniger — das Delirium: Wahnsinn, Geistesverwirrung — delirium tremens: Säuferwahnsinn — delirando: leidenschaftlich (mus.)

delīrus 3 (cf. delīro) außer Rand und Band; **verrückt,** wahnsinnig

de-litēsco (delitīsco), delitui 3. (cf. lateo) **sich verstecken,** sich verbergen

de-lītigo 1. (poet.) sich zanken, sich ereifern

Delmatia = Dalmatia

Dēlos (Dēlus), i f. E. Zykladeninsel und Stadt (Mikra Dilos), Geburtsort des Apollo und der Diana; Dēlius und Dēliacus adi. und subst.; m. = Apollo, f. = Diana; Dēlium, ii n. Städtchen in Böotien mit Apollotempel

Delphi, ōrum m. E. Stadt Delphi am Fuße des Parnaß mit dem berühmten Orakel (Kastri); Delphicus adi. und subst. Bewohner von D.; — m. = Apollo

delphīn, inis m. (acc. sins. ina, plur. inas) und delphīnus, i m. (griech.) **Delphin** (L); das Gestirn D.

M. in usum delphini: zum Gebrauch des Dauphins; nur für den Schüler

delūbrum, i n. (cf. deluo) Entsühnungsstätte, **Heiligtum,** Tempel

de-lūdo, lūsi, lūsus 3. sein Spiel treiben, **hintergehen,** foppen, täuschen

de-lumbo 1. (cf. lumbus) lendenlahm machen, **lähmen,** schwächen

Delus = Delos

Demādes, is m. E. athenischer Redner

de-madēsco, madui 3. **völlig naß werden**

de-mando 1. **anvertrauen,** empfehlen

de-māno 1. **herabfließen**

Demarātus (Damarātus), i m. E. König von Sparta

dē-mēns, ntis sinnlos, **unsinnig, wahnsinnig,** töricht

dementia, ae f. (cf. demeus) **Unsinn,** Verrücktheit, **Wahnsinn**

F. die Demenz i. a. B. — Dementia paralytica: Gehirnerweichung (med.) — Dementia praecox: Jugendirresein (med.)

de-mereo, merui, meritus 2. und demereor, meritus sum 2. **sich um jemd. verdient machen,** jemd. für sich gewinnen

de-mergo, mersi, mersus 3. **etw. eintauchen, versenken,** in den Grund bohren; — niederdrücken; pass. versinken, sinken

de-mētior, mēnsus sum 4. **abmessen**

de-meto (messui), messus 3. **abmähen,** abschneiden

de-mētor = dimetor

Demetrias, adis f. E. Hafenstadt in Thessalien; Demetriacus adi. und subst. Bewohner von D.

Demētrius, ii m. E. Name mazedonischer und syrischer Königc. 1.) D. Poliorcētes, mazed. König 2.) D. Soter u. D. Nicator, syrische Könige 3.) D. Phalereus Staatsmann 4.) D. Magnes Historiker und Philosoph

demigrātio, ōnis f. (demigro) **Auswanderung**

dē-migro 1. **auswandern**

de-minuo (diminuo), minui, minūtus 3. **vermindern,** verringern, wegnehmen; beeinträchtigen, schmälern; — pass. **abnehmen, zusammenschmelzen**

F. diminuieren i. a. B. — das Deminutiv, Deminutivum: Verkleinerungsform (sprachl.) — diminutiv: verkleinernd — diminuendo: abnehmend (mus.)

deminūtio (diminūtio), ōnis f. **Verminderung,** Verringerung; Schmälerung, Beeinträchtigung, Verlust; deminūtio capitis Verringerung der bürgerlichen Rechte

F. die Diminution: Verkleinerung, Abnahme

de-mīror 1. **sich sehr wundern**

demissio, ōnis f. (cf. demitto) das Herablassen, Sinkenlassen, Niedergeschlagenheit

demissus cf. demitto

de-mitto, mīsi, missus 3. **hinab-, herablassen, hinab-, herabschicken,** hinabführen; hinabsenken, versenken, sinken lassen, hängen lassen, lang herabwallen lassen; se demittere sich hinabbegeben, hinabgehen, herabfließen; pass. hinabgehen; von jemd. abstammen; — demissus 3 herabgesenkt, gesenkt; niedrig gelegen; niedrig, tief; — gedämpft, leise; — niedergeschlagen, kleinmütig; bescheiden, demütig

F. demiß: kleinlaut, niedergeschlagen — die Demission: Niedergeschlagenheit

demiūrgus (damiūrgus), i m. (griech.) höchste Obrigkeit in den dorischen Staaten

dēmo, dēmpsi, dēmptus 3. (cf. deemo) **wegnehmen,** abnehmen; abziehen

Democritus, i m. E. Philosoph aus Abdera, der „lachende" Philosoph, Begründer der Atomlehre; — Democritius (Democritēus) adi. und subst. Schüler des D.; — Democritēa, ōrum n. Lehrsätze des D.

de-mōlior 4. **herabwälzen, niederreißen,** abbrechen, zerstören

F. demolieren i. a. B. — die Demolierung: Niederreißung, Schleifung

demolitio, ōnis f. (cf. demōlior) **Niederreißen,** Abnehmen

demonstrātio, ōnis f. (cf. demōnstro) das Hinzeigen; **Nachweis,** Darlegung

F. die Demonstration: Beweisführung; überzeugende Darlegung; anatomischer Unterricht an Präparaten (med.); Anzeige (jur.); Massenkundgebung; Scheinangriff

demonstrātor, ōris m. (cf. demōnstro) Zeiger, Anweiser

F. der Demonstrator: Darleger, Beweisführer

de-mōnstro 1. **zeigen; bezeichnen,** anführen

M. quod erat demonstrandum: was zu beweisen war

F. demonstrieren: darlegen, beweisen; kundgeben; an einer Kundgebung teilnehmen; einen Scheinangriff vornehmen — ad oculos demonstrieren: anschaulich darlegen — das Demonstrativ, Demonstrativum: hinweisendes Fürwort (sprachl.) — demonstrativ: darlegend; eine Kundgebung bezweckend; hinweisend (sprachl.) — der Demonstrant: Darleger; Teilnehmer an einer Kundgebung

de-morior, mortuus sum 3. **wegsterben**

de-moror 1. 1.) (intr.) **sich aufhalten** 2.) (trans.) **aufhalten,** verzögern, hindern

Demosthenes, is und i m. E. berühmter Redner und Staatsmann in Athen

de-moveo, mōvi, mōtus 2. **entfernen, fortschaffen; verdrängen,** vertreiben; abwenden, abbringen

de-mugītus 3 (cf. mugio) mit Gebrüll erfüllt

dēmum adv. **endlich, zuletzt, erst;** nunc demum, iam demum jetzt erst; tum demum dann erst, da endlich; hic demum hier endlich; sic demum dann erst; (mit pron.) **erst, eben, gerade;** (steigernd) **vollends** z. B. ea demum vera sapientia est das erst ist wahre Weisheit

dē murmuro 1. hermurmeln

demutātio, ōnis f. (cf. demuto) **Veränderung**

de-mūto 1. **verändern**
denārius 3 (gen. plur. meist denariūm) (cf. deni) je zehn enthaltend; **denārius,** ii m. **ein Denar,** Silbermünze, 10, später 16 As (ca. 70 Pf.)
de-narro 1. **hererzählen,** genau erzählen
de-nato 1. **herabschwimmen**
de-nego 1. entschieden verneinen, **leugnen;** abschlagen, verweigern
dēni 3 (gen. plur. denum und denōrum) (cf. decem) **je zehn**
dēnique adv. (cf. demum) **endlich,** zuletzt, **schließlich;** — **kurz,** überhaupt; am Ende; erst; gerade, eben
de-nōmino 1. **benennen**
de-nōrmo 1. **unregelmäßig machen**
de-noto 1. **bezeichnen,** kenntlich machen
dēns, ntis m. **Zahn** (urv.); alles Zahnähnliche (Säge-, Kammzahn, Ankerspitze, Pflugscharschneide, Winzermesser, Hippe u. ä.)
F. dental: die Zähne betreffend; an den Zähnen gebildet (sprachl.) — der Dental, die Dentalis: Zahnlaut (sprachl.) — der Dentist: Zahntechniker — die Dentur: Zahnbestand, Beschaffenheit der Zähne — das Dentin: Zahnbein
dēnseo 2. und dēnso 1. (cf. densus) **dicht machen, verdichten;** dicht aufstellen; — rasch aufeinander folgen lassen, aneinander reihen ;— pass. sich drängen, sich häufen
dēnsus 3 **dicht; dicht besetzt, dicht gedrängt;** — häufig, ununterbrochen
dentālia, ium n. (cf. dens) (Zahnhölzer) Scharbaum (Hakenschuh am Pfluge)
dentātus 3 (cf. dens) gezähnt; — mit Zähnen auf die Welt gekommen; — mit Zähnen geglättet
Denthalias, ātis E. (scil. ager) Stadtgebiet an der messenisch-lakonischen Grenze
Dentheleti, ōrum m. E. Volk in Thrazien
de-nūbo, nūpsi, nūptum 3. **wegheiraten**
de-nūdo 1. **entblößen**
F. die Denudation: Abräumung der Verwitterungsmassen durch Regen, Flüsse, Gletscher und Wind; Entblößung
denuntiātio, ōnis f. (cf. denuntio) **Ankündigung,** Anzeige; Androhung; Verordnung
F. die Denunziation: Anzeige, Anklage
de-nūntio 1. **ankündigen, erklären;** androhen; anzeigen; prophezeien
F. denunzieren: anzeigen, angeben — der Denunziant: Angeber, Anzeiger
dēnuō (adv.) (cf. de-novo) **von neuem,** wieder, nochmals
Deo, ūs f. E. Ceres; Deōïus 3 der Ceres gehörig, geweiht; Deōis, idis f. Cerestöchter = Proserpina
de-onero 1. entlasten
de-orsum und **de-orsus** (aus devorsum) **abwärts;** — sursum deorsum auf und nieder
de-paciscor, pactus sum und depēciscor, pectus sum 3. **einen Vertrag schließen,** etwas abmachen
de-pāsco, pāvi, pāstus 3. **abweiden**
de-peciscor = depaciscor
de-pecto, —, pexus 3. herabkämmen, abkämmen
depeculātor, ōris m. (cf. depeculor) Plünderer
de-pecūlor 1. (cf. peculium) ausplündern, berauben
de-pello, puli, pulsus 3. **hinabtreiben,** wegtreiben, vertreiben, **verjagen,** verscheuchen; **abwehren,** fernhalten; abbringen, entwöhnen
de-pendeo 2. **herabhängen; abhängig sein**
F. dependieren: abhängen, unterworfen sein — dependent: abhängig, untergeben, unselbständig — die Dependenz: Abhängigkeit; Zubehör — die Dépendance (franz.): Nebengebäude
de-pendo, pendi, pēnsus 3. **abwägen, bezahlen;** poenam dependere Strafe erleiden, büßen
de-perdo, didi, ditus 3. **zugrunderichten,** verderben; — **verlieren,** einbüßen
de-pereo, ii, itūrus, ire **zugrundegehen**
de-pingo, pinxi, pictus 3. **abmalen,** malen, schildern

de-plango, plānxi, plānctus 3. die Hände zusammenschlagen, **betrauern,** bejammern

de-plōro 1. 1.) (intr.) **laut weinen,** klagen 2.) (trans.) **laut beweinen,** beklagen, als verloren aufgeben

F. deplorieren: beklagen — die Deploration: das Beklagen — deplorabel: beklagenswert

de-pluit 3. **es regnet herab**

de-pōno, posui, positus 3. **niederlegen,** -setzen, -stellen; in Sicherheit bringen, unterbringen, anvertrauen; — **ablegen,** beiseite legen, niederlegen, aufgeben, verzichten; — (Kranke aufgeben) an der Rettung verzweifeln; — **depositus** 3 aufgegeben, im Sterben liegend, verstorben; — **depositum, i n. anvertrautes** Gut

F. deponieren: hinterlegen, in Verwahrung geben; vor der Obrigkeit aussagen — der Deponent: Hinterleger (jur.) — das Depositum (plur. die Depositen): etwas zur Aufbewahrung Gegebenes; hinterlegtes Geld — das Depositorium: Verwahrungsort, Hinterlegungsstelle — der Depositar: Verwahrer (jur.) — das Deponens: Zeitwort mit passiver Form und aktiver Bedeutung (sprachl.)

depopulātio, ōnis f. (cf. depopulo) **Ausplünderung,** Verwüstung

de-populo (meist **depopulor**) 1. (cf. populus) **entvölkern, verwüsten,** verheeren

de-porto 1. **hinabtragen,** -führen, -bringen; **fortführen,** fortschaffen, **verbannen;** mitbringen, heimführen

F. deportieren: verbannen, zwangsweise verschicken; die Deportation: Verbannung in eine Strafkolonie

de-pōsco, popōsci 3. **dringend fordern,** verlangen; jemds. Auslieferung verlangen

depositum cf. depono

depravātio, ōnis f. (cf. deprāvo) **Verdrehung,** Verzerrung, Entstellung, Verschlechterung

F. die Depravation: Sittenverschlechterung, Entartung

de-prāvo 1. (cf. prāvus) **verdrehen,** entstellen, verschlechtern; depravātus 3 entstellt, verkehrt, unrichtig

F. depravieren: (trans.) verschlimmern; (intr.) entarten

deprecabundus 3 (cf. deprecor) **inständig bittend**

deprecātio, ōnis f. (cf. deprecor) **Abbitte,** Entschuldigung; **Fürbitte,** Fürsprache

F. die Deprekation: Abbitte

deprecātor, ōris m. (cf. deprecor) **Abbitter;** — **Fürbitter**

de-precor 1. 1.) **durch Bitten abzuwenden suchen,** abwehren, besänftigen 2.) **Fürbitte einlegen,** erbitten, losbitten, erflehen

F. deprezieren: sich etwas verbitten, abbitten

de-prehendo, hendi, hēnsus 3. (auch deprēndo, prēndi, prēnsus 3.) **wegfangen,** auffangen; finden, entdekken; **abfassen, ertappen, überraschen;** in die Enge treiben; — geistig erfassen, **erkennen, wahrnehmen**

depressus cf. deprimo

de-primo, pressi, pressus 3. (cf. premo) **niederdrücken,** herabdrücken; hineingraben, versenken; unterdrükken; — **depressus 3 niedergedrückt,** gesenkt, niedrig gelegen, niedrig

F. deprimieren: niederdrücken, entmutigen — die Depression: Senkung, Vertiefung; niedriger Luftdruck, Gebiet niedrigsten Luftdrucks; tiefer als der Meeresspiegel liegendes Land; körperliche Abspannung, Niedergeschlagenheit — depressieren: (Geschütz) tiefer richten; aus der Presse nehmen (buchdr.)

de-proelior 1. **wütend kämpfen**

de-prōmo, prōmpsi, prōmptus 3. **hervorholen, nehmen,** entnehmen, entlehnen

de-propero 1. 1.) (intr.) **sich beeilen** 2.) (trans.) **etwas beeilen,** etwas eilig anfertigen

de-pudet, depuduit 2. (mit acc.) **die Scham ablegen;** depudet alqm die Scham weicht von jemd.

de-pūgis, e ohne Hinterbacken

de-pūgno 1. **bis zur Entscheidung kämpfen,** auf Leben und Tod kämpfen

depulsio, ōnis f. (cf. depello) **das Zurückstoßen; Abwehr**

depulsor, ōris m. (cf. depello) Abwender, **Abwehrer**

dē-puto 1. **abschätzen, wofür halten**

F. deputieren: bestimmen, abordnen — die Deputation: Abordnung, Ausschuß — der Deputierte: Abgeordneter — das Deputat: in Naturalien bestehender Einkommensteil — der Deputatist: Deputatempfänger

Derbices, um m. E. Volk am Kaspischen Meer

Dercetis, is f. E. syrische Göttin der Liebe und Fruchtbarkeit, Mutter der Semiramis

derēctus = dirēctus

derelictio, ōnis f. (cf. derelinquo) **Vernachlässigung,** Hintansetzung

de-relinquo, liqui, lictus 3. **ganz im Stiche lassen,** verlassen, aufgeben, vernachlässigen

de-repente (adv.) **ganz plötzlich,** urplötzlich

de-rēpo, rēpsi 3. **herabkriechen,** -schleichen

de-rīdeo, rīsi, rīsus 2. **auslachen,** verspotten

de-ridiculus 3 **lächerlich;** — deridiculum, i n. Gespött; lächerliches Wesen, Lächerlichkeit

de-rigēsco, rigui 3. (cf. rigeo) **ganz erstarren**

de-rigo = dirigo

de-ripio, ripui, reptus 3. (cf. rapio) **hinabreißen,** abreißen, entreißen

derīsor, ōris m. (cf. derideo) **Spötter,** Schalk, Witzbold

derīsus, ūs m. (cf. derideo) **Spott,** Gespött

derivātio, ōnis f. (cf. derivo) **Ableitung**

de-rīvo 1. (cf. rīvus) **ableiten;** abwälzen

F. derivieren: ableiten, herleiten — das Derivativ, Derivativum: abgeleitetes Wort (sprachl.) — derivativ: ableitend, durch Ableitung entstanden — das Derivat: aus anderem hergestellter Stoff (chem.); abgeleitetes Wort (sprachl.)

de-rogo 1. **absprechen,** wegnehmen, entziehen; — ein Gesetz teilweise abschaffen

F. derogieren: schmälern, beeinträchtigen, teilweise aufheben — die Derogation: Nachteil, Schmälerung; teilweise Abänderung eines Gesetzes

Dertōna, ae f. E. Stadt in Ligurien (Tortona)

de-ruo, rui, rutus 3. **herabstürzen,** -werfen, abtragen

de-ruptus 3 (cf. rumpo) **abschüssig, jäh;** — deruptum, i n. Abgrund

de-saevio, ii 4. **gewaltig toben,** heftig wüten; sich austoben, zu wüten aufhören

de-scendo, scendi, scēnsum 3. (cf. scando) **herabsteigen,** -gehen, **-marschieren;** — (in Rom) auf den Markt kommen; — abweichen; — sich zu etwas herablassen, sich entschließen, sich erniedrigen

F. deszendieren: herabsteigen, abstammen — der Deszendent: Nachkomme, Abkömmling — die Deszendenz: Herkunft, Nachkommenschaft — die Deszendenztheorie: Abstammungslehre — die Deszension: Absteigen der Gestirne — deszensional: die Absteigung der Gestirne betreffend

de-scēnsus, us m. Abstieg

de-scīsco, dēscii (descīvi), scītum 3. (cf. scindo) **abfallen,** abtrünnig werden; sich lossagen, sich abwenden

de-scrībo, scripsi, scriptus 3. **zeichnen,** entwerfen; abschreiben; **beschreiben,** schildern, bestimmen, erklären; häufig discrībo **einteilen, verteilen;** — zuteilen, zuschreiben; anschreiben, auferlegen, abgrenzen vorschreiben; — discrīptus (descrīptus) 3 eingeteilt, geordnet, gegliedert

F. deskribieren: beschreiben — die Deskription: Beschreibung — deskriptiv: beschreibend

descrīptio, discrīptio, ōnis f. (cf. describo) **Zeichnung,** Entwurf, Abriß; Abschrift; Schilderung, **Beschreibung;** — Einteilung, Ordnung, Verteilung

descrīptus cf. descrībo

de-seco, secui, sectus 1. **abschneiden**

dē-sero, serui, sertus 3. **verlassen,** im

Stiche lassen, aufgeben, vernachlässigen, desertieren; **desertus 3 verlassen, öde,** einsam, unbewohnt; deserta, ōrum n. Einöden, Wüsten
F. deserieren: verlassen — desert: unbewohnt

dēsertor, ōris m. (cf. dēsero) **Ausreißer,** Deserteur, Flüchtender; — **Ver**nachlässiger, Preisgeber
F. der Deserteur (franz.): Fahnenflüchtiger — desertieren: fahnenflüchtig werden — die Desertion: Fahnenflucht

de-servio 4. **eifrig dienen,** sich ganz widmen, ergeben sein

de-ses, desidis (cf. desideo) **untätig,** müßig

de-sideo, sēdi 2. (cf. sedeo) **müßig dasitzen,** untätig sein

desiderābilis, e (cf. desīdero) **wünschenswert**

desiderium, ii n. (cf. desīdero) **Sehnsucht,** Verlangen, Wunsch; Gegenstand der Sehnsucht; Bedürfnis

de-sīdero 1. (cf. considero) **sich sehnen,** verlangen, wünschen; **vermissen;** pass. vermißt werden, verloren gehen, fehlen
F. desiderabel: begehrenswert — das Desiderat, Desideratum: etwas Erwünschtes, Mangel, Lücke — Desiderius (V) (der Erwünschte)

desidia, ae f. (cf. desideo) **das Müßigsitzen,** Müßiggang, Untätigkeit, Trägheit

desidiōsus 3 (cf. desidia) **müßig,** träge

de-sīdo, sēdi 3. sich senken, einsinken

de-signātio, ōnis f. (cf. desīgno) Bezeichnung, Angabe; Bestimmung; Einrichtung
F. die Designation: Bezeichnung, Bestimmung; einstweilige Berufung

designātor = dissignator

de-signo 1. **bezeichnen, bestimmen;** zu einem Amt bestimmen, **ernennen,** andeuten, anspielen auf; abzeichnen, nachbilden
F. designieren: bezeichnen, bestimmen, kenntlich machen, zu etwas ernennen

de-silio, silui 4. (cf. salio) **herabspringen**

dē-sino, sii, situs 3. **aufhören, endigen;** aufgeben, **ablassen,** unterlassen

de-sipio 3. (cf. sapio) **unsinnig,** toll sein

de-sisto, stiti, stitūrus 3. **von etwas abstehen,** ablassen, **aufhören;** mit inf. z. B. desisto laudare ich lobe nicht mehr, nicht länger, nicht weiter; non desisto laudare ich lobe unaufhörlich

de-sōlo 1. (cf. sōlus) **einsam machen,** verlassen, entvölkern; — desolātus 3 vereinsamt, verlassen
F. desolieren: verlassen, verwüsten, zerstören, trostlos machen — desolat: vereinsamt, wüst, trostlos, traurig — desolant: betrübend

de-specto 1. (cf. despicio) **herabblikken; verachten;** — **überragen,** beherrschen
F. despektieren: verachten — despektierlich: verächtlich

despectus 3 cf. despicio

despectus, ūs m. (cf. despicio) **Aussicht,** Fernsicht; — **Verachtung**
F. der Despekt, die Despektion: Verachtung

desperātio, ōnis f. (cf. despero) **Hoffnungslosigkeit, Verzweiflung**
F. die Desperation i. a. B.

de-spēro 1. (cf. de-spes) **die Hoffnung aufgeben, verzweifeln;** — desperātus 3 verzweifelt, hoffnunslos, (von Kranken) aufgegeben
F. der Desperado (span.): Verzweifelter, politischer Heißsporn, Räuber

despicātus 3 (cf. despicor) **verachtet,** verächtlich

despicātus, ūs m. (cf. despicor) **Verachtung**

despicientia, ae f. (cf. despicio) **Verachtung,** Geringschätzung

de-spicio, spexi, spectus 3. (cf. specio) **von oben herabsehen, verachten,** geringschätzen — wegblicken

despicor 1. = despicio

de-spolio 1. **ausplündern,** berauben

de-spondeo, spondi, spōnsus 2. **förmlich versprechen, zusagen,** verheißen; — verloben; — animum d. den Mut verlieren

de-spūmo 1. abschäumen

de-spuo 3. **ausspucken; zurückweisen,** verschmähen

de-stillo 1. (cf. stilla) **herabträufeln**

F. destillieren: abtröpfeln, abdampfen, ausscheiden — das Destillat: geläuterte Flüssigkeit — die Destillation: Abtröpfeln, Überdampfen, Branntweinausschank — die Destille: Ausschank — der Destillateur (franz.): Branntweinbrenner, Branntweinausschänker

destinātio, ōnis f. (cf. destino) **Bestimmung,** Festsetzung

F. die Destination i. a. B.; Endzweck

de-stino 1. **festmachen,** festbinden; festsetzen, **bestimmen,** fest beschließen, sich vornehmen; — destinātus 3 bestimmt, fest ausgemacht; — zu etwas entschlossen; destinātum, i n. Bestimmung, Ziel, Plan, Vorsatz, Entschluß

F. destinieren: bestimmen

de-stituo, ui, ūtus 3. (cf. statuo) **hinstellen,** aufstellen; **wegstellen,** allein lassen, verlassen; **im Stiche lassen, preisgeben,** hintergehen, täuschen; — destitūtus verlassen, entblößt; beraubt, hilflos; getäuscht

destitūtio, ōnis f. (cf. destituo) **Täuschung**

de-stringo, strinxi, strictus 3. **abstreifen;** (Waffen) blankziehen, **zücken;** streifen, ritzen; striegeln; durchhecheln, durchziehen; destrictus 3 gezückt, bloß, scharf, streng

destrūctio, ōnis f. (cf. destruo) **das Niederreißen;** — Entkräftung, Widerlegung

F. die Destruktion: Zerstörung

dē-struo, strūxi, strūctus 3. nieder-, **einreißen,** abbrechen, **zugrunde richten,** vernichten, entkräften, unschädlich machen

F. destruieren: zerstören — destruktiv: zerstörend, auf Umsturz gerichtet

de-subitō (adv.) **ganz plötzlich,** urplötzlich

de-sūdo 1. **sich abschwitzen,** abarbeiten

desuetūdo, inis f. (cf. desuētus) **Entwöhnung**

de-suētus 3 **entwöhnt,** ungewohnt

desultor, ōris m. (cf. desilio) abspringender Kunstreiter

desultōrius 3 (cf. desultor) zum Kunstreiter gehörig; subst. (scil. equus) das Springerpferd

F. desultorisch: abspringend, ohne Ausdauer

de-sum, fui, futūrus, esse **nicht da sein, fehlen;** sich entziehen, im Stiche lassen, vernachlässigen, versäumen; sibi deesse es an sich fehlen lassen; haud mihi deero (dēro) ich werde mir nicht selbst schaden; occasioni deesse eine Gelegenheit verstreichen lassen; deesse mihi nolui, quin ich glaubte es mir selbst schuldig zu sein, daß; non deesse nicht ermangeln, nicht verfehlen (mit inf. oder quin); — defore = defuturum, am um esse

de-sūmo, sūmpsi, sūmptus 3. **herausnehmen,** sich ausersehen, sich aussuchen

dē-super (adv.) **von oben herab,** aus der Höhe

dē-surgo, surrēxi 3. **aufstehen,** sich erheben

dē-tego, tēxi, tēctus 3. **abdecken, aufdecken,** enthüllen, offenbaren, verraten

F. der Detektor: Funkwellenempfänger — der Detektiv: Fahnder, Geheimpolizist — die Detektei: Detektivbüro

dē-tendo, tendi, tēnsus 3. **abspannen,** abbrechen

de-tergeo, tersi, tersus 2. (auch detergo 3.) **abwischen,** wegwischen, reinigen, verscheuchen, (Geld) herausschlagen, einstreichen

deterior, ius, ōris, comp.; — adv. deterius; — **minder, schlechter,** geger; — deterius, ōris n. das Schlechtere, Schlimmere, Nachteil; — in deterius vertere (mutare) verschlechtern, verringern, schmälern; — nihilo deterius = nihilo minus nichtsdestoweniger; — sup. **deterrimus** 3 **schlechtester,** nichtsnutzigster, tiefster, letzter

F. deteriorieren: (trans.) verschlechtern,

(intr.) sich verschlechtern — die Deterioration: Verfall einer Sache

determinātio, ōnis f. (cf. **determino**) **Abgrenzung,** Begrenzung

F. die Determination: nähere Bestimmung

de-termino 1. abgrenzen, **begrenzen;** — **bestimmen**

M. determinato (it.): entschlossen (mus.)
F. determinieren i. a. B. — determinabel: bestimmbar — die Determinante: Bestimmungszahl (math.) — determinativ: bestimmend, klar begrenzt, entschlossen — der Determinismus: Lehre von der Vorherbestimmung und Unfreiheit des Willens — der Determinist: Anhänger des Determinismus — der Indeterminismus: Lehre von der unbedingten Willensfreiheit — der Indeterminist: Anhänger des Indeterminismus — der Prädeterminismus: Vorherbestimmungslehre — indeterminabel: unbestimmbar — die Indetermination: Unbestimmtheit, Unentschlossenheit — indeterminiert: unbestimmt, unentschlossen

de-tero, trīvi, trītus 3. **abreiben,** abfeilen, abschleifen; — schmälern, abnutzen

F. der Detritus: zerriebenes Gestein; zerfallene Gewebsteile; im Wasser schwimmende, halbzersetzte Pflanzenteile — die Detrition: das Abreiben; wundgeriebene Stelle

de-terreo, ui, itus 2. **abschrecken;** abbringen, abhalten; abwehren; alqm a (de) re z. B. a consilio; mit ne, quominus, quin

detestābilis, e (cf. detēstor) **verabscheuenswert,** abscheulich

F. detestabel i. a. B.

detestātio, ōnis (cf. detēstor) **Verwünschung,** Fluch

de-tēstor 1. (etwas Böses) herabwünschen, **verwünschen,** verfluchen; — abweisen

F. detestieren i. a. B. — die Detestion: Verwünschung

de-texo, texui, textus 3. **zu Ende weben,** fertig flechten; — vollenden

de-tineo, tinui, tentus 2. (cf. teneo) **abhalten;** aufhalten, zurückhalten; abziehen, vorenthalten; festhalten, fesseln, beschäftigen

F. detenieren: zurückhalten, in Haft halten — die Detention: die Zurückhaltung — der Detentor: Vorenthalter, Scheinbesitzer (jur.)

de-tondeo, tondi, tōnsus 2. **abscheren**

dē-tono, tonui 1. **herabdonnern,** losdonnern; sich austoben

F. detonieren: mit einem Knall zerspringen, sich entladen; falsch singen (mus.) — die Detonation: Knall; das Falschsingen (mus.) — der Detonator: Entzünder, Zündpatrone

de-torqueo, torsi, tortus 2. **wegdrehen,** abwenden; **verdrehen,** verrenken

detractātio, detractator = **detrectatio,** detrectator

de-tracto = de-trecto

detractio, ōnis f. (cf. detraho) **Hinwegnahme,** Entziehung, Befreiung

F. die Detraktion: Abzug, Wegnahme, Aderlaß, Verleumdung

dētractor, ōris m. (cf. dētraho) **Verkleinerer**

dē-traho, trāxi, tractus 3. **herabziehen,** herabreißen; schleifen, erniedrigen; — **entziehen,** wegnehmen; schädigen, Abbruch tun; verleumden, verkleinern; — wegschleppen, fortschleppen, entwenden; nötigen, zwingen

F. detrahieren: abziehen, entziehen, verleumden

detrectātio, ōnis f. (cf. detrecto) **Verweigerung,** Ablehnung

detrectātor, ōris m. **Verkleinerer**

de-trecto und de-tracto 1. (cf. detraho) **verweigern,** ablehnen; herabziehen, **verkleinern**

detrimentōsus 3 (cf. detrimentum) **sehr nachteilig,** sehr schädlich

detrimentum, i n. (cf. dētero) (das Abgeriebene) **Abbruch, Schaden, Nachteil,** Schädigung, Schwächung; — Niederlage, **Schlappe**

de-trūdo, trūsi, trūsus 3. **herabstoßen;** verdrängen, vertreiben; hindrängen, hintreiben

de-trunco 1. (cf. truncus) vom Rumpfe trennen, **enthaupten,** abhauen; abästen, **stutzen,** verstümmeln

de-turbo 1. herabwerfen, **herabtrei-**

ben, aus der Stellung werfen, **verjagen;** vertreiben, berauben

Deucaliōn, ōnis m. E. Sohn des Prometheus, mit Pyrrha aus der Sintflut gerettet, Neuschöpfer der Menschheit; — Deucalionēus 3 des D.

de-ūro, ussi, ūstus 3. **niederbrennen,** verbrennen

deus, dei m. (voc. deus, plur. meist dii, dī, gen. plur. deorum, poet. deūm, dat. und abl. plur. deis, diis, dīs) **Gott,** Gottheit; — Ausrufe: (pro) di immortales! pro deūm hominumque fidem! di meliora (velint)! da sei Gott vor! das wolle Gott nicht!; ita me di ament so wahr mir Gott helfe! dis volentibus oder si di volunt, si dis placet so Gott will; (iron) so weit das geht, man sollte es kaum glauben

M. quod deus bene vertat (q. d. b. v.): was Gott gnädig fügen wolle! — Deo gratias: Gott sei Dank! — Te deum laudamus: Großer Gott wir loben dich (Beginn des Ambrosianischen Lobgesanges — Deus ex machina: plötzlich erscheinende Hilfe, Zufallslösung — Dei gratia: von Gottes Gnaden

F. das Tedeum: Ambrosianischer Lobgesang — die Deifikation: Vergötterung — der Deismus: Religionssystem, das nur an einen überweltlichen Gott glaubt — der Deist: Anhänger des Deismus — deistisch: dem Deismus gemäß

de-ūtor 3. (mit abl.) hart verfahren, mißhandeln

de-vāsto 1. **gänzlich verwüsten**

F. devastieren i. a. B. — die Devastation: Zerstörung

de-veho, vēxi, vectus 3. **herabführen,** herabfahren; pass. fahren, segeln; devexus 3 abwärts gehend, sich senkend, geneigt; — devexum, i n. Abhang, Senkung

de-vello, velli, vulsus 3. **abrupfen,** abreißen

de-vēlo 1. **enthüllen,** entschleiern

de-veneror 1. **inbrünstig verehren**

de-venio, vēni, ventum 4. **herabkommen;** wohin kommen, wohin geraten

de-versor 1. (cf. deverto) als Gast sich aufhalten, logieren

deversōrium, ii n. (cf. deversor) **Herberge;** Schlupfwinkel

deverticulum, i n. (cf. deverto) **Abweg,** Seitenweg; — Herberge

F. das Divertikel: Ausbuchtung; Nebengang (med.)

dē-verto (älter devorto), verti, versus 3. **abwenden,** abkehren; — pass. devertor, verti 3. sich abwenden; absteigen, einkehren; abschweifen, die Zuflucht nehmen

dēvexus 3 cf. deveho

dē-vincio, vinxi, vinctus 4. **fest umwinden, festbinden;** eng verbinden; **fesseln,** gewinnen, verbinden, verpflichten; — devinctus 3 gefesselt, ergeben

dē-vinco, vīci, victus 3. **völlig besiegen;** siegreich beenden; pass. unterliegen

de-vīto 1. **vermeiden,** ausweichen

de-vius 3. (cf. via) **vom Wege abliegend, entlegen;** — verlaufen, verirrt, unstet

F. deviieren: abweichen (insbes. vom Kompaß) — deviabel: ablenkbar — die Deviation: Abweichung von der Richtung, scheinbare Bewegung der Fixsterne — deviativ: ablenkend, abweichend — deviabel: ablenkbar

dē-voco 1. **herabrufen, wegrufen;** weglocken, verleiten

dē-volo 1. **herabfliegen;** herabeilen; wegfliegen, **enteilen**

de-volvo, volvi, volūtus 3. **herabwälzen,** herabrollen; — pass. herabstürzen, herabrollen, herabsinken

F. devolvieren: abwälzen; vererben — die Devolution: Abwälzung; Vererbung eines heimgefallenen Rechtes oder Gutes, Rechtsübertragung (jur.)

dē-voro 1. hinunterschlingen, **verschlingen** — vergeuden, verprassen; herunterschlucken, unterdrücken; gierig sich aneignen, nach etwas schnappen

F. devorieren: verschlingen, verschlucken — die Devoration: das Verschlingen

devortium, i n. (cf. deverto) **das Abweichen; Umweg**

devorto = deverto

devōtio, ōnis f. (cf. devoveo) **Gelübde, Weihe,** Aufopferung; — Verwünschung, Fluch; plur. Zauberei

F. die Devotion: Gottergebenheit, Frömmigkeit; Unterwerfung, Kriecherei

de-voveo, vōvi, vōtus 2. **als Opfer geloben,** zum Opfer bestimmen, zum Tode weihen — **verwünschen,** verfluchen; — preisgeben, hingeben, aufopfern; — se devovere und devoveri sich aufopfern, sich hingeben; — devōtus 3 getreu; — verflucht; — subst. der Geweihte

F. devot: gottergeben, fromm, ehrfürchtig, demütig, unterwürfig, kriecherisch

dexter, era, erum (dextra, dextrum), comp. dexterior, ius, sup. dextumus (dextimus) 3 **rechts,** zur rechten Hand; — Glück bedeutend, glücklich; passend, günstig; — gewandt, geschickt; — dextera (dextra), ae f. (scil. manus) rechte Hand, die Rechte; Handschlag, Worttreue, Versprechen; — Faust, Tapferkeit, Stärke; — ad dextram nach rechts; — a dextra rechts

F. dextral: rechtsliegend — das Dextrin: das den Lichtstrahl bei der Polarisation nach rechts Drehende; Stärkegummi — die Dextrose: Stärkezucker

dexteritas, tātis f. (cf. dexter) **Gewandtheit,** Anstelligkeit

F. die Dexterität: Geschicklichkeit

dextrōrsum und **dextrōrsus** adv. (aus dextro-versus) **rechtshin, nach rechts**

dextumus cf. dexter

Dia, ae f. E. alter Name von Naxos

Diablintes, um m. E. cf. Aulerci

diadēma, atis n. (griech.) **Stirnbinde, Diadem** (F); Königswürde

diaeta, ae f. (griech.) **Lebensweise**

F. die Diät: mäßige Lebensweise, Krankenkost; Tagung, Sitzungszeit eines Abgeordnetenhauses — die Diäten: Tagegelder für Abgeordnete und Beamte — diät: der Diät entsprechend, mäßig

Diagoras, ae m. E. 1.) Philosoph 2.) Athlet aus Rhodus

dialecticus, i m. (griech.) Dialektiker (F), Disputierkünstler; — **dialectica,** ae f. (scil. ars.) Dialektik (F), Disputierkunst

dialectica, ōrum n. dialektische Fragen und Untersuchungen

Diālis, e (cf. Diespiter) dem Jupiter eigen

dialogus, i m. (griech.) **Gespräch,** Unterredung, **Dialog** (F)

Diāna, ae f. E. (cf. dīus) Tochter des Jupiter und der Latona, Zwillingsschwester Apollos, Mondgöttin, Göttin der Jagd; — Diānius 3 zu Diana gehörig; — Diānium, ii n. 1.) Tempel der Diana 2.) Vorgebirge an der Ostküste Spaniens (Denia)

diārium, ii n. (cf. dies) **Tageskost,** Tagesration

F. das Diarium: Tagebuch

dicācitas, tātis f. (dicax) **Witz,** Satire; Witzelei

Dicaearchus, i m. E. Philosoph und Geograph, Schüler des Aristokles

dicax, ācis (cf. dico) **beißend, witzig;** witzelnd, naseweis

dichorēus, i m. (griech.) Doppeltrochäus

dicio, ōnis f. (cf. dīco) Spruchrecht) **Gewalt,** Macht, **Botmäßigkeit;** in (sub) dicionem redigere unterwerfen

dicis causa (cf. dico) **sozusagen,** zum Schein, der Form wegen

dico 1. **zusprechen, weihen,** widmen

dīco, dīxi, dictus 3. (imp. dic; dixis = dixeris coni. pf.; dīxti = dixisti) **zeigen,** anzeigen, bestimmen, anberaumen, festsetzen, ernennen; dictatōrem dicere zum Diktator ernennen; — **sagen,** sprechen, reden, vortragen, vorbringen, erwähnen; nennen, benennen; besingen, verherrlichen, singen

M. zeigen, Zeichen (urv.) — dixi: ich hab's gesagt — dic cur hic: sage, warum du da bist

F. das Diktum: Ausspruch, Wort, Schriftstelle — Diktus: der Vorgenannte — Dikta: die Vorgenannte

Dicta, ae f. E. Gebirge in Ostkreta, dem Jupiter heilig; — Dictaeus 3 diktäisch, kretisch

dictamnus, i f. Diptam, Diktam, Spechtwurzel (Heilkraut)

dictāta, ōrum cf. dicto

dictātor, ōris m. (cf. dicto) **Diktator** (F), höchster Beamter, in Rom in höchster Gefahr auf höchstens ein halbes Jahr ernannt
F. der Diktator: unumschränkter Herrscher

dictatōrius 3 (cf. dictātor) **des Diktators** *F.* diktatorisch: gebieterisch

dictatūra, ae f. (cf. dictātor) **Diktatorwürde,** Diktatoramt; dictaturam gerere die Diktatur bekleiden; dictaturā se abdicare, dictaturam abdicare die Diktatur niederlegen
F. die Diktatur: Gewaltherrschaft

dictio, ōnis f. (cf. dīco) **das Sprechen,** Aussprechen, Vortragen; — **Vortrag;** — **Ausspruch,** Orakelspruch; — Rede, Vortragsweise; — Gespräch
F. die Diktion: Schreibart, Ausdrucksweise

dictito 1. (cf. dicto) **oft sagen,** immer wieder sagen, im Munde führen

dicto 1. (cf. dīco) **wiederholt sagen,** vorsagen, diktieren, verfassen, dichten; — dictāta, ōrum n. Aufgabe, Diktat, Lektion
M. dichten (L) — dictando: diktierend
F. diktieren: zum Nachschreiben vorsagen; auferlegen, befehlen — das Diktat: Diktiertes, Nachgeschriebenes; einseitiges Vorschreiben ohne gleichberechtigtes Verhandeln

dictum, i n. (cf. dīco) **Wort, Ausspruch,** Spruch; Witzwort, Witz; Befehl; Versprechen; Weissagung, Prophezeiung

Dictynna, ae f. E. (griech.) die Netzstellerin, Beiname der Jagdgöttin Diana; — Dictynnēum, i n. Artemistempel bei Sparta

Dīdo, ūs und ōnis f. (acc. ō.) E. Gründerin Karthagos

di-do, dīdidi, dīditus 3. (cf. dis und do) auseinander tun, **verteilen;** pass. sich verbreiten

di-dūco, dūxi, ductus 3. **auseinander ziehen,** aufsperren, öffnen; auseinander reißen, **trennen; ausdehnen,** entfalten
F. diduzieren: auseinanderziehen, zerteilen — die Diduktion: das Ausdehnen, Trennung der Teile

Didymae, ārum f. E. zwei kleine Inseln bei Syros

Didymēon, i n. E. Apollotempel bei Didyma, südlich von Milet

diēcula, ae f. (dem. zu dies) kurze Frist

diēs, diēi m. **der Tag;** Tageslicht; Tagewerk, Tagemarsch, Tagereise; — Tagesgott; — Schicksalstag, Todestag dies suprēmus; diem (supremum) obire sterben; dies natālis Geburtstag; — als fem. **Termin,** Frist, Zeit, bestimmter Tag; ante diem vor der Zeit; diem dare oder statuere alci jemd. einen Termin anweisen, festsetzen; diem dicere alci jemand auf einen bestimmten Tag vor Gericht laden; diem obire den Termin innehalten; in diem vivere in den Tag hinein leben; — cum die mit Tagesanbruch; — multo die hoch am Tage; — ad multum diem bis spät in den Tag hinein; — in diem in den Tag hinein; — diem ex (de) die von einem Tag zum andern; in dies von Tage zu Tage, täglich; — diem et noctem, diem noctemque, die et nocte, nocte dieque Tag und Nacht
M. Zeit (urv.) — Dies academicus: Feiertag der Universität (vorlesungsfrei) — dies irae, dies illa: „Tag des Zornes, jener Tag", Anfang des berühmten Hymnus auf das Weltgericht

Diēspiter Vater Jupiter

dif-fāmo 1. (cf. dis und fama) unter die Leute bringen, **jemd. schlecht machen,** verschreien
F. diffamieren i. a. B. — die Diffamation: Verleumdung — die Diffamie: Beschimpfung

differens cf. differo

differentia, ae f. (cf. differo) **Verschiedenheit, Unterschied**
F. die Differenz i. a. B.; Rest — die Indifferenz: Gleichgültigkeit — differenzieren (differentiieren): trennen, verschieden gestalten; unendlich kleine Teile einer endlichen veränderlichen Größe finden

(math.) — das Differential: jede nach Null strebende, unendlich kleine Größe (math.); Wandlungskupplung (techn.) — differential: einen Unterschied begründend; Maß- und Richtungsunterschiede betreffend, auf Unterscheidung beruhend — differentiell: einen Unterschied begründend, darstellend

dif-fero distuli, dilātus, differre 1.) (trans.) **auseinandertragen, verbreiten;** zerstreuen, zerreißen; ins Gerede bringen, verschreien; aufschieben, verschieben 2.) (intr.) **sich unterscheiden,** verschieden sein; — differens, ntis verschieden

F. differieren: abweichen — different: ungleich; wirksam; eingreifend — indifferent: gleichgültig, teilnahmslos — der Indifferentismus: Gleichgültigkeit

dif-fertus 3 (cf. dis und farcio) **vollgestopft,** voll von, wimmelnd

dif-ficilis, e adv. difficulter (cf. dis und facilis) **schwer, schwierig;** beschwerlich, gefährlich, mißlich; mürrisch, unzugänglich, eigensinnig

M. difficile est satiram non scribere: schwer ist es, keine Satire zu schreiben (Juvenal)

F. diffizil: schwierig, empfindlich, heikel

difficultas, tātis f. (cf. difficilis) **Schwierigkeit,** Hindernis; Widrigkeit; Not, Verlegenheit; Eigensinn

F. die Diffikultät: Schwierigkeit

diffidens cf. diffido

diffidentia, ae f. **Mißtrauen**

dif-fido, fisus sum 3. **mißtrauen,** kein Vertrauen haben, zweifeln; diffidens, ntis adv. diffidenter mißtrauisch, ängstlich

dif-findo, fidi, fissus 3. **spalten,** zerschlagen, sprengen

dif-fingo, finxi, fictus 3. **umbilden;** umgestalten

dif-fluo, flūxi 3. **auseinanderfließen,** zerfließen, sich auflösen

dif-fugio, fūgi 3. **auseinanderfliehen,** sich zerstreuen

diffugium, ii n. (cf. diffugio) **das Auseinanderstieben**

dif-fundo, fūdi, fūsus 3. **ausgießen; ausbreiten,** verbreiten; zerstreuen, erheitern; pass. sich ausbreiten, sich verbreiten; — **diffūsus** 3 **ausgebreitet, ausgedehnt, weitschweifig**

F. diffundieren: ausgießen; durchdringen (chem.) — diffus: zerstreut, weitschweifig, zusammenhanglos — die Diffusion: Ergießung, Ausbreitung, Weitschweifigkeit; Selbstmischung von Gasen und Flüssigkeiten (chem.)

Digentia, ae f. E. Bach in Latium; an ihm lag ein Landgut des Horaz

di-gero, gessi, gestus 3. (cf. dis und gero) auseinandertragen, zerteilen, verteilen, einteilen, ordnen; — verdauen

F. digerieren: zerteilen, auflösen, verdauen — die Digestion: Auflösung, Verdauung; Auszug aromatischer Kräuter — digestiv: Verdauung bewirkend — digestibel: verdaulich — das Digestorium: Kochapparat (chem.) — die Digesten: Teil des corpus iuris

digestio, ōnis f. (cf. digero) **Aufzählung**

digitus, i m. **Finger,** Zehe (urv.); Fingerbreite, Zoll (18,5 mm)

M. Zeichen (urv.)

F. die Digitalis: Fingerhut, Heilpflanze das Digitalin: ein aus dem Fingerhut gewonnenes Heilmittel

di-gladior 1. erbittert kämpfen

dignātio, ōnis f. (cf. dignor) **Würdigkeit,** Hochachtung; Rang, Stellung

dignitas, tātis f. (cf. dignus) Würdigkeit, **Würde;** würdevolles Aussehen; — **Ehre,** Ehrenhaftigkeit; — Achtung, **Ansehen;** Rang, Stellung; — Amt, Ehrenstelle; — Mann von Rang

F. die Dignität: höheres Kirchenamt — der Dignitar: Würdenträger

dignor 1. (seltener digno) **würdigen, für würdig halten** alqm alqua re; — sich entschließen, mögen, geruhen

di-gnōsco (di-nōsco), nōvi 3. unterscheiden

dignus 3 (meist mit abl.) **würdig,** wert; angemessen, geziemend; laude dignus rühmenswert

di-gredior, gressus sum 3. (cf. gradior) **auseinandergehen,** sich trennen, weggehen, abschweifen

digressio, ōnis f. (cf. digredior) **Weggehen,** Trennung; Abschweifung
F. die Degression i. a. B.; Winkel zwischen dem Meridian und dem durch ein Gestirn gehenden Vertikalkreis (astr.)

digressus, ūs m. = digressio

di-iūdico 1. **entscheiden,** aburteilen; unterscheiden

di-iungo, diiunctio = disiungo, disiunctio

di-lābor, lāpsus sum 3. **auseinandergleiten, auseinanderfallen,** zerfallen; verfallen, sich auflösen, vergehen; auseinanderfließen, zerfließen, sich zerstreuen, sich aus dem Staube machen, auseinanderlaufen, desertieren

di-lacero 1. **zerfleischen,** zerreißen

di-lanio 1. **zerfleischen,** zerreißen, zerfetzen

di-largior 4. **reichlich verschenken,** mit vollen Händen austeilen

dilātio, ōnis f. (cf. differo) **Verzögerung,** Aufschub

di-lāto 1. (cf. dis und latus) **ausbreiten,** ausdehnen, erweitern
F. dilatieren: erweitern — die Dilation: Ausdehnung; krankhafte Erweiterung; künstliche Erweiterung (med.) — dilatorisch: erweiternd — der Dilator, das Dilatorium: Instrument zu künstlicher Erweiterung (med.) — dilatabel: aufschiebbar

dilātor, ōris m. (cf. differo) Zauderer

dilectus cf. diligo

dilectus cf. delectus

diligens, ntis; adv. diligenter (cf. diligo) **achtsam,** aufmerksam, **sorgfältig,** genau, pünktlich, umsichtig; — haushälterisch, sparsam

diligentia, ae f. **Achtsamkeit, Sorgfalt,** Umsicht, Aufmerksamkeit, Genauigkeit; Sparsamkeit, Wirtschaftlichkeit
F. die Diligenz: Sorgfalt, Aufmerksamkeit, Fleiß — das Diligenzexamen: Fleißprüfung

di-ligo, lēxi, lectus 3. (cf. dis u. lego) **hochachten, schätzen, lieben;** dilectus 3 geliebt, lieb, wert, teuer

diliquēsco = deliquesco

di-lorīco 1. (cf. lorīca) aufreißen

di-lūceo 2. licht, **hell sein**

di-lucēsco, lūxi 3. licht, **hell werden**

dilucidus 3 (cf. diluceo) **licht, hell**

diluculum, i n. (cf. diluceo) **Morgendämmerung**

dilūdium, ii n. (cf. dis und ludus) **Ruhepause** (der Gladiatoren); Aufschub, Galgenfrist
F. das Diludium: Zwischenspiel

di-luo, lui, lūtus 3. (cf. dis und luo) **zerwaschen,** auflösen; wegwaschen; entkräften, widerlegen
F. diluendo (it.): verlöschend, verhallend (mus.) — Diluentia: Verdünnungsmittel — diluieren: verdünnen, wegwaschen, tilgen — die Dilution: Verdünnung

diluvies, ēi f. und diluvium, ii n. (cf. diluo) **Wasserflut, Überschwemmung**
F. das Diluvium: Überschwemmung; Sintflut; Ablagerung, Schutt der Eiszeit — diluvial: zum Diluvium gehörig — Diluvialmensch: Mensch der Eiszeit — Diluvialzeit: Eiszeit

dimacha, ae m. (griech.) Doppelkämpfer

di-māno 1. **auseinanderfließen**

dimēnsio, ōnis f. (cf. dimētior) **Ausmessung**
F. die Dimension: Ausdehnung — dimensional: die Ausdehnung bestimmend, ausgedehnt

di-mētior, mēnsus sum 4. **vermessen,** ausmessen

di-mēto (di-mētor) 1. **abgrenzen, abstecken**

dimicātio, ōnis f. (cf. dimico) **Kampf,** Ringen

di-mico 1. **kämpfen,** fechten, streiten; sich abmühen, sich anstrengen

dimidiātus 3 (cf. dimidius) halbiert, zur Hälfte, halb

dimidius 3 (cf. dis und medius) halb; dimidium, ii n. die Hälfte

diminuo = deminuo

dimissio, ōnis f. (cf. dimitto) **Entlassung**
F. die Dimission i. a. B. — dimissionieren: ein Amt niederlegen

di-mitto, mīsi, missus 3. **ausschicken, entsenden; entlassen;** fahren lassen, fallen lassen; aufgeben, unterlassen

F. dimittieren: entlassen, verabschieden

di-moveo, mōvi, mōtus 2. auseinander bewegen; **teilen;** trennen; **entfernen,** verdrängen, fortschaffen

Dinarchus, i m. E. attischer Redner

Dindyma, ōrum n. und Dindymus, i m. E. Gebirge in Phrygien, wo Kybele verehrt wurde; Dindymēne, es f. = Kybele

Diniae, ārum f. E. Stadt in Phrygien

di-nōsco = dignosco

di-nōto 1. **unterscheiden**

dinumerātio, ōnis f. **Aufzählung**

di-numero 1. **aufzählen;** berechnen

Dio (Dion), ōnis m. E. edler Syrakusaner, Freund Platons

Diodōrus, i m. E. Philosoph, Peripatetiker

Diodotus, i m. E. Stoiker, Lehrer Ciceros

Diogenes, is m. E. 1.) alter jonischer Naturphilosoph 2.) der bekannte Zyniker (mit der Laterne) 3.) stoischer Philosoph

Diomēdes, is m. E. 1.) Sohn des Tydeus, König in Argos, einer der tapfersten Helden von Troja 2.) thrazischer König, fütterte die Pferde mit Menschenfleisch; — Diomedēus 3 des D.

Diōna (Dione), ae und es f. E. Titanin, Mutter der Venus; auch = Venus; — Dionaeus 3 von der D. abstammend; f. = Venus; m. = Caesar

Dionysius, ii m. E. 1.) der Ältere, Tyrann von Syrakus 2.) der Jüngere, Sohn des vorigen; an seinem Hof weilte Plato 3.) Stoiker

Dionysus, i m. E. = Bacchus

Dioscūri, ōrum m. E. die Dioskuren

diōta, ae f. (griech.) Henkelkrug

Diphilus, i m. E. 1.) tragischer Schauspieler in Rom 2.) Architekt in Rom

diplōma, atis n. (griech.) Urkunde, Geleitbrief, Diplom

F. das Diplom: Schriftstück, Urkunde — der Diplomat: Staatsmann

Dipylon, i n. E. Doppeltor im Nordwesten von Athen

Dirae cf. dirus

Dirce, es f. E. Quelle bei Theben; Dircaeus 3 thebanisch, böotisch

dīrēctus cf. dirigo

diremptus, ūs m. (cf. dirimo) **Trennung**

direptio, ōnis f. (cf. diripio) **Plünderung**

direptor, ōris m. (cf. diripio) **Plünderer**

dir-ibeo 2. (cf. dis und habeo) auseinanderhalten, sondern

diribitio, ōnis f. (cf. diribeo) Sonderung (und Zählung der Stimmtäfelchen)

dī-rigo (dē-rigo), **rēxi,** rēctus 3. **geraderichten;** hinrichten, hinwenden; zielen, schleudern, abschießen; einrichten; — **dīrēctus** (derectus) 3 **gerade;** wagerecht; senkrecht; geradezu, einfach, schlicht

F. dirigieren: leiten — der Direktor: Leiter, Vorsteher — die Direktorin, die Direktrice: Vorsteherin, Leiterin — das Direktorium: Vorstand: oberste Regierungsbehörde in der französischen Revolution der Dirigent: Kapellmeister — die Direktion: Leitung, Vorstand; Richtung — direkt: unmittelbar, geradezu, ohne Umschweife — indirekt: auf nicht geradem Wege, mittelbar

dir-imo, ēmi, emptus 3. (cf. dis und emo) **auseinandernehmen, trennen,** sondern, scheiden, unterbrechen, stören, vereiteln; abbrechen, aufheben

di-ripio, ripui, reptus 3. (cf. rapio) **auseinanderreißen, plündern,** berauben, wegschleppen

dīritas, tātis (cf. dirus) **Schrecklichkeit,** Unheil; Härte

di-rumpo (dis-rumpo), rūpi, ruptus 3. **zerreißen, zerbrechen;** zerschlagen; pass. platzen, bersten

dī-ruo, rui, rutus 3. **niederreißen,** einreißen, zerstören

dīrus 3 **unheilverkündend,** unheilvoll, verderblich; gräßlich, grauenvoll; — dirae, ārum f. unheilvolle Wahrzeichen, Unheil; Verwünschungen, Flüche; — Dīrae, arum f. = Rachegöttinnen, Furien

dis (dif-, di-, dir-) Praefix. 1.) **entzwei, auseinander** 2.) **nach allen Seiten,** durchaus, genau, völlig 3.) **un-** (z. B. dissimilis unähnlich)

dīs, ditis, dite = dives

Dīs, Ditis m. E. Pluto; Unterwelt

dis-cēdo, cessi, cessum 3. **auseinandergehen, sich trennen;** sich zerstreuen; — **fort-, weg-, abgehen;** abmarschieren; hervorgehen, davonkommen; — abgehen, abweichen, aufgeben; — scheiden, verschwinden, vergehen

disceptātio, ōnis f. (cf. discepto) Erörterung, Verhandlung; Entscheidung, Urteil; Streitfrage, Streitpunkt

dis-cepto 1. (cf. capto) **auseinandernehmen; erörtern,** debattieren; entscheiden, urteilen

dis-cerno, crēvi, crētus 3. **absondern, trennen,** scheiden; **unterscheiden**

F. diskret: in sich unterschieden; verschwiegen, zartfühlend; gesondert; nicht stetig (math.); elastisch (phys.) — indiskret: unvorsichtig, nicht verschwiegen, rücksichtslos, unbescheiden — die Diskretion: Verschwiegenheit, Zurückhaltung — die Indiskretion: Vertrauensbruch, Unvorsichtigkeit, Unbescheidenheit

dis-cerpo, cerpsi, cerptus 3. (cf. carpo) **zerpflücken,** zerstückeln

discēssio, ōnis f. (cf. discedo) **das Auseinandergehen, Trennung,** Scheidung; das Auseinandertreten zur Schlußabstimmung

discessus, ūs m. (cf. discedo) **das Weggehen,** Entfernung; — Abreise, Abmarsch, Abzug

discidium, ii n. (cf. discindo) **Trennung;** Ehescheidung; — Zerwürfnis

discīnctus cf. discingo

di-scindo, scidi, scissus 3. **zerreißen**

dis-cingo, cīnxi, cīnctus 3. **losgürten,** entgürten; pass. sich entgürten lassen, sich entreißen lassen; discinctus 3 ungegürtet, entwaffnet; leichtsinnig, locker

disciplīna, ae f. (cf. discipulus) **Schule,** Unterricht, Unterweisung, **Lehre;** Kenntnis. Wissen, Bildung; Lehrmethode, Lehrgang; — **Zucht, Erziehung; Manneszucht,** Kriegszucht; Ordnung, Gewohnheit; Staatsordnung, Staatsverfassung

F. die Disziplin: Manneszucht, Ordnung, Schulzucht — disziplinieren: an Zucht gewöhnen — disziplinar: dienstlich — disziplinarisch: dienstlich, im Dienststrafwege; streng

discipula, ae f. (cf. discipulus) **Schülerin**

discipulus, i m. (cf. discepto) **Schüler**

dis-clūdo, clūsi, clūsus 3. **absondern,** trennen

disco, didici 3. **lernen; kennenlernen;** erfahren; — **perf. kennen, wissen,** verstehen

M. Non scholae, sed vitae discimus: Wir lernen für das Leben, nicht für die Schule

dis-color, ōris **verschiedenfarbig, bunt**

dis-convenio 4. nicht übereinstimmen

F. diskonvenieren i. a. B. — die Diskonvenienz: Mißverhältnis

discordia, ae f. (cf. discors) **Zwietracht, Uneinigkeit,** Hader; **Meuterei;** — Discordia, ae f. Göttin der Zwietracht, Eris

discordiōsus 3 (cf. discordia) **händelsüchtig**

discordo 1. **uneinig sein,** zwieträchtig sein; nicht übereinstimmen, im Widerspruch stehen

F. dirkordant: nicht stimmend, verstimmt, uneins — diskordieren: nicht stimmen, uneins sein; vom richtigen Ton abweichen (mus.) — die Diskordanz: Nichtübereinstimmung, Mißklang

discors, dis (cf. cor) **zwieträchtig, uneinig;** verschieden, ungleich

discrepantia, ae f. und discrepātio, ōnis f. (cf. discrepo) **Nichtübereinstimmung,** Disharmonie, Widerspruch

F. die Diskrepanz i. a. B.

dis-crepo, āvi (ui) 1. **ungleich klingen,** falsch singen; **nicht übereinstimmen,** verschieden sein, abweichen, widersprechen; — discrepat man ist uneinig

F. diskrepieren i. a. B. — diskrepant: abweichend, zwiespältig

discribo = describo

dis-crimen, minis n. (cf. discerno) **Scheidelinie**; Abstand, Entfernung, — **Unterschied**, Verschiedenheit; — Entscheidung, Entscheidungskampf; — **entscheidender Augenblick**, Wendepunkt, Krise; — **Gefahr**, Bedrängnis — Intervall (mus.); — in discrimine esse (versari) entschieden werden; in discrimen venire zur Entscheidung kommen; in discrimen vocare (deducere, adducere) zur Entscheidung bringen; — in summo discrimine esse aufs äußerste gespannt sein, in Not sein, auf dem Spiele stehen

discrimino 1. **trennen**, scheiden

F. diskriminieren: jemanden in schlechtes Licht setzen — die Diskriminante: Trennungsgröße (math.)

discriptio, ōnis f. (cf. discribo) Einteilung

discriptus = descriptus

dis-cumbo, cubui, cubitum 3. **sich zu Tische legen**, zu Tische gehen

dis-curro, curri (cucurri), cursum 3. **auseinanderlaufen**, sich zerstreuen

F. diskurieren: durchgehen, unterreden, verhandeln

discursus, ūs m. (cf. discurro) **das Auseinanderlaufen**, das Hin- und Herlaufen

F. der Diskurs: Verhandlung, Unterredung — diskursiv: gesprächsweise vorgebracht, schlußfolgernd

discus, i m. (griech.) **runde Scheibe**, Wurfscheibe, Diskus (F)

M. Tisch (L)

discutio, cussi, cussus 3. (cf. quatio) **zerschlagen**, zertrümmern; sprengen, **auseinandertreiben**, verjagen; **zerstreuen**, beseitigen, aufheben, vereiteln

F. diskutieren: untersuchen, erörtern — die Diskussion: Besprechung, Erörterung — diskutabel: worüber sich verhandeln läßt

disertus 3 (cf. disserere) **wohlgeordnet**, wohlgesetzt; klar und deutlich; **redegewandt**, beredt

dis-icio (dissicio) (sprich jicio), iēci, iectus 3. (cf. iacio) **auseinanderwerfen**, **zerstören**, zertrümmern; auseinanderjagen, **zersprengen**; — vereiteln, zunichte machen, hintertreiben; — **disiectus** 3 **zerstreut**, **vereinzelt**

disiūnctio, ōnis f. (cf. disiungo) **Trennung**; Entgegenstellung, Gegensatz

dis-iungo (di-iungo), iūnxi, iūnctus 3. **auseinanderknüpfen**, abspannen, losspannen; **trennen**, scheiden; — **disiūnctus** 3 ausgespannt; **getrennt**, **entlegen**; verschieden; entgegengesetzt; **abgerissen**, **unzusammenhängend**

F. disjunktiv: trennend, verschieden — disjunktive Frage: Doppelfrage — der Disjunktor: elektrischer Unterbrecher

dis-pālor 1. zerstreut **umherschweifen**

dis-par, paris **ungleich**, verschieden

F. die Disparität: Ungleichheit, Verschiedenheit

dis-paro 1. (cf. par) auseinanderpaaren, **trennen**, absondern

F. disparat: ungleichartig, völlig unvereinbar

dis-pello, puli, pulsus 3. **auseinandertreiben**, zerstreuen

dispendium, ii n. (cf. dispendo) **Verlust**, Schaden

dispensātio, ōnis f. (cf. dispēnso) **Verteilung**; Verwaltung; Amt des Schatzmeisters

F. die Dispensation: Befreiung

dispensātor, ōris m. (cf. dispēnso) **Verwalter**, Schatzmeister, Zahlmeister

F. der Dispensator: Spender, Verwalter

dis-pēnso 1. (cf. dispendo) **abwägend verteilen**; einteilen, **ordnen**; **verwalten**, **haushalten**

F. dispensieren: befreien; Arzneien bereiten, ausgeben (med.) — der Dispens: Erlaß, Urlaub, Befreiung von einer Verpflichtung — dispensabel: erläßlich — das Dispensatorium: Arzneibuch, Apothekerbuch — indispensabel: unerläßlich — die Indispensabilität: Unerläßlichkeit

dis-perdo, didi, ditus 3. **ganz zugrunde richten**; pass. dispereo

dis-pereo, ii, ire **ganz zugrunde gehen**

di-spergo, spersi, spersus 3. (cf. spargo) **auseinanderstreuen**, zerstreuen, ausstreuen, verbreiten; — **dispersus** 3 zerstreut

F. dispergieren i. a. B. — die Dispersion: Zerstreuung des Lichtes

dis-pertio, 4. (cf. partio) **zerteilen,** verteilen

dispertītio, ōnis f. (cf. dispertio) **Verteilung**

di-spicio, spexi, spectus 3. (cf. specio) **erblicken,** wahrnehmen, erkennen, durchschauen

dis-pliceo, ui 2. (cf. placeo) **mißfallen;** displicet alci de aliqua re jemand ist mit etwas nicht einverstanden; displiceo mihi ich bin mit mir unzufrieden

dis-plōdo, si, sus 3. (cf. plaudo) **auseinanderschlagen,** zersprengen; pass. platzen

dis-pōno, posui, positus 3. **auseinanderstellen,** verteilen, aufstellen; **ordnen,** einrichten, zurechtlegen; — **dispositus wohlgeordnet**

F. disponieren: verfügen, anordnen, verteilen, gliedern — der Disponent: Verfügender; Bevollmächtigter — disponibel: verfügbar, zu Gebote stehend — indisponibel: unverfügbar — die Disponenden: Verfügbares; zur Verfügung des Verlegers stehende, vom Buchhändler nicht verkaufte Bücher — disponiert: aufgelegt, gelaunt — indisponiert: unaufgelegt, abgeneigt, verstimmt, unpäßlich — die Indisponibilität: Unverfügbarkeit, Unveräußerlichkeit — prädisponieren: vorher beistimmen, vorher anordnen, empfänglich machen — die Prädisposition: Anlage, Empfänglichkeit, Geneigtheit

dispositio, ōnis (cf. dispono) **Anordnung**

F. die Disposition: Anordnung, Plan, Gedankenordnung, Krankheitsveranlagung, Eigenart — zur Disposition (z. D.): auf Wartegeld, im einstweiligen Ruhestand — Dispositionsfond: Verfügungsgelder — die Indisposition: Unaufgelegtheit, Abgeneigtheit, Unpäßlichkeit, Verdrießlichkeit — dispositiv: verordnend, entscheidend

dispositu (abl. von dispositūs cf. dispono) in der Anordnung

disputātio, ōnis f. (cf. disputo) **wissenschaftliche Erörterung,** Untersuchung, Studie

F. die Disputation: gelehrtes Streitgespräch

disputātor, ōris m. (cf. disputo) wissenschaftlicher **Forscher,** Denker

dis-puto 1. wissenschaftlich **erörtern, untersuchen,** abhandeln, sich unterreden; in contrarias partes disputare für und wider erörtern

F. disputieren i. a. B. — der Disput: Wortwechsel — der Disputant: ein seine Meinung Verfechtender — disputabel: streitig, zweifelhaft, erörterungsfähig — das Disputatorium: Streitübung; Anleitung zu wissenschaftlichen Disputationen — der Disputierer: der Rechthaber

dis-quīro 3. (cf. quaero) **untersuchen**

disquīsītio, ōnis f. (cf. disquīro) **Untersuchung**

dis-r cf. di-r

dis-saepio psi, ptus 4. **abzäunen, trennen**

dis-sēmino 1. **aussäen;** ausbreiten, verbreiten

dissēnsio, ōnis f. (cf. dissentio) **Meinungsverschiedenheit; Uneinigkeit,** Streit; Widerspruch

dissēnsus, ūs m. = dissensio

dis-sentio, sēnsi, sēnsum 4. **verschiedener Meinung sein, uneinig sein,** streiten, widersprechen, abweichen

F. dissentieren i. a. B. — der Dissens: Meinungsverschiedenheit

dis-serenāscit, avit 3. (cf. serēnus) es heitert sich auf, wird heiter

dis-sero, sēvi, situs 3. **aussäen**

dis-sero, serui, sertus 3. **auseinandersetzen, erörtern,** besprechen

disserto 1. (cf. dissero) **ausführlich erörtern**

F. dissertieren: wissenschaftlich behandeln, besprechen — die Dissertation: gelehrte Abhandlung — der Dissertator: Verfasser einer D.

dissicio = disicio

dis-sideo, sēdi 2. (cf. sedeo) auseinander sitzen, **getrennt sein;** schief sitzen; — **nicht übereinstimmen,** zerfallen sein, uneinig sein; widersprechen

F. dissidieren: anders denken; aus der Kirche austreten — der Dissident: ein aus der Kirche Ausgetretener; ein Religionsloser — die Dissidenz: Spaltung, Trennung in religiösen Ansichten

dissignātio = designātio
dissignātor, ōris m. (cf. dissigno) Anordner; Ordner des Leichenzuges; Kampfrichter
dis-signo 1. entsiegeln, enthüllen; ordnen, einrichten
dis-silio, lui 4. (cf. salio) auseinanderspringen, zerspringen, bersten; sich trennen
dis-similis, e **unähnlich**
F. die Dissimilation: Ungleichartigkeit — dissimilär: unähnlich, ungleichartig
dissimilitūdo, inis f. (cf. dissimilis) **Unähnlichkeit, Verschiedenheit**
dissimulanter (adv.) (cf. dissimulo) insgeheim
dissimulantia, ae f. (cf. dissimulo) Verstellung
dissimulātio, ōnis f. (cf. dissimulo) das Unkenntlichmachen, Verstellung, Verheimlichung
F. die Dissimulation i. a. B.
dissimulātor, ōris m. Verheimlicher, Verleugner
dis-simulo 1. **unähnlich machen, unkenntlich machen**, verstecken; sich verstellen; verhehlen, verbergen, verleugnen; unbeachtet lassen, übersehen, nicht beachten
F. dissimulieren i. a. B.
dissipābilis, e (cf. dissipo) zerteilbar
dissipātio, ōnis f. (cf. dissipo) **Zerstreuung**, Zersplitterung; Zerlegung, Zergliederung (eines Begriffes)
F. die Dissipation: Vergeudung, Unaufmerksamkeit
dis-sipo (älter dis-supo) 1. **auseinanderwerfen, zerstreuen**, (Gerüchte) verbreiten, aussprengen, verschleudern; zersprengen, zerstören, vernichten; dissipari sich zerstreuen
F. dissipieren: zerstreuen, verschwenden
dissociābilis, e (cf. dissocio) unvereinbar; ungesellig
dissociātio. ōnis f. (cf. dissocio) Trennung
dis-socio 1. **lösen, trennen**, spalten
F. dissoziieren i. a. B., auflösen
dissolūbilis, e (cf. dissolvo) **auflösbar**, zerlegbar
F. dissolubel: löslich, schmelzbar — die Dissolubilität: Auflösbarkeit
dissolūtio, ōnis f. (cf. dissolvo) **Auflösung**; Abschaffung, Aufhebung; Widerlegung; Schwäche
F. die Dissolution: Auflösung, Zügellosigkeit
dissolūtus cf. dissolvo
dis-solvo, solvi, solūtus 3. **auflösen**; abschaffen, aufheben; widerlegen, entkräften; losmachen, freimachen; abzahlen, bezahlen; — pass. auseinandergehen, aus den Fugen gehen, sich losmachen, loskommen; — dissolūtus 3 ungebunden, aufgelöst; fahrlässig, nachlässig; leichtfertig, locker, liederlich
F. dissolut: haltlos — dissolutiv: auflösend
dis-sonus 3 **mißtönend**; verschieden, abweichend, ungleich
F. dissonant: mißtönend — die Dissonanz: Mißklang, Zwiespalt — dissonieren: nicht übereinstimmen, mißtönen
dis-suādeo, si, sus 2. **widerraten**
dissuāsio, ōnis f. (cf. dissuādeo) **das Widerraten**, Gegenrede; d. rogationis Rede gegen einen Antrag
dissuāsor,ōris m. (cf. dissuādeo) Redner gegen einen Gesetzantrag
dis-sulto 1. (cf. dissilio) **zerspringen**, bersten
dis-suo, sui, sūtus 3. **auftrennen**, auflösen
dissupo = dissipo
distantia, ae f. (cf. disto) **Abstand**; Entfernung
F. die Distanz i. a. B. — distanzieren: beim Rennen überholen; Abstand wahren
dis-tendo, tendi, tentus 3. **auseinanderspannen, ausdehnen**; getrennt halten, teilen; **vollfüllen**; — **distentus 3 ganz angefüllt, strotzend**
distentus 3 cf. auch distineo
dis-termino 1. abgrenzen
distinctio, ōnis f. (cf. distinguo) 1.) (act.) **Unterscheidung**; Einschnitt in der Rede, Pause; 2.) (pass.) **Unterschied**, Verschiedenheit
F. die Distinktion: Auszeichnung, Vornehmheit — der Distinktionswinkel: Sehwinkel

distinctus cf. distinguo

distinctus, ūs m. = distinctio

distineo, tinui, tentus 2. (cf. teneo) **auseinanderhalten, trennen,** fernhalten; aufhalten, verzögern; in Anspruch nehmen, beschäftigen; — distentus beschäftigt

dis-tinguo, tinxi, tinctus 3. **verschieden färben; verzieren,** ausschmükken; **unterscheiden,** trennen; — distinctus 3 vielfarbig, bunt; geschmückt; — mannigfaltig, gesondert, bestimmt, klar

F. distinguieren: unterscheiden, auszeichnen — distinguiert: ausgezeichnet, vornehm — distinkt: unterschieden, deutlich, verständlich — distinktiv: unterscheidend, auszeichnend

dis-sto 1. auseinanderstehen, **entfernt sein;** auseinanderliegen; **sich unterscheiden;** — distat es ist ein Unterschied mit ind. Frage z. B. utrum ... an

dis-torqueo, torsi, tortus 2. **verdrehen;** quälen; — distortus verdreht, verrenkt, verwachsen

F. distorquieren: verdrehen, verrenken, verstauchen — die Distorsion: Verdrehung, Verrenkung, Verstauchung (med.)

distortio, ōnis f. (cf. distorqueo) **Verdrehung,** Verrenkung

distractio, ōnis f. (cf. distraho) das Auseinanderziehen, **Trennung, Zwiespalt** *F.* die Distraktion: Zerstreuung

dis-traho, trāxi, trāctus 3. **auseinanderziehen, zerreißen, trennen,** auflösen; nach verschiedenen Richtungen hinziehen

dis-tribuo, tribui, tribūtus 3. **verteilen;** einteilen; — distribūtus 3 eingeteilt, wohlgeordnet

F. distribuieren: verteilen — distributiv: verteilend — der Distribuent: Verteiler

distribūtio, ōnis f. (cf. distribuo) Verteilung, Einteilung

F. die Distribution i. a. B.

di-stringo, strinxi, strictus 3. auseinanderziehen, teilen; foltern — in Anspruch nehmen, beschäftigen

F. der Distrikt: Bezirk

disturbātio, ōnis f. (cf. disturbo) Zerstörung

F. die Disturbation: Störung, Verwirrung

dis-turbo 1. **auseinanderjagen;** zerstören, vernichten, **sprengen**

F. disturbieren: beunruhigen, stören, hintertreiben

dīte cf. dis

ditēsco 3. (cf. dives) reich werden

dithyrambus, i m. (griech.) Dithyrambus (F), begeistertes Loblied; — dithyrambicus 3 dithyrambisch

dītiae = divitiae

ditior, ditissimus comp. sup. zu dives

dīto 1. (cf. dis = dives) **reich machen,** bereichern

diū (adv.) **bei Tage;** — **lange,** seit langer Zeit; comp. diutius sup. diutissime; quam diutissime möglichst lange

diurnus 3 (cf. diu) **zum Tage gehörig, bei Tage;** — zu einem Tage gehörig, für einen Tag, **täglich;** — diurna, ōrum n. Tagesbericht, Tageblatt, Journal

F. das Diurnale: Gebetbuch der katholischen Geistlichen — der Diurnalis: Tagelohnschreiber

dīus 3 poet. = divus

diūtinus 3 (cf. diu) **lang anhaltend,** langwierig

diuturnitas, tātis f. (cf. diuturnus) **lange Dauer**

diu-turnus 3 (cf. diu) **lange dauernd,** lang; lange lebend, lange bestehend

di-vārico 1. (cf. vārus) auseinanderspreizen

di-vello, velli und vulsi, volsus und vulsus 3. **auseinanderreißen,** zerreißen; losreißen, wegreißen; pass. sich losreißen

F. die Divulsion: Zerreißung — divulsiv: zerreißend, losreißend

di-vendo, didi, ditus 3. **einzeln verkaufen,** stückweise verhandeln

di-verbero 1. **auseinanderschlagen,** zerhauen

di-verbium, ii n. (cf. verbum) **Wechselgespräch,** Dialog

diversitas, tātis f. (cf. diversus) **Verschiedenheit;** Gegensatz, Widerspruch

diversus (älter divorsus) 3 (cf. diverto) **auseinandergewandt**; abgekehrt, entgegengesetzt; **abgelegen**, entlegen; **gegnerisch**, feindlich; — **entgegengesetzt, verschieden**, widersprechend; — nach verschiedenen Seiten gewandt, hierhin und dorthin gewandt; von einander getrennt, **zerstreut**, vereinzelt; mit sich uneinig, unschlüssig

F. divers: verschieden — die Diversion: Abkehrung, veränderte Richtung, unerwarteter Angriff von der Seite oder im Rücken; Zerstreuung, Ablenkung — divertieren: trennen, ablenken, belustigen, vergnügen

diverto = deverto

dīves, itis (= dis, dite; divitior = ditior; divitissimus = ditissimus; abs. sing. divite, diviti = diti; plur. neutr. ditia gen. plur. divitum = ditium) **reich**

di-vexo 1. auseinanderzerren, **mißhandeln**

Diviciăcus, i m. E. 1.) Fürst der Häduer, Freund Cäsars 2.) König der Suessionen

Divico, ōnis m. E. vornehmer Helvetier

divido, vīsi, vīsus 3. **trennen**, scheiden, **teilen**, zerteilen, **austeilen**, verteilen, einteilen; (poet.) vortragen, singen

M. divide et impera: trenne und herrsche — dividatur: man teile; Waise (urv.)

F. dividieren: teilen — der Dividend: zu teilende Zahl, Grundwert, Zähler — die Dividende: Gewinnanteil — die Devise (franz.): Wahlspruch, Wechsel, Auslandswechsel

dividuus 3 (cf. divido) **trennbar**, teilbar; getrennt, geteilt

F. das Dividuum: Teilbares — das Individuum: Einzelwesen, Person — die Dividualität: Teilbarkeit — die Individualität: Eigenheit, Besonderheit — individuell: dem Einzelwesen zugehörig, eigentümlich individualisieren: vereinzeln, nach der Eigenart auffassen — die Individualisierung, Individualisation: Vereinzelung, Betrachtung nach der Eigenart, Beschränkung auf ein Einzelwesen — der Individualismus: Streben nach Eigenart, Besonderheit

divīnātio, ōnis f. (cf. divīno) **Sehergabe, Weissagung**, Ahnung; — Bestimmung des Anklägers (jur.)

F. die Divination: Ahnung — divinatorisch: vorahnend

divīnitas, tātis f. (cf. divīnus) **Göttlichkeit**, göttliches Wesen; übermenschliche Vollkommenheit, Vortrefflichkeit

F. die Divinität: Göttlichkeit

divīnitus adv. (cf. divīnus) **von Gott her, durch göttliche Fügung**; göttlich, himmlisch, herrlich

divīno 1. (cf. divīnus) göttliche Eingebung haben, weissagen, ahnen

divīnus 3 (cf. divus) **göttlich**, gotterfüllt, prophetisch; erhaben, herrlich; — divīnus, i m. Seher, Prophet, Traumdeuter; — divīnum, i n. Opfer

M. Divina comoedia: Dantes göttliche Komödie

divīsio, ōnis f. (cf. divido) **Verteilung**, Einteilung

F. die Division: Teilung; das Dividieren; Truppenverband, Geschwader

divīsor, ōris m. (cf. divido) **Verteiler**, Ackerverteiler, Geldverteiler

F. der Divisor: die teilende Zahl, Teiler, Nenner — das Divisorium: Teilungswerkzeug, Teilscheibe des Uhrmachers, Klammer zum Festmachen des Manuskripts

divīsus, ūs m. = divisio

divitiae, ārum f. (selten ditiae) (cf. dives) Reichtümer, Kleinodien, Kostbarkeiten, **Schätze, Reichtum**

Divodūrum, i n. E. Hauptstadt der Mediomatriker (Metz)

di-volgo = divulgo

divorsus = diversus

divortium, ii n. (cf. diverto) das Auseinandergehen, **Scheidung, Ehescheidung; Grenzscheide**, Wegscheide

di-vulgo (älter divolgo) 1. **bekanntmachen**, verbreiten

dīvus 3 (cf. deus) (abgek. D.) **göttlich**; m. Gott; f. Göttin; n. Himmel, das Freie

F. die Diva: gefeierte Sängerin, Schauspielerin

do, dedi, datus 1. **geben**; übergeben,

darbieten; anbieten, anweisen, verleihen; darbringen, weihen, opfern; — gewähren, vergönnen, bewilligen, gestatten, zugestehen; — überliefern, übergeben, preisgeben; widmen; bringen, legen; mit dat. auslegen, ausrechnen; — von sich geben, hören lassen, sehen lassen; hervorbringen, verursachen, bewirken, machen, tun; — se dare sich widmen, sich hingeben, sich fügen, sich begeben, sich stürzen, kommen; alci alqd laudi dare jemd. etwas zum Lobe anrechnen; crimini dare zum Vorwurf machen

M. do ut des: ich gebe, daß du gibst, Grundsatz der Leistung für Gegenleistung — datum (dat.): gegeben, geschrieben — da (d.): gib (med.) — detur: es werde gegeben (med.) — a dato (a. d.): vom Tage der Ausstellung an — dat, dicat, dedicat (D. D. D.): (dies) schenkt, widmet und weiht

F. das Datum: Zeitangabe, Zeitpunkt — datieren: (trans.) unterzeichnen, ausstellen; (intr.) herstammen — der Dativ, Dativus: Wemfall, 3. Fall (sprachl.) — antedatieren: unter einem früheren Datum ausstellen — redatieren: zurückdatieren

doceo, docui, doctus 2. **lehren, belehren, unterrichten,** unterweisen; **benachrichtigen,** in Kenntnis setzen; zeigen, auseinandersetzen, mitteilen, instruieren; — (ein Stück) einüben, einstudieren, aufführen; **doctus** 3 **geschult,** unterrichtet, gebildet, **gelehrt;** geübt, geschickt

M. docendo discimus: durch Lehren lernt man

F. dozieren: unterrichten, lehren — der Dozent: (Hochschul-)Lehrer

dochmius, ii m. (griech.) Dochmius (F), fünfsilbiger Versfuß

docilis, e (cf. doceo) **gelehrig**

F. dozil i. a. B.

docilitas, tātis f. (cf. docilio) Gelehrigkeit, Bildsamkeit, leichte Fassungskraft

doctor, ōris m. (cf. doceo) Lehrer

F. der Doktor (Dr.): akademischer Titel — der Doktorand: ein im Doktorexamen Stehender — doktorieren: Doktor werden — doktern: den Arzt spielen — das Doktorat: Doktorwürde

doctrīna, ae f. (cf. doceo) **Belehrung, Unterricht;** — Lehre, Wissenschaft; — Gelehrsamkeit

F. die Doktrin: Lehre, Gelehrsamkeit — doktrinär: fanatisch an einer Lehre festhaltend; unpraktisch; einseitig — der Doktrinär: der einseitige Wissenschaftler, Stubengelehrter — der Doktrinarismus: gelehrte, aber einseitige Denkweise

doctus cf. doceo

documentum, i n. (cf. doceo) Lehre; Beispiel, Warnung

F. das Dokument: Beweismittel, Zeugnis, Urkunde — dokumentarisch: urkundlich — dokumentieren: urkundlich beweisen, beurkunden

Dodōna, ae f. E. Stadt in Epirus mit Eichenhain und altem Orakel des Jupiter; Dodonaeus 3 dodonäisch, epirotisch; fem. Dodōnis, idis dodonisch

dōdrans, ntis m. **drei Viertel;** ex dodrante zu drei Vierteln; dodrantārius 3 um drei Viertel ermäßigt

Dolabella, ae m. E. Familienname in der gens Cornelia. 1.) Cn. Cornelius D., Prätor in Cilicien 2.) P. Cornelius D., Schwiegersohn Ciceros, Anhänger Cäsars

dolābra, ae f. (cf. dolo) Haue, Spitzhaue

doleo, dolui, dolitūrus 2. **schmerzen,** wehetun, betrüben; **Schmerz empfinden,** trauern, betrauern, betrübt sein, unwillig sein

M dolendo: klagend, wehmütig (mus.)

dōliolum, i n. (dem. von dōlium) Fäßchen

dōlium, ii n. Faß, Weinfaß

dolo 1. **behauen,** zuhauen

dolo, ōnis m. (griech.) **Dolch** (L), Stockdegen; Vordersegel

Dolo, ōnis m. E. Troer, Hektors Kundschafter

Dolopes, um m. E. pelasgisches Volk in Thrazien; ihr Land Dolopia, ae f.

dolor, ōris m. (cf. doleo) **Schmerz;** Betrübnis, Kummer, Qual, Pein, Ärger, Unwille; — schmerzensvoller Ausdruck, Pathos

M. Mater dolorosa: schmerzensreiche Mutter, Maria

dolōsus 3 (cf. dolus) **hinterlistig, arglistig, ränkevoll**
F. dolos i. a. B.

dolus, i m. **Trug, Betrug, Hinterlist;** Trugmittel
M. dolo malo: mit böswilligem Vorsatz (jur.) — Dolus eventualis: Vermutung einer schlechten Absicht bei einer unverfänglich scheinenden Tat (jur.)

domābilis, e (cf. domo) **zähmbar,** bezwingbar

domesticus 3 (cf. domus) **häuslich** (m. Hausgenosse, f. Hausgenossin), zur Familie gehörig; — privat, eigen; einheimisch, heimatlich, inländisch, vaterländisch
F. der Domestik: Hausangestellte — das Domestikum: Hausarbeit

domicilium, ii n. (cf. domus und colo) **Wohnstätte, Wohnsitz,** Wohnung; Sitz
F. das Domizil i. a. B. — domizilieren: einheimisch sein; Wechsel auf einen Wechselort anweisen

domina, ae f. (cf. dominus) **Herrin,** Gebieterin; Hausfrau, — Geliebte
F. die Domina: Stiftsvorsteherin, Äbtissin

dominātio, ōnis f. (cf. dominor) **Herrschaft;** — Allein-, Gewaltherrschaft; — Herrscher, Herr

dominātor, ōris m. (cf. dominor) Herrscher, Beherrscher

dominātus, us m. = dominatio

dominium, ii n. (cf. dominus) Herrschaft; Besitz
F. das Dominium: herrschaftlicher Besitz, Herrschergebiet; Herrscherrecht; Rittergut — das Kondominium: Mitbesitz

dominor 1. (cf. dominus) **Herr sein, herrschen,** gebieten; vorherrschen, Einfluß haben, die Oberhand haben; auch pass. beherrscht werden
F. dominieren und prädominieren i. a. B. — die Dominante: Grundton (in der Malerei); reine Quinte (mus.)

dominus, i m. (cf. domus) **Hausherr;** Eigentümer, Besitzer; Gastgeber; Veranstalter z. B. der Spiele, eines Gastmahles etc.; — **Herr,** Herrscher, Gebieter; Gatte; Geliebter
M. Dies dominica: Sonntag — dominus vobiscum: der Herr sei mit euch! — Dominikus, Dominika (V)
F. der Dominikaner: Angehöriger des vom hl. Dominikus gestifteten Ordens

Domitiānus, i m. E. römischer Kaiser (81—96 n. Chr.)

Domitius 3 Name eines römischen plebejischen Geschlechtes der Familien der Ahenobarbi und Calvini; insbes. Cn. D. Ahenobarbus Zensor (115 v. Chr.), Erbauer der via Domitia; sein Sohn L. D. Ahenobarbus Konsul 54 v. Chr., Gegner Cäsars; Cn. D. Ahenobarbus Gemahl der Agrippina, Vater des Kaisers Nero; — Cn. D. Calvinus erster plebejischer Zensor; ein anderer gleichen Namens, Konsul 53 v. Chr., Legat Cäsars

domito 1. (cf. domo) **bändigen**

domitor, ōris m. (cf. domo) **Bändiger,** Bezwinger, Sieger

domitrix, icis f. (cf. domitor) **Bändigerin,** Bezwingerin

domitus, ūs m. (cf. domo) **Bändigung**

domo, ui, itus 1. **zähmen** (urv.), **bändigen; bezwingen, besiegen**

domus, ūs f. (sing. abl. domo [domu selten], acc. plur. domos [domus selten]) **Haus;** Wohnung; — Familie, Geschlecht; — Hauswesen; Heimat, Vaterstadt, Vaterland; — Philosophenschule, Sekte; — **domum nach Hause; — domo von Haus, aus dem Hause; — domi (domui) zu Hause, daheim**
M. der Dom (L) — Zimmer (urv.)

dōnārium, ii n. (cf. dōno) Weihegeschenk; — Opferaltar

donātio, ōnis f. (cf. dōno) Schenkung
F. die Donation i. a. B.

donativum, i n. (cf. dono) Geldgeschenk

dōnec (älter dōnicum) coni. (mit ind.) **solange bis, bis; — solange als, während**

dōnicum cf. donec

dōno 1. (cf. dōnum) **schenken, beschenken;** — verleihen, gestatten; — opfern; — erlassen, verzeihen

F. der Donator: Schenker, Stifter — der Donatar: Beschenkter (jur.)

dōnum, i n. (cf. do) **Geschenk, Gabe;** Weihegeschenk, Opfer

Donūsa, ae f. E. kleine Insel östl. von Naxos (Denusa)

Dōres, um m. E. die Dorier, einer der vier griechischen Hauptstämme; Dōrius (Dōricus) 3 dorisch, griechisch

Dōris, idis f. E. Tochter des Oceanus und der Thetys, Gemahlin des Nereus, Mutter der 50 Nereïden

dormio 4. schlafen; dormitum ire schlafen gehen; — untätig sein

dormito 1. (cf. dormio) schläfrig sein

dormitōrius 3 zum Schlafen bestimmt

F. das Dormitorium: Schlafsaal

dorsum, i n. (selten dorsus, i m.) **Rükken;** alles Rückenähnliche:: Bergkamm, Rücken des Scharbaumes, Sandbank

doryphorus, i m. (griech.) **Lanzenträger,** Leibwächter; berühmte Statue des Polyklet

dōs, dōtis f. (cf. do) **Mitgift;** Gabe

Dossennus, i m. der Bucklige in der italienischen Posse, pfiffiger Vielfraß

dotālis, e (cf. dos) **zur Mitgift gehörig**

dōto 1. (cf. dos) **aussteuern,** ausstatten; — dotātus 3 ausgestattet, reich

F. dotieren i. a. B. — die Dotation: Mitgift, Schenkung, Ehrengabe

drachma (älter drachuma), ae f. (griech.) griechische Silbermünze, **Drachme** (F) = 80 Pf.

draco, ōnis m. (griech.) **Schlange, Drache** (L)

Draco, ōnis m. E. Archont, der erste, sehr strenge Gesetzgeber zu Athen

F. drakonisch: sehr streng

dracōni-gena, ae m. und f. (cf. draco und gigno) Drachen entstammt

Drangae, ārum m. E. Volk im Nordiran

Drepanum, i und Drepana, ōrum n. E. Stadt an der Nordwestküste Siziliens (Trapani); — Drepanitāni, ōrum, m. Einwohner von D.

dromas, adis m. (griech.) **Dromedar** (L)

Dromos, i m. (griech.) Rennbahn bei Sparta

Druentia, ae m. E. Nebenfluß der Rhone (Durance)

Druidae, ārum und Druides, um m. **Druiden** (F), Priester der alten Kelten

Drusilla, ae f. E. Name von Frauen der Familie der Drusier. 1.) Livia Drusilla zweite Gemahlin des Kaisers Augustus, Mutter des Tiberius 2.) Julia Drusilla, Tochter des Germanikus

Drūsus, i m. E. Beiname der gens Livia und Claudia. 1.) M. Livius Drusus Volkstribun und Konsul 2.) sein Sohn gleichen Namens, berühmter Redner, Volkstribun, seine Ermordung Veranlassung zum Bundesgenossenkrieg 3.) Nero Claudius Drusus, kurz Drusus genannt, Bruder des Tiberius, Statthalter in Germanien 4.) Drusus Caesar, Sohn des Tiberius 5.) Drusus Sohn des Germanicus, von Tiberius ermordet; — Drusiānus 3 des Drusus

Dryas, adis f. (griech.) Baumnymphe, Dryade (F)

Drymūsa, ae f. E. Insel an der jonischen Küste

Dryope, ēs f. E. Schwester der Jole

Dryopes, um m. E. pelasgisches Volk im südlichen Thessalien

Dūbis, is m. E. Nebenfluß der Saône (Doubs)

dubitābilis, e (cf. dubito) **zweifelhaft**

dubitanter (adv.) (cf. dubito) zaudernd, zögernd

dubitātio, ōnis f. (cf. dubito) **Zweifel, Ungewißheit;** Bedenklichkeit, Unschlüssigkeit, Zaudern

dubito 1. (cf. dubius) (mit de) **an etwas zweifeln,** bezweifeln; — (mit inf.) **Bedenken tragen,** schwanken, **zögern,** zaudern; — non dubito quin ich zweifle nicht, daß

F. dubitativ: zweifelhaft, Zweifel ausdrükkend

dubius 3 **zweifelnd, ungewiß; zweifelhaft,** unentschieden; — bedenklich, mißlich, gefährlich; — dubium non est quin es ist nicht zweifelhaft, daß; — dubium, ii n. Zweifel, Gefahr; sine dubio ohne Zweifel, sicherlich; — in dubio esse zweifelhaft sein, auf dem Spiele stehen; — in dubium vocare in Zweifel ziehen, bezweifeln

M. in dubio: im Zweifelsfalle — in dubio pro reo: im Zweifelsfalle für den Beklagten — Res dubia: zweifelhafte Sache

F. dubios: zweifelhaft

ducēni 3 (cf. ducenti) **je zweihundert**

ducentēsimus 3 (cf. ducenti) **der zweihundertste;** — ducentēsima, ae f. (scil. pars.) ein halbes Prozent, halbprozentige Steuer

du-centi 3 (cf. duo-centum) **zweihundert,** unzählige

ducentiēns und ducentiēs adv. **zweihundertmal**

dūco, dūxi, ductus 3. (imp. duc.) **ziehen** (urv.), hervorziehen, herausziehen; einziehen; anziehen, an sich ziehen, etwas bekommen, gewinnen, an sich reißen; an sich locken, fesseln, ergötzen; bilden, gestalten, dichten, aufführen, **in die Länge ziehen,** hinschleppen, hinhalten; **verleben,** zubringen; — **führen, leiten;** hinführen, heimführen, abführen, aufführen; ableiten, herbeiführen, verursachen, mit sich führen, mitnehmen; (Truppen) führen, marschieren lassen; **anführen,** befehligen; marschieren, gegen jemd. ziehen; treiben, bewegen; **berechnen, schätzen; glauben, für etwas halten;** — in matrimonium ducere (vom Manne gesagt) heiraten, alqm. in amicōrum numero ducere zu den Freunden zählen; — alqm. hostem ducere jemd. für einen Feind halten; — alqd. honōri (laudi) ducere zum Lobe anrechnen; — alqd. parvi ducere geringschätzen, plūris höher, minōris geringer; — poenā dignus ducitur er wird für strafwürdig gehalten, er gilt als straffällig

ducto 1. (cf. duco) **führen**

ductor, ōris m. (cf. duco) Führer, Anführer

ductus, ūs m. (cf. duco) **Leitung,** Führung, Kommando, Zug

dū-dum (cf. dum) **lange, längst,** vorher, früher, jüngst

duellum, i n. (alte Form) = **bellum**

F. das Duell: Zweikampf — der Duellant: der Zweikämpfer — duellieren: einen Zweikampf austragen

Duīlius (Duēlius) 3 E. Name eines römischen Geschlechtes; C. Duilius Konsul 260 v. Chr. erfocht den ersten Seesieg

duim (alte Form) = dem (cf. do)

dulcēdo, inis f. (cf. dulcis) **Süßigkeit,** Lieblichkeit, Annehmlichkeit, Zauber, Reiz, Lust

dulcēsco 3. (cf. dulcis) **süß werden**

dulciculus 3 (dem. von dulcis) **ziemlich süß,** süßlich, lieblich süß

dulcis, e **süß; angenehm,** lieblich; lieb, liebevoll, liebenswürdig

M. in dulci iubilo: in süßem Jubel — i. d. i. leben: in Saus und Braus leben

F. die Dulcinea (span.): Geliebte des Don Quijote; Geliebte

dulcitūdo, inis f. (cf. dulcis) = dulcēdo

Dulgubnii, ōrum m. E. germanischer Stamm an der Aller

Dulichium, ii n. E. Insel südöstlich von Ithaka; — Dulichius 3 des Odysseus

dum 1.) **adv.:** enklitisch angehängt insbes. an den imp. praes.: **doch, doch nur** z. B. agedum mach doch! wohlan! — an Negationen: **noch** z. B. **nondum** noch nicht, **vixdum** kaum noch. — 2.) **ci.:** (zeitlich) **während, indem; solange als, solange bis** z. B. dum spiro spero solange ich atme, hoffe ich; — (in bedingten Wunschsätzen) **wenn nur, wofern nur** (mit coni.) z. B. oderint, dum metuant sie mögen mich hassen, wenn sie mich nur fürchten (Wahlspruch Caligulas)

dumētum, i n. (cf. dūmus) Gebüsch, Dickicht, Hecke; — verwickelte Lehren

dum-modo ci. (verstärktes dum) **wenn nur,** wofern nur

Dumnorix, igis m. E. Häduerfürst, Bruder des Diviciacus, Gegner Cäsars

dumōsus 3 (cf. dūmus) **buschig bewachsen**

dum-tāxat (adv.) genau genommen; **höchstens,** nur, **lediglich;** — **wenigstens,** wenn auch nur; — **natürlich,** selbstverständlich

dūmus, i m. **Busch,** Gebüsch, Hecke

duo, ae, o (gen. plur. duōrum = duum dat. und abl. plur duōbus, duābus) **zwei** (urv.), **beide**

M. duo cum faciunt idem, non est idem: wenn zwei dasselbe tun, ist es nicht dasselbe

F. das Duo: Musikstück für zwei — der Dual, Dualis: Zweizahl; besonderer Numerus (neben sing. und plur.) zur Bezeichnung der Zweizahl (sprachl.) — der Dualismus: Zweiteilung, Zweiherrschaft; Annahme eines guten und bösen Prinzips — der Dualist: Anhänger der dualistischen Weltanschauung

duo-deciēs, duo-deciēns zwölfmal; — **duo-decim zwölf**

M. Dutzend (L)

F. das Duodez: Zwölftelgröße, -format (bei dem der Bogen in zwölf Blätter geteilt ist)

duodēcimus 3 **der zwölfte**

F. die Duodezime: der zwölfte Ton, vom Grundton gerechnet (mus.) — duodezimal: zwölfteilig

duo-dēni, ae, a **je zwölf**

F. das Duodenum: Zwölffingerdarm (med.) — duodenal: zum Zwölffingerdarm gehörig (med.)

duo-et-vīcēsimus 3 **der zweiundzwanzigste;** — duoetvicesimāni, ōrum m. Soldaten der 22. Legion, Zweiundzwanziger

duoviri cf. duumvir

du-plex, plicis doppelt gefaltet, **doppelt** (L), zweifach; — doppelzüngig, falsch

F. die Duplizität: Doppelheit, die Doppelzüngigkeit — duplex, diplex i. a. B.

duplicārius 3 (cf. duplex) doppelten Sold erhaltend, s. m. Gefreiter

duplico 1. (cf. duplex) **zusammenfalten;** zusammenbiegen, **krümmen;** — **verdoppeln;** vergrößern, vermehren

F. duplizieren: verdoppeln — das Duplikat: gleichlautende Zweitschrift — die Duplikatur, Duplikation: Verdoppelung — die Reduplikation: Verdoppelung, Silbenwiederholung (sprachl.) — reduplizieren: verdoppeln, Silben oder Buchstaben wiederholen (sprachl.)

du-plus 3 **zweifach,** doppelt so **groß;** — **duplum, i n. des Doppelte**

M. in duplo: doppelt, in zwei Ausfertigungen

F. das Duplum i. a. B. — duplieren: verdoppeln — die Dublette (franz.): doppelt vorhanden, ein doppeltes Stück; Erlegung von zwei Tieren mit einer Ladung

durābilis, e (cf. duro) **dauerhaft**

F. durabel i. a. B.

durēsco, dūrui 3. (cf. dūrus) **hart werden**

dūritas, tātis f. (cf. dūrus) **Härte**

duritia, ae (seltener durities, ēi) f. (cf. dūrus) **Härte, Strenge;** Hartherzigkeit, Gefühllosigkeit; Druck

duriusculus 3 (dem. von dūrus) ziemlich hart

dūro 1. (cf. dūrus) (trans.) **hart machen,** härten, abhärten, austrocknen, dörren; abstumpfen; (intr.) **hart werden,** sich verhärten, trocken werden; — **ausdauern,** ausharren; dauern; fortdauern, bestehen bleiben

M. dauern (L)

Durocortorum, i n. E. Hauptstadt der Remer (Reims)

Durrachium = Dyrrhachium

dūrus 3 **hart;** herb, hart klingend, rauh, schwerfällig, ungefällig, ungebildet, ungeschliffen; **abgehärtet;** unempfänglich, gefühllos, **hartherzig; beschwerlich,** mühselig, mühsam

F. das Dur: harte Tonart, Tonart mit großer Terz (mus.)

duum-vir, i m. **Zweimann,** Mitglied einer Zweierkommission; meist duumviri und duoviri Zweimänner, Duumvirn (F); — d. perduellionis zwei Untersuchungsrichter in Sachen des Hochverrats; — d. sacrorum Aufsichtskommission über die sibyllinischen Bücher; — d. navales zur Ausrüstung der Flotte; — d. aedi faciundae Tempelbaukommission; — d. municipiorum Landbürgermeister

duumvirātus, ūs m. (cf. duumvir) Würde der Duumvirn

dux, ducis m. und f. (cf. duco) **Führer**, Führerin, Leiter. **Anführer**, Feldherr, **Fürst**

Dymas, antis m. E. Vater der Hekuba; Dymantis, idis f. Hekuba

Dyme, ēs und Dymae, ārum f. E. Stadt in Achaia; Dymaeus subst. u. adi. Einwohner von D.

dynastes, ae m. (griech.) Machthaber
F. der Dynast i. a. B. — die Dynastie: Fürstengeschlecht

Dyrrachium, Dyrrhachium, Durrachium, ii n. E. Küstenstadt in Illyrien (Durrazzo); Dyrrachīnus subst. und adi. Bewohner von D.

E

ē cf. ex

eā (scil. parte, via) (cf. is) **daselbst, da, dort**

eādem (scil. parte, via) (cf. idem) **ebendaselbst**

eā-tenus (adv.) **soweit**, insoweit, insofern

ebenus, i f. (griech.) Ebenholzbaum; — ebenum, i n. Ebenholz
M. Ebenholz (L)

ē-bibo, bibi 3. **austrinken**; vertrinken

e-blandior 4. **erschmeicheln**, durch Schmeichelei gewinnen; — eblanditus 3 (auch pass.) erschmeichelt

Eborācum, i n. E. brigantische Hauptstadt (York)

ebrietas, tātis f. (cf. ēbrius) **Trunkenheit**, Rausch

ebriōsitas, tātis f. (cf. ebriōsus) **Trunksucht**

ebriōsus 3 (cf. ēbrius) **trunksüchtig**; subst. Trunkenbold

ēbrius 3 (Gegs. sobrius) **trunken**, berauscht

e-bullio, īvi (ii) 4. (cf. bulla) heraussprudeln

ebulum, i n. Zwergholunder, Attich

ebur, oris n. **Elfenbein**; aus Elfenbein Verfertigtes z. B. Flöte, Stuhl usw.

eburneolus 3 (dem. zu eburneus) **aus** Elfenbein

eburnus (**eburneus**) 3 (cf. **ebur**) **von Elfenbein, elfenbeinern**; mit Elfenbein verziert; weiß wie Elfenbein

Eburōnes, um m. E. germanischer Volksstamm zwischen Rhein und Schelde

Eburovices, um m. cf. Aulerci

Ebusus, i f. E. die größte der Pityusischen Inseln (Iviza)

Ecbatana, ōrum n. E. Hauptstadt von Medien (Hamadan)

ecce da, **siehe da!** siehe!
M. Ecce Homo: Siehe, welch ein Mensch; Darstellung Jesu mit der Dornenkrone

Ecetra, ae f. E. Hauptstadt der Volsker; Ecetrānus adi. und subst. **Einwohner** von E.

ecf = eff

echidna, ae f. (griech.) Schlange, Natter; — Echidna, ae f. Ungeheuer der Unterwelt; — Echidnēus 3 von der Echidna; canis E. = Cerberus

Echīnades, um f. E. Inselgruppe an der Südwestküste Akarnaniens

echīnus, i m. (griech.) Seeigel; — ein nach seiner Form genanntes Gefäß
F. der Echinus i. a. B.; Wulst am Säulenkapitell

Echīon, ōnis m. E. 1.) einer der Sparten, der von Kadmus gesäten Männer, Vater des Pentheus 2.) Sohn des Merkur; — Echionius 3 des Echion; — Echionides, ae m. = Pentheus

echo, ūs f. (griech.) **Widerhall,** Echo; Echo Nymphe, in Stein verwandelt, ihre Stimme blieb übrig

ecloga, ae f. (griech.) auserlesenes Schriftstück, Gedicht

F. die Ekloge: Hirtengedicht, Idylle

ē-contra = contra

ec-quando (adv.) (cf. et-quando) wohl jemals? etwa jemals?

ec-qui, ec-quae (qua, ec-quod (adi.) etwa einer? etwa jemand?

ec-quis, ec-quid subst. jemand? etwas?; — ecquid (adv.) denn etwas? denn wohl?

eculeus, ecus = equuleus, equus

edācitas, tātis f. (cf. edax) Eßlust, Gefräßigkeit

edax, ācis (cf. edo) gefräßig; verzehrend, nagend

edera = hedera

Edessa, ae f. E. 1.) Stadt in Mazedonien 2.) Stadt in Mesopotamien; — Edessaeus 3 aus Edessa

e-dīco, dixi, dictus 3. **aussagen,** verkündigen; **ansagen,** ankündigen, **verfügen,** verordnen; — **edictum,** i n. Bekanntmachung, **Verordnung,** Verfügung

F. das Edikt i. a. B. — die Ediktalzitation: amtliche Vorladung

edictio, ōnis f. = edictum

ē-disco, didici 3. **auswendig lernen, erlernen**

ē-dissero, serui, sertus 3. ausführlich besprechen, erörtern

ē-disserto 1. = edissero

ēditīcius 3. (cf. ēdo) angegeben, vorgeschlagen

ēditio, ōnis f. (cf. ēdo) **die Herausgabe;** Angabe, Vorschlag

F. die Edition: Herausgabe, Ausgabe

ēditus 3 (cf. ēdo) **hoch emporragend, hoch**

edo, ēdi, ēsus 3. (coni. pr. edam = edim, edere = ēsse, edit = ēst, ederem = ēssem) **essen** (urv.), **fressen,** verzehren

ē-do, didi, ditus 3. (cf. do) **herausgeben,** von sich geben; gebären; verbreiten; (Befehle) erlassen, befehlen; — äußern, angeben, nennen; verkünden; vollbringen, bewirken, verüben

M. ed. = edidit: hat herausgegeben — edd. = ediderunt: haben herausgegeben

F. edieren: herausgeben — der Editor: Herausgeber

e-docēo, docui, doctus 2. **gründlich lehren, belehren,** unterrichten, genau berichten, Auskunft geben; benachrichtigen, in Kenntnis setzen; — edoctus 3 belehrt, unterwiesen, unterrichtet

ē-dolo 1. etwas zurechtzimmern; vollenden

e-domo, ui, itus 1. völlig bezähmen, bändigen, bezwingen

Edōni, ōrum m. E. thrazisches Volk; Edōnus 3 thrazisch; Edōnis, idis f. die Edonierin, Bacchantin

ē-dormio 4. ausschlafen

ēducātio, ōnis f. (cf. ēduco 1.) **Erziehung**

F. die Edukation i. a. B. — die Koedukation: gemeinschaftliche Erziehung von Knaben und Mädchen

ēducātor, ōris m. (cf. ēduco 1) Erzieher, Pfleger, Hofmeister

F. der Edukator i. a. B.

educātrix, icis f. (cf. educātor) Erzieherin

ē-duco 1. (cf. dux) **aufziehen,** großziehen; **erziehen;** pass. aufwachsen

e-dūco, dūxi, ductus 3. **herausziehen, herausführen;** (Truppen) ausrücken lassen; (Schiffe) auslaufen lassen; (Beklagte) vor Gericht ziehen; — emporführen, aufziehen, großziehen, erziehen (= educare)

F. eduzieren: (trans.) ausziehen — der Edukt: Auszug, ausgeschiedener Stoff

edūlis, e (cf. edo) **eßbar**

e-dūro 1. fortdauern

e-dūrus 3 hart, stark geworden

Eetion, ōnis m. E. Vater der Andromache, König in Theben; — Eetionēus 3 adi. und subst. des E.

ef-farcio 4. **ausstopfen,** vollstopfen

effector, ōris m. (cf. efficio) **Schöpfer,** Urheber

effectrix, icis f. (cf. effector) Schöpferin, Urheberin

effectus, ūs m. (cf. efficio) **Ausführung,** Verwirklichung, **Vollendung;** — Wirkung, **Erfolg**
F. der Effekt: Wirkung, Leistung; in einer Sekunde geleistete Arbeit (phys.) — die Effekthascherei: Streben nach Wirkung — die Effekten: Vermögen, Gepäck, Wertpapiere — effektiv: wirklich, tatsächlich

ef-fēmino 1. (cf. fēmina) zum Weibe machen, **weibisch machen, verweichlichen,** verzärteln; — effeminātus 3 verweichlicht, weibisch, weichlich
F. effeminieren: verweichlichen

ef-fercio, fersi, fertus 4. = effarcio

efferitas, tātis f. (cf. efferus) Wildheit, Roheit

ef-fero 1. (cf. ferus) **wild machen;** pass. wild werden, verwildern; — efferātus 3 verwildert, wild

ef-fero, extuli, elātus, efferre **heraustragen,** hinaustragen, herausbringen, zu Grabe tragen, begraben; **hervorbringen;** aussprechen, ausplaudern; **bekanntmachen;** über ein bestimmtes Ziel hinausführen; **zu weit führen;** — fortreißen, hinreißen; — emportragen, herauftragen; —**erheben,** erhöhen, stolz, **übermütig machen;** — se efferre stolz, übermütig werden, sich brüsten; — efferri sich hinreißen lassen; — stolz werden, sich brüsten; — elātus 3 stolz, übermütig
F. die Elation: Erhebung, Stolz, Hochmut der Elativ: Hochstufe (sprachl.)

effertus 3 cf. effarcio

ef-ferus (älter ecferus) 3 **verwildert,** wild, roh

ef-fervēsco, ferbui und fervi 3. **aufwallen,** aufbrausen

ef-fervo 3. = effervēsco

ef-fētus 3 (cf. fētus) (durch Gebären) erschöpft, geschwächt, kraftlos

efficācitas, tātis f. (cf. efficax) Wirksamkeit

efficax, ācis (cf. efficio) **wirksam,** erfolgreich, nachhaltig

efficientia, ae f. (cf. efficio) Wirksamkeit

ef-ficio, fēci, fectus 3. (cf. facio) **hervorbringen,** ausmachen; betragen; — **zustandebringen,** schaffen, bereiten, bauen; zusammenbringen, aufbringen, auftreiben; — (mit acc.) **zu** etwas machen; — **hervorbringen, bewirken,** veranlassen; — (mit ut) **beweisen,** dartun; — effici herauskommen; — efficitur es folgt daraus, es ergibt sich (mit acc. c. inf., auch ut); — efficiēns, ntis bewirkend, wirksam

effigies, ēi f. (cf. effingo) **Bild, Abbild;** Ebenbild, Schattenbild, Traumbild; Gestalt, Erscheinung; — Phantasiebild, Ideal
M. in effigie: im Bildnis

ef-fingo, finxi, fictus 3. **betasten,** streicheln; wegstreichen, abwischen; — **nachbilden,** darstellen, veranschaulichen; ausdrücken

efflagitātio, ōnis f. (cf. efflāgito) dringende Forderung

ef-flāgito 1. **dringend verlangen,** fordern

ef-fligo, flixi, flictus 3. **zu Boden schlagen,** totschlagen

ef-flo 1. **aushauchen;** animam efflare sterben

ef-florēsco, florui 3. emporblühen, erblühen
F. die Effloreszens: Hautausschlag; Ausblühung von Salzen aus trockenem Boden

ef-fluo (älter ec-fluo), flūxi 3. **herausfließen,** herausströmen; — entfallen, entgleiten, entschwinden, vergehen, verfließen

effluvium, ii n. (cf. effluo) Ausfluß

ef-fodio (ecfodio), fōdi, fossus 3. **ausgraben,** umgraben

ef-for (ec-for) 1. aussprechen, weihen

effrenātus 3 ohne Zügel, **zügellos,** unbändig

ef-frēnus 3 (cf. frēnum) = effrenātus

ef-fringo (ec-fringo), frēgi, fractus 3. (cf. frango) **aufbrechen,** erbrechen

ef-fugio, fūgi, fugitūrus 3. (intr.) **entfliehen,** entkommen; — (trans.) mit acc.) **entgehen, entrinnen;** homines mortem effugere non possunt; pass. mors ab hominibus effugi non potest

effugium, ii n. (cf. effugio) das Entfliehen, die Flucht; — Möglichkeit zur Flucht

ef-fulgeo, fulsi 2. (poet. effulgo, fulsi 3.) hervorglänzen, **hervorschimmern**

ef-fultus 3 (von fulcio stützen) **gestützt,** liegend auf

ef-fundo (ecfundo), fūdi, fūsus 3. **ausgießen;** ausschütten, verschleudern, vergeuden; — schleudern, abwerfen, **niederwerfen;** — herausschicken, -senden, -treiben; auslassen, loslassen, fahren lassen, (Leben) aufgeben; effundi sich ergießen, hinausströmen, hinausstürzen; sich überlassen, sich hingeben, sich gehen lassen; — effūsus 3 ausgegossen; weit ausgedehnt, weit; — zerstreut, unordentlich; — verschwenderisch; — übermäßig, unmäßig, losgelassen, aufgelöst, verhängt; — effuso cursu in gestrecktem Lauf

F. effusiv: sich ergießend — Effusivgestein: Ergußgestein

effūsio, ōnis f. (cf. effundo) **das Ausgießen,** Erguß; Ausgelassenheit; — **Verschwendung**

F. die Effusion: Ergießung, Leidenschaftsausbruch

effūsus cf. effundo

ef-fūtio 4. (cf. futilis) herausschwatzen, herplappern

e-gelidus 3 lau; — kühl

egēnus 3 (cf. egeo) **ermangelnd,** bedürftig, arm an; — **hilflos,** mißlich

egeo, ui 2. **entbehren; darben,** Not leiden; — (mit abl. od. gen.) **bedürftig sein,** bedürfen, nötig haben; nicht haben, entbehren; — verlangen, sich sehnen; — egens, ntis dürftig, arm

Egeria, ae f. E. weissagende Quellnymphe, Ratgeberin König Numas

e-gero, gessi, gestus 3. **heraustragen,** herausschaffen, fortschleppen, vertreiben, auswerfen, ausspeien

egestas, tātis f. (cf. egeo) **Dürftigkeit,** Armut; Mangel

Egnātius 3 Name eines römischen Geschlechts

ego (verstärkt egomet) (gen. mei, dat. mihi [mi], acc. me, abl. a me) **ich** (urv.); oft durch met verstärkt egomet, meimet etc.; auch memet ipsum

F. der Egoismus: Ichsucht, Selbstsucht, übertriebene Eigenliebe — der Egoist: Selbstsüchtiger — der Egotheismus: Selbstvergötterung — egoistisch: selbstisch, eigennützig — der Egotismus: Sucht, von sich selbst zu sprechen — der Egotist: Verfasser eines Ich-Romanes

e-gredior, gressus sum 3. (cf. gradior) **herausgehen; ausrücken,** ausmarschieren; absegeln; aussteigen, landen, abschweifen; — über etwas hinausgehen, **überschreiten**

e-gregius 3 (cf. grex) aus der Herde auserlesen, **ausgezeichnet,** außerordentlich, **vortrefflich;** rühmlich, ehrenvoll; egregium, ii n. rühmliche Tat, Ruhm

egressus, ūs m. (cf. egredior) das Ausgehen, der Ausgang

F. der Egreß i. a. B.

ēheu ach! oh! wehe!

eho he! heda!

ei (hei) weh! wehe!

ēia (hēia) ei! wohlan! frischauf!

e-iaculor 1. **herausschleudern,** hervorschießen lassen

F. ejakulieren: ausspritzen — die Ejakulation: das Ausspritzen

e-icio (sprich jicio), iēci, iectus 3. (cf. iacio) **herauswerfen,** hinauswerfen, **vertreiben;** auswerfen, ausspeien, an Land treiben; auspfeifen; — se eicere hinauseilen, hervorstürzen, herausbrechen; — classis eicitur die Flotte strandet; — eiectus 3 schiffbrüchig

F. ejizieren: hinausstoßen, aus seinem Besitz verdrängen, aussaugen, absaugen — der Ejektor: Dampfstrahlsauger

eiectamentum, i n. (cf. eiecto) Auswurf

eiectio, ōnis f. (cf. eicio) **Vertreibung**
F. die Ejektion i. a. B.
eiecto 1. (cf. eicio) **herauswerfen, ausspeien**
eiulātio, ōnis f. und **eiulātus,** ūs m. (cf. eiulo) das klägliche Geheul, Wehgeschrei
eiulo 1. (cf. ei) wehklagen
ē-iūro 1. **abschwören,** eidlich entsagen; feierlich niederlegen; **verleugnen,** ablehnen, verwerfen
eiusdem-modi (cf. idem und modus) **von derselben Art,** ebenso beschaffen
eius-modi (cf. is und modus) **derart,** derartig, so beschaffen
e-lābor, lāpsus sum 3. **herausgleiten,** herausschlüpfen; entschlüpfen, **entrinnen,** entfalten; — verrenkt werden (von Gliedern)
e-labōro 1. (trans.) **ausarbeiten, bearbeiten;** (intr.) arbeiten, sich bemühen, **sich anstrengen;** — elabrātus 3 ausgearbeitet, gekünstelt, sorgfältig durchgebildet
F. das Elaborat: das Ausgearbeitete, die Arbeit
Elaea, ae f. E. Küstenstadt in Äolis
e-lamentābilis, e jammernd, kläglich
e-languēsco, langui 3. **erschlaffen,** schlaff werden; — ins Stocken geraten
Elatēius 3. von Elatus stammend (cf. Caeneus)
elātio, ōnis f. (cf. effero) **Erhebung,** Aufschwung
e-lātro 1. herausbellen
elātus 3 cf. effero
Elaver, eris n. E. Nebenfluß der Loire (Allier)
e-lavo, lāvi, lautus (lōtus) 1. **auswaschen,** wegwaschen
Elea, ae f. = Velia, Stadt in Lukanien, Geburtsort der Philosophen Parmenides und Zeno, Stifter der Eleatischen Schule; — Eleātes, ae m. Einwohner von E.; — Eleāticus 3 eleatisch
elēctio, ōnis f. (cf. eligo) **Auswahl Wahl**
Electra, ae f. E. 1.) Tochter des Atlas, eine der sieben Plejaden, Mutter des Dardanus 2.) Tochter Agamemnons, Schwester des Orestes
ēlectrum, i n. (griech.) **Bernstein;** Bleichgold, Silbergold
M. die Elektrizität, elektrisieren usw.
elēctus cf. eligo
ēlegans, ntis (cf. eligo) „wählend", **fein,** geschmackvoll
F. elegant i. a. B.
elegantia, ae f. (cf. elegans) **Feinheit,** feiner Geschmack, Anstand
F. die Eleganz i. a. B.
elegi, ōrum m. (griech.) **elegische** Verse (Hexameter und Pentameter)
elegīa (elegēa), ae f. (griech.) elegisches Gedicht, **Elegie** (F)
Eleleus, ci m. E. Beiname des Bacchus (der Jubelnde); — Elelēides, um f. Bacchantinnen
elementum, i n. **Urstoff,** Grundstoff, **Element;** — plur. Elemente, Anfangsgründe, Grundlehren
F. das Element i. a. B.; Naturkraft — elementar, elementarisch: zu den Elementen gehörig, uranfänglich, anfangsmäßig, naturhaft
Elephantīne, ēs f. E. Nilinsel in Oberägypten
elephas, antis m. und **elephantus,** i m. griech.) **Elefant** (L); — **Elfenbein** (L)
Elēus cf. Elis
Eleusin, īnis f. E. Stadt in Afrika mit herrlichem Demetertempel, Sitz der eleusinischen Mysterien; — Eleusīnus, Eleusīnius 3 eleusisch
Eleuthero-cilices, um m. E. die freien Cilicier
e-levo 1. **in die Höhe heben, emporheben;** — schwächen, entkräften, beeinträchtigen, verkleinern, herabsetzen
F. die Elevation: Erhebung, Erhöhung; Höhe eines Sternes über dem Horizont (astron.); Richtung eines Geschützes nach oben; Erhebung der Hostie (kath.); Aufriß, Standriß (archit.) — der Elevator: Hebemuskel (med.), Aufzug, Förderanlage
Elias cf. Elis
e-licio, licui, licitus 3. (cf. lacio) **her-**

vorlocken, herbeilocken, herbeiholen, zutage fördern, hervorbringen

Elicius, ii m. E. Beiname Jupiters (dessen Blitze durch Zauberformeln herabgerufen wurden)

e-līdo, līsi, līsus 3. (cf. laedo) herausschlagen, **herausstoßen;** heraustreiben; zerschlagen, zerschmettern, vernichten

F. elidieren: ausstoßen, auslassen — die Elision: Ausstoßung eines Buchstabens (insb. im Auslaut)

ē-ligo, lēgi, lēctus 3. (cf. lego) **auslesen,** auswählen; ausjäten; — electus 3 auserwählt, ausgesucht

M. Eligius (V)

F. eligieren: auswählen — die Elektion: Wahl — elektiv: auswählend — das Elektorat: Kurfürstentum, -würde

e-līmino 1. (cf. līmen) über die Schwelle bringen; ausplaudern

F. eliminieren: beiseite schaffen, ausscheiden — die Elimination: Beseitigung, Ausscheidung

e-līmo 1. (cf. lima) ausfeilen

e-linguis, e (cf. lingua) **sprachlos,** stumm; unberedt

Elis, idis f. E. westlichste Landschaft des Poleponnes mit gleichnamiger Hauptstadt; — Elēus und Elīus adi. und subst. Einwohner von E.; Elias, adis f. elisch, olympisch

Elisii, ōrum m. E. germanisches Volk zwischen Oder und Weichsel

Elissa, ae f. = Dido

ē-lix, licis m. (cf. liqueo) Wasserfurche (zur Ableitung des Wassers in Feldern)

e-lixus 3 (cf. liqueo) (aus dem Wasser kommend) gesotten

elleborus, i m. und elleborum (helleborum), i n. (griech.) Nieswurz (bei den Alten gegen den Wahnsinn)

elocūtio, ōnis f. (cf. eloquor) Ausdruck, Stil

elogium, ii n. (griech.) Inschrift, Aufschrift; — Grabschrift

F. die Eloge (franz.): Lobrede, Lobspruch

eloquens cf. eloquor

eloquentia, ae f. (cf. eloquor) **Beredsamkeit**

F. die Eloquenz i. a. B.

eloquium, ii n. (cf. eloquor) Beredsamkeit, Sprache, Rede

e-loquor, locūtus sum 3. **aussprechen,** heraussagen; vortragen, ausdrükken; — **eloquens,** ntis **beredt**

F. eloquent i. a. B. — die Elokution: rednerischer Ausdruck, Ausführung der Gedanken

Elōrus (Helorus), i m. E. Fluß und (f.) Stadt auf Sizilien (Tellaro); — Elōrius 3 adi. und subst. An-, Einwohner von E.

Elpēnor, oris m. E. Gefährte des Odysseus

Elpinīce, ēs f. E. Schwester und Gemahlin des Cimon

e-lūceo, lūxi 2. **hervorleuchten;** in die Augen fallen, sichtbar werden

e-luctor 1. **sich hervorringen;** etwas mit Mühe überwinden

e-lūcubro 1. bei Licht ausarbeiten

F. die Elukubration: gelehrte Nachtarbeit, mühevolle Ausarbeitung

ē-lūdo, lūsi, lūsus 3. **verspotten,** hintergehen; ausweichen, entgehen; — (von Gladiatoren) parieren

ē-lūgeo, lūxi 2. **stark betrauern**

e-lumbis, e (cf. lumbus) **lendenlahm**

ē-luo, lui, lūtus 3. **auswaschen,** abwaschen; **tilgen;** — elūtus 3 ausgewaschen, wäßrig, verwässert, saftlos

F. die Elution: Auswaschung, Schlemmen

eluviēs, ēi f. (cf. eluo) **Überschwemmung;** — Lache; — (ausgeschwemmte) Schlucht

F. das Eluvium: am ursprünglichen Ort liegende Verwitterungsprodukte

eluvio, ōnis f. (cf. eluo) **Überschwemmung**

Elymaei, ōrum m. E. Bewohner der persischen Gegend um Susa; — Elymaeus adi. u. subst. Perser (um Susa)

Elysium, ii n. (griech.) das Elysium, Aufenthaltsort der Seligen; — Elysius 3 elysisch

F. das Elysium: Insel der Seligen — elysisch, elyseisch: paradiesisch, wonnig

em (aus eme cf. emo) nimm! da hast du! da! sieh da!

emācitas, tātis f. (cf. emax) Kaufsucht

e-mancipo 1. den Sohn aus der väterlichen Hand entlassen, **für selbständig erklären;** — **abtreten,** überlassen
F. emanzipieren i. a. B. — die Emanzipation: Gewährung der Freiheit, Selbständigmachung — emanzipiert: frei, ungebunden, zügellos

e-māno 1. **herausfließen,** entspringen; — **sich verbreiten,** bekannt werden
F. emanieren i. a. B.; ausstrahlen; ausstreuen; erlassen (jur.) — die Emanation: Ausfluß, Ausströmen, Bekanntmachung (jur.); Hervorgehen eines niederen Seins aus einem Höheren, aus Gott; das Element Radon

Emathia, ae f. E. (poet.) Mazedonien; — Emathius 3 mazedonisch; — Emathis, idis f. Pieride, Tochter des mazedonischen Königs Pierus

e-matūrēsco, turui 3. **ausreifen;** — sich mildern, nachlassen

emax, ācis (cf. emo) **kauflustig**

emblēma, atis n. (griech.) Einlage, Relief; Mosaik
F. das Emblem: eingelegte Arbeit, Sinnbild, Abzeichen — emblematisch: sinnbildlich

embolium, ii n. (griech.) Einschiebsel, Zwischenspiel (im Theater)
F. die Embolie: das Eindringen fester Körperchen in die Blutbahn (med.)

emendābilis, e (cf. emendo) verbesserlich

emendātio, ōnis f. (cf. emendo) **Verbesserung**
F. die Emendation i. a. B.; Textberichtigung

emendātor, ōris m. (cf. emendo) **Verbesserer**

emendātrix, icis f. (cf. emendator) Verbesserin

ē-mendo 1. (cf. mendum) von Fehlern befreien, **verbessern;** — emendātus 3 verbessert, fehlerfrei; tadellos
F. emendieren i. a. B.

ē-mentior, mentītus sum 4. **erdichten,** lügen

ē-mercor 1. **erkaufen**

ē-mereo, merui, meritus u. e-mereor, meritus sum 2. **verdienen; ausdienen;** — emeritus 3 ausgedient; subst. m. ausgedienter Soldat
F. emeritieren i. a. B. — der Emerit, der Emeritus: der Ruheständler — Emerenzia (V)

ē-mergo, mersi, mersus 3. 1.) (trans.) **auftauchen lassen;** se emergere und emergi auftauchen, zum Vorschein kommen; — 2.) (intr.) **auftauchen,** sichtbar werden; sich herausarbeiten, sich emporarbeiten
F. emergieren i. a. B.; sich hervortun — die Emersion: das Emporkommen

Emerita, ae f. E. Stadt in Lusitanien (Merida); — Emeritēnses, ium m. die Bewohner von E.

e-mētior, mēnsus sum 4. **ausmessen,** durchmessen; abmessen, **zuteilen;** — **durchwandern,** zurücklegen

ē-meto 3. ganz abmähen

ē-mico, micui, micatūrus 1. **hervorzucken,** hervorschießen, hervorspringen; **hervorleuchten**

ē-migro 1. **auswandern,** ausziehen
F. emigrieren i. a. B. — der Emigrant: der Auswanderer — die Emigration: Auswanderung

ēminens cf. emineo

eminentia, ae f. (cf. emineo) das Hervorragende
F. die Eminenz: Erhöhung; Erhabenheit; Titel von Kardinälen

e-mineo, minui 2. (cf. mentum) **hervorragen;** hervorstechen, **sich auszeichnen; hervortreten,** sich zeigen, sichtbar werden; ēminens, ntis hervorragend, ausgezeichnet
F. eminent: hervorragend

e-miniscor, mentus sum 3 (cf. memini) ersinnen

ē-minus (cf. manus und comminus) adv. **von weitem, von fern, in Schußweite**

e-miror 1. **sich sehr wundern,** anstaunen

emissārius, ii m. (cf. emitto) **Sendbote,** Spion
F. der Emissar: Abzugsgraben — der Emissär (franz.): geheimer Sendling, Kundschafter

ēmissio, onis f. (cf. emitto) **das Ent-**

senden, Wurf; — das Entlassen, **Entlassung**

ē-mitto, misi, missus 3. **herausschikken,** aussenden, ausrücken lassen; (Geschosse) entsenden, abschießen; strömen lassen; von sich geben, herausgehen; ausstoßen, ausweisen; — loslassen, fahrenlassen, freigeben, freilassen, entlassen, frei abziehen lassen

F. emittieren: ausschicken, ausgehen lassen; Wertpapiere in Umlauf setzen — die Emission: Aussendung, Ausfluß, Ausstrahlung, Ausgabe neuer Aktien

emo, ēmi, emptus 3. **kaufen; erkaufen**

e-moderor 1. **ermäßigen**

e-modulor 1. besingen, feiern

e-mollio 4. **erweichen,** weich machen; schwächen

emolumentum, i n. (cf. emolo) (Gewinn beim Mahlen) **Vorteil,** Gewinn

F. das Emolument i. a. B.; Nebeneinnahme

e-morior, mortuus sum 3. **hinsterben**

e-moveo, mōvi, mōtus 2. **hinausschaffen,** wegschaffen; vertreiben

F. die Emotion: heftige Gemütsbewegung, Aufregung; Gärung, Revolution

Empedocles, is m. E. griechischer Philosoph und Dichter; — Empedoclēus 3 des E.

Emporiae, ārum f. E. Küstenstadt in Nordostspanien (Ampurias)

emporium, ii n. (griech.) **Handelsplatz,** Stapelplatz

F. das Emporium i. a. B.

emptio, ōnis f. (cf. emo) **Kauf**

emptito 1. (cf. emo) **erkaufen,** aufkaufen

emptor, ōris m. (cf. emo) **Käufer**

e-mungo, mūnxi, mūnctus 3. ausschneuzen; jemd. betrügen, prellen

e-mūnio 4. aufmauern, **befestigen**

en 1.) **siehe!** siehe da! wohlan! 2.) (Fragepartikel) **wohl?** etwa? denn?

enarrābilis, e (cf. enarro) **erzählbar,** darstellbar

e-nārro 1. bis zu Ende erzählen, **darlegen**

e-nāscor, nātus sum 3. **herauswachsen**

ē-nato 1. **herausschwimmen,** sich heraushelfen

e-navātus 3 (cf. navo) vollständig geleistet

e-nāvigo 1. **absegeln,** herausfahren

Enceladus, i m. E. Gigant

Endymion, ōnis E. Sohn des Zeus, von Luna entführter schöner Jüngling

ē-neco, necui, nectus 1. **zu Tode quälen,** grausam töten

e-nervis, e (cf. nervus) **entnervt,** kraftlos

e-nervo 1. (cf. nervus) **entkräften,** schwächen; — **e-nervātus** 3 entnervt, kraftlos

Eneti = Veneti

Engonasin, m. (griech.) der Kniende, Sternbild des Herkules

Enguium (Engium), ii n. E. Stadt in Nordsizilien; — Enguīnus adi. und subst. Einwohner von E.

ēnico = eneco

enim (nie am Satzanfang) 1.) (adv.) in der Tat, **fürwahr;** — enimvēro ja wahrlich, in der Tat 2.) (ci.) **nämlich; denn;** — quid enim? denn wie? wieso?; at enim, sed enim aber ja, aber freilich

enimvēro (adv.) cf. enim

Enipeus, peos und pei m. E. 1.) Nebenfluß des Peneus, der große Enipeus; auch Flußgott 2.) der kleine Enipeus, auf dem Olymp entspringend

e-niteo, tui 2. **hervorleuchten**

e-nitēsco, tui 3. = eniteo

e-nitor, nixus, nisus sum 3. 1.) (intr.) **emporstreben,** sich emporarbeiten; **sich anstrengen,** sich bemühen 2.) (trans.) gebären; **erreichen, bewirken;** — enixus 3 angestrengt, ausdauernd, eifrig

Enna = Henna

Ennius 3 Name eines römischen Geschlechtes; — Q. Ennius römischer Epiker, Schöpfer der römischen Kunstdichtung

ē-no 1. **herausschwimmen**

enodātio, ōnis f. (cf. enōdo) Auflösung

eines Knotens; **Entwicklung,** Erklärung

enōdis, e (cf. nōdus) knotenlos, glatt

e-nōdo 1. (cf. nodus) entknoten; **auflösen,** entwickeln, erklären

e-nōrmis, e (cf. norma) **unregelmäßig;** — übermäßig, **übergroß,** ungeheuer

F. enorm: ungeheuer, unerhört — die Enormität: Übermaß

e-notēsco, nōtui 3. (cf. notus) **bekannt werden**

ensi-fer (ger) 3 schwerttragend

ēnsis, is m. **Schwert**

e-nūbo, nūpsi, nūptum 3. **hinausheiraten** (von Frauen)

e-nucleo 1. (cf. nucleus) **entkernen,** deutlich entwickeln, **erläutern;** austüfteln; — enucleātus 3 schlicht, nüchtern, einfach

enumerātio, ōnis f. (cf. ēnumero) **Aufzählung**

e-numero 1. ausrechnen, **berechnen; aufzählen**

e-nuntio 1. **hinausmelden, verraten,** ausplaudern; aussprechen, angeben

enūptio, ōnis f. (cf. ēnūbo) das Hinausheiraten

e-nūtrio 4. **ernähren,** aufziehen

ēo (adv.) 1.) **dadurch, deswegen,** deshalb; — beim comp. um so viel, **desto;** quo - eo je - desto 2.) **daselbst, dort;** — **dahin, dorthin; dazu, dazu noch;** — (zeitl.) **solange** (m. folg. dum, quoad donec); — **bis zu dem Punkte, so weit**

eo, ii itum, īre **gehen,** marschieren, ziehen, sich fortbewegen; auf etwas losgehen (ad, in, contra alqd, obviam mit dat.); an etwas gehen, gehen, von statten gehen, verlaufen, vergehen

M. eilen (urv.)

eōdem (adv.) **eben dahin, eben dorthin;** — ebenda, eben daselbst; eben dazu

eōs und Eōs f. (griech.) Morgenröte; — Eōus 3 morgendlich, östlich; m. = Orientale; Morgenstern

F. die Eos i. a. B. — das Eosin: roter Teerfarbstoff

Epaminōndas, ae m. E. berühmter thebanischer Feldherr, Sieger von Leuktra 371 v. Chr.

ephēbus, i m. (griech.) Jüngling von 16 bis 20 Jahren

F. der Ephebe i. a. B.

ephēmeris, idis f. (griech.) Tagebuch, Wirtschaftsbuch

Ephesus, i f. E. jonische Stadt in Kleinasien mit berühmtem Dianatempel; — Ephesius adi. und subst. Bewohner von E.

Ephialtes, ae m. E. 1.) ein Riese 2.) Verräter der Griechen bei den Thermopylen

ephippium, ii n. (griech.) Pferdedecke, Sattel; ephippiātus 3 auf gesatteltem Pferde

ephorus, i m. (griech.) Aufseher, **Ephor** (in Sparta)

Ephorus, i m. E. griechischer Geschichtsschreiber

Ephyra, ae und Ephyre, ēs f. E. 1.) Name einer Meernymphe 2.) alter Name für Korinth; — Ephyraeus und Ephyrēius korinthisch

Epicharmus, i m. E. griechischer Komödiendichter

Epicūrus, i m. E. griechischer Philosoph, Begründer der Schule der Epikurer (F); — Epicurēus 3 epikureisch (F)

epicus 3 (griech.) **episch;** subst. der Epiker (F)

Epidamnus (os), i f. E. Stadt in Illyrien (Dyrrhachium)

Epidaphna, ae f. E. Vorstadt von Antiochia

Epidaurus (os), i f. E. 1.) Stadt in Dalmatien (Ragusa) 2.) Stadt in Argolis, mit Äskulaptempel; Epidaurius adi. u. subst. Bewohner von E.

epigonus, i m. (griech.) **Nachgeborener;** Epigoni, ōrum m. die Epigonen, Nachkommen der Sieben gegen Theben

F. der Epigone i. a. B., Nachahmer

epigramma, atis n. (griech.) **Inschrift,** Aufschrift; **Sinngedicht,** Epigramm

F. das Epigramm i. a. B., Spottgedicht — epigrammatisch: in Art eines Sinngedichtes, schlagend, kurz — der Epigrammatiker: Verfasser von E.

epilogus, i m. (griech.) **Schluß einer Rede**
F. der Epilog: Schlußwort, Nachrede

Epimētheus, ei m. E. Bruder des Prometheus, Gemahl der Pandora, Bringerin aller Übel; Epimēthis, idis f. Tochter des E., Pyrrha

Epiphanēa, ae f. E. Stadt in Cilicien

Epīrus (os), i f. E. Landschaft in Westgriechenland; Epīrōtes, ae m. Epirot; Epirōticus 3 und Epirēnsis, e adi. u. subst. Bewohner von E.

epistula, ae f. (griech.) **Brief**
F. die Epistel i. a. B., Apostelbrief; Strafpredigt, Verweis

epitaphius, ii m. (griech.) **Leichenrede**
F. das Epitaph, Epitaphium: Grabschrift, Denkschrift; Grabmal

epithēca, ae f. (griech.) Zugabe

Epitrepontes (griech.) (die Überlassenden) Titel eines Lustspiels Menanders

epōdus (os), i m. (griech.) **Nachgesang, Epode** (lyrisches Gedicht, in dem kürzerer Vers mit einem längeren wechselt)
F. die Epode i. a. B. — epodisch: mit einem Nachgesang versehen, in der Art einer Epode

epops, opis m. (griech.) Wiedehopf

Eporedia, ae f. E. Stadt in Norditalien (Ivrea)

Eporedorix, igis m. E. ein Häduerfürst

epos n. (griech.) **Heldengedicht,** Epos (F)

ē-pōto 1. **austrinken;** ēpōtus 3 ausgetrunken

epulae, ārum f. **Speisen; Mahl,** Schmaus

epulāris, e (cf. epulum) beim Mahle

epulo, ōnis m. (cf. epulum) Anrichter, Ordner des Festmahles

epulor 1. (cf. epulum) **schmausen,** speisen

epulum, i n. **Festmahl**

Epytus, i m. E. Troer; Epytides, ae m. Sohn des E., Periphas

equa, ae f. (cf. equus) **die Stute**

eques, itis m. (cf. equus) **Reiter, Kavallerist; Ritter**

equester, tris, tre (selten equestris, e) **zur Reiterei gehörig, zum Ritterstand gehörig**

e-quidem allerdings, in der Tat; **zwar,** freilich

equile, is n. (cf. equus) Pferdestall

equīnus 3 (cf. equus) zum Pferde gehörig

equiria, ōrum n. (cf. equus) Pferderennen, zu Ehren des Mars, im Februar und März

equitābilis, e (cf. equito) für Reiterei geeignet

equitātus, ūs m. (cf. equito) **Reiterei,** Kavallerie; **Ritterschaft**

equito 1. (cf. eques) **reiten,** als Reiter dienen

equuleus (eculeus), i m. (dem. von equus) 1.) **Füllen,** Fohlen 2.) Folter (in Pferdegestalt)

equus (ecus), i m. **Pferd;** Reiterei; Pferdegespann; Kampfwagen

era, ae f. (cf. erus) **Herrin,** Hausfrau

ē-rādo, rāsi, rāsus 3. **auskratzen**
F. eradieren i. a. B.

Erana, ae f. E. Stadt in Cilicien

Erasīnus, i m. E. Fluß in Argolis

Erato, ūs f. E. Muse des Liebesliedes

Eratosthenes, is m. E. griechischer Mathematiker und Geograph

Erebus, i m. (griech.) Finsternis, Dunkel; Gott der Finsternis

Erechtheus, ei m. E. athenischer Heros, Sohn der Erde; Erechthēus 3 des E., athenisch; Erechthīdae, ārum m. Nachkommen des E., Athener; Erechthis, idis f. Tochter des E. (Orithyia und Prokris)

erēctus cf. erigo

e-rēpo, rēpsi, rēptum 3. **herauskriechen**

ereptio, ōnis f. (cf. eripio) **Raub**

ereptor, ōris m. (cf. eripio) Räuber

Eretria, ae f. E. 1.) Stadt in Thessalien 2.) Stadt auf Euböa; Eretricus, Eretriacus 3 und Eretriēnsis adi. und subst. Bewohner von E.

Erētum, i n. E. alte Sabinerstadt
erga (praep. mit acc.) in Hinsicht **auf, gegen, für** (in gutem Sinne)
ergastulum, i n. (griech.) Sklavenzwinger, Arbeitshaus
ergo 1.) (praep. mit vorangehendem gen.) **wegen,** um - willen 2.) (adv.) **folglich,** also
Erichtho, ūs f. E. Zauberin
Erichthonius, ii m. E. 1.) attischer Heros, als Fuhrmann (Bootes) unter die Sterne versetzt 2.) Sohn des Dardanus
ericius, ii m. Igel, spanischer Reiter
Eridanus, i m. E. (poet) Po
ē-rigo, rēxi, rēctus 3. **aufrichten; errichten,** aufführen; hinaufführen, hinaufrücken lassen; erregen, **ermutigen;** pass. sich aufrichten, sich erheben, aufsteigen; — **erēctus** 3 **aufgerichtet,** aufrecht; erhaben, hoch; **gespannt,** aufmerksam; **mutig,** entschlossen
F. erigieren: emporrichten, gründen — erigibel: aufrichtbar — die Erektion: die Anschwellung — erektil: anschwellend
Erigone, ēs f. E. Tochter des Ikarius, als Gestirn (virgo) an den Himmel versetzt; Erigonēius 3 der E.
Erigōnus, i m. E. Nebenfluß des Varda (Tzerna)
erilis, e (cf. erus, era) zum Hausherrn, zur Hausfrau gehörig
Erinys, yos f. (griech.) Rachegöttin, Furie
F. die Erinnye i. a. B.
Eriphȳla, ae (Eriphyle, es) f. E. Gemahlin des Amphiaraus
e-ripio, ripui, reptus 3. (cf. rapio) **herausreißen,** wegreißen; **entreißen,** rauben, hinraffen, losreißen, befreien, retten, entziehen
erogātio, ōnis f. (cf. erogo) **Auszahlung**
ē-rogo 1. **ausgeben,** verausgaben; eintreiben, erheben
errabundus 3 (cf. erro) **umherirrend,** umherschweifend
errāticus 3 (cf. erro) **umherirrend,** unstet
errātio, ōnis f. (cf. erro) das Irregehen
errātum, i n. (cf. erro) **Irrtum,** Fehler
errātus, ūs m. (cf. erro) Irrfahrt
erro 1. **irren** (urv.), **umherschweifen, umherirren,** sich irren, **fehlen,** schwanken
M. Errare humanum est: Irren ist menschlich (Seneka, Cicero)
F. das Erratum: Irrtum, Druckfehler — erratisch: verirrt, zerstreut — erratische Steine: Findlinge
erro, ōnis m. Landstreicher, Stromer
error, ōris m. (cf. erro) das Umherirren, Irrung, Irrgang; Windung, Krümmung; — Irrtum, Täuschung, Wahn, Versehen, Fehler, Verirrung, Vergehen
e-rubēsco, rubui 3. **erröten, schamrot werden, sich schämen**
M. Epistula non erubescit: (der Brief errötet nicht) Papier ist geduldig
erūca, ae f. Senfkohl
ē-ructo 1. **ausrülpsen,** ausspeien, ausstoßen
e-rudio 4. (cf. rudis) (entrohen) **unterrichten,** bilden; **eruditus** 3 **gebildet,** kenntnisreich; **fein,** geschmackvoll
eruditio, ōnis f. **Bildung,** Gelehrsamkeit *F.* die Erudition i. a. B.
e-rumpo, rūpi, ruptus 3. (trans.) **herausbrechen lassen,** auslassen, ausschütten; — (intr.) **heraus-, hervorbrechen, einen Ausfall machen,** zum Ausbruch kommen, ausschlagen, in etwas übergehen
ē-ruo, rui, rutus 3. **herausgraben,** herausscharren, aufwühlen, aufreißen, ausreißen, zerstören; — **aufstöbern,** ausfindig machen, ermitteln
F. eruiren: herausbringen, ergründen, ermitteln
eruptio, ōnis f. (cf. erumpo) **Ausbruch, Ausfall**
F. die Eruption: Ausbruch (insbes. vulkanischer Art); Hervortreten eines Ausschlages (med.) — eruptiv: durch einen Ausbruch entstanden
erus, i m. **Hausherr,** Gebieter
ervum, i n. Platterbse, Wicke
Erycinus, Erycus cf. Eryx

Erymanthus, i m. E. 1.) Gebirge an der Nordwestgrenze Arkadiens 2.) Nebenfluß des Alpheus; Erymanthius 3 (f. Erimanthis, idis) vom E.
Erythēa, ae f. E. Insel an der Mündung des Quadalquivir; Erythēis, idis eryntheisch
Erythrae, ārum f. E. 1.) Stadt in Böotien 2.) Stadt in Jonien; Erythraeus adi. u. subst. Bewohner von E.; Erythraea, ae f. das Gebiet von E.
Erythrus, i m. E. mythischer König in Südasien
Eryx, ycis und Erycus, i m. 1.) Sohn der Venus 2.) Berg und Stadt in Westsizilien (Monte San Giuliano), dort alter Venuskult; Erycinus adi. und subst.; f. = Venus
esca, ae f. (cf. edo 3.) **Speise,** Essen
ē-scendo, scendi, scēnsus 3. (cf. scando) **hinaufsteigen,** hinaufmarschieren, **hinaufziehen,** besteigen
escēnsio, ōnis f. (cf. escendo) **Landung**
escēnsus, ūs m. (cf. escendo) Ersteigen, Aufstieg
esculentus 3 (cf. esca) eßbar
Esquilius 3 (cf. ex und colo) vorstädtisch; mons E. der esquilinische Berg; Esquiliae, ārum f. Außenstadt auf dem E., dem höchsten der sieben Hügel Roms; Esquilinus 3 esquilinisch
essedārius, ii m. (cf. essedum) Wagenkämpfer
essedum, i n. (kelt.) Streitwagen; Reisewagen
esuries, ēi f. (cf. esurio) Hunger
esurio (essurio) 4. (cf. edo 3.) Appetit haben, hungrig sein; lüstern sein
esurītio, ōnis f. (cf. esurio) das Hungerleiden
Esuvii, ōrum m. E. keltisches Volk in der Normandie
et 1.) kopulativ: **und,** und auch, und überhaupt, und zwar, und wirklich, und doch; nach Negationen: sondern; nach Ausdrücken der Gleichheit: wie, als; et ... et sowohl ... als auch; et ... neque einerseits ... andererseits nicht; neque ... et einerseits nicht ... andererseits aber 2.) adv. **auch; sogar**
et-enim (ci.) am Satzanfang: **nämlich, denn;** — und allerdings, **und in der Tat**
Eteocles, is m. E. Sohn des Ödipus und der Jokaste
etēsiae, ārum f. (griech.) Passatwinde
ethologus, i m. (griech.) Charakterdarsteller, Possenreißer
etiam 1.) (adv.) **noch,** noch immer; noch einmal; (in Antworten) ja! ach ja! richtig! 2.) (ci.) **auch, ferner,** außerdem, noch; **sogar,** selbst; — etiam atque etiam wieder und wieder, immer wieder
etiam-nunc und etiam-num (adv.) **auch jetzt noch,** noch jetzt
etiam-si (ci.) **auch wenn,** wenn auch (mit ind. u. coni.); **indessen, gleichwohl**
etiam-tum und etiam-tunc (adv.) **auch damals noch,** noch immer
Etrūria, ae f. E. Etrurien (Toskana); Etrūscus subst. und adi. Etrusker, etruskisch
et-si (ci.) **wenn auch,** wenn schon; **indessen,** gleichwohl
eu (griech.) gut! schön! brav!
Euadne, ēs f. E. Tochter des Iphis, Gemahlin des Kapaneus
euān und euhān Jubelruf der Bacchantinnen
Euander, Euandrus, i m. E. Sohn des Hermes
Euboea, ae f. E. Insel Euböa (Negroponte); Euboïcus 3 euböisch, kumäisch; carmen Eu. = Spruch der Sybille von Kumä
Euclīdes, is m. E. 1.) berühmter Mathematiker 2.) Stifter der Megareischen Philosophenschule, Schüler des Sokrates
Eudoses, um m. E. Volk in Jütland
Euēnus, i m. E. Fluß in Ätolien; Eueninus 3 am E. wohnend
eugae, euge, eugepae verstärktes eu
Euganei, ōrum m. E. Volksstamm in Oberitalien

Euhemerus, i m. E. griech. Philosoph

Euhius, euhoe cf. euoe

Eumenes, is m. E. 1.) General Alexanders d. Gr. 2.) Name von Königen von Pergamus

Eumenides, um f. (griech.) (die Wohlwollenden) die Furien

F. die Eumeniden i. a. B.

Eumolpus, i m. E. Sohn des Neptun, Priester, der den Demeterkult stiftete; Eumolpidae, ārum m. von E. abstammende Priesterfamilie

eunūchus, i m. (griech.) der Verschnittene, Kastrat

F. der Eunuch i. a. B.; Haremswächter

euoe und **euhoe** (griech.) Ruf der Bacchantinnen; Euīus, Euhius, ii m. = Bacchus; Euias, Euhias, adis f. = Bacchantin

Euphorbus, i m. E. Trojaner, Sohn des Panthoos

Euphorion, ōnis m. E. Dichter und Bibliothekar bei Antiochus d. Gr.

Euphrātes, is m. der Euphrat (Frat)

Eupolis, idis m. E. Dichter der alten attischen Komödie

Eurīpides, is m. E. berühmter tragischer Dichter; Euripedēus 3 des E.

eurīpus, i m. (griech.) Meerenge; Eurīpus, i m. die Meerenge zwischen Euböa und dem Festlande (Evripus)

Eurōpa, ae und Europe, ēs f. E. 1.) Tochter des phönizischen Königs Agenor, von Zeus in Tiergestalt entführt 2.) der Erdteil Europa; Europaeus 3 europäisch

Eurōtas, ae m. E. Hauptfluß von Lakonien (Iri)

eurus, i m. (griech.) Südostwind (warm, regenbringend); eurōus 3 südöstlich

Euryalus, i m. E. Trojaner

Eurybiades, is m. E. spartanischer Flottenführer

Eurydice, ēs f. E. Gattin des Orpheus

Eurymedon, ontis m. Fluß in Pamphylien, an dem Cimon siegte (469 v. Chr.)

Eurypylus, i m. E. 1.) König von Kos 2.) griechischer Held vor Troja

Eurysthenes, is m. Sohn des Aristodemus, Stammvater eines Königsgeschlechts in Sparta

Eurystheus, ei m. E. König von Mykenä, der dem Herkules die zwölf Arbeiten auferlegte

Eurytion, ōnis m. 1.) Argonaut und kalydonischer Jäger 2.) Trojaner, Gefährte des Äneas

Eurytus, i m. E. König, Vater der Jole und Dryope; Eurytis, idis f. = Jole

Euterpe, ēs f. E. Muse der Tonkunst

euxinus 3 (griech.) gastlich; Pontus Euxinus = Schwarzes Meer

e-vādo, vāsi, vāsum 3. (intr.) **herausgehen,** herauskommen; hinaufsteisteigen; emporklimmen; **entkommen,** entgehen; ausgehen, ausfallen; sich entwickeln, hervorgehen; — (trans.) zurücklegen, erklimmen; ersteigen; passieren

F. die Evasion: Entweichen, Ausflucht

ē-vagor 1. **umherschweifen,** abschwenken, schwenken; **sich verbreiten**

e-valēsco, evalui 3. **erstarken;** imstande sein, vermögen

e-vanēsco, vanui 3 verschwinden, vergehen

evānidus 3 (cf. evanesco) schwindend, vergehend

e-vāsto 1. **völlig verwüsten**

ē-veho, vēxi, vectus 3. **hinausführen, hinausfahren,** hinausschaffen; pass. hinausfahren, hinausreiten, hinaussegeln; hinauffahren, hinaufreiten

e-vello, velli (vulsi), vulsus (volsus) 3. **herausreißen, beseitigen,** vernichten

e-venio, vēni, ventum 4. **herauskommen;** zufallen; ausfallen, ablaufen; eitreffen; **sich ereignen,** eintreten, geschehen

eventum, i n. (cf. evenio) Ausgang, Erfolg

eventus, ūs m. (cf. evenio) **Ausgang, Erfolg,** Abschluß, Ende; Schicksal, Geschick

F. eventual: möglicherweise eintretend —

die Eventualität: Möglichkeit — eventuell: eintretenden Falls, möglicherweise

e-verbero 1. emporschlagen; zerschlagen, schlagen, abschlagen, abschütteln

everriculum, i n. (cf. everro) Kehrbesen

e-verro, verri, versus 3. **auskehren**

eversio, ōnis f. (cf. everto) **das Umwerfen;** Umsturz, **Zerstörung**

eversor, ōris m. (cf. everto) Zerstörer

e-verto, verti, versus 3. **umkehren,** stürzen, zu Fall bringen, vertreiben umwerfen, umstürzen, **vernichten,**

ē-vestigātus 3 (cf. vestigo) **erforscht**

ēvidens, entis (cf. videor) **sichtbar,** augenscheinlich, einleuchtend

F. evident i. a. B.

evidentia, ae f. (cf. evidens) Anschaulichkeit, Augenschein

F. die Evidenz i. a. B.

e-vigilo 1. durchwachen; erwachen, aufwachen

e-vilēsco, evilui 3. (cf. vilis) wertlos werden

e-vincio, vinxi, vinctus 4. umbinden, umwinden

e-vinco, vīci, victus 3. **gänzlich besiegen,** überwinden; durchsetzen; bewegen, überreden; pass. sich bewegen lassen

e-viscero 1. (cf. viscera) ausweiden, zerfleischen

evitābilis, e (cf. evīto) vermeidbar

e-vīto 1. **vermeiden,** ausweichen

F. die Evitation: Vermeidung

e-vīto 1. (cf. vita) das Leben rauben

evocātor, ōris m. Aufwiegler

ē-voco 1. **herausrufen,** herausfordern, amtlich berufen, vorladen; Soldaten aufrufen, **aufbieten,** abberufen, abkommandieren; hervorrufen, **hervorlocken,** erregen; zu etwas verlocken; — evocati, ōrum m. wiedereinberufene Soldaten, freiwillige Untertanen

F. evozieren: vorladen — die Evokation: Vorladung

e-volgo = evulgo

ē-volo 1. herausfliegen, **entfliegen,** entfliehen, **enteilen;** hervorbrechen, hervorstürzen; emporfliegen, sich emporschwingen

evolsio, ōnis f. (cf. evello) das Ausreißen

evolūtio, ōnis f. (cf. evolvo) das Aufschlagen (eines Buches)

e-volvo, volvi, volūtus 3. **hinauswälzen;** hinausströmen lassen; herauswickeln; auseinanderrollen, aufrollen; (Bücherrolle) aufschlagen; entwickeln, klarmachen, darstellen

F. evolvieren: entwickeln — die Evolvente: eine mathematische Linie — die Evolution: Entwicklung — der Evolutionist: Anhänger der Entwicklungslehre im Gegensatz zur biblischen Schöpfungslehre

ē-vomo, vomui, vomitus 3. ausspeien, ausstoßen, auswerfen

F. evomieren i. a. B.

e-vulgo (evolgo) 1. **unter die Leute bringen,** bekanntmachen; öffentlich preisgeben

evulsio, ōnis f. (evello) das Herausreißen, Ausziehen

ex, ē (nur vor Konsonanten), (vor f geht ex in ec über oder wird assimiliert z. B. ecfugio und effugio) praep. mit abl. 1.) **örtlich: aus, aus ... heraus** z. B. ex silvis; von ... herab z. B. ex colle; **von ... herauf, aus** z. B. ex flumine, e mari vom Meere aus; **von ... aus, von ... her** z. B. e muro, audire ex alqo aus jeds. Munde hören; (im Deutschen **scheinbar „wo"** z. B. ex equo pugnare zu Pferde kämpfen, flumen ex monte oritur der Fluß entspringt auf dem Berge, ex ea parte auf dieser Seite, ex altera, una ex parte etc., laborare ex capite, pedibus; ex itinere auf dem Marsche, ex fuga auf der Flucht etc.) — 2.) **zeitlich: von ... an, seit** z. B. ex illo tempore, ex quo seitdem, ex multo seit langem etc.; **unmittelbar nach, sogleich nach** z. B. ex itinere, alius ex alio einer nach dem anderen, diem ex die von Tag zu Tag etc.; — **zur Angabe der Abstammung** z. B. natus ex, ex matre mütterlicherseits etc.; — **bei**

partitivem **Verhältnis** z. B. unus ex vobis etc.; — **zur Angabe des Stoffes** z. B. scutum ex ligno factum etc.; — **zur Angabe des Grundes: infolge, wegen, aus, durch** z. B. inimicitiae ex invidia factae; ex quo efficitur, fit, accidit etc.; — **zur Angabe des Standpunktes, von dem man ausgeht: gemäß, nach, in Hinsicht auf** z. B. e natura naturgemäß, ex ordine der Reihe nach, ex lege nach dem Gesetze, ex loci natura der Geländebeschaffenheit entsprechend etc.; — **in adverbialen Wendungen** z. B. ex parte teilweise, magna ex parte zum großen Teil, maxima ex parte größtenteils, e contrario im Gegenteil, ex improviso unversehens, e regione gegenüber, ex composito verabredetermaßen, e vestigio sogleich, ex inopinato unvermutet, ex memoria auswendig, ex professo ausdrücklich; e natura naturgemäß, ex animo von Herzen, aufrichtig etc.

M. ex: aus! vorbei! — ex est: es ist aus — der Exkaiser: ehemaliger Kaiser

ex-acerbo 1. (cf. acerbus) erbittern, erzürnen

exactio, ōnis f. (cf. exigo) Vertreibung; Eintreibung; Einnahme, Abgabe

exactor, oris m. (cf. exigo) Vertreiber; Eintreiber, Kassierer, Beaufsichtiger, Besorger

exactus 3 cf. exigo

ex-acuo, acui, acūtus 3. schärfen, spitzen, wetzen; reizen, anregen, anspornen

ex-adversum und -sus praep. mit acc. gegenüber

exaedificātio, ōnis f. (cf. exedifico) Aufbau

ex-aedifico 1. ausbauen, aufbauen, fertig herstellen

exaequātio, ōnis f. (cf. exaequo) Gleichstellung

ex-aequo 1. **gleichmachen; gleichstellen,** vergleichen, erreichen, **gleichkommen** (alqm.)

ex-aestuo 1. aufwallen, aufbrausen, erglühen

exaggerātio, ōnis f. (cf. exaggero) Erhebung

ex-aggero 1. **aufdämmen, aufhäufen;** vergrößern, steigern; übertreiben

exagitātor, ōris m. (cf. exagito) Tadler

ex-agito 1. **aufjagen,** hetzen, verfolgen; **beunruhigen,** quälen; angreifen, tadeln; aufregen, aufreizen, erregen

exāgmen = exāmen

ex-albēsco, bui 3. (cf. albus) erbleichen, erblassen

exāmen, inis m. (älter exāgmen) (cf. ex-ago) Schwarm, Schar, Haufe; — das Zünglein an der Waage, Untersuchung, Prüfung

F. das Examen: Prüfung, Untersuchung, Verhör

exāmino 1. (cf. examen) **abwägen;** prüfen, **untersuchen**

F. examinieren i. a. B. — der Examinand: Prüfling — der Examinator: Untersucher, Prüfer — die Examination: Prüfung

exanclo (exantlo) 1. (griech.) aushalten, ertragen

exanguis = exsanguis

exanimātio, ōnis f. (cf. exanimo) Besinnungslosigkeit, Entsetzen, Mutlosigkeit

ex-animis, e (seltener ex-animus 3) (cf. anima) **leblos,** entseelt, tot; entsetzt

ex-animo 1. (cf. anima) **atemlos machen; betäuben,** aus der Fassung bringen, erschrecken; — pass. den Geist aufgeben, sterben

exantlo = exanclo

ex-ardēsco, ārsi, ārsum 3. **in Flammen aufgehen, sich entzünden,** entbrennen, **erglühen,** auflodern

ex-arēsco, arui 3. austrocknen, vertrocknen, versiegen, verschwinden

ex-ārmo 1. entwaffnen

ex-aro 1. herausackern, durch Ackerbau gewinnen; aufpflügen, durchfurchen; (mit dem Schreibgriffel durchfurchen) schreiben

ex-aspero 1. rauh machen, **uneben**

machen; (das Heer) aufwühlen; wild machen, verwildern lassen; aufhetzen, erbittern; — pass. verwildern

ex-auctōro 1. vom Fahneneid entbinden, verabschieden, den Abschied geben, kassieren

F. exauktorieren: des öffentlichen Amtes berauben

ex-audio 4. deutlich hören; erhören

exaugurātio, ōnis f. (cf. exaugūro) Aufhebung der Weihe

ex-auguro 1. die Weihe aufheben, der Weihe entkleiden

F. exaugurieren i. a. B.

ex-caeco 1. blenden; (eine Quelle) verstopfen

excandescentia, ae f. (cf. excandēsco) das Aufbrausen

ex-candēsco, dui, 3. erglühen; aufbrausen

ex-canto 1. hervorzaubern

ex-carnifico 1. zu Tode martern

ex-cavo 1. aushöhlen

ex-cēdo, cessi, cessum 3. (intr.) **herausgehen, sich entfernen, scheiden,** heraustreten, (über eine Grenze) hinausgehen; übergehen; — (trans.) etwas verlassen, räumen; überschreiten, übersteigen

F. exzedieren i. a. B., sich verfehlen — der Exzedent: Übertreter, Frevler — exzessiv: das Maß überschreitend

excellens cf. excello

excellentia, ae f. (cf. excellens) Vortrefflichkeit, Vorzüglichkeit, Vorzug

F. die Exzellenz: Vortrefflichkeit, Ehrentitel

ex-cello 3. (cf. celsus) **hervorragen, sich auszeichnen;** — excellens, ntis hervorragend, ausgezeichnet, vorzüglich; — excelsus 3 emporragend, erhaben, hoch; — excelsum, i n. Höhe, Rang, Würde

F. exzellent: vortrefflich — exzellieren: hervorragen, sich auszeichnen

excelsitas, tātis f. (cf. excelsus) Erhabenheit

excelsum, excelsus cf. excello

exceptio, ōnis f. (cf. excipio) Ausnahme, Einschränkung; Einwand, Protest

F. die Exzeption: Ausnahme; Stegreifarbeit; Ausflucht, Verantwortung (jur.) — exzeptionell: ausnahmsweise

excepto 1. (cf. excipio) **aufnehmen; auffangen, abwehren**

ex-cerno, crēvi, crētum 3. **aussieben; aussondern,** ausscheiden

F. exzernieren i. a. B. — die Exkretion: Ausscheidung, Ausleerung — das Exkret: ausgeschiedener Stoff

ex-cerpo, cerpsi, cerptus 3. (cf. carpo) herauspflücken, **auslesen, auswählen;** ausscheiden, ausnehmen; ausziehen, exzerpieren

F. exzerpieren i. a. B. — das Exzerpt: Auszug

excessus, ūs m. (cf. excēdo) der Weggang; Ausschweifung; Hinscheiden, Tod

F. der Exzeß: Ausschreitung, Unfug

excetra, ae f. Giftschlange; böses Weib

excidium, ii n. (cf. cado) Fall, Untergang, Zerstörung

ex-cido, cidi 3. (cf. cado) **herausfallen, entfallen,** entschlüpfen, entwischen; entschwinden, vergehen; (mit abl.) um etwas kommen, verlustig gehen, etwas verlieren

ex-cīdo, cīdi, cīsus 3. (cf. caedo) **heraushauen, -schneiden,** abhauen, aushöhlen, **zerstören,** vernichten

F. exzidieren: aushauen, ausschneiden — die Exzision: Ausschneidung, das Ausschälen

ex-cieo, cīvi, cītus 2. und meist **ex-cio** 4. **in Bewegung setzen, aufscheuchen,** abrufen; jemd. kommen lassen, herbeirufen, aufbieten; aufschrecken, aufregen, **aufreizen;** erregen, verursachen

excindo = exscindo

ex-cipio, cēpi, ceptus 3. (cf. capio) **herausfangen,** -nehmen; ausnehmen, ausschließen; eine Ausnahme feststellen, ausbedingen; **auffangen, wegfangen,** aufgreifen; abwehren, standhalten; (mit den Ohren) auffangen, **hören, vernehmen,** belauschen; **auf sich nehmen, überneh-**

men; **empfangen**; bei sich aufnehmen, **beherbergen**; auslegen, jemd. erwarten, treffen; etwas wieder aufnehmen, **fortsetzen**, fortführen, **sich anschließen**; folgen
F. exzipieren: ausnehmen, ausschließen, einwenden (jur.); eine Arbeit sofort niederschreiben

excīsio, ōnis f. (cf. excīdo) Zerstörung

ex-cito 1. **aufscheuchen, aufjagen,** aufwecken (pass. erwachen), herbeirufen, aufrufen, entbieten; **hervorrufen,** verursachen; jemd. aufstehen hen lassen (pass. sich erheben, aufstehen); aufführen, errichten; entflammen lassen, anfachen, **anfeuern, ermutigen,** aufrichten; — **exitātus** 3 heftig, stark, lebhaft
F. exzitieren: anregen, erregen, antreiben — exzitabel: erregbar — die Exzitabilität: Erregbarkeit — das Exzitatorium: amtliche Mahnung

exclamātio, ōnis (cf. exclamo) Ausruf
F. die Exklamation: Ausruf, Geschrei

ex-clāmo 1. **ausrufen,** aufschreien; nennen

ex-clūdo, clūsi, clūsus 3. (cf. claudo) **ausschließen, aussperren,** nicht einlassen, **fernhalten,** abhalten, **abschneiden,** verhindern (mit abl. u. bloßen abl.)
F. exkludieren: ausschließen, ausnehmen, absondern — die Exklusion: Ausschließung — exklusiv: ausschließend, sich abschließend, abgeschlossen — exklusive: mit Ausschluß von — die Exklusivität: Ausschließlichkeit, Abgeschlossenheit

excogitātio, ōnis f. (cf. excogito) das Ausdenken, Ersinnen, Erfinden

ex-cōgito 1. **ausdenken, ersinnen,** erfinden

ex-colo, colui, cultus 3. **sorgfältig bebauen; verfeinern,** veredeln; (selten) verehren, anbeten

ex-coquo, coxi, coctus 3. **auskochen,** schmelzen; ausscheiden; austrocknen

ex-cors, dis (cf. cor) unverständig, kopflos, einfältig

excrēmentum, i n. (cf. excerno) Ausscheidung, Absonderung
F. das Exkrement i. a. B., Kot

excreo = exscreo

ex-crēsco, crēvi 3. aufwachsen, emporwachsen

excretus cf. excerno

ex-crucio 1. **martern,** foltern, quälen

excubiae, ārum f. (cf. excubo) **das Wachen;** Wachtposten

excubitor, ōris m. (cf. excubo) Wächter

ex-cubo, cubui, cubitum 1. draußen liegen, lagern, wachen, Wache halten
F. die Exkubation: Wachen, Nachtwachen

ex-cūdo, cūdi, cūsus 3. **herausschlagen;** (durchschlagen) bilden, gestalten; ausbrüten
M. excudit: er hat's gestochen (auf Kupferstichen)

ex-culco 1. (cf. calco) festtreten

ex-curro, curri (cucurri), cursum 3. **hinauslaufen;** hervorbrechen, **einen Ausfall machen;** hinausragen, sich erstrecken; abschweifen (in der Rede)

excursio, ōnis f. (cf. excurro) **das Hinauslaufen,** Vorschreiten; **Ausfall;** Streifzug, Einfall; Abschweifung (in der Rede); Spielraum
F. die Exkursion: Ausflug

excursor, ōris m. (cf. excurro) Kundschafter

excursus, ūs m. (cf. excurro) Ausfall; Ausflug; Abschweifung (in der Rede)
F. der Exkurs: Abschweifung; eine nicht notwendig zur Sache gehörige Abhandlung

excusābilis, e (cf. excūso) **entschuldbar,** verzeihlich
F. exkusabel i. a. B.

excusātio, ōnis f. (cf. excuso) Entschuldigung, Rechtfertigung; Entschuldigungsgrund; Ablehnung

ex-cūso 1. (cf. causa) **entschuldigen,** rechtfertigen; als Entschuldigungsgrund anführen, vorschützen; — pass. sich losmachen, sich entziehen; **excusātus** 3 entschuldigt, gerechtfertigt
F. exküsieren (franz.): entschuldigen

ex-cutio, cussi, cussus 3. (cf. quatio) **abschütteln, abwerfen,** abstoßen, herabschleudern (pass. herabfallen); abschießen; **wegtreiben,** vertreiben;

entreißen; schütteln, entfalten; durchsuchen, untersuchen
F. die Exkussion: Ein- oder Ausklagung der Schulden (jur.)

exec = exsec

ex-edo, ēdi, ēsus 3. aufessen, verzehzehren, zerfressen, zernagen; aufreiben, zerstören; — exēsus 3 zerfressen, hohl

exedra, ae f. (griech.) halbkreisförmige gedeckte Vorhalle an den Gymnasiensäulenhallen; Vorzimmer, Gesellschaftszimmer
F. die Exedra: Bischofssitz in der Kirche; Seitengebäude in der Kirche

exemplar, āris n. (cf. exemplaris) Abschrift; Abbild; Vorbild, Beispiel
F. das Exemplar: ein einzelnes Stück, Abdruck, Nummer

exemplāris, e (cf. exemplum) dem Vorbilde entlehnt, abgeschrieben
F. exemplarisch: musterhaft, warnend, abschreckend

exemplum, i n. (cf. eximo) **Abschrift;** Wortlaut, Inhalt; **Muster,** Vorbild; **Beispiel,** warnendes Beispiel; — exempli causā (gratia) als Beispiel
M. Exempla docent: die Beispiele lehren es
F. das Exempel: Vorbild, Aufgabe, Vorschrift, Lehre — ein Exempel statuieren: ein warnendes Beispiel geben — exemplifizieren: durch Beispiele erläutern, sich auf ein Beispiel berufen — die Exemplifikation: Anführung von Beispielen

ex-eo, ii itum, īre herausgehen, weggehen; **ausrücken,** ausmarschieren, ins Feld rücken; auslaufen (von Schiffen), landen; **scheiden,** verlassen; ablaufen, vergehen; unter die Leute kommen, bekannt werden, über etwas hinausgehen, überschreiten; einer Sache ausweichen, entgehen
M. exeat! = er gehe hinaus! trete ab

exequiae, exequor = exsequiae, exsequor

exerceo, ui, itus 2. (cf. arceo) **in Bewegung setzen,** umhertreiben, **tummeln** (pass. sich umhertummeln, umherschweifen); aufstören, **beunruhigen,** plagen, placken, beherrschen; — **üben,** einüben, **ausbilden;** betreiben, etwas handhaben, bebauen, ausbeuten
F. exerzieren: üben, militärisch üben

exercitātio, ōnis (cf. exercito) Übung, Ausübung, Anwendung; Geübtheit, Gewandtheit

exercitium, ii n. (cf. exercito) militärische Übung
F. das Exerzitium: Übung, Übungsstück, Hausarbeit

exercito 1. (cf. exerceo) andauernd üben; — exercitātus 3 tüchtig geübt, geschult, erfahren; beunruhigt, geplagt, heimgesucht

exercitus, ūs m. **Heer,** Fußvolk, Schar, Schwarm

exhalātio, ōnis f. (cf. exhālo) Ausdünstung
F. die Exhalation i. a. B., Dunst

ex-hālo 1. ausdünsten, aushauchen; ausatmen
F. exhalieren i. a. B.

ex-haurio, hausi, haustus 4. ausschöpfen, herausheben, nehmen, entziehen; ausleeren; erschöpfen, verzehren; vollenden, überstehen
F. der Exhaustor: Saugmaschine

exhedra = exedra

ex-herēdo 1. (cf. heres) enterben
F. exheredieren i. a. B.

ex-hēres, ēdis enterbt

ex-hibeo, ui, itus 2. (cf. habeo) **herbeischaffen,** zur Stelle schaffen; **herausgeben, ausliefern;** gewähren; zeigen, sehen lassen; **erweisen,** betätigen; **verursachen;** verschaffen, **machen**
F. exhibieren: herausgeben, ausstellen, einreichen — das Exhibit, Exhibitum: Eingabe — die Exhibition: Vorlage, Eingabe — der Exhibitionismus: krankhafte Entblößungslust — der Exhibitionist: an E. Erkrankter

ex-horrēsco, horrui 3. erschauern, sich entsetzen

exhortātio, ōnis f. (cf. exhortor) Aufmunterung, Anfeuerung

ex-hortor 1. **aufmuntern,** ermuntern, anfeuern; aufreizen
F. die Exhorte: Erbauungsrede

ex-igo, ēgi, actus 3. **heraustreiben,**

vertreiben; eintreiben, einfordern, einkassieren; (Leute) requirieren; **fordern, verlangen**; beaufsichtigen; beurteilen, bemessen, untersuchen, prüfen; **ausführen**, vollbringen; **vollenden**, zurücklegen (pass. verfließen, vergehen, ablaufen; exacta aetate hochbetagt); bestimmen, festsetzen (non satis exactum est es ist nicht ausgemacht, es steht nicht fest); — exactus 3 genau, pünktlich, vollkommen, vollendet
F. exakt: genau, sorgfältig, pünktlich — die Exaktheit: Genauigkeit, Zuverlässigkeit

exiguitas, ātis f. (cf. exiguus) **Kleinheit, Geringfügigkeit, Kürze**

exiguus 3 (cf. exigo) **eng, knapp,** beschränkt, unansehnlich, **klein, winzig,** hager, schmächtig, gering, spärlich, unbedeutend; — exiguum, i n. ein Geringes, ein Kleines

exilis, e (cf. ex und ago) mager, schmächtig, dürr; dürftig, kümmerlich, kraftlos; ärmlich

exilitas, ātis f. (cf. exilis) Dürftigkeit, Dürre, Trockenheit (der Rede)

exilium = exsilium

exim = exinde

eximius 3 (cf. eximo) **ausgenommen; ausnehmend,** außerordentlich, **ausgezeichnet**

ex-imo, ēmi, emptus 3. (cf. emo) **herausnehmen,** hinwegnehmen; **beseitigen,** entfernen; losmachen, **befreien**
F. eximieren i. a. B. — exemt: frei — die Exemtion: Erlassung, Steuerfreiheit

exin = exinde

ex-inānio 4. (cf. inanis) ausleeren, ausplündern

ex-inde (verkürzt exin und exim) adv. 1.) räumlich: **von da, von daher, von da aus** 2.) zeitlich und anreihend: **hierauf, alsdann, dann**

existimātio, ōnis f. (cf. existimo) Beurteilung, Urteil, Meinung; Ruf, guter Name

existimātor, ōris m. (cf. existimo) Beurteiler

ex-istimo (älter existumo) 1. (cf. aestimo) **abschätzen, schätzen,** beurteilen, **für etwas halten** (pass. für etwas gehalten werden, gelten); entscheiden, **urteilen**; der Meinung sein, **glauben** (meist mit acc. c. inf., im pass. mit nom. c. inf.)

existo = exsisto

exitiābilis und exitiālis, e (cf. exitium) unheilbringend, unheilvoll, verderblich

exitiōsus 3 (cf. exitium) unheilvoll, verderblich

exitium, ii n. (cf. exeo) **Ausgang, Untergang, Verderben,** Vernichtung

exitus, ūs m. (cf. exeo) das **Herausgehen, Ausgang; Ende,** Schluß, Abschluß; Lebensende, **Tod,** Untergang; **Ergebnis,** Erfolg
F. der Exitus i. a. B.

ex-lex, lēgis gesetzlos

exodium, ii n. (griech.) Nachspiel (im Theater)

ex-olēsco, ēvi, ētus 3. (cf. alo) **heranwachsen**; (exolētus 3 erwachsen, zur Unzucht erwachsen; subst. der Lustknabe, Buhlknabe); (wegwachsen) vergehen, verschwinden; exolētus 3 veraltet

ex-onero 1. entlasten, abladen; erleichtern, befreien

ex-opto 1. sehnlich wünschen, herbeisehnen; exoptātus 3 erwünscht, ersehnt, willkommen, lieb, angenehm

exorābilis, e (cf. exōro) leicht zu erbitten

ex-ōrdior, ōrsus sum 4. **anfangen, beginnen** (mit etwas ab); exorsum, i n. Anfang, Beginn, Einleitung

exōrdium, ii n. (cf. exordior) **Anfang, Beginn**; Einleitung, Eingang (einer Rede) *F.* das Exordium i. a. B.

ex-orior, ortus sum 4. (ind. praes., coni. impf. und imp. nach der 3. Konj.) **sich erheben, aufstehen,** aufgehen (von Gestirnen); auftreten, **erstehen,** zum Vorschein kommen, **entstehen** (ab alqo, ex alqa re)

exornātio, ōnis f. (cf. exorno) Ausschmückung, Schmuck; Prunkrede

exornātor, ōris m. (cf. exorno) Ausschmücker

ex-ōrno 1. ausrüsten, ausstatten; ordnen; ausschmücken, verzieren

ex-ōro 1. erbitten, erflehen, ausbitten (pass. sich erbitten lassen); durch Bitten erlangen, erflehen

exōrsum cf. exordior

exōrsus, ūs m. = exordium

exortus, ūs m. (cf. exorior) Aufgang

ex-ōsculor 1. abküssen

exōstra, ae f. (griech.) Rollmaschine im Theater; in exostra auf offener Bühne, vor aller Augen

ex-ōsus 3 (cf. odi) voller Haß; verhaßt

ex-pallesco, lui 3. ganz erblassen, erbleichen

ex-pando, pandi, passus 3. ausspannen, ausbreiten

F. expandieren: ausdehnen — expansibel: ausdehnbar — expansiv: ausdehnend, ausdehnungsfähig — die Expansion: Ausdehnung

ex-pavēsco, pāvi 3. sich entsetzen

expecto = exspecto

ex-pectoro 1. (cf. pectus) aus der Brust verjagen, aus dem Herzen verdrängen

F. sich expektorieren: sein Herz ausschütten — die Expektoration: Herzenserguß; Auswurf (med.)

ex-pedio 4. (cf. pes, pedica) (den Fuß aus der Fessel) **losmachen, befreien,** freimachen, (in schwieriger Lage) durchhelfen, Schwierigkeiten überwinden; (Geschosse) leicht schleudern; abwickeln, erledigen; entwikkeln, darlegen; — **in Bereitschaft setzen,** herbeischaffen; **in Kriegsbereitschaft setzen,** zum Kampfe rüsten; **nützlich sein, fördern, nützen,** zustatten kommen; expedit (mit dem neutr. eines pron. oder adi. z. B. nihil, id); — **expedītus** 3 **leicht gekleidet, leicht bewaffnet,** leicht bepackt, mit leichtem Gepäck, ohne Gepäck (subst. Leichtbewaffneter); **kampfbereit, schlagfertig,** geschäftsfrei, unbehindert, bequem, leicht, rüstig, schnell; bereit, fertig; in expedito esse leicht sein; in expedito habere in Bereitschaft halten

F. expedieren: abfertigen, absenden, ausrüsten, befördern — das Expediatur: Ausfertigungsbefehl — der Expedient, Expeditor: Ausfertiger, Absender, Abfertigungsbeamter — das Expediens (plur. Expedientien, zien): Auskunftsmittel

expedītio, ōnis f. (cf. expedio) **Kriegszug, Feldzug**

F. die Expedition i. a. B.; wissenschaftliche Unternehmung; Abfertigung, Absendung, Stelle der Abfertigung

expedītus cf. expedio

ex-pello, puli pulsus 3. **hinausstoßen,** ausstoßen, **hinaustreiben,** vertreiben, verjagen; ans Land werfen; (Geschosse) abschießen; berauben (alqm alqa re); **verbannen,** entfernen, beseitigen

ex-pendo, pendi, pēnsus 3. abwägen; erwägen, beurteilen; Geld abwägen, auszahlen; Strafe zahlen, büßen

M. Spende, Speise (L)

F. die Expensen: Kosten, Auslagen — das Expensarium: Kostenverzeichnis

experge-facio, fēci, factus 3. (cf. expergiscor) aufwecken (pass. expergefieri wach werden)

ex-pergīscor, experrectus sum 3. (aus ex-per-griscor) **erwachen, aufwachen**

expergo = exspergo

experiens cf. experior

experientia, ae f. (cf. experior) Versuch, Probe, Erfahrung

F. die Experienz: Erfahrung

experimentum, i n. (cf. experior) **Versuch, Probe;** Beweis

F. das Experiment: Versuch, Probe — experimentieren: Versuche anstellen — experimental, experimentell: auf Erfahrung beruhend, erfahrungsgemäß

ex-perior, pertus sum 4. (cf. periculum) **einen Versuch machen, versuchen, erproben,** erfahren (urv.), **prüfen;** sich messen; sich im Kampfe messen, streiten, rechten; aufs Spiel setzen, wagen, unternehmen; durch Erfahrung kennenlernen, erfahren; durchmachen, aushalten; — experiens, ntis unternehmend, tätig; ausdauernd; — **expertus** 3 erfahren; erprobt, bewährt

F. der Experte: Sachverständiger — expert: erfahren — die Expertise (franz.): Untersuchung durch Sachverständige, Begutachtung — expertisieren: durch Sachverständige untersuchen, begutachten

ex-pers, pertis (cf. pars) unteilhaft, unbeteiligt; entbehrend, ermangelnd, ledig, ohne (mit gen.)

expertus cf. experior

ex-peto, ivi (ii), ītus 3. **erstreben, begehren,** fordern; — expetens, ntis begehrlich, lüstern; — expetendus 3 erstrebenswert, wünschenswert

expiātio, ōnis f. (cf. expio) **Sühne**

F. die Expiation: Sühnung, Versöhnung, Schuld- und Sündentilgung

expilātio, ōnis f. (cf. expilo) Ausplünderung

expilātor, ōris m. (cf. expilo) Plünderer

ex-pilo 1. (cf. com-pilo) **ausplündern,** berauben

ex-pingo, pinxi, pictus 3. **ausmalen,** anschaulich schildern

ex-pio 1. **entsündigen, sühnen,** reinigen, büßen, wieder gutmachen, versöhnen; unschädlich machen

F. expiabel: versöhnlich, sühnbar

expiro = exspīro

explanātio, ōnis f. (cf. explāno) Verdeutlichung, Auslegung, Deutung

F. die Explanation: Erklärung

explanātor, ōris m. (cf. explāno) Ausleger, Erklärer

ex-plāno 1. (cf. plānus) **deutlich machen, erklären,** auslegen, deutlich darstellen; — explanātus 3 geebnet, glatt; deutlich

ex-pleo, plēvi, plētus 2. (cf. plenus) **ausfüllen, anfüllen,** füllen, voll erreichen, vollenden; vollzählig machen, **ergänzen; sättigen,** befriedigen, stillen; vollkommen machen, **zustande bringen, ausführen;** überstehen; — explētus 3 vollkommen, vollständig

explicātio, ōnis f. (cf. explico) Entwicklung, Auslegung, Deutung, Lösung

explicātor, ōris m. (cf. explico) Entwickler, Darsteller

explicātus, ūs m. (cf. explico) Erörterung, Lösung

explico, āvi und ui, ātus und citus 1. **entfalten,** auseinander legen, aufrollen, herauswickeln, **entwickeln** (pass. sich entwickeln); **ausbreiten** (pass. sich ausbreiten); **entwirren,** in Ordnung bringen; abwickeln, glücklich durchführen, zustande bringen, befreien, retten, auseinandersetzen. **erklären,** schildern; — explicātus geordnet, deutlich; explicitus einfach, leicht

F. explizieren: auseinandersetzen, erklären, erläutern — explizite: ausdrücklich — die Explikation: Auslegung

ex-plōdo, plōsi, plōsus 3. (cf. plaudo) auspochen, auszischen; mißbilligen

F. explodieren: mit Knall zerspringen, in die Luft gehen, losgehen, zerspringen, zerplatzen — die Explosion: Sprengung, Knall, Ausbruch, Selbstentzündung — explosiv: leicht zerspringend, leicht entzündend — die Explosivlaut: Sprenglaut (sprachl.)

explorātio, ōnis f. (cf. explōro) **das Auskundschaften,** Spionage

F. die Exploration: Ausforschung, Prüfung

explorātor, ōris m. (cf. explōro) **Kundschafter, Späher;** plur. Aufklärungstrupp, Patrouille

explōro 1. **ausspähen, auskundschaften,** ausforschen, ausfindig machen, erkunden; prüfen, untersuchen; — explorātus 3 genau erforscht, gewiß, sicher, ausgemacht; mihi exploratum est (mit acc. c. inf.) es ist mir sicher, es steht für mich fest; alqd pro explorato oder exploratum habere sicher wissen, für sicher halten

F. explorieren: erforschen

ex-polio 4. glätten; verfeinern, ausbilden; — expolītus 3 geglättet, blank; ausgebildet, verfeinert

expolio = exspolio

expolītio, ōnis f. (cf. expolio) das Glätten, Abputzen; Ausschmückung

ex-pōno, posui, positus 3. **aussetzen,** öffentlich ausstellen, zur Schau stellen; vor Augen stellen, veröffentlichen; ans Land setzen, landen, ausschiffen, preisgeben, bloßstellen; **auseinandersetzen, darlegen,** erörtern (nicht: auseinandersetzen = erklären, deutlich machen); — expositus 3 offen daliegend; bloßgestellt, preisgegeben; zugänglich, gemeinnützig

F. exponieren: auslegen, einer Gefahr aussetzen — exponiert: ausgesetzt, freiliegend, gefährlich — der Exponent: Zahl, die den Grad einer Potenz oder Wurzel angibt (math.) — exponential: den Exponenten betreffend — der Expositus: Geistlicher an einer Filialkirche — die Expositur: Außengemeinde, Faktorei

exportātio, ōnis f. (cf. exporto) Ausfuhr

F. die Exportation, der Export: Ausfuhr

ex-porto 1. hinaustragen, **fortschaffen; ausführen;** verbannen

F. exportieren: Waren ausführen — die Exporten: Ausfuhrartikel — der Exporteur (franz.): Ausfuhrhändler

ex-pōsco, popōsci 3. **dringend fordern,** erbitten, erlangen, erflehen; die Auslieferung verlangen

expositio, ōnis f. (cf. expōno) Aussetzung; Auseinandersetzung, Darlegung

F. die Exposition: Ausstellung, Einleitung, Darlegung, Belichtung

expostulātio, ōnis f. (cf. expostulo) Forderung, Beschwerde

ex-pōstulo 1. **dringend verlangen,** fordern, beanspruchen, die Auslieferung verlangen, Genugtuung verlangen, sich beschweren

expotus = epotus

ex-primo, pressi, pressus 3. (cf. premo) **auspressen, ausdrücken,** emportreiben, emporheben; erpressen, erzwingen, abnötigen; — bilden, gestalten; genau wiedergeben, nachahmen, übersetzen; in Worten ausdrücken, schildern, darstellen; — expressus 3 herausgedrückt; ausdrucksvoll, anschaulich, handgreiflich; deutlich

F. exprimieren: ausdrücken — expreß: ausdrücklich, eilend — der Expreß: Blitzzug — expressiv: ausdrucksvoll — der Expressionismus: eine Kunstrichtung, Ausdruckskunst — expressionistisch: ausdruckskünstlerisch — der Expressionist: Ausdruckskünstler — der Expresse: Eilbote

exprobrātio, ōnis f. (cf. exprobro) **Vorwurf**

F. die Exprobration: Vorwurf, Verweis, Tadel

exprobro 1. (cf. probrum) **Vorwürfe machen,** etwas vorwerfen, vorhalten

ex-prōmo, prōmpsi, prōmptus 3. **hervorholen, hervornehmen;** an den Tag legen, zeigen; darlegen, sich äußern

expugnābilis, e (cf. expugno) einnehmbar

expugnātio, ōnis f. (cf. expugno) **Einnahme, Erstürmung, Eroberung**

expugnātor, ōris m. (cf. expugno) **Eroberer,** Erstürmer

expūgnax, ācis (cf. expugno) erobernd, bezwingend; wirksam

ex-pūgno 1. **erkämpfen,** erstürmen, **erobern;** besiegen, überwinden, unterwerfen; erzwingen, durchsetzen, erringen, brechen

expulsio, ōnis f. (cf. expello) Vertreibung, Verstoßung

F. die Expulsion i. a. B.

expulsor, ōris m. (cf. expello) Vertreiber

expultrix, īcis f. (cf. expulsor) Vertreiberin

ex-pūrgo 1. reinigen, rechtfertigen, entschuldigen

F. expurgieren: reinigen, säubern — die Expurgation: Reinigung, Abführung, Rechtfertigung

ex-puto 1. genau erwägen

ex-quīro, quisīvi, quisītus 3. (cf. quaero) **aussuchen, auswählen;** untersuchen, prüfen; **forschen,** ermitteln, **fragen,** sich erkundigen; **verlangen,** erbitten; — exquisītus 3 ausgesucht, auserlesen; sorgfältig, genau

F. exquisit: ausgesucht, vorzüglich

ex-saevio 4. austoben

ex-sanguis (exanguis), e blutlos; sich verblutend, ohnmächtig; leichenblaß, bleich; kraftlos; leblos, entseelt, tot

ex-satio 1. völlig sättigen
exsaturābilis, e (cf. exsaturo) ganz zu sättigen
ex-saturo 1. völlig sättigen; **befriedigen**
exscendo, exscensio = escendo, escensio
ex-scindo, scidi, scissus 3. ausreißen, zerstören, vernichten, verheeren
ex-screo 1. sich räuspern
ex-scrībo, scrīpsi, scrīptus 3. **ausschreiben,** verzeichnen
F. exskribieren i. a. B.
ex-sculpo, sculpsi, sculptus 3. ausschnitzen; wegmeißeln, auskratzen
ex-seco, secui, sectus 1. **herausschneiden,** ausschneiden; **herausschlagen,** herausschinden
exsecrābilis, e (cf. exsecror) fluchwürdig, verwünscht; verwünschend, verfluchend
exsecrātio, ōnis f. (cf. exsecror) Verwünschung, Verfluchung; Beteuerung, Schwur
ex-secror 1. (cf. sacer) (trans.) **verfluchen,** verwünschen; feierlich schwören; (intr.) **fluchen**
exsecūtio, ōnis f. (cf. exsequor) Ausführung, Vollziehung; Gerichtsbarkeit; Verwaltung; Durchführung, Behandlung
F. die Exekution: Ausführung, Vollstrekkung, Zwangsvollstreckung, Hinrichtung
exsequiae, ārum f. (cf. exequor) Leichenbegängnis, Leichenzug; Leichenfeier; Leiche
F. die Exequien: Leichenfeier, Totenmesse
exsequiālis, e (cf. exsequiae) zum Leichenbegängnis gehörig
ex-sequor (exequor), secūtus sum 3. **zu Grabe geleiten; verfolgen; strafen, rächen,** ahnden; einer Sache nachgehen, erstreben; (sein Recht) geltend machen; erforschen; **ausführen, vollziehen,** vollstrecken; **berichten, beschreiben, erzählen**
F. das Exsequatur: „man vollziehe", obrigkeitliche Bestätigung — exekutieren: vollstrecken — die Exekutive: vollziehende Gewalt im Staate — exekutiv: ausführend — der Exekutor: Gerichtsvollzieher — exekutorisch: gerichtlich, durch Zwangsvollstreckung — der Exequend: der zu Pfändende
ex-sero, serui, sertus 3. **herausstrekken,** hervorstrecken; **entblößen, losmachen**
exserto 1. (cf. exsero) **wiederholt hervorstrecken**
ex-sībilo 1. **auszischen, auspfeifen**
ex-sicco 1. austrocknen; **austrinken,** leeren
ex-sīgno 1. aufzeichnen, verzeichnen
ex-silio, lui 4. (cf. salio) **herausspringen,** aufspringen
ex-silium (exilium), ii n. (cf. exsul) **Verbannung;** Zufluchtstätte
F. das Exil i. a. B. — exilieren: verbannen
ex-sisto (existo), exstiti 3. **sich herausstellen,** herausgehen, **hervortreten;** hervorbrechen, **auftauchen; sich** erheben, **erscheinen; eintreten, entstehen**
F. existieren: bestehen, vorhanden sein — die Existenz: Dasein, Bestehen, selbständige Stellung, Auskommen, Unterhalt — das Existenzminimum: das zum Lebensunterhalt unbedingt Notwendigste — existenziell (tiell): das Sein und Wesen betreffend, lebenswichtig — der Existenzialismus: moderne philosophische Richtung, die den Menschen zum Verständnis seiner selbst führen will — die Koexistenz: Mitdasein, Mitbestehen, Gleichzeitigkeit — koexistieren: zugleich sein, zugleich bestehen — die Präexistenz: Vorherdasein, Vorleben der Seele vor der Geburt des Leibes — präexistieren: vorher dasein
ex-solvo, solvi, solūtus 3. **auflösen; erlösen, befreien;** (Schulden) **bezahlen;** leisten, abtragen, **erfüllen,** (Strafe) büßen
ex-somnis, e (cf. somnus) **schlaflos,** wachend
ex-sorbeo, ui 2. **einschlürfen,** einsaugen; verschlingen
ex-sors, sortis nicht mitlosend, **unteilhaftig,** ausgeschlossen; **auserlesen**
ex-spatior 1. von der Bahn **abschweifen,** die Bahn verlassen, **austreten**
exspectātio, ōnis f. (cf. exspecto) **Erwartung,** Spannung, **Sehnsucht**
ex-specto (expecto) 1. **nach etwas**

ausschauen, warten, harren, **erwarten,** auf etwas warten; vermuten, erhoffen, befürchten; — exspectātus 3 erwartet, willkommen, erwünscht

F. der Exspektant: Anwärter — die Exspektanz: Anwartschaft — exspektativ: in Aussicht stehend, Anwartschaft gewährend

ex-spes (indekl.) hoffnungslos

exspīrātio, ōnis f. (cf. exspīro) Ausdünstung

F. die Exspiration: Aushauchung

ex-spīro 1. ausblasen, **aushauchen;** sterben, verscheiden, vergehen

F. exspirieren: ausatmen — exspiratorisch: auf starker Ausatmung beruhend

ex-splendēsco, dui 3. hervorleuchten

ex-spolio 1. ausplündern, ganz berauben

ex-spuo, spui, spūtus 3. ausspeien

ex-sterno 1. (cf. consterno) außer Fassung bringen; pass. scheu werden, sich entsetzen; externātus 3 scheu, entsetzt

ex-stillēsco 3. (cf. stillo) zu triefen beginnen

exstimulātor, ōris m. (cf. exstimulo) Haupträdelsführer

ex-stimulo 1. aufstacheln, aufreizen

ex-stīnctio (extīnctio), ōnis f. (cf. exstinguo) Vernichtung, Zerstörung

ex-stīnctor (extīnctor), ōris m. (cf. exstinguo) Vernichter, Zerstörer

ex-stinguo (extinguo), stinxi, stinctus 3. **auslöschen, löschen** (pass. erlöschen); austrocknen (pass. vertrocknen), **umbringen,** töten (pass. umkommen, sterben); **vertilgen, vernichten,** unterdrücken (pass. zugrunde gehen, untergehen); in Vergessenheit bringen (pass. in Vergessenheit geraten)

ex-stirpo 1. (cf. stirps) ausrotten

F. exstirpieren: entwurzeln, ausrotten — die Exstirpation: Ausrottung, Entfernung eines kranken Körperteils (med.) — der Exstirpator: landw. Gerät, Grubber

ex-sto (exto) 1. **herausstehen,** hervorstehen, herausragen; **hervortreten,** sichtbar werden, sich zeigen, **sichtbar sein, noch vorhanden sein,** noch existieren, **fortleben**

exstrūctio, ōnis f. (cf. exstruo) Erbauung; Bau

ex-struo, strūxi, strūctus 3. **aufschichten,** aufhäufen, auftürmen; aufbauen, **errichten;** — exstrūctus 3 aufgebaut, errichtet, reich besetzt, gehäuft voll

ex-sūdo 1. herausschwitzen; unter Schweiß etwas zustande bringen, etwas sich Schweiß kosten lassen

F. das Exsudat: das Ausgeschwitzte, krankhafte Ausschwitzung (med.)

ex-sul (exul) (cf. solum) **verbannt, landflüchtig,** landesverwiesen, heimatlos; — subst. der Verbannte, der Flüchtling

exsulo (exulo) 1. (cf. exsul) **verbannt sein;** als Verbannter umherirren

F. der Exulant: Verbannter, Ausgewiesener

exsultātio, ōnis f. (cf. exsulto) das Frohlocken, ausgelassene Freude, Jubel

F. die Exultation i. a. B.

exsultim (exultim) adv. (cf. exsilio) in ausgelassenen Sprüngen

exsulto (exulto) 1. (cf. exsilio) wiederholt emporspringen; (vom Wasser) aufwallen; **sich ausgelassen tummeln,** sich ausgelassen freuen, **frohlocken,** jauchzen, übermütig sein, prahlen, großtun; — exsultans, antis ausgelassen, maßlos; — exsultabundus 3 jauchzend, frohlockend

exsuperābilis, e (cf. exsupero) überwindlich

exsuperantia, ae f. (cf. exsupero) das Hervorragende, Tüchtigkeit, Vorzüglichkeit

ex-supero 1. **sich hoch erheben; übersteigen,** überschreiten; überragen, **übertreffen;** überwinden, bewältigen

ex-surdo 1. (cf. surdus) taub machen; abstumpfen

ex-surgo, surrēxi, surrēctum 3. **sich erheben,** aufstehen; wiedererstehen; sich erholen

ex-suscito 1. jemd. aufwecken; wekken, anregen, erregen

exta, ōrum n. (aus ex-secta cf. exseco) die edlen **Eingeweide;** e. laeta

Glück verkündend; e. tristia Unglück verkündend

ex-tabēsco, tabui 3. sich gänzlich abzehren

ex-templo (adv.) **sofort,** augenblicklich

extemporālis, e (cf. tempus) aus dem Stegreif, unvorbereitet
F. extemporieren: aus dem Stegreif reden, aus dem Stegreif schreiben — das Extemporale: Stegreifarbeit, Klassenarbeit

ex-tendo, tendi, tentus und tēnsus 3. **ausspannen,** ausstrecken, ausdehnen (pass. sich ausbreiten, sich verbreiten, sich ausdehnen, sich ausstrekken); **hinziehen,** verlängern; **erweitern,** vergrößern; **anspannen,** anstrengen; — extentus und extensus 3 ausgedehnt, weitläufig
M. die Standarte (L) — in extenso: ausführlich, vollständig
F. extensiv: umfassend — die Extensität: Umfang — die Extension: Ausdehnung, Ausbreitung

extenuātio, ōnis f. (cf. extenuo) Verkleinerung

extenuo 1. (cf. tenuis) dünn machen, **verdünnen,** verkleinern (pass. dünn werden, zerfließen, zergehen); verkleinern, vermindern, schmälern, herabsetzen; — extenuātus 3 gering, schwach

exter und **exterus,** era, erum (comp. zu ex) **auswärtig,** ausländisch; — **comp. exterior, ius äußerer,** weiter draußen, nach außen zu gelegen; — **sup. extimus** (älter extumus) und **extrēmus** 3 **äußerster,** entferntester, letzter; der äußerste Teil z. B. extrēmus annus Ende des Jahres, extrēmus pons Brückenkopf; — letzter, letzter Teil, z. B. extrēma hieme am Ausgang des Winters; in extrēmā oratione am Ende der Rede; — höchster, gefährlichster; geringster, niedrigster, schlechtester; erster; — extremum und extremo adv. zum letztenmal; — ad extrēmum bis zuletzt, schließlich, endlich; — extrēmum, i n. das Ende
M. in extremis: in den letzten Zügen (med.)
F. extrem: äußerst, übertrieben — das Extrem: höchster Grad der Übertreibung

exterior cf. exter

ex-termino 1. **aus den Grenzen jagen,** vertreiben, verbannen, entfernen
F. exterminieren: vertreiben, zerstören — die Extermination: Vertreibung, Zerstörung

externus 3 (cf. exter) **der äußere,** äußerlich; **ausländisch,** fremd
F. extern: äußerlich, auswärtig, fremd — der Externe: Auswärtiger, auswärts wohnender Schüler — das Externat: Schule für Externe — der Externist: Arzt für äußere Krankheiten

ex-tero, trīvi, trītus 3. zerreiben

ex-terreo, terrui, territus 2. **aufschrecken,** aufscheuchen, erschrekken, einschüchtern

exterus = exter

ex-timēsco, timui 3. (cf. timeo) **in** Furcht geraten, **sehr fürchten, sich** sehr fürchten

extimus cf. exter

extinguo = exstinguo

extinctio, extinctor = exstinctio, exstinctor

exto = exsto

ex-tollo 3. **emporheben, erheben,** heben, erhöhen, preisen

ex-torqueo, torsi, tortus 2. **entwinden;** verrenken; **entreißen, abringen, abnötigen**
F. extorquieren: erpressen — die Extorsion: Erpressung

ex-torris, e (cf. terra) aus dem Lande gejagt, landflüchtig, heimatlos

extra (cf. exter) 1.) adv. **außen,** außerhalb; extra quam außer; extra quam si außer wenn; extra quam qui außer denjenigen, welche 2.) praep. mit acc. **außerhalb,** außer; **über - hinaus; ausgenommen,** außer; **ohne,** gegen z. B. extra iocum ohne Scherz
F. extra, Extra in Zusammensetzungen: besonders; Sonder, außer z. B. extragroß: besonders groß, Extraabteil: Sonderabteil — extramundan: außerweltlich — extrapolieren: überergänzen (math.)

ex-traho, trāxi, tractus 3. **herausziehen,** herausreißen; **herausschleppen,** herausführen; befreien, retten; **in die Länge ziehen,** hinziehen; aufschieben, verschleppen, hinhalten
F. extrahieren: ausziehen, erwirken, eine Vollstreckungsmaßregel erwirken (jur.) — der Extrahent: Verfertiger eines Auszuges; Absender; einer, auf dessen Verlangen eine gerichtliche Ausfertigung erlassen wird — der Extrakt: Auszug aus Büchern und Stoffen — die Extraktion: Ausziehen, Auslaugung; Abkunft, Herkunft — extraktiv: ausziehend, auslaugend

extrāneus 3 (cf. extra) **von außen kommend**
F. der Extraneer: auswärtiger Schüler, fremder Prüfling

extra-ordinārius 3 (cf. extra-ordo) **außerordentlich, außergewöhnlich;** auserlesen
F. extraordinär i. a. B. — das Extraordinarium: das Ungewöhnliche, Einmalige, außerordentliche Ausgabe — der Extraordinarius: außerordentlicher Hochschullehrer: — das Extraordinariat: Amt eines Extraordinarius

extrēmitas, tātis f. (cf. extremus) das **Äußerste; äußerste Grenze, Oberfläche**
F. die Extremität: das Äußerste, äußerste Verlegenheit; plur. äußerste Gliedmaßen (Arme und Beine)

extrēmus cf. exter

ex-trīco 1. (cf. tricae) **herauswickeln,** herausbringen; pass. sich herauswickeln

extrīn-secus (adv.) (cf. extra und secus) von außen her, außerhalb, außen

ex-trūdo, trūsi, trūsus 3. **hinausstoßen, hinausdrängen,** entfernen; (in Metall) treiben; bewirken, bereiten; austreiben, vertreiben

ex-turbo 1. **hinaustreiben,** hinausjagen

ex-ubero 1. (cf. uber) reichlich hervorkommen, emporwallen; sich reichlich zeigen, überströmen, Überfluß haben

exūdo = exsudo

exul = exsul

exurgo = exsurgo

ex-ulcero 1. zum Eitern bringen, verwunden; verbittern; verderben, verschlimmern

ex-ululo 1. aufheulen

ex-undo 1. hinausfluten, überfluten, hinüberströmen, überquellen

ex-uo, exui, exūtus 3. **herausziehen, ausziehen,** ablegen; **aufgeben,** sich entledigen; **entkleiden,** entblößen, berauben

ex-ūro, ūssi, ūstus 3. etwas ausbrennen, **völlig verbrennen, einäschern;** ausdörren, austrocknen; **in Glut setzen, erhitzen;** verzehren, zerstören

exūstio, ōnis f. (cf. exuro) Brand

exuviae, ārum f. und **exuvium,** ii n. (cf. exuo) die (abgelegte) **Kleidung, Haut;** Waffenrüstung, **Waffenbeute; Beute**

F

F. (als Abkürzung) = filius und fecit

faba, ae f. Bohne, Saubohne

fabālis, e (cf. faba) von Bohnen

Fabaris, is m. E. Fluß im Sabinischen (Farfa)

fabella, ae f. (dem. von fābula) **kleine Erzählung, Märchen**

faber, bra, brum **geschickt, kunstfertig;** — **faber,** bri m. Arbeiter, **Handwerker, Schmied, Zimmermann;** Pionier

Fabius 3 E. Name eines alten patrizischen Geschlechtes 1.) Q. Fabius Maximus Verrucosus Cunctator Gegner Hannibals 2.) Q. Fabius Pictor erster römischer Historiker 3.) Q. Fabius Maximus Allobrogicus Konsul, Sieger über die Allobroger (121 v. Chr.); — Fabiānus 3 des F.

Fabrateria, ae f. E. volskische Stadt; Fabraternus adi. und subst. Bewohner von F.

fabre-facio, fēci, factus 3. künstlich ausführen, kunstvoll arbeiten

fabrica, ae f. (cf. faber) **Werkstätte,** Fabrik, Schmiede; Handwerkerkunst, Kunstfertigkeit

F. die Fabrik: Betrieb zur maschinellen Herstellung von Waren

fabricātio, ōnis f. (cf. fabricor) Bildung, Bau, kunstvolle Gestaltung

F. die Fabrikation: fabrikmäßige Herstellung

fabricātor, ōris m. (cf. fabricor) Bildner, Verfertiger, Schöpfer

Fabricius 3 E. Name eines römischen Geschlechtes; Q. Fabricius Luscinus römischer Feldherr gegen Pyrrhus, Urbild altrömischer Gerechtigkeit und Unbestechlichkeit; — pons Fabricius eine von L. Fabricius erbaute Tiberbrücke; — Fabriciānus 3 des F.

fabricor 1. (cf. fabrica) verfertigen, herstellen, schmieden, zimmern (poet. auch fabrico)

F. fabrizieren: verfertigen, herstellen — der Fabrikant: Hersteller

fabrīlis, e (cf. faber) zum Handwerker, Künstler gehörig

fabula, ae f. (cf. for) **Gerede,** Gespräch; **Erzählung,** Märchen, **Sage; Drama, Schauspiel,** Bühnenstück; fabulam agere ein Theaterstück spielen; f. dare ein Stück aufführen; f. docēre ein Stück einüben

M. die Fabel, fabeln (L)

fābulor 1. (cf. fabula) plaudern, schwatzen

F. fabulieren: erdichten — der Fabulist: Fabeldichter — der Fabulant: Schwätzer

fabulōsus 3 (cf. fabula) sagenreich, sagenberühmt

facesso, ivi und ii, itus 3. (cf. facio) ausführen, verrichten, bereiten, verursachen; — (intr.) sich fortmachen, sich packen

facētiae, ārum f. (cf. facētus) **Witz, Humor,** Scherz; Witzeleien, Spottreden

F. die Fazetien: witzige Einfälle, Schwänke

facētus 3 (cf. fax) **fein,** zierlich, **anmutig,** freundlich, **witzig,** scherzhaft, launig, humoristisch

facies, ēi f. (cf. facio) **äußere Gestalt,** Form, **Erscheinung,** Aussehen, Beschaffenheit; **Antlitz,** Angesicht; Anmut, Schönheit

F. fazial: das Gesicht betreffend — der Fazialis: Gesichtsnerv (med.)

facilis, e; adv. facile (cf. facio) **tunlich,** ausführbar, **leicht, mühelos; geeignet,** bequem; **beweglich,** gewandt, geschickt; **leicht umgänglich,** willig, willfährig, gefällig. freundlich, leutselig; — facile adv. leicht, mühelos; sicher, unstreitig; willig, gern; non (haud) facile schwerlich, kaum, mit Mühe

facilitas, tātis f. (cf. facilis) **Leichtigkeit; Leutseligkeit,** Umgänglichkeit, Gefälligkeit

facinorōsus (facinerōsus) 3 (cf. facinus) verbrecherisch, ruchlos, lasterhaft

facinus, oris n. (cf. facio) **Tat; Schandtat,** Untat, **Verbrechen,** Missetat; Werkzeug des Verbrechens; Verbrecher

facio, fēci, factus 3. (pass. wird durch fio, factus sum, fieri ersetzt; imp. fac; fecerim = faxim etc., fecero = faxo, fecissem = faxem, factum erit =faxitur) 1.) intr. **tun** (urv.), **handeln,** verfahren, sich benehmen; cum und ab alqo es mit jemd. halten, auf jemds. Seite stehen, jemds. Partei ergreifen; facere contra oder adversus alqm gegen jemd. Partei ergreifen; — opfern; geeignet sein, dienen, nützen 2.) trans. **etwas tun, machen; verfertigen,** hervorbringen, bereiten; bilden, bauen, errichten; (Schriften) verfassen; (Geld) verdienen, erwerben; (Stoffe) verarbeiten; (Leute) auftreiben, aufbringen;

(Weg) zurücklegen; (Zeit) zubringen; (Feste) veranstalten, feiern; (Worte) sagen, reden; (Geschrei) erheben; (Schlachten) liefern; (Geschäfte) betreiben; (Schaden) erleiden; erregen, verursachen; verschaffen, gewähren, geben; — mit dopp. acc. **zu etwas machen;** alqm certiorem facere benachrichtigen; — (in der Schrift) einführen, darstellen, etwas tun oder sagen lassen; — mit praedic. gen. **zu jemds. Eigentum machen;** suae dicionis (sui imperii, arbitrii) facere unter seine Botmäßigkeit bringen; (mit gen. pretii oder pro) **schätzen, achten,** anrechnen z. B. magni, pluris, plurimi, parvi, minoris, tanti, pro nihilo etc. facere; — (mit ut, ne oder bloßem coni) machen, bewirken, dafür sorgen (insbesondere zur Verschärfung des imp. z. B. fac [ut] venias! komme ja!, fac ne venias! komme ja nicht!); **facere non possum ut es ist mir unmöglich, etwas zu tun; facere non possum quin es ist notwendig, daß ich ..., ich muß unbedingt ...**

M. (fac simile) das Faksimile: genaue Nachbildung von Handschriften oder Zeichnungen — (fac totum) das Faktotum: Diener für alles, rechte Hand — (facit): das Fazit: Schlußsumme, Ergebnis, Erfolg — fecit (Abk. fec.) er hat es geschaffen (auf Kunstwerken) — de facto: in der Tat, tatsächlich

F. der Faktor: Macher, Werk-, Geschäftsführer; wirkende Kraft, wesentlicher Bestandteil, Mitarbeiter, Vervielfältiger (math.) — die Faktorei: Handelsniederlassung — die Faktura: Warenrechnung — fakturieren: eine Rechnung ausstellen

facteon = faciendum (scherzhaft nach dem Griechischen gebildet)

factio, ōnis f. (cf. facio) das Tun; politisches Treiben, Umtriebe, — Partei; Anhang

F. die Faktion: politische Partei

factiōsus 3 (cf. factio) parteisüchtig, zu politischen Umtrieben geneigt; subst. Parteimann, Parteihaupt

F. faktiös: parteisüchtig wühlerisch

factito 1. (cf. facio) zu machen pflegen, gewöhnlich betreiben, gewerbsmäßig betreiben

F. das Faktitivum: Bewirkungswort (sprachl.) — faktitiv: bewirkend

factum, i n. (cf. facio) **die Tat, Handlung; Vorfall, Ereignis,** Geschehnis

F. das Faktum: Tatsache — faktisch: tatsächlich

facula, ae f. (dem. von fax) Lichtspan

M. Fackel (L)

facultas, tātis f. (cf. facilis) Tunlichkeit, **Möglichkeit, Gelegenheit; Erlaubnis; Befähigung, Fähigkeit,** Geschicklichkeit, **Anlage,** Gabe, Talent; — **Vorrat, Fülle; Hilfsmittel, Hilfsquellen;** Geldmittel, Vermögen

M. Facultas docendi: Lehrbefähigung, Ermächtigung zur Lehrtätigkeit

F. die Fakultas: Fähigkeit, Vollmacht, Möglichkeit, Lehrbefähigung — die Fakultät: Abteilung einer Hochschule, Gesamtheit der zu ihr gehörigen Dozenten und Studenten; Ermächtigung eines höheren kirchl. Oberen an einen niederen zur Vornahme von Iurisdiktions- und Weihehandlungen; das Produkt (math.) — fakultativ: wahlfrei, beliebig

facundia, ae f. (cf. facundus) Redegewandtheit, Beredsamkeit

F. die Fakundität: Beredsamkeit

facundus 3 (cf. for) **beredt,** redegewandt

faecula, ae f. (cf. faex) Weinstein, Weinsteinsalz

faelis = felis

faen ... = fen ...

Faesulae, ārum f. E. Stadt in Etrurien (Fiesole); — Faesulānus adi. und subst. Einwohner von F.

faex, cis f. der Bodensatz, Hefe, Weinhefe; — Abschaum, Auswurf

F. die Fäkalien: Auswurfstoff, Kot

fāginus und **fāgineus** 3 (cf. fāgus) von der Buche, aus Buchenholz

fāgus, i f. **Buche** (urv.)

falārica, ae f. Wurfspeer, Brandpfeil

falcārius, ii m. (cf. falx) Sichelmacher, Sensenschmied (inter falcārios in der Sichelmacherstraße)

falcātus 3 (cf. falx) mit Sicheln versehen; sichelförmig gekrümmt; currus falcatus Sichelwagen

falci-fer 3 sicheltragend

Falerii, ōrum m. E. Stadt nördlich von Rom; — Faliscus adi. u. subst. Bewohner von F.

Falernus 3 falernisch (Gegend in Nordwestkampanien; Falernum, i n. (scil. vinum) Falernerwein, edler Weißwein Italiens

fallācia, ae f. (cf. fallax) Täuschung, Betrug, Verstellung, Intrige

fallaci-loquus 3 (cf. fallax-loquor) trügerisch redend

fallāx, ācis (cf. fallo) trügerisch, täuschend, ränkevoll, falsch

fallo, fefelli (falsus) 3. **zu Fall bringen, täuschen,** betrügen; unwirksam, unmerklich machen, verbergen; **sich entziehen,** unbemerkt bleiben, verborgen bleiben, **entgehen**

M. fehlen, fallen (urv.) — (falsum) Falsum: Falsches, Fälschung

F. fallieren: zahlungsunfähig werden — fallibel: trüglich, dem Irrtum unterworfen — die Fallibilität: Fehlbarkeit — der Fallit (it.): ein Zahlungsunfähiger — fallit: zahlungsunfähig — infallibel: unfehlbar — die Infallibilität: Unfehlbarkeit

falsus 3 (cf. fallo) **falsch,** gefälscht; unecht, nachgemacht; erlogen, unterschoben; irrig, nichtig, betrügerisch, falsch, lügenhaft; leer, nichtig, unbegründet; — falsum, i n. Unwahres, Irrtum; Trug, Fälschung; Falsches, Unwahres; — falsō adv. fälschlich, irrtümlich

M. falsch (L)

F. das Falsifikat: Fälschung, Gefälschtes — die Falsifikation: das Fälschen — falsifizieren: fälschen

falx, cis f. **Sense, Sichel;** Gartenmesser, Winzermesser; **Mauerhaken**

fāma, ae f. (cf. for) **Gerücht,** Sage; öffentliche Meinung, Volksstimme, **Ruf,** Leumund; guter Ruf, guter Name; schlechter Ruf, böse Nachrede; — Fama, ae f. Göttin Fama

F. die Fama i. a. B.

famēlicus 3 (cf. fames) hungrig

fames, is f. (cf. fatigo) **Hunger,** Hungersnot, Dürftigkeit, Armut, Begierde, Gier

familia, ae f. (alter gen. familiās insbes. pater familiās Familienvater) (cf. famulus) Hausgenossenschaft, **Hausstand;** Gesinde, Dienerschaft; Vermögen, Besitz; — **Geschlecht, Familie** (L); Truppe, Bande

familiāris, e (cf. familia) **zum Hause gehörig;** zur Familie gehörig; **vertraut,** bekannt; vertraulich, freundlich, freundschaftlich; einheimisch, vaterländisch; — subst. Vertrauter, Freund; — res familiāris Hausstand; Vermögen

F. familiär: vertraut, vertraulich, heimisch, zudringlich — familiarisieren: vertraut machen

familiāritas, tātis f. (cf. familiāris) **Vertrautheit,** Vertraulichkeit, innige Freundschaft; Vertraute, Hausfreunde

F. die Familiarität i. a. B.

famōsus 3 (cf. fāma) **berühmt; berüchtigt;** schmähend, ehrenrührig, beschimpfend

F. famos i. a. B.; ausgezeichnet

famula, ae f. (cf. famulus) Sklavin, Dienerin

famulāris, e (cf. famulus) zum Sklaven gehörig

famulātus, ūs m. (cf. famulus) Dienstbarkeit, Knechtschaft

famulor 1. (cf. famulus) dienstbar sein, dienen

F. famulieren: aufwarten

famulus, i m. Diener, Sklave, Knecht

F. der Famulus: Diener, Schuldiener, Gehilfe eines Gelehrten

fanāticus 3 (cf. fanum) schwärmend, begeistert, rasend

F. fanatisch i. a. B. — der Fanatismus: Begeisterung, Schwärmerei — der Fanatiker: Schwärmer, leidenschaftlicher Vorkämpfer — fanatisieren: in blinde Begeisterung versetzen

fandus cf. for

Fannius 3 E. Name eines plebejischen Geschlechtes in Rom; C. Fannius Strabo Konsul, Philosoph, Redner und Geschichtsschreiber

fānum, i n. **Heiligtum, Tempel**

far, farris n. Spelt, Dinkel; Mehl, Schrot; (aus Spelt gebackenes) Brot

farcio, farsi, fartus 4. stopfen, füllen
F. der Infarkt: Anschoppung, Blutpfropf (med.)

Farfarus = Fabaris

farīna, ae f. (cf. far) Dinkelmehl, Dinkel *F.* der Farin: Staubzucker

farrāgo, inis f. (cf. far) Mischfutter (fürs Vieh)

fartor, ōris m. (cf. farcio) Geflügelmäster

fās n. (nur nom. und acc. sing.) (cf. for) **göttliches Gesetz, göttliches Recht;** Sittlichgutes, Erlaubtes; Schicksal, Verhängnis; — contra ius fasque gegen menschliches und göttliches Recht; **fas est es ist erlaubt, gestattet,** recht, heilsam, es schickt sich
M. per fas et nefas: auf geradem oder auf krummem Wege

fascia, ae f. (cf. fascis) Binde, Band (zu verschiedenen Zwecken)

fasciculus, i m. (dem. von fascis) Bündelchen, Päckchen
F. der Faszikel: Bündel, Heft — faszikulieren: bündeln — interfaszikular: zwischen den Gefäßbündeln liegend (bot.)

fascino 1. (cf. fascinum) **beschrein,** behexen, bezaubern
F. faszinieren: bezaubern, verblenden — die Faszination: Bezauberung, Verblendung

fascinum, i n. (cf. fascino) Behexung, Bezauberung; Mittel gegen Bezauberung, Amulett, männliches Glied

fasciola, ae f. (dem. von fascia) kleine Binde

fascis, is m. **Bund, Bündel;** Bürde, Last besond. Kriegsgepäck; — plur. die Faszen, Rutenbündel (Symbol der höchsten Strafgewalt, von den Liktoren den höchsten röm. Beamten vorangetragen); Konsulat, höchste Ehrenstellen
F. die Faszes i. a. B. — der Faszismus, Faschismus (it.): nationaler Radikalismus — der Faszist, Faschist: Anhänger des F.

fasti, ōrum m. cf. fastus

fastīdio 4. (cf. fastidium) Ekel empfinden, verschmähen, zurückweisen, etwas mit Widerwillen ansehen

fastīdiōsus 3 (cf. fāstidium) voll Ekel, voll Widerwillen; widerwillig verschmähend, entrüstet zurückweisend; ärgerlich, mäkelnd, wählerisch; Ekel erregend

fastīdium, ii n. (cf. fāstus, ūs) **Ekel, Überdruß,** Abneigung, Widerwille, Stolz, Dünkel, Hochmut

fastigātus 3 (cf. fastigium) schräg, ansteigend, abgedacht

fastīgium, ii n. (cf. fastigo) Steigung, Erhebung; Neigung, Abdachung; Giebel, Höhe, Höhepunkt; Stellung, Rang, Würde; Hauptpunkt

fastīgo 1. aufsteigen lassen

fastus, ūs m. (cf. fastigium) Stolz, Hochmut, Dünkel; Sprödigkeit, Kälte

fastus 3 (cf. fas) (zum Recht gehörig) **dies fastus Gerichtstag;** — **fasti, ōrum** m. Gerichtstage; Verzeichnis der Gerichtstage; Kalender, Jahrbuch; Jahrbücher der Geschichte; Amtskalender, Beamtenverzeichnisse (fasti consulares Verzeichnis der höchsten Beamten, auch fasti Capitolini genannt, weil sie auf dem Kapitol aufbewahrt wurden); fasti triumphāles Verzeichnisse der Triumphatoren

fatālis, e (cf. fatum) vom Geschicke bestimmt, vom Schicksal verhängt, verhängnisvoll, verderbenbringend

fateor, fassus sum 2. (fatēri = fatērier [veraltet]) (cf. for) **eingestehen, bekennen,** einräumen, zugeben; zu erkennen geben, verraten, zeigen

fati-canus und **fati-cinus** 3 (cf. fatum und cano) schicksalverkündend

fati-dicus 3 (cf. fatum und dico) weissagend, prophetisch

fāti-fer 3 todbringend

fatigātio, ōnis f. (cf. fatīgo) **Ermüdung**

fatīgo 1. **abhetzen, müde machen; quälen,** hart mitnehmen, erweichen, bestürmen, mürbe machen; antreiben
F. fatigieren: jemd. ermüden — fatigant: ermüdend — die Fatige: Ermüdung

fāti-loqua, ae f. (cf. fatum und loquor) Prophetin

fatisco und fatiscor 3. (cf. fatigo) auseinandergehen, bersten; ermatten, erschlaffen

fātum, i n. (cf. for) **Göttersprüch,** Weissagung, **Schicksal, Geschick,** Götterwille; Mißgeschick, Unheil, Verderben; Untergang, Tod; unheilvolle Person

M. Fee (L): schicksalbestimmendes weibliches Wesen

F. fatal: verhängnisvoll, mißlich, peinlich — der Fatalismus: Glaube an ein unabänderliches Schicksal — der Fatalist: Anhänger dieses Glaubens — die Fatalität: Verhängnis, Mißgeschick

fatuus 3 albern, närrisch, einfältig

fauces cf. faux

Faunus, i m. E. weissagender Feld- und Waldgott; — Faunigena Sohn des Faunus, Latinus; — Fauni, ōrum m. mit Schwänzen und Bockfüßen versehene Walddämonen

F. der Faun, Faunus i. a. B.; lüsterner Mensch — faunisch: lüstern, sinnlich — die Fauna: Tierwelt eines Landes

Faustitas, tātis f. (cf. faustus) personifizierte Fruchtbarkeit

Faustulus, i m. E. Hirt, der Romulus und Remus fand

faustus 3 (cf. faveo) **beglückend, glückbringend,** heilsam, gesegnet

Faustus, i m. römischer Beiname; L. Cornelius Sulla Faustus Sohn des Diktators; seine Schwester Fausta, Frau des Milo

fautor, ōris m. (cf. faveo) Begünstiger, Beschützer, Gönner, Beifallklatscher

fautrix, īcis f. (cf. fautor) Begünstigerin, Gönnerin

faux, cis f. (im sing. nur fauce), **fauces,** ium f. **Schlund,** Rachen, Kehle; enger Eingang; Engpaß, **Paß,** Schlucht; Landenge; Meerenge; Kluft, Höhle

faveo, fāvi, fautum 2. (mit dat.) **günstig sein, geneigt sein;** Beifall klatschen, sich widmen; begehren, verlangen

M. favete linguis: schweigt in Andacht! (Horaz)

favilla, ae f. (aus fovilla cf. foveo) Asche; Funke, Ursprung

Favōnius, ii m. (cf. favilla) **Westwind,** Frühlingswind

M. Föhn (L)

favor, ōris m. (cf. faveo) **Gunst,** Geneigtheit; Beifall; andächtige Stille, Stille

M. in favorem: zu Gunsten

F. der Favorit: Günstling; Bewerber, auf den man die meisten Hoffnungen setzt — die Favoritin: Geliebte (eines Fürsten)

favorābilis, e einnehmend, gewinnend

favus, i m. Honigwabe; Honig

fax, facis f. **Fackel;** Hochzeitsfackel, Hochzeit, Brandfackel, Leichenfakkel, Sternschnuppe, Meteor; — Flamme, Glut, Feuer

faxim, faxitur, faxo cf. facio

febrīcula, ae f. (dem. von febris) leichtes Fieber

febriculōsus 3 (cf. febricula) leicht fiebernd

febris, is f. (acc. im, abl. i) **Fieber** (L)

F. febril: fieberhaft — Antifebrin: Mittel gegen Fieber

februus 3 reinigend; februa, ōrum n. Reinigungsmittel, Sühnemittel, Reinigungsopfer

februārius 3 (cf. februus) dem Sühnegott geweiht; zum Februar gehörig; — Februārius, ii m. der Februar (L)

fecunditas, tātis f. (cf. fecundus) **Fruchtbarkeit;** Fecunditas Göttin der Fruchtbarkeit

fecundo 1. (cf. fecundus) fruchtbar machen, befruchten

fecundus 3 **fruchtbar, ergiebig;** reichlich, üppig

fel, fellis n. Gallenblase, Galle; Schlangengift, Gift; Zorn, Gehässigkeit, Bitterkeit

feles, fēlis f. Katze

felīcitas, tātis f. (cf. fēlix) Fruchtbarkeit, Glück; Gelingen, Erfolg

M. Felizitas (V)

felix, īcis **fruchtbar, glücklich,** erfolgreich; glückbringend, günstig

M. Felix (V). Felizia (V)

F. die Felizitation: Glückwunsch

fēlo, fēllo 1. saugen

Felsina, ae f. E. alter Name von Bonōnia

femen veraltet = femur

femina, ae f. (cf. felo) **Weib, Weibchen**

F. das Femininum: weibliches Geschlecht, Wort weiblichen Geschlechts (sprachl.), Person weiblichen Geschlechts — der Feminismus: Betonung des Weiblichen, Vorherrschaft des Weibes — feminin: weiblich, weibisch — feministisch: verweichlicht, weibisch

femineus 3 (**cf. femina**) **weiblich; vom Weib herrührend; das Weib betreffend; weibisch**

femur, oris n. Oberschenkel, Schenkel

fēnebris (faenebris), **e** (**cf. fēnus**) die Zinsen betreffend

fenerātor (faenerātor), ōris **m.** (**cf.** fenerōr) Wucherer; **Geldmann**

F. die Feneration: Wucher

fēneror (faeneror) 1. (**cf. fēnus**) **auf Zinsen ausleihen, Wucher treiben**

Fenestella, ae f. (dem. v. fenestra) ein kleines Tor im alten Rom

fenestra, ae f. Maueröffnung, Luke, Fenster (L); Öffnung, Schießscharte

feniculum, i n. Fenchel (L)

fenīle (faenīle), is n. (cf. fēnum) Heuboden

fenum (faenum), i n. Heu

fenus (faenus), oris n. (cf. felix) Zinsen; Schuldenlast; Geld, Kapital, Wucher, Geldausleihen

fera cf. ferus

ferālis, e auf den Toten bezüglich; traurig, düster, verderblich, todbringend; — ferālia, ium n. scil. sacra das Totenfest

F. die Feralien: altrömisches Totenfest (21. Februar)

ferax, ācis (cf. fero) reich tragend, ertragreich, fruchtbar

ferculum, i n. (cf. fero) Traggestell

ferē adv. **fast, beinahe, ungefähr,** ziemlich; in der Regel, meistens, beinahe immer

ferentārius, ii m. (cf. ferio) der Wurfschütze

Ferentinum, i n. Ferentium, Ferentum 1.) Stadt in Südetrurien (Ferentino) 2.) Stadt in Latium (Ferentino) 3.) Gegend am Albanischen Berge; hier Hain der Ferentīna, ae f., einer latinischen Gottheit; aqua Ferentina Nebenflüßchen des Tiber; — Ferentīnas, ātis adi. und subst. Bewohner von F.

Feretrius (cf. fero) Beutespender, Beiname Jupiters

feretrum, i n. (cf. fero) Trage, Bahre; Totenbahre

fēriae, ārum f. (cf. festus) **Festtage, Feiertage**

M. Feier (L), Ferien (L)

feriātus 3 (cf. ferior) feiernd, müßig

ferīnus 3 (cf. fera) von wilden Tieren; — ferīna, ae f. Wildbret

ferio 4. **schlagen,** stoßen, treffen; schlachten, töten, erlegen; securi ferire hinrichten

fērior 1. (cf. feriae) feiern

feritas, tātis f. (cf. ferus) Wildheit, Roheit

ferme = fere

fermentum, i n. (cf. ferveo) Gärungsmittel, Sauerteig, gegorener Trank (Bier, Zider)

F. das Ferment: Gärstoff, Hefe — fermentieren: gären — die Fermentation: Gärung

fero, tuli, lātus, ferre **tragen** (pass. sich tragen lassen); **ertragen,** erdulden, herumtragen (pass. herumgehen); **verbreiten** (ferunt man erzählt, man sagt, es soll); **überall erzählen,** allgemein behaupten, (mit Bestimmtheit) nennen (pass. im Umlauf sein, im Munde des Volkes sein); rühmen, preisen; (Beute) **wegtragen, rauben;** entreißen; (Gewinn) davontragen, **gewinnen, ernten,** empfangen; — bringen, **herbeibringen; darbringen,** hinterbringen, melden; (Gesetz) einbringen, beantragen, vorschlagen; — mit sich bringen, verlangen; **hervorbringen, erzeugen,** verursachen; — **in Bewegung setzen, bewegen,** treiben, **leiten, füh-**

ren (pass. sich rasch bewegen, eilen, stürzen) *M.* Bahre, gebären (urv.) *F.* die Interferenz: physikalische Erscheinung beim Zusammenlaufen mehrerer Wellenzüge; An- und Abschwellen beim Rundfunk — das Interferometer: Vorrichtung zum Abmessen der Lichtwellenstärke — interferenzial: dazwischen kommend, aufeinander stoßend

ferōcia, ae f. (cf. ferox) **Wildheit,** Tapferkeit

ferōcitas, tātis f. (cf. ferox) **Wildheit, Unbändigkeit;** Unerschrockenheit

Fērōnia, ae f. E. italische Göttin der Fruchtbarkeit

ferox, ōcis (cf. ferus) **wild, ungestüm,** unbändig, trotzig, übermütig; mutig, herzhaft, kampflustig

ferramenta, ōrum n. (cf. ferrum) Eisengeräte, Werkzeug

ferrārius 3 (cf. ferrum) zum Eisen gehörig; — **ferrāria,** ae f. (scil. fodina) Eisengrube, Eisenbergwerk

ferrātus 3 (cf. ferrum) eisenbeschlagen; in Eisen gekleidet, geharnischt

ferreus 3 (cf. ferrum) **eisern;** eisenfest, unzerstörbar, stark, hart; hartherzig, gefühllos; drückend

ferrugineus 3 (cf. ferrūgo) schwarz, schwärzlich, dunkel

ferrūgo, inis f. (cf. ferrum) Eisenrost, Rostfarbe, dunkle Farbe

ferrum, i n. **Eisen;** Schwert, Waffe; Eisengerät; Waffengewalt; Härte, Gefühllosigkeit

fertilis, e (cf. fero) **ertragreich, fruchtbar,** ergiebig, fruchtspendend *F.* fertil: fruchtbar — infertil: unfruchtbar

fertilitas, tātis f. **Ertragfähigkeit, Fruchtbarkeit**
F. die Fertilität i. a. B. — die Infertilität: Unfruchtbarkeit

ferula, ae f. (cf. ferio) Gerte, Rute, Pfriemenkraut

ferus 3 **wild,** ungezähmt; — (fera, ae f. wildes Tier [urv.]); wild wachsend, roh, hart, grausam, tierisch

ferve-facio, fēci, factus 3. (cf. ferveo) heiß machen, glühend machen

ferveo, ferbui 2. (poet. fervo 3.) **kochen, sieden, glühen,** brennen; wallen, brausen, hin- und herwogen, wimmeln; — **fervens,** ntis **siedend,** glühend, **heiß;** hitzig, **aufbrausend**
F. fervent: glühend, inbrünstig

fervidus 3 (cf. ferveo) siedend, kochend, heiß, glühend, feurig, **hitzig;** brausend, tosend

fervor, ōris m. (cf. ferveo) Hitze, Glut, Leidenschaft

Fescennium, ii n. E. Städtchen in Südetrurien; Fescennīnus 3 aus F.; — carmina, versus F. Spottgedichte, Neckverse

fessus 3 (cf. fatigo) **ermüdet, ermattet,** erschöpft, abgespannt

festinanter (adv.) (cf. festino) in Eile, in Hast

festinātio, ōnis f. Eile, Hast, Übereilung, Ungeduld

festinātо = festinanter

festīno 1. (cf. confestim) (intr.) **eilen,** sich sputen; (trans.) **beeilen, beschleunigen;** etwas schnell vollbringen
M. festina lente: eile mit Weile

festīnus 3 (cf. festīno) eilig, hastig

festīvitas, tātis f. (cf. festivus) Heiterkeit, Vergnügen; Witz, Laune; Aufputz, Prunk
F. die Festivität: Festlichkeit

festīvus 3 (cf. festus) festlich, fröhlich; witzig, launig; heiter, gemütlich, herzig, nett, fein, niedlich
M. festivo (it.): festlich (mus.)

festūca, fistūca, ae f. Ramme, Schlägel, Fallklotz

festus 3 (cf. fēriae) **festlich, feierlich;** festlich geschmückt, fröhlich, freudig; — **fēstum,** i n. Fest (L), Festtag, Feier

fētiālis, e fetialisch; subst. Kriegsherold, Fetial, Angehöriger eines zwanzigköpfigen Priesterkollegiums, das über die Wahrung des Völkerrechts wachte
F. der Fetiale: altrömischer Bundespriester

fētidus (foetidus) 3 (cf. fetor) **stinkend**

fetor (foetor), ōris m. (cf. fimum) Gestank

fetūra, ae f. (cf. fētus) das Gebären, Fortpflanzung, Nachwuchs, Zucht

fetus 3 (cf. fecundus) trächtig, schwanger; ergiebig, fruchtbar, voll, reich; feta, ae f. Muttertier

fētus, ūs m. (cf. fecundus) das Gebären; Wachstum; Leibesfrucht, Junges, Brut; Trieb, Sproß; Frucht, Ertrag

F. der Fötus: Leibesfrucht — fötal: die Leibesfrucht betreffend — die Fötation: Fruchtbildung

fibra, ae f. (cf. findo) Faser, Wurzelfaser; Eingeweide

M. die Fiber (L): Fleischfaser, Muskelfaser

F. das Fibrin: Faserstoff — die Fibrille: Zellgewebfaser — das Fibroin: Hauptstoff der Seidenfaser — fibriös: faserig

fībula, ae f. (cf. figo) Klammer, Bolzen, Spange, Schnalle

F. die Fibula: Fibel (L), Spange, Sicherheitsnadel

Fīcana, ae f. E. Städtchen zwischen Rom und Ostia

fictilis, e (cf. fingo) aus Ton gebildet, tönern, irden; — fictile, is n. irdenes Gefäß, Tongefäß

fictio, ōnis f. (cf. fingo) Bildung, Gestaltung

F. die Fiktion: Erdichtung, Vorwand

fictor, ōris m. (cf. fingo) Bildner, Bildhauer; Erdichter

fictrix, icis f. (cf. fictor) Bildnerin, Gestalterin

fictus cf. fingo

Ficulea, ae f. E. sabinisches Städtchen; — Ficulēnsis adi. und subst. Bewohner von F.

ficulnus 3 (cf. ficus) vom Feigenbaum

fīcus, i und ūs f. **Feigenbaum; Feige** (L)

fidēlia, ae f. Topf, irdenes Gefäß

fidēlis, e (cf. fides) **treu, zuverlässig,** ehrlich, sicher, fest

F. fidel: lustig — Fidelis (V)

fidēlitas, tātis f. (cf. fidēlis) **Treue,** Zuverlässigkeit

F. die Fidelität: Lustigkeit

Fidēnae, ārum (Fidena, ae) f. E. sabinische Stadt; — Fidēnas, ātis adi. und subst. Einwohner von F.

fidens cf. fido

fidentia, ae f. (cf. fido) Zuversicht, Selbstvertrauen

Fidentia, ae f. E. Stadt in Oberitalien

fides, ei f. (cf. fido) **Glauben, Vertrauen; Treue,** Redlichkeit, Ehrlichkeit, Zuverlässigkeit, Glaubwürdigkeit; Kredit, Zusage, Eid, Versprechen, Ehrenwort, Treuwort; **Schutz, Obhut,** Sicherheit, freies Geleit; Beglaubigung, Bestätigung, Erfüllung; fidem habere (dare, tribuere) Glauben oder Vertrauen schenken; in fide manere treu bleiben; bona fide gewissenhaft, aufrichtig, auf Treu und Glauben, nach bestem Wissen; fidem implorare (sequi) Schutz suchen; in fidem confugere (venire, se permittere, se conferre) sich unter den Schutz stellen; in fidem et potestantem se permittere sich auf Gnade und Ungnade ergeben; in fide esse unter dem Schutz stehen; in fidem recipere (accipere) unter seinen Schutz nehmen; fidem dare sein Wort geben; fidem dare et accipere sich gegenseitig das Wort geben; fidem servare (tenere, praestare, exsolvere) sein Wort halten, einlösen; per fidem wider das Treuwort, durch Treubruch

M. bona fide: in gutem Glauben, guten Glaubens — de fide: zum Glaubensgut gehörend; Wahrheiten, die zu glauben sind und deren Ablehnung von der Kirche trennt

F. der Fideismus: irrationaler Gefühlsglaube, auf bloßen religiösen Gefühlen fußend — das Fideikommiß: unveräußerliches Stammgut — das Affidavit: („hat beeidet“) eidliche Versicherung — die Affidation: Vertrag — der Affidat: Lehnsmann

fides (fidis), is f. (griech.) Saite; plur. Saiteninstrument, Laute, Zither, Leier

fidi-cen, inis m. (cf. fides = Zither und cano) Zither-, Lautenspieler

fidicula, ae f. (dem. von fides = Zither) kleine Zither, kleine Laute

Fidius, ii m. (cf. fides = Treue) Gott der Treue; — me dius Fidius (scil. iuvet) so wahr mir Gott helfe! bei Gott! — per deum Fidium beim wahrhaftigen Gott!

fīdo, fisus sum 3. **trauen, vertrauen,** sich auf etwas verlassen; — fidens, ntis, zuversichtlich, getrost, entschlossen
M. bitten (urv.)

fidūcia, ae f. (cf. fido) **Vertrauen,** Zuversicht; Selbstvertrauen; Zuverlässigkeit; Vertrag auf Treu und Glauben; Verpfändung, Unterpfand; Sicherheit, Bürgschaft
F. das Fiduz: Vertrauen — fiduzit: Antwort auf einen Trinkgruß (studentisch)

fiduciārius 3 (cf. fiducia) auf Treu und Glauben anvertraut

fīdus 3 (cf. fido) **treu, zuverlässig,** sicher

fīgo, fixi, fixus 3. **heften,** anheften, **befestigen** (pass. festhaften); öffentlich anschlagen; Weihegeschenk aufhängen, weihen; (Bauwerke) aufrichten; **einschlagen, einbohren,** einstoßen, stechen; **durchbohren,** durchstechen, treffen, erlegen; — fixus 3 fest, bleibend, unabänderlich
F. fix: fest, schnell, gewandt — fixe Idee: Wahnvorstellung — der Fixstern: fester Stern — das Fixum: etwas Festes, festes Einkommen — fixieren: festmachen, feststellen, anstarren — das Fixativ: Fixiermittel — fixativ: befestigen, fest machen — fixen: an der Börse Zeitkäufe machen — der Fixer: einer, der Zeitkäufe macht, Börsenspieler — der Fixateur (franz.): Vorrichtung zum Zerstäuben (zum Schutz von Zeichnungen)

figulus, i m. (cf. fingo) Bildner, Töpfer

Figulus, i m. römischer Beiname; P. Nigidius Figulus Freund Ciceros, römischer Grammatiker

figūra, ae f. (cf. fingo) **äußere Gestalt, Form;** Aussehen; schöne Gestalt, Schönheit; Bild, Erscheinung; Gestaltung, Beschaffenheit, Art und Weise
M. Figur (L) — in figura: leibhaftig — wie figura zeigt: wie offenbar ist
F. figural: mit Figuren, Verzierungen versehen — die Figuralmusik: ausgeschmückte Musik, mehrstimmig — die Figurine: Figürchen, Nebenfigur eines Gemäldes; Modellbild; Kostümzeichnung — figürlich: bildlich — die Konfiguration: Gestaltung, Stellung eines Planeten — die Transfiguration: Umgestaltung; Verklärung Christi

figūro 1. **gestalten, bilden, formen,** ausschmücken
F. figurieren: eine Rolle spielen, mitwirken, erscheinen, dasein — der Figurant: stumme Person auf der Bühne — figurierter Gesang: Gesang, bei dem die Hauptnoten der Lebhaftigkeit wegen in kleinere Teile zerlegt sind

fīlia, ae f. (cf. filius) (dat. und abl. plur. filiis und filiabus) **Tochter**
F. filial: kindlich: — Filialkirche: Tochterkirche — Filiale: Nebengemeinde, Zweiggeschäft, Nebenstelle — die Filiation: Kindschaft, kindliche Verpflichtung, rechtliche Abstammung

filiola, ae f. (dem. von filia) Töchterchen; weibischer Mensch

filiolus, i m. (dem. von filius) Söhnchen

fīlius, ii m. (voc. sing. fili) **Sohn;** plur. Kinder
F. affiliieren: an Kindes Statt annehmen, aufnehmen, beigesellen — die Affiliation: Annahme an Kindes Statt

filix, icis f. Farnkraut

fīlum, i n. Faden, Garn **Gewebe;** (Gewebe der Rede) Art und **Weise,** Gepräge, Form
F. das Filament: Fadengewebe; Nerven- und Sehnenfasern, Staubfaden — bifilar: zweifadig, an zwei Fäden hängend

Fimbria, ae m. E. römischer Beiname; C. Flavius Fimbrina Marianer

fimbriae, ārum f. Fransen, Troddeln
F. die Fimbrien i. a. B.

fimum, i n. und fimus, i m. Dünger, Mist; Schmutz, Unrat

findo, fidi, fissus 3. **spalten,** zerspalten (pass. sich spalten, platzen); durchschneiden, durchfurchen; — fissum, i n. Spalt, Einschnitt
M. beißen (urv.)
F. die Fissur: Spalte, Riß, Knochenspalt (med.) — die Fissipeden: Spaltklauer

fingo, finxi, fictus 3. **formen, gestal-**

ten, **bilden,** darstellen, berühren, (das Haar) ordnen, frisieren; schaffen, bauen; ausbilden, unterrichten; sich vorstellen, denken, sich einbilden; **erdichten, erlügen,** ersinnen; erheucheln, vorgeben; — fictus 3 geformt, gebildet; verstellt, erheuchelt, erlogen, erdichtet, unwahr; heuchlerisch; — fictum, i n. Lüge, Erdichtung

M. Teig (urv.)

F. fingieren: erdichten, vorgeben — fiktiv: erdichtet

fīnio 4. (cf. fīnis) **begrenzen,** abgrenzen, einschränken, festsetzen, bestimmen; — beendigen, beschließen; intr. ein Ende haben, enden (pass. ein Ende finden, zu Ende gehen, aufhören); — finītus 3 begrenzt, bestimmt; beschränkt, mäßig, beendet *M.* fein (L)

fīnis, is m. (selten f.) **Grenze;** plur. **Gebiet, Land; — Ziel, Zweck,** Absicht; Lebensende, Tod; das Höchste, Gipfel; — fine mit gen. bis an; sine fine endlos, unaufhörlich; — finem facere ein Ende machen

F. final: am Ende befindlich; das Ende, den Zweck betreffend, zwecktätig — Finalsatz: Absichtssatz (sprachl.) — das Finale (it.): Schlußstück, letzter Satz eines Tonstückes, Schlußspiel beim Sport — die Finalität: Zielstrebigkeit, zielgerichtete Entwicklung

fini-timus (älter fini-tumus) 3 (cf. finis) **angrenzend, benachbart,** nahestehend, naheliegend; naheverwandt, ähnlich

fio, factus sum, fieri (pass. zu facio) **werden,** geschehen, entstehen, sich ereignen, eintreten; **gemacht werden,** verfertigt werden; ernannt werden, erwählt werden; (mit gen. pretii) geschätzt werden; geopfert werden; — fit, ut es geschieht, es ereignet sich, daß; fieri potest, ut es ist möglich, daß; fieri non potest, ut es ist unmöglich, daß; fieri non potest, quin (ut, non) es ist notwendig, daß; quo facto nachdem dies geschehen war = hierauf, infolgedessen, hierdurch, deshalb, trotzdem

M. fiat: es werde — fiat lux es werde Licht — fiat iustitia, pereat mundus: Gerechtigkeit muß geschehen, und sollte die Welt dabei zugrunde gehen

F. das Fiat: Einwilligung, Genehmigung

firmāmen, inis n. (cf. firmo) Stütze

firmamentum, i n. (cf. firmo) Stütze, Stärke; Hauptbeweis

M. das Firmament (L), Himmelsfeste

firmātor, ōris m. (cf. firmo) Befestiger, Stützer

firmitas, tātis f. (cf. firmus) Festigkeit, Stärke, Charakterstärke, Standhaftigkeit

firmiter = firme cf. firmus

firmitūdo, inis f. = firmitas

firmo 1. (cf. firmus) **festmachen, stark machen,** befestigen, sichern; **stärken,** kräftigen; ermutigen, ermuntern (pass. sich ermannen); bekräftigen, beglaubigen, bestätigen

F. firmen: den Taufbund erneuern lassen — die Firmung: Sakrament der Stärkung durch den hl. Geist

Firmum, i n. E. Stadt in Picenum (Fermo); — Firmānus adi. u. subst. Einwohner von F.

firmus 3 (adv. firme und selten firmiter) **fest, stark,** widerstandsfähig, standhaft, beharrlich, zuverlässig, treu, sicher

F. firm: fest, sicher, gut ausgebildet — die Firma (it.): Geschäftsname, Handelsname, Unternehmen, Geschäft — firmieren: den Namen der Firma unterschreiben

fiscella, ae f. (dem. von fiscina) Körbchen

fiscina, ae f. (cf. fiscus) Korb, Körbchen

fiscus, i m. Geldkorb, Geldkasse; Staatskasse, kaiserliche Privatkasse

F. der Fiskus: Staatskasse, Staatsschatz, Staat — fiskalisch: die Staatskasse betreffend, staatseigen, den öffentlichen Ankläger betreffend — fiskalisieren: rügend untersuchen, bestrafen — konfiszieren: einziehen, in Beschlag nehmen — die Konfiskation: behördliche Vermögenseinziehung

fissilis, e (cf. findo) spaltbar

F. fissil i. a. B.

fissio, ōnis f. (cf. findo) das Spalten
fistūca = festūca
fistula, ae f. Röhre, Rohrpfeife, Hirtenpfeife, Schalmei; Fistel (L), röhrenartiges Geschwür
F. Fistelstimme: Kopfstimme — fistulieren, fisteln: mit Kopfstimme singen
fistulātor, oris m. Pfeifer
fisus cf. fīdo
fixus cf. fīgo
flabellum, i n. (dem. von flabrum) Fächer, Wedel
flābilis, e (cf. flo) hauchbar, luftartig
flabra, ōrum n. (cf. flo) das Wehen; wehende Winde
flacceo 2. schlapp, schlaff sein
flaccēsco, flaccui 3. erschlaffen, ermatten
flaccus 3 schlaff, schlapp, schlappohrig; — Flaccus römischer Beiname z. B. Q. Horatius Flaccus
flagello 1. (cf. flagellum) peitschen
F. der Flagellant: Geißler, Geißelmönch — das Flagellantentum: Geißelschwärmerei — die Flagellation: Geißelung — die Flagellaten: Geißeltierchen, eine Klasse der Protozoen
flagellum, i n. (dem. von flagrum) Peitsche, Geißel; — Riemen
flagitātio, ōnis f. (cf. flagito) dringende Bitte, Forderung
flagitātor, ōris m. (cf. flagito) ungestümer Forderer
flagitiōsus 3 (cf. flagitium) schandbar, schmählich, schmachvoll, niederträchtig, ausschweifend, unzüchtig
flagitium, ii n. (cf. flagito) Schandtat, Niederträchtigkeit, Schimpf, Schande, Aussschweifung, Schandbube, Bösewicht
flāgito 1. (cf. flagitium) leidenschaflich fordern, ungestüm verlangen; zu wissen verlangen; ausgeliefert verlangen, vor Gericht belangen
flagrans cf. flagro
flagro 1. brennen, lodern, funkeln, glänzen, glühen; entbrannt sein, erfüllt sein, begeistert sein; — flagrans, ntis brennend, heiß glühend, leuchtend, glänzend, leidenschaftlich, erregt, wild, heiß
M. flackern (L) — in flagranti: auf frischer Tat
F. flagrant: brennend, heftig, offenkundig
flagrum, i n. Peitsche, Knute
flāmen, inis m. Eigenpriester einer bestimmten Gottheit (Dialis, Martialis, Quirinalis)
flāmen, inis n. (cf. flo) das Hauchen, Wehen, Hauch, Luftzug; Wind; Blasen auf der Flöte, Flötenton
flaminius und flaminicus 3 (cf. flamen) das Amt des Flamen betreffend; — flaminica, ae f. (scil. uxor) die Gattin des Flamen; — flaminium (flamōnium), ii n. das Amt des Flamen
Flaminius 3 Name eines römischen plebejischen Geschlechtes; 1.) C. Flaminius Konsul (223 v. Chr.), legte die via Flaminia und den circus Flaminius auf dem Marsfelde an 2.) sein Sohn, Konsul 187 v. Chr.
flamma, ae f. (cf. flagro) Flamme (L), Feuer; Fackel, Feuerbrand; Blitz, Hitze; Glut, Leidenschaft, Liebesglut; Geliebte; Verderben, höchste Gefahr
flammeus 3 (cf. flamma) flammend, feurig, feuerrot; — flammeum, i n. der (feuerrote) Brautschleier
flammi-fer 3 (cf. flamma und fero) brennend, flammend, feurig
flammo 1. (cf. flamma) anzünden, etwas verbrennen; entzünden, entflammen, erhitzen
F. inflammabel: entzündbar — inflammieren: entzünden — die Inflammation: Entzündung (med.)
flamonium cf. flaminius
flatus, ūs m. (cf. flo) das Blasen, Hauch, Schnauben, Atmen, Wind; Aufgeblasenheit, Hochmut
F. die Flatulenz: Blähsucht (med.)
flavens, ntis = flavus
flavēsco 3. (cf. flāvus) gelb werden, sich blond färben, blond werden; zu Gold werden
Flavīna, ae f. E. Stadt in Etrurien;

— Flavinius 3 adi. und subst. Bewohner von F.

Flāvius 3 E. Name eines römischen Geschlechts; 1.) Cn. Flavius bedeutender Jurist 2.) C. Flavius Fimbria Konsul, Redner 3.) C. Flavius Fimbria cf. Fimbria 4.) T. Flavianus Vespasianus römischer Kaiser (59 bis 79); — Flaviānus 3 des F.

flāvus 3 gelb, blond
M. blau (urv.)

flēbilis, e (cf. fleo) beweinenswert, beklagenswert; weinend, klagend, kläglich, rührend

flecto, flexi, flexus 3. **biegen, beugen;** umstimmen, erweichen, rühren; **drehen, wenden,** lenken, richten; umkehren, umbiegen, sich wohin wenden
F. flektieren: beugen, abwandeln (sprachl.) — flektierbar: biegsam, abwandlungsfähig

fleo, flēvi, flētus 2. **weinen, beweinen,** beklagen

flētus, ūs m. das Weinen, Jammer; Tränenstrom, Rührung

Flēvum, i n. Kastell der Friesen am Rheinarm Flevo

flex-animus 3 herzrührend

flexibilis, e (cf. flecto) geschmeidig, unbeständig, haltlos
F. flexibel: biegsam, veränderlich, abwandlungsfähig

flexilis, e = flexibilis

flexi-loquus 3 (cf. loquor) dunkel redend, zweideutig

flexio, ōnis f. (cf. flecto) Biegung, Krümmung; Modulation der Stimme
F. die Flexion: Beugung, Abwandlung (sprachl.)

flexi-pes, pedis krummfüßig, krummrankig

flexuōsus 3 (cf. flexus) voll Krümmungen, gewunden

flexus, ūs m. (cf. flecto) Biegung, Krümmung; Umweg, Bogen; Wendepunkt, Wendung
F. die Flexur: durch Zerrung entstandene Abbiegung geologischer Schichten (geogr.)

flictus, ūs m. (cf. flīgo) das Anschlagen, Anprall

flīgo 3. schlagen *M.* bleuen (urv.)

flo 1. blasen, wehen, zum Schmelzen bringen, (Geld) gießen, prägen
M. blähen (urv.)

floccus, i m. Flocke (L), Faser; Kleinigkeit; flocci non facere keinen Schuß Pulver wert halten, darauf pfeifen

Flora, ae f. (cf. flos) Göttin der Blumen und des Frühlings; — Florālis, e der Fl.; — Florālia, ium n. Fest der Fl. (28. April bis 3. Mai)
F. die Flora i. a. B.; Pflanzenwelt

Florentia, ae f. E. Florenz; — Florentinus adi. und subst. Einwohner ner von F.
M. der Florin: ursprünglich in Florenz geprägte Münze, Gulden

flōreo, ui 2. (cf. flōs) **blühen** (urv.), prangen; angesehen sein, mächtig sein; sich hervortun, ausgestattet sein; flōrens, ntis blühend, glänzend, mächtig
M. floreat: er blühe! — Florenz, Florentin(e) (V)
F. florieren: blühen, gedeihen, in Aufnahmen kommen, in Mode sein

florēsco 3. (cf. floreo) zu blühen anfangen, aufblühen, erblühen
F. die Floreszenz: das Blühen, Blütenart, Blütenstand, Blütezeit — die Infloreszenz: Blütenstand

flōreus 3. (cf. flos) aus Blumen

flōridus 3 (cf. floreo) blühend, blumenreich
F. Florida: südöstlichster der Vereinigten Staaten

flori-legus 3 (cf. lego) blütensammelnd
F. das Florilegium: Blumen-, Blütenlese; Sammlung schöner Stellen aus Dichtungen

florus 3 (cf. floreo) blühend, glänzend; — Florus, i m. E. Julius Florus, Dichter, Freund des Horaz

flos, flōris m. **Blume, Blüte;** Jugendkraft, Glanzzeit, Höhepunkt; junge Mannschaft, Jugend; Kern; Schmuck, Zierde
M. in floribus: in voller Blüte; im Wohlleben
F. der Flor: Blütezeit; zartes Gewebe — der Florist: Blumenfreund, Blumengärtner, Blumenmaler — floristisch: die Blumenzucht betreffend

flōsculus, i m. (dem. von flos) Blümlein; Redeblüte
F. die Floskel: überflüssige Redensart
fluctuātio, ōnis f. (cf. fluctuo) das Schwanken, Unentschlossenheit
F. die Fluktuation i. a. B.
fluctuo 1. (cf. fluctus) **wogen, wallen,** aufbrausen; mit den Wellen treiben, schwanken, wanken, unschlüssig sein
F. fluktuieren i. a. B. — fluktuös: wogend
fluctus, ūs m. (cf. fluo) **Strömung, Flut;** Woge; Meer, Meeresflut; Wogen, Fluten, Stürme
fluenti-sonus 3 wogenrauschend
fluentum, i n. (cf. fluo) Strömung, Flut
fluidus (fluvidus) 3 (cf. fluo) **fließend, flüssig;** schlaff, kraftlos
F. fluid: flüssig, fließend, ungezwungen — das Fluidum: Flüssigkeit, Strom unwägbarer Stoffe, geistiger Strom — die Fluidität: Flüssigkeit, Leichtigkeit einer Rede
fluito 1. (cf. fluo) **fließen,** wallen, auf dem Wasser schwimmen, umhertreiben; schwanken, hin- und herschwanken, schwankend werden
flumen, inis n. (cf. fluo) **fließendes Wasser, Strömung,** Flut; **Fluß, Strom;** Flußgott; Redestrom, Erguß, Geistesstrom
Flumentāna porta, ae f. das Flußtor im alten Rom
flumineus 3 (cf. flumen) des Flusses
fluo, flūxi, fluxum 3. **fließen, strömen;** triefen; hervorströmen, entströmen, sich verbreiten, sich ergießen, entstehen, herrühren, ausgehen von; dahinfließen; vonstatten gehen; verfließen, entfliehen, zerfließen, verschwinden, erschlaffen, niedersinken; herabwallen, niederwallen
F. der Fluor: chem. Element; Ausfluß (med.) — die Fluoreszens: farbige Zerlegung des Lichtes, das Selbstleuchten eines Stoffes — fluoreszieren: schillern, Fluoreszens besitzen — das Fluoreszein: ein Teerfarbstoff — die Fluxion: das Fließen, Blutwallung, Differential (math.)
fluviālis (fluviātilis), e (cf. **fluvius**) im Flusse befindlich
F. fluvial i. a. B.
fluvidus = fluidus
fluvius, ii m. (cf. fluo) fließendes **Wasser, Fluß;** Flußgott
fluxus 3 (cf. fluo) **fließend,** haltlos, schwankend; zerfließend, zerfallend, verfallend
focāle, is n. (aus faucāle cf. faux) Halstuch
foculus, i m. (dem. von focus) kleine Opferpfanne, kleiner Opferherd
focus, i m. (cf. fax) Pfanne, Opferpfanne; Feuerstätte, Herd, Kamin, Haus und Hof, Besitztum, Familie; Feuer
F. der Fokus: Brennpunkt — fokussieren: in einem Brennpunkt vereinigen — fokal: auf den Brennpunkt bezüglich — Fokalabstand: Brennweite — konfokal: einen gemeinschaftlichen Brennpunkt habend
fodico 1. (cf. fodio) **stoßen; beunruhigen**
fodio, fōdi, fossus 3. **graben; umgraben, ausgraben, untergraben, ausstechen; stechen, durchbohren**
F. fossil: ausgegraben, versteinert, vorweltlich — die Fossilien: Versteinerung, Überreste, Abdrücke von Pflanzen und Tieren
foederātus 3 (cf. foedus) verbündet
foedi-fragus 3 (cf. foedus und frango) bundbrüchig
foeditas, tātis f. (cf. foedus 3) Häßlichkeit, Abscheulichkeit
foedo 1. (cf. foedus 3) **verunstalten, entstellen, schänden, entweihen; besudeln, beflecken**
foedus 3 **häßlich, garstig,** scheußlich, abscheulich
foedus, eris n. (cf. fido) **Treuvertrag, Bündnis;** Bund, Übereinkunft, Verbindung, Bestimmung, Gesetz
F. föderieren: verbünden — föderalisieren: in einen Bund vereinigen; eine Bundesstaatsverfassung annehmen — der Föderalismus: Verbündungssucht, lose Staatenverbündung — der Föderalist: Anhänger des Föderalismus — die Föderation: Staatenbund — föderativ: in einem Bundesverhältnis stehend — der Föderativ-

staat: Bundesstaat — die Konföderation: Staatenbund — konföderieren: sich verbünden — der Konföderierte: Verbündete

foetidus = fetidus

folium, ii n. (griech.) **Blatt** (urv.); Laub

F. das Folio (it.): Halbbogengröße (buchdr.) — foliieren: Blätter eines Buches beziffern; eine Metallunterlage geben (beim Spiegel) — die Folie, das Folium: Blättchen: Blättchen von dünnstem Metall (Unterlage bei Spiegeln und Edelsteinen); Hintergrund, von dem sich etwas abhebt — der Foliant: Buch in Foliogröße — das Bifolium: Zweiblatt — bifolisch: zweiblättrig — das Trifolium: Dreiblatt, Kleeblatt, Klee

folliculus, i m. (dem. von follis) kleiner Ledersack, Schlauch

F. der (das) Follikel: Drüsensäckchen; Balgfrucht (bot.) — follikular: auf Follikel bezüglich

follis, is m. (cf. folium) Ledersack, Blasebalg

fomentum, i n. (meist plur.) (cf. foveo) Umschlag, Verband; Linderungsmittel

F. das Foment: Bähmittel, warmer Umschlag — fomentieren: warm halten

fomes, itis m. (cf. foveo) Zündstoff, Zunder

fons, ntis m. **Quelle,** Born; Quellwasser; Ursprung, Ursache, Urheber; Quellgott; — **Fontinālis,** e dem Quellgott geweiht

F. die Fontäne (franz.): Springbrunnen — das Fontanell, die Fontanelle: (Brünnlein) Schädellücke bei kleinen Kindern; künstliche Eiterwunde (med.)

Fontēius 3 Name eines plebejischen Geschlechts; M. Fonteius Legat Sullas

fonticulus, i m. (dem. von fons) Quellchen

Fontinālis cf. fons

for, fātus sum, fāri (altes Wort, fast nur poet.) **feierlich sprechen, verkünden;** weissagen; besingen; — fandus 3 aussprechlich, nennbar; fando audire vom Hörensagen kennen; erlaubt, recht; — fandum, i n. Recht

M. Bann (urv.)

forābilis, e (cf. foro) durchbohrbar

forae, ārum f. (nur acc. und abl.), **foras** adv. vor die Tür, **hinaus, heraus;** — **foris** adv. von draußen; **außerhalb, draußen;** außer Hause, auswärts; außerhalb der Stadt; — domi forisque zu Haus und draußen, im Krieg und Frieden

forāmen, inis n. (cf. foro) Bohrloch, Loch, Öffnung

foras cf. forae

for-ceps, ipis (cf. capio und fornax) Feuerzange

fordus 3 (cf. fero) trächtig; — forda, ae f. trächtige Kuh

fore = futurum, am, um, esse; forem = (futurus, a, um) essem

forēnsis, e (cf. forum) **zum Markte gehörig,** auf dem Markte; öffentlich, für die Öffentlichkeit bestimmt; gerichtlich

F. der Forense: Fremder, der an einem Ort ein Grundstück hat, an dem er nicht wohnt — forensal: die Fremden angehend — forensisch: gerichtlich

Forentum = Ferentum

foris cf. forae

foris, is f. Türflügel, **Tür;** — plur. (zweiflüglige) Tür; Eingang, Öffnung, Zugang

M. Tür (urv.), Tor (urv.), Forst (L)

forma, ae f. **Form** (L), **Gestalt,** Äußeres; schöne Gestalt, Schönheit; **Art,** Gepräge, Beschaffenheit, **Charakter;** Gebilde, Erscheinung; Modell; Stempel, (Schuh) Leisten

M. pro forma: nur der Form wegen, zum Schein

F. formal: auf die Form bezüglich — die Formalien: Förmlichkeiten — die Formalität: Förmlichkeit — der Formalismus: Formenwesen, Formenkram — der Formalist: Umstandskrämer — das Format: Gestalt, Größenform (von Büchern, Papier) — die Formation: Gestaltung, Truppenaufstellung, Schichtenreihe (geol.) — formativ: gestaltend, auf die Gestaltung bezüglich — difform: mißgestaltet — die Difformität: Mißgestalt

formātor, ōris m. Bildner

Formiae, ārum f. E. Stadt in Südlatium, berühmt durch guten Wein

(Molo di Gaëta); — Formiānus adi. u. subst. Bewohner von F.; — Formiānum, i n. Landgut Ciceros, bei dem er ermordet wurde

formīca, ae f. Ameise

formidābilis, e (cf. formīdo) **grausig,** schrecklich

F. formidabel i. a. B.

formīdo 1. Grauen empfinden, sich entsetzen; formidātus 3 gefürchtet

formīdo, inis f. **Grausen,** Furcht, Schauer, Scheu; Schreckbild

formidolōsus 3 (cf. formīdo) **furchterregend,** furchtbar, **schrecklich;** ängstlich, scheu

formo 1. **formen, gestalten,** bilden, darstellen; schaffen, hervorbringen, verfertigen

F. formieren: herstellen, in Reih und Glied aufstellen — difformieren: mißgestalten — präformieren: vorherbilden — die Präformation: Vorausbildung der Organismen und ihre Eigenschaften im Keim

formōsitas, tātis f. (cf. forma) Formvollendung, Schönheit

formōsus 3 (cf. forma) formvollendet, schön

fōrmula, ae f. (dem. von forma) kleine Form, Norm, Regel; Rechtsformel, Vertrag, Steuerformel, Tarif; Klageformel, gerichtliches Verfahren

M. Formel (L)

F. formulieren: in entsprechende Worte fassen — das Formular: Muster für eine schriftliche Arbeit, Vordruckblatt

fornax, ācis f. Ofen; — Fornax, ācis f. Ofengöttin; — Fornacālis, e der F.; — Fornacālia, ium n. Fest der Ofengöttin (im Februar)

fornicātus 3 (cf. fornix) gewölbt; — via fornicata Schwibbogenstraße (am Marsfeld)

fornix, icis m. Wölbung, Bogen, Schwibbogen, Triumphbogen; Ausfallpforte; (gewölbte) Kneipe

Foroiuliēnsis cf. forum

fors f. (nur nom. sing. und abl. sing. forte) (cf. fero) **blinder Zufall, Geschick;** — **forte** (adv.) **durch Zufall, zufällig; vielleicht, etwa;** — si forte (scil. contingit) günstigenfalls, im glücklichen Falle; — Fors, tis f. die Göttin des Schicksals

fors-an = forsitan

forset, forsit (adv.) vielleicht

forsitan (adv.) vielleicht, möglicherweise (mit coni. und ind., auch rein adverbiell)

fortāsse (selten fortassis) adv. (cf. fors) **vielleicht,** vermutlich, hoffentlich, wohl; bei Zahlenangaben: **etwa, ungefähr,** vielleicht

forte cf. fors

forticulus 3 (dem. von fortis) ziemlich mutig

fortis, e **stark,** kräftig, stramm, rüstig; dauerhaft, fest; mutig, **tapfer,** kühn, **energisch;** heftig, gewaltsam

M. forte (it.): stark (mus.) — fortissimo (it.): sehr stark (mus.) — fortes fortuna adiuvat: dem Mutigen gehört die Welt (der ältere Plinius) — fortiter in re, suaviter in modo: energisch in der Sache, mild in der Form

F. das Fort (franz.): kleine Festung — die Fortifikation: Befestigungsanlage, Befestigungskunst — fortifikatorisch: zur Befestigung dienend

fortitūdo, inis f. (cf. fortis) **Stärke;** Unerschrockenheit, **Tapferkeit, Mut**

fortuītus 3 (cf. fors) durch Zufall veranlaßt, zufällig; — fortuīta, ōrum n. Zufälle, Zufälligkeiten, Geschenke des Zufalls; — fortuītō (adv.) zufällig, zufälligerweise, aufs Geratewohl

fortūna, ae f. (cf. fors) **Schicksal, Geschick,** Los; Glück; Unglück; äußere Lage, Verhältnisse, Umstände; — (meist plur.) Glücksgüter, Vermögen; — Fortuna, ae f. Schicksalsgöttin, Glücksgöttin

M. die Fortuna i. a. B.

fortūno 1. (cf. fortūna) beglücken, segnen; — fortunātus 3 beglückt, gesegnet, glücklich, selig; wohlhabend, reich

M. Fortunat(us) (V): der Glückliche

Foruli, ōrum m. F. kleiner Ort im Sabinerlande

forum, i n. (cf. foris) **Marktplatz,**

Markt, **Forum**; Marktflecken, Handelsplatz; Geschäftsleben, Verkehr; öffentliches Leben, Staatsgeschäfte; Gerichtswesen, Gerichtsverhandlungen; — Stadtname z. B. 1.) Forum Aurelium Stadt in Etrurien 2.) Forum Appii Stadt an der via Appia 3.) Forum Cornelii Stadt in Oberitalien (Imola) 4.) Forum Julii oder Julium Stadt nordöstlich von Massilia (Fréjus); — Foroiuliēnsis adi. und subst. Einwohner von F. J.
F. das Forum i. a. B. — öffentliches Forum: öffentliche Aussprache — forensisch: gerichtlich

forus, i m. (meist nur plur.) Schiffsgänge (zwischen den Ruderbänken); Sitzplätze im Theater; Gänge zwischen den Bienenwaben

Fosi, ōrum m. E. germanischer Stamm an der Fuhse, Nebenfluß der Aller

fossa, ae f. (cf. fodio) **Graben**, Kanal, Abzugsgraben, Grube, Loch; Furche

fossio, ōnis f. (cf. fodio) das Umgraben

fossor, ōris m. (cf. fodio) der Gräber, Landmann, Bauer

fovea, ae f. Fallgrube; Grube, Grab

foveo, fōvi, fōtus 2. **warm halten**, wärmen, hüten, **hegen**, pflegen; **begünstigen**, fördern, unterstützen, liebkosen, umarmen

fractus cf. frango

fragilis, e (cf. frango) zerbrechlich, gebrechlich, hinfällig, schwach, vergänglich, unbeständig
F. fragil: zerbrechlich, hinfällig

fragilis, e (cf. fragor) knatternd, prasselnd

fragilitas, tātis f. (cf. fragilis) Gebrechlichkeit, Hinfälligkeit
F. die Fragilität i. a. B.

frāgmen, inis n. = fragmentum

fragmentum, i n. (cf. frango) Bruchstück, Stück, Splitter
F. das Fragment: Bruchstück — fragmentarisch: in Bruchstücken, unvollständig

fragor, ōris m. das Krachen, Prasseln, Getöse, Lärm

fragōsus 3 (cf. frango) voller Brüche, uneben, rauh

fragōsus 3 (cf. fragor) lärmend, tosend, dröhnend

fragro 1. riechen, duften

frāgum, i n. Erdbeere

framea, ae f. (germ.) Wurfspieß

frango, frēgi, frāctus 3. **brechen** (urv.), **zerbrechen** (pass. zerbrechen); verletzen; (Getreide) mahlen; schwächen, entkräften (pass. abnehmen, nachlassen, sich verlieren); bändigen, bezähmen, überwinden, entmutigen, beugen; rühren, erweichen
F. fraktionieren: ein Stoffgemisch in seine Bestandteile trennen (chem.); (Überdampfung) unterbrechen (phys.) — die Fraktion: Bruch (math.); Parteigruppe, Vertretung einer politischen Partei im Parlament; Brechung der Lichtstrahlen (phys.) — der Fraktionismus: Ausartung des Fraktionswesens — die Fraktur: Knochenbruch (med.); gebrochene (gotische) Schrift (buchdr.) — mit jemd. Fraktur reden: deutsch, derb reden — interfraktionell: mit mehreren Fraktionen eines Parlaments zusammenarbeitend — die Diffraktion: Beugung des Lichtes (phys.)

frater, fratris m. **Bruder** (urv.), plur. Geschwister; — Vetter; Blutsverwandter, brüderlicher Freund; Bundesgenosse, Bundesbruder (vom röm. Senat verliehener Ehrenname)
M. Fratres minores: „mindere Brüder", Franziskaner
F. der Frater: Klosterbruder — der Konfrater: Mitbruder, Amtsbruder

fraternitas, tātis f. (cf. **fraternus**) Brüderlichkeit, Brüderschaft
F. die Fraternität i. a. B. — die Konfraternität: Verbrüderung, Amtsgenossenschaft

fraternus 3 (cf. frater) **brüderlich**; verwandtschaftlich; innig **befreundet**
F. fraternisieren: Brüderschaft schließen, brüderlich verkehren

fratri-cīda, ae m. (cf. caedo) Brudermörder

fraudātio, ōnis f. (cf. fraudo) Betrug, Betrügerei

fraudātor, ōris m. (cf. fraudo) Betrüger

fraudo 1. (cf. fraus) **betrügen, hin-**

tergehen, übervorteilen; unterschlagen, berauben

fraudulentus 3 (cf. fraus) betrügerisch, gaunerisch

fraus, dis f. **Betrug, Täuschung,** Hinterlist, Tücke; Irrtum, Selbstbetrug; Schaden, Nachteil; Verbrechen, Frevel

fraxineus (poet. auch fraxinus) 3 (cf. fraxinus) eschen, aus Esche

fraxinus, i f. Esche; Eschenspeer

Fregellae, ārum f. E. Stadt in Latium (Ceprano); Fregellānus adi. u. subst. Einwohner von F.

Fregēnae, ārum f. E. Küstenort in Südetrurien

fremebundus 3 (cf. fremo) rauschend, schnaubend

fremidus 3 (cf. fremo) lärmend, tobend

fremitus, ūs m. (cf. fremo) dumpfes Getöse, Lärm, Geräusch, Gemurmel; Murren

fremo, ui, itum 3. brummen (urv.), **dumpf tosen,** schnauben, brüllen, **lärmen,** brausen; murmeln, murren

fremor, ōris m. das Murmeln, Murren

frendo 3. knirschen

frēno 1. (cf. frēnum) **zäumen;** im Zaume halten, zügeln, bändigen, regieren

Frentāni, ōrum m. E. samnitische Völkerschaft am Adriatischen Meere; Frentānus 3 frentanisch

frēnulum, i n. (dem. von frenum) Bändchen

frēnum, i n. (plur. auch frēni, ōrum) (cf. frendo) **Zaum, Zügel**

frequens, ntis (cf. farcio) **häufig, zahlreich, volkreich,** dicht bevölkert, **vielbesucht;** gedrängt voll, angefüllt; **häufig anwesend,** fleißig, ständig; wiederholt

F. frequent i. a. B.

frequentia, ae f. zahlreiche Anwesenheit, zahlreicher Besuch, Zudrang; zahlreiche Versammlung, große Menge; Häufigkeit, große Zahl

F. die Frequenz: öftere Wiederholung, häufiger Besuch, Besucherzahl, Anzahl der Perioden, Schwingungszahl in der Sekunde; Periodenzahl des Wechselstromes in der Sekunde (phys.)

frequento 1. (cf. frequens) **zahlreich besuchen,** oft besuchen; **feiern,** begehen; wiederholen, **zahlreich versammeln, bevölkern, beleben**

F. frequentieren: oft aufsuchen — die Frequentation: häufiger Gebrauch, Verkehr — der Frequentant: häufiger Besucher — das Frequentativum: Zeitwort, das eine Wiederholung der Tätigkeit ausdrückt (sprachl.)

fretum, i n. (selten fretus, ūs m.) Meerenge, Sund; Meerenge von Sizilien; poet. Meer, Meerflut

frētus 3 (mit abl.) (cf. firmus) **auf etwas gestützt, vertrauend,** im Vertrauen

fretus = fretum

frico, cui, ctus und cātus 1. reiben, abreiben

F. frikativ: auf Reibung beruhend — Frikativlaut: Reibelaut (sprachl.) — die Friktion: Reibung — das Friktorium: Raum zum Abreiben (im altrömischen Bad)

frictus cf. frigo

frigeo 2. (cf. frigus) **kalt sein, erstarrt sein;** tot sein, schlaff sein, matt sein; **stocken;** in Ungunst stehen, unbeachtet bleiben, kühl aufgenommen werden

frigēsco 3. erkalten, erstarren, erschlaffen

frigidulus 3 (dem. von frigidus) etwas kalt, etwas matt

frigidus 3 (cf. frigeo) **kalt,** frostig, Kälte bringend, eisig, schauerlich; matt, schlaff, lässig; frostig, fade

F. frigid: frostig, herzlos, ohne Empfindung — die Frigidität: Herzlosigkeit, Empfindungslosigkeit — das Frigidarium: Kaltbad, kaltes Gewächshaus

frigo, frīxi, frīctus und frīxus 3. rösten, dörren

frigus, oris n. (cf. frigeo) **Kälte,** Frost; Winterkälte, Winter; Todeskälte, Todesschauer; **Erstarrung;** Angstschauer, eisiger Schrecken; Schlaffheit, Lauheit; Ungnade, Ungunst

Friniātes, um m. E. ligurisches Volk am Nordappennin
Frīsii, ōrum m. E. die Friesen; — Frisius 3 friesisch
frivolus 3 wertlos, armselig, nichtig, abgeschmackt
F. frivol: leichtfertig, schlüpfrig — die Frivolität: Leichtfertigkeit, Schlüpfrigkeit
frondātor, ōris (cf. frons) Laub-, Baumscherer
frondeo 2. (cf. frons, frondis) **belaubt sein**
frondēsco 3. (cf. frondeo) **sich belauben**
frondeus 3 (cf. frons) belaubt
frondōsus 3 (cf. frons) laubreich, reich belaubt
frōns, frondis f. **Laub, Laubwerk;** Laubzweig, Laubkranz, Laubkrone
frōns, frontis f. **Stirn, Gesicht;** Stirnseite, Vorderseite, **Front;** a fronte von vorn, in fronte in die Breite
F. die Front: Vorderseite, vorderste Kampfstellung — frontal: auf die Vorderseite bezüglich, an der Außenseite — konfrontieren: gegenüberstellen — die Konfrontation: Gegenüberstellung — die Rekonfrontation: abermalige Gegenüberstellung — der Affront (franz.): Beleidigung — affrontieren (franz.): beleidigen
frontālia, ium n. (cf. frons) Stirnschmuck der Pferde
Frontīnus, i m. E. Sextus Julius Fr., Stadtprätor, tüchtiger Feldherr, Verfasser von Schriften über die Feldmeßkunst und Wasserleitungen Roms
fronto, ōnis (cf. frons) breitstirnig
fructuārius 3 (cf. fructus) fruchtbringend
fructuōsus 3 (cf. fructus) ertragreich, fruchtbar; ergiebig, gewinnreich, nützlich
fructus, ūs m. (cf. fruor) **Nutznießung,** Genuß; **Frucht** (L); **Ertrag,** Gewinn, Vorteil, **Nutzen,** Erfolg
F. fruktifizieren: Frucht tragen; nutzbar machen, befruchten — die Fruktifikation: Ausnutzung, Verwertung — Fruktose: Fruchtzucker
frugālis, e (cf. frux) (meist ersetzt durch frugi cf. frux) ordentlich, wirtschaftlich, bieder
F. frugal: genügsam, mäßig, einfach
frugālitas, tātis f. (cf. frugālis) Wirtschaftlichkeit, Ordnungsliebe, Biederkeit, Solidität
F. die Frugalität: Einfachheit, Genügsamkeit
frūges cf. frux
frūgi cf. frux
frugi-fer 3 (cf. frux-fero) fruchttragend, fruchtbar
frugi-legus 3 (cf. frux-lego) Früchte sammelnd
frumentārius 3 (cf. frumentum) **zum Getreide gehörig;** — **res frumentaria Getreidewesen,** -bau, -lieferung, **Verpflegung, Proviant, Verproviantierung;** — getreidereich; — subst. Getreidehändler, -lieferant; plur. Proviantkolonne
frumentātio, ōnis f. (cf. frumentor) **das Getreideholen, Fouragieren;** plur. Proviantkolonne
frumentātor, ōris m. (cf. frumentor) Getreidehändler, -lieferant, Fourageur
frumentor 1. (cf. frumentum) **Getreide holen,** Proviant holen, **fouragieren**
frumentum, i n. (cf. fruor) **Getreide,** Korn; plur. Getreidearten, Saaten; Beschaffung von Getreide; **Verproviantierung**
fruor, frūctus (selten fruitus) sum 3. **gebrauchen** (urv.), **benutzen,** umgehen, verkehren, Mißbrauch, Nutznießung haben, **genießen,** sich freuen mit abl. z. B. munere; se f. seines Lebens froh werden
Frusino, ōnis m. E. Stadt in Latium (Frosinone); — Frusinas, ātis adi. und subst. Bewohner von F.
frūstra (cf. fraus) (adv.) **irrtümlich; vergeblich,** erfolglos, nutzlos, zwecklos
frustātio, ōnis f. Täuschung, Irreführung, Hinhalten, Verzögerung
frūstror 1. (selten frustro) (cf. frustra) täuschen, betrügen, hintergehen; vereiteln
frūstum, i n. Brocken, Bissen, Stückchen

frutex, icis m. Busch, Strauch, Staude
fruticētum, i n. (cf. frutex) Gesträuch, Gebüsch
fruticōsus 3 (cf. frutex) buschreich
frūx, frūgis f. (cf. fruor) (meist im plur.) **Feldfrucht,** Ertrag; Brauchbarkeit; — **frūgi** (dat. sing.) zum Nutzen, brauchbar, haushälterisch, ordnungsliebend, sparsam, besonnen; — comp. frugālior, sup. frugalissimus cf. frugālis
fuam, fuas, fuat cf. fuo
Fūcinus, i m. (scil. lacus) E. größter See Mittelitaliens (Lago di Celano)
fūco 1 (cf. fucus) rot färben, schminken, aufputzen, verfälschen
fucōsus 3 (cf. fucus) geschminkt; verfälscht
fucus, i m. (griech.) Lackmusflechte (rot färbend); Schminke; Schein, Verstellung, Falschheit; — (rötliches Bienenharz)
fūcus, i m. die Brutbiene, Drohne
Fufidius 3 E. Name eines römischen plebejischen Geschlechts
Fūfius 3 E. Name eines römischen plebejischen Geschlechts; — Q. Fufius Calenus Konsul (47 v. Chr.), Anhänger Cäsars
fuga, ae f. **Flucht;** Gelegenheit zur Flucht; Verbannung, Exil; Verbannungsort; Eile, rascher Lauf; Scheu, Vermeidung, Abneigung

F. die Fuge(it): Jagd des Themas, strengste Form des mehrstimmigen Satzes (mus.) — fugato(it): fugenartig

fugax, ācis (cf. fugio) fliehend, **flüchtig,** rasch hineilend, vergänglich; scheu, spröde
fugio, fūgi, fugitūrus 3. (intr.) **fliehen,** entfliehen; enteilen, schwinden, vergehen; (trans. mit acc.) **vor jemd. fliehen, entkommen,** entrinnen, meiden, vermeiden, verschmähen, verwerfen, ablehnen; — der Wahrnehmung entgehen, unbekannt, unbemerkt bleiben; fugit alqm es entgeht einem, ist ihm unbekannt, er hat vergessen
fugitīvus 3 (cf. fugio) **flüchtig; entflohen,** entlaufen; — subst. Ausreißer, entlaufener Sklave, Flüchtling
fugito 1. (cf. fugio) eilig fliehen, scheuen, meiden
fugo 1. (cf. fuga) **in die Flucht schlagen,** vertreiben, verjagen, verscheuchen, verbannen
fulcimen, inis n. (cf. fulcio) Stütze, Pfeiler
fulcio, fulsi, fultus 4. **stützen,** befestigen, verwahren; unterstützen, nicht sinken lassen
fulcrum, i n. (cf. fulcio) Stütze, Bettgestell, Bettsofa
fulgeo, fulsi 2. (poet. fulgo, fulsi 3.) (cf. flagro) **blitzen, schimmern,** strahlen, **leuchten;** hervorleuchten, sich hervortun
fulgor, ōris m. (cf. fulgeo) das Blitzen, Wetterleuchten, Blitz; Glanz, Schimmer
fulgur, uris n. (cf. fulgeo) **Blitz,** Blitzstrahl

F. der Fulgurit: Blitzröhre (duch Zusammenschmelzen von Sandkörnern beim Einschlagen des Blitzes entstanden) — das F.: Sprengstoff — die Fulguration: Blitzschlag bei Tier und Mensch; Behandlung bösartiger Geschwüre mit Hochfrequenzfunken (med.)

fulguro 1. (cf. fulgur) blitzen
fulica, ae f. Bläßhuhn, Wasserhuhn
fulīgo, inis f. Ruß
fullo, ōnis m. Walker
fulmen, inis n. (cf. fulgeo) **Blitz** (urv.), Wetterstrahl, Donnerkeil; Blitzschlag, zerschmetternde Kraft; — Kriegsheld
fulmineus 3 (cf. fulmen) zum Blitz gehörig, des Blitzes; tödlich, mörderisch
fulmino 1. (cf. fulmen) Blitze schleudern, blitzen

F. fulminant: blitzend, donnernd, zündend, glänzend, prächtig — das Fulminat: sehr explosives Knallsäuresalz — das Fulminatin: Sprengstoff — fulminieren: blitzen, den Bannstrahl schleudern

fultūra, ae f. (cf. fulcio) Stütze, Stärkung
Fulvius 3 E. Name eines röm. plebejischen Geschlechts. 1.) Q. Ful-

vius Flaccus Konsul (213 v. Chr.), Feldherr im 2. Punischen Kriege 2.) sein Sohn gleichen Namens, römischer Feldherr 3.) M. Fulvius Flaccus Konsul (125 v. Chr.), Anhänger der Gracchen 4.) M. Fulvius Nobilior Konsul (189 v. Chr.), Sieger über die Ätoler 5.) M. Fulvius Bombalio, Vater der Fulvia, der Feindin Ciceros, zuletzt mit Antonius verheiratet

fulvus 3 **erzfarben, braungelb, rotgelb, bräunlich**; gelb, blond, goldig; strahlend, glänzend

fūmeus 3 (cf. fumus) **rauchig, rauchend, qualmend**

fūmidus = fumeus

fūmi-fer 3. (cf. fumus-fero) Rauch bringend, rauchend

fumi-ficus 3 (cf. fumus und facio) Rauch bildend

fūmo 1. (cf. fumus) rauchen, dampfen, qualmen

fumōsus 3 (cf. fumus) voll Rauch, rußig, geräuchert, rauchgeschwärzt

fūmus, i m. Rauch, Dampf, Dunst
F. die Fumarolen, Dampf und Gasquellen im Gebiet eines erlöschenden oder schlafenden Vulkans — der Fument (franz.): Wohlgeruch, Blume des Weins — das Parfum (franz.): Wohlgeruch, wohlriechende Flüssigkeit

fūnālis, e (cf. funis) an einem Seile hängend; — funāle, is Kronleuchter, Wachsfackel

fun-ambulus, i m. (cf. funis-ambulo) Seiltänzer

functio, ōnis f. (cf. fungor) Verrichtung, Besorgung
F. die Funktion: Verrichtung, Dienstleistung, Aufgabe, Obliegenheit; Verhältnis der gegenseitigen logischen Abhängigkeit; Veränderung von Größen, in Abhängigkeit von der Veränderung einer oder mehrerer anderer Größen (math.) — funktionieren: tätig sein, wirksam sein, in Ordnung sein, eine Amtspflicht ausüben — funktionell, funktional: auf die Funktion bezüglich — die Funktionalität: von anderen Kräften abhängige Wirkungsmöglichkeit — der Funktionär: Beamter, Angestellter

funda, ae f. Schleuderriemen, **Schleuder**; Schleuderstein; Wurfnetz

fundāmen, inis n. = fundamentum

fundamentum, i n. (cf. fundo) **Grund,** Unterbau; Grundlage
F. das Fundament i. a. B. — fundamentieren: den Grund legen — fundamental: grundlegend

fundātor, ōris m. (cf. fundo) Gründer

Fundi, ōrum m. E. Stadt in Südlatium, dort guter Wein (Fondi); — Fundānus 3 adi. und subst. Bewohner von F.

fundito 1. (cf. fundo) hinschleudern

funditor, ōris m. (cf. funda) Schleuderer

funditus adv. (cf. fundus) **von Grund aus,** gänzlich, gründlich, ganz und gar, völlig

fundo 1. (cf. fundus) mit einem Boden versehen, **Grund legen, gründen,** begründen, befestigen, sichern; — fundātus 3 fest begründet
F. fundieren i. a. B. — die Fundation: Gründung, milde Stiftung

fundo, fūdi, fūsus 3. **gießen** (urv.), ausgießen (pass. sich ergießen, fließen); **herabschütten,** ausschütten, ergießen, ausbreiten, verbreiten (pass. sich ausbreiten, sich ausdehnen); **vertreiben,** aus dem Felde schlagen; niederstrecken, hinwerfen (pass. sich ausstrecken, sich lagern); ausströmen, verbreiten, ausbreiten, hören lassen; hervorbringen, gebären; — **fūsus** 3 gegossen, **hingestreckt,** liegend; **ausgebreitet;** (vom Haar und Gewand) fliegend, wallend; (von der Rede) gleichmäßig, fließend; ausführlich, weitläufig
M. fud. = fudit: er hat gegossen (auf Bronzegüssen)

fundus, i m. **Boden** (urv.), Grund, Tiefe; **Grundstück, Landgut**
F. der Fundus: Grund, Grundstock, Bestand — das Latifundium: Großgrundbesitz

funebris, e (cf. funus) **zum Leichenbegängnis gehörig,** die Leichenfeier betreffend; **todbringend,** verderblich, unheilvoll

funereus 3 = funebris

funero 1. (cf. funus) **bestatten**

F. die Funeralien: Leichenfeierlichkeiten

funesto 1. (cf. funestus) durch Mord beflecken, besudeln, entweihen

funestus 3 (cf. funus) durch Mord befleckt, verunreinigt; todbringend, tödlich, mörderisch; unheilvoll, trauervoll

fungor, fūnctus sum 3. (mit abl.) **verwalten, verrichten,** überstehen, an den Tag legen; summis honoribus fungi höchste Ehrenstellen bekleiden; munere fungi ein Amt verwalten; consulatu fungi das Konsulat bekleiden; magistratu fungi ein Amt bekleiden; virtute fungi Tüchtigkeit beweisen; morte fungi sterben etc.

F. fungieren: ein Amt verwalten, eine Tätigkeit verrichten, wirksam sein — fungibel: vertretbar, durch Gebrauch aufzehrbar

fungus, i m. (griech.) Pilz, Erdschwamm; Lichtschnuppe (am Docht)

F. der Fungus: Schwamm, Geschwulst (med.) — fungös: schwammig (med.) — die Fungosität: schwammiger Auswuchs (med.) — das Fungin: Pflanzenstoff in Schwämmen und Pilzen — der Fungit: pilzförmige Versteinerung

funiculus, i m. (dem. von funis) dünnes Seil

fūnis, is m. **Seil, Tau,** Strick; Haltetau

funus, eris n. **Bestattung,** Begräbnis, **Leichenzug;** Leichenbahre; Leiche; Tod; Tötung, Mord; Verderben, Untergang

fuo (alte Form), fui, futūrus (zur Ergänzung von esse) sein, werden; fuam etc. = sim etc.; — fore = futurum, am, um, esse; forem etc. ich wäre, würde sein

fūr, furis m. und f. **Dieb, Diebin,** Spitzbube

fūrax, ācis (cf. furor 1.) diebisch

furca, ae f. zweizackige **Gabel,** Mistgabel, Stützpfahl, Gabelholz (Marterwerkzeug); in (sub.) furcam ire in Knechtschaft geraten, sich der schmachvollsten Behandlung aussetzen

M. die Forke (L)

furci-fer, i m. (cf. furca und fero) Gabelholzträger, Galgenstrick

furcula, ae f. (dem. von furca) gabelförmiger Pfahl, Stütze; Engpaß, Schlucht

furenter adv. (cf. furo) wütend

furfur, uris m. (cf. frendo) Kleie

furia, ae f. (cf. furo) **Wut, Raserei;** Verzückung, Begeisterung; böser Geist, Dämon; — **Furia, ae f.** Rachegöttin, Furie

F. die Furie i. a. B.

furiālis, e (cf. furia) den Furien angehörig; rasend, wahnsinnig; in Raserei versetzend

furibundus 3 (cf. furo) wütend, wuterfüllt

Furīna, ae f. E. italische Göttin, die Furcht einflößte

furio 1. (cf. furia) in Raserei versetzen

furiōsus 3 (cf. furia) wütend, rasend, tobsüchtig; zur Wut bringend, begeisternd

M. furioso (it.): leidenschaftlich, stürmisch, wild (mus.)

F. furios, furiös: wütend

Furius (älter Fusius) 3. E. Name eines patrizischen Geschlechts. 1.) M. Furius Camillus ausgezeichneter Feldherr, Befreier Roms von den Galliern (390 v. Chr.) 2.) L. Furius Camillus Diktator (350 v. Chr.) 3.) L. Furius Camillus Konsul, Unterwerfer Latiums (338 v. Chr.) 4.) M. Furius Bibaculus epischer Dichter; — Furiāni, ōrum m. Soldaten des L. Camillus

Furnius 3 E. Name eines röm. plebejischen Geschlechts. 1.) C. Furnius Freund Ciceros, Anhänger Cäsars 2.) sein Sohn gleichen Namens, Freund des Horaz

furnus, i m. (cf. fornax) Backofen, Backhaus

furo 3. (cf. ferveo) **wüten, rasen,** toben; wie rasend dahinstürmen, sich stürzen, schwärmen, begeistert sein, verzückt sein, tollen

furor, ōris m. (cf. furo) **Wut, Raserei,** Wahnsinn, Tollheit; Verzükkung, Begeisterung; Kampf, Wut, Zorn; Liebeswut; Geliebte

M. der Furor Teutonicus: teutonische Wut, deutsches Ungestüm (Lukan)

fūror 1. (cf. fur) **stehlen,** Handstreiche ausführen

fūrtim adv. (cf. furtum) **verstohlenerweise, insgeheim,** heimlich, auf Schleichwegen

furtivus 3 (cf. furtum) **gestohlen; verstohlen,** heimlich, geheim

fūrtum, i n. (cf. fur) **Diebstahl;** Gestohlenes, Raub; Heimlichkeit; List, Hinterlist; plur. Ränke, Heimlichkeiten, Schelmenstreiche; Kriegslist, Handstreich

furunculus, i m. (dem. von fur) kleiner Dieb, Spitzbube

F. der Furunkel: Blutschwär — die Furunkulose: Furunkelbildung

furvus 3 dunkel, düster, schwarz, finster

fuscina, ae f. Dreizack

fusco 1. (cf. fuscus) **schwärzen,** bräunen

fuscus 3 (cf. furvus) **dunkel** schwärzlich, gebräunt

fūsilis, e (cf. fundo) **gießbar,** geschmolzen, gegossen, **flüssig**

fūsio, ōnis f. (cf. fundo) **Erguß,** Ausfluß

F. die Fusion: Verschmelzung, Vermischung, Zusammenlegung — fusionieren: verschmelzen, vermischen, zusammenlegen — fusionistisch: auf Verschmelzung hinwirkend

fustis, is m. (abl. sing. **fuste** u. **fusti**) Knüttel, Prügel, Stock

fustuārium, ii n. (cf. fustis) das Totprügeln (milit. Strafe)

fusus, i m. die Spindel

fusus 3 cf. fundo

fūttilis (fūtilis), e (cf. fundo) durchlässig, undicht; unzuverlässig, unsicher; nichtig, wertlos

F. futil: nichtig, bedeutungslos

futtilitas, tātis f. (cf. futtilis) Nichtigkeit, Zerfahrenheit, leeres Geschwätz

F. die Futilität: Nichtigkeit, Lappalie

futuo 1. zeugen, beschlafen

futūrus 3 **zukünftig, künftig;** — **futūrum,** i n. und **futūra,** arum n. Zukunft (cf. sum)

F. das Futurum: Zukunftsform (sprachl.) — das Futurum exaktum: Vorzukunft, zweite Zukunft (sprachl.) — der Futurismus: Zukunftskunst, eine Kunstrichtung nach dem ersten Weltkrieg — der Futurist: Anhänger des Futurismus — futuristisch: in der Art des F.

G

Gabali, ōrum m. E. keltisches Volk in den Cevennen

Gabii, ōrum m. E. Stadt in Latium; **Gabīnus** adi. und subst. Einwohner von G.; via G. Straße nach Gabii; cinctus G. eigentümliche bei heiligen Gebräuchen übliche Schürzung der Toga

Gabīnius 3 E. Name eines röm. plebejischen Geschlechts; A. Gabinius Parteigänger des Pompeius und Gegner Ciceros

Gades, ium f. E. Stadt im südwestlichen Spanien (Cadiz); — **Gaditānus** adi. und subst. Einwohner v. G.

gaesum, i n (kelt.) schwerer Wurfspieß

Gaetūli, ōrum m. E. Nomadenvolk in

Nordwestafrika; — Gaetūlus 3 gätulisch, afrikanisch

Gāius, i m. E. (abgekürzt C.) römischer Vorname

Galaesus, i m. E. Flüßchen in Unteritalien, an dessen Ufern feinwollige Schafe gezogen wurden

Galanthis, idis f. Dienerin der Alkmene, in ein Wiesel verwandelt

Galatae, ārum Gesamtname der keltischen Stämme, die in Gallien eingefallen, 235 v. Chr. besiegt und auf die Landschaft Galatia, ae f. beschränkt wurden

Galatea, ae f. E. 1.) Tochter des Nereus 2.) Mädchenname

galba, ae f. (kelt.) Schmerbauch; — **Galba**, ae m. E. 1.) Fürst der Suessionen 2.) Beiname z. B. Servius Sulpicius Galba a) Legat Cäsars b) römischer Kaiser; — Galbiāni, ōrum m. Anhänger des Galba

galbaneus 3 (cf. galbanum) aus Galban, Gummiharz

galbanum, i n. das Galban, Gummiharz (wohlriechend, zum Räuchern und Kitten gebraucht)

galea, ae f. (griech.) **Lederhelm, Helm**; galeātus 3 behelmt

galērum, i n. und galērus, i m. (cf. galea) Pelzmütze

Galilaea, ae f. E. nördlicher Teil von Westpalästina; — Galilaeus adi. u. subst. Bewohner von G.

galla, ae f. Gallapfel (L)

Gallia, ae f. E. **Gallien**; — Gallia cisalpīna oder citerior Oberitalien; — Gallia transalpina oder ulterior Frankreich; — dieses zerfiel in 1.) Gallia Narbonensis oder Provincia = Provence bis zur Rhone 2.) Aquitānia zwischen Pyrenäen und Loire 3.) Gallia Celtica, Lugdunensis zu beiden Seiten der Loire bis zur Seine und Marne 4.) Gallia Belgica um den unteren Rhein; — **Galli**, ōrum m. die Gallier; — Galla, ae f. Gallierin; — **Gallicus** 3 gallisch; — gallica, ae f. gallische Sandale; — **Gallicānus** 3 mit Gallien zusammenhängend

F. der Gallizismus: der französischen Ausdrucksweise entsprechende Redewendung — die Gallomanie, Gallikomanie: übertriebene Vorliebe für französisches Wesen — der Galloman, Gallikoman: übertreibender Bewunderer französischen Wesens — gallophil: franzosenfreundlich — gallikanisch: französisch-katholisch — galloromanisch: in Gallien aus dem Latein entstanden

gallīna, ae f. (cf. gallus) **Henne**

gallīnāceus 3 (cf. gallīna) **zu den** Hühnern gehörig

Gallio, ōnis m. E. römischer Beiname

Gallo-graeci, ōrum m. die Galater, aus Vermischung der Galater mit Griechen entstanden; — **Gallograecia**, ae f. Galatien

Gallōnius 3 E. Name eines röm. plebejischen Geschlechts

gallus, i m. **Hahn**

Gallus, i m. 1.) cf. Gallia 2.) Fluß in Bithynien; — nach ihm genannt Galli, ōrum m. Priester der Cybele 3.) röm. Beiname Cn. Cornelius Gallus Freund des Ovid, Redner und Elegiker

gānea, ae f. und gāneum, i n. Kneipe

gāneo, ōnis m. (cf. ganea) Schlemmer

gangaba, ae m. (pers.) Lastträger

Gangaridae, ārum und des, um m. E. Volk am Ganges

Ganges, is m. E. Ganges, Fluß in Indien; — Gangēticus 3 vom Ganges, indisch; — Gangētis, idis f. indisch, vom Ganges

Ganymēdes, is m. E. Sohn des Tros, seiner Schönheit wegen von Jupiter entführt und zum Mundschenk erhoben

Garamantes, um m. E. Volk im Innern Afrikas in der heutigen Oase Fessan; — Garamantis, idis f. libysche Nymphe

Gargānus, i m. E. Halbinsel Apuliens (Gargano); — Gargānus 3 garganisch

Gargaphie, ēs f. E. Tal in Böotien

Gargara, ōrum n. E. südlicher Idagipfel mit fruchtbarer Umgebung

garrio 4. **schwatzen,** plaudern; herplappern

garrulitas, tātis f. (cf. garrulus) **Geschwätzigkeit**

gărrulus 3 (cf. garrio) **schwatzhaft,** geschwätzig

garum, i n. (griech.) Fischtunke

Garumna, ae f. Garonne; — Garumni, ōrum m. aquitanisches Volk an der Garonne

Gates, um m. E. Volksstamm in Aquitanien

gaudeo, gavisus sum 2. **sich freuen,** froh sein; in sinu (in se) gaudere sich heimlich freuen, ins Fäustchen lachen; id gaudeo ich freue mich darüber; mit abl. z. B. honore

M. gaudeamus igitur: laßt uns also lustig sein (Anfang eines bekannten Studentenliedes)

gaudium, ii n. **Freude,** Vergnügen; Genuß, sinnliche Lust, Wollust; Wonne; Liebling

F. das Gaudium: Freude, Vergnügen

Gaugamēla, ōrum n. E. Ort in Assyrien, dort Sieg Alexanders d. Gr. (331 v. Chr.)

Gaurus, i m. E. vulkanisches Gebirge zwischen Neapel und Cumä

gausape, is und **gausapum,** i n. (griech.) Fries aus Wolle oder Leinen; Tafeltuch; Abwischtuch

gaza, ae f. (pers.) Schatzkammer, Schatz; Reichtum, Vermögen, Vorrat

Gaza, ae f. E. Stadt in Palästina (Gaza)

Gedrōsia (Cedrosia), ae f. E. Küstenlandschaft am Indischen Ozean (Beludschistan); — Gedrōsi (Cedrosi), ōrum m. Gedrosier

Gela, ae f. E. dorische Stadt in Südsizilien; — Gelas, ae f. reißender Fluß in Südsizilien; — Gelōus 3 aus G.; — Gelēnses, ium m. Bewohner von G.

Gelduba, ae f. E. fester Ort der Ubier am Rhein (Dorf Gelb bei Neuss)

gelidus 3 (cf. gelu) **kalt, eisig,** kühl, frisch; kalt machend, erkaltend, erstarrend

Gellius 3 Name eines samnitischen Geschlechts

Gelōni, ōrum m. E. szythisches Volk in der Ukraine

Gelōus cf. Gela

gelu, ūs n. Eiskälte, **Frost, Eis,** Erstarrung

gemebundus 3 (cf. gemo) seufzend, stöhnend

gemelli-para, ae f. (cf. gemellus und pario) Zwillingsmutter

gemellus 3 (dem. zu geminus) = geminus

geminātio, ōnis f. (cf. gemino) Verdoppelung

F. die Gemination i. a. B.

gemino 1. (cf. geminus) **verdoppeln;** paaren, vereinigen, wiederholen; pass. sich paaren

F. geminieren: verdoppeln

geminus 3 zwillingsgeboren; subst. der Zwilling; doppelt, zweifach, zwei, ein Paar; ähnlich, gleichartig, gleich

gemitus, ūs m. (cf. gemo) **das Seufzen,** Stöhnen; Klage

gemma, ae f. **Knospe,** Auge (der Pflanzen); **Edelstein;** Siegelring

F. die Gemme: Edelstein mit eingeschnittenem Bild

gemmeus 3 (cf. gemma) aus Edelstein, edelsteingeschmückt

gemmi-fer (cf. gemma und fero) perlenführend

gemmo 1. (cf. gemma) Knospen treiben; mit Edelsteinen geschmückt sein; gemmātus 3 edelsteingeschmückt

gemo, ui, itum 3 (intr.) **seufzen,** stöhnen; (trans.) etwas beklagen, betrauern

Gemōniae, ārum f. (scil. scalae) Treppe, die vom Felsen des Kapitols zur Straße führte und auf der die Leichen der im Staatsgefängnis Hingerichteten zum Tiber geschleift wurden

gena, ae f. (meist plur.) **Kinnbacke** (urv.), Wange; Augenhöhle; Auge

Genauni, ōrum m. E. Alpenvolk im Inntal

Genava, ae f. E. Stadt der Allobroger (Genf)

genealogus, i m. (griech.) **Aufsteller von Geschlechtsregistern**
F. genealogisch: den Stammbaum, die Geschlechterkunde betreffend — der Genealoge: Stammbaumforscher — die Genealogie: Geschlechtskunde, -folge, Stammbaumforschung

gener, generi m. (cf. geminus) **Schwiegersohn**; (selten Schwager)

generalis, e (cf. genus) **zum Geschlecht gehörig; allgemein**
F. der General: hoher Militärrang — general: allgemein befehlend, hauptsächlich, allumfassend — generalisieren: verallgemeinern — die Generalisation: Verallgemeinerung — der Generalissimus: der oberste Befehlshaber — generell: gattungsmäßig, allgemein

generatim adv. (cf. genus) klassenweise, **nach Geschlechtern**, Stämmen, Ständen; **im allgemeinen**, allgemein

generator, oris m. (cf. genero) Erzeuger, Schöpfer, Züchter, Stammvater
F. der Generator i. a. B.; Gas-, Stromerzeuger — der Regenerator: Erneuerer, Wiederbeleber, Wärmespeicher, Luftvorwärmer

genero, 1. (cf. genus) **erzeugen**, erschaffen, **hervorbringen**; pass. abstammen
F. generieren i. a. B. — regenerieren: wieder auffrischen, erinnern, wiederbeleben — die Generation: Erzeugung, Abstammung, Einzelglied in der Geschlechterfolge (Eltern, Kinder, Enkel), Verwandtschaftsgrad (jur.); Masse der Zeitgenossen im Unterschied zu einer früheren oder späteren G.; ein Menschenalter — die Regeneration: Wiedererzeugung, Wiederauffrischung, Erneuerung, Wiedergeburt

generosus 3 (cf. genus) edel, adlig, edelgeboren; edelmütig, hochherzig, vorzüglich, vortrefflich
M. generoso (it.): edel, im edlen Ton (mus.)
F. generös (franz.): großmütig, edel, freigebig — die Generosität: Großmut, Edelmut, Freigebigkeit

genesta = genista

genetivus 3 (cf. gigno) von Geburt her, angeboren, ursprünglich
F. der Genetiv: Ursprungsfall, Wesfall (sprachl.)

genetrix, icis f. (cf. genitor) Erzeugerin, Mutter, Schöpferin

genialis, e (cf. genius) **ehelich, hochzeitlich**, bräutlich; erfreulich, fröhlich, heiter

geniculatus 3 (cf. geniculum dem. von genu) mit Knoten versehen, knotig

genista, ae f. Ginster (L)

genitalis, e (cf. gigno) zur Zeugung gehörig, erzeugend; Genitalis, is f. Geburtsgöttin
F. genital: die Geschlechtsteile betreffend — die Genitalien: die Geschlechtsteile

genitor, oris m. (cf. gigno) **Erzeuger, Vater**, Urheber, Schöpfer

genitrix = genetrix

genius, ii m. (cf. gigno) **Genius, Schutzgeist**, der den Menschen von der Geburt bis zum Tode begleitete, sein Schicksal bestimmte und durch Opfer insbes. an Geburtstagen geehrt wurde
M. Genius loci: Geist des Ortes
F. der Genius i. a. B.; schöpferischer Mensch — das Genie (franz.): Schöpferkraft, Geistesgröße, schöpferischer Mensch — genial: mit schöpferischem Geist begabt, geistvoll, geistig hervorragend — die Genialität: Schöpferkraft, Geistesgröße — kongenial: geistig ebenbürtig, geistesverwandt — die Kongenialität: geistige Ebenbürtigkeit, Geistesverwandtschaft

geno, genui, genitus 3. (altes Wort) **= gigno**

gens, ntis f. (cf. gigno) **Stamm, Geschlecht**, Sippe, Verwandtschaft, Abkömmling, Gattung, Art; — **Volksstamm**, Volk; Gemeinde; Landschaft, **Gau**, Gegend

genticus 3 (cf. gens) stammeigen, national

gentilicius 3 (cf. gentilis) das Geschlecht betreffend

gentilis, e (cf. gens) **zum Geschlecht gehörig**, geschlechtsverwandt; — subst. m. Geschlechtsgenosse; vaterländisch, national

F. gentil: liebenswürdig, gut erzogen, höflich, freigebig — der Gentilismus: Heidentum

gentīlitas, tātis f. (cf. gentīlis) **Geschlechtsverwandtschaft**

genu, ūs n. **Knie** (urv.)

Genua, ae f. E. wichtige Handelsstadt am Ligurischen Meer (Genova)

genuāle, is n. (cf. genu) (meist plur.) Knieband

genuīnus 3 (cf. gigno) **angeboren, angestammt**

F. genuin i. a. B.; echt

genuīnus 3 (cf. gena) zu den Backen gehörig

genus, eris n. (cf. gigno) **Geschlecht;** Geburt, Abstammung, Herkunft, Land; vornehme Abkunft, edle Geburt, Adel; — **Stamm, Volksstamm,** Volk, Nation; Familie, Haus; — Nachkommenschaft; Nachkomme, Sprößling, Kind; Gattung, Klasse, Art; Rasse; Fach; — Art, Art und Weise, Beschaffenheit, Wesen; — Hinsicht, Beziehung, Verhältnis, Lage

M. Kind (urv.) — in genere: im allgemeinen

F. das Genus (plur. die Genera): Art, Geschlecht (sprachl.) — generisch: die Gattung, das Geschlecht betreffend — bigenerisch: zwitterhaft

Genūsus, i m. E. Fluß in Illyrien

geographia f. (griech.) Erdbeschreibung

F. die Geographie i. a. B.

geometres, ae m. (griech.) der Feldmesser

F. der Geometer i. a. B.

geometria, ae f. (griech.) Feldmeßkunst, Geometrie, Mathematik

F. die Geometrie: Raumlehre

geometricus 3 (griech.) geometrisch

geōrgicus 3 (griech.) den Landbau betreffend

M. Georg (V) — die Georgika: ländliches Gedicht Vergils, Bücher vom Landbau

Gereōnium, ii n. E. Stadt in Apulien

Gergovia, ae f. E. Stadt in Südfrankreich

Germānia, ae f. **Germanien;** Germānus, i m. Germane; — Germānicus 3 germanisch, Beiname röm. Feldherrn

germānitas, tātis f. (cf. germānus) **Bruderschaft,** Geschwisterschaft, Verbrüderung, Brüderlichkeit

germānus 3 (cf. germen) **leiblich, echt** (subst. m. Bruder, f. Schwester); — leibhaftig, echt, wahr

germen, inis n. **Keim,** Sproß; Sprößling

Germinii, ōrum m. E. Völkerschaft in Nordepirus

germino 1. (cf. germen) keimen, hervorsprossen, ausschlagen

F. germinativ: keimend, sprossend — die Germination: Keimung, Sprossung

gero, gessi, gestus 3. **tragen, mit sich führen; ausführen,** verrichten, besorgen; — se gerere (mit adv. oder adv. Ausdruck) sich betragen, sich benehmen z. B. optime, pro victore; — bellum gerere Krieg führen; — magistratum (consulatum, munus, honores) gerere bekleiden; — rem publicam gerere den Staat verwalten; — rem gerere eine Tat ausführen, tätig sein; — res gestae Taten, Kriegstaten; aetatem, tempus gerere zubringen, verleben; — morem gerere alci sich jemd. fügen, willfährig sein

F. gerieren: führen, verwalten — sich gerieren: sich benehmen, für etwas ausgeben — die Regesten: zeitlich geordnetes Urkundenverzeichnis mit erläuternden Bemerkungen

gerulus, i m. (cf. gero) Träger, Lastträger

Gēryon, onis und Geryones, ae m. E. dreileibiger Riese, von Herkules getötet

gestāmen, minis n. (cf. gesto) Fracht, Last, Bürde; Trage, Bahre

gestātio, ōnis f. (cf. gesto) Promenade (wo man sich in der Sänfte tragen läßt)

gestio 4. (cf. gestus) **ausgelassen sein,** frohlocken; heftig verlangen, leidenschaftlich begehren

gestito 1. (cf. gesto) zu tragen pflegen

gesto 1. (cf. gero) **tragen; herbeischaffen**

gestus, ūs m. (cf. gero) **Haltung, Bewegung; Gebärde**
F. der Gestus, die Geste: Handbewegung, Miene, Gebärde — die Gestikulation: Gebärdensprache — gestikulieren: Gebärden machen, sich heftig bewegen

Getae, ārum m. E. thrazisches Volk; — Geta, ae der Gete und röm. Beiname; — Geticus 3 getisch

Gigas, antis m. Gigant, Sohn der Erde und des Tartarus; — Gigantēus 3 gigantisch, des (der) Giganten; riesig
F. der Gigant: Riese — gigantisch: riesig, ungeheuer — die Gigantomachie: Kampf der Giganten gegen die olympischen Götter

gīgno, genui, genitus 3. (cf. geno, genus) **zeugen, erzeugen, gebären; hervorbringen,** verursachen

gilvus 3 weißlichgelb, isabellfarbig (von Pferden)

glaber, bra, brum glatt, unbehaart

Glabrio, onis m. E. röm. Beiname cf. Acilius

glaciālis, e (cf. glacies) **eisig,** eiskalt
F. glazial: das Eis betreffend, zur Eiszeit gehörig — die Glazialkosmogonie: Welteislehre — der Glazialist: Gletscherkenner — der Glaziologe: Kenner der Eisbildung — interglazial: zwischen den beiden Vereisungen der Diluvialzeit liegend

glacies, ēi f. (cf. gelu) **Eis, Kälte**

glacio 1. (cf. glacies) in Eis verwandeln, vereisen

gladiātor, ōris m. (cf. gladius) **der Gladiator, Fechter** (in den öffentlichen Kampfspielen); plur. auch: Gladiatorenkämpfe
F. der Gladiator: Schaufechter, Fechter

gladiatōrius 3 (cf. gladiator) zu den Gladiatoren gehörig, der Gladiatoren; — gladiatōrium, ii n. Handgeld für Gl.

gladiatūra, ae f. (cf. gladiator) Gladiatorenkampf

gladius, ii m. **Schwert; Waffe;** Mordtat; — ignem gladio scrutari Öl ins Feuer gießen

glaeba, ae f. Erdscholle; Klumpen, Stück

glaebula, ae f. (dem. von glaeba) Klümpchen

glaesum = glesum

glandi-fer 3 (cf. glans und fero) Eicheln tragend

glans, glandis f. **Eichel; Schleuderkugel,** Schleuderblei
F. die Glandel: Drüse, Mandel; Drüsenhaar (bei Pflanzen) — glandiform: eichelförmig — glandulös: drüsig

glārea, ae f. grober Sand, Kies

glareōsus 3 (cf. glarea) voller Kies

glaucus 3 (griech.) blaugrau; graugrün, dunkelgrün

Glaucus, i m. E. 1.) Sohn des Sisyphus, von seinen Pferden zerrissen 2.) Anführer der Lyzier vor Troja

gleba = glaeba

glesum, i n. Bernstein
M. Glas (urv.)

glīsco 3. in Glut geraten, entbrennen; heranwachsen, zunehmen

globōsus 3 (cf. globus) kugelförmig, rund

globus, i m. (cf. glaeba) **Kugel, Ball,** Klumpen; dichte Schar, Haufe; Verein, Klub, Clique
M. Kolben (urv.)
F. der Globus: Nachbildung der Erdkugel — global: mit der Erdoberfläche zusammenhängend — das Globulin: Eiweißart, Bestandteil des Blutes — der Globulus: Kugel aus Kakaobutter mit Arzneistoffen gemischt

glomero 1. (cf. glomus) **ballen,** zusammenballen, **zusammendrängen,** zusammenhäufen; pass. sich zusammenballen, sich zusammendrängen
F. das Konglomerat: Gemenge, Häufung, Geröll — konglomerieren: zu einem Knäuel zusammenballen, zusammenhäufen

glomus, eris n. (cf. globus) Knäuel

glōria, ae f. **Ruhm,** Ehre; **Ruhmestat;** Zierde, Schmuck; **Ruhmbegierde,** Ehrgeiz, Ruhmredigkeit, **Prahlerei**
M. Gloria in excelsis deo: Ehre sei Gott in der Höhe
F. die Gloria, Glorie: Ruhm, Ehre, Herrlichkeit — die Gloriole: Heiligenschein;

eitler Schimmer — glorifizieren: rühmen, verherrlichen — die Glorifikation: Verherrlichung

gloriola, ae f. (dem. von gloria) ein wenig Ruhm

glōrior 1. (cf. gloria) **sich rühmen,** prahlen, sich brüsten; — **mit abl.** mit etwas sich brüsten z. B. victoriā

gloriōsus 3 (cf. gloria) **ruhmvoll,** rühmlich; ruhmredig, prahlerisch; — subst. der Prahler

glūten, inis n. und **glūtinum, i n.** Leim, Kitt

F. das Glutin: Pflanzenleim, Knochenleim — konglutinieren: zusammenleimen, zusammenkleben — agglutinieren: anleimen, verkleben, lose anfügen (sprachl.) — die Agglutination: Anfügung; lose Anfügung der Bildungssilben an die Wortwurzel (sprachl.)

glutinātor, ōris m. (cf. glutino) der Buchbinder

Glycera, ae f. E. Mädchenname

Gnaeus, i m. E. röm. Vorname, abgekürzt Cn.

gnārus 3 **kundig, erfahren**

gnāta, gnatus = nata, natus

Gnatho, ōnis m. E. Name eines Schmarotzers bei Terenz

Gnātia, ae f. = Egnātia, ae f. E. Stadt in Apulien

Gnidus = Cnidus

Gnōssus (Gnōsus), i f. E. Stadt an der Nordküste Kretas, Residenz des Minos; — Gnōsius adi. und subst. Bewohner von G.; — Gnōsias, adis und Gnōsis, idis f. Kreterin; — Gnosīacus 3 gnosisch, kretisch

Gnobannītio, ōnis m. E. Oheim des Vercingetorix

Golgi, ōrum m. E. ein der Venus heiliger Bezirk auf Zypern

Gomphi, ōrum m. E. Stadt in Thessalien; — Gomphēnsis adi. u. subst. Bewohner von G.

Gordius, ii m. E. König von Phrygien; — Gordium, ii n. Residenz der phrygischen Könige; dort der gordische Knoten, den Alexander d. Gr. zerhieb

M. der gordische Knoten: unauflöslicher Knoten, große Schwierigkeit

Gordyaei, ōrum m. E. die Kurden in Armenien; Gordyaei montes die Berge von Kurdistan

Gorgias, ae m. E. Sophist, Lehrer der Redekunst, Begründer kunstmäßiger Beredsamkeit

Gorgo, onis und ūs f. E. ein schreckenerregendes Ungeheuer, dessen Anblick versteinerte; — plur. Gorgones die drei Töchter des Phorkys: Stheino, Euryale und Medusa, schlangenhaarige jungfräuliche Schreckgestalten; — Gorgoneus 3 gorgonisch, medusisch

F. gorgonenhaft: schreckenerregend

Gorgobina, ae f. E. Stadt der Bojer

Gortȳna, ae f. E. Hauptstadt von Kreta; — Gortynius adi. und subst. Einwohner von G.; — Gortyniacus gortynisch, kretisch

gorytus = corytus

Gotini = Cotini

Gotōnes, um m. E. Goten

Gracchus, i m. E. Beiname des Geschlechts der Sempronier; C. und Ti. Sempronius Gracchus die berühmten Brüder, Reformatoren, Volkstribunen; Gracchānus 3 gracchisch, der Gracchen

gracilis, e schlank, schmal, dünn; schmächtig, hager, mager; dürftig, einfach, schlicht

gracilitas, tātis f. (cf. gracilis) Magerkeit, Schlankheit

graculus, i m. Dohle *M.* Krähe (urv.)

gradātim adv. (cf. gradus) schrittweise, stufenweise

gradātio, ōnis f. (cf. gradus) Steigerung

F. die Gradation i. a. B.

gradior, gressus sum 3. **schreiten** (urv.), gehen

Gradivus 3 (cf. gradior) (der in den Kampf schreitende) Mars

gradus, ūs m. (cf. gradior) **Schritt,** Tritt; Kampfstellung, **Stellung;** Stufe; Ehrenstufe, Rang, Grad

M. der Grad (L) — gradus ad Parnassum: „Aufstieg zum Parnaß", Benennung von Hilfsbüchern

F. gradieren: auf einen höheren Gehalt bringen — das Gradierwerk: Salzwerk zur Konzentrierung der Salzsole — die Gradierung: Verstärkung, Verdunstung — degradieren: herabsetzen — der Gradient: Gefälle (phys. u. math.) — die Gradiente: Eisenbahngefällelinie — gradual: den Rang betreffend — das Graduale: Stufengebet in der hl. Messe — die Graduation: Einteilung in Grade (elektr.); Ermittlung des Zusammenhanges zwischen Zeigerausschlag u. Stromstärke beim Galvanometer (phys.); Steigerung (sprachl.); Erteilung einer Hochschulwürde — graduell: gradweise, stufenweise — die Degradation: Herabsetzung

Graeci, ōrum m. **Griechen;** — **Graecus** 3 **griechisch;** — **Graecum, i n. das Griechische, griechische Sprache;** — **Graecia, ae f. Griechenland 1.) das eigentliche Hellas 2.) alles von Griechen bewohnte Land, Großgriechenland**

M. Graeca: griechische Schriften — das Graecum: Nachprüfung im Griechischen
F. gräzisieren: nach griechischem Vorbild reden — der Gräzismus, die Gräzität: Eigentümlichkeit der altgriechischen Sprache — die Gräkomanie: Leidenschaft für das Griechentum

graecor 1. (cf. Graecus) **auf griechische Weise, auf griechische Art leben (im schlechten Sinne)**

Graeculus 3 (dem von Graecus) **griechisch, (ironisch) kleinlich, erbärmlich**

Gragus = Cragus

Graioceli, ōrum m. **E. Volk in den Grajischen Alpen mit der Hauptstadt Ocelum**

Grāius 3 1.) **griechisch;** — **Graii und Grai, ōrum m. die Griechen;** — **Graiugena, ae m. Grieche von Geburt;** — 2.) **grajisch**

grāmen, inis n. **Gras; Pflanze, Kraut**

gramineus 3 (cf. gramen) **grasig, aus Gras;** — **aus Rohr**

F. die Graminee: eine Grasart

grammaticus 3 **sprachwissenschaftlich, sprachkundig;** — **subst. m. der Grammatiker, Sprachgelehrte, Philologe;** — **plur. n. Grammatik, Sprachkunde, Sprachwissenschaft**

F. die Grammatik: Sprachlehre — grammatisch: zur Sprachlehre gehörig — grammatikalisch: auf die Sprachlehre bezüglich, sprachlich richtig — der Grammatiker: Sprachgelehrter

Grampius = Graupius

granārium, ii n. (cf. **granum**) **Kornspeicher**

grand-aevus 3 (cf. **grandis und aevum**) **hochbejahrt, hochbetagt**

grandēsco 3. (cf. grandis) **groß werden**

grandi-fer 3 (cf. **grandis und fero**) **sehr einträglich**

grandi-loquus 3 (cf. **grandis und loquor**) **großsprecherisch;** — **subst. Prahler**

grandinat 1. (cf. grando) **es hagelt**

grandis, e **groß, gewaltig; erwachsen; bejahrt, alt; bedeutend, wichtig; erhaben, feierlich**

granditas, tātis f. (cf. grandis) **Größe, Erhabenheit**

grando, inis f. **Hagel; plur. Hagelwetter**

Granicus, i m. **E. Fluß in Mysien (dort Schlacht 334 v. Chr.)**

grāni-fer 3 (cf. **granum und fero**) **körnertragend**

grānum, i n. 1.) **Korn** (urv.) 2.) **Kern**

M. cum grano salis: (mit einem Korn Salz) nicht wörtlich — das Gran (L): kleines Gewicht — der Granit (L): körniger Stein — der Granat (L): (körniger Stein) roter Edelstein — die Granate (L): Hohlgeschoß
F. granieren: körnig, pulverig machen — die Granulation: Körnung — granulieren: körnen, zerstoßen, zerkleinern — die Granulose: Körnerkrankheit, Bindehautentzündung (med.) — granulös: körnig — der Granulit: Weißstein

graphicus 3 (griech.) **malerisch, fein, geschickt**

F. der Graphiker: Zeichner

grassor 1. (cf. gradior) **rüstig losschreiten, umherschwärmen, herumstreifen; vorgehen, zu Werke gehen; losgehen, wüten**

F. grassieren: verbreitet sein, herrschen — die Grassation: Überhandnahme

grātes, f. plur. (nur nom. und acc. und abl. gratibus) (cf. gratia) **Dank;**

grates agere Dank sagen; grates agere atque habere Dank sagen und wissen

grātia, ae f. (cf. grātus) **Gefälligkeit;** Anmut, Liebreiz; Gunst, Beliebtheit, Einfluß, Ansehen; Freundschaft, Liebe, **Wohlwollen,** Gefälligkeit, Huld, Gnade, Nachsicht; **Dank,** Erkennlichkeit, Vergeltung; — gratiā mit gen. zuliebe, um ... willen, wegen; — gratias agere alci pro alqa re für etwas Dank sagen, Dank abstatten; gratiam habere alci pro alqa re jemandem Dank wissen; gratiam referre (persolvere, reddere) alci pro alqa re Dank abtragen, sich dankbar beweisen; gratiam debere alci jemd. Dank schulden; gratiam alcis rei referre Dank für etw. ernten; — Gratia, ae f. Göttin der Anmut; Gratiae, ārum f. die drei Grazien, Töchter Jupiters, Begleiterinnen der Venus (Euphrosyne, Aglaia, Thalia); — **gratis** (abl. plur.) **ohne Entgelt,** ohne Bezahlung, umsonst

M. Gratian (V)

F. Gratia: Gunst, Gnade, Dank, Anmut — die Grazie: Anmut, Liebreiz — das Gratiale: Dankgeschenk, Tischgebet — gratis: unentgeltlich, umsonst

Gratidius 3 E. Name eines röm. Geschlechtes

gratificātio, ōnis f. (cf. gratificor) Gefälligkeit, Schenkung

F. die Gratifikation: Vergütung, Gnadengeschenk, Zuwendung

gratificor 1. (cf. gratus und facio) **willfahren,** sich gefällig erweisen, gewähren, opfern

F. gratifizieren: vergüten

gratiōsus 3 (cf. gratia) **gefällig,** freundlich; beliebt, angesehen, begünstigt; — subst. der Günstling

M. grazioso (it.): gefällig, angenehm (mus.)

F. graziös: anmutig

grātis, gratiis cf. gratia

grātor 1. (cf. grātus) = gratulor

Grattius Faliscus m. E. Dichter zur Zeit Ovids

gratuītus 3 (cf. grātis) **umsonst,** unentgeltlich, uneigennützig, freiwillig; gratuīto (adv.) umsonst, unentgeltlich

gratulabundus 3 (cf. gratulor) glückwünschend

gratulātio, ōnis f. (cf. gratulor) Freudenbezeigung, Glückwunsch; Freudentag, Freudenfest, Danksagung, Dankfest

F. die Gratulation: Glückwunsch

grātulor 1. (cf. grates und tollo) **Glück wünschen;** freudig danken

F. gratulieren: Glück wünschen — der Gratulant: Glückwünschender

grātus 3 (cf. gratia) **anmutig,** lieblich, hold; **angenehm,** dankenswert, erwünscht, willkommen, **dankbar;** — gratum facere alci jemd. einen Gefallen erweisen

Graupius mons m. E. Gebirge in Schottland

gravanter adv. = gravāte

gravāte adv. (cf. gravo) ungern

gravātim adv. = gravāte

gravedinōsus 3 (cf. gravēdo) an Schnupfen leidend, verschnupft

gravēdo, inis f. (cf. gravis) Mattigkeit, Schnupfen

gravēsco 3. (cf. gravis) schwer werden, strotzen; sich verschlimmern

graviditas, tātis f. (cf. gravidus) Schwangerschaft

F. die Gravidität i. a. B.

gravido 1. (cf. gravidus) befruchten

gravidus 3 (cf. gravis) **schwanger,** trächtig; **beschwert,** beladen; **schwer,** voll

gravis, e **schwer,** gewichtig; **drükkend,** lästig, schlimm, traurig, hart; **heftig,** stark, gewaltig; widerlich, ekelhaft; ungesund; **gewichtig,** wichtig, bedeutend, mächtig; angesehen, **ehrwürdig,** würdevoll, erhaben, feierlich; **ernst,** fest, **streng;** beschwert, belastet, verdrießlich, **mit Verdruß, ungern;** — graviter ferre ungehalten sein u. ä.

M. grave, gravamente (it.): ernsthaft, feierlich, mit Würde (mus.)

F. das Gravamen: Beschwerde — der

Gravis: Zeichen für den Tiefton einer Silbe (sprachl.)

Graviscae, ārum f. E. Stadt in Etrurien

gravitas, tātis f. (cf. gravis) **Schwere,** Gewicht, Last, Schwangerschaft, Belastung, Beschwerlichkeit; **Widrigkeit,** Unannehmlichkeit, Schädlichkeit, Ungesundheit; **Strenge, Härte;** Bedeutung, Bedeutsamkeit, Ansehnlichkeit, **Wichtigkeit, Ernst, Würde,** Hoheit; Kraft, Nachdruck

F. die Gravität: Gewicht, Würde — gravitätisch: würdig, feierlich — gravitieren: sich infolge der Schwere wohin neigen, eine natürliche Neigung zu etwas haben, hinneigen

gravo 1. (cf. gravis) **schwer machen,** beschweren, belasten; **erschweren,** verschlimmern; **belästigen,** bedrükken, niederdrücken; befruchten; — gravor 1. beschwert sein, sich beschwert fühlen, ärgerlich, verdrießlich sein, lästig finden, sich weigern

F. gravieren: beschweren, bedrücken, belasten, zur Last fallen — prägravieren: überlasten

gregālis (cf. grex) **zur Herde gehörig, gemein;** — subst. m. Kamerad, Spießgeselle

gregārius 3 (cf. grex) **zum Haufen gehörig,** zu den gemeinen Soldaten gehörig

gregātim adv. (cf. grex) scharenweise, haufenweise

gremium, ii n. Schoß; das Innerste

F. das Gremium: Schoß, Verein, Körperschaft, Mitte, Gesellschaft

gressus, ūs m. (cf. gradior) das Schreiten, **Schritt;** gressum anteferre vorausgehen; g. inferre hineingehen; g. comprimere den Schritt hemmen, stillstehen; g. ferre einherschreiten

grex, gregis m. **Herde;** Schar, Schwarm, Haufe; Genossenschaft, Zunft, Sekte, Rotte

Grudii, ōrum m. E. belgischer Volksstamm

grundio und grunnio 4. grunzen (urv.)

grunditus, ūs (cf. grundio) das Grunzen

Grunium = Grynium

grus (gruis), is f. Kranich (urv.)

Grynia, ae f. und Grynium, ii n. E. feste Stadt in Mysien mit Apollokult; — Grynēus 3 aus G.

gryps, grypis (gryphis) m. (griech.) Greif (L)

gubernāculum (gubernāclum), i n. (cf. guberno) Steuerruder, Steuer, **Lenkung,** Leitung

gubernātio, ōnis f. das Steuern, **Lenkung,** Leitung

gubernātor, ōris m. (cf. guberno) Steuermann, Lenker, Leiter; — gubernātrix, īcis f. Lenkerin, Leiterin

F. der Gubernator: Steuermann, Statthalter — das Gubernium: Regierung, Provinzialregierung

guberno 1. (griech.) **steuern, lenken,** leiten

gula, ae f. **Kehle** (urv.), Speiseröhre; Genußsucht, Schlemmerei, Gefräßigkeit

gumia, ae m. (semitisch) Schlemmer, Leckermaul

gurges, itis m. **Strudel,** Wirbel reißende Strömung, tiefes Wasser; **Abgrund,** Schlund, Tiefe; **Freßsucht;** Fresser, Schlemmer

M. die Gurgel (L), Köder (urv.)

gurgulio = curculio

gurgustium, ii n. (cf. gurges) **enges** Loch, Kneipe

gustatōrium, ii n. (cf. gusto) **Vorgericht,** erster Gang

gustātus, ūs m. (cf. gusto) **Geschmackssinn,** Geschmack

gusto 1. kosten, **schmecken, genießen,** versuchen, **kennenlernen**

M. kiesen, küren (urv.)

F. gustieren: Geschmack an etwas finden, billigen — die Gustation: Frühmahl, Vorgericht — gustös: schmackhaft, angenehm

gustus, ūs m. (cf. gusto) **das Kosten,** Schmecken; Probe, Vorgeschmack

M. de gustibus non est disputandum: über den Geschmack läßt sich nicht streiten

F. der Gustus i. a. B. — der Gusto(it): Geschmack

gutta, ae f. **Tropfen**

M. gutta cavat lapidem: steter Tropfen höhlt den Stein

F. der Guttural, die Gutturalis: Kehllaut, Gaumenlaut (sprachl.) — guttural: aus der Kehle kommend

guttur, uris n. **Kehle,** Schlund; Hals, Genick

gutus (guttus), i m. (cf. gutta) enghalsiger Krug

Gyaros und us, i f. E. kleine Zykladeninsel

Gyas, ae m. E. ein hundertarmiger Riese

Gyges, is und ae m. E. König von Lydien

Gylippus, i m. E. spartanischer Feldherr

gymnasiarchus, i m. (griech.) Vorsteher einer Ringschule

gymnasium, ii n. (griech.) Ringplatz, Ringschule

F. das Gymnasium: höhere Schule mit grundständigem Latein und Griechisch im Lehrplan — der Gymnasiast: Schüler des G. — gymnasial: das G. betreffend — die Gymnastik: Turnkunst, Turnen — der Gymnastiker: Turnkünstler, Kunstturner

gymnicus 3 (griech.) zum Ringen, Turnen gehörig

gynaecēum und īum, i n. und gynaeconītis, idis f. (griech.) Frauenwohnung, Frauengemach

gypso 1. (cf. gypsum) übergipsen (L); — gypsātus 3; pes g. Sklavenfuß (weil man die Füße der Sklaven auf dem Markt weiß anstrich); manus g. bei Schauspielern, die Frauenrollen spielten

gypsum, i n. (griech.) **Gips** (L)

Gyrton, ōnis f. E. thessalische Stadt

gyrus, i m. (griech.) Windung, Ring, Kreis; Kreiswendung, Volte; Tummelplatz; Kreislauf, Umlauf

F. Gyralbewegung: Kreiselbewegung — das Gyroskop: Vorrichtung, um diese nachzuweisen

Gythēum, i n. E. Stadt in Lakonien

H

HS cf. sestertius

habēna, ae f. (cf. habeo) Halter, Haltriemen, **Zügel, Riemen;** Leitung, Führung

habeo, ui, itus 2. 1.) **halten,** festhalten, behalten, enthalten, veranstalten; in einem Zustand erhalten; mit adv. oder adverb. Ausdruck: behandeln z. B. alqm. crudeliter habere; mit dopp. acc.: für etwas halten, ansehen z. B. amicum te habeo; pass. mit dopp. nom: für etwas gehalten werden, gelten z. B. miles fortissimus habetur; — se habere sich verhalten, sich befinden (mit adv.) z. B. bene se habet; — 2.) **haben** (urv.), besitzen; innehaben; in seiner Gewalt haben; bewohnen, halten; zu erdulden haben, erleiden; wissen, kennen z. B. non habeo, quid faciam; sic habere überzeugt sein, dafür halten; — mit dopp. acc. als etwas haben, zu etwas haben z. B. deos testes habeo; — beherrschen, fesseln; in sich haben, enthalten; in animo habere beabsichtigen; Fähigkeit haben, vermögen, können z. B. haec habeo dicere; — bei sich haben, um sich haben; mit sich bringen, verursachen, veranlassen, zur Folge haben; mit neutr. des gerund. z. B. dicendum habeo ich muß sagen

M. habent sua fata libelli: Bücher haben ihre Schicksale — habeat sibi: er mag es für sich behalten, meinetwegen

F. die Habeaskorpusakte: englisches Staatsgrundgesetz zum Schutze der persönlichen Freiheit (beginnt „habeas corpus = habe deinen Körper")

habilis, e (cf. habeo) **handlich,** leicht zu handhaben, leicht, **bequem; passend,** geeignet, geschickt, bequem
F. habil: geschickt, tauglich

habilitas, tātis f. (cf. habilis) **Gefügigkeit,** geschickte Anlage
F. die Habilität: Geschicklichkeit, Tüchtigkeit, Tauglichkeit — habilitieren: den Beweis der Befähigung zum Universitätslehrer erbringen, sich als Privatdozent niederlassen — die Habilitation: Erbringung jenes Beweises, Erlangung des Vorlesungsrechts — rehabilitieren: wiedereinsetzen, den guten Ruf wiederherstellen — die Rehabilitation: Wiedereinsetzung in den früheren Stand, Ehrenrettung

habitābilis, e (cf. habito) **bewohnbar,** wohnlich

habitātio, ōnis f. (cf. habito) **das Wohnen, Wohnung**
F. die Habitation: Wohnung, Wohnrecht — die Kohabitation: das Zusammenwohnen, Beiwohnen

habitātor, ōris m. (cf. habito) Bewohner

habito 1. (cf. habeo) (trans.) **bewohnen;** (intr.) **wohnen,** hausen, heimisch sein; sich aufhalten, zu Hause sein; — habitans, ntis Bewohner, Einwohner

habitus, ūs m. (cf. habeo) **Haltung,** Stellung; **Aussehen,** Gestalt; **Äußeres,** Tracht, Kleidung, Gewand; **Beschaffenheit,** Zustand, Lage, Stimmung, Gesinnung, Eigentümlichkeit, Verhalten
F. der Habitus: Aussehen, Haltung, Benehmen — das (der) Habit: Anzug, Kleidung — habituell: gewohnheitsmäßig, ständig — der Habitué (franz.): regelmäßiger Besuch, Stammgast

hac cf. hic

hac-tenus cf. hic

Hadria, ae f. E. 1.) Stadt im südöstlichen Picenum (Atri) 2.) Stadt im Gebiet der Veneter zwischen Mündung des Po und der Etsch (Adria) 3.) Adriatisches Meer; — Hadriānus adi. und subst. Einwohner von H.; — mare Hadriaticum Adriatisches Meer

Hadrumētum = Adrumetum

haedilia, ae f. (cf. haedus) **Zicklein,** Böcklein

haedinus 3 (cf. haedus) vom Ziegenböckchen

Haedui = Aedui

haedus, i m. **Böckchen,** Ziegenbock; — Haedi zwei Sterne im Zeichen des Fuhrmanns (bei ihrem Aufgang im Oktober beginnen die Herbststürme)
M. Geiß (urv.)

Haemon, ōnis m. E. Sohn des Pelaskus

Haemonia, ae f. E. Thessalien; — Haemonius 3 thessalisch, hämonisch; — iuvenis H. = Jason; heros H. = Achilles; culter H. = Zaubermesser; — Haemonis, idis f. Thessalierin

Haemus, i m. E. der (große) Balkan

haereo, haesi, haesum 2. **haften, stekken bleiben,** festsitzen, verweilen, an jemd. hängen, nicht loskommen; stehen bleiben, stocken, in Verlegenheit sein, ratlos sein
M. semper aliquid haeret: es bleibt immer etwas hängen

haerēsco 3. (cf. haereo) stecken bleiben

haeresis, is f. (griech.) Philosophenschule, Sekte
F. die Häresie: Ketzerei — der Häretiker: Ketzer — häretisch: ketzerisch

haesitabundus 3 (cf. haesito) **stockend**

haesitantia, ae f. (cf. haesito) das Stocken, Stottern

haesitātio, ōnis f. (cf. haesito) **das** Stocken, Stottern; Schwanken, Unentschlossenheit

haesitātor, ōris m. (cf. haesito) der Unentschlossene, Zweifler

haesito 1. (cf. haereo) **festhängen,** fest sitzen, **stecken bleiben,** stottern; schwanken, zweifeln, unentschlossen sein

hahae! haha

Halaesa (Halesa), ae f. E. Stadt in Nordsizilien; — Halaesīnus adi. und subst. Bewohner von H.

halcēdo = alcedo

halicon = alicon

halec = allec

Hales, ētis m. E. Fluß in Lukanien

Haliacmon, onis m. E. Fluß in Südmazedonien (Vistritza)

haliaeetos, i m. (griech.) Fischadler, Seeadler

Haliartus, i f. E. Stadt in Böotien (dort Schlacht 394 v. Chr.); — Haliartius adi. und subst. Bewohner von H.

Halicarnāssus (Halicarnāsus), i f. E. dorische Kolonie in Karien, Geburtsort des Herodot, des Geschichtsschreibers Dionysius und des Dichters Kallimachus; — Halicarnassēnsis, Halicarnāsseus, Halicarnāssius adi. und subst. Bewohner von H.

Halicyae, ārum f. E. Stadt auf Sizilien; — Halicyēnsis adi. und subst. Bewohner von H.

halieuticus 3 (griech.) zum Fischen gehörig

halitus, ūs m. (cf. halo) **Hauch,** Atem, Dunst, Dampf

halo 1. **hauchen,** duften

F. inhalieren: einhauchen, einatmen — die Inhalation: Einatmung, Einhauchung, Einsaugung — das Inhalatorium: Anstalt zum Einatmen von Heilmitteln in Dampfform.

halūcinor (hallucinor) 1. faseln, ins Blaue hineinreden

F. die Halluzination: Sinnestäuschung

Halus, i f. E. Stadt in Assyrien

Halys, yos m. E. größter Fluß Kleinasiens (Kisil-Irmak)

hama, ae f. Eimer, Feuereimer

hamadryas, adis f. (griech.) Baumnymphe

hamātus 3 (cf. hāmus) mit Haken versehen, hakenförmig; mit Ködern versehen, ködernd

Hamilcar, aris m. E. punischer Name; Hamilcar Barcas Vater Hannibals

Hammon, ōnis m. E. libysch-ägyptischer Gott, mit Zeus und Jupiter identifiziert; — sein berühmtes Orakel in der Oase **Hammōnium,** ii n. (Siwah); — Hammōnius adi. und subst. Einwohner von H.

hāmus, i m. **Haken,** Widerhaken; Angelhaken; Köder

Hannibal, alis m. E. punischer Name; besonders berühmt der Sohn des Hamilcar Barcas, der große Feind der Römer

Hanno, ōnis m. E. punischer Name; besonders bekannt Hanno d. Gr., Gegner Hamilcars, Hasdrubals und Hannibals

hara, ae f. Schweinestall

harēna = arena

harenōsus = arenosus

Harii, ōrum m. E. germanischer Volksstamm (wahrscheinlich im heutigen Polen)

hariolātio, ōnis f. (cf. hariolor) Weissagung

hariolor 1. (cf. hariolus) weissagen

hariolus, i m. (cf. haruspex) Wahrsager (oft verächtlich)

Harmodius, ii m. E. Athener, tötete mit Aristogeiton den Tyrannen Hipparchus

harmonia, ae (griech.) **Einklang,** Übereinstimmung

F. die Harmonie i. a. B. — harmonieren: übereinstimmen — harmonisch: übereinstimmend — harmonisieren: harmonisch machen — disharmonieren: nicht zusammenstimmen — die Disharmonie: Mißklang, Mißhelligkeit, Uneinigkeit — disharmonisch: übelklingend, zwieträchtig

Harmonia, ae f. E. Tochter des Mars und der Venus

harpago, ōnis m. **Reißhaken,** Wallhaken, Enterhaken

Harpagus, i m. E. vornehmer Meder

Harpalus, i m. E. Schatzmeister Alexanders d. Gr.

harpe, es f. (griech.) Sichelschwert

Harpyia, ae f. E. Harpyie (F), räuberische Unholdin

Harūdes, um m. E. germanischer Volksstamm nördlich des Bodensees

harundifer = arundifer

harundineus = arundineus

harundo = arundo

haru-spex, spicis m. **Opferschauer, Eingeweideschauer; Wahrsager,** Zeichendeuter *F.* der Haruspex i. a. B.

haruspicinus 3 (cf. haruspex) die Opferschau betreffend; — haruspicina, ae f. Opferschau

Hasdrubal, alis m. E. punische Name 1.) Sohn Hannos, Heerführer 2.) Schwiegersohn des Hamilkar Barkas, Heerführer 3.) jüngerer Bruder Hannibals, Feldherr

hasta, ae f. **Stange,** Schaft, Stab, Pfahl; **Wurfspieß, Speer, Lanze;** Versteigerung, Auktion (nach der als Merkzeichen aufgestellten Lanze); sub hasta vendere öffentlich versteigern

M. Gerte (urv.)

F. sub hasta: unter dem Hammer — die Subhastation: Zwangsversteigerung — subhastieren: öffentlich zwangsversteigern

hastātus 3 (cf. hasta) **speerbewaffnet;** subst. m. Speerträger; plur. die Hastaten, Legionssoldaten der ersten Schlachtreihe; — hastātus (scil. ordo) Hastatenmanipel; primus hastatus der 1. Manipel, der Zenturio des 1. Hastatenmanipels

hastīle, is n. (cf. hasta) Stange, Schaft; Lanzenschaft; Wurfspieß, Lanze

haud, haut (vor Konsonanten auch hau) **nicht** (subjektiv, nicht objektiv verneinend)

haud-dum (adv.) noch nicht, nicht einmal noch

haud-quāquam (adv.) **keineswegs,** durchaus nicht

haurio, hausi, haustus 4. **schöpfen,** vergießen; entnehmen; nehmen, aufnehmen, sammeln; einschlürfen, **einsaugen, trinken;** verschlingen, verzehren; genießen, erdulden; aufreißen, durchbohren, verwunden; zu Ende bringen, vollenden

haustus, ūs m. (cf. haurio) das Schöpfen; das Geschöpfte; Trunk, Schluck

haut = haud

haveo = aveo

hebdomas, adis f. (griech.) der siebente (kritische) Tag einer Krankheit

Hebe, ēs f. E. Tochter des Juno, Göttin der Jugend, Mundschenkin der Götter

F. die Hebe i. a. B.

hebenum = ebenum

hebeo 2. (cf. hebes) **stumpf sein**

hebes, etis (abl. hebeti, neutr. plur. ia) **stumpf;** schwach, matt, stumpfsinnig, blöde, dumm

hebēsco 3. (cf. hebeo) **stumpf werden;** ermatten, erlahmen

hebeto 1. (cf. hebes) **stumpf machen,** abstumpfen; schwächen, entkräften

Hebraeus 3 hebräisch, jüdisch

Hebrus, i m. E. Hauptfluß Thraziens (Maritza)

Hecabe, ēs und **Hecuba,** ae f. E. Gemahlin des Priamus

Hecate, ēs und **Hecata,** ae f. E. Mondgöttin, Göttin der Zauberei; — Hecatēius 3 auf Hekate bezüglich, f. Hecatēis, idis und idos

Hecatompylos, i f. E. (hunderttorige) Hauptstadt der Parther

Hector, oris m. E. der berühmteste Held der Trojaner; — Hectoreus 3 des Hektor

Hecuba = Hecabe

hedera, ae f. Efeu

hederōsus 3 (cf. hedera) voll Efeu

hēdychrum, i n. (griech.) Räucherwerk, Parfum, Schönheitsbalsam

hei = ei

heia = eia

Helena, ae und Helene, es f. E. Gemahlin des Menelaus

M. Helene (V)

Helenus, i m. Troer, Sohn des Priamus

Heliades, um f. E. Töchter des Sonnengottes, in Schwarzpappeln verwandelt; ihre Tränen wurden zu Bernstein

Helice, ēs f. E. 1.) durch Erdbeben ins Meer versunkene Küstenstadt in Achaia 2.) Tochter des Lykaon, unter die Sterne versetzt = großer Bär

Helicon, ōnis m. E. Gebirgszug in Südböotien, dem Apollo und den Musen heilig; — Helicōnius 3 des H.

Heliopolis, is f. E. Stadt in Unterägypten

helix, icis f. (griech.) Kriechefeu

Helle, ēs f. E. Tochter des Athamas und der Nephele, floh auf einem goldenen Widder mit ihrem Bruder Phrixus nach Kolchis und stürzte in den Hellespontus, i m. die Dardanellenstraße, Hellespont; — Hellespontiacus und Hellespontius adi. u. subst. Anwohner des Hellespont

helleborum = elleborum

hēlluo, ōnis m. Schlemmer, Prasser

hēlluor 1. schlemmen, schwelgen, prassen

Hellusii, ōrum m. E. sarmatischer Volksstamm

Helōrus = Elorus

Helōtae (Hilōtae), ārum m. (griech.) Heloten, leibeigene Staatssklaven in Sparta

F. der Helote i. a. B. — helotisch: sklavisch — der Helotismus: Sklaverei, Unterdrückungssucht

hēluor = helluor

helvella, ae f. Grünzeug

Helvētii, ōrum m. E. keltisches Volk in der heutigen Schweiz; — Helvētius und Helvēticus helvetisch

Helvii, ōrum m. E. keltischer Volksstamm am unteren rechten Rhôneufer

hem! Ausruf der Freude, des Erstaunens, des Schreckens

hemerodromus, i m. (griech.) Tagläufer, Eilbote

hemicillus, i m. (griech.) halber Esel (Schimpfwort)

hemicyclium, ii n. (griech.) Halbkreis, halbkreisförmiger Ruhesitz, halbrunder Lehnsessel

hēmina, ae f. (griech.) römisches Maß = $^1/_2$ sextarius

hendecasyllabus, i m. (griech.) elfsilbiger Vers

Heneti = Veneti

Heniochi, ōrum m. E. Reitervolk am Kaukasus

Henna, ae f. E. Stadt in der Mitte Siziliens, mit berühmtem Cerestempel; — Hennaeus und Hennēnsis adi. und subst. Einwohner von H.

Hephaestia, ae f. E. Stadt auf Lemnos

Hephaestio, ōnis m. E. General und Freund Alexanders d. Gr.

heptēris, is f. (griech.) Siebenruderer

hera = era

Heraclēa, Heraclia, ae f. E. „Herkulesstadt" 1.) Stadt in Lukanien (Schlacht 280 v. Chr.) 2.) H. Minoa Stadt in Südsizilien 3.) H. Trachinia Stadt in Südthessalien 4.) H. Sintica Stadt in Mazedonien 5.) H. Pontica Stadt am Schwarzen Meer (Erekli); — Heracleōtes, ae und Heracleēnsis, is m. Bewohner von H.

Heraclēum, i n. E. 1.) Stadt in Südmazedonien 2.) Stadt in Ägypten an der Nilmündung

Heraclīdes, ae m. E. 1.) H. Ponticus griechischer Philosoph, Schüler Platons 2.) syrakusanischer Reiterführer

Heraclītus, i m. E. griech. Philosoph, genannt der „Dunkle"

Heraea, ae f. E. Stadt in Westarkadien

Heraea, ōrum n. Fest der Hera

herba, ae f. **Kraut,** Pflanze; Küchenkraut; Heilkraut, Zauberkraut, Unkraut; Gras, Rasen

F. das Herbarium: Sammlung getrockneter Pflanzen — herbarisieren: Kräuter sammeln

herbēsco 3. (cf. herba) **aufsprießen**

herbidus 3 (cf. herba) grasreich

herbifer 3 (cf. herba und fero) grasreich

Herbita, ae f. E. Stadt in Sizilien; — Herbitēnsis adi. und subst. Einwohner von H.

herbōsus 3 (cf. herba) **grasreich,** kräuterreich

herbula, ae f. (dem. von herba) Kräutlein

hercīsco, herctum 3. (cf. heres) die Erbschaft teilen; — familia herciscunda Erbschaftsteilung; — herctum ciere Erbschaft teilen

hercle cf. Hercules

herctum cf. hercisco

Herculāneum, i n. E. 1.) Stadt in Kampanien, am Fuße des Vesuvs, 79 n. Chr. durch Eruption zerstört 2.) Stadt in Samnium; Herculanēnsis und Herculāneus adi. und subst. Bewohner von H.

Hercules, is (selten i) m. E. Sohn Jupiters und der Alkmene, bekannt durch die zwölf Arbeiten; — Beteuerungsformeln: Hercules, me Hercules (= ita me Hercules iuvet), voc. Hercule, Hercle, me Hercle und me Hercule (= ita me, Hercule, iuves), me hercule, me hercle, hercule, hercle bei Gott! — beim Hercules! wahrhaftig! fürwahr! — Herculeus 3 herkulisch
F. herkulisch: riesenhaft

Hercynia silva, ae f. E. das gesamte deutsche Mittelgebirge nördlich der Donau

Herdonia, ae f. E. Stadt in Apulien (Ordona)

here = heri

hereditārius 3 (cf. hereditas) **zur Erbschaft gehörig,** erbschaftlich; erblich, ererbt

herēditas, tātis f. (cf. heres) **Erbschaft**
F. die Heredität: Erblichkeit — hereditär: erblich

herēdium, ii n. (cf. heres) **Erbgut**

hēres, ēdis m. und f. **Erbe,** Erbin
F. heredieren: erben

heri und **here** (adv.) **gestern** (urv.)

herīlis = erilis

Herillus, i m. E. Stoiker aus Karthago

Hermae, ārum m. die Hermen, Hermessäulen

Hermaeum, i n. (griech.) E. Ort in Böotien

Hermagoras, ae m. E. griech. Redner in Rom

Hermaphrodītus, i m. E. Sohn des Hermes und der Aphrodite, der mit einer Quellnymphe in einen Leib verwuchs *F.* der Hermaphrodit: Zwitter

Hermiones, um m. E. die germanischen Völker nördlich der Donau

Hermione, ēs f. E. Tochter des Menelaos und der Helena 2.) Stadt in Südargolis

Hermodōrus, i m. E. Baumeister in Rom

Hermogenes cf. Tigellius

Hermundūri, ōrum m. E. germanischer Volksstamm in Thüringen

Hermus, i m. E. Hauptfluß von Lydien, goldführend

Hernici, ōrum m. Völkerschaft in Ostlatium; — Hernicus adi. und subst. Bewohner von H.

Hero, us f. E. Priesterin der Venus, Geliebte des Leander

Herōdes, is m. E. König von Judäa

Herodotus, i m. E. der griechische Historiker aus Halikarnaß, Vater der griech. Geschichtsschreibung

herōicus 3 (griech.) **heroisch,** zu den Heroen gehörig; mythisch, episch
F. heroisch: heldenmütig

herōis, idis f. (griech.) Halbgöttin, Heroin
F. die Heroin: Heldin — die Heroine: Halbgöttin, Heldin

hērōs, ōis m. (griech.) Heros, Halbgott, Held
F. der Heros i. a. B. — der Heroismus: Heldenmut — die Heromanie: Heldentumssucht — die Herologie: Heldenkunde

hērōus 3 heroisch, episch
F. heroisch: heldenhaft

Hersilia, ae f. E. eine der geraubten Sabinerinnen, Gattin des Romulus

Hertha = Nerthus

herus = erus

Hesiodus, i m. nachhomerischer Dichter, Verfasser didaktischer Epen; — Hesiodēus und dīus 3 des H.

Hesiona, ae und Hesione, ēs Tochter des trojanischen Königs Laomedon, Schwester des Priamus

Hesperie, ēs f. E. Tochter des troischen Flußgottes Cebren

Hesperus, i m. E. Abendstern; — Hesperius 3 abendlich, gegen Abend gelegen, abendländisch, westlich italisch (von den Griechen aus gesehen), spanisch (von den Römern aus gesehen); — **Hesperia, ae f.** Abendland, Italien, Spanien; — Hesperides, um f. die Hesperiden, Töchter der Nacht und des Atlas, die die goldenen Äpfel bewachen

hesternus 3 (cf. heri) von gestern, **gestrig**

hetaeria, ae f. (griech.) Geheimbund

hetaerice, ēs f. (griech.) mazedonische berittene Garde

heu Ausruf der Klage; ach! wehe!

heus Ausruf zur Erregung der Aufmerksamkeit: he! heda! holla!

hexameter, tri m. (griech.) sechsfüßiger Vers, Hexameter

F. der Hexameter i. a. B. — hexametrisch: sechsfüßig

hexapylon, i n. (griech.) sechsbogiges Tor in Syrakus

hexēris, is f. (griech.) Sechsruderer

hiātus, ūs m. (cf. hio) **Öffnung,** Spalt, Schlund; geöffneter Mund; **Hiatus,** Zusammentreffen zweier Vokale; Großsprecherei; Gier

F. der Hiatus: Zusammentreffen zweier Selbstlaute

Hibēria, ae f. E. 1.) Land am Ebro, Spanien; — **Hiber,** ēris und **Hiberus,** i m. Spanier; — Hibēricus und Hibērus 3 iberisch, spanisch 2.) Land in Asien, südlich des Kaukasus; — **Hiberus,** i m. der Ebro

hibernāculum, i n. (cf. hiberno) **Winterzelt;** — hibernacula, ōrum n. Winterzelte, Winterlager

Hibernia, ae f. E. Irland

hiberno 1. (cf. hibernus) **überwintern**

hibernus 3 (cf. hiems) **winterlich;** stürmisch, rauh, kalt; — **hiberna,** ōrum n. (scil. castra) **Winterlager;** Aufenthalt im Winterlager; Winter

F. hibernal: winterlich — die Hibernation: Winterschlaf der Tiere

hibīscum, i n. (griech.) Eibisch

hibrida (hybrida), ae f. Mischling, Bankert

F. die Hybride: Mischlingspflanze — hybridisch: von zweierlei Abkunft

hic, haec, hoc (entstanden aus hi-ce, hae-ce, ho-ce cf. ce) Demonstrativpron. **dieser, diese, dieses;** hiesig, anwesend; hic homo = ich (in der Umgangssprache); — gegenwärtig, heutig, unser; — hic ... ille dieser ... jener, der eine ... der andre; — **folgender;** ein derartiger, solcher; — hoc so viel, nur so viel z. B. hoc dico; hoc est das heißt; — **hōc** (abl. mensurae bei comp.) **desto, umso;** — quo ... hoc je ... desto; — **hāc** (abl. sing. fem.) (adv.) **da, hier;** — **hac-tenus** (adv.) **bis hierher** 1.) räumlich: **so weit** 2.) zeitlich: **bis jetzt** 3.) (nach Abschluß der Rede): **bis zu diesem Punkte,** bis hierher 4.) (beschränkend): **bis zu dem Grade,** soweit, insofern; — **hīc** (adv.) (älter heic, hīce) **hier, an diesem Ort;** hierauf, alsdann, jetzt, da nun; hierbei, hierin; bei solcher Sachlage, unter solchen Umständen, bei alledem; — **hinc** (adv.) **von hier,** von dieser Stelle, von hier aus; (scheinbar) hier, auf dieser Stelle; hinc atque illinc von hüben und drüben; hierauf, darauf, dann; hieraus, daher, deshalb; — **hūc (auch hōc)** (adv.) **hierher,** hierhin, hierzu, bis zu diesem Punkt; hūci-ne (fragend) bis hierher? bis dahin?

M. hoc est (abgek. h. e.): das ist — hoc anno (abgek. h. a.): in diesem Jahre — hoc loco (abgek. h. l.): an dieser Stelle, hier — hic Rhodus, hic salta: „hier ist Rhodus, springe!“ = zeig, was du kannst

hicīne, haecine, hōcine (fragend) dieser? diese? dieses?

hiemālis, e (cf. hiems) **winterlich,** stürmisch

hiemo 1. (cf. hiems) den Winter zubringen, **überwintern, im Winterquartier liegen;** stürmisch sein

Hiempsal, alis m. E. 1.) Sohn des Königs Micipsa von Numidien 2.) König von Numidien

hiems, hiemis f. **Winter;** Unwetter, **Sturm,** Kälte, Frost, Regenwetter; Göttin der Stürme

Hiero, Hieron, ōnis m. E. 1.) Fürst von Syrakus, an dessen Hofe Pindar, Simonides und Äschylus weilten 2.) der Jüngere, Herrscher von Syrakus, Freund der Römer

Hierocaesarēa, ae f. E. Stadt in Nordlydien; — Hierocaesariēnsis adi. u. subst. Bewohner von H.

Hierocles, is m. E. 1.) griech. Redner zu Ciceros Zeit 2.) Syracusaner, Vater Hieros des Jüngeren

Hieronymus, i m. 1.) Schüler des Aristoteles 2.) Herrscher von Syrakus
Hierosolyma, ōrum n. E. Jerusalem
hilaris = hilarus
hilaritas, tātis f. (cf. hilarus) **Heiterkeit,** Fröhlichkeit
F. die Hilarität i. a. B.
hilaro 1. (cf. hilarus) **erheitern,** aufheitern
hilarus 3 **heiter,** fröhlich, frohgemut
M. Hilarius (V)
hilla, ae f. (dem. von hira Leerdarm) Würstchen
Hilōtae = Helotae
hilum, i n. Fäserchen, Härchen, Kleinigkeit
Himella, ae f. E. Flüßchen im Sabinerlande
Himera, ae m. E. 1.) Fluß in Sizilien 2.) Stadt in Nordsizilien (auch Himera, ōrum n.)
hinc cf. hic
hinnio 4. **wiehern**
hinnītus, ūs m. (cf. hinnio) **das Wiehern**
hinnuleus, i m. (dem. von hinnus) Hirschkalb, Rehkitz; junger Maulesel
hinnus, i m. (griech.) Maulesel
hio 1. **gähnen** (urv.), **klaffen,** offenstehen; den Mund auftun; nach etwas lechzen, schnappen; staunen, stutzen; (von der Rede) zusammenhanglos sein; den Hiatus (Zusammentreffen zweier Selbstlaute) zulassen
hippagōgus, i f. (griech.) Pferdetransportschiff
Hipparchus, i m. 1.) Tyrann von Athen, von Harmodius und Aristogeiton ermordet 2.) berühmter Mathematiker
Hippias, ae m. 1.) Tyrann in Athen 2.) Sophist, Zeitgenosse Sokrates
Hippo, ōnis m. E. 1.) H. regius Stadt in Numidien (Bona) 2.) Stadt am Tajo 3.) Hippo Zarytus Stadt in der röm. Provinz Afrika (Bizerta)
hippocentaurus, i m. (griech.) Zentaur
Hippocrates, is m. E. **berühmtester Arzt des Altertums**
M. Eid des Hippokrates: Eid auf die ärztlichen ethischen Grundsätze
Hippocrēne, ēs f. (Roßquelle) **heilige Quelle auf dem Gipfel des Helikon**
Hippodame, ēs und Hippodamēa oder ia, ae f. E. 1.) schöne Tochter des Königs Önomaus, von Pelops zur Gattin gewonnen 2.) Gemahlin des Pirithous, bei deren Hochzeit der Zentaurenkampf entbrannte
hippodromus, i m. (griech.) **Rennbahn**
F. der Hippodrom: Pferderennbahn
Hippolyte, ēs f. E. 1.) Königin der Amazonen, Tochter des Mars 2.) Gattin des Königs Akastus, die den Peleus der Verführung bezichtigte
Hippolytus, i m. E. Sohn des Theseus und der Amazone Hippolyte
hippomanes, is n. (griech.) Brunstschleim rossiger Stuten; fleischiger Auswuchs auf der Stirn neugeborener Füllen, zum Liebeszauber benutzt
Hippōnax, actis m. E. Jambendichter, Satiriker; — Hipponactēus 3 hipponakteisch, beißend; subst. m. hipponakteischer Vers
Hippotes, ae m. E. Vater des Windgottes Äolus; — Hippotades, ae m. Sohn des H., Äolus
hippotoxotae, ārum m. (griech.) berittene Bogenschützen
hircīnus 3 (cf. hircus) vom Bocke, bocksledern
hircus und hirquus, i m. **Bock,** Ziegenbock; Bocksgeruch
Hirpīni, ōrum m. E. südlichstes Volk Samniums; Hirpīnus 3 hirpinisch; auch röm. Beiname
hirquīnus, hirquus = hircīnus, hircus
hirsūtus 3 (cf. hirtus) stachelig, borstig, struppig; rauh, roh, schmucklos
Hirtius 3 E. Name eines röm. plebejischen Geschlechtes; A. Hirtius General Cäsars, Verfasser des 8. Buches des „Gallischen Krieges"; — Hirtiānus und Hirtīnus 3 des H.

hirtus 3 borstig, struppig, rauh
hirūdo, inis f. Blutegel, Aussauger
hirundo, inis f. **Schwalbe**
hisco 3. (cf. hio) **sich auftun,** sich öffnen; den Mund auftun, mucksen, stammeln
Hispalis, is f. Sevilla; — Hispaliēnsis adi. und subst. Bewohner von H.
Hispānia, ae f. E. Spanien, zerfiel in H. citerior oder Tarraconēnsis und ulterior (Lusitania et Baetica); — Hispānus, i m. Spanier; — Hispānicus und Hispānus 3, Hispaniēnsis spanisch
Hispellum, i n. E. Stadt in Umbrien; — Hispellātes, ium Einwohner v. H.
hīspidus 3 (cf. hirtus) haarig, bewachsen, struppig, rauh
Hister, tri m. E. griechischer Name der Donau, (bei den Römern) Unterlauf der Donau
historia, ae f. (griech.) **Forschung,** Untersuchung, Kenntnis, Wissen, Beschreibung, Erzählung; Geschichtsforschung, -beschreibung; **Geschichte** *F.* die Historie i. a. B.
historicus 3 (cf. historia) **geschichtlich;** historice adv. in geschichtlicher Weise; — historicus, i m. Geschichtsschreiber
F. der Historiker: Geschichtsforscher — die Historik: Geschichtsforschung — historisch: geschichtlich — der Historiograph: Geschichtsschreiber — der Historismus: zu starke Bewertung des Geschichtlichen — prähistorisch: vor-, urgeschichtlich — die Prähistorie: Vor-, Urgeschichte, Kunde von vorgeschichtlichen Zuständen
Histria, ae f. E. Istrien; — Histri, ōrum m. die Istrier; — Histricus 3 istrisch
histrio, ōnis m. **Schauspieler;** — histrionālis, e schauspielerisch
hiulcus 3 (cf. hio) klaffend, gespalten; zerrissen, unzusammenhängend
hōc. adv. = hūc cf. hic
hodie (aus ho-die) **heute** (urv.); heutzutage, in unserer Zeit, jetzt, noch heute; jetzt eben, sogleich, auf der Stelle
hodiernus 3 (cf. hodie) **heutig,** gegenwärtig
holus = olus
Homērus, i m. E. ältester und größter epischer Dichter, Verfasser der Ilias und Odyssee; — Homēricus und Homēriacus 3 des H., homerisch
M. Homerisches Gelächter: das gewaltige Gelächter der griechischen Götter (bezeichnend für die heitere Auffassung der griech. Götterlehre) — Homerische Religion: die griech. Religion des Altertums — bonus dormitat Homerus: auch der gute Homer schläft manchmal
homi-cīda, ae m. und f. (cf. homo und caedo) Mörder, Mörderin
F. das Homicidium: Mord, Totschlag
homo, inis m. **Mensch,** Mann; plur. Menschen, Leute; die Angehörigen, Hausleute
M. homo sum, humani nihil a me alienum puto: ich bin ein Mensch und glaube, daß mir nichts fremd ist, was Menschen betrifft (Cicero) — Homo novus: Mann ohne Ahnen, Emporkömmling
Homole, ēs f. E. Berg in Thessalien
homullus, i m. (dem. von homo) Menschlein, schwacher Mensch
homunculus, i m. (dem. zu homo) = homullus
F. der Homunkulus i. a. B., auf alchimistischem Wege erzeugter Mensch
honestas, tātis f. (cf. honestus) **Ehre,** Ansehen; plur. Auszeichnungen, angesehene Personen; **Ehrbarkeit,** Ehrenhaftigkeit, Anstand, Würde, Sittlichkeit, edle Gesinnung; Schönheit
honesto 1. (cf. honestus) **ehren, auszeichnen,** verherrlichen
F. honestieren i. a. B.
honestus 3 (cf. honos) **geehrt,** angesehen, ehrenwert, ehrbar, geachtet, ansehnlich; **ehrenhaft,** ehrbar, anständig; tugendhaft, gut; schön, reizend, wohlgestaltet
honor und **honos,** ōris m. **Ehre,** Ehrung, Auszeichnung; Verehrung, Achtung, Scheu; Gott der Ehre; **Ehrenstelle,** Ehrenamt, Würde, Ehrenopfer, Opfergabe, Opferfest; Eh-

renpreis, Ehrensold, Belohnung; **Ansehen,** Berühmtheit, Glanz; Zierde, Schmuck
M. honoris causa (abgek. h. c.): ehrenhalber — in honorem: zu Ehren
F. honorieren: ehren, hochschätzen; vergüten, bezahlen — honorig: ehrenwert

honorābilis, e (cf. honoro) **ehrenvoll**
F. honorabel i. a. B.

honorārius 3 (cf. honor) **ehrenhalber;** — **honorarium,** ii n. **Ehrengeschenk**
F. das Honorar: Vergütung für Arbeiten geistiger Art

honorātus cf. honoro

honori-ficus 3 (cf. honor und facio) **ehrenbringend, ehrenvoll**

honōro 1. (cf. honor) **ehren, auszeichnen;** — honorātus 3 geehrt, angesehen, hochgestellt, mit einem Ehrenamte bekleidet; ehrenvoll (nur von Sachen); — subst. m. Würdenträger
F. die Honoration: Standesperson — die Honoratioren: Angehörige der höheren Stände

honōrus 3 (cf. honor) **ehrenvoll**

honos = honor

hōra, ae f. (griech.) **Stunde;** in horam vivere in den Tag hinein leben; in horam von Stunde zu Stunde; plur. Uhr; Zeit; — Horae, ārum f. Töchter Jupiters und der Themis, Göttinnen des Zeitwechsels
M. Jahr (urv.), Uhr (L) — hora cum tempore (abgek. h. c. t.): mit akademischem Viertel — hora sine tempore (abgekürzt h. s. t.): ohne akademisches Viertel — hora ruit: die Zeit verrinnt (Horaz)
F. die Horen: Göttinnen der Jahreszeiten, Titel einer Zeitschrift von Schiller; Betstunden — das Horoskop: Schicksalsdeutung aus der Geburtsstunde — das Horoskop stellen: das Schicksal aus der Stellung der Sterne in der Geburtsstunde deuten

Hōra, ae f. E. Name der vergötterten Hersilia, der Göttin des Romulus

Horātius 3 Name eines röm. patrizischen Geschlechts 1.) die drei Horatii die bekannten Drillingsbrüder; ihre Schwester Horātia, ae 2.) P. Horatius Cocles der bekannte Verteidiger der Brücke gegen die Etrusker 3.) M. Horatius Barbatus Konsul (449 v. Chr.), Gegner der Zehnmänner 4.) Q. Horatius Flaccus, Sohn eines Freigelassenen, Roms größter Lyriker

hordeum, i n. **Gerste** (urv.)

hornōtinus 3 heurig, diesjährig

hōrnus 3 = hornōtinus

horologium, ii n. (griech.) **Sonnen-,** Wasseruhr
F. das Horolog: Stundenanzeiger — der Horologe: Stundenausrufer

horrendus 3 (cf. horreo) = **horribilis**

horreo, ui 2. **starren, emporstarren;** zittern, **schaudern,** sich **entsetzen;** mit dem acc. vor z. B. hostes, crudelitatem; — horrens, ntis = horridus
F. horrend: schauderhaft, fürchterlich

horrēsco, horrui 3. (cf. horreo) **starr** werden, **erstarren,** schaudern, **zurückschrecken,** fürchten mit acc. vor

horreum, i n. **Vorratskammer, Scheune,** Speicher

horribilis, e (cf. horreo) **schauderhaft, schrecklich;** erstaunlich
M. horribile dictu: schrecklich zu sagen
F. horribel i. a. B.

horridulus 3 (dem. von horridus) ziemlich rauh, recht einfach, ungehobelt

horridus 3 (cf. horreo) **starrend,** struppig, rauh, stachelig, zottig; unkultiviert, **ungeschliffen,** wild, **roh;** hart, streng; einfach, schmucklos, schlicht (meist von der Rede); **schauderhaft,** schrecklich, entsetzlich

horri-fer 3 (cf. horror und fero) Schauder bringend, schaurig, schrecklich

horrifico 1. (cf. horrificus) Entsetzen erregen, **erschrecken**

horri-ficus 3 (cf. horror und facio) **Schauder erregend**

horri-sonus 3 (cf. horror und sonus) schauerlich tönend

horror, ōris m. (cf. horreo) Frostschauer; Schauder, **Entsetzen, Grausen;** frommer Schauder, heilige Scheu, Ehrfurcht

M. Horror vacui: Scheu vor dem Leeren
F. der Horror: Schauder

Horta, ae f. E. Stadt in Etrurien; — Hortinus adi. und subst. Bewohner von H.

hortāmen, inis n. Ermunterungsmittel

hortamentum, i n. = hortamen

hortātio, ōnis f. (cf. horto) **Ermahnung, Ermunterung;** hortātor, ōris m. (cf. hortor) Mahner, Aufmunterer

hortātus, ūs m. (cf. hortor) **das Mahnen,** Anfeuern, Antreiben

Hortēnsius 3 Name einer röm. plebejischen Geschlechts; Q. Hortensius Hortalus Konsul (69 v. Chr.), großer römischer Redner

hortor 1. **ermutigen,** antreiben, **anfeuern, ermahnen,** erinnern

hortulus, i m. (dem. von hortus) Gärtchen; plur. Gartenanlagen

hortus, i m. (umzäuntes Grundstück) **Garten** (urv.); plur. Gartenanlagen, Park; Gemüsegarten, Gemüse
F. die Hortikultur: Gartenkunst — der Hortologe: Gartenkundiger — die Hortologie: Gartenkunde — die Hortensie: eine Zierpflanze

hospes, pitis m. **Gast** (urv.), **Gastfreund, Wirt; Fremder, Fremdling;** — adi. fremd, unerfahren, unbekannt
F. hospitieren: als Gast besuchen (eine Vorlesung) — der Hospitant: Gasthörer

hospita, ae f. (cf. hospitus) Gastfreundin, Wirtin, Gast; die Fremde, Ausländerin

hospitālis, e (cf. hospes) zum Gastfreund gehörig, des Gastes, des Gastfreundes; **gastlich, gastfreundlich** *M.* das Spital (L), das Spittel (L)
F. das Hospital: Kranken-, Armenhaus

hospitālitas, tātis f. Gastlichkeit
F. die Hospitalität i. a. B.

hospitium, ii n. (cf. hospes) **Gastfreundschaft,** gastliche Aufnahme, Bewirtung; gastliches Haus, Herberge; Ruheplatz
F. das Hospiz: Herberge, Einkehrhaus

hospitus 3 (cf. hospes) **fremd; gastlich**

hostia, ae f. Opfertier
F. die Hostie: Abendmahlsbrot, das Hochwürdigste

hosticus 3 (cf. hostis) **feindlich;** — hosticum, i n. Feindesland

hosti-ficus 3 (cf. hostis und facio) feindlich handelnd, feindlich

Hostīlia, ae f. E. Stadt in Oberitalien am Po (Ostiglia)

hostīlis, e (cf. hostis) **feindlich,** feindselig; — hostilia, ium n. Feindseligkeit
F. die Hostilität: Feindseligkeit

Hostīlius 3 E. Name eines römischen Geschlechts

hostis, is m. (selten f.) **Fremder,** Fremdling, **Feind,** Staatsfeind; Angreifer, Gegner, Rivale
M. Gast (urv.)

hūc cf. hic

hucine fragend: bis hierher? bis dahin?

hui hui! ei! haha!

huius-modi und huiusce-modi derartig

humānitas, tātis f. (cf. humanus) **Menschlichkeit,** Menschennatur, Menschentum; **menschliches Gefühl,** Milde, Freundlichkeit; **menschliche Bildung,** Geistes- und Herzensbildung; Sinn für Anstand, Kultur
F. die Humanität i. a. B. — humanitär (franz.): menschenfreundlich, wohltätig

humāniter (adv.) menschlich

humānitus (adv.) (cf. humānus) auf menschliche Art

humānus 3 **menschlich,** den Menschen betreffend, den Menschen eigen, gebildet, fein, freundlich, mild, gelassen; — humanus, i m. = homo; — humāna, ōrum das Menschliche
F. human i. a. B. — die Humaniora: die Grundlagen rein menschlicher Bildung, das altklassische Schrifttum — der Humanist: Pfleger des altklassischen Schrifttums und Geistes — humanistisch: das altklassische Schrifttum und seinen Geist pflegend — humanisieren: gesittet machen

humātio, ōnis f. (cf. humo) Beerdigung
F. die Inhumation: Beerdigung

humecto = umecto

humeo = umeo
humerus = umerus
humesco = umesco
humidulus = umidulus
humidus = umidus
humilis, e (cf. humus) **niedrig;** tiefgestellt, **gering,** unedel, alltäglich; unterwürfig, kleinmütig, demütig; verzagt, feige
humilitas, tātis f. **Niedrigkeit;** niederer Stand, Armut; Ohnmacht, Schwäche, demütiges Wesen, Unterwürfigkeit
humo 1. (cf. humus) **beerdigen,** begraben *F.* exhumieren: ausgraben
hūmor = ūmor
humus, i f. **Erdboden,** Boden, Erde; Erdreich, Ackerboden, Ackerland; Fußboden; Gegend, Land; das Niedrige, Kraftlose; — humi adv. (alter Lokativ) auf dem Boden, auf den Boden; — humo vom Boden, von der Erde
F. der Humus: fruchtbarer Boden — humos: reich an Humus — humifizieren: vermodern — die Humifikation: Vermoderung
hyacinthus, i m. (griech.) Hyazinthe (F)
F. der Hyazinth: Edelstein
Hyacinthus, i m. E. Sohn des Spartanerkönigs Obalus, von Apollo geliebt; — Hyacinthia, ōrum n. dreitägiges Fest zu Ehren des H.
Hyades, um f. E. (die Regnenden), Hyaden, Siebengestirn, dessen Aufgang in der Maimitte gewöhnlich Regen bringt
hyaena, ae f. (griech.) Hyäne (L)
hyalus, i m. (griech.) Glas
Hyampolis, is f. E. Stadt im östlichen Phokis
Hyantes, um m. E. altes Volk in Böotien; — Hyantēus und Hyantius böotisch
Hyarōtis, idis m. E. Nebenfluß des Acesines in Indien (Ravi)
Hyas, antis m. E. Sohn des Atlas, Bruder der Hyaden
Hybla, ae f. Name dreier Städte in Sizilien; — Hyblaeus adi. u. subst. Bewohner von H.
hybrida = hibrida
Hydaspes, is m. E. 1.) Fluß in Indien 2.) Mannesname
hydra, ae f. (griech.) **Wasserschlange**
hydraulus, i m. (griech.) Wasserorgel
F. hydraulisch: durch Wasserkraft bewirkt
hydria, ae f. (griech.) Wasserkrug
hydrōpicus 3 (cf. hydrops) wassersüchtig
hydrops, ōpis m. (griech.) Wassersucht
Hydruntum, i n. und Hydrus, untis f. E. Stadt an der kalabrischen Ostküste (Otranto)
hydrus, i m. (griech.) Wasserschlange
Hylas, ae m. E. Begleiter des Herkules auf dem Argonautenzug
Hyllus, i m. E. Sohn des Herkules und der Deïanira
Hymen, enis m. E. **Gott der Ehe,** Hochzeitsgott
hymenaeus, i m. **Brautgesang, Hochzeitslied;** Hochzeit; — Hymenaeus, i m. Hochzeitsgott
Hymēttus, i m. E. Gebirge in Attika, durch Marmor und Honig berühmt; — Hymēttius 3 vom H.
hymnus, i m. (griech.) **Lobgesang** auf die Gottheit
F. der Hymnus, die Hymne: Festgesang, begeistertes Lied
Hypaepa, ōrum n. E. Stadt in Lydien
Hypanis, is m. E. Fluß in Südrußland (Bug)
Hypasis, is m. E. der östliche Zufluß des Indus
Hypata, ae f. E. Stadt in Südthessalien; — Hypataeus und Hypatēnsis adi. und subst. Einwohner von H.
hyperbaton, i n. (griech.) Wortversetzung, rhetorische Figur
Hyperborēi, ōrum m. E. sagenhaftes Volk in Nordthrazien; — Hyperboreus 3 nördlich, thrazisch
Hyperīdes, is m. E. Redner und Staatsmann in Athen, Anhänger des Demosthenes
Hyperīon, onis m. E. 1.) Titane, Vater des Sol, der Luna und Aurora 2.) der Sonnengott

Hypermēstra, ae f. die Jüngste der Danaïden

Hyphasis = Hypasis

hypocaustum, i n. (griech.) Schwitzstube

hypodidascalus, i m. (griech.) Unterlehrer

hypomnēma, atis n. (griech.) schriftliche Notiz, Denkschrift

Hypsipyle, ēs f. E. Tochter des Königs Thoas, Königin des Weiberstaates auf Lemnos; — Hypsipylēus 3 der H., lemnisch

Hyrcānia, ae f. E. Landschaft an der Südostseite des Kaspischen Meeres; — Hyrcānus und ius adi. und subst. Bewohner von H.

Hyrie, ēs f. E. 1.) Nymphe 2.) See und Ort in Ätolien

Hyrieus, ei m. E. Vater des Orion; — Hyriēus 3 des H.

Hyrtacus, i m. 1.) Troer 2.) Vater des Hippocoon; — Hyrtacides, ae m. Sohn des H., Nisus

Hystaspes, is und i m. E. Name vornehmer Perser z. B. des Vaters von Darius I.

I

Iacchus, i m. Kultname des Bacchus bei den Eleusinischen Mysterien

iaceo, ui 2. (cf. iacio) hingeworfen sein, **liegen;** ruhen; zu Bett liegen, krank sein; zu Tisch liegen; daliegen, auf dem Boden liegen, geschlagen sein, im Kampf gefallen sein, tot daliegen; in Trümmern liegen; (vom Gewande) nachschleppen; liegen bleiben, sich aufhalten; (von Orten) liegen, gelegen sein, sich erstrecken; flach liegen, tief liegen; daniederliegen, aufhören, niedergeschlagen, machtlos, ohnmächtig sein; brach liegen, unbeachtet daliegen

Iacetānia, ae f. E. Landschaft in Nordostspanien; Iacetāni, ōrum m. Einwohner von I.

iacio, iēci, iactus 3. **werfen,** schleudern; hinstreuen, ausstreuen; eine Äußerung fallen lassen, sich äußern; aufwerfen, aufführen, errichten

iactans cf. iacto

iactantia, ae f. (cf. iacto) **Prahlerei**

iactātio, ōnis f. (cf. iacto) **das Hin- und Herwerfen,** Schütteln, Erschüttern; das Schwanken, Wogen; **Prahlerei,** Ruhmredigkeit, Großtun; Beifall, Volksgunst

iactātor, ōris m. (cf. iacto) Prahler

iactātus, ūs m. = iactatio

iactito 1. (cf. iacto) äußern, vorbringen

iacto 1. (cf. iacio) **wiederholt werfen,** schleudern; hinwerfen, ausstoßen, fallen lassen; wiederholt zur Sprache bringen, hin und her besprechen; immer im Munde führen, sich brüsten, **prahlen;** hin und her werfen, schütteln, hin und her treiben, umhertreiben; — se iactare sich brüsten, sich großtun; iactans, ntis (adv. iactanter) prahlerisch

iactūra, ae f. (cf. iacio) das **Überbordwerfen,** Auswerfen; **Verlust,** Einbuße, Nachteil, Schaden; Geldopfer, Aufwand

iactus, ūs m. (cf. iacio) das Werfen, **Wurf;** Lanzenwurf, Schußweite; intra (ad) teli iactum innerhalb der Schußweite, extra t. i. außerhalb der Schußweite

iaculābilis, e (cf. iaculor) zum Werfen geeignet

iaculātor, ōris m. (cf. iaculor) **Schleuderer, Speerschütze**

iaculātrix, īcis f. (cf. iaculator) Speerschützin

iaculor 1. (cf. iaculum) **den Wurfspieß schleudern,** Speere werfen; werfen, schleudern; nach etwas streben, etwas erstreben

iaculum, i n. (cf. iacio) **Wurfspieß, Speer**

Iālysus, i f. 1.) Stadt auf Rhodos; — Ialysius adi. und subst. Einwohner von I. 2.) Sohn des Sol 3.) berühmtes Gemälde des Protogenes im Tempel der Pax

iam (im bejahenden Satz) **schon, bereits,** (im verneinenden Satz) (nicht) mehr, (nicht) länger, noch (nicht); — (als Übergangspartikel) ferner, außerdem, nun, weiter, dann; (steigernd) vollends, nun gar, gar, sogar, wirklich; (verstärkt) iam vero; — iamiam und iamiamque im nächsten Augenblick, jeden Augenblick, schon in der Tat, ja nunmehr; — iam — iam bald — bald; **iam — diu schon lange;** — **iam — dūdum** schon lange; **iam — pridem** schon früher, **schon längst;** — **iam ut** gesetzt auch daß, selbst wenn

iambicus und iambeus 3 (cf. iambus) jambisch
F. jambisch: in Jamben

iambus, i m. (griech.) der Versfuß **Jambus** (kurz-lang); — jambischer Vers, jambisches Gedicht, Spottgedicht *F.* der Iambus i. a. B.

Iānalis cf. Iānus

Ianiculus (scil. mons), i m. (cf. Ianus) oder Ianiculum, i n. der Janusberg, Janikulus, einer der sieben Hügel Roms am rechten Tiberufer

Iāni-gena, ae m. und f. (cf. Ianus und gigno) Kind des Janus

iānitor, oris m. (cf. ianua) Türhüter, Pförtner

iānua, ae f. Haustür, **Tür;** Tor, Öffnung, Eingang

Iānuarius cf. Ianus

Iānus, i m. (cf. ianua) Janus, altitalischer Gott des Sonnenlaufs, der Ein- und Ausgänge, der Tore, des Anfangs; — Iānalis, e des Janus; Iānuarius, ii m. Januar; — Ianuarius 3 dem Janus gehörig, geweiht, zum Januar gehörig
M. Jänner (L), Januar (L)

iānus, i m. Eingang, Ausgang, Torweg, Torhalle

Iapetus, i m. E. Titane, Vater des Prometheus; — Iapetionides, ae m. Sohn des J.

Iāpydes, um m. E. illyrisches Volk an der Grenze des heutigen Kroatien

Iapyx, ygis m. E. 1.) der Süd-Apulier 2.) der südapulische Wind, Nordwest 3.) Sohn des Dädalus; — Iapygia, ae f. Südapulien; — Iapygius 3 japygisch, südapulisch

Iarba und Iarbas, ae E. Sohn Jupiters, König der Gätuler; — Iarbīta, ae m. Nachkomme der Iarbas, Gätuler, Mauretanier

Iardanus, i m. E. Vater der Omphale; — Iardanis, idis f. = Omphale

Iasion, onis und Iasius, ii m. E. 1.) Troer, Bruder des Dardanus 2.) König von Argos, Vater der Atalanta; — Iasides, ae m. Nachkomme des Jasius; — Iasis, idis f. Tochter des J., Atalanta

Iāson, onis m. E. Führer der Argonauten 2.) Tyrann von Pherä; — Iasonius 3 des J.

iaspis, idis f. (griech.) Jaspis (F) (Edelstein)

Iāssus, i f. E. Hafenstadt in Karien; — Iassēnsis adi. und subst. Bewohner von I.

Iāzyges, um m. E. sarmatisches Volk an der unteren Donau; — Iazyx, igis jazygisch

Iber, Iberus, Iberes = Hiber etc.

ibi adv. (räumlich) **da, dort,** daselbst; (zeitlich) dann, damals, alsdann; — (übtr.) darin, dabei, damit

ibi-dem adv. ebenda, **ebendaselbst,** an derselben Stelle; ebendabei, ebendarin

ibis, is und idis f. (griech.) der Ibis, der heilige Vogel der Ägypter
F. der Ibis: Sumpfvogel
Ibycus, i m. E. griechischer Lyriker (Schillers „Kraniche des Ibykus")
Icarius, i m. E. 1.) Vater der Penelope; — Icaris und Icariōtis, idis f. Tochter des I., Penelope 2.) = Icarus
Icarus, i m. E. 1.) Sohn des Dädalus; — Icarius 3 des I.; mare Icarium der südöstliche Teil des Ägäischen Meeres; Icaria, ae f. Insel Icaria, westlich von Samos 2.) ein Athener, erster Weinbauer in Attika, als Gestirn an den Himmel versetzt = Bootes
iccirco = idcirco
Iccius, ii m. E. Freund des Horaz
Iceni, ōrum m. E. britannischer Volksstamm
ichneumon, onis m. (griech.) Pharaonsratte (kleines Raubtier des Mittelmeergebietes)
ico (icio), ici, ictus 3. (kommt nur in den pf. Formen vor) **treffen, schlagen**, stoßen; foedus icere ein Bündnis schließen; — ictus 3 schwer getroffen, beunruhigt
Iconium, ii n. E. Stadt in Lykaonien
ictus, ūs m. (cf. ico) **Schlag, Hieb, Stoß, Schuß, Wurf**; Anschlag, Streich; Taktschlag
F. der Iktus i. a. B., Hebung der Stimme
Ida, ae und Ide, ēs f. E. 1.) Frauenname 2.) Waldgebirge in Phrygien, Hauptstätte des Kybelekults; Idaeus 3 idäisch, phrygisch, troisch 3.) Gebirge in Kreta
Idalium, ii n. Berg und Stadt auf Zypern mit Venuskult; — Idalie, ēs f. = Venus; Idalia, ae f. Gegend um I.; Idalius 3 idalisch, der Venus
id-circo (cf. id und circus) adv. darum, deshalb, deswegen
idem, eadem, idem (aus is-dem) pron. **ebenderselbe**, derselbe, der nämliche; zugleich, gleichfalls; dennoch, gleichwohl (beim Gegensatz)
F. identisch: ein und derselbe seiend, gleichbedeutend, völlig übereinstimmend — die Identität: Gleichheit, Wesenseinheit, völlige Übereinstimmung — identifizieren: für gleichbedeutend halten, gleich machen, unter einen Begriff bringen, jemds. Persönlichkeit feststellen — die Identifikation, Identifizierung: Gleichsetzung, Verschmelzung
identidem (cf. idem) adv. wieder und wieder, **zu wiederholten Malen**, immer wieder, mehrmals
id-eo (adv.) **darum**, deswegen, deshalb
idiōta, ae f. (griech.) Laie, Nichtkenner, Ignorant, Stümper
F. der Idiot: Schwachsinniger
Idisiaviso campus E. Hexenwiese, Ebene zwischen Weser und Leine, wo Arminius von Germanikus geschlagen wurde (16 n. Chr.)
Idmon, onis m. E. Vater der Arachne
idōlon und um, i n. (griech.) Schattenbild, Gespenst
F. das Idol: Götzenbild, Abgott, Trugbild
Idomeneus, ei und eos m. E. König in Kreta, tapferer Held vor Troja
idōneus 3 **geeignet**, brauchbar, tauglich, geschickt, fähig, passend
Idūme, ēs und Idumaea, ae f. E. Landschaft südlich von Palästina; — Idumaeus adi. und subst. Bewohner von I.
idus, uum f. **die Iden** (F), im März, Mai, Juli, Oktober (Merkwort „milmo") der 15., sonst der 13. d. Mts.
M. Hüte dich vor den Iden des März (Warnung an Cäsar am Tage seiner Ermordung, dem 15. März)
iecur, iecoris (auch iocineris) n. **die Leber** (urv.)
ieiūnitas, tātis f. (cf. ieiunus) **Nüchternheit**, Trockenheit in der Rede
ieiūnium, ii n. **das Fasten; Hunger;** Fasttag, Fastenzeit
ieiūnus 3 **nüchtern; hungrig;** trocken, langweilig, dürftig, armselig, dürr,
ientāculum, i n. (cf. iento) **Frühstück**
iento 1. (cf. ieiunus) frühstücken
Igilium, ii n. E. kleine Insel im Tyrrhenischen Meer (Giglio)
igitur (ci) **also, daher**, demnach, folglich

i-gnarus 3 (aus in-gnarus) **unwissend,** nichts ahnend, **unkundig,** unerfahren; nicht gekannt, unbekannt, fremd (mit gen. z. B. loci)

ignāvia, ae f. (cf. ignavus) **Trägheit,** Schlaffheit, **Feigheit,** Mutlosigkeit

i-gnāvus 3 (adv. auch ignaviter) **träg,** schlaff, matt, untüchtig, faul; **feig,** mutlos; feig machend, erschlaffend

ignēsco 3. (cf. ignis) **sich entzünden,** Feuer fangen, entbrennen

igneus 3 (cf. ignis) **feurig, aus Feuer;** brennend, glühend, hitzig

igniculus, i m. (dem. von ignis) Flämmchen, Funke, Glut, Heftigkeit; plur. Keime

igni-fer 3 (cf. ignis und fero) feuertragend

igni-gena, ae m. (cf. ignis und gigno) feuergeboren

igni-pes, pedis feuerfüßig

igni-potens, ntis feuerbeherrschend

ignis, is m. (abl. sg. igne und igni) **Feuer,** Feuersbrunst, Brand, Feuerbrand; Wachtfeuer, Scheiterhaufen; Blitz; Begeisterung, Liebesglut, Zornesglut; Wärme, Hitze, Glanz, Schimmer; — ferro ignique mit Feuer und Schwert; — igni spectatus der die Feuerprobe bestanden hat; — aqua et igni interdicere jemand ächten

F. die Ignipunktur, Ignipunktion: Ausbrennen (med.)

i-gnōbilis, e (aus in-nobilis) **unbekannt,** unberühmt; von niederer Geburt, niedrig

ignobilitas, tātis f. (cf. ignobilis) **Ruhmlosigkeit,** niedere Herkunft

i-gnominia, ae f. (cf. in-(g)nomen) **Schimpf, Schande,** Beschimpfung, Entehrung, Ehrverlust, Brandmarkung

F. die Ignominie i. a. B.

ignominiōsus 3 (cf. ignominia) **schimpflich,** entehrend; beschimpft, entehrt

ignorābilis, e (cf. ignoro) **unbekannt**

ignorantia, ae f. (cf. ignoro) **Unkenntnis,** Unkunde, Unwissenheit

F. die Ignoranz i. a. B.

ignorātio, ōnis f. (cf. ignoro) **Unkenntnis,** Unkunde, Unbekanntschaft

ignōro 1. (cf. ignarus) **nicht wissen, nicht kennen,** unkundig sein; nicht kennen wollen, verkennen; pass. unbekannt, unbemerkt bleiben; — ignorātus 3 ungekannt, unerkannt, unbemerkt

M. ignoramus et ignorabimus: wir wissen es nicht und werden es nicht wissen

F. ignorieren i. a. B.; mit Absicht übersehen — der Ignorant: Unwissender — ignorant: kenntnislos

i-gnōsco, gnōvi, gnōtus 3. (cf. in-(g)nosco) (ignoverit = ignōrit; acc. obi. nur als neutr. eines pron. oder adi. z. B. id ignosco) **verzeihen,** Nachsicht haben

ignōtus 3 (cf. in und (g)notus) **unbekannt,** fremd; von unbekannter Herkunft, unberühmt; — unkundig, unbekannt mit

M. Ignoti nulla curatio morbi: eine Krankheit, die man nicht kennt, kann man nicht heilen

Iguvium, ii n. E. Stadt in Umbrien (Gubbio); Iguvīnus adi. und subst. Bewohner von I.

Ilerda, ae f. E. spanische Stadt an den Pyrenäen (Lerida); Ilergētes, um m. spanisches Volk nördlich des Ebro

Ilergavonēnses, ium m. E. spanisches Volk an der Ostküste

ilex, icis f. Steineiche

ilia, ium n. Gedärme, Eingeweide; die Weichen, Unterleib; — ilia ducere (trahere) keuchend atmen

Ilia, Iliacus, Iliades, Ilias cf. Ilion

i-licet (adv.) (cf. ire-licet) man kann gehen! laßt uns gehen! geh! — sogleich, sofort, auf der Stelle

i-lico adv. (cf. in-loco) auf der Stelle, sofort

Iliēnses, ium m. E. 1.) Völkerschaft auf Sardinien 2.) cf. Ilium

ilignus 3 (cf. ilex) von der Steineiche, eichen

Ilion, Ilium, ii n. und **Ilios,** ii f. Name des homerischen Troja; — Ilius 3 trojanisch; — Ilia, ae f. die

Troerin = Rhea Silvia, Mutter des Romulus und Remus; Iliades, ae m. Sohn der Ilia, Romulus, Remus; — Iliacus 3 troisch; — Iliēnses, ium Einwohner von I.; — Ilias, adis f. 1.) Troerin 2.) die Iliade, Gedicht von Ilion
Iliona, ae und Ilione, ēs f. E. älteste Tochter des Priamus
Ilioneus, ei m. E. 1.) Sohn der Niobe 2.) ein Troer, Gefährte des Äneas
Ilīthyia, ae f. E. Geburtsgöttin, Tochter Jupiters
Iliturgis, is f. Stadt in Spanien am Bätis; — Iliturgitāni, ōrum m. Bewohner von I.
Ilium = Ilion
illā cf. ille
il-labefactus 3 unerschüttert, unerschütterlich
il-lābor, lāpsus sum 3. **hineingleiten,** hineinschlüpfen
il-labōro 1. sich abmühen; — illaborātus 3 unbearbeitet, mühelos
illac cf. illic
il-lacessītus 3 ungereizt
il-lacrimābilis, e **unbeweint; unerbittlich**
il-lacrimo und mor 1. **über etwas weinen,** beweinen
il-laesus 3 **unverletzt,** unangefochten
il-laetābilis, e unerfreulich, traurig
il-laqueo 1. (cf. laqueus) **verstricken,** umgarnen
il-laudātus 3 **ungelobt, unlöblich,** fluchwürdig
il-lautus = illotus
ille, illa, illud jener, jene, jenes; — (räuml.) dort befindlich, (zeitl.) damalig; ex illo seit jener Zeit, seitdem; — (in der Rede) obig, schon erwähnt; — der bekannte, berühmte z. B. Caesar ille; — hic ... ille dieser ... jener, der erste ... der letzte, der eine ... der andere; — er, sie, es insbes. mit quidem; — **illā** adv. auf jener Seite, auf jenem Wege, dort; **illō** adv. dahin, dorthin; — **illim** von dort, dorther; **illi** adv. (alter locat.) dort
il-lecebra, ae f. (cf. illicio) **Lockmittel,** Anreizung, Lockung, Reiz
il-lēctus 3 (cf. in und lego) ungelesen
illectus cf. illicio
il-lepidus 3 **unfein, witzlos,** abgeschmackt
illi cf. ille
il-libātus 3 unvermindert, unverkürzt, ungeschmälert
il-liberālis, e **eines freien Mannes unwürdig, unedel,** niedrig; **karg,** knausrig
illiberālitas, tātis f. (cf. illiberalis) **unedles Benehmen; Kargheit,** Knauserei
illic, illaec, illuc (aus ille und ce) **jener da, jener dort;** — **illāc** (adv.) dort, auf jener Seite; — **illinc** (adv.) von dorther, von jener Seite; dort, auf jener Seite; — **illūc** (adv.) dahin, dorthin; — **illīc** (adv.) dort, an jenem Ort
il-licio, lexi, lectus 3. (cf. lacio) anlocken, verlocken, verführen; — illectus 3 angelockt
il-licitātor, ōris m. (Verlocker) Scheinbieter, Scheinkäufer
il-licitus 3 unerlaubt, unzulässig
il-līco = ilico
il-līdo, līsi, līsus 3. (cf. laedo) **einschlagen,** hineinstoßen, anschlagen, **anstoßen; zerschlagen,** zerschmettern
il-ligo 1. anbinden, **anknüpfen;** befestigen, fesseln, ketten; umgarnen, umstricken, verwickeln, an freier Bewegung hindern, hemmen
illim cf. ille
il-līmis, e (cf. limus) schlammfrei
illinc cf. illic
il-lino, lēvi, litus 3. **aufstreichen,** bestreichen, überziehen
il-liquefactus 3 **flüssig gemacht,** in Fluß gebracht
il-litterātus 3 **ungebildet,** unwissenschaftlich, ungelehrt
illō cf. ille
illoc = illuc
il-lōtus oder lūtus 3 **ungewaschen,** schmutzig
illūc cf. illic

il-lucēsco, lūxi 3. zu leuchten beginnen, anbrechen

il-lūdo, lūsi, lūsus 3. **mit etwas spielen,** sein Spiel treiben, **verspotten,** verhöhnen; täuschen, betrügen; übel mitspielen, beschädigen, mißhandeln, schänden

illumināte (adv.) (cf. illumino) lichtvoll, klar

il-lumino 1. (cf. lumen) **erleuchten, erhellen,** schmücken, verschönern

F. illuminieren i. a. B. — illuminiert: beleuchtet, berauscht (scherzhaft) — der Illuminat: der Erleuchtete, Aufgeklärte, Mitglied des Illuminatenordens — Illumination: festliche Beleuchtung, Ausschmükkung von Handschriften mit Malereien

il-lūnis, e (cf. luna) mondlos

Illuricus, Illurii cf. Illyria

illūsio, onis f. (cf. illudo) **Verspottung,** Ironie

F. die Illusion: Täuschung, Wahnbild, vergebliche Hoffnung — illusorisch: täuschend, trügerisch — der Illusionist: Zauberkünstler

illūstris, e (cf. illustro) **hell,** licht, **glänzend,** strahlend; einleuchtend, **klar,** anschaulich; **berühmt,** bekannt; vornehm, angesehen; hervorragend, bedeutend

F. illuster: glänzend, erlaucht

il-lūstro 1. (cf. lustrum) **erleuchten, erhellen,** ans Licht bringen (pass. ans Licht kommen); aufhellen, aufklären, erläutern, glänzend machen, berühmt machen, verherrlichen (pass. berühmt werden, gefeiert werden)

F. illustrieren: klar machen, veranschaulichen, mit erklärenden Bildern ausstatten — die Illustration: erklärendes Bild, Abbildung

illūtus = illotus

il-luvies, ēi f. (cf. lavo) (Ungewaschenheit) **Schmutz; Überschwemmung;** Morast

Illyria, ae f. E. Illyrien (an der Ostküste des Adriatischen Meeres); Illyricum, i n. = Illyria; — Illyrius, Illyricus 3 illyrisch; — Illyris, idis adi. und subst. Illyrierin, Illyrien, illyrisch

Ilōtae = Hilotae

Ilus, i m. E. Gründer von Troja, Vater des Laomedon

Ilva, ae f. E. Insel Elba

Imachara, ae f. E. Stadt in Ostsizilien; — **Imacharēnsis adi. u. subst.** Bewohner von I.

imaginārius 3 (cf. imago) **eingebildet,** scheinbar

F. imaginär (franz.) i. a. B.; nur in der Einbildung vorhanden, nicht vorstellbar, unmöglich

imaginātio, ōnis f. (cf. imaginor) **Einbildung,** Vorstellung, Traum

F. die Imagination i. a. B.; Einbildungskraft

imāginor 1. (cf. imago) **sich einbilden,** sich vorstellen

imāgo, inis f. (cf. imitor) **Bild,** Abbild, Ebenbild; Ahnenbild, **Wachsmaske;** Schattenbild, Schatten, Schemen, Traumbild, Trugbild; Widerhall, Echo; Gleichnis, Vergleich; Erscheinung, Anblick; Vorstellung, Einbildung

F. imaginabel: erdenklich, ersinnlich, denkbar — die Imago: das fertige, geflügelte, geschlechtsreife Insekt

imbēcillitas, tātis f. (cf. imbecillus) **Schwäche,** Kränklichkeit; Haltlosigkeit, **Mutlosigkeit**

F. die Imbezillität: Schwachsinn, Dummheit

imbēcillus 3 und is, e (cf. baculum) **haltlos,** ohnmächtig, hinfällig; **schwach,** kraftlos, gebrechlich; schwächlich, kränklich; energielos, mutlos

F. imbezill: schwachsinnig

im-bellis, e (cf. bellum) **unkriegerisch; feig;** ruhig, friedlich, still

imber, bris m. **Regenguß, Platzregen,** Gewitterregen; Regen (von Geschossen); Strom (von Tränen); Regenwasser, Wasser

im-berbis, e und us 3 (cf. barba) bartlos, unbärtig

im-bibo, bibi 3. hineintrinken, einsaugen; sich vornehmen

imbrex, icis f. (cf. imber) Hohlziegel (zur Ableitung des Regenwassers)

imbri-fer 3 (cf. imber und fero) **regenbringend**
Imbrus und os, i f. E. Insel im Ägäischen Meer; — **Imbrius** adi. und subst. Bewohner von I.
im-buo, bui, būtus 3. **benetzen, eintauchen,** befeuchten; beflecken, besudeln; erfüllen, antun; an etwas gewöhnen, vertraut machen, einweihen; pass. sich gewöhnen
imitābilis, e (cf. imitor) **nachahmbar**
imitāmen, inis und imitamentum, i n. = imitatio
imitātio, ōnis f. (cf. imitor) **Nachahmung**
M. Imitatio Christi: Nachfolge Christi, berühmtes Erbauungsbuch des Thomas v. Kempen
F. die Imitation i. a. B.
imitātor, ōris m. (cf. imitor) Nachahmer
F. der Imitator i. a. B.
imitātrix, īcis f. (cf. imitator) Nachahmerin
imitor 1. (cf. imago) (mit acc.) **nachahmen,** nachäffen; nachbilden, nachmachen; gleichkommen
F. imitieren i. a. B.
im-madēsco, dui 3. naß werden, **feucht werden**
im-mānis, e **ungeheuer,** riesig; schrecklich, furchtbar, wild; unermeßlich, außerordentlich
immānitas, tātis f. (cf. immanis) **Unmenschlichkeit,** Entsetzlichkeit, Wildheit; Scheusal, Ungetüm, Unmensch
im-mansuētus 3 **ungezähmt,** roh, wild
immatūritas, tātis f. (cf. immaturus) **Unreife,** Voreiligkeit
F. die Immaturität: Nichtreife
im-matūrus 3 **unreif; unzeitig,** vor der Zeit, zu früh
F. immatur i. a. B.
im-medicābilis, e unheilbar
im-memor, oris (abl. sing. immemori, gen. plur. immemorum) **nicht gedenkend, uneingedenk;** nicht bedenkend, vergessend (mit gen. z. B. patris, patriae)
F. immemorabel: undenkwürdig, nicht nennenswert — immemorial: undenkbar, undenklich
im-memorātus 3 **unerwähnt**
immēnsitas, tātis f. (cf. immensus) **Unermeßlichkeit**
F. die Immensität i. a. B.
im-mēnsus 3 (cf. metior) **unermeßlich,** unendlich, ungeheuer; maßlos, endlos; — **immēnsum,** i n. das Unermeßliche, unermeßlicher Raum, ungeheure Strecke
F. immens i. a. B.
im-merens, ntis **nicht verdienend,** unschuldig
im-mergo, mersi, mersus 3. **etwas eintauchen,** versenken
F. immergieren i. a. B. — der Immerget: Wiedertäufer — die Immersion i. a. B., Taufe durch Untertauchen; Eintreten eines Planeten in den Schatten eines anderen (astron.)
im-meritus 3 1.) (act.) **der es nicht verdient hat,** unschuldig, schuldlos 2.) (pass.) **unverdient,** unverschuldet; — **immeritō** (adv.) **ohne Verdienst, ohne Schuld,** mit Unrecht
im-mersābilis, e (cf. merso) unversenkbar
im-metātus 3 unabgemessen
im-migro 1. hineinwandern, **einwandern,** einziehen
F. immigrieren: einwandern — der Immigrant: Einwanderer — die Immigration: Einwanderung
im-mineo 2. (cf. mons und mentum) **hereinragen, emporragen,** sich hinneigen; beherrschen; bedrängen, im Nacken sitzen; nach etwas trachten, lauern; über jds. Haupte schweben, **drohend bevorstehen,** bedrohen; — imminentia, ium n. die drohende Zukunft
F. imminent: bevorstehend, drohend — die Imminenz: drohende Nähe
im-minuo, minui, minūtus 3. **vermindern,** verkürzen, verkleinern; beeinträchtigen, schmälern; schwächen, entkräften; geringschätzig behandeln
imminūtio, ōnis f. (cf. imminuo) **Verminderung,** Verkleinerung

im-misceo, miscui, mixtus und mistus 2. **hineinmischen, einmischen,** einmengen; einreihen, einflechten, hereinziehen; — se immiscere und pass. in etwas mit hineingezogen werden, sich einlassen, an etwas teilnehmen
F. immiszieren: einmischen, eindrängen — immiszibel: unvermischbar — die Immiszibilität: Unvermischbarkeit

im-miserābilis, e **erbarmungslos**

immissio, ōnis f. (cf. immitto) das Wachsenlassen
F. die Immission: Besitzeinweisung (jur.)

im-mitis, e **unmild,** herb, unreif; **unsanft,** streng, hart, roh

im-mitto, misi, missus 3. **hineinschikken, hineinlassen,** loslassen, vorgehen lassen, vorrücken lassen; schleudern; hineinleiten, einsetzen, einfügen, einsenken, hineintreiben; anhetzen, anstiften, verursachen, zufügen; emporschießen lassen, wachsen lassen; — pass. sich hineinstürzen, eindringen, vorgehen, hineinsprengen; aufwachsen; — immissus 3 (vom Haare) lang herabwallend, lang gewachsen

immō im Gegenteil; (nach Verneinungen): ja, ja sogar, ja vielmehr; (nach Bejahungen): nein, im Gegenteil

im-mōbilis, e **unbeweglich,** unerschütterlich, unveränderlich; ohne Bewegung, untätig
M. Immobilia (bona): unbewegliche Güter
F. immobil: unbeweglich, ungerüstet, nicht kriegsfertig — immobilisieren: bewegliche Güter zu unbeweglichen machen — die Immobilien: Unbewegliches, Liegenschaften, Grundbesitz — immobiliar: die unbeweglichen Güter betreffend — die Immobilität: die Unbeweglichkeit

immoderātio, ōnis f. (cf. immoderatus) **Unmäßigkeit, Maßlosigkeit**
F. die Immoderation i. a. B.

im-moderātus 3 **unermeßlich; maßlos,** ungemäßigt, übertrieben, unbändig, zügellos; ohne Maß und Regel
F. immoderat: unmäßig, übertrieben

im-modestia, ae f. **Unbescheidenheit;** Ungehorsam, Disziplinlosigkeit

im-modestus 3 **unbescheiden,** zügellos, frech, disziplinlos
F. immodest: unbescheiden, unehrbar, unanständig

im-modicus 3 **das Maß überschreitend,** übermäßig, **groß; maßlos,** zügellos, ohne Maß

im-modulātus 3 unmelodisch

immolātio, ōnis f. (cf. immolo) **Opferung**

im-molitus 3 (cf. molior) hineingebaut

im-molo 1. (cf. mola) (mit Opfermehl bestreuen) **opfern,** hinopfern, töten

im-morior, mortuus sum 3. in, auf, über, bei etwas sterben

im-moror 1. **bei etwas verweilen**

im-morsus 3 (cf. mordeo) gebissen, angenagt

im-mortālis, e **unsterblich,** unvergänglich, ewig
F. immortell (franz.) i. a. B. — die Immortelle: Strohblume

immortālitas, tātis f. (cf. immortalis) **Unsterblichkeit,** Unvergänglichkeit, Ewigkeit
F. die Immortalität i. a. B. — immortalisieren: unsterblich machen — die Immortalisation: Verewigung

im-mōtus 3 **unbewegt,** unbeweglich, unverändert, ungestört, unveränderlich, fest; **unerschüttert,** ungerührt

im-mūgio 4. dazu brüllen, erdröhnen

im-mulgeo 2. hineinmelken

im-mundus 3 unrein, unsauber; schmutzig

im-mūnio 4. dabei befestigen, einen festen Platz anlegen

im-mūnis, e (cf. munus) **frei von Leistungen,** abgabenfrei, steuerfrei; frei von Beträgen, ohne Geschenke; frei von Dienst, dienstfrei; undienstfertig; frei, ledig, befreit von
F. immun: frei von Staatsdiensten; steuerfrei; nicht gerichtlich verfolgbar; seuchenfest — immunisieren: sichern, seuchenfest machen, impfen — die Immunisierung: Schutzimpfung

immūnitas, tātis f. (cf. immunis) **Steuerfreiheit,** Abgabenfreiheit, Vergünstigungen, Privilegium
F. die Immunität: Steuerfreiheit; Seuchen-

festigkeit; Unempfänglichkeit; Sicherheit der Abgeordneten
im-munītus 3 **unbefestigt**
im-murmuro 1. **hineinmurmeln, zu murren anheben**
im-mutābilis 3 **unveränderlich,** unwandelbar
F. immutabel i. a. B.
immutabilitas, tātis f. (cf. immutabilis) **Unveränderlichkeit,** Unwandelbarkeit
F. die Immutabilität i. a. B.
immutātio, ōnis f. (cf. immuto) **Veränderung,** Vertauschung
im-mutēsco, mūtui 3. **verstummen**
im-mūto 1. **verändern,** umwandeln, umgestalten; metonymisch (begrifftauschend) gebrauchen; allegorisch (sinnbildlich) gebrauchen; — pass. sich ändern, sich verändern
im-pacātus 3 **unfriedlich, unruhig**
im-par (abl. sing. auch e) **ungleich,** ungerade; nicht gewachsen, nicht ebenbürtig
F. impar, impair (franz.): ungleich — die Imparität: Ungleichheit
im-parātus 3 **unvorbereitet,** ungerüstet
im-pāstus 3 ungefüttert, hungrig
im-patibilis, e (cf. patior) **unerträglich**
im-patiens, ntis **unfähig, zu ertragen;** sich sträubend, **ungeduldig;** (meist mit gen. obi.) **nicht mächtig,** nicht gewachsen; unempfindlich
impatientia, ae f. (cf. impatiens) **Unvermögen, etwas zu ertragen, Ungeduld,** Unempfindlichkeit
im-pavidus 3 **unerschrocken,** unverzagt, fruchtlos, beherrscht
impedimentum, i n. (cf. impedio) **Hindernis;** — plur. **Gepäck,** Reisegepäck; Heeresgepäck, **Bagage; Troß, Train,** Packpferde
im-pedio 4. (cf. in und pes) **verwickeln,** verstricken, festhalten; unzugänglich machen, versperren; aufhalten, **verhindern,** hemmen, abhalten, in Verlegenheit bringen (mit quominus, selten ne, quin und inf.; — wovon, woran: a, in re und abl. z. B. fugā); — **impedītus** 3 **gehindert,** gehemmt; **unzugänglich,** unwegsam, schwer passierbar; **schwer bepackt, nicht schlagfertig,** nicht kampfbereit; **schwierig,** verwickelt, mißlich
im-pello, puli, pulsus 3. **anstoßen; bewegen,** in Bewegung setzen, fortstoßen; umstoßen, über den Haufen werfen, niederwerfen, zu Fall bringen; **antreiben,** veranlassen, verleiten, reizen; — pass. sich hinreißen, verleiten lassen; — impulsus 3 verleitet, veranlaßt z. B. irā impulsus aus Zorn, zornentbrannt
im-pendeo 2. **überhangen,** darüberhangen; nahe sein, bevorstehen, **drohen**
impendium, ii n. (cf. impendo) **Aufwand,** Kosten; **Verlust,** Schaden; **Zinsen;** — impēndio adv. bei weitem, sehr viel
im-pendo, pendi, pēnsus 3. **abwägen,** (Geld aufwenden) **ausgeben; verwenden,** anwenden; — **impēnsus** 3 **teuer, kostspielig,** hoch; bedeutend, groß; dringend, eifrig, inständig, heftig; — **impēnsa,** ae f. (scil. pecunia) Kosten, Auslagen, Aufwand, Unkosten; Aufopferung, Verwendung
im-penetrābilis, e undurchdringlich; unzugänglich, unüberwindlich
F. impenetrabel: undurchdringlich
impēnsa, ae f. cf. impendo
impēnsus 3 cf. impendo
imperātor, ōris m. (cf. impero) (abgekürzt Imp.) **Gebieter,** Herr, **Herrscher; Oberfeldherr, Feldherr;** siegreicher Feldherr (Ehrentitel); **Kaiser**
M. Imperator Rex (abgek. I. R.): Kaiser und König
imperatōrius 3 (cf. imperator) feldherrlich, kaiserlich
imperātrix, īcis f. (cf. imperator) **Gebieterin, Herrin,** Kaiserin
imperātum, i n. cf. impero
im-perceptus 3 (cf. percipio) nicht wahrgenommen, unentdeckt
im-percussus 3 (cf. percutio) nicht angestoßen, geräuschlos

im-perditus 3 nicht getötet

im-perfectus 3 **unvollendet,** unvollständig
F. das Imperfekt: die Zeit der unvollendeten Handlung, Mitvergangenheit (sprachl.) — imperfekt: unvollendet, unvollkommen

im-perfossus 3 (cf. perfodio) undurchbohrt

imperiōsus 3 (cf. imperium) gebietend, herrschend; gebieterisch, herrisch, tyrannisch

imperitia, ae f. (cf. imperitus) **Unerfahrenheit, Unwissenheit**

imperito 1. (cf. impero) gebieten, befehlen

im-perītus 3 (mit gen.) **unerfahren, unkundig,** unbekannt mit alcis rei; — subst. unerfahrener Mensch, Laie

imperium, ii n. (cf. impero) **Befehl,** Vorschrift; Macht, Gewalt; **Herrschaft,** Regierung; **Amtsgewalt; Oberbefehl,** Oberkommando; Amtsperson, Beamter, Behörde; Amtsführung, Amtsdauer; **Reich, Staat**
F. Imperium Romanum: Römisches Reich — imperial: kaiserlich, herrlich — der Imperialismus: Kaiserherrschaft; Willkürherrschaft, Weltherrschaft, Streben nach Weltherrschaft

im-permissus 3 unerlaubt

im-pero 1. (cf. in und paro) **befehlen,** gebieten; eine Leistung auferlegen, auftragen, anbefehlen; befehligen, herrschen, gebieten, regieren; — imperātum, i n. Befehl, Auftrag; i. facere den Befehl ausführen, Gehorsam leisten, sich unterwerfen
F. der Imperativ: Befehlsform (sprachl.) — imperativ: befehlend, dem Befehle dienend — imperativisch: befehlend, im Imperativ (sprachl.)

im-perspicuus 3 **nicht zu durchschauen,** unerkennbar

im-perterritus 3 **unerschrocken**

im-pertio und ior 4. (cf. partio) **zuteilen,** mitteilen, gewähren, schenken

im-pertubātus 3 **ungestört,** ruhig

im-pervius 3 **undurchschreitbar,** unwegsam

impete cf. impetus

impetrābilis, e (cf. impetro) **erreichbar**

impetrātio, ōnis f. (cf. impetro) **Erreichung,** Errungenschaft, Vergünstigung

im-petro 1. (cf. patro) bewirken, **durch Bitten erreichen, erlangen,** durchsetzen
F. der Impetrant: Kläger (jur.) — der Impetrat: Beklagte (jur.) — die Impetration: Erlangung, Klage (jur.)

impetus, ūs m. **Andrang,** Ansturm, Gewalt, Ungestüm, Wucht, Schwung; **Angriff,** Überfall; **heftiges Verlangen,** Begierde, Drang, Trieb, Eifer; Neigung; **Leidenschaft,** Hitze; rascher Entschluß; Schwung (der Rede); — impete (abl. zu impes, etis m.) mit Ungestüm im Angriff, angriffsweise
M. impetuoso (it.): stürmisch (mus.)

im-pexus 3 (cf. pecto) **ungekämmt,** schmucklos

impietas, tātis f. (cf. impius) **Pflichtvergessenheit,** Ehrfurchtslosigkeit, **Gottlosigkeit;** Majestätsbeleidigung
F. die Impietät i. a. B.

im-piger, pigra, pigrum 3 **nicht faul, unverdrossen,** rastlos, **rührig,** unermüdlich

impigritas, tātis f. **Unverdrossenheit,** Unermüdlichkeit

im-pingo, pēgi, pactus 3. (cf. pango) **einschlagen,** anschlagen; **wohin treiben,** drängen; pass. **auf etwas stoßen;** etwas aufdrängen, aufnötigen

im-pius 3 **pflichtvergessen, gottlos,** ruchlos, frevelhaft, unehrerbietig, verrucht; subst. Frevler, Bösewicht, Gottloser

im-placābilis, e **unversöhnlich, unerbittlich**
F. implakabel i. a. B. — die Implakabilität: Unversöhnlichkeit

im-placātus 3 **unbesänftigt,** unversöhnlich; unersättlich

im-placidus 3 **nicht ruhig, nicht friedlich,** kriegerisch

im-plānus 3 **uneben**

im-plecto, plexi, plexus 3. **hinein-**

flechten, verflechten; implexus luctu ganz in Trauer verloren

im-pleo, plēvi, plētus 2. (implevisse = implēsse) **anfüllen,** einfüllen, sättigen, befriedigen, stillen; **befruchten,** schwängern; vollzählig **machen,** vollständig **machen, erfüllen; vollbringen,** vollführen; **ausfüllen,** erreichen; vertreten

implicātio, ōnis f. (cf. implico) **Verflechtung,** Einflechtung, Verwickelung, Verworrenheit, Verwirrung

F. die Implikation i. a. B.

implicātus und implicitus cf. implico

implicito 1. (cf. implico) verwickeln

implico, ātus und itus 1. **hineinwickeln,** verwickeln; **verflechten;** verknüpfen, verbinden; **verwirren,** in Verwirrung bringen, umwickeln, umwinden, umschlingen; — pass. verwickelt werden, sich verwickeln; in etwas verstrickt werden, hineingeraten; — implicātus, implicitus 3 verwickelt, verworren; verschlossen

M. implicite: einbegriffen, eingeschlossen

F. implizieren: einwickeln, miteinbegreifen

implorātio, ōnis f. (cf. imploro) das Anflehen, Hilferuf

im-plōro 1. anrufen, **anflehen,** flehentlich rufen; **erflehen,** erbitten

F. implorieren i. a. B. — der Implorant: Kläger (jur.) — der Implorat: Beklagte (jur.)

im-plūmis, e (cf. pluma) ungefiedert, nackt

im-pluo, plui 3. hineinregnen, herabregnen

impluvium, ii n. (cf. impluo) Zisterne; Hofraum, Hausgarten (des römischen Hauses)

F. das Impluvium i. a. B.; Kircheneingang

im-polītus 3 ungeglättet; ungefeilt, schmucklos, schlicht; ungebildet

im-pollūtus 3 unbefleckt

im-pōno, posui, positus (postus) 3. **hineinlegen,** hineinsetzen (alqm, alqd in rem); einschiffen, an Bord schaffen; **einsetzen,** anstellen; **aufstellen,** aufsetzen; auflegen, auferlegen, aufbürden (jdm. alci); aufbinden, hinters Licht führen, täuschen; anlegen, ansetzen; (ein Ende) setzen; (Namen) beilegen; (Übles) antun, zufügen

F. imponieren: auferlegen; Achtung, Bewunderung, Ehrfurcht einflößen — imponierend, imposant (franz.): auffallend, bedeutsam, überwältigend, Eindruck machend, Ehrfurcht gebietend — der Impost: Auflage, Warensteuer; Pfeilerknauf (architekt.)

im-porto 1. **einführen (Waren); herbeiführen, zuführen, verursachen**

F. importieren: einführen — der Import: Einfuhr — die Importen: Einfuhrwaren — die Importe: überseeische Zigarre — die Importation: Wareneinfuhr — der Importeur (franz.): Einfuhrhändler — important: wichtig, bedeutend — die Importanz: Wichtigkeit, Erheblichkeit

importūnitas, tātis f. (cf. importunus) Rücksichtslosigkeit, Frechheit, Unverschämtheit

F. die Importunität: Beschwerlichkeit, Lästigkeit

im-portūnus 3 **ungünstig gelegen,** unzugänglich; ungünstig; **ungelegen,** lästig, beschwerlich, mißlich; rücksichtslos, unverschämt, frech, zudringlich

F. importun: ungeeignet, unpassend, ungestüm

im-portuōsus 3 hafenlos

im-potens, ntis (abl. i und e) **machtlos, ohnmächtig,** schwach; (mit gen. obi.) einer Sache nicht mächtig, nicht Herr über; ohne Selbstbeherrschung, maßlos, zügellos, unbändig, ungestüm, übertrieben

F. impotent: unvermögend, unfähig

im-potentia, ae f. (cf. impotens) **Ohnmacht, Zügellosigkeit,** Unbändigkeit, Leidenschaftlichkeit

F. die Impotenz: Unvermögen, Unfähigkeit, Ohnmacht; Geistesschwäche

im-praesentiārum adv. (aus in praesentia harum scil. rerum) für jetzt, vorderhand

im-prānsus 3 ohne Frühstück, nüchtern

im-precor 1. anwünschen, Böses wünschen, fluchen

F. die Imprekation: Verwünschung, Verfluchung

impressio, ōnis f. (cf. imprimo) **Eindruck;** Ausdruck, Aussprache (der Wörter); Takt, Hebung und Senkung; das Eindringen, Einfall, Angriff
F. die Impression: Eindruck, Wirkung — der Impressionist: Maler oder Dichter, der die Natureindrücke unverändert wiedergibt — der Impressionismus: Eindruckskunst, Eindrucksmalerei (naturalistische Richtung)

im-prīmis (in primis) adv. **in erster Linie, vorzüglich, besonders**

im-primo, pressi, pressus 3. **eindrücken, aufdrücken; bezeichnen;** abdrücken; — pass. Eindrücke erleiden, bekommen
F. das Imprimatur: Druckgenehmigung — das Impressum: Druckschrift

improbitas, tātis f. (cf. improbus) **Schlechtigkeit,** Unredlichkeit
F. die Improbität i. a. B.

improbo 1. **mißbilligen,** verwerfen, zurückweisen

im-probus 3 **schlecht, böse,** unredlich, ruchlos, verworfen; unverschämt, frech, schamlos; unanständig; maßlos, übertrieben

im-procērus 3 niedrig, klein, unansehnlich

im-prōmptus 3 nicht rasch, langsam, nicht schlagfertig

im-properātus 3 unbeschleunigt, langsam

im-prōsperus und improsper 3 unheilvoll, unglücklich

im-prōvidus 3 nicht voraussehend, nicht ahnend, ahnungslos; achtlos, arglos, unvorsichtig, unbekümmert

im-provīsus 3 unvorhergesehen, unvermutet, überraschend; — de und ex improvisō, improviso adv. unversehens, unvermutet
F. improvisieren: aus dem Stegreif, ohne Vorbereitung reden oder dichten — die Improvisation: Leistung aus dem Stegreif, Gelegenheitsdichtung — der Improvisator: Stegreifdichter, -sänger, -redner

im-prūdens, ntis unwissend, **unkundig,** unerfahren; unverständig, **unklug;** nicht ahnend, ahnungslos; unabsichtlich

imprudentia, ae f. (cf. imprudens) **Unwissenheit,** Unkenntnis, Ahnungslosigkeit, Unabsichtlichkeit, Unachtsamkeit, Unvorsichtigkeit, Unüberlegtheit, Übereilung

im-pūbes, eris und (poet.) im-pūbis, e **noch nicht mannbar, unerwachsen,** unreif; — subst. plur. Kinder, Knaben

im-pūdens, ntis schamlos, unverschämt

im-pudentia, ae f. (cf. impudens) Schamlosigkeit, Unverschämtheit

impudicitia, ae f. (cf. impudicus) Unzüchtigkeit, Unzucht

im-pudīcus 3 unzüchtig, unkeusch

impugnātio, ōnis f. (cf. impugno) Bestürmung, Angriff

im-pūgno 1. angreifen, bestürmen; bekämpfen, anfeinden

impulsio, ōnis f. (cf. impello) Antrieb, Anregung

impulsor, ōris m. (cf. impello) Antreiber, Anreger

impulsus, ūs m. (cf. impello) **Anstoß,** Stoß; **Antrieb,** Anregung
F. der Impuls i. a. B. — impulsiv: lebhaft, anregend, leicht erregbar — die Impulsivität: impulsives Wesen

impūne (adv.) (cf. poena) **straflos,** ungeahndet, ohne Nachteil, ohne Schaden, ohne Gefahr

impūnitas, tātis f. (cf. impune) **Straflosigkeit,** Zügellosigkeit, Ungebundenheit
F. die Impunität: Straflosigkeit

im-punītus 3 ungestraft, straflos; zügellos, ungebunden

impūritas, tātis f. (cf. impurus) Lasterhaftigkeit

im-pūrus 3 **unrein, schmutzig, lasterhaft,** schändlich, verworfen

imputātus 3 unbeschnitten, ungepflegt

im-puto 1. 1.) einschneiden 2.) **anrechnen, zuschreiben,** zur Last legen
M. impfen (L)
F. imputieren: anrechnen, zur Last legen — imputabel: zurechnungsfähig, verantwortlich — die Imputabilität: Zurechnungsfähigkeit — die Imputation: Zurech-

nung, Beschuldigung, Ausgleichung gegenseitiger Forderungen

imus 3 cf. inferus

in (praep.) 1.) mit abl. a) (räumlich auf die Frage „wo?") **in** (urv.), **an, auf** z. B. oppidum in colle situm est; in loco am rechten Platz, rechtzeitig; alqd mihi in manibus est ich habe etwas in der Hand, ich bearbeite etwas b) (zeitlich auf die Frage „wann?") **in, innerhalb, während** z. B. in rebus adversis, in bello (M. Bei reinen Zeitangaben gewöhnlich bloßer abl. z. B. aetate, vere etc. dagegen: in tempore zur rechten Zeit, in eo tempore in diesem [kritischen] Augenblick, bis in die zweimal am Tage) c) (übertragen bei Angabe von Umständen, Verhältnissen u.s.w.) **in, an, unter;** (oft mit kausaler oder konzessiver Bedeutung) **wegen, trotz** z. B. in armis esse unter Waffen stehen, in oculis civium esse unter den Augen seiner Mitbürger leben, in senectute wegen, trotz des Alters; — (bei Angabe von Personen oder Sachen, bei denen etwas vorhanden ist) **in, an, bei** z. B. in te hoc laudo dies lobe ich an dir, quantum in me est soweit es auf mich ankommt, in his, in quibus darunter; — (bei Angabe der Zahl, Menge, zu der etwas gehört) **unter, an;** (bei Angabe der Beziehung) **in betreff, bezüglich, hinsichtlich.** — 2.) mit acc. a) (räumlich auf die Frage „wohin?") **in, an, auf, nach** z. B. in urbem proficisci; b) (zeitlich auf die Frage „auf wann? auf, für wie lange?") **in ... hinein, bis in ... hinein, auf, für** z. B. bellum in hiemen ducere bis in den Winter hinein, in lucem bis in den hellen Tag hinein, in multam noctem pugnare bis in die tiefe Nacht hinein, in dies, in singulos dies von Tag zu Tag, täglich, in diem in den Tag hinein, in certam diem indicere; c) (bei Angabe der Ausdehnung und Richtung) **in, nach** z. B. in latum in die Breite, in altum in die Höhe, in obliquum schräg, in omnes partes nach allen Seiten, nach allen Richtungen; d) (bei Angabe einer Einteilung oder Verteilung) **unter, an, auf, für** z. B. in socios distribuere; — (bei Angabe des Zweckes, Zieles, der Absicht, Bestimmung) **zu, für, behufs, gegen** (feindlich und freundlich), **gemäß, nach** z. B. severus in hostes, gratus in parentes, hostilem in modum auf feindliche Art, in eandem sententiam loqui in demselben Sinne reden, iurare in verba auf die Worte schwören, in vicem wechselweise, in rem esse sachgemäß sein, förderlich sein, in vulgus = vulgo

in (Präfix der Verneinung) **nicht, ohne, un-** z. B. ingratus, indignus, improbare etc.

in-accessus 3 (cf. accedo) unzugänglich

in-acēsco, acui 3. sauer werden

Inachus, i m. E. Vater der Jo, Gründer und König von Argos; — Inachius 3 von I. stammend; — Inachis, idis f. Tochter des I., Jo; — Inachides, ae m. Nachkomme des I. (Epaphus und Perseus)

in-adūstus 3 unversengt

in-aedifico 1. anbauen, bei etwas aufbauen; verbauen

in-aequābilis, e ungleichmäßig, ungleich, ungleichförmig

in-aequālis, e uneben; ungleich, wechselvoll, wechselnd, veränderlich

in-aequo 1. eben machen, einebnen

in-aestimābilis, e unschätzbar, unberechenbar; von unschätzbarem Wert, unvergleichlich

in-aestuo 1. in etwas aufkochen, aufbrausen

in-alpīnus 3 in den Alpen wohnend

in-amābilis, e unliebenswürdig, verhaßt, widerlich

in-amarēsco, rui 3. (cf. amarus) bitter werden, einem vergällt werden

in-ambitiōsus 3 nicht ehrgeizig, anspruchslos

in-ambulātio, ōnis f. (cf. inambulo) das Auf- und Abgehen
in-ambulo 1. auf und abgehen, umhergehen, spazieren gehen
in-amoenus 3 unerfreulich, reizlos, traurig
in-animālis, e =inanimus
in-animus 3 unbeseelt, unbelebt, leblos
in-ānis, e leer, ledig; mit leeren Händen, arm, unbemittelt; ausgeplündert; **gehaltlos, wertlos;** grundlos, **nichtig; eitel,** gefallsüchtig, selbstgefällig, prahlerisch; subst. m. Narr, Geck; subst. n. Leere, leerer Raum
F. inan: leer, eitel — die Inanition: Ausleerung, Entkräftung; die Erniedrigung Christi
inānitas, tātis f. **Leere,** Hohlheit; **Eitelkeit**
F. die Inanität i. a. B.
in-arātus 3 ungepflügt
in-ardēsco, ārsi 3. (mit dat.) sich einbrennen; sich entzünden, entbrennen, zu brennen beginnen
in-arēsco, ārui 3. eintrocknen
Inarime, ēs f. = Aenaria
in-assuētus 3 ungewohnt, ungewöhnlich
in-attenuātus 3 ungeschwächt
in-audax, ācis unbeherzt, verzagt
in-auditus 3 ungehört, unerhört; unverhört; unbekannt, ungewöhnlich, noch nicht dagewesen
in-auguro 1. **Augurien anstellen, die Vögel befragen;** einweihen, weihen; — inaugurāto (abl. abs.) nach Anstellung von Augurien
F. inaugurieren: feierlich einweihen, einsetzen — die Inauguration: Einweihung, feierliche Einsetzung — die Inauguraldissertation: Einweihungsschrift, gelehrte Abhandlung — die Inauguralrede: Weiherede, Antrittsrede
in-aures, ium f. (cf. aures) Ohrgehänge
in-auro 1. (cf. aurum) vergolden
in-auspicātus 3 nicht durch Vogelzeichen gutgeheißen
in-ausus 3 ungewagt, unversucht
inb = imb
in-caeduus 3 (cf. caedo) ungeschlagen, ungehauen
in-calēsco, calui 3. warm werden, heiß werden, sich erwärmen; erglühen, entbrennen
in-calfacio 3. erwärmen
in-callidus 3 unklug, ungeschickt
in-candēsco, candui 3. weiß werden; weiß glühend, heiß werden
in-canēsco, cānui 3. grau werden, weiß werden
in-canto 1. durch Zaubersprüche weihen
in-cānus 3 ganz grau
incassum cf. cassus
in-castigātus 3 ungezüchtigt, ungestraft, ungetadelt
in-cautus 3 1.) act. unvorsichtig, unbedachtsam, sorglos, unbekümmert, arglos 2.) pass. unbehütet, unverwahrt, ungesichert
in-cēdo, cessi, cessum 3. **einherschreiten,** einhergehen; einherziehen, marschieren, anrücken, vorrücken; **anbrechen,** hereinbrechen, anheben, um sich breiten, sich verbreiten, überkommen, befallen, anwandeln (mit dat. z. B. terror matribus incessit); betreten, beschreiten
in-celebrātus 3 nicht erwähnt
in-cenātus 3 nüchtern, hungrig
incendiārius, ii m. (cf. incendium) Brandstifter
incendium, ii n. (cf. incendo) **Brandstiftung, Feuersbrunst,** Feuer; Feuerbrand, Fackel; Hitze, Glut; äußerste Gefahr, Verderben, Vernichtung
in-cendo, cendi, cēnsus 3. (cf. candeo) **anzünden,** in Brand setzen, anbrennen (pass. in Brand geraten); erleuchten, erhellen; **entzünden, entflammen;** (pass.) entbrennen; steigern, vergrößern, erhöhen; aufhetzen, aufreizen, erbittern; — incēnsus 3 entflammt
F. der Inzens, die Inzensation: liturgische Beräucherung (mit Weihrauch)
incēnsio, ōnis f. (cf. incendo) Brandstiftung, Brand
incēnsus cf. incendo

in-cēnsus 3 (cf. censeo) ungeschätzt
inceptio, ōnis f. (cf. incipio) das Beginnen
inceptum, i n. (cf. incipio) der Anfang, Beginn; das Vorhaben, Unternehmen
inceptus, ūs m. = inceptum
in-cerno, crēvi, crētus 3. darauf sieben, darüber streuen
in-certus 3 **ungewiß, unsicher,** unentschieden, unbestimmt, unzuverlässig; — incertum, i n. Ungewißheit, Unbestimmtheit; — incerta, ōrum n. Wechselfälle; — schwankend, zweifelhaft, unschlüssig
in-cesso, cessīvi 3. (cf. incedo) auf jemd. eindringen, losgehen, jemd. anfallen, angreifen; bedrohen, schmähen, schelten
incessus, ūs m. (cf. incedo) das Einherschreiten, der Gang; das Vordringen, der Einfall; Marschlinie
incesto 1. beflecken, verunreinigen, schänden
in-cestus 3 (cf. castus) unzüchtig, unkeusch, blutschänderisch, unrein; befleckt; — incestum, i n. Unzucht, Blutschande
incestus, ūs m. (cf. castus) Blutschande
F. der Incest i. a. B.
inchoo 1. = incoho
in-cido, incidi 3. (cf. cado) **in etwas fallen; sich hineinstürzen,** sich ergießen, überfallen, anfallen; unvermutet in etwas geraten, auf jemd. stoßen, wohin gelangen; **vorfallen,** sich zutragen, sich ereignen, widerfahren
F. inzident: einfallend, beiläufig, zufällig — die Inzidenz: Einfall, Vorfall, Einrükkung, Berührung — koinzidieren: ineinanderfallen — koinzident: zusammenfallend
in-cīdo, cīdi, cīsus 3. (cf. caedo) **einschneiden,** eingraben, einhauen; beschneiden, zerschneiden; abbrechen, unterbrechen
F. die Inzision: Einschnitt, Leichenöffnung — inzisiv: einschneidend, zerteilend, verdünnend — die Inzisur: gemachter Einschnitt

in-cingo, cinxi, cinctus 3. **umgürten,** umgeben, umschließen
in-cipio, coepi und incēpi, coeptus und inceptus 3. (cf. capio) **anfangen, beginnen;** mit etwas a re z. B. a Iove; — in Angriff nehmen, unternehmen; zu reden beginnen, anheben
incise und **incisim** adv. (cf. incido) abgeschnitten, zergliedert, in kurzen Sätzen
incisio, ōnis f. (cf. incido) Einschnitt, Abschnitt, Glied (einer Periode)
incīsum, i n. = incisio
incitamentum, i n. (cf. incito) Reizmittel, **Anreiz,** Antrieb, Sporn, Stachel; Anstifter
incitātio, ōnis f. (cf. incito) **Erregung,** Anfeuerung; Schwung; Trieb, Drang
incitātus 3 cf. incito
in-cito 1. in schnelle Bewegung setzen, **antreiben,** beschleunigen; erregen, **anspornen,** anfeuern; aufregen, aufwiegeln, aufreizen; vergrößern, steigern; — se incitare und pass. in schnelle Bewegung kommen, seinen Lauf beschleunigen, vorwärtseilen etc.; — **incitātus** 3 angetrieben; schnell, rasch, eilig, lebhaft
in-citus 3 (cf. cieo) stark bewegt, schnell
in-citus 3 unbewegt, unbeweglich
in-cīvīlis, e unhöflich, unfreundlich, ungerecht, grausam
in-clāmo 1. laut rufen, anrufen, anschreien
in-clarēsco, clārui 3. berühmt werden
in-clēmens, entis schonungslos, unbarmherzig, streng, hart
inclementia, ae f. (cf. inclemens) Schonungslosigkeit, Unbarmherzigkeit, Härte
inclinātio, ōnis f. (cf. inclino) **Neigung,** Biegung; Abweichung, Veränderung, Wechsel; Zuneigung
F. die Inklination: Neigung, Zuneigung; Neigung der Bahnebene eines Körpers im Sonnensystem gegen die Ekliptik; Abweichung der Magnetnadel von der waagrechten Lage

inclinātus 3 cf. inclino

in-clino 1. **neigen,** beugen, biegen, krümmen (pass. sich neigen); — ins Wanken kommen, schwanken, weichen; hinneigen, hinwenden; pass. sich hinneigen, sich zuneigen, geneigt sein; — zum Sinken bringen, zu Falle bringen, herunterbringen, schädigen; pass. sinken, sich zum Schlechten wenden; — den Ausschlag geben, entscheiden; — inclinātus 3 geneigt, sich neigend; (von der Stimme) gesenkt, tief; zugeneigt, zugetan, günstig gestimmt; abwärts gehend, sinkend

F. inklinieren: Neigung haben — inklinant: zuneigend, stromaufwärtsgerichtet — das Inklinometer: Vorrichtung zum Nivellieren

in-clitus = inclutus

in-clūdo, clūsi, clūsus 3. (cf. claudo) **einschließen;** einsperren, umschließen, einengen; einfügen, einlassen, anbringen; verschließen, versperren, hemmen, hindern; endigen, schließen

M. incl. = inclusive: einschließlich, mitgerechnet

F. inkludieren: einschließen — die Inklusion: Einschließung, Inbegriff, Einschluß — das Inklusum: das Beigeschlossene, Beilage

in-clutus und **in-clitus** 3 (cf. clueo) **berühmt, bekannt**

in-cōgito 1. etwas gegen jemd. ausdenken, aussinnen

in-cōgnitus 3 ungekannt, unbekannt; nicht anerkannt; ununtersucht

F. inkognito: unerkannt, unter angenommenem Namen — das Inkognito: Verheimlichung des Namens, Deckname

in-coho (inchoo) 1. **anfangen,** beginnen; — incohātus 3 angefangen, unvollendet, unvollständig

F. inchoativ: anfangend, einleitend — das Inchoativum: Beginnzeitwort (sprachl.) — die Inchoative: Einleitung, das Beginnen

incola, ae m. und f. (cf. incolo) **Einwohner,** Bewohner; Insasse, Metöke (eingesessener Fremdling, Schutzgenosse), Einwohnerin usw.

in-colo, colui, cultus 3. **wohnen, bewohnen**

in-columis, e (cf. calamitas) **unverletzt, unversehrt,** heil

incolumitas, tātis f. (cf. incolumis) **Unverletztheit, Unversehrtheit,** Sicherheit

in-comitātus 3 ungeleitet, unbegleitet

in-commendātus 3 unempfohlen, preisgegeben

incommoditas, tātis f. **Ungunst, Bedrängnis**

F. die Inkommodität: Beschwerlichkeit, Unbequemlichkeit

in-commodus 3 **unbequem, ungelegen,** lästig, unangenehm; unfreundlich, unleidlich; — incommodum, i n. Unbequemlichkeit, Unannehmlichkeit, Ungelegenheit; Nachteil, Schaden; incommodum accipere Schaden erleiden; incommodum ferre, afferre dare alci jedm. Schaden zufügen; — Niederlage, Schlappe

F. inkommodieren: belästigen — sich i.: sich bemühen

in-commutābilis, e unveränderlich

in-compertus 3 unerforscht, unbekannt

in-compositus 3 ungeregelt, ungeordnet, unordentlich, nicht fest geschlossen, regellos, kunstlos, ungelenk

in-cōmptus 3 ungepflegt, ungeordnet, ungekämmt, vernachlässigt; kunstlos, schmucklos, schlicht, einfach

in-concessus 3 unerlaubt, verboten

in-concinnus 3 unharmonisch, unschicklich, ungeschickt, ungereimt, plump

in-concussus 3 unerschüttert

in-conditus 3 ungeordnet, ungeregelt; kunstlos, regellos, plump, roh

in-congruens, entis unpassend

in-considerantia, ae f. Unbesonnenheit

in-considerātus 3 unüberlegt, unbedacht, übereilt; unbedachtsam, unbesonnen

in-consolābilis, e untröstlich

in-cōnstans, ntis unbeständig, schwankend, unsicher; inkonsequent, nicht folgerichtig

in-constantia, ae f. (cf. inconstans) Unbeständigkeit, Wankelmut; Inkonsequenz

in-consultus 3 unbefragt, unberaten, ratlos; unüberlegt, unbesonnen, unbedachtsam

in-comsūmptus 3 unverbraucht, unvermindert

in-contaminātus 3 unbefleckt, rein

in-contentus 3 ungespannt

in-continens, entis unenthaltsam, ungenügsam; lüstern, frech

incontinentia, ae f. (cf. incontinens) Unenthaltsamkeit

F. die Inkontinenz: Unenthaltsamkeit; das Unvermögen, ein natürliches Bedürfnis aufzuhalten

in-conveniens, ntis nicht übereinstimmend, unähnlich

F. inkonvenient: nicht passend, unschicklich, ungelegen — die Inkonvenienz: Ungelegenheit, Schwierigkeit, Unschicklichkeit

in-coquo, coxi, coctus 3. einkochen; färben

in-correctus 3 unverbessert

F. inkorrekt: unrichtig — die Inkorrektheit: Unrichtigkeit — inkorrigibel: unverbesserlich — die Inkorrigibilität: Unverbesserlichkeit

in-corruptus 3 unverdorben; unverfälscht, echt, wahr; unbefangen, aufrichtig; unbestochen, unbestechlich

in-crebrēsco, crebrui und **increbesco,** crebui 3. häufig werden, zunehmen, überhand nehmen, sich verbreiten; increbuit proverbio es ist zum landläufigen Sprichtwort geworden

in-credibilis, e **unglaublich** (oft mit 2. sup. z. B. incredibili dictu, auditu, memoratu); außerordentlich, erstaunlich

in-crēdulus 3 ungläubig

incrementum, i n. (cf. incresco) Wachstum, Zuwachs, Nachwuchs, Sprößling

increpito 1. (cf. increpo) **laut zurufen;** jemd. schelten, anfahren, tadeln, höhnen

in-crepo, crepui, crepitus 1. 1.) (intr.) **rauschen,** rasseln, klirren, lärmen; laut werden, sich verlauten lassen, sich regen; — 2.) (trans.) **erdröhnen lassen,** ertönen lassen; **hart anfahren, vorwerfen,** tadeln, **schelten,** anfahren; aufrufen

in-crēsco, crēvi 3. einwachsen; aufwachsen; wachsen, zunehmen, steigen

incrētus 3 cf. incerno

in-cruentātus 3 nicht mit Blut befleckt

in-cruentus 3 **unblutig;** heil. ohne Verlust, unverwundet

in-crūsto 1. (cf. crusta) mit einer Kruste überziehen; beschmutzen

F. inkrustieren: berinden, überkrusten, mit Gips, Mörtel überziehen — die Inkrustation: Überkrustung, Steinüberzug — die Linkrusta: eine Linoleumart

in-cubo, cubui, cubitus (selten āvi, ātus) 1. **auf etwas liegen;** im Tempel schlafen (um ein Traumorakel zu erhalten); eifrig hüten, bewachen

F. der Inkubus: nächtlicher Alpdruck, der Teufel (in Hexenprozessen) — die Inkubation: Zeit zwischen Ein- und Ausbruch der Krankheit — der Inkubator: Brutkammer, Eierbrutmaschine

in-cūdo, di, sus 3. **schmieden,** bearbeiten; incusus 3 frisch behauen, frisch geschärft

in-culco 1. (cf. calco) fest eintreten; (in die Rede) einflicken; einprägen, eintrichtern, einschärfen; aufdrängen, aufnötigen

in-culpātus 3 unbescholten, untadelig

in-cultus 3 **unangebaut, unkultiviert;** ungeordnet, schmucklos; ungepflegt, verwildert; ungebildet, roh

in-cultus, ūs m. Ungepflegtheit, Vernachlässigung; Mangel an Bildung

in-cumbo, cubui, cubitum 3. (cf. cubo) **sich auf etwas legen,** lehnen, stützen; sich stürzen, losstürzen, eindringen, hineinstürzen; **sich auf etwas verlegen,** sich befleißigen, sich anstrengen; sich zu etwas hinneigen, sich zuwenden

incunābula, ōrum n. (cf. cunae) Windeln, Wickelbänder; Wiege; erste Kindheit; Geburtsort; erster Anfang, Ursprung

F. die Inkunabel i. a. B., Wiegendruck, Erstlingsdruck

in-curātus 3 ungeheilt, unheilbar

in-cūria, ae f. (cf. cura) **Sorglosigkeit,** Nachlässigkeit, Leichtsinn, Vernachlässigung, Mangel an Pflege

incuriōsus 3 (cf. incuria) sorglos, nachlässig, leichtsinnig; vernachlässigt

in-curro, curri (selten cucurri), cursum 3. **hineinrennen,** hineinlaufen; **heranstürmen, angreifen,** einfallen; begegnen; auf etwas stoßen, treffen; eintreffen, eintreten; wohin geraten, in etwas verfallen

incursio, ōnis f. (cf. incurro) das **Herbeilaufen;** Anlauf, **Andrang, Ansturm,** Anprall; **Angriff, Einfall,** Streifzug

F. die Inkursion: feindl. Einfall, Streifzug

in-curso 1. (cf. incurro) **anrennen, anstürmen,** angreifen, einfallen

incursus, ūs m. = incursio

F. der Inkursus: Einfall, Angriff, Straffälle

in-curvēsco und īsco 3. (cf. incurvo) sich krümmen

incurvo 1. (cf. incurvus) einkrümmen, einbiegen, nach innen beugen

incurvus 3 gebogen, gekrümmt, krumm

in-cūs, cūdis f. (cf. incudo) Amboß

incusātio, ōnis f. (cf. incuso) Beschuldigung

in-cūso 1. (cf. causa) **beschuldigen, anklagen,** Vorwürfe machen, sich beschweren

incussus, ūs m. (cf. incutio) das Anschlagen

in-custodītus 3 unbewacht; nicht geheim gehalten, nicht eingehalten

incūsus 3 cf. incudo

incutio, cussi, cussus 3. (cf. quatio) **anschlagen, anstoßen,** hinschleudern, hinwerfen, einjagen, einflößen, verursachen, erregen

indagātio, ōnis f. (cf. indago 1.) Aufspüren, Erforschung

indagātor, ōris m. (cf. indago 1.) Erforscher

indagātrix, īcis f. (cf. indagator) Erforscherin

ind-ago 1. (cf. ago) ins Netz **treiben, aufspüren,** umstellen; **erforschen,** ausfindig machen

indāgo, inis f. (cf. indago 1.) **Umzingelung,** Umstellung, Kesseltreiben, Treibjagd

in-de adv. 1.) (räumlich) **von da, von dort,** von da aus, daraus, davon 2.) (zeitlich) **von da an,** von der Zeit an, **hierauf,** dann 3.) (kausal) **deshalb, daher,** infolgedessen

in-dēbitus 3 unverdient, nicht gebührend

in-deceo 2. nicht geziemen, übel anstehen; — indecens, ntis ungebührlich, unschicklich

F. indezent i. a. B. — die Indezenz: Unschicklichkeit, Ungebührlichkeit

in-declinātus 3 nicht abgelenkt, unverändert, beständig

in-decoris, e (cf. decus) unrühmlich, ruhmlos, schimpflich

indecoro 1. (cf. indecoris) verunehren, entstellen

in-decōrus 3 unschön, häßlich; unschicklich, unrühmlich, unehrenhaft

in-defēnsus 3 unverteidigt, unbeschützt

in-defessus 3 unermüdet, unermüdlich

in-deflētus 3 unbeweint

in-deiectus 3 nicht niedergeworfen

in-delēbilis, e unvertilgbar, unauslöschlich, ewig

in-delibātus 3 unberührt, ungeschmälert

in-demnātus 3 (cf. damno) unverurteilt, ohne Urteilspruch

F. indemnisieren: außer Schuld setzen, entschädigen — die Indemnisation: Entschädigung, Vergütung, Schadloshaltung — die Indemnität: Straflosigkeit, nachträgliche Genehmigung

in-deplorātus unbeweint

in-deprēnsus 3 unfaßbar, unbegreiflich

in-desertus 3 nie verlassen, unvergänglich

in-destrictus 3 ungestreift, ungeritzt

in-detōnsus 3 ungeschoren

in-devitātus 3 unvermeidbar

index, icis m. (cf. indico) Anzeiger, Angeber, Verräter; (f. Anzeigerin u.s.w.); Kennzeichen, Beweis; Titel (eines Buches), Aufschrift; Inhalt; Verzeichnis, Katalog; — Zeigefinger

F. der Index: Zeigefinger (med.); Anzeiger; Register, Verzeichnis; Verzeichnis der verbotenen Bücher (zu deren Lesen für Katholiken kirchliche Erlaubnis notwendig ist)

India, ae f. E. Indien; — Indus, i m. Inder; — Indicus und Indus 3 indisch

in-dicens, ntis (cf. dico) nicht sagend; me indicente ohne daß ich es sage; ohne mein Geheiß

indicium, ii n. (cf. indico 1.) **Anzeige, Angabe;** Denunziation, Verrat; Erlaubnis zur Anzeige, Angabe; Lohn für die Anzeige; Kennzeichen, Merkmal

F. das Indizium, Indiz (plur. Indizien): Verdachtsgrund

indico 1. **anzeigen,** angeben, melden, verraten, entdecken; den Preis angeben, bestimmen

F. indizieren: andeuten, anzeigen — indiziert: angezeigt, geboten, den Umständen entsprechend — die Indikation: Anzeige (für eine bestimmte Krankheit), Vermutungsgrund — indikativ: anzeigend — das Indikat: das Angezeigte — der Indikativ, Indikativus: Wirklichkeitsform (sprachl.) — indikativisch: auf den Indikativ bezüglich — der Indikator: Anzeiger (auf Maschinen); Körper, der die Vollendung eines chem. Vorgangs anzeigt — die Indikatrix: Anzeigende (math.)

indico, dīxi, dictus 3. **ansagen, ankündigen,** öffentlich bekannt machen; auflegen, auferlegen; bellum indicere Krieg erklären

F. die Indiktion: Ansage, Ausschreibung, Zusammenberufung, kirchliches Aufgebot; Römerzinszahl, kaiserliche Zahl, eine der häufigsten Jahresbezeichnungen des Mittelalters, die angibt, welche Stelle das betreffende Jahr in einem Zyklus von 15 Jahren einnimmt

in-dictus 3 (cf. dico) ungesagt, ungenannt; unverhört, ohne Verteidigung; indicta causa ohne Verhör, ohne Verteidigung

Indicus cf. India

indi-dem adv. (aus inde-dem, cf. idem) ebendaher, ebenfalls aus

in-differens, ntis gleichgültig

indi-gena, ae m. und f. (cf. indiges) **eingeboren,** einheimisch, inländisch; subst. Eingeborener, Inländer, Inländerin

F. das Indigenat: Heimatrecht — indigen: eingeboren, inländisch

indigentia, ae f. (cf. indigens) Bedürftigkeit, Bedürfnis, Not; Ungenügsamkeit

ind-igeo, ui 2. (cf. egeo) (mit gen. oder abl.) bedürfen, **Mangel haben, ermangeln, nötig haben,** brauchen; — indigens, ntis bedürftig, notleidend; unzureichend, unzulänglich

indiges, etis m. (cf. indu und gigno) **einheimisch;** subst. einheimischer Gott oder Heros

indiges, is (cf. indigeo) bedürftig

in-digestus 3 nicht gesondert, ungeordnet

F. die Indigestion: Verdauungsbeschwerde

indignabundus 3 (cf. indignor) voller Unwillen, entrüstet

indignans cf. indignor

indignātio, ōnis f. (cf. indignor) Unwille, Entrüstung; Äußerung des Unwillens; Erregung des Unwillens

F. die Indignation i. a. B.

indignitas, tātis f. (cf. indignus) Unwürdigkeit, Nichtswürdigkeit; unwürdige Behandlung, Zurücksetzung; unwürdiges Benehmen; das Unwürdige, Empörende, Schmach; — Unwille, Entrüstung

F. die Indignität: Unwürdigkeit, Schändlichkeit, Beleidigung

indignatiuncula, ae f. (dem. von indignatio) einige Entrüstung

indignor 1. (cf. indignus) (mit acc.)

für unwürdig, empörend halten, mißbilligen, sich entrüsten, unwillig sein; indignans, ntis unwillig, entrüstet, unmutig, zornig

F. indignieren: ungehalten machen, unwillig machen, empören — indigniert: empört, entrüstet

in-dīgnus 3 (mit abl.) **unwürdig,** unwert, nicht verdienend; unangemessen, ungeziemend, unverdient; schmachvoll, schändlich, empörend; indignum facinus! indignum! empörend! oh Schande! — unwillig, entrüstet

indigus 3 (cf. indigeo) (mit gen.) bedürftig

in-diligens, ntis saumselig, nachlässig, unachtsam, unpünktlich

indiligentia, ae f. (cf. indiligens) Nachlässigkeit, Saumseligkeit, Unpünktlichkeit

ind-ipiscor, eptus sum 3. (cf. apiscor) erreichen, erlangen, einholen

in-direptus 3 ungeplündert

in-discrētus 3 ungetrennt; unterscheidbar; ohne Unterschied

in-disertus 3 unberedt

in-dispositus 3 ungeordnet, in Verwirrung

in-distīnctus 3 ungeordnet, verworren, unklar

in-dividuus 3 untrennbar, unheilbar; unzertrennlich; — individuum, i n. Atom

in-do, didi, ditus 3. (cf. do) **hineingeben,** hineintun, hineinlegen; **einflößen,** verursachen; an etwas legen, ansetzen, anlegen; (Namen) beilegen

in-docilis, e **ungelehrig,** schwer lernend, ungelehrt, ungebildet, ungeschult, ungelernt

in-doctus 3 **ungelehrt,** ungebildet, ungeschult, ungeschickt, laienhaft

in-dolentia, ae f. (cf. doleo) Unempfindlichkeit gegen Schmerz

F. die Indolenz: Schmerzlosigkeit, Unempfindlichkeit, Gleichgültigkeit, Schlaffheit — indolent: unempfindlich, schlaff

ind-oles, is f. (cf. alo) **angeborene Beschaffenheit,** Naturanlage, **Anlage, Talent,** Begabung

in-dolēsco, dolui 3. (cf. doleo) **Schmerz empfinden;** sich betrüben, sich ärgern (mit acc. abl., acc. c. i. und quod)

in-domitus 3 **ungezähmt, ungebändigt,** wild; unüberwunden, unbezwungen; unüberwindlich, unbezwinglich, zügellos, unbändig

in-dormio 4. auf etwas schlafen; bei etwas schlafen, etwas verschlafen

in-dotātus 3 unausgestattet, ohne Aussteuer, arm

indu praep. (alte Form) = in

in-dubito 1. (mit dat.) an etwas zweifeln; — indubitātus 3 unbezweifelt

in-dubius 3 unzweifelhaft

in-dūco, dūxi, ductus 3. **hineinführen,** einführen; (die Gattin) heimführen; auftreten lassen, redend einführen; in den Kampf führen; **zu etwas bewegen,** bringen; **verleiten,** verlokken; animum oder in animum inducere sich etwas vornehmen, sich zu etwas entschließen; — darüber ziehen, über etwas ziehen, (Kleidung) anziehen, überziehen; ausstreichen, durchstreichen; aufheben, tilgen, rückgängig machen; **inductus** 3 gesucht, künstlich, unnatürlich

F. induzieren: hineinführen, verleiten, bereden, hintergehen, schließen — die Induktion: Überleitung; Schluß vom Einzelnen auf das Allgemeine; Erregung von Elektrizität — induktiv: veranlassend, bewirkend, hergeleitet, gefolgert, aus der Erfahrung geschöpft — der Induktor: kleiner Wechselstromerzeuger; zu Versuchszwecken benutzter Transformator; Anker einer Dynamomaschine — die Induktanz: induktiv bedingter Widerstand eines Wechselstromkreises — die Induktivität: Größe der Selbstinduktion (phys.) — das Induktophon: Telephon mit Strominduktion — das Induktorium: Induktionsmaschine

inductio, ōnis f. (cf. induco) **Einführung, Zuleitung; Auftreten im (Theater, Zirkus); Verleitung, Irreführung;** Neigung; **fester Vorsatz, Entschluß**

inductus, ūs m. (cf. induco) Antrieb

indulgens cf. indulgeo

indulgentia, ae f. (cf. indulgens) Nachsicht, Güte, Milde, Gnade; Liebe, Zärtlichkeit

indulgeo, dulsi (dultum) 2. 1.) (intr. mit dat.) **nachsichtig sein,** nachgeben, gewogen sein, Rücksicht auf etwas nehmen, begünstigen; ergeben sein, sich hingeben, fröhnen, sorgen, Sorge tragen 2.) (trans.) gewähren, einräumen, gestatten, opfern; indulgens, ntis nachsichtig, gütig, gnädig, huldvoll

F. die Indulgens: Nachsicht, Straferlaß, Ablaß — indulgent: nachsichtig — der Indult: Erfüllungsfrist, Vergünstigung, Aufschub (Stundung, Zahlungsfrist), Erlaubnis; Erlaß; Recht zur Pfründenvergebung

induo, indui, indūtus 3. **anziehen,** anlegen (pass. sich etwas anziehen; indūtus mit abl. mit etwas bekleidet, ausgerüstet); umgeben, bedekken, versehen; alci alqd zuteilen, beilegen; alqd annehmen, anlegen, sich aneignen, sich etwas beilegen; — se induere in etwas geraten, stürzen, fallen; — sich in etwas hüllen (in alqd)

in-durēsco, durui 3. hart werden, sich verhärten, erstarren, sich abhärten

in-dūro 1. härten, hartmachen, stählen

F. die Induration: Verhärtung, Verstokkung, Unbußfertigkeit

Indus, i m. E. Fluß in Vorderindien (Sind); cf. India

industria, ae f. (cf. industrius) **Tätigkeit,** Betriebsamkeit, Regsamkeit, **Fleiß,** Unternehmungsgeist; de und ex industria und industriā mit Fleiß, mit Vorsatz, mit Absicht, vorsätzlich; sine industria unabsichtlich

F. die Industrie: Fleiß, Gewerbefleiß, Gewerbezweig, Großgewerbe — industriell: gewerblich — der Industrielle: Gewerbetreibender, Fabrikant, Aktionär — der Industrialismus: Vorherrschen der Industrie — industrialisieren: der Industrie das Übergewicht geben

industrius 3 (aus indu und struo) **tätig, fleißig,** rührig

indūtiae, ārum f. **Waffenstillstand;** Stillstand, Ruhe

Indutiomārus, i m. E. Fürst der Treverer

indūtus, ūs m. (cf. indoo) das Ankleiden; Anzug, Bekleidung

in-edia, ae f. (cf. edo) Nichtessen, **Hungern,** Fasten

in-ēditus 3 nicht herausgeben

F. das Ineditum: nicht herausgegebene Schrift

in-ēlegans, ntis wenig gewählt, unfein, geschmacklos

in-eluctābilis, e nicht niederzuringen, unabwendbar

in-emorior, mortuus sum 3. dabei sterben

in-emptus 3 ungekauft

in-enarrābilis, e unaussprechlich, unbeschreiblich

in-enodābilis, e unentwirrbar, unlösbar, unerklärlich

in-eo, ii (selten ivi), itum 4. 1.) (intr.) **in etwas hineingehen, einziehen,** anfangen, beginnen; ab ineunte adulescentia von Jugend an; ab ineunte aetate vom Eintritt ins bürgerliche Leben an; ineunte vere bei Frühlingsbeginn; — 2.) (trans.) **betreten, begehen,** besuchen, antreten; **beginnen;** inita hieme bei Winterbeginn; übernehmen, vornehmen; magistratum inire ein Amt antreten; eingehen, abschließen; societatem inire ein Bündnis schließen; (Pläne) fassen; consilium inire einen Plan fassen; gratiam inire sich in Gunst setzen, sich Dank erwerben

ineptiae, ārum f. (cf. ineptus) Albernheiten, Torheiten, Possen, Unsinn

ineptio 4. (cf. ineptus) Possen treiben

in-eptus 3 (cf. aptus) unbrauchbar; unpassend, unschicklich, abgeschmackt; töricht, albern, läppisch

in-equitābilis, e für Reiterei ungeeignet

in-ermis, e und in-ermus 3 (cf. arma) **waffenlos, wehrlos,** unbewaffnet, ungerüstet; von Truppen entblößt

in-errans, ntis nicht irrend, feststehend, unbeweglich
in-erro 1. herumirren
in-ers, ertis (cf. ars) ungeschickt; **untätig,** faul, **träge,** müßig; unmännlich, feig, verzagt, schüchtern; erschlaffend
F. inert: untätig, träg; nicht reaktionsfähig (chem.)
inertia, ae f. (cf. iners) **Untätigkeit, Trägheit,** Verdrossenheit, Unlust, Ungeschick, Untüchtigkeit
F. die Inertie: Untätigkeit, Trägheit, Beharrungsvermögen
in-eruditus 3 ungebildet
in-ēsco 1. (cf. esca) ködern, anlocken
in-evitābilis, e unvermeidlich
in-excitus 3 nicht aufgeregt, ruhig
in-excusābilis, e unentschuldbar, ohne Entschuldigung
in-exercitātus 3 ungeübt
in-exhaustus 3 unerschöpft, ungeschwächt; unerschöpflich
in-exorābilis, e unerbittlich; unversöhnlich, unabwendbar
in-expeditus 3 verwickelt
in-experrēctus 3 (cf. expergiscor) unerweckbar
in-expertus 3 unerfahren, unbekannt, noch ungewohnt (mit gen.); — unversucht, unerprobt, nicht bewährt
in-expiābilis, e unsühnbar; unversöhnlich
in-explēbilis, e unersättlich
in-explētus 3 ungesättigt, unersättlich, unaufhörlich
in-explicābilis, e unentwirrbar, unauflöslich; unlösbar, unausführbar; unerklärlich
in-explorātus 3 unerkundet; — inexploratō adv. ohne Kundschaft eingezogen zu haben
in-expugnābilis, e uneinnehmbar, unbezwinglich, unüberwindlich; unausrottbar
in-expectātus 3 unerwartet
in-exstinctus 3 unausgelöscht, unauslöschlich, unersättlich
in-exsuperābilis, e unübersteigbar, unüberwindlich
in-extricābilis, e unentwirrbar
in-fabre adv. (cf. faber) ungeschickt, kunstlos
in-fabricātus 3 unbearbeitet, unbehauen
infacētiae, ārum f. (cf. infacetus) Abgeschmacktheiten
in-facētus 3 unwitzig, abgeschmackt, unfein, plump
infāmia, ae f. (cf. infamis) übler Ruf, Schande, Schimpf; Verlust der bürgerlichen Rechte; Schandfleck
M. cum infamia (abgek. c. i.): mit Schande
F. die Infamie: Schande, ehrlose Handlung
in-fāmis, e (cf. fama) verrufen, übel, berüchtigt, schimpflich
F. infam i. a. B.
in-fāmo 1. (cf. in und fama) in üblen Ruf bringen; verdächtigen, anschwärzen, verleumden
F. infamierend: ehrenrührig, beschimpfend, beleidigend
in-fandus 3 (cf. for) unsagbar, unsäglich; abscheulich, gräßlich; — plur. n. Untaten; — infandum! o Greuel! o Schrecken!
in-fāns, ntis (cf. for) stumm; **noch nicht sprechend,** stammelnd, lallend; **sehr jung, klein; kindlich;** unberedt; — **infans,** ntis **m. kleines Kind** (bis 7 Jahre)
F. infantil: kindlich, in der Entwicklung zurückgeblieben — der Infantilismus: kindische Veranlagung — der Infant, die Infantin: Titel der spanischen Prinzen (Prinzessinnen) — der Infanterist: Soldat zu Fuß (span.: ursprünglich Knappe zu Fuß)
infantia, ae f. Kindheit; Mangel an Redegabe
in-fatuo 1. (cf. fatuus) betören
in-faustus 3 unglücklich, nicht vom Glück begünstigt, unglückbringend, unheilvoll
infector, ōris m. (cf. inficio) Färber
in-fectus 3 (cf. factus) ungetan, ungeschehen; facta et infecta Tatsachen und Erlogenes, Wahrheit und Dichtung; — unvollendet, unverrichtet; re infecta, rebus infectis unverrichteter Sache, unverrichteter

Dinge; — unbearbeitet, roh; unausführbar, unmöglich

infecunditas, tātis f. Unfruchtbarkeit

in-fecundus 3 unfruchtbar, unergiebig

infelīcitas, tātis f. (cf. infelix) Unglück, Elend; Unfruchtbarkeit

in-fēlix, īcis **unfruchtbar,** unergiebig; arbor infelix Galgen; — **unglücklich,** unglückselig; Unglück bringend, unheilvoll

infēnso 1. (cf. infensus) feindselig behandeln, beunruhigen; zürnen

in-fēnsus 3 (cf. defendo) feindselig, erbittert; schlecht, drückend, gefährlich

in-fercio, fersi, fersus 4. (cf. farcio) hineinstopfen

inferiae, ārum f. (cf. infero) Dargebrachtes, Totenopfer

inferior cf. inferus

infernus 3 (cf. inferus) **unten befindlich; unterirdisch,** zur Unterwelt gehörig; — inferni, ōrum m. Unterwelt

F. das Inferno (it.): Hölle, erster Hauptteil der Göttlichen Komödie Dantes — infernal: höllisch, teuflisch — die Infernalität: Teufelei

in-fero, intuli, illātus, inferre **hineintragen,** hineinbringen; signa, arma inferre angreifen, bekriegen; bellum alci inferre mit jemd. Krieg anfangen; gegen jemd. ins Feld ziehen, jemd. bekriegen; signa, (aquilam, pugnam) inferre zum Angriff vorrücken, eindringen, vorrücken; — zu Grabe tragen, bestatten; darbringen, opfern; **erregen, einflößen;** (Übles) zufügen; alci vim inferre Gewalt antun; (in der Rede) vorbringen; — se inferre oder pass. sich stürzen, eilen, gehen

F. inferieren: eintragen, zubringen, opfern, folgern

inferus 3; comp. inferior, ius; sup. infimus und imus 3 **der, die, das untere;** mare inferum das Tyrrhenische Meer; — inferi, ōrum m. die Unterirdischen, Unterwelt; — **inferior, ius** comp. **niedriger gelegen; jünger,** später; niedriger, niedriger stehend, **schwächer,** geringer; — **infimus** 3 **der unterste, niedrigste;** infimus mons der Fuß des Berges; ab infimo von unten auf, ganz unten; ad infimum nach unten zu; **der schlechteste, niedrigste, geringste;** — **īmus** 3 unterster, niedrigster, tiefster; unterster Teil, Grund, Boden z. B. in imo mari in der Tiefe des Meeres; — īmum, i n. der unterste Teil, tiefster Grund; — letzter; — imum, i n. Ende, Ausgang; ad imum bis ans Ende, zuletzt noch; — der letzte, niedrigste (dem Range nach)

F. der Inferior: Untergebener — inferior, inferieur (franz.): geringer, minderwertig, rückständig — die Inferiorität: untergeordnete Stellung, Minderwertigkeit, Unterordnung

in-fervēsco, ferbui 3. zu sieden beginnen, aufbrausen

in-festo 1. (cf. infestus) anfeinden, beunruhigen, gefährden

in-fēstus 3 (cf. defendo) **beunruhigt,** gefährdet, bedroht, **unsicher;** — beunruhigend, bedrohend, feindselig, **feindlich,** bedrohlich; angreifend, **kampfbereit;** infestis signis angriffsweise, im Sturm; infesto agmine (exercitu) proficisci in Angriffskolonnen formiert marschieren

inficētiae = infacētiae

inficētus = infacētus

in-ficio, fēci, fectus 3. (cf. facio) **anmachen;** versetzen, mischen; färben; vergiften; verpesten, anstekken, beflecken

F. infizieren: anstecken, vergiften, verpesten — die Infektion, Infizierung: Ansteckung, Vergiftung — infizierbar: ansteckbar — infektiös: ansteckend — desinfizieren: entseuchen, von Ansteckungsstoffen befreien — das Desinfiziens (plur. die Desinfizienzien): keimtötendes Mittel — die Desinfektion: Befreiung von Ansteckungsstoffen, Entkeimung — der Desinfektor: Vorrichtung zum Abtöten von Keimen

in-fidēlis, e untreu, treulos

infidēlitas, tātis f. (cf. infidelis) Untreue, Treulosigkeit, Unredlichkeit

in-fīdus 3 **untreu, treulos,** unzuverlässig

in-fīgo, fīxi, fīxus 3. **hineinheften,** hineinbohren, hineinstoßen; pass. eindringen, steckenbleiben; — einprägen, befestigen; — infixum, i n. fester Entschluß

infimus cf. inferus

in-findo, fidi, fissus 3. einschneiden

infinitas, tātis f. (cf. infinitus) **Unbegrenztheit,** Unendlichkeit

in-fīnitus 3 **unbegrenzt,** unendlich, endlos, unermeßlich; **unbestimmt,** allgemein

M. in, ad infinitum: bis ins Grenzenlose, ohne Ende

F. infinit: unbegrenzt, unbestimmt, unaufhörlich — das Infinitum: das Unendliche — der Infinitiv, Infinitivus: Nennform (sprachl.) — infinitesimal: unendlich klein, ins Unendliche gehend — die Infinitesimalrechnung: Rechnung mit unendlich kleinen Größen (math.)

infirmātio, ōnis f. (cf. infirmo) Entkräftung, Widerlegung

infirmitas, tātis f. (cf. infirmus) **Schwäche,** Kraftlosigkeit; Unpäßlichkeit, Unwohlsein; das schwache Geschlecht; geistige Schwäche; moralische Schwäche, Wankelmut

F. die Infirmität: Schwäche, Kränklichkeit

infirmo 1. (cf. infirmus) schwächen. entkräften, erschüttern; widerlegen; außer Kraft setzen, für ungültig erklären

in-firmus 3 **schwach,** kraftlos; unpäßlich, unwohl, abgespannt; mutlos, kleinmütig; unzuverlässig; abergläubisch; gering, unbedeutend

F. die Infirmaria: Krankenstube in Klöstern

in-fit (cf. fio) (altertüml.) er hebt an, er beginnt, er hebt an zu reden

infitiālis, e (cf. infitiae) in Abrede stellend, ablehnend

infitiae, ārum f. (cf. infitior) das Leugnen; infitias ire ableugnen. in Abrede stellen; (verneint) anerkennen, zugestehen

infitiātio, ōnis f. (cf. infitior) das Ableugnen

infitiātor, ōris m. (cf. infitior) Ableugner, Ausflüchtemacher

in-fitior 1. (cf. fateor) leugnen, ableugnen, in Abrede stellen, bestreiten, nicht anerkennen

inflammātio, ōnis f. (cf. inflammo) Brand

in-flammo 1. (cf. flamma) **anzünden,** anstecken; entflammen, entzünden

inflātio, ōnis f. (cf. inflo) **das Aufblähen,** Blähung

F. die Inflation: Aufblähung des Leibes; Aufblähung der Zahlungsmittel, künstliche Steigerung des Geldumlaufs, Geldentwertung — inflatieren: aufblähen; Zahlungsmittel über den wirtschaftlichen Bedarf hinaus in Umlauf setzen — der Inflationist: der auf Inflation Spekulierende — die Deflation: Gegenteil der Inflation, Verringerung des Geldumlaufs, Geldwertsteigerung; die Abtragung durch Wind (geologisch)

inflātus 3 cf. inflo

inflātus, ūs m. (cf. inflo) das Blasen

in-flecto, flexi, flexus 3. **biegen, krümmen;** pass. sich biegen, sich krümmen; (die Stimme) geschmeidig machen, modulieren; — ändern, verändern; (den Sinn) beugen, rühren

F. inflektieren: beugen, abwandeln, Vokal mit einem Zirkumflex versehen (sprachl.) — inflexibel: unbiegsam, unveränderlich, unerschütterlich; unbeugsam, nicht beugungsfähig (sprachl.) — das Inflexibele: nicht abzuwandelndes Wort (sprachl.) — die Inflexibilität: Unbeugsamkeit (sprachl.) — die Inflexion: Beugung, Ablenkung der Lichtstrahlen vom geraden Wege — der Inflektor: Aufsatz für Belüftungsschächte

in-flētus 3 (cf. fleo) **unbeweint**

inflexio, ōnis f. (cf. inflecto) **Beugung;** Windung

in-flīgo, flixi, flictus 3. **hineinschlagen,** hineinstoßen, auf etwas schlagen, **auf etwas stoßen;** schlagen, zufügen

F. die Infliktion: Auferlegung einer Strafe, Strafvollzug

in-flo 1. **hineinblasen,** aufblasen, **aufblähen;** (eine Flöte) blasen; stolz machen, erhöhen, erheben, ermutigen, anfeuern; — **inflātus** 3 aufgeblasen, geschwollen; aufgebläht, stolz; aufgebracht, erregt; übertrieben, schwülstig

in-fluo, flūxi 3. **hineinströmen,** hineinfließen, eindringen; sich einschleichen, sich einschmeicheln, sich Eingang verschaffen

F. influieren: einfließen, einwirken — die Influenz: Einwirkung, Einfluß, Verteilung der Elektrizität — die Influenzmaschine: Elektrisiermaschine — die Influenza: Grippe — die Influxion: Einfluß

in-fodio, fōdi, fossus 3. **eingraben,** vergraben

informātio, ōnis f. (cf. informo) Abformung, Abbild; Vorstellung, Begriff; Erläuterung

F. die Information: Unterweisung, Benachrichtigung, Auskunft — der Informator: Lehrer, Hofmeister, Hauslehrer

in-fōrmis, e (cf. formo) **unförmlich,** formlos, **unschön,** häßlich

in-fōrmo 1. formen (L), **gestalten,** bilden; unterrichten, darstellen, schildern; sich denken, sich vorstellen

F. informieren: unterrichten, benachrichtigen, belehren — informativ: belehrend, Auskunft gebend — das Informativum: Rechtsgutachten, Belehrungsurteil (jur.), eingeholte Belehrung — der Informativprozeß: Prüfung eines zum Bischof Benannten durch den Papst; Vorprüfung durch die bischöfliche Behörde bei einem Seligsprechungsprozeß

in-fortunātus 3 unglücklich

in-fortūnium, ii n. (cf. fortuna) Unglück, Ungemach; Strafe, Züchtigung

infra 1.) (adv.) **unten, unterhalb;** (in Schriften) **weiter unten, nachher;** comp. inferius weiter unten, niedriger, tiefer, zu tief; — 2.) (praep. mit acc.) (örtlich) **unterhalb, unter;** (bei Tisch) infra alqm cubare zur Rechten liegen; — (zeitl.) nach; — (an Größe, Rang) **unter, nachstehend,** geringer als

F. das Infrarot: das unterhalb des Rot gelegene Gebiet des Spektrums

infrāctio, ōnis f. (cf. infringo) Gebrochenheit, Niedergeschlagenheit

infrāctus 3 cf. infringo

in-fragilis, e ungebrochen, ungeschwächt

in-fremo, ui 3. grunzen

infrenātus 3 (cf. frenum) ungezäumt, ohne Zaum

in-frendeo 2. knirschen

in-frēnis, e und in-frēnus 3 (cf. frēnum) ungezäumt

in-freno 1. aufzäumen; im Zaum halten, zügeln; infrenātus 3 aufgezäumt

in-frequens, ntis nicht häufig, nicht zahlreich, in geringer Zahl; nicht volkreich, schwach bevölkert, wenig besucht, einsam, selten erscheinend, selten zugegen

infrequentia, ae f. (cf. infrequens) geringe Anzahl, schlechter Besuch, Volksmangel, Öde

in-fringo, frēgi, frāctus 3. **einbrechen,** umbrechen, knicken, abbrechen; **schwächen,** entkräften, lähmen, **leugnen,** demütigen; — **infrāctus** 3 zerbrochen, gebrochen; geschwächt, entkräftet; entmutigt, niedergebeugt; abgebrochen, abgerissen (Rede, Satz)

F. die Infraktion: Brechung, Übertretung, Verletzung, Bruch; Einbrechung eines Knochens, unvollständiger Bruch (med.) — der Infraktor: Brecher eines Vertrages, Übertreter eines Gesetzes

in-frōns, ndis laublos, baumlos

in-fructuōsus 3 unfruchtbar; erfolglos, fruchtlos

in-fucātus 3 geschminkt, übertüncht

infula, ae f. priesterliche Kopfbinde (die auch Schutzflehende trugen)

F. die Inful, Infel: Bischofsmitra — infulieren: zum Bischof machen — infuliert: zum Tragen der Mitra berechtigt

in-fundo, fūdi, fūsus 3. **eingießen,** einschütten; einströmen lassen, eindringen lassen; pass. einströmen, eindringen; — **hingießen,** hinschütten, überschütten; pass. sich ausbreiten, (hingegossen) liegen

F. infundieren i. a. B. — das Infundibulum: Trichter (med.) — die Infusion: Aufguß, Eingießung — die Infusorien: Aufgußtierchen — das Infusorium: ein Gerät zum Aufgießen — die Infusorienerde: Kieselgur

in-fusco 1. bräunen, schwärzen; trüben, verderben, entstellen

Ingaevones = Istaevones

Ingauni, ōrum m. E. ligurischer Volksstamm am Abhang der Apenninen westlich von Genua (cf. Albigauni)

ingemēsco = ingemisco

in-gemino 1. (trans.) verdoppeln, wiederholen; (intr.) sich verdoppeln, sich wiederholen

ingemīsco (ingemēsco), ingemui 3. (cf. ingemo) intr. aufseufzen, stöhnen; (trans.) beseufzen, beklagen

in-gemo, gemui 3. bei etwas seufzen

in-genero 1. einpflanzen, schaffen

F. ingeneriert: angeboren, eingepflanzt

ingeniōsus 3 (cf. ingenium) geistreich, talentvoll; zu etwas geeignet

F. ingeniös i. a. B. — die Ingeniosität: Erfindungsgabe

ingenitus 3 cf. ingigno

ingenium, ii n. (cf. ingigno) **Naturanlage;** Charakter, Naturell, Gemütsart, Temperament; Mut, Energie; Verstand, Fähigkeit, Begabung; Genie, Talent; geistreicher Mensch; geistreiche Erfindung; — natürliche Beschaffenheit, Natur

in-gens, ntis **ungeheuer,** ungeheuer groß, riesig, gewaltig, außerordentlich

ingenuitas, tātis f. (cf. ingenuus) freie, edle Geburt, Stand eines Freigeborenen; Freimut, Aufrichtigkeit, Edelmut

F. die Ingenuität: Freimütigkeit, Offenheit, Ehrlichkeit

in-genuus 3 (cf. gigno) **von freien Eltern geboren,** frei geboren; edel, anständig; freimütig, aufrichtig; verzärtelt, schwächlich

in-gero, gessi, gestus 3. **hineintragen,** hineinbringen, schütten, gießen; daraufwerfen, schleudern; (Worte) ausstoßen, zurufen; erwähnen, anführen; aufdrängen, aufnötigen

F. die Ingestion: Nahrungsaufnahme (med.) — Ingesta: eingeführte Nahrung (med.)

in-gigno, genui, genitus 3. einpflanzen; — ingenitus 3 angeboren

in-glōrius 3 (cf. gloria) unrühmlich, ruhmlos

in-gluvies, ēi f. (cf. gula) Kropf (der Vögel); Schlund, Rachen; Gefräßigkeit, Völlerei

ingrati-ficus 3 (cf. ingratus und facio) undankbar

ingrātiis (ingrātis) (adv.) wider Willen, ungern

in-gratitūdo, inis f. (cf. ingratus) Undankbarkeit

in-grātus 3 **unangenehm,** unwillkommen, unlieb; **undankbar;** danklos, nicht anerkannt, unersprießlich

in-gravēsco 3. schwerer werden, schwerfälliger werden; drückender, lästiger werden, sich verschlimmern, zunehmen

in-gravo 1. beschweren, belasten; verschlimmern, ärger machen

in-gredior, gressus sum 3. (cf. gradior) **einherschreiten,** einhergehen; **hineinschreiten,** hineingehen, sich auf etwas einlassen, in etwas eintreten, beginnen, anfangen; beschreiten, betreten

F. das Ingrediens, die Ingredienz (plur. die Ingredienzien): Zutat, Bestandteil

ingressio, ōnis f. (cf. ingredior) Eingang, Beginn

F. die Ingression i. a. B.

ingressus, ūs m. (cf. ingredior) das Einherschreiten, Gang; das Hineingehen, Eintritt, Einzug, Zugang; Einfall; Eingang, Anfang, Beginn

F. der Ingreß: Eingang, Beifall; Aufnahme einer Nonne ins Kloster

in-gruo, ui 3. (cf. ruo) auf etwas losstürzen, hereinbrechen, bedrängen

in-guen, inis n. (meist plur. inguina, Schamglied

Inguiomerus, i m. E. Oheim des Arminius

in-gurgito 1. (cf. gurges) in einen

Strudel stürzen; se ingurgitare sich stürzen, sich versenken, in etwas schwelgen

in-gustātus 3 noch nie vorher gekostet

in-habilis, e schwer zu handhaben, **unhandlich,** ungelenk, plump; **untauglich,** ungeschickt

in-habitābilis, e unbewohnbar

in-habito 1. **bewohnen**

in-haereo, haesi, haesus 2. **in etwas hangen,** haften, **festsitzen,** steckenbleiben

F. inhärieren i. a. B.; eigen sein; auf etwas bestehen (jur.) — inhärent: anhängend — die Inhärenz: Anhaften (der Eigenschaften) — der Inhäsivbescheid: Beharrungsbescheid (jur.)

in-haerēsco, haesi, haesum 3. = inhaereo

in-hibeo, hibui, hibitus 2. (cf. habeo) **anhalten, zurückhalten;** remos i. zu rudern aufhören; navem remis i. zurückrudern; — **hemmen, aufhalten,** hindern; — anwenden, gebrauchen

F. inhibieren: hemmen, verbieten — die Inhibition: Untersagung, Hemmung — die Inhibitorialien: gerichtlicher Untersagungsbefehl (jur.)

in-hio 1. den Mund aufsperren, gaffen, staunen; nach etwas schnappen; nach etwas trachten

in-honesto 1. entehren, schänden

inhonestas, tātis f. (cf. inhonestus) Unfeinheit

in-honestus 3 unschön, häßlich; unanständig; schändlich; ehrlos, unrühmlich, schimpflich

in-honorātus 3 ungeehrt, unansehnlich; ohne Ehrengabe, unbelohnt, unbeschenkt

in-honōrus 3 (cf. honor) ungeziert

in-horreo 2. starren

in-horrēsco, horrui 3. zu starren beginnen, emporstarren, sich sträuben; aufschauern, aufwogen, sich kräuseln; erbeben, erzittern, zusammenfahren, sich entsetzen

in-hospitālis, e ungastlich, unwirtlich

inhospitālitas, tātis f. Ungastlichkeit

inhospitus 3 = inhospitalis

inhumānitas, tātis f. (cf. inhumanus) **Unmenschlichkeit,** Grausamkeit; Roheit, Unbildung; Unhöflichkeit, Grobheit; Knauserei

F. die Inhumanität i. a. B., Rücksichtslosigkeit, Unfreundlichkeit

in-humānus 3 **unmenschlich,** grausam, ungebildet, roh; unhöflich, unfreundlich *F.* inhuman i. a. B.

in-humātus 3 unbeerdigt, unbegraben

in-icio (sprich jicio), iēci, iectus 3. **hineinwerfen,** hineinstürzen; **einjagen, einflößen** z. B. timorem, terrorem, spem etc.; verursachen, hervorrufen; (in der Rede) einfließen lassen, erwähnen; — **auf, an, über etwas werfen;** (Kleider) überwerfen, anlegen; manum alci gewaltsam Hand an jemd. legen; — Einhalt gebieten, zum Stillstand bringen; für sein Eigentum erklären, mit Beschlag belegen

F. injizieren: einspritzen; einwerfen, einwenden — die Injektion: Einspritzung, Einwendung, Einwurf — der Injektor: Einspritzer, Dampfstrahlpumpe

iniectus, ūs m. (cf. inicio) das Daraufwerfen

inimicitia, ae f. (cf. inimicus) **Feindschaft,** Verfeindung; meist nur plur. **inimicitiae,** ārum f. **Feindschaft**

inimīco 1. (cf. inimicus) zum Feinde machen, entzweien

inimīcus 3 (cf. amīcus) **feindlich, feindselig; inimīcus,** i m. **der Feind, inimīca,** ae f. **Feindin;** — **ungünstig,** nachteilig, verderblich; **nicht beliebt,** verhaßt

inīquitas, tātis f. (cf. iniquus) **Unebenheit** des Bodens, **Ungleichheit** der Lage; **Schwierigkeit,** Ungunst, Not; **Unbilligkeit,** Ungerechtigkeit; Strenge, Härte

in-īquus 3 (cf. aequus) **uneben, ungleich;** ungünstig, nachteilig, gefährlich, beschwerlich, ungelegen; **unbillig,** ungerecht; übel gesinnt, abgeneigt, feindlich; subst. m. Feind, Widersacher; subst. f. Feindin, Widersacherin; — unwillig, erbittert, ungeduldig; — zu groß, zu stark, übertrieben

initio 1. (cf. initium) einführen, einweihen

initium, ii n. (cf. ineo) **Eingang, Anfang, Beginn,** Ursprung; — plur. Grundstoffe, Elemente; Anfangsgründe; — Geheimkult, Mysterien; — initiō anfänglich, im Anfang; ab initio von Anfang an

F. die Initien: Anfangsgründe — die Initiale: Anfangsbuchstabe — die Initiation: Einweihung, feierliche Jünglings- oder Mädchenweihe bei primitiven Völkern — die Initiative: Unternehmungsgeist, Entschlossenheit, erster Schritt, Einleitung einer Unternehmung — das Initiativrecht: Vorrecht der Eröffnung bei Beratungen, das Vorschlags-, Antragsrecht in der Gesetzgebung — initiativ: Anstoß gebend, anregend, aus eigenem Antrieb

initus, ūs m. (cf. ineo) das Herankommen, Nahen

iniucunditas, tātis f. (cf. iniucundus) Unannehmlichkeit, Unangenehmes

in-iucundus 3 unangenehm, unerfreulich; unfreundlich

in-iudicātus 3 unentschieden

in-iungo, iunxi, iūnctus 3. **hineinfügen, anfügen;** zufügen, antun; auferlegen, aufbürden

in-iurātus 3 unvereidigt

iniūria, ae f. (cf. iniurius) **Unrecht,** Rechtsverletzung; **Gewalttat; Beleidigung,** Kränkung; unrecht Erworbenes; Rache für erlittenes Unrecht

F. die Injurie: Unrecht, Beleidigung — der Injuriant: Beleidiger — der Injuriat: Beleidigter — injuriös: beleidigend, ehrenrührig

iniuriōsus 3 (cf. iniuria) widerrechtlich, gewalttätig

in-iūrius 3. (cf. ius) unrecht, ungerecht

in-iussū (cf. iussu) **ohne Befehl**

in-iussus 3 (cf. iubeo) ungeheißen

iniustitia, ae f. (cf. iniustus) **Ungerechtigkeit,** ungerechtes Verfahren

in-iūstus 3 **ungerecht,** widerrechtlich; — iniustum, i n. das Unrecht, Ungerechtigkeit

in-l = ill

in-m = imm

in-nābilis (cf. no) undurchschwimmbar; nicht flutend

in-nāscor, nātus sum 3. in etwas geboren werden, wachsen, entstehen; — innātus 3 angeboren, natürlich

in-nato 1. hineinschwimmen, in etwas schwimmen

in-navigābilis, e unbefahrbar

in-necto, nexui, nexus 3. **umschlingen, umknüpfen; verknüpfen,** verschlingen, verbinden; in etwas verwickeln, verstricken

in-nītor, nīxus (nīsus) sum 3. (mit abl.) **sich auf etwas stützen,** lehnen, stemmen; auf etwas ruhen, beruhen

in-no 1. = innato

in-nocens, ntis **unschädlich, unschuldig,** schuldlos; rechtschaffen, unbescholten, unsträflich; uneigennützig, redlich

M. Innozenz (V)

innocentia, ae f. **Unschuld; Unbescholtenheit,** Rechtschaffenheit; Uneigennützigkeit

in-nocuus 3 (cf. noceo) = innoxius

in-notēsco, nōtui 3. (cf. notus) bekannt werden

in-novo 1. erneuern

in-noxius 3 unschädlich, gefahrlos; unschuldig, unsträflich; unverschuldet; unbeschädigt, unverletzt

in-nuba, ae f. (cf. nūbo) unvermählt, jungfräulich

in-nūbo, nūpsi, nuptum 3. hineinheiraten

in-numerābilis, e unzählig, unzählbar, zahllos

innumerabilitas, tātis f. (cf. innumerabilis) Unzählbarkeit, Unzahl

in-numerus 3 = innumerabilis

in-nuo, nui 3. zunicken, zuwinken

in-nuptus 3 unvermählt, unverheiratet

in-nūtrio 4. bei etwas aufziehen; pass. bei, in, unter etwas aufwachsen, groß werden

Ino, ūs und ōnis f. E. Tochter des Kadmus; — Inōus 3 der Ino

in-oblītus 3 nicht vergessend, eingedenk

in-obrutus 3 unüberschüttet

in-observābilis unmerklich

in-observantia, ae f. Unachtsamkeit

in-observātus 3 unbeobachtet

in-offēnsus 3 unangestoßen, ungehindert, ungestört

in-officiōsus 3 pflichtwidrig, ungehörig, ungefällig

in-olēsco, olēvi, olitum 3. in etwas einwachsen, mit etwas verwachsen

in-ominātus 3 fluchbeladen

inopia, ae f. (cf. inops) **Mangel, Armut, Not;** Mangel an Lebensmitteln; geringe Zahl; Hilflosigkeit, Ratlosigkeit; Mangel an Gedanken, Dürftigkeit

in-opinans, ntis **nichts ahnend,** wider Vermuten

in-opinātus 3 **unvermutet,** unerwartet; subst. n. Unvermutetes

in-opīnus = inopinatus

in-ops, opis **machtlos, ohnmächtig; hilflos,** ratlos; **mittellos,** arm, bedürftig

in-orātus nicht vorgetragen; re inorata ohne die Sache vorgetragen zu haben

in-ordinātus 3 ungeordnet

in-ornātus 3 ungeschmückt, schmucklos, ungerühmt

Inōus cf. Ino

in-p = imp

inquam (defektives Verbum, praes. inquam, inquis, inquit, inquiunt, fut. inquies und inquiet, perf. inquii, inquisti, inquit, selten inquimus, inquiat, inquiebat) **sagen, sprechen** 1.) steht nur bei direkter Rede und stets eingeschaltet oder nachgestellt z. B. quid, inquam, faciam? 2.) zur ausdrücklichen Wiederholung eines Wortes z. B. pater, pater inquam venit 3.) bei Einführung eines voraussichtlich gemachten Einwandes eines anderen z. B. quid ad me venisti? inquies

in-quies, ētis unruhig

inquiēto 1. beunruhigen

in-quiētus 3 **unruhig**

in-quilīnus, i m. (cf. incola) **Insasse, Mietsmann; fremdbürtiger, eingewanderter Bürger**

F. der Inquilin, Inquilinus: Mietmann, Mitbewohner, Schmarotzer (bot.) — das Inquilinat: Rechtsverhältnis der Mieter

in-quino 1. (cf. caenum) **verunreinigen,** beschmutzen; **beflecken,** beschimpfen, anschwärzen; inquinātus 3 beschmutzt, schmutzig, unrein

in-quiro, quisīvi, quisītus 3. (cf. quaero) **aufsuchen,** nach etwas suchen; **nachforschen,** untersuchen; Beweise, Beweismittel zur Anklage suchen

F. inquirieren: nachforschen; gerichtlich untersuchen, verhören — der Inquirent: Untersuchungsrichter — der Inquisit: der Angeklagte

inquisītio, ōnis f. (cf. inquiro) **das Aufsuchen; Untersuchung**

F. die Inquisition: Untersuchung, Verhör, Verfahren zur Aufspürung von Irrlehrern und ihre Aburteilung

inquisītor, ōris m. (cf. inquiro) Untersuchungsrichter; Aufsucher, Häscher

F. der Inquisitor: Untersuchungsrichter, Glaubensrichter — das Inquisitoriat: peinliches Verhör — inquisitorial: auf die Inquisition bezüglich

in-r = irr

in-salūber, bris, bre und in-salūbris, e **ungesund**

in-salutātus 3 ungegrüßt

in-sanābilis, e **unheilbar;** unverbesserlich; unvermeidlich

insānia, ae f. (cf. insanus) **Wahnsinn,** Tollheit, Verrücktheit, Raserei, Wut, tolles Treiben; Unsinn, Übertreibung; Verzückung

insānio 4. (cf. insanus) **rasend sein,** wahnsinnig sein, toll sein, toben, wüten

insānitas, tātis f. (cf. insanus) **Ungesundheit**

in-sānus 3 **ungesund,** krank; toll, wahnsinnig, rasend; verzückt, begeistert, unsinnig, unmäßig, übertrieben

in-satiābilis, e **unersättlich;** nicht sättigend, unerschöpflich

in-saturābilis, e unersättlich
in-scendo, scendi, scēnsus 3. (cf. scando) **besteigen, betreten**
in-sciens, ntis **nicht wissend,** ohne Wissen; unverständig, unklug; unabsichtlich
in-scientia, ae f. (cf. insciens) **Unwissenheit,** Unkenntnis, Unbekanntschaft; Unverstand
inscītia, ae f. (cf. inscitus) **Ungeschicklichkeit,** Ungeschick; Unwissenheit, Unkenntnis
in-scītus 3 **ungeschickt;** unverständig, unfein, plump
in-scius 3 **unwissend,** unkundig; nicht wissend, absichtslos, unbewußt; alqo inscio ohne jemds. Wissen; non (haud) inscius wohl wissend, mit vollem Bewußtsein
in-scrībo, scrīpsi, scrīptus 3. 1.) **in, auf etwas schreiben; jemd. etwas zuschreiben,** beilegen; als Urheber von etwas bezeichnen; deos sceleri i. die Götter als Vorwand für den Frevel gebrauchen 2.) mit einer Inschrift, Aufschrift versehen, beschreiben; (Brief) adressieren; (Buch) betiteln
F. inskribieren: einschreiben, überschreiben, widmen
inscrīptio, ōnis f. (cf. inscribo) **Aufschrift,** Überschrift, Titel
F. die Inskription: Einschreibung, Überschrift, Inschrift, Schuldverschreibung
in-sculpo, sculpsi, sculptus 3. **eingraben,** einschneiden, einmeißeln, eingravieren; einprägen
in-seco, secui, sectus 1. **einschneiden;** Einschnitte machen
F. das Insekt: Kerbtier — die Insektion: Einschnitt
insectātio, ōnis f. (cf. insector) **Verfolgung;** Verhöhnung
in-sectātor, ōris m. (cf. insector) **Verfolger,** Gegner, Tadler, Eiferer
in-sector 1. (cf. insequor) **heftig verfolgen;** bedrängen, heftig zusetzen; verhöhnen, verunglimpfen
in-senēsco, senui 3. über etwas alt werden
in-sepultus 3 **unbestattet,** unbegraben, ohne Begräbnis
in-sequor, secūtus sum 3. (mit dem acc.) **auf dem Fuße folgen,** unmittelbar folgen; verfolgen; angreifen, verhöhnen, tadeln; fortsetzen, fortfahren, verharren; sich bemühen, darauf bestehen, darauf ausgehen; erreichen, ereilen
in-sero, sēvi, situs 3. **einsäen, einpflanzen,** pfropfen, einpfropfen, einprägen, einverleiben; — insitus 3 eingepflanzt, eingewurzelt, angeboren, angestammt
in-sero, serui, sertus 3. **hineinstekken, hineinfügen,** einfügen, einlegen, einmischen, einflechten, einschalten, einreihen, beigesellen; se inserere sich einmischen, sich einschalten
F. inserieren: einrücken, anzeigen — der Inserent: der Einrückende, der Ausschreibende — die Insertion: Einrückung, Anzeige — das Inserat: Zeitungsanzeige
inserto 1. (cf. insero) hineinstecken
in-servio 4. **dienstbar sein,** botmäßig sein, zu Diensten sein, zu Willen sein, ergeben sein, nachgeben, eifrig betreiben, fördern (mit dat.)
in-sībilo 1. hineinsaugen
in-sideo, sēdi, sessum 2. (cf. sedeo) (intr.) **in, auf etwas sitzen,** seßhaft sein; fest sitzen, haften; (trans.) **besetzt halten;** bewohnen
insidiae, ārum f. (cf. insideo) **das** Darinsitzen, **Hinterhalt; Nachstellung,** Hinterlist, **Anschlag,** Verrat, Tücke
F. die Insidien: Nachstellungen, Hinterhalt
insidiātor, ōris m. (cf. insidior) Auflauerer, Nachsteller; Wegelagerer
insidior 1. (cf. insidiae) **im Hinterhalt liegen, auflauern,** nachstellen alci.
insidiōsus 3 (fc. insidiae) **hinterhältig,** hinterlistig, tückisch, gefährlich, ränkevoll
F. insidios: heimtückisch, schleichend (med.)
in-sīdo, sēdi, sessum 3. **sich auf etwas setzen, sich niederlassen, sich ansiedeln; sich festsetzen,** festwur-

zeln; mit in c. abl. oder bloßem dat. z. B. in monte, silvae; — (trans.) **besetzen** z. B. montem

insigne, is n. (cf. insignis) **das Zeichen,** Kennzeichen; **Ehrenzeichen, Auszeichnung;** Abzeichen, Wappen, Wappenfigur, Schiffsfigur, Galion; — Zierde, Schmuck; Signal, Flagge
F. die Insignien: Ehrenzeichen, Machtzeichen

insīgnio 4. (cf. insigis) kennzeichnen, kenntlich machen, auszeichnen; — insignītus 3 auffallend, ausgezeichnet, außerordentlich

insīgnis, e (cf. signum) **gekennzeichnet,** kenntlich, **auffallend,** hervorstechend; **ausgezeichnet,** merkwürdig, außerordentlich (im guten und schlechten Sinne)

insignītus 3 cf. insignio

in-silio, silui (silīvi) 4. (cf. salio) hineinspringen, hinaufspringen

insimulātio, ōnis f. (cf. insimulo) **Beschuldigung,** Anklage
F. die Insimulation: grundlose Beschuldigung

in-simulo 1. **fälschlich beschuldigen,** anklagen, verdächtigen
F. insimulieren i. a. B.

in-sincērus 3 unrein, verdorben

in-sinuo 1. (cf. sinus) (in den Bausch der Toga) hineinstecken, **hineindrängen,** eindringen lassen; — **sich eindrängen,** einschleichen; auch pass. eindringen, sich eindrängen
F. insinuieren: sich bei einem einschmeicheln, einem etwas zuflüstern, einflüstern, verdächtigen; gerichtlich zustellen (jur.) — der Insinuant: der Schmeichler — die Insinuation: Einschmeichlung, Einflüsterung, Unterstellung, Einhändigung

in-sipiens, ntis (cf. sapiens) unweise, einsichtslos, unverständig, töricht

insipientia, ae f. (cf. insipiens) Einsichtslosigkeit, Unverstand, Torheit

in-sisto, stiti 3. **sich in oder auf etaws hinstellen,** hintreten (mit in c. abl. oder bloßem dat.); vestigiis alcis i. in jemds. Fußstapfen treten; — auftreten, festen Fuß fassen; digitis i. mit den Zehen auftreten, sich auf die Zehen stellen; — (mit acc.) **betreten,** (einen Weg) einschlagen; **eifrig betreiben,** vornehmen (alqd und alci rei); **sich auf etwas verlegen** (in oder ad alqd); — **feindlich verfolgen, nachsetzen** (alci); — stehen bleiben, still stehen; (in der Rede) innehalten; bei etwas verweilen

insitīcius 3 (cf. insitus) aufgepfropft fremd

insitio, ōnis f. (cf. insero) das Pfropfen

insitīvus 3 (cf. insero) gepfropft, veredelt; fremd, eingeführt; unterschoben, unecht

insitus 3 cf. insero

in-sociābilis, e unverträglich, ungesellig

in-solābilis, e (cf. solor) untröstlich

in-solens, ntis (cf. soleo) ungewohnt; auffallend, ungewöhnlich; übertrieben, unmäßig; übermütig, verwegen, dreist, unverschämt, rücksichtslos
F. insolent: anmaßend, unverschämt, frech

insolentia, ae f. (cf. insolens) Ungewöhnlichkeit, Ungewohntheit; Verschwendung, Aufwand; Überhebung, Unverschämtheit, Übermut, Rücksichtslosigkeit
F. die Insolenz: Anmaßung, Unverschämtheit, Frechheit

insolēsco 3. (cf. insolens) übermütig werden, sich überheben

in-solidus 3 haltlos, schwach
F. insolide i. a. B., unhaltbar, unzuverlässig, unzurechtlich — die Insolidien: Schwächen, Unhaltbarkeiten

in-solitus 3 (act.) ungewohnt, nicht kennend, unkundig; (pass.) unbekannt, ungewöhnlich, befremdlich, selten

in-somnia, ae f. (cf. insomnis) Schlaflosigkeit; schlaflose Nacht

in-somnis, e (cf. somnus) schlaflos

in-somnium, ii n. (cf. in und somnus) Traumbild, Traum

in-sono, sonui 1. **tönen,** ertönen, erschallen; erschallen lassen

in-sons, ntis **schuldlos,** unschuldig

in-sōpītus 3 schlaflos, immer wach

inspectio, ōnis f. (cf. inspicio) **genaue Durchsicht,** Prüfung
F. die Inspektion: Besichtigung, Musterung, Aufsicht, Aufsichtsbezirk

inspecto 1. **bei etwas zuschauen, zusehen**
F. der Inspektor: Aufsichtsbeamter, Vorsteher — das Inspektorat: Amt und Wohnung des Inspektors

in-sperans, ntis nicht hoffend

in-sperātus 3 **unverhofft,** unerwartet

in-spergo, spersi, spersus 3. (cf. spargo) **darauf streuen**

in-spicio, spexi, spectus 3. (cf. specio) **hineinschauen,** hineinblicken; (in Geschriebenes) einblicken, Einsicht nehmen, nachlesen; — **ansehen, besichtigen,** betrachten, **untersuchen,** mustern
F. inspizieren: einsehen, besichtigen, beaufsichtigen — der Inspizient: Aufsichtführender

in-spico 1. (cf. spica) (ährenförmig) ringsum einzacken, einschneiden

in-spiro 1. hineinblasen (alci rei); **etwas einhauchen,** einflößen, **entfachen,** begeistern z. B. animum, virtutem
F. inspirieren i. a. B. — die Inspiration: Eingebung, Begeisterung, Beeinflussung; Einatmung (med.)

in-spoliātus 3 ungeraubt

in-stābilis, e ohne festen Stand, nicht feststehend, schwankend, haltlos, unstet
F. instabil: unbeständig — die Instabilität: die Unbeständigkeit

instans cf. insto

instantia, ae f. (cf. instans) Nähe, Gegenwart; Ausdauer, Beharrlichkeit

instar n. (indecl. cf. insto) (das Sicheinstellen des Züngleins an der Wage) **gleiche Schwere;** gleichgewichtig, gleich schwer; **gleich viel, gleich groß,** von gleicher Art, gleichwie, so gut wie; — **Ebenbild, Abbild,** Bild

instaurātio, onis f. (cf. instauro) Erneuerung

in-stauro 1. anstellen, veranstalten, anrichten, wiederherstellen, erneuern; wiederholen
F. instaurieren: erneuern, wieder eröffnen — der Instaurator: Wiederhersteller — die Instauration: Erneuerung, Wiedereinsetzung, Wiedereröffnung

in-sterno, strāvi, strātus 3. darüberbreiten, bedecken, belegen; **satteln**

instigātor, ōris m. (cf. instigo) Anstachler, Aufwiegler

instigātrix, īcis f. Anstachlerin, Aufwieglerin

in-stigo 1. **anstacheln, antreiben; aufhetzen,** aufwiegeln
M. stechen, stecken (urv.)

in-stillo 1. **hineinträufeln,** tropfenweise eingießen; beträufeln, **benetzen;** einflüstern, **einflößen**
F. instillieren i. a. B. — die Instillation: Einflößung, Einträufelung; Tropfklistier (med.)

in-stimulo 1. **anstacheln, anreizen,** anspornen

instinctor, ōris m. (cf. instinguo) Anreizer, Anstifter

instinctus, ūs m. (cf. instinguo) Anreiz, Antrieb
F. der Instinkt: Naturtrieb — instinktiv: unwillkürlich, aus natürlichem Gefühl

in-stinguo, stinxi, stinctus 3. **antreiben, anreizen**

instita, ae f. (cf. insisto) Besatz, Falbel an der Tunika

institio, ōnis f. (cf. insisto) Stillstand

institor, ōris m. (cf. insisto) Kleinhändler, Krämer, Hausierer

in-stituo, stitui, stitūtus 3. (cf. statuo) **hineinstellen;** errichten, aufrichten, anrichten, anlegen; **(Truppen) aufstellen;** jemd. einsetzen; (mit inf. und acc. c. inf.) **Anstalten treffen, unternehmen, beginnen;** sich vornehmen, anfangen, einführen, einrichten, festsetzen, anordnen; — ordnen, organisieren; **unterrichten, unterweisen,** ausbilden, abrichten
F. instituieren i. a. B.

institūtio, ōnis f. (cf. instituo) Einrichtung, Anordnung; Anweisung, Unterricht
F. die Institution: Stiftung, Einsetzung — der Institutor: Stifter, Lehrer

institūtum, i n. (cf. instituo) **Einrich-**

tung, Sitte, Brauch; **Unternehmen, Vorhaben**; Absicht, Plan; Anweisung, Unterweisung; plur. philosophische Lehren, Grundsätze
F. das Institut: Einrichtung, Anstalt, Erziehungsanstalt

in-sto, stiti, statūrus 1. **auf etwas stehen; in der Nähe sein;** andringen, **zusetzen, bedrängen;** auf jemd. eindringen, jemd. bedrängen (alci); **bevorstehen, drohen;** eifrig betreiben, darauf bestehen (alci rei und alqd); — **instans,** ntis unmittelbar bevorstehend, gegenwärtig; drohend, dringend, heftig
F. der Instant: Bittsteller — die Instanz: inständiges Gesuch, Stufe der Gerichts- oder Verwaltungsbehörden

in-strātus 3 (cf. sterno) unbedeckt

in-strēnuus 3 unentschlossen

in-strepo, ui, itum 3. knarren

in-stringo, strinxi, strictus 3. umbinden, einfassen

instructio, ōnis f. (cf. intruo) Aufstellung; Errichtung, Erbauung

instructus 3 cf. instruo

instructus, ūs m. (cf. instruo) Ausstattung, Rüstzeug

instrumentum, i n. (cf. instruo) **Gerät, Gerätschaften,** Handwerkszeug (selten das einzelne Gerät); Hausgerät, Inventar; Kleidung, Tracht, Schmuck; Beweismittel, Urkunde; Hilfsmittel; Rüstzeug, Vorrat
F. das Instrument: Werkzeug jeder Art, besonders musikalischer — instrumental: als Werkzeug dienend, durch Instrumente verrichtet — der Instrumentalis: Fall auf die Frage „wodurch, womit" (sprachl.) — die Instrumentation, Instrumentierung: Verteilung der Stimmen einer Komposition für das Orchester — instrumentieren: eine Urkunde abfassen; für Instrumente setzen — der Instrumentalismus: philosophische Lehre

in-struo, strūxi, structus 3. **hineinbauen,** aufbauen, erbauen; **ordnen, in Schlachtordnnung aufstellen;** zu etwas anstellen, vorbereiten; **ausrüsten,** einrichten, veranstalten, zustande bringen, bereiten; mit etwas ausrüsten, ausstatten; unterweisen, unterrichten; — instructus 3 ausgerüstet, ausgestattet, versehen mit (mit abl.); unterrichtet, unterwiesen (mit bloßem abl. und in mit abl.)
F. instruieren: ausrüsten, unterweisen, anleiten — die Instruktion: Einrichtung, Unterweisung, Anweisung, Vorschrift — instruktiv: lehrreich, belehrend — der Instruktor: Lehrer, Erzieher

in-suāvis, e unangenehm

Insubres, um und ium m. E. keltischer Volksstamm um Mailand

in-sūdo 1. bei etwas schwitzen

insue-factus 3 daran gewöhnt

in-suēsco, suēvi, suētus 3. (intr.) **sich an etwas gewöhnen;** (trans.) jemd. an etwas gewöhnen

in-suētus 3 **ungewohnt;** ungewöhnlich

insula, ae f. **Insel, Mietshaus**
M. Insel (L)
F. die Isola (it.): Insel — Isola Bella: Schöne Insel (eine der Borromeischen Inseln) — die Isolation: Absonderung — der Isolator: Absperrer; Stoff, der Elektrizität nicht leitet — isolieren: absondern, abdichten; elektr. Strom absperren — die Isolierung: Absonderung, Abdichtung, Absperrung vom elektr. Strom — der Isolationismus: Bestreben eines Staates, völlig eigene Politik zu treiben

insulānus, i m. (cf. insula) Inselbewohner
F. der Insulaner: Inselbewohner (besonders der der Südsee) — insular: die Insel betreffend

insulāris, is m. (cf. insula) Bewohner eines Mietshauses

insulsitas, tātis f. (cf. insulsus) Abgeschmacktheit, Geschmacklosigkeit

in-sulsus 3 (cf. salsus) ungesalzen; abgeschmackt, geschmacklos, geistlos, fade

in-sulto 1. (cf. salto) in, auf etwas springen, tanzen; (auf jemd. herumtanzen) verhöhnen, verspotten (mit dat., acc. und in alqd)
F. insultieren: verspotten, beschimpfen — der Insultor: Beleidiger — der Insult: Verhöhnung, Beleidigung; Anfall (med.) — die Insultation: Beschimpfung, Mißhandlung

in-sum, fui, inesse **in, auf, bei, an**

etwas sein, sich befinden; **auf etwas beruhen** (mit in mit abl., selten bloßer dat.)

in-sūmo, sumpsi, sumptus 3. **aufwenden,** verwenden (mit alqd, in alqd, in alqa re und alci rei)

in-suo, sui, sūtus 3. einnähen

in-super 1.) (adv.) **obendarauf, obendarüber; überdies,** noch obendrein 2.) (praep. mit acc. = super)

in-superābilis, e unüberwindlich; unentrinnbar

in-surgo, surrēxi, surrectum 3. **sich erheben,** sich aufrichten, sich aufbäumen, sich gegen jemd. feindlich erheben

F. insurgieren: aufwiegeln — der Insurgent: Aufständischer, Aufrührer — die Insurrektion: Aufstand, Aufruhr

in-susurro 1. einflüstern, zuflüstern

in-tabēsco, bui 3. schmelzen; sich auflösen, sich verzehren, erlöschen

in-tāctus 3 **unberührt;** unversehrt, unverletzt; unversucht

in-taminātus 3 unbefleckt

in-tēctus 3 unbedeckt, unbekleidet, nackt

in-teger, tegra, tegrum unberührt, unangetastet; unverdorben, **rein,** unbescholten, **unbefleckt;** frisch, blühend; unbestochen, ehrlich, unbestechlich, redlich; von Leidenschaften unberührt, frei; — **unverletzt, unversehrt,** unverwundet; ungeschmälert, unvermindert, **vollständig;** noch unerledigt, unentschieden; freistehend, frei; frisch, neu; — integrum, i n. unverletzter Rechtszustand, früherer Zustand; in integrum restituere wieder in seine Rechte einsetzen, Strafe aufheben, widerrufen; — freie Hand, volle Gewalt; integrum sibi reservare sich freie Hand wahren; res oder de re in integro est die Sache ist noch unerledigt; alci integrum non est (mit inf. oder ut) es steht nicht mehr in jemd. Gewalt; — **de (ab) integro von neuem, von frischem**

M. Integer vitae scelerisque purus: Beginn einer berühmten Horazischen Ode

F. integer i. a. B. — integral: ein Ganzes machend — das Integral: aus unendlich kleinen Teilen berechnete unendliche Größe (math.) — integrieren: ergänzen, erneuern; eine endliche Größe aus ihren unendlich kleinen Teilen berechnen (math.) — integrierend: zur Vollständigkeit unerläßlich, notwendig — die Integrität: Unversehrtheit, ungeschmälerter Bestand; Unbescholtenheit — die Integration: die Herstellung einer Ganzheit, Einordnung eines Gliedes in ein Ganzes (in der Philosophie); Einordnung verschiedener Kulturgebiete in ein einheitliches System (in der Soziologie)

integimentum = integumentum

in-tego, tēxi, tēctus 3. **bedecken,** überdecken; schützen

integrātio, ōnis f. (cf. integro) Erneuerung

integritas, tātis f. (cf. integer) **Unversehrtheit,** Reinheit, Unverdorbenheit, Unbescholtenheit, Redlichkeit

integro 1. (cf. integer) **wiederherstellen;** erneuern

integumentum, i n. (cf. intego) Decke, Hülle, Schutz; Maske

intellēctus, ūs m. (cf. intellego) (act.) **Verständnis, Einsicht;** (pass.) **Sinn, Bedeutung,** Begriff

F. der Intellekt: Verstand, Erkenntnisvermögen, geistige Erkenntniskraft — intellektual, intellektuell: verstandesmäßig, geistig, begrifflich; übersinnlich, durch begriffliches Denken gewonnen (philos.) — der Intellektualismus: philosophische Weltanschauung (nach der der Intellekt die steuernde Grundkraft der Seele ist) — die Intellektualisierung: Auflösung in Begriffe oder Gedanken

intellegens cf. intellego

intellegentia, ae f. (cf. intellego) **Einsicht, Verstand,** Erkenntnisvermögen; die Kenntnis, Verständnis; Begriff, Vorstellung

F. die Intelligenz: Einsicht, Verstand, Geist — der Intelligenzler: Verstandesmensch

intel-lego, lēxi, lēctus 3. (aus inter-lego) **unterscheiden,** wahrnehmen, erkennen; **einsehen,** verstehen, begreifen; Kenntnis haben, Kenner sein, Sachverständiger sein; sich etwas denken, sich vorstellen; intelle-

gens, ntis einsichtig, verständig, kundig; — subst. m. Kenner, Sachverständiger
F. intelligent: vernünftig, einsichtsvoll, klug, gebildet — intelligibel: durch den Verstand erkennbar, übersinnlich (philos.)

Intemelii, ōrum m. E. ligurischer Volksstamm am Osthang der Seealpen; — Albintemilium (Album Intemilium), ii n. ihre Hauptstadt (Ventimiglia)

in-temerātus 3 unbefleckt, unverletzt, makellos, lauter

in-temperans, ntis maßlos, ungemäßigt, zügellos, leidenschaftlich, unbesonnen

intemperantia, ae f. Mangel an Mäßigung, Unmäßigkeit, Zügellosigkeit
F. die Intemperanz i. a. B., Ausschweifung, Völlerei — intemperant: ungemäßigt

in-temperātus 3 nicht gemäßigt, unmäßig, maßlos, übertrieben

in-temperies, ēi f. Übermaß; Mangel an Mäßigung, Zügellosigkeit; unbeständige Witterung; zu heißes, zu regnerisches, zu kaltes Wetter

in-tempestīvus 3 unzeitig, zur Unzeit, ungelegen

in-tempestus 3 unzeitig; nox intempesta dunkle, tiefe Nacht

in-temptātus 3 **unangetastet, unversucht,** unberührt

in-tendo, tendi, tentus 3. **anspannen,** spannen; **überspannen,** überziehen; anstrengen z. B. animum i.; — steigern, vermehren z. B. odium i.; — ausspannen, **ausstrecken,** ausdehnen; wohin richten; (Geschosse) abschießen, (Waffen) zücken; an etwas legen, fügen; seinen Geist wohin richten, wenden; (eine Tätigkeit) gegen jemd. richten; sich wohin wenden, wohin streben; seine Aufmerksamkeit auf etwas richten, aufmerken, etwas beabsichtigen; behaupten, versichern; — intentus 3 gespannt, angespannt, aufmerksam; eifrig; schlagfertig
M. intenso (it.): erhöht, verstärkt (mus.)
F. intendieren: beabsichtigen, bezwecken — die Intension: Ausdehnung, Anspannung, Innigkeit, Heftigkeit — die Intensität: innere Stärke, Wirksamkeit, Wirkung in die Tiefe, Angespanntheit; Grad der Anstrengung, Grad der Ausnutzung — intensiv: angespannt, gründlich, durchdringend, beharrend — die Intensivierung: Verstärkung — das Intensivum: Verstärkungszeitwort (sprachl.) — die Intention: Absicht, Vorhaben, Zweck, Willensmeinung, Zuwendung des Bewußtseins zum Gegenstand (philos.) — intentional: absichtlich, zielgerichtet — der Intendant (franz.): Oberaufseher, Theaterleiter — die Intendanz: Theaterleitung — die Intendantur: militär. Verwaltungsbehörde — der Superintendent: Oberpfarrer, Aufsichtsgeistlicher — die Superintendantur: Würde, Wohnung eines Superintendenten

in-tentātus 3 = intemptātus

intentio, ōnis f. (cf. intendo) **Anspannung,** das Gespanntsein; **Aufmerksamkeit; Absicht;** Sorge, Sorgfalt

intento 1. (cf. intendo) **ausstrecken,** entgegenhalten; androhen, drohen

intentus 3 cf. intendo

intentus, ūs m. (cf. intendo) das Ausstrecken

in-tepēsco 3. warm werden

inter (praep. mit acc.) 1. (räumlich) **unter** (urv.) **zwischen,** zwischen hinein; inter manus unter den Händen; inter falcarios in der Sichelmacherstraße; inter sicarios accusare, defendere wegen Mordes; inter homines esse unter Menschen verkehren, auf Erden weilen; inter manus esse handgreiflich sein, vor Augen liegen; inter ora vor den Augen; — 2.) (zeitlich) **zwischen, während, innerhalb,** im Verlauf von; inter arma im Krieg; inter verba mitten im Redefluß; inter haec (quae) unterdessen; inter ludendum während des Spiels; — 3.) (übtr.) unter, zwischen; inter exempla esse als Beispiel dienen; inter nos, vos, se, ipsos untereinander, gegenseitig

interamenta, ōrum n. inneres Holzwerk der Schiffe

Interamna, ae f. E. (cf. inter und amnis) 1.) Stadt in Südumbrien, Geburtsort des Tacitus (Terni) 2.) Stadt in Südlatium; — Interamnas, ātis adi. und subst. Bewohner von I.

inter-arēsco 3. vertrocknen

intercalāris, e und intercalārius 3 (cf. intercalo) zum Einschalten dienend, eingeschaltet; — dies i. Schalttag

F. interkalar i. a. B.

inter-calo 1. durch Ausruf einschieben, **einschalten;** aufschieben

intercapēdo, inis f. (cf. capio) Unterbrechung

inter-cēdo, cessi, cessum 3. **dazwischengehen,** einherziehen; **dazwischenliegen,** dazwischen sich erstrecken; dazwischen eintreten, dazwischenfallen; dazwischentreten, **sich widersetzen, Einspruch tun,** Widerspruch erheben (alci und alci rei z. B. consulibus, legi intercedere); — sich verbürgen, gut sagen (pro alqo und acc.); bestehen, stattfinden, herrschen z. B. inimicitiae intercedunt

F. interzedieren: Einsprache erheben, sich für jemd. verwenden, sich verbürgen — der Interzedent, Interzessor: Vermittler, Bürge — die Interzession: Vermittlung, Fürsprache, Bürgschaft, Erhebung der Einsprache

interceptor, ōris m. (cf. intercipio) Unterschlager

intercessio, ōnis f. (cf. intercedo) Einsprache, Widerspruch; Bürgschaft

intercessor, ōris m. (cf. intercedo) Einsprucherheber; Vermittler, Bürge

inter-cīdo, cīsus 3. (cf. caedo) cidi, **durchschneiden, zerschneiden;** pontem i. eine Brücke abbrechen

F. interzidieren i. a. B. — die Interzision: Durchschnitt, Pause, Absatz, Zwischensatz

inter-cido, cidi 3. (cf. cado) dazwischen fallen; zugrunde gehen, verloren gehen, umkommen; dem Gedächtnis entfallen, vergessen werden

F. interzidieren: sich zutragen, dazwischenfallen — interzident: dazwischenfallend, eintretend — die Interzidenz: das Dazwischentreten, Pause

inter-cino 3. (cf. cano) dazwischen singen

inter-cipio, cēpi, ceptus 3. (cf. capio) **auffangen,** abfangen, gefangen nehmen; **wegnehmen,** entreißen, rauben, wegraffen; unterbrechen, abschneiden

F. interzipieren i. a. B., unterschlagen — die Interzeption: Wegnahme

inter-clūdo, clūsi, clūsus 3. (cf. claudo) **abschließen, absperren,** versperren, **abschneiden** (alqm ab alqo und alqa re) z. B. hostem, commeatu, reditu, frumento, ab urbe i.

interclūsio, ōnis f. (cf. intercludo) Absperrung, Hemmung

inter-columnium, ii n. (cf. columna) Säulenabstand

inter-curro, curri (cucurri), cursum 3. dazwischen laufen, dazwischen treten; in der Zwischenzeit eilen, unterdessen sich begeben

F. interkurrent, interkurrierend: dazwischenlaufend, unregelmäßig (vom Puls) (med.)

inter-curso 1. = intercurro

intercursus, ūs m. (cf. intercurro) Dazwischenkunft

inter-cus, cutis (cf. cutis) zwischen der Haut, unter der Haut

inter-dīco, dixi, dictus 3. **untersagen,** verbieten (alci alqd und alci alqa re); alci aqua et igni interdicere jemand ächten, in den Bann, für vogelfrei erklären; — verordnen, entscheiden, einschärfen; — interdictus 3 verboten, versagt

interdictio, ōnis f. (cf. interdico) Verbot; Schiedsspruch, Bescheid

F. die Interdiktion i. a. B.

interdictum, i n. **Verbot;** Schiedsspruch, Bescheid, Verordnung

F. das Interdikt: Verbot

inter-diu adv. (cf. dies) **bei Tage**

inter-ductus, ūs m. Trennungszeichen, Interpunktion

inter-dum (adv.) **zuweilen,** bisweilen, manchmal; **eine Zeitlang, unterdessen**

inter-eā (adv.) (ea abl. f. von is) **unterdessen, inzwischen;** indessen, doch

inter-emo = interimo

inter-eo, ii, itum 4. **untergehen,** zugrunde gehen, umkommen; — intercam, si ich soll des Todes sein!
inter-equito 1. dazwischen reiten, durchreiten
inter-fātio, ōnis f. (cf. for) das Dareinreden, Einrede
interfectio, ōnis f. (cf. interficio) Ermordung
interfector, ōris m. (cf. interficio) Mörder
interfectrix, īcis f. (cf. interfector) Mörderin
inter-ficio, fēci, fectus 3. (cf. facio) **niedermachen, töten,** umbringen, ermorden; vernichten, verderben, aufreiben
inter-fluo, flūxi 3. dazwischenfließen
inter-for 1. dazwischenreden, unterbrechen
inter-fūsus 3 (cf. fundo) dazwischen ausgegossen, dazwischen fließend, dazwischen sich ergießend
inter-iaceo 2. **dazwischenliegen**
inter-icio (sprich jicio), iēci, iectus 3. (cf. iacio) **dazwischenwerfen, -legen,** -stellen; — interiectus 3 dazwischenliegend, -befindlich; spatio mediocri interiecto in geringer Entfernung; interiectis aliquot diebus nach Verlauf einiger Tage; brevi spatio interiecto nach kurzer Zeit
F. die Interjektion: Ausrufswort (sprachl.) — interjektional: dazwischengesetzt, als Zwischenwort dienend (sprachl.)
interiectus, ūs m. (cf. intericio) das Dazwischentreten; Zwischenzeit Frist
inter-im (adv.) (cf. inde) unterdessen, **inzwischen,** mittlerweile; — einstweilen, vorläufig
F. das Interim: Zwischenzeit — interimistisch: vorläufig, verübergehend, einstweilig — das Interimistikum: vorläufiger Zustand
inter-imo, ēmi, emptus 3. (cf. emo) **wegnehmen, wegschaffen, töten,** aus dem Wege räumen
interior, ius (cf. inter) **innerer,** mehr nach innen gelegen; einer Sache näher, zu nahe; ictibus tormentorum i. den Wurfgeschossen zu nahe (um von ihnen getroffen zu werden), schußfrei; periculo vulneris i. zu nahe, um verwundet zu werden; — im Innern des Landes gelegen, binnenländisch; — **enger, vertrauter,** geheimer
interitus, ūs m. (cf. intereo) **Untergang,** Vernichtung
inter-iungo, iūnxi, iūnctus 3. untereinander verbinden
inter-lābor, lāpsus sum 3. dazwischenfließen
inter-lego 3. dazwischen herauslesen, hier und da abbrechen
inter-lino, lēvi, litus 3. dazwischen bestreichen, überstreichen; fälschen (durch Ausstreichen von Wörtern)
inter-loquor, locūtus sum 3. dazwischenreden, ins Wort fallen
inter-lūceo, lūxi 2. dazwischen hervorschimmern, durchschimmern; durchscheinen, durchsichtig sein; sich zeigen, sichtbar sein; alqd interlucet inter ein klarer Unterschied zeigt sich
inter-lūnium, ii n. (cf. luna) Neumond
inter-luo 3. zwischen etwas fließen
inter-mēnstruus zwischen zwei Monaten; tempus i. Zeit des Mondwechsels; intermenstruum, i n. Neumond
in-terminātus 3 unbegrenzt
interminātus 3 (part. perf. von interminor) (unter Drohung) untersagt
inter-misceo, miscui, mixtus 2. dazwischen mischen, einmischen
intermissio, ōnis f. (cf. intermitto) **das Nachlassen, Unterbrechung,** Pause
intermitto, mīsi, missus 3. (trans.) **dazwischengeben,** dazwischen treten lassen; pass. dazwischen liegen; valle intermissa da ein Tal dazwischen lag; — dazwischen leer lassen, offen lassen; pass. leer dazwischen liegen; hoc spatio intermisso in dieser Entfernung; — **unterbrechen, aussetzen;** pass. nachlassen, aufhören; — **vorbeigehen lassen, verstreichen lassen;** brevi tempore

intermisso nach kurzer Zeit; sex diebus intermissis nach Verlauf von sechs Tagen; nullum tempus intermittitur, quin es wird keine Zeit unbenutzt gelassen, ohne daß; — (intr.) **zeitweilig nachlassen, aufhören**

F. intermittieren: unterlassen, unterbrechen — intermissiv: unterbrochen — die Intermission: Unterlassung

inter-morior, mortuus sum 3. unterdessen sterben; absterben, hinsterben; in Ohnmacht fallen; erlöschen, verschwinden; — intermortuus 3 abgestorben, wie abgestorben

inter-mundia, ōrum n. (cf. mundus) Zwischenwelträume

F. das Intermundium: Raum zwischen den Weltkörpern

inter-murālis, e zwischen den Mauern befindlich

inter-nāscor, nātus sum 3. dazwischen wachsen

inter-necio, ōnis f. (cf. neco) Niedermetzelung; völlige Vernichtung, Vertilgung, Aufreibung; völliger Untergang, Ruin

internecivus 3 (cf. internecio) gänzlich vernichtend, mörderisch

inter-necto 3. dazwischen verknüpfen, durchschlingen

internicio = internecio

inter-niteo, ui 2. dazwischen hervorleuchten, durchscheinen

inter-nōdium, ii n. (cf. nodus) Zwischenraum zwischen zwei Gelenken

inter-nōsco, nōvi 3. unterscheiden

inter-nūntio 1. unterhandeln

inter-nūntius, ii m. Zwischenbote, Unterhändler, Vermittler; — internūntia, ae f. Unterhändlerin

internus 3 (cf. inter) **innerer, im Innern befindlich; einheimisch,** inländisch; — interna, ōrum n. innere, heimische Angelegenheiten

F. intern i. a. B. — das Internat: Lehranstalt mit Wohnung und Kost für die Schüler — der Interne: Anstaltszögling — der Internist: Facharzt für innere Krankheiten — das Internum: Inneres, innere Angelegenheit — internieren: in Haft nehmen

in-tero, trīvi, trītus 3. einreiben, einbrocken

interpellātio, ōnis f. (cf. interpello) **Unterbrechung,** Störung

F. die Interpellation: Anfrage, Zwischenfrage, schriftliche Anfrage an die Regierung

interpellātor, ōris m. (cf. interpello) **Unterbrecher,** Störer

inter-pello 1. (cf. appello 1.) **in die Rede fallen, unterbrechen;** mit Bitten oder Fragen angehen, behelligen; stören, verhindern, aufhalten, hintertreiben (mit ne, quominus und inf.)

F. interpellieren: Anfrage stellen, Aufschluß fordern — der Interpellant: der Anfragende

inter-pōno, posui, positus 3. **dazwischenstellen; einschieben,** einschalten; verstreichen lassen; pass. dazwischenliegen; paucis diebus interpositis nach Verlauf weniger Tage; — **eintreten lassen, zuziehen,** einschieben; se interponere sich einmischen, sich einrängen, sich ins Mittel legen; — **einlegen,** einsetzen; **vorschützen, vorgeben;** causā interpositā unter dem Vorwand; — als Pfand einsetzen, zum Pfande geben; fidem suam interponere in alqd und in alqa re sein Wort auf etwas geben, seine Ehre für etwas verpfänden; omni fide interposita trotz aller Versprechungen

F. interponieren: vermitteln, Rechtsmittel einlegen (jur.) — die Interposition: Vermittlung, Einlegung eines Rechtsmittels, Einschreiten einer Behörde

interpositio, ōnis f. (cf. interpono) das Einschieben

interpositus, ūs m. (cf. interpono) das Dazwischentreten

inter-pres, pretis m. **Vermittler,** Mittelsmann, **Unterhändler; Dolmetscher;** Erklärer, Ausleger; Übersetzer; — f. Vermittlerin usw.

F. der Interpret i. a. B.

interpretātio, ōnis f. (cf. interpretor) **Auslegung, Erklärung,** Deutung, Be-

urteilung, Entscheidung, Auffassung; Übersetzung
F. die Interpretation i. a. B.

interpretor 1. (cf. interpres) **auslegen, erklären, dolmetschen; übersetzen; begreifen, verstehen, beurteilen, auffassen;** — **interpretātus auch pass.**
F. interpretieren i. a. B. — interpretabel: erklärbar, übersetzbar — der Interpretator: Ausleger, Erklärer

interpunctio, ōnis f. (cf. interpungo) Abteilung, Trennung der Wörter durch Punkte
F. Interpunktion: Zeichensetzung

inter-pungo, pūnxi, punctus 3. durch Punkte trennen; — interpunctus 3 gehörig abgeteilt, unterschieden; — interpuncta, ōrum n. (verborum) Satzteilzeichen, Interpunktion
F. interpungieren: mit den Satzzeichen versehen

inter-quiēsco, quiēvi 3. dazwischen ausruhen, eine Pause machen

inter-rēgnum, i n. **Zwischenregierung,** Zwischenzeit, Reichsverwesung; res ad i. venit es kommt zu einem Interregnum; i. initum est man trat ein Interregnum an
F. das Interregnum i. a. B.

inter-rex, regis m. Zwischenkönig, Reichsverweser, Senator, der in der Königszeit nach dem Tode des Königs bis zur Neuwahl die Geschäfte führte; der in der Republik (auf 5 Tage gewählt) die Wahlkomitien für die neuen Konsuln abhielt

in-territus 3 unerschrocken, furchtlos

interrogātio, ōnis f. (cf. interrogo) Befragung, Frage, Verhör

inter-rogo 1. **fragen, befragen;** sententiam i. alqm jmd. nach der Meinung fragen; verhören; gerichtlich belangen, anklagen; — interrogātum, i n. Frage
F. interrogativ: fragend — das Interrogativ, Interrogativum: fragendes Fürwort (sprachl.) — die Interrogation: Frage, Befragung — das Interrogatorium: gerichtliche Frage

inter-rumpo, rūpi, ruptus 3. **zerreißen,** abbrechen, **unterbrechen;** trennen
F. die Interruption: Unterbrechung, Störung

interrupte (adv.) (cf. interrumpo) mit Unterbrechung

inter-saepio, saepsi, saeptus 4. absperren, verstopfen; abschneiden, abschließen

inter-scindo, scidi, scissus 3. **abreißen,** einreißen etw. alqd

inter-scrībo, scripsi, scriptus 3. dazwischenschreiben

inter-sero, sēvi, situs 3. **dazwischensäen,** -pflanzen

inter-sero, serui, sertus 3. **dazwischen einfügen,** einschieben, vorgeben

inter-sisto, stiti 3. mitten innehalten

inter-situs 3 dazwischenliegend

inter-spirātio, ōnis f. das Atemholen, Pause zum Atemholen

inter-sterno, strāvi, strātus 3. dazwischenstreuen, -legen

inter-stīnctus 3. (cf. distinguo) hier und da mit Punkten besät; medicamentis i. mit Pflastern wie besät

inter-sum, fui, esse **dazwischensein, -liegen; dabei sein,** zugegen sein; pugnae interesse am Kampf teilnehmen; — **verschieden sein, sich unterscheiden** (meist mit dem n. eines pron. oder adi. als subi. z. B. **hoc,** nihil, multum, plurimum, **interest es ist ein Unterschied zwischen;** — **es macht einen Unterschied, es liegt daran, es ist daran gelegen;** (mit gen. z. B. patris interest es ist für den Vater von Wichtigkeit, aber meā, tuā, suā, nostrā, vestrā interest)
F. interessant: beteiligt, von Teilnahme für etwas erfüllt, Teilnahme erweckend, unterhaltend, hinreißend, anziehend, fesselnd — das Interesse: Beteiligung, Teilnahme, Sinn für etwas, Reiz, Anziehungskraft, Nutzen, Vorteil — die Interessen: Zinsen — der Interessent: Beteiligter — interessieren: Teilnahme erwecken, anziehen, fesseln, von Bedeutung sein — sich interessieren: Teilnahme, Sinn für etwas haben — interessiert: beteiligt, von

Teilnahme erfüllt, selbstsüchtig, eigennützig

inter-texo, texui, textus 3. dazwischen einweben, einflechten, durchweben

inter-trimentum, i n. (cf. tero) Verlust durch Abreiben, Abnutzen

inter-turbātio, ōnis f. Verwirrung, Aufregung

inter-vallum, i n. (cf. vallus) (Raum zwischen zwei Schanzpfählen) **Zwischenraum, Entfernung,** Zwischenzeit; Abstandsunterschied

F. der Intervall i. a. B.; Tonabstand (mus.)

inter-vello, velli und vulsi, vulsus 3. herausreißen

inter-venio, vēni, ventum 4. **dazwischenkommen,** -treten; sich einmengen, sich ins Mittel legen; störend dazwischenkommen, unterbrechen, hindern, aufhalten

F. intervenieren i. a. B. — interventiv: vermittelnd — die Intervention: Einmischung, Vermittlung; Eintritt in einen Rechtsstreit zwischen anderen Parteien, um die Rechte Dritter zu wahren

interventus, ūs m. (cf. intervenio) Dazwischenkunft

inter-verto, verti, versus 3. unterschlagen

F. intervertieren i. a. B. — die Interversion: Unterschlagung

inter-vīso, visi 3. von Zeit zu Zeit besuchen

inter-volito 1. dazwischen herumfliegen

inter-vorto (arch.) = interverto

in-testābilis (cf. testor) zeugenschaftsunfähig, ehrlos, verächtlich, abscheulich

in-testātus 3 (cf. testor) ohne ein Testament gemacht zu haben, ohne Testament; — intestatō (adv.) ohne Testament

intestīnus 3 (cf. intus) **innerlich,** innerer; einheimisch; — intestīna, ōrum n. Gedärme, Eingeweide

F. intestin, intestinal, intraintestinal: den Darm betreffend (med.)

in-texo, texui, textus 3. einweben, einsticken, einflechten, einfügen, verweben; (in die Rede) einfügen, redend einführen; umflechten, umwinden; umschließen, umgeben, überziehen, bedecken

intibum, i n. die Endivie, Zichorie

intimus 3 (cf. interior) **innerster; tiefster;** geheimster, vertrautester; — intime (adv.) herzlichst, innigst; — **intimus, i m. vertrauter Freund,** Busenfreund

F. der Intimus i. a. B. — intim: vertraut, innig, befreundet, behaglich — die Intimität: Innigkeit, Vertrautheit, Behaglichkeit

in-tingo, tinxi, tinctus 3. eintauchen

in-tolerābilis, e unerträglich, unausstehlich

in-tolerandus = intolerabilis

in-tolerans, ntis unduldsam; unerträglich

F. intolerant i. a. B.

intolerantia, ae f. (cf. intolerans) Unerträglichkeit, Unausstehlichkeit, Unduldsamkeit, Härte

F. die Intoleranz: Unduldsamkeit

in-tono, tonui (tonātus) 1. (intr.) **laut donnern, laut ertönen,** erschallen, krachen; (trans.) mit Donnerstimme rufen, laut ertönen lassen

F. intonieren: anstimmen, einen Ton angeben — die Intonation: das Anstimmen, Tonansatz, Toneinsatz (mus.), Tonbewegung beim Sprechen

in-tōnsus 3 ungeschoren, langgelockt, bärtig; dicht belaubt, dicht bewaldet

in-torqueo, torsi, tortus 2. eindrehen, einflechten; einwärts drehen, verdrehen, herumdrehen, verrenken; drohend schwingen, schleudern

intra (praep. mit acc.) (räuml.) **innerhalb, im Innern, im Bereiche von** z. B. intra urbem; diesseits; in ... hinein z. B. intra muros se recipere; — (zeitl.) **innerhalb, binnen, während, im Verlauf** z. B. intra quinque annos; — (bei Zahl-, Maßbestimmungen) innerhalb, beschränkt auf z. B. intra finem iuris innerhalb der gesetzlichen Schranken

M. intra muros: innerhalb der Mauern, nicht öffentlich, geheim, ohne Zeugen

intrābilis, e (cf. intro 1.) zugänglich

in-tractābilis, e schwer zu behandeln; unbändig, wild
F. intraktabel: spröde, unbeugsam — die Intraktabilität: Unbeugsamkeit

in-tractātus 3 unbehandelt, unversucht, unausgeführt; equus i. nicht zugeritten

in-tremo und in-tremisco, ui 3. erzittern, erbeben

in-trepidus 3 **unerschrocken,** unverzagt, ruhig

in-trīco 1. (cf. tricae) in Verlegenheit bringen *F.* intrikat: verworren, heikel

intrīn-secus (adv.) (cf. inter und secus) innerlich, inwendig

in-trītus 3 (cf. tero) unabgerieben, ungeschwächt

intro (adv.) **hinein, herein**

in-tro 1. (cf. inter) (intr.) **hineingehen, eintreten;** in etwas eindringen, auf etwas eingehen; — (trans.) betreten, in etwas einziehen, einrükken; eindringen, beschleichen, anwandeln z. B. intrat animum cupido
F. die Intrade (span.): kleines Vorspiel, plur. Staatseinkünfte

intro-dūco, dūxi, ductus 3. **hineinführen,** einführen; einrücken lassen; einen Satz aufstellen, erklären, behaupten
F. introduzieren: einführen, einleiten

introductio, ōnis f. (cf. introduco) das Einführen
F. die Introduktion: Einführung, Einleitung — introduktiv: einführend, einleitend

intro-eo, ii, itum, īre **hineingehen,** eintreten, einrücken; (selten) betreten

intro-fero, tuli, ferre **hineintragen,** hineinbringen

intro-gredior, gressus sum 3. hineingehen, eintreten

introitus, ūs m. (cf. introeo) **Eingang,** Eintritt, Einzug, Einmarsch; Anfang, Einleitung, Vorspiel; Zugang
F. der Introitus: Einleitung (einer Rede); Vorbereitung; Teil der hl. Messe

intrō-mitto, mīsi, missus 3. **hineinschicken,** einlassen, vorlassen, einziehen lassen
F. die Intromission: Einführung (med.)

intrōrsum und intrōrsus (adv.) (aus intro-versum) **nach innen zu, hinein;** innerlich, inwendig, im Inneren

intrō-rumpo, rūpi, ruptus 3. **einbrechen,** eindringen

intrō-spicio, spexi, spectus 3. **hineinblicken,** hineinschauen, beschauen, besichtigen

intrō-voco 1. **hineinrufen**

intubum, i n. = intibum

in-tueor, intuitus sum 2. **ansehen,** hinschauen; betrachten, erwägen; im Auge haben, berücksichtigen
F. die Intuition: geistige Schau; Fähigkeit, erlebnishaft zu erkennen — intuitiv: durch übersinnliche Anschauung gefühlsmäßig erfassend

in-tumēsco, intumui 3. anschwellen, sich aufblähen, sich überheben, zornig, aufgebracht werden

in-tumulātus 3 unbeerdigt

intumus 3 (arch.) = intimus

in-tuor 3. = intueor

in-turbidus 3 **ungestört,** ruhig

intus (adv.) (cf. in) **innen, drinnen,** darin; daheim, zu Hause; im Innern; — nach innen hinein
F. intus i. a. B. — intus haben: begriffen, gelernt, gegessen haben

in-tūtus 3 **ungeschützt,** schutzlos; unsicher, unzuverlässig

inula, ae f. (griech.) der Alant(Arzneipflanze und Küchengewächs)

inuleus = hinnuleus

in-ultus 3 **ungerächt;** ungestraft

in-umbro 1. beschatten

inundātio, onis f. (cf. inundo) Überschwemmung
F. die Inundation i. a. B.

in-undo 1. (trans.) überfluten, überschwemmen; — (intr.) überfließen

in-ungo und unguo, ūnxi, unctus 3. einsalben

in-urbānus 3. **unstädtisch, bäurisch, unfein,** ungebildet, unartig; geschmacklos, witzlos
F. inurban i. a. B. — die Inurbanität: Unhöflichkeit, Roheit

in-ūro, ūssi, ūstus 3. **einbrennen;**

brandmarken, kennzeichnen; tief eindrücken, einprägen, aufdrücken, aufprägen; (Übel) zufügen, verursachen; — anbrennen, erhitzen

in-usitātus 3 **ungebräuchlich**, ungewöhnlich

in-ūtilis, e **unnütz**, unbrauchbar, untauglich; kampfunfähig; nachteilig, schädlich, verderblich

inutilitas, tātis f. (cf. inutilis) **Schädlichkeit**, Verderblichkeit

Inuus, i m. (cf. ineo) Befruchter (der Herden), Beiname des Faunus; — Castrum Inui Rutulerfeste in Latium

in-vādo, vāsi, vāsum 3. **hineingehen, hineindringen**; auf etwas losgehen, einfallen, überfallen, angreifen (in alqm und alqd, auch alqm und alqd); hart anfahren; befallen, überkommen; an sich reißen, gewaltsam in Besitz nehmen

F. die Invasion: feindl. Einfall

in-valēsco. valui 3. **erstarken, zunehmen**, die Oberhand gewinnen

in-validus 3 **kraftlos, schwach**, kränklich, widerstandsunfähig; — subst. m. der Schwache, der Kranke

F. invalid i. a. B., dienstunfähig — der Invalide: Dienstunfähiger, verwundeter Soldat, Ausgedienter — die Invalidität: Arbeitsunfähigkeit

invectio, ōnis f. (cf. inveho) Einfuhr

in-veho, vexi, vectus 3. **einführen, hineinbringen**, etwas hineinfahren (in alqm und alqd); pass. **hineinfahren, -reiten, -segeln**; losgehen, eindringen, gegen jemd. losfahren, angreifen; — (mit abl.) auf etwas fahren, auf etwas reiten

F. die Invektive: Schmährede, schwere Beleidigung

in-venio, vēni, ventus 4. **auf etwas kommen**, stoßen, **etwas finden** (zufällig); **etw. bekommen, gewinnen**, erwerben; **ausfindig machen**, ermitteln, entdecken, erfahren; **bewerkstelligen**, ermöglichen; pass. gefunden werden, sich finden, sich darbieten, sich einstellen, sich zeigen, erscheinen; alqm fidum invenire jdn. treu finden; amicus fidus invenitur der Freund erscheint als treu, zeigt sich treu

F. inventieren (franz.): erfinden, aussinnen — die Invention: Erfindung, Kunstgriff — das Inventar: Einrichtungsgegenstände, Bestand, Bestandsverzeichnis — die Inventarisation: Bestandsaufnahme — inventarisieren: den Bestand aufnehmen — die Inventur: Bestandsaufnahme, Lagerbestand

inventio, ōnis f. (cf. invenio) das Erfinden, **Erfindung**; Erfindungsgabe

inventor, ōris m. (cf. invenio) **Erfinder**, Urheber, Schöpfer, Anstifter

inventrix, icis f. (cf. inventor) Erfinderin, Urheberin, Schöpferin, Anstifterin

inventum, i n. (cf. invenio) **Erfindung**, Entdeckung; plur. wissenschaftliche Entdeckungen, Lehren, Grundsätze

in-venustus 3 **unschön**, ohne Anmut

in-verecundus 3 unverschämt, rücksichtslos, schamlos

in-vergo 3. hinneigen; (als Opfer) darübergießen

inversio, ōnis f. (cf. inverto) Umkehrung; Ironie

in-verto, verti, versus 3. **umwenden**, umkehren; aufwühlen, umstürzen, verdrehen, verschlechtern, übel deuten; umgestalten, verändern

F. invertieren: umstellen — invers: umgekehrt — die Inversion: Umkehrung; Änderung der regelmäßigen Wortstellung zur Hervorhebung eines bestimmten Satzgliedes (sprachl.); Spaltung des Rohzukkers; eine transformierende Abbildung von Figuren oder Körpern durch reziproke Radien (math.)

in-vesperāscit 3. **es wird Abend**

investigātio, ōnis f. (cf. investigo) **Aufspürung**, Erforschung

F. die Investigation i. a. B.

investigātor, ōris m. (cf. investigo) **Aufspürer**, Erforscher

F. der Investigator i. a. B.

in-vestigo 1. die Fährte **aufspüren**, auskundschaften, erkunden, erforschen, ausfindig machen

F. investigieren i. a. B.

inveterāsco, āvi, ātus 3. (cf. invetero) **altern,** alt werden; **einwurzeln, sich einnisten,** sich einbürgern

inveterātio, ōnis f. (cf. invetero) Einwurzelung; veraltete Krankheit

F. die Inveteration i. a. B.

in-vetero 1. (cf. vetus) **alt machen;** pass. alt werden; Wurzeln schlagen; inveterātus 3 veraltet, alt; eingewurzelt, eingefleischt

F. inveteriert: verjährt, eingewurzelt

in-vicem (adv.) (cf. vicis) **abwechselnd, wechselweise;** einander, gegenseitig, einer den andern, untereinander; auf beiden Seiten; **umgekehrt,** andrerseits, hingegen

in-victus 3 (cf. vinco) **unbesiegt,** unbesiegbar, unüberwindlich, unbeugsam, unerschütterlich; invicta sibi quaedam facere sich undurchbrechbare Schranken setzen

invidentia, ae f. (cf. invidens) **Neid,** Mißgunst

in-video, vīdi, vīsum 2. **etwas scheel ansehen, beneiden,** neidisch sein, mißgönnen (mit dat.); mihi invidetur ich werde beneidet (pass. nur unpersönlich); — invidendus 3 beneidenswert, Neid erregend; — invidens, ntis m. der Neider

invidia, ae f. (cf. invidus) das Beneiden, **Neid;** — Verhaßtsein, **Mißgunst,** Haß Gegenstand des Neides; Neider; Anfeindung, Vorwurf, üble Nachrede

invidiōsus 3 (cf. invidia) (act.) **voller Neid,** neidisch, mißgünstig; — (pass.) beneidet, beneidenswert; — **Haß erregend;** gehässig; **verhaßt,** mißliebig, widerwärtig

invidus 3 (cf. invideo) **neidisch,** mißgünstig, eifersüchtig; — **subst.** m. Neider, Beneider

in-vigilo 1. **bei etwas wachen;** überwachen, bedacht sein, sorgen

in-violābis, e **unverletzlich**

in-violātus 3 **unverletzt, unversehrt;** unverletzlich, unantastbar

in-visitātus 3 **ungesehen,** noch nie gesehen, neu, selten

in-vīso, vīsi (vīsum) 3. **nachsehen,** besehen, besichtigen; besuchen, aufsuchen; erblicken

in-vīsus 3 (cf. video) **ungesehen,** unbemerkt

invīsus 3 (cf. invideo) **verhaßt,** angefeindet, hassenswert

invitamentum, i n. (cf. invito) **Lockmittel,** Lockung, Reiz, Anreiz

invitātio, ōnis f. (cf. invito) **Einladung**

F. die Invitation i. a. B.

invitātu (abl. sing. vom ungebr. invitātus, ūs m.) auf Einladung

in-vito 1. **einladen,** zu Gaste bitten; bewirten; auffordern, ermuntern, reizen

F. invitieren i. a. B.

in-vītus 3 **unwillig, ungern,** unfreiwillig, wider Willen; **alqo invito gegen jemds. Willen;** me invito gegen meinen Willen

in-vius 3 (cf. via) **unwegsam,** ungangbar, unzugänglich, unmöglich; — invia, ōrum n. unwegsames Gelände

invocātio, ōnis f. (cf. invoco) **Anrufung**

in-vocātus ungerufen, uneingeladen

in-voco 1. **anrufen, zu** Hilfe rufen; benennen

M. Invocabit: erster Fastensonntag (nach dem Anfang des Introitus)

involātus, ūs m. (cf. involo) Flug

in-volito 1. auf etwas flattern

in-volo 1. **hineinfliegen,** eindringen, über etwas herfallen, sich auf etwas stürzen

in-volūcrum, i n. (cf. involvo) Hülle, Decke

involūtus 3 cf. involvo

in-volvo, volvi, volūtus 3. **hineinwälzen;** -rollen; hinaufwälzen; — **einrollen, einwickeln,** einhüllen, verhüllen, bedecken; — involūtus 3 eingehüllt, verhüllt, in Dunkel gehüllt, schwer verständlich

F. involvieren i. a. B., in sich schließen, mit einbegreifen — die Involution: Hülle, Verwirrung, Verwicklung, Rückbildung eines Organismus im Alter (med.)

in-vulnerātus 3 **unverwundet**

iō Ausruf starker Gemütsbewegung
Iō, ūs und **ōnis** f. E. Tochter des Königs Inachus, Geliebte Jupiters
Iocasta, ae f. E. Schwester des Kreon, Gemahlin des Laius, Mutter und Gattin des Ödipus
iocātio, ōnis f. (cf. iocor) das Scherzen
iocineris cf. iecur
iocor 1. (cf. iocus) **scherzen,** spaßen; scherzend, spöttisch vorbringen
iocōsus (cf. iocus) **scherzhaft,** schalkhaft, listig, neckisch
F. jokos i. a. B.
ioculāris, e (cf. ioculor) **scherzhaft,** spaßig, schnurrig; — ioculāria, ium n. Scherze, Späße, Schnurren
ioculor = iocor
iocur = iecur
iocus, i m. (plur. auch ioca) **Scherz,** Spaß; Scherzlied, Schwank; Kurzweil, Zeitvertreib, Tändelei; Liebeständelei
F. der Jokus, Jux: Scherz
Iolaus, i m. E. Sohn des Iphikles, Gefährte des Herkules
Iolcus, i f. E. Stadt in Thessalien, Ausgangspunkt des Argonautenzuges; — Iolciacus 3 von I.
Iole, ēs f. E. Tochter des Eurytus, von Herkules geliebt
Ion, ōnis m. E. 1.) König von Athen, Heros des jonischen Stammes 2.) der Jonier; Iōnes, um m. die Jonier, einer der vier Hauptstämme der Griechen; — Iōnius, Ionicus, Ioniacus 3 jonisch; — **Iōnia,** ae f. **Jonien,** Landschaft an der Westküste Kleinasiens
Iordānes, is m. E. der Fluß Jordan
iōta n. (indecl.) das griech. Jota
Iphias, adis f. cf. Iphis
Iphicles, is m. E. Halbbruder des Herkules, Vater des Iolaus
Iphricrates, is m. E. athenischer Feldherr; — Iphicratēnsis, e des I.
Iphigenia, ae f. E. die bekannte Tochter des Agamemnon
Iphis, idis m. 1.) als Knabe aufgezogene und später in einen Mann verwandelte Tochter des Lyctus 2.) Vater der Euadne; — Iphias, adis f. Tochter des I., Euadne
Iphitus, i m. E. Argonaut, Gastfreund des Odysseus; — Iphitides, ae m. Sohn des I., Cōranus
ipse, ipsa, ipsum selbst, selber, in eigner Person, persönlich; von selbst, aus freien Stücken; für sich, allein; schon z. B. ipsā naturā schon von Natur aus; selbst, sogar z. B. deus ipse selbst Gott, sogar Gott; grade, eben z. B. die ipso, quo pater venit grade an dem Tage; ipse quoque, et ipse, atque ipse gleichfalls, ebenfalls, auch
M. eo ipso: eben dadurch, selbstverständlicherweise — ipso facto: durch die Tat selbst, eigenmächtig — ipso iure: von Rechts wegen, von sich selbst, von sich aus — ipse dixit: er selbst hat es gesagt — ipse fecit: er hat es selbst gemacht
F. der Ipsismus: Selbstsucht
īra, ae f. **Zorn,** Erbitterung, Wut; irā commotus, impulsus, incensus, inflamatus zornentfacht, aus Zorn, im Zorn; alci irae esse jedm. verhaßt sein
iracundia, ae f. (cf. iracundus) **Jähzorn,** Zorn, Zornesausbruch; Heftigkeit
iracundus 3 **jähzornig,** aufbrausend, hitzig
irāscor 3. (cf. ira) **zürnen,** zornig werden, zornig sein
irātus 3 (cf. irascor) **erzürnt, zornig,** ergrimmt
M. ab irato: im Zorn
Iris, idis f. E. Botin der Juno, Göttin des Regenbogens
F. die Iris i. a. B., Regenbogen, Regenbogenhaut des Auges, Schwertlilie, ein kleiner Planet — die Iritis: Entzündung der Regenbogenhaut — irisieren: in den Regenbogenfarben schillern
ironia, ae f. (griech.) Ironie (F)
Iros, i m. = Irus
ir-rationālis, e **unvernünftig,** unwissenschaftlich, mechanisch
F. irrational: vernunftwidrig — Irrationalzahl: eine Zahl, die sich nicht genau ausdrücken läßt

ir-raucēsco, rausi 3. (cf. raucus) heiser werden
ir-religātus 3 nicht aufgebunden
ir-religiōsus **gottlos,** unehrerbietig
F. irreligiös: religionslos — die Irreligiosität: Religionslosigkeit
ir-remeābilis, e keine Rückkehr bietend
ir-reparābilis, e **unwiederbringlich,** unersetzlich
F. irreparabel i. a. B., nicht wieder gutzumachen — die Irreparabilität: Unersetzlichkeit
ir-repertus 3 **ungefunden,** unentdeckt
ir-rēpo, rēpsi, rēptum 3. **hineinkriechen,** sich einschleichen, sich einnisten, sich beliebt machen
ir-reprehensus **untadelig**
ir-requiētus 3 **rastlos**
ir-resectus 3 unbeschnitten
ir-resolūtus 3 unaufgelöst
ir-rētio 4. (cf. rete) **ins Netz verstricken,** fangen, verstricken
ir-retortus 3 nicht zurückgedreht, nicht zurückgewandt
ir-reverens, ntis **unehrerbietig**
irreverentia, ae f. (cf. reverens) **Unehrerbietigkeit**
ir-revocābilis, e **nicht zurückzurufen,** unwiderruflich; unversöhnlich, unerbittlich
ir-revocātus 3 nicht wieder aufgefordert
ir-rīdeo, rīsi, rīsus 2. **verlachen, verhöhnen,** verspotten
ir-ridiculus 3 **unwitzig**
irrigātio, ōnis f. (cf. irrigo) Bewässerung
F. die Irrigation i. a. B.
ir-rigo 1. eine Flüssigkeit wohinleiten; **bewässern,** benetzen, erfrischen, erquicken
F. der Irrigator: Spülapparat
irriguus 3 (cf. irrigo) bewässernd; bewässert
irrīsio, ōnis f. (cf. irrideo) **Spott,** Hohn, Verspottung
irrīsor, ōris m. (cf. irrideo) **Spötter,** Verhöhner
irrīsus, ūs m. = irrisio
irritābilis, e (cf. irrito) **reizbar**
irritāmen, inis n. = irritamentum
irritāmentum, i n. (cf. irrito) **Reizmittel,** Lockung
irritātio, ōnis f. (cf. irrito) **Reizung,** Verlockung *F.* die Irritation i. a. B.
ir-rīto 1. **reizen,** anreizen, aufreizen, erbittern, erzürnen, aufwiegeln; erregen, hervorrufen, veranlassen
F. irritieren: Reiz erregen, erzürnen — Irritabilität: Reizbarkeit
ir-ritus 3 (cf. ratus) **ungültig;** erfolglos, vergeblich; nichts ausrichtend, ohne etwas auszurichten; — irritum, i n. Erfolglosigkeit, Mißlingen
ir-rogo 1. (etwas beim Volke) **beantragen,** vorschlagen; ein Strafe (mit Genehmigung des Volkes) **auferlegen,** zuerkennen, verhängen
ir-rōro 1. **betauen,** beträufeln, benetzen
ir-rumpo, rūpi, ruptum 3. **hineinbrechen, einbrechen,** einfallen; eindringen
F. irrumpieren i. a. B.
ir-ruo, rui 3. **hineinstürzen,** auf etwas losstürzen, losstürmen; sich eindrängen
irruptio, ōnis f. (cf. irrumpo) **das Eindringen. Einfall**
F. die Irruption i. a. B.
ir-ruptus 3 **unzerrissen,** unzerreißbar
Irus, i m. E. Bettler in Ithaka
is, ea, id (Demonstrativpronomen) **derselbe, dieser, der; derjenige, der; ein solcher, derartiger;** — **quo... eo je... desto;** — isque, et is, atque is (verneint nec is) und das, und zwar; — id quod was; — id est das heißt; —mit gen. quantit. z. B. id hostium eine solche Zahl von Feinden, id aetatis esse in dem Alter stehen; ad id loci bis dahin; — ad id bis jetzt; in id dazu, deswegen; ex eo daraus, daher; eo dadurch; in eo est, ut die Sache steht auf dem Punkte, daß
M. id est (abgek. i. e.): das ist, das heißt
Isaeus, i m. E. Redner in Athen, Lehrer des Demosthenes
Isara, ae m. E. linker Nebenfluß der Rhône, Isère

Isauria, ae f. E. Landschaft in Kleinasien am Nordabhang des Taurus; — Isauri, ōrum m. Einwohner von I.; — Isauricus 3 isaurisch

iselasticus 3 (griech.) zum Einfahren gehörig; certamen i. Wettfahrt; — iselasticum, i n. (scil. praemium) Belohnung für den siegenden Wettfahrer

Isis, idis und is f. E. altägyptische Göttin, Schwester und Gattin des Osiris; — Isiacus 3 der Isis heilig

Ismarus, i m. und Ismara, ōrum n. E. Stadt und Bergzug in Thrazien; — Ismarius 3 ismarisch, thrazisch

Ismēnus, i m. E. 1.) Sohn der Niobe 2.) Fluß in Böotien bei Theben; — Ismēnius ismenisch, thebanisch; — Ismēnis, idis f. Ismenierin, Thebanerin

Isocrates, is und i m. E. athenischer Redner, Schüler des Sokrates und Gorgias; — Isocratēus und ius 3 des I.

Issa, ae f. E. Insel an der Adriatischen Küste (Lissa); — Issaeus, Issaicus, Issēnsis adi. und subst. Bewohner von I.

Issus, i m. E. Seestadt in Cilicien, dort Sieg Alexanders d. Gr. 333 v. Chr.

istāc adv. (cf. iste) da

Istaevones und Istvaeones, um m. E. germanischer Stammname; die an der Nordküste Frieslands wohnenden Germanen

iste, ista, istud (Demonstrativpronomen) **dieser, dieser da,** jener, jener dort; ein solcher, derartiger (oft verächtlich); mit dem Bezug auf den Angeredeten du, ihr, dein, euer z. B. ista amicitia deine, eure Freundschaft

Ister = Hister

Isthmus und os, i m. E. (griech.) Landenge von Korinth, auf der die Isthmischen Spiele stattfanden; — Isthmius 3 isthmisch; — Isthmia, ōrum n. die Isthmischen Spiele, zu Ehren Poseidons alle zwei Jahre gefeiert

isti = istic dort, da

istic, istaec, istoc und istuc = iste, ista, istud; (mit Bezug auf den Angeredeten) dein, dieser dein, jener dein, euer z. B. istaec domus dein Haus, dieses dein Haus

istic (loc. von iste und ce) adv. **dort, da,** an der Stelle wo du bist, bei dir, bei euch; — hierbei, dabei; i. esse bei der Sache sein

istim (cf. inde) (adv. selten) = istinc

istinc (cf. iste) adv. **von dort, von da,** von deiner Seite, von eurer Seite

istius-modi von solcher Art, so beschaffen

istō (adv.) = istuc dorthin

Istri, Istria = Histri, Histria

istuc n. von istic

istūc adv. (cf. iste) **dahin, dorthin,** auf deine Seite, auf eure Seite; dahinein, darein, in diese Sache, zu der Sache

ita adv. (von Pronominalstamm i cf. is) 1.) **so, auf diese Weise, derart;** meist bei Verben z. B. ita factum est; mit nachfolgendem ut consecut. z. B. urbs ita delēta est, ut; — (vergleichend) **ita ... ut** (sicut) **wie ... so, zwar ... aber, wenngleich ... so doch,** wie ... so auch, sowohl ... als auch. — 2.) (bei Wünschen, Schwüren) **ita ... ut so wahr ... wie, so gewiß ... wie** z. B. ita me dii iuvent, ut omnia tibi scripsi; — das ut wird auch weggelassen z. B. ita vivam: semper te amavi; — ita me di iuvent! sowahr mir Gott helfe! 3.) (als Antwort) **so! so ist es! ja!** freilich!; **ita est = ja, non ita est; non ita = nein;** — (als wirkungsvolle Frage) **itane? itane est? ist es so? also wirklich?; quid ita? wieso? warum denn?** 4.) (Folgendes einleitend) so, folgendermaßen; (Vorausgehendes zusammenfassend) **so, unter solchen Umständen, demgemäß;** (beschränkend) **in der Weise, unter der Bedingung, nur zu dem**

Zweck, nur in soweit; (quantitativ) **so sehr, in solchem Grade; ita non so wenig;** non ita, haud ita (bei adi. und adv.), non ita valde (bei Verben) nicht eben, nicht gerade, nicht sonderlich

Italia, ae f. E. Italien (in der klassischen Zeit vom Rubikon bis zur Straße von Messina; genannt nach Italus, i m. dem alten Heros; — Italus, i m. Italer, Italiker; — Italius, Italicus, Italus 3 italisch, römisch; — Italis, idis f. Italerin; — Italica, ae f. Stadt in Spanien bei Sevilla; — **Italicēnsis** adi. und subst. Bewohner von I.

itāque = et ita **und so**

itaque daher, infolge dessen, demnach, also

item adv. (cf. ita) **ebenso,** auf gleiche Weise, gleichfalls, ebenfalls, desgleichen, auch

M. item (abgek. it.) i. a. B.,ferner

iter, itineris n. (cf. ire) das Gehen, Gang, **Weg; Reise, Marsch,** Fahrt; i. facere eine Reise, einen Marsch machen, reisen, marschieren; in itinere, ex itinere auf dem Marsche, während der Reise, unterwegs; — Tagereise, Tagemarsch; **i. magnum Eilmarsch;** quam maximis itineribus proficisci, contendere in Eilmärschen, möglichst schnell; — Durchgangsrecht, freier Durchgang, freie Passage; — **Straße,** Weg; — Mittel und Wege, Verfahren, Ausweg

F. das Itinerarium, Itinerar: Reisebuch, Kursbuch; liturgisches Reisegebet

iterātio, ōnis f. (cf. itero) **Wiederholung**

iterāto adv. (cf. itero) = iterum

itero 1. (cf. iterum) **widerholen, erneuern;** pass. sich wiederholen; — **agrum i. nochmals pflügen**

F. iterieren i. a. B. — die Iteration: die Wiederholung — das Iterativum: Wiederholungszeitwort (sprachl.)

iterum (adv.) **zum zweitenmal, wiederum;** hinwiederum, andererseits; **semel atque iterum** oder semel iterumque einigemale, zu wiederholten Malen; iterum atque iterum, iterum iterumque wieder und wieder, immer wieder, mehrmals

Ithaca, ae und **Ithace,** ēs f. E. Insel im Jonischen Meer, Heimat des Odysseus (Thiaki); — Ithacus 3 und Ithacēnsis, e adi. und subst. Bewohner von I.

itidem (adv.) ebenso, gleichfalls

itio, ōnis f. (cf. ire) das Gehen

Itius portus, m. E. Hafenstadt der gallischen Moriner

Itōne, ēs f. und **Itus,** i m. E. Ort in Böotien mit Minervatempel; — **Itōnius** 3 von I.

Ituraei, ōrum m. E. arabisch-syrisches Mischvolk am oberen Jordan, tüchtige Bogenschützen

Itys, yos und yis m. E. Sohn des Tereus und der Prokne, von der Mutter geschlachtet und dem Vater zum Mahle vorgesetzt

iuba, ae f. **Mähne; Helmbusch;** Kamm am Schlangenkopf

Iuba, ae m. E. 1.) König von Numidien, Anhänger des Pompeius 2.) sein Sohn, Bücherliebhaber, von Augustus wieder eingesetzt

iubar, aris n. Lichtschein; Stern; Sonne

iubātus 3 gemähnt

iubeo, iussi, iussus 2. **befehlen, heißen** (meist mit acc. c. inf.; pass. mit nom. c. inf. z. B. Caesar legionem flumen transire iussit; legio a Caesare flumen transire iussa est); — beschließen, verordnen; genehmigen, gutheißen; — **iussus 3 anbefohlen,** geboten, verordnet; — **iussum,** i n. **Verordnung;** — amicum valere (salvere) iubere den Freund grüßen lassen, vom Freunde Abschied nehmen

F. der Jussiv: Befehlsform (sprachl.)

iuncunditas, tātis f. (cf. iucundus) **Annehmlichkeit; Liebenswürdigkeit,** Freundlichkeit, Beliebtheit; — plur. Beweise von Güte, Gefälligkeiten

iucundus 3 **erfreulich**, angenehm, ergötzlich; **liebenswürdig**; beliebt

Iudaea, ae f. E. das jüdische Land; Palästina; das Reich Juda

Iudaeus, i m. Jude; Iudaicus 3 jüdisch

iūdex, icis m. (selten f.) (cf. iudico) **Richter**; Beurteiler, Schiedsrichter, Kritiker

iudicātio, ōnis f. (cf. iudico) richterliche Untersuchung, Urteil

iudicātum, i n. (cf. iudico) richterliches Urteil, Entscheidung, Urteilspruch

iudicātus, ūs m. (cf. iudico) Richteramt

iudiciālis, e (cf. iudicium) gerichtlich

iudiciārius 3 das Gericht betreffend, gerichtlich

iudicium, ii n. (cf. iudex) **Gericht, richterliche Untersuchung; Gerichtsstätte**; Richterkollegium, Gerichtsbarkeit; Gerichtsverfahren, **Prozeß**; — **richterliches Urteil**, Richterspruch, **Entscheidung; Urteil, Meinung**, Ansicht; Urteilskraft, Geschmack, Einsicht, Überlegung, Vorbedacht

F. das Judiz: Urteil — judizial, judiziarisch: gerichtlich, richterlich — judiziös: urteilsfähig — judiziar: gerichtlich — das Präjudiz: Vorentscheidung, Vorurteil, durch vorhergehendes Urteil entstandener Nachteil — präjudizial: vor der Hauptsache zu untersuchend, vorab zu entscheidend — präjudiziell: vorgreifend

iudico 1. (cf. ius und dico) **Recht sprechen,** als Richter urteilen, Richter sein, **richterlich erkennen,** entscheiden; verum i. ein richtiges Urteil fällen; falsum i. ein falsches Urteil fällen; rem (res) i. das Richteramt ausüben; — verurteilen, aburteilen; — urteilen, entscheiden; — **glauben, meinen; jemd. beurteilen,** schätzen; mit dopp. acc. für etwas halten z. B. alqm idoneum i.; im pass. mit dopp. nom. z. B. centurio fortissimus iudicatur; **für etwas erklären** z. B. alqm hostem iudicare für einen Feind des Vaterlandes erklären, für vogelfrei erklären; Cicero pater patriae iudicatus est

M. Judika: fünfter Fastensonntag

F. judizieren: richten, urteilen — die Judikatur: Rechtsprechung, Gerichtsgebrauch — judikatorisch: richterlich — Judikation: Beurteilung, Aburteilung

iugālis, e (cf. iugum) **im Joch gehend,** ans Joch gewöhnt; subst. plur. Gespann; — **ehelich,** hochzeitlich

Iugārius vicus Straße im alten Rom am Südfuße des Kapitols

iugātio, ōnis f. (cf. iugo) das Anbinden der Reben an Geländern

iugerum, i n. (cf. iugum) Morgen Landes (= 1/4 Hektar)

iūgis, e (cf. iungo) beständig; **immer sprudelnd, nie versiegend**

iu-glans, ndis f. (cf. Iovis-glans) (Jupitereichel) **Walnuß**

iugo 1. (cf. iugum) **verknüpfen, verbinden,** verheiraten, vermählen

iugōsus 3 (cf. iugum) **gebirgig**

iugulo 1. (cf. iugulum) **die Kehle durchschneiden,** schlachten, erstechen, ermorden; vernichten, verderben

F. jugulieren i. a. B. — die Jugulation: Ermordung

iugulum, i n. (dem. zu iugum) Schlüsselbein, **Kehle**

iugum, i n. (cf. iungo) **das Joch** (urv.); **Gespann**; Sklavenjoch; Ehejoch; **Joch, unter dem besiegte Feinde hindurchgehen mußten; exercitum sub iugum mittere ein Heer unters Joch schicken**; sub iugo abire unterm Joch abziehen, entlassen werden; — Querholz an der Wage, Wage; Wage an der Deichsel; — Ruderbank; — **Bergjoch**, Bergkamm, Bergrücken

Iugurtha, ae m. E. Sohn des Numiderkönigs Mizipsa; Iurgurthīnus 3 des I.

Iulēus cf. Iulus

Iūlius 3 E. Name eines röm. patrizischen Geschlechts mit dem berühmten Zweig der Caesares, dem der große **C. Iulius Caesar** (100—44) entstammte; **Iulia,** ae f. seine ein-

zige Tochter, mit Pompeius vermählt; — **Iulia,** Tochter des Augustus, mit Claudius Marzellus, dann mit M. Vipsanius Agrippa, zuletzt mit Tiberius vermählt, wegen Unsittlichkeit verbannt; Iulius 3 des I.; **Iulius** (mensis) **der Juli,** früher Quinctilis, zum Andenken an J. Caesar umbenannt
M. Julius, Julia, Julian, Juliane (V)
Iullus, i m. E. röm. Vorname
Iūlus, i m. E. Sohn des Äneas, Ascanius genannt, Stammvater des Julischen Geschlechts; — Iulēus 3 julisch, Sohn des Äneas, Caesar, des Caesar
iumentum, i n. (aus iugmentum cf. iungo) **Zugtier,** Lasttier; **plur. Zug-, Lastvieh** (Pferd, Ochs, Esel, Maultier, Kamel)
iunceus 3 (cf. iuncus) aus Binsen
iuncōsus 3 (cf. iuncus) binsenreich
iunctim adv. (cf. iunctus) **vereint, beisammen**
iūnctio, ōnis f. (cf. iungo) **Verbindung**
iunctūra, ae f. (cf. iungo) Verbindung; Band, Naht, Gelenk; Verwandtschaft; Wortverbindung, Wortstellung
F. die Junktur: Verbindung, Fuge, Gelenk; Lage, Umstand
iunctus 3 cf. iungo
iuncus, i m. Binse
iungo, iūnxi, iūnctus 3. **ins Joch spannen, anspannen,** bespannen, **anfügen,** anschließen, zusammenfügen; **verbinden, vermählen,** vereinigen, verknüpfen, (Freundschaft) **schließen,** machen, stiften, zustande bringen; zusammensetzen; — iunctus 3 zusammengefügt, vereinigt, verbunden; verwandt, vertraut, befreundet; angrenzend, benachbart; wohl gefügt (von der Rede)
M. Joch (urv.)
iūnior cf. iuvenis
iunīperus, i f. Wacholder
Iūnius 3 E. Name eines röm. patrizischen und plebejischen Geschlechts; 1.) L. Iunius Brutus, Vertreiber der Könige, der erste Konsul 2.) D. Junius Brutus, General Caesars 3.) M. Iunius Brutus, Liebling Caesars; — Iunius und Iuniānus 3 des I.; **Iunius** (mensis) **Juni**
Iūno, ōnis f. E. Schwester und Gemahlin Jupiters, Himmelskönigin, Göttin der Ehe und Geburt; — Iunōnius 3 und Iunonālis, e der Juno geweiht, junonisch; — Iunōni-cola, ae m. und f. (cf. colo) Verehrer, Verehrerin der I.; — Iunōni-gena, ae m. (cf. gigno) Sohn der Juno, Vulcan
F. junonisch: der Juno ähnlich, stolz, fürstlich
Iu-ppiter (weniger gut Iu-piter), **Iovis** m. E. Sohn des Saturnus und der Rhea, Himmelsgott, oberster römischer Gott, Iuppiter optimus maximus (abgek. I. O. M.); — Himmel, Luft; — der Planet Jupiter
M. Jupiter Pluvius: J. als Regengott — J. Tonans: Donnergott
F. jovial: (dem Jupiter eigentümlich) gut gelaunt, freundlich herablassend — die Jovialität: freundliche Herablassung, Frohsinn
Iūra, ae m. E. das Juragebirge
iurātor, ōris m. (cf. iuro) (Schwörer) **vereidigter Vertrauensmann,** Taxator
iurātus cf. iuro
iūrgium, i n. (cf. iurgo) **Wortwechsel, Zank,** Streit; plur. Händel
iurgo 1. **zanken,** streiten; prozessieren; — jemd. ausschelten, heruntermachen
iuridiciālis, e (cf. ius und dico) das Recht betreffend, gerichtlich
iuris-dictio, onis f. **das Rechtsprechen** in Zivilsachen, Zivilgerichtsbarkeit; Gerichtsbezirk
F. die Jurisdiktion: Rechtsprechung, Gerichtsbarkeit, Gerichtsbezirk
iūro 1. (cf. ius) intr. **schwören;** per bei jemd. z. B. per deos; in alqd auf etwas schwören, etwas beschwören z. B. in legem; in verba alcis auf die vorgesprochene Eidesformel

den Eid der Treue schwören; — **iurātus** 3 einer, der geschworen hat, vereidigt, unter Eid; selten pass. geschworen; — iurātus, i m. Geschworener; — trans. schwören, beschwören, eidlich geloben; falsum (falsa) i. unwissentlich falsch schwören; morbum i. schwören, daß man krank gewesen ist; — bei jemd. schwören (mit acc. z. B. Iovem); — etwas abschwören; — iurāta, ōrum n. Beschworenes, eidlich Versichertes

M. iurare in verba magistri: auf des Meisters Worte schwören, ihm blind folgen

iūs, iūris n. Suppe, Brühe

F. die Jus (franz.): kräftige Brühe (aus Fleisch und Knochen)

ius, iūris n. **Recht**, Satzung, Rechtssatzung, Gesetzsammlung, Rechtsanschauung, Rechtsnorm; — Recht, richterliche Entscheidung; Gericht; Rechtsanspruch, rechtliche Befugnis; — Gewalt, Macht; rechtliche Stellung; — **iure** mit Recht, rechtmäßigerweise; **ius iurandum** (rechtskräftiger) **Eidschwur,** Eid; i. dare alci jemd. einen Eid leisten, ein eidliches Versprechen geben; i. accipere sich einen Eid schwören lassen; i. servare den Eid halten; i. violare Eid brechen; iure iurando affirmare (confirmare) eidlich versichern, eidlich bekräftigen; iure iurando rogare (adigere) alqm jemand einen Eid leisten lassen

M. de iure: von Rechts wegen — stud. iur.: Studierender der Rechte

F. das Jus, die Jura: Recht, Rechte, Rechtswissenschaft — der Jurist: Rechtskundiger — die Juristerei, Jurisprudenz: Rechtswissenschaft — juristisch: rechtswissenschaftlich

iussum, i n. cf. iubeo

iussus, ūs m. (cf. iubeo) = iussum; nur abl. sing. **iussū auf Befehl**

iusti-ficus 3 (cf. iustus und facio) recht tun

iustitia, ae f. (cf. iustus) **Gerechtigkeit**; Gerechtigkeitsgefühl; Göttin der Gerechtigkeit

M. iustitia regnorum fundamentum: Gerechtigkeit ist die Grundlage der Staaten

F. die Justiz i. a. B., Rechtspflege — der Justiziar: Rechtsbeistand

iustitium, ii n. (cf. ius und sisto) **Rechtsstillstand,** Gerichtsstillstand; Stillstand, Hemmung

F. das Justitium i. a. B.

iūstus 3 (cf. ius) **gerecht**; rechtmäßig, gesetzmäßig, gesetzlich; gebührend; begründet, verdient; iustum, i n. Gerechtigkeit; iusta, ōrum n. das Gebührende, herkömmliche Gebräuche, Feierlichkeiten, die letzten Ehren; — richtig, ordentlich, gehörig, regelmäßig, vollständig

M. Justus, Justinus, Justine (V)

F. just: eben, grade — justament: richtig, genau — justieren: zurichten, berichtigen, gebrauchsfertig machen, eichen — die Justierung: Eichung — der Justierer: Eicher — das Justifikatorium: Rechnungsbeleg, Kassenverfügung — justifizieren: rechtfertigen, belegen — adjustieren: in Ordnung bringen, zurichten, eichen

Iūturna, ae f. E. latinische Quellnymphe

iuvenālis, e (cf. iuvenis) **jugendlich; Iuvenālia,** ium n. von Nero gestiftete Theaterspiele

iuvenca, ae f. (cf. iuvenis) **junges** Mädchen; — junge Kuh

iuvenculus, i m. (dem. von iuvencus) ganz junger Mensch

iuvencus, i m. (cf. iuvenis) **junger** Mensch; — Jungstier

iuvenēsco 3. (cf. iuvenis) **ins Jünglingsalter eintreten,** heranreifen, **wieder jung werden**

iuvenīlis, e (cf. iuvenis) **jugendlich**

F. juvenil i. a. B.

iuvenis, is m. (abl. sing. e, gen. plur. um; comp. iūnior, ius, [selten] iuvenior, ius) **jung, jugendlich;** — subst. m. **junger Mann** von 25—45 Jahren, f. **junges Weib;** — **iuniōres,** um m. **junge Mannschaft,** jüngere Altersklasse

F. junior (abgek. jr. oder jun.): jünger — der Junior: der Jüngere, Lehrling, Gehilfe — das Juniorat: Erbfolge des Jüngsten

iuvenor 1. (cf. iuvenis) den Jüngling spielen; tändeln

iuventa, ae f. (cf. iuvenis) **Jugend,** Jugendzeit; **Jugendkraft;** junge Leute; — Bartflaum; **Iuventa,** ae f. Göttin der Jugend

iuventas, tātis f. (cf. iuvenis) = iuventa; **Iuventas** Göttin der Jugend

iuventus, tūtis f. (cf. iuvenis) **Jugend,** Jugendzeit, **Jugendalter, rüstiges Mannesalter** (bis 45 Jahre); — junge Leute, **junge waffenfähige Mannschaft;** princeps iuventutis der im Ritterverzeichnis zuerst Aufgeführte; (in der Kaiserzeit) Kronprinz, Prinz

iuvo, iūvi, iūtus 1. (part. fut. iuvatūrus) **unterstützen, fördern, helfen** (mit acc. iuvo te ich helfe dir; iuvāris dir wird geholfen); deo iuvante mit Gottes Hilfe; quid iuvat? was hilft es? was frommt es? (mit inf. und acc. c. inf.); — **erfreuen, erheitern, ergötzen;** iuvat es erfreut, es erheitert (mit inf. und acc. c. inf.)

F. das Juwel (aus dem Latein übers Altfrz.): „Erfreuendes", Kleinod, Kostbarkeit

iuxta (cf. iungo) 1.) (adv.) **dicht daneben,** nahe dabei, in der Nähe; **in gleicher Weise,** gleichmäßig, ebenso; (oft mit ac, et, que z. B. rei publicae iuxta ac sibi consulere); 2.) (praep. mit acc.) **dicht, neben, dicht bei,** hart an, an der Seite; (zeitl.) unmittelbar nach; (von der Ähnlichkeit) nahe an, nahe zu, fast wie; gemäß, zufolge

F. juxta: nahe bei, zunächst

Ixīon, onis m. E. Lapithenkönig, Vater des Perithous, Erzeuger der Zentauren, in der Unterwelt an ein feuriges Rad geschmiedet; Ixionius 3 des I.; Ixionides, ae m. Sohn des I., Perithous

K

im ältesten Latein allgemein gebräuchlich, allmählich durch C verdrängt, nur noch in **Karthago** und **Kalendae** erhalten.

L

L. = **Lūcius** (V.); als Zahlenzeichen = 50

Labdacus, i m. E. Enkel des Kadmus, Vater des Laius

Labeātes, um und ium und ae, ārum m. E. Volksstamm in Illyrien (um Skutari); — Labeātis, idis f. adi. und subst.

labēcula, ae f. (dem. v. labes) kleiner Fleck, Schandfleck

labe-facio, fēci, factus 3. (pass. labefio, factus sum, fieri) **wankend machen,** erschüttern, zu Fall bringen, schwächen

labefacto 1. = labefacio

labellum, i n. (dem. von labium) **Lippe**

labellum, i n. (dem von labrum) kleines Becken, Opferbecken

Labeo, ōnis m. E. röm. Beiname 1.) Q. Fabius L. Konsul und Feldherr 183 v. Chr. 2.) Q. Antistius L. röm. Jurist unter Augustus 3.) Pomponius L. Feldherr unter Fiberius

Laberius 3 E. Name eines röm. plebejischen Geschlechts 1.) Q. L. Durus Oberst Cäsars 2.) Dec. L. röm. Mimendichter zur Zeit Cäsars

lābes, is f. (cf. labor) **Fall, Sturz;** Untergang, Verderben; Fleck, Schandfleck, Schande

Labici, ōrum m. und Labicum, i n. E. Stadt südöstlich von Rom; — Labicānus adi. und subst. Bewohner von L.

Labiēnus, i m. cf. Attius

labium, ii n. **Lippe** (urv.)

F. das Labium: Lefze der Orgelpfeife — der Labial, Labialis: Lippenlaut (sprachl.) — labial: die Lippen betreffend — die Labiate: Lippenblütler (bot.) — Labiodental: Lippenzahnlaut (sprachl.) — labiodental: mit Lippen und Zähnen gebildet (sprachl.) — bilabial: zweilippig (bot.)

labo 1. (cf. labor) **wanken, schwanken,** unsicher sein; unentschieden, unzuverlässig sein

lābor, lāpsus sum 3. **sich senken,** sinken, **gleiten,** fallen; dahingleiten, dahinschweben; entgleiten, entschlüpfen; entrinnen, vergehen; ausgleiten, **straucheln;** fehlen, irren, verfallen, in einen Zustand geraten

M. schlaff (urv.) — Lawine (L)

F. labil: schwankend, das Gleichgewicht verlierend, leicht gestört — die Labilität: Schwankung

labor (älter labos), ōris m. **die Arbeit, Anstrengung,** Mühe; Werk, Leistung; Arbeitsamkeit, Arbeitskraft; Beschwerde, **Strapaze;** Ungemach, Plage, Mühe, Not, Krankheit

labōri-fer, fera, ferum (cf. fero) Strapazen ertragend

laboriōsus 3 (cf. labor) **mühsam,** beschwerlich; arbeitsam; geplagt

labōro 1. (cf. labor) **arbeiten,** sich anstrengen; **leiden,** bedrückt sein, in Not sein; ex pedibus laborare Fußschmerzen haben; a re frumentaria laborare unter Verpflegungsmangel leiden; ex invidia vor Neid, ex desiderio l. vor Sehnsucht vergehen; — arbeiten, sich anstrengen, sich bemühen, daraufhinarbeiten; — (poet.) etwas bearbeiten, verarbeiten

F. laborieren: arbeiten; scheiden, schmelzen (chem.); an etwas leiden — der Laborant: Hilfsarbeiter des Chemikers usw. — das Laboratorium (abgek. Labor) Untersuchungsraum des Chemikers usw. — laboriös: arbeitsam — die Laboriosität: Arbeitssamkeit — der Kollaborant: Mitarbeiter, Unterstützer — kollaborieren: mitarbeiten

labos = labor

labrum, i (cf. lambo) Lippe, Rand

lābrum, i n. (aus lavābrum cf. lavo) Wanne, Becken; Bad

labrūsca, ae f. wilde Rebe

labyrinthus, i m. (griech.) **Labyrinth,** Irrgebäude, Irrgarten; — labyrintheus 3 labyrinthisch

F. das Labyrinth: Gebäude mit einem irreführenden Gewirr von Gängen und Räumen; Gleichgewichtsorgan des Ohres

lac, lactis n. **Milch**

F. die Laktation: Milchabsonderung — die Ablaktation: Entwöhnung des Kindes — ablaktieren: entwöhnen

Lacaena, ae f. E. Lakonierin, Spartanerin; spartanisch

Lacedaemon, onis f. E. Sparta; — Lacedemonius adi. und subst. Bewohner von L.

lacer, lacera, lacerum **zerrissen, zerfleischt,** zertrümmert; zerfleischend

lacerātio, ōnis f. (cf. lacero) **das Zerfleischen**

lacerna, ae f. **Oberkleid,** Überwurf, Kapuzenmantel

lacero 1. (cf. lacer) **zerfetzen, zerreißen,** zerfleischen, zerraufen; **verunglimpfen, heruntermachen, herunterreißen;** zugrunde richten, **zerrütten,** vergeuden, verschleudern; **mißhandeln, quälen, peinigen**

F. lazerieren i. a. B. — die Lazeration: Zerreißung, Zerfleischung — lazerabel:

zerreißbar — lazerativ: zerreißend, zerfleischend

lacerta, ae f. (cf. lacertus) Eidechse
F. die Lazerte i. a. B.

lacertōsus 3 (cf. lacertus) muskulös

lacertus, i m. = lacerta

lacertus, i m. Oberarmmuskel; **Oberarm;** Schere des Krebses, Skorpions usw.; — (meist plur.) Kraft, Stärke

lacesso, īvi (ii), ītus 3. (cf. lacio) **reizen,** herausfordern, angreifen; proelio oder ad proelium l. zum Kampfe reizen; — (herausfordernd) etw. beginnen, erregen

Lacetānia, ae f. E. Landschaft in Nordostspanien; — Lacetānus adi. und subst. Bewohner von L.

Laches, ētis m. E. athenischer Feldherr und Flottenführer

Lachesis, i f. eine der drei Parzen, die den Lebensfaden spinnt

Laciades, ae m. E. Bürger des lakischen Demos in Attika

lacinia, ae f. (cf. lacer) Fetzen, Zipfel; alqd laciniā obtinēre am Zipfel, mit genauer Not festhalten

Lacīnium, ii n. E. Vorgebirge in Bruttium mit berühmtem Junotempel (Capo delle Colonne); Lacīnius 3 lazinisch

lacio 3. (selten) locken

Laco und on, ōnis m. E. Lakoner, Spartaner, Lazedämonier; — Lacōnicus 3 lakonisch; Lacōnis, idis f. lakonisch; — Lacōnica, ae f. Lakonien

lacrima (arch. dacruma), lacruma, ae f. **Träne** (urv.), **Zähre** (urv.)
M. hinc illae lacrimae: („daher jene Tränen", Terenz' Andria) das ist der Grund, da liegt der Hund begraben — Lacrimae Christi: (Tränen Christi) edler Rotwein vom Vesuv

lacrimābilis, e (cf. lacrimo) **beweinenswert,** tränenreich; kläglich
F. lakrimabel i. a. B.

lacrimabundus 3 (cf. lacrimo) **weinend**

lacrimo 1. (cf. lacrima) **weinen**

lacrimōsus 3 (cf. lacrima) **tränenreich;** jammervoll, kläglich

lacrimula, ae f. (dem. von lacrima) Tränlein

lacruma = lacrima

lactens, ntis (cf. lac) saugend, subst. Säugling; — milchig, saftig

lactēsco 3. (cf. lac) zu Milch werden

lacteus 3 (cf. lac) milchig; milchweiß; mild und süß (wie Milch)

lacto 1. (cf. lac) Milch geben, Milch saugen
F. laktant: säugend — das Laktat: milchsaures Salz — das Laktein: durch Abdampfen der Milch gewonnene rahmartige Masse — laktieren: säugen — laktisch: auf Milch bezüglich — der Laktometer: Milchmesser — die Laktose: Milchzucker

lactūca, ae f. (cf. lac) Lattich (L), Kopfsalat

lacūna, ae f. (cf. lacus) Lache (urv.), Vertiefung; Sumpf; Loch, Lücke; Verlust *M.* die Lagune (L)

lacūnar, āris n. (cf. lacuna) getäfelte Decke (mit vertieften Feldern)

lacūno 1. (cf. lacuna) mit einer getäfelten Decke schmücken

lacunōsus 3 (cf. lacuna) lückenhaft

lacus, ūs m. **Wanne,** Trog, Kübel, Wasserbecken; Brunnenbecken; **See, Teich;** Kahn
M. Interlaken: der zwischen den Seen gelegene Schweizer Kurort

Lacȳdes, is m. E. griechischer Philosoph, Begründer der neueren Akademie

Lādon, ōnis m. E. Nebenfluß des Alpheus

laedo, laesi, laesus 3. **verletzen;** kränken, beleidigen; stoßen, schädigen
F. lädieren: beschädigen, verletzen, beleidigen — der Lädent: Beleidiger — die Lädierung: Verletzung, Beschädigung

Laelius 3 E. Name eines röm. plebejischen Geschlechtes 1.) C. Laelius, Freund des älteren Scipio 2.) sein Sohn gleichen Namens, Freund des jüngeren Scipio, wegen seiner philos. Bildung Sapiens genannt 3.) D. Laelius Volkstribun, Anhänger des Pompejus; — Laeliānus 3 des L.

laena, ae f. (griech.) **Mantel**

Laërtes, is und ae m. E. Vater des

Odysseus; — Laërtiades, ae m. Sohn des L. = Odysseus; Laërtius 3 des L.

laesio, ōnis f. (cf. laedo) **Verletzung;** absichtliche Reizung des Gegners
F. die Läsion: Verletzung, Beleidigung, Übervorteilung

Laestrygones, onum m. E. menschenfressende Riesen; Laestrgonius 3 lästrygonisch

laetābilis, e (cf. laetor) erfreulich

laetātio, ōnis f. (cf. laetor) Jubel, Frohlocken

laetifico 1. (cf. laetificus) **erfreuen;** befruchten

laeti-ficus 3 (cf. laetus und facio) erfreulich

laetitia, ae f. (cf. laetus) **Freude,** Fröhlichkeit; laetitia afficere alqm. laetitiam dare, afferre alci jdm. Freude machen
F. Lätitia i. a. B.; auch (V)

laetor 1. (cf. laetus) **sich freuen**
M. Lätare: Name des vierten Fastensonntags, nach dem Anfangswort der Messe „freue dich“ genannt

laetus 3 **froh,** fröhlich; froh machend, erfreulich; erfreuend; lachend, fruchtbar, üppig; wohl genährt; blühend, anmutig

laevus 3 **links; laeva,** ae f. **die linke Hand,** die Linke, ad laevam, a laeva zur Linken; dextrā laevaque rechts und links; — linkisch, ungeschickt; tempus laevum Unzeit; — glückbringend, günstig; — (poet.) ungünstig, Unheil bringend
M. laeva manu: mit der linken Hand (mus.)

laganum, i n. (griech.) Ölkuchen, Plinse

lagēos, i f. (griech.) Hasenwein, nach der Farbe der Trauben benannte Rebenart

lagoena (lagōna), ae f. (griech.) Gefäß, Flasche (mit engem Hals und weitem Bauch)

lagōis, idis f. (griech.) Schneehuhn

laguncula, ae f. (dem. von lagona) Fläschchen

Lāis, idis f. E. Freundin des Alcibiades

Lāius, i m. E. Vater des Ödipus; Laïades, ae m. Sohn des L. = Ödipus

Lālage, ēs f. E. Name einner Geliebten des Horaz („Süßplaudernde“)

lāma, ae f. Pfütze, Morast, Sumpf

Lamachus und os, i m. E. athenischer Feldherr

lambitus, ūs m. (cf. lambo) das Lecken

lambo, lambi 3. **lecken,** belecken; umzüngeln, bespülen
M. Löffel, Lefze, Lippe (urv.)

lamenta, ōrum n. **Wehklagen,** Wehgeschrei
F. das Lamento (it.) i. a. B.

lamentābilis, e (cf. lamentor) **bejammernswert;** jammervoll, kläglich, weinerlich

lamentātio, ōnis f. (cf. lamentor) **das Wehklagen,** Wehgeschrei, Jammer
F. die Lamentation i. a. B.; Klagelied

lamentor 1. **wehklagen,** jammern; beklagen, bejammern
F. lamentoso: lamentabile (it.): klagend (mus.) — lamentieren i. a. B.

lamentum, i n. cf. lamenta

Lamia, ae f. E. 1.) Stadt in Südthessalien 2.) kinderschreckendes Wesen, Hexe; — m. Beiname des Geschlechtes Aelia; L. Aelius Lamia Konsul, Freund des Horaz

lāmina, lāmmina, lāmna, ae f. dünne Platte, Blech; Brustplatte des Pferdes; Eisenklammer; Geld (verächtlich)
F. Lametta: dünne Zinnfäden — Lamelle: dünnes Plättchen

lampas, adis f. (griech.) **Fackel,** Leuchte, Kerze; Leuchter; — Glanz, Schimmer, Strahl
M. die Lampe (L)

Lampsacus, i f. E. Stadt am Hellespont; — Lampsacēnus adi. u. subst. Bewohner von L.

Lampter, ēris m. E. Hafenort in Jonien

Lamus, i m. E. König der Lästrygonen

lāna, ae f. **Wolle;** Wollfaden, Wollkleid; Wollarbeit; Baumwolle; Schäfchenwolke; — de lana caprina rixari (um Ziegenwolle) um des Kaisers Bart streiten

F. das Lanolin: Schafwollfett — das Lanoform: Wundsalbe

lanātus 3 (cf. lana) wollig

lancea, ae f. (griech.) **Lanze** (L), Speer, Spieß

lāneus 3 (cf. lana) aus Wolle, wollen

Langobardi, ōrum m. E. germanischer Volksstamm an der Unterelbe, später in der Lombardei (nach ihnen genannt)

langue-facio, fēci, factus 3. (cf. langueo und facio) **matt machen,** einschläfern, beruhigen

langueo, langui 2. **schlaff (urv.) sein,** kraftlos sein, träge sein, erschlaffen, langweilig sein; — languens, ntis matt, schlaff, schläfrig, lau

languēsco, langui 3. (cf. langueo) **schlaff, matt, träge werden,** ermatten, lässig, gleichgültig werden, abnehmen

languidus 3 (cf. langueo) **schlaff,** matt, kraftlos, untätig, träge, gleichgültig, lau

languor, ōris m. (cf. langueo) **Mattigkeit,** Schlaffheit, Ermattung, Trägheit, Untätigkeit, Gleichgültigkeit, Lauheit, Unlust, Langweiligkeit

laniātus, ūs m. (cf. lanio) Zerfleischung

laniēna, ae f. (cf. lanio) Fleischbank, Fleischladen

lani-ficium, ii n. (cf. lanificius) Wollarbeit

lani-ficus 3 (cf. lana und facio) Wolle verarbeitend, spinnend

lāni-ger 3 (cf. lana und gero) Wolle tragend; — subst. m. Widder, Lamm

lanio 1. **zerfleischen,** zerstückeln, zerfetzen, zerreißen, zerraufen

lanista, ae m. Gladiatorenmeister, Fechtmeister; — Bandit, Aufwiegler, Aufhetzer

lanitium, ii n. (cf. lana) Wolle (geschoren zum Verarbeiten)

lanius, ii m. Metzger, Fleischer

lanterna, ae f. (griech.) Laterne (L)

M. Laterna magica: Zauberlaterne

lanternārius, ii m. (cf. lanterna) Laternenträger, Spießgeselle

lanūgo, inis f. (cf. lana) Wolliges, Flaum; Bartflaum

Lanūvium, ii n. E. latinische Stadt südöstlich von Rom mit berühmten Junotempel (Civita Lavigna); — Lanuvīnus adi. und subst. Bewohner von L.

lanx, lancis f. Schüssel, Schale; Wagschale

Laocoon, ontis m. E. trojanischer Priester, mit seinen zwei Söhnen durch zwei Schlangen erwürgt

F. der Laokoon i. a. B., Werk Lessings

Laodamīa, ae f. E. Tochter des Akastus, die ihrem Gatten Protesilanus freiwillig in den Tod folgte

Laodicēa und ia, ae f. E. 1.) Stadt in Syrien 2.) Stadt in Südphrygien; Laodicēnus und ēnsis adi. und subst. Bewohner von L.

Laomedon, ontis m. E. Vater des Priamus; — Laomedontēus und ius 3 des Laomedon; Laomedontiades, ae m. Sohn des L. = Priamus

lapathum, i n. und us, i m. f. (griech.) Sauerampfer

M. Huflattich (L)

lapi-cīda, ae m. (cf. lapis und caedo) Steinmetz

lapicīdinae, ārum f. (cf. lapicida) Steinbrüche

lapidātio, ōnis f. (cf. lapido) Steinigung

lapidātor, ōris m. (cf. lapido) Steinschleuderer

lapideus 3 (cf. lapis) steinern, aus Stein

lapido 1. (cf. lapis) steinigen; unpers. lapidat es regnet Steine

lapidōsus 3 (cf. lapis) steinig, voller Steine

lapillus, i m. (dem. von lapis) Steinchen, Kiesel; Stimmstein; Marmorstückchen; Edelstein; plur. Geschmeide

F. die Lapilli: vulkanische Auswurfschlacken

lapis, idis m. **Stein;** Marmor; aus

Stein Verfertigtes: Marmortischplatte, Meilenstein, Grenzstein; Grabstein, steinerne Bildsäule, Steinstufe. Steintritt; Edelstein

F. lapidar: in Stein gehauen, gedrängt, markig — Lapislazuli: tiefblauer Schmuckstein — das Lapidarium: Sammlung von Steindenkmälern — die Lapidarschrift: Art der Antiqua (buchdr.) — die Lapidation: Steinigung — Lapidifikation: Steinerzeugung, Versteinerung — der Lapidär: Schleifmaschine der Uhrmacher

Lapitha und ēs, ae m. E. Lapithe; plur. die L. thessalisches Bergvolk, berühmt durch den Kampf mit den Zentauren

lappa, ae f. Klette

lāpsio, ōnis f. (cf. labor 3.) das Ausgleiten, Neigung zum Fall

lāpso 1. (cf. labi) wiederholt ausgleiten

lāpsus, ūs m. (cf. labor) **das Fallen,** Gleiten, Bewegung, Flug (der Vögel); **Gefälle;** das Ranken (der Reben), Rollen (der Räder); — **Fall,** Sturz; **Verstoß, Versehen**

F. der Lapsus: Irrtum — Lapsus calami: Schreibfehler — Lapsus linguae: Sprechfehler, Versprechen — Lapsus memoriae: Gedächtnisfehler

laquear, āris n. = lacunar

laqueātus 3 (cf. laqueor) getäfelt

laqueus, i m. (cf. lacio) **Strick, Schlinge;** Fallstrick, Falle

Lār, Laris m. meist plur. **Lāres,** um (selten ium) m. **die Laren** (F), Hausgötter, vergötterte, das Haus beschirmende Seelen der Verstorbenen; — Haus, Wohnung, Herd; — Vogelnest, Bienenstock

Lāra, ae f. E. geschwätzige Nymphe

Lārcius 3 Name eines römischen Geschlechtes; T. Larcius Flavus erster römischer Diktator

lardum, i n. = laridum

Larentālia, ium n. Fest zu Ehren der Laren (23. Dez.), insbes. der Acca Larentia

Lares, ium f. E. Stadt in Ostnumidium (Larbus)

largi-ficus 3 (cf. largus und facio) reichlich

largior 4. (cf. largus) **reichlich geben, schenken,** freigebig spenden; bestechen; gewähren, einräumen, zugestehen, verzeihen

largitas, tātis f. (cf. largus) **Freigebigkeit**

largiter cf. largus

largītio, ōnis f. (cf. largior) Freigebigkeit, Schenkung; **Bestechung,** Verleihung, Gewährung, Zugeständnis

largītor, ōris m. (cf. largior) Spender; Bestecher

largus 3 (adv. large und [selten] largiter) **freigebig;** reichlich, im Überfluß, viel

lāridum, i n. Speck

Larīnum, i n. E. Stadt an der apulischen Grenze; Larīnas, ātis Bewohner von L.

Larīsa (Larissa), ae f. E. 1.) Stadt in Thessalien (Larissa) 2.) Stadt in Südthessalien auf steiler Höhe 3.) Name der Burg von Argos; Larisaeus, ēnsis adi. und subst. Bewohner von L.

Lārius, ii m. (scil. lacus) E. See in Oberitalien (Lago di Como)

larix, icis f. **Lärche** (L)

Lars, Lartis m. Herr, Fürst, etruskischer Vorname

lārva, ae f. **böser Geist,** Gespenst; **Larve** (L), Maske

lasanum, i n. (griech.) Kochgeschirr; Nachtgeschirr

lascīvia, ae f. (cf. lascivus) **Lustigkeit,** Mutwille, Ausgelassenheit, Spiel, Scherz; **Zügellosigkeit,** Ausschweifung, Wollust

F. die Laszivität: Schlüpfrigkeit

lascīvio 4. (cf. lascivus) **lustig, mutwillig-, ausgelassen sein; zügellos, übermütig sein**

lascīvus 3 **lustig,** mutwillig, ausgelassen, schalkhaft, tändelnd; **zügellos,** ungebunden; unzüchtig, ausschweifend, wollüstig

F. lasziv: schlüpfrig

laserpici-fer 3 (cf. laserpicium und fero) Laserpizium (Arzneipflanze) tragend

lassitūdo, inis f. (cf. lassus) **Mattigkeit,** Ermüdung, Abspannung

lasso 1. (cf. lassus) **müde machen,** ermüden

lassus 3 laß (urv.), **müde,** matt, schlaff

late cf. latus

latebra, ae f. (cf. lateo) **Schlupfwinkel,** Versteck; Verborgenheit; Ausflucht, Entschuldigung

latebrōsus 3 (cf. latebra) voller Schlupfwinkel

lātens cf. lateo

lāteo, ui 2. **verborgen sein,** versteckt sein, geborgen sein, sicher sein (mit in, intra); unbekannt sein; latet es ist unbekannt

F. latent: verborgen, versteckt; gebunden (phys.) — die Latenz: Verborgenheit, Gebundensein

later, eris m. Ziegelstein

laterculus, i m. (dem. von later) kleiner Ziegelstein

latericius 3 (cf. later) aus Ziegeln gemacht; subst. n. Ziegelbau, Ziegelwerk

Laterium, ii n. E. Landgut des Q. Cicero bei Arpinum

laterna = lanterna

latex, icis m. (griech.) Flüssigkeit, Naß

Latialis, Latiar, Latiaris cf. Latium

latibulum, i n. (cf. lateo) Schlupfwinkel

lati-clāvius 3 (cf. latus und clavus) mit einem breiten Purpurstreifen versehen

Latine, Latini, Latinitas cf. Latium

lātio, onis f. (cf. fero) das Bringen; l. legis Gesetzvorschlag; l. suffragii Stimmrecht

latito 1. (cf. lateo) sich versteckt halten

latitūdo, inis f. (cf. latus) **Breite;** Ausdehnung, Länge; breite Aussprache

Latium, ii n. E. Landschaft zwischen Tiber und den pontinischen Sümpfen, Mutterland Roms; Rom, Römisches Reich; — Latīnus, i m. 1.) der Latiner 2.) mythischer König, Vater der Lavinia; — Latina, ae f. Latinerin; — Latīnitas, tātis f. 1.) gute lateinische Sprache 2.) latinisches Recht; — Latīnus 3 latinisch, lateinisch; gut lateinisch, deutlich; Latius 3 = Latinus; — Latiāris, e und Latiālis, e zu Latium gehörig, latinisch; — Latiar, āris n. Fest des Jupiter Latiaris als Schutzgott der Latiner; — Latiēnsis, e (selten) = Latinus

Latmus, i m. E. Gebirge in Karien; Latmius 3 latmisch

Latobrigi, ōrum m. E. germanischer Stamm rechts des Rheines in Baden

latomiae = lautumiae

Latōna, ae (selten Lato, ūs) f. E. Geliebte Jupiters, Mutter des Apollo und der Diana; — Latōus, Latōius, Letoius, Latōnius 3 (f. Latōis, idis) latonisch; subst. m. Apollo, subst. f. Diana; Latōni-gena, ae m. und f. Kind der Latona

lātor, ōris m. (cf. fero) Antragsteller

latrātor, ōris m. (cf. latro) Beller

latrātus, ūs m. (cf. latro) das Bellen, Gebell

lātro 1. (cf. lamento) **bellen,** kläffen, knurren; anbellen; schimpfen, schreien, schelten; beschimpfen

latro, ōnis m. Söldner, Freibeuter; **Räuber,** Wegelagerer, Bandit; Jäger; Stein (im Brettspiel)

latrocinium, ii n. (cf. latrocinor) **Räuberei,** Raubzug, Seeräuberei; Spitzbüberei; Raubzug; Räuberbande

latrōcinor 1. (cf. latro) Räuberei treiben

latumiae = lautumiae

lātus 3 **breit;** ausgedehnt, weit, groß, geräumig; weitläufig, ausführlich; sich breit machend, breitspurig; lātum, i n. die Breite (auch von der Aussprache); — late adv. breit, weit; longe lateque, late longeque weit und breit; quam latissime so weit als möglich

latus, eris n. **Seite** (des Körpers); dolor lateris Seitenstechen; in latus seitwärts; latus dare alci sich eine Blöße geben; alci oder alcis latus tegere jdm. die Seite decken, jdm. als Begleiter zur Linken gehen; — nächste Umgebung; Brust, Lunge; Körper, Leib; Flanke; hostem aperto latere aggredi auf der linken Flanke angreifen; ab (ex) latere von der Flanke her; in, auf der Flanke

F. das Latus: Seite, Seitenbetrag — lateral: seitlich, zur Seite gehörig — bi-, tri-, multilateral: zwei-, drei-, vielseitig — kollateral: zur Seite stehend — laterieren: seitenweise den Betrag errechnen und zusammenzählen

laudābilis, e (cf. laudo) **lobenswert,** rühmlich

laudātio, ōnis f. (cf. laudo) **Belobung,** Lobrede; Leichenrede; Dankadresse, lobender Bericht

laudātor, ōris m. **Lobredner;** Entlastungszeuge; Leichenredner

laudātrix, icis f. (cf. laudator) Lobrednerin

laudo 1. (cf. laus) **loben,** anerkennen, preisen, verherrlichen; (vor Gericht) entlasten; eine Leichenrede halten; lobend erwähnen, anführen, nennen; — laudātus 3 gelobt, gepriesen, gerühmt, vortrefflich, rühmlich

laurea, ae f. (cf. laureus) **Lorbeer** (L), Lorbeerbaum, Lorbeerkranz, -zweig; Triumph, Sieg

laureātus 3 (cf. laurea) **lorbeerbekränzt**

M. poeta laureatus: mit dem Lorbeerkranze geschmückter Dichter

F. der Laureat: gekrönter Dichter — die Laureation: Promotion

Laurentum, i n. E. alte Stadt in Latium, südöstlich von Ostia; Laurens, ntis adi. und subst. Bewohner von L.; Laurentīnus, Laurentius 3 laurentinisch, latinisch

Lauretānus portus E. Hafen in Etrurien

laureola, ae f. (dem. von laurea) Lorbeerbäumchen

laureus 3 (cf. laurus) vom Lorbeerbaum

laurus, i f. = laurea

M. Laurentius, Lorenz, Laurentia, Laura (V)

laus, laudis f. **Lob,** Ruhm, Anerkennung; laudi esse zum Lob gereichen, löblich sein; laudem habere Lob verdienen; laudem ferre Lob ernten; hoc in laude tua pono, laudi tibi duco ich rechne dir dies als Lob an; — meist plur. Lobsprüche, Lobeserhebung; laudibus efferre, extollere preisen, erheben; laudes et gratias alci agere Lob und Dank sagen; — rühmliche Tat, Verdienst

M. cum laude: mit Auszeichnung — summa cum laude: mit höchster Auszeichnung — laudes: Lobgesänge (der kath. Kirche)

Laus (Pompei) E. Ort bei Mailand (Lodi)

lautia, ōrum n. Bewirtung auf Staatskosten

lautitia, ae f. (cf. lautus) Pracht, Üppigkeit, Luxus

Lautulae, ārum f. E. (cf. lavo) Ort im Volskerland mit warmen Quellen

lautumiae, ārum f. (griech.) Steinbrüche; Gefängnis (unter freiem Himmel)

lautus cf. lavo

lavātio, ōnis f. (cf. lavo) Baden, Bad; Badegeschirr, Badezimmer

Laverna, ae f. (cf. lucrum) E. Göttin des Gewinns, der Diebe und Betrüger

Lavinia, ae f. E. Tochter des Latinus, Gemahlin des Äneas; — nach ihr Lavīnium, ii n. Stadt in Latium; — Lavīnius und Lavīnus 3 der L.

lavo, lāvi, lavātus und lautus 1. (poet. und arch. auch lavo 3.) **waschen, baden;** benetzen, befeuchten; wegwaschen, wegspülen; — pass. sich baden; — lautus 3 sauber; nett; ansehnlich, standesgemäß; anständig, vornehm, fein, elegant

M. lauter (urv.)

F. Lavabo: Anfangswort der Psalmverse nach der Opferung der Messe; Handwaschung; Wasserkanne, -becken (bei der

Messe) — lavabel: waschbar — die Lavation: die Waschung — das Lavakrum: Duschraum — lavieren: Farbe abwaschen, mit dem Pinsel tuschen (lavieren = im Zickzack gehen, schwanken, vorsichtig sein, nicht lat. Ursprungs)

laxamentum, i n. (cf. laxo) Erleichterung, Milderung, Erholung

laxitas, tātis f. (cf. laxus) Geräumigkeit, Weite

laxo 1. (cf. laxus) **schlaff machen,** lockern; erweitern, ausdehnen, erleichtern, befreien, etwas nachlassen, ermäßigen; Erholung gewähren, sich erholen lassen

F. laxieren: abführen — die Laxans: Abführmittel — das Laxativ: Abführmittel

laxus 3 (cf. langueo) **lax** (urv.), **schlaff,** locker; ungebunden, lose; weit, weiträumig, weitläufig; (von der Zeit) geraum, lang; diem laxius proferre weiter hinausschieben

F. der Laxismus: Schlaffheit in sittlichen Grundsätzen — die Laxität: Schlaffheit, Lockerheit

lea, ae f. = leaena

leaena, ae f. (cf. leo) (griech.) **Löwin**

Leander, dri m. E. Jüngling, bekannt durch seine Liebe zu Hero

Learchus, i m. E. Sohn des Athamas; Learchius 3 des L.

Lebadēa, und īa, ae f. E. alte Stadt in Böotien (Livadia)

Lebedus und os, i f. E. Stadt in Jonien

lebes, ētis m. (griech.) Becken, Kessel

Lebinthos, i f. E. kleine Sporadeninsel

Lechaeum, i n. E. Hafenstadt von Korinth

lectīca, ae f. (cf. lectus) **Sänfte**

lecticārius, ii m. (cf. lectica) Sänftenträger

lectīcula, ae f. (dem. von lectica) kleine Sänfte; ärmliche Totenbahre

lēctio, ōnis f. (cf. lego) **das Sammeln,** Auswählen; **das Lesen, Lektüre;** das Vorlesen; das Verlesen; l. senatus Vorlesung der Senatsliste durch den Zensor

F. die Lektion: Vorlesung, Lehrstunde, Lehrprobe, Schulaufgabe, Zurechtweisung

lecti-sternium, ii n. (cf. lectus-sterno Polster ausbreiten) Göttermahl (bei dem Götterbilder zu einem ihnen vorgesetzten Mahle auf Polster gelegt wurden)

lēctito 1. (cf. lego 3.) eifrig lesen

lectiuncula, ae f. (dem. von lectio) leichte Lektüre

Lecton und um, i n. E. Vorgebirge in Troas

lector, ōris m. (cf. lego) Leser, Vorleser

F. der Lektor: Vorleser, Hochschullehrer (der nicht zum eigentlichen Lehrkörper gehört), liturg. Vorleser, Leser und Prüfer der Eingänge eines Verlages — das Lektorat: Amt des Lektors, die beiden niederen Weihen, kirchl. Laienamt für Lesegottesdienste (in der evang. Kirche)

lectulus, i m. (dem. von lectus) kleines Bett

Lectum cf. Lecton

lectus, i m. **Bett, Ruhebett,** Speisesofa; Totenbett

M. liegen (urv.)

lectus 3 cf. lego

Leda, ae und Lede, ēs f. E. Geliebte Jupiters (nach jüngerer Sage Jupiters in Schwanengestalt); — Ledaeus 3 von L. stammend (Helena, Kastor und Pollux

legātio, ōnis f. (cf. lego 1.) **Gesandtschaft,** Amt des Gesandten; l. libera freiwillige, auf beliebige Zeit, oft zu Privatvergnügen ausgenutzt; Gesandtschaftsbericht; legationem referre erstatten; Gesandter, Gesandtschaftspersonal

F. die Legation: Gesandtschaft

legātio, ōnis f. (cf. legatus) **Unterfeldherrn-, Generalsstelle**

legatōrius 3 (cf. legatus) zum Gesandten gehörig

legātum, i n. (cf. lego 1.) Vermächtnis

F. das Legat i. a. B. — der Legatar: ein im letzten Willen Bedachter, der an sich nicht Erbe ist

legātus, i m. (cf. lego 1.) **Gesandter, Botschafter; — Unterfeldherr, General;** legatus pro praetore rangäl-

tester General, Stellvertreter des Oberfeldherrn; — Statthalter, Unterstatthalter
F. der Legat i. a. B.; päpstlicher Gesandter

lēgi-fer 3 (cf. lex und fero) gesetzgebend

legio, ōnis f. (cf. lego 3.) Legion (F), röm. Heeresabteilung, zuerst 3000 Mann, später 5000 Mann (hatte 10 Kohorten, die aus 3 Manipeln zu je 2 Zenturien bestanden)
F. die Legion i. a. B., große Menge

legionārius 3 (cf. legio) zur Legion gehörig; subst. m. Legionssoldat
F. der Legionär i. a. B.

legitimus (älter legitumus) 3 (cf. lex) durch Gesetz bestimmt, gesetzmäßig, gesetzlich; gehörig, recht
F. legitim i. a. B., ehelich — die Legitimation: Echtheitserklärung, Ausweis über Persönlichkeit; Nachweis der Empfangsberechtigung (jur.) — legitimieren: als berechtigt ausweisen — die Legitimität: Rechtmäßigkeit, Ehelichkeit, Echtheit — der Legitimist: Anhänger des Grundsatzes von der Beständigkeit eines Herrscherhauses — der Legitimismus: Lehre der Legitimisten — legitimistisch: der rechtmäßigen Regierung ergeben, den Grundsatz des Legitimismus vertretend — illegitim: ungesetzmäßig, unecht, unehelich — die Illegitimität: Ungültigkeit, Unechtheit

legiuncula, ae f. (dem. von legio) erbärmliche Legion

lego, lēgi, lēctus 3. **lesen** (urv.), **sammeln;** auslesen, auswählen, ausheben; (Geschriebenes) lesen, durchlesen; vorlesen, vortragen; (Örtlichkeiten) durchwandern, durchstreifen, durchfahren; lēctus 3 erlesen, auserlesen; ausgezeichnet
F. die Legende: (zu Lesendes) Heiligenerzählung, Erdichtung, Sage; Umschrift von Münzen; Text des Spruchbandes auf Bildern; Erläuterung von Zeichen auf Karten — legendarisch, legendär: legendenhaft, sagenhaft — das Legendarium: Sammlung von Heiligensagen — die Lektüre (franz.): Lesen, Lesestoff, Werk, Buch — illegibel: unleserlich

lēgo 1. (cf. lex) **als Gesandten abschicken; zum Unterfeldherrn machen; durch ein Testament verfügen,** testamentarisch vermachen
F. legieren: Vermächtnisse machen, stiften, verordnen

legulēius, i m. (cf. lex) Gesetzkrämer, Paragraphenreiter

legūmen, inis n. Hülsenfrucht
F. das Legumin: Eiweißstoff der Hülsenfrüchte — die Leguminosen: Hülsenfrüchtler

Leleges, um m. E. vorhellenisches Volk in Griechenland; Lelegēius 3 (Lelegis idis f.) lelegeisch

Lemannus lacus E. Genfer See (Lac Léman)

lembus, i m. (griech.) Kahn

Lemni-cola, ae m. (cf. Lemnus und colo) Bewohner von Lemnus (= Vulkan)

lemniscātus 3 (cf. lemniscus) mit drei Bändern geschmückt; palma l. höchster Preis

lemniscus, i m. (griech.) Band (an Siegeskränzen)

Lemnus und os, i f. E. vulkanische Insel im Ägäischen Meer; — Lemnius, Lemniēnsis adi. und subst. Bewohner von L.; Lemnias, adis f. Lemnierin

Lemōnia tribus f. E. ländliche röm. Tribus an der via Latina

Lemovices, um m. E. keltisches Volk in Aquitanien (um das heutige Limoges)

lemures, um m. Geister der Verstorbenen; Gespenster, Spukgeister; zu ihren Ehren vom 9.—12. Mai das Fest der Lemūria, ōrum n.
F. der Lemur i. a. B., Halbaffe

lena, ae f. (cf. leno) Kupplerin, Verführerin

Lenaeus 3 (griech.) (zur Kelter gehörig) Beiname des Bacchus

lenimen, inis und lenimentum, i n. (cf. lenio) Linderungsmittel, Beruhigung

lēnio 4. (cf. lenis) **mildern,** lindern (urv.), **besänftigen,** beschwichtigen
F. das Leniens, plur. Lenientia: Linderungsmittel, Erweichungsmittel (med.)

lēnis, e lind (urv.), **mild, sanft**

M. Spiritus lenis: nicht gesprochenes Hauchzeichen
F. lenitiv: lindernd (med.)
lēnitas, tātis f. (cf. lenis) **Sanftheit,** Milde, Sanftmut; Ruhe (in der Rede)
lenitūdo, inis f. (cf. lenis) = lenitas
lēno, ōnis m. Mädchenhändler, Kuppler, Verführer
lenocinium, ii n. **Kuppelei;** Kupplerlohn; Lockung, Reiz, Schmeichelei
lenōcinor 1. (cf. leno) niedrig schmeicheln; künstlich verschönern, aufhelfen (mit dat.)
lens, lentis f. (cf. lentus) Linse (L)
lentēsco 3. (cf. lentus) zähe werden, klebrig werden
lentisci-fer 3 (cf. lentiscus und fero) Mastixbäume tragend
lentiscus, i f. (cf. lentus) Mastixbaum, dessen Harz in der Medizin verwendet wurde
lentitūdo, inis f. (cf. lentus) **Langsamkeit,** Schwerfälligkeit, Gleichgültigkeit; Steifheit (in der Rede)
lento 1. (cf. lentus) **biegen**
Lentuli, ōrum m. E. Name eines Zweiges des Geschlechts der Kornelier 1.) L. Lentulus Caudinus Konsul 327 v. Chr. 2.) P. Cornelius Lentulus Sura Konsul 71 v. Chr., Genosse Katilinas, hingerichtet 3.) P. Cornelius Lentulus Spinther Konsul 57 v. Chr., Anhänger des Pompejus 4.) L. Cornelius Lentulus Crus Ankläger des Clodius, Gegner Cäsars; — Lentulitas, tātis f. alter Adel der Lentuler
lentus 3 (cf. lenis) **zähe;** klebrig, fest zusammenhaltend; biegsam, geschmeidig; **langsam,** zögernd; träge, schwerfällig, schleppend; ruhig, gelassen; gleichgültig, unempfindlich, lau, phlegmatisch
M. lento: langsam, gedehnt (mus.) — lentando: nach und nach langsamer werdend (mus.)
F. das Lento: langsamer Satz (mus.)
lenunculus (lembunculus), i m. (dem. von lembus) kleiner Nachen, Kahn
leo, ōnis m. (griech.) **Löwe** (L); auch Gestirn (mit dem Eintreten der Sonne in das Zeichen des Löwen am 21. Juli Beginn der Hundstage)
M. Leo (V)
Leocorion, i n. E. Tempel im Kerameikos zu Ehren der drei Töchter des Heros Leos
Leon, ontis m. E. Mannesname
Leōnidas, ae m. E. der bekannte König von Sparta, Verteidiger der Thermopylen (480 v. Chr.)
Leonnātus, i m. E. Feldherr Alexanders d. Gr.
Leontīni, ōrum m. E. Stadt nordwestlich von Syrakus; — Leontīnus adi. und subst. Bewohner von L.
lepidus 3 (cf. lepos) **zierlich,** niedlich, nett; weichlich; witzig, geistreich, launig
Lepidus, i m. E. Beiname des Geschlechts der Ämilier 1.) M. Aemimilius Lepidus Konsul 78 v. Chr., Gegner Sullas 2.) sein Sohn gleichen Namens, der bekannte Triumvir und Anhänger Cäsars
Lepontii, ōrum m. E. kelt. Volk in der Gegend der Rheinquellen
lepos (jünger lepor), ōris m. **Anmut,** Feinheit; Witz, feiner Humor
Leptis, is f. E. 1.) L. magna alte Kolonie in Tripolis 2.) L. minor Küstenstadt zwischen Hadrumetum und Thapsus; Leptiānus, Leptīnus adi. und subst. Bewohner v. L.
lepus, oris m. **Hase;** f. Häsin; auch Sternbild
lepusculus, i m. (dem. von lepus) Häslein
Lerna, ae und e, ēs f. E. See, Fluß und Stadt in Argolis, wo Herkules die vielköpfige Hydra erlegte; — Lernaeus 3 lernäisch
Lesbos und us, i f. E. Insel an der jonischen Küste Geburtsort des Arion, Alkäus und der Sappho, berühmt durch guten Wein; — Lesbiacus, Lesbius, Lesbous 3 aus L.; Lesbis, idis f. Lesbierin, Sappho; Lesbias, adis f. Lesbierin
letālis, e (cf. letum) **tödlich,** todbringend

F. letal i. a. B.

lethargicus 3 (griech.) schlafsüchtig

lethargus, i m. (griech.) Schlafsucht

F. die Lethargie i. a. B., todähnlicher Schlaf, Teilnahmslosigkeit — lethargisch i. a. B., teilnahmslos

Lēthe, ēs f. E. Strom der Vergessenheit in der Unterwelt; Lethaeus 3 lethäisch, der L., Vergessenheit bringend, todbringend

F. die Lethe i. a. B., Vergessenheit

lēti-fer 3 (cf. letum und fero) todbringend

lēto 1. (cf. letum) töten

Lēto, Letois cf. Latona

lētum, i n. **Tod;** Untergang

Leucadia, ae und Leucas, adis f. E. Insel und Stadt im Jonischen Meere (St. Maura); Leucadius adi und subst. Bewohner von L.

leucaspis, idis (griech.) weißbeschildet

Leucātas und tes, ae m. E. südliche Vorgebirge auf Leucas

Leuce, ēs f. E. Stadt in Lakonien

Leuci, ōrum m. E. gallischer Volksstamm in Lothringen

Leucippus, i m. E. 1.) König in Messene; Leucippides, um f. Töchter des L., Arsinoe, Hilära und Phöbe 2.) griechischer Philosoph, Lehrer des Demokrit

Leuconoe, ēs f. E. Mädchenname, Freundin des Horaz

Leucopetra, ae f. E. Vorgebirge im südl. Bruttium

Leucophryna, ae f. E. Beiname der Diana von Magnesia

Leucōsia, ae f. E. Inselchen im Tyrrhenischen Meere

Leucosyri, ōrum m. E. Name der Küstenbewohner von Pontus zwischen Halys und Iris

Leucothea, ae und e, ēs f. E. Kultname der Meergöttin Ino

Leuctra, ōrum n. E. Ort in Böotien, dort Schlacht 371 v. Chr.; Leuctricus 3 leuktrisch

Levāci, ōrum m. E. germanischer Volksstamm in der Gegend von Löwen

levāmen, inis und **levamentum,** i n. (cf. levo 1.) Linderungsmittel, **Erleichterung**

levātio, ōnis f. (cf. levo 1.) **Erleichterung,** Linderung, Verminderung

leviculus 3 (dem. von levis) ziemlich eitel

levidēnsis, e (cf. levis) leicht gewebt; unbedeutend, geringwertig

lēvis, e glatt; blank; unbehaart; schlüpfrig; glatt fließend

levis, e **leicht** (an Gewicht), leicht bewaffnet; leicht beweglich, flüchtig, geschwind; sanft, gelind, schwach, leise, unbedeutend, gering, geringfügig; leichtsinnig, leichtfertig, unzuverlässig, haltlos

M. Lunge (urv.)

lēvitas, tātis f. (cf. lēvis) Glätte

levitas, tātis f. (cf. levis) **Leichtigkeit;** Beweglichkeit; Flüchtigkeit, Oberflächlichkeit; Leichtsinn, Wankelmut, Unbeständigkeit, Haltlosigkeit

lēvo 1. (cf. lēvis) glatt machen, glätten

levo 1. (cf. levis) **leicht machen, erleichtern;** leichter machen, erträglich machen, lindern, mildern; (mit abl.) **von etwas losmachen,** befreien, erlösen; verringern, schwächen, mindern; etwas abnehmen; — **in die Höhe heben,** aufrichten; se levare, levari sich erheben, sich aufschwingen; — stärken, erquicken; ermutigen, trösten

F. die Levade (franz.): Erhebung eines Pferdes in der Hohen Schule auf der Hinterhand — der Levator: Hebemuskel (med.) — das Levatorium: wundärztliches Hebewerkzeug — die Levitation: durch außernatürliche Kräfte hervorgerufene Aufhebung der Schwerkraft bis zum freien Schweben

lex, lēgis f. (cf. lēgo 1.) **Vertrag,** Bedingung; legem accipere annehmen; leges pacis alci dicere, scribere Friedensbedingungen vorschreiben, diktieren; — **Gesetzvorschlag,** -antrag; legem ferre, rogare ut, ne ein Gesetz einbringen, vorschlagen, beantragen; l. perferre durchsetzen; l. promulgare durch Anschlag öffentlich bekannt machen; l. accipere, sciscere, iubere genehmigen; l. antiquare, repudiare ablehnen, verwerfen; — **Gesetz** l. abrogare abschaffen; l. dare Gesetz geben, abfassen, erlassen; lege uti den Schutz des Gesetzes genießen, gesetzlich verfahren; lege, legibus, ex lege, ex legibus gesetzmäßig, nach dem Gesetze; — plur. **Verfassung**; suis legibus uti eine eigene Verfassung haben, seine Unabhängigkeit behalten; — **Vorschrift**, Regel, Anordnung; legem alci dicere Vorschrift geben

F. die Lex i. a. B. — legal: gesetzlich, gesetzmäßig, rechtskräftig — illegal: ungesetzlich — die Legalinspektion: Beschauung eines Leichnams (jur.) — die Legalisation: gesetzmäßige Bestätigung — legalisieren: rechtskräftig machen — illegalisieren: gesetzwidrig machen — die Legalität: Gesetzlichkeit — die Illegalität: Ungesetzlichkeit — legislativ: gesetzgebend, die Gesetzgebung betreffend — die Legislative: gesetzgebende Versammlung — die Legislatur: Gesetzgebung

Lexovii, ōrum m. E. keltisches Küstenvolk der Normandie

libāmen, inis n. = libamentum

libamentum, i n. (cf. libo) **Opferspende**, Opfer

Libanus, i m. E. Libanon, Hauptgebirge Syriens

libātio, ōnis f. (cf. libo) **Trankopfer**

F. die Libation i. a. B.

lībella, ae f. (dem. von libra) kleine Silbermünze, Kreuzer, Heller, Pfennig

libellus, i m. (dem. von liber) **Büchlein, kleine Schrift**; Notizbuch; Brief; Programm; öffentliche Bekanntmachung

F. das Libell: kleine Schrift, Klageschrift, Schmähschrift

libens (älter lubens, ntis cf. libet) **gern, willig**, freudig; adv. libenter

M. plenus venter non studet libenter: ein voller Bauch studiert nicht gern

Libentīna (Lubentīna), ae f. E. Beiname der Venus

liber, bri m. **Bast**; Schrift, **Buch** (da man in ältester Zeit auf Bast schrieb); — plur. Religionsbücher, insbes. die Sibyllinischen Bücher

F. das Exlibris: Bücherzeichen

Līber, bri m. altlatinischer Gott der Befruchtung, später = Bacchus; — Wein; — Libera, ae f. Schwester des Liber, = Proserpina; Liberālia, ium n. Fest des Liber, der Libera und der Ceres am 14. März, an welchem die Jünglinge die toga virilis empfingen

līber, era, erum **frei**, unbeschränkt; freimütig, offen, unbefangen; ledig, von etwas befreit; freigeboren, unabhängig, selbständig; **liberi, ōrum** (auch ūm) m. **die freigeborenen Kinder; Kinder**; — zügellos, rücksichtslos, ausgelassen

Lībera, Liberalia cf. Liber

liberālis, e (cf. līber) **eines freien Mannes würdig**, edel, anständig, schön; freundlich, höflich, zuvorkommend; **freigebig**, gütig; (von Sachen) reichlich

M. liberalium artium magister (abgek. L. A. M.): Lehrmeister der freien Künste

F. liberal: freisinnig, edel, freimütig, freigebig — der Liberale: der Freisinnige — der Liberalismus: Freisinnigkeit — liberalistisch: in schädlicher Weise liberal — illiberal: unedel, unfreigebig, karg — die Illiberalität: Engherzigkeit, Unfreigebigkeit, Kargheit — der Illiberalismus: Unfreisinnigkeit

liberālitas, tātis f. (cf. liberalis) **edle Gesinnung**, Edelmut; Freundlichkeit, Güte, Wohlwollen; **Freigebigkeit**, Großzügigkeit; meist plur. Schenkung

F. die Liberalität: freie, edle Gesinnung, Großzügigkeit, Freigebigkeit

liberātio, ōnis f. (cf. libero) **Befreiung**; Los-, **Freisprechung**

liberātor, ōris m. (cf. libero) **Befreier**

liberi, ōrum m. cf. liber

libero 1. (cf. līber) **freimachen, befreien**, freilassen; von etwas befreien, erlösen (alqm und alqd ex re, ab alqo, a re und re); los-, freisprechen (alqm re und alcis rei von etwas)

liberta, ae f. (cf. libertus) **die Freigelassene**

libertas, tātis f. (cf. līber) **Freiheit,** Unabhängigkeit, Erlaubnis; — bürgerliche, politische Freiheit; e servitute in libertatem vindicare in Freiheit setzen, befreien; — Freiheitssinn, -gefühl; Freimut, Freimütigkeit; Ungebundenheit, Zügellosigkeit; — Libertas, tātis f. Göttin der Freiheit

F. die Libertas i. a. B.

libertīnus 3 (cf. libertus) **freigelassen;** subst. m. der Freigelassene; subst. f. die Freigelassene

F. der Libertin (franz.): Freigeist, Wüstling — die Libertiner: Synagogengemeinde zu Jerusalem; pantheist.-spiritualistische Richtung der Reformierten — der Libertinismus: Freiheitssucht, Freiheitslehre — libertinieren: ausschweifen, liederlich leben

libertus, i m. (cf. liber) **Freigelassener**

F. der Libertus i. a. B.

libet (älter lubet), libuit oder libitum est 2. **es beliebt,** es gefällt (alci und inf.); libita, ōrum n. das Belieben

M. lieb (urv.) — ad libitum: nach Belieben

Libēthrion, ii n. E. westlicher Teil des Helikon mit Musengrotte; Libethrides nymphae Kultname der Musen (nach dem L.)

libidinōsus 3 (cf. libido) **ausschweifend,** genußsüchtig, wollüstig; willkürlich, zügellos, frech

F. libidinös i. a. B. — die Libidinosität: ausschweifende Lebensweise

libido (älter lubido), inis f. (cf. libet) **Begierde,** Verlangen, **Lust,** Vergnügen; **Genußsucht,** Wollust; plur. Lüste, Ausschweifungen; — Willkür, Laune; plur. Willkürlichkeiten; ad libidinem, ex libidine, libidine nach Willkür, nach Belieben, nach Laune

F. der Libidinist: Wollüstling

libita, ōrum n. cf. libet

Libitīna, ae f. E. altitalische Leichengöttin; die in ihrem Tempel vorhandene Geräte; (poet.) Tod

lībo 1. (griech.) **ein Trankopfer spenden;** opfern, weihen, ein wenig wegnehmen, entnehmen; leicht berühren; kosten, nippen

lībra, ae f. die Wage; libra et aes förmlicher, **juristisch gültiger Kauf;** librā et aere in gesetzlicher Form; libra et aere mercari durch förmlichen Kauf, für bares Geld kaufen; testamentum sine libra et tabulis facere das Testament ohne Beachtung der gesetzlichen Form machen; — **Wage** als Sternbild; — (das Gewogene) **röm. Pfund** (= 0,327 kg = 12 Unzen)

librāmentum, i n. (cf. libro) **Gewicht;** Schwungriemen, Horizontalebene; Gefälle (von Wasserleitungen)

librārius 3 (cf. liber) **zum Buch gehörig;** taberna libraria Buchladen; — subst. m. Bücherabschreiber, Schreiber, Sekretär; subst. n. Bücherkasten, -schrank

F. der Librarius i. a. B. — die Librairie (franz.): Buchladen, Buchsammlung

librātor, ōris m. (cf. libro) **Steinschleuderer**

librātus cf. libro

librīlis, e (cf. libra) pfundschwer; funda librilis Pfundschleuder

librītor, ōris m. = librator

libro 1. (cf. libra) **im Gleichgewicht halten,** ins Gleichgewicht bringen; pass. sich in der Schwebe halten; — (im Gleichgewicht) **schwingen,** schleudern; — **librātus** 3 kräftig geschwungen, **schwungvoll,** wuchtig

lībum, i n. **Kuchen,** Opferkuchen

M. Laib, Lebkuchen (urv.)

Liburnia, ae f. E. Küstengegend zwischen Istrien und Dalmatien; Liburnus adi. und subst. Bewohner von L.; — Liburna, ae f. (scil. navis) Schnellsegler, leichtes Schiff

Libya, ae und e, ēs f. E. Libyen 1.) das ganze im Altertum bekannte Afrika 2.) die Nordküste Afrikas;

— Libys, yos m. Libyer; Libycus, Libyus 3 libysch, afrikanisch; Libyssa, ae und Libystis, idis f. Libyerin

Libyphoenices, um m. E. die phönizischen Bewohner Nordafrikas

licens, ntis (cf. licet) **frei, ungebunden;** zügellos, frech, keck

licentia, ae f. (cf. licet) **Ungebundenheit,** Freiheit; Willkür, Zügellosigkeit, Frechheit; Erlaubnis, Vollmacht; — Licentia, ae f. Göttin der Leichtfertigkeit

M. Licentiatus theologiae (abgekürzt Lic. theol.): Lizentiat der Theologie

F. der Lizentiat: („Genehmigter") akademische Würde der prot. theol. Fakultät; Inhaber einer Lizenz — die Lizenz: Erlaubnis, Vergünstigung, Freiheit, insbes. Druckerlaubnis für Bücher und Zeitungen

liceo, cui 2. **feil sein,** käuflich sein (mit gen. und abl. pretii)

liceor, citus sum 2. **auf etwas bieten;** contra l. ein Gegengebot machen, mehr bieten; einen Preis auf etwas setzen

F. lizitieren · auf etwas bieten — der Lizitant: Bieter, Meistbietender — die Lizitation: Versteigerung

licet, licuit und licitum est 2. 1.) es steht frei, **es ist erlaubt;** dum l. solange es vergönnt ist; per me l. meinetwegen; — als Subjekt steht nur neutr. eines pron. z. B. hoc licet; — 2.) (ci mit coni. praes. oder pf.) **wenn auch,** mag auch, **obschon, zugegeben daß** z. B. licet omnes me deserant wenn auch alle mich verlassen

M. Quod licet Iovi, non licet bovi

Licinius 3 E. Name eines röm. pleb. Geschlechtes 1.) C. Licinius Calvus Stolo Volkstribun, schuf mit Sestius die drei leges Liciniae Sestiae, welche den Plebejern politische Gleichberechtigung brachten 2.) P. Licinius Crassus Dives Konsul, kämpfte gegen Hannibal 3.) L. Licinius Crassus Redner und Staatsmann, Konsul 95 v. Chr. 4.) P. Licinius Crassus Dives Konsul 97 v. Chr. 5.) sein Sohn M. Licinius Crassus der bekannte Triumvir. Konsul 70 v. Chr. 6.) sein Sohn P. Licinius Crassus Dives, General Cäsars, Freund Ciceros 7.) L. Licinius Lucullus Ponticus Konsul 74 v. Chr., brachte die Kirschen nach Europa 8.) L. Licinius Murena von Cicero verteidigt 9.) L. Licinius Varro Murena, Schwager des Maecenas, Konsul 23 v. Chr., als Verschwörer hingerichtet

licitātio, ōnis f. (cf. licitor) **das Bieten,** Versteigerung

licitātor, ōris m. (cf. licitor) **der Bieter**

licitor 1. (cf. liceor) **bieten,** steigern

licitus 3 (cf. licet) **erlaubt,** vergönnt; n. plur. Erlaubtes

licium, ii n. Einschlagfaden (im Gewebe); Faden *M.* Litze (L)

lictor, ōris m. (cf. ligo) 1.) **Liktor** (F); die L., öffentliche Diener der hohen Beamten, schritten mit den fasces voran; l. proximus oder primus oft = Vertrauter

lictōrius 3 (cf. lictor) **zum Liktor gehörig**

ligāmen, inis und **ligamentum,** i n. (cf. ligo 1.) **Binde,** Verband

F. das Ligament: Band, Gelenkband, Sehne (med.)

Ligārius 3 E. Name eines röm. plebejischen Geschlechtes; Q. Ligarius Anhänger des Pompejus, von Cicero verteidigt; Ligariānus 3 für, gegen L.

Liger, eris m. E. Loire

lignārius, ii m. (cf. lignum) Holzhändler

lignātio, ōnis f. (cf. lignor) **das Holzfällen, -holen**

lignātor, ōris m. (cf. lignor) **Holzfäller**

ligneolus 3 (dem. von ligneus) fein aus Holz gearbeitet

ligneus 3 (cf. lignum) **hölzern**

lignor 1. (cf. lignum) **Holz holen**

lignum, i n. **Holz,** Scheit; plur. Brennholz; hölzerne Gegenstände: Speerschaft, Holztafel, Holzpuppe, trojanisches Pferd

F. die Lignose: Holzstoff — der Lignit: Braunkohle mit erkennbaren Holzfasern — lignös: holzartig, holzig

ligo, ōnis m. Hacke, Haue

ligo 1. **binden;** festbinden, umbinden, umwickeln, verbinden, vereinigen

M. ligato, legato: gebunden (mus.)

F. die Liga: Bündnis — die Ligation: ärztlicher Verband — die Ligatur: Letter mit zwei zusammengenommenen Buchstaben (buchdr.); Unterbindung einer Ader (med.); Verbindung zweier Noten (mus.) — der Ligist: Verbündeter — ligistisch: zum Bunde gehörig — legieren (it.): binden, vereinigen, zusammenschmelzen; Suppe mit Ei abziehen — die Legierung, Legatur: Metallverbindung, Metallmischung

Liguria, ae f. E. Landschaft im westlichen Oberitalien; Ligus, uris m. und f. Ligurer, Ligurerin; Ligusticus, Ligustinus 3 ligurinisch

ligūrrio 4. (cf. lingo) belecken, von etwas naschen; lüstern sein

ligurrītio, ōnis f. (cf. ligurrio) Naschhaftigkeit

ligustrum, i n. Liguster (L)

līlium, ii n. (griech.) **Lilie** (L); Fallgrube

Lilybaeon, um, i n. (griech.) E. Vorgebirge und Stadt in Sizilien (di Marsale); Lilybitānus und Lilybēius adi. und subst. Bewohner von L.

lima, ae f. Feile; künstlerische Verfeinerung

limātus 3 (cf. limo) gefeilt, verfeinert; knapp (von der Rede)

limbus, i m. Besatzstreifen, Saum

līmen, inis n. **Schwelle;** Eingang, Tür; Wohnung, Haus; Anfang; Schranke (in der Rennbahn), Grenze

M. a limine: von vornherein, rundweg

F. präliminar: einleitend, vorläufig — das Präliminare: einleitende Verhandlung, vorläufige Abmachung

līmes, itis m. (cf. limen) **Rain,** Grenzrain; Grenzzeichen; — **Grenze,** befestigte Grenze, **Grenzwall;** — schmaler Weg; Pfad, Fußweg, Nebenweg; Kometenbahn

F. der Limes: römischer Grenzwall in Obergermanien und Rätien; Grenzwert (math.) — limitieren: begrenzen, einschränken — limitativ: beschränkend — die Limitation: Begrenzung, Einschränkung — das Limitum, die Limite (franz.): Grenze, äußerster Preis — illimitiert: unbegrenzt

Limnaeum, i n. E. Hafenstadt in Akananien

Limnātis, idis E. Kultname der Diana

līmo 1. (cf. lima) feilen, glätten, abschleifen; verfeinern, verbessern, genau untersuchen, erforschen, ergründen, vermindern, schmälern

F. die Kollimation: Zusammenfallen zweier Linien; scharfes Einstellen eines Strahls

limōsus 3 (cf. līmus) schlammig

līmpidus 3 hell, klar

līmus, i m. **Schlamm,** Schmutz; Bodensatz des Weines; Mist

M. Leim, Schleim (urv.)

līmus 3 (cf. obliquus) **schief,** schräg; schielend; limus, i m. (der schräg mit Purpur besetzte) Schurz (der Opferdiener)

Limyra, ae und e, ēs f. E. Stadt in Lyzien

Lindus, i f. E. Stadt auf Rhodos

līnea, ae f. (cf. linum) Leine, Richtschnur; — **Linie** (L); Grenzlinie, Grenze, Ziel, Ende

M. Linie (L) — a linea: von der Zeile fort

F. lineal: linienförmig, in gerader Linie fortschreitend — das Lineal: Leiste zum Ziehen grader Linien — linear: gradlinig — linearisch: linienförmig — liniieren: mit Linien versehen — die Liniierung, Lineatur: Ziehen von Linien — das Alinea: Druckabsatz (buchdr.) — alineieren: absetzen (buchdr.) — interlinear: zwischenzeilig — interlineieren: zwischen zwei Schriftzeilen schreiben — die Interlineation: Zwischenschreibung (buchdr.)

lineamentum, i n. (cf. linea) Linie, Strich; plur. Umrisse, Grundzüge (des Körpers, des Gesichtes); Skizze

līneus 3 (cf. linum) **leinen,** linnen (urv.)

lingo, līnxi, linctus 3. **lecken** (urv.), belecken

Lingones, um m. E. keltischer Volksstamm an den Vogesen; auch Lingonus, i m. der Lingone

lingua, ae f. (cf. lingo) **Zunge** (urv.); Landzunge; — Redegabe, Rede;

Sprache, Mundart, Dialekt; Geschwätzigkeit, Ruhmredigkeit; böse Zunge, Lästerzunge
F. lingual: die Zunge betreffend, mit der Zunge gebildet (sprachl.) — der Lingualis, Lingual: Zungenlaut (sprachl.) — der Linguist: Sprachforscher — die Linguistik: Sprachforschung — linguistisch: sprachwissenschaftlich

lingula, ae f. (dem. von lingua) Landzunge

liniamentum = lineamentum

lini-ger 3 (cf. linum und gero) Leinen tragend, in Leinen gekleidet

lino, lēvi und līvi, litus 3. **bestreichen, beschmieren,** besudeln; ausstreichen (auf der Wachstafel)
F. das Liniment: flüssige Salbe (med.)

linquo, līqui 3. (meist poet.) **lassen,** zurücklassen, verlassen; im Stiche lassen; pass. ausgehen, vergehen, ohnmächtig werden; fahren lassen; unterlassen, aufgeben, vermeiden

linteātus 3 (cf. linteum) in Leinwand gekleidet

linter (lunter), tris f. Trog, Mulde; **Kahn;** e lintre loqui beim Sprechen hin und her schaukeln; linter mihi aliā aquā navigat mein Kahn fährt in anderem Wasser = ich beginne etwas Neues

Linternum = Liternum

linteum, i n. (cf. linteus) **Leinwand,** Leinnentuch; Segel

linteus 3 (cf. linum) **leinen**

līnum, i n. **Lein** (urv.), **Flachs;** aus Leinen Gefertigtes: Bindfaden, Schnur, Angelschnur, Seil, Tau, Leinwand, Leinentuch, Netz, Garn

Linus und os, i m. E. Sohn des Apollo

Lipara, ae und e, ēs f. E. die größte der Äonischen Inseln (Lipari); — Liparēnsis, Liparaeus adi. und subst. Bewohner von L.

lippio 4. (cf. lippus) triefäugig sein

lippitūdo, inis f. (cf. lippus) Augenentzündung, Triefäugigkeit

lippus 3 augenkrank, triefäugig

lique-facio, fēci, factus 3. (pass. liquefio, factus sum, fieri) (cf. liqueo und facio) **flüssig machen,** schmelzen; entnerven, schwächen

liqueo, liqui oder licui 2. **flüssig sein,** klar sein; — liquens, ntis flüssig, klar; liquet es ist klar, es ist einleuchtend
M. non liquet: es ist nicht klar, es ist unentschieden

liquēsco 3. (cf. liqueo) **flüssig werden,** schmelzen; weich werden, entkräftet werden

liquidus 3 (cf. liqueo) **flüssig,** fließend; liquidum, i n. Flüssiges, Flüssigkeit; — klar, hell, durchsichtig; rein, unvermischt, ungetrübt, lauter; klar, gewiß, bestimmt; liquidum, i n. Gewißheit; — adv. liquidō mit Gewißheit, bestimmt, unbedenklich
F. liquid: flüssig, rein, richtig, erwiesen, gewiß, zahlbar; fällig (jur.) — liquidieren: flüssig machen, ein Geschäft auflösen, etwas beilegen, abrechnen; jemd. beseitigen — die Liquidität: Flüssigkeit, Zahlungsfähigkeit — die Liquidation: Flüssigmachung eines Vermögens, Geschäftsauflösung, Abrechnung, Auseinandersetzung, Rechnung der Ärzte, Rechtsanwälte usw.; Kostenverzeichnis, Richtigerklärung — der Liquidator: zur Auflösung eines Handelsunternehmens Bestellter, Massenverwalter — illiquid: nicht flüssig, zahlungsunfähig — die Illiquidität: Unflüssigkeit, Zahlungsunfähigkeit — die Liquida: fließender Mitlaut (sprachl.)

līquo 1. (cf. liqueo) **flüssig machen,** schmelzen; klären

līquor 3. (cf. liqueo) **flüssig sein,** fließen; zu Wasser werden, zerschmelzen

liquor, ōris m. (cf. liqueo) **flüssiger Zustand;** Klarheit, Durchsichtigkeit; — **Flüssigkeit,** Naß, Wasser
F. der Liquor (abgek. Liq.): Medikament in flüssiger Form (med.)

līra, ae f. Furche

Līris, is m. E. Fluß in Latium (Garigliano); — Mannesname

līs (altl. stlis), litis f. (gen. plur. litium) **Streit** (urv.), Zank; **Rechtsstreit,** Prozeß; (decemviri stlitibus iudicandis cf. decemvir); lis capitis

Kapitalprozeß; litem orare, facere, agere führen; litem amittere, perdere verlieren, litem obtinere gewinnen; — Streitsache, Streitobjekt; litem aestimare das Streitobjekt abschätzen, die etwaige Strafsumme bestimmen; litem in suam rem vetere das Streitobjekt selbst behalten; litem aestimatam solvere die festgesetzte Entschädigungssumme bezahlen

Lissus, i f. E. Stadt in Süddalmatien (Alessio)

Litāna (silva), ae f. E. Waldgegend in Gallia cisalpina, dort röm. Niederlage 216 v. Chr.

litātio, ōnis f. (cf. lito) das Opfern mit günstigen Vorzeichen

litera = littera

Liternum, i n. E. Küstenstadt in Kampanien; Liternus adi. und subst. Bewohner von L.; — **Liternīnum,** i n. (scil. praedium) Landgut bei L.

liti-cen, inis m. (cf. lituus und cano) Zinkenbläser

litigātor, ōris m. (cf. litigo) **Prozeßführer**

litigiōsus 3 (cf. litigo) **voller Streit,** zänkisch; streitig; prozeßsüchtig, streitsüchtig

lītigo 1. (cf. lis und ago) **streiten,** hadern, zanken, prozessieren

lito 1. mit günstigen Vorzeichen opfern; non auspicato nec litato ohne Auspizien und Opfer; — ein Opfer darbringen

litorālis, e = litoreus

litoreus 3 (cf. litus) **zum Meeresufer gehörig**

F. das Litorale: Küstenland, Uferstreifen — litoral: zum Ufer gehörig

littera (schlechter litera), ae f. (cf. lino) **Buchstabe,** Schriftzeichen; l. salutaris = A = absolvo; l. tristis = C= condemno; litteras discere lesen lernen; litteris parcere Papier sparen; ad litteram buchstäblich; plur. Alphabet; litterarum ordine in alphabetischer Ordnung; Schrift; litteras nescire nicht schreiben können; — **litterae,** ārum f. alles **Geschriebene:** Brief, Schreiben, Briefe; schriftl. Verfügung, schriftl. Befehl, schriftl. Bericht, schriftl. Meldung; amtliche Schriftstücke, Akte, Dokumente Urkunden, Protokolle, Dekrete; Schriften und Bücher. Literatur; Wissenschaften; wissenschaftliche Bildung, **Gelehrsamkeit,** Belesenheit, Schriftstellerei; — litteris mandare schriftlich niederlegen; litterae nuntiique schriftliche und mündliche Botschaften; eruditus Graecis litteris in griechischer Literatur bewandert; alqd litteris Latinis mandare ins Lateinische übertragen; litteras nescire wissenschaftlich ungebildet sein; studia humanitatis ac litterarum gesellschaftliche und wissenschaftliche Bildung

M. literarum humaniorum doctor (abgek. L. H. D.): Doktor der Literaturwissenschaft

F. die Litera (abgek. Lit.): Buchstabe — literal: schriftlich, buchstäblich — die Alliteration: Stabreim — alliterieren: Stabreim bilden

litterārius 3 (cf. littera) zum Lesen und Schreiben gehörig

F. literar: Schriftwerke betreffend, literarisch

litterātor, ōris m. (cf. littera) Sprachgelehrter, **Grammatiker**

litteratūra, ae f. (cf. littera) Buchstabenschrift; das Geschriebene; Alphabet

F. die Literatur: Schrifttum, Inbegriff aller in Schrift und Druck festgelegten und überlieferten sprachlichen Werke

litterātus 3 (cf. littera) **mit deutlichen** Buchstaben, buchstäblich; wissenschaftlich gebildet, **gelehrt**

F. der Literat: Schriftsteller, Gelehrter

litterula, ae f. (dem. von littera) kleiner Buchstabe; Briefchen; etwas Literaturkenntnis, etwas Schriftstellerei

litūra, ae f. (cf. lino) das Ausstreichen (auf der Wachstafel), Verbesserung; das Ausgestrichene, korrigierte Stelle; Tränenfleck auf dem Papier

lītus, oris n. **Meeresufer, Strand;** Flußufer. Seestrand; Küste; litus arare sich vergebliche Arbeit machen; in litus arenas fundere Überflüssiges tun

lituus, i m. Krummstab (der Auguren) ; — Zinke. Signalhorn; Signal

līveo 2. bläulich, blau sein; neidisch sein

M. Schlehe (urv., ursprüngl. sliveo)

līvidus 3 (cf. liveo) bläulich, blau; neidisch, mißgünstig

Līvius 3 E. Name eines römischen Geschlechtes 1.) M. Livius Salinator Konsul 204 v. Chr. 2.) M. Livius Drusus, Livia Drusilla cf. Drusus 3.) Livia (Livilla), Tochter des Drusus, Schwester des Germanikus 4.) Livius Andronicus, Freigelassener von 1.), erster römischer Dichter, Übersetzer der Odyssee in Saturniern 5.) T. Livius, der berühmte Historiker aus Patavium; — Livius und Liviānus 3 des Livius

līvor, ōris m. (cf. liveo) blauer Fleck; Neid

lixa, ae m. (cf. liceo) Marketender

locātio, ōnis f. (cf. loco) **Verpachtung;** Pachtvertrag; locationem inducere für ungültig erklären

loco 1. (cf. locus) **stellen,** legen, **aufstellen, hinsetzen, postieren,** unterbringen; castra locare Lager aufschlagen; auf die Frage „wo?" in re und re; verheiraten; (Geld) anlegen, ausleihen (mit abl. pretii); vermieten, verpachten (mit abl. pretii); agrum frumento locare gegen den Zehnten verpachten; — **verdingen;** — locātum, i n. Vermietung, Verpachtung

F. lozieren: an einen Ort stellen, leihen, verpachten, vermieten — lokal: örtlich — das Lokal, die Lokalität: Raum, Räumlichkeit. Gastwirtschaft — der Lokativ, Lokalis: Ortsfall (sprachl.) — lokalisieren: auf einen bestimmten Raum beschränken — die Lokation: Einordnung, Ortsanweisung, Verpachtung — dislozieren: verlegen, versetzen, verrenken (med.) — die Dislokation: Verschiebung von Schichtgestein; Verschiebung von Truppen; Lageveränderung (med.) — elozieren: vermieten, verpachten, ausstatten — die Elokation: Verpachtung, Ausstattung — translozieren: an einen andern Ort versetzen — die Translokation: Versetzung, Ortsveränderung

Locri, ōrum m. E. Stadt in Süditalien; — Locri und Locrēnses adi. und subst. Bewohner von L.

Locris, idis f. E. Landschaft in Mittelgriechenland; Locri und Locrēnses adi. und subst. Bewohner von L.

loculus ,i m. (dem. von locus) kleiner Raum; — plur. Kästchen, Büchse, Geldkästchen, Griffelbüchse

locu-ples, ētis (cf. locus und plere) begütert, reich, wohlhabend, reich ausgestattet; vollgültig, zuverlässig

locuplēto 1. (cf. locuples) bereichern; pass. sich bereichern

locus, i m. (altlat. stlocus) 1.) (örtlich) **Ort, Platz,** Stelle; plur. loca, n. (loci meist Stellen in Büchern, Beweispunkte); l. editus Anhöhe, Hügel; loca superiora Anhöhen; — **Posten, Stellung;** locus aequus günstiges, l. iniquus ungünstiges Gelände; loco se tenere die Stellung behaupten; locum relinquere, loco cedere den Posten verlassen; loca munita befestigte Plätze; — Wohnung, Wohnsitz; Ortschaft, Gegend, Örtlichkeit; — Stelle. Punkt; primo loco an erster Stelle, erstens; secundo loco zweitens; principem locum obtinere die erste Stelle einnehmen; — Stelle in Schriften; plur. loci Schriftstellen, Hauptlehren, Sätze, Beweisquellen; loci communes rednerische Gemeinplätze; auch Stellen, die man wegen ihrer Bedeutung auswendig lernte; — Stellung, Rang, Herkunft, Würde; nobili, honesto, summo, humili, obscuro infimo loco natus; — loco und in loco wie, ganz wie, anstatt, als z. B. habuit eum scribae loco ganz wie einen Schreiber, praedae loco habere ganz als

Beute betrachten 2.) zeitlich (selten gebraucht) Zeit, Zeitraum ad id locorum = ad id tempus, ad locum auf der Stelle, sofort; — rechte Zeit; loco, in loco zu rechter Zeit; — Gelegenheit, Möglichkeit z. B. locus fugae Gelegenheit zur Flucht; — Umstand, Zustand; hoc loco, quo in loco unter diesen Umständen; nullo loco in keiner Beziehung

M. loco: am Ort — in loco: an Ort und Stelle — loco citato (abgek. l. c.): am angeführten Ort — loco laudato (abgekürzt l. l.): am angeführten Ort — loco sigilli (abgek. L. S.): an Stelle des Siegels, Platz des Siegels — locus communis: Gemeinplatz — ad locum!: auf den Platz!

F. der Lokus: Ort, Abort — loko . . ., Loko . . .: Vorsilbe „vom Platze, am Platze" z. B. Lokomotive, lokomotorisch, Lokomobile

locusta (lucusta), ae **f. Heuschrecke**

Locusta, ae f. E. **berüchtigte Giftmischerin zur Zeit Neros**

locūtio, ōnis f. (cf. loquor) **Sprache,** Aussprache

Locūtius cf. Aius

lolium, ii n. Lolch (L), (giftiges Unkraut)

lolligo, inis f. Tintenfisch

Lollius 3 E. Name eines röm. plebejischen Geschlechts; M. Lollius Paullinus Konsul 21 v. Chr., Freund des Horaz, Günstling des Augustus; Lolliānus 3 des L.

lomentum, i n. (cf. lavo) Wasch-, Reinigungsmittel

Londinium, ii n. E. London

long-aevus 3 (cf. longus und aevum) hochbetagt

longe cf. longus

longinquitas, tātis f. (cf. longinquus) 1.) (räumlich) **weite Entfernung,** Weite, Abgelegenheit 2.) (zeitlich) **lange Dauer,** Langwierigkeit

longinquus 3 (cf. longus) 1.) (räumlich) **weit entfernt,** entlegen, fern; fernstehend, fremd, auswärtig; ex longiquo aus der Ferne, von weitem 2.) (zeitlich) **langdauernd,** lang, langwierig

Longinus, i m. E. Familienname in der gens Cassia

longitūdo, inis f. (cf. longus) 1.) (räumlich) **Länge** 2.) (zeitlich) **lange Dauer**

F. longitudinal: die Länge betreffend

longiusculus 3 (dem. zum comp. longius) ziemlich lang

Longobardi = Langobardi

Longula, ae f. E. 1.) volskische Stadt in der Nähe von Corioli 2.) Stadt in Samnium

longulus 3 (dem. von longus) ziemlich lang

longurius, ii m. (cf. longus) Latte, lange Stange

longus 3 **lang (urv.)** 1.) (räuml.) weit, sich weit erstreckend, groß, weitläufig, weit entfernt, entlegen 2.) (zeitlich) langdauernd, langwierig, langweilig; ex longo seit langem; in longum auf lange; — longe adv. 1.) (räuml.) weit, lang; longe lateque weit und breit; — von weitem, fernher z. B. longe audire; — (steigernd) weit, bei weitem; bes. beim sup. longe fortissimus der bei weitem tapferste; longe maximus der weitaus größte; longe melior der bei weitem bessere 2.) (zeitlich, bei Ausdrücken mit zeitlichem Sinn) tempus longissime ducere die Zeit sehr lange hinausziehen; longe ante lange vor; longe post lange nach

loquācitas, tātis f. (cf. loquax) **Geschwätzigkeit**

loquax, ācis (cf. loquor) **geschwätzig,** redselig; — rana l. quakend

loquēla, ae f. (cf. loquor) Rede, Wort, Sprache

loquor, locūtus sum 3 1.) (intr.) **sprechen, reden;** Latine loqui lateinisch sprechen; male loqui übel nachreden 2.) (trans.) sagen, sprechen, behaupten, besprechen; aussprechen, nennen; immer im Munde führen, ständig von etwas reden

loramentum, i m. (cf. lorum) **Riemen**

lorātus 3 (cf. lorum) mit Riemen gebunden

lorica, ae f. (cf. lorum) **Panzer,** Harnisch (meist aus Leder); Brustwehr (an Mauern), Schanzen

loricātus 3 (cf. lorica) gepanzert

lōrum, i n. **Riemen; Zügel;** lora dare schießen lassen; media inter lora mitten im Fahren; — Peitsche

lōtos und us, i f. (griech.) Lotosblume (L); Lotosbaum, Lotosklee, Steinklee

Lua, ae f. E. röm. Sühnegöttin, der zu Ehren man erbeutete Waffen verbrannte

Lubentina = Libentina

lubet, lubido cf. libet, libido

lūbricus 3 (cf. libo) **schlüpfrig,** glatt; lubrica, ōrum n. schlüpfrige, sumpfige Stellen; entschlüpfend, leicht beweglich, flüchtig; unsicher, gefährlich; in lubrico versari sich auf schlüpfrigen Boden bewegen

Lūca, ae f. E. Stadt in Toscana (Lucca); — Lucēnsis adi. und subst. Bewohner von L.

Lucānia, ae f. E. Landschaft an der Westseite Unteritaliens; — Lucānus adi. und subst. Bewohner von L.

lucānica, ae f. (Lukanerwurst) Räucherwurst

Lucānus, i m. E. — M. Annaeus, Neffe des älteren Seneka, röm. Schriftsteller

lūcar, āris n. (cf. lucus) Forststeuer, die man zur Bezahlung der Schauspieler verwandte

Luccēius 3 E. Name eines röm. plebejischen Geschlechts

lucellum, i n. (dem. von lucrum) kleiner Gewinn

lūceo, luxi 2. (cf. lux) **leuchten** (urv.), hell sein; lucet es ist Tag; — hervorleuchten, klar sein, deutlich sein
M. Lohe (urv.), Luzius, Luzia, Luzie (V)

Luceres, um m. E. die dritte Urtribus in Rom (cf. tribus)

Luceria, ae f. E. Stadt in Nordwestapulien

lucerna, ae f. (cf. luceo) **Öllampe,** Kerze; numerus accedit lucernis man sieht die Lichter doppelt (wegen Trunkenheit)
M. die Luzerne (L)

lucēscit (luciscit), lūxit 3. **es wird hell,** es wird Tag

lūcidus 3 (cf. lux) **leuchtend,** hell, klar, durchsichtig, unzweideutig

lūci-fer 3 (cf. lux und fero) **lichtbringend;** Lūcifer, eri m. Morgenstern
F. Luzifer i. a. B., Teufel

luci-fugus 3 (cf. lux und fugio) lichtscheu

Lucīlius 3 E. Name eines röm. Geschlechtes 1.) Q. Lucilius Balbus stoischer Philosoph 2.) C. Lucilius, Freund des jüngeren Scipio, Schöpfer der röm. Satire

Lucīna, ae f. E. („die ans Licht Bringende") Geburtsgöttin, Beiname der Juno und Diana; — das Gebären, Geburt

Lucius, ii m. E. röm. Vorname, abgekürzt L.

Lucmo = Lucumo

lucratīvus 3 (cf. lucrum) **gewinnbringend,** gewonnen
F. lukrativ: einträglich, ergiebig

Lucrētia cf. Lucretius

Lucrētilis, is m. Berg im Sabinerland (Monte Gennaro)

Lucrētius 3 Name eines röm. Geschlechtes 1.) Sp. Lucretius Tricipitinus Konsul, dessen Tochter **Lucretia** von Sextus Tarquinius vergewaltigt wurde 2.) T. Lucretius Carus röm. Dichter

lucri-facio cf. lucrum

Lucrīnus (lacus), i m. E. Lukrinersee in Kampanien

lucror 1. (cf. lucrum) **gewinnen,** profitieren

lucrōsus 3 (cf. lucrum) **gewinnbringend,** vorteilhaft

lucrum, i n. **Gewinn,** Vorteil; Reichtum; Habsucht; lucri facio alqd gewinne etw. *M.* Lohn (urv.)

luctāmen, inis n. (cf. luctor) das Ringen, Anstrengung

luctātio, ōnis f. (cf. luctor) **das Rin-**

gen, Ringkampf; Ankämpfen gegen Schwierigkeiten

luctātor, ōris m. (cf. luctor) Ringer

lucti-ficus 3 (cf. luctus und facio) Trauer bringend

lucti-sonus 3 (cf. luctus und sono) traurig tönend, kläglich

luctor 1. **ringen;** kämpfen, sich abmühen

luctuōsus 3 (cf. luctus) trauervoll, unheilvoll

lūctus, ūs m. (cf. lugeo) **Trauer;** Trauerkleidung; Äußerung der Trauer, Totenklage, Trauerfall, Veranlassung zur Trauer

lucubrātio, ōnis f. (cf. lucubro) Arbeit bei künstlichem Licht, Nachtarbeit
F. die Lukubration i. a. B. — die Elukubration: gelehrte Nachtarbeit

lucubro 1. (cf. lux) bei künstlichem Licht, bei Nacht arbeiten, ausarbeiten

luculentus 3 (cf. lux) lichtvoll, strahlend; stattlich, ansehnlich, glänzend, tüchtig, gehörig

Lucullus, i m. E. Familienname des Geschlechtes der Lizinier; Luculliānus des L.
F. lukullisch: üppig, verschwenderisch

Lucumo, ōnis E. Ehrentitel der etruskischen Adligen

lūcus, i m. (cf. luceo) gelichteter **Wald, heiliger Hain; Wald, Gebüsch**
M. der Loh (urv.) (= Gebüsch, Wald z. B. Hohenlohe) — lucus a non lucendo: „der Wald heißt lucus, weil es darin nicht leuchtet', Beispiel falscher Deutung, Verspottung der Etymologie

lucusta = locusta

ludibrium, ii n. (cf. ludo) **Spiel,** Spielzeug, Kurzweil, Blendwerk, Täuschung; **Spott;** Hohn; alci ludibrio esse zum Gespötte dienen; ludibrio habere alqm jemd. zum besten haben; per ludibrium mit Hohn, spöttisch

ludibundus 3 (cf. ludo) **spielend,** Mutwillen treibend, lustig; spielend leicht, mühelos

lūdicer und **ludicrus,** cra, crum (cf. ludus) zum Spiel dienend, **kurzweilig,** spaßhaft; ludicrum, i n. Spiel, Scherz — schauspielerisch, zum Schauspieler gehörig; ludicrum, i n. Schauspiel

ludificātio, ōnis f. (cf. ludificor) das Necken, Foppen

ludificor 1. (selten ludifico 1.) (cf. ludus und facio) **necken,** foppen, zum besten haben; Possen treiben; durch List hintertreiben, vereiteln

ludi-magister, tri m. **Schulmeister**

lūdio, ōnis und ludius, ii m. (cf. ludo) Komödiant, Tänzer

lūdo, si, sus 3. 1.) (intr.) **spielen; scherzen,** Kurzweil treiben, sich belustigen 2.) (trans.) etwas spielend betreiben, etwas zum Zeitvertreib tun; **necken,** foppen; zum besten haben, **verspotten,** täuschen, hintergehen
F. präludieren: einleiten — das Präludium: Einleitung, Vorspiel (mus.) — das Postludium: Nachspiel (mus.) — das Interludium: Zwischenspiel

lūdus, i m. (cf. ludo) **Spiel; Schauspiel;** plur. öffentliche Spiele, Schauspiele, Wettkämpfe; — Zeitvertreib, Kurzweil, Scherz, Neckerei; per ludum im Scherz, scherzhaft; — Kinderspiel, Kleinigkeit; per ludum spielend, ohne Mühe; — Spielschule, **Schule;** Gladiatorenschule

lues, is f. (cf. luo) **Seuche,** Pest; Verderben, Unheil
F. die Lues: Lustseuche, Syphilis — der Luetiker: Syphilitiker — luetisch: syphiliskrank

Lugdūnum, i n. E. Hauptstadt der Ambarrer (Lyon); Lugdunēnsis adi. und subst. Bewohner von L.

lūgeo, lūxi 2. 1.) (intr.) **trauern,** in Trauer sein; Trauerkleider tragen 2.) (trans.) **betrauern**

Lugii, ōrum m. E. germanischer Volksstamm zwischen Weichsel und Oder

lūgubris, e (cf. lugeo) **zur Trauer gehörig;** lugubria, ium n. Trauerkleidung; — in Trauer, trauernd, traurig; trauervoll, unheilvoll

lumbrīcus, i m. Eingeweidewurm, Spulwurm; Regenwurm

lumbus, i n. **Lende** (urv.)
F. die Lumbago: Hexenschuß (med.)

lūmen, inis n. (cf. luceo) **Licht;** Tageslicht, Lebenslicht; Augenlicht, Auge; Zierde, Schmuck, leuchtendes Vorbild, glanzvolle Darstellung, Klarheit; Rettung, Heil
F. das Lumen: Licht, großer Geist — luminös: lichtvoll, leuchtend — die Lumiszens: Eigenleuchtung verschiedener Stoffe; leuchtende Meerestiere

lumināsus 3 (cf. lumen) **lichtvoll,** hell

lūna, ae f. (cf. luceo) **Mond;** l. nova Neumond; l. plena Vollmond; l. minor abnehmend; l. crescens zunehmend; l. deficit verfinstert sich; defectio lunae Mondfinsternis; — Luna, ae f. Mondgöttin
F. Luna i. a. B. — lunarisch: den Mond betreffend — lunatisch: mondsüchtig — der Lunatismus: Mondsüchtigkeit — das Lunistitium: Mondwende — lunular: halbmondförmig — das Interlunium: Neumond

Luna, ae f. E. Küstenstadt in Etrurien (Spezzia); Lunēnsis, e aus L.

lunāris, e (cf. luna) zum Monde gehörig; mondförmig, halbmondförmig
F. translunarisch: jenseits des Mondes

lunter = linter

luo 3. spülen, waschen

luo, lui 3. **büßen, sühnen;** durch Buße abwenden, bezahlen; poenam (poenas) luere Strafe büßen, Strafe leiden *M.* lösen, los (urv.)

lupa, ae f. (cf. lupus) **Wölfin;** Buhldirne

lupānar, āris n. (cf. lupa) Bordell

lupātus 3 (cf. lupus) mit Wolfszähnen besetzt; lupāta, ōrum n. und i, ōrum m. Wolfsgebiß, Stachelzaum

Lupercus, i m. E. (cf. lupus und arceo Wolfabwehrer) altitalischer Herdengott; — Priester des L.; — Lupercālia, ium n. Fest des L. am 15. Februar

Lupia, ae f. E. die Lippe, Nebenfluß des Rheins

lupinus 3 (cf. lupus) vom Wolf; — lupinus, i m. und um, i n. Wolfsbohne. Lupine (L); auch als Rechenpfennig gebraucht

lupus, i m. **der Wolf** (urv.); lupus non curat numerum der Wolf frißt auch die gezählten Schafe; cautus lupus metuit foveam gebrannt Kind scheut Feuer; ovem lupo committere den Bock zum Ziergärtner machen; hac urget lupus, hac canis aus dem Regen in die Traufe kommen; — Wolfsgebiß (eines Pferdezaumes); Feuerhaken; Seebarsch
M. lupus in fabula: wenn man vom Wolf spricht, so kommt er
F. der Lupus: Hauttuberkulose — die Lupe: Wolfsgeschwulst (med.); Vergrößerungsglas

lūridus 3 **blaßgelb, leichenblaß, fahl**

luscinia, ae f. und us, i m. **Nachtigall**

luscus 3 einäugig

lūsio, ōnis f. (cf. ludo) **das Spiel,** Spielen

Lusitānia, ae f. E. südwestl. Teil der Pyrenäischen Halbinsel(das heutige Portugal) ; — Lusitānus adi. und subst. Einwohner von L.

lūsor, ōris m. (cf. ludo) **Spieler,** Schäkerer

lustrālis, e (cf. lustrum) zum Sühneopfer gehörig; fünfjährlich

lustrātio, ōnis f. (cf. lustro) Reinigung durch Sühneopfer, **Sühnung;** — Durchwanderung, Wanderung
F. die Lustration i. a. B., Prüfung, Musterung

lūstro 1. (cf. luceo) **beleuchten,** erleuchten, erhellen

lūstro 1. (cf. lustrum) **reinigen, sühnen;** — **mustern** (da mit dem Sühneopfer eine Musterung des Heeres verknüpft war); **durchgehen, durchwandern,** bereisen, umwandeln, umkreisen; erwägen, bedenken, prüfen
F. lustrieren i. a. B.

lustrum, i n. (cf. lutum) Wildlager; Morast, Pfütze, Suhle; Bordell

lūstrum, i n. (cf. luo sühnen) **Reinigungs-Sühnopfer;** das große Sühnopfer (alle fünf Jahre auf dem

Marsfeld); — **Lustrum (F), fünfjähriger Zeitraum**

lūsus, ūs m. (cf. ludo) **Spiel, Scherz,** Spielerei, Zeitvertreib; per lusum zum Zeitvertreib

Lutātius 3 E. Name eines röm. plebejischen Geschlechtes 1.) C. Lutatius Catulus Konsul 242 v. Chr. 2.) Q. Lutatius Catulus Konsul 102 v. Chr., siegte mit Marius über die Zimbern 3.) sein Sohn gleichen Namens mit dem Beinamen Capitolinus, Freund Ciceros, Gegner Cäsars

luteolus 3 (dem. von luteus) gelblich

Lutētia, ae f. E. Hauptstadt der Parisier (Paris)

lūteus 3 (cf. lūtum) goldgelb, rötlich gelb

luteus 3 (cf. lutum) kotig, schlammig; nichtswürdig, nichtsnutzig

lutulentus 3 (cf. lutum) kotig, schmutzig, unrein

lutum, i n. (cf. polluo) **Kot, Dreck,** Schmutz; Lehm *M.* sudeln (urv.)

lūtum, i n. Gelbkraut, Wau

lūx, lucis f. **Licht,** Helligkeit; **Tageslicht, Tag;** luce clarior sonnenklar; luce orta nach Tagesanbruch; sub lucem gegen Tagesanbruch; ante lucem vor Tage; prima luce bei Tagesanbruch; Lebenslicht, Leben; Augenlicht, Auge; — (Licht der) Öffentlichkeit, öffentliches Leben z. B. lux forensis; — Rettung, Heil; — Erleuchtung, Aufklärung
M. Licht, Lohe (urv.) — fiat lux: es werde Licht — ad lucem: zum Licht
F. das Lux: Maßeinheit für die Beleuchtungsstärke

luxuria, ae f. und luxuries, ēi f. (cf. luxus) **Üppigkeit,** üppiges Wachstum; Genußsucht, **Schwelgerei;** Trunksucht; Zügellosigkeit

luxurio und or 1. (cf. luxuria) **üppig wachsen,** üppig sein, strotzen, schwellen; ausgelassen sein, ausschweifen, ausarten, **schwelgen**

luxuriōsus 3 (cf. luxuria) **üppig;** genußsüchtig, **schwelgerisch,** ausschweifend; übertrieben, übermäßig
F. luxuriös i. a. B.

lūxus, ūs m. **Üppigkeit,** Verschwendung, Schlemmerei, **Schwelgerei,** Prunk, Pracht
F. der Luxus i. a. B.

Lyaeus, i m. E. Kultname des Bacchus; Wein

Lycaeus, i m. E. Gebirge in Arkadien

Lycambes, ae m. E. ein Parier, um dessen Tochter sich der Dichter Archilochus bewarb

Lycāon, onis m. E. mythischer König von Arkadien, Vater der Kallisto, von Jupiter in einen Wolf verwandelt; Lycāonis, idis und Lycaonia, ae f. = Kallisto; Lycaonius 3 des L.

Lycaonia, ae f. E. kleinasiatische Landschaft; Lycaones, um m. Einwohner von L.; Lycaonius 3 lykaonisch

Lycēum, und ium, ii n. dem Lycäischen Apollo geweihtes Gymnasium, in dem Aristoteles lehrte
F. das Lyceum: höhere Lehranstalt für Mädchen

lychnūchus, i m. (griech.) Leuchter, Kandelaber

lychnus, i m. (griech.) Lampe, Leuchte

Lycia, ae f. E. Landschaft in Kleinasien; Lycius adi. und subst. Bewohner von L.

Lycomēdes, is m. E. König der Doloper, Schwiegervater des Achill

Lycōris, idis f. E. Schauspielerin, Geliebte des Antonius

Lycormas, ae m. E. Fluß in Ätolien

Lyctus und os, i f. E. Stadt im östlichen Kreta; Lyctius 3 kretisch

Lycūrgus, i m. E. 1.) König der thrazischen Edoner, Feind des Bacchus, mit Wahnsinn bestraft 2.) der berühmte Gesetzgeber der Spartaner 3.) athenischer Redner, Freund des Demosthenes

Lycus, i m. E. Flußname

Lydia, ae f. E. Lydien, kleinasiatische Landschaft; Lydus, i m. der Lyder; Lydius 3 lydisch, etruskisch

Lygii, ōrum m. E. suebischer Volksstamm zwischen Oberlauf der Oder und Weichsel

lympha, ae f. **klares Wasser,** Quellwasser; — Quellnymphe
F. die Lymphe: Impfstoff; eiweißhaltige, aus dem Blut stammende Ernährungsflüssigkeit

lymphāticus und lymphātus 3 (von den Quellnymphen besessen) wahnsinnig, außer sich

Lyncēstae, ārum m. E. Volksstamm in Westmazedonien; Lyncēstius 3 lynzestisch

Lynceus, ei m. E. messenischer Heros, Argonaut, berühmt wegen seiner scharfen Augen; Lyncēus 3 scharfsichtig

Lyncus, i m. E. 1.) Szythenkönig, in einen Luchs verwandelt 2.) f. Stadt in Westmazedonien

lynx, lyncis m. und f. (griech.) **Luchs** (urv.)

lyra, ae f. griech. **Leier** (L), Laute; Lied, Lyrik; Sternbild Leier
F. die Lyra: Saiteninstrument; Sternbild — Lyrik: Gefühlsdichtung — lyrisch: die Lyrik betreffend, gefühlvoll, liedartig

Lyrcēum, i n. E. Gebirge an der Grenze von Argolis und Arkadien

lyricus 3 (griech.) **lyrisch;** subst. m. der Lyriker

Lyrnēsus und os, i f. E. Stadt in Troas, Geburtsort der Briseis; Lyrnesis, idis f. Lyrnesierin, Briseis; Lyrnesīus 3 aus L.

Lysander, dri m. E. spartanischer Feldherr, spartanischer Ephor

Lysias, ae m. E. berühmter athenischer Redner

Lysimachīa, ae f. E. Stadt in Thrazien; Lysimachiēnsis adi. und subst. Bewohner von L.

Lysimachus, i m. E. 1.) Vater des Aristides 2.) Feldherr Alexanders d. Gr.

Lysippus, i m. E. berühmter Bildhauer und Erzgießer

Lysis, idis m. E. 1.) Athener, Schüler des Sokrates 2.) pythagoreischer Philosoph, Lehrer des Epaminondas 3.) Fluß in Vorderasien

M

M = 1000

M. = Marcus, röm. Vorname

M'. = Manius, röm. Vorname

Macareus, ei und eos m. E. Sohn des Äolus; Macarēis, idis f. Tochter des M., Issa

Macedonia, ae f. E. Mazedonien; Macedo, onis m. der Mazedonier; Beiname des Königs Philipp und Alexander d. Gr.; Macedonicus, Macedonius 3 mazedonisch

Macella, ae f. E. Stadt in Sizilien

macellum, i n. (griech.) Marktplatz (wo Fleisch, Fische etc. verkauft wurden)
M. Metzger (urv.)

macer, cra, crum **mager** (urv.); abgehärmt
F. die Emazeration: Abzehrung, Abmagerung; Erweichung (med.)

Macer, cri m. E. Familienname der Aemilii und Licinii 1.) C. Licinius Macer, Historiker 2.) Aemilius Macer, Dichter, Freund Vergils und Ovids

maceria, ae f. Lehmmauer, **Umfriedung;** Notmauer, **Verschanzung**

mācero 1. (cf. maceria) einweichen, mürbe machen, schwächen, entkräften; quälen, verzehren
F. mazerieren i. a. B.; sich abarbeiten, sich quälen — die Mazeration: Erweichung durch Flüssigkeit, Auslaugung; Abmattung, Kasteiung

Machāon, onis m. E. Sohn des Äskulap, berühmter Arzt; Machaonius 3 des M.

māchina, ae f. (griech.) **Maschine,** Werkzeug, Winde, Walze, Rolle, Hebel; Belagerungsmaschine; Bühne für verkäufliche Sklaven; — Kunstgriff, Kniff; plur. Ränke
M. Maschine (L) — deus ex machina: („Gott aus der Maschine") unerwartete, glückliche Lösung

machinamentum, i n. (cf. machinor) Maschine

machinātio, ōnis f. (cf. machinor) **künstliche Vorrichtung,** Mechanismus; Maschine; Kunstgriff, List
F. die Machination: Machenschaft

machinātor, ōris m. (cf. machinor) **Maschinenbauer,** Ingenieur; Urheber, Anstifter

māchinor 1. (cf. machina) **bewerkstelligen, ersinnen**

macies, ēi f. (cf. macer) **Magerkeit**

Macra, ae m. E. Grenzfluß zwischen Etrurien und Ligurien (Magra)

macrēsco 3. (cf. macer) **mager werden**

Macri campi E. Ebene in Gallia cispadana

Macro, ōnis m. E. Befehlshaber der Prätorianer, Günstling des Tiberius

Macrochir, īris m. (griech.) „Langhand", Beiname des Artaxerxes

macte cf. mactus

macto 1. 1.) **opfern, schlachten;** heimsuchen, strafen 2.) **verherrlichen,** ehren, ehrenvoll beschenken; **versöhnen**

mactus 3 **verherrlicht,** gesegnet, geehrt, gefeiert; fast nur formelhaft: **macte** (voc.) **Heil!** Glückauf! Brav! Recht so!; besonders macte virtute (esto) Heil dir wegen deiner Tugend! Preis deiner Tugend!; die erstarrte Form macte wird auch im plur. gebraucht z. B. macte virtute este (estote)

macula, ae f. **Makel** (L), **Fleck;** Mal, entstellendes Mal; Ort; Schandfleck, Schmach; (Masche eines Netzes)
F. die Makulatur: Altpapier; Fehldruck; Schund

maculo 1. **beflecken,** beschmutzen, besudeln, entehren, entweihen
M. Immaculata: die vom Makel der Erbsünde befreit Gebliebene — Immaculata conceptio: unbefleckte Empfängnis — mäkeln (L)
F. makulieren: für unbrauchbar erklären; einstampfen

maculōsus 3 (cf. macula) **gefleckt,** bunt; **befleckt,** besudelt, entehrt, beschimpft

made-facio, fēci, factus 3. (pass. made-fīo) **naß machen,** benetzen, befeuchten; madefactus 3 triefend

madeo, ui 2. **naß sein,** feucht sein, triefen, überströmen; voll sein, betrunken sein
M. mästen, Mast (urv.)

madēsco, ui 3. **naß werden,** feucht werden

madidus 3 (cf. madeo) **naß,** feucht; wasserreich, triefend

mador, ōris m. (cf. madeo) **Nässe**

Madytus, i f. E. Hafenort des Thrazischen Chersones

Maeander und dros, i m. E. Fluß in Jonien, bekannt wegen seiner zahlreichen Krümmungen (Menderes); Flußgott; — Krümmung, Windung; künstlich verschlungener Besatz an Gewändern; Umschweif (in der Rede); Maeandrius 3 des M., Kaunus, Enkel des M.
F. der Mäander: rechteckig gebrochenes oder wellenförmig fortlaufendes Linienornament — mäandrisch: gewunden

Maecēnas, ātis m. E. etruskischer Fürstenname; C. Cilnius Maecenas, Vertrauter des Kaisers Augustus, der bekannte Förderer der Dichter; — Gönner, Förderer (von Kunst und Wissenschaft)
F. der Mäzen i. a. B. — das Mäzenatentum: freigebige Förderung von Kunst und Wissenschaft

Maecius 3 E. Name eines röm. plebejischen Geschlechtes 1.) Sp. Maecius Tarpa, Kritiker zur Zeit Ciceros 2.) Name einer tribus; ad Maecium Ortschaft bei Lanuvium

Maedi, ōrum m. E. thrazischer Volksstamm; Maedica, ae f. ihr Land

Maelius 3. E. Name eines röm. plebejischen Geschlechtes; Sp. Maelius

Ritter, von Servilius Ahala ermordet; Maeliānus adi. und subst. des M., Anhänger des M.

maena, ae f. (griech.) Sardelle

Maenalus und os, i m. und Maenala, ōrum n. E. Stadt und Gebirge in Arkadien; Maenalius 3 mänalisch, arkadisch; subst. m. = Pan; Maenalis, idis f. mänalisch, die Mänalin

maenas, adis f. (griech.) die Bacchantin, Mänadin (F)

Maenius 3 E. Name eines röm. plebejischen Geschlechtes 1.) C. Maenius Konsul 338 v. Chr., ihm zu Ehren die columna Maenia errichtet (cf. columna) 2.) Verschwender zur Zeit des Lucilius

Maeonia, ae f. E. alter Name für Lydien; Maeonides, ae m. Lydier; = Homer (weil angeblich in Lydien geboren); Maeonius 3 lydisch, homerisch; Maeonis, idis f. Lydierin (= Arachne, Omphale)

Maeōtae, ārum m. E. szythischer Volksstamm am Asowschen Meere; Maeōtis, idis f. Asowsches Meer; Maeōtius 3 mäotisch; Maeōtidae, ārum m. Anwohner des Asowschen Meeres

maereo, ui 2. (cf. miser) 1.) (intr.) **trauern,** betrübt sein 2.) (trans.) **betrauern** z. B. mortem

maeror, ōris m. (cf. maereo) **Trauer,** Wehmut, Betrübnis, Gram

maestitia, ae f. (cf. maestus) **Traurigkeit,** Wehmut

maestus 3 (cf. maereo) **traurig,** betrübt; betrübend, unheilvoll; Trauer verkündend

M. maestoso (it.): feierlich, mit Würde, majestätisch (mus.)

Maevius, ii m. E. Dichterling zur Zeit Vergils

magālia, ium n. (semitisch) Nomadenzelte, Hütten

mage cf. magis

Magetobriga, ae f. Stadt in Gallien

magicus 3 (griech.) zauberisch, **magisch** (F)

magis (arch. mage) adv. (cf. magnus) 1.) **mehr** (meist mit folgendem quam „als"); zur Umschreibung des comp. z. B. magis arduus; — bei Verben = mehr, stärker, eifriger usw. z. B. magis gaudere sich herzlicher freuen; — non magis ... quam ebensosehr ... wie, ebensowenig ... wie; nicht sowohl ... als vielmehr; — mit abl. mensurae z. B. **eō magis desto mehr,** umso mehr; neque eō magis um nichts mehr, und (aber) darum nicht mehr, aber ebensowenig, und dennoch nicht; quo magis ... eō (magis) je mehr ... desto (mehr); — quō minus ... eō magis je weniger ... desto mehr; — multō magis vielmehr; nihilō magis um nichts mehr, ebenso wenig; solitō magis mehr als gewöhnlich; magis magisque (selten magis et [ac] magis) mehr und mehr, immer mehr; in dies magis, cotidie magis täglich mehr; magis minusve mehr oder weniger; — 2.) (= potius) **vielmehr,** eher, lieber z. B. non vitupero; laudo magis

magister, tri m. (cf. magis) Höhergestellter **Vorsteher,** Vorgesetzter, Aufseher, Oberster; m. populi Diktator; **m. equitum Reiteroberst;** m. sacrorum Oberpriester; m. militiae Heerführer; m. navis Kapitän; m. scripturae Direktor der Steuerpachtgesellschaft; — **Lehrer,** Schulmeister; — Führer, Ratgeber

M. Magister artium liberalium: Magister der freien Künste — Meister (L)

F. der Magister: akademischer Grad mit Lehrberechtigung

magisterium, ii n. (cf. magister) **Amt des Magister,** Aufsicht, **Leitung,** Vorsitz; m. morum Sittenaufsicht, Zensur

magistra, ae f. (cf. magister) **Leiterin,** Vorsteherin; **Lehrerin,** Lehrmeisterin

magistrātus, ūs m. (cf. magister) obrigkeitliche Würde, **Amt;** magistratum capere, adipisci, gerere, inire, tenere, obtinere; magistratu fungi; — **der Beamte;** magistratus maiores höhere, minores niedere Beamte; magistratus ordinarii regelmäßig gewählte, extraordinarii bei besonderen Gelegenheiten gewählte Beamte; magistratus curules kurulische. non curules nichtkurulische Beamte; — Behörde, Obrigkeit

F. der Magistrat: Obrigkeit, insbes. Stadtverwaltung — die Magistratur: obrigkeitliches Amt

magnanimitas, tātis f. (cf. magnanimus) Hochherzigkeit

magn-animus 3 hochherzig

Magnēsia, ae f. E. 1.) thessalische Halbinsel 2.) Stadt in Lydien 3.) Stadt in Karien; — Magnes, ētis m. Bewohner von M.; Magnēssa, ae und Magnētis, idis f. Magnesierin; Magnētarches, ae m. höchste Obrigkeit der thessalischen Magnesier; — Magnes, ētis magnetisch, aus M. stammend; — M. lapis Magnet (F)

magnificentia, ae f. (cf. magnificus) **Großartigkeit,** Prunk, Macht, Prunkliebe. Großtuerei, Prahlerei, Hochherzigkeit, hochherzige Gesinnung

F. die Magnifizenz: (Herrlichkeit) Titel der Universitätsrektoren, evangelischen Landesbischöfe und der Bürgermeister der freien Reichsstädte

magni-ficus 3 (cf. magnus und facio) (comp. magnificentior), sup. magnificentissimus) **prächtig,** glänzend, **großartig;** prachtliebend, prahlerisch, hochtrabend, **großsprecherisch;** pomphaft, pathetisch; — hochherzig, erhaben

M. Rector magnificus: Titel des Universitätsrektors

F. magnifik: herrlich, großartig

magniloquentia, ae f. (cf. magniloquus) **erhabene Sprache;** Großsprecherei

magni-loquus (cf. magnus und loquor) großsprecherisch, prahlerisch

magnitūdo, inis f. (cf. magnus) **Größe,** Weite, Höhe; **große** Menge, **hoher** Betrag, große Zahl; — **Bedeutung,** Gewicht; **Stärke, Kraft, hoher Grad;** **hohe Stellung,** Erhabenheit, Ansehen, Macht

magnōpere oder **magno opere;** sup. maximōpere oder maximo opere **in hohem Grade, sehr,** überaus; nur bei Verben und adi. partic. z. B. magnopere optare, magnopere amandus; — non magnopere nicht sonderlich, nicht gerade

māgnus 3; comp. **māior,** us; sup. **maximus** (arch. maxumus) 1.) (räumlich) **groß,** hoch, weit, lang, **beträchtlich,** bedeutend, zahlreich 2.) (zeitlich) **lang,** beträchtlich; (vom Alter) **alt,** bejahrt; (natu) **maior der ältere; maiōres,** um m. **Vorfahren,** Ahnen, Altvordern, selten = Senat; magnus annus das große Weltjahr (fast 13000 Jahre); — **stark,** heftig z. B. incendium magnum Großfeuer; magnum studium lebendiger. hoher Eifer; periculum maximum höchste Gefahr; — **bedeutend,** wichtig z. B. magnas res gerere bedeutende Erfolge erzielen; maximae res Hauptsachen, hochwichtige Angelegenheiten; magnum est es ist etwas Großes, es ist eine hohe Aufgabe; quod maius est was noch mehr sagen will; in maius celebrare (extollere) übermäßig, allzusehr preisen; — **hochstehend,** mächtig, erhaben z. B. maior invidia über Neid erhaben; — Iuppiter optimus maximus der allmächtige, allgütige J.; — hochherzig, edel z. B. vir magno animo ein edler Mann; — **hochfahrend,** stolz, großtuerisch, prahlerisch z. B. lingua magna prahlerische Zunge, Großmaul

M. Meier (L) von maior — Maior domus: Hausmeier — Maximilian, Max (V)

F. der Magnat: Großer, Adliger, Großgrundbesitzer — der Major: unterster Stabsoffizier — majorenn: mündig — die Majorennität: Mündigkeit — das Majorat: Ältestenrecht bei der Erbfolge; nach diesem Rechte vererbtes Familiengut — die Majorität: Mehrheit, Stimmenmehrheit, Überzahl — majorisieren: überstimmen, durch Stimmenmehrheit zwingen — die

Majuskel: Großbuchstabe (buchdr.) — die Maxima: Großnote (mus.) — das Maximum: das Höchste, Höhepunkt; das Hoch (in der Wetterkunde) — die Maxime: Hauptregel, Grundsatz — die Maximierung: Bestimmung der höchsten Zahl (math.) — Maximal ...: Höchst ...

Mago, ōnis m. E. karthagischer Name 1.) Mago d. Gr., Feldherr 2.) jüngerer Bruder Hannibals

Magontiācum cf. Mogontiacum

magus, i m. (persisch) **Magier,** persischer Priester, Zauberer

F. der Magier i. a. B. — die Magie: Zauberkunst — magisch: zauberhaft

Maharbal, alis m. E. Feldherr Hannibals

Māia, ae f. E. Tochter Merkurs

maiestas, tātis f. (cf. maior) **Würde, Hoheit,** Größe; — Majestätsbeleidigung, Hoheitsverletzung

F. die Majestät: Titel für Kaiser und Könige — majestätisch: hoheitsvoll, erhaben

maior, maius cf. magnus

Maius, i m. E. (cf. maior) Gott, Beschützer des Wachstums; (mensis) Maius Monat Mai (L)

mala, ae f. **Kinnbacken,** Kinnlade; plur. Rachen, Zähne, Gebiß; — Wange, Backe

M. malmen (urv.)

malacia, ae f. (griech.) Windstille

male cf. malus

Malea, ae f. E. Vorgebirge an der Südostspitze des Peloponnes

male-dīco, dīxi, dictum 3. **übelreden, lästern,** schmähen (alci)

M. maledeien (L)

maledictio, ōnis f. (cf. maledico) Schmähung

maledictum, i n. (cf. maledico) Schimpfwort, **Schmähung**

maledicus 3 (cf. maledico) **schmähsüchtig;** comp. maledicentior; sup. maledicentissimus 3

malefactum, i n. **Übeltat**

maleficium, ii n. (cf. male und facio) **Übeltat,** Verbrechen; **Feindseligkeit,** Gewalttätigkeit

F. das Malefiz: Verbrechen — der Malefikant, Malefikus: Verbrecher

male-ficus 3 (cf. male und facio) **übelhandelnd, boshaft,** ruchlos; mißgünstig, feindselig, schädlich

male-ominātus 3 (cf. ominor) von böser Vorbedeutung

male-suādus 3 (cf. suadeo) übelratend, verführerisch

Maleventum (Malventum), i n. E. ursprünglicher Name von Beneventum

male-volens, ntis = malevolus

malevolentia, ae f. (cf. malevolens) **Übelwollen,** Abneigung, Haß

male-volus 3 (cf. volo); comp. malevolentior; sup. malevolentissimus **übelwollend,** mißgünstig, schadenfroh

Maliacus sinus m. E. Meerbusen an der Südküste Thessaliens; Maliēnses, ium m. Anwohner des M.

māli-fer 3 (cf. malum und fero) äpfeltragend

malignitas, tātis f. (cf. malignus) **Mißgunst,** Bosheit, Bösartigkeit; **Knauserei**

F. die Malignität i. a. B., Schadenfreude

malignus 3 (cf. malus und gigno) übelbeschaffen, schlecht, **bösartig,** neidisch, **mißgünstig; knauserig**

malitia, ae f. (cf. malus) **Schlechtigkeit,** Bosheit, Tücke, **Hinterlist**

F. die Malice (franz.) i. a. B., boshafte Bemerkung

malitiōsus 3 (cf. malitia) **boshaft, hinterlistig,** heimtückisch

F. maliziös i. a. B. — die Maliziosität: Bosheit

Mālius 3 = Maliacus

malivolentia, malivolus = malevolentia, malevolus

malleolus, i m. (dem. von malleus) Setzling, Schößling; Brandpfeil

malleus, i m. **Hammer,** Schlagbeil

M. (Stein)metz (urv.)

Mallius 3 E. Name eines röm. Geschlechtes; Cn. Mallius Maximus Konsul, von den Cimbern besiegt

Malloea, ae f. E. Stadt in Thessalien

Mallus, i f. E. Stadt in Cilicien

mālo, malui, malle (aus magis-volo) **lieber wollen, vorziehen;** pacem quam bellum malumus wir wollen lieber Frieden als Krieg; alci malle jemd. gewogener sein, jemd. etwas (alqd) lieber gönnen

malobathrum, i n. (griech.) Zimtöl

mālum, i n. (griech.) **Apfel;** ab ovo usque ad mala vom Anfang bis zum Ende des Mahles; — malum aureum Quitte; malum Punicum, m. granatum Granatapfel; malum felix Zitrone

malus 3 comp. **pēior,** us, sup. **pessimus** 3 **schlecht;** 1.) (im moralischen Sinne) **böse,** nichtswürdig, schlimm, übel gesinnt; **unwahr,** unzuverlässig; politisch schlecht, demagogisch; mali, ōrum m. die Schlechtgesinnten, politischen Gegner 2.) **untüchtig, unbrauchbar,** fehlerhaft; — **schlimm, übel,** ungünstig; **schädlich, verderblich; schimpflich,** schändlich; **unglücklich,** traurig; in peiorem verti sich zum Schlimmen wenden; mala res traurige Lage, Unglück; Züchtigung, Strafe; abi in malam rem! Scher dich zum Teufel!; — malum, i n. Fehler, Gebrechen, Mangel; Unglück, Übel, Leid, Not; Schaden, Nachteil; Strafe, Züchtigung, Übeltat, Untat; — (als Ausruf des Unwillens) zum Teufel! zum Henker!

male (adv.); comp. **pēius;** sup. **pessime schlecht, übel, schlimm, arg,** unehrenhaft, treulos; male vivere ärmlich leben, unsittlich leben; male dicere, loqui übel nachreden, verleumden; male facere alci jemd. unrecht tun; male audire im schlechten Rufe stehen; alqm male accipere jemd. übel mitspielen, jemd. belästigen, jemd. Schwierigkeiten machen; alci male est es geht jemd. schlecht, es ist jemd. übel zumute; tibi male sit! es soll dir schlimm ergehen! dich soll der Henker holen!; male alci accidit es ergeht jemd. schlecht; de alqo male mereri jemd. schlechte Dienste erweisen; — **unglücklich, ungünstig;** rem male gerere unglücklich kämpfen; **nicht gehörig, nicht recht, zuviel** oder **zuwenig;** male fidus unzuverlässig; male parvus viel zu klein; **zu wenig, kaum, nicht** z. B. male superbus; male plenus unvollständig; male sanus ungesund

M. Male parta male dilabuntur: wie gewonnen, so zerronnen — schmal (urv.)

F. der Pessimismus: Schwarzseherei, Hoffnungslosigkeit — der Pessimist: Schwarzseher — pessimistisch: schwarzseherisch, hoffnungslos

mālus, i f. (cf. malum) **Apfelbaum;** — Mastbaum, aufrechtstehender Balken, Eckbalken (der Türme)

M. Mast(baum) (urv.)

malva, ae f. (griech.) Malve (L)

Mamercus, i m. E. 1.) = Marcus 2.) Sohn des Mars und der Sylvia 3.) Bandenführer, Tyrann von Katana

Mamers, tis m. (oskisch) = Mars; Mamertinus 3 zum Mars gehörig; Mamertini, ōrum m. (Marssöhne) Söldner, die sich der Stadt Messana 282 v. Chr. bemächtigten; civitas Mamertina = Messana

Mamilius 3 E. Name eines latinischen Geschlechtes

mamma, ae f. (cf. madeo) **Brust,** Mutterbrust; Zitze

Mamurius Veturius, ii m. der im Salierliede gerühmte Verfertiger der ancilia

Mamurra, ae m. E. röm. Ritter, der praefectus fabrum unter Cäsar, reich und verschwenderisch

manceps, cipis (cf. mancipo) **Güterkäufer,** Aufkäufer von Staatsgütern; — **Steuerpächter;** Käufer (von Staatsgütern), Bauunternehmer

mancipātio, onis f. = mancipium

mancipium, ii n. (cf. mancipo) **Eigentumsrecht,** förmlicher **Kauf;** lex mancipii Kaufkontrakt; alqd mancipio dare verkaufen; alqd mancipio accipere kaufen; — Eigentumsrecht, Besitz; sui mancipii esse sein eigener Herr sein; — **Sklave, Sklavin** (als Kaufobjekt)

mancipo (arch. mancupo) 1. (cf. manus und capio) **zum Eigentum übergeben,** verkaufen; hingeben

mancus 3 **verstümmelt, verkrüppelt,** gebrechlich; — unvollständig, mangelhaft *M.* mangeln (urv.)
F. das Manko (it.): Fehlbetrag, Mangel

mandātum, i n. (cf. mando) **Auftrag,** Befehl; litterae mandataque schriftliche und mündliche Befehle; — anvertrauter Gegenstand, eingehändigtes Paket; — Kontrakt
F. das Mandat: Auftrag, Vollmacht

mandātus, ūs m. nur abl. sing. **mandatu** (cf. mando) **im Auftrage**

Mandēla, ae f. E. Ortschaft im Sabinerlande

mando 1. (cf. manus und do) **in die Hand geben,** übergeben, **anvertrauen;** alqd litteris m. schriftlich niederlegen, aufschreiben; memoriae, animo, menti m. einprägen, sich merken, auswendig lernen; **auftragen, anweisen;** res mandata Auftrag; alqd ad alqm m. an jemd. bestellen, jemd. von etwas benachrichtigen lassen
F. der Mandant: Auftraggeber — der Mandatar: Beauftragter, Bevollmächtigter — der Kommandant (franz.): Befehlshaber — kommandieren: befehligen — der Kommandeur (franz.): Befehlshaber — die Kommandantur: Amt und Diensträume des Befehlshabers — das Kommando (it.): militärischer Befehl, besondere Dienststellung; beauftragte Truppenabteilung — der Kommanditär (franz.): stiller Teilhaber, Gründer einer, von einem Bevollmächtigten geführten Handelsgesellschaft — die Kommandite: Handelsgesellschaft mit stillen Teilhabern — der Kommanditist: stiller Gesellschafter, Teilhaber

mando, mandi, mānsus 3. **kauen;** essen, verzehren
M. Made (urv.)

Mandubii, ōrum m. E. Volksstamm in Gallien

Manduria, ae f. E. Stadt in Kalabrien

māne n. (nur nom. acc. und locat.) **der Morgen;** — (adv.) **am Morgen,** frühmorgens

maneo, mansi, mānsum 2. 1.) (intr.) **bleiben;** übernachten; — **fortbestehen,** in einem Zustand verbleiben, noch vorhanden sein; fest bleiben, **verharren,** ausharren; in fide, amicitia, societate, officio m. 2.) (trans.) **erwarten,** abwarten; — bevorstehen; mors nos manet der Tod steht uns bevor
F. immanent: innewohnend — die Immanenz: das Innewohnen, das Anhaften — immanieren: innewohnen, anhaften

mānes, ium m. **die Manen,** Seelen der Verstorbenen; — Unterwelt, Schattenreich; Höllenpein; (selten) Leichnam
F. die Manen i. a. B.

mango, ōnis m. Sklavenhändler

manicae, ārum f. **Ärmel; — Handfessel**

manicātus 3 (cf. manicae) langärmelig

manifēsto (adv.) cf. manifestus

manifēsto 1. (cf. manifestus) **offenbar machen**

mani-fēstus 3 (cf. manus und fendo, defendo) **handgreiflich; ertappt,** überführt; **deutlich,** offenbar, augenscheinlich; **manifesto** adv. **offenbar,** augenscheinlich; manifesto deprehendere **auf frischer Tat ertappen**
F. das Manifest: öffentliche Erklärung, Kundgebung; öffentliche Rechtfertigungsschrift — manifestieren: offenbaren, kundgeben, eine Kundgebung veranstalten; den Offenbarungseid leisten — der Manifestant: Teilnehmer an einer öffentlichen Kundgebung; den Offenbarungseid Leistender — die Manifestation: Offenbarung, Bekanntmachung, Sichtbarwerden (z. B. einer Erbanlage)

Manīlius 3 E. Name eines röm. plebejischen Geschlechtes 1.) M'. Manilius Konsul 149 v. Chr., Freund des jüngeren Scipio, namhafter Jurist 2.) C. Manilius Volkstribun 66 v. Chr., durch dessen lex Manilia Pompejus den Oberbefehl gegen Mithridates erhielt

manipulāris (poet. maniplāris), e (cf. manipulus) **zu einem Manipel gehörig;** — subst. m. **gemeiner Soldat;** Kriegskamerad

manipulātim (adv.) (cf. manipulus) **manipelweise**
mani-pulus, i m. (poet. maniplus) (cf. manus und pleo) **Handvoll,** Bündel; — **der Manipel** (ein Drittel der Kohorte)
F. der Manipel i. a. B. — die Manipel: streifenförmiges Stück der Meßgewandung — die Manipulation: Verfahren, Hand-, Kunstgriff, Geschäftskniff — manipulieren: handhaben
Manius, ii m. E. röm. Vorname; abgekürzt M'.
Manlius 3 E. Name eines röm. Geschlechtes 1.) M. Manlius Capitolinus Konsul 392 v. Chr., Retter des Kapitols vor den Galliern 2.) Diktator gleichen Namens 363 v. Chr. 3.) sein Sohn T. mit dem Beinamen Imperiosus mehrfacher Konsul, auch Torquatus genannt nach seiner erbeuteten gallischen goldenen Halskette, bekannt durch die Hinrichtung seines Sohnes wegen militärischen Ungehorsams; daher Manliana imperia = grausame Befehle
mannus, i m. (illyr.) kleines Pferd, Pony
Mannus, i m. (german. = Mann) Urmensch der germanischen Sage
māno 1. (cf. madeo) **fließen,** strömen, triefen; **entstehen,** entspringen; sich verbreiten, um sich greifen
mānsio, ōnis f. (cf. maneo) das Bleiben, Aufenthalt; Nachtlager
mānsito 1. (cf. maneo) sich ständig aufhalten, dauernd wohnen
mansue-facio, fēci, factus 3. (pass. mansue-fio, factus, fieri) (cf. mansues-facio) **zahm machen,** zähmen, bändigen; besänftigen, mildern, gesitteter machen
mānsues, ētis (arch.) = mansuetus
man-suēsco, suēvi, suētus 3. (aus manui-suesco sich an die Hand gewöhnen) **zahm werden;** mild, sanft werden; — **mansuētus** 3 **zahm;** sanft, milde, friedlich
man-tēle, is n. (cf. manus und tergeo) Handtuch
mantellum, i n. Decke, Hülle
M. Mantel (L)
mantica, ae f. Ranzen, Mantelsack
Mantinēa, ae f. E. Stadt in Ostarkadien, dort Sieg und Tod des Epaminondas (362 v. Chr.)
Manto, ūs f. E. 1.) weissagende Nymphe; ihr Sohn Ocnus gründete
Mantua, ae f. E. Stadt am Mincio
manuālis, e (cf. manus) eine Hand füllend; mit der Hand geworfen
manubiae, ārum f. (cf. manus und habeo) **Beuteertrag,** Beutegelder, Beuteanteil; **Raubanteil,** Raub, Beute
manubrium, ii n. (cf. manus) Handhabe Henkel, **Griff**
manumissio, onis f. (cf. manumitto) Freilassung (eines Sklaven)
manu-mitto, misi, missus 3. (Sklaven) **freilassen,** entlassen
manu-pretium, ii n. (Handpreis) Arbeitslohn, Lohn
manus, us f. **Hand;** mea manu eigenhändig; manus dare sich fesseln lassen, sich ergeben; in manus venire in die Nähe kommen; ad manum esse bei der Hand sein; per manus tradere von Hand zu Hand reichen; in manibus esse in aller Hände sein, allgemein bekannt sein (von Büchern); in nächster Nähe sein, in jemandes Hand liegen, unter den Händen, unter der Feder sein; inter manus durch Handreichung, vermittels der Hände, auf (in) den Händen; inter manus esse auf der Hand liegen, handgreiflich sein; manu mit bloßen Händen; plena manu dare mit vollen Händen geben; manibus aequis pugnare unentschieden kämpfen; manu factus von Menschenhand; — **bewaffnete Hand;** manus conferre oder conserere handgemein werden; manu defendere mit dem Schwerte in der Hand verteidigen; — **Tapferkeit;** manu fortis persönlich tapfer; — **Handgemenge, Kampf;** ad manum venire, in manus venire zum Handgemenge kommen, handgemein werden; pugna (res) ad manus venit es kommt

zum offenem Kampfe; — **Gewalttätigkeit;** manum (manus) afferre, inferre alci gegen jemd. gewalttätig werden; — **Gewalt, Macht;** in alcis manu esse in jemandes Gewalt sein, untertänig sein; — Gewalt des Vaters über die Kinder und Sklaven cf. manumitto; Gewalt des Mannes über die Ehefrau; — **Arbeit, Tätigkeit;** — Handschrift; — **Handvoll, Schar,** Mannschaft, Heeresmacht; — alles Handähnliche z. B. Enterhaken, Rüssel

M. munt (ahd.): Morgenstund hat Gold im Mund (= in der Hand) — manus manum lavat: eine Hand wäscht die andere — manu propria: eigenhändig — manu dextra, sinistra (it.): mit der rechten, linken Hand (mus.)

F. das Manuale: Verzeichnis, Tagebuch, Griffbrett einer Orgel — das Manufakt: Erzeugnis menschlicher Hand — die Manufaktur: Handwirkerei, Gewebefabrik — manufakturieren: verarbeiten — der Manufakturist: Gewebefabrikant — das Manuskript: Handschrift, Druckvorlage, Schriftstück — der Manuldruck: ein Druckverfahren — manuell: mit der Hand — bimanuell: mit beiden Händen — der Amanuensis: Schreibgehilfe, Gehilfe — die Manikur, Maniküre (franz.): Handpflege — maniküren: handpflegen

mapālia, ium n. (punisch) Nomadenzelte, Hütten, Baracken

mappa, ae f. (punisch) **Mundtuch,** Serviette

M. die Mappe (L)

Maracanda, ōrum n. E. das heutige Samarkand in Nordturkestan

Marathon, ōnis m. Ort an der Ostküste von Attika, Schlacht 490 v. Chr.; — Marathōnius 3 bei M.

Marathos, i f. E. Stadt in Nordphönizien; Marathēnus adi. und subst. Bewohner von M.

Marcellus, i m. Name der bedeutendsten Familie der Claudier 1.) M. Claudius Marcellus, genannt das „Schwert Roms", Konsul 208 v. Chr., im Kampf gegen Hannibal gefallen 2.) Konsul gleichen Namens 51 v. Chr., Anhänger des Pompejus, Gegner Cäsars, der ihn begnadigte (Ciceros Rede pro Marcello) 3.) Claudius Marcellus, Adoptivsohn des Augustus, Gemahl der Julia

marceo, cui 2. **schlaff,** kraftlos, **träge sein;** marcens, ntis schlaff, matt, erschlaffend

M. morsch (urv.)

marcēsco 3. (cf. marceo) **schlaff werden,** erschlaffen; vino m. Katzenjammer haben

marcidus 3 (cf. marceo) **schlaff,** träge

Mārcius 3 (Marcus) E. Name eines röm. Geschlechtes 1.) Ancus Marcius röm. König 2.) Cn. Marcius Coriolanus, ging als Verbannter zu den Volskern 3.) L. Marcius Septimus röm. Ritter, tüchtiger Feldherr in Spanien 4.) Marcii Wahrsager im zweiten Punischen Kriege 5.) Q. Marcius Rex Konsul 68 v. Chr., Führer im Seeräuberkriege; — Marcius saltus Wald in Ligurien, wo ein Konsul Q. Marcius Philippus geschlagen wurde; Marciānus 3 des M.

Marcodūrum, i n. E. Ort im Ubiergebiet (Düren)

Marcomanni, ōrum m. E. suebischer Volksstamm zwischen Main und Donau

Marcus, i m. E. röm. Vorname abgekürzt M.

Mardi, ōrum m. E. Räubervolk in Medien

Mardonius, ii m. E. Perser, Schwiegersohn des Darius, Führer des ersten Zuges der Perser gegen Griechenland

mare, is n. Meer (urv.); terra marique zu Wasser und zu Lande; mare angustum Meerenge; mare nostrum das Mittelländische Meer; mare superum das Adriatische Meer; mare inferum das Tyrrhenische Meer; mare externum der Atlantische Ozean; secundo mari am Meer entlang; aquas in mare fundere Wasser in den Brunnen tragen, etwas Unnötiges tun; maria montesque polliceri goldene Berge versprechen; — Meerwasser; — Meeresstrand *M.* das Moor (urv.)

Marea, ae f. E. See und Stadt an der Kanobischen Nilmündung mit schwerem Wein; Mareōticus 3 aus M.; Mareoticum, i n. mareotischer Wein; Mareōtis, idis f. mareotisch

margarīta, ae f. und tum, i n. (griech.) **Perle**

F. die Margarite: Wucherblume — der Margarit: Perlglimmer — die Margarita: perlmutterähnlicher Hornhautfleck (med.)

Margiāna, ae f. E. persische Landschaft in Turkestan; Margiānus 3 aus M.

margino 1. (cf. margo) mit einer Einfassung versehen

F. marginieren i. a. B.

margo, inis m. **Rand, Einfassung;** Grenze

M. (Grenz)mark (urv.)

F. das Marginale: Randbemerkung — marginal: den Rand betreffend, am Rande befindlich

Marīca, ae f. Seenymphe; neben ihrem Hain ein See palus Maricae

marīnus 3 (cf. mare **zum Meere gehörig;** — ros marinus Rosmarin, Meertau (immergrüner Strauch)

F. marin: das Meer betreffend — die Marine: Seewesen, Flotte, Seemacht — marinieren: einsalzen

marīta, ae f. cf. maritus

maritālis, e (cf. maritus) **ehelich**

maritimus (arch. maritumus) 3 (cf. mare) **am Meere gelegen, zum Meere gehörig;** res maritimae Seewesen; bellum maritimum Seekrieg; imperium maritimum Oberbefehl zur See, Seeherrschaft; — maritima, ōrum n. Küstengegenden

F. maritim: das Seewesen betreffend

marīto 1. (cf. maritus) **vermählen;** — populos vitibus m. Reben an Pappeln hochziehen

marītus 3 **ehelich, verheiratet;** subst. m. **Ehemann,** f. Ehefrau

Marius 3 E. Name eines röm. plebejischen Geschlechtes 1.) C. Marius, der bekannte Cimbern- und Teutonenbesieger, Haupt der Volkspartei 2.) sein Adoptivsohn gleichen Namens, fiel im Kampf gegen Sulla 3.) M. Marius Gratidianus, tüchtiger Redner, von Sulla ermordet; Mariānus 3 des M.

Marmarica, ae f. E. Landschaft in Nordafrika; Marmarides, ae m. Bewohner von M.

marmor, oris n. (griech.) **Marmor;** Marmorblock; aus Marmor Gefertigtes: Marmortafel, -denkmal, -bild, -grabstein; glänzende Meeresfläche, Meeresspiegel

M. Marmor, marmorn, marmeln marmorieren (L)

marmoreus 3 (cf. marmor) **aus Marmor,** marmorn; marmorweiß schimmernd, glänzend

Maro, ōnis m. E. Familienname Vergils

Maroboduus, i m. E. Marbod, Markomannenkönig

Maronēa und ia, ae f. E. 1.) Stadt in Thrazien, bekannt durch Wein 2.) Stadt in Samnium; Maronites, ae m. Bewohner von M.

Marpēssus und Marpēsus, i E. 1.) m. Berg auf Paros, lieferte weißen Marmor; Marpēsius 3 vom M. 2.) f. Ort am Ida; Marpēssius aus M.

Marrucīni, ōrum m. E. Völkerschaft an der Ostküste Mittelitaliens

Marruvium, ii n. E. Hauptstadt der Marser am Fuciner See; Marruvius 3 marruvisch

Mars, Martis m. E. **Mars,** Sohn Jupiters und der Juno, Gott des Landbaues, der Kriegsgott; der Planet Mars; **mars,** martis m. **Krieg, Kampf,** Getümmel; — Kampfesweise; aequo (pari) marte unter gleichen Kampfbedingungen; meo, tuo usw. marte auf eigene Faust; Kriegsglück; Kampfesmut, Kampfeslust; — **Martius 3 dem Mars gehörig,** geweiht; **Martius,** ii m. (scil. mensis) **der März;** Idus Martiae der Todestag Cäsars; campus Martius Marsfeld in Rom, auf dem die Wahlen und gymnastische Spiele

abgehalten wurden; — kriegerisch blutig; — zum Planeten Mars gehörig; — Martiālis, e dem Mars heilig
M. März (L), Martin (V)
F. martialisch: kriegerisch

Marsi, ōrum m. E. 1.) sabellischer Volksstamm in den Bergen Mittelitaliens, sehr tapfer, Kenner heilkräftiger Kräuter, Schlangenbeschwörer; Marsus 3 marsisch 2.) germanischer Volksstamm zwischen Lippe und Ruhr 3.) Domitius Marsus Dichter, Freund des Horaz, Vergil und Tibull

Marsyas und a, ae m. E. 1.) Satyr, von Apollo im musikalischen Wettkampf besiegt und dann lebendig geschunden 2.) Nebenfluß des Mäander

Martiālis cf. Mars

Marti-cola, ae m. (cf. Mars und colo) Marsverehrer

Marti-gena, ae m. (cf. Mars und gigno) Marssohn

Martius cf. Mars

Marus, i m. 1.) Fluß in Ungarn (Marosch) 2.) Mannesname

mas, maris m. 1.) subst. **Mann, Männchen** 2.) adi. **männlich; mannhaft,** kräftig

Masaesūlii, ōrum m. E. Nomaden in Westnumidien

masculinus 3 (cf. masculus) **männlich**
F. das Maskulinum: männliches Geschlecht, Wort männlichen Geschlechts (sprachl.) — maskulinisch: männlichen Geschlechts

masculus 3 (cf. mas) **männlich; mannhaft,** kräftig, mutig; subst. m. Mannsperson, Männchen

Masinissa, ae m. E. romfreundlicher Numiderkönig, Großvater des Jugurtha

māssa, ae f. (griech.) Teig, **Klumpen,** Masse *M.* die Masse (L)
F. das Massiv: Gebirgsstock — massiv: schwer, fest, derb, plump, grob

Massagetae, ārum m. E. kriegerisches Nomadenvolk zwischen Aral- und Kaspisee

Massicus, i m. E. Berg an der Grenze Latiums, dort berühmter Wein (Monte Massico); Massicus 3 vom M.; subst. n. (sing.) Massikerwein; plur. Gegend um den M.

Massilia, ae f. E. Stadt an der Südostküste Galliens (Marseille); Massiliēnsis adi. und subst. Bewohner von M.

Massinissa = Masinissa

Massīva, ae m. E. 1.) Neffe des Masinissa 2.) Enkel desselben

Massyli, ōrum m. E. Nomaden in Ostnumidien

Mastanabal, alis m. E. jüngster Sohn des Masinissa

matara, ae und mataris, is f. (kelt.) gallischer **Wurfspieß**

mater, tris f. **Mutter** (urv.); matrem esse, fieri de alqo von jdm. Kinder haben (bekommen); soror ex matre von mütterlicher Seite; — Mutterstadt, Mutterstamm; — Ehrentitel für Frauen und Göttinnen; **mater familias Hausfrau;** magna mater (Mater) = Kybele; — Schöpferin, Urheberin, Quelle, Ursprung
F. die Mater i. a. B., Mutterkirche; Schraubenmutter — matern: Matrize machen, das Meisterstück verfertigen — die Matrize: Lettergießform(buchdr.); Schraubenmutter, Prägstock — die Matrikel: Stammliste, Universitätsliste — immatrikulieren: einzeichnen, in die Liste der Studierenden aufnehmen — die Immatrikulation: Einverleibung, Einschreibung in die Liste der Studierenden — exmatrikulieren: aus der Liste der Studierenden streichen — die Exmatrikulation: Streichung aus der Liste der Studierenden — die Exmatrikel: Zeugnis beim Abgang von der Hochschule — das Matriarchat: Mutterrecht

matercula, ae f. (dem. von mater) **Mütterchen**

materia, ae und materies, ēi f. (cf. mater) (Mutterstoff) **Materie** (F), **Stoff; — Baumaterial,** Holz, Bauholz; Nahrung; — Gegenstand, Thema; — Quelle, Ursache; Anlage, Befähigung, Talent, Naturell
F. das Material: Stoff, Rohstoff, Ware, Bedarf — materiell: stofflich, greifbar, äußerlich; sachlich, inhaltlich, gewinn-

süchtig, genußsüchtig — der Materialismus: philosophische Lehre, nach der es in der Welt neben dem Stoff keinen Geist gibt — der Materialist: Anhänger des Materialismus — immateriell: unkörperlich, stofflos, geistig — immaterialisieren: entkörpern, vergeistigen — der Immaterialismus: Lehre von der Unkörperlichkeit der Seele, Spiritualismus — der Immaterialist: Anhänger des Immaterialismus — die Immaterialität: Unkörperlichkeit

materio 1. (cf. materia) **aus Holz bauen;** male materiātus 3 aus schlechtem Bauholz

materior 1. (cf. materia) **Bauholz fällen, Bauholz holen**

maternus 3 (cf. mater) **mütterlich**

materta, ae f. **Tante,** Mutterschwester

mathematicus 3 (griech.) **mathematisch** (F); subst. m. **Mathematiker, Astronom;** subst. f. Mathematik, Astrologie

Matīnus, i m. E. Berg in Apulien (Matinata); auch adi. vom M.

Matisco, ōnis f. E. Stadt an der Saône (Maçon)

Mātius 3 E. Name eines röm. Geschlechtes; C. Matius röm. Ritter, Freund Cäsars und Ciceros

Matrālia, ium n. (cf. mater) Fest zu Ehren der Mater Matuta (11. Juni)

matri-cīda, ae m. (cf. mater und caedo) **Muttermörder**

matricīdium, ii n. (cf. matricida) **Muttermord**

matrimonium, ii n. (cf. mater) **Ehe;** in m. ducere heiraten (vom Manne); alci alqm in m. dare verheiraten, zur Frau geben, in matrimonio habere zur Frau haben; — Ehefrau

matrīmus 3 (cf. mater) einer, dessen Mutter noch lebt

matrōna, ae f. (cf. mater) **Ehefrau,** Hausfrau, Gattin; **Matrone** (F), **Dame**

Matrona, ae f. E. Nebenfluß der Seine (Marne)

matronālis, e (cf. matrona) **der Ehefrau angehörig;** Matronālia, ium n. Frauenfest zu Ehren der Juno

Mattiaci, ōrum m. E. germanische Völkerschaft zwischen Rhein, Main und Lahn; Mattium, ii n. Hauptstadt der Chatten (Dorf Maden bei Fritzlar); Mattiacus 3 chattisch; aquae Mattiacae = Wiesbaden

mature cf. maturus

maturēsco, rui 3. (cf. maturus) **reif werden,** reifen

matūritas, tātis f. (cf. maturus) **Reife** (in körperlicher und geistiger Beziehung); Höhepunkt, Vollendung; — rechte Zeit, richtiger Zeitpunkt; m. temporum Regelmäßigkeit, Umlauf der Zeiten; Höhe der Not

F. die Maturität i. a. B. — die Prämaturität: Frühreife, Voreiligkeit

matūro 1. (cf. maturus) 1.) (trans.) **reif machen,** zur Reife bringen; (pass.) reif werden; — **etwas beschleunigen,** beeilen 2.) (intr.) **sich beeilen,** sich sputen

matūrus 3. (sup. maturissimus und maturrumus) **reif,** erwachsen, mannbar; bejahrt; ausgebildet, vollkommen, auf dem Höhepunkt stehend; — **zeitig, rechtzeitig,** frühzeitig, vorzeitig, früh; biduo maturius zwei Tage zu früh; — schleunig, rasch

F. die Matura, das Matur: Reifeprüfung — der Maturand: Reifeprüfling

Matūta, ae f. (cf. maturus) Göttin des Morgens, Leukothea (cf. Matralia)

matutīnus 3 (cf. Matuta) **morgendlich;** pater m. Janus, als Gott des Tagesbeginns

Mauretānia und Mauritānia, ae f. E. Landschaft im Westen der Nordküste Afrikas (heute Marokko und Westalgerien); Mauri, Maurūsii, ōrum m. die Bewohner von M., Mauren, tüchtige Reiter und Bogenschützen; Maurus, Maurūsius 3 maurisch, afrikanisch, punisch

M. Mohr (L), Mauritius, Moritz (V)

Mausōlus, i m. E. Herrscher von Halikarnaß, dessen Gattin Artemisia ihm das prächtige Grabmal Mausolēum, i n. errichtete

M. das Mausoleum: fürstliche Grabstätte

Māvors, ortis m. E. Kultname des Mars; Mavortius adi. und subst. dem M. gehörig, Marssohn

maxilla, ae f. (dem. von mala) Kinnbacken

maxime (arch. maxume) (adv. von maximus, sup. zu magus) **am meisten, sehr;** zur Umschreibung des sup. bei adi. z. B. maxime arduus; — (bei Verben) **überaus, sehr, besonders,** vorzüglich, (auch) am liebsten, womöglich; multo maxime bei weitem, am meisten; quam maxime so sehr als möglich; möglichst; vel maxime am allermeisten; cum ... tum maxime sowohl ... als besonders; et maxime, maximeque und zwar besonders, namentlich; — (als Antwort) gewiß, sehr gern

maximōpere (maximo opere) sup. von magnopere

maximus (maxumus) cf. magnus

Maximus, i m. Beiname der Fabier; cf. Fabius

Mazaca, ae f. E. Hauptstadt von Kappadozien

Mazagae, ārum f. E. Stadt in Indien (Bischore)

mazonomus, i m. (griech.) Brotkorb, Schüssel für Speisen

meātus, ūs m. (cf. meo) **das Gehen,** Bewegung; Weg, Bahn

med (arch.) = met

meddix = medix

Medēa, ae f. E. Tochter des Königs Äetes, bekannt als Zauberin

medeor 2. **heilen,** kurieren; (mit dat.) **helfen,** abhelfen, lindern

Mēdia, ae f. E. Medien, asiatische Landschaft; Mēdi, ōrum Meder, Perser, Assyrer, Parther; Mēdicus 3 medisch, persisch; Medica (scil. herba) medischer Klee, Luzerne

mediastīnus, i m. (cf. medius) Hausknecht, Hausbursch

medicābilis, e (cf. medicor) heilbar

medicāmen, inis n. und medicamentum, i n. (cf. medico) **Heilmittel, Arznei;** Giftmittel, Gifttrank; Zaubermittel; Hilfsmittel; Schönheitsmittel, Schminke

F. das Medikament: Heilmittel, Arzenei

medicātus, ūs m. (cf. medico) Zaubermittel

medicīna, ae f. (cf. medicus) **Heilkunst; Arznei,** Heilmittel; Abhilfe

F. die Medizin: Arzenei, Heilkunde — der Mediziner: (werdender) Arzt — medizinisch: die Heilkunde betreffend

medico 1. (cf. medicus) **heilsam machen, wirksam machen;** künstlich zubereiten, mit Zauberkräften versehen, bezaubern; — färben; — medicātus 3 heilsam, durch Zauberei verursacht

medicor 1. (cf. medicus) **heilen**

F. der Medikaster: Kurpfuscher

medicus 3 (cf. medeor) **heilend,** heilsam; **medicus,** i m. **Arzt**

F. der Medikus i. a. B.

medietas, tātis f. (cf. medius) Mitte; Hälfte

medimnum, i n. und medimnus, i m. (griech.) der attische Scheffel ($52^1/_2$ Liter fassend = 6 modii)

mediocris, e (cf. medius und ocris Anhöhe cf. acer) **mittelmäßig; unbedeutend,** gering; non m. = groß, bedeutend; — **niedrig,** gewöhnlich; gemäßigt, genügsam, gelassen; mediocriter ferre mit Gelassenheit tragen *F.* medioker: mittelmäßig, ziemlich

mediocritas, tātis f. (cf. mediocris) **Mittelmäßigkeit,** Unbedeutendheit; **Mittelstraße,** Maßhalten, Mäßigkeit

M. aurea mediocritas: goldener Mittelweg

F. die Mediokrität: Mittelmäßigkeit

Mediolānum und ium, i n. E. Mailand; Mediolanēnsis adi. und subst. Bewohner von M.

Mediomatrici, ōrum m. E. belgischer Volksstamm zwischen Maas und Rhein (um Metz)

Medion, ōnis m. E. Stadt in Akarnanien; Mediōnius adi. und subst. Bewohner von M.

meditabundus 3 (cf. meditor) auf etwas sinnend

meditamentum, i n. (cf. meditor) Vorübung

meditātio, ōnis f. (cf. meditor) **das Nachdenken;** Vorbereitung, Vorübung, Einübung

F. die Meditation: Betrachtung — die Prämeditation: Vorbedacht

medi-terrāneus 3 (cf. medius und terra) **mitten im Lande liegend, binnenländisch;** subst. plur. n. Binnenland

F. mediterran: mittelländisch

meditor 1. **über etwas nachdenken, nachsinnen;** auf etwas sinnen, sich vorbereiten; sich üben, einstudieren; — meditātus 3 überlegt, überdacht, vorbereitet, einstudiert

M. messen, ermessen (urv.)

F. meditieren i. a. B. — prämeditieren: vorherbedenken

medius 3 **mitten** (urv.); (räumlich) **mittlerer,** mittelster; in der Mitte befindlich, dazwischen liegend; locus m. Mittelpunkt, Mitte; acies media Mitteltreffen, Zentrum; in colle medio mitten auf dem Hügel; per mediam insulam mitten durch die Insel; per medios hostes mitten durch die Feinde; — (zeitlich) **mittlerer;** media aestate in der Mitte des Sommers; media nox Mitternacht; medius dies Mittag; medium tempus Zwischenzeit, Pause; — **mitten in;** in media oratione mitten in der Rede; — übertragen: **in der Mitte stehend,** Mittelding, mittelmäßig; officium medium ein weder guter, noch schlechter Dienst; bellum non medium ein ziemlich bedeutender Krieg; — **unparteiisch, neutral;** medium agere, medium se gerere neutral bleiben; — zweideutig, unbestimmt; — vermittelnd; dazwischen kommend, störend; — halb, zur Hälfte; — medium, ii n. Mitte, Mittelpunkt; rem in medio relinquere unentschieden lassen; — **Öffentlichkeit;** in medium procedere sich öffentlich zeigen; se e medio amovere sich aus der großen Welt zurückziehen; alqd in medio ponere vor Gericht vorbringen; in medium proferre bekannt machen; — **Gemeinwohl,** -gut; in medium consulere für das gemeine Beste sorgen; in medium cedere Gemeingut werden; — **öffentlicher Weg;** in medio auf offener Straße; recede de medio geh aus dem Wege!; de medio tollere aus dem Wege räumen

M. in medias res: unmittelbar zur Sache — medio: in der Mitte des Monats

F. die Media: stimmhafter Verschlußlaut (sprachl.) — medial: in der Mitte liegend; in passivischer Form mit aktivischer Bedeutung (sprachl.) — median: in der Mittellinie liegend, mittelgroß — die Mediane: Mittellinie — die Mediante: Mittelton (mus.) — das Medium: Mitte; Mittelsperson bei spiritistischen Sitzungen; passivische Form mit aktiver Bedeutung — mediatisieren: mittelbar machen, der Reichsunmittelbarkeit berauben, einverleiben — die Mediatisierung: Einverleibung — immediat: unmittelbar, augenblicklich — immediatisieren: reichsunmittelbar machen — die Mediation: Vermittlung — mediäval: mittelalterlich — der Mediävist: Schriftsteller, Erforscher des Mittelalters — die Mediäval: eine Schriftgattung (buchdr.)

medius fidius cf. Fidius

mēdix (meddix), icis m. (oskisch), meist medix tūticus Bundesoberhaupt bei den Kampanern

medulla, ae f. 1.) Mark (der Knochen), meist plur. 2.) das Innerste, Herz, Kern

Medullia, ae f. E. Ort in Latium; Medullinus adi. und subst. Bewohner von M.

Mēdus, i m. E. 1.) Fluß in Armenien 2.) Sohn der Medea, nach ihm eine Tragödie des Pacuvius genannt 3.) cf. Media

Medūsa, ae f. E. die schrecklichste der Gorgonen; Medusaeus 3 von der Medusa stammend; equus M. = Pegasus; fons M. Quelle Hippokrene, durch den Hufschlag des Pegasus entstanden; monstrum M. = Zerberus

M. das Medusenhaupt, dessen Anblick die Feinde versteinerte

F. die Meduse: Qualle

mefitis = mephitis

Megaera, ae f. E. eine der Furien

F. die Megäre i. a. B., böses Weib

Megale, ēs f. (griech.) die Große Göttermutter (Magna Mater) Rhea Cybele; ihr zu Ehren am 4. April die Megalēsia, ium n.

Megale-polis und Megalo-polis, i f. E. Stadt in Südarkadien; — Megalopolitānus adi. und subst. Bewohner von M.

Megara, ōrum n. (selten Megara, ae f.) 1.) Hauptstadt der Landschaft Megaris, westl. von Athen; Megarēnsis, Megareus 3, Megaricus 3 adi. und subst. Bewohner von M.; Megarici, ōrum m. die megarischen Philosophen, Anhänger des Euklides 2.) Stadt an der Ostküste Siziliens; — Megarus 3 megarisch; Megarēa, ōrum n. Gefilde von M.

Megareus, eos und ei m. E. Enkel des Poseidon, Vater des Hippomenes; Megarēius, i m. = Hippomenes

Megaris, idis f. E. 1.) Landschaft zwischen Korinth und Attika 2.) = Megara

megistānes, um m. (griech.) die Großwürdenträger

mehercule cf. Hercules

mēio 3. = mingo

mel, mellis n. **Honig;** Süßigkeit
M. Meltau (urv.), Honigtau

Melampūs, odis m. E. Seher und Arzt

melancholicus 3 (griech.) (schwarzgallig) schwermütig
F. melancholisch, der Melancholiker, die Melancholie i. a. B.

Melanippa, ae f. E. Tochter des Äolus, gebar dem Neptun Zwillinge (Böotus und Anklus); Titel einer Tragödie des Accius

Melanippus, i m. E. Thebaner, Verteidiger Thebens gegen die „Sieben"; Titel einer Tragödie des Accius

Melanthius, ii m. E. der Ziegenhirt des Odysseus

Melanthus, i m. E. 1.) Fluß im Lande der Sarmaten 2.) Vater des Kodrus

Melas, anis m. E. 1.) Fluß in Sizilien 2.) in Böotien 3.) in Thessalien 4.) in Thrazien

Meldi, ōrum m. E. keltischer Volksstamm an Seine und Marne

Meleager und gros, i m. E. Argonaut, Sohn des Öneus; Meleagrides, um f. seine Schwestern, von Diana in Perlhühner verwandelt

Meles, ētis m. Küstenfluß bei Smyrna, an ihm angeblich die Heimat Homers; Meletēus, tinus 3 am M. wohnend, homerisch

Meles, ium f. E. Ort in Samnium

Meliboea, ae f. E. Stadt in Magnesia, Geburtsort des Philoktetes; Meliboeus 3 aus M., subst. = Philoktetes

Melicerta und es, ae m. E. Sohn der Ino

melicus 3 (griech.) **lyrisch**
F. melisch: gesangartig, sangbar

melilōtos, i m. (griech.) Honigklee, Steinklee

melimēlum, i n. (griech.) Honigapfel

melior, ius comp. cf. bonus
F. meliorieren, ameliorieren (franz.): verbessern — die Melioration, Amelioration: Verbesserung (bes. des Bodens)

melisphyllum, i n. (griech.) (Bienenblatt) Melisse (L)

Melissus, i m. E. 1.) Philosoph in Samos, Schüler des Parminedes 2.) C. Melissus Freigelassener des Mäcenas, Bibliothekar des Augustus

Melita, ae und ē, ēs f. E. 1.) Insel Malta; Melitēnsis, e maltesisch; Melitēnsia, ium n. maltesische Teppiche 2.) kleine Insel an der illyrischen Küste (Melida)

melius cf. bonus

Mella, ae m. E. Fluß in Oberitalien (Mela)

melli-fer 3 (cf. mel und fero) Honig tragend

mellītus 3 (cf. mel) mit Honig gesüßt

Melodūnum, i n. E. gallische Stadt im Lande der Senonen (Melun)

melos n. (griech.) **Gesang, Lied** (dat. melo, acc. melos, plur. mele)
F. das Melos: melodische Eigenart eines Tonwerkes — melodisch: singbar, klangvoll — die Melodie: Sing-, Tonweise — die Melodik: Lehre von der Melodie

Mēlos, i f. E. Zykladeninsel (Milo); Mēlius 3 aus M.

Melpomene, ēs f. E. Muse der Tragödie und Lyrik

membrāna, ae f. (cf. membrum) **Haut**; Balg (der Schlange); — **Pergament**
F. die Membrane i. a. B.

membrānula, ae f. (dem. von membrana) Häutchen, dünnes Pergament

membrātim (adv.) (cf. membrum) **gliedweise**, stückweise, einzeln; in kleinen Sätzen, Abschnitten

membrum, i n. **Glied**; plur. Gliedmaßen, Leib, Körper; — Teil
F. membrieren: gliedern — bimembrisch: zweigliedrig — dismembrieren: zerkleinern, zerstückeln — die Dismembration: Zerteilung, Zerstückelung — der Dismembrator: Zerteiler. Entschaler, Schleudermühle

memini, meminisse (cf. mens) **sich erinnern**, gedenken, eingedenk sein; alcis (selten de alqo); meminisse alqm sich jemandes entsinnen; — **daran denken**, darauf bedacht sein; — **erwähnen**, Erwähnung tun (alcis und alcis rei, auch de alqo); imp. memento
M. memento mori: denke an den Tod — mahnen, Minne (urv.)
F. das Memento: Erinnerung, Mahnung

Memmius 3 E. Name eines röm. plebejischen Geschlechtes 1.) C. Memmius Volkstribun 111 v. Chr., Gegner Jugurthas 2.) C. Memmius Gemellus Volkstribun 66 v. Chr., Freund Ciceros 3.) P. Memmius Regulus Günstling der Kaiser Tiberius und Nero

Memnon, onis m. E. 1.) Trojaner, Sohn der Eos und des Tithonus, von Achill getötet; seine Gefährten wurden in Vögel verwandelt; Memnonides, um f. (scil. aves) Memnons Vögel; Memnonius 3 memnonisch, morgenländisch 2.) sagenhafter Äthioperkönig
M. Memnonssäule: noch heut erhaltene Kolossalstatue des M. bei Theben

memor, oris (cf. memini) **sich erinnernd, eingedenk** (mit gen.); dankbar; unversöhnlich. rächend; vorsorgend, bedachtsam; gedächtnisstark; — mahnend, an etwas erinnernd; — **memoriter** (adv.) **mit gutem Gedächtnis**, aus dem Gedächtnis, auswendig

memorābilis, e (cf. memoro) **erwähnenswert**, denkwürdig; ruhmwürdig, gepriesen
F. die Memorabilien: Denkwürdigkeiten

memorandus 3 = memorabilis

memorātor, ōris m. (cf. memoro) Erzähler

memorātus 3 cf. memoro

memoria, ae f. (cf. memor) **Gedächtnis**, Erinnerungsvermögen; memoriae studere das Gedächtnis üben; memoriam perdere das Gedächtnis verlieren; memoriā tenere im Gedächtnis behalten; memoriā vigere ein gutes Gedächtnis haben; memoriae mandare dem Gedächtnis einprägen, sich merken; ex memoria aus dem Kopfe; — **Andenken**, Erinnerung; (mit gen. obi.) memoria parentum Erinnerung an die Eltern; (mit gen. subi.) post hominum memoriam seit Menschengedenken; memoriam deponere vergessen; memoriae prodere (tradere) überliefern, berichten; memoriam revocare (renovare, repetere) ins Gedächtnis zurückrufen; memoria sceleris Schuldbewußtsein; memoria periculi Gedanken an die Gefahr; — **Zeit**; patrum memoriā zur Zeit der Väter; meā memoriā zu meiner Zeit; — **Ereignis**; — **Erwähnung**, Überlieferung, Nachricht, Tradition; litterarum memoria schriftliches Zeugnis, hominum memoria mündliches Zeugnis; memoriā ac litteris mündlich und schriftlich; — **schriftliche Aufzeichnung**; memoriae tradere (prodere) schriftlich aufzeichnen
M. in memoriam: zum Gedächtnis — pro memoria: zur Erinnerung
F. das Memorial: Tagebuch, Erinnerungsschreiben — das Promemoria: Denkschrift, Eingabe

memoriola, ae f. (dem. von memoria) schwaches Gedächtnis
memoriter cf. memor
memoro 1. (cf. memor) **erinnern, mahnen;** — **erwähnen,** berichten; incredibilis memoratu unglaublich; — memorātus 3 **berühmt**
F. memorieren: auswendig lernen — das Memorandum: Denkschrift, Merkbuch
Memphis, idis f. E. alte Stadt in Mittelägypten (Menf, dort die Pyramiden); Memphiticus 3, Memphitis, idis f. memphitisch, ägyptisch
Menae, ārum f. E. Stadt in Sizilien; Menaenus adi. und subst. Bewohner von M.
Menalcas, ae m. E. Hirtenname bei Vergil; auch = Vergil
Menander und drus, dri m. E. Athener, der bedeutendste Dichter der neueren Komödie; Menandrēus 3 des M.
Menapii, ōrum m. E. belgischer Volksstamm zwischen Maas und Schelde
menda, ae f. = mendum
mendācium, ii n. (cf. mendax) **Lüge;** Täuschung, Trug, Erdichtung
mendaciunculum, i n. (dem. von mendacium) kleine Unwahrheit
mendax, ācis (cf. mentior) **lügend,** lügenhaft; täuschend, **trügerisch,** falsch
F. die Mendazität: Lügenhaftigkeit
Mendes, ētis f. E. ägyptische Stadt im Nildelta; Mendēsius adi. und subst. Bewohner von M.
mendīcitas, tātis f. (cf. mendicus) Bettelarmut
mendīco und cor 1. (cf. mendicus) **betteln;** erbetteln
F. der Mendikant: Bettler, Bettelmönch
mendīcus 3 (cf. mendum) bettelarm; subst. m. Bettler; ärmlich
mendōsus 3 (cf. mendum) fehlerhaft, voller Fehler; — oft fehlend, Fehler machend
mendum, i n. (auch menda, ae f.) **Fehler,** Versehen; körperliches Gebrechen
Menecles, is m. E. Rhetor aus Alabanda; Meneclīus 3 des M.
Menedēmus, i m. E. 1.) Philosoph, Schüler Platos 2.) zynischer Philosoph 3.) athenischer Rhetor 4.) Mazedonier, Gastfreund des Julius Cäsar
Menelāus, i m. E. Bruder Agamemnons, Gemahl der Helena, König von Sparta
Menēnius 3 E. Name eines römischen patrizischen Geschlechtes; Menenius Agrippa Konsul 503 v. Chr., bekannt durch die Fabel vom Magen und den streikenden Körpergliedern
Menestheus, ei m. E. athenischer Feldherr, Sohn des Iphikrates
Mēnix, igis und Mēninx, ingis f. E. Insel in der kleinen Syrte (Dscherba)
Menippus, i m. E. 1.) Verfasser beißender Satyren 2.) Freund Ciceros
Menoeceus, ei m. E. Sohn Kreons
Menoetius, ii m. E. Argonaut, Vater des Patroklus; Menoetiades, ae m. Sohn des M., Patroklus
Meno (Menon), ōnis m. E. Feldherr des jüngeren Cyrus; nach ihm ein Dialog Platos genannt
mēns, mentis f. (cf. memini) Denkkraft, **Verstand, Geist;** mens et ratio Verstand und Vernunft; mens et animus Verstand und Gemüt, Kopf und Herz, Einsicht und Mut; mente captus wahnsinnig; suae mentis compos in Vollbesitz seiner geistigen Kräfte; — Überlegung, Einsicht; — **Denkart,** Sinnesart Gemüt; animi, qui nostrae mentis sunt unserem Charakter entsprechende Neigungen; inimica mens feindliche Gesinnung; — **Gedanke,** das Gedachte; in mentem venire in den Sinn kommen, einfallen, an etwas denken; omnium mentes perturbare den Sinn aller verwirren; — **Meinung,** Ansicht, Absicht, Wille, Plan; hac (eā) mente in dieser Absicht, von solchen Erwägungen aus; mihi alia mens est ich denke anders;

Mens, f. Göttin der Besinnung; ihr Fest am 8. Juni
M. mens sana in corpore sano: ein gesunder Geist in einem gesunden Körper (Juvenal) — mente captus: des Verstandes beraubt
F. mental: den Geist betreffend — die Mentalreservation: Gedankenvorbehalt — die Mentalität: seelisch-geistige Einstellung

mēnsa, ae f. (cf. metior) **Tisch, Tafel; Essen, Mahlzeit; mensa secunda** Nachtisch; — Wechslertisch; m. publica öffentliche Bank
M. mensa academica: Studententisch
F. die Mensa: gemeinschaftlicher studentischer Mittagstisch — die Mensel, Mensul: Meßtisch

mensārius, ii m. Wechsler; Bankherr

mēnsio, ōnis f. (cf. metior) das Messen

mēnsis, is m. (gen. plur. mensium und mensum) **Monat** (urv.), Mond (urv.)
M. mensis currentis (abgek. m. c.): laufenden Monats — huius mensis (abgek. h. m.): dieses Monats

mēnsor, ōris m. (cf. metior) der Messer, Feldmesser

mēnstruus 3 (cf. mensis) **monatlich;** einen Monat dauernd; menstruum, i n. Monatsration
F. die Menstruation: Monatsfluß

mensūra, ae f. (cf. metior) Messung; m. ex aqua Wasseruhr; — Maß (Elle, Meile, Fuß, Scheffel); — Größe, Umfang, Länge
F. die Mensur: (abgemessene Entfernung zwischen Kämpfenden) stud. Zweikampf; graduiertes Gefäß — mensurabel: meßbar — die Mensurabilität: Meßbarkeit — mensural: zum Messen gehörig, dienend — die Mensuralmusik: Figuralmusik — immensurabel: unmeßbar — die Immensurabilität: Unmeßbarkeit

menta und mentha, ae f. (griech.) Minze (L)

mentio, ōnis f. (cf. mens) **Erinnerung, Erwähnung;** mentionem facere alcis rei und de re auf etwas zu sprechen kommen, einer Sache Erwähnung tun; — **Vorschlag, Antrag** (in Senat und Volksversammlung)

mentior, mentītus sum 4. (cf. mens) 1.) (intr.) **lügen,** heucheln, täuschen 2.) (trans.) **erlügen,** erdichten; fälschlich vorgeben, vorspiegeln; **täuschen;** — mentitus erdichtet, erlogen, falsch
M. Meineid (urv.)
F. dementieren: widerrufen — das Dementi (franz.): Widerruf, Berichtigung

Mentor, ōris m. E. 1.) Sohn des Alkimus, Freund des Odysseus 2.) Künstler in getriebener Metallarbeit; Mentoreus 3 des M.

mentum, i n. (cf. pro-mineo) **Kinn**
M. der Mund (urv.)

meo 1. (poet. nachkl.) **gehen, wandeln**

mephitis und mefitis, is f. (acc. im) schädliche Ausdünstung der Erde; Mephitis Göttin, welche solche Ausdünstungen vertreibt
F. die Mefitis (Mephitis) i. a. B. — mefitisch: stinkend

merācus 3 (cf. merus) unvermischt, rein, lauter

mercātor, ōris m. (cf. mercor) 1.) **Kaufmann** 2.) Käufer

mercatūra, ae f. (cf. mercor) **Handel,** Kaufmannschaft; mercaturas facere Handel treiben; — plur. Handelsgeschäfte

mercātus, ūs m. (cf. mercor) **Handel; Markt** (L), Messe; mercatum habere Markt abhalten

mercēdula, ae f. (dem. von merces) armseliger Lohn

mercennārius 3 (cf. merces) **erkauft, gedungen, gemietet;** bestochen; subst. m. **Lohnarbeiter, Tagelöhner; Söldner**

merces, ēdis f. (cf. merx) **Lohn, Sold, Preis;** milites mercede conducere in Sold nehmen; sine mercede umsonst; — Lehrgeld; — (Lohn, ironisch) = Strafe, Schaden, Nachteil; — Zins, Miete; plur. Zinsen (capitis eines Kapitals)

mercimōnium, ii n. (cf. merx) Ware

mercor 1. (mercarier [arch.] = mercari) (cf. merx) **kaufen**
F. merkantil, merkantilisch: kaufmännisch — der Merkantilismus: Metallwirtschaftslehre, nach der der Reichtum eines Volkes auf dem Besitz von Edelmetallen beruht

— der Merkantilist: Anhänger dieser Lehre

Mercurius, ii m. E. (cf. merx) Gott des Handels, der Gymnastik, der Beredsamkeit, Erfinder der Lyra, Götterbote. Seelengeleiter (= Hermes); — Planet Merkur; aqua Mercurii Quelle an der via Appia; tumulus Mercurii Anhöhe bei Neukarthago; promonturium Mercurii Ostspitze des Golfes v. Karthago (Kap Bona); — Mercuriālis, e des M., (besonders Beinamen der Dichter); — Mercuriāles, ium Genossenschaft der Kaufleute

F. der Merkur i. a. B.; häufiger Zeitschriftentitel

merda, ae f. Kot. Exkremente

mereo, merui und **mereor,** meritus sum 2. 1.) **etwas verdienen,** erwerben; stipendia m. Sold verdienen, **als Soldat dienen,** Kriegsdienste tun; pedibus zu Fuß, equo als Reiter dienen 2.) verdienen, **beanspruchen können,** sich einer Sache würdig machen z. B. laudem m. Lob verdienen; verschulden, verwirken, sich zuziehen z. B. odium m. Haß auf sich laden; — **sich Verdienste erwerben, sich verdient machen** z. B. bene m. d. sich verdient machen, sich Verdienste erwerben um; optime m. sich höchste Verdienste erwerben, sich sehr verdient machen; male m. schlechte Dienste leisten; — merens, ntis verdienend, (in gutem Sinne) würdig, (im üblen Sinne) schuldig; — meritus 3 (im guten Sinne) würdig, (im üblen Sinne) schuldig; verdient, gerecht, gebührend, rechtmäßig; — **meritō** (adv.) (sup. meritissimō) **nach Verdienst, mit Recht,** aus gutem Grunde

F. meritieren: verdienen, sich verdient machen. würdig sein — das Meritum, plur. die Meriten: Verdienst (aus jedem guten Werk) — meritorisch: nach Verdienst — Pour le mérite (franz.): (für das Verdienst) Verdienstorden

meretricius 3 (cf. meretrix) buhlerisch, dirnenhaft

meretricula, ae f. (dem. von meretrix) elende Dirne

meretrix, īcis f. (cf. mereo) **Dirne,** Buhlerin

merges, itis f. Garbe

mergo, mersi, mersus 3. **etwas eintauchen, versenken,** untertauchen; pass. versinken, untergehen; — stürzen; mersus vino somnoque in Trunkenheit und Schlaf versunken; mersus rebus secundis glückversunken

mergus, i m. (cf. mergo) Taucher (Wasservogel)

meridiānus 3 (cf. meridies) **mittägig, südlich**

F. der Meridian: Mittagslinie — meridional: mittägig. südlich

meridiātio, ōnis f. (cf. meridio) Mittagsruhe

meridies, ēi m. (cf. medius und dies) **Mittag;** Süden

meridio 1. (cf. meridies) Mittagsruhe halten

Meriones, ae m. E. Wagenlenker des Idomeneus

merito 1. (cf. mereo) verdienen

meritō adv. cf. mereo

meritōrius 3 (cf. meritum) (bezahlt) unzüchtig

meritum, i n. (cf. mereo) **Verdienst,** Würdigkeit; Dienstleistung, Wohltat; Schuld, Verschulden; nullo meo merito ohne mein Verschulden

meritus cf. mereo

Meroe, ēs f. E. Hauptstadt der von den Nilarmen eingeschlossenen Insel gleichen Namens

Merope, ēs f. E. Tochter des Atlas, Plejade

merops, opis m. (griech.) Bienenspecht

Merops, opis m. Äthiopenkönig, Gemahl der Klymene, Mutter des Phaeton

merso 1. (cf. mergo) versenken

merula, ae f. die Amsel *M.* Meise (urv.)

merus 3 **unvermischt, rein,** lauter; echt, unverfälscht; — merum, i n. unvermischter Wein

merx, cis f. **Ware;** merces femineae Weibertand

Mesēmbria, ae f. E. thrazische Stadt; — Mesembriacus adi. und subst. Bewohner von M.

Mēsia silva, ae f. bewaldeter Hügelzug am rechten Tiberufer bei Veji

mesochorus, i m. (griech.) Chorführer

Mesopotamia, ae f. E. Landschaft zwischen Euphrat und Tigris

Messālla (Messala), ae m. E. Zweig der gens Valeria cf. Valerius; Messalīna, ae f. E. dritte Gemahlin des röm. Kaisers Claudius, bekannt durch ihre Sittenlosigkeit

F. die Messaline: Dirne

Messāna, ae f. E. Stadt in Sizilien (Messina); Messānius, Messēnius adi. und subst. Bewohner von M.

Messāpia, ae f. = Kalabrien; Messāpus, i m. Sohn Neptuns, Fürst von Kalabrien; — Messāpius 3 adi. und subst. Bewohner von M.

Messēna, ae und e, ēs f. E. Landschaft und Stadt im Südwesten des Peloponnes; Messēnius adi. und subst. Bewohner von M.

messis, is f. (cf. meto) Ernte; messem facere ernten; — Erntezeit; — Ernteertrag, Getreide

messor, ōris m. (cf. meto) Schnitter, Mäher

messōrius 3 (cf. messor) zur Ernte gehörig

met enklitisches Suffix zur Hervorhebung eines pron. pers. und poss. z. B. egomet ich selbst

mēta, ae f. (cf. metor) Malsäule, Spitzsäule (zum Abmessen der Rennbahn); Kegel, Pyramide; Ziel, Grenze

M. Miete (= Schober, von meta foeni)

Metabus, i m. E. König der Volsker, Vater der Camilla

metallum, i n. (griech.) Metall (L); Bergwerk, Grube

M. metallen (L), aus Metall usw.

metamorphōsis, is f. (griech.) Verwandlung; plur. Titel eines Gedichts Ovids

F. die Metamorphose i. a. B. — der Metamorphismus: Gesteinsumwandlung

Metapontum, i n. E. Stadt in Unteritalien; Metapontinus adi. und subst. Bewohner von M.

Metaurus, i m. E. Fluß in Umbrien

Metella, ae f. E. Gattin des P. Cornelius Lentulus Spinther

Metellus, i m. E. Familie der gens Caecilia

Meterēa turba unbekannter Volksstamm an der unteren Donau

Methymna, ae f. Stadt auf Lesbos, Geburtsort des Arion; Methymnaeus adi. und subst. Bewohner von M.; Methymnias, adis f. Bewohnerin von M.

mētior, mēnsus sum 4. **messen** (urv.), zumessen; abschätzen, beurteilen; durchmessen, durchwandern, durchschreiten

M. das Meter (L): Längenmaß

F. die Metrik: Lehre von den Versmaßen — der Metriker: in der Metrik Kundiger — metrisch: die Verslehre betreffend — das Metrum: Versmaß — das Metronom: Taktmesser (mus.) — die Metrologie: Maß-, Gewichtskunde

Metiosēdum, i n. E. Stadt auf einer Seineinsel

Metius cf. Mettius

meto, —, messus 3 **mähen** (urv.), schneiden, abhauen; ernten; — niederhauen, niedermetzeln; ut sementem feceris, ita metes wie die Saat, so die Ernte; das fehlende perf. ersetzt durch messem fēci

mētor 1. (cf. meta) **abstecken, abmessen,** abgrenzen; castra metari das Lager abstecken

Metrodōrus, i m. E. 1.) Epikureer 2.) Akademiker, Redner

Metropolis, is f. E. Stadt in Thessalien; Metropolītae, ārum Bewohner von M.; Metropolitānus aus M.

F. die Metropole (griech. „Mutterstadt“): Hauptstadt — der Metropolit: Erzbischof

Mettius und Mettus 3 E. Name eines alten latinischen Geschlechtes 1.) Mettus Fuffetius Diktator in Alba 2.) M. Mettius Gastfreund Ariovists

metuens cf. metuo

mētula, ae f. (dem. von meta) kleine Spitzsäule

metuo, ui 3. (cf. metus) 1.) (intr.) **fürchten,** in Furcht sein; sich scheuen, Bedenken tragen 2.) (trans.) **etwas befürchten,** fürchten (daß ne, daß nicht ne non [ut]), sich vor etwas fürchten (alqm und alqd); metuens, ntis fürchtend, in Furcht, bange; metuendus 3. furchtbar, schrecklich

metus, us m. (alter dat. metu = metui) **Furcht,** Befürchtung; m. hostilis Furcht vor dem Feinde; metus est ne es steht zu befürchten, daß; metum alci afferre (inferre, inicere) jemd. Furcht einjagen; Ehrfurcht; Grund der Furcht; drohende Lage

meus 3 (pron. poss. der 1. Pers. sing.; voc. sing. mi [und meus, mea, meum]) **mein,** mir gehörig; (obi.) für mich, gegen mich z. B. amor meus Liebe zu mir, iuiuria mea Unrecht gegen mich; vix meus sum ich bin kaum bei Sinnen; — meus m. der Meinige; mei, ōrum die Meinigen; meum, i n. plur. mea, ōrum das Meinige, mein Eigentum, meine Habe; non est meum es ist nicht meine Art

M. omnia mea mecum porto: alles was ich besitze, trage ich bei mir (Bias von Priene)

Mevānia, ae f. E. Stadt in Umbrien (Bevagna)

Mezentius, ii m. E. Tyrann von Cäre

mi voc. sing. von meus; = mihi cf. ego

mica, ae f. Krümchen, Körnchen, ein bißchen

mico, cui 1. **zucken,** zittern; digitis micare mit den Fingern schnellen (das Fingerspiel „Mora" spielen); **flimmern, schimmern,** blitzen

Midas, ae m. E. phrygischer König, der alles, was er berührte, in Gold verwandelte

migrātio, ōnis f. **Wanderung,** Auswanderung

migro 1. **auswandern,** übersiedeln; überschreiten, übertreten, verletzen

miles, itis m. **Soldat,** Krieger; Gemeiner; Legionssoldat, Fußsoldat; plur. Heer, Kriegsvolk; — Stein im Schachbrett

F. militant: kämpfend — das Militär: Soldatenstand — der Militarismus: Soldatenherrschaft, Pochen auf die militärische Macht, Vorherrschen militärischer Wertungen — der Militarist: Vertreter des M.

Milētus, i 1.) m. Kreter, Erbauer der Stadt Milet 2.) f. Handelsstadt an der karischen Küste, Geburtsstadt des Thales; Milēsius adi. und subst. Bewohner von M.; — Milētis, idis f. Tochter des Miletus, = Byblis

milia, milies cf. mille, millies

militāris, e (cf. miles) **soldatisch, kriegerisch,** militärisch; res militaris Kriegswesen; — kriegserfahren; — militāria, ium n. militärische Übungen

militia, ae f. (cf. miles) **Kriegsdienst;** Krieg, Feldzug; domi militiaeque im Krieg und Frieden; — Soldaten, Heeresmacht

F. die Miliz: Bürgerheer, Volksheer

milito 1. (cf. miles) **Kriegsdienst leisten,** Soldat sein; dienen, Dienste tun

milium, ii n. (griech.) Hirse

mille indecl.; plur. milia, ium **tausend;** subst. mit gen. das Tausend; plur. Tausende z. B. duo milia equitum 2000 Reiter; mille passuum die röm. Meile (1,5 km); — sehr viele, unzählige

M. pro mille: für das Tausend — Meile (L)
F. das Mille: das Tausend — das Millenium: Jahrtausend — die Million: 1 000 000 — milli z. B. Milligramm = $^1/_{1000}$ g — die Milliarde: 1000 Millionen

millēsimus 3 (cf. mille) **tausendster**

milliārius 3 (cf. mille) tausend Stück enthaltend; milliārium, ii n. Meilenstein

millies (milliens) (cf. mille) **tausendmal;** unzähligemal; — (scil. sestertium) 100 Millionen Sesterzen

Milo, ōnis m. E. 1.) bekannter Athlet aus Kroton 2.) T. Annius Milo Volkstribun, Gegner des Clodius

Miltiades, is und i m. E. der bekannte Sieger bei Marathon (490 v. Chr.)
miluus (milvus), i m. Gabelweihe, Taubenfalke; Meerweihe (Raubfisch); Stern
M. der Milan: Gabelweihe
Milyas, adis f. E. der nördliche Teil von Lyzien
mima, ae f. (griech.) Schauspielerin; Bühnentänzerin
Mimas, antis m. E. 1.) Gigant 2.) Vorgebirge in Jonien
mimicus 3 (griech.) mimisch, schauspielerisch; erdichtet
Mimnermus, i m. E. elegischer Dichter
mimula, ae f. (dem. von mima) Schauspielerin, Tänzerin
mimus, i m. (griech.) 1.) **Schauspieler** 2.) Schauspiel, Posse
F. der Mimus: altrömische Posse — der Mime: Schauspieler — die Mimik: Gebärdenspiel, Schauspielkunst — mimisch: mit Gebärden ausdrückend, schauspielerisch — das Mimodrama: Pantomime, Drama ohne Worte
mina, ae f. (griech.) **die Mine** (F) (Rechenmünze, = $^1/_{60}$ eines Talents, = 100 Drachmen [Denaren], = 78 Mark)
minae, ārum f. (cf. pro-mineo) Zinnen; — **Drohungen**
minātio, ōnis f. (cf. minor) **Drohung**
minax, ācis; adv. mināciter (cf. minor 1.) **drohend**
Mincius, ii m. E. Nebenfluß des Po (Mincio)
Minerva, ae f. E. Lieblingstochter Jupiters, Schützerin der Künste und Wissenschaften, auch Kriegsgöttin; invitā Minervā ohne Geschick, ohne Beruf; crassā, pingui Minervā mit derben Hausverstande, ohne Kunst und Bildung; sus Minervam (docet) (das Schwein belehrt Minerva) das Ei ist klüger als die Henne; — Wollarbeit; — Minervae promonturium Vorgebirge in Kampanien; — Minervium, ii n. Stadt und Berg in Südkalabrien mit altem Minervatempel
mingo, mixi und minxi, mictus und minctus 3. harnen, pissen
M. Mist (urv.)
minimus, minime cf. parvus, parum
minio 1. (cf. minium) mit Zinnober rot färben; miniātus 3 zinnoberrot
Minio, ōnis m. E. Fluß in Südetrurien (Mignone)
minister, tri m. (cf. minor) **Diener,** Untergebener, Gehilfe; Helfershelfer, Werkzeug
F. der Minister: hoher Staatsbeamter
ministerium, ii n. (cf. minister) **Dienstleistung,** Dienst, Amt; — Dienstpersonal, Dienerschaft, Gehilfe
F. das Ministerium: Gesamtheit der Minister; Hauptverwaltungszweig der Staatsregierung
ministra, ae f. (cf. minister) **Dienerin**
ministrātor, ōris m. Beistand, Ratgeber
ministrātrix, icis f. (cf. ministrator) Gehilfin
ministro 1. (cf. minister) **bedienen, aufwarten;** darreichen, verschaffen, hergeben; besorgen, ausführen
F. der Ministrant: Meßdiener
minitābundus 3 (cf. minitor) **sehr drohend**
minitor 1. (cf. minor) **drohen,** androhen
minium, ii n. (span.) Minium (F), Mennig (L), Zinnober
F. die Miniatur: (in Mennig ausgeführter) Anfangsbuchstabe, Kleinmalerei, Kleingemälde
minor cf. parvus
minor 1. (cf. minae) **drohen,** androhen; — prahlend versprechen, erwarten lassen, mit acc. c. inf. fut.
Minos, ōis m. E. Sohn Jupiters und der Europa, König von Kreta, Richter in der Unterwelt; Minōius, Minōus 3 minoisch, kretisch; Minōis, idis f. Tochter des Minos, Ariadne
Minotaurus, i m. E. (Minosstier) Menschenfleisch fressendes Ungeheuer, von Theseus mit Hilfe der Ariadne getötet
Minturnae, ārum f. E. Stadt in La-

tium; Minturnensis adi. und subst. Bewohner von M.

Minucius 3 E. Name eines röm. patrizischen und plebejischen Geschlechtes 1.) L. Minucius Konsul 458 v. Chr. 2.) Minucia Vestalin, lebendig begraben 3.) M. Minucius Rufus Reiteroberst des Fabius Cunctator 4.) Q. Minucius Thermus Volkstribun, Freund Ciceros

minuo, ui, ūtus 3. **mindern** (urv.), zerkleinern, verkleinern; **schwächen,** verringern, einschränken, schmälern; — pass. abnehmen, sich vermindern, schrumpfen; — minūtus 3 zerkleinert, klein, winzig; unbedeutend, geringfügig; kleinlich

F. der Minuend: die zu vermindernde Zahl, Grundzahl — die Minute: (erste Verkleinerung der Stunde) $^1/_{60}$ Stunde — die Minuzien: Kleinigkeiten — minuziös: kleinlich, peinlich

F. die Minuskel: kleiner Buchstabe (buchdr.)

minusculus 3 (dem. von minor) ziemlich klein

minutātim (adv.) (cf. minuo) stückweise, nach und nach

minutus cf. minuo

Minyas, ae m . E. Stammheros der Minyer, König von Orchomenos; Minyae, ārum die Minyer, altes äolisches Volk, Argonauten; Minyēius 3 des M.; Minyēias, adis und Minyēis, idis f. Tochter des M.

mirābilis, e (cf. miror) **wunderbar,** sonderbar, seltsam; — **bewundernswert,** erstaunlich; m. auditu, visu, dictu

F. die Mirabilien: Wunderdinge, Wunderwerke

mirābundus 3 (cf. miror) **voll Verwunderung**

mirāculum, i n. (cf. miror) **Wunder,** Wunderwerk

F. das Mirakel i. a. B. — mirakulös: wunderbar

mirandus 3 cf. miror

mirātor, ōris m. (cf. miror) Bewunderer

miri-ficus (cf. mirus und facio) = mirabilis

mirmillo, ōnis m. (griech.) Gladiator, mit gallischen Waffen und dem Abzeichen eines Fisches auf der Helmspitze

miror 1. **sich wundern,** staunen; **bewundern,** anstaunen; mirandus 3 bewundernswert

mīrus 3 **wunderbar,** erstaunlich; **wunderlich,** sonderbar; mirum non est es ist kein Wunder; mirum! o Wunder!; quid mirum? was Wunder? natürlich!; non (nec) mirum! kein Wunder! natürlich!

misceo, mīscui, mixtus und mistus 2. **mischen** (urv.), vermischen; proelia (manus) miscere handgemein werden; vermengen; pass. sich vermischen; — **vereinigen,** verbinden; erzeugen, erregen; — **verwirren,** in Unordnung bringen, Unruhe stiften

M. misce: mische (auf Rezepten) — misceatur: es wurde gemischt (auf Rezepten) — misce, da, signa (abgek. M. D. S.): mische, gib, bezeichne — mixtum compositum: Durcheinander, Mischmasch

F. die Miszellen, Miszellaneen: Vermischtes, Allerlei — die Mixtur: Gemisch, Arzneitrank; Orgelregister — die Mixtion: Mischung — der Mixer: Mischer

misellus 3 (dem. von miser) ganz unglücklich

Misēnus, i m. E. Sohn des Äolus, Begleiter des Äneas; Misēnus (scil. mons) und Misēnum (scil. promonturium), Misēna, orum Stadt und Vorgebirge Misenum; Misenēnsis adi. und subst. Bewohner von M.

miser, era, erum; adv. misere und miseriter (cf. maestus) **elend, unglücklich;** arm; traurig; o me miserum! o ich Armer!; — **kläglich,** erbärmlich; miserum est (mit inf.) es ist ein Elend; miserum! entsetzlich!; — nichtswürdig, schuftig; — leidenschaftlich, übertrieben

miserābilis, e (cf. miseror) **beklagenswert,** jämmerlich; kläglich, klagend *F.* miserabel i. a. B.

miserandus 3 = miserabilis

miserātio, ōnis f. (cf. miseror) **das Bedauern,** Mitgefühl; rührender Vortrag, ergreifende Schilderung

misereor, eritus (selten ertus) sum 2. **sich erbarmen, Mitleid fühlen** alcis alcis rei *M.* Miserere: „Erbarme dich" (Beginn des 50. Psalms)

miserēsco 3 = miserēor

miseret 2. me alcis und alcis rei **es jammert mich, es tut mir leid,** ich bedaure

miseria, ae f. (cf. miser) **Elend, Unglück, Leid;** Miseria, ae f. Göttin des Unglücks
F. die Misere (franz.): Jammer, Unglück, Not

misericordia, ae f. (cf. misericors) **Barmherzigkeit, Mitleid;** — das Bemitleidetwerden, Mitgefühl anderer
M. Misericordias domini: (Barmherzigkeit des Herrn) Name des zweiten Sonntags nach Ostern

miseri-cors, dis (cf. miser und cor) **barmherzig,** mitleidig

miseriter (adv.) cf. miser

miseror 1. (cf. miser) **beklagen, bedauern,** bejammern; miserandus 3 beklagenswert

missilis, e (cf. mitto) **werfbar,** zum Werfen geeignet; **missile,** is n. **Geschoß, Wurfspieß,** Pfeil

missio, ōnis f. (cf. mitto) **das Schikken, Sendung; Freilassung; Abschied,** Verabschiedung; (Wegschikkung der Gladiatoren aus der Arena) Gnade, Pardon; Schluß, Ende (der Spiele)
F. die Mission: Sendung, Auftrag, Heidenbekehrung — der Missionar: Glaubensbote, Heidenbekehrer

missito 1. (cf. mitto) wiederholt schicken

missus, us m. (cf. mitto) das Schicken; Auftrag; meist **missu** alcis **in jemds. Auftrag;** — Wurf, Schuß

mitēsco 3. (cf. mitis) **mild, reif werden;** weich werden, **nachlassen; sich mildern,** zahm, milde werden

Mithras und es, ae m. E. persische Gottheit des hellen Äthers, Sonnengott

Mithridātes, is m. E. pontischer Königsname; bekannt M. Eupator, der Feind der Römer; Mithridāticus und Mithridatēus 3 des M.

miti-fico 1. (cf. mitis und facio) weich machen, verdauen

mitigātio, ōnis f. (cf. mitigo) **Besänftigung,** Milderung

mitigo 1. (cf. mitis und ago) **mild, reif machen,** auflockern; sanft machen, **besänftigen,** versöhnen; mildern, lindern

mitis, e **mild,** weich; süß, reif; **sanft,** gelind; **gütig,** friedlich, **freundlich,** gnädig

mitra, ae f. (griech.) Kopfbinde, Turban
F. die Mitra i. a. B., Kopfbedeckung der Bischöfe (beim feierlichen Gottesdienst)

mitto, mīsi, missus 3. **werfen, schleudern;** se mittere und pass. sich werfen, sich stürzen; — **schicken,** senden; geleiten; melden, sagen lassen, bestellen, schreiben; — **entsenden;** von sich geben, hören lassen; — **fortlassen,** entlassen, (Versammlung) aufheben; **freilassen,** freigeben; etwas fahren lassen, aufgeben; (in der Rede) übergehen, unerwähnt lassen
M. ite, missa est: „gehet, die Versammlung ist entlassen", Entlassungsformel am Schluß der Messe
F. die Messe (L) (aus missa): Meßopfer; Jahrmarkt, Handelsmesse — das Missale: Meßbuch — die Missal: ein großer Schriftgrad (buchdr.) — das Missiv, die Missive: Sendschrift, Umlaufschreiben

mitulus, i m. (griech.) Miesmuschel

Mitylene = Mytilene

Mnemon, ōnis m. E. (mit gutem Gedächtnis) Beiname des Artaxerxes II.

Mnemonides, um f. Beiname der Musen

Mnemosyne, ēs f. Göttin des Gedächtnisses. Mutter der Musen

mōbilis, e (cf. moveo) **beweglich;** unbeständig, wankelmütig; biegsam, **lenksam**
M. Möbel (L)
F. mobil i. a. B.; marschbereit, kriegsbereit — mobilisieren: beweglich machen, in Kriegsbereitschaft setzen, zu Gelde ma-

chen — die Mobilisierung: Bereitstellung, Kriegsrüstung, Kriegsbereitschaft — die Mobilien: beweglicher Besitz, Möbel — das Mobiliar: Hausrat, bewegliche Habe — demobilisieren: abrüsten — die Demobilisation, Demobilisierung: Abrüstung — das Automobil: Kraftwagen

mobilitas, tātis f. (cf. mobilis) **Beweglichkeit,** Gewandtheit, Schnelligkeit; **Unbeständigkeit,** Wankelmut

moderābilis, e (cf. moderor) **gemäßigt**

moderāmen, inis n. (cf. moderor) **Lenkung,** Steuerruder

moderātio, ōnis f. (cf. moderor) Lenkung; **Mäßigung,** Selbstbeherrschung; rechtes Maß, richtiges Verhältnis, richtige Beschaffenheit, Harmonie

moderātor, ōris m. (cf. moderor) **Lenker,** Leiter; Mäßiger

moderātrix, icis f. (cf. moderator) **Lenkerin,** Leiterin; Mäßigerin

moderātus 3 cf. moderor

moderor 1. (cf. modus) **mäßigen,** in Schranken halten, beschränken, **zügeln; lenken,** leiten; einrichten; — **moderātus** 3 **gemäßigt;** mäßig, maßvoll, besonnen, ruhig, bescheiden; nicht übertrieben, gefaßt

M. moderato (it.): mäßig bewegt (mus.)

F. moderieren: mäßigen, mildern, einschränken — das Moderato: mäßig bewegtes Tonstück — die Moderation: Mäßigung — der Moderateur (franz.): Lenker; Bewegungsregler (der Maschine)

modestia, ae f. (cf. modestus) **Mäßigung,** Besonnenheit; **Bescheidenheit,** Selbstbeherrschung; Fügsamkeit, Gehorsam, **Manneszucht,** Subordination; **Sittsamkeit,** Anstand, Ehrbarkeit; Zweckmäßigkeit, Zeitgemäßheit (philos.)

modestus 3 (cf. moderor) **gemäßigt,** besonnen; **bescheiden,** selbstbeherrscht; **fügsam,** gehorsam; **sittsam,** anständig, ehrbar

modicus 3 (cf. modus) **mäßig,** mittelmäßig; **passend,** angemessen; unbedeutend, klein, gering; **gemäßigt,** besonnen, ruhig, gelassen; anspruchslos, bescheiden

modi-fico (cf. modus und facio) gehörig abmessen

F. modifizieren: ändern, einschränken, näher bestimmen — die Modifizierung: nähere Bestimmung, Einschränkung

modius, ii m. (gen. plur. meist modiūm) (cf. modus) **Scheffel** (römisches Getreidemaß) = 8,75 l = 16 sextarii

modo (adv.) 1.) (zeitlich) **eben, soeben, eben erst, vor kurzem;** selten (von Vergangenheit und Zukunft); sogleich, gleich nachher; **modo . . . modo bald . . . bald** 2.) (modal.) **nur, auch nur** (cf. tantum modo); (bei comp.) **nur noch** z. B. modo magis nur noch mehr; (in Heischesätzen) **nur, doch nur** z. B. venias modo komm nur! komm doch nur; auch ohne praed. z. B. veni, modo cito (scil. venias) komm, aber schnell!; — (beim relat.) z. B. qui modo wer nur, wer überhaupt, soweit er nur; — **si modo** (mit ind.) **wenn überhaupt,** wenn anders; **modo ut** (mit coni.) **nur vorausgesetzt, daß;** modo ne nur vorausgesetzt, daß nicht; — (in übereinstimmenden Verbindungen) **non modo . . . sed** (verum) **etiam nicht nur . . . sondern auch; non modo . . . sed** (positiv) **nicht nur . . . nein sogar, nicht etwa bloß . . . sondern vielmehr; non modo . . . sed ne-quidem nicht etwa . . . sondern nicht einmal; non modo non . . . sed etiam** (potius) **nicht nur nicht . . . sondern sogar;** non modo non . . . sed ne-quidem nicht nur nicht . . . sondern nicht einmal; non modo non . . . sed e contrario nicht nur nicht . . . sondern im Gegenteil; — (ci.) **wenn nur, damit nur, wofern nur** (mit coni.) (cf. dummodo)

modulātor, ōris m. (cf. modulor) Tonsetzer, Musiker

modulātus 3 cf. modulor

modulor 1. (cf. modulus) nach dem Takte abmessen; taktmäßig singen, spielen; modulātus 3 taktmäßig, rhythmisch

F. modulieren: in andere Tonarten übergehen — die Modulation: Abmessung; Abwechslung, Tonfall; Übergang in eine andere Tonart; Stimmbeugung (mus.)

modulus, i m. (dem. von modus) Maß, Maßstab

F. der Modul (Model): Maßeinheit zur Bestimmung von Größenverhältnissen (in Baukunst und Anatomie)

modus, i m. (cf. meditor) **Maß, Maßstab; Zeitmaß, Takt,** Sangweise, Melodie; **Größe, Menge,** Umfang; m. lunae Mondphase; modus hastae Lanzenlänge; — **Ziel, Grenze;** modum facere ein Ziel setzen; extra (praeter, supra, ultra) modum ohne Maß und Ziel, übermäßig; sine modo maßlos; modum habere (adhibere) Maß halten; modum ponere Einhalt gebieten, ein Ende machen; — **Maßhalten, Mäßigung; Regel, Vorschrift;** in modum venti je nachdem der Wind geht; — **Art, Weise;** modo, in modum, ad modum (mit gen.) nach Art, wie z. B. servorum modo in sklavischer Art; maiorem in modum in höherem Grade, mehr; mirum in modum wunderbarerweise; hoc modo, in (ad) hunc modum auf diese Weise, folgendermaßen; quomodo wie; nullo modo keinesfalls, keineswegs; omni modo auf jede Art und Weise; eius modi solcherlei; cuiusque modi jederlei; quodam modo gewissermaßen

M. modus vivendi: verträgliches Nebeneinanderleben — modus procedendi: Art des Vorangehens, Geschäfts-, Prozeßordnung — modeln (L)

F. der Modus: Art und Weise; Aussageform (sprachl.) — modal: die Art und Weise angebend (sprachl.); durch die Verhältnisse bedingt; das Wie eines Seins, Tuns, Denkens betreffend — die Modalität: Art und Weise, Ausführungsweise — die Mode (franz.), das Modell (it.), modern, Modernität, modernisieren usw.

moecha, ae f. (griech. cf. moechus) Ehebrecherin

moechor 1. (cf. moechus) Ehebruch treiben

moechus, i m. (griech.) Ehebrecher

moenia, ium n. (cf. munio) **Ringmauern, Stadtmauern;** Festungswerke; Stadt; Haus, Palast

Moenus, i m. E. der Main

Moeris, idis f. E. der Mörissee in Mittelägypten

Moeris, is m. E. Mannesname

moerus = murus

Moesia, ae f. E. Landschaft in Nordthrazien (Serbien und Bulgarien); Moesi, ōrum m. die Möser; Moesiacus 3 mösisch

Mogontiacum, i n. E. Stadt an der Mündung des Mains in den Rhein (Mainz)

mola, ae f. (cf. molo) **Mühlstein; plur. Mühle;** — Schrot

M. Mühle, Mehl (urv.)

molāris, e (cf. mola) zur Mühle gehörig; lapis m. Mühlstein, großer Stein, Block

mōles, is f. **Masse, Last; Steindamm, Mole** (L); Felsriff, Felsstück, **Steinblock; massiver Bau, Riesenbau; Wogenmasse,** Sturmwoge; **Menschenmasse,** Heeresmasse; **Größe, Schwere, Wucht;** Anstrengung, **Mühe, Schwierigkeit;** tantae molis erat so schwer war es, so viel Mühe kostete es (mit inf.)

M. Mühe, mühen (urv.)

F. die Molekel (von molecula dem. von moles), das Molekül (franz.): kleinste Verbindung von Atomen — molekular: wie ein Molekel, auf den Molekel bezüglich, in Molekeln zerteilt, zu Molekeln verbunden

molestia, ae f. (cf. molestus) **Beschwerlichkeit,** Beschwerde, Mißbehagen, Verdruß, Ärger; molestiā affici sich ärgern; — das Gezwungene (im Ausdruck), Affektiertheit, Pedanterie

molestus 3 (cf. moles) **beschwerlich, lästig,** unangenehm, peinlich; verdrießlich; affektiert, gezwungen; — **moleste** (adv.) **ungern, mit Mißbehagen;** moleste ferre ungern ertragen, darunter leiden, unwillig sein, bedauern

F. molestieren: jemd. belästigen — die

Molesten: Unannehmlichkeiten, Belästigungen

molimentum, i n. (poet. molimen, inis n.) (cf. molior) **Anstrengung, Bemühung,** Gewalt; **Bau,** Bauwerk

mōlior 4. (cf. moles) 1.) (trans.) (eine Last) **in Bewegung setzen,** fortbewegen; ancoras m. Anker lichten; terram aratro m. umpflügen; fulmen m. schleudern; fidem m. den Kredit erschüttern; portas m. aufbrechen; — (Großes) **ins Werk setzen,** zustande bringen, erbauen, gründen; laborem m. mühevoll Arbeit leisten; viam (aditum) m. bahnen; fugam m. bewerkstelligen; erregen, verursachen; moram m. eine Verzögerung verursachen; — **unternehmen, beabsichtigen,** im Schilde führen, auf etwas hinarbeiten; bellum m. Krieg planen; multa m. allerhand im Schilde führen 2.) (intr.) **sich in Bewegung setzen, sich rühren,** geschäftig sein, **sich abmühen;** adversus fortunam m. gegen das Schicksal ankämpfen

molītio, ōnis f. (cf. molior) das Niederreißen; Zurüstung

molitor, ōris m. (cf. molior) Unternehmer, Verfertiger, Erbauer, Veranstalter

mollēsco 3. (cf. mollis) **weich werden;** verweichlichen; sanft werden

mollio 4. (cf. mollis) **weich machen,** erweichen, locker machen; — **mildern,** veredeln, mäßigen, besänftigen, beruhigen, zähmen; **weichlich machen,** verweichlichen

molli-pes, pedis (poet.) weich-, schleppfüßig

mollis, e **weich; geschmeidig,** biegsam, elastisch; **mürbe,** locker, zart; **sanft,** mild, lind, behaglich; sanft ansteigend; **gelind,** freundlich, gelassen, nachsichtig; leicht empfänglich, **nachgiebig; weichlich,** verzärtelt, verweichlicht, schwach, mutlos, feig; üppig, wollüstig

M. mollig (L)

F. das Moll: Tonart (mus.) — die Molluske: Weichtier

mollitia, ae und mollities, ēi f. (cf. mollis) **Weichheit;** Geschmeidigkeit, Zartheit, Sanftmut; — **Weichlichkeit,** Schwäche, Schlaffheit, Energiemangel; Üppigkeit, Wollust

mollitūdo, inis f. (cf. mollis) **Weichheit;** Empfindsamkeit

molo, ui, itus 3. (cf. mola) **mahlen**

M. malmen, mahlen, Mühle, Mehl (urv.)

Molo, ōnis m. E.; Apollonius Molo Rhetor, Lehrer Ciceros und Cäsars

Molorchus, i m. E. Winzer bei Nemea, der Herkules gastlich aufnahm

Molossi, ōrum m. E. Volk im Epirus; Molossis, idis f. Landschaft M.; Molossus, Molossicus 3 molossisch; subst. m. (scil. canis) molossischer Hund (verwandt zum Einfangen von Sklaven) *M.* der Molossus: ein Versmaß

mōly, yos n. (griech.) sagenhaftes Wunderkraut, Mittel gegen den Zauber der Circe

momentum, i n. (cf. moveo) **Bewegungsmittel,** Bewegungskraft; **Druck, Stoß,** Anstoß Ruck; **Kraftaufwand,** Nachhilfe; Bewegungsgrund, **Ursache, Antrieb;** Beförderungsmittel, Förderung; **Wichtigkeit, Bedeutung,** Wirkung, Einfluß; magni nomenti esse bedeutungsvoll sein; parvi momenti esse bedeutungslos sein; nullius momenti esse apud alqm bei jemd. keinen Einfluß haben; m. habere, afferre ad alqd für etwas bedeutungsvoll, entscheidend sein; — **Bewegung; Entscheidung,** Ausschlag; **Veränderung,** Wechsel; — **Zeitabschnitt,** Zeitraum; **kurzer Zeitabschnitt, Augenblick,** Moment; momento (temporis) im Augenblick, augenblicklich; m. occasionis günstiger Augenblick

F. der Moment: Augenblick — das Moment: ausschlaggebender Grund, springender Punkt — momentan: augenblicklich, vorübergehend

Mona, ae f. E. Insel zwischen England und Irland (Man)

Monaeses, is m. E. parthischer Feldherr

monēdula, ae f. Dohle

moneo, ui, itus 2. (cf. memini) **erinnern, mahnen;** ermahnen, ermuntern, warnen, vorhersagen; — monitum, i n. Ermahnung, Mahnung; Prophezeiung
F. monieren: mahnen, bemängeln — der Mentor (entstanden aus monitor): Erzieher, Hofmeister — das Monitum: Ermahnung, Rüge — das Monitorium: Erinnerungsschreiben — der Monitor: Aufseher; gepanzertes Flußkanonenboot

monēris, is f. (griech.) Einruderer

Monēta, ae f. E. 1.) Mutter der Musen (= Mnemosyne) 2.) Kultname der Juno als Vorsteherin der Münzstätte, die sich in ihrem Tempel auf dem Kapitol befand

monēta, ae f. **Münze** (L)
F. die Moneten: Geld

monile, is n. Halsband
M. Mähne (urv.)

monimentum = monumentum

monitio, ōnis f. (cf. moneo) **Ermahnung**

monitor, ōris m. (cf. moneo) Erinnerer, **Mahner,** Warner; Rechtskonsulent; Namenangeber (= nomenclator)

monitus, ūs m. (cf. moneo) **Erinnerung,** Ermahnung; meist **monitu auf die Mahnung**

Monoecus, i m. E. Kultname des Herkules; arx (portus) Monoeci Hafen an der ligurischen Küste (Monaco)

monogrammus 3 (griech.) skizziert, nicht ausgeführt
F. das Monogramm: Namenszug, Anfangsbuchstaben eines Namens

monopodium, ii n. (griech.) einfüßiges Tischchen

mons, ntis m. (cf. mentum, emineo) **Berg,** Gebirge; Fels; berghohe Masse
F. montan: Bergbau und Hüttenwesen betreffend

monstrābilis, e (cf. monstro) hervorragend, ausgezeichnet

monstrātor, ōris m. (cf. monstro) **Anweiser, Zeiger,** Führer, Unterweiser, Lehrer

monstrātus 3 cf. monstro

monstro 1. (cf. monstrum) **zeigen,** weisen; angeben, andeuten; unterweisen, lehren; monstrātus 3 sich auszeichnend, auffallend
M. Muster (L)
F. die Monstranz: Hostiengefäß, Allerheiligstes — remonstrieren: Einspruch erheben — die Remonstration: Gegenvorstellung, Einwendung

monstrōsus (monstruōsus) 3 (cf. monstrum) **ungeheuerlich;** wunderbar; seltsam, scheußlich

monstrum, i n. (cf. moneo) **Wahrzeichen, Wunderzeichen; Wunder, Ungeheuer,** Scheusal, Greuel; Ungeheuerlichkeit, unerhörte Tat
F. das Monstrum i. a. B., Mißgestalt — die Monstrosität: Unförmigkeit, Mißbildung — das Monster (engl.): Ungeheuer, das Unermeßliche

montānus 3 (cf. mons) **auf Bergen befindlich,** lebend; gebirgig; subst. m. Gebirgsbewohner; subst. n. plur. Gebirgsgegend; — Montānus, i m. Beiname; Curtius M. Günstling des Tiberius

monti-cola, ae m. (cf. mons und colo) Bergbewohner

monti-vagus 3 (cf. mons und vagor) durch die Berge schweifend

montōsus (montuōsus) 3 (cf. mons) gebirgig

monumentum, i n. (cf. moneo) **Erinnerungszeichen, Denkmal,** Andenken; Siegesdenkmal, Grabmal; plur. **Urkunden,** Akten; monumenta et litterae schriftliche Denkmäler
M. Exegi monumentum aere perennius: ein Denkmal habe ich errichtet, dauerhafter als Erz (Horaz)
F. das Monument i. a. B. — monumental: denkmalartig, gewaltig, großartig, für die Dauer bestimmt

Mopsopia, ae f. E. alter Name Attikas; Mopsopius 3 attisch

Mopsus, i m. E. 1.) Lapithe, Argonaut 2.) Kreter, Gründer des Orakels zu Kolophon

mora, ae f. (griech.) **Abteilung** der spartanischen Infanterie, Bataillon

mora, ae f. **Aufenthalt, Verzögerung;** nullā morā interpositā unverzüglich; moram habere Verzögerung erleiden; nulla mora est es kann sofort geschehen; haud mora, nec mora (scil. est) unverzüglich, sofort; nihil in mora habere, quominus nicht zögern, zu; **Rast; Zeitraum,** Zeit; **Hindernis,** Hemmnis

morālis, e (cf. mos) die Sitten betreffend, **moralisch**

morātor, ōris m. (cf. moror) **Zögerer, Nachzügler,** Marodeur (F); Verzögerer; (vor Gericht) Nebenkläger, Winkeladvokat

morātus 3 (cf. mos) **gesittet,** geartet; mit guter Charakterzeichnung z. B. fabula m.; — charaktervoll

morbus, i m. (cf. morior) **Krankheit;** morbo mori eines natürlichen Todes sterben; Morbi, ōrum m. Dämonen der Krankheit

F. morbid: kränklich, weich, zart — die Morbidität: Krankheitszustand, Häufigkeit von Erkrankungen — die Morbosität: Kränklichkeit, Siechtum

mordax, ācis (cf. mordeo) **beißend,** bissig; bitter, scharf

F. die Mordazität: Ätzkraft; Bissigkeit, beißende Schärfe

mordeo, momordi, morsus 2. **beißen,** nagen, stechen (von Insekten); etwas ergreifen, fassen; (von Flüssen) bespülen; verletzen, brennen; kränken, wehetun; durchhecheln

M. schmerzen (urv.)

mordicus adv. (cf. mordeo) **beißend, mit den Zähnen;** mit allen Kräften; m. tenere an etwas verbissen festhalten, sich in etwas verbeißen

morētum, i n. (cf. mortarium Mörser [L]) (im Mörser bereitetes) Gericht, ein Salat

moribundus 3 (cf. morior) **sterbend,** im Sterben liegend; sterblich

F. der Moribundus i. a. B.

mori-geror 1. (selten) (= morem gero) willfahren, zu Willen sein

Morini, ōrum m. E. belgischer Volksstamm an der Scheldeküste

mōrio, ōnis m. (griech.) Narr

morior, mortuus sum, moritūrus 3. **sterben;** absterben, verschwinden, vergehen; — mortuus 3 tot

M. Mord (urv.) — de mortuis nil nisi bene: von den Toten soll man nur Gutes reden — Ave Caesar, morituri te salutant: Heil dir, Cäsar, die Todgeweihten begrüßen dich (Gladiatorengruß)

F. moriente, morendo (it.): ersterbend, verschwindend (mus.)

moror 1. (cf. mora) 1.) (intr.) **sich aufhalten,** verweilen; zögern, säumen 2.) (trans.) **jemd. aufhalten,** verzögern, hindern; nihil moror alqm (als Richterausspruch) ich halte jemd. nicht weiter auf, ich habe nichts weiter gegen ihn; ich stehe nicht an, bin sofort bereit (mit inf. oder quominus); ich habe nichts dagegen (mit acc. c. inf.); ich mache mir nichts draus, kümmere mich nicht um, ich will von etwas nichts wissen; — fesseln, unterhalten

morōsitas, tātis f. (cf. morosus) **mürrisches Wesen,** Grämlichkeit, Eigensinn

morōsus 3 (cf. mos) **eigensinnig, mürrisch,** grämlich, pedantisch, wunderlich

Morpheus, ei und eos m. E. Traumgott

F. Morphium: Schlafmittel — der Morphinist: Morphiumsüchtiger — der Morphinismus: Morphiumsucht

mors, tis f. (cf. morior) **Tod;** plur. Todesfälle; Leiche; Mord, Mordblut; Mors f. die Todesgöttin

F. die Mortalität: Sterblichkeit — die Mortifikation: Tötung; das Absterben einzelner Teile; Tilgung (jur.) — mortifizieren: töten; aufheben, vernichten, für ungültig erklären (jur.) — amortisieren: für ungültig erklären; durch Abzahlung tilgen — die Amortisation: Ungültigkeitserklärung, ratenweise Schuldentilgung

morsus, ūs m. (cf. mordeo) das Beißen, **Biß;** das Sichverbeißen, zähes Festhalten; bissiger Angriff, Kränkung, Bitterkeit, Schmerz

mortālis, e (cf. mors) **sterblich;** subst. m. der Sterbliche, Mensch; vergänglich; menschlich, irdisch

mortālitas, tātis f. (cf. mortalis) **Sterblichkeit,** Vergänglichkeit; **Menschheit**

morti-fer 3 (cf. mors und fero) todbringend, tödlich

mortuus cf. morior

mōrum, i n. (griech.) **Maulbeere** (L), Brombeere

mōrus, i f. (cf. morum) **Maulbeerbaum**

mōs, mōris m. **Wille;** morem gerere willfahren, sich fügen; — **Gewohnheit, Brauch, Sitte,** Herkommen; in morem vertere (venire) zur Gewohnheit werden; supra morem ungewöhnlich; more, moribus nach der Sitte; — **Art und Weise;** more, in morem alcis nach Art jemds.; plur. **Sitten, Charakter;** — Gesetzvorschrift, Regel

M. o tempora, o mores! o Zeiten, o Sitten! (Cicero, Catilina I, 1) — ich will dich mores lehren (bek. Redensart) — Mut, Gemüt (urv.)

F. die Moral: Sittenlehre; sittliche Haltung; der ethische Gehalt (einer Fabel usw.) — moralisch: sittlich — moralisieren: Moral predigen, sittliche Betrachtungen anstellen — der Moralist: Sittenlehrer, Tugendprediger — demoralisieren: entsittlichen, des sittlichen Halts berauben, entmutigen — die Demoralisation: Entsittlichung, Sittenverderbnis, Entmutigung — der Immoralismus: Standpunkt „jenseits von Gut und Böse" — die Immoralität: Unsittlichkeit

Mosa, ae f. E. die Maas

Moschus, i m. E. Rhetor aus Pergamum

Mosella, ae f. E. die Mosel

Mostēna, ae und e, ēs f. E. Stadt in Lydien; Mostēni, ōrum m. Bewohner von M.

mōtio, ōnis f. (cf. moveo) **Bewegung;** Gemütsbewegung

mōto 1. (cf. moveo) hin und herbewegen

mōtus, ūs m. (cf. moveo) **Bewegung;** Körperbewegung: Geste, Tanz, Schwenkung; militärische Bewegung; — **geistige Bewegung:** Regsamkeit, Tätigkeit, Trieb, Antrieb; — **Gemütsbewegung:** Aufregung, Erregung, Leidenschaft, Unruhe; — **politische Bewegung:** Erhebung, Aufstand, Aufruhr, Unruhe, Umwälzung

moveo, mōvi, mōtus 2. **bewegen, in Bewegung setzen,** entfernen, fortbewegen; castra m. das Lager abbrechen, aufbrechen, vorrücken, weitermarschieren; signa m. zum Kampfe ausrücken; se movere, (selten) movere und moveri sich entfernen, abmarschieren; se loco m. die Stellung verlassen, aufgeben; — **vertreiben, verdrängen,** verstoßen; senatu, de senatu movere aus dem Senat stoßen; heredem m. einen Erben verdrängen; loco m. seiner Stelle entsetzen; de sententia m. von seiner Ansicht abbringen; herbeischaffen, herbeibringen; pecuniam m. Geld flüssig machen; — **hin und herbewegen, schütteln, rühren,** regen; omnes terras omnia maria m. Himmel und Erde in Bewegung setzen; se movere, moveri sich bewegen, sich rühren; — **erwägen,** bedenken; **einwirken,** Eindruck machen, **beeinflussen;** pass. sich beeinflussen lassen, sich kümmern; — jemd. erschrecken, ängstigen; **rühren,** erweichen; begeistern; **aufreizen,** aufbringen; aufregen, beunruhigen; anregen, antreiben, drängen, bestimmen; — **hervorbringen,** erzeugen, hervorrufen, anstiften; anfangen, beginnen, **ins Werk setzen,** in Gang bringen, anregen, zur Sprache bringen

F. movimento (it.): Zeitmaß, Bewegung (mus.) — movieren: bewegen — die Motion: Bewegung, geistige Anregung; Antrag (in einem Parlament); Geschlechtsbiegung (sprachl.) — das Motiv: Beweggrund des Handelns, Leitgedanke, Gegenstand, Vorwurf, künstlerisches Vorbild — motivieren: begründen — die Motivierung: Begründung — der Motor: Beweger, Triebkraft, Triebmaschine, Kraftmaschine — motorisch: bewegend — motorisieren: einen Motor einbauen — die Motorik: Bewegungslehre, Bewegungsart

mox adv. **bald;** (selten von Vergangenem) bald darauf

Moyses, is m. E. Moses

Mūcius 3 E. Name eines röm. plebejischen Geschlechtes 1.) C. Mucius Cordus Scaevola (Linkhand), bekannt durch seinen Mut gegen Porsena 2.) P. Mucius Scaevola Konsul 133 v. Chr., Freund der Gracchen 3.) Q. Mucius Scaevola Konsul 117 v. Chr., tüchtiger Jurist, Lehrer Ciceros 4.) Q. Mucius Scaevola Konsul 95 v. Chr., Pontifex maximus, gerechter Statthalter in Asien; ihm zu Ehren das Fest der Mūcia, ōrum n.; — Mūcius, Muciānus 3 des M.

mucro, ōnis m. **Spitze,** Schneide; **Schwert, Dolch**

mūginor 1. nachdenken, sinnen

mūgio 4. **brüllen;** dröhnen, krachen, donnern

M. muhen, mucksen, mucken (urv.)

mugītus, ūs m. (cf. mugio) **das Brüllen**

mūla, ae f. (cf. mulus) Mauleselin

mulceo, mulsi, mulsum 2. (cf. mulgeo) **streichen, streicheln,** sanft berühren, besänftigen, beruhigen, beschwichtigen, lindern; erfreuen, liebkosen

Mulciber, eri m. Beiname des Vulkanus; — Feuer

mulco 1. durchprügeln, mißhandeln, zerschlagen, übel zurichten

mulctra, ae f. und mulctrum, mulctrārium, i n. (cf. mulgeo) Melkkübel, Gelte

mulgeo, mulsi, mulctum 2. **melken** (urv.)

F. die Emulsion: künstlich hergestellte fetthaltige, milchige Flüssigkeit

muliebris, e (cf. mulier) **weiblich;** muliebria, ium n. weibliche Scham; muliebria pati sich als Weib gebrauchen lassen; — **weibisch**

mulier, eris f. **Weib, Ehefrau**

muliercula, ae f. (dem. von mulier) kleines, schwaches Weib; — Dirne

mulierōsitas, tātis f. (cf. mulierosus) Weibertollheit; mulierōsus 3 (cf. mulier) weibertoll

mulio, ōnis (cf. mulus) Maultiertreiber

muliōnius 3 (cf. mulio) zum Maultiertreiber gehörig

mullus, i m. (griech.) Meerbarbe, Rotbart (geschätzter Seefisch)

mulsum, i n. (scil. vinum) (cf. mel) Honigwein, Met

mulsus 3 süß, lieblich

multa, ae f. (cf. multo) **Strafe** (durch Abgabe von Vieh, Geld); **Geldbuße,** Strafsumme; Strafe, **Buße**

multaticius 3 (cf. multo) zur Geldstrafe gehörig, zur Geldbuße dienend

multātio, ōnis f. (cf. multo) **Bestrafung**

multi-cavus 3 löcherig

multi-fāriam adv. (cf. bifariam) an vielen Orten, Stellen

multi-fidus 3 (cf. findo) vielgespalten

multi-formis, e (cf. forma) vielgestaltig

multi-forus 3 (cf. foris) viellöcherig

multi-iugus 3 (cf. iugum) vielspännig; vielfältig

multi-modis (adv.) auf vielerlei Art

multi-plex, plicis (cf. plico) **vielfach gewunden; vielfältig, vielfach;** vielmals so groß, vielmal größer; subst. n. das Vielfache; — mannigfach, vielseitig; vieldeutig; unbeständig

multiplicābilis, e (cf. multiplico) vielfältig

multiplico 1. (cf. multiplex) **vervielfältigen,** vergrößern; pass. wachsen

F. multiplizieren i. a. B. — der Multiplikand: die zu vervielfältigende Zahl — der Multiplikator: die vervielfältigende Zahl — die multiple Sklerose: schwere Erkrankung des Zentralnervensystems

multitūdo, inis f. (cf. multus) **Menge; Menschenmenge,** gemeines Volk, Pöbel

multo 1. (cf. multa) **strafen, bestrafen**

multus 3 (comp. plūres, sup. plūrimus) **viel, zahlreich;** meist plur.; mit anderen adi. durch et, que verbunden z. B. multae et magnae urbes viele große Städte; multi die Menge, der große Haufen; multa, ōrum n. vieles, vielerlei; ne multa (multis) scil. dicam um es kurz zu sagen, kurz; — **groß, bedeutend;** (räumlich) **weit;** (zeitlich) **vorgerückt, spät** z. B. multa nox tiefe Nacht, multo die hoch am Tage, spät am Tage; ad multum diem bis weit in den Tag hinein, multo mane am frühen Morgen; — **weitläufig, ausführlich** z. B. multa orātio ausführliche Rede; — häufig, eifrig, emsig z. B. multa virtus oft bewährte Tapferkeit; **multum,** i n. **viel, ein großer Teil** z. B. multum viae ein großes Stück Weges, in (ad) multum diei bis hoch in den Tag hinein; multum posse (valere) viel vermögen, großen Einfluß haben; — abl. **multō um vieles, viel, weitaus;** besonders beim comp. z. B. multō maior viel größer; non multo post nicht lange nachher, non multo ante nicht lange vorher; seltener beim sup. z. B. multo maximus der bei weitem größte; — **multum** (poet. auch multa) adv. **viel, sehr, weit** z. B. multum confidere sehr vertrauen; non multum nicht sehr, nicht sonderlich, wenig; — oft, vielmals z. B. neque multum frumento vivunt multumque sunt in venationibus nähren sich nicht sehr ... und sind oft

M. multum, non multa: viel (d. h. gründlich), nicht vielerlei (der jüngere Plinius)

Mulucсha, ae m. E. Grenzfluß zwischen Numidien und Mauretanien

mūlus, i m. (griech.) **Maultier,** Maulesel (L)

F. der Mulus i. a. B., Abiturient, der noch nicht als Student aufgenommen wurde

Mulvius pons Brücke der via Flaminia über den Tiber (Ponte molle)

Mummius 3 E. Name eines röm. plebejischen Geschlechtes; L. Mummius Eroberer Korinths

Munātius 3 E. Name eines röm. plebejischen Geschlechtes; L. Munatius Plancus ein General Cäsars

Munda, ae f. E. Stadt in Spanien; dort Schlacht 45 v. Chr.

mundānus, i m. (cf. mundus) Weltbürger; adi. zur Welt gehörig

F. mundan: weltlich — intramundan: in der Welt befindlich, zur Welt gehörig

munditia, ae (nichtklass. **mundities,** ēi) f. (cf. mundus) **Sauberkeit; Zierlichkeit,** Feinheit, Eleganz; **eitler** Prunk, Eitelkeit

mundus 3 **schmuck, sauber,** zierlich, elegant

F. mundieren: reinigen, säubern, ins Reine schreiben — das Mundum: Reinschrift — emundieren: reinigen — die Emundation: Reinigung

mundus, i m. Putz, Schmuck; **Welt,** Weltordnung, Weltall; Erde; Himmel, Sternhimmel; Menschheit

F. mondän (franz.): weltgewandt

mūneror 1. (selten munero 1.) (cf. munus) **schenken, beschenken**

mūnia, ium n. (cf. munus) **Pflichten,** Berufsgeschäfte, Dienste, Leistungen

mūni-ceps, cipis m. und f. (cf. munia und capio) **Bürger, Bürgerin einer Landstadt;** Mitbürger, Landsmann, Landsmännin

mūnicipālis, e (cf. municipium) zu einem Munizipium gehörig; subst. m. Munizipalbürger, Kleinstädter

F. munizipal: städtisch

mūnicipium, ii n. (cf. municeps) **Munizipium, Freistadt** (deren Bürger das röm. Bürgerrecht und gleiche Pflichten hatten wie die röm. Bürger); **Bundesstadt; Landstadt**

F. das Munizipium i. a. B., Stadtgemeinde

munificentia, ae f. (cf. munificus) **Freigebigkeit,** Mildtätigkeit

F. die Munifizenz i. a. B.

muni-ficus 3 (cf. munus und facio), comp. munificentior, ius; sup. munificentissimus 3 **freigebig,** mildtätig

munimentum, i (poet. munimen, inis) n. (cf. munio) **Befestigung,** Bollwerk; **Schutz,** Stütze; munimento esse zur Deckung dienen, Schutz bieten

mūnio (arch. moenio) 4. (cf. moenia) **mauern,** Mauern bauen, Schanzen aufführen, Wege bauen; **etwas befestigen,** verschanzen; iter (viam) m. einen Weg bahnen; — **verwah-**

ren, **schützen,** sichern; contra, adversus alqd, a re vor, gegen etwas; urbs loci natura munita eine durch die natürliche Lage geschützte Stadt; munitus 3 befestigt; verwahrt, geschützt

munītio, ōnis f. (cf. munio) **Befestigung,** Mauerbau, Schanzarbeit; Gangbarmachung (des Weges); — plur. **Festungwerk, Schanzen,** Mauern, Verteidigungslinie

F. die Munition: Schießmittel der Feuerwaffen, Geschosse

munīto 1. (cf. munio) bahnen; viam sibi m. sich einen Weg bahnen

munītor, ōris m. (cf. munio) Befestiger, Erbauer; m. Troiae = Apollo; — Schanzarbeiter, Minierer (Mineur), Pionier

munītus cf. munio

mūnus, eris n. (cf. com-munis) **Leistung, Obliegenheit, Pflicht, Beruf, Amt, Dienst,** Posten; munera servorum Sklavendienste; m. militiae (militare) Kriegsdienst; munere fungi ein Amt bekleiden, seinen Posten ausfüllen, seinen Dienst verrichten, seine Pflicht tun; munere vacare vom Kriegsdienst befreit sein; m. alcis est es ist jemandes Aufgabe, Bestimmung (mit inf. oder ut); — **Leistung, Last, Abgabe;** m. alci imponere jemd. eine Leistung (Abgabe) auferlegen; — **Liebesdienst, Gefälligkeit;** munere mit Hilfe; — letzter Liebesdienst, Bestattung; — **Geschenk, Spende, Gabe;** muneri dare (mittere) zum Geschenk geben; — Opfergabe; Totenopfer; — Festspiel, Schauspiel (meist plur.); munera dare (edere) Festspiele geben; — für die Festspiele errichtete Gebäude, Prachtbau

munusculum, i n. (dem. von munus) kleines Geschenk, Angebinde

Munychia, ae f. E. Hafen von Athen; — Munychius 3 aus M.

muraena, ae f. **Muräne** (L), Seefisch

murālis, e (cf. murus) **zur Mauer gehörig;** falx m. Mauerhaken; pilum murale Mauerpile, durch eine Maschine geschleuderter Wurfspieß; corona m. Mauerkranz (Preis für den, der als erster die feindliche Mauer erstieg)

Murcia, ae f. Kultname der Venus; ad Murciae (scil. aedem) = ad Murciam

murēna = muraena

Murēna, ae m. E. Familie in der gens Licinia

mūrex, icis m. die eßbare Stachelschnecke; Purpurschnecke; Purpurfarbe; — Fußangel (mit Stacheln); Felsenriff

Murgantia, ae f. E. 1.) Stadt in Samnium 2.) Stadt in Sizilien; Murgantīnus adi. und subst. Bewohner v. M.

muria, ae f. Salzlake

F. das Muriat: saures Laugensalz — muriatisch: salzsauer, kochsalzhaltig

murīnus 3 (cf. mus) von Mäusen

murmillo cf. mirmillo

murmur, uris n. **das Murmeln** (L), Gemurmel; Getöse, Rauschen, Schall

murmuro 1. (cf. murmur) **murmeln** (L), murren (L), brummen, rauschen, tosen

murra (murrha, myrrha), ae f. (griech.) **Myrrhe** (L)

murreus 3 (cf. murra) myrrhenfarbig, gelblich, braun

murtētum, i n. (cf. murtus) **Myrtengebüsch,** Myrtenhain; — Murtēta, ōrum n. Myrtenwäldchen bei Bajä mit Schwefelbädern

murteus 3 (cf. murtus) von **Myrten;** myrtenfarbig

murtum, i n. (cf. murtus) Myrtenbeere

murtus, i und us, ūs f. (griech.) **Myrte** (L); Myrtenhain, -stab, -kranz

mūrus, i m. (arch. moerus) (cf. moenia) **Mauer** (L), Stadtmauer; — Erdwall, **Damm;** Schutzwehr, **Bollwerk**

M. intra muros: innerhalb der Mauern, in den vier Wänden, nicht für die Öffentlichkeit bestimmt

mūs, mūris m. und f. (gen. plur. murium) **Maus** (urv.); Mus Beiname in der gens Decia z. B. P. Decius Mus

Mūsa, ae f. (griech.) **Muse;** plur. Göttinnen des Gesanges, der Künste und Wissenschaften, neun an Zahl: Clio, Euterpe, Thalia, Melpomene, Terpsichore, Erato, Polyhymnia, Urania, Calliope; — Lied, Gesang, Poesie, Künste und Wissenschaften, Gelehrsamkeit
F. die Muse i. a. B. — musisch: die Musen betreffend — das Museum: (Musentempel): Kunsthalle, -sammlung

Musa, ae m. E. Antonius M. Leibarzt des Augustus, Erfinder der Kaltwasserkur

Musaeus, i m. E. mythischer Sänger, Schüler des Orpheus

musca, ae f. **Fliege;** — zudringlicher Mensch *M.* Mücke (urv.)

mus-cipula, ae f. und um, i n. (cf. mus und capio) Mausefalle

muscōsus 3 (cf. muscus) moosig

mūsculus, i m. (dem. von mus) **Mäuschen;** — **Minierhütte** (Schutzdach für Pioniere); — **Muskel** (L)

muscus, i m. **Moos** (urv.)

musica, ae und e, ēs f. und a, ōrum n. (griech.) **Musik** (L), Tonkunst; Musenkunst, Poesie, Kunst und Wissenschaft

mūsicus 3 (griech.) **musikalisch** (L); musicus, i m. Musiker (L), Tonkünstler

Musōnius Rufus, i m. E. stoischer Philosoph, Lehrer des Epiktet

mussito 1. (cf. musso) murmeln, leise reden

musso 1. (griech.) leise sprechen, vor sich hinmurmeln; — mit der Sprache nicht heraus wollen, sich bedenken

mustāceum, i n. (cf. mustum) Hochzeitskuchen (mit Most angemacht)

mustēla, ae f. Wiesel

musteus 3 (cf. mustum) mostähnlich

mustum, i n. **Most** (L); Weinlese

mustus 3 jung, neu

Musulāmii, ōrum m. E. numidischer Volksstamm

Muta, ae f. (cf. mutus) Nymphe, von Jupiter wegen ihrer Schwatzhaftigkeit stumm gemacht, = Lara

mutābilis, e (cf. muto) **veränderlich,** wandelbar, unbeständig, launisch

mutabilitas, tātis (cf. mutabilis) **Veränderlichkeit**

mutātio, ōnis f. (cf. muto) **Veränderung,** Wechsel; m. rerum, rei publicae Staatsumwälzung

mutilo 1. (cf. mutilus) **verstümmeln,** vermindern

mutilus 3 (griech.) **verstümmelt,** gestutzt

Mutina, ae f. E. Stadt an der via Aemilia (Modena); Mutinēnsis adi. und subst. Bewohner von M.

mutio 4. = muttio

mūto 1. (cf. moveo) **fortbewegen, entfernen;** se mutare und pass. sich entfernen; **wechseln, vertauschen;** patriam m. auswandern; principem m. den Herrn wechseln; sedem (locum, solum) m. anderswohin ziehen, in die Verbannung gehen; vestem m. sich umkleiden, Trauerkleider anlegen; — **eintauschen,** Tauschhandel treiben; merces m. verkaufen; magno mutari teuer sein; — **ändern, verändern;** iter m. einen anderen Weg einschlagen; vultum m. die Miene verziehen; nihil de victu m. nichts an seiner Lebensweise ändern; — pass. und (selten) act. **sich ändern;** annona nihil mutavit der Getreidepreis blieb gleich; — **verwandeln;** umstimmen; verbessern, verschlechtern
M. mutatis mutandis (abgek. m. m.): mit den nötigen Abänderungen — mausern (L) *F.* die Mutation: Stimmwechsel; Änderung bislang konstant gewesener erblicher Eigenschaften — mutieren: etwas verändern, Stimmbruch haben; sprunghafte Änderung im Erbgefüge erleiden — der Mutator: Stromwender (elektr.)

muttio 4. mucksen, leise reden

mutto, ōnis m. (poet.) das männliche Glied

mutuātio, ōnis f. (cf. mutuor) Anleihe

mutuo cf. mutuus

mūtuor 1. (cf. mutuus) **borgen,** leihen, entlehnen, nehmen

mūtus 3 **stumm**; still, lautlos
F. die Muta: Stummlaut, stummer Konsonant — der Mutismus, Mutazismus: Stummheit Geisteskranker (med.)

Mutusca, ae f. E. Stadt im Sabinerland (Trebula)

mūtuus 3 (cf. muto) **wechselseitig,** gegenseitig; **mutuum,** i n. **Gegenseitigkeit;** — **mutuo** adv. **wechselseitig,** vergeltungsweise; (selten) abwechselnd; — **geborgt, geliehen;** pecuniam mutuam alci dare jdm. Geld borgen, sumere ab alqo von jdm. borgen; mutuo adv. leihweise, auf Borg
F. mutual, mutuell: wechselseitig, gegenseitig

Mycale, ēs f. E. Vorgebirge in Jonien; Schlacht 479 v. Chr.

Mycēnae, ārum und (selten) a, ae f. E. Stadt in Argolis, Königssitz der Atriden; Mycenaeus, Mycenēnsis adi. und subst. Bewohner von M.; Mycēnis, idis f. Myzenerin, Iphigenie

Myconus, i f. E. Zykladeninsel

Mygdon, onis m. E. Phrygerkönig, Sohn des Akmon; Mygdones, um m. Phryger; Mygdonides, ae m. Nachkomme des M.; Mygdonis, idis f. Phrygerin; Mygdonius 3 phrygisch

Mylasa, ōrum n. E. Stadt in Karien; Mylasēnus, Mylasēnsis adi. u. subst. Bewohner von M.

Myndus, i f. E. Hafenstadt in Karien; Myndius adi. und subst. Bewohner von M.

Myonnēsus, i f. E. Vorgebirge und Stadt an der jonischen Küste, dort Schlacht 190 v. Chr.

myoparo, ōnis m. (griech.) Kaperschiff

myrica, ae und e, ēs f. (griech.) Tamariske (immergrüner Strauch)

Myrīna, ae f. E. Stadt in Mysien

Myrmidones, um m. E. achäischer Volksstamm

myrmillo = mirmillo

Myro, ōnis m. E. berühmter Erzgießer

myrrha = murra

Myrrha, ae f. E. Mutter des Adonis, in einen Myrrhenbaum verwandelt

myrrheus = murreus

myrtētum, myrteus = murtētum, murteus

Myrtilus, i m. E. Wagenlenker des Önomaus

Myrtos, i f. E. kleine Insel an der Südspitze Euböas; Myrtōum mare Ägäisches Meer südlich von M.

myrtum, myrtus = murtum, murtus

Mys, Myos, m. E. berühmter Erzgießer, Gehilfe des Phidias

Myscelus, i m. E. Gründer von Kroton

Mysia, ae f. E. Landschaft im Nordwesten Kleinasiens; Mysus, Mysius adi. und subst. Bewohner von M.

mystagōgus, i m. (griech.) Tempelführer, Fremdenführer

mystērium, ii n. (griech.) **Geheimnis;** plur. Geheimdienst, -kult, Mysterien; Geheimnisse, Geheimlehren, Geheimkünste
F. das Mysterium: Geheimnis, Geheimlehre — mysteriös: geheimnisvoll, dunkel — mystifizieren: foppen, täuschen — die Mystifikation: Täuschung

mystes, ae m. (griech.) Priester bei den Mysterien

mysticus 3 (griech.) zu den Mysterien gehörig, geheimnisvoll
F. mystisch: gemütstief, schwärmerisch, geheimnisvoll — die Mystik: gefühlsmäßige Auffassung der Religion — der Mystizismus: falsche Mystik, ungesunder Hang zum Geheimnisvollen, schwärmerisches Gotterleben — der Mystiker: der mit Mystik Begnadete

Mytilēnae, ārum und e, ēs f. E. Hauptstadt von Lesbos (Mytilini); Mytilenaeus, Mytilenēnsis adi. und subst. Bewohner von M.

mytilus, i m. (griech.) eßbare Miesmuschel

Myus, ūntis f. E. jonische Stadt in Karien

N

N. = Numerius (V)

Nabalia, ae f. E. der östliche Rheinarm

Nabataei, ōrum m. E. Volk in Arabien, südlich vom Toten Meer; Nabataeus 3 nabatäisch, arabisch

Nabis, idis m. (acc. im) E. Tyrann in Sparta

naenia = nenia

Naevius 3 E. Name eines röm. plebejischen Geschlechtes 1.) Cn. Naevius röm. Dramatiker und Epiker 2.) S. Naevius Anhänger Sullas; — Naevia porta Tor im alten Rom; — Naevianus 3 des N.

naevus, i m. **Muttermal**

Nahanarvali, ōrum m. Suebenstamm im heutigen Schlesien und Böhmen

Nāïas, adis und Nāis, idis f. Najade (F), Fluß-, Wassernymphe; Nymphe

nam (cf. enim) (ci.) **denn, nämlich** (in Prosa stets am Satzanfang); — (an Fragewörter angehängt) **denn, doch** z. B. quisnam wer denn?

Namnetes, um m. E. keltischer Volksstamm an der Loiremündung (um das heutige Nantes)

nam-que (ci.) = nam; meist vor Vokalen

nanciscor, nanctus und nactus sum 3. **zufällig bekommen, erreichen,** erlangen; **zufällig finden,** antreffen; spatium n. Zeit gewinnen
M. genug (urv.)

Nantuātes, ium m. E. keltischer Volksstamm südl. vom Genfer See

nanus, i m. (griech.) (poet.) Zwerg

Napaeae, ārum f. Talnymphen

Nar, Naris m. E. Nebenfluß des Tiber (Nera)

Narbo, ōnis m. E. Stadt am Busen von Lyon (Narbonne); Narbonēnsis adi. und subst. Bewohner von N.; cf. Gallia

narcissus, i m. (griech.) **Narzisse** (L)

Narcissus, i m. E. 1.) mythischer Jüngling, verschmähte die Liebe der Echo, in eine Narzisse verwandelt 2.) Günstling des Kaisers Claudius, stürzte Messalina

nardum, i n. und us, i f. (griech.) **Narde** (L), Nardenöl

nāris, is f. **Nasenloch; nāres,** ium **Nase** (urv.); feine Nase, Scharfsinn, Urteil *M.* Nüster (urv.)

Naristi, ōrum m. = Varisti

Narnia, ae f. E. Stadt in Umbrien (Narni); Narniēnsis adi. und subst. Bewohner von N.

narrābilis, e (cf. narro) **erzählbar**

narrātio, ōnis f. (cf. narro) **Erzählung;** Darstellung des Sachverhaltes (in der Rede)

narratiuncula, ae f. (dem. von narratio) kleine Erzählung

narrātor, ōris m. (cf. narro) **Erzähler**

narrātus, ūs m. = narratio

nārro 1. (cf. gnarus) **erzählen;** narrare asello fabellam surdo tauben Ohren predigen; — Nachricht bringen; bene. male n. gute, schlimme Nachricht bringen; — erwähnen, sagen, reden

nārus 3 = gnarus

Naryx, ycis f. E. lokrische Stadt in Mittelgriechenland; Narycius 3 lokrisch

Nasamōnes, um m. E. Volk an der großen Syrte; Nasamoniacus 3 nasamonisch

nāscor, nātus sum 3. (arch. gnāscor, gnātus sum, cf. gigno) **geboren werden,** entstammen; mit bloßem abl. oder mit ex, de, ab z. B. serva natus Sohn einer Sklavin; loco nobili, antiquo genere aus vornehmen, alten Hause, humili loco aus kleinen Verhältnissen; — entstehen, erwachsen, hervorgehen; wachsen, vorkommen, sich zeigen; — **nātus 3 geboren; geschaffen,** geeignet z. B. imperio n. zum Feldherrn, zum Herrscher ge-

schaffen; — von Natur beschaffen, geartet; pro re nata nach Beschaffenheit der Sache; — **alt** z. B. decem annos n. zehn Jahre alt; — subst. m. Sohn, f. Tochter, plur. m. Kinder; nati natōrum Kindeskinder
M. ante Christum natum (a. Chr. n.): vor Christi Geburt — post Christum natum (p. Chr. n.): nach Christi Geburt

Nasica, ae m. (cf. nasus) E. Beiname eines Zweiges der Scipionen 1.) P. Cornelius Scipio Nasica Konsul 191 v. Chr. 2.) P. Cornelius Scipio Nasica Corculum Konsul 155 v. Chr. 3.) P. Cornelius Scipio Nasica Serapio Konsul 138 v. Chr., Gegner des Tib. Gracchus

Nasidiēnus Rufus E. reicher, ungebildeter Emporkömmling zur Zeit des Horaz

Nasidius 3 E. Name eines röm. Geschlechtes

Nāso, ōnis m. E. (cf. nasus) Beiname z. B. P. Ovidius Naso, der bekannte lyrische Dichter

Nasos und us, i f. E. Name eines Stadtteiles von Syrakus

nassa, ae f. Fischreuse, Netz (urv.)

nasturcium, ii n. Kresse

nāsus, i m. **Nase** (urv.), feine Nase, Scharfsinn, Urteil; naso suspendere alqm über jemd. die Nase rümpfen
F. der Nasal, die Nasalis: Nasenlaut (sprachl.) — nasal: durch die Nase gesprochen, näselnd — nasalieren: durch die Nase aussprechen, näseln

nasūtus 3 (cf. nasus) großnasig; naseweis

natalicius 3 (cf. natalis) zum Geburtstag gehörig; natalicia, ae f. (cf. cena) Geburtstagsschmaus

natālis, e (cf. natus) **zur Geburt gehörig;** dies n. Geburtstag; — natālis, is m. Geburtstag, -ort, -gott; plur. Geburt, Familie, Stand, Herkunft; — natālibus restitui in sein Geburtsrecht wieder eingesetzt werden, freigelassen werden
M. Natalie (V)

natātio, ōnis f. (cf. nato) das Schwimmen; plur. Schwimmübungen

natātor, ōris m. (cf. nato) Schwimmer

nātio, ōnis f. (cf. nascor) **Geburt,** Abstammung; **Volksstamm,** Völkerschaft, Volk; Sippschaft, **Klasse, Art,** Gattung
F. die Nation i. a. B. — national: vaterländisch, völkisch — die Nationale: Standesliste, Angabe über die persönlichen Verhältnisse, Stammrolle — nationalisieren: einbürgern — der Nationalismus: Nationalgefühl; zu stark betontes Nationalbewußtsein — der Nationalist: betont völkisch Eingestellter — die Nationalität: Zugehörigkeit zu einer Nation — der Nationalsozialismus: die von Hitler geführte politische Bewegung — der Nationalsozialist: Anhänger dieser Bewegung — international: zwischenstaatlich, alle Völker betreffend — die Internationale: überstaatliche Verbindung: Kampflied der internationalen marxistischen Arbeiterbewegung — der Internationalismus: planmäßiges Streben, mit Gleichgesinnten anderer Nationen gemeinsame Angelegenheiten zu regeln — entnationalisieren: der Nationalität berauben

natis, is f. Hinterbacke; plur. Gesäß

nativus 3 (cf. natus) **geboren; angeboren,** natürlich
F. die Nativität: Stellung der Gestirne in der Geburtsstunde und die sich aus ihr ergebende Schicksalsdeutung

nato 1. (cf. no) **schwimmen,** durchschwimmen; überfließen, überströmen, wogen, voll sein; schwanken, unsicher sein

natrix, icis f. (gen. plur. um) Wasserschlange *M.* Natter (urv.)

natūra ae f. (cf. nascor) **Geburt;** Zeugungsorgan; — **Natur, natürliche Beschaffenheit,** natürliches Wesen; naturā von Natur, durch seine natürliche Beschaffenheit z. B. locus naturā munitus ein durch seine natürliche Lage befestigter Platz; — **Naturell,** Charakter, Sinnesart, Wesen; naturam expelles furca, tamen usque recurret „du magst die Natur mit der Mistgabel austreiben, sie wird doch immer wieder durchbrechen“ (Horaz); — **Naturordnung, Weltordnung;** contra (praeter) naturam gegen alle Ordnung, Regel

Natur; naturam vincere das Unmögliche möglich machen; — Schöpferkraft der Natur, **Naturkraft**; — **Weltall, Schöpfung**; — **Element, Grundstoff**, Urstoff; — Geschöpf, Kreatur; naturae rerum wirkliche Dinge, Sinnenwelt; — Organ (des Körpers)

M. in natura: leibhaftig — natura non facit saltum: die Natur macht keinen Sprung — Natur (L)

F. der Naturalismus: Naturglaube, der alles Sein und Geschehen allein auf die Natur zurückführt; Streben nach (übertriebener) Naturtreue in Literatur und Kunst — naturalisieren: einbürgern — denaturalisieren: das Bürgerrecht entziehen — denaturieren: seiner Natur berauben, ungenießbar machen

naturālis, e (cf. natura) **natürlich**; naturālia, ium n. natürliche Dinge; — **leiblich** z. B. filius; — **angeboren**; — die Natur betreffend; ius naturale Naturrecht

M. naturalia non sunt turpia: (ursprünglich) nichts Naturgewolltes ist für die Menschen schlimm; (später mit abgeändertem Sinn) nichts Naturgewolltes ist für Menschen schimpflich (sündig)

F. die Naturalien: Bodenerzeugnisse — natural: die Natur betreffend, auf die Naturalien bezüglich — das Naturell: Naturanlage, Eigenart

natus, ūs m. (cf. nascor) **Geburt, Alter; nur** abl. sing. **natu** z. B. magno natu alt, bejahrt; grandis natu bejahrt; maximus natu der älteste; minimus natu der jüngste; maiores natu ältere Leute

nauarchus, i m. (griech.) Kapitän

Naucrates, is m. E. Rhetor, Schüler des Isokrates

nau-fragium, ii n. (cf. navis und frango) **Schiffbruch**; naufragium facere. naufragio interire Schiffbruch leiden; — **Zusammenbruch**, Unglück, Niederlage; — plur. Schiffstrümmer, **Trümmer**, Überreste

naufragus 3 (cf. navis und frango) **schiffbrüchig**; — Schiffe zerschellend; — **ruiniert**, verarmt

Naupactus, i f. E. Hafenstadt am Korinthischen Busen (Lepanto); Naupactōus adi. und subst. Bewohner von N.

Nauplius, ii m. E. König von Euböa, Vater des Palamedes; Naupliades, ae m. Sohn des N., Palamedes

Nauportus, i f. E. Stadt in Pannonien (Ober- Laibach)

nausea, ae f. (griech.) **Seekrankheit**; Erbrechen. Übelkeit

nauseo 1. **seekrank sein**; sich erbrechen; sich ekeln

nauta, ae m. (cf. navis) **Seemann**, Schiffer. **Matrose**; Schiffsherr, Reeder; Fischer

nauticus 3 (griech.) **zum Seewesen gehörig, seemännisch**; castra nautica Hafenbefestigungen, Schiffslager; res nauticae Seewesen; clamor nauticus Geschrei der Seeleute; subst. m. Seemann, Matrose

F. die Nautik: Schiffahrtskunde, Seewesen — nautisch: das Seewesen betreffend — der Nautilus: Tintenschnecke — die Aeronautik: Luftfahrtslehre — der Aeronaut: Luftfahrer, -schiffer

Nava, ae m. E. Nahe, Nebenfluß des Rheins

navālis, e (cf. navis) **zu den Schiffen gehörig**, die Flotte betreffend; pugna n. Seeschlacht, bellum n. Seekrieg, corona n. Schiffskrone (Auszeichnung), socius n. Seemann, Matrose, Seesoldat (meist plur.); — navāle. is n. Hafen, Schiffswerft; navālia, ium n. Takelwerk; Werft, Dock

nāve cf. navus

navicula, ae f. (dem. von navis) Schifflein, **Boot**, Kahn

naviculārius 3 (cf. navicula) zum Schiffswesen gehörig; naviculāria, ae f. (scil. res) Frachtschiffahrt, Reederei; naviculārius, ii m. Frachtschiffer, Reeder

navi-fragus = naufragus

navigābilis, e (cf. navigo) **schiffbar**

navigātio, ōnis f. (cf. navigo) **Schiffahrt**, Seefahrt; -reise

F. die Navigation i. a. B., Schiffahrtskunde

navigium, ii n. (cf. navigo) **Schiff,** Fahrzeug zu Wasser

nāvigo 1. (cf. navis und ago) (intr.) **zu Schiffe fahren,** segeln, in See stechen; durchsegeln, befahren; durch Schiffahrt erwerben
M. navigare necesse est: Seefahrt tut not

nāvis, is f., abl. i und e **Schiff;** n. longa Kriegsschiff, n. oneraria Lastschiff, n. actuaria Schnellsegler, n. praetoria (ducis) Admiralschiff, n. tecta Schiff mit einem Verdeck, navem appellere landen, navem (in navem) conscendere an Bord gehen, navem deducere vom Stapel lassen, navem subducere an Land ziehen, navem solvere in See stechen; navibus atque quadrigis mit aller Macht *M.* die Naue, der Nachen (urv.)

nāvita, ae m. (arch. poet.) = nauta

nāvitas, tātis f. (cf. navus) Rührigkeit, Betriebsamkeit, Eifer

nāviter cf. navus

nāvo 1. (cf. navus) **eifrig betreiben;** rem publicam n. dem Staate eifrig dienen, operam n. die Arbeit eifrig betreiben, emsig arbeiten, sich erfolgreich bemühen, operam fortiter in acie n. tüchtig mitkämpfen, sich wacker halten

nāvus 3 (arch. gnāvus), adv. naviter und (selten) nave **rührig,** eifrig, emsig

Naxus und os, i f. E. die größte der Zykladen, berühmt durch Bacchus und Ariadne; Naxius 3 aus N.

nē (Versicherungspartikel) **fürwahr,** wahrhaftig z. B. ne tu du fürwahr

nē und ne (Negationspartikel) 1.) adv. **nicht** = non, nur arch.; — **nē . . . quidem nicht einmal; keineswegs, durchaus nicht** (der betonte Begriff wird zwischen ne und quidem eingeschoben z. B. ne templa quidem); — in Zusammensetzungen: ne — quiquam, ne — fas, ne — scio, nullus (= ne ullus), numquam (= ne umquam) u. ä. 2.) ci.; — in Heischesätzen (bei Befehlen, Bitten, Wünschen, Forderungen, Beteuerungen, imp., coni.) z. B. ne hoc dixeris! ne vivam! u. ä.; — konzessiv mit coni. = **gesetzt, daß nicht; zugegeben, daß nicht** z. B. ne sit fortissimus, fortis certe est; — als Finalpartikel mit coni. **damit nicht, (auf) daß nicht, um nicht** (bisweilen verstärkt ut ne) z. B. hostes orabant ne sub corona venirent; ne multa dicam, ne multa, ne multis um es kurz zu sagen, **kurz;** — nach Ausdrücken der Furcht ne = daß, ne non daß nicht z. B. metuo, ne frustra hoc feceris; vereor ne venire non possim; — nach den Verben des Verhütens, Sichhütens, Widerstrebens, Verhinderns, Verweigerns u. ä. = daß (oder Inf. mit zu) z. B. impedior ne plura dicam, caveo ne mentiar u. ä. 3.) enklitische Fragepartikel, an das betreffende Wort angehängt a) in einfachen Fragen: in direkten **etwa, wohl** z. B. totusne exercitus captus est?; bisweilen = nonne z. B. scisne? videtisne?; bisweilen = num z. B. audesne negare?; — bisweilen an fragende Partikel oder Pronomina angehängt z. B. numne, uterne; — scheinbar beim acc. c. inf. z. B. mene incepto desistere victum?; — alleinstehend z. B. egone? ich? doch ich nicht?; itane? so? so doch nicht? b) in indirekten Fragen = **ob (nicht), ob etwa (nicht), ob vielleicht (nicht)** z. B. quaero, salvusne sis c) in direkten und indirekten Doppelfragen: ne . . . an z. B. pacemne an arma fers?; scire volo, verumne an falsum sit; — nur ne z. B. scire volo verum falsumne sit; ist das zweite Glied in der Doppelfrage negativ, so steht necne z. B. incertum est, pater veniat necne
M. nein (urv.)

Neapolis, is f. (acc. im, abl. i) E. Neapel (Napoli); Neapolitānus

nebula, ae f. **Nebel** (urv.), **Dunst;** Wolke, Rauch

nebulo, ōnis m. (cf. nebula) **Windbeutel,** Taugenichts

nebulōsus 3 (cf. nebula) **nebelig,** trübe

nec = neque

nec-dum, neque-dum adv. **und noch nicht, noch nicht**

necessārio cf. necessarius

necessārius 3 (cf. necesse) **unvermeidlich,** unausweichlich, **notwendig,** nötig; necessāria, ōrum n. Lebensbedürfnisse; necessarium est (mit acc. c. inf., inf. [selten ut]) es ist notwendig, man muß; — **dringend,** zwingend; **nahestehend, befreundet, verwandt,** eng verbunden; necessarius, ii m. Verwandter, Freund; — necessāriō adv. notwendigerweise, notgedrungen

necesse (arch. necessum) (cf. ne und cedo) nur in Verbindung mit esse **notwendig sein, nötig sein, müssen** (nur mit neutr. pron. als subi. z. B. hoc necesse est) mit inf., acc. c. inf. oder dat. c. inf.; homini necesse est mori der Mensch muß sterben; mit coni. Heischesatz z. B. vituperetur necesse est er muß getadelt werden; — necesse habere (putare) nötig haben, müssen, für nötig halten

necessitas, tātis f. (cf. necesse) **Notwendigkeit,** Unvermeidlichkeit; suprema (ultima) n. der unvermeidliche Tod; n. naturae Naturnotwendigkeit; — **Notstand, Notlage;** suarum necessitatum causa um persönlicher Interessen willen; — **Zwang; Notdurft;** notwendige Bedürfnisse, Ausgaben; — verbindende Kraft; (selten) enge Verbindung

necessitūdo, inis f. (cf. necesse) Notlage, Not; — **enges Verhältnis, Verbindung; Freundschaft, Verwandtschaft;** necessitūdines, um f. freundschaftliche, geschäftliche Beziehungen; — Freunde, Verwandte

necessum cf. necesse

necne cf. nec

neco 1. (cf. nex) **gewaltsam töten, ermorden**

nec-opinans, antis (cf. opinor) **nicht vermutend,** ahnungslos

nec-opinātus 3 (cf. opinor) **unvermutet;** necopinātō (adv.) unvermuteterweise, wider Erwarten

nec-opinus 3 (cf. opinor) **unvermutet;** ahnungslos

Nectanabis, idis m. E. ägyptischer Königsname

nectar, aris n. (griech.) **Nektar** (F), Göttertrank

nectareus 3 (cf. nectar) nektarisch; aquae nectareae Tau

necto, nexi und nexui, nexus 3. **knüpfen,** verknüpfen, flechten, verflechten, binden; **fesseln,** verhaften, **in Schuldhaft geben;** — nexus, i m. der in Schuldhaft Befindliche, Schuldknecht; nexum, i n. Schuldverbindlichkeit, Eigentumsanspruch; — **anknüpfen,** verknüpfen, zusammenfügen; einfädeln, anzetteln

nē-cubi adv. damit nicht irgendwo

nē-cunde adv. damit nicht irgendwoher

nē-dum 1.) ci. mit coni. **geschweige denn, daß** 2.) adv. geschweige (denn): (nach Negation) **noch viel weniger;** (nach Affirmation) **noch viel mehr**

ne-fandus 3 (cf. for) **unsagbar, unsäglich; frevelhaft,** ruchlos

nefārius 3 (cf. nefas) **ruchlos,** verrucht; frevelhaft, gottlos, empörend; nefarius, ii m. Verbrecher, Frevler; nefarium, ii n. Frevel

ne-fas n. (indecl. nur nom. und acc. sing.) 1.) subst. **Unrecht, Frevel, Sünde;** fas et nefas Recht und Unrecht, Gutes und Böses; nefas dictu eine Sünde, es auszusprechen; als Ausruf nefas! entsetzlich! gräßlich!; — **Scheusal, Greuel,** ruchloser Mensch 2.) adi. **unstatthaft, unerlaubt, unrecht;** — **unmöglich,** versagt

M. per nefas: zu Unrecht

nefāstus 3 (cf. nefas) **unerlaubt, verboten, unheilig;** dies nefasti Sperrtage, an denen aus religiösen Gründen keine Gerichts- und Volksversammlungen abgehalten wurden; — **Unglück bringend,** unheilvoll; **sündhaft,** frevelhaft

negātio, ōnis f. (cf. nego) **Verneinung,** Leugnen
F. die Negation i. a. B.; Aufhebung, Verwerfung; Verneinungswort (sprachl.)

negito 1. (cf. nego) **beharrlich leugnen**

neglēctio, ōnis f. (cf. neglego) **Vernachlässigung**

neglēctus 3 cf. neglego

neglegens cf. neglego

neglegentia, ae f. (cf. neglego) **Nachlässigkeit;** Vernachlässigung; n. sui das Sichgehenlassen

neg-lego, lēxi, lēctus 3. **nicht beachten, vernachlässigen,** sich nicht kümmern; **nicht achten,** geringschätzen; übersehen, hingehen lassen, ungestraft lassen
M. negligente (it.): nachlässig, ohne Nachdruck (mus.)
F. negligieren (franz.): vernachlässigen — negligeant (franz.): nachlässig, liederlich — das Negligé: Morgen-, Hauskleid — die Neglektion: Vernachlässigung, Versäumnis

nego 1. (cf. nec) (intr.) **nein sagen,** (trans.) **verneinen, leugnen, in Abrede stellen, sagen, daß nicht;** non n. ich gestehe zu, ich gebe gern zu; — abschlagen, verweigern, versagen
F. negieren: verneinen, bestreiten — die Negierung: Verneinung, Bestreitung — die Negative: Verneinung — negativ: verneinend — das Negativ: Umkehrung ins Gegenteil, Gegenbild — der Renegat: Verleugner (der politischen oder religiösen Anschauung), Abtrünniger

negotiālis, e (cf. negotium) **geschäftlich**

negotiātio, ōnis f. (cf. negotior) Großhandel, Bankgeschäft

negotiātor, ōris m. (cf negotior) **Großhändler,** Kaufherr, Bankier

negōtior 1. (cf. negotium) **Handelsgeschäfte treiben,** Geldgeschäfte treiben; handeln, Handel treiben

negotiōsus 3 (cf. negotium) **geschäftstätig,** geschäftig; dies n. Werktag; — subst. m. Geschäftsmann

neg-ōtium, ii n. (nec und otium = Unmuße) **Beschäftigung, Arbeit, Tätigkeit;** nihil negotii habere Ruhe haben, nihil est negotii es macht keine Arbeit, es ist leicht; — **Geschäft,** Auftrag, Unternehmen; — **schwieriges** Geschäft, **Schwierigkeit,** Mühe; n. alci facessere (exhibere, facere) jemd. Schwierigkeiten machen, Verlegenheit bereiten; magno negotio mit großer Schwierigkeit, nullo (sine) negotio ohne Mühe; — **Geschäfte:** Staatsgeschäfte, kriegerische Aufgaben, Handelsgeschäfte; häusliche Geschäfte, Hauswesen, allgemeine Verhältnisse, Umstände, äußere Lage; — Sache, Ding, Wesen

Nēleus, ei m. E. Sohn Neptuns, Vater Nestors, Gründer von Pylus; Nelēus und Nelēïus des N.; Nelides, ae m. des Neleus Sohn, Nestor

Nemea, ae f. E. 1.) Waldtal in Argolis, wo die Nemea, ōrum n. nemeischen Spiele gefeiert wurden; — Nemeaeus 3 nemeisch 2.) Grenzfluß zwischen Korinth und Sicyon

Nemesis, is und eos f. Göttin der Vergeltung; Mädchenname
M. die Nemesis i. a. B., Vergeltung

Nemetes, um m. E. germanischer Volksstamm in der Gegend von Speyer

nēmo (aus ne und homo kein Mensch; gen. nullius, dat. nēmini, acc. nēminem, abl. nullo, nulla) **niemand, keiner;** subst. nemo omnium, nemo nostrum, nemo ex tanto numero; — non nemo mancher; nemo non jeder

nemorālis, e (cf. nemus) zum Hain gehörig, waldig

nemori-cultrix, icis f. (cf. nemus und cultrix) Waldbewohnerin

nemori-vagus 3 (cf. nemus und vagor) im Walde umherschweifend

nemorōsus 3 (cf. nemus) waldreich; baumreich, schattig

nempe adv. (aus nam-pe) **allerdings, natürlich,** sicherlich, offenbar; **freilich, nun ja,** kein Wunder (oft ironisch)

nemus, oris n. (griech.) Wald, **Hain;**

heiliger Hain; — Baum-, Weinpflanzung

nēnia, ae f. (griech.) **Leichengesang,** Trauerlied, Totenlied, Klagelied; Zauberlied; Volkslied, Schlummerlied

F. die Nenie i. a. B., Göttin der Klage

neo, nēvi, nētus 2. **spinnen, weben**

M. nähen (urv.)

Neocles, is m. E. 1.) Vater des Themistokles; Neoclīdes, ae m. Themistokles 2.) Vater des Epikur

Neontichos, ūs n. fester Platz in Thrazien

Neoptolemus, i m. E. Sohn des Achilles

neoterici, ōrum m. (griech.) die neueren Schriftsteller

nepa, ae f. Skorpion, auch Gestirn

Nepete, is n. E. Stadt in Südetrurien; Nepesinus adi. und subst. Bewohner von N.

Nephele, ēs f. E. Mutter des Phrixus und der Helle; Nepheleis, idis und idos f. Helle

nepos, ōtis m. **Enkel;** Nachkomme; — (später) Neffe; — Verschwender

M. Neffe, Nichte (urv.)

F. der Nepote: Neffe, Verwandter — der Nepotismus: Verwandtenbevorzugung

Nepos, ōtis m. Beiname der gens Cornelia: Cornelius Nepos Historiker, Freund Ciceros und Katos

neptis, is f. (acc. im und em, abl. i und e, cf. nepos) **Enkelin**

Neptunus, i m. Meergott, Bruder Jupiters: Neptūnius 3 de N.; moenia Neptunia = Troja (von N. befestigt); Heros N. = Theseus (als Nachkomme Neptuns); — Neptunīne, ēs f. Tochter Neptuns, Thetis

F. das Neptunium: chem. Element

ne-quam indecl. — comp. nequior, sup. nequissimus adv. nequiter **nichtsnutzig, nichtswürdig, liederlich**

ne-quāquam adv. (cf. quisquam) **auf keine Weise, keineswegs,** durchaus nicht, ganz und gar nicht

ne-que, nec und nicht, auch nicht; neque quisquam, neque ullus und niemand, und kein; neque umquam und niemals; neque usquam und nirgends; — arch. nicht; — **aber nicht, jedoch nicht;** — **neque vero aber nicht, neque enim denn nicht, neque tamen dennoch nicht, neque etiam und sogar nicht,** und noch nicht einmal; — necne (in Fragen) cf. ne; — **nec ... non und gewiß auch, und in der Tat; neque enim non denn wirklich,** denn jedenfalls; **nec vero non und wirklich, nec tamen non dennoch aber;** — **neque aut ... aut, neque vel ... vel und weder ... noch;** — **neque ... neque, nec ... nec weder ... noch,** wie nicht .... so auch nicht, so wenig ... ebensowenig; — **neque ... et** (oder que) **einerseits** nicht ... **anderseits** (aber), nicht ... sondern vielmehr, zwar nicht ... aber; **et ... neque einerseits ... andrerseits nicht,** zwar ... aber nicht

neque-dum cf. necdum

ne-queo, ii und īvi, itum 4. (wird wie eo konjugiert z. B. nequeunt, nequeant, nequierunt, nequiisse, nequisse, nequisti; statt nequeo **auch** non queo) **nicht können, nicht vermögen**

ne-quiquam (selten nequicquam, nequidquam) adv. **auf keinerlei Weise, vergeblich,** ohne Erfolg; zwecklos, unnötig

nēquiter cf. nequam

nequitia, ae und nequities, ēi f. (cf. nequam) **Nichtsnutzigkeit,** Nichtswürdigkeit; Fahrlässigkeit, Leichtsinn, **Liederlichkeit**

Nerētum, i n. E. Stadt im südwestlichen Kalabrien

Nēreus, ei und eos (acc. ea, voc. eu) m. E. göttlicher Meergreis; seine 50 Töchter die Nereïden; Nereis, idos, Nereīne, ēs f. Nereïde, Meernymphe; Nereius 3 des Nereus

Nēritos und us, i f. E. Insel in der Nähe von Ithaka; Neritius 3 von Ithaka; subst. m. = Odysseus

Nerius, ii m. E. Wucherer zur Zeit des Horaz

Nero, ōnis m. E. Beinamen in der gens Claudia 1.) C. Claudius Nero Konsul 207 v. Chr., Sieger über Hasdrubal 2.) Ti. Claudius Nero Anhänger des Antonius, Gemahl der Livia (der späteren Gattin des Octavianus), von der er zwei Söhne, Tiberius Nero und Drusus Nero, hatte 3.) Ti. Claudius Nero, der berüchtigte Kaiser; Neroniānus, Neronēus, Nerōnius 3 des N.

Nersae, ārum f. E. Stadt der Äquer in Latium

Nerthus, i f. E. germanische Göttin (Freyja)

Nerulum, i n. E. Stadt in Lukanien

Nerva, ae m. E. Beinamen in der gens Cocceia und Silia; Cocceius Nerva römischer Kaiser

Nervii, ōrum m. E. germanischer Volksstamm zwischen Schelde und Sambre; Nervicus 3 nervisch

nervōsus 3 (cf. nervus) **sehnig,** muskulös; **kraftvoll,** kernhaft, nachdrücklich

nervulus, i m. (dem. von nervus) geringe Kraft

nervus, i m. (cf. neo) **Sehne,** Flechse, Muskel; Bogensehne; Saite; Fessel, Bande, Gefängnis; **Kraft, Stärke,** Nachdruck, Energie, Schwung; opes ac nervi Mittel und Macht; — Spannkraft, Triebfeder, Lebenskraft

M. der Nerv (L) — Nervus rerum: Haupttriebfeder; Geld

F. die Nervosität: Nervenschwäche, Erregbarkeit — nervös: reizbar, gereizt — die Innervation: Nervenversorgung, Nervenspannung (med.) — die Enervation: Entkräftung (med.)

Nesactium, ii n. E. Stadt in Istrien

ne-scio 4. (perf. auch nescii) 1.) **nicht wissen, nicht kennen; nescio an** ich weiß nicht, ob nicht; **vielleicht;** — nescio quis irgend jemand; nescio qui irgendeiner; nescio quid irgend etwas; nescio quando irgendwann; nescio quomodo (quo pacto, casu) unbegreiflich, irgendwie, sonderbarerweise, leider; — 2.) **nicht verstehen, nicht können,** nicht vermögen

ne-scius 3 (cf. inscius) 1.) (act.) **unwissend,** ohne zu wissen, unkundig; non sum nescius ich weiß wohl; — nicht imstande, unvermögend, unfähig 2.) (pass.) **unbekannt,** unbemerkt; non nescium habere recht wohl wissen

Nēsis, idis f. E. kleine Insel bei Bajä

Nessus, i m. E. 1.) Zentaur, von Herkules getötet; Nessēus 3 des N. 2.) (auch Nestus) Fluß in Thrazien

Nestor, oris m. E. König von Pylus, der weise Greis von Troja

Netum, i n. E. Stadt südwestlich von Syrakus; Netīnus, Netinēnsis adi. u. subst. Bewohner von N.

neu = neve

neuter, tra, trum (aus ne-uter) **keiner von zweien;** in neutram patrem nach keiner von beiden Seiten; neutri keine von beiden Parteien; — **gleichgültig;** — **sächlich,** sächlichen Geschlechts

F. das Neutrum: Wort sächlichen Geschlechts, sächliches Geschlecht (sprachl.) — das Neutron: Elementarteilchen mit der Kernladung o — neutral: sächlich (sprachl.); parteilos; weder positiv noch negativ elektr. geladen; weder sauer noch basisch reagierend (chem.) — neutralisieren: unwirksam machen, ausgleichen; für neutral erklären — die Neutralität: die parteilose Haltung

ne-utiquam adv. **keineswegs,** durchaus nicht

neutrō adv. (cf. neuter) nach keiner von beiden Seiten

nē-ve und **neu** (zur Fortsetzung der Verneinung in Absichts- und Heischesätzen) **und nicht, oder nicht,** noch, oder z. B. moneo ut discas neve ludas; — **neu ... neu damit (daß) weder ... noch;** und daß weder ... noch; weder ... noch

nex, necis f. (cf. neco) **gewaltsamer Tod, Mord,** Hinrichtung; potestas vitae necisque Gewalt über Leben und Tod; necem sibi consciscere Selbstmord verüben

nexilis, e (cf. necto) zusammengeknüpft, verschlungen

nexum, i n. cf. necto

nexus, ūs m. (cf. necto) **Verknüpfung,** Verschlingung; **Verwickelung;** — **Schuldverpflichtung,** Schuldhörigkeit, Schuldknechtschaft

nī (nei) 1.) = ne; quidni wie nicht? warum nicht?; daß nicht = ne 2.) wenn nicht (= si, non, nisi); besonders bei Wetten, Beteuerungen z. B. moriar, ni ita est

Nicaea, ae f. E. 1.) Stadt in Bithynien (Isnik) 2.) Stadt in Lokris 3.) Stadt in Indien 4.) Stadt in Ligurien (Nizza); — Nicaeēnsis adi. u. subst. Bewohner von N.

nicaeus, i m. (griech.) Sieg verleihend; Beiname des Jupiter

Nicander, dri m. E. Arzt, Dichter und Grammatiker

Nicānor, oris m. E. 1.) Sohn des Parmenio, Feldherr Alexanders d. Gr. 2.) Admiral Alexanders d. Gr.

nicātor, oris m. (griech.) Sieger

Nīcias und a, ae m. E. athenischer Feldherr

Nicomēdes, is m. E. bithynischer Königsname

Nicomēdia, ae f. E. Hauptstadt von Bithynien; Nicomedēnsis adi. und subst. Bewohner von N.

Nicopolis, is f. E. 1.) Stadt bei Actium, nach dem dortigen Siege gegründet 2.) Stadt in Armenien

nidor, ōris m. **Opferdampf,** Fettdampf, Brodem; — Qualm, Gestank

nidulus, i m. (dem. von nidus) Nestchen

nidus, i m. **Nest** (urv.); **Wohnsitz,** Ursprung; — die Jungen im Neste, Brut

niger, gra, grum **schwarz,** dunkel; verdunkelnd; — unheilvoll, schrecklich; — boshaft

M. Neger (L)

F. negroid: negerartig — der Negrophil: Negerfreund

Nigidius 3 Name eines römischen Geschlechts; cf. Figulus

nigrēsco 3. (cf. nigro) **schwarz werden**

nigro 1. (cf. niger) schwärzen; nigrans, ntis schwarz

nihil und (meist poet.) nil (aus nehilum) **nichts** (nur nom. und acc.) nihil pecuniae kein Geld, nihil novi nichts Neues; non nihil manches; einiges, etwas; nihil non alles; nihil nisi nichts als, nur; nihil aliud nisi (quam) nichts anderes als, nur, lediglich, bloß; — nihil agere nichts ausrichten; nihil quicquam gar nichts; nihil ad me pertinet (attinet) geht mich nichts an; nihil est, quod (cur) es ist kein Grund vorhanden, weshalb; nihil minus (als Antwort) durchaus nicht; — adv. **in nichts, in keiner Hinsicht, durchaus nicht;** nonnihil einigermaßen

nihil-dum adv. noch nichts

nihilo-minus adv. cf. nihilum

nihilum (nilum) n. (selten) das Nichts; **nihilō** beim comp. **um nichts;** nihilo maior um nichts größer; nihilo minus (setius) nichts desto weniger, trotzdem, dessen ungeachtet; — **pro nihilo** für nichts z. B. pro nihilo putare, habere, ducere geringschätzen, geringachten; pro nihilo esse für nichts gelten; — **de nihilo** aus nichts, ohne Grund, grundlos; — **nihili** gen. pretii z. B. nihili facere, putare geringachten; nihili esse nichts gelten

M. nihil obstat: es steht nichts im Wege

F. der Nihilismus: Standpunkt der radikalen Verneinung — der Nihilist: Anhänger des N. — nihilistisch: radikal verneinend, umstürzlerisch — annihilieren: vernichten, für ungültig erklären — die Annihilation: Ungültigkeitserklärung

nil = nihil

Nileus, i m. (Nilsohn) Ägypter

Nili-gena, ae m. (cf. Nilus und gigno) am Nil geboren

Nilus, i m. E. der Nil; Flußgott Nil; Niliacus 3 ägyptisch

nimbi-fer 3 (cf. nimbus und fero) sturmbringend

nimbōsus 3 (cf. nimbus) **wolkig**; regenbringend, stürmisch

nimbus, i m. (aus nebula und imber) **Wolke,** Gewölk, Sturmwolke, Regenwolke, Platzregen, Unwetter; — große Menge, dichte Schar

F. der Nimbus i. a. B., Strahlenkranz, Heiligenschein; Zauber, Blendwerk

nimiopere, nimio opere adv. zu sehr

ni-mirum adv. (nicht wunderbar) **unstreitig, allerdings,** freilich, ohne Zweifel; **natürlich,** selbstverständlich (oft ironisch)

nimis adv. zu sehr, **allzu sehr,** gar sehr, überaus

M. ne quid nimis: nichts zuviel = halte Maß

nimius 3 (cf. nimis) **zu groß,** zu viel, sehr groß, außerordentlich, maßlos; — nimium, ii n. das Zuviel; nimio beim comp. = multo bei weitem

M. nimia fiducia calamitati solet esse: allzugroßes Vertrauen bringt gewöhnlich Unglück

ningit und ninguit, ninxit 3. (cf. nix) **es schneit**

Ninnius, ii m. E. L. Ninnius Quadratus Volkstribun, Freund Ciceros

Ninus und os, i E. 1.) f. Hauptstadt stadt von Assyrien, Ninive 2.) m. Gründer des assyrischen Reiches

Nioba, ae und e, ēs f. E. Niobe, Tochter des Tantalus, in Stein verwandelt; Niobeus 3 der N.

Niphātes, ae m. E. Gebirge in Armenien

Nireus, ei und eos m. E. griechischer Held vor Troja

ni-si (aus ne-si) ci. **wenn nicht, wofern nicht** (den ganzen Gedanken verneinend); — (nach Negationen) **außer, als** z. B. nulla re nisi virtute vinces; **non ... nisi, nisi ... non** = **nur, bloß** z. B. amicitia esse non potest nisi inter bonos; **nisi si außer wenn,** es müßte denn sein, daß; **nisi quod außer daß,** nur daß; **nisi vero, nisi forte es müßte denn sein, daß**

Nisus, i m. E. König von Megara; Nisēïus, Nisaeus 3 von N. stammend; Nisēis, idis und Nisias, adis f. Tochter des N., Scylla

nīsus, ūs m. (cf. nitor) das Anstemmen, **Anstrengung;** Schwung; Geburtswehen

nitēdula, ae f. Haselmaus

nitens cf. niteo

niteo, ui 2. **fett sein,** wohlgenährt sein; reichlich vorhanden sein; — **glänzen,** schimmern, prangen, stattlich aussehen; **nitens,** ntis = nitidus

nitēsco, tui 3. fett werden, **erglänzen**

nitidus 3 (cf. niteo) **fett,** wohlgenährt; **glatt, glänzend;** prangend, stattlich, schön; sauber, geschmackvoll, fein

M. nett (L)

Nitiobroges, um m. E. keltischer Volksstamm in Aquitanien

nitor, ōris m. (cf. niteo) Glätte, **Glanz;** Schönheit; Reiz, Nettigkeit

nītor, nixus und nisus sum 3. sich stemmen, **sich stützen,** (auf etwas re und in re); **sich aufrichten,** sich erheben; **Fuß fassen,** sich halten (beim Kampfe); **emporklimmen,** klettern; emporstreben, **nach etwas trachten** (nach etwas ad [in] alqd); — in Wehen liegen, kreißen; — sich eifrig bemühen, **sich anstrengen;** sich auf etwas verlassen, **auf etwas beruhen** in alqo, in alqua re

nitrum, i n. (griech.) **Natron** (L), Soda

nivālis, e (cf. nix) **schneeig;** schneereich, beschneit; schneeweiß

ni-ve ci. oder wenn nicht

niveus 3 (cf. nix) **aus Schnee bestehend;** schneeweiß

nivōsus 3 (cf. nix) **schneereich**

nix, nivis f. (cf. ningit) **Schnee** (urv.); Kälte; plur. Schneeflocken, -gestöber, -massen; — nives capitis schneeweißes Haar

Nixi, ōrum m. (cf. nitor 3.) E. drei Geburtsgottheiten; ihre Bilder auf dem Kapitol

nixor 1. (cf. nitor 3.) sich wiederholt stemmen, sich stützen

nixus, us m. = nisus

no 1. **schwimmen;** hin und herwogen

nōbilis, e (cf. nosco) **kenntlich, bekannt; berühmt,** gefeiert, angesehen; — **berüchtigt,** verrufen; — **edel, adlig,** aristokratisch; subst. m. Adliger; — **vortrefflich**

M. nobile officium: eine Pflicht der Vornehmen

F. nobel: berühmt, edel, vornehm, freigebig, kostspielig — Nobel: Löwe in der Tierfabel

nobilitas, tātis f. (cf. nobilis) **Berühmtheit; Adel,** Aristokratie, die Adligen; **Edelsinn;** Vortrefflichkeit

F. die Nobilität i. a. B.

nobilito 1. (cf. nobilis) **bekannt machen;** berühmt, berüchtigt machen

F. nobilitieren: adeln

nocens cf. noceo

noceo, cui, citum 2. (cf. neco) **schaden, schädigen** (mit dat.); noxam n. Schaden tun, eine böse Tat begehen; **hinderlich sein,** im Wege stehen; **nocens,** ntis **schädlich; schuldig,** ruchlos

nocivus 3 (cf. noceo) schädlich

Nocti-fer, feri m. E. (cf. nox und fero) Abendstern

nocti-lūca, ae f. (cf. nox und luceo) (Nachtleuchte) Mond

nocti-vagus 3 nachts umherschweifend

noctu adv. (cf. nox) **nachts**

noctua, ae f. (cf. nox) Nachteule, Käuzchen

noctuabundus 3 (cf. nox) bei Nacht reisend

nocturnus 3 (cf. nox) **nächtlich,** bei Nacht *M.* nüchtern (L)

F. das Notturno (it.): Nachtmusik — das Nocturnum: nächtlicher Klostergesang

Nodinus, i m. E. kleiner Fluß bei Rom

nōdo 1. (cf. nodus) **knoten,** verknoten

nodōsus 3 (cf. nodus) **knotig,** voller Knoten; kniffig, gerissen

nōdus, i m. **Knoten; Knöchel, Gelenk;** Knorren, Wulst, Knospe; — **Band,** Verbindung, Verbindlichkeit, Fessel, Verpflichtung; — **Verwicklung,** Schwierigkeit, Hemmnis; dramatische Verwicklung

M. Nudel (L) (aus nodula dem. von nodus) — Nestel (urv.)

F. das Internodium: Gelenk-, Knotenabstand (bot.)

noenum cf. non

Nola, ae f. E. Stadt in Kampanien; Nolānus adi. und subst. Bewohner von N.

nōlo, nolui, nolle (aus ne-volo) **nicht wollen,** nicht wünschen; — imp. noli und nolite mit inf. als Umschreibung des negierten imp. z. B. noli orare

M. nolens volens: wollend oder nicht wollend, gezwungen, wohl oder übel — das Nolimetangere: „rühr mich nicht an"; Springkraut, Mimose; etwas Unberührbares — noli turbare circulos meos: störe mir meine Kreise nicht (Archimedes)

Nomas, adis m. und f. (griech.) **Nomade** (L); Nomades, um m. Nomaden, wandernde Hirtenvölker, besonders Numidier

nōmen, inis n. **Name** (urv.), Benennung; nomine dem Namen nach, namens; nomen (nomina) dare, profiteri, edere sich freiwillig melden, sich einschreiben lassen (zum Kriegsdienst); ad nomina non respondere dem Aufruf keine Folge leisten; nomen accipere (in die Kriegsliste, Wahlliste) aufnehmen; nomen deferre gerichtlich belangen, anklagen, nomen recipere die Klage annehmen; — **Geschlechts-, Familien-, Vor-, Beiname;** — **Titel,** Ehrentitel; — **Geschlecht,** Familie z. B. nomen Cornelium das Kornelische Geschlecht; nomen Romanum alles, was Römer heißt; Römertum; die Römer; — **berühmter Name,** Ruhm; — **bloßer Name, Vorwand;** — **Grund** z. B. hoc nomine aus diesem Grunde; **Schuldverschreibung,** Schuldposten, Schuld; nomen in tabulas referre die Schuldposten eintragen; nomen facere einen Posten buchen; nomen solvere bezahlen; nomina exigere Gelder eintreiben

M. in nomine Dei: im Namen Gottes — Nomen et omen: Name und zugleich Vorbedeutung (Plautus) — Nomina sunt odiosa: Namen sind verhaßt, Nennung von Namen ist heikel — nomen nesco (abgek. N. N.): den Namen kenne ich nicht, unbekannten Namens — Nomen nominandum (abgek. N. N.): der zu nennende Name — Nomen proprium: Eigenname F. das Nomen: das deklinierbare Wort (sprachl.) — nominal, nominell: dem Namen, nicht der Sache nach — der Nominalismus: philosoph. Lehre, nach der die Begriffe der Dinge nur Wörter sind — der Nominalist: Anhänger des N. — die Nomenklatur: Namen-, Wörterverzeichnis — das Pronomen: Fürwort (sprachl.)

nomenclātor, ōris m. (cf. nomen und calo) **Namennenner** (Sklave, der dem Herrn die Namen der Begegnenden angab)

Nomentum, i n. E. Ort in Latium (Mentana); Nomentānus adi. und subst. Bewohner von N.; Nomentānum, i n. Landgut bei N.

nominātim adv. (cf. nomino) **namentlich,** mit Namen, bei Namen, ausdrücklich

nominātio, ōnis f. (cf. nomino) **Namhaftmachung, Vorschlag** (eines Kandidaten für ein Amt)
F. die Nomination: Vorschlag für Besetzung eines kirchlichen Amtes, besonders Bischofamtes

nōmino 1. (cf. nomen) **nennen,** benennen, beim Namen rufen; pass. heißen; — **erwähnen,** anführen, namhaft machen; — **für ein Amt vorschlagen;** — **ernennen;** — **rühmen;** — angeben, **anklagen**
F. nominieren: nennen, bezeichnen, ernennen, für ein Amt vorschlagen — der Nominativ: Nennfall, Wer-Fall (sprachl.) — innominabel: unnennbar — innominat: ungenannt — binominal: zweinamig — die Denomination: Bezeichnung, Anzeige — das Denominativ: von einem Namen abgeleitetes Wort (sprachl.)

Nomio, ōnis m. Hymnus auf Apollo

nomios und ius, ii m. (griech.) Hirt; Nomios Beiname Apolls

nomisma, atis n. (griech.) Münze, Geldstück

nomos und us, i m. (griech.) Bezirk, Kreis

non (arch. noenum aus ne und oinom = unum nicht eines) **nicht** (zur Verneinung des ganzen Gedankens und eines einzelnen Begriffes) z. B. non armis nicht mit Waffengewalt; non invitus nicht ungern, recht gern; non sine nicht ohne, mit; non ignoro ich weiß sehr wohl; non nemo mancher; nemo non jeder; non nihil etwas; non ... nisi, nisi ... non lediglich, nur; — **nein** (in Antworten)
M. non plus ultra (Nonplusultra): nichts darüber hinaus, der höchst erreichbare Grad, Unübertreffliches

Nōnacris, is f. E. Stadt in Nordarkadien; Nonacrinus, Nonacrius adi. u. subst. Bewohner von N.

Nōnae, ārum f. (cf. nomus) **die Nonen** (F), der 5., im März, Mai, Juli, Oktober der 7. Tag des Monats (9 Tage von den Iden)

nonagēsimus 3 (cf. nonaginta) **der neunzigste**

nonāgies und iens adv. (cf. nonaginta) **neunzigmal**

nonaginta (indecl.) **neunzig**

nonānus 3 (cf. nonus) **zur 9. Legion gehörig;** subst. m. Angehöriger der 9. Legion, der Neuner

non-dum adv. **noch nicht**

nongentēsimus 3 (cf. nongenti) **der neunhundertste**

nongenti, ae, a (cf. centum) **neunhundert**

Nōnius 3 E. Name eines röm. plebejischen Geschlechtes

non-ne Fragepartikel 1.) (in direkten Fragen, eine bejahende Antwort erwartend) **nicht?** z. B. nonne parentes optimum volunt?; — 2.) (in indirekten Fragen, nur nach quaero) **ob nicht** z. B. quaero, nonne parere velis

non-nēmo mancher, einige

non-nihil etwas; adv. einigermaßen

non-nullus 3 **mancher;** plur. **manche, einige;** ziemlich viele

non-nunquam adv. **zuweilen,** manchmal

nōnus (aus novēnus cf. novem) **der neunte; nōna,** ae f. (scil. hora) **die**

neunte Stunde (3 Uhr nachmittags, Essenszeit)

F. die Nona: die neunte Schulklasse — die None: neunter Ton vom Grundton aus (mus.); Gebet zur neunten Stunde; Mittagsstunde, Mittagsruhe

Nora, ae f. E. Stadt in Sardinien; Norēnsis adi. und subst. Bewohner von N.; — Nora, ōrum n. E. Bergfestung in Kappadozien

Norba, ae f. E. Stadt in Latium; Norbānus adi. u. subst. Bewohner v. N.

Norēa, ae f. E. Stadt in Noricum (Neumarkt in Steiermark)

Nōricum, i n. E. Landschaft zwischen Donau und Drau, Inn und Wiener Wald; Nōricus adi. und subst. Bewohner von N.

F. der Noriker: norisches Pferd (sehr gutes Kaltblut)

norma, ae f. (aus gnorima cf. nosco) Winkelmaß; **Richtschnur, Maßstab, Regel**

F. die Norm i. a. B.; Einheitsmuster, Größenvorschrift; Autorname und gekürzter Buchtitel am Fuß jeder ersten Bogenseite (buchdr.) — normal: regelrecht, vorgeschrieben; gewöhnlich; bei gesundem Verstand; Bezeichnung für international vereinbarte Werte von Maßen — normen, normieren: einheitlich machen, regeln, ein Einheitsmuster für eine Ware aufstellen — normativ: normgebend — die Normung: das Normen — die Normale: Senkrechte (math.) — anormal: gegen die Norm, regelwidrig

Nortia, ae f. E. etruskische Schicksalsgöttin

nos gen. nostri (gen. obi.) und nostrum (gen. partitivus) dat. nobis acc. nos) **wir** *M*. uns (urv.)

nōscito 1. (cf. nosco) **bemerken,** wahrnehmen, erkennen

nosco (arch. gnosco), nōvi, nōtus 3. (nosse = novisse, noram = noveram, norim = noverim etc.) **kennen lernen, erkennen,** wahrnehmen; **kennen,** wissen; wieder erkennen; **anerkennen,** gelten lassen; — untersuchen, entscheiden

noster, tra, trum (cf. nos) **unser; auch** obi. z. B. amor noster Liebe zu uns; — nostri, ōrum m. die Unsrigen (Landsleute, Verwandte u. ä.); — uns günstig, gewogen z. B. **noster** Mars Kriegsglück

F. die Nostrifikation: Einbürgerung — nostrifizieren: einbürgern

nostras, ātis (cf. noster) **aus unserem Lande, inländisch, einheimisch**

nota. ae f. (cf. nomen) **Merkmal,** Zeichen, Kennzeichen; Wink; Schriftzeichen, Buchstabe, Interpunktionszeichen; Schrift, Inschrift; Marke, Sorte (z. B. des Weins); — Brandmal; Schandfleck, Schimpf; Rüge des Zensors

M. ad notam: zur Kenntnis — die Note (L)

F. die Nota: kurze Aufzeichnung, Mitteilung, Rechnung — das Notabene: Merkzeichen — die Notifikation: Anzeige, Bekanntmachung — notifizieren: amtlich bekanntmachen, anzeigen

notābilis, e (cf. noto) **merkwürdig, bemerkenswert**

F. die Notabilität: Berühmtheit — notabel: bemerkenswert, wichtig — die Notabeln: hervorragende Männer

notārius, ii m. (cf. nota) **der Schnellschreiber, Stenograph**

F. der Notar: nicht richterlicher Justizbeamter — das Notariat: Amt eines Notars — notariell: von einem Notar ausgefertigt, beglaubigt — der Protonotar: Geheimschreiber der päpstlichen Kanzlei (hoher kirchlicher Titel)

notātio, ōnis f. (cf. noto) **Bezeichnung;** Beobachtung

notēsco 3. (cf. notus) **bekannt werden**

nothus 3 (griech.) **unehelich;** subst. m. Bastard

nōtio, ōnis f. (cf. nosco) **Kenntnisnahme,** Untersuchung; — Rüge (des Zensors); — Kenntnis, Begriff, Vorstellung, Gedanke

notitia, ae f. (cf. notus) **Bekanntschaft;** Bekanntsein, Ruf; Kenntnis, Wissen, Kunde; Vorstellung, Begriff

F. die Notiz: Bemerkung, Kenntnis, Zeitungsnachricht

noto 1. (cf. nota) **kenntlich machen,** bezeichnen; schreiben, beschreiben;

anmerken; aufzeichnen; — **wahrnehmen,** bemerken, beobachten, sehen; — **rügen** (vom Zensor); tadeln, beschimpfen
M. nota bene (abgek. N. B.): merke wohl
F. notieren: aufzeichnen, anmerken — die Notierung: Preisfeststellung, Bekanntgabe des Kurszettels — das Notat: Bemerkung, Aufzeichnung, Rüge

notus, i m. (griech.) **Südwind** (regenbringend); Wind

nōtus 3 (cf. nosco) **bekannt;** notum est es ist bekannt; subst. m. der Bekannte; — freundschaftlich, vertraut, gewohnt; berühmt; berüchtigt
F. notorisch: offenkundig, berüchtigt

novācula, ae f. scharfes Messer; Scher-, Rasiermesser

novālis, e (cf. novus) **brach;** novālis, is f. (scil. humus) und novāle, is n. (scil. solum) Brachfeld, -land

novātrix, īcis f. (cf. novo) Erneuerin

novellus 3 (dem. von novus) **jung, neu**
F. die Novelle (it.): (Neuigkeit) kurzgefaßte Prosaerzählung; Gesetznachtrag

novem (indecl.) **neun** (urv.)

November, bris, e (cf. novem) **zum November gehörig; November, bris m.** (scil. mensis) **November** (L) (ursprünglich 9. Monat)

noven-diālis, e (cf. novem und dies) **neuntägig; am 9. Tage;** (sacrum) novendiāle, is n. (am 9. Tage nach der Verbrennung der Leiche dargebrachtes) Opfer; cena n. Leichenschmaus

novēni, ae, a (cf. novem) **je neun**
F. die Novene: neuntägige Andachtsübung

novensides dii m. (cf. novus und insideo) neue, von fremden Völkern übernommene Gottheiten

noverca, ae f. (cf. novus) **Stiefmutter**

novercālis, e (cf. noverca) **stiefmütterlich;** feindselig

Novēsium, ii n. E. fester Platz der Ubier (Neuß a. Rh.)

novicius 3 (cf. novus) neu; subst. m. Neuling
F. der Novize: Neuling, Mönch vor Ablegung der Ordensgelübde

noviēs und iens adv. (cf. novem) **neunmal**

Noviodūnum, i n. E. kelt. Stadtname 1.) Stadt der Suessionen an der Aisne (Soissons) 2.) Stadt der Biturigen (Nouan bei Orleans) 3.) Stadt der Häduer an der Loire (Nevers)

novitas, tātis f. (cf. novus) **Neuheit,** das Neue; Ungewohntes, Überraschendes; das Emporkommen, Stand des homo novus, Neuheit des Adels
F. die Novität i. a. B.

novo 1. (cf. novus) **neu machen, erneuern;** neu schaffen, erfinden; tela n. neue Waffen schmieden; — **verändern;** res n. Unruhen erregen, politischen Umsturz ins Werk setzen; — auffrischen

novus 3 **neu** (urv.), **frisch;** luna nova Neumond; res nova Neuigkeit; aestas n. Vorsommer; novum, i n. Neuigkeit; quid novi? was gibt's Neues?; — **ungewöhnlich, unerwartet, unerhört,** noch nicht dagewesen; **unerfahren,** unbekannt, ungeübt; equus n. ein nicht zugerittenes Pferd; — ein anderer, ein zweiter; Cicero novus ein zweiter Cicero; homo novus Emporkömmling, Neuadliger (Angehöriger einer Familie, die noch kein kurulisches Amt bekleidet hatte, und der ein kurulisches Amt erhält; — res novae Neuigkeiten, Neuerungen im Staate, Staatsumwälzung, Revolution; novis rebus studere eine Revolution planen; — tabulae novae neue Schuldbücher (durch die Schulden aufgehoben oder teilweise erlassen wurden); — (tabernae) novae, ārum f. Wechslerstuben (auf der Nordseite des Forums); via nova Neustraße (in Rom); — **novissimus 3 äußerster, letzter, hinterster;** agmen novissimum Nachhut, Nachtrab; acies novissima Hintertreffen; novissimi, ōrum, m. Nachhut; — äußerster, höchster; — **jüngster; novissime jüngst;** zuletzt, endlich
F. das Novum: Neues

nox, noctis f. **Nacht** (urv.); nocte nachts, bei Nacht; prima nocte mit Einbruch der Nacht; sub noctem spät abends; multa nocte tief in der Nacht; media nocte um Mitternacht; diem noctemque Tag und Nacht, Dunkelheit, Finsternis; Nachtruhe, Schlaf; Tod; — Nox Göttin der Nacht

noxa, ae f. (cf. noceo) **Schaden;** Strafe, Vergehen; in noxa esse schuldig sein, noxam nocere einen Schaden zufügen, eine böse Tat tun

noxia, ae f. (cf. noxius) **Schuld,** Vergehen; alci noxiae esse als Schuld angerechnet werden

noxius 3 (cf. noxa) **schädlich; schuldig,** sträflich

nubēcula, ae f. (dem. von nubes) Wölkchen

nūbes, is f. **Wolke;** Staub-, Rauchwolke; Dunkel, Dunst, Nebel; **Unglück,** traurige Lage; Schleier, Hülle; — **dichte Schar,** Menge

nūbi-fer, fera, ferum Wolken bringend, tragend

nubi-gena (cf. nubes und gigno) Wolkensohn; nubigenae, ārum m. Zentauren

nubilis, e (cf. nubo) **heiratsfähig,** erwachsen

nūbilus 3 (cf. nubes) **wolkig,** bewölkt; nubilum, i n. Wolke; — finster, dunkel, trübe; düster, ungünstig, traurig

M. post nubila Phoebus: auf Regen folgt Sonnenschein

nūbo, nūpsi, nūptum 3. **sich verhüllen,** den Brautschleier anlegen, **heiraten** (nur von der Frau) alci jemd.; alci nuptam esse mit jemd. verheiratet sein; filiam nuptum dare zur Ehe geben, verheiraten; nupta, ae f. Braut, Ehefrau, Gattin

Nuceria, ae f. E. Stadt in Kampanien (Nocera); Nucerinus adi. und subst. Bewohner von N.

nucleus, i m. (dem. von nux) **Kern**

F. der Nucleus: Zellkern — das Nukleon: die verschiedenen Elementarteilchen des Atomkerns — die Subnuklearphysik: Physik über Erzeugung, Vernichtung und Umwandlung der Nukleonen — das Nuklein: phosphorsäurehaltiger Eiweißstoff der Zellkerne

nu-dius adv. (cf. nunc und dies) es ist jetzt der ... Tag z. B. nudius tertius vorgestern; nudius septimus vor 5 Tagen (der Ausgangstag wird mitgerechnet)

nūdo 1. (cf. nudus) **nackt machen, entblößen,** entkleiden, bloßlegen; gladium n. blank ziehen; — von Verteidigern entblößen; — **plündern,** berauben; hostem armis n. dem Feind die Waffen abnehmen, entwaffnen; — **verraten,** an den Tag bringen, merken lassen

F. die Nudation: Entblößung — die Nudität: Nacktheit, Schlüpfrigkeit

nūdus 3 **nackt** (urv.), **entblößt, bloß,** unbedeckt; **unbewaffnet,** unbeschützt; nudo corpore pugnare ohne Schild kämpfen; latus nudum die vom Schild ungedeckte (rechte) Seite; **beraubt,** leer, ermangelnd, mittellos, dürftig; — **bloß,** allein, lediglich; nuda ista si ponas stellt man dies so nackt hin; hoc nudum reliquitur da bleibt nur noch die Frage übrig; — schmucklos, einfach

nūgae, ārum f. **Possen,** dummes Zeug; — Possenreißer, Schwindler

nugātor, ōris m. (cf. nugor) **Schwätzer,** Aufschneider

nugatōrius 3 (cf. nugator) **läppisch,** nichtig, dummes Zeug redend

nugax, ācis (cf. nugae) Possen treibend

nūgor 1. (cf. nugae) **Possen treiben,** schäkern, scherzen, dummes Zeug treiben, aufschneiden

nullus 3 (aus ne-ullus; gen. sing. nullius; dat. sing. nulli) 1.) (adi.) **kein, keinerlei;** non nulli manche, einige; nullus ... non jeder; nullo periculo ohne Gefahr 2.) (subst. **niemand** (gen. sing. und abl. sing. als Ersatz der fehlenden Formen von nemo) z. B. nullo pugnante ohne daß jemand kämpfte; — (als Ersatz des gen., dat. und abl. von nihil = nullius rei, nulli, rei, nulla re z. B. nullius cupidus nach nichts begierig, nullo verius um nichts wahrer) 3.) (in der Umgangssprache) gar nicht, in keiner Weise z. B. diligentia nulla adhibetur Sorgfalt wurde gar nicht angewandt 4.) gering, bedeutungslos, nichtssagend, unbedeutend z. B. quam nulla est dignitas wie gering ist die Würde; — verloren, tot, nicht mehr seiend z. B. de mortuis loquor, qui nulli sunt ich rede von den Toten, die dahin sind

M. die Null, null (und nichtig) (L) — nulla poena sine lege: keine Strafe ohne Gesetz

F. die Nullität: Nichtigkeit, Ungültigkeit — nullifizieren: geringschätzen, aufheben, für nichtig erklären — annullieren: für ungültig erklären — die Annullierung: Ungültigkeitserklärung

nūllus-dum 3 bis jetzt noch kein

num Fragepartikel 1.) (in direkten Fragen, eine verneinende Antwort erwartend) **denn? etwa? ob? wohl? doch wohl nicht?** z. B. num negare audes? du wagst es wohl nicht abzustreiten? 2.) (in indirekter Frage) **ob, ob nicht, ob etwa nicht** z. B. interrogo, num aegrotus sis ich frage, ob du etwa krank bist

Numa Pompilius, m. E. der zweite röm. König

Numantia, ae f. E. Stadt in Spanien, 133 v. Chr. vom jüngeren Scipio zerstört; Numantīnus adi. und subst. Bewohner von N.

nūmen, inis n. (cf. nuo) Wink, Wille, Befehl, Gebot; **göttlicher Wille, göttliche Schickung, göttliches Walten,** göttliche Macht; — **göttliches Wesen, Gottheit,** Gott; Hoheit, Majestät

numerābilis, e (cf. numero) **zählbar;** leicht zählbar, klein

numero 1. (cf. numerus) **zählen;** multos numerabis amicos du wirst viele Freunde zählen (haben); — **auszahlen;** numerātus 3 bar; numerātum, i n. Bargeld; — **herzählen, aufzählen;** unter etwas rechnen z. B. inter amicos te numero ich zähle dich zu meinen Freunden; — (mit dopp. acc.) **für etwas halten,** ansehen z. B. amicum fidissimum numero ich halte den Freund für unbedingt treu

M. praenumerando: vorauszahlend, im Voraus zahlbar — postnumerando: nachzahlend, nachträglich zahlbar

F. numerieren: zählen, beziffern — das Numerale: Zahlwort (sprachl.)

numerōsus 3 (cf. numerus) **zahlreich;** volkreich; — abgemessen, harmonisch, rhythmisch, taktmäßig

numerus, i m. **1.) Teil, Glied;** Takt, Rhythmus; **Versfuß, Vers;** plur. Verse, Versmaß; n. graves ernstes Versmaß, n. impares Distichon; — 2.) **Zahl,** Anzahl, **Menge,** Reihe; numerum inire berechnen, Zahlung veranstalten; numerum deferre die Zahl angeben; numerō (adv.) der Zahl nach, im ganzen; ad numerum vollzählig; in numero esse zu etwas zählen, zu etwas gehören; alqm in numero habere, ducere zu etwas zählen, rechnen; numerō mit gen. = als, wie z. B. numerō legatorum als Gesandte; — **Rang,** Würde, Geltung, Bedeutung; in alqo numero et honore esse einiges Ansehen und Einfluß besitzen; in alqo numero esse in einiger Achtung stehen; — bloße Zahl, = Null z. B. nos numerus sumus wir bedeuten nichts, wir sind Nullen

M. Numerus clausus: geschlossene Zahl, Zulassung nur einer bestimmten Anzahl von Bewerbern — die Numeri: das vierte Buch Mosis — die Nummer (L)

F. der Numerus: Zahl; Bezeichnung für die Unterscheidung der Einzahl und Mehrzahl (sprachl.) — numerisch: zahlenmäßig, der Zahl nach — das Numero (it.): Zahl — der Supernumerar: überzähliger Anwärter

Numīcius 3 E. Name eines röm. Geschlechts

Numīcus, i und ius, ii m. E. Küstenfluß in Latium

Numidia, ae f. E. nordafrikanische Landschaft, das heutige Algier; Numida, ae m. Numidier; Numidicus

3 numidisch; Beiname des Besiegers Jugurthas Q. Caecilius Metellus
Numisius 3 E. Name eines röm. Geschlechts
Numistro, ōnis f. E. Stadt in Nordlukanien
Numitor, ōris m. E. König von Alba, Vater der Rhea Silvia
Numitōrius 3 E. Name eines röm. Geschlechts
nummārius 3 (cf. nummus) **das Geld betreffend;** res nummaria Geldwesen; — bestechlich, bestochen
nummātus 3 (cf. nummus) mit Geld versehen
nummulus, i m. (dem. von nummus) elendes Geld
nummus, i m. (cf. numerus; gen. plur. nummorum Geld, nummum Sesterzen) **Geldstück, Münze;** plur. Geld; — **Sesterz** (= 17 Pf.); — Kleinigkeit, **Heller, Pfennig,** Kreuzer; ad nummum convenit es stimmt auf den Pfennig
numne = verstärktes num
numquam adv. (aus ne-umquam) **niemals, nie; nonnumquam immer; manchmal**
numquid = verstärktes num
num-quid-nam etwa etwas?
nunc (adv.) (aus num-ce) **nun** (urv.), **jetzt,** im gegenwärtigen Augenblick; nunc ipsum gerade jetzt; nunc primum jetzt erst; nunc demum, nunc tandem jetzt endlich; etiam nunc, nunc etiam auch jetzt noch, immer noch; nunc ... nunc bald ... bald; — (adversatio) **nun, nun aber,** so aber z. B. abi nunc nun geh aber, geh jetzt
nuncupātio, ōnis f. (cf. nuncupo) feierliches Aussprechen (von Gebeten, Gelübden, Glückwünschen)
nuncupo 1. (cf. nomen und capio) **feierlich aussprechen, ankündigen,** (Gelübde) öffentlich verkünden, (Adoption) ankündigen, (zum Erben) feierlich erklären; — nennen, benennen
nūndinae cf. nundinus
nundinātio, ōnis f. (cf. nundinor) Handel, Schacher
nundinor 1. (cf. nundinae) handeln, schachern, feilschen; erhandeln, erschachern
nūn-dinus 3 (aus novem und dies) **auf den neunten Tag fallend** (nach röm. Zählung, die den Ausgangstag mitzählte; nach unserer „auf den achten Tag fallend"); **nūndinae,** arum f. (scil. feriae) **Markttag, Wochenmarkt;** Markt; Handel, Schacher; — **trinum nundinum,** i n. (scil. tempus) Zeitraum, in den drei Markttage fallen; vorgeschrieben als Ankündigungsfrist für Gesetzvorschläge und Wahlversammlungen
nunquam = numquam
nuntia, ae f. (cf. nuntius) Botin
nuntiātio, ōnis f. (cf. nuntio) **Verkündung** eines Wahrzeichens durch den Augur
nuntio 1. (cf. nuntius) **melden,** anzeigen, verkündigen, Nachricht bringen; Romam n. in Rom melden; — nuntiātō auf die Nachricht hin
F. die Nuntiatur (Nunziatur): päpstliche Gesandtschaft
nuntius 3 **anzeigend,** verkündend, meldend; — nuntius, ii m. 1.) **Bote** 2.) **Botschaft,** Nachricht, Meldung, Auftrag: **Scheidebrief;** nuntium remittere uxori sich scheiden lassen; virtuti nuntium remittere der Tugend entsagen
F. der Nuntius (Nunzius): ständiger Botschafter des Papstes
nuo, nui, nūtum 3. (cf. numen) **nikken, winken**
nu-per adv. (sup. nuperrime) **neulich,** vor kurzem, jüngst
nūptiae, ārum f. (cf. nubo) **Hochzeit,** Heirat
nuptiālis, e (cf. nuptiae) **hochzeitlich**
nuptus, ūs m. = nuptiae
Nursia, ae f. E. Stadt im nördlichen Sabinum; Nursīnus adi. und subst. Bewohner von N.
nurus, us f. Schnur (urv.) = **Schwiegertochter;** junge Frau
nūsquam adv. (aus ne und usquam)

nirgends; n. esse nicht vorhanden sein, weg sein; — nirgends her, nirgends hin; — bei keiner Gelegenheit; zu nichts

nūto 1. (cf. nuo) **hin und herschwanken; schwanken, wanken; nicken, winken**

F. die Nutation: die durch die Drehung der Mondbahnebene hervorgerufene Schwankung der Erdachse

nutrīcius, ii m. (cf. nutrio) **Erzieher,** Hofmeister

nutrīcor 1. (cf. nutrix) **ernähren,** großziehen

nutrīcula, ae f. (dem. von nutrix) **Ernährerin,** Erzieherin

nutrīmen, inis n. = nutrimentum

nutrimentum, i n. (cf. nutrio) **Nahrungsmittel;** plur. Nahrung; — Erziehung, Zucht

nūtrio (poet. auch nutrior) 4. **nähren,** ernähren, säugen, füttern; **aufziehen,** großziehen; **pflegen,** hegen, fördern

nutrix, īcis f. (cf. nutrio) **Amme; Erzieherin;** Nährerin, **Förderin**

nutus, ūs m. (cf. nuo) **das Nicken,** Winken, Sichneigen; **Wink,** Geheiß, Befehl; — Schwerkraft

M. ad nutum: auf den Wink

nux, nucis f. **Nuß** (urv.); n. cassa taube Nuß, Kleinigkeit; — Nußbaum, Mandelbaum

M. in nuce: in Kürze, im Kleinen

Nyctelius 3 (griech.) der Nächtliche, Beiname des Bacchus

Nycteus, ei und eos m. E. böotischer König, Vater der Antiope; Nyctēis, idos f. Antiope

nympha, ae und e, ēs f. (griech.) **Nymphe** (F), Quell- und Wassernymphe; — Braut, junge Frau

Nymphaeum, i n. (griech.) illyrische Hafenstadt

Nysa, Nyssa, ae f. E. Stadt und Wald in Indien, wo Bacchus erzogen wurde; Nyseus, ei m. = Bacchus; Nysaeus, adi. und subst. Bewohner von N.; Nysēis, idis und Nysias, adis f. Nysäerin; Nysigena, ae m. und f. in N. geboren

O

ō o! oh! (urv.) Ausruf (für alle Affekte); bei Ausrufen meist mit acc. z. B. o me miserum! o, ich Unglücklicher!; beim voc. z. B. o miser! o, du Unglücklicher!; (vor Wunschsätzen) o daß doch, o wenn doch z. B. o venias! o daß du doch kämest!

Oaxes, is m. E. Fluß in Kreta

ob praep. mit acc. 1.) (räuml.) **gegen — hin;** — (auf die Frage „wo?") **vor, gegenüber;** ob oculos versari vor Augen schweben; 2.) (kausal) **wegen,** um — **willen;** ob eam rem (causam), quam ob rem, ob ea, quae, hoc, id deswegen, deshalb

ob-aerātus 3 (cf. aes alienum) **verschuldet;** subst. m. Schuldner

ob-ambulo 1. zugehen, entgegengehen; herumgehen, herumstreifen

ob-armo 1. (gegen den Feind) bewaffnen

ob-aro 1. umpflügen

Obba, ae f. E. Stadt bei Karthago

ob-do, didi, ditus 3. **entgegenstellen;** latus apertum o. bloßstellen; — verschließen

ob-dormīsco, mivi 3. **einschlafen**

ob-dūco, duxi, ductus 3. **gegen etwas führen; davorlegen, davorziehen;** — **bedecken, verhüllen;** obductus 3 umwölkt, vernarbt, verheilt; — einziehen, einschlürfen

F. obduzieren: Leichen öffnen, Leichen

besichtigen — die Obduktion: Leichenöffnung, Leichenschau

ob-durēsco, rui 3. **hart werden; sich** verhärten, unempfindlich werden

ob-dūro 1. **ausharren,** aushalten

F. die Obduration: Verhärtung (med.), Unbußfertigkeit

ob-eo, ii, itus 4. 1.) (intr.) **hingehen; untergehen** (von Gestirnen); sterben; — 2.) (trans.) **begehen, bereisen,** besuchen; **sich an etwas machen, übernehmen, sich unterziehen;** pericula obire Gefahren auf sich nehmen, Gefahren entgegengehen; munia imperii o. die Herrscherpflichten übernehmen; diem o. den Tag einhalten; diem supremum (mortem) o. sterben; morte obitā nach dem Tode

M. obiit: er ist gestorben

ob-equito 1. **heranreiten;** agmini o. die Front abreiten

ob-erro 1. **hin und herirren;** hin und hergehen; irren

ob-ēsus 3 (cf. edo) **wohlgenährt,** fett, feist, geschwollen

obex cf. obiex

ob-f = of-f

ob-haerēsco, haesi 3. festhangen, **stecken bleiben**

ob-iaceo, ui 2. **vorliegen,** gegenüberliegen

ob-icio (sprich jicio), iēci, iectus 3. **entgegenwerfen,** entgegenstellen; pass. sich entgegenstellen, entgegentreten; — **preisgeben,** bloßstellen, aussetzen; **vorwerfen,** hinwerfen; obiectus 3 vorliegend; — **einjagen,** verursachen; **zum Vorwurf machen,** vorhalten

F. das Objekt: Satzglied, auf das sich die Satzaussage bezieht (sprachl.), Gegenstand einer Tätigkeit — objektiv: zum Objekt gehörig; gegenständlich, sachlich — der Objektivismus: philosoph. Grundrichtung, wonach das Erkennen am Wesenhaften seinen Maßstab hat — die Objektivität: ungetrübte Sachlichkeit — das Objektiv: Vorderlinse bei optischen Instrumenten

obiectātio, ōnis f. (cf. obiecto) Vorwurf

ob-iecto 1. (cf. obicio) **entgegenwerfen; preisgeben; vorwerfen**

obiectus, ūs m. (cf. obicio) **das Vorlegen, Entgegenstellen, Vorschieben;** das Vorliegen

ob-iex, icis m. und f. (cf. obicio) **Riegel; Damm; Hindernis,** Barrikade

ob-irascor, ātus sum 3. **zornig werden**

obitus, ūs m. (cf. obeo) **Untergang** (der Gestirne); — Hinscheiden, **Tod, Vernichtung**

obiurgātio, ōnis f. (cf. obiurgo) **Verweis,** Tadel

obiurgātor, ōris m. (cf. obiurgo) **Tadler**

ob-iurgo 1. **tadeln,** schelten, zurechtweisen

ob-languēsco, langui 3. **ermatten**

oblectāmen, inis und **oblectamentum,** i n. (cf. oblecto) **Unterhaltung,** Zerstreuung, Zeitvertreib; **Beruhigung,** Trost

oblectātio, ōnis f. (cf. oblecto) **Genuß,** Unterhaltung, Zeitvertreib

ob-lecto 1. (cf. de-lecto) **erfreuen,** erheitern, unterhalten, die Zeit vertreiben

ob-lenīmen, inis n. **Beruhigungsmittel**

ob-licus = oblīquus

ob-līdo, lisi, lisus 3. (cf. laedo) **zudrücken, erdrücken**

obligātio, ōnis f. (cf. obligo) **Verpflichtung,** Verbürgung

F. die Obligation i. a. B.; Haftung, Schuldverschreibung

ob-ligo 1. **binden,** fesseln; **schuldig machen;** pass. sich einer Sache schuldig machen, in etwas verfallen; — **verbinden, verpflichten;** — **verpfänden**

M. obligato (it.): verbunden (mus.)

F. obligieren: zu Dank verpflichten — obligat: verbunden, verbindlich, unerläßlich, üblich — obligatorisch: pflichtgemäß — das Obligo (it.): Verpflichtung, Verbindlichkeit, Gewähr, Garantie — das Obligatorium: pflichtmäßige Dienstleistung, pflichtmäßige Prüfung

ob-līmo 1. (cf. limus) **mit Schlamm überziehen;** verschlemmen, **verprassen**

ob-lino, lēvi, litus 3. **beschmieren,** bestreichen; **beflecken,** besudeln; — überladen
oblīquo 1. (cf. obliquus) **schräg richten;** seitwärts, schief stellen
ob-līquus 3 seitwärts gerichtet, seitlich, schräg, schief, schräg einfallend; oculi obliqui schielend, scheel sehend; ab obliquo von der Seite; in obliquum seitwärts, schief, in schräger Richtung; per obliquum seitwärts; — **versteckt, verblümt;** indirekt
M. Oratio obliqua: abhängige Rede (sprachl.)
ob-litēsco, litui 3. (cf. lateo) **sich verstecken**
ob-littero 1. (cf. littera) Geschriebenes ausstreichen, **aus dem Gedächtnis tilgen,** vergessen machen, auslöschen
F. die Obliteration: Verwachsung, Schrumpfung, Verödung (med.); Tilgung — obliterieren: auslöschen, veröden (med.); tilgen
oblīvio, ōnis f. (cf. obliviscor) **Vergessenheit;** oblivione obrui (deleri) in Vergessenheit geraten; ab oblivione vindicare der Vergessenheit entreißen; — schwaches Gedächtnis, Vergeßlichkeit
oblīviōsus 3 (cf. oblivio) **vergeßlich;** Vergessenheit bewirkend, sorgenbrechend
ob-līviscor, oblitus sum 3. **vergessen;** alcis. alcis rei, alqd z. B. obliviscere iniuriarum, iniurias; noli oblivisci parentum; — nicht beachten, aus den Augen lassen
oblīvium, ii n. = oblivio
ob-longus 3 länglich
F. oblong i. a. B. — das Oblong, Oblongum: Viereck, längliches Rechteck
ob-loquor, locūtus sum 3. **widersprechen;** dazu singen, dazu spielen
ob-luctor 1. gegen etwas ringen, **ankämpfen**
ob-mōlior 4. (zur Verteidigung) **vorschieben,** verbarrikadieren
ob-murmuro 1. entgegenrauschen
ob-mutēsco, mūtui 3. **verstummen;** aufhören
ob-nātus 3 angewachsen
ob-nītor, nixus sum 3. **sich entgegenstemmen;** sich widersetzen, Widerstand leisten, ankämpfen; **obnixus** 3 **standhaft,** fest, beharrlich
obnixus cf. obnitor
ob-noxius 3 (cf. noxa) **straffällig, schuldig;** — **unterworfen,** untertan, abhängig, verpflichtet; — **unterwürfig,** knechtisch, unselbständig; **abhängig,** verpflichtet, ausgesetzt, preisgegeben
ob-nūbilus 3 **umwölkt**
ob-nūbo, nūpsi, nuptus 3. **verhüllen**
obnuntiātio, ōnis f. (cf. obnuntio) Meldung böser Vorzeichen
ob-nūntio 1. böse Vorzeichen melden, Einspruch erheben, hindernd eingreifen
oboediens cf. oboedio
oboedientia, a ef. (cf. oboediens) **Gehorsam**
F. die Obedienz i. a. B.
ob-oedio, īvi, ītum 4. (cf. audio) **Gehör schenken, gehorchen,** sich fügen; — oboediens, ntis gehorsam, willfährig, willig
ob-orior, ortus sum 4. **sich erheben,** aufgehen, sich zeigen, losbrechen
ob-rēpo, repsi, reptum 3. **heranktriechen,** heranschleichen, sich einschleichen; ad honorem o. eine Ehrenstelle erschleichen; — **beschleichen,** überraschen, überfallen, hintergehen
ob-rigēsco, rigui 3. **erstarren**
obrogātio, ōnis f. (cf. obrogo) **Änderungsvorschlag,** Aufhebungsvorschlag (für ein Gesetz)
ob-rogo 1. den **Antrag** auf Änderung oder Beseitigung eines Gesetzes **stellen; aufheben**
ob-ruo, rui, rutus 3. **überschütten; vergraben,** verscharren, eingraben; versenken; — **verhüllen,** bedecken; verdunkeln; — **überladen,** überhäufen; **erdrücken,** überwältigen, unterdrücken, niederdrücken
obrussa, ae f. (griech.) Feuerprobe des Goldes

ob-saepio, saepsi, saeptus 4. **versperren**, verschließen, unzugänglich machen

obscaenus, obscaenitas cf. obscenus, obscenitas

obscēnitas, tātis f. (cf. obscenus) **Unzüchtigkeit**, Anstößigkeit, **Zote**
F. die Obszönität i. a. B.

obs-cēnus 3 (cf. caenum) **schmutzig**, häßlich, ekelhaft; subst. n. Schamglied; — **unanständig**, unzüchtig, schamlos, zotig; unheilvoll
F. obszön: unanständig, zotig

obscurātio, ōnis f. (cf. obscuro) **Verdunkelung**, Verfinsterung

obscūritas, tātis f. (cf. obscurus) **Dunkelheit**; Unverständlichkeit, Unklarheit; — Unberühmtheit
F. die Obskurität i. a. B.

obscūro 1. (cf. obscurus) **verdunkeln, verfinstern**; — **verhüllen**, verbergen; **dunkel machen**, undeutlich machen; **in den Schatten stellen**, zurückdrängen, vergessen machen
F. der Obskurant: Finsterling, Dunkelmann

ob-scūrus 3 **dunkel, finster**; obscūrum, i n. Dunkel, Finsternis, Schatten; — **versteckt, verborgen**, heimlich; — verschlossen, hinterhältig; — **unverständlich**, undeutlich; — **unbekannt**, ruhmlos
M. Scheuer, Schote (urv.)
F. obskur: dunkel, unbekannt

obsecrātio, ōnis f. (cf. obsecro) **Beschwören**, Flehen, Bitten, Beschwörung (auch als Redefigur); — öffentlicher Bußtag

obsecro 1. (cf. sacro) **inständig bitten**, anflehen, beschwören; orare et obsecrare inständig bitten; — als Höflichkeitsformel eingeschoben z. B. noli, obsecro, id facere tu das, bitte, nicht

ob-secundo 1. begünstigen, willfährig sein, nachgeben

obsequens cf. obsequor

obsequentia, ae f. = obsequium

obsequium, ii n. (cf. obsequor) **Nachgiebigkeit, Willfährigkeit**, Gehorsam, Fügsamkeit, Subordination; Hingebung; Preisgebung (des Körpers)
F. die Obsequien: Totenfeier, Seelenamt

ob-sequor, secūtus sum 3. **willfahren, gehorchen**; nachgeben; sich hingeben; **obsequens**, ntis **willfährig**, gehorsam

ob-sero 1. (cf. sera) **verriegeln**, verschließen

ob-sero, sēvi, situs 3. **besäen**, bepflanzen; obsitus 3 besät, bedeckt, voll von

observans cf. observo

observantia, ae f. (cf. observans) **Aufmerksamkeit**, Hochachtung, Ehrerbietung
F. die Observanz: Beobachtung des Herkommens, Regel, Brauch, Gewohnheitsrecht — die Inobservanz: Nichtbeachtung, Gleichgültigkeit

observātio, ōnis f. (cf. observo) **Beobachtung**, Wahrnehmung; Gewissenhaftigkeit
F. die Observation i. a. B.; Bemerkung, Anmerkung

ob-servo 1. **beobachten**; bewachen, hüten; beachten, **befolgen, einhalten**; **hochachten, ehren, schätzen**
F. der Observant: Mitglied der strengeren Richtung in mehreren religiösen Orden — das Observatorium: wissenschaftliche Beobachtungsstelle, Wetterwarte

ob-ses, sidis m. (cf. ob und sedeo) **Geisel, Bürge**; — Unterpfand, Sicherheit

obsessio, ōnis f. (cf. obsideo) **Einschließung, Belagerung**, Blockade

obsessor, ōris m. (cf. obsideo) **Belagerer**

ob-sideo, sēdi, sessus 2. (cf. sedeo) (auf etwas sitzen) **besetzt halten, belagern**; einschließen, umringen, blockieren; **bedrücken**, bedrängen, in die Enge treiben, belauern, aufpassen, abpassen

obsidiālis, e (cf. obsidio) **zur Belagerung gehörig**; corona o. Belagerungskranz (Ehrengabe für die Befreiung von der Belagerung)

obsidio, ōnis f. (cf. obsideo) **Belage-**

rung, Einschließung; Belagerungszustand; — Bedrängnis, Not

obsidionālis = obsidialis

obsidium, ii n. = obsidio

obsidium, ii n. (cf. obses) **Haftung als Geisel**

ob-sīdo, sēdi, sessus 3. **besetzen, in Besitz nehmen**

obsignātor, oris m. **Untersiegler** (einer Urkunde), Testamentszeuge

ob-sīgno 1. **versiegeln**; (eine Urkunde als Zeuge) untersiegeln; tabellis obsignatis agere cum alqo mit jemd. urkundenmäßig verhandeln

ob-sisto, stiti 3. **sich entgegenstellen,** in den Weg treten, sich widersetzen, Widerstand leisten, bekämpfen

obsole-fīo, factus sum, fieri **sich abnutzen**; Geltung verlieren

obs-olēsco, lēvi, lētus 3. (cf. exolesco) veralten, **sich abnutzen,** Ansehen und Wert verlieren; — **obsolētus** 3 **abgenutzt,** abgetragen, schäbig, morsch, baufällig, schmutzig, alltäglich, abgebraucht, gemein

F. obsolet: veraltet

obsōnium, ii n. (griech.) **Zukost** (die man zum Brot ißt), Fisch-, Fleischspeise

obsōno 1. (griech.) (für die Küche) einkaufen

ob-stetrix, īcis f. (cf. obsisto) Hebamme

obstinātio, ōnis f. (cf. obstino) **Festigkeit, Beharrlichkeit**; beharrliches Schweigen, Hartnäckigkeit, Eigensinn

F. die Obstination: Halsstarrigkeit, Widerspenstigkeit

obstinātus 3 cf. obstino

ob-stino 1. (cf. destino) **fest beschließen,** auf etwas bestehen; — **obstinātus** 3 **fest entschlossen,** beharrlich, unerschütterlich, unbeugsam, hartnäckig

F. obstinat: halsstarrig, widerspenstig

ob-stipēsco = obstupesco

ob-stipus 3 (cf. stipo) **zusammengedrückt,** eingezogen, seitwärts geneigt

F. die Obstipation: Stuhlverstopfung — Obstipantia: stopfende Mittel

ob-sto, stiti, statūrus 1. **entgegenstehen, im Wege stehen,** hinderlich sein; obstantia, ium n. Hindernisse

ob-strepo, pui 3. **entgegenrauschen,** -brausen, -tönen; — **übertönen,** überschreien, (durch Lärm in der Rede) unterbrechen; **stören,** hindern, belästigen

ob-stringo, strinxi, strictus 3. **zuschnüren,** zubinden; **binden,** verbinden, **verpflichten; verwickeln,** verstricken

obstructio, ōnis f. (cf. obstruo) **Verbauung, Verschließung**

F. die Obstruktion: Verstopfung (med.), Widerstand, Verschleppung, Verhinderung der Beschlußfassung — obstruktiv: hemmend, verstopfend

obs-trūdo = obtrudo

ob-struo, strūxi, structus 3. **entgegenbauen,** vorbauen, verrammeln, verschließen, versperren

F. obstruieren: verstopfen, künstlich hemmen

ob-stupefacio, fēci, factus 3. (pass. obstupefio, factus sum, fieri) **in Erstaunen setzen,** betäuben, stutzig machen; abstumpfen

ob-stupēsco, pui 3 **erstarren,** betäubt werden; — **erstaunen,** stutzen

ob-sum, obfui, obfutūrus, obesse **entgegen sein, im Wege sein, hinderlich sein, schaden** (alci); non obest mit inf. es schadet nichts

ob-suo, sui, sūtus 3 **annähen**

ob-surdēsco, surdui 3. (cf. surdus) **taub werden**

ob-tego, tēxi, tēctus 3. **bedecken,** verbergen; decken, beschützen; **verdecken,** verheimlichen, bemänteln; sui obtegens sich verschließend, verschlossen, sich verstellend

obtemperātio, ōnis f. (cf. obtempero) **Gehorsam**

ob-tempero (sich mäßigen) **willfahren, gehorchen,** sich fügen

ob-tendo, tendi, tentus 3. **davorspannen, vorziehen**; obtenta nocte unter dem Mantel der Nacht; — **pass.** vor etwas liegen, gegenüberliegen; — vorziehen; vorschützen

obtentus, ūs m. (cf. obtendo) **das Vorziehen,** Vorstecken; **Verhüllung,** Hülle; — **Deckmantel,** Vorwand, Beschönigung

ob-tero, trivi, tritus 3. **zertreten, zermalmen,** zerquetschen; **vernichten,** aufreiben, zuschanden machen, mit Füßen treten; — **herabwürdigen,** herabsetzen, verkleinern

obtestātio, ōnis f. (cf. obtestor) **Beschwörung;** Beschwörungsformel; — Flehen; inständiges Bitten

ob-tēstor 1. (cf. testis) **zum Zeugen anrufen; feierlich versichern;** eidlich beteuern; — **jemd. beschwören,** anflehen, flehentlich bitten

ob-texo, texui, textus 3. **überweben; bedecken,** überziehen

ob-ticēsco, ticui 3. (cf. taceo) **verstummen**

ob-tineo, tinui, tentus 2. (cf. teneo) **festhalten,** einnehmen, besitzen, innehalten; (militärisch) **besetzt halten;** verwalten; magistratum (locum) o. bekleiden; principem locum o. die erste Rolle spielen; — erhalten, erlangen, bekommen; — **behaupten, behalten,** festhalten; libertatem o. die Freiheit behaupten; legem o. das Gesetz streng beobachten; — (gerichtlich) behaupten, durchsetzen; causam o. sein Recht durchsetzen, den Prozeß gewinnen; — **eine Behauptung aufrecht halten,** beweisen; — (intr.) sich behaupten, gelten z. B. rumor obtinet das Gerücht behauptet sich

ob-tingo, tigi 3. (cf. tango) **zuteil werden, zufallen;** provincia sorte alci obtingit die Provinz fällt ihm durch das Los zu; begegnen, widerfahren, zustoßen; si quid obtigerit wenn etwas Menschliches zustößt

ob-torpēsco, torpui 3. **erstarren,** gefühllos werden

ob-torqueo, torsi, tortus 2. **herumdrehen,** zusammendrehen

obtrectātio, ōnis f. (cf. obtrecto) **Mißgunst, Eifersucht**

obtrectātor, ōris m. (cf. obtrecto) **Nebenbuhler,** Widersacher

ob-trecto 1. (cf. tracto) alci **entgegenarbeiten,** ankämpfen, **herabsetzen, verkleinern,** schmälern; gloriae eius obtrectatur sein Ruhm wird herabgesetzt, geschmälert

ob-trūdo, trūsi. trūsus 3. **vorstoßen;** verbrämen (Kleider)

ob-trunco 1. **niederhauen,** niedermetzeln

ob-tundo, tudi, tūsus und tūnsus 3. gegen etwas schlagen; **stumpf machen,** abstumpfen; vocem o. **heiser** machen, sich heiser schreien; **aures** o. betäuben, in den Ohren liegen; — **behelligen,** belästigen; — **obtūsus** (obtūnsus) 3 **abgestumpft,** stumpf; **betäubt,** geschwächt; **stumpfsinnig,** dumm, gefühllos

obtunsus cf. obtundo

ob-turbo 1. **verwirren,** in Unordnung bringen; unterbrechen, stören

ob-tūro 1. **verstopfen**

F. der Obturator: Verstopfer; Verschlußplatte für Lücken des Gaumens (med.) — die Obturation: Verlegung, Verstopfung (med.)

obtūsus cf. obtundo

obtūtus, ūs m. (cf. tueor) **die Betrachtung,** Anblick

ob-umbro 1. **beschatten; verdunkeln;** verhüllen, beschönigen, bemänteln, schützen

ob-uncus 3 einwärts gekrümmt

ob-ūstus 3 (cf. uro) angebrannt; im Feuer gehärtet

ob-vallo 1. **verschanzen**

ob-venio, vēni, ventum 4. **entgegenkommen,** sich einfinden; — **eintreten,** sich zutragen; zuteil werden, zufallen

ob-versor 1. **sich herumtreiben;** — vorschweben

ob-verto, verti, versus 3. **zuwenden,** zukehren; pass. sich zuwenden, sich hinwenden, sich wenden; sich **hingeben**

ob-viam adv. entgegen; **obviam ire entgegengehen,** entgegentreten, begegnen; **sich widersetzen; abhelfen,** steuern

obvius 3 (cf. obviam) **begegnend,** entgegenkommend; nullo hoste obvio ohne auf den Feind zu stoßen; — **im Wege liegend;** — **zur Hand,** in der Nähe; — **preisgegeben,** ausgesetzt, bloßgestellt; — **freundlich, entgegenkommend**

ob-volvo, volvi, volūtus 3. **einhüllen,** verhüllen; — **verschleiern,** bemänteln

oc-caeco 1. **blenden,** blind machen, verblenden; dunkel machen, verfinstern; unsichtbar machen, bedecken

oc-callēsco, callui 3. (cf. calleo) dickhäutig werden; rostro o. zum Rüssel sich verhärten; — gefühllos werden

oc-cano, canui 3. dareinblasen

occāsio, ōnis f. (cf. occido) **Zufall,** günstige Gelegenheit; günstiger Zeitpunkt; per occosionem, occasione data (oblata) bei günstiger Gelegenheit; — Handstreich

F. die Okkasion i. a. B. — okkasionell: bei Gelegenheit, gelegentlich — der Okkasionalismus: philosoph. Lehre, daß Leib und Seele durch göttliche Vermittlung, nicht von sich aus auf sich einwirken — der Okkasionalist: Anhänger des O.

occāsus, ūs m. (cf. occido) **Untergang** (der Gestirne); solis occasu bei, nach Sonnenuntergang; — Abend, Westen; — Untergang, Verderben, Ende, Sturz; — Tod

occātio, ōnis f. (cf. occo) das Eggen

oc-cento 1. (cf. canto) (ansingen) ein Spottlied singen

occidens, ntis m. (scil. sol) (cf. occido) **Abend, Westen; Abendland**

F. der Okzident i. a. B. — okzidental: abendländisch, westlich

occīdio, ōnis f. (cf. occīdo) **Niedermetzelung,** Vernichtung, Aufreibung

oc-cido, cidi, casūrus 3. (cf. cado) **niederfallen;** untergehen (von Gestirnen) cf. occidens; — **zugrunde gehen,** umkommen; **sterben, fallen** (im Kampfe)

oc-cīdo, cīdi, cīsus 3. (cf. caedo) **niederschlagen, niederhauen,** totschlagen, töten; peinigen, martern

occiduus 3 (cf. occido) **untergehend;** hinfällig, dem Tode nahe

oc-cino, cinui, cecini 3. (cf. cano) entgegenschreien (insbesondere von Wahrsagevögeln)

oc-cipio, cēpi, ceptus 3. (cf. capio) 1.) (trans.) **etwas anfangen,** beginnen, unternehmen 2.) (intr.) **beginnen**

oc-cipitium, ii n. (cf. ob und caput) Hinterhaupt

occīsio, ōnis f. (cf. occīdo) **Totschlag**

oc-clūdo, si, sus 3. (cf. claudo) **verschließen,** versperren; einschließen, einsperren

F. die Okklusion: Einschließung; Niederdruckgebiet im Endzustand; Aufsaugen von Gasen durch poröse Körper

occo 1. (cf. occa) **eggen** (urv.)

oc-cubo, ui, itūrus 1. **tot daliegen**

oc-culco 1. (cf. calco) **niedertreten**

oc-culo, cului, cultus 3. (cf. celo) **verbergen, verstecken; verheimlichen,** geheimhalten

occultātio, ōnis f. (cf. occulto) **das Verbergen,** Geheimhalten

occultātor, ōris m. (cf. occulto) **Verberger**

occulto 1. (cf. occulo) **verbergen, verstecken; verheimlichen,** geheimhalten

occultus 3 (cf. occulo) **versteckt,** verborgen; **heimlich;** verschlossen; occulta, ōrum n. verborgene Räume; Geheimnisse

F. okkult: verborgen, heimlich — der Okkultismus: Lehre vom Geheimnisvollen, Spiritismus — der Okkultist: Anhänger des O.

oc-cumbo, cubui, cubitum 3. **niedersinken,** hinsinken, sterben

occupātio, ōnis f. (cf. occupo) **Besetzung, Besitznahme;** — Inanspruchnahme, Beschäftigung; o. rei publicae Staatsgeschäfte; occupationes publicae politische Wirren

F. die Okkupation i. a. B.

occupātus 3 cf. occupo

oc-cupo 1. (cf. ob und capio) **einneh-**

men, besetzen**; mit etwas besetzen, anfüllen; — **in Besitz nehmen**, sich bemächtigen; — sich einer Person bemächtigen, **jemd. überfallen**, angreifen; — **ergreifen**, erfassen; in Anspruch nehmen, beschäftigen; — (Geld) **anlegen**, unterbringen; — zuvorkommen; — occupātus 3 beschäftigt

F. okkupieren i. a. B. — okkupatorisch: besitzergreifend

oc-curro, curri und (selten) cucurri, cursum 3. **entgegenlaufen,** -eilen, -kommen, begegnen; feindlich entgegenkommen, angreifen; zu etwas hinkommen, bei etwas sich einfinden, beiwohnen; vor Augen treten, sich zeigen, (vor die Seele) treten, einfallen, entgegenarbeiten, entgegentreten; (in der Rede) einwenden, erwidern

occursātio, ōnis f. (cf. occurso) (freundliches) **Entgegenkommen,** Glückwunsch

occurso 1. (cf. occurro) **begegnen, entgegentreten;** herankommen, sich nähern; **entgegenwirken,** widerstreben

occursus, ūs m. (cf. occurro) **Begegnung;** Herbeieilen

Oceanus, i m. (griech.) **Ozean** (F), Weltmeer; Gott des Meeres, Sohn des Uranus und der Erde, Gatte der Tethys; — Oceanitis, idis f. Tochter des O., Meernymphe

F. ozeanisch: das Meer betreffend — interozeanisch: Weltmeere verbindend

ocellus, i m. (dem. von oculus) Äuglein, Augapfel (auch als Liebkosung)

Ocellum, i n. E. Stadt in den Grajischen Alpen

Ochus, i m. E. 1.) Fluß in Innerasien; Beiname persischer Könige z. B. des Artaxerxes III.

ocior, ius comp. **schneller,** geschwinder; **ocissimus** 3 sup.; **ocissimē** adv. **am schnellsten; ōciter** adv. **schnell**

Ocnus, i m. E. Erbauer der Stadt Mantua

ocrea, ae f. Beinschiene

ocreātus 3 (cf. ocrea) mit Beinschienen (Gamaschen) bekleidet

Ocriculum, i n. E. Stadt in Südumbrien (Otricoli); **Ocriculānus** adi. und subst. Bewohner von O.

octaphoros = octophoros

Octāvius 3 E. Name eines röm. Geschlechts 1.) M. Octavius Gegner des Tib. Gracchus 2.) sein Enkel gleichen Namens, Konsul 87 v. Chr., Anhänger Sullas 3.) C. Octavius vernichtete die Reste der Katilinarier 4.) sein Sohn, der Adoptivsohn Cäsars, C. Iulius Caesar Octavianus, der Kaiser Augustus (63 v. Chr. — 14 n. Chr.) 5.) Octāvia, Schwester des Octavianus, Gemahlin des Triumvirn M. Antonius 6.) Octāvia, Gemahlin des Kaisers Nero, von ihm hingerichtet

octāvus 3. (cf. octo) **der achte; octāvum** adv. zum achten Male; ad octavum (scil. lapidem) beim achten Meilenstein; — octāva, ae f. (scil. pars.) Achtel; octāvum, i n. achtfacher Ertrag

F. das Oktav: Achtelbogengröße (buchdr.) — die Oktava: achte Klasse — die Oktave: auf acht Tage ausgedehnte kirchl. Feier höherer Feste; achter Ton vom Grundton aus, Reihe von acht Tönen (mus.)

octiēs und **octiēns** adv. (cf. octo) **achtmal**

octingentēsimus 3 (cf. octingenti) **der achthundertste**

octingenti, ae, a (cf. octo und centum) **achthundert**

octi-pes, pedis **achtfüßig**

octo indecl. **acht** (urv.)

F. der Oktaeder: von acht Flächen begrenzter Körper — der Oktant: Achtelkreis — das Oktogon: Achteck — der Oktopode: Achtfüßer — das Oktett (it.): Tonstück für acht Solostimmen

Octōber, bris, bre **den achten Monat betreffend; Octōber, bris** m. (scil. mensis) **Oktober** (L) (ursprünglich achter Monat)

octō-decim indecl. (cf. decem) **achtzehn**

F. das Oktodez: Achtzehntelbogengröße (buchdr.)

Octodūrus, i m. E. Stadt der Veragrer (Martinach)

octogenārius 3 (cf. octogeni) achtzigjährig

octogēni, ae, a (cf. octoginta) **je achtzig**

Octogēsa, ae f. E. Stadt am Ebro

octogēsimus 3 (cf. octoginta) **achtzigster**

octōgies und **iēns** adv. (cf. octoginta) **achtzigmal**

octoginta indecl. **achtzig**

octō-iugis, e (cf. iugum) achtspännig; — acht Mann hoch

octōni, ae, a (cf. octo) **je acht**

octōphoros, on (griech.) von acht Mann getragen

octuplicātus 3 (cf. octo und plico) verachtfacht

octuplus 3 (griech.) achtfach

octūssis, is m. (cf. octo und asses) acht As; octussibus emptus für acht As gekauft

oculus, i m. **Auge** (urv.); Augenlicht, Sehkraft, Blick; — Knospe; Augapfel; Wertvolles

M. ad oculos: vor die Augen — a. o. demonstrieren: vor Augen führen — Okuli: der dritte Fastensonntag (genannt nach dem Anfangswort des Introitus der Messe)
F. okular: das Auge betreffend; für, durch das Auge; sichtbar — das Okular: die dem Auge zugekehrte Linse des Fernrohres — der Okulist: Augenarzt — okulieren: Pflanzen durch Aufpfropfung veredeln — die Okulierung, Okulation: Pflanzenveredlung — das Monokel: Einglas — das Binokel: Fernglas für beide Augen — binokular: zweiäugig, für beide Augen eingerichtet

ōdi perf. (odisse inf., part. fut. osūrus 3) **hassen**

M. odi profanum vulgus et arceo: ich hasse das gemeine Volk und halte es fern (Anfang einer berühmten Horazode)

odiōsus 3 (cf. odium) **verhaßt, widerwärtig**

F. odios, odiös: gehässig — Odiosa: Widrigkeiten — die Odiosität: Gehässigkeit; das Verhaßtsein

odium, ii n. (cf. odi) **Haß,** Widerwille; alci odio esse bei jemd. verhaßt sein; — Abneigung, Mißbehagen; — widerwärtiges Wesen; — (pass.) das Verhaßtsein; Gegenstand des Hasses

F. das Odium: Haß, Feindschaft, Zurücksetzung

odor (arch. odos), ōris m. **Geruch;** Duft; Räucherwerk, Spezerei; — Dunst, Gestank; — Ahnung, Witterung

odorātio, ōnis f. (cf. odoror) **das Riechen**

odorātus, ūs m. (cf. odoror) **Geruch;** Geruchsinn

odorātus 3 cf. odoro

odōri-fer, fera, ferum (cf. odor und fero) Wohlgeruch verbreitend, **duftend;** Räucherwerk, Spezereien herstellend

odōro 1. (cf. odor) **wohlriechend machen;** odorātus 3 duftend, wohlriechend

F. die Desodorierung: Beseitigung schlechter Gerüche

odōror 1. (cf. odor) **etwas riechen, wittern,** ausspüren, ausschnüffeln, erforschen; nach etwas trachten; — nur in etwas hineinriechen, oberflächlich kennenlernen

odōrus 3 (cf. oder) **wohlriechend,** duftend; spürend, witternd

odos = odor

Odrysae und **Odrusae,** ārum m. E. thrazischer Volksstamm; Odrysius 3 odrysisch, thrazisch

Odyssēa, ae f. 1.) die Odyssee Homers von Livius Andronicus ins Lateinische übersetzt 2.) Vorgebirge an der Südspitze Siziliens

Oea, ae f. E. Stadt in Nordafrika (Tripolis); Oeēnsis adi. und subst. Bewohner von O.

Oeagrus, i m. E. thrazischer König, Vater des Orpheus; Oeagrius 3 thrazisch

Oebalus, i m. E. spartanischer König, Großvater der Helena und der Dioskuren; Oebalides, ae m. Nachkomme des O., Dioskur, Spartaner; Oebalis, idis f. = Helena; Oebalius

3 = spartanisch; — Oebalia, ae f. = Tarent (von den Spartanern kolonisiert)

Oechalia, ae f. E. Stadt in Euböa; Oechalis, idis f. Frau aus Ŏ., Euböerin

Oecleus, ei m. E. Argiver, Vater des Amphiaraus; Oeclides, ae m. = Amphiaraus

oeconomicus, i m. (griech.) Haushalter, Titel einer Schrift Xenophons

Oedipus, i und podis m. E. Sohn des Laius und der Jocaste, König in Theben; Titel zweier Tragödien des Sophokles; Oedipodionius 3 des Ŏ.

Oeneus, ei und eos m. E. König in Kalydon, Vater des Meleager, des Tydeus und der Deianira; Oenēïus, Oenēus 3 des Ŏ.; Oenides, ae m. Sohn des Ŏ.

Oenomaus, i m. E. Vater der Hippodamia, Urahne der Atriden

Oenōne, ēs f. E. Nymphe, Geliebte des Paris

oeno-phorum, i n. (griech.) Weinkorb

Oenopia, ae f. E. alter Name von Ägina; — Oenopius adi. und subst. Bewohner von Ŏ.

Oenopion, ōnis m. E. König von Chios, Vater der Merope

Oenōtrus, i m. E. Sabinerkönig; Oenōtrius und us 3 italisch, römisch

Oenus, ūntis m. E. Nebenfluß des Eurotas bei Sparta

oestrus, i m. (griech.) Pferdebremse

Oeta, ae und Oete, ēs f. Gebirge in Südthessalien; — Oetaeus 3 aus Ŏ.; — m. subst. = Herkules (der sich auf dem Oeta verbrannte)

offa, ae f. Bissen, Kloß

offendiculum, i n. (cf. offendo) Anstoß, Hindernis

of-fendo, fendi, fēnsus 3. (cf. defendo) 1.) (intr.) **anstoßen,** anschlagen, sich stoßen; **zu Schaden kommen,** einen Unfall erleiden, verunglükken; — **verstoßen,** versehen, fehlen, **Anstoß erregen;** — **Anstoß nehmen,** unzufrieden sein; alqd in alqo an etwas bei jemd. Anstoß nehmen; anstößig sein, auffallen 2.) (trans.) **etwas anstoßen** z. B. caput o. sich mit dem Kopfe stoßen; — **auf jemand stoßen,** antreffen, finden; verletzen, beleidigen, kränken z. B. animum alcis o. jemd. zu nahe treten; pass. an etwas Anstoß nehmen, sich verletzt, gekränkt fühlen; — **offēnsus gekränkt, beleidigt,** aufgebracht; **anstößig, verhaßt,** zuwider

F. offensiv: beleidigend, angreifend — inoffensiv: nicht beleidigend — die Offensive: Angriff

offēnsa, ae f. (cf. offendo) **Beleidigung,** Kränkung; Ungnade, Ungunst, Unwille

offensātor, ōris m. (cf. of-fenso) Stümper

offēnsio, ōnis f. (cf. offendo) das Anstoßen; **Unfall,** Widerwärtigkeit, Unglücksfall, Niederlage; — **Übelbefinden,** Unwohlsein; — **Anstoß,** Verdruß, Unwille, **Abneigung,** Feindschaft, Haß, Verdrießlichkeit; plur. krankhafte Abneigungen

offensiuncula, ae f. (dem. von offensio) kleine Beleidigung, kleine Widerwärtigkeit

offēnso 1. (cf. offendo) **wiederholt anstoßen;** (in der Rede) stocken

offēnsus 3 cf. offendo

of-fero, obtuli, oblātus, offerre **entgegenbringen, darbieten;** — se offerre und pass. sich darbieten, sich zeigen, erscheinen, entgegentreten, sich widersetzen; — **darbieten, anbieten; zufügen,** antun, erweisen, gewähren; **preisgeben,** aussetzen; morti se o. sich dem Tode weihen

M. Opfer (L)

F. offerieren: anbieten — der Offerent: Anbieter — die Offerte: Angebot (insbes. durch Zeitungsinserat) — das Offertorium: Hauptteil der hl. Messe — die Oblate: Hostie, Abendmahlsbrot; dünnes Gebäck, Siegelplättchen — die Oblaten: Laien, die sich ohne Gelübde in den Dienst von Mönchsorden stellen

officīna, ae f. (aus opificina cf. opifex) **Werkstätte,** Fabrik; **Herd,** Brutstätte

F. die Offizin i. a. B., Apotheke; Buchdruckerei — offizinal, offizinell: in der Apotheke vorhanden; heilkräftig

of-ficio, fēci, fectus 3. (aus ob-facio) entgegenarbeiten, **in den Weg treten,** sich in den Weg stellen; — hinderlich sein, schädigen

officiōsus 3 (cf. officium) **diensteifrig,** gefällig, zuvorkommend
F. offiziös: dienstbeflissen; halbamtlich

officium, ii n. (aus opi-facium) **Dienst, Dienstleistung; Liebesdienst,** Gefälligkeit; **Ehrenbezeugung;** officii causa Ehren halber; **Amt,** Geschäft, Beruf; officio fungi ein Amt bekleiden; — **Pflicht,** Schuldigkeit, Obliegenheit, Verpflichtung; officium praestare seine Pflicht erfüllen; ab officio discedere der Pflicht untreu werden; — Gehorsam, Unterwürfigkeit; in officio manere treu bleiben; — Pflichttreue, Pflichtgefühl
M. ex officio: von Amts wegen, ohne Antrag
F. das Offizium: Pflicht, Amtspflicht — das Heilige Offizium: Breviergebet — der Offizial: Gehilfe, Beamter, Vertreter des Bischofs — das Offizialvergehen: Strafvergehen, bei dem der Staatsanwalt ohne weiteres einschreitet — offiziell: amtlich, berufsmäßig; feierlich, steif — der Offizier: höherer militärischer Vorgesetzter — der Offiziant: Unterbeamter — inoffiziell: nicht amtlich — inoffiziös: pflichtwidrig; ungebührlich, widerrechtlich

of-figo, fīxi, fīxus 3. befestigen

of-firmo 1. **festmachen; offirmātus** 3 fest; **störrisch,** eigensinnig, verhärtet; — darauf bestehen

of-fulgeo, si 2. **entgegenglänzen**

of-fundo, fūdi, fūsus 3. **hingießen,** hinschütten, **verbreiten;** pass. sich verbreiten, umgeben; bedecken, erfüllen

Ogyges, is m. E. mythischer König in Theben; — Ogygius 3 thebanisch

oh (interi.) o! ach!

ohe (interi.) halt ein!

Oileus, ei und eos m. E. König der Lokrer, Vater des kleineren Ajax; Ooiliades, ae m. Sohn des O. = Ajax; Oïleus 3 des O.

Olbia, ae f. E. Stadt im nordöstlichen Sardinien; — Olbiēnsis adi. und subst. Bewohner von O.

Olcades, um m. E. spanischer Volksstamm

olea, ae f. = oliva

oleāginus 3 (cf. olea) vom Ölbaum

oleārius 3 (cf. olea) für das Öl bestimmt

Olearos, i f. E. Zykladeninsel (Antiparo)

oleaster, stri m. (cf. olea) wilder Ölbaum

olens cf. oleo

Olenus, i f. E. Stadt in Ätolien; Olenius 3 ätolisch

oleo, olui 2. (cf. odor) **riechen,** duften, stinken; — erkennen lassen, verraten, (durch den Geruch) sich bemerkbar machen; olens, ntis riechend, duftend, stinkend
M. non olet: (Geld) stinkt nicht (Vespasian), es ist nicht anrüchig, es ist nichts dabei

oleum, i n. (griech.) **Öl** (L); oleum addere camino Öl ins Feuer gießen; oleum et operam perdere Hopfen und Malz verlieren

ol-facio, fēci, factus 3. (cf. odor) etwas riechen, wittern

olidus 3 (cf. oleo) riechend, stinkend

olim (aus ollim von ollus = ille) **einst, vor Zeiten; längst,** seit langem, von jeher; — **dereinst,** einstmals, künftig; bisweilen, manchmal; — (selten) einmal, jemals
M. seit Olims Zeiten: seit undenklichen Zeiten

olitor, ōris m. Gemüsegärtner; olitōrius 3 zu den Küchengemüsen gehörig; subst. n. (scil. forum) Gemüsemarkt

oliva, ae f. (griech.) **Olive** (L); — **Ölbaum;** Ölzweig; Ölstab
M. Olivia (V) — oliv: olivenfarbig

olivētum, i n. Olivengarten, Olivenhain

olivi-fer, fera, ferum oliventragend

olivum, i n. (cf. oliva) **Olivenöl**

ōlla, ae f. Kochtopf

olle, ollus 3 arch. = ille

olor, ōris m. Schwan

olorinus 3 (cf. olor) des Schwanes

olus und holus, eris n. Gemüse, Grünzeug

olusculum, i n. (dem. von olus) kleines Gemüse

Olympia, ae f. E. dem Zeus geheiligte Stätte am Nordufer des Alpheus; Olympius, Olympicus, Olympiacus 3 olympisch; Olympium, ii n. Ort in der Nähe von Syrakus; **Olympia,** ōrum n. die olympischen Spiele; **Olympias,** adis f. Zeitraum von vier Jahren (**Olympiade**), nach dem die olympischen Spiele stattfanden; Olympionīces, ae m. Sieger in den olympischen Spielen

F. olympisch: die Olympiade betreffend — die Olympiade i. a. B.

Olympias, adis f. E. Mutter Alexandres d. Gr.

Olympos und us, i m. E. 1.) Berg an der Grenze von Mazedonien und Thessalien, der berühmte Wohnsitz der Götter; — Himmelsgewölbe, Himmel 2.) Schüler des Marsyas, Flötenspieler

F. der Olymp i. a. B., Göttersitz — olympisch: göttlich — der Olympier: der im Olymp thronende Gott; ein Gewaltiger, ein Herrscher

Olynthus, i f. E. Stadt auf Chalcidice; — Olynthius adi. und subst. Bewohner von O.

omasum, i n. Rindskaldaunen

ōmen, inis n. (arch. osmen) **Vogelzeichen,** Vorzeichen, **Vorbedeutung;** — Wunsch, Glückwunsch; — feierlicher Brauch

F. das Omen i. a. B. — ominös: von böser Vorbedeutung, unheilverkündend

ōminor 1. **weissagen,** prophezeien

o-mitto, misi, missus 3. (aus obmitto) **fahren lassen,** wegwerfen; **aufgeben,** unterlassen, außer acht lassen; unerwähnt lassen, **übergehen**

omni-gena, ae m. und f. (cf. omnis und genus) **allerlei**

omninō adv. (cf. omnis) **im ganzen, gänzlich, überhaupt,** völlig; allerdings; — **ganz und gar,** vollständig, durchaus; non o. nicht ganz, nicht völlig, gar nicht; o. non durchaus nicht, überhaupt nicht, gar nicht; o. nemo durchaus niemand, überhaupt niemand; o. nihil durchaus nichts, überhaupt nichts

omni-parens, ntis f. **Allmutter**

omni-potens, ntis **allmächtig**

F. omnipotent i. a. B. — die Omnipotenz: Allmacht

omnis, e **jeder, aller; plur. alle;** omnia, ium n. alles; — allerlei, allerhand; — lauter, nichts als; — ganz, gesamt (als Summe von Teilen)

M. omnia ad maiorem dei gloriam (abgek. o. a. m. d. g.): alles zur größeren Ehre Gottes — omnia mea mecum porto: all das Meinige trage ich bei mir (Bias)

F. der Omnibus: („für alle") großes Fahrzeug zur aller Benutzung — der Omnivore: Allesfresser

omni-vagus 3 überall herumschweifend

Omphale, ēs f. E. Königin von Lydien

onager und onagrus, i m. (griech.) wilder Esel

Onchēstus, i f. E. Stadt in Böotien mit Neptuntempel; Onchestius adi. und subst. Bewohner von O.

onerārius 3 (cf. onus) **lasttragend; navis oneraria Fracht-,** Last-, **Transportschiff**

onero 1. (cf. onus) **beladen,** belasten, bepacken; überhäufen, überschütten, überladen; **beschweren,** belästigen; schwerer machen, erschweren, vergrößern

onerōsus 3 (cf. onus) **lastend, drükkend,** lästig

F. onerös i. a. B.

onus, eris n. **Last,** Ladung, Fracht; o. ventris Leibesfrucht; — **Mühe,** Beschwerlichkeit, Beschwerde, Schwierigkeit; — plur. Lasten, Abgaben, Steuern, Schulden

onustus 3 (cf. onus) **beladen,** bepackt; voll von; praedā onustus beutebeladen

onyx, ychis m. und f. (griech.) Onyx (F), Edelstein; Parfumfläschchen, Salbenbüchschen

opācitas, tātis f. (cf. opacus) Verdunkelung durch Schatten ,Schatten

opāco 1. (cf. opacus) beschatten

opācus 3 schattig, schattenspendend; beschattet, dunkel, finster

opella, ae f. (dem. von opera) kleine Arbeit

opera, ae f. (cf. opus) **Arbeit, Mühe, Tätigkeit;** operam dare (navare; tribuere, insumere) Mühe auf etwas verwenden, sich Mühe geben, darauf hinarbeiten alci rei z. B. litteris; datā (deditā) operā absichtlich, vorsätzlich; operae pretium est es ist der Mühe wert; non operae est es ist nicht der Mühe wert, es lohnt sich nicht; operae pretium facere tun, was der Mühe wert ist; operā alcis durch Zutun, auf Betreiben jds., durch jds. Schuld; meā (tuā, suā) operā auf meine Bemühung hin, durch mein Zutun, durch meine Schuld; eādem operā zugleich, unter einem; — **Dienst, Dienstleistung, Hilfe;** operā consilioque alcis uti von jemd. mit Rat und Tat unterstützt werden; operam alci praestare Dienste leisten; — **Zeit, Gelegenheit, Muße;** deest mihi opera ich habe keine Zeit und keine Lust; est mihi operae ich habe Zeit dazu, es paßt mir gut; — **Arbeiter,** Knecht, Tagelöhner; meist plur. z. B. operae mercennarii Lohnarbeiter; Helfershelfer

operārius 3 (cf. opera) **zur Arbeit gehörig,** tauglich; subst. m. Arbeiter, Tagelöhner, Handlanger

operculum, i n. (cf. operio) Deckel

operimentum, i n. (cf. operio) **Decke**

operio, erui, ertus 4. (cf. ob und aperio) **zudecken, bedecken; verhüllen,** verschließen, verbergen, verhehlen; **opertus 3 verborgen, heimlich;** opertum, i n. geheimer Ort, verborgene Stelle; Geheimnis; — begraben

operor 1. (cf. opus) **mit etwas beschäftigt sein, arbeiten; ein Opfer verrichten,** opfern

F. operieren: eingreifen, verfahren; Truppenbewegungen ausführen, chirurgisch eingreifen — die Operation: chirurg. Eingriff, militärisches Unternehmen — der Operateur (franz.): Chirurg; Kurbler, der Filmaufnahmen macht — operativ: tätig eingreifend, chirurgisch — die Kooperation: Mitwirkung — kooperieren: mitwirken — kooperativ: gemeinsam, genossenschaftlich — der Kooperator: Mitarbeiter, Hilfspriester

operōsus 3 (cf. opera) **geschäftig,** tätig; **mühevoll,** mühsam, beschwerlich, mühselig; — **kunstreich,** kunstvoll, künstlich; — wirksam

opes cf. ops

Ophias, adis f. E. Ophierin (aus dem ätolischen Stamme der Ophier)

Ophion, onis m. E. Vater des Zentauren Amykus; Ophionides, ae m. = Amykus

Ophiūsa, ae f. E. (arch.) Cypern; Ophiūsius adi. und subst. Bewohner von O.

opi-fer, fera, ferum (cf. ops und fero) **hilfeleistend**

opi-fex, icis m. (cf. opus und facio) **Werkmeister,** Bildner, Verfertiger, Schöpfer; Handwerker

opilio, ōnis m. (aus ovis und pello) Schafhirt, Schäfer

Opīmius 3 E. Name eines röm. plebejischen Geschlechts; L. Opimius Konsul, Führer des Adels im Kampfe gegen C. Gracchus

opimus 3 (cf. ops) **fett, wohlgenährt, fruchtbar;** reich; überladen; herrlich, ansehnlich, stattlich; — spolia opima Feldherrnbeute, die dem Gegner abgenommene Rüstung

opinābilis, e (cf. opinor) auf Vermutung, beruhend, **vermutlich,** eingebildet

opinātio, onis f. (cf. opinor) **Vermutung,** Vorstellung, Einbildung

opinio, ōnis f. (cf. opinor) **Meinung, Vermutung; Erwartung,** Ahnung; praeter (contra) opinionem wider

Erwartung; opinione celerius über Erwartung schnell, schneller als man erwartete; — **Einbildung,** Wahn; **gute Meinung,** guter Ruf; summam virtutis opinionem habere im Rufe größter Tapferkeit stehend

opīnor 1. **meinen, vermuten,** wähnen; oft parenthetisch ut opinor oder opinor z. B. illa, opinor, tu non facies du wirst das, denke ich, nicht tun; — **opinātus** 3 **eingebildet,** vermeintlich; bona opinata Scheingüter

opinōsus 3 (cf. opinio) voller Vermutungen

opi-parus 3 (aus opem paro) prächtig, herrlich, reichlich

opistographus 3 (griech.) auf der Rückseite beschrieben

Opitergium, ii n. E. Stadt in Venetien (Oderzo)

opitulor 1. (cf. ops und tulo = fero) **Hilfe bringen,** beistehen

oportet, uit 2. **es gebührt sich, es ist nötig,** man soll, man muß, man darf

oportūnus = opportunus

op-pēdo 3. anfarzen, verhöhnen, beschimpfen

op-perior, pertus sum 4. (cf. experior) 1.) (intr.) **warten** 2.) (trans.) **erwarten**

op-peto, ivi und ii, itum 3. **entgegengehen,** alqd z. B. mortem o. in den Tod gehen, dem Tode mutig entgegengehen (später auch ohne mortem)

oppidānus 3 (cf. oppidum) **aus einer Landstadt, kleinstädtisch;** — subst. m. Stadtbewohner, Städter

Oppidius 3 E. Name eines röm. Geschlechts

oppidō adv. von Grund aus, ganz, völlig, sehr, äußerst

oppidulum, i n. (dem. von oppidum) Städtchen

op-pidum, i n. (aus op-pedom [griech.] = Grund, Boden, „das auf dem Boden Liegende“) **Befestigung,** fester Platz, **Stadt** (meist kleinere Landstadt, nicht Rom)

op-pignero 1. **verpfänden,** als Pfand einsetzen

op-pilo 1. (cf. pilum) verrammeln, verschließen

Oppius 3 E. Name eines röm. plebejischen Geschlechts

op-pleo, plēvi, plētus 2. (cf. ex-pleo) **anfüllen**

op-pōno, posui, positus 3. **entgegenstellen,** entgegensetzen, vorhalten; pass. entgegenstehen, gegenüberstehen, gegenüberliegen; **oppositus** 3 **entgegengestellt, gegenüberliegend,** vorgelagert; — **aussetzen, preisgeben;** — **vorhalten,** vorführen; — **dagegen vorbringen,** einwenden; gegenüber stellen

F. opponieren: widersprechen, entgegentreten — der Opponent: Gegner — die Opposition: Widerrede; Gegenpartei; Gegenstellung (astron.) — oppositionell: zur Opposition gehörig, regierungsfeindlich

opportūnitas, tātis f. (cf. opportunus) **günstige Lage; günstige Gelegenheit; günstiger Umstand, Vorteil;** günstige Anlage

F. die Opportunität i. a. B. — die Inopportunität: Ungelegenheit, Unbequemlichkeit

opportūnus 3 (cf. portus) **günstig gelegen; günstig; geeignet,** brauchbar, vorteilhaft; **geschickt,** gewandt; **geeignet,** nützlich; **bloßgestellt,** preisgegeben, ausgesetzt; **opportūna,** ōrum n. **bedrohte Punkte**

F. opportun i. a. B. — der Opportunist: einer, der sich von den Umständen bestimmen läßt; Gesinnungsloser — der Opportunismus: Handeln nach Zweckmäßigkeit, Nützlichkeitssinn, Gesinnungslosigkeit — inopportun: unbequem, ungelegen

oppositus 3 cf. oppono

oppositus, ūs m. (cf. oppono) **das Entgegenstellen;** das Entgegenstehen, Vortreten, Vorliegen

oppressio, ōnis f. (cf. opprimo) **Unterdrückung;** Überrumpelung

F. die Oppression i. a. B. — oppressiv: unterdrückend

oppressor, ōris m. (cf. opprimo) **Unterdrücker**

op-primo, pressi, pressus 3. (cf. **pre-**

mo) **niederdrücken; erdrücken,** ersticken; **unterdrücken,** niederhalten; **niederwerfen,** bewältigen, überwältigen, knechten, vernichten; pass. erliegen, unterliegen; — **überfallen, überraschen,** überrumpeln, aus der Fassung bringen, täuschen

op-probrium, ii n. (cf. probrum) **Beschimpfung, Vorwurf,** Schmährede; **Schimpf,** Schande; opprobrio esse schänden, Schande machen; — (von Personen) Schandfleck, Schande

oppugnātio, ōnis f. (cf. oppugno) **Bestürmung;** Belagerungsweise, -kunst; — Angriff, Anklage

oppugnātor, ōris m. (cf. oppugno) **Bestürmer,** Angreifer

op-pugno 1. **angreifen, stürmen,** berennen; zu Leibe gehen, **bekämpfen,** anfechten

ops, opis f. (nom. und dat. sing. ungebräuchlich) **Macht, Kraft, Vermögen;** summā (omni, maximā) ope, omnibus (summis) opibus mit aller Macht, mit allen Kräften; — **Hilfe, Beistand;** opem ferre Hilfe bringen; — **opes,** um f. **Mittel, Vermögen,** Reichtum, Geld; — **Einfluß,** Macht; — **Truppenmacht,** Streitkräfte, Heer

Ops, Opis f. röm. Göttin der Fruchtbarkeit und des Getreidesegens

opsonium = obsonium

optābilis, e (cf. opto) **wünschenswert,** willkommen

optātio, ōnis f. (cf. opto) **Wunsch**

optātus cf. opto

optimas, ātis (cf. optimus) **zu den Besten gehörig, vornehm,** aristokratisch; — subst. m. Aristokrat, Konservativer; optimātes, um und ium m. die Optimaten (F), die aristokratische Partei (im Gegensatz zu den populares, der Volkspartei)

optimus cf. **bonus**

M. optima fide: im besten Glauben — optime: bestens — optima forma: in bester Form — das Optimum: das Beste
F. der Optimismus: Schönseherei, Lebensfreudigkeit — der Optimist: Schönseher — optimistisch: lebensfroh, hoffnungsfreudig

optio, ōnis f. (cf. opto) 1.) **Wahl, Wunsch,** freier Wille 2.) der Gehilfe des Hauptmanns, Feldwebel

F. die Option: Wahl der Staatsangehörigkeit

optīvus 3 (cf. opto) **erwählt,** erwünscht

opto 1. 1.) **wählen,** aussuchen 2.) **wünschen;** — **optandus** 3 **erwünscht,** willkommen, ersehnt; — **optātum,** i n. Wunsch

F. optieren: eine Staatsangehörigkeit wählen — der Optant: der eine Staatsangehörigkeit Wählende — der Optativ: Wunschform (sprachl.)

optumus (arch.) = optimus

opulens, opulenter cf. opulentus

opulentia, ae f. (cf. opulentus) **Reichtum; politische Macht**

F. die Opulenz i. a. B., Üppigkeit, Pracht

opulento 1. **reich machen**

opulentus 3 und **opulens,** ntis, adv. opulenter (cf. ops) **reich,** wohlhabend, vermögend; **reichlich,** kostbar, prächtig; **mächtig,** stark, einflußreich

F. opulent: reich, üppig, prächtig

opus, eris n. **Werk,** Arbeit, Beschäftigung, Tätigkeit; das einzelne Werk, **Tat, Leistung; Händearbeit,** Menschenwerk, Kunst; **Mühe,** Anstrengung; magno, summo, maximo, tanto opere cf. magnopere etc.; nimio opere zu sehr; — das vollendete Werk, **Schöpfung, Erzeugnis; Bauwerk,** Befestigungswerk, **Belagerungswerk,** Belagerungsmaschine; **Kunstwerk;** — **Schriftwerk;** — **opus est es ist nötig,** man braucht, man hat nötig; alci alqa re z. B. libris mihi opus est ich brauche Bücher; quae opus sunt das Notwendige, die erforderlichen Maßregeln

M. üben (urv.)
F. das Opus (abgek. op.), plur. Opera: Werk — die Oper: Musikdrama

Opus, ūntis f. E. Stadt der Lokrer am Euripus; Opūntius adi. und subst. Bewohner von O.

opusculum, i n. (dem. von opus) kleines Werk

ōra, ae f. (cf. ōs) **Rand**, Saum; — Küste; Küstenbewohner; — **Gegend**, Zone. Himmelsgegend

ōra, ae f. **Tau**, Seil

ōrāculum, i n. (cf. oro) **das Orakel** (F); **Orakelstätte**; **Orakelspruch**, Weissagung

ōrātio, ōnis f. (cf. oro) **Rede**, Sprache, Redeweise, Darstellung, Ausdruck; — das Gesprochene, Äußerung, Worte; — kunstmäßige Rede, Vortrag; — Gegenstand der Rede, Thema; — Redegabe, Beredsamkeit; — kaiserlicher Befehl, kaiserliches Handschreiben
M. O. recta: unabhängige Rede

oratiuncula, ae f. (dem. von oratio) kleine Rede

ōrātor, ōris m. (cf. oro) **Sprecher**, Wortführer, Unterhändler; kunstmäßiger **Redner**
F. das Oratorium: geistliches dramatisches Tonstück; Betsaal — oratorisch: rednerisch

oratōrius 3 (cf. orator) **rednerisch**

ōrātrix, īcis f. (cf. orator) **Rednerin, Vermittlerin**

ōrātus, ūs m. (cf. oro) meist abl. sing. **ōrātu auf Bitten**

Orbilius Pupillus, i m. E. Lehrer in Rom, bekannt durch seine Strenge

orbis, is m. (abl. sing. orbe, selten als locat. orbi) **Kreis**, Zirkel, kreisförmige Stellung; orbem facere ein Karree formieren; — **Kreislauf**, Umkreis; — kreisförmige Scheibe, Rad; orbis terrae Erdenrund, ganze Erde; orbis terrarum die ganze Welt
M. Orbis pictus: die Welt in Bildern (Schulbuch des Comenius)

orbita, ae f. (cf. orbis) **Wagengleis**, Radspur; Fahrt, Spur
F. exorbitant: aus dem Gleis geraten, außerordentlich, ungeheuer — die Exorbitanz: Übertreibung, Übermaß

orbitas, tātis f. (cf. orbus) **die Verwaistheit**, Elternlosigkeit, Kinderlosigkeit; **Mangel**

Orbius 3 Name eines römischen Geschlechts; P. Orbius röm. Jurist

orbo 1. (cf. orbus) **verwaist machen**; der Kinder, der Eltern berauben; **berauben** alqm re z. B. omni spe orbo ich nehme dir alle Hoffnung

Orbōna, ae f. (cf. orbus) die von kinderlosen Eheleuten angerufene Göttin

orbus 3 **verwaist**; subst. Waise; — **beraubt**, entblößt, meist mit abl. z. B. auxilio orbus
M. Erbe (urv.)

orca, ae f. irdene Tonne (für Fische)

Orcades, um f. Inseln an der Nordspitze von Schottland (Orkneyinseln)

orchas, adis f. (griech.) eirunde Olive

orchēstra, ae f. (griech.) Orchester im Theater

Orchomenos und us, i m. und f. 1.) Stadt in Böotien 2.) Stadt in Arkadien; Orchomenius adi. und subst. Bewohner von O.

Orcus, i m. (cf. arceo) Unterwelt, Totenreich; — Gott der Unterwelt, Pluto; — Tod
F. der Orkus i. a. B. — exorzisieren: böse Geister beschwören, austreiben — der Exorzismus: Teufelsbeschwörung — der Exorzist: Teufelsbeschwörer

Orcynia silva f. cf. Hercynia silva

ordinārius 3 (cf. ordo) **ordentlich, regelmäßig**, gewöhnlich
F. der Ordinarius: ordentlicher Hochschulprofessor; Klassenlehrer; Hauptgeistlicher — das Ordinariat: Amt des ordentlichen Professors, Klassenlehrers; bischöfliches Amt — das Ordinarium: etwas Herkömmliches, Ordnungsmäßiges; die ordentlichen Einnahmen und Ausgaben im Staatshaushalt — ordinär: gebräuchlich, alltäglich, gewöhnlich, gemein

ordinātim adv. (cf. ordo) **reihenweise**, gliederweise

ordinātio, ōnis f. (cf. ordino) **Regelung**, Einrichtung
F. die Ordination: Einsetzung; ärztliche Verordnung; Priesterweihe — die Subordination: Unterordnung — die Insubordination: Ungehorsam — die Koordination: Beiordnung

ordinātus cf. ordino

ōrdino 1. (cf. ordo) **ordnen** (L), in Ordnung bringen; einrichten, regeln; **ordinātus** 3 **geordnet**, ordentlich, regelmäßig; — in ein Amt einsetzen *F.* ordinieren: einsetzen, weihen; ärztlich verordnen — subordinieren: unterordnen — koordinieren: beiordnen — die Koordinate: Strecke zur Punktbestimmung in der Ebene, im Raume (math.)

ōrdior, ōrsus sum 4. (cf. ordo) **anfangen, beginnen** alqd a re z. B. omnia a Iove o. alles mit Gott beginnen; — **zu reden beginnen,** anheben; — orsa, ōrum n. das Beginnen, Anfang, Unternehmen; Rede, Worte

ordo, inis m. (cf. ordior) **Reihe, Schicht,** Lage; Glied, **Linie, Reih und Glied;** nullo ordine in aufgelösten Gliedern; ordines observare in Reih und Glied bleiben; ordine egredi aus Reih und Glied treten; — **Schar,** Abteilung, Zug, **Zenturie, Kompanie;** ordo primus die 1. Zenturie der 1. Kohorte; centuriones primorum ordinum Oberzenturionen, rangälteste Hauptleute; — Zenturionen-, Hauptmannsstelle; spes ordinum Hoffnung auf Hauptmannsstellen; Zenturie; ordines primi = centuriones primorum ordinum; ordines octavi Zenturionen der 8. Kohorte; — **Stand, Klasse,** Rang; o. senatorius Senatorenstand; homines omnium ordinum Leute aller Stände; — **Ordnung, Reihenfolge;** o. rerum Reihe von Taten; ordine der Reihe nach; ex ordine nach der Reihe und Ordnung, in einem fort; extra ordinem außer der Reihe, außerordentlicherweise; über das gewöhnliche Maß; wider alle Ordnung, gegen die Sitte

Ordovīces, um m. E. britischer Volksstamm im heutigen Wales

orēas, adis f. (griech.) Bergnymphe

Orestae, ārum m. E. Molosserstamm in Epirus

Orestes, ae und is m. E. Sohn Agamemnons und der Klytämnestra, Mörder der Mutter; Orestēus 3 des O.

Oretāni, ōrum m. E. spanischer Volksstamm

Orgetorix, igis m. E. Helvetierfürst

orgia, ōrum n. (griech.) nächtlicher Geheimdienst des Bacchus, Bacchusfest *F.* die Orgie: zügelloses Fest

orichalcum, i n. (griech.) Bergerz, Messing

Oricos, i f. und um, i n. E. Seestadt in Illyrien; Oricius und Oricinus adi. und subst. Bewohner von O.

oricula = auricula

oriens, entis m. (scil. sol, cf. orior) **Osten; Morgenland;** Sonnengott; oriente primo bei Sonnenaufgang *F.* der Orient i. a. B. — orientalisch: östlich, morgenländisch — der Orientalist: Kenner der morgenländischen Sprachen — orientieren: den Ostpunkt suchen, sich zurechtfinden sich unterrichten — die Orientierung: Ortsbestimmung, Kenntnis, Unterweisung

origo, inis f. (cf. orior) **Ursprung,** Abstammung, Geburt; **Stamm, Familie, Geschlecht;** Stammvater, -mutter, Ahnherr; Mutterstadt, -land, Stammvolk; — Urgeschichte (Titel eines Werkes des älteren Kato) *F.* das Original: Urschrift, -bild, -druck, -sprache, -handschrift; eigentümlicher Mensch, Sonderling — original: ursprünglich, -schriftlich, -wüchsig, eigenartig — die Originalität: Ursprünglichkeit, -wüchsigkeit — originell: eigentümlich, eigenartig

Orion, ōnis m. E. sagenhafter Jäger, Sternbild (sein Aufgang und Niedergang brachte Stürme)

orior, ortus sum 4. (wird im praes. und imp. nach der 3. Konj., im coni. impf. nach der 3. und 4. flektiert; part. fut. oritūrus, gerundiv. oriundus) **sich erheben;** (von Gestirnen) **aufgehen;** sol oriens Osten, Orient; **entstehen, entspringen,** herrühren; ab, ex z. B. ex invidia odium oritur; **abstammen,** geboren werden mit bloßem abl. oder ab, ex alqo; wachsen; **anfangen;** mit ab z. B. silva a flumine oritur; — oriundus 3 abstammend, entsprossen; **meist mit ab** z. B. oriundus ab Aenea

M. ex oriente lux: aus dem Osten (kommt) das Licht (die Kultur)

Orithyia, ae f. E. Tochter des Erechtheus, Gattin des Boreas

Oritae, ārum m. E. indisches Volk

oriundus cf. orior

Ormenus, i m. E. Gründer von Ormenion; Ormenis, idis f. seine Enkelin Astydamia

ornamentum, i n. (cf. orno) **Ausrüstung;** plur. Ausrüstungsgegenstände, Kriegsvorräte, **Schmuck,** Kleinod, Zierde; **Auszeichnung,** Ehre, Glanz; Ehrenzeichen

F. das Ornament: Verzierung — ornamentieren: verzieren — die Ornamentik: Verzierungskunst

ornātus 3 cf. orno

ornātus, ūs m. (cf. orno) **Ausrüstung,** Ausstattung; **Ausschmückung,** Schmuck, Zierde; **Kleidung,** Tracht

F. der Ornat: Amtstracht

Orni, ōrum m. E. Feste in Thrazien

orno 1. (aus ordno cf. ordo) **ausrüsten,** ausstatten; **schmücken,** aufputzen; **auszeichnen,** ehren; ornātus 3 ausgerüstet, gerüstet; geschmückt, schön; rühmlich, ehrenvoll; geachtet, geehrt

oro 1. **sprechen,** reden; vortragen, verhandeln; — **bitten;** oft parenthetisch z. B. noli, oro te, hoc facere tu das, bitte, nicht

M. ora et labora: bete und arbeite (latein. Sprichwort, Wahlspruch der Benediktiner) — ora pro nobis: bitte für uns — oremus: laßt uns beten (Aufruf zum Gebet)

Oroanda, ōrum n. E. Stadt in Pisidien; Oroandēnsis adi. und subst. Bewohner von O.

Orōdes, is m. E. Partherkönig, der den Crassus nach seiner Gefangennahme tötete

Orontes, ae und is m. E. Hauptstrom Syriens

Orpheus, eī und eos m. E. Sohn Apollos und der Kalliope, Gemahl der Eurydice, mythischer Sänger; Orphicus und Orphēus 3 des O.

F. orphisch: geheimnisvoll — der Orphiker: Angehöriger der nach Orpheus benannten altgriechischen Sekte — das Orpheum: Musikhalle, Vergnügungsort

orsa cf. ordior

orsus, ūs m. (cf. ordior) **Beginnen,** Unternehmen

Ortōna, ae f. E. Stadt in Latium

ortus, ūs m. (cf. orior) **Aufgang; Osten;** Entstehung, Ursprung; **Herkunft,** Geburt, Abstammung

Ortygia, ae und e, ēs f. E. 1.) Halbinsel bei Syrakus 2.) alter Name der Insel Delos; Ortygius 3 aus O., delisch

oryza, ae f. (griech.) der Reis

ōs, ōris n. 1.) **Mund,** Maul, Schnabel, Rachen; **Mündung,** Öffnung, Eingang; Mundwerkzeug, **Sprache, Rede;** in ore omnium esse in aller Leute Munde sein; in ore habere im Munde führen; uno ore einstimmig; — 2.) **Antlitz, Gesicht, Miene,** Augen; Gegenwart; in ore hominum versari sich öffentlich zeigen; in ore alcis vor jds. Augen; — freches Gesicht, **Frechheit,** Dreistigkeit, Unverschämtheit

M. per os: durch den Mund (med.)

F. oral: mündlich — aboral: entgegengesetzt, vom Munde entfernt (med.) — peroral: durch den Mund zuführend (med.)

os, ossis n. **Knochen, Bein;** — **Innerstes, Mark und Bein**

F. ossifizieren: verknöchern — die Ossifikation: Verknöcherung — die Ostitis: Knochenentzündung (med.) — das Ossarium, Ossuarium: Behältnis für Totengebeine

Osca, ae f. E. Stadt im nordöstlichen Spanien (Huesca); Oscēnsis adi. und subst. Bewohner von O.

os-cen, inis m. (cf. os und cano) Weissagevogel (Adler, Geier, Krähe, Eule, Rabe)

Osci, ōrum m. E. Osker, die italischen Stämme südl. von Latium; Oscus 3 oskisch

oscillum, i n. (cf. oscillo sich schaukeln) kleine Bacchusmaske, die man zur Abwehr böser Kräfte an den Bäumen schaukeln ließ

F. oszillieren: regelmäßig hin- und herschwingen — die Oszillation: Schwankung, Schwingung — das Oszilloskop: Instrument zur Sichtbarmachung elektrischer Schwingungen

oscitanter cf. oscito

oscito und or 1. (cf. os und cito) **gähnen,** schläfrig sein, **teilnahmslos sein; oscitans,** ntis, adv. oscitanter **schläfrig, teilnahmslos**

ōsculor 1. (cf. osculum) **küssen;** herzen

ōsculum, i n. (dem. von ōs) **Mündchen, Kuß**

Osi, ōrum m. E. germanischer Volksstamm an den Karpathen zwischen Oder und Weichsel

Osiris, is und idos, idis m. E. altägyptischer Gott, Gemahl der Isis

Osismi, ōrum m. E. keltischer Stamm in der Bretagne

Ossa, ae f. und m. E. Gebirge in Nordthessalien; Ossaeus 3 vom O.

os-tendo, tendi, tentus und tensus 3. (aus obs-tendo) **entgegenstrecken,** -halten, **zeigen,** sehen lassen; in Aussicht stellen, versprechen, darbieten; **offenbaren,** an den Tag legen; **erklären,** darlegen, eröffnen

ostentātio, ōnis f. (cf. ostento) **das Zeigen;** Prahlen, Prunken; Täuschung, Schein

F. die Ostentation i. a. B., Herausforderung

ostentātor, ōris m. (cf. ostento) **Ankündiger; Großtuer,** Prahler

ostento 1. (cf. ostendo) auffällig hinhalten, **darbieten, zeigen;** zur Schau stellen. **prahlen; in Aussicht stellen,** versprechen, androhen

F. ostentativ: prahlerisch, herausfordernd

ostentum, i n. (cf. ostendo) **Anzeichen, Wunderzeichen,** Wunder; **Scheusal,** Ungeheuer

ostentus, ūs m. (meist dat. ostentui) (cf. ostendo) **das Zeigen;** ostentui esse zur Schau, zum klaren Beweise dienen; ostentui credere für Blendwerk halten

Ostia, ae f. und ōrum n. E. Hafenstadt Roms (Ostia); Ostiēnsis, e aus O.

ostiārium, ii n. (cf. ostium) Türsteuer

ostiārius, ii m. (cf. ostium)Pförtner

ostiātim adv. (cf. ostium) von Tür zu Tür, Haus für Haus

ōstium, ii n. (cf. ōs) **Tür, Pforte, Eingang,** Zugang, Mündung

ostrea, ae f. und um, i n. (griech.) **die Auster** (L)

ostri-fer, fera, ferum (cf. ostrumfero) austernreich

ostrīnus 3 (cf. ostrum) purpurn

ostrum, i n. (griech.) der Saft der Purpurschnecke, Purpurfarbe; — Purpurstoff, -gewand, -decke

Otacilius 3 E. Name eines röm. Geschlechts

Otho, ōnis E. röm. Beiname 1.) L. Roscius Otho Volkstribun 67 v. Chr. 2.) M. Salvius Otho röm. Kaiser 69 n. Chr.; Othoniācus 3 des O.

Othryades, ae m. E. 1.) Sohn des Othrys, Panthus 2.) tapferer spartanischer Feldherr

Othrys, yos m. E. Gebirge in Südthessalien

otiolum, i n. (dem. von otium) **etwas** Muße

ōtior 1. (cf. otium) **sich Muße gönnen,** faulenzen, feiern

otiōsus 3 (cf. otium) **müßig,** unbeschäftigt; **frei von Staatsgeschäften,** ohne öffentliches Amt; **den Studien lebend,** wissenschaftlich beschäftigt; **friedlich,** ruhig; **sorglos,** gleichgültig, nachlässig

ōtium, ii n. **Muße,** Ruhe; **freie Zeit,** literarische Beschäftigung; plur. Früchte der Muße; **Nichtstun, Müßiggang; politische Ruhe, Friede;** per otium während der Friedenszeit; ab hoste otium est man hat Ruhe vor dem Feinde

M. Otium cum dignitate: Ruhe mit Würde, wohlverdienter Ruhestand

ovātio, ōnis f. (cf. ovo) **kleiner Triumph**

F. die Ovation: Ehrenbezeugung, Huldigung

Ovidius 3 Name eines römischen Geschlechts; P. Ovidius Naso der berühmte röm. Dichter

ovile, is n. (cf. ovis) **Schafstall,** Hürde; plur. der umzäunte Abstimmungsplatz auf dem Marsfeld

ovillus 3 (cf. ovis) von Schafen

ovis, is f. **Schaf;** Wolle

ovo 1. **jubeln; einen kleinen Triumph halten**

ōvum, i n. **Ei** (urv.); ab ovo usque ad mala (vom Ei bis zu den Äpfeln) vom Anfang bis zum Schluß des Mahles, während der ganzen Mahlzeit; — ovum geminum das Doppelei der Leda, aus dem Kastor und Pollux stammen; ovo prognatus eōdem = Kastor, Pollux; — eiförmige Figuren im Zirkus, an denen die Umläufe gezählt wurden
M. ab ovo: „vom Ei aus", vom ersten Anfange an
F. oval: eirund — das Oval: Eirund — das Ovarium: Eierstock — ovipar: sich durch Eier fortpflanzend — die Ovulation: Ausstoßung eines Eies aus dem Eierstock

Oxus und os, i m. E. Fluß in Innerasien (Amu)

P

P. = Publius (V)

P. C. = patres conscripti

P. M. = pontifex maximus

P. R. = populus Romanus

pabulātio, ōnis f. (cf. pabulor) **das Furagieren, Futterholen;** — Furage

pabulātor, ōris m. (cf. pabulor) **Furageur, Futterholer**

pābulor 1. (cf. pabulum) **furagieren, Futter holen**

pābulum, i n. (cf. pasco) **Futter** (für das Vieh), **Furage,** Nahrung

pacālis, e (cf. pax) **zum Frieden gehörig**

pacātus cf. paco

Pachȳnos und us, i f. oder num, i n. E. die Südspitze Siziliens (Kap Passaro)

pāci-fer, fera, ferum (cf. pax-fero) **Frieden bringend**

pacificātio, ōnis f. (cf. pacifico) **Friedensstiftung**

pacificātor, ōris (cf. pacifico) Friedensstifter

pacificatōrius 3 (cf. pacificator) Frieden vermittelnd

pacificor und **o** 1. (cf. pacificus) **Frieden schließen, vermitteln**

paci-ficus 3 (cf. pax-facio) **friedenstiftend**
F. der Pazifik: stiller Ozean

paciscor, pactus sum 3. (cf. pango) 1.) (intr.) **einen Vertrag schließen,** übereinkommen, sich verabreden 2.) (trans.) **etwas verabreden,** festsetzen, sich ausbedingen; eintauschen, vertauschen; — **pactus 3 bedungen, verabredet,** versprochen; pacta, ae f. die Verlobte, Braut
M. Pacht (L), Pakt (L)
F. paktieren: übereinkommen, ein Abkommen treffen, zusammenhalten

pāco 1. (cf. pax) **friedlich machen, beruhigen;** zu Ruhe bringen, **unterwerfen;** — pacātus 3 ruhig, friedlich; — subst. m. Einwohner eines befreundeten Landes; subst. n. Freundesland

Pacōnius 3 E. Name eines römischen Geschlechts

Pacorus, i m. E. Name parthischer Könige

pacta cf. paciscor

pactio, ōnis f. (cf. paciscor) **Übereinkommen, Vertrag,** Vergleich; Kapitulation; geheime Verabredung

Pactōlos und us, i m. E. goldführender Fluß in Lydien; Pactōlis, idis f. paktolisch

pactor, ōris m. (cf. paciscor) **Vermittler,** Stifter

pactum, i n. (cf. paciscor) 1.) **Übereinkunft,** Vergleich, Vertrag 2.) **Art und Weise** (meist nur in abl. z. B. nullo pacto durchaus nicht, nescio quo pacto irgendwie)

Pactye, ēs f. E. Stadt an der Propontis

Pacuvius, ii m. E.; M. Pacuvius, Schüler und Neffe des Ennius, bekannter Tragödiendichter

Padus, i m. E. der Po

Padūsa, ae f. E. der südliche Arm des Podeltas

Paeān, ānis m. (griech.) E. Arzt der Götter, Beiname der Heilgötter; — **paeān,** ānis m. der **Päan** (F), Jubelgesang, Schlachtgesang

paedagōgium, ii n. (griech.) Erziehungsanstalt

F. das Pädagogium i. a. B.

paedagōgus, i m. (griech.) Knabenbegleiter, Hofmeister; Leiter, Lehrer

F. der Pädagoge: Erzieher, Schulmann — die Pädagogik: Erziehungskunst

paedor, ōris m. Schmutz

paelex, icis f. (griech.) Kebsweib; Nebenbuhlerin

paelicātus, ūs m. (cf. paelex) Konkubinat

Paeligni, ōrum m. E. sabinischer Volksstamm in den Abruzzen; Paelignus 3 pälignisch; zauberkundig

Paemāni, ōrum m. E. belgischer Volksstamm östlich der Maas

paene adv. **fast, beinahe;** mit ind. perf. z. B. paene risi beinahe hätte ich gelacht

F. die Pänultima: vorletzte Silbe (sprachl.)

paen-īnsula, ae f. **Halbinsel**

F. die Peninsula: die Halbinsel — peninsular: zu einer Halbinsel gehörig

paenitentia, ae f. (cf. paenitet) **Reue**

F. die Pönitenz: Buße — der Pönitentiarier: Büßer

paenitet, uit 2. (cf. paene) 1.) **es reut,** es verdrießt; als subi. nur pron. n.; alqm. alcis re z. B. paenitet me odii; — alqm. non paenitet es gefällt jdm., jmd. ist nicht abgeneigt 2.) (pers. klass. selten) bereuen, Reue empfinden

paenula, ae f. (griech.) Mantel, Wettermantel, Regenmantel

paenulātus 3 (cf. paenula) im Reisemantel, im Regenmantel

paeōn, ōnis m. (griech.) Päon (F), der im Päan übliche Versfuß

Paeōn, onis m. = Paean; Paeōnius 3 päonisch; heilsam

Paeonia, ae f. E. Landschaft in Nordmazedonien; Paeones ,um m. die Bewohner von P.; Paeonis, idis f. Päonierin

Paestum, i n. E. Stadt in Unteritalien; Paestānus adi. und subst. Bewohner von P.

paetulus 3 (dem. von paetus) etwas blinzelnd, etwas verliebt

paetus 3 blinzelnd, verliebt blickend

pagānus 3 (cf. pagus) **dörflich, ländlich**

F. der Paganismus: Heidentum — paganisieren: heidnisch machen

Pagasae, ārum f. E. thessalische Hafenstadt, in der das Schiff Argo gebaut wurde; Pagasaeus 3 aus P.; carina Pagasaea = Argo

pagātim adv. (cf. pagus) dorfweise

pagella, ae f. (dem. von pagina) Blättchen

pagina, ae f. (cf. paciscor) **Blatt, Papier, Seite** (eines Buches usw.)

M. Pagina (abgek. pag.) mea: auf der Seite meines Buches

F. paginieren: mit Seitenzahlen versehen

pāgus, i m. (cf. pango) **Gau, Bezirk;** Gaubewohner; — **Dorf;** Dorfbewohner

pāla, ae f. 1.) Spaten, Grabscheit 2.) Steinfassung des Fingerringes

Palaemon, onis m. E. Sohn der Ino, Meergott

Palae-pharsālus, i f. E. Alt-Pharsalus in Thessalien

Palae-polis, is f. E. Stadtteil Neapels; Palaepolitānus adi. und subst. Bewohner von P.

Palaeste, ēs f. E. Küstenstadt in Epirus (Paljassa)

Palaestīna, ae f. E. Palästina; Palaestīnus adi. und subst. Bewohner von P.

palaestra, ae f. (griech.) **Ringplatz, Ringkampfschule;** Ringkampf; Schule, Übung, Kunst
F. die Palästra i. a. B.

palaestricus 3 (cf. palaestra) zur Ringkampfschule gehörig

palaestrīta, ae m. (griech.) Ringer

palam 1.) adv. **offen, öffentlich; bekannt,** offenbar, offenkundig; palam fit de alqa re etwas wird bekannt; **unverhohlen;** palam alqd pronuntiare etwas unverhohlen äußern; — 2.) (praep. mit abl.) **vor, in Gegenwart;** palam te vor deinen Augen

Palamēdes, is m. E. trojanischer Held

Palātium, ii n. 1.) der Palatinische Berg in Rom 2.) Palast (L), Kaiserburg; Palatīnus 3 1.) zum Palatinischen Berg gehörig 2.) kaiserlich
M. Pfalz (L), Paladin (L)

palātum, i n. und **palātus,** i m. **Gaumen;** Wölbung
F. palatal: aus dem Gaumen kommend, am Gaumen gebildet — der Palatal, die Palatalis: Gaumenlaut (sprachl.)

palea, ae f. meist plur. Spreu

palear, āris n. (cf. palea) Wamme (am Halse des Stieres)

Pales, is f. E. altitalische Schutzgöttin der Hirten; Palīlis, e der Pales geweiht; Palīlia (Parīlia), ium n. die Palilien, Hirtenfest (am 21. April)

Palīci, ōrum m. Zwillingssöhne Jupiters und der Thalia

palimpsēstus, i m. (griech.) „wieder abgekratzt“, zum zweitenmal benutztes Pergament
F. das Palimpsest i. a. B.

Palinūrus, i m. E. 1.) Steuermann des Äneas, der im Meer ertrank 2.) Vorgebirge an der Westküste Lukaniens, nach ihm benannt (Kap Palinuro)

paliūrus, i m. und f. (griech.) Kreuzdorn

palla, ae f. mantelartiges Frauengewand; Staatskleid

Pallas, adis und ados f. Beiname der Athene; Palladius 3 der Pallas geweiht; Palladium, i n. das vom Himmel gefallene Bild der Pallas Athene in Troja, als Unterpfand des Bestehens der Stadt verehrt.
F. das Palladium i. a. B.; schützendes Heiligtum

Pallas, antis m. E. 1.) Ahnherr des Euander, Erbauer von Pallanteum 2.) Sohn des Euander, Gefährte des Äneas 3.) ein Titan; Pallanteus und Pallantēus 3 des P.; Pallantias, adis f. und Pallantis, idis f. Nachkommin des P., = Aurora; Pallantēum, i n. 1.) uralte Stadt Arkadiens 2.) alte Städte auf dem Aventin und Palatin

Pallēne, ēs f. E. westliche Halbinsel der Chalcidice; Pallenēnsis adi. und subst. Bewohner von P.

pallens cf. palleo

palleo, ui 2. **blaß sein,** bleich sein; entfärbt sein; sich entfärben, **sich ängstigen,** in Furcht sein; krank sein; — **pallens,** ntis **fahl, blaß;** gelbgrün, mattgrün; blaß machend
M. fahl (urv.)

pallēsco, pallui 3. **erblassen;** gelb werden; sich ängstigen

pallidulus 3 (dem. von pallidus) **ein** wenig blaß

pallidus 3 (cf. palleo) **fahl** (urv.), **bleich;** bleich machend

palliolum, i n. (dem. von pallium) Mäntelchen

pallium, ii n. griechischer **Mantel;** Bettdecke
F. das Pallium i. a. B., liturgisches Schmuckstück des Erzbischofs — die Palliation: Bemäntelung, Beschönigung; lindernde (oberflächliche) Behandlung (med.) — das Palliativ: linderndes Mittel, Hinhaltungsmittel, Hilfe nur für den Augenblick

pallor, ōris m. (cf. palleo) **Blässe; Angst, Furcht**

palma, ae f. (griech.) **flache Hand; Hand; — Palme,** Palmbaum; Palmzweig; Siegespreis; **Sieg; Ruhm; —**

Besen. Wedel; — Schößling (= palmes)
M. Palmarum: Palmsonntag — die Palme (L)

palmāris, e zum Siegerpreis gehörig, vorzüglich

palmātus 3 (cf. palma) mit eingestickten Palmenzweigen verziert

palmes, itis m. Schößling, Zweig; Rebenschößling

palmētum, i n. (cf. palma) Palmenhain

palmi-fer, fera, ferum palmentragend

palmōsus 3 (cf. palma) palmenreich

palmula, ae f. (dem. von palma) Händchen; Ruder; — Dattel

pālor 1. (cf. pando) **sich zerstreuen,** irren

palpebra, ae f. (cf. palpito) meist plur. **Augenlid**

palpito 1. (cf. palpor) zucken

palpor (seltener palpo) 1. liebkosen (jd. alci), streicheln, schmeicheln
F. die Palpation: Betastung, ärztliche Untersuchungsmethode — die Palpe: Taster (bei den Insekten)

paludamentum, i n. Soldatenmantel, Kriegsmantel

paludātus 3 (cf. paludamentum) im Kriegsmantel; im Feldherrnmantel

paludōsus 3 (cf. palus) **sumpfig**

palumbes, is m. und f. Ringeltaube

pālus, i m. **Pfahl** (L)
F. die Palisade: Schanzpfahl, Pfahlwerk, Verschanzung

palus, ūdis f. **Sumpf,** Morast
M. Pfuhl (L)

palūster, stris, stre (cf. palus) **sumpfig;** im Sumpf lebend

Pamphȳlia, ae f. E. Landschaft im südlichen Kleinasien; Pamphȳlius 3 adi. und subst. Bewohner von P.

pampineus 3 (cf. pampinus) aus Weinlaub

pampinus, i m. und f. Weinlaub, Weinranke

Pān, Panos und is m. E. Gott des Waldes, der Hirten und Jäger (mit Hörnern, Bockfüßen und Schwanz)
F. die Panik: (von Pan verursachter) plötzlicher Schrecken und seine Folgen — panisch: panikartig, plötzlich

panacēa, ae f. (griech.) Allheilkraut (erdichtetes Wunderkraut)

Panaetius, ii m. E. stoischer Philosoph aus Rhodus, Freund des jüngeren Scipio

Panaetōlicus und Panaetolius 3 zu ganz Ätolien gehörig

panārium, ii n. (cf. panis) Brotkorb

Panathenaïcus, i m. (griech.) Festrede, die Isokrates am Panathenäenfest 339 v. Chr. hielt

Panchāia, ae f. E. mythologische Insel an der Küste Arabiens; Panchāius und Panchaeus 3 panchäisch

Pandārus, i m. E. trojanischer Held

Pandateria, ae f. E. Insel an der Küste Kampaniens, Verbannungsort

Pandīon, ōnis m. E. König in Athen, Vater der Prokne und Philomele; Pandionius 3 pandionisch, athenisch

pando, pandi, passum (seltener pānsum) 3. **ausbreiten, ausstrecken, ausspannen;** manibus passis mit ausgebreiteten Armen; crines passi aufgelöste, fliegende Haare; — pass. sich ausbreiten, sich ausdehnen; — zum Trocknen ausbreiten, trocknen; racēmi passi Rosinen; — **öffnen,** auftun, aufsperren; pass. sich öffnen; — **gangbar machen,** bahenn; — **eröffnen,** kundtun, bekannt machen

Pandosia, ae f. E. 1.) Stadt in Epirus 2.) Stadt in Bruttium

pandus 3 (cf. pando) eingebogen, eingedrückt, gekrümmt, bauchig

panegyricus, i m. (griech.) Festrede des Isokrates, die er 380 v. Chr. zur Verherrlichung von Athen hielt
F. der Panegyrikus: Lobrede, Huldigungsgedicht — panegyrisch: lobpreisend, lobrednerisch — der Panegyriker: Lobredner

Pangaea, ōrum n. und Pangaeus mons m. E. gold- und silberhaltiges Gebirge in Mazedonien

pango, pepigi (pānxi, pēgi), pactus (panctus) 3. (cf. paciscor) **festschlagen,** einschlagen, **befestigen; zusammenfügen, verfassen, dichten,** besingen; — (= paciscor, nur im perf.), **festsetzen, bestimmen,** verabreden, abschließen; pacem, foedus p. schließen

M. pange lingua: Hymnus von Thomas v. Aquin

Panhormus = Panormus

panicum, i n. (von pānus Büschel) Hirse

pāni-ficium, ii n. (cf. panis-facio) Backwerk

pānis, is m. (cf. pasco) **Brot**

M. Panem et circenses: Brot und Zirkusspiele

F. panieren: mit geriebenem Brot bestreuen, einbröseln

Paniscus, i m. kleiner Pan

Pannonia, ae f. E. röm. Provinz (vom Wiener Walde, der Donau und Save begrenzt); Pannonii, ōrum m. Bewohner von P.; Pannonicus 3 pannonisch

pannōsus (cf. pannus) zerlumpt, lumpig

pānnus, i m. **Stück Tuch, Lappen,** Lumpen; ärmliches Kleid

M. Fahne (urv.) — Panier (L)

Panomphaeus, i m. (griech.) Beiwort Jupiters als Urheber aller Weissagungen

Panope, ēs und Panopēa, ae f. E. Meernymphe

Panormus, i f. E. 1.) sizilische Stadt (Palermo); Panormitānus adi. und subst. Bewohner von P. 2.) Stadt auf Samos

Pansa, ae f. (cf. pando) E. röm. Beiname („Plattfuß")

Pantagias und ēs, ae m. E. kleiner Fluß in Ostsizilien

panthēra, ae f. (griech.) Panther (L)

Panthōus und Panthus, i m. E. Apollopriester, Vater des Euphorbus und Polydamas; Panthoides, ae m. Sohn des P., Euphorbus, Pythagoras

Pantilius, ii m. E. erfundener Name eines schlechten Dichters

papāver, eris n. Mohn

papavereus 3 (cf. papaver) des Mohns

Paphlagonia, ae f. E. Landschaft an der Nordküste Kleinasiens; Paphlago, onis m. Paphlagonier

Paphos und us, i E. 1.) m. Sohn des Pygmalion 2.) f. Stadt an der Westküste von Cypern mit bekanntem Venustempel, von Paphos gegründet; Paphius 3 paphisch

papilio, ōnis m. Schmetterling

M. flattern, Falter (urv.)

papilla, ae f. Brustwarze, Brust

F. papillar: warzenartig, -förmig — die Papille: Wärzchen — papillös: warzig, mit warzenförmigen Erhöhungen

Papīrius 3 E. Name eines röm. Geschlechts 1.) L. Papirius Cursor Konsul, Sieger über die Samniter 2.) C. Papirius Carbo Volkstribun, Redner, Anhänger des C. Gracchus 3.) Cn. Papirius Carbo, von den Cimbern und Teutonen 113 v. Chr. geschlagen

Papius 3 E. Name eines römischen Geschlechts 1.) C. Papius Volkstribun 65 v. Chr. 2.) M. Papius Mutilus Konsul 9 n. Chr., mit Poppaeus Urheber der lex Papia Poppaea zur Förderung der Ehen

papula, ae f. Bläschen, Blatter

papȳrifer, fera, ferum Papyrusstauden tragend

papȳrus, i f. und um, i n. (griech. **Papyrusstaude; Papier** (L)

pār, paris 1.) (adi.) **gleich,** gleichgroß; **jdm. gewachsen, ebenbürtig;** angemessen 2.) (subst.) m. der Gleiche; — n. Gleiches; das Paar z. B. egregium par consulum ein ausgezeichnetes Konsulnpaar; — **pariter** adv. **in gleicher Weise, ebenso; zugleich,** in Gesellschaft; zu gleicher Zeit, **gleichzeitig**

M. nobile par fratrum: „ein edles Brüderpaar" (ironisch, nach Horaz) — par et impar: gerade und ungerade (Glückspiel) — par ratio: gleiche Bewandtnis, gleichviel; gleicner Grund des Gesetzgebers — pari passu: gleicnen Schrittes, mit gleichem Maße — das Paar (L)

F. die Parität: Gleichberechtigung, gleiche Behandlung, Rechtsgleichheit; das auf den Goldwert bezogene Wertverhältnis zweier Währungen — paritätisch: gleichberechtigt, gemeinschaftlich — das Pari (it.): Nennwert

parābilis, e (cf. paro) leicht zu beschaffen

parodoxus 3 (griech.) paradox (F), widersinnig

Paraetacēne, ēs f. E. Bergland an der medisch-persischen Grenze; Paraetacae, ārum Bewohner von P.

Paraetonium, ii n. E. Hafenstadt westl. von Alexandria

Paralus, i m. E. attischer Heros; nach ihm hatte das Staatsschiff den Namen

Parapamīsus, i m. E. Hochgebirge in Innerasien (Hindukusch); Parapamisadae, ārum m. Anwohner des P.

paraphrasis, is f. (griech.) Umschreibung

F. die Paraphrase i. a. B.

parasīta, ae f. (cf. parasitus) Schmarotzerin

parasītus, i m. (griech.) Tischgenosse, **Schmarotzer**

F. der Parasit i. a. B.

parātio, ōnis f. (cf. paro) **Zubereitung**, Erwerbung

parātus, ūs m. (cf. paro) **Zurüstung**, Veranstaltung

parātus 3 cf. paro

Parca, ae f. (cf. pario „Geburtsgöttin") **Parze** (F), **Schicksalsgöttin** (Klotho, Lachesis, Atropus)

parcimonia = parsimonia

parco, perperci (älter parsi), parsūrus 3 **sparen** (urv.); alci und alci rei **schonen, verschonen**; mulieribus parcitur die Frauen werden verschont; **sich enthalten, unterlassen**, sich hüten vor

M. Pferch (L)

parcus 3 (cf. parco) **sparsam, karg; spärlich**, wenig; sich mäßigend, zurückhaltend, **enthaltsam**; — **parce** adv. sparsam, kärglich; zurückhaltend, wenig; selten

pardalis, is f. (griech.) Pantherweibchen

M. der Pardel (L)

parens cf. pareo

parens, ntis m. und f. **Erzeuger, Vater, Mutter; parentes**, um und (selten) ium **die Eltern; Vorfahren**, Voreltern; **Verwandte**, Angehörige; — Stifter, Urheber, Gründer

F. die Parentel: Verwandtschaft, Sippschaft

parentālis, e (cf. parens) **elterlich; zur Totenfeier der Eltern gehörig; parentālia**, ium n. **Totenfeier**, Totenopfer

F. die Parentalien i. a. B., Begräbnismahle

parento 1. (cf. parens) (den Eltern) **Totenopfer darbringen**; Sühnopfer darbringen, **den Tod rächen**

F. parentieren i. a. B., Leichenrede halten

pāreo, ui, itūrus 2. **erscheinen, sich zeigen**; — **gehorchen, gehorsam sein**; willfahren, nachgeben, sich nach etwas richten; parens, ntis gehorsam; subst. m. Untertan

F. parieren: gehorchen — transparent: durchscheinend, durchsichtig — das Transparent: Durchscheinbild, Leuchtbild

paricida = parricida

paries, etis m. **Wand, Mauer**

parietārius 3 (cf. paries) zur Wand gehörig

parietinae, ārum f. (cf. paries) verfallenes Gemäuer, **Ruinen**

Parilia = Palilia cf. Pales

parilis, e (cf. par) gleichförmig, gleich

pario, peperi, partus (paritūrus) 3. **gebären; hervorbringen; erwerben, gewinnen**, erfinden, sich verschaffen; partum, i n. Erworbenes, Vorrat

M. male parta male dilabuntur: wie gewonnen, so zerronnen

Paris, idis m. E. Sohn des Priamus, Entführer der Helena, Urheber des Trojanischen Krieges

Parisii, ōrum m. E. ein keltischer Stamm an der mittleren Seine mit der Hauptstadt Lutetia (Paris)

pariter cf. par

Parius cf. Paros

parma, ae f. (kelt.) kleiner Rundschild

Parma, ae f. E. Parma in Oberitalien; Parmēnsis adi. und subst. Bewohner von P.

parmātus 3 (cf. parma) mit einem Rundschild bewaffnet

Parmenides, is m. E. eleatischer Philosoph

Parmenio, ōnis (griech.) E. Feldherr Philipps von Mazedonien und Alexanders d. Gr.

parmula, ae f. (dem. von parma) Schildchen

Parnāsus und Parnāssus, i m. E. Berg in Phocis, an dessen Fuße Delphi lag; — Parnāsius 3 parnassisch, apollinisch; Parnāsis, idis f. parnasisch

F. der Parnaß i. a. B., Reich der Dichtkunst — den Parnaß besteigen: dichten

paro 1. (cf. pario) **vorbereiten, zubereiten, rüsten,** ausrüsten; bellum p. sich zum Kriege rüsten; (mit inf.) sich anschicken, vorhaben, im Sinne haben; **sich verschaffen,** anschaffen, sich erwerben; **käuflich erwerben,** kaufen; **parātus vorbereitet,** bereit, entschlossen; **wohlgerüstet; kampfgerüstet,** schlagfertig

F. parieren: abwenden, aufhalten — parat: bereit, fertig, gerüstet

parochus, i m. (griech.) Lieferant, Gastwirt; Gastgeber; Wirt, Hausherr

M. Pfarrer, Pfarre (L)

F. die Parochie: Pfarrei — parochial: zur Pfarrei gehörig — der Parochian: Angehöriger der Pfarrei

Paropamisus = Parapamisus

Paros und us, i f. E. Insel der Zykladen, berühmt durch Marmor, Geburtsort des Archilochus; Parius adi. und subst. Bewohner von P.; lapis Parius (weißer) Marmor aus P.; iambi Parii Verse des Archilochus

parra, ae f. Käuzchen

Parrhasia, ae f. E. Stadt und Landschaft in Südwestarkadien; Parrhasius adi. und subst. (f. auch Parrhasis, idis) Bewohner von P.

Parrhasius, ii m. E. berühmter athenischer Maler

parri-cida, ae m. (aus pari [verwandt] und caedo) **Mörder,** f. **Mörderin eines nahen Verwandten,** Vater-, Mutter-, Eltern-, Kindes-, Bruder-, Schwestermörder; Vaterlandsmörder, **Hochverräter, Verbrecher,** Verräter

F. der Parrizida i. a. B.

parricidālis, e (cf. parricida) mörderisch

parricidium, ii n. (cf. parricida) **Verwandtenmord, Hochverrat,** Verbrechen

F. das Parrizidium i. a. B.

pars, partis **f. Teil, Anteil,** Stück; pars maior Mehrzahl; pars dimidia Hälfte; tertia pars Drittel; **duae** partes zwei Drittel; tres partes **drei** Viertel; quattuor partes vier Fünftel usw.; — **ein Teil = einige; pars ... pars** einige ... andere; — magnam partem (adverbial) großenteils; magna ex parte zum großen Teil; nulla ex parte, minima ex parte nicht im entferntesten, nicht im geringsten; — **Anteil;** pars mea nulla est in re ich habe keinen Anteil an etwas; ego pro mea parte ich für meinen Teil, nach meinen Kräften; **Geschäftsanteil;** Landesteil, **Gegend, Seite, Richtung;** a sinistra parte links; ab (ex) omnibus partibus auf allen Seiten, überall; ea parte dort; qua ex parte wo; quam in partem wohin; nullam in partem nach keiner Seite hin; — **Beziehung,** Rücksicht; omni (ex) parte in jeder Hinsicht, völlig; alqd in bonam partem accipere etwas gut aufnehmen; — **Partei** (meist plur.); a parte alcis esse auf jds. Seite stehen; nullius (neutrius) partis esse neutral bleiben; — (plur.) **Rolle** (des Schauspielers); primae partes Hauptrolle; secundae partes zweite Rolle; alcis partes agere jds. Rolle spielen; — (plur.) **Pflicht, Amt,** Aufgabe; partes implere seine Pflicht erfüllen

M. Pars pro toto: der Teil fürs Ganze — in partibus infidelium: im Bereiche der Ungläubigen — partimento (it.): bezifferte Baßstimme, Begleitung nach den Regeln des Generalbasses; (plur.) Übungsstücke zur Begleitung bezifferter Läufe (mus.)

F. der Part: der zukommende Teil, Anteil, zufallende Rolle — die Partei: Zusammenschluß Gleichgesinnter, Gesinnungsrichtung; im Rechtsstreit gegenüberstehender Teil — parteiisch: im Urteil befangen — partial, partiell: zum Teil, teilweise, einzeln, besonders — der Partisan (it.): Freischärler — der Partner: Teilhaber, Genosse, Mitspieler — die Parzelle: Teilchen, begrenzter Teil des Akkers — parzellieren: in Parzellen zerlegen

Parsagada, ōrum n. E. alte Hauptstadt Persiens

parsimōnia, ae f. (cf. parco) **Sparsamkeit**

Parthāon, onis m. E. König von Kalydon, Vater des Öneus; Parthaonius 3 des P.

Parthēni, ōrum m. E. illyrische Völkerschaft

parthenius 3 (griech.) jungfräulich; der Diana geweiht

Parthenius, ii m. E. Gebirge an der argolisch-arkadischen Grenze

Parthenope, es f. E. alter Name für Neapel; Parthenopēïus adi. u. subst. Bewohner von P.

Parthia, ae f. E. Parthien, Landschaft südl. vom Kaspischen Meer; Parthi, ōrum m. Parther, bekannt als tüchtige Reiter und Bogenschützen, alte Feinde der Römer; Parthicus und Parthus 3 parthisch

Parthini = Parthēni

parti-ceps, cipis (cf. pars und capio) (abl. sing. e, gen. plur. um) an etwas teilnehmend, **teilhaftig;** alcis rei z. B. praedae; — subst. m. Teilnehmer, Kamerad, Genosse

participo 1. **teilhaftig machen;** teilen; — **teilhaftig werden,** teilnehmen an etwas alqd

F. partizipieren: teilhaben, teilnehmen — der Partizipant: Teilnehmer, Mitberechtigter — das Partizipium, Partizip: Mittelwort (sprachl.) — partizipial: mittelwörtlich (sprachl.)

particula, ae f. (dem. von pars) **Teilchen, Stückchen**

F. die Partikel i. a. B., unveränderliches Wort (sprachl.), Redeteilchen — partikulär: abgesondert, besonders — der Partikularismus: Sonderbestrebung, Kleinstaaterei, Eigenbrötelei — der Partikularist: Anhänger des Partikularismus — partikularistisch: eine Sonderstellung vertretend, kleinstaatlich, eigenbrötlerisch

partim adv. (acc. sing. von pars) **zum Teil, teils;** partim ... partim **teils ... teils**

partio und meist **partior** 4. (cf. pars) **teilen,** einteilen, abteilen, zerlegen; **austeilen,** verteilen, zuteilen

F. partieren i. a. B.; heimlich entwenden, an einer Entwendung teilnehmen — repartieren: verhältnismäßig verteilen — partitiv: einteilend; Teilung bezeichnend; Teilung bewirkend — die Partitur: Stimmenbuch, übersichtliche Zusammenstellung der Stimmen einer Tondichtung — bipartit: in zwei Teile geteilt (med.)

partīte adv. (cf. partior) mit bestimmter Einteilung

partītio, onis f. (cf. partior) **Teilung,** Einteilung, Verteilung

F. die Partition i. a. B. — die Repartition: verhältnismäßige Verteilung

parturio 4. (cf. pario) **gebären wollen, kreißen;** gebären, erzeugen; mit etwas umgehen, vorhaben; sich ängstigen

M. parturiunt montes, nascetur ridiculus mus: es kreißen die Berge, und eine lächerliche Maus wird geboren werden = viel Lärm um nichts

partus, us m. (dat. plur. partubus) (cf. pario) **das Gebären, Geburt; Leibesfrucht,** Kind, Junges, Brut; Geburtszeit; (vom Manne) Zeugung

parum (aus parvom), **minus, minime;** — **parum** 1.) (subst.) **ein zu Geringes, das zu Wenig** 2.) adv. **zu wenig, nicht genug;** p. multi zu wenige; non p., haud p. genug, ziemlich; **minus** 1.) subst. **ein Geringeres, weniger** 2.) (adv.) **weniger, minder;** minus minusque immer weniger; nihil minus nichts weniger, ganz und gar nicht; bei Zahlen mit oder ohne quam z. B. minus viginti diebus in nicht ganz zwanzig Tagen; mit abl. mensurae z. B. nihilo minus nichts desto weniger; multo minus viel weniger; — (als abschwächende Negation) **minder, nicht recht, nicht sonderlich, nicht genug** z. B. minus fortis nicht tapfer genug; si minus wenn nicht; sin minus wenn aber nicht; — **minime am wenigsten; sehr wenig; keineswegs,** durchaus nicht; (oft in Antworten verstärkt durch vero) minime vero = nein

parum-per adv. **auf kurze Zeit, ein Weilchen,** einen Augenblick

parvitas, tātis f. (cf. parvus) Kleinheit

parvulus (arch. parvolus) 3 (dem. von parvus) **sehr klein, kleinlich,** unbedeutend, winzig; **sehr jung;** subst. n. ein wenig

parvus 3 (comp. **minor,** us, sup. **minimus** 3) 1.) adi. **klein, gering;** (zeitl.) **kurz;** — (vom Alter) **jung;** (natu) minor jünger; (natu) minimus jüngster; uno anno minor um ein Jahr jünger; minor viginti annis jünger als 20 Jahre; — (dem Werte nach) **gering, unbedeutend;** — (dem Stande nach) **niedrig** z. B. di minores Götter geringer Bedeutung; — 2.) subst. m. **Junge,** Kind, Knabe, f. **Mädchen;** minōres, um m. die Jüngeren; (auch) die Nachwelt, Nachkommen; parvus der geringe Mann; — minor der Geringere, Untergebene; — **parvum,** i n. **Weniges, Kleinigkeit;** parvi esse wenig gelten; parvi aestimare, ducere, facere gering achten; parvi refert es liegt wenig daran; parvi emere billig kaufen; — minimum, i n. sehr weniges; selten adv. = minime

M. minus: weniger — das Minus: Fehlbetrag

F. minorenn: minderjährig, unmündig — die Minorennität: Minderjährigkeit, Unmündigkeit — das Minorat: Jüngstenrecht, Erbrecht der Jüngsten — der Minorit: minderer Bruder, Franziskanermönch — die Minorität: Minderzahl — minimal: sehr klein, mindest — das Minimum: das Geringste, kleinstmöglicher Wert, Gebiet niedrigsten Luftdrucks

pāsco, pāvi, pāstus 3. **das Vieh weiden;** Viehzucht treiben; **füttern, nähren,** unterhalten, großziehen; weiden, **erfreuen;** — (pass.) **pāscor,** pāstus sum 3. **weiden, fressen,** grasen, **sich nähren; sich an etwas weiden,** seine Freude haben

pāscuus 3 (cf. pasco) zur Weide gehörig; pascua, ōrum n. die Weide

Pasiphae, ēs und a, ae f. E. Tochter des Sonnengotts, Gemahlin des Minos; Pasiphaēïa, ae f. Tochter der P., Phädra

Pasitigris, is m. E. Fluß nicht weit von der Mündung des Tigris (Kuran)

passer, eris m. 1.) **Spatz** (urv.) 2.) Flunder

passerculus, i m. (dem. von passer) Spätzchen

passim adv. (cf. pando) **ausgebreitet, weit und breit, ringsumher,** allenthalben; — durcheinander, ohne Unterschied, alle zusammen

passum, i n. (scil. vinum) (cf. pando) Wein aus getrockneten Trauben

passus, ūs m. (cf. pando) 1.) das Ausbreiten der Hände, **Klafter** (= 1,5 m) 2.) das Ausbreiten der Füße, **Doppelschritt** (= 1,5 m); mille passus = 1 röm. Meile = $^1/_5$ deutsche Meile; — **Fußstapfe, Schritt,** Tritt

F. der Passus: Schritt, Vorfall, Stelle in einer Schrift oder Rede — der Paß: wiegende Gangart des Pferdes; Wegenge, Durchgang; Bergübergang, der Weg von wilden Tieren; Reiseschein, Polizeiausweis — passieren: vorbeigehen, durchreisen; begegnen, zustoßen; überfliegen, durchschreiten; durchseihen — die Passage (franz.): Durchgang, Übergang, rascher Tonlauf (mus.) — der Passant (franz.): Durchreisender, Vorübergehender

pastillus, i m. (cf. pasco) Mehlkügelchen, Pastille (F), Pille

pāstio, onis f. (cf. pasco) Weide, Weideplatz

pāstor, ōris m. (cf. pasco) **Hirt, Schäfer**

M. Pastor primarius: Oberpfarrer

F. der Pastor: Pfarrer, Seelsorger — das Pastorat: Pfarramt, -haus

pastorālis, e, pastōricus 3 und selten pastōrius 3 (cf. pastor) hirtenmäßig
F. pastoral i. a. B., ländlich, das Pfarramt betreffend, seelsorgerisch — das Pastorale: Schäferspiel, idyllisches Tonstück

pāstus, ūs m. (cf. pasco) **Fütterung, Futter;** Weide, Weideplatz

Patara, ōrum n. E. Stadt in Lyzien mit Apolloorakel; Patarānus und Patarius adi. und subst. Bewohner von P.

Patavium, ii n. E. Padua, Geburtsstadt des Livius; Patavīnus adi. und subst. Bewohner von P.

pate-facio, fēci, factus 3. (pass. patefio, patefactus sum, patefieri) (cf. pateo) **öffnen;** zugänglich machen, gangbar machen; **sichtbar machen,** offenbar machen, enthüllen, aufdecken

patefactio, ōnis f. (cf. patefacio) **Enthüllung**

patella, ae f. (dem. von patera) Schale, Teller; Opferschale

patens cf. pateo

pateo, ui 2. **offenstehen;** zugänglich sein, gangbar sein; freistehen, zu Gebote stehen; bloßgestellt sein, ausgesetzt sein; **offenbar sein,** sichtbar sein, sich zeigen; patet es ist offenbar; — **sich erstrecken,** sich ausdehnen; — **patens,** ntis **offen,** frei gangbar; klar, **offenbar**
F. das Patent: offener Brief, Anstellungs-, Bestallungsurkunde, Schutzurkunde für eine Erfindung — patent: sauber, nett, modisch, brauchbar, tüchtig — patentieren: ein Patent erteilen

pater, tris m. (gen. plur. patrum) **Vater** (urv.); Urheber, Schöpfer, Haupt (einer Schule); pater patriae Vater des Vaterlandes (Ehrentitel); plur. **Eltern,** Vorfahren; Väter des Staates, **Senatoren;** patres conscripti (abgekürzt P. C.) Anrede an den Senat (alte Senatoren [patres] und neue Senatoren [conscripti]); pater familiās (familiae) Hausherr, Hausvater; patres = patricii
M. Pater (abgek. P.): Ordensgeistlicher — das Paternoster: Vaterunser — das Pater peccavi: „Vater, ich habe gesündigt"; Schuldgeständnis — der Pate (L) (aus pater spiritualis)
F. die Paternität: Vaterschaft, -würde — das Paternosterwerk: endlos laufender Kettenaufzug — die Patristik: Kirchenväterkunde — der Patristiker: Kenner der Kirchenväterkunde — die Patrologie: Kenntnis der christlichen Kirchenväter — der Patriarch: Stamm-, Ur-, Erz-, Altvater, hoher Würdenträger der griechischen Kirche, ehrwürdiger Greis — patriarchalisch: alt-, erzväterlich, ehrwürdig — das Patriarchat: Würde eines Patriarchen, Amtsbereich eines griech. Oberbischofs — die Patrize: Schriftstempel, Gießformstempel — das Patriziat: persönlicher, unvererblicher Adel — repatriieren: wiedereinbürgern — expatriieren: ausweisen

patera, ae f. (cf. pateo) flache Schale, Opferschale; Wein in der Opferschale

paternus 3 (cf. pater) **väterlich, vom** Vater ererbt; vaterländisch

patēsco, patui 3. (cf. pateo) **sich öffnen; offenbar werden,** sichtbar werden; **sich ausdehnen,** sich erstrekken

patibilis, e (cf. pateor) **erträglich,** empfindsam

patibulum, i n. (cf. pateo) Querholz des Kreuzes; **Kreuz;** Galgen

patiens, ntis cf. patior

patientia, ae f. (cf. patiens) das Ertragen, **Erdulden;** Ausdauer; **Genügsamkeit, Geduld,** Langmut; Preisgabe (zur Schande); Nachgiebigkeit, Unterwürfigkeit; Unempfindlichkeit, Gleichgültigkeit

patina, ae f. (griech.) **Pfanne** (L), Schüssel
F. die Patene: Hostienteller — die Patina: Edelrost — patinieren: mit Edelrost überziehen

patior, passus sum 3. **ertragen, erleiden, erdulden;** zulassen, zugeben, gestatten; sich zur Unzucht hingeben, sich zur Wollust gebrauchen lassen; — erfahren, etwas dulden, etwas lassen; — **patiens,** ntis aushaltend, **ertragend; geduldig;** fest, enthaltsam

M. passionato: leidenschaftlich (mus.)

F. der Patient: Leidender, Kranker — die Passion: Leiden, Leidensgeschichte, Leiden Christi; Leidenschaft, Liebhaberei, Neigung — passioniert: begeistert, eingenommen, leidenschaftlich — passiv: leidend, duldend, unwirksam, untätig — das Passiv, Passivum: Leideform des Zeitwortes (sprachl.) — passivisch: in der Leideform (sprachl.) — die Passiva: Schulden, Verbindlichkeiten — der Passivismus: Zustand des Untätigseins — der Passivist: ein sich untätig Zurückhaltender — die Passivität: Untätigkeit, Teilnahmslosigkeit; Reaktionsträgheit (chem.) — passibel: empfindlich — impassibel: unempfindlich, hartherzig, kalt — die Impassibilität: Hartherzigkeit — impatibel: unverträglich — die Impatibilität: Unverträglichkeit — Impatienz: Ungeduld — die Patience (franz.): Duldung, Geduldspiel (Kartenspiel)

Patrae, ārum f. E. Stadt und Hafen in Achaia (Patras); Patrēnsis adi. und subst. Bewohner von P.

patrātor, ōris m. (cf. patro) Vollstrecker

patrātus cf. patro

patria, ae f. (cf. patrius) **Vaterland, -stadt**

patri-cida, ae m. (cf. pater und caedo) **Vatermörder**

patri-cidium, ii n. (cf. pater und caedo) **Vatermord**

patricius 3 (cf. pater) **dem römischen** Geburtsadel angehörig, **patrizisch** (F), adelig; subst. m. Patrizier (F), f. Patrizierin

Patricoles, is m. E. = Patroclus

patrimonium, ii n. (cf. pater) **Vatergut,** Erbgut; Vermögen

F. das Patrimonium i. a. B.

patrimus 3 (cf. pater) ein Kind, dessen Vater noch lebt

patritus 3 (cf. pater) väterlich, vom Vater geerbt

patrius 3 (cf. pater) **väterlich;** angestammt, ererbt; vaterländisch, heimatlich, heimisch

F. der Patriot: Vaterlandsfreund, vaterländisch Gesinnter — patriotisch: vaterlandsliebend — der Patriotismus: Vaterlandsliebe

patro 1. (cf. pater) **zustande bringen,** vollbringen, vollführen; pater patrātus, i m. Bundespriester, **oberster Fetiale,** der den feierlichen Eid fürs Volk ablegte

patrocinium, ii n. (cf. patronus) **Patronat** (F), **Schutz;** Verteidigung **vor** Gericht; **Schirm,** Beistand

F. das Patrozinium i. a. B.

patrōcinor 1. **verteidigen, beschützen** (jd. alci)

Patroclus, i m. E. Freund Achills

patrōna, ae f. (cf. patronus) **Schutzherrin,** Verteidigerin, Gönnerin

patrōnus, i m. (cf. patro) **Patron (F), Schutzherr;** Verteidiger, **Anwalt;** Beschützer

F. das Patronat: Schutzherrschaft, Würde und Amt des Schutzherrn

patruēlis, e (cf. patruus) vom **Bruder** des Vaters stammend; frater p. Vetter; — den Vettern gehörig

patruus, i m. (cf. pater) **Vatersbruder, Oheim;** Sittenrichter; — **adi. des** Oheims

M. Vetter (urv.)

Patulcius, ii m .(cf. pateo) E. Beiname des Janus

patulus 3 (cf. pateo) offen; ausgebreitet, weit; allen zugänglich

paucitas, tātis f. (cf. paucus) **geringe** Anzahl

pauculus 3 (dem. von paucus) **sehr** wenig

paucus (aus pauper) 3 **wenig, klein;** — plur. **wenige;** subst. m. die Wenigen z. B. pauci militum, ex (de) militibus; — die Oligarchen, Optimaten; — subst. n. plur. ein wenig, weniges; wenige Worte; ut paucis dicam um mich kurz zu fassen

paulātim und **paullātim** adv. (cf. paulus) **allmählich,** nach und nach; einer nach dem andern, einzeln

paulis-per und **paullis-per** adv. (cf. paulus und nachgesetztes per) **ein Weilchen,** kurze Zeit hindurch, **ein wenig**

paululus und **paullulus** 3 (dem. von paulus) winzig, klein, gering, wenig; paululum, i n. ein wenig, eine Kleinigkeit; — adv. ein wenig, ein Weilchen

paulus und **paullus** 3 (cf. paucus) **gering klein**, wenig; — fast nur; — paulum, i n. ein wenig, eine Kleinigkeit; ein Weilchen; — besonders abl. mensurae beim comp. z. B. paulo maior etwas größer; paulo ante kurz vorher; paulo post bald darauf; — paulum adv. ein wenig, nur wenig

Paulus und **Paullus,** i m. Beiname in der gens Aemilia 1.) L. Aemilius Paulus Macedonicus der Sieger von Pydna 2.) L. Aemilius Paulus Vater des Scipio Africanus minor

M. Paul, Paula (V)

pauper, eris (abl. sing. e, gen. plur. um, sup. pauperrimus) (cf. paucus) **arm;** armselig, ärmlich, beschränkt

F. der Pauperismus: Verarmung, Massenarmut

pauperculus 3 (dem. von pauper) ganz arm

pauperies, ēi f. (poet.) = paupertas

paupero 1. (cf. pauper) arm machen

paupertas, tātis f. (cf. pauper) **Armut**

F. die Paupertät i. a. B.

Pausanias, ae m. E 1..) spartanischer Feldherr, Sieger bei Plataeae 479 v. Chr. 2.) sein Enkel, spartanischer König 3.) Mazedonier, Mörder des Königs Philippus

pausea und **ia, ae** f. fleischige Olive

Pausias, ae m. E. Maler; Pausiacus 3 des P.

pave-factus 3 (cf. paveo-facio) erschreckt, geängstigt

paveo, pāvi 2. **beben,** zittern, zagen

pavēsco, pāvi 3 **in Schrecken geraten**

pavidus 3 (cf. paveo) **zaghaft,** furchtsam; — erschreckend, ängstigend

pavimentātus 3 (cf. pavimentum) mit Estrich versehen

pavimentum, i n. (cf. pavio) **Estrich**

pavio 4. feststampfen

pavito 1. (cf. paveo) sich sehr ängstigen

pāvo, ōnis m. **Pfau** (L) (der Juno heilig)

pavor, ōris m. (cf. paveo) **Angst,** Furcht, Schrecken; ängstliches und freudiges Erwarten, Spannung

pāx, pācis f. (cf. paciscor-pango) **Friede;** plur. Friedensschlüsse, friedliche Zustände; — Ruhe; Beistand, Gunst, Gnade; — Pax f. Friedensgöttin

M. Friede (urv.) — et in terra pax: und Frieden auf Erden — in bona pace: in gute Ruhe — Pax vobiscum: der Friede sei mit Euch

F. der Pazifist: Friedensfreund — der Pazifismus: Idee des allgemeinen Weltfriedens — pazifizieren: Frieden herstellen, aussöhnen, beruhigen — die Pazifizierung: Friedensstiftung, Beruhigung

pe (enklitische Partikel) gerade, eben (cf. nempe)

peccātum, i n. (cf. pecco) **Sünde,** Vergehen, Irrtum

pecco 1. **fehlen, sündigen;** sich versehen; sich gegen jd. vergehen (in alqo)

F. peccieren (pekzieren): sündigen

pecten, inis m. **Kamm;** Weberkamm; Rechen; Kammuschel; Schlegel, Plektron (Stäbchen zum Reißen der Saiten von Musikinstrumenten); Lied (abwechselnd Hexameter und Pentameter)

pecto, pexi, pexus 3. **kämmen,** striegeln

pectus, oris n. **Brust** (meist plur.); Herz, Gemüt; Seele, Geist; — Charakter, Gesinnung

M. in petto (it.): auf dem Herzen, in Bereitschaft

F. pektoral: die Brust betreffend — das Pektorale: Brustkreuz hoher katholischer Geistlicher

pecu n. (abl. u, plur. ua, dat. plur. ubus) = pecus

pecuārius 3 (cf. pecu) **zum Vieh gehörig;** subst. m. Viehzüchter; subst. f. Viehzucht, Viehstand; subst. n. plur. Viehherden

peculātor, oris m. (cf. depeculor) Veruntreuer von Staatsgeldern

peculātus, us m. (cf. de-peculor) Unterschlagung, **Unterschleif**

peculiāris, e (cf. peculium) (zum Privatbesitz gehörig) eigentümlich, eigenartig; außerordentlich

peculiātus 3 (cf. peculium) begütert

pecūlium, ii n. (cf. pecu) **Vermögen;** Sondervermögen der Haussklaven; Sondergut der Kinder; Sparpfennig

pecūnia, ae f. (cf. pecu) (Viehbestand) **Vermögen,** Reichtum, **Geld,** Geldsumme; plur. Gelder

pecuniārius 3 (cf. pecunia) das Geld betreffend *F.* pekuniär i. a. B.

pecuniōsus 3 (cf. pecunia) **bemittelt,** reich

pecus, oris n. **Kleinvieh** (Schafe, Ziegen, Schweine); plur. Weidevieh, Herden; Stück Vieh (Schimpfwort) *M.* Vieh (urv.)

pecus, udis f. (cf. pecus) = pecus; Haustier: einfältiger, roher Mensch

pedālis, e (cf. pes) einen Fuß lang (breit, dick)

pedārius 3 (cf. pes) zum Fuß gehörig; pedārius, ii m. (scil. senator) Senator zweiten Ranges (ohne kurulisches Amt und Recht des Votums)

pedes, itis m. (cf. pes) **Fußgänger;** Fußsoldat, **Infanterist;** plur. Infanterie; — Plebejer; equites peditesque Adel und Volk

pedester, tris, tre (cf. pedes) **zu Fuß;** zum Fußvolk gehörig; zu Lande; copiae pedestres Landheer, Infanterie; — einfach z. B. sermo pedester; prosaisch

pede-temptim und **pede-tentim** (cf. pes-teneo) Schritt vor Schritt; **vorsichtig,** behutsam

pedica, ae f. (cf. pes) **Fußfessel;** Fußschlinge

pedi-sequus, i m. (cf. pes-sequor) „auf dem Fuße folgend", Lakai, Diener; f. Dienerin, Zofe

peditātus, ūs m. (cf. pedes) **Infanterie**

Pedius 3 E. Name eines römischen Geschlechts

pēdo, pepēdi, pēditum 3. Blähungen haben, einen Wind streichen lassen

pedor = paedor

Peducaeus 3 E. Name eines röm. Geschlechts; S. Peducaeus Freund Ciceros und des Atticus

pedum, i n. Hirtenstab

Pedum, i n. E. Stadt in Latium, östlich von Rom; Pedānus adi. und subst. Bewohner von P.; subst. n. Landgut bei P.

Pegasos und us, i m. E. geflügeltes Roß, aus dem Haupte der Medusa entstanden; Musenroß; Pegasēus 3 des P.; Pegasis, idis f. des P.; Muse *M.* den Pegasus reiten: dichten

pēgma, atis n. (griech.) Gefüge, Gerüst; Versenkungsmaschine im Theater; — Bücherbrett, -fach

pē-iero und **peiūro, per-iero, per-iūro** 1. **falsch schwören,** einen Meineid leisten

pēior, pēius, pessimus cf. malus

pelagius 3 (griech.) zur See

Pelagonia, ae f. E. Landschaft und Stadt in Nordmazedonien; Pelagones, um m. Bewohner von P.

pelagus, i n. (griech.) Meer, See

Pelasgi, ōrum m. E. Ureinwohner Griechenlands; Pelasgus 3 (cf. auch Pelasgis, idis und Pelasgias, adis) pelasgisch

Pelethronius 3 E. (poet.) = thessalisch

Peleus, ei und eos m. E. Myrmidonenkönig, Vater Achills; Pelīdes, ae m. Pelide, Achill

pelex = paelex

Pelias, ae m. E. Sohn Neptuns, König von Jolkus, Oheim des Jason, von den eigenen Töchtern auf Anstiften Medeas zerstückelt; Peliades, um f. Töchter des P.

pelicātus = paelicātus

Pēlion, ii n. und Pelios und us, ii m. E. südliche Fortsetzung des Ossa; Peliacus 3 (f. auch Pelias, adis) vom P.; thessalisch

Pella, ae und e, ēs f. E. Geburtsstadt Alexanders d. Gr.; Pellaeus adi. und subst. Einwohner von P., alexandrinisch, ägyptisch

pellax, ācis (cf. pellicio) (poet.) ränkevoll, verschmitzt

Pellēne, ēs f. E. Stadt in Achaia; Pellenēnsis adi. und subst. Bewohner von P.

pel-licio und **per-licio,** lexi, lectus 3. (cf. per und lacio) anlocken, **verlocken**

pellicula, ae f. (dem. von pellis) kleines Fell, Häutchen; pelliculam curare sich gütlich tun

pellis, is f. **Fell** (urv.); **Pelz** (L); plur. Pelzwerk; Hülle, Decke; plur. Winterzelt (aus Leder); milites sub pellibus habere die Truppe in Winterzelten halten; Schnürriemen; — quiescere in propria pelle auf eigenem Bette schlafen; für sich selbst leben; in propria pelle non quiescere sich in der eigenen Haut nicht wohl fühlen, sich über seinen Stand erheben

M. Pelle, pellen (L)

pellitus 3 (cf. pellis) mit einem Pelz bekleidet

pello, pepuli, pulsus 3. **in Bewegung setzen, treiben,** stoßen, schlagen; **bewegen,** Eindruck machen; **verstoßen,** vertreiben, verjagen, verscheuchen; zum Weichen bringen, zurückdrängen; verbannen

pel-lūceo = perlūceo

Pelopidas, ae m. E. berühmter thebanischer Staatsmann

Peloponnēsus, i f. E. (Pelopsinsel) Südhalbinsel Griechenlands (Morea); Peloponnēsius, Peloponnesiacus, Peloponnēnsis adi. und subst. Bewohner von P.

Pelops, opis m. E. Sohn des Tantalus, Stammvater des Pelopidenhauses; Pelopēus, Pelopēïus (f. auch Pelopēïs, idis und Pelopēïas, adis) des Pelops, peloponnesisch; Pelopidae, ārum m. Pelopiden

pelōris, idis f. (griech.) Riesenmuschel

Peloros und us, i m., Pelorum, i n., Pelōris, idis, Pelōrias, adis f. E. Nordspitze Siziliens (Faro di Messina)

pelta, ae f. (griech.) kleiner, thrazischer Schild

peltasta und es, ae m. (griech.) Peltast (F), Leichtbewaffneter

peltātus 3 mit dem leichten Lederschild bewaffnet

Pelūsium, ii n. E. ägyptische Stadt am östlichen Nilarm; Pelūsius und Pelusiacus adi. und subst. Bewohner von P.

pelvis, is f. (griech.) Schüssel

penārius 3 (cf. penus) mit Vorrat gefüllt

penātes, ium und um m. (cf. penus) **Penaten,** Hausgötter; Haus, Wohnung, Heimat, heimatlicher Herd

F. die Penaten i. a. B.

penāti-ger 3 Penaten tragend

pendeo, pependi 2. (cf. pendo) **herabhängen;** schweben; abhängig sein, auf etwas beruhen; mit ex, ab, in oder abl. z. B. ex fortuna p.; — **schwanken,** unsicher sein, unentschlossen sein

M. Pendel, pendeln (L)

F. das Pendant (franz.): Gegenüberhängendes, Seitenstück — das Antependium: Altarbehang

pendo, pependi, pēnsus 3. **hängen, aufhängen;** an die Wage hängen, **wägen,** abwägen; **erwägen,** schätzen, beurteilen; Geld abwägen, **zahlen,** bezahlen; Strafe zahlen, büßen, leiden z. B. poenam p.; — wiegen, schwer sein; — **pensus** 3 gewogen, abgeschätzt; wichtig, gewichtig; nihil pensi habeo, mihi nihil pensi est ich lege kein Gewicht darauf, gebe nichts darauf, kehre mich nicht daran; — **pensum,** i n. die (zum Spinnen abgewogene Wolle) Tagesarbeit, Aufgabe

F. das Pensum i. a. B.; Schülerarbeit, Lehraufgabe, -stoff

pendulus 3 (cf. pendeo) hängend, schwebend, ungewiß

F. die Pendule (franz.): Stutzuhr

Penēis, Penēius cf. Penēus

Penelopa, ae oder e, ēs f. E. Gemahlin des Odysseus; Penelopeus 3 der P.

penes (cf. penitus) praep. mit acc. **im Besitze,** in der Gewalt; summum imperium penes Romanos est; **bei, auf seiten;** penes te es? bist du bei Sinnen?; culpa penes me est die Schuld liegt bei mir

Penestia, ae f. E. Landschaft in Illyrien; Penestaeus adi. und subst. Bewohner von P.

penetrābilis, e (cf. penetro) durchdringlich; durchdringend
F. penetrabel: durchdringend

penetrālis, e (cf. penetro) **innerlich,** inwendig; di penetrales = penates; penetrālia, ium n. das Innere, Innerste eines Hauses; Hauskapelle, Heiligtum

penetro 1. (cf. penitus-intro) 1.) (intr.) **eindringen,** vordringen 2.) durchdringen, durchziehen; einwirken
F. penetrant: durchdringend — die Penetranz: durchdringende Kraft

Penēus, i m. E. Hauptfluß Thessaliens (Salambria); Penēius, Penēus, Penīus (f. auch Penēis, idis) penëisch

penicillus, i m. und um, i n. (dem. von penis) Pinsel (L)
F. das Penicillium: Pinselschimmel — das Penicillin: Heilmittel, bakterientötendes Antibiotikum

pēnis, is m. Schwanz; männliches Glied; Unzucht
F. der Penis i. a. B.

penitus adv. **bis ins Innerste;** tief hinein; weithin; ganz und gar, völlig, gänzlich

Penius, ii m. E. Fluß in Kolchis

penna, ae f. **Feder** (urv.); plur. Gefieder, Flügel; Flug; — Feder am Pfeil, Pfeil
F. das Pennal: Federbüchse, Schule — der Pennäler: Schüler — die Penne: Schule, Schlafherberge — pennen: (in der Schlafherberge) schlafen

pennātus 3 (cf. penna) geflügelt

Penninus, Poeninus 3 penninisch, zu den Penninischen Alpen gehörig; iter P. Paß über den St. Bernhard

pennula, ae f. (dem. von penna) Flügelchen

pēnsilis, e (cf. pendeo) aufgehängt, schwebend, getrocknet; horti pensiles die hängenden Gärten (der Semiramis)

pēnsio, ōnis f. (cf. pendeo) Zahlung, Rate
F. die Pension: Ruhegehalt, Ehrensold, Kostgeld, Verpflegungs- und Erziehungsanstalt, Fremdenheim — der Pensionär: im Ruhestand lebender Beamter; Zögling, Kostgänger — das Pensionat: Erziehungsanstalt

pēnsito 1. (cf. penso) genau abwägen, **erwägen, überdenken,** bezahlen

penso 1. (cf. pendo) **abwägen;** erwägen, beurteilen; vergleichen; vergelten, bezahlen, büßen, erkaufen

pensum cf. pendo

pensus cf. pendo

Pentelicus 3 E. vom marmorreichen Berg Pentelikon

pentēris, idis f. (griech.) Fünfruderer

Penthesilēa, ae f. E. Amazonenkönigin

Pentheus, ei m. E. König von Theben, von rasenden Bacchantinnen zerrissen; Penthēus 3 des P.

Pentri, ōrum m. E. samnitischer Volksstamm

penūria, ae f. (cf. paene) **Mangel,** Entbehrung
F. die Penuria, Penurie i. a. B., drückende Not

penus, ūs und i m. und f., penum, i n., penus, oris n. Lebensmittelvorrat, Mundvorrat

Peparēthus, i f. E. Insel östlich von Magnesia

peplum, i n. (griech.) Frauengewand, Prachtgewand

per praep. mit acc. (räuml.) **durch** z. B. per medios hostes mitten durch die Feinde; per manus tradere von Hand zu Hand reichen; **über... hin,** ringsum in z. B. vigilias per urbem, per muros (überall auf) disponere; — (zeitl.) durch, **während** z. B. per multos annos viele Jahre hindurch, während vieler Jahre; — (wenn

Personen Mittel oder Werkzeug sind) **durch, vermittelst** z. B. per servum certior factus sum ich wurde durch einen Sklaven benachrichtigt; besonders per me, per te, per se für sich (allein), auf eigene Hand; per se an und für sich, durch sich selbst; virtus per se petenda est; — **unter dem Vorwande,** unter dem Scheine, unter Mißbrauch z. B. per fidem, per spem; — (causal) **wegen, infolge, halber** z. B. per aetatem; stat per me es beruht auf mir; non stat per me, quominus es ist nicht meine Schuld, daß; — (zur Angabe der Art und Weise) **mit, unter, in** z. B. per vim auf gewaltsame Weise; per fraudem auf betrügerische Weise; per litteras schriftlich, brieflich; per iocum im Scherz; per speciem unter dem Scheine; per dolum auf hinterlistige Weise; per occasionem gelegentlich; — (bei Schwüren) **um ... willen, bei** z. B. per deos iurare bei den Göttern schwören; per liberos rogare um der Kinder willen bitten

M. Silbe ver, vor, für (urv.) — per: durch, mittelst — per se: durch sich, selbstverständlich — per annum (abgek. p. a.): auf das Jahr — per saldo (it.): zum Ausgleich

pēra, ae f. (griech.) Ranzen

per-acer, cris, cre sehr scharf

per-acerbus 3 sehr herb

peractio, ōnis f. (cf. perago) Beendigung, Schluß

per-acūtus sehr scharf, sehr scharfsinnig

per-adulescens, ntis m. ganz junger Mann

per-adulescentulus, i m. blutjunger Mann

Peraea, ae f. E. 1.) P. Rhodiorum Südküste Kariens 2.) Stadt in Argolis 3.) Palästina jenseits des Jordans

per-aeque adv. völlig gleich

per-agito 1. umhertreiben, beunruhigen

per-ago, ēgi, actus 3. **umhertreiben,** fort und fort bewegen, bearbeiten; **durchführen, vollenden,** beenden; comitia, conventus, concilium p. abhalten; hibernis peractis nach Ablauf des Winters; **verbringen,** verleben; vitam peragere sein Leben hinbringen; — einen Prozeß zu Ende führen; reum peragere verurteilen; in Worte kleiden, formulieren; darstellen, besprechen

peragrātio, ōnis f. Durchwanderung

per-agro 1. (cf. per-ager) **durchwandern,** durchstreifen; fama peragrat das Gerücht verbreitet sich

per-amans, ntis (adv. anter) sehr liebevoll

per-ambulo durchwandern, durchwandeln; crocum p. über die Bretter, über die (mit Safranparfüm besprengte) Bühne gehen

per-amoenus 3 sehr angenehm

per-amplus 3 sehr groß

per-angustus 3 sehr eng

per-antiquus 3 sehr alt

per-appositus 3 sehr passend

per-arduus sehr steil, sehr schwierig

per-argūtus 3 sehr scharfsinnig

per-armātus 3 wohlbewaffnet

per-aro 1. durchpflügen, durchfurchen; (mit dem Griffel durchfurchen) schreiben

per-attentus 3 sehr aufmerksam

per-bacchor 1. durchschwärmen

per-beātus sehr glücklich

per-belle adv. sehr fein, sehr hübsch

per-bene adv. sehr gut, sehr wohl

per-benevolus 3 sehr wohlwollend

per-benigne adv. sehr gütig

per-bibo, bibi 3. ganz in sich trinken, einsaugen

per-blandus 3 sehr gewinnend

per-bonus 3 sehr gut

per-brevis, e sehr kurz

per-calēsco, calui 3. ganz heiß werden

per-callēsco, callui 3. ganz harthäutig werden; ganz gefühllos werden

per-cārus 3 sehr teuer

per-cautus 3 sehr vorsichtig

per-celebro 1. überall verbreiten; pass. in aller Munde sein
per-celer, is, e sehr schnell
per-cello, culi, culsus 3. (cf. clades) völlig erschüttern; **schlagen**, stoßen; zu Boden werfen, **niederschmettern, stürzen**, zugrunde richten; — **erschrecken**, in Bestürzung versetzen
per-cēnseo, ui 2. **durchmustern**, besichtigen; kritisieren; — **aufzählen; berechnen**, überschlagen; — durchreisen, durchwandern
perceptio, ōnis f. (cf. percipio) das Einsammeln; das Erfassen, Begreifen, Erkenntnis
per-cieo, — 2. in Bewegung setzen; **percitus** 3 **erregt**, gereizt; reizbar, heftig
per-cipio, cēpi, ceptus 3. (cf. capio) erfassen, **empfangen, bekommen; wahrnehmen**, empfinden, vernehmen; **begreifen, auffassen**, erkennen, erlernen; perf. kennen
F. die Perzeption: Erfassen eines Inhalts; Aufnehmen elementarer Sinneseindrücke — die Apperzeption: Hinzutritt neuer Vorstellungen in eine bereits vorhandene Vorstellungsgruppe
percitus cf. percieo
per-colo, ui, cultus 3. sehr schmükken; hoch ehren
per-cōmis, e sehr freundlich
per-commodus 3 sehr bequem, sehr gelegen
per-contātio, ōnis f. (cf. percontor) Frage, **Erkundigung**; Frage (als Redefigur)
percontātor, ōris m. (cf. percontor) Ausfrager, Aushorcher
per-contor 1. (cf. contus) (mit der Ruderstange durchstochern) **sich erkundigen, ausfragen**, untersuchen
per-copiōsus 3 sehr wortreich
per-coquo, coxi, coctus 3. gar kochen; reif machen
per-crebēsco und per-crebrēsco, crēbui und crebrui 3. **sich verbreiten**, überhandnehmen; ruchbar, **bekannt werden**
per-crepo, ui 1. laut erschallen
per-cultor, ōris m. eifriger Verehrer
percūnctor = percontor
per-cupidus 3 sehr **begierig**, sehr geneigt
per-curiōsus 3 sehr neugierig
per-cūro 1. ausheilen
per-curro, curri und cucurri, cursus 3. 1.) (intr.) **laufen**, eilen 2.) (trans.) durchlaufen, durcheilen; — **aufzählen**, anführen; **überfliegen** (mit dem Blicke); durchsehen, durchlesen
percursātio, ōnis f. (cf. percurso) das Durchreisen
percursio, ōnis f. (cf. percurro) das Durchlaufen; das flüchtige Überdenken; das flüchtige Erwähnen
per-curso 1. umherstreifen; durchstreifen
percussio, ōnis f. (cf. percutio) **Erschütterung, das Schlagen**; p. digitōrum das Schnalzen mit den Fingern; das Taktschlagen
percussor, ōris m. (cf. percutio) **Mörder**, Meuchelmörder, Bandit
percussus, ūs m. = percussio
per-cutio, cussi, cussus 3. (cf. quatio) **heftig erschüttern; schlagen, treffen; verwunden**; durchstoßen, **durchbohren, töten**, ermorden; securi p. enthaupten; — treffen; **ergreifen**, Eindruck machen; **betrügen**, prellen
F. perkutieren i. a. B., beklopfen (med.) — die Perkussion: Erschütterung, Stoß, Schlag; Untersuchung durch Beklopfen (med.)
per-decōrus 3 sehr ehrenvoll
Perdicca und as, ae m. E. 1.) älterer Bruder Philipps II. 2.) General und Vertrauter Alexanders d. Gr.; sein Reichsverweser
per-difficilis, e sehr schwierig
per-dignus 3 sehr würdig
per-diligens, ntis sehr sorgfältig, sehr pünktlich
per-disco, didici 3. gründlich erlernen, auswendig lernen
per-diserte adv. sehr beredt
perditor, ōris m. (cf. perdo) Verderber
perditus cf. perdo

per-diu adv. sehr lange
per-diuturnus 3 sehr lange dauernd
per-dives, itis sehr reich
perdix, icis f. (griech.) Rebhuhn; Perdix, icis m. Neffe des Dädalus, in ein Rebhuhn verwandelt
per-do, didi, ditus 3. (arch. coni. praes. perduim; die pass. Formen werden durch pereo ersetzt) **zugrunde richten, verderben,** ruinieren; **verschwenden,** vertun, vergeuden; — **verlieren,** einbüßen; causam, litem p. einen Prozeß verlieren; verspielen; — **perditus 3 verloren, zugrunde gerichtet,** aufgegeben, **hoffnungslos,** verzweifelt, unglücklich; verdorben, verkommen, **verworfen,** verrucht, heillos, grundschlecht
M. diem perdidi: ich habe heute einen Tag vergeudet (Titus)
per-doceo, docui, doctus 2. gründlich belehren, deutlich dartun; perdoctus 3 sehr gelehrt, sehr geschickt, sehr unterrichtet
per-dolēsco, dolui 3. tief betrübt sein, tief bedauern
per-domo, ui, itus 1. völlig zähmen, **bändigen, bezwingen,** unterjochen
per-dūco, dūxi, ductus 3. **bis ans Ziel führen, leiten,** geleiten; verkuppeln; **fortführen,** fortsetzen; — **zu etwas bringen, bewegen,** bestimmen; — (poet.) überziehen, salben
perductor, ōris m. (cf. perduco) Kuppler
perduellio, ōnis f. (cf. perduellis) **Hoch-, Landesverrat**
per-duellis, is m. (duellum = bellum) Staatsfeind
perduim cf. perdo
per-edo, ēdi, ēsus 3. **ganz verzehren**
per-egre und per-egri (per und loc. von ager) **in der, in die, aus der Fremde**
peregrinabundus 3 (cf. peregrinor) viel herumreisend
peregrinātio, ōnis f. (cf. peregrinor) Reisen, Aufenthalt im Auslande; das Wandern (auch der Tiere)
peregrinātor, ōris m. (cf. peregrinor) reiselustig
peregrīnitas, tātis f. (cf. peregrinus) fremde Sitte
peregrinor 1. (cf. peregre) **herumreisen, im Auslande sein;** umherschweifen; nicht einheimisch, fremd sein
peregrīnus 3 (cf. peregre) **ausländisch, fremd;** subst. m. **Fremder,** Nichtbürger, Insasse (ohne Bürgerrecht); provincia peregrina das Amt des praetor peregrinus (zur Schlichtung von Streitigkeiten zwischen Bürgern und Insassen); — subst. f. Fremde. Nichtbürgerin, Insassin
M. Pilger, Pilgrim (L)
per-ēlegans, ntis sehr geschmackvoll, sehr gewählt
per-ēloquens, ntis sehr beredt
per-emnis, e (cf. amnis) den Flußübergang betreffend
perendie adv. (über den Lauf eines Tages hinaus) übermorgen
perendinus 3 (cf. perendie) zum übermorgigen Tage gehörig
Perenna cf. Anna
per-ennis, e (cf. annus) das ganze Jahr **dauernd,** jährig; dauernd, **beständig**
F. perennieren: ausdauern, überwintern — perennierend: ausdauernd, winterhart, überwinternd
perennitas, tātis f. (cf. perennis) Beständigkeit; p. fontium Unversiegbarkeit
F. die Perennität: Ausdauer, Winterfestigkeit
perenno 1. (cf. perennis) dauern, bestehen
per-eo, ii, itum 4. (meist pass. zu perdo) **vergehen, zugrunde gehen, umkommen;** amore p. hinschmachten; — verloren gehen, vergeudet werden; erlöschen (jur.)
M. pereat: er gehe unter — pereant: sie mögen untergehen
F. das Pereat: Nieder mit ihm!
per-equito 1. durchreiten; umherreiten

per-erro 1. durchirren, durchschweifen, durchdringen

per-eruditus 3 sehr unterrichtet

per-excelsus 3 sehr emporragend

per-exiguus 3 **sehr klein,** sehr gering

per-expeditus 3 sehr bequem, ganz unbehindert

per-facētus 3 sehr witzig

per-facilis, e **sehr leicht,** sehr gefällig

per-facundus 3 sehr beredt

per-familiāris, e sehr vertraut

perfectio, ōnis f. (cf. perficio) Vollendung; Vollkommenheit

F. die Perfektion i. a. B. — perfektionieren: vervollkommnen, vollenden, ausbilden — die Perfektionierung: Vervollkommnung — der Perfektionismus: Geschichtsdeutung der Aufklärung, nach der die Menschheit immer vollkommener wird

perfector, ōris m. (cf. perficio) Vollender, Vervollkommner

perfectus 3 cf. perficio

per-fero, tuli, lātus, ferre **hintragen,** hinbringen; lapis non pertulit ictum der Stein gelangte nicht ans Ziel; hasta vires non perfert die Lanze ermattete; — **überbringen, übergeben;** — **berichten, melden,** verkünden; **zu Ende bringen, durchführen,** vollführen; legem, rogationem p. durchsetzen; lex perfertur das Gesetz geht durch; — völlig ertragen, erdulden, aushalten, überstehen

per-ficio, fēci, fectus 3. **vollenden,** verfertigen; **zustande bringen,** ausführen; **beendigen,** beschließen, abhalten; — **durchsetzen, bewirken** (mit ut, ne, verneint auch mit quominus); **perfectus** 3 **vollkommen,** vollendet

F. perfizieren i. a. B. — perfekt: vollendet, abgeschlossen, vollkommen — das Perfekt, Perfektum: Vergangenheit (sprachl.) — perfektibel: vervollkommnungsfähig — der Perfektibilismus: Glaube an die Vervollkommnungsfähigkeit der Menschen — der Perfektibilist: Anhänger des Perfektibilismus — die Perfektibilität: Bildsamkeit

per-fidēlis, e sehr treu

perfidia, ae f. (cf. perfidus) **Treulosigkeit,** Unredlichkeit, Wortbrüchigkeit

F. die Perfidie i. a. B.

perfidiōsus 3 wortbrüchig, treulos

per-fidus 3 (aus per-fidem [fallere] durch Eidverletzung) **treulos,** wortbrüchig, unredlich

F. perfide i. a. B. — die Perfidität = Perfidie

per-flagitiōsus 3 sehr lasterhaft

per-flo 1. durchwehen, hinwehen

per-fluo, flūxi 3. durchfließen; auslaufen, überfließen, reich sein an etwas

per-fodio, fōdi, fossus 3. **durchgraben,** durchstechen; **durchbohren**

per-foro 1. **durchlöchern, durchbohren;** durch Durchbrechen bilden

F. perforieren i. a. B., reihenweise durchlöchern — die Perforation: Durchlöcherung, Durchbohrung, Anbohrung, Durchbruch (med.) — das Perforatorium: Knochen-, Schädelbohrer (med.)

per-fremo 3. **laut schnauben**

per-frequens, ntis **sehr besucht,** volkreich

per-frico, fricui, frictum und fricātum) 1. reiben; os p. (das Gesicht zur Verdeckung der Schamröte reiben) alle Scham ablegen

per-frīgidus 3 sehr kalt

per-fringo, frēgi, frāctus 3. (cf. frango) **durchbrechen, zerbrechen, zerschmettern;** vereiteln

per-fruor, fructus sum 3. völlig **genießen,** auskosten (mit abl.); — ganz ausführen z. B. mandatis

perfuga, ae m. (cf. perfugio) **Überläufer,** Deserteur

per-fugio, fūgi, fugitūrus 3. **sich wohin flüchten; zum Feinde übergehen**

perfugium, ii n. (cf. perfugio) **Zufluchtsstätte,** Asyl, Zuflucht; Ausflucht

perfūnctio, ōnis f. (cf. perfungor) Verwaltung

per-fundo, fūdi, fūsus 3. **übergießen,** benetzen; pass. übergossen werden, baden, sich benetzen; — **durchströmen,** erfüllen

per-fungor, fūnctus sum 3. bis zu

Ende **verrichten, verwalten;** mit abl. z. B. munere; — überstehen z. B. periculis p. — perfunctus 3 auch pass.

per-furo 3. umhertoben

Pergamum, i n. und us, i f., meist Pergama, ōrum E. Burg von Troja, Troja; Pergameus 3 pergameisch, trojanisch; — Pergamum, i n. Stadt in Mysien (Bergama), bekannt durch das dort erzeugte Pergament (F) und den Pergamon-Altar; Pergamēnus adi. und subst. Bewohner von P.

per-gaudeo, gavisus sum 2. sich sehr freuen

per-gnārus 3 sehr kundig

pergo, perrēxi, perrēctus 3. (aus per-rego) **weitergehen,** vorrücken, sich aufmachen; perge, pergite wohlan! auf denn! ans Werk! — **fortfahren,** nicht ablassen; in der Rede fortfahren, weitergehen; iter pergere den Marsch fortsetzen

per-grandis, e sehr groß

per-grātus 3 sehr angenehm; alci pergratum facere jd. einen Gefallen erweisen

per-gravis, e sehr schwer; pergraviter adv. sehr heftig

Pergus, i m. E. See bei Henna in Sizilien

per-hibeo, ui, itus 2. (cf. habeo) **darbieten,** hinhalten; sagen, **erzählen;** ut perhibent wie man erzählt; — **nennen,** anführen, angeben

per-honorificus 3 sehr ehrenvoll

per-horrēsco, horrui 3. **erschauern,** erbeben, erzittern, **schaudern;** (mit acc.) sich vor etwas entsetzen, zurückschrecken

F. perhorreszieren i. a. B. — die Perhorreszenz: Furcht vor Parteilichkeit des Richters und der Zeugen; ihre Ablehnung

per-horridus 3 sehr schauerlich

per-humānus 3 (adv. iter) sehr menschlich, sehr freundlich

Periander und dros, dri m. E. Tyrann von Korinth. Freund von Kunst und Wissenschaft

Pericles, is m. E. der berühmte athenische Redner, Feldherr und Staatsmann

periclitātio, ōnis f. (cf. periclitor) Versuch

periclitor 1. (cf. periclum) **versuchen, wagen,** erproben; aufs Spiel setzen, **gefährden;** periclitātus 3 (auch pass.) erprobt; — **in Gefahr sein,** gefährdet sein

periclum, i n. = periculum

periculōsus 3 (cf. periculum) **gefährlich,** gefahrbringend, mit Gefahr verbunden

periculum, i n. (cf. ex-perior) **Versuch,** Probe; p. facere alcis rei etwas versuchen, probieren, kennen lernen; — **Gefahr,** Wagnis; magno (cum) periculo unter großer Gefahr; periculo alcis auf jds. Gefahr hin; p. capitis Lebensgefahr; res est magni periculi die Sache ist sehr gefährlich; in periculo esse, versari in Gefahr schweben; — Anklage, **Prozeß;** gerichtliches **Protokoll,** Urkunde, Verzeichnis

M. Periculum in mora: Gefahr ist im Verzug, schnelles Eingreifen ist nötig (Livius)

per-idōneus 3 sehr geeignet

periero = peiero

per-illustris, e sehr deutlich, sehr klar; sehr angesehen

per-imbecillus 3 sehr schwach

Perimēde, es f. E. röm. Zauberin; Perimedēus 3 zauberisch

Perimēle, ēs f. E. Tochter des Hippodamas

per-imo, ēmi, emptus 3. (cf. emo) völlig wegnehmen, **vernichten,** zerstören; töten; hintertreiben, vereiteln

F. die Peremption: Verfall eines Rechts-, Klageanspruchs — peremptorisch: vernichtend, entscheidend, zwingend, endgültig

per-impeditus 3 sehr unwegsam

per-incertus 3 sehr ungewiß

per-incommodus 3 sehr ungelegen, sehr unbequem

per-inde adv. völlig daher, völlig so, **ebenso;** p. atque (ac) ebenso wie, **auf gleiche Weise wie;** haud p. . . .

quam nicht sowohl ... als vielmehr; haud p. nicht gerade, nicht besonders; perinde ac si gleich als ob

per-indulgens, ntis sehr nachsichtig

per-infirmus 3 sehr schwach

per-ingeniōsus 3 sehr scharfsinnig

per-iniquus 3 sehr unbillig

per-insignis, e sehr auffallend

Perinthus, i f. E. Stadt an der Propontis; Perinthius adi. und subst. Bewohner von P.

per-invalidus 3 sehr schwach

per-invisus 3 sehr verhaßt

per-invitus 3 sehr ungern

periodus, i f. (griech.) Periode (F), Salzgefüge

F. die Periode: Kreislauf, Zeitabschnitt, Satzgefüge — periodisch: regelmäßig wiederkehrend — die Periodizität: regelmäßige Wiederkehr

peripatēticus 3 (griech.) peripatetisch (F), zur Schule des Aristoteles gehörig; subst. m. Peripatetiker, Anhänger der philosophischen Schule des Aristoteles

peripetasma, atis n. (griech.) Teppich, Decke

periphrasis, is f. (griech.) Umschreibung

per-irātus 3 sehr zornig

periscelis, idis f. (griech.) Knieband, Kniespange

peristrōma, atis n. (griech.) Teppich, Decke

peristȳlum, i n. (griech.) der offene Hofraum des röm. Hauses

F. das Peristyl i. a. B., Säulengang, Säulenhalle

peritia, ae f. (cf. peritus) Erfahrung, Kenntnis

peritus 3 **erfahren, kundig,** geschickt, gescheit; meist mit gen. obi. z. B. p. rei militaris; iuris und iure p. rechtskundig

per-iucundus 3 **sehr angenehm,** sehr erfreulich

periūrium, ii n. (cf. periurus) **Meineid**

per-iūro 1. = peiero

per-iūrus 3 (cf. ius) **meineidig**

per-lābor, lāpsus sum 3. über etwas hingleiten; hineinschlüpfen, sich eindrängen, unbemerkt gelangen

per-laetus 3 sehr freudig

per-lāte adv. sehr weit

per-lego, lēgi, lēctus 3. **durchmustern,** genau betrachten; **durchlesen,** verlesen

per-levis, e sehr leicht, sehr gering

per-libens, ntis; adv. enter sehr gern, sehr bereitwillig

per-liberālis, e sehr gütig

per-licio = pellicio

per-lito 1. mit günstigen Vorzeichen opfern

per-longus 3 sehr lang

per-lubens = perlibens

per-lūceo, lūxi 2. **durchscheinen,** hervorschimmern; durchsichtig sein; **perlūcens,** ntis **durchsichtig**

per-lūcidus 3 **durchsichtig**

per-luctuōsus 3 sehr traurig

per-luo, lui, luitūrus 3. **abwaschen;** pass. sich baden

per-lūstro 1. **durchstreifen,** durchwandern; **mustern**

F. perlustrieren i. a. B.

per-magnus 3 **sehr groß,** sehr bedeutend; subst. n. etwas sehr Großes

per-malus 3; adv. permale sehr schlecht, unglücklich

per-māneo, mānsi, mānsum 2. **verbleiben,** ausharren; fortdauern, sich erhalten; bei etwas verbleiben, verharren; in libertate p. an der Freiheit festhalten; in fide p. treu bleiben

F. permanent: ununterbrochen, beharrlich — die Permanenz: Dauerständigkeit, Beharrlichkeit

per-māno 1. **hinfließen; eindringen,** sich verbreiten

permānsio, ōnis f. (cf. permaneo) das Verbleiben

per-marīnus 3 durchs Meer gleitend

per-maturēsco, tūrui 3. ganz reif werden

per-mediocris, e sehr mittelmäßig

per-meo 1. durchgehen, durchwandern; an ein Ziel gelangen

F. permeabel: durchlässig (für Gas oder Flüssigkeit) — impermeabel: undurchlässig — semipermeabel: halbdurchlässig —

die Permeabilität: Durchlässigkeit durch ein Membran — Permeabilitätsabstimmung: Radiospulenabstimmung

Permēssus, i m. E. den Musen heiliger Fluß in Böotien

per-mētior, mēnsus sum 4. **ausmessen;** durchwandern

per-mingo, minxi 3 bepissen

per-mirus 3 sehr wunderbar

per-misceo, miscui, mixtus 2. **vermischen,** durcheinander mengen, **vereinen,** verbinden; pass. sich vereinen, handgemein werden; — in Unordnung bringen, **verwirren**

permissio, ōnis f. (cf. permitto) Überlassung; — Übergabe; Anheimstellung, Erlaubnis

F. die Permission i. a. B., Erlaubnisschein

permissus, ūs m. (cf. permitto); nur permissu mit Erlaubnis

per-mitto, mīsi, missus 3. **bis ans Ziel schicken,** treiben lassen, **fahren lassen;** tribunatum p. dem Tribunat die Zügel schießen lassen, das Tribunat rücksichtslos in Anspruch nehmen; equos p. heransprengen; — **überlassen, übergeben,** schenken, **zulassen, gestatten, erlauben;** se permittere sich unterwerfen; in fidem atque potestatem alcis oder potetati et fidei alcis se p. sich jdm. auf Gnade und Ungnade ergeben; — permissum, i n. Erlaubnis

F. permittieren i. a. B. — der Permiß: der Erlaubnisschein

permixte und tim adv. (cf. permisceo) vermischt

permixtio, ōnis f. (cf. permisceo) Vermischung; Verwirrung

per-modestus 3 sehr bescheiden, sehr schüchtern

per-molestus 3 sehr beschwerlich; permoleste ferre sehr ungehalten sein

per-molo, ui 3. zermahlen

permōtio, ōnis f. (cf. permoveo) Erregung

per-moveo, mōvi, mōtus 2. **bewegen, veranlassen,** bestimmen; **aufregen, erregen,** rühren, beunruhigen, erbittern, erschüttern; irā permotus aus Zorn

per-mulceo, mulsi, mulsus 2. **streicheln,** sanft berühren; **umschmeicheln,** liebkosen, besänftigen, beruhigen, zu gewinnen suchen

per-multus 3 **sehr viel;** permultum adv. sehr viel; permultum valere großes Übergewicht haben, sehr großen Einfluß ausüben

per-mūnio 4. stark befestigen; eine Befestigung fertigstellen

permutātio, ōnis f. (cf. permuto) **Veränderung,** Wechsel; **Tausch,** Umtausch

F. die Permutation i. a. B., Umstellen in alle möglichen Reihenfolgen

per-muto 1. **verändern, vertauschen;** auswechseln, loskaufen; mit Wechseln zahlen

F. permutieren i. a. B. — permutabel: vertauschbar

perna, ae f. Hinterkeule, Schinken

per-necessārius 3 sehr notwendig, innig befreundet, vertraut

per-necesse adv. durchaus notwendig

per-nego 1. hartnäckig leugnen

perniciābilis, e = perniciosus

per-nicies, ēi f. (cf. per-nex) **Verderben,** Vernichtung, **Untergang;** verderblicher Mensch, Pest (als Schimpfwort)

perniciōsus 3 (cf. pernicies) **verderblich,** schädlich

F. perniziös i. a. B., gefährlich

pernicitas, tātis f. (cf. pernix) Schnelligkeit, Behendigkeit

pernix, īcis **schnell,** behende, flink; ausdauernd, beharrlich

per-nōbilis, e sehr bekannt, sehr berühmt

per-nocto 1. (cf. pernox) übernachten

per-nōsco, nōvi, nōtus 3. gründlich kennenlernen

per-notēsco, nōtui 3. überall bekannt werden

per-nōtus 3 überall bekannt

per-nox, ctis die Nacht hindurch dauernd; luna p. erat der Mond schien die ganze Nacht; lunā pernocte bei Vollmond

per-numero 1. aufzählen, auszahlen
pēro, ōnis m. Schuh aus rohem Leder
per-obscūrus 3 sehr dunkel
per-odiōsus 3 sehr verhaßt
per-officiōse adv. sehr gefällig
per-opportūnus 3 sehr gelegen, sehr willkommen
per-optātus 3 sehr erwünscht; peroptātō adv. ganz nach Wunsch
perorātio, ōnis f. (cf. peroro) **Schluß der Rede,** Epilog; Schlußrede
F. die Peroration i. a. B.
per-ōrno 1. sehr zieren; perornātus 3 besonders schön
per-ōro 1. **die Rede beendigen;** die Schlußrede halten; — sich über etwas auslassen. **etwas vollständig erörtern**
per-ōsus 3 (cf. odi) **sehr hassend,** voll Haß
per-pāco 1. völlig zur Ruhe bringen, ganz unterwerfen
per-parvulus 3 sehr winzig
per-parvus 3 sehr klein
per-pāstus 3 wohlgenährt
per-pauci, ae, a **sehr wenige**
per-pauculi, ae, a ganz wenige
per-paulum, i n. nur sehr wenig
per-pauper, eris ganz arm
per-pello, puli, pulsus 3. stark anstoßen; bewegen, einen tiefen Eindruck machen; **antreiben,** verleiten, berücken, bewirken
perpendiculum, i n. (cf. perpendo) Bleilot, Richtschnur; ad p. lotrecht, senkrecht
F. der Perpendikel i. a. B., Pendel
per-pendo, pendi, pēnsus 3. abwägen; **genau erwägen,** gründlich untersuchen
perperam adv. verkehrt, falsch, unrichtig
Perperna und Perpenna, ae m. röm. Name 1.) M. Perperna Konsul 92 v. Chr. 2.) M. Perperna Marianer, Nachfolger des Sertorius in Spanien
perpes, petis dauernd, ununterbrochen
perpessio, ōnis f. (cf. perpetior) das Erdulden
per-petior, pessus sum 3. (cf. patior) **standhaft erdulden, ertragen,** aushalten; mit inf. und acc. c. inf. dulden, zulassen, geschehen lassen
per-petro 1. (cf. patro) **vollziehen, ausführen,** zustande bringen; mit ut durchsetzen, es dahin bringen
perpetuitas, tātis f. (cf. perpetuus) **Fortdauer, Zusammenhang,** Stetigkeit
perpetuō adv. ununterbrochen, fortwährend
perpetuo 1. (cf. perpetuus) **fortdauern** lassen, fortsetzen
F. perpetuieren: immerwährend erhalten, in die Länge ziehen, fortdauern
perpetuus 3 (cf. peto) **durchgängig, ununterbrochen,** fortlaufend; fortdauernd, beständig; allgemein gültig; **in perpetuum** für immer
M. das Perpetuum mobile: das unaufhörlich sich Bewegende — Perpetua (V)
F. perpetuell: beständig, fortwährend, ununterbrochen
per-placeo, ui 2. sehr gefallen
per-plexus 3 (cf. plecto) verschlungen, verworren; undeutlich, rätselhaft, dunkel
F. perplex: verwirrt, betreten
per-polio 4. ganz glätten, **ausfeilen,** feilen; vervollkommnen, verfeinern; **perpolitus** 3 verfeinert, fein gebildet
per-populor 1. ganz verwüsten, ganz entvölkern; perpopulātus 3 **auch** pass. völlig ausgeplündert
perpotātio, ōnis f. (cf. perpoto) Trinkgelage
per-pōto 1. durchzechen
per-primo, pressi, pressus 3. (cf. premo) fort und fort drücken
per-propinquus 3 sehr nahe; nahe verwandt
per-pugnax, ācis sehr streitsüchtig
per-purgo 1. ganz reinigen; völlig ins reine bringen; gründlich behandeln
per-pusillus 3 sehr winzig, sehr klein
per-quam adv. **überaus,** gar sehr
per-quiro, quisivi, quisitus 3 (cf. quaero) **durchforschen,** nach etwas forschen, **sich genau erkundigen;** perquisite adv. sorgfältig untersucht, kritisch

per-rārus 3 (adv. ō) sehr selten
per-reconditus 3 sehr verborgen
Perrhaebia, ae f. E. Thessalien nördlich vom Peneus; Perrhaebus adi. und subst. Bewohner von P.
per-ridiculus 3 sehr lächerlich
per-rogātio, ōnis f. Durchsetzung (eines Gesetzes)
per-rogo 1. der Reihe nach fragen
per-rumpo, rūpi, ruptus 3. 1.) (intr.) **durchbrechen,** durchdringen, sich einen Weg bahnen 2.) (trans.) durch-, zer-, aufbrechen; **eindringen;** vernichten, überwältigen, überwinden
Persa und Perses, ae m. E. Perser; Persis, idis Landschaft der Perser; Persicus 3 (f. auch Persis, idis) persisch; — Persa, ae und e, ēs Tochter des Oceanus, Gemahlin des Sol; Persēis, idis Tochter der P., Hekate, Circe
M. Pfirsich (L) (aus malum Persicum: persischer Apfel)
per-saepe adv. sehr oft
per-salsus 3 sehr witzig
per-salutātio, ōnis f. allseitige Begrüßung
per-salūto 1. der Reihe nach, alle begrüßen
per-sapiens, ntis sehr weise
per-scienter adv. sehr gescheit
per-scindo, scidi, scissus 3. ganz zerreißen
per-scitus 3 sehr fein
per-scrībo, scrīpsi, scrīptus 3. **genau niederschreiben,** sorgfältig aufzeichnen; schriftlich abfassen, protokollieren; verbuchen, eintragen; (Geld) anweisen, durch Anweisung bezahlen; **schriftlich berichten,** melden
perscrīptio, ōnis f. (cf. perscribo) Aufzeichnung; Eintragung; Protokollierung; Zahlungsanweisung
perscrīptor, ōris m. (cf. perscribo) Eintrager, Buchführer
per-scrūtor 1. **durchstöbern, durchsuchen; durchforschen,** ergründen
per-seco, secui, sectus 1. völlig aufschneiden, zerschneiden
persecūtio, ōnis f. (cf. persequor) gerichtliche Verfolgung
per-sedeo, sēdi, sessum 2. ununterbrochen sitzen
per-sēgnis, e sehr matt, sehr träge
Persēis, idis und idos f. Gedicht von den Taten des Perseus; — cf. Persa
per-senēsco 3. bis ins hohe Alter leben
per-sentio, sēnsi, sensus 4. tief fühlen, deutlich wahrnehmen
Persephone, ēs f. E. = Proserpina
Persepolis, is f. E. Hauptstadt von Persis, von Alexander d. Gr. zerstört
per-sequor, secūtus sum 3. **nachfolgen,** begleiten; **verfolgen; rächen,** bestrafen; **gerichtlich verfolgen;** sein Recht geltend machen; — **etwas eifrig betreiben,** etwas erstreben; — **jd. nachahmen** (mit acc.); **fortsetzen,** durchführen, ausüben, vollziehen; **einholen,** erreichen; — **darstellen,** beschreiben, berichten
Perses cf. Persa
Perseus, ei und eos m. E. 1.) Sohn Jupiters und der Danaë, Gatte der Andromeda, unter die Sterne versetzt; Persēus, Persēius 3 des P. 2.) letzter König in Mazedonien, 168 v. Chr. bei Pydna geschlagen; Persicus 3 des P.; bellum Persicum Krieg gegen Perseus
persevērans, ntis; adv. anter (cf. persevero) ausharrend, beharrlich
perseverantia, ae f. **Beharrlichkeit,** Ausdauer *F.* die Perseveranz i. a. B.
per-sevēro 1. (cf. severus) **verharren,** beharrlich verbleiben, etwas fortsetzen, auf etwas bestehen; meist mit inf., auch mit in re, re und acc.
per-sevērus 3 sehr streng
Persicus cf. Perseus und Persa
per-sideo = persedeo
per-sīdo, sedi, sessum 3. eindringen
per-sīgno 1. genau aufzeichnen
per-similis, e sehr ähnlich
per-simplex, icis sehr einfach
Persis, idis cf. Persa
per-sisto, stiti 3. stehenbleiben, verharren

F. persistieren i. a. B. — persistent: beharrlich, festbleibend — die Persistenz: Beharrlichkeit, Hartnäckigkeit, Eigensinn

Persius 3 E. Name eines römischen Geschlechts; A. Persius Flaccus, römischer Satiriker

per-solvo, solvi, solūtus 3 1.) völlig auflösen, entwickeln; deutlich erklären 2.) **bezahlen,** abzahlen; **abtragen, erweisen;** gratiam (grates) p. alci jdm. Dank abstatten; poenas p. Strafe leiden, büßen

persōna, ae f. **Maske;** Rolle, Charakter (im Schauspiel); Stand, Stellung, **Rolle** (die man im Leben spielt); personam ferre, gerere eine Rolle spielen; — **Persönlichkeit, Person** (L)

M. in persona: persönlich, selbst — Persona grata: in Gunst stehender Mensch — personaliter: persönlich

F. personal, personell: persönlich, in Person, selbst — das Personal: Personen mit gemeinsamem Wirkungskreis — die Personalien: Angaben über persönliche Verhältnisse — der Personalismus: Glaube an einen persönlichen Gott — personifizieren: etwas Unpersönliches als lebendes Wesen darstellen — die Personifikation: Verkörperung von etwas Unpersönlichem unter dem Bild einer menschlichen Person — impersonal, impersonell: unpersönlich — die Impersonalität: Unpersönlichkeit — das Impersonale: unpersönliche Zeitwort (sprachl.)

personātus 3 (cf. persona) maskiert, verkleidet

per-sono, sonui 1. (trans.) durchtönen; erschallen lassen, laut rufen; besingen; — (intr.) widerhallen, erschallen, ertönen

perspectus cf. perspicio

per-spergo, spersi, spersus 3. (cf. spargo) besprengen

perspicax, ācis (cf. perspicio) scharfsichtig, einsichtsvoll

perspicientia, ae f. (cf. perspicio) volle Erkenntnis

per-spicio, spexi, spectus 3. (cf. species) (intr.) **hindurchschauen;** — (trans.) **genau beschauen,** besichtigen, mustern, untersuchen; durchschauen, **wahrnehmen, kennen lernen;** — **perspectus** 3 **durchschaut, bewährt**

F. das Perspektiv: ausziehbares Fernrohr — die Perspektive: Ferndarstellung, Ferndarstellungskunst; Aussicht (auf eine Gegend und in die Zukunft) — perspektivisch: aus der Ferne gesehen, verkürzt

perspicuitas, tātis f. (cf. perspicuus) Deutlichkeit

perspicuus 3 (cf. perspicio) durchsichtig; klar, offenbar

per-sterno, strāvi, strātus 3. ganz pflastern

per-stimulo 1. unaufhörlich reizen

per-sto, stiti, statūrus 1. **stehen bleiben,** stehen; **dauern,** Bestand haben; verharren, beharren; in sententia p. bei seiner Ansicht verbleiben

per-stringo, strinxi, strictus 3. **fest** zusammenschnüren; — **streifen,** berühren; leicht verwunden; **ergreifen, erschüttern;** tadeln, verweisen, kurz berühren, streifen (in der Rede)

per-studiōsus 3 sehr eifrig, sehr fleißig

per-suādeo, si, sum 2. mit Erfolg raten; **überreden;** mit dat. z. B. persuadeo tibi; pass. unpers. tibi a me persuadetur du wirst von mir überredet; mit ut z. B. Atheniensibus persuasum est, ut classem aedificarent die Athener wurden dazu überredet, eine Flotte zu bauen; — **überzeugen;** mit acc. c. inf. z. B. mihi persuasum est te deceptum esse ich bin überzeugt davon, daß du getäuscht wurdest; persuasum habeo ich bin überzeugt

persuāsio, ōnis f. (cf. persuadeo) Überzeugung, Glaube, Meinung, Einbildung

persuāsus, us m.; nur persuasu auf Zureden

per-subtīlis, e sehr fein; tief durchdacht

per-sulto 1. (cf. salto) herumspringen, herumschwärmen; (trans.) durchstreifen

per-taedet, taesum est 2. **Ekel emp-**

finden, einer Sache überdrüssig werden, etwas bereuen; alqm alcis rei z. B. nunquam patrem negotii suscepti pertaesum est niemals bereute der Vater eine übernommene Aufgabe, niemals verdroß den Vater eine übernommene Aufgabe
pertaesus 3 (cf. pertaedet) **überdrüssig**
per-tempto 1. ringsum **betasten;** auf die Probe stellen, **probieren, prüfen;** ergreifen, durchzucken z. B. gaudium animum pertemptat Freude durchzuckt das Herz
per-tendo, tendi, tentus und tēnsus 3. etwas durchzusetzen suchen; eilen, ziehen
pertento 1. = pertempto
per-tenuis, e sehr dünn, sehr schwach, sehr gering, klein
per-tergeo, tersi, tersus 2. abwischen
per-terreo, ui, itus 2. **jd. sehr erschrecken,** einschüchtern; metu perterritus von Furcht ergriffen, aus Furcht
perterri-crepus 3 (cf. perterreo-crepo) schrecklich rauschend
per-texo, texui, textus 3. zu Ende weben; ausführen, vollenden
pertica, ae f. Stange, Latte; Meßstange
per-timefacio, fēci, factus 3. sehr einschüchtern
per-timēsco, timui 3. **in große Furcht geraten,** sehr fürchten
pertinācia, ae f. (cf. pertinax) **Beharrlichkeit, Hartnäckigkeit,** Starrsinn
per-tinax, ācis (cf. teneo) **festhaltend; hartnäckig;** beharrlich
per-tineo, tinui 2. **sich erstrecken,** sich ausdehnen, reichen; **sich beziehen,** betreffen, berühren, angehören; quod pertinet ad deos was die Götter anbetrifft; hoc eodem pertinet dies bezieht sich auf dasselbe; — zu etwas dienen, gereichen; quae ad luxuriam pertinent Luxusartikel; — beeinflussen, Bedeutung haben
per-tingo 3. (cf. tango) sich ausdehnen, sich erstrecken
pertractātio, ōnis f. (cf. pertracto) Beschäftigung, Behandlung
per-tracto 1. überall befühlen; eingehend untersuchen, behandeln, bedenken, überdenken, auf etwas einwirken
per-traho, trāxi, tractus 3. **hinschleppen,** mit Gewalt wohin bringen
pertrecto 1. = pertracto
per-tristis, e sehr traurig; sehr mürrisch
per-tundo, tudi, tūsus und tūnsus 3. durchstoßen, durchlöchern
perturbātio, ōnis f. (cf. perturbo) **Verwirrung,** Unordnung, Störung, Umwälzung; Leidenschaft, Aufregung, Bestürzung
perturbātus 3 cf. perturbo
per-turbo 1. **sehr verwirren,** in Unordnung bringen; stören, beunruhigen; **aufregen, aus der Fassung bringen;** pass. aus der Fassung kommen, sich verblüffen lassen; perturbari (mit indir. Frage) in der Bestürzung nicht wissen; **perturbātus** 3 **verworren, wirr,** stürmisch, **bestürzt,** außer Fassung
per-turpis, e sehr unanständig
perungo, ūnxi, ūnctus 3. bestreichen, einreiben, salben
per-urbānus 3 sehr gebildet, sehr witzig
per-urgeo, ursi, ursūrus 2. **sehr bedrängen**
per-ūro, ūssi, ūstus 3. **etwas ganz verbrennen,** versengen; quälen; wund drücken
Perusia, ae f. E. Stadt in Ostetrurien (Perugia); Perusīnus adi. und subst. Bewohner von P.
per-ūtilis, e sehr nützlich
per-vado, vāsi, vāsus 3. **hindurchschreiten,** hindurchgehen; **hindurchdringen** z. B. fama urbem pervadit ein Gerücht durchläuft die Stadt; **gelangen,** erreichen; mit ad, in z. B. timor in urbem pervadit Furcht verbreitet sich in der Stadt
pervagātus 3 cf. pervagor
per-vagor 1. (intr.) **umherschweifen,**

sich verbreiten; (trans.) **durchschweifen,** durchziehen; — **pervagātus** 3 (auch pass.) **weit verbreitet,** sehr bekannt
per-vagus 3 rings umherschweifend
per-varie adv. sehr mannigfaltig
per-vāsto 1. **ganz verwüsten, verheeren**
per-veho, vēxi, vectus 3. **durchführen;** pass. durchfahren; — **hinführen, hinbringen; etwas hinfahren;** — pass. hinfahren, hinkommen, hinsegeln
per-vello, velli 3. stark rupfen; reizen; kranken, wehe tun; durchhecheln
per-venio, vēni, ventum 4. **an ein Ziel kommen, ankommen, anlangen;** mit ad, in z. B. in urbem; — zu etwas kommen
perversitas, tātis (cf. perversus) **Verkehrtheit,** Torheit
F. die Perversität i. a. B., abnorme Art der Befriedigung des Geschlechtstriebs
perversus cf. perverto
per-verto, verti, versus 3. **umkehren,** umstürzen, umwerfen; **vernichten,** zugrunde richten; **perversus verkehrt,** verdreht; widersinnig, falsch; schlecht
F. pervers i. a. B., abnorm
per-vesperi adv. sehr spät abends
per-vestigātio, ōnis f. (cf. pervestigo) Erforschung
per-vestigo 1. ausspüren, genau erforschen
per-vetus, eris sehr alt
per-vetustus 3 uralt
pervivācia, ae f. (cf. pervivax) Beharrlichkeit; **Halsstarrigkeit,** Eigensinn
pervivax, ācis (cf. pervinco) **beharrlich; starrköpfig,** eigensinnig
per-video, vīdi, vīsus 2. **überschauen; genau erkennen,** einsehen
per-vigeo, ui 2. sehr kräftig sein, sehr blühen
per-vigil, lis stets wachsam
per-vigilia, ae f. nächtliches Wachen
pervigilium, ii n. (cf. pervigil) das Nachtwachen; religiöse Nachtfeier
per-vigilo 1. die Nacht durchwachen
per-vīlis, e sehr wohlfeil
per-vinco, vīci, victus 3. **völlig besiegen,** überwinden; mit Mühe erzwingen; völlig siegen; seine Meinung durchsetzen
per-vius 3 (cf. via) **gangbar, wegsam;** subst. n. Durchgang; — zugänglich, offen
pervolgo = pervulgo
per-volito 1. etwas durchfliegen, durcheilen
per-volo 1: durchfliegen, durcheilen, hinfliegen
per-volo, volui, velle **gern wollen,** sehr wünschen
per-voluto 1. oft herumrollen, immer wieder lesen, durchstudieren
per-volvo, volvi, volūtus 3. aufrollen, durchlesen; animus pervolvitur der Geist beschäftigt sich eifrig
pervorsus 3 (arch.) = perversus
pervorto (arch.) = perverto
per-vulgo 1. **allgemein verbreiten, öffentlich bekannt machen; gemein machen; pervulgātus** 3 **allbekannt;** gemein
pes, pedis m. **Fuß;** pede captus gelähmt; pedibus zu Fuß; ad pedes desilire, descendere, degredi absitzen; Huf, Kralle; Segeltau, Schotte; pede aequo navigare vor dem Winde, mit vollem Winde segeln; pedem facere mit halbem Winde segeln, lavieren; **Schritt, Gang, Lauf;** pedibus vincere im Wettlauf siegen; — **Fuß** als Längenmaß = 16 digiti = 29,6 cm; **Versfuß;** Versart; Rhythmus, Takt; — pedem ferre gehen, kommen; pedem ponere eintreten; pedem efferre hinaustreten; pedem conferre handgemein werden, angreifen; pede collato, presso Fuß an Fuß, Mann gegen Mann; pedem referre (retrahere, revocare) sich zurückziehen, zurückweichen; ante pedes esse vor den Augen, in der Gegenwart; ad pedes se prosternere, se proicere zu Füßen fallen; pedibus in sententiam alcis ire der

Meinung eines anderen beitreten, mit ihm stimmen; pedibus mereri als Fußsoldat dienen; sub pedibus esse in der Gewalt sein, nicht beachtet sein, überwunden sein; manibus pedibusque mit Händen und Füßen, mit aller Gewalt

M. per pedes: zu Fuß — per pedes apostulorum: zu Fuß wie die Apostel — Fuß (urv.)

F. das Pedal: Fußtaste, Tretkurbel; Fuß — der Pedometer: Schrittzähler, Wegmesser — die Pedicure: Fußpflege — der Bipede: Zweifüßer — bipede, bipedisch: zweifüßig

pessimus 3 cf. malus

Pessinūs, ūntis f. Stadt in Galatien, Hauptsitz des Kybelekultes; Pessinūntius adi. und subst. Bewohner von P.

pessum adv. auf den Boden, hinab, zugrunde; **p. ire zugrunde gehen; p. dare zugrunde richten**

pēsti-fer, fera, ferum (cf. pestis-fero) **Verderben bringend**, unheilvoll, schädlich

pestilens, ntis (cf. pestis) **ungesund, verderblich**

pestilentia, ae f. (cf. pestilens) **ungesunde Luft**, Witterung; **Seuche, Pest** (L) *F.* die Pestilenz i. a. B.

pēstis, is f. **Seuche, Pest** (L); **Unglück, Verderben**; Scheusal, Unhold

petasus, i m. (griech.) Reisehut

Petēlia, ae f. E. Stadt in Bruttium (Strongoli); Petelīnus adi. u. subst. Bewohner von P.

petesso 3. (cf. peto) erstreben

Petīlius 3 E. Name eines römischen Geschlechts

petītio, ōnis (cf. peto) **Angriff**; Bitte; **Amtsbewerbung**; gerichtlicher Anspruch, Klage, Anspruchsrecht

F. die Petition: Bitte, Bittschrift, Gesuch, Beschwerde, Eingabe — petitionieren: Bittschrift einreichen

petītor, ōris m. (cf. peto) Amtsbewerber, Bewerber; Kläger

petitūrio 3. (cf. peto) sich um ein Amt bewerben wollen

peto, īvi und ii, ītus 3. **erstreben, zu erreichen suchen; — einen Ort aufsuchen, eilen**; — feindlich zu Leibe gehen, **angreifen**, auf jd. losgehen; jd. bedrohen; jd. angehen (bittend); — einer Sache nachgehen, **erstreben, zu erlangen suchen**; salutem fuga p. sein Heil in der Flucht suchen, sich durch Flucht zu retten suchen; petitus begehrt, erwünscht; — **sich bewerben** z. B. consulatum p.; jd. umwerben z. B. virginem p. um ein Mädchen anhalten; — **etwas verlangen, etwas erbitten, jd. um etwas bitten** alqd ab alqo; gerichtlich **beanspruchen, einklagen**; poenas ab alqo jd. bestrafen, an jd. Rache nehmen, sich von jd. Genugtuung verschaffen; — **holen, herausholen, hernehmen**, entnehmen; aquam p. Wasser holen; pabulum p. Futter holen

F. der Petent: Ansucher, Bittsteller, Bewerber

petorritum, i n. (kelt.) Kutsche, Karosse

petra, ae f. (griech.) Fels, Stein

M. Petrus (V), Peter (L)

F. petrifizieren: versteinern, verkalken — das Petrefakt: Versteinerung — das Petroleum: Steinöl

Petra, ae f. E. Stadtname; Petrīnus adi. und subst. Bewohner von P.

Petrēius 3 Name eines röm. plebejischen Geschlechts; M. Petreius, Sieger über Catilina bei Pistoria 62 v. Chr.

Petrīnum, i n. E. Ort und Landgut bei Sinuessa

Petrocorii, ōrum m. E. keltischer Volksstamm in Aquitanien (in der heutigen Landschaft Perigord)

Petrōnius 3 E. Name eines röm. plebejischen Geschlechts; T. Petronius Arbiter Vertrauter des Kaisers Nero, feingebildeter und charaktervoller Mann

petulans, ntis (cf. peto) ausgelassen, mutwillig, frech

petulantia, ae f. (cf. petulans) Ausgelassenheit, Mutwille, Frechheit

F. die Petulanz i. a. B.

petulcus 3 (cf. peto) angreifend, stößig

Peucetia, ae f. E. mittlerer Teil Apuliens; Peucētius 3 peuzetisch, apulisch

Phaeax, ācis m. E. Phäake, Bewohner der Insel Scheria; Phaeācius, Phaeācus 3 phäakisch; Phaeācis, idis f. Gedicht des Tuditanus über die Nausikaaepisode

Phaedon, ōnis m. E. Schüler des Sokrates; nach ihm der Dialog Platos über die Unsterblichkeit der Seele

Phaedra, ae f. E. Tochter des Minos, Gemahlin des Theseus

Phaedrus, i m. E. Schüler des Sokrates; nach ihm ein Dialog Platos benannt

Phaestum, i n. E. 1.) Stadt in Südkreta 2.) Stadt in Thessalien; Phaestius (f. auch Phaestias) adi. u. subst. Bewohner von Ph.

Phaëthon, ontis m. E. der „Leuchtende“ 1.) Beiname des Sonnengottes 2.) Sohn des Sol, der unglückliche Fahrer des Sonnenwagens, der die Erde in Brand steckte und durch einen Blitz erschlagen wurde; Phaëthontēus 3 (f. auch Phaëthontis, idis) des Ph.; Phaëthontiades, um f. Schwestern des Ph.

phalanga, ae f. (griech.) Rolle, Walze

phalangītes, ae m. (griech.) Schwerbewaffneter

Phalantus, i m. E. Spartaner, Gründer von Tarent

phalanx, angis f. (griech.) **Schlachtreihe;** Phalanx (F) (bei den Griechen ausgedehnte Front mit geringer Tiefe, bei den Mazedoniern 50 Mann breite und 12—16 Mann tiefe Schlachtordnung von Schwerbewaffneten; bei den Germanen und Galliern dichtgeschlossene Aufstellung, viereckige Schlachthaufen)

Phalara, ae f. E. Hafenort in Thessalien

phalārica = falarica

Phalaris, idis m. E. grausamer Tyrann zu Agrigent, bekannt durch seinen ehernen, zum Rösten Gefangener bestimmten Stier

Phalasarna, ae f. E. Stadt an der Westküste Kretas; Phalasarnēus adi. und subst. Bewohner von Ph.

phalerae, ārum f. (griech.) 1.) **Brustschmuck** für Männer 2.) Pferdeschmuck (an Stirn und Brust)

phalerātus 3 (cf. phalerae) mit Brustschmuck geziert

Phalērum, i n. ältester Hafen von Athen; Phalēricus 3 phalerisch; Phalerēus, i m. Bewohner von Ph.

Phanae, ārum f. E. Südspitze von Chios; Phanaeus 3 phanäisch

Phāon, ōnis m. E. Geliebter der Sappho

pharetra, ae f. (griech.) Köcher

pharetrātus 3 (cf. pharetra) köchertragend

pharmaceutria, ae f. (griech.) Zauberin

pharmacopōla, ae m. (griech.) Quacksalber

Pharnabazus, i m. E. persischer Satrap

Pharnaces, is m. E. 1.) König von Pontus 2.) Sohn des Mithridates, von Cäsar besiegt

Pharos und us, i f. E. kleine Insel vor der Nilmündung mit dem berühmten Leuchtturm; Pharītae, ārum m. Bewohner von Ph.; Pharius 3 ägyptisch

M. der Pharus: Leuchtturm

Pharsālus, i f. E. Stadt in Thessalien, dort Cäsars Sieg über Pompejus 48 v. Chr.; Pharsālius, Pharsālicus 3 pharsalisch; Pharsālia, ae f. Gegend von Ph.

Phasēlis, idis f. E. Stadt in Lyzien; Phaselītae, ārum m. Bewohner von Ph.

phasēlus, i m. (griech.) Bohne; leichtes Schiff, Kahn

Phāsis, idis und idos m. E. Fluß in Kolchis; Phasiacus, Phasiānus 3 phasisch, kolchisch; Phāsis, idis und Phasias, adis f. Kolcherin, Medea; — **phasiānus,** i m. (scil. gallus) Fasan (L)

Phēgeus, i m. E. König von Psophis, Schwiegervater des Alkmäon; Phegēïus 3 des Ph.

Phēgia, ae f. E. Stadt in Nordwestarkadien, später Psophis; Phegiacus adi. und subst. Bewohner von Ph.

Pheneus und os, i f. E. Stadt in Nordostarkadien. in der Nähe See mit giftigem Wasser; Pheneātae, ārum Bewohner von Ph.

Pherae, ārum f. E. 1.) Küstenstadt in Messenien 2.) Stadt in Thessalien; Pheraeus adi. und subst. Bewohner von Ph.

Phereclus, i m. E. Erbauer des Schiffes, mit dem Paris Helena entführte; Pherecleus 3 des Ph.

Pherecrates, is m. E. Dichter der älteren attischen Komödie; Pherecratīus (scil. versus) Versmaß des Ph.

Pherecȳdes, is m. E. 1.) griech. Philosoph, Lehrer des Pythagoras 2.) griech. Historiker um 460 v. Chr.; Pherecydēus 3 des Ph.

Pheres, ētis m. E. König von Pherä, Vater des Admetus; Pheretiades, ae m. Sohn des Ph., Admetus

Phidias, ae m. E. größter athenischer Bildhauer

Philadelphia, ae f. E. Stadt in Lydien; Philadelphēni, ōrum adi. und subst. Bewohner von Ph.

Philaeni, ōrum m. E. zwei karthagische Brüder, die sich lebendig begraben ließen, um das Gebiet ihrer Vaterstadt zu erweitern; arae Philaenōn karthagischer Hafen

Philēmon, onis m. E. 1.) Gatte der Baucis 2.) Dichter der mittleren Attischen Komödie

Philētas, ae m. E. griechischer Grammatiker und Dichter um 330 v. Chr.

Philippi, ōrum m. E. Stadt in Mazedonien, dort Schlacht 42 v. Chr.; Philippēus und īus 3, Philippēnsis, e bei Ph.

M. „Bei Philippi sehen wir uns wieder": ich werde es dir heimzahlen

Philippus, i m. E. 1.) Name mazedonischer Könige; Philippus II., Vater Alexanders d. Gr.; — Goldmünze; — Philippus Arrhidaeus Halbbruder Alexanders; — Philippus V.; — Philippēus und Philippicus des Ph.; orationes Philippicae Reden des Demosthenes gegen Philipp; Ciceros Reden gegen Antonius 2.) Leibarzt Alexanders 3.) Beiname in der gens Marcia

M. die Philippika: leidenschaftliche Angriffsrede

Philistus, i m. E. Geschichtsschreiber aus Syrakus

philitia, ōrum n. (griech.) die gemeinsamen Männermahle

Philo, ōnis E. Name von Griechen; röm. Beiname; Hauptvertreter der jüdischen Philosophie im Altertum

Philoctētes, ae m. Gefährte des Herkules, berühmter Bogenschütze

Philodēmus, i m. E. epikureischer Philosoph und Dichter

Philolāus, i m. E. pythagoreischer Philosoph

philologia, ae f. (griech.) Gelehrsamkeit, Kenntnis des Altertums

F. die Philologie: Sprachforschung, -wissenschaft

philologus, i m. (griech.) Gelehrter, Altertumskundiger

F. der Philologe: Sprachforscher, -gelehrter

Philomēle, ae f. E. Schwester der Prokne, in eine Nachtigall verwandelt; philomēla, ae f. (griech.) Nachtigall

Philomēlium, ii n. E. Stadt in Phrygien

Philopoemēn, enis m. E. Feldherr und Staatsmann Griechenlands, Führer des Achäischen Bundes

philosophia, ae f. (griech.) Philosophie (F), Weltweisheit; philosophische Schule; philosophisches Problem

philosophor 1. (griech.) philosophieren; forschen, nachdenken

philosophus 3 (griech.) philosophisch; — subst. m. **Philosoph** (F)

M. si tacuisses, philosophus mansuisses: wenn du geschwiegen hättest, so wärest du ein Philosoph geblieben

Philōtas, ae m. E. Sohn des Parmenio, Reiterführer Alexanders

Philus, i m. (griech.) E. Beiname in der röm. gens Furia; L. Furius Philus Konsul, Freund Scipios

philyra, ae f. (griech.) Lindenbast

Philyra, ae f. E. Mutter des Chiron, in eine Linde verwandelt; Philyrēius 3 des Chiron; Philyrides, ae m. Chiron, Sohn der Ph.

phimus, i m. (griech.) Würfelbecher

Phineus, ei und eos m. E. König zu Salmydessus, von den Göttern mit Blindheit gestraft; Phineius und Phinēus 3 des Ph.

Phintia, ae f. E. Stadt in Sizilien

Phintias, ae m. E. Pythagoreer, Freund des Damon

Phlegethōn, ontis m. (griech.) Feuerstrom der Unterwelt; Phlegethontis, idis f. des Ph.

Phlegra, ae f. E. Landschaft in Mazedonien, später Pallene; Phlegraeus 3 von Ph.; campi Ph. Schauplatz des Kampfes der Giganten

Phlegyas, ae m. E. König der Lapithen; Stammvater des räuberischen thessalischen Volkes der Phlegyae, ārum

Phlius, ūntis f. E. freie Stadt südwestlich von Korinth; Phliāsius adi. und subst. Einwohner von Ph.

Phobētor, oris m. (griech.) „Schrekker“, Traumgott

phōca, ae f. (griech.) Robbe, Seehund

Phocaea, ae f. E. Seestadt in Jonien; Phocaei, Phocaïci, ōrum, Phocaeēnses, ium Bewohner von Ph.

Phocion, ōnis m. E. athenischer Staatsmann und Feldherr

Phōcis, idis und idos f. E. Landschaft in Mittelgriechenland mit dem berühmten Delphi; Phōceus, Phocēus, Phocaicus, Phocēnsis adi. und subst. Bewohner von Ph.

Phōcus, i m. E. Sohn des Äakus, Bruder des Peleus und Telamon

Phoebe, ēs f. E. (griech.) Beiname der Mondgöttin Diana

Phoebidas, ae m. E. spartanischer Feldherr

Phoebigena, ae m. E. Sohn des Phoebus, Äskulapius

Phoebus, i m. E. (griech.) Beiname des Sonnengottes Apollo; Sonne; — Lorbeer; — Phoebēius und Phoebēus 3 des Ph.; Phoebas, adis f. Apollopriesterin, Weissagerin

Phoenica, ae und e, ēs f. E. Phönizien; Phoenīces, um m. die Phönizier, Punier; Phoenissa, ae Phönizierin, Punierin; Phoenīcius 3 phönizisch, punisch

Phoenicus, ūntis f. E. Stadtname

Phoenissa cf. Phoenica

phoenix, īcis m. (griech.) Phönix (L), sagenhafter Vogel, der 500 Jahre alt wird und sich verbrennt; aus seiner Asche erhebt sich ein junger Phönix

M. Phönix: Symbol der Unsterblichkeit

Phoenix, īcis m. E. 1.) Vater der Europa 2.) Sohn des Agenor, Bruder des Kadmus 3.) Sohn des Amyntor, Erzieher Achills

Pholoē, es f. E. Grenzgebirge zwischen Arkadien und Elis

Pholus, i m. E. Zentaur

phonascus, i m. (griech.) Gesanglehrer

Phorcus, i m. E. Meergreis, Vater der Graien und Gorgonen; Phorcis, idis f. Gorgone, Graie; Phorcynis, idis und idos f. Phorcustochter, Meduse

Phormio, ōnis m. E. Peripathetiker

Phorōneus, ei m. E. Bruder der Io, König von Argos; Phorōnis, idis und idos f. = Io

Phraātes und Phrahātes, is m. E. Name parthischer Könige; Phraates IV., von M. Antonius besiegt

phrasis, is f. (griech.) rednerischer Ausdruck, Stil

F. die Phrase: (leere) Redensart

phrenēticus 3 (griech.) gehirnkrank, wahnsinnig

F. phrenetisch, frenetisch: unsinnig, rasend

Phrixus, i m. E. Sohn des Athamas, floh mit seiner Schwester Helle vor der Stiefmutter Ino auf einem Widder mit goldenem Vlies nach Kolchis; Phrixeus 3 des Ph.

Phrygia, ae f. E. Phrygien, Landschaft im westlichen Kleinasien; Phryx, gis, plur. Phryges, um Bewohner von Ph.; Phrygius 3 phrygisch; trojanisch

Phthia, ae f. E. Stadt in Thessalien, Heimat des Peleus und Achilles; Phthiōticus, Phthīus 3 aus Ph.; subst. m. = Peleus, Achilles; Phthiōtes, ae m. Mann aus Ph.; Phthīas, adis f. Frau aus Ph.

Phylace, ēs f. E. 1.) Stadt in Epirus 2.) Stadt in Thessalien; Phylacēius 3 thessalisch; Phylaceis, idis f. Thessalierin

Phylacus, i m. E. Gründer von Phylace; Phylacides, ae m. Nachkomme des Ph.

phylarchus, i m. (griech.) Stammesfürst

Phyle, ēs f. E. Grenzfeste Attikas

Phyllis, idis f. E. (griech.) Mädchenname

Phyllus, i f. E. Stadt in Westthessalien; Phyllēus 3 thessalisch

physicus 3 (griech.) die Natur betreffend. **physikalisch** (F); subst. m. Physiker, Naturforscher, Naturphilosoph; physica, ōrum n. Naturkunde. Physik (F)

physiologia, ae f. (griech.) Naturkunde, Naturphilosophie, **Physiologie** (F)

piābilis, e (cf. pio) sühnbar

piaculāris, e (cf. piaculum) sühnend

piāculum, i n. (cf. pio) **Versöhnungsmittel,** Sühnopfer; Sühnung; **Heilmittel; Sühne,** Strafe; **Sünde, Schuld**

piāmen, inis n. (cf. pio) Sühnmittel

pica, ae f. **Elster**

picāria, ae f. (cf. pix) Pechhütte

picea, ae f. (cf. piceus) Pechföhre, Kiefer

Picēnum, i n. E. Landschaft zwischen Appennin und Adria; Picēnus 3 und Pīcens picenisch; Picentes, ium m. Bewohner von P.

piceus (cf. pix) aus Pech, pechschwarz

Pictones, um m. E. keltischer Volksstamm an der unteren Loire (in der heutigen Landschaft Poitou)

pictor, ōris m. (cf. pingo) **Maler**

Pictor F. Beiname der gens Fabia; Q. Fabius Pictor und S. Fabius Pictor, Annalisten

pictūra, ae f. (cf. pingo) **Malerei;** Gemälde; Stickerei; Ausmalung (in der Rede)

picturātus 3 (cf. pictura) mit Stickerei verziert

pictus cf. pingo

picus, i m. **Specht** (urv.)

Picus, i m. E. Sohn des Saturnus, Großvater des Latinus, von Circe in einen Specht verwandelt

Pieria, ae f. E. Landschaft nordöstlich vom Olymp, Lieblingssitz der Musen, Heimat des Orpheus; Pierius 3 pierisch, dichterisch; subst. f. (auch Pieris, idis) Muse

Pieros und us, i m. E. Fürst von Pella; seine 9 Töchter wurden in Elstern verwandelt; Pierides, um f. Töchter des P.

pietas, tātis f. (cf. pius) **Pflichtgefühl;** (gegen die Götter) **Frömmigkeit,** (gegen Eltern und Familie) **Kindes-, Bruder-, Schwestern-, Geschwisterliebe,** (gegen Freunde) **Anhänglichkeit,** (gegen das Vaterland) Vaterlandsliebe, Patriotismus, (gegen Menschen) Gerechtigkeit, Barmherzigkeit, Mitleid, Milde, Mildtätigkeit; — Pietas Göttin Pietas; ihr waren in Rom zwei Tempel geweiht

F. die Pietät i. a. B., Ehrfurcht vor etwas Höherem — die Pieta (it.): Andachtsbild Marias mit dem Leichnam Christi auf dem Schoß — der Pietismus: Gefühlsglaube; Frömmelei — der Pietist: Anhänger des Pietismus; Frömmler

piger, gra, grum (cf. piget) **verdrossen, träg,** faul, saumselig, langsam; zäh

piget, uit 2. **es verdrießt,** tut leid. erregt Mißmut alqm alcis rei z. B. piget me invidiae; es reut; man schämt sich

pigmentum, i n. (cf. pingo) **Farbe,** Schminke

F. das Pigment: Farbkörper; in der Haut vorkommender Farbstoff — der Piment: Farbe; Kräutersaft, Nelkenpfeffer

pignero 1. (cf. pignus) **verpfänden; als Pfand annehmen;** sich aneignen. beanspruchen

pignus, oris (selten eris) n. **Pfand, Unterpfand;** pignora capere Pfänder nehmen; Geisel; Wettbetrag, Wette; **Bürgschaft,** Beweis; — **Liebespfand;** plur. Angehörige, Kinder, Verwandte

F. die Pignoration: Pfändung, Verpfändung

pigritia, ae und pigrities, ēi f. (cf. piger) **Trägheit,** Faulheit, Unlust

pigror 1. (cf. piger) säumen

pila, ae f. **Pfeiler** (L); Brückenpfeiler, Mole

F. der Pilaster: Wandpfeiler

pila, ae f. **Ball,** Ballspiel

F. Pille (aus pilula dem. von pila) (L)

pilānus, i m. (cf. pilum) mit dem pilum bewaffneter Soldat; Triarier

pilārius, ii m. (cf. pila) Jongleur

pilātus 3 (cf. pilum) mit Wurfspießen bewaffnet

pileātus = pilleatus

pilentum, i n. Kutsche, Prachtwagen (für vornehme Damen)

pileus = pilleus

pilleātus 3 (cf. pilleus) mit einem Filzhut

pilleolus, i m. (dem. von pilleus) Filzhütchen

pilleus, i m. oder um, i n. Filzhut (von freien Römern getragen); servos ad pilleum vocare die Sklaven zum Kampf um die Freiheit aufrufen

pilōsus 3 (cf. pilus) stark behaart, bärtig

pilum, i n. **Pilum, Wurfspieß;** p. murale Mauerpile (durch Wurfmaschine geschleudert)

M. Pfeil (L)

Pilumnus, i m. E. Ahnherr des Turnus, Hausgott der alten Römer

pilus, i m. **Haar;** — **das Allergeringste,** Kleinigkeit

F. die Depilation: Enthaarung — depilieren: der Haare berauben — das Depilatorium: Enthaarungsmittel

pilus, i m. **Manipel der Triarier;** primus pilus der 1. Manipel; (= primi pili centurio) der erste Centurio des 1. Manipels, rangältester Hauptmann; auch primipilus, i m.

Pimpla, ae f. E. Ortschaft und Quelle in Südmazedonien, den Musen heilig; Pimplēa, ae und Pimplēis, idis f. Muse

pina, ae f. (griech.) Steckmuschel

Pinārius 3 E. Name eines röm. Geschlechts

Pindarus, i m. E. der größte griechische Lyriker; Pindaricus 3 des P.

Pindenissus, i f. E. Stadt in Cilicien

Pindus, i m. E. Gebirge zwischen Epirus und Thessalien, Musensitz

pinētum, i n. (cf. pinus) Fichtenwald

pineus 3 (cf. pinus) **fichten**

pingo, pinxi, pictus 3. zeichnen, **malen; sticken;** tätowieren; ausmalen schmücken; **pictus 3 gemalt; bunt,** gefleckt; gestickt; geschmückt, zierlich

M. pinxit (abgek. pinx.), hat gemalt (auf Gemälden)

pinguēsco 3 (cf. pinguis) **fett werden;** fruchtbar werden

pinguis, e **fett,** dick; fettig, ölig; pingue, is n. Fett: — **fruchtbar,** ergiebig, üppig; **plump, schwerfällig;** — **geistlos; schwülstig;** behaglich, ruhig

pini-fer, fera, ferum fichtentragend

pini-ger, gera, gerum = pinifer

pinna, ae f. = penna

M. die Pinne (L)

pinna, ae f. **Mauerzinne**

pinnātus 3 gefiedert, geflügelt

pinni-ger, gera, gerum geflügelt; flossentragend

pinnula, ae f. (dem. von pinna) Federchen, Flügelchen

pinus, ūs oder i f. **Fichte** (urv.), **Föhre; Pinie** (L); aus Fichtenholz Gefertigtes; Schiff, Schiffbauholz, Fackel, Fichtenkranz

pio 3. (cf. pius) **besänftigen, versöhnen;** wiedergutmachen, sühnen

piper, eris n. (griech.) **Pfeffer** (L)

pīpilo 1. piepen (lautmalendes Wort)
Piraeus, i und Piraeeus, ei m. E. Hafen und Stadt in Attika; Piraeus 3 piräisch
pirāta, ae m. (griech.) Seeräuber, **Pirat** (F)
pirāticus 3 (cf. pirata) die Seeräuber betreffend; subst. f. Seeräuberei
Pirēne, ēs f. E. Quelle bei Korinth, den Musen heilig; Pirēnis, idis f. pirenisch, korinthisch
Pirithous, i m. E. König der Lapithen
pirum, i n. Birne (L)
pirus, i f. **Birnbaum** (L)
Pirūstae, ārum m. E. Räubervolk in Illyrien
Pīsa, ae f. E. Stadt in Elis; Pisaeus 3 aus P.; Pisaea, ae f. Pisäerin, Hippodamia
Pisae, ārum f. E. Stadt in Etrurien (Pisa); Pisānus adi. und subst. Bewohner von P.
Pisander und drus, i m. E. 1.) Oligarch in Athen 2.) spartanischer Flottenführer
Pisaurum, i n. E. Küstenstadt in Umbrien (Pesaro); Pisaurēnsis adi. und subst. Bewohner von P.
piscātor, oris m. (cf. piscor) **Fischer**
piscatōrius 3 (cf. piscator) den Fischern gehörig
piscātus, ūs m. (cf. piscor) Fischfang
pisciculus, i m. (dem. von piscis) Fischlein
piscīna, ae f. (cf. piscis) **Fischteich,** Weiher; p. publica Badeteich in Rom vor der porta Capena
piscinārius, ii m. (cf. piscina) Fischteichbesitzer
piscis, is m. **Fisch** (urv.); plur. Fische (Gestirn)
piscor 1. (cf. piscis) **fischen**
piscōsus 3 (cf. piscis) fischreich
Pisidia, ae f. E. Landschaft im südl. Kleinasien; Pisida, ae m. Pisidier
Pisistratus, i m. E. Tyrann von Athen; Pisistratidae, ārum m. Hippias und Hipparchus, die Söhne des P.
Piso, ōnis m. E. Beiname der gens Calpurnia; Pisoniānus 3 des P.
pistor, ōris m. Müller, **Bäcker**
Pistōrium, ii n. Stadt in Etrurien, dort die Niederlage Catilinas 62 v. Chr.; Pistoriēnsis adi. und subst. Bewohner von P.
pistrīnum, i n. (cf. pistor) Stampfmühle; in eodem pistrino vivere am gleichen Strang ziehen
pistrix, īcis f. Meerungeheuer
Pitane, ēs f. E. Küstenstadt in Mysien
Pithecūsae, ārum f. „Affeninseln", Inseln im Tyrrhenischen Meer (Ischia und Procida)
Pitholeon, ontis m. E. Dichter aus Rhodus
Pittacus, i m. E. einer der sieben Weisen, aus Mytilene
Pittheus, ei und eos m. E. Sohn des Pelops, Großvater des Theseus; Pittheius, Pitthēus 3 des P.; Pitthēis, idos und idis Tochter des P., Äthra
pituīta, ae f. Schleim; Schnupfen, Verschleimung
M. der Pips (L)
pituitōsus 3 (cf. pituita) verschnupft, verschleimt
pius 3 **pflichtgetreu;** (gegen die Götter) **fromm,** (gegen Eltern, Freunde) **liebevoll, anhänglich, treu;** (gegen das Vaterland) vaterlandsliebend; (gegen die Menschen) gerecht, mild, barmherzig; (von Handlungen) **rechtmäßig,** pflichtmäßig, **gottgefällig**
M. Pius, Pia (V)
pix, picis f. **Pech** (L)
placābilis, e (cf. placo) **versöhnlich**
placabilitas, tātis f. (cf. placabilis) **Versöhnlichkeit**
placāmen, inis und placamentum, i n. (cf. placo) Besänftigungsmittel
placātio, ōnis f. (cf. placo) **Versöhnung, Besänftigung,** Beruhigung
placātus 3 cf. placo
placenta, ae f. **Kuchen, Fladen** (L)
M. Plätzchen (kleiner Kuchen) (L)
F. die Plazenta: Mutterkuchen
Placentia, ae f. E. Festung am rechten Poufer (Piacenza); Placentīnus adi. und subst. Bewohner von P.

placeo, ui (und placitus sum) 2. (cf. placo) **gefallen,** gefällig sein; Beifall finden; — **placet,** placuit (und selten placitum est) **es gefällt,** es beliebt; si placet wenn es beliebt; si dis placet so Gott will, (ironisch) man sollte es kaum für möglich halten; man stimmt dafür, man beschließt (mit inf., acc. c. inf., ut, ne); senatui placet der Senat verordnet; mihi placet ich finde für gut, stimme dafür, es ist mein Wille
F. das Plazet: Zustimmung, Bestätigung

placidus 3 (cf. placeo) flach, eben; — **sanft, friedlich, ruhig,** still; gütig, huldvoll
M. Plazidus, Plazidia (V)

placitus 3 (cf. placeo) **gefällig, angenehm;** placitum, i n. Meinung, Überzeugung, Grundsatz

plāco 1. ebnen, glätten; **beruhigen, besänftigen, versöhnen; placātus** 3 **besänftigt,** versöhnt; **ruhig,** sanft, friedlich, gelassen

plāga, ae f. (cf. plango) **Schlag, Hieb,** Stoß; **Wunde;** Schaden, Verlust
M. die Plage (L)

plaga, ae f. (cf. placo) 1.) Fläche, Gegend, Land-, Himmelsstrich, Zone, Bezirk, Gau, Landschaft 2.) **Netz, Garn, Schlinge**

plagiārius, ii m. (cf. plagium Menschenraub) Menschenräuber, Seelenverkäufer
F. das Plagiat: Gedankenraub

plagōsus 3 (cf. plāga) schlaglustig

plagula, ae f. Teppich, Vorhang

Planāsia, ae f. E. Insel südl. von Elba (Pianosa)

Plancius 3 E. Name eines röm. Geschlechts 1.) Cn. Plancius röm. Ritter zur Zeit Ciceros 2.) sein Sohn gleichen Namens, Quästor, Freund Ciceros

planctus, ūs m. (cf. plangor) das Schlagen auf die Brust als Trauerzeichen, lautes Trauern

plāne adv. cf. planus

plango, plānxi, plānctus 3. **schlagen;** sich Brust und Arme schlagen, **klagen,** weinen, trauern
M. fluchen (urv.)

plangor, ōris m. (cf. plango) **das** Schlagen, Klatschen; **lautes Trauern,** Wehklagen

planguncula, ae f. (griech.) Püppchen

plānitas, tātis f. (cf. planus) **Ebenheit;** Deutlichkeit

planitia, ae und **planities,** ēi f. (cf. planus) **Ebene,** Fläche

planta, ae f. 1.) **Steckling, Pfropfreis** 2.) **Fußsohle** *M.* Pflanze (L)
F. die Plantage (franz.): Pflanzung — die Plantation: Pflanzung — die Implantation: Einpflanzung, Einpfropfung — die Replantation: Wiedereinpflanzung, Zurückverpflanzung — die Transplantation: Überpflanzung von menschlichen oder tierischen Geweben

plantāre, is n. (cf. planta) Setzling

plānus 3 (cf. placo) **flach, eben;** planum, i n. Fläche, Ebene; — **deutlich, klar,** verständlich; — **plane** adv. deutlich, klar; **ganz,** gänzlich, völlig
M. Cantus planus: einstimmige Musik, einstimmiger Choral — der Plan (z. B. Frauenplan in Weimar) (L) — Flur (urv.)
F. planieren: ebnen, glätten — applanieren: ebnen, ausgleichen — die Applanierung: Ebnung, Ausgleichung

planus, i m. (griech.) Landstreicher

Plataeae, ārum E. Stadt in Böotien (Schlacht 479 v. Chr.); Plataeēnsis adi. und subst. Bewohner von P.

platalea, ae f. Wasservogel, Pelikan

platanus, i f. (griech.) **Platane** (L)

platea, ae f. (griech.) **Straße,** Gasse
M. Platz (L)

Plato, ōnis m. E. der berühmte griechische Philosoph, Stifter der Akademie; Platōnicus 3 platonisch; subst. m. Anhänger Platos, Platoniker
F. platonisch: nach Art Platos, rein geistig

plaudo, si, sus 3. klatschend **schlagen; Beifall klatschen**

plausibilis, e (cf. plaudo) **beifallswert**
F. plausibel: annehmbar, einleuchtend

plausor, ōris m. (cf. plaudo) Beifallsklatscher

plaustrum (vulgär plōstrum), i **n.** Lastwagen; Wagen (als Gestirn)

plausus, ūs m. (cf. plaudo) klatschendes Geräusch, **Beifallklatschen, Beifall**

Plautius (vulgär Plōtius) 3 E. Name eines röm. plebejischen Geschlechts

Plautus, i m. E. T. Maccius Plautus röm. Lustspieldichter; Plautīnus 3 plautinisch

plebēcula, ae f. (dem. von plebes) Pöbel

plebēius 3 (cf. plebs) **plebejisch** (F), bürgerlich, nicht adelig; — gemein, niedrig; — subst. m. **Plebejer** (F), subst. f. Plebejerin (F)

plebes, ei und **plebs,** plēbis f. **Bürgerstand, Plebs** (F); — gemeines Volk, großer Haufen, Pöbel
F. das Plebiszit: Volksabstimmung

plebi-cola, ae m. (cf. plebs-colo) Volksfreund

plecto, xi, xus 3. flechten (urv.)

plector, — 3. (cf. plango) geschlagen werden, Prügel bekommen; **büßen,** gestraft werden, getadelt werden

plēctrum, i n. (griech.) **Plektron** (F), Schlegel, Ring (zum Anreißen der Zither); — Laute, Zither; — Tonweise

Plēïas, Plēias, adis f. meist Pleiades, um f. das Siebengestirn, Plejaden (F)

Pleione, ēs f. E. Mutter der Plejaden

Plemyrium, ii n. E. Vorgebirge an der Ostküste Siziliens

plēnus 3 voll (urv.); dick; schwanger; **reich, reichversehen; vollkommen,** vollständig, ganz; luna plena Vollmond; **zahlreich besucht;** mit gen., seltener abl. z. B. plenus curae
M. in pleno: vollzählig, in der Vollversammlung
F. plenar: gesamt — die Plenipotenz: unumschränkte Vollmacht — das Plenum: Gesamtheit, Gesamtsitzung

plērusque, plēraque, plērumque (cf. plenus) (gen. plur. plurimōrum, plurimārum) **der meiste;** plur. **die meisten,** sehr viele, die Mehrzahl; — **plerumque** adv. **meistens, meistenteils, gewöhnlich**

Pleumoxii, ōrum m. E. ein belgischer Volksstamm

Pleuron, ōnis f. E. Stadt in Ätolien; Pleurōnius adi. und subst. Bewohner von P.

plico, ui, ātus 1. zusammenfalten, zusammenflechten (urv.)

Plīnius 3 E. Name eines röm. Geschlechts 1.) C. Plinius Secundus (der Ältere) Verfasser einer naturalis historia, kam beim Vesuvausbruch (79 n. Chr.) ums Leben 2.) C. Plinius Caecilius Secundus (der Jüngere), sein Neffe, Verfasser der berühmten Briefe

plōdo = plaudo

plōrātus, ūs m. (cf. ploro) **lautes Weinen,** Wehklagen, Geschrei

plōro 1. **laut weinen,** kläglich schreien, jammern; beklagen, bejammern

plostellum, i n. (dem. von plostrum) Wägelchen

plostrum = plaustrum

Plōtius = Plautius

ploxemum, i n. (kelt.) Wagenkasten

pluit (arch. plūvit) 3. es regnet
M. fließen, Flut (urv.)

plūma, ae f. **Flaum** (L), Flaumfeder; Bartflaum
M. fliegen, Fliege (urv.)

plumātus 3 (cf. pluma) flaumig, mit Flaumfedern versehen, befiedert

plumbeus 3 (cf. plumbum) **bleiern; stumpf;** stumpfsinnig; bleischwer, **drückend**

plumbum, i n. **Blei,** Zinn; aus Blei Gefertigtes: Bleiknopf, -kugel, -röhre, -feder, -stift

plūmeus = plumātus

plumōsus = plumātus

plūres, a (gen. plurium) (comp. zu multi) **zahlreichere, mehr, die Mehrzahl;** — **plurimi,** ae a **die meisten, sehr viele;** plurimus 3 sehr viel, der meiste; — **plus,** pluris n. **mehr, ein größeres Stück, ein größerer Teil;** mit gen. z. B. plus virium, plus pecuniae; mit abl. z. B. multō plus viel mehr, plus aequō mehr als billig; non plus quam ebensoviel, ebensowenig — im gen. pretii höher, teurer z. B. pluris aestimare höher schätzen; pluris esse teurer sein, mehr gelten; — **plus** adv. **mehr, im höheren Grade**; plus plusque immer mehr; bei Zahlen mit und ohne quam z. B. plus (quam) quinque dies abesse; plus mediā parte mehr als zur Hälfte; — **plurimum**, i n. **sehr viel, das meiste, der größte Teil**; mit gen. z. B. plurimum studii sehr viel Eifer; (als gen. pretii) sehr hoch, am höchsten, sehr teuer, am teuersten z. B. plurimi facere sehr hoch schätzen; — **plurimum** adv. **sehr viel, am meisten; meistenteils, größtenteils**

M. plus: mehr, zuzüglich — plurale tantum, das Pluraletantum: nur in der Mehrzahl vorkommendes Hauptwort — Pluralis maiestatis: Ausdrucksweise in der Mehrzahl, von Fürsten gebraucht

F. der Plural, Pluralis: Mehrzahl (sprachl.) — der Pluralismus: Annahme des Vorhandenseins einer Mehrheit von Seinsordnungen oder Seinsgründen; Gemeinsinn — das Plusquamperfekt: „mehr als vollendet", Zeitform der Vorvergangenheit (sprachl.)

plūsculus 3 (dem. von plus) etwas mehr; plusculum studii etwas mehr Eifer

pluteus, i m. und pluteum, i n. **Schutzdach, Schirmdach** (auf Rädern, zum Schutz der Schanzarbeiter); — **Brustwehr** (auf Türmen, Wällen, Schiffen)

Plūto und Pluton, ōnis m. E. Gott der Unterwelt, Bruder Jupiters und Neptuns, Gemahl der Proserpina; Plutōnius 3 des P.

Plutus, i m. E. (griech.) Gott des Reichtums

pluvia, ae f. (cf. pluvius) Regen; Regenwasser; plur. Regenwetter

pluviālis, e (cf. pluvia) = pluvius

F. das Pluviale: Regenmantel; Chor-, Vespermantel (liturg. Priestergewand)

pluvius 3 (cf. pluit) **zum Regen gehörig**, regnerisch; regenbringend

pocillum, i n. (dem. von poculum) kleiner Becher

pōculum, i n. (cf. poto) Trinkgefäß, Becher, **Pokal** (F); Trank; plur. Trinkgelage; Giftbecher, Gifttrank

M. inter pocula: beim Trinken

F. pokulieren: zechen

podagra, ae f. (griech.) Fußgicht, Podagra (F)

Podalīrius, ii m. E. Arzt der Griechen vor Troja

pōdex, icis m. der Hintere

F. der Podex i. a. B.

Poeas, antis m. E. Vater des Philoktet; Poeantiades, ae m. = Philoktet; Poeantius 3 des P.

poecile, ēs f. (griech.) die gemalte Halle am Markte zu Athen

poēma, atis n. (griech.) **Gedicht**

F. das Poem i. a. B.

poena, ae f. (griech.) **Strafe, Buße**; poenam dare, solvere, luere büßen, bestraft werden (für etwas alcis rei; poenam capere in alqm oder de alqo, poenam petere (expetere, repetere) ab alqo sich an jd. rächen; poenam habere seine Strafe haben, gestraft sein; poenas habere ab alqo sich an jd. gerächt haben; poenā multare (afficere) jd. bestrafen, sich an jd. rächen; in poenas ire zur Bestrafung schreiten; — **Pein, Qual**; Poena Rachegöttin

M. Pein (L) — nulla poena sine lege: „keine Strafe ohne Gesetz", Grundsatz, daß ohne Gesetz keine Strafe verhängt werden darf — verpönen (L): bei Strafe verbieten

F. penibel (franz.): peinlich

Poeninus = Penninus

poenio = punio

poenitentia, poenitet = paenitentia, paenitet

Poenus, i m. E. Punier, Karthager; adi. punisch, phönizisch, karthagisch; Pūnicus, Poenicus, Puniceus punisch; malum Punicum Granatapfel; Punicus 3 purpurrot; Punicānus 3 nach punischer Art gemacht

poēsis, is f. (griech.) Dichtung, **Poesie** (F)

poēta, ae m. (griech.) **Dichter, Poet** (F)

poēticus 3 (griech.) dichterisch, **poetisch**; poētica, ae und e, ēs f. Dichtkunst

Poetovio, ōnis E. Stadt in Steiermark (Pettau)

poētria, ae f. (griech.) Dichterin

pol (Abkürzung für Pollux) bei Pollux! bei Gott! wahrhaftig!

Polemo, ōnis m. E. griech. Philosoph, Lehrer des Zeno

polenta, ae f. Gerstengraupe
F. die Polenta: Maisgrützbrei, beliebte Speise der Italiener

polio 4. **polieren** (F), **glätten; abputzen,** tünchen; **verfeinern; polītus** 3 geglättet, **geschmackvoll, gebildet**
F. die Politur: Anstrich, Glanz, Glättung, Schliff; gute Umgangsformen

Polio = Pollio

polītīa, ae f. (griech.) Staatsverfassung, Staat

polīticus 3 (griech.) **politisch,** den Staat betreffend
F. die Politik: Staatskunst

polītus cf. polio

pollens cf. polleo

Pollentia, ae f. (cf. polleo) 1.) Göttin der Macht 2.) Stadt in Picenum 3.) Stadt in Ligurien

polleo, ui 2. **viel vermögen, stark sein,** Einfluß haben; pollens, ntis stark, mächtig, viel vermögend
M. viel (urv.)
F. äquipollent: gleich geltend

pollex, icis m. **Daumen;** als Maß = 1 Zoll = 24,6 mm

pol-liceor, licitus sum 2. (aus porliceor) sich erbieten, **versprechen,** verheißen, geloben; alci maria montesque p. goldene Berge versprechen; bene p. Gutes versprechen, große Versprechungen machen; liberaliter p. großzügige Versprechungen machen; se ducem p. sich als Führer anbieten; mit acc. c. inf. fut, selten mit inf. praes.; — **pollicitum,** i n. **das Versprechen**

pollicitātio, onis f. (cf. pollicitor) Verheißung, Versprechung

pollicitor 1. (cf. polliceor) **wiederholt** versprechen; largiundo atque pollicitando durch reiche Schenkungen und wiederholte Versprechungen

Pōllio, ōnis m. E. röm. Beiname; cf. Asinius

Pollius 3 E. pollisch

pol-luo, lui, lūtus 3. (cf. por und lutum) **beschmutzen,** verunreinigen, **beflecken, entweihen,** schänden; **pollūtus** 3 **befleckt, lasterhaft,** sündhaft *F.* die Pollution: Selbstbefleckung

Pollux, ūcis m. E. Sohn der Leda, Bruder des Kastor, berühmter Faustkämpfer; P. geminus Kastor und Pollux

polus, i m. (griech.) **Pol** (L); Himmel
F. polar: am Pol befindlich, vom Pol kommend — die Polarität: Vorhandensein von Polen, Abweichung des Magnets nach dem Pol; fruchtbare Gegensätzlichkeit — das Polarimeter: Werkzeug zur Untersuchung des polarisierten Lichts — die Polarisation: Licht-, Strahlendrehung; Gegenstrom, Schwächung; das Polen und Umpolen von Magneten — interpolieren: einschieben, verfälschen — der Interpolator: Unterschieber, Schriftverfälscher — die Interpolation: Einschiebung, Fälschung — bipolar: zweipolig — die Bipolarität: Zweipoligkeit — unipolar: einpolig

Polybius, ii m. E. griech. Geschichtsschreiber

Polyclētus und Polyclītus, i m. E. berühmter griech. Bildhauer

Polycrates, is m. E. Tyrann der Insel Samos

Polydamas, antis m. trojanischer Held, Freund Hektors

Polydectes, ae m. E. König von Seriphos, Erzieher des Perseus

Polydōrus, i m. E. jüngster Sohn des Priamus; Polydorēus 3 des P.

Polygnōtus, i m. E. berühmter griech. Maler und Bildhauer

Polyhymnia, ae f. E. Muse der Musik und Lyrik

Polymēstor, oris m. E. Gemahl der Iliona, Tochter des Priamus

Polypēmon, onis m. E. Vater des Skiron

Polyperchon, ontis m. E. Feldherr Alexanders d. Gr., Statthalter von Mazedonien

Polyphēmus, i m. E. der einäugige Zyklop

polypus, i m. (griech.) Polyp (F); Nasenpolyp

Polyxena, ae f. E. Tochter des Priamus; Polyxenius 3 der P.

pomārius 3 (cf. pomum) **zum Obst gehörig;** subst. m. Obsthändler; subst. n. Obstgarten

pomērium und **pomoerium,** ii n. (cf. post-murus) Maueranger

Pomētia, ae f. und Pomētii, ōrum m. Stadt in Latium; Pometīnus adi. u. subst. Bewohner von P.

pōmi-fer, fera, ferum obsttragend, obstreich

Pomōna, ae f. (cf. pomum) Obstgöttin

pomōsus 3 (cf. pomum) obstreich

pompa, ae f. (griech.) **festlicher Aufzug, Festzug;** Leichenzug; Zug, Reihe; — **Prunk,** Gepräge, Pracht

F. der Pomp i. a. B. — pompös: prunkhaft, hochtrabend

Pompēi, ōrum m. E. die durch den Vesuvausbruch 79 n. Chr. zerstörte Stadt; Pompeiānus adi. und subst. Bewohner von P.; Pompeiānum, i n. Landgut bei P.

Pompēius 3 E. Name eines röm. plebejischen Geschlechts; Cn. Pompeius Magnus der bekannte röm. Staatsmann 106—48 v. Chr.; Pompēius, Pompeiānus 3 des P.; Pompeiānus, i m. Pompejaner, Anhänger des P.

Pompilius 3 E. Name eines röm. Geschlechts; Numa Pompilius, der zweite röm. König

Pompōnius 3 Name eines röm. plebejischen Geschlechts 1.) T. Pomponius Atticus Freund Ciceros 2.) P. Pomponius Secundus Tragödiendichter zur Zeit der Kaiser Caligula und Claudius

Pomptīnus 3 E. Name eines röm. Geschlechts; paludes Pomptīnae die Pomptinischen Sümpfe

pōmum, i n. **Obstfrucht; Obstbaum;** pōma, ōrum n. Obst

F. der Pomologe: Obstkenner — die Pomologie: Obstkunde — pomologisch: den Obstbau betreffend

pondero 1. (cf. pondus) **abwägen; erwägen, beurteilen**

ponderōsus 3 (cf. pondus) gewichtig, schwer

pondō (cf. pondus) **an Gewicht;** — (als indecl. subst. bei Zahlwörtern) **Pfund** z. B. auri decem pondo

pondus, eris n. (cf. pendeo) **Gewicht;** Schwere, **Last;** schwerer Körper; Menge, **Masse;** magnum p. auri; — Schwerkraft, Gleichgewicht; — **Ansehen,** Bedeutung; Eindruck, Nachdruck (von Worten)

M. Pfund (L)

F. die Ponderabilien: wägbare Körper — die Imponderabilien: Unwägbares, unberechenbare Einflüsse — imponderabel: unwägbar — die Imponderabilität: Unwägbarkeit

pōne adv. hinten; — praep. mit acc. hinter

pōno, posui, positus 3. **setzen, legen, stellen; — hinsetzen, hinlegen, hinstellen;** mit abl. loc. z. B. librum in mensa p.; pflanzen, säen; beisetzen, bestatten; Geld anlegen; hinterlegen; aussetzen, verheißen (Belohnungen); ordnen; weihen; an einen Ort legen, verlegen; positus 3 gelegen, liegend; — **aufstellen, errichten, erbauen;** Leute anstellen, bestellen, einsetzen; bildlich darstellen; — niederlegen, ablegen; arma p. Waffen strecken; gebären, werfen (von Tieren); aufgeben, verlieren; — **setzen, legen;** omnem spem in virtute p. alle Hoffnung auf die Tapferkeit setzen; in einen Zustand versetzen; alqm in magna gloria p. hochberühmt machen; auf etwas verwenden; omnem operam p. alle Mühe verwenden; **festsetzen, bestimmen; zu etwas rechnen, zählen, für etwas halten;** in honore p. für eine Ehre halten; in dubio p. in Zweifel ziehen; aufzählen, anführen; exemplum p. ein Beispiel anführen

M. Post (L) (aus statio posita) — der Posten (L)

F. postieren: aufstellen, einen Platz anweisen — das Positiv: photographischer Abzug — positiv: bejahend; über Null (math.); anziehend (elektrisch) — der Positiv: ungesteigerte Form des Beiwortes (sprachl.) — der Positivismus: die allein auf dem unmittelbar Wahrgenommenem beruhende Weltanschauung — das Diapositiv: photographisches Glas- oder Filmbild

pōns, ntis m. **Brücke,** Steg; Knüppeldamm; Schiffstreppe; Stockwerk; Schiffsverdeck, Fallbrücke

Pōns, ntis m. E. 1.) P. Argenteus Ort in Südgallien (Argents) 2.) P. Campanus Ort an der Nordgrenze Campaniens

Pontia, ae f. E. Insel an der Küste Latiums (Ponza); Pontiānus adi. u. subst. Bewohner von P.

ponticulus, i m. (dem. von pons) kleine Brücke

Ponticus, i m. E. röm. Dichter, Freund des Ovid und Properz

ponti-fex, ficis m. (cf. pons-facio) „Brückenbauer", **Oberpriester;** p. maximus Vorsitzender des Priesterkollegiums; **pontificius** 3, **pontificālis,** e oberpriesterlich

F. der Pontifex i. a. B. — der Pontifex maximus i. a. B., Papst — pontifikal: priesterlich, bischöflich

pontificātus, ūs m. (cf. pontifex) Oberpriesteramt, -würde, -tum

F. das Pontifikat i. a. B.; Papstwürde

Pontius 3 E. Name eines samnitischen Geschlechts 1.) C. Pontius Samnitenführer 2.) Pontius Aquila Volkstribun, Cäsarmörder 3.) Pontius Pilatus der bekannte Statthalter von Judäa

ponto, ōnis m. (cf. pons) Fähre, Brükkenschiff

F. der Ponton (franz.): Brückenkahn

pontus, i m. (griech.) Meer, Meeresflut

Pontus, i m. E. das Schwarze Meer; Küsten des Schwarzen Meeres, Landschaft Pontus; Ponticus adi. u. subst. Bewohner von P.

popa, ae m. Opferdiener

popellus, i m. (dem. von populus) kleines, gemeines Volk, Pöbel (L)

Popilius 3 E. Name eines röm. plebejischen Geschlechts 1.) C. Popilius Laenas Mörder Ciceros 2.) Popilia Mutter der Q. Lutatius Catulus, auf die als erste eine öffentliche Lobrede gehalten wurde

popina, ae f. (cf. coquo) Garküche, Kneipe; Essen aus der Garküche

popino, ōnis m. (cf. popina) Schlemmer

poples, itis m. **Kniekehle;** Knie

Poplicola cf. Publicola

Poppaeus 3 E. Name eines röm. Geschlechts 1.) Q. Poppaeus Secundus Prokonsul, gab mit M. Papius Mutilus die bekannte lex Julia et Papia Poppaea gegen die Ehelosigkeit 9 n. Chr. 2.) Poppaea Sabina Gemahlin der Kaiser Otho und Nero

populābilis, e (cf. populor) verheerbar, zerstörbar

populabundus 3 (cf. populor) verwüstend, verheerend

populāris, e (cf. populus) **das Volk betreffend;** aura p. Volksgunst; **volkstümlich,** beim Volk beliebt; **volksfreundlich;** demagogisch; **populāres,** ium m. **Volkspartei,** Demokraten; Demagogen; — **einheimisch; populāris,** is m. **Landsmann;** Genosse, Teilnehmer, Gefährte

F. populär i. a. B. — popularisieren: volkstümlich darstellen, machen

populāritas, tātis f. (cf. populāris) Volksfreundlichkeit

F. die Popularität: Volkstümlichkeit, Beliebtheit

populātio, ōnis f. (cf. populor) **Verwüstung,** Plünderung

populātor, ōris m. (cf. populor) Verwüster, Plünderer

populeus 3 (cf. pōpulus) von der Pappel

populi-fer, fera, ferum pappelntragend

Populōnia, ae, Populōnium, ii n., Populōnii, ōrum m. E. Stadt an der etrurischen Küste; Populoniēnsis adi. und subst. Bewohner von P.

populor und **populo** 1. **verwüsten, verheeren;** verderben, vernichten, plündern

populus, i m. (cf. pleo, plebs) **Volk;** Bürgerschaft, Gemeinde; — (in ältester Zeit) Adel; (später) die Plebejer; — Gesamtheit des Volkes, Volksmenge, Bevölkerung, Leute; — Straße, Gasse; — Gemeindekasse, Staatskasse *M.* Pöbel (L)

pōpulus, i f. **Pappel** (L); p. alba Silberpappel; p. nigra Schwarzpappel

por — (cf. pro) nur als Praefix bei Verben vorkommend = dar, hin, vor z. B. por-rigo, por-tendo, polliceor

porca, ae f. (cf. porcus) Sau

porcellus, i m. (dem. von porcus) Schweinchen, Ferkel (urv.)

Porcius 3 E. Name eines röm. Geschlechts 1.) M. Porcius Cato cf. Cato 2.) M. Porcius Laeca Mitverschwornener Catilinas 3.) L. Porcius Licinius Praetor

porcus, i m. **Schwein**

porgo = porrigo

Porphyrion, ōnis m. E. gewaltiger Gigant

porrēctio, ōnis f. (cf. porrigo) das Ausstrecken

porrectus cf. porrigo

porricio, —, porrectum 3. als Opfer hinwerfen (arch. Kultausdruck)

porrigo, inis f. Kopfgrind

por-rigo, rēxi, rēctus 3. (cf. rego) **ausstrecken;** pass. **sich ausdehnen,** sich erstrecken; — **zu Boden strecken;** ausdehnen, hinziehen, verlängern; **hinreichen,** darreichen, gewähren; — porrēctus 3 ausgestreckt, ausgedehnt; (zeitlich) lang

porro adv. (griech.) 1.) (räumlich) **weiter, vorwärts,** in die Ferne 2.) (zeitlich) weiter, fernerhin 3.) (übertragen) **nun weiter, ferner,** nun aber 4.) (gegensätzlich) **hinwiederum,** andrerseits

porrum, i n. und us, i m. Lauch, Porree (L)

Porsēna, Porsenna, Porsina, Porsinna, ae m. E. König von Etrurien

porta, ae f. **Tor, Pforte** (L), Ein-, Zu-, Durch-, Ausgang

F. das Portal: Haupteingang, Prachttor

portātio, ōnis f. (cf. porto) Transport

por-tendo, tendi, tentus 3. hinstrekken, anzeigen, **ankündigen,** prophezeien; pass. sich zeigen, bevorstehen

portenti-ficus 3 (cf. portentum-facio) Wunderzeichen schaffend, Ungeheuer schaffend

portentōsus 3 (cf. portentum) unnatürlich, abenteuerlich

portentum, i n. (cf. portendo) Vorzeichen, Wunderzeichen; **Mißgeburt, Scheusal;** grausige Erdichtung, Wundermärchen

porticula, ae f. (dem. von porticus) kleine Halle

porticus, ūs f. (cf. porta) **Säulenhalle,** Säulengang; Gerichtshalle; Laufgang für Schanzarbeiter; — Stoische Schule

portio, ōnis f. (cf. pars) **Teil, Anteil;** Verhältnis; pro portione nach dem gehörigen Anteil, nach richtigem Verhältnis, nach Maßgabe

F. die Portion i. a. B.; Gericht — die Proportion: Verhältnis, Ebenmaß; Verhältnisgleichung (math.) — die Disproportion: Mißverhältnis — proportioniert: im richtigen Verhältnis, ebenmäßig, wohlgewachsen — disproportioniert: unverhältnismäßig, ungleich — die Proportionale: Glied einer Verhältnisgleichung (math.) — die Proportionalität: Ebenmäßigkeit, richtiges Verhältnis — die Proporzwahl: Verhältniswahl

portitor, ōris m. (cf. porto) Fährmann; — Zolleinnehmer, Zöllner

porto 1. (cf. porta) **tragen, bringen,** fortschaffen

F. portabel, portativ: tragbar — das Porto (it.): Postgebühr

portōrium, ii n. (cf. porto) **Hafenzoll,** Eingangs- und Ausgangszoll; Steuer, Abgabe

portula, ae f. (dem. von porta) Pförtchen

Portūnus, i m. E. (cf. portus) röm. Hafenort

portuōsus 3 (cf. portus) hafenreich

portus, ūs m. (cf. porta) **Hafen; Zuflucht**

M. Furt, Förde (urv.)

pōs (arch.) = post

pōsco, popōsci 3. **fordern,** verlangen, erfordern; vor Gericht ziehen, zum Kampfe fordern; anrufen, anflehen
M. forschen (urv.)

Posidōnius, ii m. E. stoischer Philosoph, Lehrer Ciceros

positio, ōnis f. (cf. pono) **Stellung,** Lage
F. die Position i. a. B.; Zustand, schriftliche Aufstellung, Eintragung

positor, ōris m. (cf. pono) Erbauer, Gründer

positūra, ae f. (cf. pono) Stellung, Lage
F. die Positur i. a. B., Kampfstellung

positus, ūs m. (cf. pono) **Stellung,** Lage, Stand; Frisur

possessio, ōnis f. (cf. possīdo) **Besitznahme;** (cf. possideo) **Besitz;** Besitzung, Grundstück

possessor, ōris m. (cf. possideo) **Besitzer**

possideo, sēdis, sessus 2. **besitzen;** besetzt halten
F. possessiv: besitzanzeigend — das Possessiv, Possessivum: besitzanzeigendes Fürwort (sprachl.) — possessorisch: zum Besitz gehörig — das Possessorium: Klage aus dem Besitzrecht (jur.) — depossedieren: aus dem Besitz vertreiben, entthronen — die Depossession: Vertreibung, Entthronung

pos-sīdo, sēdi, sessus 3. (cf. possideo) **in Besitz nehmen,** sich bemächtigen, besetzen

possum, potui, posse **können, vermögen,** imstande sein; fieri potest, ut es ist möglich, daß; fieri non potest, ut es ist unmöglich, daß; fieri non potest, quin oder ut non es ist notwendig, daß; es ist nicht anders möglich; non possum non ich muß; — **imstande sein,** bewirken, **gelten;** multum posse großen Einfluß haben
M. non possumus: „wir können nicht", unmöglich
F. impossibel: unmöglich

post 1.) adv. (räumlich) **hinten;** (zeitlich) **nachher,** später; die post am Tage darauf; mit abl. mensurae paulo (brevi) post kurz darauf; multis annis post viele Jahre später; — in Aufzählungen: primo ... post; primo . . . deinde . . . post 2.) praep. mit acc. (räumlich) **hinter** z. B. post me hinter mir, hinter mich; post tergum hinter dem Rücken; — (zeitlich) **nach, seit;** post hominum memoriam, post homines natos seit Menschengedenken; post ea, haec, hoc hierauf; — **nächst** z. B. post hunc Apollinem colunt nächst diesem . . .
M. post festum: „nach dem Fest", zu spät
F. das Postskriptum (abgek. P S): Nachschrift

post-ea adv. **nachher, später;** selten brevi postea kurz nachher; mit folg. quam: posteaquam = postquam; — ferner, weiter; quid postea was ist (war) die Folge? was soll daraus folgen?

posteāquam = postquam

posteri, posterior cf. posterus

posteritas, tātis f. (cf. posterus) **Zukunft;** posteritatis rationem habere an die Zukunft denken; **Nachwelt**

posterus 3 (comp. von post) **nachfolgend;** dies posterus der folgende Tag; postero die am folgendem Tage; in posterum für den folgenden Tag, für die Zukunft; **posteri,** ōrum m. **die Nachkommen;** — (comp.) **posterior,** ius **hinterer, folgender** (zeitlich und örtlich), aetate posterior jünger; tempore posterior der Zeit nach später; posterius (adv.) später, hernach; — **der geringere, schlechtere;** — (sup.) **postrēmus** 3 **hinterster, letzter;** ad postremum endlich; — **geringster, schlechtester,** ärgster, äußerster; — **postrēmum** adv. **zum letztenmal; postrēmo zuletzt, endlich,** schließlich; in Aufzählungen: primum . . . deinde . . . tum . . . postremo; — postumus 3 nachgeboren
M. a posteriori: auf Grund von Erfahrungen — cura posterior: spätere Sorge
F. postum, posthum: nachgeboren, nachgelassen — Postumus, Posthumus: Nach-

geborener — die Posteriora: Gesäß — die Posteriorität: späteres Erscheinen; Nachstehen (im Range) — die Posterität: Nachkommenschaft, Nachwelt — aposteriorisch: aus der Erfahrung geschlossen — das Aposteriori: Erfahrungssatz

post-fero, ferre nachsetzen, hintansetzen

post-geniti, ōrum m. die Nachgeborenen

post-habeo, ui, itus 2. **nachsetzen, hintansetzen**

post-hāc adv. **von nun an,** künftig

post-haec adv. nachher, später

posticus 3 (cf. antīcus) **hinten befindlich;** (ostium) postīcum, i n. Hintertür

postis, is m. **Pfosten** (L); **Tür**

post-liminium, ii n. (cf. limen) Heimkehrrecht (Recht des aus der Gefangenschaft Heimgekehrten auf alle alten Rechte)

post-meridiānus 3 nachmittägig

post-modo und post-modum (adv.) bald darauf

post-pōno, posui, positus 3. **nachsetzen,** hintansetzen

post-principia, ōrum n. weiterer Verlauf, Fortgang

post-quam ci. 1.) **nachdem,** meist mit ind. perf. (mit ind. plpf. nach einem abl. mensurae z. B. die quarto, postquam hostes vicerant): — mit ind. impf. z. B. Labienus, postquam fossae vim hostium sustinere non poterant, Caesarem certiorem facit); — 2.) **seitdem** (mit ind. praes. und impf.)

postrēmo, postrēmum, postrēmus cf. posterus

postrī-die = posterō die **am folgendem Tage,** tagsdarauf; postridie Calendas, Nonas, Idus

post-scribo 3. schreibend nachsetzen

postulātio, ōnis f. (cf. postulo) **Forderung,** Klagegesuch, Einreichung der Klage

postulātum, i n. (cf. postulo) Forderung

F. das Postulat i. a. B.; Probezeit bei Orden

postulātus, ūs m. (cf. postulo) Beschwerde, Klage

pōstulo 1. (cf. posco) **fordern,** verlangen (mit ut oder coni.); — **begehren;** Lust haben, erwarten (mit inf. oder acc. c. inf.); — (von Sachen) **erfordern,** erheischen z. B. ut loci natura postulat; — gerichtlich **belangen,** anklagen

F. postulieren: fordern — der Postulant: der in einen Orden Neueintretende

Postumius 3 E. Name eines röm. patrizischen Geschlechts 1.) P. Postumius Tubertus Konsul, Sieger über die Sabiner 2.) A. Postumius Tubertus Diktator, Sieger über Äquer und Volsker 3.)Sp. Postumius Albinus Konsul, bei Caudium besiegt; Postumius und Postumiānus 3 des P.

postumus cf. posterus

Postumus, i m. E. Freund des Horaz

Post-vorta, ae f. Göttin der verkehrten Geburt

potātio, ōnis f. (cf. poto) Trinkgelage

pote cf. potis

potens, ntis (cf. posse) **mächtig,** einflußreich; **kräftig,** stark, wirksam; **vermögend,** fähig; beherrschend; sui potens sein eigener Herr, sich selbst beherrschend; mentis **p.** bei Sinnen

F. potent: mächtig, vermögend — der Potentat: Machthaber — potential: möglich, die Möglichkeit bezeichnend — das Potential: Fähigkeit, Kraft — der Potentialis: Möglichkeitsform (sprachl.) — die Potentialität: Möglichkeit — potentiell: möglich

potentātus, ūs m. (cf. potens) **Macht,** Herrschaft

potentia, ae f. (cf. potens) **Vermögen, Kraft,** Wirksamkeit; — **Macht,** Einfluß, Gewalt, Herrschaft

F. die Potenz i. a. B., Zeugungskraft; Ergebnis der Vervielfachung einer Zahl durch sich selbst (math.) — potenzieren: steigern, erhöhen; eine Zahl mit sich selbst vervielfachen

Potentia, ae f. E. 1.) Stadt in Picenum 2.) Stadt in Lukanien

potesse (arch.) = **posse**

potestas, tātis f. (cf. potis) **Kraft, Macht,** Gewalt, Wirksamkeit; **Befugnis,** Verfügung; p. vitae necisque Macht über Leben und Tod; in mea potestate est oder mihi est potestas es steht in meiner Macht; — politische Gewalt, **Herrschaft;** alqm in (sub) potestatem redigere jd. unterwerfen; in alcis potestate esse jdm. unterworfen sein; — **Amtsgewalt, Amt** z. B. p. consularis, tribunicia, praetoria, regia; potestati praeesse ein Amt bekleiden; Amtsperson, Behörde, Beamter; imperia et potestates Militär- und Zivilbehörden; — **Vollmacht, Erlaubnis, Möglichkeit, Gelegenheit;** p. omnium rerum unbeschränkte Erlaubnis; potestatem dare (facere) alci jdm. die Möglichkeit, Gelegenheit, Erlaubnis geben, alcis rei zu etwas z. B. pugnandi eine Schlacht anbieten; p. fit es bietet sich die Gelegenheit; senatus populi potestatem facit der Senat stellt es dem Volke anheim; potestatem sui facere sich zur Verfügung stellen, sich in einen Kampf einlassen; jdm. eine Audienz geben

pōtio, ōnis (cf. poto) das Trinken; **der Trank**

potior cf. potis

potior, potītus sum 4. (cf. potis) **sich bemächtigen,** meist mit abl. z. B. castris p.; aber rerum p. die Oberherrschaft an sich reißen; selten mit acc.; beim Gerundivum spes potiundi oppidi; — besitzen, haben, genießen; Gerundivum: potiundus (selten potiendus)

potis, e vermögend, mächtig; nur prädikativ z. B. potis est er kann, er vermag (= potest); — comp. **potior,** ius **vorzüglicher, besser,** lieber, tüchtiger, überlegen; multo potior überlegener; **potius** adv. **vielmehr,** lieber, eher; potius quam und quam ut eher (lieber), als daß; vel (sive, aut, ac) potius oder vielmehr; non potius . . . quam nicht . . . als vielmehr; — sup. **potissimus** 3 **vorzüglichster,** hauptsächlichster, wichtigster; **potissimum** adv. **hauptsächlich,** vornehmlich, am liebsten, gerade, meist; enklitisch ans pron. angeschlossen z. B. ego potissimum

M. a potiori: vom Stärkeren, Wichtigeren

Potitius 3 E. Name eines röm. Priestergeschlechts

Potniae, ārum f. E. Stadt in Böotien; Potnias, adis f. aus P.

pōto, potāvi, pōtum (potātum) 1. **trinken;** saufen, zechen; — pōtus 3 (pass.) ausgetrunken, getrunken; (act.) der getrunken hat, betrunken

pōtor, ōris m. (cf. poto) **Trinker;** potor Rhodani = Anwohner der Rhone (der aus dem Wasser der Rh. trinkt)

pōtrix, icis f. (cf. potor) Trinkerin

potulentus 3 (cf. potus) trinkbar; potulentum, i n. Getränk

pōtus 3 cf. poto

pōtus, ūs m. (cf. poto) das Trinken; Trank

prae 1.) (adv.) **voran,** voraus; — 2.) praep. mit abl. (räumlich) **vor** z. B. prae se ferre vor sich hertragen; zur Schau tragen; — (übertragen) **im Vergleich mit** z. B. prae se omnes contemnere im Vergleich mit sich selbst alle verachten; — (kausal) **vor** = **wegen** z. B. solem prae sagittarum multitudene non videre

F. das Prä: Vorzug, Vorteil — das Prä haben: im Vorteil sein — die Präambel: Einleitung, Vorrede

prae-acūtus 3 vorn zugespitzt

prae-altus 3 sehr hoch, sehr tief

praebeo, ui, itus 2. (aus prae-habeo) **darreichen;** alci aures p. jdm. Gehör schenken; terga p. Flucht ergreifen; — **gewähren,** liefern z. B. panem p. Brot liefern; — **preisgeben,** überlassen z. B. se telis hostium p.; — **zeigen, beweisen;** se praebere (mit dopp. acc.) sich zeigen z. B. se fortem p.

M. die Pfründe (L) (aus praebenda)

F. die Präbende: Leibrente, Pfründe — der Präbendar, Präbendarius: Stiftsherr

prae-bibo, bibi 3. zutrinken
praebitio, ōnis f. (cf. praebeo) Lieferung
praebitor, ōris m. (cf. praebeo) Lieferant
prae-calidus 3 sehr warm
prae-cānus 3 vor der Zeit ergraut
prae-caveo, cāvi, cautus 2. (intr.) **sich hüten,** sich in acht nehmen mit a z. B. ab insidiis; für jd. sorgen, jd. schützen mit dat. z. B. civibus ab ira hostium p. die Bürger vor dem Zorn der Feinde schützen; — (trans.) vorbeugen, **verhüten** alqd
prae-cēdo, cessi, cessum 3. **voran-, vorhergehen;** — (trans.) alqm jd. übertreffen z. B. reliquos Gallos virtute p.
F. der Präzedenzfall: vorhergegangener Fall, früheres Beispiel — das Präzedens: vorangehender Fall, Beispiel, Vorrang — die Präzession: „Vorrücken", scheinbare Ortsveränderung der Fixsterne; das Vorrücken der Nachtgleichen (astr.)
praecellens cf. praecello
prae-cello, — 3. (cf. celsus) (intr.) **sich auszeichnen,** sich hervortun; (trans.) alqm jd. übertreffen; **praecellens,** ntis ausgezeichnet, vortrefflich
prae-celsus 3 sehr hoch
prae-ceps, cipitis (aus prae-caputis) **kopfüber;** sich neigend, geneigt z. B. sol p. in occasum; praecipiti iam die da der Tag sich bereits neigte; aestas p. der zu Ende gehende Sommer; — zugeneigt, leicht hingerissen z. B. homo p. in iram; — **jäh, abschüssig,** schroff; subst. n. Abgrund z. B. in praeceps deferri in einen Abgrund stürzen; — **verderblich,** gefährlich; subst. n. Gefahr, Verderben; — **über Hals und Kopf, jählings,** eilig z. B. cursus pr. Schnellauf; certamen p. Wettlauf; praeceps fugae se mandat er flieht Hals über Kopf; — **blindlings,** übereilt, sich überstürzend, unbesonnen, leidenschaftlich z. B. vir praeceps animi; — **praeceps** (adv.) in die Tiefe, Hals über Kopf, jäh
praeceptio, ōnis f. (cf. praecipio) Vorwegnahme, Vorbegriff (philos.); — Unterweisung
praeceptor, ōris m. (cf. praecipio) **Lehrer**
F. der Präzeptor i. a. B.
praeceptrix, īcis f. (cf. praeceptor) Lehrerin
praeceptum, i n. (cf. praecipio) **Vorschrift,** Befehl, Auftrag; Rat; — Lehre, Regel
prae-cerpo, cerpsi, cerptus 3. (cf. carpo) vor der Zeit pflücken; vorwegnehmen
prae-cīdo, cīdi, cīsus 3. (cf. caedo) **vorn abschneiden, abhauen;** ancoram p. kappen; — entziehen, entfernen z. B. spem; verweigern, abschlagen; zerschneiden; schnell abbrechen; **sich kurz fassen; praecīsus abschüssig;** praecise adv. kurz, kurzweg
F. präzis, präzise: genau, knapp, bestimmt, pünktlich — präzisieren: genau bestimmen — die Präzisierung: genaue Darlegung — die Präzision: Genauigkeit, Pünktlichkeit, Bestimmtheit
prae-cingo, cinxi, cinctus 3. **umgürten,** aufschürzen; umgeben, umkränzen
prae-cino, cinui und cecini 3. (cf. cano) (intrans.) **vorspielen;** (trans.) **vorhersagen,** weissagen
prae-cipio, cēpi, ceptus 3. (cf. capio) **vorausnehmen,** vorwegnehmen; pecuniam mutuam p. im voraus borgen; spatium, iter, aliquantum viae p. einen Vorsprung gewinnen; tempus praeceptum Vorsprung in der Zeit; bellum p. den Krieg vorher beginnen; im voraus genießen; im voraus sich vorstellen, im voraus wissen z. B. consilia; — **vorschreiben, verordnen,** befehlen; mit ut, selten mit acc. c. inf.; — **lehren,** unterrichten
praecipito 1. (cf. praeceps) 1.) (trans.) **kopfüber hinabstürzen;** pass. sich hinabstürzen, rasch untergehen; nox praecipitata die sinkende Nacht; — stürzen, zugrunde richten, vernichten; übereilen, überstürzen; — 2.)

(intr.) **sich kopfüber hinabstürzen;** rasch eilen; zu Ende gehen, dem Untergange zueilen, sinken

F. die Präzipitation: Eilfertigkeit, Übereilung; Fällung (chem.) — das Präzipitat: Niederschlag, Bodensatz — das Präzipitin: Antikörper, welche Antigene in Flöckchen ausfällen (chem.)

praecipuus 3 (cf. praecipio) **ausschließlich,** besonders; subst. n. Vorrecht; — **vorzüglich, außerordentlich;** praecipuo iure esse eine bevorzugte Stelle einnehmen; praecipuus amicorum der beste Freund; subst. m. Hauptperson; subst. n. Vorzug; n. plur. das Wichtigste; — **praecipue** adv. **vorzugsweise,** besonders, insbesondere

F. das Präzipuum: Vorzug, Begünstigung

praecisus 3 cf. praecido

prae-clārus 3 **sehr glänzend,** herrlich, ausgezeichnet; berühmt; (selten) berüchtigt; — sehr deutlich, sehr klar; praeclāre adv. sehr hell, sehr deutlich; vortrefflich, glänzend

prae-clūdo, si, sus 3. (cf. claudo) **verschließen,** versperren

F. präkludieren: ausschließen, eines Anspruchs für verlustig erklären — die Präklusion: Ausschließung, Abweisung, Sperre — präklusiv: ausschließend, aussperrend

praeco, ōnis m. (aus prae-dico) **Herold,** Ausrufer; Anpreiser, Lobredner

F. die Präkonisation: Ausrufung, Anpreisung; päpstl. Bestätigung des gewählten Bischofs — präkonisieren: ausrufen, lobend erheben

prae-cōgito 1. vorher überlegen

prae-cognōsco 3. vorher erfahren

prae-colo, colui, cultus 3. vorher bearbeiten; vorzeitig verehren

prae-compōsitus 3 vorher einstudiert

praecōnium, ii n. (cf. praeco) Ausrufer-, **Heroldsamt; Bekanntmachung,** Veröffentlichung; laute Verherrlichung, **Lobpreisung**

prae-consūmo, sūmpsi, sūmptūs 3. vorher verzehren; vorher aufreiben

prae-contrecto 1. (cf. tracto) vorher betasten

prae-cordia, ōrum n. (cf. cor) **Zwerchfell;** Bauchhöhle, Magen, Unterleib; **Brust; Herz;** Gefühl, Sinn, Geist

prae-corrumpo, rūpi, ruptus 3. vorher bestechen

prae-cox, cocis und coquis (cf. coquo) **frühreif;** verfrüht, **unzeitig,** vorschnell

prae-curro, curri und cucurri, cursus 3. 1.) (intr.) **vorauslaufen,** -eilen; vorangehen; — 2.) (trans.) **zuvorkommen,** überholen, alci und alqm; übertreffen

praecursio, ōnis f. (cf. praecurro) das Vorhergehen; Geplänkel

praecursor, ōris m. (cf. praecurro) Vorläufer, Kundschafter; plur. Vortrab

prae-cutio, cussi, cussus 3. (cf. quatio) voranschwingen

praeda, ae f. **Beute,** Kriegs-, Jagdbeute; Raub; Gewinn, Vorteil; magnas praedas facere großen Gewinn ziehen

praedabundus 3 (cf. praedor) auf Beute ausgehend

prae-damno 1. vorher verurteilen

prae-dātio, ōnis f. **das Beutemachen,** Plündern

praedātor, ōris m. (cf. praedor) **Beutemacher,** Plünderer, Räuber; Jäger

praedatōrius 3 (cf. praedator) beutemachend, plündernd

prae-delasso 1. vorher schwächen

prae-dēstino 1. im voraus bestimmen

F. prädestinieren i. a. B. — die Prädestination: Vorherbestimmung, Gnadenwahl

praediātor, ōris m. (cf. praedium) Güteraufkäufer

praedicābilis, e (cf. praedico) rühmenswert

praedicātio, ōnis f. (cf. praedico) öffentliche **Lobpreisung**

praedicātor, ōris m. (cf. praedico) Verkünder, **Lobredner**

prae-dico 1. **öffentlich bekanntmachen:** laut aussagen, ausrufen, **verkünden; rühmen,** preisen

M. predigen, Predigt (L)

F. der Prädikant: Hilfsprediger, Prediger — das Prädikat: rühmliche Erwähnung; Satzaussage (sprachl.); Note, Zensur, Ergebnis einer Prüfung, Titel — prädikativ: aussagend — prädikabel: aussagbar, rühmlich

prae-dico, dixi, dictus 3. **vorhersagen;** vorher erwähnen, -anführen; vorausbestimmen, festsetzen; **vorschreiben,** befehlen; prophezeien, **weissagen**

F. prädizieren i. a. B.

praedictio, ōnis f. (cf. praedīco) Weissagung

praedictum, i n. (cf. praedīco) **Weissagung;** Befehl; Verabredung

praediolum, i n. (dem. von praedium) kleines Landgut

prae-disco, didici 3. vorher lernen, sich mit etwas vorher bekannt machen

prae-dispositus 3 vorher verteilt, vorher aufgestellt

prae-ditus 3 (aus prae-datus) **mit etwas begabt,** ausgestattet, versehen, behaftet (mit abl.)

praedium, ii n. **Landgut,** Grundstück, Besitztum

prae-dives, itis sehr reich

praedo, ōnis m. (cf. praedor) Beutemacher, **Räuber;** Seeräuber, Entführer

prae-doceo, docui, doctus 2. vorher unterrichten

praedor 1. (cf. praeda) 1.) (intr.) **Beute machen,** plündern; Gewinn ziehen; — 2.) (trans.) jd. ausplündern; etwas erbeuten, rauben, wegfangen

prae-dūco, dūxi, ductus 3. etwas vor etwas führen, ziehen

prae-dulcis, e sehr süß, sehr angenehm

prae-dūrus 3 sehr hart; sehr abgehärtet

prae-eo, ii (selten īvi), itum 4. **vorausgehen;** — **vorsagen, vorsprechen** z. B. sacramentum; — vorschreiben

praefātio, ōnis f. (cf. praefor) **Einleitungsformel,** Vorspruch, Vorwort, Vorrede, Einleitung

F. die Präfation i. a. B.; dem Kanon der Messe vorangehendes Lobgebet

praefectūra, ae f. (cf. praeficio) Aufseheramt; Befehlshaberstelle, **Kommando;** höhere Offiziersstelle; **Kreisstadt** (von einem praefectus iuri dicundo verwaltet); Verwaltungsbezirk, Statthalterschaft

F. die Präfektur i. a. B.; Würde und Wohnung des Präfekten

praefectus, i m. (cf. praeficio) Aufseher, **Vorsteher; Befehlshaber, Anführer, Kommandant,** Hauptmann, Gouverneur; p. morum Zuchtmeister; p. annonae, rei frumentariae Proviantmeister; p. urbis oder urbi Stadtgouverneur (Vertreter des Konsuls); p. vigilum Polizeipräsident; p. classis (classi) Admiral; p. navis Kapitän; p. castrorum (castris) Lagerkommandant; p. fabrūm Pioniergeneral, Chef des Geniewesens; p. praetorii (praetorio) Kommandant der kaiserlichen Leibwache; — Offizier, General; Statthalter

F. der Präfekt i. a. B.

prae-fero, tuli, lātus, ferre **vorantragen; an den Tag legen, zeigen,** äußern, verraten; **vorziehen;** pass. vorbeieilen, -fahren, -ziehen

F. die Präferenz: Vorzug, Vorhand (beim Kartenspiel) — das Präferenzialabkommen: Vorzugsabkommen — der Prälat: höherer kirchlicher Würdenträger — die Prälatur: Prälatenwürde, -amt

prae-ferox, ōcis sehr wild; sehr ungestüm

prae-fervidus 3 sehr heiß, glühend

prae-festino 1. sehr eilen, sich übereilen; an etwas vorübereilen alqd

prae-ficio, fēci, fectus 3. (cf. facio) jd. vorsetzen, über etwas setzen, **an die Spitze stellen** alqm alci; castris alqm p. jd. zum Lagerkommandanten machen; pari imperio p. zum Befehlshaber mit gleicher Befugnis machen

prae-fīdens, ntis zu sehr vertrauend

prae-figo, fīxi, fixus 3. **vorn anheften;** vorn mit etwas versehen, vorn mit etwas beschlagen

F. das Präfix: Vorsilbe (sprachl.)

prae-fīnio 4. **vorher bestimmen,** vorher festsetzen

prae-flōro 1. (cf. flos) vorher der Blüte berauben
prae-fluo 1. vorbeifließen
prae-fōco 1. (cf. fauces) erwürgen
prae-fodio, fōdi, fossus 3. vor etwas einen Graben ziehen, vorher vergraben
prae-for 1. **als Einleitungsformel vorausschicken;** das Einleitungsgebet sprechen, den Vorspruch halten; als Vorwort vorausschicken; vorhersagen, weissagen
prae-frāctus cf. praefringo
prae-frīgidus 3 sehr kalt
prae-fringo, frēgi, frāctus 3. (cf. frango) vorn abbrechen; **praefrāctus** 3 abgebrochen; **schroff,** rücksichtslos
prae-fulcio, fulsi, fultus 4. vorn stützen; vorbauen
prae-fulgeo, fulsi 2. **hervorleuchten,** hell strahlen, glänzen
prae-gelidus 3 sehr kalt
prae-gestio 4. sich sehr freuen
prae-gnans, ntis und prae-gnas, ātis schwanger
F. prägnant: inhaltsvoll, gedankenschwer, gedrängt — die Prägnanz: Gedankenfülle, Gedrängtheit des Ausdrucks
prae-gracilis, e sehr schlank, sehr hager
prae-gravis, e **sehr schwer,** überladen; sehr schwerfällig; sehr lästig
prae-gravo 1. 1.) (trans.) **sehr belasten;** belästigen, beschweren, niederdrücken; verdunkeln; — 2.) (intr.) überwiegen
prae-gredior, gressus sum 3. **voranschreiten,** vorangehen; vorbeigehen
praegressio, ōnis f. (cf. praegredior) das Vorrücken
praegressus, ūs m. (cf. praegredior) das Vorschreiten, die Entwicklung
praegustātor, ōris m. (cf. praegusto) Vorkoster
prae-gusto 1. vorher kosten
prae-iaceo 2. **vorliegen, vor etwas liegen**
prae-iudicium, ii n. (gerichtliche) **Vorentscheidung;** vorgreifendes Urteil; maßgebendes Beispiel
prae-iūdico 1. **eine Vorentscheidung fällen,** im voraus beurteilen
prae-iuvo, iūvi 1. vorher unterstützen; fidem p. den Kredit stützen
prae-lābor, lapsus sum 3. **vorbeigleiten**
prae-lambo 3. vorher belecken
prae-lego, lēgi, lēctus 3. vorübersegeln
prae-ligo 1. vorn anbinden; zubinden
prae-longus 3 sehr lang
prae-loquor, locūtus sum 3. eine Vorrede machen
prae-lūceo, lūxi 2. **voranleuchten, vorleuchten;** überstrahlen, übertreffen
prae-lūsio, ōnis f. (cf. praelūdo) Vorspiel
prae-lūstris, e (cf. lustro) sehr glänzend
prae-mando 1. im voraus auftragen; praemandātum, i n. Steckbrief
prae-matūrus 3 vorzeitig
prae-medicātus 3 vorher mit Zaubermitteln versehen
prae-meditātio, ōnis f. das Vorbedenken
prae-meditor 1. **vorher bedenken,** vorher studieren; praemeditātus 3 (auch pass.) vorher erwogen
prae-metuo 3. **vorher fürchten**
prae-mineo 2. (cf. emineo) hervorragen
prae-mitto, mīsi, missus 3. **vorausschicken**
M. praemissis praemittendis (abgek. P. P.): „nach Vorausschickung des Vorauszuschickendem", Ersatz der Anrede in Briefen — praemisso titulo (abgek. P. T.): „mit vorausgeschicktem Titel", man denke sich den Titel vorausgeschickt
F. die Prämisse: Voraussetzung, Vordersatz eines logischen Schlusses
praemium, ii n. (cf. prae und emo) **Vorteil,** Vorzug, Vorrecht; **Gewinn,** Beutestück; **Lohn,** Belohnung, **Preis, Auszeichnung;** (bisweilen ironisch) = Strafe
F. die Prämie i. a. B., Entgelt, Gebühr, Beitrag — prämiieren: durch einen Preis auszeichnen

prae-molestia, ae f. vorläufige Beschwerde

prae-mōlior 4. etwas vorbereiten

prae-moneo, ui, itus 2. **vorher erinnern, mahnen, warnen**; vorhersagen, vorher anzeigen

prae-monitus, ūs m. Weissagung, Warnung

prae-mōnstro 1. vorher anzeigen

prae-morior, mortuus sum 3. vorzeitig sterben

prae-mūnio 4. **vorn befestigen,** schützen, verschanzen; **vorbauen,** sichern

prae-mūnitio, ōnis f. die Verwahrung (in der Rede)

prae-nato 1. vorüberschwimmen, vorüberfließen

Praeneste, is n. E. Stadt östlich von Rom (Palestrina); Praenestīnus adi. und subst. Einwohner von P.

prae-niteo, ui 2 hervorstrahlen, überstrahlen

prae-nōmen, inis n. **Vorname**
F. das Pränomen i. a. B.

prae-nōsco, nōvi 3. vorher erkennen, vorher kennen lernen

prae-nōtio, ōnis f. Vorbegriff

prae-nubilus 3 sehr bewölkt, sehr finster

prae-nūntio 1. **vorher melden**

prae-nūntius 3 **vorher verkündend; praenūntius,** ii m. **Vorbote;** subst. f. Vorbotin, Vorzeichen

prae-occupātio, ōnis f. die frühere Besetzung

prae-occupo 1. **vorher besetzen;** im voraus verpflichten, einnehmen, binden; zuvorkommen, überraschen
F. präokkupieren i. a. B., vorwegnehmen, befangen machen — die Präokkupation: Zuvorkommen, Vorwegnahme, Voreingenommenheit

prae-opto 1. lieber wollen; vorziehen

praeparātio, ōnis f. (cf. praeparo) Vorbereitung
F. die Präparation: Vorbereitung

prae-paro 1. **vorbereiten,** instand setzen, rüsten
F. präparieren i. a. B., Präparate machen — der Präparand: Vorbereitungsschüler — das Präparat: etwas kunstgerecht Zubereitetes; Arzneimittel

prae-pedio 4. (cf. im-pedio) **vorne fesseln,** vorne ankoppeln; **hemmen,** aufhalten; unwirksam machen; verba p. stottern

prae-pendeo, pendi 2. vorn herabhängen

prae-pes, petis (cf. peto) vorausfliegend, ein günstiges Vorzeichen gebend, Glück verkündend; schnell fliegend, geflügelt; subst. m. und f. Vogel; p. Iovis Adler; p. Medusaeus Pegasus

prae-pilātus (cf. pila) vorn mit einem Knauf versehen

prae-pinguis, e sehr fett

prae-polleo, ui 2. viel vermögen, **sehr mächtig sein,** das Übergewicht haben

prae-pondero 1. überwiegen alqd
F. präponderieren: vorherrschen — die Präponderanz: Übergewicht

prae-pōno, posui, positus 3. **voransetzen,** vorlegen, vorstellen; über etw. setzen, an die Spitze stellen; vorziehen alqm alci z. B. provinciae p.; praepositus, i m. Offizier

prae-porto 1. vorantragen, zur Schau tragen
F. die Präpositur: Oberkirchenamt, Stiftamt

praepositio, ōnis f. (cf. praepono) **Voranstellung;** Vorzug; — Vorwort, Präposition
F. die Präposition i. a. B., Verhältniswort (sprachl.) — präpositional: das Verhältniswort betreffend

prae-posterus 3 **verkehrt,** unrichtig, verkehrt handelnd

prae-potens, ntis **sehr mächtig**
F. präpotent i. a. B., übermächtig, überheblich, frech — die Präpotenz: Übermacht, Überheblichkeit

prae-properus 3 **sehr eilig,** voreilig, übereilt

prae-queror, questus sum 3 vorher klagen

prae-radio 1. überstrahlen

prae-rapidus 3 sehr reißend

prae-rigēsco, rigui 3. vorn erfrieren

prae-ripio, ripui, reptus 3. (cf. rapio) **wegreißen, entreißen;** vor der Zeit an sich reißen; zuvorkommen, vereiteln

prae-rōdo, rōsi, rōsus 3. **vorn abnagen**

prae-rogatīvus 3 (cf. rogo) **zuerst abstimmend;** praerogatīva, ae f. zuerst abstimmende Zenturie; Vorwahl; günstige Vorbedeutung

F. das Prärogativ, die Prärogative: Vorrecht, Vorzug

prae-rumpo, rūpi, ruptus 3. vorn abbrechen, vorn abreißen; **prae-ruptus 3 jäh, schroff, abschüssig;** praerupta, ōrum n. schroffe Hänge, Abgründe; — abstoßend, hart

praes, dis m. (aus prae-vas) **Bürge;** Bürgschaft, Vermögen des Bürgen

prae-saepe, is n. (cf. praesaepio) **Krippe;** Nahrung; — Stall meist plur.

prae-saepio, saepsi, saeptus 4. vorn abzäunen, **versperren**

prae-sāgio 4. **eine Vorempfindung haben; vorhersagen**

praesagītio, ōnis f. (cf. praesagio) **Ahnung**

praesāgium, ii n. **Ahnung,** Weissagung, Vorzeichen

prae-sāgus 3 **ahnend;** weissagend

prae-scio 4. vorherwissen

prae-scīsco, īvi und ii 3. vorher erfahren

prae-scius 3 vorherwissend

prae-scrībo, scrīpsi, scrīptus 3. schriftlich voransetzen; vorschützen, vorschieben; **vorschreiben, verordnen,** befehlen; praescrīptum, i n. Vorschrift; vorgezeichnete Grenze

F. präskribieren i. a. B., verjähren (jur.)

praescrīptio, ōnis f. (cf. praescribo) **Überschrift,** Titel, Vorwand; Einwendung (jur.); **Vorschrift,** Verordnung; Vorherbestimmung, Beschränkung

F. die Präskription: Vorschrift; Verjährung (jur.)

praescrīptum cf. praescribo

prae-seco, secui, sectus 1. vorn abschneiden; ad unguem praesectum = ganz genau

prae-sens, entis (part. praes. von praesum) **persönlich anwesend;** alqo praesente in jds. Gegenwart; praesentem adesse persönlich zugegen sein; — **gegenwärtig,** augenblicklich; in re praesenti an Ort und Stelle; praesens, ntis n. (meist plur.) Gegenwart; in praesenti für jetzt, für den Augenblick; in praesens für den Augenblick, vor der Hand; — **augenblicklich** eintretend, sofort vorhanden, sofortig; — **schnellwirkend,** wirksam, kräftig; augenscheinlich, sichtbar; **hilfreich;** dringend, dringlich; entschlossen, unerschrocken

F. das Präsens: Gegenwartsform (sprachl.) — präsent: gegenwärtig, anwesend — das Präsent: Geschenk — präsentieren: vorzeigen, anbieten, vorschlagen, Ehrenbezeugung machen (mit dem Gewehr) — der Präsentant: Vorleger eines Wechsels — das Präsentatum: Tag des Vorlegens

praesēnsio, ōnis f. (cf. praesentio) **Ahnung**

praesentia, ae f. (cf. praesens) **Gegenwart,** Anwesenheit; in praesentia für jetzt, augenblicklich; p. animi Geistesgegenwart, Entschlossenheit; p. veri die Kraft der Wahrheit

F. die Präsenz i. a. B., Zahl der Anwesenden

prae-sentio, sēnsi, sēnsus 4. vorher empfinden, **ahnen**

praesēpe = praesaepe

F. die Präsepe: Krippe; Sternhaufen im Sternbild des Krebses

prae-sertim adv. (cf. sero) **besonders, zumal;** in kausalen und kondit. Sätzen bes. praesertim cum zumal da

prae-ses, sidis (cf. sedeo) vorsitzend, **schützend;** subst. m. Beschützer, Beschirmer, Vorsteher, Leiter; Unterfeldherr, Statthalter; subst. f. Beschützerin, Leiterin

F. der Präses: Vorsitzender

prae-sideo, sēdi, sessum 2. (cf. sedeo) „vorn sitzen“, **schützen,** verteidigen alci, rei; **leiten,** befehligen, kommandieren; rebus urbanis p. die städtischen Angelegenheiten leiten

F. präsidieren: den Vorsitz führen — der Präsident: Vorsitzender, Oberhaupt — präsidial: vom Präsidenten ausgehend

praesidiārius 3 (cf. praesidium) die Besatzung bildend

praesidium, ii n. (cf. praesideo) Schutz, Hilfe, **Beistand,** Deckung; alci praesidio esse jdn. schützen, decken; Beistand leisten; in fuga sibi p. ponere seine Rettung in der Flucht suchen; — Schützer, Geleit, Hilfe, Schutz; **Besatzung, Bedeckung, Posten;** Besatzungstruppen; — fester Platz, Verschanzung, Bastion, Redoute, Posten; praesidio decedere, praesidium relinquere seinen Posten verlassen; milites in praesidiis disponere die Posten verteilen

F. das Präsidium: Vorsitz, leitendes Kollegium

prae-significo 1. vorher anzeigen

prae-signis, e (cf. signum) vor anderen ausgezeichnet

prae-sono 1. hervorschallen

praestābilis, e vorzüglich, vortrefflich

F. prästabel: leistungsfähig — prästabilieren: vorher bestimmen, vorher festsetzen

praestans cf. praesto

praestantia, ae f. (cf. praestans) **Vorzüglichkeit,** Vortrefflichkeit

prae-stes, stitis m. Schützer

prae-stigiae, ārum f. (cf. praestringo) Blendwerk, Gaukelei

prae-stituo, ui, ūtus 3. (cf. statuo) **vorherbestimmen**

praestō adv. (aus prae-sito) **zugegen; praesto esse anwesend sein,** bei der Hand sein, bereit sein; **beistehen,** helfen

prae-sto, stiti, stitus (praestatūrus) 1. (intr.) **voranstehen;** sich auszeichnen; **übertreffen** alci; praestat es ist besser alci mit inf. und acc. c. inf.; — 2.) (trans.) **verschaffen, gewähren,** geben alqd; terga p. = terga dare, praebere fliehen; fidem praestare sein Wort halten; — etwas an den Tag legen, zeigen; voluntatem p. den guten Willen zeigen; **se praestare sich zeigen, sich bewähren;** stets mit lobendem Prädikatsnomen z. B. dignum se p.; — gewährleisten, **sich verbürgen,** für etwas einstehen, garantieren

F. prästieren: leisten, für Mängel gewährleisten (jur.)

praestōlor 1. (cf. praesto) bereitstehen, auf etwas warten alci und alci rei

praestrigiae = praestigiae

prae-stringo, strinxi, strictus 3. **vorn zuschnüren;** vorn streifen, berühren; — **blenden,** verdunkeln

prae-struo, struxi, structus 3. vorn verbauen, verrammeln; sich vorher etwas als Schutz verschaffen

prae-sul, sulis und praesultātor, ōris m. (cf. salio) Vortänzer

prae-sulto 1. (cf. salto) vor etwas herspringen

prae-sum, fui, futurus, esse **vorstehen, an der Spitze stehen,** leiten, befehligen, kommandieren, verwalten alci und alci rei; equitatui p. Reiterführer sein; rei frumentariae p. das Proviantwesen leiten

prae-sūmo, sūmpsi, sūmptus 3. vorher zu sich nehmen, vorher genießen; **vorausnehmen,** im voraus tun; im voraus annehmen, vermuten, voraussetzen, sich vorher denken

F. präsumieren i. a. B. — präsumtiv: mutmaßlich

praesūmptio, ōnis f. (cf. praesumo) Vorgenuß, Erwartung

M. Praesumptio iuris: vom Gesetz aufgestellte Vermutung (jur.)

F. die Präsumption: Annahme, Voraussetzung, Einbildung, Vermutung

prae-suo, sui, sūtus 3. vorn benähen; vorn verhüllen

prae-tempto 1. **vorher untersuchen,** durchsuchen, vorher versuchen, eine Probe machen

prae-tendo, tendi, tentus 3. **vorstrekken,** vor sich hinhalten; coniugis taedas p. die ehelichen Fackeln zur Schau tragen, die Ehe beanspruchen; — vorspannen, vorziehen; pass. vorliegen; — **vorschützen,** zum Vorwand nehmen, bemänteln

F. prätendieren: beanspruchen — der Prätendent: Bewerber, Thronbewerber — die Prätention, Prätension: Anspruch, Anmaßung — prätentiös: anmaßend, dünkelhaft

prae-tento = praetempto

prae-tepēsco, pui 3. vorher erglühen

praeter (cf. prae) 1.) adv. **vorüber,** vorbei; — außer, ausgenommen; — 2.) praep. mit acc. **an ... vorüber, an ... vorbei, an ... hin;** — **außer,** mit Ausnahme; pr. haec außerdem, überdies; nach Negationen **als;** nihil praeter nichts als; abgesehen von, nächst, nebst; — **über ... hinaus, gegen, wider;** praeter opinionem gegen alle Erwartung; pr. modum übermäßig; pr. solitum wider Gewohnheit; pr. naturam wider die Natur

M. praeter propter: ungefähr, etwa

praeter-ago 3. vorbeitreiben

praeter-ea adv. weiter, **ferner,** hinfort, in der Folge; **außerdem,** überdies

praeter-eo, ii, itum 4. **vorbeigehen, vorübergehen,** passieren; **vergehen,** verfließen; praeterita die nach Ablauf des Termins; praeteritus 3 vergangen, verflossen, früher; — **übergehen, unerwähnt lassen,** auslassen, verschweigen, **unberücksichtigt lassen; überholen,** hinter sich lassen; **überschreiten,** übertreffen

F. präterieren i. a. B. — das Präteritum: Vergangenheitsform (sprachl.) — die Präteritio: vermeintliche Übergehung (rednerisch)

praeter-equito 1. vorbeireiten

praeter-fero, tuli, lātus, ferre vorbeitragen; pass. vorbeiziehen

praeter-fluo, flūxi 3. **vorbeifließen;** aus dem Gedächtnis entschwinden

praeter-gredior, gressus sum 3. (cf. gradior) **vorbeigehen**

praeteritus 3 cf. praetereo

praeter-lābor, lapsus sum 3. **vorbeigleiten**

praetermissio, ōnis f. (cf. praetermitto) Weglassung, Unterlassung

praeter-mitto, misi, missus 3. **vorüberlassen,** vorübergehen lassen, verstreichen lassen, **unterlassen,** unbenutzt lassen; **übergehen,** auslassen; ungestraft hingehen lassen

praeter-nāvigo 1. vorbeischiffen

praeter-quam adv. **außer, ausgenommen,** abgesehen von

praetervectio, ōnis f. (cf. praetervehor) das Vorbeifahren

praeter-vehor, vectus sum 3. **vorbeifahren, -segeln, -reiten, -ziehen** (navi, classe, equo); vorübergehen an; silentio p. mit Stillschweigen übergehen

praeter-volo 1. **vorbeifliegen,** vorbeifahren; entschwinden; flüchtig über etwas (alqd) hinweggehen

prae-texo, texui, textus 3. **verbrämen; praetextus 3 purpurverbrämt;** toga praetexta die von Beamten, Priestern und freigeborenen Knaben getragene purpurverbrämte Toga; fabula praetexta die römische Stoffe behandelnde Tragödie; — versehen, umsäumen, besetzen, bedecken, zieren; verhüllen, bemänteln; vorschützen, vorgeben; praetextum, i n. Vorwand

F. der Prätext: Scheingrund, Vorwand

praetexta cf. praetexo

praetextātus 3 (cf. praetexta) die purpurverbrämte Toga tragend; puer, filius p. freigeborener Knabe (bis zum 17. Lebensjahr)

praetextum cf. praetexo

praetextus, ūs m. (cf. praetexo) Schmuck, Zierde; Vorwand

prae-tinctus 3 (cf. tingo) vorher benetzt, vorn benetzt

praetor, ōris m. (aus prae-itor) **Vorsteher,** Anführer, Vorgesetzter, Bürgermeister; — **Prätor** (F) (abgek. Pr.), höchster Gerichtsbeamter in Rom mit von der Konsulatsgewalt abgetrennten Rechten (praetor urbanus, primus, maximus); nach Schaffung einer 2. Prätur 247 gab es noch den praetor peregrinus; später wurde die Zahl der Prätoren erhöht; nach Ablauf ihrer Amtszeit gingen sie als **Heerführer** oder **Statthalter** (pro praetore oder propraetor) in die Provinzen; propraetor Statthalter; **Feldherr, Heerführer**

praetoriānus (cf. praetorium) zur kaiserlichen Leibwache gehörig; praetoriāni, ōrum m. Prätorianer (F), Leibgarde

praetōrius 3 **prätorisch,** zum Prätor gehörig, auch **proprätorisch; dem Feldherrn gehörig;** porta praetoria das Vordertor des Lagers; cohors praetoria Leibwache des Feldherrn; — **praetōrius,** ii m. **gewesener Prätor,** Mann von prätorischem Range; **praetōrium,** ii n. **Hauptplatz** im römischen Lager (mit dem Altar und Feldherrnzelt); Feldherrnzelt; Kriegsrat; Hauptquartier; Amtswohnung des Statthalters; kaiserliche Leibwache; praefectus praetorio Kommandant der kaiserlichen Leibwache

prae-tracto 1. vorbereiten, vorher beraten

prae-trepido 1. hastig eilen

praetūra, ae f. (cf. praetor) **Prätur** (F), Prätorenamt; **Statthalterschaft;** Feldherrnwürde, Heerführung

Praetūtii, ōrum m. E. Völkerschaft im südl. Picenum; Praetutiānus 3 von, aus P.

prae-umbro 1. überschatten, verdunkeln

prae-ūro, ūssi, ūstus 3. vorn anbrennen; **praeūstus 3 vorn angebrannt**

prae-valeo, ui 2. **sehr stark sein, mehr vermögen, mehr gelten,** das Übergewicht haben, den Vorrang haben

prae-validus 3 sehr stark, sehr mächtig, zu stark

prae-vāllo 1. verschanzen

praevaricātio, ōnis f. (cf. praevāricor) **Pflichtverletzung**

praevaricātor, ōris m. (cf. praevaricor) **Pflichtverletzer;** ungetreuer Sachwalter; Scheinanwalt, Scheinkläger

prae-vāricor 1. (cf. varus) **seine Pflicht verletzen,** die Gegenpartei begünstigen

prae-vehor, vectus sum 3. **vorausfahren,** -reiten, -fliegen; vorbeiströmen, vorbeifahren, vorbeireiten

prae-venio, vēni, ventus 4. zuvorkommen, überholen; pass. überholt werden

F. prävenieren i. a. B., vorgreifen — die Prävention: Zuvorkommen — präventiv: vorbeugend

prae-verto, verti, versus 3. **voranstellen,** vorangehen lassen, früher vornehmen, etwas vorziehen; — pass. **sich lieber zu etwas wenden, zuerst sich wohin begeben;** — **vorangehen, voranstehen,** mehr gelten; zuvorkommen, **vereiteln,** zunichte machen

prae-video, vīdi, visus 2. **voraussehen;** früher erblicken

prae-vitio 1. vorher verderben

prae-vius 3 (cf. via) **vorangehend,** vorausgehend

prae-volo 1. voranfliegen

pragmaticus 3. (griech.) erfahren, geschäftskundig; subst. m. Rechtskundiger

F. pragmatisch: sachlich, geschäftskundig, klug, erfahren, Ursache und Wirkung untersuchend

prandeo, prandi, prānsus 2. (cf. prandium) **frühstücken** (um Mittag); pransus der gefrühstückt hat; pransus potus vollgefressen und vollgesoffen

prandium, ii n. (zweites) **Frühstück** (gegen Mittag eingenommen)

prānsus cf. prandeo

Prasii, ōrum m. E. indisches Volk am Ganges

pratēnsis, e (cf. pratum) auf Wiesen wachsend

pratulum, i n. (dem. von pratum) kleine Wiese

prātum, i n. **Wiese**

M. der Prater (L)

prāvitas, tātis f. (cf. pravus) **Krümmung,** Schiefheit, schlechter Wuchs, Verunstaltung, Gebrechen; **Verkehrtheit,** Verschrobenheit, Verworfenheit, **Schlechtigkeit**

prāvus 3 **krumm,** schief, verkehrt; **verschroben; schlecht,** schlimm

Praxiteles, is m. E. der berühmte griech. Bildhauer, bekannt durch seine Aphrodite von Knidus

precārius 3 (cf. preces) erbeten, **erbettelt;** auf Widerruf gewährt, unsicher, unbeständig; — precāriō adv. bittweise; auf Widerruf
F. prekär: unsicher, schwankend

precātio, ōnis f. (cf. precor) **Bitte, Gebet;** Gebetsformel; Verwünschung

preces, um f. (cf. posco) **Gebet,** Verwünschung, Fluch

preciae, ārum f. eine Rebsorte

prēcor 1. (cf. preces) flehentlich **bitten,** beten; jdm. etwas Gutes oder Böses wünschen; sollemnia incipientis anni p. Neujahrsglückwünsche darbringen *M.* fragen (urv.)

pre-hendo, hendi, hēnsus und selten prēndo, di, sus 3. **fassen, erfassen,** ergreifen; **aufgreifen,** einfangen, verhaften; einnehmen, sich bemächtigen

prehēnso und prēnso 1. (cf. prehendo) **anfassen; ergreifen;** jd. die Hand drücken; — sich um ein Amt bewerben

prēlum, i n. (cf. premo) **Presse,** Kelter

premo, pressi, pressus 3. **pressen** (L), **drücken; belasten; bedrücken; drängen, bedrängen; verfolgen, nachsetzen;** jdm. zusetzen; **bedecken,** umschließen, verbergen; — **eindrükken;** einpflanzen; ausdrücken, bezeichnen; **herabdrücken, niederdrücken;** pass. sinken; — **unterdrücken,** zu Boden schlagen; **zurückhalten, hemmen,** dämpfen; **beherrschen;** zusammendrücken, zusammenziehen, kurz zusammenfassen; **pressus** 3 **gedrückt, gedrängt; gemäßigt,** gedämpft; **langsam;** knapp, kurz; genau, bestimmt
M. die Presse (L)
F. pressant: drängend, eilend, drückend — pressieren: eilig sein — die Pression: Druck, Zwang

prēndo cf. prehendo

prensātio, ōnis f. (cf. prenso) Amtsbewerbung

prēnso cf. prehenso

pressio, ōnis f. (cf. premo) Druck; Unterlage, Stütze

presso 1. (cf. premo) oft drücken, pressen

pressus 3 cf. premo

pressus, ūs m. (cf. premo) **Druck;** p. oris schöne Aussprache

pretiōsus 3 (cf. pretium) **kostbar,** wertvoll, prächtig; kostspielig, verschwenderisch
F. preziös i. a. B., gezwungen, geziert — die Preziosa: eine Schriftgattung (buchdr.); Vorname — die Pretiosen: Kostbarkeiten, Edelsteine

pretium, ii n. **Preis** (L), **Wert;** merces magni pretii; parvi pretii esse wenig kosten, niedrig bewertet sein; in pretio esse, pretium habere Wert haben, etwas gelten; **Geld, Lösegeld;** pretio emere für Geld einkaufen; parvo pretio billig; — **Lohn,** Preis, Belohnung; operae pretium est es ist der Mühe wert; operae pretium facere etwas der Mühe Wertes tun

prex, precis f. sing. zu preces

Priamus, i m. E. König von Troja, Gemahl der Hekuba; Priamēius 3 des P.; Priamides, ae m. Sohn, Nachkomme des P.; Priamēis, idis f. Tochter des P.

Priāpus, i m. E. Gott der Fruchtbarkeit

pridem adv. (cf. prior und de) **längst,** vor langer Zeit; haud (non) ita pridem vor nicht gar zu langer Zeit; iam pridem schon längst

prī-die adv. (cf. prior und dies) **tags zuvor,** am Tage vorher; pr. eius diei tags zuvor; pr. calendas Maias am 30. April

Priēne, ēs f. E. Küstenstadt in Jonien

Prilius lacus m. E. See in Etrurien

prim-aevus 3 (cf. aevum) in der ersten Jugend, jugendlich

primānus (cf. primus) zur 1. Legion gehörig; subst. m. Soldat der 1. Legion
F. der Primaner: Schüler der 1. Klasse

primārius 3 (cf. primus) **zu den Ersten gehörig, vornehm,** ansehnlich
F. der Primarius (abgek. Prim.): Oberpfarrer; Oberarzt — primär: ursprünglich, anfänglich

Primigenia, ae f. (cf. gigno) Beiname der Fortuna, als Begleiterin des Menschen von der Geburt an

primi-pilāris, is m. = primipilus

primi-pīlus, i m. (cf. pilus) rangältester Hauptmann der Legion

prim-itiae, ārum f. (cf. ire) **die Erstlinge;** erster Ertrag; erste Ausbeute; erster Versuch
F. die Primiz: Erstlingswerk; erste Messe eines Priesters — der Primiziant: Neupriester, der die erste Messe liest

primitus adv. (cf. primus) (selten) zum erstenmal

primo cf. primus

prim-ōrdium, ii n. (cf. ordior) **erster Anfang,** Ursprung, Urbeginn; meist plur. z. B. primordia mundi Ursprung der Welt

primōris, e (cf. primus) **vorderster;** primōres, um m. die Vordersten, vordersten Schlachtreihen; — **Vornehmster,** Angesehenster

primus 3 (cf. prior) **vorderster, erster;** prima luce mit Tagesanbruch; primo vere mit Frühlingsbeginn; prima nocte mit Einbruch der Nacht; primo adventu unmittelbar nach der Ankunft; — primi, ōrum m. die Vordersten; in primis stare in erster Reihe stehen; — primum, i n. Anfang; a primo anfänglich; — Vordertreffen, Vortrab; — prima, ōrum n. Anfang; die vordersten Glieder des Heeres; — Vornehmster, Vorzüglichster, Angesehenster; primae (scil. partes) Hauptrolle; primas ferre den Hauptpreis davontragen; primas dare den Hauptpreis zuerkennen; primas deferre die Hauptrolle übertragen; — **primum** adv. **zuerst,** fürs erste; **zum erstenmal;** (in Aufzählungen) **erstens; ubi primum, cum primum sobald als;** — **primō** adv. **zum erstenmal; zuerst, anfangs**
M. Primus inter pares: der Erste unter Gleichen
F. der Primus: der Erste, Klassenerster — die Prima: erste Klasse einer höheren Schule — prima: die erste Sorte (kaufm.) — der Primas: erster Bischof eines Landes; erster Geiger einer Zigeunerkapelle — der Primat: geistliche Vormachtstellung des Papstes; erster Rang, Vorrang — die Primzahl: Stammzahl, nicht zerlegbare Zahl — die Prim, Prime: erster Ton einer Tonleiter, Hieb beim Fechten, Schöndruck (buchdr.); erste Betstunde — die Primel: Schlüsselblume (erste Frühlingsblume) — die Primadonna: erste Sängerin — die Primogenitur: Erstgeburt, Erstgeburtsrecht — primitiv: ursprünglich, einfach, unvollkommen — die Primitiven: auf niedrigster Kulturstufe stehende Völker — das Primitivum: Grund-, Stamm-, Wurzelwort (sprachl.)

prin-ceps, cipis (cf. primus-capio) die erste Stelle einnehmend; **erster,** zuerst; **angesehenster, vornehmster,** hervorragend; — subst. **Urheber, Stifter,** Anstifter z. B. p. consilii, coniurationis; — **Führer, Haupt, Meister;** princeps senatus derjenige Senator, dessen Name in der Senatorenliste zuerst stand und der zuerst um seine Meinung gefragt wurde; princeps iuventutis cf. iuventus; — **Herrscher, Fürst;** (seit Augustus) Kaiser; uxor principis Kaiserin; feminae principes Frauen aus dem Kaiserhaus; — **principes,** um m. (politisch) die ersten Männer des Staates, **Häupter,** Häuptlinge, Großen, Mächtigen, **Vornehmsten;** — (militärisch **die Soldaten der 2. Schlachtreihe** (zwischen den hastati und triarii); davon: princeps sing. ein Manipel der Principes; ein Hauptmann (Zenturio) der principes; princeps primus Hauptmann des ersten Manipels *M.* Prinz (L)

principālis, e (cf. princeps) fürstlich, kaiserlich; — zum Hauptplatz des Lagers führend; via p. die breite Querstraße des Lagers, welche in die Seitentore führte; porta p. Seitentor des Lagers (dextra und sinistra)

F. der Prinzipal: Leiter, Haupt, Geschäftsinhaber — das Prinzipal (it.): Hauptstimme der Orgel — prinzipal: hauptsächlich — prinzipaliter: grundsätzlich, hauptsächlich, vor allem

principātus, ūs m. (cf. princeps) **die erste Stelle;** principatum sententiae tenere seine Stimme zuerst abgeben; — **Obergewalt, Vorrang, Führerschaft, Herrschaft;** Kaiserwürde; — Grundkraft, Ursprung

F. der Prinzipat i. a. B.

principium, ii n. (cf. princeps) **Anfang,** Beginn; — **Grund,** Grundlage, **Grundstoff,** Element (meistens plur.); — die zuerst stimmende Tribus oder Kurie; — **das Vordertreffen,** Front; — **Hauptplatz im Lager,** Hauptquartier (= praetorium)

F. das Prinzip i. a. B.; Grundsatz, Regel — prinzipiell: grundsätzlich

prior, us (cf. primus-prae) comp. **der vordere; der frühere, voriger; prius** adv. eher, **früher;** — **vorzüglicher,** höher stehend, wichtiger

M. a priori: von vorn herein, aus Vernunftsgründen

F. das Apriori: auf Vernunfterkenntnis gegründeter Satz — apriorisch: aus Vernunftsgründen geschlossen — der Prior: Ordensoberer — das Priorat: Prioramt, -würde — die Priorität: rechtlicher Vorrang, Erfinderrecht, Erstrecht

priscus 3 (cf. prior) **uralt, altehrwürdig,** altväterisch; von alter Art, streng; altfränkisch; ehemalig, früher, alt

M. Priskus, Priska (V)

pristinus 3 (cf. prior) **vorig, ehemalig;** in pristinum restituere in den alten Zustand versetzen; — **letztvergangen,** letzter; dies p. der gestrige Tag

pristis, is f. (griech.) (auch pistrix) Meerungeheuer; — Kriegsschiff

priusquam ci. eher als, **eher, bevor;** auch prius ... quam eher ... als (bis); — prius ... quam (quam ut) mit coni. eher ... als daß, lieber ... als daß

privātim adv. (cf. privatus) für seine Person, in eigenem Namen, in eigenen Angelegenheiten; zu Hause

F. privatim i. a. B.

privātio, ōnis f. (cf. privo) Befreiung

privātus 3 (cf. privo) einer einzelnen Person gehörig; **persönlich, eigen;** vita privata Privatleben; res privatae Privatangelegenheiten; — **ohne öffentliches Amt,** als Privatmann lebend; als gewöhnlicher Untertan lebend; gewöhnlich, gemein; — **privātus,** i m. **Privatmann; privātum,** i n. **das Eigene, Privatvermögen,** Privathaus; ex privato aus dem Hause

F. privat i. a. B. — der Private i. a. B. — der Privatier (franz.): Rentner — privatisieren: ohne Beruf, als Rentner leben — das Privatissimum: Vorlesung für einen engeren Kreis — privatissime: ganz für sich, ganz abgesondert

Privernum, i n. E. Stadt in Latium; Privernas, ātis adi. und subst. Bewohner von P.; subst. n. Gebiet von P., Landgut bei P.

privi-gnus 3 in anderer Ehe geboren; subst. m. **Stiefsohn,** subst. f. **Stieftochter**

privi-lēgium, ii n. (cf. privus-lex) **Ausnahmegesetz;** Sonderrecht, Vorrecht

F. das Privileg i. a. B.; über das Vorrecht ausgestellte Urkunde — priviligieren: bevorrechten

privo 1. (cf. privus) **berauben** alqm re; — **befreien**

F. die Privation: Beraubung, Verlust, Mangel — privativ: verneinend, ausschließend, abgesondert, befreiend

privus 3 **einzeln,** je einer; eigen, eigentümlich

pro (int.) **o! ach!** wehe!; meist mit voc. z. B. pro dii immortales; (mit acc.) pro deorum (deūm) atque hominum fidem bei allem, was im Himmel und auf Erden heilig ist

pro (praep. mit abl.) **vor, vorn an,** in, auf z. B. pro castris aciem instruere; pro tectis saxa mittere vorn auf den Dächern stehend Steine herabschleudern; — **zum Schutze, für** z. B. pro patria pugnare; **statt, anstatt** z. B. unus Cato est pro centum milibus ein einziger Kato wiegt hunderttausend auf; pro vallo carros obicere anstelle des Walls eine Wagenburg errichten; pro hoste esse als Feind gelten; pro certo als gewiß; pro amico als Freund, freundschaftlich; — als Belohnung, als Bezahlung z. B. pro beneficiis gratiam reddere; — **im Verhältnis, gemäß,** nach Maßgabe, nach z. B. pro multitudine hominum im Verhältnis zu der Bevölkerungsdichte; pro tempore nach Zeit; pro re nach Umständen; pro mea parte nach meinen Kräften; pro viribus nach Kräften; pro se quisque jeder für seinen Teil; pro virili parte soviel ein Mann kann, nach Manneskraft; pro portione, pro rata parte nach richtigem (bestimmtem) Verhältnis; pro eo, quod im Verhältnis dazu, daß; pro eo ac (ut) in dem Verhältnisse wie, je nachdem

M. pro anno (abgek. p. a.)

F. das Pro: das Für

proāgorus, i m. (griech.) erster Sprecher, Schulze (in sizilischen Städten)

pro-avia, ae f. (cf. proavus) Urgroßmutter

pro-avitus 3 von den Vorfahren ererbt

pro-avus, i m. **Urgroßvater; Vorfahr,** Ahnherr, Ahn

probābilis, e (cf. probo) **beifallswert,** tauglich, gut; annehmbar, glaublich, **wahrscheinlich**

F. probabel i. a. B., wahrscheinlich — der Probalismus: Wahrscheinlichkeitsrechnung; sich mit der Wahrscheinlichkeit begnügendes wissenschaftliches Verfahren; Wahrscheinlichkeitslehre, Rechtfertigungslehre

probabilitas, tātis f. (cf. probabilis) Wahrscheinlichkeit, Glaubhaftigkeit

F. die Probabilität i. a. B.

probātio, ōnis f. (cf. probo) **Prüfung,** Musterung; **Billigung;** Beweisführung, **Beweis**

probātor, ōris m. (cf. probo) Billiger, Gutheißer

probātus cf. probo

probitas, tātis f. (cf. probus) **Rechtschaffenheit,** Redlichkeit, Biederkeit

probo 1. (cf. probus) etwas **prüfen** (L), **probieren** (F); beurteilen; anerkennen, gutheißen, **billigen,** gelten lassen; Iove non probante gegen den Willen Jupiters; — **annehmbar machen,** beifallswert machen, zur Zufriedenheit machen; se probare, probari Beifall gewinnen, sich beliebt machen alci bei jd.; — **glaubhaft machen,** beweisen; alci se memorem p. sich dankbar erweisen; alqd pro vero p. als wahr erweisen; — **probātus** 3 **erprobt, bewährt;** angenehm, geschätzt

F. reprobieren: mißbilligen, zurückweisen — die Reprobation: Verwerfung, Zurückweisung, Gegenbeweis — probat: erprobt

probrōsus 3 (cf. probrum) **beschimpfend,** schimpflich; schändlich, lasterhaft

probrum, i n. **Beschimpfung,** Vorwurf; **Schande,** Schimpf; **Schandtat;** Unzucht

probus 3 **tüchtig, gut; rechtschaffen,** brav, sittsam, bescheiden

proc. = pro consule (consulibus)

Proca und as, ae m. E. König von Alba, Vater des Numitor und Amulius

procācitas, tātis f. (cf. procax) Zudringlichkeit, Frechheit

procax, ācis (cf. posco) **begehrlich, zudringlich, frech,** unverschämt

pro-cēdo, cessi, cessum 3. **vorwärtsschreiten,** vorgehen, **vorrücken; ausrücken, ausmarschieren; öffentlich erscheinen,** auftreten; (von Gestirnen) erscheinen, aufgehen; vorgehen; (von der Zeit) **vorschreiten; vorwärtskommen,** weiterkommen; fortdauern, fortschreiten, Fortschritte machen z. B. in studiis; sich versteigen; kommen z. B. eo magnitudinis den Grad der Größe erreichen; eo vecordiae p. bis zu dem Grade des Wahnsinns sich versteigen; **Erfolg haben,** vonstatten gehen; nihil procedit nichts gelingt; — **glücken** z. B. omnia procedunt alles glückt

F. prozedieren: vorgehen, zu Werke gehen, ein Verfahren einschlagen — die Prozedur: Verfahren, Rechtsgang — der Prozeß: Vorgang, Entwicklungsgang, Rechtsstreit, Rechtshandel — prozessieren: einen Rechtsstreit führen — die Prozession: feierlicher Aufzug, Festzug, Betgang

procella, ae f. (von procellere niederwerfen) **Sturmwind,** Sturm, Ungewitter; Ansturm, Angriff; Aufruhr, Unruhe

procellōsus 3 (cf. procella) stürmisch

proceres, um m. **die Häupter, Vornehmsten,** Fürsten, Aristokratie

procēritas, tātis f. (cf. procerus) **hoher Wuchs, Schlankheit,** Länge

pro-cērus 3 (cf. pro-cresco) **schlank** gewachsen, schlank, lang

processio, ōnis f. (cf. procedo) das Vorrücken

processus, ūs m. (cf. procedo) das Fortschreiten, **Fortschritt;** guter Erfolg

Prochyta, ae und e, ēs f. E. Insel an der kampanischen Küste (Procida)

prō-cido, cidi 3. niederfallen

pro-cīnctus, ūs m. (cf. cingo) Rüstung; nur: in procinctu in Kampfbereitschaft, unter Waffen; testamentum in procinctu facere das Testament vor der Schlacht machen

proclamātor, ōris m. (cf. proclamo) Schreier

pro-clāmo 1. **laut rufen**

F. proklamieren: verkünden, aufbieten — die Proklamation: Verkündigung, öffentliche Bekanntmachung, Aufgebot

Procles, is und i m. E. König von Sparta, Stammvater der Procliden

pro-clīno 1. vorwärts beugen, neigen

pro-clīvis, e und us 3 (cf. clivus) vorwärts geneigt, **abschüssig; geneigt,** bereitwillig; leicht ausführbar, **leicht;** proclīvi und **proclive** adv. **leicht** geneigt

proclīvitas, tātis f. (cf. proclivis) **Geneigtheit**

Procne, ēs f. E. Schwester der Philomele, in eine Schwalbe verwandelt; procne, ēs f. Schwalbe

proco und procor 1. (arch.) fordern

pro-cōnsul, is m. **Prokonsul** (F), gewesener Konsul, der nach Ablauf seines Amtsjahres **Statthalter** einer Provinz war (abgek. proc.)

proconsulāris, e prokonsularisch (F); — imago p. Schattenbild der konsularischen Gewalt

proconsulātus, ūs m. Prokonsulat (F); Amt des Prokonsuls oder Statthalters

procrastinātio, ōnis f. (cf. procrastino) Vertagung

pro-crāstino 1. (cf. crastinus) **vertagen,** verschieben

procreātio, ōnis f. (cf. procreo) Zeugung

procreātor, ōris m. (cf. procreo) **Erzeuger,** Schöpfer

procreātrix, īcis f. (cf. procreator) Erzeugerin, Mutter, Urheberin

prō-creo 1. **zeugen,** gebären; hervorbringen

Procris, idis f. E. Tochter des Erechtheus, von ihrem Gemahl Kephalus auf der Jagd aus Versehen getötet

Procrūstes, ae m. E. Wegelagerer, berüchtigt durch sein Folterbett

prō-cubo 1. hingestreckt daliegen

pro-cūdo, cūdi, cūsus 3. schmieden; bilden

procul adv. **fern; in die Ferne; in der Ferne, weit,** weit weg, weit ab; mit abl. oder ab z. B. procul patria, procul a castris; — **aus der Ferne,** von fern; — haud (non) procul est, quin es ist nahe daran, daß

prō-culco 1. (cf. calco) **niedertreten;** niederreiten; mit Füßen treten, verachten

Proculēius, i m. E. C. Terentius Proculeius röm. Ritter, Schwager des Maecenas, Freund des Augustus

prō-cumbo, cubui, cubitum 3. **sich vorbeugen; sich niederwerfen, niederfallen,** sich lagern; ad pedes (alci und alcis) p. sich jdm. vor die Füße werfen; — sinken, zugrunde gehen

procurātio, ōnis f. (cf. procuro) **Besorgung, Verwaltung;** Prokuratur (F); — **Sühnung**

F. die Prokuration: Stellvertretung

procurātor, ōris m. (cf. procuro) **Verwalter, Stellvertreter;** Geschäftsführer; — Verwalter der kaiserlichen Einkünfte, Prokurator; Christus Tiberio imperitante per procuratorem Pontium Pilatum supplicio adfectus erat

F. der Prokurator i. a. B.

pro-cūro 1. **besorgen, verwalten;** — **sühnen**

F. die Prokura: Geshäftsvollmacht — der Prokurist: der mit Geschäftsvollmacht Beauftragte

pro-curro, curri (cucurri), cursum 3. **vorlaufen,** laufen; **vorrücken;** — **auslaufen,** sich erstrecken, vorragen

procursātio, ōnis f. (cf. procurso) das Plänkeln

procursātor, ōris m. (cf. procurso) Plänkler

pro-curso 1. vorlaufen, plänkeln

procursus, ūs m. (cf. procurro) Ansturm

pro-cūrvus 3 vorwärts gekrümmt

procus, i m. (cf. posco) Freier

Procyon, ōnis m. der Kleine Hund (Gestirn)

prōd-eo, ii, itum 4. **hervorgehen, herauskommen,** öffentlich **auftreten,** sich zeigen; **vorgehen,** vorrücken, vordringen; vorragen

pro-dico, dīxi, dictus 3. verschieben, verlegen; diem p. den Termin verlegen

Prodicus, i m. E. griechischer Sophist; Prodicius 3 des P.

prodigentia, ae f. (cf. prodigus) Verschwendung

prodigiālis, e (cf. prodigium) unnatürlich, seltsam, ungeheuerlich

prodigiōsus 3 (cf. prodigium) voller Wunder, wunderbar, unnatürlich

F. prodigiös i. a. B.

prodigium, ii n. **Wunderzeichen; Ungeheuerlichkeit, Ungeheuer**

prōd-igo, ēgi, actus 3. forttreiben; verschwenden

prōdigus 3 (cf. prodigo) **verschwenderisch,** reich; hingebend, opfernd

proditio, ōnis f. (cf. prodo) **Verrat**

prōditor, ōris m. (cf. prodo) **Verräter**

prō-do, didi, ditus 3. **weitergeben; übergeben,** überliefern; **mitteilen,** berichten; alqd memoriae p. der Nachwelt überliefern; memoriā proditum est es hat sich durch Tradition erhalten; memoriā ac litteris mündlich und schriftlich; — **hervorgeben,** zum Vorschein bringen; **bekannt machen,** veröffentlichen; ernennen; **preisgeben, verraten;** fidem p. sein Wort brechen

pro-doceo 2. lehren, vorpredigen

prodromus, i m. (griech.) Vorläufer, Bote. Kurier

pro-dūco, dūxi, ductus 3. **vorführen,** hinführen, hinbringen; (Truppen) **ausrücken lassen; öffentlich auftreten lassen; geleiten; verleiten;** — **weiterziehen, ausdehnen,** verlängern; **emporwachsen lassen, hervorbringen,** großziehen; — **zeitlich hinhalten,** hinziehen; **emporbringen,** befördern, erheben; — **productus** 3 **verlängert, lang, gedehnt;** sich in die Länge ziehend

F. produzieren i. a. B., züchten — der Produzent: Erzeuger, Verfertiger — das Produkt: Erzeugnis, Ertrag, Ergebnis, Wirkung — produktiv: ergiebig, fruchtbar, schöpferisch — die Produktivität: Fruchtbarkeit, schöpferische Kraft — die Produktion: Vorführung, Herstellung, Gewinnung, Erzeugnis — reproduzieren: wiedererzeugen, nachbilden, wiedergeben, nacherzählen, vervielfältigen — die Reproduktion: Wiedererzeugung, Nacherzählung, Vervielfältigung — reproduktiv: wiedererzeugend, auffrischend

productio, ōnis f. (cf. produco) Verlängerung, Dehnung, Hinausschiebung

productus cf. produco

proeliātor, ōris m. (cf. proelior) Streiter, Krieger

proelior 1. (cf. proelium) streiten, **fechten, kämpfen**

proelium, ii n. **Kampf, Gefecht, Schlacht;** Zweikampf; Angriff, Vorstoß

Proetus, i m. E. König von Tiryns,

in einen Stein verwandelt; Proetis, idis f. Tochter des P.

profāno 1. (cf. pro und fanum) entweihen, entheiligen, schänden

F. profanieren i. a. B. — die Profanation: Entweihung, Mißbrauch — die Profanierung: Entweihung

pro-fānus 3 (cf. pro und fanum) **ungeweiht, unheilig;** subst. n. Unheiliges, Volksgut (kein Tempelgut); — gottlos, ruchlos

F. profan i. a. B., weltlich

profectio, ōnis f. (cf. proficiscor) **Abreise,** Abmarsch

pro-fectō adv. (aus pro-facto) **in der Tat! fürwahr!** wahrlich, sicherlich

profectus, ūs m. (cf. proficio) Fortschritt, Erfolg; sine profectu vergeblich

prō-fero, tuli, lātus, ferre **hervortragen, -bringen,** -holen; — **zum Vorschein bringen, bekannt machen,** veröffentlichen, **zutage fördern; anführen,** erwähnen; — weitertragen, **vorrücken;** pedem (gradum) p. weitergehen; signa (castra) p. aufbrechen, marschieren; — erweitern, ausdehnen, verlängern; — **verschieben, vertagen;** diem de die p. von Tag zu Tag verschieben; res p. Ferien machen; res prolatae Gerichtsferien

professio, ōnis f. (cf. profiteor) Anmeldung; Gewerbe, Geschäft, Beruf

F. die Profession: Beruf, Handwerk, Gewerbe — der Professional (engl.): Berufsspieler, Berufskämpfer (sportl.) — professionell: handwerksmäßig, berufsmäßig — professioniert: gewerbsmäßig — der Professionist: Gewerbetreibender, Handwerker

professor, ōris m. (cf. profiteor) öffentlich angestellter Lehrer

F. der Professor i. a. B., Titel — die Professur: Lehrstuhl, Lehramt

professōrius 3 (cf. professor) schulmeisterlich

pro-fēstus 3 nicht festlich; dies p. Werktag

pro-ficio, fēci, fectus 3. (cf. facio) **Fortschritte machen,** vorwärts kommen, etwas ausrichten; — **nützen,** dienlich sein

M. proficiat: wohl bekomm's!

pro-ficiscor, fectus 3. (cf. facio) **sich aufmachen, aufbrechen, abreisen, reisen;** — **marschieren,** ins Feld rücken; — von etwas ausgehen, **herkommen,** herrühren, entstehen, **abstammen** mit ab, ex alqo

pro-fiteor, fessus sum 2. (cf. fateor) **offen bekennen,** gestehen, öffentlich erklären; se profiteri sich öffentlich ausgeben, sich ankündigen z. B. philosophum se p.; se amicum p.; — **verheißen,** anbieten, versprechen; **amtlich angeben,** anmelden; nomen p. oder (allein) profiteri sich zum Kriegsdienst melden, sich als Amtsbewerber melden

F. der Profeß: Eingeweihter — die Pro-Profeß: Ordensgelübde

profligātor, ōris m. (cf. profligo) Verschwender

profligātus cf. profligo

pro-fligo 1. **niederschlagen,** überwältigen; **vernichten,** stürzen; **erniedrigen;** abtun, **beseitigen;** — profligātus 3 niedergeschlagen; ruchlos

pro-flo 1. hervorblasen

prōfluens cf. profluo

profluentia, ae f. (cf. profluo) das Hervorströmen; p. loquendi Redestrom

prō-fluo, flūxi 3. **hervorströmen, entspringen; vorwärtskommen;** — **profluens,** ntis **hervorfließend, strömend,** reichlich; subst. n. Fluß, Strom

profluvium, ii n. (cf. profluo) das Hervorströmen

pro-for 1. heraussagen

pro-fugio, fugi 3. **fliehen, sich flüchten;** alqm jdn. meiden

profugus 3 (cf. profugio) **flüchtig,** fliehend; unstet; verbannt; subst. m. Verbannter, Flüchtling

pro-fundo, fūdi, fūsus 3 **vergießen, hingießen, hervorströmen lassen;** — **opfern,** aufopfern; **vergeuden, verschwenden;** — **profūsus** 3 **unmäßig,**

ausgelassen, **verschwenderisch,** kostspielig

F. profus i. a. B.

pro-fundus 3 **tief,** bodenlos, unermeßlich, unergründlich, unersättlich; — **profundum,** i n. **Tiefe,** Abgrund; Meerestiefe, Meer

M. de profundis: aus der Tiefe (Anfang des 129. Psalmes)

F. profund: tiefsinnig, gründlich

profūsus cf. profundo

prō-gener, eri m. Gatte der Enkelin

pro-genero 1. **erzeugen**

progenies, ēi f. (cf. progigno) **Abstammung, Nachkommenschaft;** Nachkomme

pro-genitor, ōris m. Stammvater, Ahnherr

pro-gigno, genui, genitus 3. erzeugen, hervorbringen

pro-gnātus 3 (cf. nascor) abstammend ab, ex alqo

Progne = Procne

pro-gredior, gressus sum 3. (cf. gradior) **vorschreiten;** vorwärtsschreiten, **vorrücken,** weitergehen; — Fortschritte machen, weiterkommen; zu weit gehen

F. der Progreß: Fortschritt — progressiv: stufenweise fortschreitend, nach und nach

progressio, ōnis f. **Fortschritt,** Zunahme; Steigerung (in der Rede)

F. die Progression: Fortschritt, Stufenfolge; math. Reihe — der Progressionist: Angehöriger einer Fortschrittspartei

progressus, ūs m. (cf. progredior) das Fortschreiten; das Vordringen; Fortschritt

pro-hibeo, ui, itus 2. (cf. habeo) **vorhalten, fernhalten, abhalten, abwehren** meist ab alqo, a re oder allein re z. B. p. senatu vom Senate ausschließen; abschneiden z. B. frumento, commeatu, aqua; — **hindern, verhindern** z. B. (a) reditu, pugna, transitu p.; fugā p. an der Flucht hindern; meist mit inf., auch mit ne, quominus, selten negativ mit quin; — verbieten; — **schützen, bewahren**

F. prohibieren: abhalten, hindern — prohibitiv: abhaltend, hindernd — das Prohibitorium: Einhaltsbefehl, Verbot der Wareneinfuhr und -ausfuhr

prohibitio, ōnis f. (cf. prohibeo) Verhinderung, Verbot

F. die Prohibition i. a. B., Alkoholverbot

pro-icio, iēci, iēctus 3. (cf. iacio) **vorwerfen,** vorhalten, **vorstrecken;** hinausjagen; **hinauswerfen;** verbannen; zu Boden werfen, **wegwerfen;** arma p. Waffen niederlegen; se proicere sich niederwerfen, sich stürzen; ante (ad) pedes se p. sich zu Füßen werfen; — **fahren lassen, preisgeben,** verschmähen; omnia p. alles hintansetzen; animam p. das Leben von sich werfen; — hinziehen; — **proiectus** 3 **hervorragend, hervortretend** z. B. saxa proiecta; — zu etwas geneigt; ad audendum p. waghalsig; — **niedergeworfen,** am Boden liegend, niedrig, verachtet

F. projizieren i. a. B.; im Grundriß zeichnen, entwerfen, ein Bild (auf die Leinwand) werfen — das Projekt: Plan, Vorhaben, Entwurf — projektieren: planen, beabsichtigen — das Projektil: Geschoß

proiectio, ōnis f. (cf. proicio) das Vorwerfen, Ausstrecken

F. die Projektion: Ansichtzeichnung, Umriß, Darstellung von Raumgebilden, das Werfen von Bildern (auf die Leinwand)

proiectus 3 cf. proicio

pro-inde und **proin** adv. **demnach, daher,** deshalb; nur bei Aufforderungen z. B. proinde pergite; — **ebenso, geradeso** (mit ac oder ut wie)

pro-lābor, lāpsus sum 3. **vorwärtsgleiten; hingeraten,** sich hinreißen lassen; **herabgleiten,** entfallen; einstürzen; — irren, **fehlen,** sich vergehen; herunterkommen, **sinken, verfallen**

prolāpsio, ōnis (cf. prolabor) das Ausgleiten

prolātio, ōnis f. (cf. profero) das Vorbringen, Erwähnung; Erweiterung; Verschiebung; p. diei Aufschub des Zahlungstermins

pro-lāto 1. (cf. profero) **erweitern; aufschieben,** verzögern; hinhalten
F. prolatorisch: aufschiebend, hinhaltend

prō-lecto 1. (cf. prolicio) **locken, reizen**

prōles, is f. (aus pro-oles cf. adolesco) **Sprößling, Nachkomme, Nachkommenschaft,** Geschlecht; junge Mannschaft

proletārius, ii m. (cf. proles) Bürger der untersten Bürgerklasse (mit weniger als 15 000 As Vermögen, vom Kriegsdienst befreit)
F. der Proletarier: Besitzloser — das Proletariat: besitzlose Bevölkerung — proletarisch: zum Proletariat gehörig — der Prolet: Ungebildeter

pro-licio 3. (cf. lacio) hervorlocken, anlocken

prō-lixus 3 (cf. liqueo) ausgedehnt, **reich;** geneigt, **bereitwillig;** günstig, glücklich

prologus i m. (griech.) Prolog (F), Vorwort

pro-loquor, locūtus sum 3. **heraussagen,** aussprechen

pro-lūdo, lūsi, lūsus 3. eine Vorübung machen, **sich einüben**

prō-luo, lui, lūtus 3. (cf. lavo) **wegspülen,** anschwemmen; **bespülen, befeuchten,** benetzen, waschen

prolūsio, ōnis f. (cf. proludo) Vorübung, Probe

proluvies, ēi f. (cf. proluo) Überschwemmung; Unrat

pro-mereo, ui, itus und promereor, itus sum 2. etwas **verdienen,** sich würdig machen; **sich verdient machen; promeritum,** i n. Verdienst; Schuld

Promētheus, ei und eos m. E. Titane, Schöpfer der Menschen, stahl für sie das Feuer, zur Strafe an den Kaukasus geschmiedet; Promethēus 3 des P.; Promethiades, Promethīdes, ae m. Sohn des P., Deukalion

pro-mineo 2. (cf. mons) **hervorragen,** vorspringen; sich erstrecken; — **prominens,** ntis n. Ausläufer, Vorsprung
F. prominent: hervorragend, vorspringend — die Prominenz: überragende Größe

prominulus 3 (dem. von prominens) ein wenig hervorragend

pro-miscus und promiscuus 3 (cf. misceo) **gemischt,** ungesondert, **gemeinschaftlich;** divina atque humana promiscua habere Göttliches und Menschliches für gleichgültig halten, mit Gott und der Welt zerfallen sein; in promiscuo esse Gemeingut sein, in promiscuo habere gemeinsam besitzen; — gewöhnlich, gemein
M. promiscue: gemeinschaftlich, vermengt, wahllos durcheinander
F. die Promiskuität: Vermischung, regelloser Verkehr der Geschlechter

promissio, ōnis f. (cf. promitto) **Versprechung**

promissor, ōris m. (cf. promitto) Aufschneider, Prahler

promissum cf. promitto

promissus cf. promitto

pro-mitto, misi, missus 3. hervorschicken; **wachsen lassen** z. B. barbam; — **versprechen, verheißen** mit acc. und acc. c. inf.; ad cenam p. die Einladung annehmen, zusagen; — **promissus** 3 lang **herabhängend, lang** z. B. capillus; — **promissum,** i n. **das Versprechen,** Zusage; p. facere, dare, praestare, solvere, persolvere ein Versprechen halten, erfüllen; promisso stare, manere ein Versprechen erfüllen
F. der Promittent: einer, der ein Versprechen gibt — der Promissar: einer, der ein Versprechen gibt; einer, der ein Versprechen empfängt — promissorisch: verheißend — die Promesse (it.): Versprechen, Zusage, Zusageschein, Schuldverschreibung, Vergütung

prōmo, prompsi, promptus 3. (aus pro-emo) **hervornehmen, -holen,** -langen, **herausbringen,** -geben, -lassen; — **ans Licht bringen,** offenbaren, enthüllen, zeigen; mündlich vorbringen, **vortragen,** sich äußern; — **promptus sichtbar,** offenbar, **bereit, zur Hand; willfährig, bereitwillig,** geneigt; **entschlossen, mutig**

F. prompt: gewandt, rasch, pünktlich, schlagfertig — die Promptheit: Bereitschaft, Pünktlichkeit, Schlagfertigkeit

pro-moneo 2. im voraus warnen

promontōrium = promuntorium

pro-moveo, mōvi, mōtus 2. **vorwärtsbewegen, vorschieben, vorrücken;** vorrücken lassen; erweitern, ausdehnen, **vergrößern;** vorwärtsbringen, fördern, **befördern;** offenbaren

F. promovieren i. a. B., die Doktorwürde erlangen — die Promotion: Beförderung (besonders zur Doktorwürde)

prōmptus 3 cf. promo

prōmptus, ūs m. (cf. promo); nur **in promptu: sichtbar,** öffentlich z. B. i. p. esse auf der Hand liegen, sichtbar sein; — **in Bereitschaft,** bei der Hand; leicht

promulgātio, ōnis f. (cf. promulgo) öffentliche Bekanntmachung

F. die Promulgation i. a. B., Veröffentlichung eines Gesetzes

promulgo 1. durch Anschlag **bekannt machen** z. B. legem p.

F. promulgieren i. a. B.

prō-mulsis, idis f. (cf. mulsum) **Vorgericht,** Vorspeise

pro-muntōrium, pro-munturium, ii n. (cf. promineo) **Vorgebirge,** Kap; Bergvorsprung

prōmus, i m. (cf. promo) Essenausgeber, Küchenmeister

pro-mūtuus 3 als Darlehen vorgestreckt

pro-nepos, ōtis m. **Urenkel**

pro-neptis, is f. Urenkelin

pronoea, ae f. (griech.) Vorsehung

prō-nuba, ae f. (cf. nubo) Brautführerin; Beiname der Juno als Ehegöttin, der Bellona und Furia als Stifterin einer unglücklichen Ehe

pronuntiātio, ōnis f. (cf. pronuntio) **öffentliche Bekanntmachung;** Richterspruch; Vortrag

pronuntiātor, ōris m. (cf. pronuntio) Erzähler

pronuntiātum cf. pronuntio

pro-nūntio 1. **bekannt machen, ausrufen; ankündigen, verkünden;** sententiam p. den Richterspruch, das Urteil verkünden; — einen Befehl ergehen lassen; öffentlich versprechen; **vortragen,** berichten; das Urteil fällen; deklamieren; pronuntiātum, i n. Urteil, Satz

F. pronunzieren, prononcieren (franz.): sich deutlich ausdrücken, deutlich aussprechen, scharf betonen — das Pronunciamento (it.), Pronunciamiento (span.): aufrührerischer Aufruf

pro-nurus, ūs f. Gattin des Enkels

prōnus 3 (cf. pro) **vorwärts geneigt, vornüberhangend; abwärts geneigt, abschüssig,** sich senkend; (von der Zeit) enteilend; — **pronum,** i n. Abhang; — **geneigt, bereit; gewogen,** günstig, zugetan; **leicht,** bequem

prooemior 1. eine Vorrede machen

pro-oemium, ii n. (griech.) **Einleitung,** Vorrede; Vorspiel

F. das Proömium i. a. B.

propagātio, ōnis f. (cf. propago) **Fortpflanzung,** Erweiterung, Verlängerung

propagātor, ōris m. (cf. propago) Verlängerer; provinciae der Statthalterschaft

pro-pāgo 1. **fortpflanzen;** (räumlich) **ausdehnen;** (zeitlich) **verlängern;** multa saecula rei publicae p. den Staat für Jahrhunderte sichern; posteritati p. auf die Nachwelt bringen

F. propagieren i. a. B.; werben — die Propaganda: Bemühungen zur Verbreitung einer Idee, insbes. politische Werbung — propagandistisch: rücksichtslos werbend — die Propagation: Fortpflanzung, Ausbreitung

propāgo, inis f. **der Setzling, Ableger** (von Pflanzen); — Sprößling, Kind, Nachkommenschaft; Stammbaum

M. der Pfropf, pfropfen (L)

prō-palam adv. **öffentlich,** vor aller Welt

pro-patulus 3 nach vorn hin offen, frei; subst. n. **der Vorplatz des Hauses; in propatulo** auf dem freien Platz vor dem Hause, unter freiem Himmel; öffentlich; pudicitiam in propatulo habere sich zur Schande feilbieten

prope, comp. **propius**, sup. **proxime** (arch. proxume) 1.) adv. (räumlich) **nahe**, in der (die) Nähe; — (zeitlich) **nahe bevorstehend; kurz vorher**, soeben; — (übertragen) **beinahe, fast**; p. dicam fast möchte ich sagen; p. oblitus sum beinahe hätte ich vergessen; p. est, ut es ist nahe daran, daß; es fehlt nur wenig, daß; — 2.) praep. mit acc. **nahe bei** z. B. prope urbem in der Nähe der Stadt; (zeitlich) **nahe an, gegen, um** z. B. p. maturitatem kurz vor der Erntezeit; (übertragen) **nahe an, beinahe zu**, nicht weit von z. B. propius virtutem esse der Tugend näher kommen; res prope metum erat die Sache grenzte an Furcht; proxime morem Romanum ganz nach römischer Sitte; — 3.) adi. comp. **propior, propius**; — (räumlich) **näher liegend; näher**, in größerer Nähe; propiōra, um n. die näherliegenden Punkte; — (zeitlich) **näher**; auch **jünger, später**; — (übertragen) **näher kommend, ähnlicher; näher verwandt, vertrauter**, befreundeter; **geeigneter**, bequemer, passender; sup. **proximus** (arch. proxumus) 3 (räumlich) **der nächste, sehr nahe**, ganz nahe; proximi, ōrum m. die nächsten Nachbarn; proximum, i n. und proxima, ōrum n. nächste Nähe, Nachbarschaft; — (zeitlich) **letzter, voriger** z. B. proxima nocte in der vergangenen Nacht; **nächstfolgender** z. B. proximo die am folgendem Tage; — (übertragen) **nächstkommend, sehr ähnlich**; vero proximum das Wahrscheinlichste; **am nächsten, sehr nahe verwandt, sehr vertraut**; proximi, ōrum m. nächste Verwandte, Vertraute, nächste Umgebung

F. approximativ: annähernd, ungefähr — die Approximation: Annäherung

prope-diem adv. **nächster Tage**, nächstens

pro-pello, puli, pulsus 3. **vorwärtstreiben, fortstoßen**, forttreiben; **vertreiben**, in die Flucht schlagen; **antreiben**, bewegen; abwehren

F. der Propeller: Antriebsschraube für Luftfahrzeuge und Schiffe — propulsiv: antreibend, forttreibend

prope-modo und **prope-modum** adv. **nahezu, beinahe**, fast

pro-pendeo, pendi, pēnsum 2. herabhängen, das Übergewicht haben; **propēnsus** 3 zu etwas geneigt; überwiegend, nahekommend

properanter adv. (cf. propero) eilends, schnell

properantia, ae f = properātio

properātio, ōnis f. (cf. propero) **Eile**

properāto (cf. propero) adv. eilends

propero 1. (cf. properus) p.) (trans.) **beschleunigen**, etwas eilends betreiben; **übereilen**; — 2.) (intr.) **eilen**, sich sputen, sich beeilen

Propertius, ii m. E. der bekannte römische Dichter

properus 3 **eilig**, schleunig; meist: propere adv.

pro-pexus 3 (cf. pecto) nach vorn gekämmt, herabwallend

pro-pino 1. (griech.) zutrinken

propinquitas, tātis f. (cf. propinquus) **Nähe, Verwandtschaft**

propinquo 1. (cf. propinquus) **sich nähern**; nahe bevorstehen; — (trans.) etwas beschleunigen

propinquus 3 (cf. prope) **nahe, benachbart**, angrenzend; in propinquo in der Nähe; **nahe bevorstehend**; — **nahekommend, ähnlich**; — **verwandt**

propior cf. prope

propitio 1. (cf. propituus) versöhnen

propitius 3 **geneigt, gnädig**, gewogen

propius cf. prope

Propoetides, um f. Mädchen auf Cypern, wegen Leugnung der Venus in Steine verwandelt

propōla, ae m. (griech.) Krämer

pro-polluo 3. noch obendrein beflecken

pro-pōno, posui, positus 3. öffentlich vorlegen, **aufstellen**; zum Kaufe ausstellen, **feilbieten**; mulier omnibus proposita für alle feil; — vortragen, **darlegen, erwähnen, schil-**

dern; — **in Aussicht stellen**, versprechen; androhen; pass. in Aussicht stehen; — (sich) **vor Augen stellen**, (sich) **vorstellen**; sibi spem p. sich Hoffnung machen; ante oculos propositum est es steht vor Augen; **sich vornehmen**, sich als Ziel setzen, beschließen; mihi propositum est ich verfolge den Zweck, ich habe vor (mit ut oder [selten] inf.); — **propositus** 3 **bloßgestellt; bevorstehend**; — **propositum**, i n. **Vorsatz, Plan**, Absicht; — **Thema**, Hauptgegenstand; — Vordersatz (eines logischen Schlusses)

M. der Propst, Propstei (L)

F. der Profos (Profoß): Vorgesetzter, Regimentspolizist, Gefängniswärter, Scharfrichter — proponieren: vorschlagen, beantragen — der Proponent: Antragsteller — das Proponendum: ein zu machender Vorschlag — die Proposition: Vorschlag, Antrag, Behauptung — das Propositum: Äußerung, Gegenstand (einer Rede, Abhandlung)

Propontis, idis f. (griech.) das jetzige Marmarameer; Propontiacus 3 propontisch

propositio, ōnis f. (cf. propono) Vorstellung; Thema; Vordersatz (eines logischen Schlusses)

propositum cf. propono

propositus cf. propono

pro-praetor, ōris m. = pro praetore Proprätor (F), Statthalter einer Provinz

proprietas, tātis f. (cf. proprius) **Eigentümlichkeit**

F. die Proprietät: Eigentum

proprius 3 **ausschließlich, eigen**, eigentümlich; proprium, ii n. Eigentum; — **bleibend, beständig**, zuverlässig; — **wesentlich, charakteristisch**; proprium est alcis, alcis rei es ist das wesentliche Merkmal; — **besonderer, ausschließlich, persönlich, individuell**; proprium est Ciceronis es ist Ciceros persönliches Verdienst; — **proprie** adv. **eigentümlich**, eigen, ausschließlich; bezeichnend, charakteristisch; insbesondere, speziell; **eigentlich, im** eigentlichen Sinne

F. propre (franz.), proper: eigen, sauber, nett — expropriieren: enteignen — die Expropriation: Zwangsenteignung — appropiieren: sich aneignen — die Appropriation: Aneignung, Besitzergreifung; Vereinigung (chem.)

propter 1.) adv. nahe, **in der Nähe**; — 2.) praep. mit acc. **nahe bei**, nebenan; **wegen, infolge**, aus, durch; pr. metum aus Furcht; pr. frigus wegen der Kälte

propter-ea adv. **deswegen, deshalb**

propugnāculum, i n. (cf. propugno) **Schutzwerk, Bollwerk**; Schutz, Schutzmauer

propugnātio, ōnis f. (cf. propugno) Verteidigung

propugnātor, ōris m. (cf. propugno) Vorkämpfer; **Verteidiger**, Beschützer

pro-pugno 1. für etwas **kämpfen, verteidigen**, beschützen

propulsātio, ōnis f. (cf. propulso) Abwehr

prō-pulso 1. (cf. propello) **zurückschlagen, abwehren**, abwenden

propylaea, ōrum n. (griech.) die Propyläen (F) in Athen, Prachthalle des Athenatempels

pro-quaestōre m. Proquästor (F), gewesener Quästor, der Provinzquästor wurde

prōra, ae f. (griech.) **Schiffsvorderteil**; Schiff

pro-rēpo, repsi 3. hervorkriechen

pro-ripio, ripui, reptus 3. **hervorreißen**; se proripere hervorstürzen; fortlaufen, eilig aufbrechen; quo proripis (scil. te)? wohin läufst du?

prorogātio, ōnis f. (cf. prorogo) **Verlängerung**

F. die Prorogation i. a. B., Vertagung; Vorlegung eines Gesetzentwurfes

prō-rogo 1. **verlängern** z. B. provinciam p. die Verwaltung der Provinz verlängern; — **aufschieben**; — vorher auszahlen, vorschießen

F. prorogieren: ein Gesetz in Vorschlag bringen; verlängern, vertagen

prōrsus und **prōrsum** adv. (aus proversus) vorwärts; **durchaus, geradezu,** gänzlich; pr. nihil ganz und gar nichts; — kurz, mit einem Worte

prō-rumpo, rūpi, ruptus 3. 1.) (intr.) **hervorbrechen,** hervordringen, **losbrechen,** ausbrechen; — 2.) (trans.) hervorbrechen lassen, ausstoßen; (pass.) hervorbrechen, hervorstürzen
F. die Proruption: Ausbruch

prōruo, rui, rutus (ruitūrus) 3. 1.) (intr.) **stürzen, vorstürmen;** einstürzen; — 2.) (trans.) **niederstürzen,** niederwerfen, umwerfen, zu Boden werfen

proruptio, ōnis f. (cf. prorumpo) das Hervorstürzen

prōsa, ae f. (scil. oratio) (aus prorsa cf. prorsus) Prosa (L)

pro-sāpia, ae f. (arch.) Sippe, Geschlecht, Familie

pro-scaenium, ii n. (griech.) Vorbühne, Vordergrund der Bühne; Bühne
F. das Proszenium i. a. B.

prō-scindo, scidi, scissus 3. **aufreißen;** pflügen; jd. herunterreißen, schmähen

pro-scrībo, scrīpsi, scrīptus 3. **öffentlich aufschreiben,** durch Anschlag bekannt machen; **ausbieten,** feilbieten; durch Anschlag der Güter für verlustig erklären. **Güter einziehen;** in die Acht erklären, **ächten**
F. proskribieren: ächten, verbannen, vogelfrei erklären

proscrīptio, ōnis f. (cf. proscribo) öffentliche **Bekanntmachung;** Ausbietung (zum Verkauf); Achterklärung, **Ächtung**
F. die Proskription: Acht, Verbannung

prō-seco, secui, sectus 1. die Opferteile abschneiden; **prosecta,** ōrum n. Opferstücke, Eingeweide
F. der Prosektor: Lehrer der Anatomie; erster Assistent am anatomischen Institut; Verfertiger anatomischer Präparate — die Prosektion: Zergliederung

pro-sēmino 1. aussäen; fortpflanzen
F. das Proseminar: Vorseminar

prō-sequor, secūtus sum 3. mit acc. **begleiten, geleiten; nachsetzen, verfolgen;** — **mitgeben,** mit auf dem Weg geben, beschenken; **widmen,** weihen, spenden; officiis p. alqm jd. seine Dienste weihen; laudibus p. mit Lobsprüchen verherrlichen; — (in der Rede) **fortfahren,** weiter ausführen

Proserpina, ae f. E. Tochter Jupiters und der Ceres, Gemahlin des Pluto

pro-serpo 3. hervorkriechen

pro-silio, ui 4. (cf. salio) **hervorspringen,** hervorstürzen, hervorschießen, aufspringen; stürmen

prō-socer, eri m. Großvater der Gattin

prō-specto 1. **von fern schauen,** ausschauen, sich umschauen, beobachten; sich nach etwas umsehen, etwas erwarten

prospectus, ūs m. (cf. prospicio) **Fernsicht,** Aussicht; Gesichtskreis; Anblick
F. der Prospekt i. a. B.; Ansicht, Zeichnung; Ankündigung, Propagandaschrift, Anzeige; Bühnenhintergrund; äußere Pfeifenreihe der Orgel

pro-speculor 1. in die Ferne ausschauen, nach etwas spähen

prōsper 3 und prōsperus 3 **zuträglich,** erwünscht, **günstig,** glücklich; prōspera, ōrum n. Glück; — beglükkend, fördernd
M. Prosper (V)

prosperitas, tātis f. (cf. prosper) **günstige Beschaffenheit, Gedeihen;** plur. günstige Verhältnisse
F. die Prosperität: Gedeihen, Wohlstand

prospero 1. (cf. prosper) jd. **fördern,** beglücken, zum Erfolg verhelfen
F. prosperieren: glücklich sein, gedeihen

prosperus = prosper

prospicientia, ae f. (cf. prospicio) Vorsicht, Vorsorge

pro-spicio, spexi, spectus 3. (cf. specio) 1.) (intr.) **in die Ferne schauen, auslugen;** achtgeben; — **Vorsorge treffen, sorgen** mit dat. z. B. rei frumentariae p. für die Verproviantierung sorgen; — 2.)

(trans.) von ferne erblicken, **vor sich sehen**; Aussicht gewähren, Aussicht haben z. B. domus silvam prospicit das Haus hat Aussicht auf den Wald; — **vorhersehen, voraussehen** z. B. periculum p. die Gefahr kommen sehen; — etwas besorgen, beschaffen z. B. frumentum p. Getreide besorgen

pro-sterno, strāvi, strātus 3. **zu Boden strecken,** niederwerfen; **zugrunde richten,** vernichten; hostem p. im Kampfe aufreiben
F. die Prostration: liturg. Akt des Sichhinstreckens auf den Boden

pro-stituo, ui, ūtus 3. (cf. statuo) öffentlich preisgeben z. B. pudicitiam p.
F. prostituieren: der Öffentlichkeit, der Schande, der Unzucht preisgeben — die Prostitution: Dirnentum

prō-sto, stiti 1. öffentlich feilstehen

pro-subigo 3. aufwühlen

prō-sum, profui, profutūrus, prodesse **förderlich sein, nützlich sein, nützen** mit dat., für etwas in, ad mit acc.
M. prosit: es nütze, wohl bekomms!
F. das Prosit, das Prost: Zutrunk

Protagoras, ae m. E. griech. Sophist aus Abdera

prō-tego, tēxi, tectus 3. vorn bedekken; **beschützen,** beschirmen
F. protegieren (franz.): begünstigen, fördern, in Schutz nehmen — die Protektion: Begünstigung, Gönnerschaft, Schutz — der Protektor: Beschützer, Gönner, Förderer, Schutzherr — das Protektorat: Schutzherrschaft, Ehrenvorsitz — der Protektionismus: Schutzzollsystem — der Protegé (franz.): Schützling

prō-tendo, tendi, tentus 3. hervorstrecken, **ausstrecken**

prōtenus = protinus

pro-tero, trīvi, trītus 3. **niedertreten,** zertreten, zermalmen, aufreiben, vernichten

pro-terreo, ui, itus 2. **fortscheuchen,** verjagen

protervitas, tātis f. (cf. protervus) **Frechheit,** Mutwille

protervus 3 unverschämt, **frech,** keck; mutwillig; **ungestüm**

Protesilāus, i m. E. Gemahl der Laodamia, der erste gefallene Grieche vor Troja

Proteus, ei und eos m. E. weissagender Meergott, der sich in alle Gestalten verwandeln konnte; Schlaukopf; veränderlicher Charakter
F. Proteus: Symbol rascher Wandlungsfähigkeit

prō-tinus und prō-tenus adv. (cf. tenus) vorwärts, **weiter fort;** p. ire fürbaß gehen; **unverweilt,** unverzüglich, geradenwegs, stracks; — sich anschließend, zusammenhängend; **in einem fort,** ununterbrochen; **sofort,** alsbald

prō-traho, trāxi, tractus 3. **hervorziehen,** hervorschleppen; zwingen; — **ans Licht bringen,** offenbaren, entdecken; — **fortziehen;** — **hinausziehen;** pass. sich in die Länge ziehen

pro-trūdo, si, sus 3. fortstoßen

prō-turbo 1. forttreiben, **verjagen;** niederwerfen

pro-ut cj. in dem Verhältnis wie, **so wie,** je nachdem

prō-veho, vēxi, vectus 3. **vorwärts bringen,** vorwärts bewegen, fortschaffen; **zu weit führen,** hinreißen, verleiten; **fördern;** (pass.) wegfahren, ausrücken; vorrücken, zunehmen; aetate provectus im Alter vorgerückt; nox provecta späte Nacht; — **zu weit gehen, sich hinreißen lassen;** emporkommen, aufsteigen

prō-venio, vēni, ventum 4. **hervorkommen,** hervorwachsen; zur Welt kommen; — **entstehen,** aufkommen; — vonstatten gehen, gedeihen, gelingen
F. die Provenienz: Herkunft, Ursprung

proventus, ūs m. (cf. provenio) Ertrag, Ernte, Erfolg, **glücklicher Ausgang**

prō-verbium, ii n. (cf. verbum) **Sprichwort;** in p. venire sprichwörtlich werden; proverbio increbruit es ist ein vielgebrauchtes Sprichwort
F. das Proverb i. a. B. — proverbial: sprichwörtlich

prōvidens cf. provideo

providentia, ae f. (cf. providens) Voraussicht; Vorsorge; Vorsicht; Vorsehung; p. deorum Vorsehung der Götter

F. die Providenz: Vorsehung — providenziell: von der Vorsehung bestimmt

pro-video, vīdi, vīsus 2. **zuerst sehen, früher sehen;** — **von fern sehen;** — **voraussehen** alqd; **Sorge tragen,** Vorkehrungen treffen, **sorgen** mit dat. z. B. frumento p. für den Proviant sorgen; — **etwas besorgen,** beschaffen z. B. frumentum exercitui p. Proviant für das Heer besorgen; — **prōvidens,** ntis **vorsichtig, behutsam**

F. der Proviant (aus providenda): Mundvorrat, Lebensmittel — proviantieren: mit Mundvorrat versehen

prōvidus 3 (comp. providentior, sup. providentissimus, adv. providenter) (cf. provideo) **voraussehend;** mens provida prophetischer Geist; — **vorsichtig;** — vorsorgend, **vorsorglich;** subst. n. Beweis göttlicher Vorsehung

provincia, ae f. 1.) Amt, **Wirkungskreis;** Oberbefehl, Kommando; provinciam bene administrare das Kommando glücklich führen; Rechtsprechung des praetor urbanus und peregrinus; — Geschäft, Dienst; — 2.) **Provinz** (ein erobertes Land außerhalb Italiens); a) Provinz Kleinasien b) Provinz Afrika c) das südöstliche Gallien (Provence); — Statthalterschaft

M. Provinz (L)

provinciālis, e (cf. provincia) zu einer Provinz gehörig, die Provinz betreffend, in (aus) der Provinz; provinciāles, ium m. Bewohner der Provinz

F. der Provinzial: der Obere einer Ordensprovinz — der Provinzialismus: in einem bestimmten Sprachgebiet eigentümliche Redensart

provisio, ōnis f. (cf. provideo) = providentia

F. die Provision: Vergütung für eine Tätigkeit; Besetzung kirchlicher Ämter durch den zuständigen Obern

provisor, ōris m. (cf. provideo) der vorher Erwägende

F. der Provisor: Fürsorger, Apothekergehilfe — provisorisch: vorläufig, einstweilig — das Provisorium: vorläufige Einrichtung, Notbehelf

provisus, ūs m. (cf. provideo) (nur abl. **provisu**) das Vorsichhinsehen, Voraussehen; oculi provisu non iuvant die Sehkraft der Augen reicht nicht aus; — Fürsorge, Vorsorge

pro-vīvo 3. weiterleben

provocātio, ōnis f. (cf. provoco) **Berufung,** Appellation (an das Volk, später an den Kaiser); magistratus sine provocatione Beamte. Behörden, gegen die es keine Provokation gibt

provocātor, ōris m. (cf. provoco) Herausforderer zum Kampfe; Gladiator, der den Gegner herausforderte

prō-voco 1. **herausrufen; auffordern,** anregen, erregen; — **zum Kampfe herausfordern;** — **Berufung einlegen** (jur.), appellieren ab alqo ad alqm; — sich auf jd. berufen

F. provozieren: herausfordern — die Provozierung: Herausforderung — provokatorisch: herausfordernd — die Provokation: Herausforderung

prō-volo 1. hervorfliegen, **hervorstürzen**

prō-volvo, volvi, volūtus 3. **vorwärts wälzen,** vorwärts rollen; se provolvere und provolvi sich niederwerfen, niederfallen; sich erniedrigen; fortunis provolvi aus seinem Besitz vertrieben werden

proxime cf. prope

proximitas, tātis f. (cf. proximus) Nähe; nahe Verwandtschaft

proximus cf. prope

prūdens, ntis (aus providens) **mit Vorbedacht,** wissentlich, absichtlich; mit etwas bekannt, erfahren, kundig; — **klug,** verständig, einsichtig, lebensklug

prudentia, ae f. (cf. prudens) Kenntnis, Wissen, Wissenschaft; **Klugheit,** Umsicht, Lebensklugheit

pruina, ae f. Reif, Schnee; Winter
M. Frost (urv.)
pruinōsus 3 (cf. pruina) voller Reif, bereift
prūna, ae f. glühende Kohle
pruniceus 3 (cf. prunus) aus Pflaumenbaumholz
prūnum, i n. (griech.) **Pflaume** (L)
prūnus, i f. (griech.) **Pflaumenbaum**
Prūsa, ae f. E. Stadt in Bithynien (Brussa); Prusēnsis adi. und subst. Bewohner von P.
Prūsias und a, ae m. E. König in Bithynien
prytanēum, i n. (griech.) Rathaus, Stadthaus
prytanis, is m. (griech.) Prytane, Vorsteher eines Kollegiums, höchster Beamter in einigen griech. Staaten
psallo, psalli 3. (griech.) die Zither spielen, zur Zither singen
psaltērium, ii n. (griech.) Saitenspiel
F. das Psalterium, der Psalter i. a. B., Buch der Psalmen; Blättermagen der Wiederkäuer
psaltria, ae f. (griech.) Zitherspielerin
psēphisma, atis n. (griech.) Volksbeschluß
Pseudo-cato, ōnis m. (griech.) falscher Kato
pseudolus und pseudulus, i m. (griech.) Lügenmaul; Titel einer Komödie des Plautus
Pseudo-philippus, i m. (griech.) falscher Philippus
pseudothyrum, i n. (griech.) geheime Tür, Hintertür
psithius 3 (griech.) psithisch; vitis psithia eine Rebsorte, aus der man süßen Wein preßte
psittacus, i m. (griech.) Papagei
Psōphis, idis f. E. Stadt in Nordarkadien
Psophodees, is m. (griech.) der Schüchterne, Lustspiel Menanders
psychomantium, ii n. (griech.) Totenorakel
—pte enklitisches Suffix selbst, eigen (an Possessivpronomina angehängt z. B. suapte manu mit eigener Hand)
Pteleum, i n. E. Hafenstadt in Thessalien
Pthia = Phthia
ptisanārium, ii n. (griech.) Aufguß von Gerstengrütze; Aufguß
Ptolomaeus und Ptolemaeus, i m. E. Name von Statthaltern und Königen von Ägypten; Ptolomaeus 3 ptolemäisch, ägyptisch; Ptolomāis, idis f. Name ägyptischer und phönizischer Städte
pūbens, ntis mannbar
pubertas, tātis f. (cf. pubes) **Mannbarkeit;** Manneskraft; der erste Bartflaum
F. die Pubertät: Geschlechtsreife
pūbes, is f. 1.) **junge Mannschaft,** waffenfähige Jugend; Männer, Leute, Geschlecht 2.) Schamhaare, Schamgegend
F. die Pubes (plur.): Schamgegend
pūbes, pūberis (cf. pubens) **mannbar,** erwachsen, waffenfähig; (von Pflanzen) kräftig, strotzend
pubēsco, bui 3. (cf. pubes) **mannbar werden,** heranreifen; sich überziehen, strotzen alquare
publicānus, i m. (cf. publicus) Staatspächter, Generalpächter der Staatseinnahmen
publicātio, ōnis f. (cf. publico) Einziehung für die Staatskasse, Konfiskation
publice cf. publicus
Publicius 3 E. Name eines latinischen Geschlechts
publico 1. (cf. publicus) veröffentlichen; für den Staat **einziehen,** konfiszieren; — zum öffentlichen Gebrauch hergeben; **preisgeben;** herausgeben
M. ad publicandum: zur Nachricht
F. publizieren: veröffentlichen, herausgeben — der Publizist: Schriftsteller; Staatsrechtlehrer — die Publizistik: die Presse, die sich mit Tagespolitik befaßt; Zeitungsschreiberei; Staatsrechtlehre — das Publikandum: öffentliche Bekanntmachung — die Publikation: Veröffentlichung, Bekanntgabe
Publi-cola, ae m. E. Beiname in der gens Valeria cf. Valerius

pūblicus 3 **dem Volke, Staate,** der Gemeinde **gehörig,** des Volkes, Staates, **staatlich; publicum,** i n. Staat, Gemeinwesen; Staatseigentum, Staatskasse, Staatsschatz; in p. emere für die Staatskasse kaufen; in p. redigere (addicere) konfiszieren; — **Staatseinkünfte, Steuern;** — **öffentlicher Platz,** Öffentlichkeit, Straße; in p. prodire sich öffentlich zeigen; **in publico in der Öffentlichkeit,** auf der Straße, außer dem Hause; — **res publica** cf. res; — **öffentlich, allgemein; alltäglich, gemein;** publice adv. öffentlich, **von Staats wegen,** im Namen des Staates, im Interesse des Staates; — auf öffentliche Kosten; — **allgemein,** insgesamt

M. publice: öffentlich

F. publik: öffentlich, offenkundig, bekannt — das Publikum: Öffentlichkeit, Menschenmenge, Zuschauer, Zuhörerschaft, Leserschaft

Publius, ii m. röm. Vorname (abgekürzt P.)

pudet, puduit und puditum est 2. (stets unpers.) **sich schämen** alqm alcis oder alcis rei z. B. homines avaritiae non pudet die Menschen schämen sich nicht ihres Geizes; pudet deorum hominumque ich schäme mich vor Göttern und Menschen; hoc te pudet du schämst dich darüber; — **pudens,** ntis **verschämt, sittsam,** ehrbar, schüchtern, bescheiden; — **pudendus** 3 **schändlich,** schimpflich. unehrenhaft

pudibundus 3 (cf. pudet) schamhaft, verschämt; schimpflich

pudicitia, ae f. (cf. pudicus) **Schamhaftigkeit,** Sittsamkeit, Keuschheit; Pudicitia Göttin der Keuschheit

pudīcus 3 (cf. pudet) **schamhaft,** sittsam, keusch

pudor, ōris m. (cf. pudet) **Scham,** Schamgefühl; Ehrgefühl, Ehrenhaftigkeit; Bescheidenheit, Schüchternheit; Keuschheit; Schmach, Schande; pudori esse Schande bringen; Pudor Gottheit der Züchtigkeit

puella, ae f. (cf. puellus dem. von puer) **Mädchen;** Tochter; Geliebte; junge Frau

puellāris, e mädchenhaft, jugendlich

puer, eri m. (cf. pubes) **Kind;** Kindheit; a puero (pueris) von Kindheit an; — **Junge** (von 7—16 Jahren); — Sohn; — junger Mann; — Bursche. Diener

puerīlis, e (cf. puer) **jungenhaft,** jugendlich, **kindlich;** kindisch

F. pueril i. a. B. — das Pueralfieber: Kindbettfieber — die Puerilität: Kinderei — die Puerilien: Kindereien

pueritia, ae f. (cf. puer) **Kindheit,** Knabenalter

puer-pera, ae f. (cf. pario) Wöchnerin

F. puerperal: zum Wochenbett gehörig — das Puerperalfieber: Kindbettfieber

puerperium, ii n. (cf. puerpera) Kindbett, Niederkunft

puerperus 3 (cf. puerpera) die Niederkunft befördernd

puertia = pueritia

puerulus, i m. (dem. von puer) kleiner Junge, Bürschchen

pūga, ae f. (griech.) Steiß

pūgil, ilis m. (cf. pugnus) Faustkämpfer, Boxer

pugilātus, ūs m. (cf. pugil) Faustkampf

pugillāres, ium m. und pugillāria, ium n. kleine (faustgroße) Schreibtäfelchen

pugio, ōnis m. (cf. pungo) Dolch

pugiunculus, i m. (dem. von pugio) kleiner Dolch

pugna, ae f. (cf. pugnus) Faustkampf, Schlägerei, Zweikampf, Wettkampf; — **Kampf, Schlacht,** Gefecht; pugnam facere (committere) eine Schlacht liefern; Schlachtreihe; — Streit

pugnācitas, tātis f. (cf. pugnax) **Kampflust**

pugnātor, ōris m. (cf. pugno) **Kämpfer,** Streiter

pugnax, ācis (cf. pugno) **kampflustig, streitbar,** kriegerisch; streitlustig; hartnäckig

pugno 1. (cf. pugnus) **kämpfen,** streiten; im Streite liegen; widersprechen; sich bemühen, ringen
M. fechten (urv.)

pugnus, i m. Faust (urv.); Faustkampf

pulcer = pulcher

pulchellus 3 (dem. von pulcher) gar schön, hübsch

pulcher, chra, chrum **schön;** vortrefflich, rühmlich. edel, tapfer; glücklich; — Pulcher, chri m. Beiname der gens Claudia; — pulchre adv. schön, herrlich, gut, wohl; mihi pulchre est mir ist wohl

pulchritūdo, inis f. (cf. pulcher) Schönheit; Vortrefflichkeit, Herrlichkeit

pūlex, icis m. Floh

pullārius, ii m. (cf. pullus) Hühnerwärter (der heiligen Hühner)

pullulo 1. (cf. pullulus) ausschlagen, treiben. keimen; wuchern, sich ausbreiten; wimmeln

pullus, i m. (cf. puer) **Junges;** junges Huhn. Hühnchen; — Püppchen (als Kosewort)
M. Fohlen, Füllen (urv.)

pullus 3 (cf. palleo) **dunkelfarbig, dunkel,** schwärzlich; toga pulla Trauerkleid; tunica pulla Arbeitskittel; pullum, i n. dunkle Farbe, dunkler Stoff, dunkler Saum (der Toga)

pulmentārium, ii n. (cf. pulmentum) Zukost

pulmentum, i n. = pulpamentum

pulmo, ōnis m. **Lunge**

pulpamentum, i n. und pulpāmen, inis n. **Zukost, Fleisch;** Leckerbissen
F. die Pulpa: die rötliche Gefäßmasse im Zahninnern (med.) — die Pulpitis: Entzündung der Zahnpulpa (med.)

pulpitum, i n. Brettergerüst, Bühne, Tribüne *M.* das Pult (L)

puls, pultis f. Brei aus Mehl und Bohnen

pulsātio, ōnis f. (cf. pulso) das Schlagen, Stoßen

pulso 1. (cf. pello) heftig **schlagen,** stoßen; prügeln; erschüttern; bewegen, Eindruck machen; beunruhigen
F. pulsieren i. a. B., sich rhythmisch bewegen, sich lebhaft bewegen

pulsus, ūs m. (cf. pello) das **Schlagen, Stoß,** Schlag; Eindruck, Anregung
M. der Puls (L)
F. der Pulsometer: Wasserhebemaschine; Dampfdruckpumpe

pulvereus 3 (cf. pulvis) aus Staub, staubig, bestaubt; Staub aufwirbelnd, staubend

pulverulentus 3 (cf. pulvis) staubig

pulvillus, i m. (dem. von pulvinus) kleines Polster

pulvinar, āris n. (cf. pulvinus) **Götterpolster;** Göttermahl; p. suscipere in Capitolio ein Göttermahl im Kapitol anrichten; — Polstersitz (insbes. der röm. Kaiser)

pulvinus, i m. **Kissen,** Polster
M. Pfühl (urv.)

pulvis, eris m. **Staub;** Glasstaub (in dem die Mathematiker ihre Figuren zeichneten); p. eruditus = Mathematik; — Staub des Ringplatzes oder der Rennbahn; Kampfplatz, Rennbahn, **Tummelplatz, Schauplatz;** in suo pulvere auf seinem Feld, auf eigener Bahn; sine pulvere mühelos
M. Pulver (L)

pūmex, icis m. (cf. spuma) **Bimsstein** (L); Lava, löcheriges Gestein, Geklüft

pumiceus 3 (cf. pumex) aus Lava

pūmico 1. (cf. pumex) mit Bimsstein glätten

pumilio, ōnis m. und f. (cf. pubes) Zwerg, Zwergin

punctim adv. (cf. pungo) stichweise. mit Stichen

punctum, i n. (cf. pungo) **Stich;** — **Punkt** (L), Wahlstimme (durch einen Punkt bezeichnet), Stimme, Urteil, Beifall; — Pünktchen, kleinste Größe; — Augenblick; puncto temporis im Nu; — kurzer Absatz, kleiner Abschnitt
M. in puncto: in Betreff — Punctum saliens: der springende Punkt — Punctum puncti: der Hauptpunkt — Spund (L)

pungo, pupugi, punctus 3. (cf. pugnus) **stechen;** verletzen, beunruhigen, quälen

F. punktieren: mit Punkten versehen, tüpfeln; Vertragsbedingungen vorläufig aufstellen; Zahlungen einstellen; öffnen durch Stich (med.) — die Punktion oder Punktur: Öffnen durch Stich (med.) — die Punkturen: Stifte zum genauen Anlegen des Druckbogens; die dadurch gestochenen Löcher — die Punktation: vorläufige Festlegung der Hauptpunkte eines Vertrages — die Punktualität: Pünktlichkeit, Genauigkeit, Strenge — das Punktalglas: den Astigmatismus aufhebendes Brillenglas

Puniceus, Punicus cf. Poenus

pūnio (arch. poenio) 4. (cf. poena) **strafen, bestrafen;** Rache nehmen; rächen

punītio, ōnis f. (cf. punio) Bestrafung

punītor, ōris m. (cf. punio) Bestrafer, Rächer

pūpa, ae f. (cf. pubes) Mädchen; Puppe (L)

pupilla, ae f. (dem. von pupa) **Waise,** Mündel

F. die Pupille i. a. B. (das Püppchen [Spiegelbild] im Auge), Sehöffnung

pupillāris, e den Waisen gehörig

F. pupillar i. a. B., zur Pupille gehörig

pūpillus, i m. (dem. von pupus cf. pupa) **Waisenknabe**

F. der Pupille: Mündel, Unmündiger — das Pupillengericht: Vormunschaftsgericht

Pupīnia, ae f. und **Pupiniēnsis** ager E. unfruchtbare Gegend in Latium

Pūpius 3 E. Name eines röm. plebejischen Geschlechts

puppis, is f. (acc. im, abl. i, gen. plur. ium) **Schiffshinterteil,** Hinterdeck; — Schiff

pupula, ae f. (dem. von pupa) Pupille (L), Augenstern; Auge

pupulus, i m. (dem. von pupus) Bübchen, Knäblein

purgāmen, inis n. und purgamentum, i n. (cf. purgo) Unrat, Schmutz, Kehricht; Auswurf, Abschaum, Hefe; — Reinigungsmittel, Sühnemittel

purgātio, ōnis f. (cf. purgo) **Reinigung;** — das Abführen (Darmreinigung); — Rechtfertigung

F. die Purgation: Reinigung, gerichtliche Rechtfertigung

pūrgo 1. (cf. purus und ago) **reinigen,** säubern; pass. sich reinigen; — (Darm) reinigen, abführen; — sühnen; rechtfertigen, entschuldigen, alci vor jdm.; — als Entschuldigung anführen (mit acc. c. inf.)

F. purgieren i. a. B., abführen — das Purgatorium: Fegfeuer; Reinigungseid — das Purgativ: Abführmittel — depurgieren: abführen — depurgativ: abführend — die Depurgation: Abführung, Reinigung

puri-fico 1. (cf. purus und facio) reinigen, säubern

F. purifizieren: reinigen, läutern — die Purifikation: Reinigung, Läuterung; das Abspülen der Finger und das Ausspülen des Kelches bei der Meßliturgie — das Purifikatorium: das Leintüchlein bei der Meßliturgie

puriter cf. purus

purpura, ae f. (griech.) Purpurfarbe, **Purpur** (L); — Purpurkleid, -gewand, -decke; hohes Amt; Hofbeamter

purpurāsco 3. (cf. purpura) purpurrot werden

purpurātus 3 (cf. purpura) in Purpur gekleidet; subst. m. Hofbeamter, Höfling

purpureus 3 (cf. purpura) **purpurn** (L), rot; in Purpur gekleidet; — glänzend, strahlend, schön

pūrus 3; adv. pure und (arch.) puriter **rein, klar,** hell, heiter; unbefleckt, schuldlos, lauter; unverziert, einfach; hasta pura Lanzenschaft (ohne Eisenspitze); toga pura Toga ohne Purpurverzierung; entsühnt, von der Trauer befreit; — einfach, schmucklos, natürlich

M. pur (L)

F. der Purist: Sprachreiniger — der Purismus: Ausmerzung von Fremdwörtern — die Puristerei: Sprachreinigungssucht — die Purität: Sittenreinheit, Lauterkeit — der Puritaner: Angehöriger der streng kalvinischen Richtung des englischen Protestantismus — der Puritanismus: Lehre der Puritaner — puritanisch: sittenstreng nach Art der Puritaner — depurieren: reinigen — die Depuration: Reinigung,

Blutreinigung (med.) — depurativ: reinigend, blutreinigend

pūs, pūris n. Eiter; pus atque venenum Gift und Galle
M. faul (urv.)

pusillus 3 (dem. von pullus) **winzig,** sehr klein; kleinlich

pūsio, ōnis m. (cf. pubes) Knäblein

pūstula und pusula, ae f. Bläschen, Pustel (L)

puta adv. (imp. von puto) „nimm an", zum Beispiel; ut puta wie zum Beispiel

putāmen, inis n. (cf. puto) **Schale**

putātio, ōnis f. (cf. puto) das Beschneiden (der Bäume)

putātor, ōris m. (cf. puto) Beschneider (der Bäume)

puteal, ālis n. (cf. puteus) Einfassung eines vom Blitz getroffenen, als heilig geltenden Ortes

pūteo, ui 2. (cf. pus) faul riechen, stinken

Puteoli, ōrum m. E. Seestadt in Kampanien (Pozzuoli); Puteolānus adi. und subst. Bewohner von P.

puter, tris, tre und putris, e (cf. pus) **faul,** morsch; locker, schwach, mürbe, matt

putēsco, putui 3. (cf. puteo) **verfaulen,** vermodern

puteus, i m. Grube; **Brunnen,** Zisterne
M. Pfütze (L)

putidiusculus 3 (dem. von putidior) etwas zudringlicher, etwas lästiger

putidus 3 (cf. puteo) **faul,** modrig; welk; matt; — widerwärtig; **geziert,** gesucht, unnatürlich

putisco = putēsco

puto 1. (cf. putus) Bäume **beschneiden;** — **ins reine bringen,** ordnen; — **überlegen, erwägen;** — **schätzen,** veranschlagen, rechnen; — **für etwas halten,** achten mit gen. pretii z. B. magni, parvi, pluris, tanti, nihili p.; auch mit pro z. B. pro nihilo, pro certo p.; mit dopp. acc. z. B. alqm hostem p. jd. als Feind ansehen; pass. mit dopp. nom. z. B. ea turpia putabantur dies galt als schimpflich; — **glauben, meinen, dafürhalten** meist mit acc. c. inf.; non putaram (= putaveram) das hätte ich nicht geglaubt
M. putzen (urv.)
F. putativ: vermeintlich, eingebildet

putre-facio, fēci, factus 3. (cf. puter) in Fäulnis bringen; pass. putrefieri faulen, verwesen
F. die Putrefaktion: Verwesung, Fäulnis

putrēsco 3. (cf. putreo) **verfaulen,** vermodern
F. die Putreszens: Fäulnis

putris cf. puter

putus 3 (cf. purus) (arch.) rein, lauter

pycta und es, ae m. (griech.) Faustkämpfer

Pydna, ae f. E. Stadt in Mazedonien, dort Schlacht 168 v. Chr.; — Pydnaeus adi. u. subst. Bewohner von P.

pȳga = puga

Pygmaei, ōrum m. E. Pygmäen, im Süden wohnendes Zwergenvolk; Pygmaeus 3 pygmäisch, zwerghaft

Pygmalion, ōnis f. E. 1.) Bildhauer, dessen Statue Venus belebte 2.) Bruder der Dido

Pylades, ae und is m. E. Freund des Orestes

pylae, ārum f. (griech.) Engpaß; — = Thermopylae; Pylāicus 3 bei Thermopylä

Pylaemenes, is m. E. König der Paphlagonen, Bundesgenosse des Priamus

Pylos und us, i f. E. 1.) Stadt in Messenien 2.) Stadt in Elis, Heimat des Nestor

pyra, ae f. (griech.) Scheiterhaufen

pȳramis, idis f. (griech.) Pyramide (F)

Pȳramus, i m. E. 1.) Geliebter der Thispe 2.) Fluß in Cilicien

Pyrēne, ēs f. E. die Pyrenäen; Pyrenaeus 3 der P.

Pyrēneus, ei m. E. thrazischer Fürst

Pyrgi, ōrum m. E. Küstenstadt in Etrurien; Pyrgēnsis adi. und subst. Bewohner von P.

Pyriphlegethon, ontis m. = Phlegethon

pyrōpus, i m. (griech.) Goldbronze

Pyrrha, ae f. 1.) Gemahlin des Deukalion 2.) Stadt auf Lesbos; Pyrrhias, adis f. Mädchen aus P.

Pyrrho, ōnis m. E. Philosoph aus Elis; Pyrrhonēus, i m. Schüler des P.

Pyrrhus, i m. E. 1.) Sohn Achills 2.) König in Epirus; Pyrrhēum, i n. Ort in der Landschaft Ambracia; Pyrrhides, ae m. Nachkomme des Pyrrhus

Pythagoras, ae m. E. Philosoph auf Samos; Pythagorēus und īus 3 pythagoreisch; subst. m. Schüler des P.; Pythagoricus 3 des P.

Pȳthias, adis f. E. Name einer verschmitzten Sklavin in der röm. Komödie

Pȳtho, ūs f. E. alter Name der Gegend von Delphi; Pȳthicus, Pȳthius 3 pythisch, delphisch; **Pȳthia,** ae f. E. Pythia, die Orakel gebende Priesterin Apollos in Delphi; **Pȳthia,** Pythiōrum n. die Pythischen Spiele, alle 4 Jahre bei Delphi gefeiert

F. pythisch: dunkel, orakelhaft

Python, ōnis m. (griech.) furchtbarer, von Apollo erlegter Drache

Q

Q. = Quintus (V); auch in S.P.Q.R. (senatus populusque Romanus) Abkürzung für que

quā adv. (scil. parte) 1.) **wo? wie?** 2.) **da wo, wo** (relativ); — **wohin;** — **soweit, insofern;** — qua ... qua teils ... teils. sowohl ... als auch 3.) **irgendwie, etwa;** si qua wenn etwa

qua cf. quis

quā-cumque adv. 1.) **wo nur immer,** überall wo 2.) wie auch immer, auf jede Weise

quādam ... tenus adv. bis zu einem gewissen Punkte

Quadi, ōrum m. E. germanischer Volksstamm in Mähren

quadra, ae f. (cf. quattuor) Viereck; Brotscheibe

quadragēni 3 (cf. quadraginta) je vierzig

quadragēsimus 3. (cf. quadraginta) der vierzigste

M. die Quadragesima: vierzigtägige Fastenzeit — Quadragesimae: sechster Sonntag vor Ostern (40 Tage vor Karfreitag) — Quadragesimo anno: päpstl. Enzyklika, die zu einer neuen berufsständischen Gesellschaftsordnung aufruft

quadrāgies und iens adv. vierzigmal; **qu.** (scil. sestertium) vier Millionen

quadrans, antis m. (cf. quadro) Viertel; Viertelas (Eintrittsgeld in den öffentlichen Bädern)

F. der Quadrant: der vierte Teil der Kreisfläche; altes Gerät zum Messen von Sternhöhen; Richtmittel bei Geschützen

quadrantārius 3 (cf. quadrans) auf ein Viertel ermäßigt; ein Viertelas kostend

quadrātus 3 (cf. quadro) geviertelt, **viereckig;** — quadrātum, i n. Viereck

F. das Quadrat i. a. B.; Auflösungszeichen (mus.); plur. Füllmaterial (buchdr.) — das Biquadrat: vierte Potenz (math.) — die Quadratur: Umwandlung in ein Quadrat (math.)

quadri-duum, i n. (quattuor-dies) Zeitraum von vier Tagen

quadri-ennis, e (cf. quattuor-annus) vierjährig

quadri-ennium, ii n. (cf. quattuor-annus) Zeitraum von vier Jahren

quadri-fāriam adv. in vier Teile, vierfach

quadri-fidus 3 (cf. quattuor-findo) in vier Teile gespalten

quadrīgae, ārum f. (aus quadri-iugae cf. iugum) **Viergespann;** — **vier-**

spänniger Wagen; navibus atque quadrigis mit allen Mitteln
F. die Quadriga: Viergespann
quadrigātus 3 (cf. quadrigae) mit dem Prägebild eines Viergespannes; nummus qu. Silberdenar
quadrīgulae, ārum f. (dem. von quadrigae) kleines Viergespann
quadri-iugus 3 und iugis, e (cf. iugum) vierspännig; subst. plur. m. (scil. equi) Viergespann
quadrīmus 3 (cf. quattuor-hiems) vierwintrig, vierjährig
quadringenārius 3 (cf. quadringeni) zu je 400 Mann
quadringēni 3 je 400
quadringentēsimus 3 vierhundertster
quadrin-genti 3 (cf. centum) **vierhundert**
quadringenties und iens adv. vierhundertmal; qu. sestertium 40 Millionen Sesterzen
quadri-partītus und pertītus 3 (cf partio) vierfach geteilt, vierfach
quadri-pedans, quadri-pes, quadriplex cf. quadru ...
quadri-rēmis, e (cf. remus) vierruderig, mit vier Ruderbänken; subst. f. (scil. navis) Vierruderer
quadri-vium, ii n. (cf. via) Kreuzweg
F. das Quadrivium i. a. B., die auf dem Trivium aufbauende Stufe der sieben freien Künste
quadro 1. (cf. quadrum) 1.) (trans.) viereckig machen; voll machen, **abschließen;** orationem qu. abrunden 2.) (intr.) viereckig sein; **passen,** stimmen
F. quadrieren i. a. B.; Zahlen mit sich selbst vervielfältigen (math.)
quadrum, i n. Viereck; richtige Form
quadru-pedans, ntis (cf. quadrupes) auf vier Füßen gehend, galoppierend; quadrupedante sonu in dröhnendem Galopp; subst. m. Rennpferd
quadru-pes, pedis (cf. quattuor-pes) **vierfüßig;** auf vier Füßen gehend
F. der Quadruped: Vierfüßler
quadruplātor, ōris m. „Vervierfacher", öffentlicher Ankläger (der ein Viertel des Strafgeldes erhielt); Denunziant
quadruplex, icis (cf. duplex) vierfältig, **vierfach**
F. quadrupel: vierfach — quadruplizieren: vervierfachen — die Quadrupelallianz: Vierbund
quadrus 3 (cf. quattor) **viereckig**
M. der Quader (L)
quadru-plus 3 (cf. duplus) **vierfach;** quadruplum, i n. das Vierfache
quaerito 1. (cf. quaero) eifrig suchen
quaero, quaesīvi und ii, quaesītus 3. **suchen;** etwas **vermissen; erfordern;** — **etwas zu erwerben suchen,** verschaffen; **erwerben,** bewerkstelligen; verdienen, gewinnen; — **zu erfahren suchen, forschen, fragen** alqd ex (ab, de) alqo z. B. ex Caesare quaesitum est Cäsar wurde gefragt; quid quaeris was weiter? kurz!; noli quaerere frag nicht; — wissenschaftlich **untersuchen;** ein Verhör anstellen, peinlich befragen; untersuchen; — **auf etwas sinnen,** trachten alqd z. B. nova consilia qu. neue Pläne schmieden; — begehren, wünschen; — **quaesītus** 3 gesucht, affektiert; **ausgesucht,** auserlesen; — **quaesītum,** i n. Frage
quaesītor, ōris m. (cf. quaero) **Untersuchungsrichter**
quaesītum cf. quaero
quaesītus 3 cf. quaero
quaeso 3. (cf. quaero) 1.) fragen 2.) **bitten;** oft mit einem imp. z. B. dic quaeso sag, bitte!
quaesticulus, i m. (dem. von quaestus) kleiner Gewinn, kleiner Vorteil
quaestio, ōnis f. (cf. quaero) **Frage,** Befragung; (gerichtliche) **Untersuchung;** peinliche Befragung, **Folterung, Gerichtshof,** Kriminalgericht; qu. perpetua ständiges Kriminalgericht unter dem Vorsitz eines Prätors, und zwar qu. ambitus, falsi, maiestatis, peculatus, repetundarum; inter sicarios, veneficii, de vi; iudex quaestionis Oberrichter, des Kriminalgerichts; — **wissenschaftliche Un-**

tersuchung; **Stoff, Thema,** Gegenstand (der Untersuchung)
M. Quaestio facti: Tatfrage — Quaestio iuris: Rechtsfrage
F. die Quästion: Frage, Streitfrage, peinliche Frage — quästionieren: ausfragen, mit Fragen peinigen — quästioniert: in Frage stehend, bewußt

quaestiuncula, ae f. (dem. von quaestio) kleine wissenschaftliche Frage

quaestor, ōris m. (cf. quaero) **Untersuchungs-, Blutrichter;** — **Finanzbeamter, Schatzmeister, Quästor** (unterste Stufe der röm. Magistrate)
F. der Quästor i. a. B.; Universitätsschatzmeister

quaestōrius (cf. quaestor) quästorisch. den Quästor betreffend, von quästorischem Range; subst. m. ehemaliger Quästor; **quaestōrium,** ii n. Zelt, Amtswohnung des Quästors

quaestuōsus 3 (cf. quaestus) **gewinnreich,** einträglich; **gewinnsüchtig;** sich bereichernd, reich

quaestūra, ae f. (cf. quaestor) **Quästur;** Amt, Würde eines Quästors
F. die Quästur i. a. B.; Hochschulkasse

quaestus, ūs m. (cf. quaero) **Erwerb, Gewinn; Gewerbe**

quā-libet und **quā-lubet** adv. auf jede beliebige Weise

quālis, e (cf. qui) 1.) (fragend) **wie beschaffen?** was für ein? 2.) (relat.) **welcherlei,** wie (mit und ohne talis)
F. qualifizieren: bezeichnen, die Qualität angeben, befähigen — qualifiziert: befähigt, brauchbar, erhöht, verstärkt — die Qualifikation: Befähigung, Eignung, Eigenschaft, Benennung, Beurteilung — die Disqualifikation: Unfähigkeit, Ausschließung — disqualifizieren: für untauglich erklären, vom Wettbewerb ausschließen — unqualifizierbar: nicht zu beschreiben, unglaublich

quālis-cumque- quāle-cumque 1.) (relat.) **wie beschaffen nur immer** 2.) (indef.) was immer für einer, jeder ohne Unterschied

quālis-libet, quāle-libet von beliebiger Beschaffenheit

quālitas, tātis f. (cf. qualis) Beschaffenheit, Eigenschaft
F. die Qualität i. a. B., Güte, Ansehen, Rang — qualitativ: der Beschaffenheit nach, der Güte nach

quāliter adv. (cf. qualis) gleichwie, wie

quālus, i m. geflochtener Korb; Wollkörbchen

quam adv. 1.) (fragend) **wie? wie sehr?;** meist bei adi. und adv., selten bei verb. und subst.; — (in Ausrufen) wie! 2.) (relat.) **wie, als** (mit und ohne tam); mit sup. oft bei possum z. B. quam celerrime potuit so schnell er konnte, möglichst schnell; quam saepissime möglichst oft; quam maximus möglichst groß; quam primum möglichst bald; — nach Komparativen; als z. B. minor quam kleiner als; so auch quam ut, quam qui z. B. superbior erat quam ut invidiam civium effugere posset er war zu stolz, als daß er dem Haß der Mitbürger hätte entrinnen können; — **non tam . . . quam nicht sowohl . . . als vielmehr** z. B. non tam dicax fuit quam facetus

quam-diu (adv.) 1.) (fragend) **wie lange?** 2.) (relat.) **so lange als**

quam-libet (adv.) wie beliebt; so sehr auch, noch so sehr

quam-ob-rem (adv.) 1.) (fragend) **weshalb?** weswegen? 2.) (relat.) weswegen. weshalb 3.) (anschließend) deshalb, **deswegen**

quam-primum (adv.) möglichst bald, so bald als möglich

quam-quam (ci.) 1.) **obgleich, wiewohl** (mit ind.) 2.) in Hauptsätzen: **indessen,** doch, freilich z. B. quamquam quid loquor? doch wozu rede ich noch?

quam-vis 1.) (adv.) beliebig z. B. quamvis pauci noch so wenige 2.) (ci.) **wie sehr auch, wenn auch noch so sehr** z. B. odium, quamvis occultetur, celari non potest

quā-nam (adv.) wo denn? wie denn?

quando 1.) adv. (fragend) **wann?** (urv.); (relat.) wann, als, da; (indef.) einmal, **je, jemals** 2.) (ci. mit ind.) **da, weil ja**

quandō-cumque (adv.) (relat.) **wenn nur,** so oft nur; — (indef.) irgend einmal

quandō-que (adv.) (relat.) **sooft,** wann nur, wenn einmal; indignor, qu. bonus dormitat Homerus; — (indef.) irgend einmal; — **weil denn ja,** da nun einmal

quandō-quidem (ci.) **da nun einmal,** da eben

quanquam = quamquam

quantitas, tātis f. (cf. quantus) Größe, Menge, Zahl
F. die Quantität i. a. B., Maß, Laut-, Silbendauer; Zeitmaß; Tonhöhe (mus.) — quantitativ: der Menge nach, zahlenmäßig

quant-opere und **quanto opere** (adv.) 1.) (fragend) **wie sehr?** 2.) (relat.) **so sehr wie,** wie sehr

quantulus 3 (dem. von quantus) **wie klein, wie wenig,** wie gering, **so wenig wie**

quantulus-cumque 3 **wie klein (gering) auch immer**

quantus 3 1.) (fragend) **wie groß? wie viel?** welch ein?; bisweilen auch: wie klein? wie gering?; — (relat.) **so groß als (wie)**; in Verbindung mit tantus z. B. tantam pecuniam, quantam vis; mit posse und sup. **möglichst** z. B. quanta maxima diligentia potui mit möglichster Sorgfalt; — **quantum,** i n. **wieviel, soviel als;** mit und ohne gen. z. B. quantum in me est soviel an mir liegt; quantum pecuniae wieviel, soviel Geld; — **quantum** (adv.) **soweit, insoweit** z. B. quantum fieri potest soweit es möglich ist; **quanti wie hoch, wie teuer** bei den Verben des Schätzens und Kaufens z. B. quanti domum vendidisti für welchen Preis hast du das Haus verkauft?; — **quanto** (abl. mensurae) **um wieviel, wie sehr** z. B. quanto minor hortus est? um wieviel ist der Garten kleiner? — **quanto . . . tanto je . . . desto** z. B. homines quanto plura habent, tanto cupiunt ampliora
F. das Quantum: Menge — das Quant: eine gewisse abgegrenzte Menge; kleinste Einheit physikalischer Größen von korpuskularer Struktur — die Quantentheorie: von Planck begründete physikalische Anschauung

quantus-cumque 3 **wie groß immer,** wie viel immer; wie klein auch immer

quantus-libet 3 **beliebig groß**

quantus-vis 3 so groß als du willst, beliebig groß, **noch so groß;** — quantumvis noch so sehr, so sehr auch

qua-propter (adv.) weswegen; und deswegen

quāque cf. ubiquaque und usque

quā-re (adv.) 1.) (fragend) **wodurch? warum?** 2.) (relat.) **weswegen,** wodurch; (anschließend) **daher, deshalb**

quartadecumānus, i m. Soldat der 14. Legion, Vierzehner

quartānus 3 (cf. quartus) zum Vierten gehörig, **viertägig;** quartāna, ae f. (scil. febris) viertägiges Wechselfieber; quartāni, orum m. Soldaten der 4. Legion, Vierer
F. der Quartaner: Schüler der Quarta — quartan: viertägig

quartārius, ii m. (= quarta pars sextarii) Viertelmaß (= 0,137 l)

quartus 3 **der vierte;** — quartum und quarto adv. zum viertenmal
M. das Quart, Quartier (L)
F. die Quart: Fechthieb; vierter Ton vom Grundton an (mus.); Viertel vom Nachlaß (jur.) — die Quarta: vierte Klasse einer höheren Schule — das Quartal: ein Vierteljahr — quartaliter: vierteljährlich — der Quartant: Buch in Viertelbogengröße (buchdr.) — das Quartär: jüngste Entwicklungszeitalter der Erde — quartär: an vierter Stelle stehend — das Quartett (it.): vierstimmiges Tonstück, vierstimmiger Gesang, Spiel zu vieren (mus.)

quasi (aus quam-si) 1.) (ci. mit coni.) **wie wenn, als ob** z. B. quasi res dubia sit als ob es eine zweifelhafte Sache ist; quasi vero grade wie wenn (oft ironisch) 2.) adv. **gleichwie, wie; gewissermaßen, gleichsam** z. B. quasi partā victōria als wäre der Sieg entschieden; — **ungefähr,**

fast z. B. et quasi cognatione quadam gewissermaßen durch eine Art von Verwandtschaft

M. quasi: gleichsam, als wenn, ungefähr, gewissermaßen — Quasimodogeniti: Name des ersten Sonntags nach Ostern

quasillus, i m. oder um, i n. Körbchen, Spinnkörbchen

quassātio, ōnis f. (cf. quasso) heftiges Schütteln

quasso 1. (cf. quatio) **heftig schütteln,** zerschlagen, **zerschmettern;** — sich schütteln, rasseln, klappern

quassus, ūs m. (cf. quatio) das Schütteln

quate-facio, fēci, factus 3. erschüttern

qua-tenus adv. 1.) (fragend) **bis wieweit? wie weit?;** wie lange 2.) (relat.) **soweit** (als); **in wieweit,** insofern, weil

quater adv. (cf. quattor) **viermal; terque** quaterque, ter et quater dreimal und viermal, wieder und wieder

quaterni 3 (cf. quattuor) **je vier**

F. quaternär: vierfach; im Quartär entstanden (geol.) — die Quaterne: eine Lage von vier Bogen (buchdr.); Vierergewinn im Lotto

quatio (quassi), quassus 3. **schütteln; erschüttern, schlagen,** stoßen; zerschlagen, zerschmettern; — in Aufregung versetzen, beunruhigen, **plagen;** — quassus 3 zitternd, schwach, gebrochen

quattuor (indecl.) **vier** (urv.)

F. der Quatember (aus quattuor tempora): Vierteljahrsbeginn; Fasttage der katholischen Kirche

quattuor-decim (indecl.) **vierzehn;** sedere in qu. ordinibus Ritter sein (die ersten vierzehn Theaterreihen waren den Rittern vorbehalten)

quattuor-virātus, ūs m. (cf. quattuorviri) Viermänneramt

quattuor-viri, ōrum m. **Viermänner** (die Ortsobern in den Kolonien)

que (enklitische ci.) **und** z. B. senatus populusque Romanus, domi bellique, longe lateque, venit dixitque; que ... que sowohl ... als auch, und auch, teils ... teils z. B. noctesque diesque

quem-ad-modum 1.) (fragend) **auf welche Weise?** wie? 2.) (relativ) wie, so wie

queo, quīvi (quii), quitum 4. **können,** vermögen (wird wie ire konjugiert)

quercētum, i n. (cf. quercus) Eichenwald

querceus 3 (cf. quercus) aus Eiche

quercus, ūs f. (gen. plur. quercorum, dat. abl. quercubus) **Eiche**

querēla (querēlla), ae f. (cf. queror) **Klage;** Klagelaut; — Beschwerde

queribundus 3 (cf. queror) klagend

querimōnia, ae f. (cf. queror) **Klage,** Beschwerde

M. quergeln, quengeln (mundartl.): jammern, nörgeln

F. die Querele i. a. B., Zank — querelieren (franz.): zanken, keifen

queritor 1. (cf. queror) heftig klagen

querneus und quernus 3 aus Eiche

queror, questus sum 3. **klagen,** jammern; beklagen, bejammern; Klagetöne hören lassen; **sich beklagen,** sich beschweren (mit acc., seltener de)

querquetulānus 3 (cf. quercus) zum Eichenwald gehörig; Qu. mons = Caelius

querquētum = quercetum

querulus 3 (cf. queror) klagend, wimmernd

F. der Querulant: Klagesüchtiger, Prozeßhansel — querulieren: gern klagen, ohne Grund sich beschweren

questio, ōnis f. (cf. queror) Klage

questus, ūs m. (cf. queror) **Wehklage**

qui, quae, quod pron. 1.) (fragend) (adi.) **welcher? was für einer?** welcherlei? z. B. quae mulier?; — selten subst. wer?; — 2.) (relativ) **welcher,** e, es; **der, die, das;** wer, was z. B. parentes, quos amamus; **derjenige, welcher** = is, qui z. B. qui dat, laudatur; **quod** mit gen. soviel von, soviel an z. B. quod navium habebat; **quō** mit comp. **um wieviel, umso;** quo . . . eo je . . . desto z. B. quo, quis est prudentior, eo modestior est; — Relativpronomen mit ci. a) konsekutiv = **so daß er** z. B. nulla gens tam fera est, cuius mentem non imbuerit deorum opinio b) final = **damit er** z. B. missi sunt delecti cum Leonida, qui Thermopylas occuparent c) kausal = **da er, weil er** z. B. o fortunate adulescens, qui tuae virtutis praeconem Homerum inveneris d) konzessiv = **obgleich er,** da er doch z. B. cur tibi invideam, qui omnibus rebus abundem? e) beschränkend = **soweit er** z. B. quod sciam soweit ich weiß, quod meminerim soweit ich mich erinnere; meist mit dem Zusatz quidem z. B. orationes Ciceronis, quas quidem legerim soweit ich sie gelesen habe f) nach allgemeinen Ausdrücken des Vorhandenseins sunt, non desunt, nemo est u. ä. z. B. sunt, qui censeant; — 3.) (indefinit) **qui, qua** (seltener quae), **quod,** n. plur. qua selten quae) **irgendeiner, irgendwer,** nach: si, nisi, ne, num z. B. si z. B. si qui deest wenn irgendeiner fehlt; cave, ne qui te fugiant sieh dich vor, daß dich nicht irgendwer meidet

M. quos ego: ich will Euch! — das Quorum: zur Beschlußfassung erforderliche Mitgliederzahl — quod non: gibt es nicht

quī (alter instrumentaler abl. = quo) 1.) **wie?** warum? **weshalb?** z. B. qui fit, ut wie kommt es, daß? 2.) (relat.): **wodurch, wovon** = quo z. B. vix reliquit, qui efferreretur er hinterließ nichts, wovon man ihn beerdigen konnte 3.) indef. in Wünschen: irgendwie = wenn doch z. B. qui di perdant! — quicum = quocum, quacum

quia (ci.) 1.) (fragend) **warum?** wie? (arch.) quianam warum denn? **weil, da**

quianam cf. quia

quicum cf. qui

qui-, quae-, quod-cumque (adi. und subst.) **wer immer, jeder der;** n. was immer, alles was z. B. quodcumque fecisti was auch immer du getan hast; — wie beschaffen auch immer

qui-dam, quaedam, quiddam (subst.) und **quoddam** (adi.) **ein gewisser, irgendein;** plur. gewisse, einige z. B. Rufus quidam, adulescens quidam; — sozusagen, **gewissermaßen, eine Art von** z. B. nativa quaedam modestia; — **ganz, wahrhaft** (bei adi.) z. B. incredibilis quaedam virtus

quidem (adv. enklitisch) 1.) (bekräftigend) **gewiß, sicher,** gerade, eben, ja z. B. tu quidem verum dixisti 2.) (beschränkend) **wenigstens,** freilich, allerdings z. B. hoc quidem tempore; in Verbindung mit dem Relativum z. B. epistulae, quas quidem legerim die Briefe, soweit ich sie gelesen habe; 3.) (entgegenstellend) **aber, jedoch** z. B. ego adfui, tu quidem praefuisti 4.) (erklärend) **nämlich, zwar;** si quidem wenn nämlich; — **ne . . . quidem nicht einmal,** auch nicht, geschweige z. B. ne templis quidem pepercerunt

quid-ni (adv.) **warum nicht?,** mit coni. z. B. quidni scribam warum sollte ich nicht schreiben?

quies, ētis f. **Ruhe,** Erholung; Stille, Schweigen, **Schlaf,** Todesschlaf, Friede; ruhiges Verhalten, Neutralität *M.* weilen (urv.)

F. der Quietist: Freund der Ruhe — der Quietismus: mystische Strömung, die Gott allein in der Seele wirken läßt

quiēsco, ēvi, ētus 3. **ruhen,** ausruhen; schlafen; schweigen, verstummen; **sich ruhig verhalten; Ruhe haben,** zu Ruhe kommen; ablassen, aufhören

F. quieszieren: in den Ruhestand versetzen — die Quieszenz: Ruhestand

quiētus 3 ruhig, Ruhe haltend; schlafend; friedlich; Ruhe habend, frei; **zurückgezogen,** in Muße lebend; **gelassen;** ohne Tatkraft, energielos

M. quitt (L)

qui-libet, quae-libet, quod-libet (adi.) und **quid-libet** (subst.) **jeder beliebige,** der erste beste

F. das Quodlibet: buntes Gemisch, musikalisches Allerlei

quīn (aus qui-ne) 1.) (adv.) **warum nicht?** z. B. quin conscendimus equos? warum besteigen wir nicht die Pferde; — **ja, ja sogar,** ja vielmehr z. B. Caesar inimicis ignovit, quin inter amicos recepit 2.) (ci. mit coni) a) für qui non, quae non, quod non z. B. quis est quin sciat? wer ist es, der nicht wüßte? b) konsekutiv für ut non **daß nicht, ohne daß** z. B. nunquam te accedo, quin abs te abeam doctior niemals sehe ich dich, ohne gescheiter von dir zu gehn c) = **daß** nach den verneinten Ausdrücken des Zweifelns, Entferntseins, Unterlassens z. B. non dubito quin, non est dubium quin, non multum (nihil) abest quin, nihil praetermitto quin, temperare mihi non possum quin, vix me contineo quin, retineri non possum quin d) **non quin** nicht, als ob nicht z. B. volui ad te saepius scribere, non quin confiderem nicht, als ob ich kein Vertrauen zu dir hätte

quī-nam 3 (adi) **welcher denn?** was für einer denn?

Quinctīlis = Quintīlis

quinc-ūnx, ūncis m. (cf. quinque und uncia) **fünf Zwölftel,** als Münze $^5/_{12}$ As, als Flüssigkeitsmaß $^5/_{12}$ eines sextarius; — die fünf Augen auf dem Würfel, **Kreuzstellung;** in quincuncem disponere übers Kreuz verteilen

quin-decies und deciens (cf. quindecim) adv. **fünfzehnmal**

quin-decim (indecl.) **fünfzehn;** qu. primi die fünfzehn Vorstände des Senates von Massilia

quindecimvirālis, e (cf. quindecimvir) die Fünfzehnmänner betreffend

quindecim-viri, ōrum m. die **Fünfzehnmänner;** Priesterkollegium, das die Aufsicht über die Sibyllinischen Bücher führte

quingenārius 3 (cf. quingeni) aus je 500 Mann bestehend

quingentēsimus 3 (cf. quingenti) **der fünfhundertste**

quīni 3 (cf. quinque) **je fünf**

quinquagēni 3 (cf. quinquaginta) **je fünfzig**

quinquagēsimus 3 (cf. quinquaginta) **der fünfzigste;** subst. f. (scil. pars.) Fünfzigstel (als Abgabe)

F. Quinquagesima: siebenter Sonntag vor Ostern

quinquaginta (indecl.) **fünfzig**

quinquātrus, uum f. die Quinquatren, Feste zu Ehren der Minerva (das größere im März, das kleinere im Juni)

quīnque (indecl.) **fünf** (urv.)

quinque-mēstris, e (cf. mensis) fünfmonatig

quinquennālis, e (cf. quinquennis) **fünfjährig**

F. quinquennal i. a. B.

quinqu-ennis, e (cf. quinque- annus) **fünfjährig, fünf Jahre alt**

quinquennium, ii n. (cf. quinquennis) **Zeit von fünf Jahren**

F. das Quinquennium i. a. B.

quinque-partītus und pertītus 3 (cf. partior) **fünfteilig**

quinque-rēmis, e (cf. remus) mit fünf Ruderbankreihen, **fünfruderig;** subst. f. Fünfruderer

quinque-viri, ōrum m. **Fünfmännerkollegium,** Magistrate zu bestimmten Zwecken

quinquiēs und iens adv. (cf. quinque) **fünfmal**

quinquiplico 1. (cf. plico) verfünffachen

quintadecimānus, i m. Soldat der 15. Legion, Fünfzehner

quintāna, ae f. (scil. via) Fünftweg im Lager (zwischen dem praetorium und dem quaestorium, der den fünften Manipel von dem sechsten trennte)

quintānus, i m. (cf. quintus) Soldat der 5. Legion

F. der Quintaner: Schüler der fünften Klasse einer höheren Schule

Quintiliānus 3 E. röm. Beiname; M. Fabius Qu. Leiter einer Rhetorenschule, Verfasser der „Erziehung zum Redner"

Quintilis (arch. Quinctilius), e (cf. quintus) zum 5. Monat gehörig; Quintilis, is m. (scil. mensis) **Juli** (der fünfte Monat des alten, der siebente des neuen Kalenders, später [zum Andenken an C. Iulius Caesar] Julius genannt)

Quintilius 3 E. Name einer röm. patrizischen Geschlechts cf. Varus

Quintius 3 E. Name eines röm. patrizischen Geschlechts cf. Cincinnatus

quintus 3 (cf. quinque) fünfter; quinta pars Fünftel; quintis castris nach 5 Tagemärschen; — quintum und quinto adv. zum fünftenmal; Quintus, i m. (abgek. Q.) röm. Vorname

M. das Quentchen (L)

F. die Quinta: fünfte Klasse der höheren Schule — die Quinte: Fechthieb; fünfter Ton vom Grundton aus (mus.) — die Quintessenz: Auszug, Kraft, Wesen, Inbegriff, Kern; fünftes Destillat eines Stoffes (chem.) — das Quintett: Tonsatz für fünf Stimmen oder Instrumente, die fünf dabei Mitwirkenden (mus.) — die Quintole: aus fünf Noten bestehende Tonfolge (mus.)

quintus-decimus 3 **fünfzehnter**

quippe (aus qui-pe adv.) **natürlich,** kein Wunder, freilich, allerdings; oft ironisch: natürlich; — **quippe qui** mit coni. **der ja;** auch qu. cum (quod) da ja, weil nämlich

Quirinus, i m. arch. Beiname des Mars, des Romulus, des Janus, des Augustus; populus Quirini Römervolk, urbs Quirini Rom, Ianus Quirini der Janusbogen in Rom; Quirinālis, e dem Quirinus oder Romulus eigen, geweiht; Quirinālia, ium n. die Quirinalien, Fest zu Ehren des Quirinus

M. Quirin (V)

F. der Quirinal: Hügel in Rom, Palast des Königs von Italien

Quiris, itis m. römischer Bürger; Quirites, ium m. die Quiriten (F) (ehrenvolle Benennung der römischen Bürger besonders in der Volksversammlung, Bezeichnung für den Römer nur im bürgerlichen Leben)

quiritātio, ōnis f. (cf. quirito) Angstgeschrei, Hilferuf

quirito 1. **um Hilfe rufen,** ein Angstgeschrei erheben

quis (subst. und adi.), **quid** (subst.) 1.) (fragend) **wer? was?** z. B. quis deest wer fehlt, quis tu? wer da? quid novi? was Neues?; — **quid** (adv.) **was? wozu? warum?** weshalb? quid taces? warum schweigst du?; mit deinde, enim, postea, praeterea, tandem, ergo, igitur u. a. verbunden; quid ni? warum denn nicht? quid? quod was soll ich dazu sagen, daß = ja sogar; — 2.) (indefinit.) **irgendjemand, etwas** subst.; nach si, nisi, ne, num auch adi. z. B. dixerit quis da könnte wer sagen; si quis wer etwa, welcher etwa; si quid alles was

M. quid pro quo: Verwechslung, Mißverständnis

quis-nam, quid-nam 1.) (fragend) **wer denn? was denn?** 2.) (indef. nur nach num) etwa jemand, etwa etwas

quis-piam, quae-piam, quid-piam subst. und **quod-piam** adi. **irgend einer, irgend jemand;** fortasse dixerit quispiam vielleicht könnte jemand sagen

quis-quam, quid-quam oder **quicquam** meist subst. **irgend einer,** irgend jemand, **irgend etwas;** nur in negativen Sätzen z. B. nego ante mortem quemquam esse beatum praedicandum; vix quisquam, quasi quisquam = nemo; nec quisquam unus und kein einziger; quisquam unus der erste beste; nihil quidquam durchaus nichts; — in Fragen mit verneinendem Sinn z. B. an quisquam ignorat?; in positiven Sätzen, wenn das Gegenteil erwartet wird z. B. si quisquam est infelix, ego profecto is sum = nemo me infelicior est

quis-que, quae-que, quid-que (subst.)

und **quod-que** (adi.) jeder, **jeder einzelne** 1.) nach unus z. B. unusquisque, una-quaeque, unum-quodque jeder einzelne 2.) nach Ordnungszahlen und Superlativen z. B. primo quoque tempore bei der ersten, besten Gelegenheit, quinto quoque anno in jedem 5. Jahr, alle vier Jahre, decimus quisque allemal der zehnte, optimus quisque grade der Beste, alle Guten 3.) im Nebensatz nach relativen und interrogativen Pronominibus und Adverbien z. B. quam quisque norit artem, in hac se exerceat 4.) nach dem Reflexivum z. B. sibi quisque proximus est jeder ist sich selbst der Nächste; suae quisque fortunae faber est jeder ist seines Glückes Schmied; pro se quisque jeder für seinen Teil

M. suum cuique: jedem das Seine

quisquiliae, ārum f. Abfall, Kehricht; **Auswurf,** Abschaum

F. die Quisquilien: Kleinigkeiten

quis-quis, quidquid und **quicquid** (subst. selten adi.) **wer nur immer, was nur immer,** jeder der, alles was; mit ind. z. B. quidquid id est, timeo Danaos et dona ferentes; quidquid agis, prudenter agas et respice finem; — adi. **wie immer beschaffen** z. B. quoquo modo auf jede mögliche Weise, unter allen Umständen

qui-vis, quae-vis, quod-vis (adi.) und **quid-vis** subst. jeder, den man will, **jeder beliebige,** jeder mögliche z. B. quivis homo potest

quō adv. (fragend) **wohin?** wozu?; — indef. **irgendwohin;** — relat. wohin; anknüpfend: **und dorthin**

quō (abl. von quod) adv. **wodurch;** (anknüpfend) **und dadurch, daher, deshalb** z. B. quo factum est, ut; — (beim comp.) **um wieviel, desto** z. B. quo maior; **quo ... eo je ... desto** z. B. homines quo plura habent, eo cupiunt ampliora; — **non quo** (mit coni.) **nicht als ob,** nicht als wenn z. B. litteras ad te dedi, non quo haberem magnopere, quod scriberem; — ci. mit coni = ut eo **damit dadurch;** (vor comp.) **damit desto, damit umso** z. B. legem brevem esse oportet, quo facilius ab omnibus teneatur

quo-ad adv. 1.((räuml.) wie weit, **so weit als;** (übertragen) inwiefern, insofern als z. B. quoad ei licebat; — (zeitlich) **solange** als z. B. quoad vixit; **bis, bis daß** (mit ind. und coni.) z. B. impetum sustinuit, quoad ceteri pontem interumperent

quō-circa (adv.) daher, deswegen, deshalb

quō-cumque adv. **wohin nur immer**

quod 1.) adv. **weshalb, warum** z. B. nihil habeo, quod accusem senectutem; est quod mit coni. es ist Grund vorhanden, daß; — (anknüpfend) und darum, und daher; — (satzverbindend) **also, nun;** quod si wenn also, wenn nun; quod nisi, quod ni wenn nun nicht 2.) (ci. causal) **weil; non quod nicht als ob,** nicht wie wenn (mit coni.); — (faktisch) **daß** (mit ind.) z. B. hoc unum in Alexandro vitupero, quod iracundus fuit; — **was das anbetrifft daß** z. B. quod scribis was das anbetrifft, daß du schreibst; nach Verben der Gemütsstimmung z. B. gaudeo quod; — (zeitl.) seitdem das, **seit** z. B. quintus dies est quod

quōdam-modo (adv.) **gewissermaßen,** einigermaßen

quoi, quoius arch. = cui, cuius

quod-si wenn also, wenn daher, wenn nun

quō-libet (adv.) wohin es beliebt

quom (arch.) = cum

quo-minus = ut eo minus (ci. mit coni.) **daß,** nach den Verben verhindern, abhalten, abschrecken, verweigern, widerstreben; per me stat (fit), quominus ich bin schuld daran, daß nicht

quo-modo (adv.) 1.) (fragend) **wie?** auf welche Weise; (im Ausruf) wie!

2.) (relat.) wie, sowie; quomodo ... sic wie ... so

quomodo-cumque adv. (relat.) **wie nur immer**; — indefinit. auf irgend eine Weise

quomodo-nam wie denn?

quō-nam adv. **wohin denn?**

quon-dam adv. **einstmals**, ehemals; zu gewissen Zeiten, zuweilen; dereinst, künftig, einmal

quon-iam weil ja, da ja, da ohnehin (mit ind.); (in Übergängen) nachdem

quōquam adv. irgend wohin

quoque adv. (enklitisch) **auch** z. B. tu quoque

quoque-versus = quoquoversus

quo-quo adv. wohin nur immer

quoquo-versus und **versum** (adv.) nach allen Seiten hin, überall hin

quōrsum und **quōrsus** (aus quoversum) adv. **wohin? wozu?**

quot (indecl.) 1.) (fragend) adi. **wieviele?** 2.) (relat.) **soviele als,** besonders tot ... quot

M. quot homines, tot sententiae: wieviel Köpfe, soviel Sinne

quot-annis adv. **alljährlich**

quot-cumque adi. wieviele nur immer

quotēni 3 (cf. quot) je wieviele

quotidiānus, quotidie cf. cotidianus, cotidie

quotiēs und iēns adv. (cf. quot.) 1.) (fragend) **wie oft?** 2.) (relat.) **so oft wie**

F. der Quotient: durch Division sich ergebende Teilzahl (math.)

quotiens-cumque (adv.) **so oft nur immer**

quot-quot (adi.) **wieviele nur immer**

quotus 3 (cf. quot) **der wievielte?**; hora quota est wieviel Uhr?; quotā (scil. hora) zu welcher Stunde?; — **quotusquisque wie wenige**; qu. est, qui (mit coni.) wie wenige gibt es, welche

F. die Quote: der verhältnismäßige Anteil; Bruchteil, Teilbetrag, Teilgebühr — quotisieren: verhältnismäßig verteilen — quotieren: Preis angeben, Preis mitteilen; Prozeßakten beziffern

quotus-cumque 3 der wievielte nur?

quo-usque (adv.) bis wohin; **wie lange?**; quousque tandem abutere, Catilina, patienta nostra? (Beginn der ersten Rede Ciceros gegen Catilina)

M. quosque tandem: wie lange denn noch?

quum (arch.) = cum

R

R. 1.) = Rufus (V) 2.) = Romanus; 3.) R. P. = res publica

rabidus 3 (cf. rabies) **wütend,** rasend, toll

rabies, ēi f. (cf. rabio) Hundswut, **Tollwut; Wut; Raserei;** Ungestüm, Kampfwut, (rasende) Begeisterung

F. die Rabies: Tollwut, Wutkrankheit (med.) — Rabies canina: Hundswut — rabiat: wütend, rasend

rabio, —, 3. toll sein, wüten

rabiōsus 3 (cf. rabies) wütend, toll

Rabīrius 3 E. Name eines röm. Geschlechts 1.) C. Rabirius Volkstribun, von Cicero verteidigt 2.) sein Adoptivsohn C. Rabirius Postumus, ebenfalls von Cicero verteidigt 3.) C. Rabirius, epischer Dichter zur Zeit Vergils

rabula, ae m. Schreier, Rechtsverdreher, Zungendrescher

F. der Rabulist i. a. B., Schwätzer — rabulistisch: rechtsverdreherisch, schwätzerisch — die Rabulisterei, Rabulistik: Rechtsverdreherei

racēmi-fer, fera, ferum (cf. racemus-fero) Beeren tragend

racēmus, i m. **Traube, Weintraube;** Beere; Traubensaft

Racilius 3 Name eines römischen Geschlechts; L. Racilius Volkstribun 57 v. Chr.

radiātus 3 (cf. radius) mit Strahlen versehen, strahlend

F. das Radiat: Strahlentier — die Radiation: Ausstrahlung, Strahlenwerfung — der Radiator: Wärme ausstrahlender Körper, Rippenkörper der Zentralheizung

radīcitus (adv.) (cf. radix) **mit der Wurzel;** von Grund aus, mit Stumpf und Stiel

radīcula, ae f. (dem. von radix) kleine Wurzel

F. die Radikula: Keimwürzelchen des Embryos

radio, und **radior** 1. (cf. radius) **strahlen,** glänzen

radius, ii m. (cf. radix) **Stab;** Radspeiche; Zeichenstift (der Mathematiker); Halbmesser des Kreises; Weberschiffchen; längliche Olive; — **Strahl,** Lichtstrahl

F. der Radius: Strahl; Halbmesser des Kreises und der Kugel; Speiche, Vorderarmknochen (med.); Verbindungslinie zwischen einem Himmelskörper und dem im Brennpunkt seiner Bahn stehenden Zentralkörper (astron.) — radial: strahlenförmig; die Speiche betreffend (med.) — radiant: strahlend — der Radiant: Strahlungspunkt — radiär: strahlig — das Radio: Strahlung; Übertragung elektr. Wellen ohne Draht; Rundfunk — die Radiologie: Strahlenkunde — das Radium: chem. Grundstoff — Radiofinden und -messen: Funkmessen — die Radiolarien: Strahlentierchen — die Irradiation: Ausstrahlung von Schmerzen — die Interradien: Zwischenstrahlen

rādix, icis f. **Wurzel;** — (meist plur.) **unterster Teil, Fuß,** Grund; radices montis Fuß des Berges; — Ursprung, Quelle

M. Radieschen, Rettich (L) — die Radix i. a. B. als Arzneimittel; Wurzel (math.)

F. das Radikal: Atomgruppe, nicht selbständig existenzfähig mit freien Bindungskräften — radikal: von Grund aus, rücksichtslos (umgebildet zu ratzekahl) — der Radikalismus: rücksichtslose, umstürzlerische Anschauung — der Radikale: Anhänger des Radikalismus — radizieren: Wurzel ziehen (math.) — der Radikand: Zahl, aus der die Wurzel gezogen werden soll (math.)

rādo, rāsi, rāsus 3. **kratzen, schaben, glätten; abscheren, rasieren; ausstreichen;** über etwas hinstreichen, etwas berühren

M. Ratte, Ratz (urv.)

F. radieren i. a. B.; ein Bild mit Nadel und Ätzung auf Kupfer zeichnen — rasieren: scheren, Bart abschaben; Festungswerke schleifen — die Rasur: Auskratzung, abrasierte Stelle — die Abrasion: Auskratzung; abtragende Tätigkeit der Brandung

raeda, ae f. (kelt.) **Reisewagen, Kutsche**

raedārius, ii m. (cf. raeda) Kutscher

Raetia, ae f. E. Rätien, westlichste Süddonauprovinz; Raetus, i m. Einwohner von R.; Raeticus und Raetius, Raetus 3 rätisch

ramālia, ium n. (cf. ramus) Astwerk, Geäst, Reisig

rāmeus 3 (cf. ramus) von Ästen

Ramnes und **Ramnēnses,** ium m. E. 1.) die erste der ersten drei Utribus 2.) die Ritterzenturie

ramōsus 3 (cf. ramus) astreich, vielverzweigt

rāmus, i m. (cf. radix) **Ast, Zweig;** Laub, Baum, Frucht

rāna, ae f. **Frosch;** r. marina Froschfisch, Seeteufel

rancidus 3 ranzig (L), stinkend

ranunculus, i m. (dem. von rana) Fröschlein; scherzhaft von den Einwohnern von Ulubrä

M. die Ranunkel (L) (Froschkraut, Hahnenfuß)

rapācitas, tātis f. (cf. rapax) Raubsucht

rapax, ācis (cf. rapio) **reißend;** Beiname der 21. Legion wegen ihrer Unwiderstehlichkeit; — räuberisch, raubgierig; — aneignungsfähig

rapiditas, tātis f. (cf. rapidus) **reißende Schnelligkeit**

rapidus 3 (cf. rapio) **reißend schnell;** raubgierig. wild; — heftig, verzehrend, glühend

M. rapido, rapidamente (it.): schnell (mus.)

F. rapid i. a. B.

rapīna, ae f. (cf. rapio) **Räuberei** (meist plur.); — **Raub**

rapio, rapui, raptus 3. **raffen** (urv.), **reißen,** heftig ergreifen; — **etwas beschleunigen, eilig vollbringen,** schnell vollziehen; viam r. eilig zurücklegen; silvam r. schnell durcheilen; — **wegraffen, wegreißen,** fortschleppen; se rapere und rapi forteilen; — **entreißen,** fortschleppen, **rauben;** raptum, i n. Raub, Beute; — an sich reißen, **sich rasch aneignen;** — **mit sich fortreißen,** fortziehen, forttreiben, drängen, verleiten; — plündern; — hinraffen (von Tod und Krankheit)

raptim adv. (cf. rapio) hastig, in Eile, im Fluge

rapto 1. (cf. rapio) **fortreißen,** fortschleppen, rauben, plündern

raptor, ōris m. (cf. rapio) **Räuber;** Entführer

raptum cf. rapio

raptus, ūs m. (cf. rapio) das Abreißen; **Raub,** Entführung

F. der Raptus: Anfall von Wut, Eifer, Verzückung

rāpulum, i n. (cf. rapum) kleine Rübe

rāpum, i n. Rübe (urv.)

rarēsco, — 3. (cf. rarus) locker werden. dünn werden; seltener werden

rāritas, tātis f. (cf. rarus) Lockerheit, Undichtigkeit; Seltenheit

F. die Rarität: Seltenheit, Kostbarkeit

rārus 3 locker, dünn; vereinzelt, verstreut, **selten,** nicht häufig, spärlich, nicht wenig; ungewöhnlich, außerordentlich, vortrefflich; **rarō** adv. **selten;** raro fit, ut es geschieht selten. daß

F. rar: selten, wertvoll

rāsilis, e (cf. rado) glatt, poliert

rāster, tri m. und rāstrum, i n. (cf. rado) Hacke, Karst

F. der Raster: Glasplatte mit eingeätztem rechtwinkligem Liniennetz zum Reproduzieren; feines Netz von Punkten oder Linien als Untergrund (buchdr.) — das Rastral: Notenlinienzieher — rastrieren: Notenlinien ziehen

ratio, ōnis f. (cf. reor) 1.) **Rechnung, Berechnung;** rationem inire, habere etwas berechnen; r. constat die Rechnung stimmt; rationem referre, reddere Rechnung legen, Rechenschaft ablegen; — Liste. Register; — Summe, Zahl 2.) **Geschäft,** Geschäftssache, Angelegenheit; publicae privataeque rationes öffentlicher und privater Verkehr; e ratione domestica esse zur inneren Politik gehören 3.) **Vorteil, Interesse;** non est alienum meis rationibus es widerspricht nicht meinen Interessen 4.) **Berechnung, Erwägung;** rationem habere Erwägungen anstellen, erwägen; — **Rücksicht;** rationem habere (ducere) alcis auf jdn. Rücksicht nehmen; — **Verbindung, Verhältnis,** Verkehr; rationem habere cum alqo mit jdm. in Verbindung stehen; — Verhalten, **Verfahren, Art, Weise, Beschaffenheit;** qua ratione wie; omni ratione auf jede mögliche Art und Weise; r. Galliae Beschaffenheit (Lage) Galliens; — **Maßregel, Mittel; Methode,** planmäßiges Verfahren; r. belli Methode der Kriegführung 5.) **Vernunft, Überlegung;** r. est alqd facere es ist vernünftig; nulla ratione ohne Vernunft, unvernünftig 6.) **Grund, Beweggrund,** Begründung; nulla ratione ohne allen Grund 7.) Ansicht, Meinung; — Strömung, Richtung; — **Theorie, Lehre,** Anschauung; r. atque usus Theorie und Praxis; — System, Schule, Lehre; r. Stoicorum stoische Lehre

M. Rede (urv.) — ad rationem meam: auf eigene Rechnung

F. die Ration: zugeteiltes Maß (bes. an Futter und Speise) — rationieren: eine bestimmte Menge von Lebensmitteln zuteilen — rational: vernunftmäßig, sinnvoll. berechenbar — die Rationalisierung: vernünftige, sparsame Planung — der Rationalismus: Vernunftglaube (philos. Richtung) — der Rationalist: Vernunftmensch — rationalistisch: vernunftgläubig, verstandesmäßig — irrational: unberechenbar, unvernünftig, vernunftwidrig — der Irrationalismus: Vernunftwidrigkeit — rationell: vernunftgemäß, überlegt — irrationell: vernunftwidrig, unverständig — das Rationale: Schulterkleid mit Behängen (über dem Meßgewand bes. ausgezeichneter Bischöfe)

ratiocinātio, ōnis f. (cf. ratiocinor) Berechnung; Schlußfolgerung

ratiocinativus 3 (cf. ratiocinor) folgernd

ratiocinātor, ōris m. (cf. ratiocinor) Rechnungsführer; Berechner

ratiōcinor 1. (cf. ratio) berechnen; schließen, folgern

ratis, is f. **das Floß;** Floßbrücke; — Schiff

ratiuncula, ae f. (dem. von ratio) kleine Rechnung; schwacher Grund; spitzfindiger Schluß

ratus 3 cf. reor

rauci-sonus 3 (cf. raucus und sonus) dumpf tönend

raucus 3 (von ravis Heiserkeit) **heiser, rauh,** dumpf tönend, brausend, dröhnend

raudus cf. rudus

rauduscululm, i n. (dem. von raudus) kleiner Betrag, kleine Summe

Rauraci, ōrum m. E. kelt. Volksstamm vom Bodensee bis zum Rheinknie

Ravenna, ae f. E. Stadt südlich der Pomündung (Ravenna); Ravennas, ātis adi. und subst. Bewohner von R.

ravus 3 **grau** (urv.), graugelb, fahl

re und **red** Partikel in Zusammensetzungen 1.) **zurück** z. B. reducere 2.) **wieder** z. B. restituere 3.) **entgegen,** wider z. B. rebellare, resistere

rea cf. reus

Rēa und Rhea f. E. altital. Frauenname; **Rea Silvia** Tochter Numitors, Vestalin, Mutter des Romulus und Remus

reāpse (aus re-eāpse [arch.] = re ipsā) adv. in der Tat, wirklich

Reāte n. E. (nur nom., acc., abl.) Hauptstadt der Sabiner (Rieti); Reatīnus adi. und subst. Bewohner von R.

rebellātio, ōnis f. (cf. rebello) Aufstand, Abfall

rebellātrix, icis f. sich empörend

rebellio, ōnis f. (cf. rebellis) Kriegserneuerung, **Aufruhr,** Empörung
F. die Rebellion i. a. B.

re-bellis, e (cf. bellum) den Krieg erneuernd, aufrührerisch, sich empörend; widerspenstig
F. der Rebell: Aufrührer, Empörer — rebellisch i. a. B.

re-bello 1. **den Krieg erneuern,** sich auflehnen, sich empören
F. rebellieren i. a. B.

Rēbilus, i m. E. Beiname der gens. Caninia

re-boo 1. (griech.) widerhallen

re-calcitro 1. mit den Füßen hinten ausschlagen; sich sichern

re-caleo, — 2. wieder warm sein

re-calēsco, calui 3. wieder warm werden

re-calfacio, fēci, factus 3. wieder erwärmen

re-candēsco, candui 3. (cf. candeo) wieder weiß werden; wieder erglühen

re-cauto 1. widerrufen

re-cēdo, cessi, cessum 3. **zurückweichen,** sich zurückziehen; aus dem Gesichtskreise verschwinden, entlegen sein; — **sich entfernen,** sich trennen, weggehen; von etw. abweichen, von etwas lassen, etwas aufgeben mit a, seltener de; r. ab armis die Waffen ruhen lassen, die Waffen niederlegen
F. der Rezeß: Rückgang; Vereinbarung, Vergleich; Antwortbescheid einer Behörde — rezessiv: zurückgreifend, zurückschlagend; überdeckt, latent (biolog.)

re-cello, — 3. (cf. clades) zurückschlagen, zurückschnellen

recens, ntis 1.) soeben kommend, zurückkehrend, **unmittelbar nach,** frisch von; r. ab illorum aetate gleich nach ihrer Zeit kommend; r. a dolore noch schmerzbewegt; —

frisch, rüstig, ungeschwächt, kräftig; copiae recentes (noch) frische Truppen; — **neu, jung**; r. memoria die neuere Zeit; recenti re auf frischer Tat; — modern; recentiōres, um m. die Neueren, Modernen; — recens adv. **jüngst**, ebenerst, unlängst, neuerdings

F. rezent i. a. B., der Jetztzeit angehörend

re-cēnseo, ui, cēnsus 2. **mustern,** besichtigen; durchgehen, erwägen, überdenken; — aufzählen, erzählen; — (poet.) durchlaufen z. B. sol recenset die Sonne durchläuft ihre Bahn

F. rezensieren: mustern; besprechen, beurteilen (Bücher u. ä.) — der Rezensent: Besprecher, Beurteiler, Kritiker — die Rezension: Besprechung, Beurteilung, Kritik, Feststellung des Textes

recēnsio, ōnis f. (cf. recenseo) Musterung (des Zensors); Volkszählung, Einteilung in die Bürgerlisten, Schätzung (der Steuer)

recēnsus, ūs m. = recensio

receptāculum, i n. (cf. recepto) **Behältnis,** Behälter; r. praedae Beutesammelplatz; — **Zufluchtsort,** Schlupfwinkel; r. nihil sentiendi Zuflucht der Empfindungslosigkeit

F. das Rezeptakulum: Sammelbehälter; das bei der Kommunion untergebreitete Tuch

recepto 1. (cf. recipio) etwas schnell zurückziehen; — bei sich aufnehmen, Zuflucht gewähren

receptor, ōris m. (cf. recipio) Hehler

receptrix, īcis f. (cf. receptor) Hehlerin

receptus, ūs m. (cf. recipio) 1.) Zurücknahme 2.) **Rückzug**; receptui canere, signum dare zum Rückzug blasen lassen, das Signal (den Befehl) zum Rückzug geben; Möglichkeit zum Rückzug; — Zuflucht

recessus, ūs m. (cf. recēdo) **das Zurückgehen,** Rückgang; accessus et r. maris Annäherung und Entfernung, Flut und Ebbe; — Schlupfwinkel, Abgeschiedenheit, Versteck, Zurückgezogenheit; Hintergrund (des Bildes)

recidīvus 3 (cf. recido) wiederkehrend, rückfällig

F. rezidiv i. a. B. — das Rezidiv: Wiederkehr, Rückfall (einer Krankheit)

recido, recidi (reccidi), recasūrus 3. (cf. cado) 1.) **zurückfallen**; wieder verfallen, wieder geraten z. B. in morbum, servitutem; — **herabsinken,** herabkommen; ad nihil (nihilum) r. zunichte werden; — **hinfallen, geraten in** z. B. in periculum; ad ludibrium r. zum Gespötte werden

recīdo, cīdi, cīsus 3. (cf. caedo) abhauen, abschneiden; beseitigen; beschneiden, stützen; vermindern, beschränken

re-cingo, cinxi, cinctus 3. losgürten; vestis recincta frei herabfallend; pass. sich entgürten, sich entkleiden

re-cino, — 3. (cf. cano) entgegenhallen, widertönen; — (trans.) wieder ertönen lassen

reciperātio, reciperātor, recipero cf. recup...

re-cipio, cēpi, ceptus 3. (cf. capio) 1.) **zurücknehmen,** zurückholen, -ziehen, -bringen; — zurückbehalten; — (Truppen) zurückziehen; se **recipere sich zurückziehen**; — (aus Feindeshand) befreien, retten 2.) **wiederbekommen,** -erhalten, -gewinnen, -erobern; animum r. wieder zur Besinnung kommen; vires corporis r., se r. sich wieder erholen; — **annehmen, hinnehmen** z. B. tela r. den Geschossen ausgesetzt sein; detrimentum r. einen Nachteil erleiden; — einnehmen, in Besitz nehmen; — bei sich **aufnehmen,** einlassen z. B. urbe und in urbem; (in einen Stand) aufnehmen z. B. in amicitiam; alqm in deditionem r. jds. Unterwerfung annehmen; alqm in fidem r. jd. unter seinen Schutz nehmen; in civitatem r. das Bürgerrecht verleihen; — eine Klage annehmen (vom Prätor); — etwas

gestatten, zulassen z. B. misericordiam r. Mitleid aufkommen lassen; — **übernehmen,** auf sich nehmen; sich verpflichten, verbürgen, etwas **zusagen** z. B. fidem alci r. jdm. die heilige Versicherung geben

M. Recipe (abgek. Rec., Rp., Rc.): „nimm auf" (auf Rezepten)

F. rezipieren: aufnehmen, annehmen, zulassen, etw. Schuldiges empfangen — der Rezipiend: ein Aufzunehmender — der Rezipient: Vorlage des Destilliergefäßes; der zu leerende Raum (der Luftpumpe) — rezeptieren: eine Arznei verschreiben; die Arznei nach Vorschrift zubereiten — das Rezept: Vorschrift (insbes. zur Herstellung von Arzneien, Präparaten und Speisen); Verhaltungsmaßregel, Gebrauchsvorschrift — die Rezeptur: Einzelherstellung der Arzneien nach Rezept; der Arbeitsraum dazu — rezeptiv: empfänglich — die Rezeptivität: Aufnahmefähigkeit — die Rezeption: Aufnahme — der Rezeptor: Empfänger, Steuereinnehmer — das Rezepisse: Empfangsschein

reciproco 1. (trans.) hin und herbewegen, rückwärts bewegen; pass. hin- und zurückfließen, abwechseln; in reciprocando mari bei dem regelmäßigen Wechsel von Ebbe und Flut

reciprocus 3 auf demselben Wege zurückkehrend; mare reciprocum das Meer zur Zeit der Ebbe

F. reziprok: umgewendet, wechsel-, gegenseitig — die Reciprozität: Wechselseitigkeit, Gegenseitigkeit, Wechselbeziehung; wechselseitige Begünstigung

recitātio, ōnis f. (cf. recito) **das Vorlesen**

F. die Rezitation i. a. B., Vortrag

recitātor, ōris m. (cf. recito) der Vorleser

F. der Rezitator i. a. B., Vortragskünstler

re-cito 1. **vorlesen;** verlesen; deklamieren

M. recitando (it.): nach Art des Sprechgesangs vorzutragen (mus.)

F. rezitieren i. a. B., erzählen, auswendig vortragen — das Rezitativ: Redegesang, Halbgesang

reclamātio, ōnis f. (cf. reclamo) Zuruf; Gegenruf, Widerspruch

F. die Reklamation: Zurückforderung, Einsprache, Beschwerde

reclāmito 1. (cf. reclamo) laut widersprechen; (poet.) widerhallen

F. reklamieren: zurückfordern, Einsprache erheben, sich beschweren — der Reklamant: Beschwerdeführer — die Reklame: Werbung, Anpreisung

reclīnis, e (cf. reclino) zurückgelehnt

re-clīno 1. **zurücklehnen,** rückwärtsbiegen; reclinātus hingestreckt, ruhend *M.* sich rekeln (L)

re-clūdo, si, sus 3. (cf. claudo) **aufschließen,** eröffnen; ensem r. das Schwert entblößen; — **enthüllen,** offenbaren; — verschließen

F. rekludieren i. a. B. — die Reklusion: Abgeschlossenheit, Zurückgezogenheit — der Rekluse: Klausner

re-cōgito 1. überdenken

recognitio, ōnis f. (cf. recognosco) Besichtigung, Musterung

F. die Rekognition: Anerkennung, Beglaubigung

re-cognōsco, gnōvi, gnitus 3. **wiedererkennen,** kennenlernen; sich erinnern alqm; **mustern,** untersuchen, revidieren

F. rekognoszieren i. a. B. — die Rekognoszierung: Aufklärung, Erkundung

re-colligo, lēgi, lēctus 3. **wieder sammeln,** wieder gewinnen; se r. sich fassen, wieder Mut bekommen

F. die Rekollektion: Sammlung zur geistlichen Betrachtung — die Rekollekten: Zweig der Franziskaner in Italien und Spanien

re-colo, colui, cultus 3 **wieder anbauen;** von neuem pflegen; erneuern, wieder herstellen; nochmals überdenken, erwägen, von neuem sich ins Gedächtnis rufen

re-compōno, posui, positus 3. wieder ordnen

reconciliātio, ōnis f. (cf. reconcilio) **Wiederherstellung;** Versöhnung

F. die Rekonziliation: Lossprechung vom Kirchenbann; Entsühnung einer geschändeten Kirche oder eines Friedhofs

reconciliātor, ōris m. Wiederhersteller

re-concilio 1. **wieder herstellen,** wieder gutmachen; wieder gewinnen, versöhnen, aussöhnen; — wieder verschaffen

reconditus cf. recondo

re-condo, didi, ditus 3. **zurücklegen, aufbewahren,** verwahren; verstekken, verbergen, verheimlichen; — **reconditus** 3 **versteckt;** — **entlegen,** abgelegen; **verborgen,** geheim; — tief durchdacht, tiefsinnig; — zurückhaltend, verschlossen

re-coquo, coxi, coctus 3 umkochen; verjüngen; umschmelzen, umschmieden

recordātio, ōnis f. (cf. recordor) Rückerinnerung, **Erinnerung**
F. die Rekordation i. a. B., Andenken

re-cordor 1. (cf. cor) **sich erinnern,** eingedenk sein (bei Personen de, bei Sachen meist acc.); beherzigen, erwägen

re-creo 1. neu schaffen, **wiederbeleben, wiederherstellen,** erfrischen, kräftigen; se r. und recreari sich erholen. genesen
F. rekreieren: laben, erfrischen — die Rekreation: Erfrischung, Erholung

re-crepo 1. widerhallen

re-crēsco, crēvi, crētus 3. wieder wachsen

re-crudēsco, crūdui 3. „wieder blutig werden", aufbrechen (von Wunden); — wieder ausbrechen, sich erneuern

rectā adv. (cf. rectus) geradeaus, geradewegs

rectio, ōnis f. (cf. rego) Leitung

rēctor, ōris m. (cf. rego) Leiter, Lenker
F. der Rektor: Leiter einer Lehranstalt, Vorstand — der Prorektor: Stellvertreter des Rektors — der Konrektor: Mitleiter — der Subrektor: Untervorsteher — das Rektorat: Würde, Amt, Wohnung des Rektors

rectus 3 cf. rego

re-cubo 1. zurückgelehnt liegen, ruhen

rēcula, ae f. (dem. von res) geringe Habe

re-cumbo, cubui 3. sich zurücklehnen, **sich niederlegen;** sich zu Tisch legen; — zurücksinken, sich niedersenken

recuperātio, ōnis f. (cf. recupero) Wiedererlangung

recuperātor, ōris m. (cf. recupero) Wiedererwerber; — Schiedsrichter, Eigentumsrichter (die über Klagen zwischen Römern und Provinzialen in Vermögensangelegenheiten entschieden)
F. der Rekuperator: Luftvorwärmer in industriellen Anlagen

recuperatōrius 3 (cf. recuperator) zu den Schiedsrichtern, Eigentumsrichtern gehörig

recupero und **recipero** 1. (cf. recipio) **wiedererlangen,** wiedergewinnen

re-cūro 1. wieder heilen

re-curro, curri, cursum 3. **zurücklaufen;** zurückkommen, wiederkehren
F. rekurrieren i. a. B., seine Zuflucht nehmen — rekurrent: zurücklaufend (math.) — das Rekurrensfieber: Rückfallfieber

recurso 1. (cf. recurro) wiederholt zurücklaufen, zurückkehren

recursus, ūs m. (cf. recurro) Rücklauf, Rückkehr; r. maris Ebbe
F. der Rekurs: Berufung, Einspruch, Beschwerde

re-curvo 1. zurückbeugen, zurückkrümmen

re-curvus 3. zurückgekrümmt, zurückgebogen

recusātio, ōnis f. (cf. recuso) **Ablehnung, Weigerung;** — Einspruch, Protest

re-cūso 1. (cf. causa) **zurückweisen,** abschlagen, ablehnen, **sich weigern;** nullo recusante ohne jeden Widerspruch; meist mit ne, quominus, zuweilen inf.; non recuso quin

re-cutio, cussi, cussus 3. (cf. quattio) erschüttern

rēda = raeda

red-amo 1. wiederlieben

red-arguo, ui 3. **widerlegen,** Lügen strafen

redārius = raedarius

red-do, didi, ditus 3. **zurückstellen,** -bringen; se r. und reddi sich zurückbegeben, zurückkehren; — **zurückgeben; vortragen,** hersagen, berichten; — mit dopp. acc. zu etwas machen z. B. alqm hostem r. jdn. zum Feinde machen; — wiedergeben, erstatten, vergelten; gratiam r. Dank abstatten (in Taten); — abtragen, bezahlen z. B. praemia debita r. die schuldigen Belohnungen abstatten; poenas r. Strafe leiden, büßen; — abliefern, zustellen, übergeben; — gewähren, zukommen lassen; — von sich geben, ausstoßen; animam r. das Leben aushauchen; — erwidern, antworten; — wiedergeben, nachahmen, nachbilden; — übersetzen, übertragen z. B. Latine r. ins Lateinische übersetzen

M. Rente (L)

redemptio, ōnis f. (cf. redimo) Loskauf, Rückkauf; Bestechung; Pachtung

redempto 1. (cf. redimo) loskaufen

redemptor, ōris m. (cf. redimo) Pächter, **Unternehmer;** r. frumenti Getreidelieferant

redemptūra, ae f. (cf. redimo) Pachtung

red-eo, ii, itum 4. **zurückgehen, zurückkehren;** wiederkehren, **zurückkommen;** in (ad) se r. in seine alte Gestalt zurückkehren; ad officium r. sich wieder unterwerfen; in gratiam cum alqo r. sich mit jdm. versöhnen; in memoriam alcis r. an jdn. zurückdenken; — in der Rede auf etwas zurückkommen; — **kommen,** schreiten; res ad triarios redit es kommt zum äußersten; ad duas legiones redierat er hatte nur noch 2 Legionen zur Verfügung; — anheimfallen, **zufallen**

red-hibeo, ui, itus 2. (cf. habeo) zurückgeben

F. die Redhibition: Rückgabe, Rücknahme (einer gekauften Sache)

red-igo, ēgi, actus 3. (cf. ago) **zurücktreiben,** -jagen, -bringen; alqd in memoriam alcis r. jdm. ins Gedächtnis zurückrufen; — **herunterbringen,** beschränken, **verkleinern;** pass. herunterkommen; — Geld einbringen, **eintreiben;** in publicum r. in die Staatskasse einliefern, konfiszieren; — in einen Zustand **bringen,** zwingen; sub potestatem r. unterwerfen; in servitutem r. knechten; in provinciam r. zur Provinz machen; — (selten) mit dopp. acc. zu etw. machen z. B. ex difficillimis facilia r. aus Schwierigstem etwas Leichtes machen

F. redigieren: fertig machen, in die rechte Form bringen, abfassen — die Redaktion: Schriftleitung; Feststellung des Wortlauts eines Schriftstücks — der Redaktor: Überarbeiter, Fertigsteller eines Schriftstückes — der Redakteur (franz.): Schriftleiter — redaktionell: von der Schriftleitung ausgehend; den Wortlaut eines Schriftstücks betreffend

redimīculum, i n. (cf. redimio) Kopf-, Stirnband; Halsband, Halskette

redimio 4. **umbinden,** umwinden

red-imo, ēmi, emptus 3. **zurückkaufen; loskaufen,** befreien; — **erretten,** erlösen; — kaufen, **erkaufen;** erlangen, gewinnen; — **pachten;** eine Arbeit **übernehmen**

red-integro 1. wieder vollständig machen, wieder ergänzen; wiederherstellen, **erneuern;** — auffrischen, beleben

reditio, ōnis f. (cf. redeo) Rückkehr

reditus, ūs m. (cf. redeo) **Rückkehr;** Wiederkehr, Kreislauf z. B. solis; — **Einkommen, Einkünfte**

redivia = reduvia

redivīvus 3 (aus red-uvivus cf. ex-uo) wieder benutzt, schon gebraucht, alt

red-oleo, ui 2. einen Geruch verbreiten, **riechen,** duften

re-domitus 3 (cf. domo) wieder bewältigt

Rēdones, um m. E. kelt. Volksstamm (in der Gegend des heutigen Rennes)

re-dōno 1. poet. wieder schenken

re-dūco, dūxi, ductus 3. **zurückziehen,** -bringen; — **zurückführen;** heimgeleiten; — **reductus 3 zurückgezogen, entlegen, einsam**

F. reduzieren i. a. B., vermindern, herabsetzen, höhere Werte in niedere umrechnen (math.) — reduktibel, reduzibel: zurückführbar, darstellbar — die Reduktion: Zurückführung, Herabsetzung, Einschränkung; Rückbildung, Verkümmerung (biol.); Herabsetzung höherer Wertigkeitsstufen auf niedrigere (chem.); Zurückführung von Wägungsergebnissen auf die Verhältnisse im luftleeren Raum (phys.); Wiedereinrichtung von Brüchen, Verrenkungen (med.)

reductio, ōnis f. Zurückführung, Wiedereinsetzung

reductor, ōris m. (cf. reduco) Zurückführer

reductus 3 cf. reduco

red-uncus 3 einwärts gekrümmt

redundanter adv. (cf. redundo) im Überfluß

redundantia, ae f. (cf. redundo) Überfülle (des Ausdrucks)

red-undo 1. (cf. unda) **überfließen,** überströmen; redundātus = redundans überströmend; — **hineinströmen,** sich reichlich ergießen; Überfluß haben; **im Überfluß vorhanden sein**

reduvia, ae f. Niednagel; — Kleinigkeit

re-dux, ducis (cf. reduco) **zurückführend;** — **zurückgeführt,** zurückkehrend

re-fello, felli 3. (cf. fallo) **widerlegen**

re-fercio, fersi, fertus 4. (cf. farcio) **vollstopfen,** füllen; — **refertus** 3 **vollgestopft,** gedrängt voll, ganz erfüllt; mit abl. und gen. z. B. praeda, pecuniae

re-ferio, — 4. zurückschlagen

re-fero, rettuli (retuli), relātus, referre **zurücktragen, zurückbringen; heimbringen,** bringen, **hinterbringen;** — **zurückwenden,** -ziehen; pedem r., **se r., sich zurückziehen,** zurückweichen; — **wieder hinwenden;** — auf etwas zurückführen, **auf etwas beziehen, beurteilen;** omnia ad suum arbitrium r. alles von seinem Urteil abhängig machen; — (Schuldiges) wiedergeben, zurückgeben, bezahlen; — **vergelten, erwidern;** alci gratiam r. Dank abstatten, (durch die Tat) vergelten; parem gratiam r. Gleiches mit Gleichem vergelten; salutem r. den Gruß erwidern; — **Antwort geben,** erwidern; — sagen, sprechen; — **wiederbringen, zurückbringen;** — **wieder darstellen,** abspiegeln; — bringen, **überbringen, abliefern;** (mündlich oder schriftlich) **überliefern, berichten,** melden, mitteilen; — **Bericht erstatten,** zur Begutachtung vorlegen; — **einschreiben, eintragen,** registrieren; in proscriptorum numerum r. auf die Liste der Geächteten setzen; in censum r. in die Zensusrollen eintragen; pecuniam datam r. als ausgezahlt verbuchen; acceptum r. als empfangen eintragen

M. relata refero: ich gebe Gehörtes weiter
F. referieren: berichten, auf etwas beziehen — der Referent: Berichterstatter, Sachbearbeiter — das Referendum: Volksentscheid — das Referat: Bericht, Vortrag, Berichterstattung — der Referendar: Jurist nach der ersten Staatsprüfung — die Referenz: Auskunft, Empfehlung, Beziehung, Verweisung an eine Auskunft gebende Person — korreferieren: mitberichten — das Korreferat: Mitbericht — der Korreferent: Mitberichterstatter — die Relation: Verhältnis, Beziehung, Verbindung; Zuordnung (math.) — relativ: rückbezüglich, bedingt, in Beziehung stehend, entsprechend, verhältnismäßig — das Relativ, Relativum: rückbezügliches Fürwort (sprachl.) — der Relativismus: philosophische Lehre, die absolute Wahrheit und Werte ablehnt und ihnen nur relative Geltung zuerkennt — die Relativität: Bezüglichkeit, Bedingtheit — die Relativitätstheorie: das unser bildhaftes Vorstellungsvermögen übersteigende Denkschema für das physikalische Gesamtverhalten des Weltalls, von Einstein veröffentlicht — das Korrelat: Wechselbegriff, Gegenstück — die Korrelation: Wechselbeziehung — korrelativ: zusammengehörig, wechselbezüglich — irrelativ: beziehungslos — die Irrelativität: Beziehungslosigkeit

re-fert, retulit, referre **es ist daran gelegen, es liegt daran;** (meā, tuā, suā r. mir, dir, ihm usw. liegt daran); die Sache wird ausgedrückt durch das Neutrum eines Pronomens, durch inf., acc. c. inf., indir. Frage z. B. hoc mea r. daran liegt mir; tua r. recte facere; nihil mea r., quid homines loquantur; wie sehr es von Wichtigkeit ist, wird ausgedrückt durch adv. (magnopere, magis, maxime, minime), durch adv. gebrauchte Neutra (multum, plus, plurimum, tantum, nihil usw.), durch gen. pretii (magni, permagni, parvi, pluris usw.)

refertus cf. refercio

re-ferveo, — 2. siedend aufwallen

re-fervēsco, = 3. (cf. referveo) siedend aufwallen

re-ficio, fēci, fectus 3. (cf. facio) **wieder machen,** neu machen; wiederwählen; — **wiederherstellen; vollständig machen, ergänzen,** ersetzen; — **kräftigen,** erfrischen, erquicken; se reficere, refici sich erholen, sich ermannen, sich aufraffen; — Geld einnehmen, lösen
M. Remter (L) (aus refectorium)
F. das Refektorium: Speisesaal

re-fīgo, fīxi, fīxus 3. losheften, **abreißen;** abschaffen, **aufheben**

re-fingo, finxi, fictus 3. wieder bilden

re-flecto, flexi, flexus 3. **rückwärts biegen,** drehen, zurückwenden; pass. sich zurückbiegen; — umwenden, umstimmen, besänftigen
F. reflektieren: zurückwerfen, -strahlen; überlegen, auf etwas aus sein, Ansprüche machen — der Reflektant: Bewerber, Kauflustiger — der Reflektor: Spiegel an Scheinwerfern; Fernrohr mit Spiegelobjektiv; Stirnspiegel — reflektorisch: Licht zurückstrahlend — der Reflex: Widerschein; ohne Willen ausgelöste Beantwortung eines Reizes — die Reflexion: Zurückwerfung (des Lichtes, Schalles); Betrachtung, Erwägung, innere Wahrnehmung — reflexiv: zurückwirkend, rückzielend, rückbezüglich — das Reflexiv, Reflexivum: rückbezügliches Zeitwort (sprachl.)

re-flo 1. entgegenwehen

re-fluo, flūxi 3. zurückfließen; abfließen
F. der Reflux: Zurückfluten, Ebbe

re-fluus 3 (cf. refluo) zurückflutend

re-focillo 1. wieder erwärmen; beleben

reformātor, ōris m. (cf. reformo) Umgestalter, Verbesserer
F. der Reformator i. a. B.

reformidātio, ōnis f. (cf. reformido) das Zurückschaudern

re-formīdo 1. **vor etwas zurückschaudern,** etwas fürchten; mit acc. z. B. bellum

re-fōrmo 1. umgestalten, umbilden, verbessern
F. reformieren i. a. B. — die Reform: Neugestaltung, Umbildung, Verbesserung — die Reformation: Umbildung, Verbesserung, Kirchenerneuerung — der Reformer: Verbesserer — reformatorisch: verbessernd, umgestaltend — der Reformismus: Bewegung zur Verbesserung eines Zustandes oder Programms

re-foveo, fōvi, fōtus 2. wieder erwärmen; neu beleben, stärken

refractariolus 3 (dem. von refractarius) ungelenk, streitsüchtig, ungebärdig

re-frāgor 1. (cf. suffragor) entgegenstimmen, sich widersetzen, hinderlich sein

re-frēno 1. **zügeln,** zurückhalten, hemmen

re-frico, fricui, fricatūrus 1. wieder aufkratzen, **aufreißen; erneuern,** wieder erregen; — (intr.) wieder ausbrechen

refrigerātio, ōnis f. (cf. refrigero) Abkühlung

re-frīgero 1. (cf. frigus) **abkühlen;** pass. sich abkühlen, erkalten, nachlassen
F. der Refrigerator: Kühlapparat

re-frigēsco, frīxi 3. (cf. frigeo) **erkalten,** kühl werden; **ermatten,** erlahmen

re-fringo, frēgi, frāctus 3. (cf. frango) **erbrechen, aufbrechen; brechen,** schwächen, hemmen
F. die Refraktion: Brechung (von Licht- und anderen Wellen); Ablenkung von Lichtwellen der Gestirne — der Refraktor: Strahlenbrecher; astron. Fernrohr —

refraktär: unempfindlich, ungehorsam, widerspenstig

re-fugio, fūgi, fugitūrus 3. 1.) (intr.) **zurückfliehen,** -weichen; Zuflucht nehmen, **sich flüchten** 2.) (trans. mit acc.) **vor etwas fliehen,** scheuen, meiden

refugium, ii n. (cf. refugio) Zuflucht, **Zufluchtsort**

M. Refugium peccatorum: Zufluchtsstätte für Sünder

F. das Refugium i. a. B., Ausflucht

refugus 3 fliehend, flüchtig

F. der Refugié (franz.): Flüchtling, geflüchteter Hugenotte

re-fulgeo, fulsi 2. **zurückstrahlen;** glänzen, strahlen

re-fundo, fūdi, fūsus 3. **zurückgießen;** pass. zurückströmen; refūsus 3 in sich selbst zurückfließend, die Erde umfließend; — zurückschleudern

F. die Refusion: Zurückgabe, Erstattung

re-fūto 1. (cf. confuto) **zurückweisen, widerlegen**

F. die Refutation: Zurückweisung, Widerlegung

regālis, e (cf. rex) **königlich,** eines Königs; eines Königs würdig, fürstlich

F. die Regalien: die dem König zustehenden Hoheitsrechte — die Regalität: Anspruch auf die Hoheitsrechte — regalieren (franz.): beschenken, bewirten

re-gero, gessi, gestus 3. zurücktragen, -schaffen; — zurückgeben, erwidern

F. das Regest: Inhaltsangabe einer Urkunde — das Register: Verzeichnis; Pfeifenreihe der Orgel; Reihe von Tönen gleicher Klangfarbe (mus.); Einheitsmaß für die Tragfähigkeit von Schiffen

rēgia, ae f. (scil. domus) **Königsburg,** Königsschloß, Residenz; die alte Burg des Numa in Rom; Königszelt, Königsstadt; Königsfamilie; Hofstaat, Königswürde

regificus 3 (cf. rex-facio) königlich, fürstlich

Regillus, i m. E. 1.) Ort im Sabinerland; Regillēnsis adi. und subst. Bewohner von R. 2.) lacus R. kleiner See in Latium, an ihm Schlacht 496 v. Chr., in der Postumius über die Latiner siegte; Regillēnsis, e Beiname in der gens Postumia

regimen, inis n. (cf. rego) **Lenkung,** Leitung; Verwaltung, Regierung, Herrschaft; Steuerruder; Leiter

F. das Regime (franz.): Regierungsform

regina, ae f. (cf. rex) **Königin;** Königstochter *M.* Regina (V)

regio, ōnis f. (cf. rego) **Richtung,** Linie; regionem petere die Richtung einschlagen; recta regione in gerader Richtung; recta fluvii regione parallel mit dem Flusse; de recta regione deflectere vom rechten Weg abgehen; — e regione (adv.) gerade gegenüber (mit gen. und dat.); — **Grenzlinie, Grenze;** Himmelsraum, Weltgegend; — **Gegend,** Landstrich, **Landschaft;** — Stadtbezirk

M. cuius regio, eius religio: der Fürst bestimmt die Religion seiner Untertanen

F. die Region: Gegend, Bezirk, Gebiet — regional: räumlich, flächenhaft — der Regionalismus: Bestrebung nach Selbstverwaltung — regionär: eine Gegend betreffend

regionātim adv. (cf. regio) bezirksweise

Regium, ii n. 1.) Stadt zwischen Modena und Parma (Reggio d' Emilia) 2.) Stadt in Bruttium (Reggio); Regiēnsis und Regīnus adi. und subst. Bewohner von R.

rēgius 3 (cf. rex) **königlich,** des Königs; eines Königs würdig; herrisch, tyrannisch; — regii, ōrum m. Truppen des Königs; Hofleute

re-glūtino 1. wieder auflösen

regnātor, ōris m. (cf. regno) Herrscher

regnātrix, īcis f. (cf. regnator) Herrscherin

rēgno 1. (cf. regnum) **König sein, herrschen,** regieren; den Herrn spielen; — **vorherrschen,** die Oberhand haben; — **beherrschen;** pass. von einem König beherrscht werden

rēgnum, i n. (cf. rex) **Königtum, Königsherrschaft,** Königsthron; —

Herrschaft, Regierung; — **Gewaltherrschaft,** Tyrannei; — **Königreich,** Reich; Königshaus, Herrscherfamilie; — **Gebiet,** Besitztum

rego, rēxi, rēctus 3. **lenken, leiten;** abgrenzen, die Grenzen ziehen; beherrschen, verwalten; **rēctus** 3 gerade, in gerader Richtung; rectā viā geradewegs; ripis et recto flumine gradeaus das Ufer entlang; in rectum gradeaus; — aufrecht, senkrecht; richtig, gehörig, recht; einfach, schlicht; rechtlich, sittlich gut; — recte adv. recht, richtig, gehörig; r. facere richtig behandeln; recte atque ordine vernunft-, ordnungsgemäß; — mit Recht; — wohl, gut, gefahrlos, günstig; — (als Antwort) gut! schön! schon gut!

M. recken, recht (urv.) — recto: richtig, recht, stimmt — recto folio: auf der Vorderseite (eines Blattes)

F. regieren: leiten, lenken, herrschen — der Regens: Leiter, Vorsteher — der Regent: Herrscher — das Regiment: Herrschaft, Verwaltung, Truppenabteilung — die Regierung: Träger der obersten Staatsgewalt, Leitung des Staates; die oberste Gewalt ausübende Behörde — rektifizieren: berichtigen, zurechtweisen, läutern — die Rektifikation: Berichtigung, Richtigstellung; mehrfaches Destillieren (chem.); Bogenberechnung (math.) — der Rektifikator: Apparat zum Destillieren (chem.) — die Rektaszension: gerade Aufsteigung (astron.) — die Rektion: Abhängigkeitsverhältnis der Wörter von einander — das Rekto: Blattvorderseite — das Rektum: Mastdarm (med.) — rektal: den Mastdarm betreffend (med.) — die Rektitis: Mastdarmentzündung (med.)

re-gredior, gressus sum 3. (cf. gradior) **zurückgehen,** zurückschreiten; sich zurückziehen, zurückmarschieren

regressus, ūs m. (cf. regredior) **Rückgang,** Rückkehr; Rückzug; Rücktritt; Rückhalt, Zuflucht

F. der Regreß: Rückgriff, Ersatzanspruch — regressiv: rückläufig, rückwirkend

rēgula, ae f. (cf. rego) Leiste, Latte; Lineal; — **Richtschnur,** Maßstab, Norm, Regel

M. Regula falsi: Rechenverfahren, bei dem eine falsche Zahl als Lösung angenommen und aus dem sich ergebenen Fehler weitergeschlossen wird — Regel (L)

F. die Regula i. a. B. — regulär: regelrecht, regelmäßig — die Regularen: Mitglieder der eigentlichen religösen Orden — das Regulativ: richtunggebende Vorschrift, Verfügung, Geschäftsordnung — die Regularität: Regelmäßigkeit, Richtigkeit — der Regulator: selbständig regelnde techn. Vorrichtung; Pendeluhr — regulieren: ordnen, regeln — die Regulierung: Berichtigung, Verbesserung — das Regal: Wandgestell, Bücherständer — irregulär: unregelmäßig — die Irregularität: Unregelmäßigkeit; Mangel einer zum Empfang der Weihen erforderlichen Eigenschaft

rēgulus, i m. (dem. von rex) kleiner König, Fürst, **Häuptling,** Prinz

M. Regula (V)

Regulus, i m. E. Beiname in der gens Atilia; M. Atilius R. Konsul, in karthagischer Gefangenschaft gestorben, wegen seiner Mannhaftigkeit gepriesen

re-icio (sprich jicio), iēci, iectus 3. (cf. iacio) **zurückwerfen;** zurückschlagen, -treiben; **zurückdrängen,** -stoßen, -weisen, verwerfen, verschmähen; **wegwerfen,** abwerfen; wohin verweisen; **verschieben,** aufschieben

F. rejizieren: abweisen — die Rejektion: Ablehnung, Verwerfung — das Rejektorium: ablehnendes Nachurteil

reiectio, ōnis f. (cf. reicio) **Verwerfung,** Zurückweisung

re-lābor, lāpsus sum 3. **zurückgleiten,** -sinken, -fallen, -kehren

re-languēsco, gui 3. **erschlaffen,** ermatten, verweichlichen

relātio, ōnis f. (cf. refero) das Hinbringen; die öftere Wiederholung (desselben Wortes); — **Berichterstattung,** Vortrag; — Beziehung, Verhältnis

relātor, ōris m. (cf. refero) Berichterstatter

relātus, ūs m. (cf. refero) Vortrag, Berichterstattung

relaxātio, ōnis f. (cf. relaxo) **Erholung,** Erleichterung

re-laxo 1. 1.) **erweitern** 2.) **losmachen,** lockern, öffnen; — **erleichtern,** erquicken, erheitern, mildern; pass. und se relaxare sich erholen

relegātio, ōnis f. (cf. relego) Verschickung, **Verbannung**

F. die Relegation: Verweisung (insbes. von einer Schule)

re-lēgo 1. **fortschicken,** entfernen; — **verbannen;** — zurückweisen; — jdm. etwas zuschieben, -schreiben

F. relegieren: verweisen (inbes. von der Schule)

re-lego, lēgi, lēctus 3. zusammennehmen; — wieder aufsuchen, durchreisen, durchwandern; — wieder durchgehen, erwägen; — von neuem lesen

re-lentēsco, — 3. wieder erschlaffen

re-levo 1. 1.) wieder aufheben 2.) wieder leicht machen, **erleichtern;** — **lindern, mildern;** jdn. wieder aufrichten; pass. sich erholen; — von etw. befreien z. B. morbo

F. relevant: erheblich, belangreich — die Relevanz: Erheblichkeit — irrelevant: unwesentlich — die Irrelevanz: Unerheblichkeit

relictio, ōnis f. (cf. relinquo) das Verlassen

relicuus (arch.) = **reliquus**

religātio, ōnis f. (cf. religo) das Anbinden

religio, ōnis f. (cf. religo) **Bedenken,** Rücksicht, Scheu; frommes Bedenken, Gewissensskrupel; religioni est mit acc. c. inf. man macht sich ein Gewissen daraus; abergläubische Besorgnis, **Aberglauben;** — **Gewissenhaftigkeit;** homo expers religionis ein gewissenloser Mensch; nulla r. Gewissenlosigkeit; — **Gottesfurcht,** Frömmigkeit, **Religiosität;** — Religion, **Gottesverehrung, -glaube, -dienst; Religionswesen,** religiöse Handlung, Zeremonie, **Kultus;** — **Heiligkeit,** das Heilige; heilige Verpflichtung, Eid; nova r. iuris iurandi neue Eidesverpflichtung; religionem conservare seinen Eid halten; — **Heiligtum,** Götterbild; plur. Götterzeichen; — Religionsverletzung, **Frevel, Fluch, Sünde**

F. die Religion: die Verehrung Gottes; Glaubensform

religiōsus 3 (cf. religio) **bedenklich;** religiös bedenklich, skrupelhaft; **gottesfürchtig,** fromm; heilig, ehrwürdig; **gewissenhaft**

F. religiös: fromm, gottesfürchtig — die Religiosen: Mitglieder religiöser Genossenschaften mit einfachen Gelübden — die Religiosität: Frömmigkeit, Gottesfurcht

re-ligo 1. **zurückbinden,** aufbinden; umbinden; — **anbinden,** festbinden

re-lino, lēvi 3. öffnen

re-linquo, liqui 3. **zurücklassen,** hinterlassen, (beim Tode) hinterlassen; — übrig lassen; pass. übrig bleiben; überlassen; — in einem Zustande lassen, liegen lassen; — **verlassen,** aufgeben; **im Stiche lassen;** ungestraft lassen; unerwähnt lassen, übergehen

F. das Relikt: Überbleibsel — der Relikte: Hinterlassene, Hinterbliebene

reliquiae, ārum f. (cf. relinquo) **Überbleibsel, Überreste;** — Hinterlassenschaft

F. die Reliquien: Überbleibsel von Heiligenleibern — das Reliquiar: Behältnis zur Aufbewahrung von Reliquien

reliquus 3 (cf. relinquo) **zurückgelassen,** übriggeblieben, **übrig;** reliquum est, ut es bleibt nur übrig, daß; nihil est reliqui es bleibt nichts übrig; nihil reliqui facere nichts unterlassen, sein Möglichstes tun; reliqui si quid fuerat was sonst noch übrig geblieben war; — **rückständig;** — **künftig;** in reliquum (tempus) für die Zukunft; — der übrige, weitere; reliqui, ae, a die übrigen, die anderen

re-lūceo, luxi 2. zurückleuchten, glänzen

re-lucēsco, lūxi 3. aufleuchten, wieder erglänzen, hell werden

re-luctor 1. dagegen ringen, ankämpfen, sich widersetzen

re-maneo, mānsi, mānsum 2. **zurückbleiben;** verbleiben, bleiben

remānsio, ōnis f. (cf. remaneo) Zurückbleiben, Verbleiben

remedium, ii n. (cf. medeor) **Heilmittel,** Arznei; Heil-, **Hilfsmittel,** Gegen-, Schutzmittel

F. das Remedium i. a. B. — die Remedur: Abhilfe, Abstellung von Mißbräuchen

re-meo 1. **zurückgehen,** -kehren

re-mētior, mēnsus sum 4. wieder messen; astra r. Sterne beobachten; — wieder durchmessen, durchwandern

rēmex, igis m. (cf. remigo) **Ruderer,** Ruderknecht

Rēmi, ōrum m. E. belgischer Volksstamm in der Gegend des heutigen Reims

remigātio, ōnis f. (cf. remigo) das Rudern

remigium, ii n. (cf. remigo) das Rudern; — **Ruderwerk,** Ruder; — die **Ruderer,** Ruderknechte

rēmigo 1. (cf. remus und ago) **rudern**

re-migro 1. **zurückwandern,** -kehren

re-miniscor, — 3. (cf. memini) **sich erinnern;** alcis z. B. parentum r., alcis rei und alqd z. B. officia r., n. pron. oder adi. im acc. z. B. id

M. Reminiscere: „gedenke", Name des zweiten Fastensonntags

F. die Reminiszenz: Erinnerung, Anklang

re-misceo, scui, xtus 2. vermischen

re-missio, ōnis f. (cf. remitto) **das Zurücksenden;** — **das Herablassen;** — Erlassung, Erlaß; — Erholung

F. die Remission i. a. B., Milderung von Abgaben; vorübergehendes Nachlassen von Krankheiten

remissus cf. remitto

re-mitto, mīsi, missus 3. **zurückschikken;** zurückwerfen z. B. pila; — zurückgeben, vergelten; — **loslassen,** fahren lassen; — **nachlassen, vermindern;** iram r. den Zorn aufgeben; pass. und se remittere nachlassen, milder werden, ermatten; — **sich erholen lassen,** erfrischen z. B. animum; se remittere und pass. sich erholen; — erlassen z. B. tributa; — aufgeben, auf etwas verzichten z. B. inimicitias; — zugestehen, einräumen, abtreten z. B. legionem, provinciam; — (intr.) **aufhören, nachlassen;** — remissus 3 abgespannt, schlaff; — lässig, nachlässig, faul; — gelind; — sanft, gelassen; heiter, froh, ausgelassen

F. remittieren: zurücksenden — der Remittent: der im Wechsel bezeichnete erste Wechselnehmer — die Remittende: unverkaufte Bücher — die Remise (franz.): Aufschub, Erlaß; Wagenschuppen — remis: unentschieden; zurückgestellt

Remmius 3 E. Name eines röm. Geschlechts; lex Remmia, die trügerische Ankläger brandmarkte

re-mōlior 4. zurückwälzen, von sich abwälzen

re-mollēsco 3. **weich werden;** sich erweichen lassen; verweichlichen

re-mollio 4. weich machen, verweichlichen

remorāmen, inis n. (cf. remoror) Hemmnis

re-mordeo, mordi, morsus 2. wieder beißen; quälen, beunruhigen

remoris, e (cf. remoror) (selten) langsam

re-moror 1.) (intr.) **verweilen,** säumen 2.) (trans.) **aufhalten,** zurückhalten, hemmen, warten lassen

remōtio, ōnis f. (cf. removeo) Ablehnung, Entfernung

F. die Remotion i. a. B.

remōtus cf. removeo

re-moveo, mōvi, mōtus 2. **wegschaffen,** beseitigen, **entfernen;** mensas r. die Tafel aufheben; arbitris remotis ohne Zeugen; **remōtus** 3 **entfernt,** entlegen, abliegend; — **fern,** frei von etwas; r. ab honestate unanständig

F. removieren i. a. B.

re-mūgio 4. widerbrüllen; zurückbrüllen; zurückschallen

re-mulceo 2. zurückziehen, -beugen

remulcum, i n. Schlepptau

Remulus, i m. E. König von Alba

remunerātio, ōnis f. (cf. remuneror) Vergeltung, Erkenntlichkeit

F. die Remuneration i. a. B., Belohnung, Entschädigung

re-mūneror 1. wieder beschenken, **vergelten,** belohnen

F. remunerieren i. a. B.

Remūria, ōrum n. = Lemuria

Remūria, ae f. E. Ort, wo Remus die Vogelschau anstellte

re-murmuro 1. zurückrauschen

rēmus, i m. **Riemen, Ruder;** remis ventisque, remis velisque, velis remisque mit vollen Segeln, mit aller Macht

M. Ruder, Riemen (urv.)

Remus, i m. E. Bruder des Romulus

re-nārro 1. wiedererzählen

re-nāscor, nātus sum 3. **wiedergeboren werden,** wieder erstehen

M. Renatus, Renate (V)

re-nāvigo 1. zurückschiffen

re-neo 1. (zurückspinnen) wieder auflösen

rēnes, um (seltener ium) m. **die Nieren**

re-nideo 2. zurückstrahlen, glänzen; vor Freude strahlen, freundlich lächeln; höhnisch lächeln, grinsen

re-nītor, nīsus sum 3. sich widersetzen

F. renitent: widerspenstig — die Renitenz: Widerspenstigkeit

re-no 1. zurückschwimmen; auftauchen

rēno, rhēno, ōnis m. (germ. od. kelt.) Pelz

re-nōdo 1. entknoten, auflösen

renovāmen, inis n. (cf. renovo) Erneuerung; neue Gestalt

renovātio, ōnis f. (cf. renovo) **Erneuerung;** r. singulorum annorum Zinszuschlag, Zinseszins

F. die Renovation i. a. B.

re-novo 1. **erneuern,** wiederherstellen; **wiederholen;** hinzurechnen; — **wiederbeleben,** erfrischen; se renovare und pass. sich erholen, wieder zu Kräften kommen

F. renovieren: erneuern, wiederherstellen

renuntiātio, ōnis f. (cf. renuntio) Bekanntmachung. Verkündigung, Anzeige

re-nūntio 1. **zurückmelden,** Bericht erstatten; **berichten,** melden; amtlich **melden; als gewählt ausrufen** z. B. Ciceronem consulem; — **aufkündigen,** aufsagen, absagen z. B. alci amicitiam

F. renunzieren: Verzicht leisten, entsagen — die Renunziation: Verzichtleistung, Entsagung

re-nuo, ui 3. abwinken; — ablehnen, **zurückweisen,** ausschlagen

reor, ratus sum 2. (praes. selten) **meinen, glauben;** — **ratus** 3 in der festen Meinung, **im Glauben,** in der Überzeugung; — berechnet; pro rata (parte) in bestimmtem Verhältnis, verhältnismäßig; — bestimmt, sicher, fest; — gültig, rechtskräftig, geltend, bestätigt; rem ratam habere, ducere, facere genehmigen; alqd mihi ratum est ich genehmige etwas; — (poet.) in Erfüllung gehend; rata facere verba den Wunsch erfüllen

M. pro rata (parte): nach Verhältnis, verhältnismäßig — raten (urv.)

F. die Rate: verhältnismäßiger Beitrag — ratifizieren: genehmigen, bestätigen, gutheißen, vollziehen — die Ratifikation: Genehmigung (insbes. internationaler Abkommen)

repāgula, ōrum n. (cf. repango) Tür-, Torbalken; **Türriegel,** Torriegel; Schranken

re-pandus 3 rückwärts gekrümmt, aufwärts gebogen; calceolus r. Schnabelschuh

reparābilis, e (cf. reparo) wieder herstellbar, ersetzbar

F. reparabel i. a. B. — die Reparabilität: Ersetzbarkeit

re-paro 1. **wiedererwerben,** -anschaffen; wiederherstellen; ersetzen; — verjüngen, erfrischen; — gegen etwas eintauschen, dafür erwerben

F. reparieren: ausbessern, wiederherstellen — die Reparatur: Ausbesserung, Wiederherstellung — die Reparation: Kriegsentschädigung

repastinātio, ōnis f. (cf. repastino wieder umgraben) das Wiederumgraben

re-pello, reppuli (aus repepuli), repulsus 3. **zurückstoßen; — zurücktreiben, vertreiben; ab-, fernhalten, entfernen;** alqm a spe r. jdm. die Hoffnung nehmen; a spe repelli enttäuscht werden; — zurückweisen, abweisen, verschmähen
F. der Repuls: Abweisung, Verwerfung, abschlägige Antwort — die Repulsion: Abstoßung, Rückstoß, Zurückweisung — repulsiv: abstoßend, zurückweisend

re-pendo, pendi, pēnsus 3. **dagegenwägen,** abwägen, für etw. bezahlen; — **vergelten,** entlohnen; — wieder gutmachen, ersetzen

repens, ntis schnell, plötzlich, unerwartet, unvermutet; — neu, frisch; — repens und repente adv. unerwartet, plötzlich

re-pēnso 1. aufwägen, ersetzen, vergelten

repente cf. repens

repentīnus 3 (cf. repens) **plötzlich, unerwartet;** vis repentina Gewaltstreich; exercitus r. plötzlich ausgehobenes Heer; venenum repentinum schnellwirkendes Gift; — neu, augenblicklich, frisch; — repentino adv. = repente

repercussus, ūs m. (cf. repercutio) Rückprall; Widerhall

re-percutio, cussi, cussus 3. **zurückschlagen,** -stoßen, -treiben, -schnellen; pass. zurückprallen, -branden; — repercussus 3 widerhallend, widerstrahlend

re-perio, repperi (aus re-peperi), repertus 4. (cf. pario) wiederfinden; — **auffinden, finden** (was man gesucht hat); reperiuntur qui (mit coni.) es finden sich Leute, die; pass. mit dopp. nom. erfunden werden, erscheinen, sich zeigen, sich erweisen z. B. centurio fortis repertus est; — **erfahren, erkennen;** — erlangen, sich erwerben; — **erfinden,** erdenken, **entdecken**

repertor, ōris m. (cf. reperio) Erfinder, Urheber, Schöpfer, Anstifter
F. das Repertorium: Übersicht, Nachschlagebuch, Sachverzeichnis — das Repertoire (franz.): Verzeichnis, Spielplan eines Theaters

repetītio, ōnis f. (cf. repeto) **Wiederholung**
F. die Repetition i. a. B.

repetītor, ōris m. (cf. repeto) (poet.) Zurückforderer
F. der Repetitor: Nachhilfelehrer, Einpauker — das Repetitorium: Wiederholungsvorlesung, -buch

re-peto, petīvi (petii), petītus 3. **wieder angreifen;** — wieder aufsuchen, zurückkehren; — **zurückholen; wiederholen,** erneuern, wieder anfangen; — **wieder überdenken,** sich ins Gedächtnis zurückrufen; alqd memoriā oder memoriam alcis rei r. sich wieder an etwas erinnern; — zurückzählen, zurückdatieren; — wiedererlangen, -gewinnen z. B. libertatem ;— nachholen z. B. praetermissa; — **zurückverlangen,** wiederfordern; alqd in antiquum ius r. sein altes Recht auf etwas geltend machen; — Ersatz fordern; pecuniae repetundae wiederzuerstattendes Geld, Ersatz für Erpressung; alqm de pecuniis repetundis (pecuniarum repetundarum) postulare jdn. wegen Erpressung belangen; **fordern, verlangen,** beanspruchen; rationem r. Rechenschaft fordern; poenas r. jdn. zur Strafe ziehen; — **ableiten,** herleiten
F. repetieren: wiederholen — der Repetent: Wiederholer, Einpauker, Nachhilfslehrer; sitzengebliebener Schüler

re-pleo, plēvi, plētus 2. (cf. plenus) **wieder anfüllen;** pass. sich wieder füllen; — ergänzen, vervollständigen; — **füllen,** reichlich versorgen; pass. sich füllen

replicātio, ōnis f. (cf. replico) das Wiederaufrollen; kreisförmige Bewegung

re-plico 1. (Schriften) aufrollen, entfalten, aufschlagen
F. replizieren: entgegnen, einwenden — die Replik (franz.): Gegenrede, Wiederholung

rēpo, rēpsi 3. **kriechen,** schleichen
F. das Reptil: Kriechtier

re-pōno, posui, positus (poet. repostus) 3. **zurücklegen,** hinterlegen, aufbewahren, verwahren; **beiseite legen,** ab-, **weglegen;** (Tote) beisetzen; — **wieder hinlegen,** -setzen, -bringen; — wieder zurückbringen, ersetzen, vergelten; — **hinstellen, -legen,** -setzen alqd in re; — unter etwas versetzen z. B. in deos, in numerum deorum; **zu etwas rechnen** z. B. numero hostium; — **auf etwas setzen,** auf etwas beruhen lassen z. B. spem in fortitudine, libertatem in armis; — repostus = **repositus abgelegen,** entlegen, fern

F. reponieren: zurücklegen; aufheben, einordnen; wieder einrenken (med.) — das Repositorium: Büchergestell, Aktenschrank — die Reposition: Wiedereinrichtung von Knochenbrüchen und Verrenkungen

re-porto 1. **zurücktragen,** -bringen, -führen; — **heimbringen** z. B. praedam, spolia, victoriam; — überbringen, melden, berichten

F. reportieren: beitragen, gutschreiben — der Report (franz.): Bericht; Kurszuschlag — der Reporter: Zeitungsberichterstatter — die Reportage (franz.): Berichterstattung in Wort und Bild

re-pōsco, — 3. **zurückfordern,** -verlangen; — (als sein Recht) fordern, verlangen; rationem ab alqo von jemandem Rechenschaft fordern

repositus, repostus cf. repono

repostor, ōris m. (cf. repono) Wiederhersteller

re-pōtia, ōrum n. (cf. poto) „Nachtrinken", Hochzeitsnachfeier

re-praesento 1. (cf. praesens) **vergegegenwärtigen,** vor Augen stellen; — **auf der Stelle tun,** sofort verwirklichen; supplicia r. sofort vollziehen lassen

F. repräsentieren: vertreten, vorstellen, Standeswürde wahrnehmen — der Repräsentant: Stellvertreter; Abgeordneter — die Repräsentation: standesgemäßes Auftreten — repräsentativ: stellvertretend, würdig auftretend

re-prehendo, prehendi, prehēnsus 3. **zurückhalten,** festhalten, ergreifen; — **zurechtweisen, tadeln,** mißbilligen, rügen; — anfechten, widerlegen

reprehēnsio, ōnis f. (cf. reprehendo) das Anhalten; sine reprehensione ohne Anstoß (in der Rede); — Zurechtweisung, **Tadel;** — Widerlegung

reprehēnso 1. (cf. reprehendo) immer wieder zurückhalten

reprehēnsor, ōris m. (cf. reprehendo) Tadler; Verbesserer

reprēndo, prēndi, prēnsus 3. = reprehendo

repressor, ōris m. (cf. reprimo) Unterdrücker, Beschränker

re-primo, pressi, pressus 3. **zurückdrängen,** -treiben; zurückhalten, **aufhalten,** hemmen z. B. impetum; dextram r. die Hand der Versöhnung zurückweisen; — se reprimere sich zurückhalten; — **beschränken,** beschwichtigen ;— **pass. nachlassen**

F. reprimieren i. a. B. — die Repressalie: Gewaltmaßnahme, Vergeltungsmaßnahme — die Repression: Unterdrückung, Hemmung — repressiv: unterdrückend, abwehrend

repromissio, ōnis f. (cf. repromitto) Gegenversprechen

re-promitto, mīsi, missus 3. dagegen versprechen

rēpto 1. (cf. repo) kriechen, schleichen, schlendern

repudiātio ōnis f. (cf. repudio) Zurückweisung

F. die Repudiation i. a. B., Lossagung von einer Verpflichtung

re-pudio 1. (cf. pudet) **zurückweisen, verschmähen,** ablehnen, verwerfen

repudium, ii n. (cf. repudio) **Zurückweisung;** — **Ehescheidung,** Trennung; r. dicere die Ehescheidung aussprechen

re-puerāsco 3. wieder zum Kinde werden

repugnāns cf. repugno

repugnantia, ae f. (cf. repugno) Widerstreit; Widerspruch

re-pūgno 1. **Widerstand leisten,** ankämpfen, **sich widersetzen;** in Widerspruch stehen, unvereinbar sein;

simulatio amicitiae repugnat Heuchelei läßt sich mit Freundschaft nicht vereinigen; — repugnans, ntis widersprechend

repulsa, ae f. (cf. repello) **Zurückweisung;** Niederlage bei der Amtsbewerbung; repulsam ferre, accipere (bei der Wahl) durchfallen; — **abschlägige Antwort,** Abweisung, Fehlbitte

repulsus, ūs m. (cf. repello) das Zurückwerfen

re-pūrgo 1. wieder reinigen; hortum r. jäten; — wegschaffen

reputātio, ōnis f. (cf. reputo) Erwägung, Betrachtung

F. die Reputation: guter Ruf, Ansehen — reputierlich: achtbar, ehrbar

re-puto 1. **berechnen; erwägen,** überdenken

re-quies, ētis f. (acc. requiem und requiētem, abl. requie und requiēte) **Ruhe, Erholung;** — Ruhestätte

M. requiem aeternam dona eis, domine: gib ihnen die ewige Ruhe, Herr!

F. das Requiem: Seelenmesse (nach dem Anfangswort ihres Eingangsgebetes); Vertonung einer Seelenmesse

re-quiēsco, quiēvi, quiētus 3. (requiērunt = requievērunt, requiērant = requievērant u. ä.) **ruhen, ausruhen,** sich erholen; sich beruhigen; — (trans.) ruhen lassen, zu Ruhe bringen; requiētus 3 ausgeruht

M. requiescat in pace (abgek. r. i. p.): er ruhe in Frieden!

re-quiro, sīvi und sii, situs 3. (cf. quaero) (requisīsti = requisivisti u. ä.) **wieder aufsuchen; vermissen;** — **verlangen,** fordern; — **fragen,** nachforschen, nachfragen, sich erkundigen alqd und de re

F. requirieren: fordern, beischaffen, beitreiben — das Requisit: Erfordernis, Bedarf, Zubehör — die Requisition: Forderung, Beitreibung, Beschlagnahme; Ersuchen um Rechtshilfe

rēs, rei f. 1.) **Sache, Ding,** Gegenstand, etwas, das, es; his rebus factum est, ut daher kam es, daß; quae res = id quod; qua in re, in ea (hac) re hierbei; quibus rebus wodurch, hierdurch; — **Sachlage, Zustand, Rücksicht, Umstand;** quod res poscere videtur was die Sachlage zu erfordern scheint; male res se habet die Lage steht schlecht; rerum commutatio Umschwung (der Lage, der Verhältnisse); res secundae Glück; res adversae Unglück; res arduae Not; novis rebus studere auf Umsturz sinnen; res venit ad arma (pugnam) es kam zum Kampfe 2.) **Besitz, Habe, Vermögen,** Hab und Gut; res familiaris Privatvermögen; res tuas tibi habeto nimm dein Hab und Gut zurück (Formel der röm. Ehescheidung); **res publica Staatsvermögen;** Staatswohl, **Staatsinteresse;** e re publica est es liegt im Interesse des Staates; **Gemeindewesen, Staatswesen, Staat; Staatsverwaltung, Staatsgewalt;** ad rem publicam accedere sich der Politik zuwenden; versari in rebus publicis politisch tätig sein; rerum potiri die Staatsgewalt an sich reißen; — **Vorteil, Nutzen, Interesse;** in rem (ex re) alcis est mit inf. und acc. c. inf. es liegt in jds. Interesse; alqd in rem suam convertere sich etwas zunutze machen; — **Ursache, Grund;** eā re, hāc re, quā re, ob eam rem, quam ob rem deshalb; — **Geschäft, Unternehmen, Angelegenheit;** rem bene gerere seine Sache gut machen, seine Angelegenheit besorgen, (militärisch) glücklich kämpfen, ein guter Anführer sein; res militāris (bellica) Kriegswesen; res navālis (maritima) Seewesen; res frumentāria Verproviantierung; res divinae Religionswesen; — **Rechtshandel, Prozeß** 3.) **Handlung, Tat;** res gerere Taten verrichten, handeln, tätig sein; res gestae Taten; re bene gesta nach glücklichem Kampfe; — **Ereignis, Begebenheit;** plur. Geschichte; rerum scriptor Geschichtsschreiber; res veteres alte Geschichte; — **Tatsache, Wirklichkeit, Wahrheit;** ut erat res wie es sich tatsächlich verhielt; rerum exempla bezeichnende Tatsachen; re verā in Wahrheit, in der Tat; re ipsā in der Tat, eigentlich

M. ad rem: zur Sache — Rerum novarum: Papstenzyklika, die zur christlichen Sozialreform aufruft

F. das, der Rebus: (durch Sachen ausdrückend) Bilderrätsel — reell: wirklich, zuverlässig, wahrhaft, redlich, angemessen (vom Preise) — die Reellität: Zuverlässigkeit, Redlichkeit — real: sachlich, wirklich — irreal: nicht wirklich — der Irrealis: Aussageform der Nichtwirklichkeit (sprachl.) — die Realien: wirkliche Gegenstände, Sachkenntnisse; sachliche Unterrichtsfächer — realisieren: verwirklichen, in die Tat umsetzen, zu Geld machen — die Realität: Wirklichkeit, Sachlichkeit, Tatsächlichkeit; plur. Grundstücke, Grundeigentum — die Irrealität: Nichtwirklichkeit — realiter: in der Tat; räumlich — der Realismus: Wirklichkeit, Betonung des Sachlichen, der sachlichen Unterrichtsfächer; Nachahmung der Wirklichkeit, Naturwahrheit; sachgerechtes Denken und Handeln — der Realist: Tatsachenmensch, Anhänger des Realismus — realistisch: der Wirklichkeit entsprechend, wirklichkeitstreu, naturtreu; auf den eigenen Vorteil bedacht — die Republik: demokratische Staatsform

re-sacro 1. entsühnen

re-saevio 4. wieder wüten

re-salūto 1. wieder grüßen

re-sanēsco, sānui 3. wieder genesen

re-sarcio, sarsi, sartus 4. wieder ausbessern, wieder gutmachen

re-scindo, scidi, scissus 3. **wieder zerreißen, einreißen,** niederreißen; **aufheben,** auflösen, vernichten

rescisco, scii und scivi, scitus 3. **wieder erfahren,** Nachricht erhalten

re-scrībo, scrīpsi, scrīptus 3. **zurückschreiben,** schriftlich antworten; **nochmals schreiben,** umschreiben; (militärisch) nochmals ausheben, wieder einberufen; Bescheid geben; — rescriptum, i n. (kaiserlicher Erlaß

F. das Reskript: Bescheid, Erlaß, Verfügung, Antwortschreiben

re-seco, secui, sectus 1. **abschneiden;** alqd ad vivum r. etwas sehr genau nehmen; — hemmen, beseitigen, entfernen

F. die Resektion: Ausschneidung — resezieren: ausschneiden

re-sēmino 1. wieder säen; wieder erzeugen

re-sequor, secūtus sum 3. antworten, erwidern

re-sero 1. (cf. sera) entriegeln, **öffnen;** eröffnen, offenbaren

re-servo 1. **zurücklegen, aufbewahren,** aufsparen; ad extremum r. für den äußersten Fall aufsparen; zur Bestrafung aufsparen; — **erhalten,** erretten

F. reservieren i. a. B. — reserviert: vorbehalten, belegt; zurückhaltend — das Reservat: Vorbehalt — die Reservation: Vorbehalt, Verwahrung; den Indianern vorbehaltenes Gebiet — die Reserve: Zurückhaltung; Rücklage; Ersatzmannschaft

reses, idis (cf. resideo, abl. sing. e, gen. plur. um) sitzengeblieben, zurückgeblieben; — träg, untätig

re-sideo, sēdi, sessum 2. (cf. sedeo) **sitzenbleiben,** sitzen; **zurückbleiben;** — trans. (ein Fest) feiern

F. der Resident: Geschäftsträger, Gesandter

re-sīdo, sēdi, sessum 3. **sich niederlassen;** sich ansiedeln ;— sich senken, sinken; — **sich legen,** nachlassen, sich beruhigen

F. die Residenz: Wohnsitz des Staatsoberhauptes; Hauptstadt; Fürstensitz — residieren: seinen ständigen Wohnsitz haben

residuus 3 (cf. resideo) **zurückbleibend,** übrig, rückständig; subst. n. Überrest

F. das Residuum: Rückstand, Bodensatz

re-sīgno 1. **entsiegeln,** öffnen; — eröffnen; — aufheben, vernichten, zurückgeben, verzichten

F. resignieren: verzichten, entsagen — resigniert: entsagend, gefaßt, ergeben — die Resignation: Verzichtleistung, Abdankung, Ergebung

re-silio, silui 4. (cf. salio) **zurückspringen,** abprallen; — zusammenschrumpfen

re-sīmus 3 aufgestülpt

resīna, ae f. (griech.) Harz

re-sipio, — 3. (cf. sapio) **nach etwas schmecken;** patriam r. die Heimat (Herkunft) erkennen lassen

re-sipisco, sipui (sipii) 3. (cf. resipio) (den Geschmack wiederbekommen) wieder zur Einsicht kommen; wieder zu sich kommen

re-sisto, stiti 3. 1.) **stehenbleiben,** halt machen, still stehen; zurückbleiben; (in der Rede) innehalten, steckenbleiben 2.) **sich entgegenstellen,** sich widersetzen, Widerstand leisten; nullo resistente ohne jeden Widerstand

F. die Resistenz: Widerstand, Widerstandsfähigkeit — irresistibel: unwiderstehlich — die Irresistibilität: Unwiderstehlichkeit

re-solvo, solvi, solūtus 3. **auflösen,** losbinden z. B. equos r. ausspannen; öffnen z. B. litteras; — **entkräften,** erschlaffen z. B. resolutis membris mit entkräfteten Gliedern; — zunichte machen, aufheben z. B. disciplinam

F. resolvieren i. a. B., zerteilen, in niedere Werte umrechenen (math.) — die Resolution: Auflösung, Zerteilung (einer Entzündung) (med.); Umrechnung höherer Werte in niedere (math.); Beschluß, Willenserklärung — resolut: entschlossen, derb — resolutionieren: eine Entschließung fassen — irresolut: unschlüssig — die Irresolution: Unschlüssigkeit — irresoluto (it.): schwankend, weniger abgemessen (mus.)

resonābilis, e (cf. resono) widerhallend

re-sono 1.) (intr.) **widerhallen;** ertönen, erschallen 2.) (trans.) **widerhallen lassen**

F. resonieren i. a. B. — die Resonanz: Widerhall, Mittönen; Schallverstärkung

re-sonus 3 widerhallend

re-sorbeo, — 2. zurückschlürfen, wieder in sich ziehen; mare resorbetur das Meer hat Ebbe

F. resorbieren: einsaugen, aufsaugen — die Resorption: Aufsaugung

re-specto 1. (cf. respicio) 1.) (intr.) **zurückblicken,** sich umblicken 2.) (trans.) **anblicken;** berücksichtigen

F. respektieren: achten, in Ehren halten — respektabel, respektierlich: achtbar

respectus, ūs m. (cf. respicio) **das Zurückblicken; — Rücksicht;** respectu alcis rei in Hinsicht auf; respectu tui in Hinsicht auf dich; — Rückhalt, Zuflucht

F. der Respekt: Achtung, Ehrfurcht — respektive (abgek. resp.): beziehungsweise

re-spergo, spersi, spersus 3. (cf. spargo) **bespritzen,** besprengen

respersio, ōnis f. (cf. respergo) das Bespritzen

re-spicio, spexi, spectus 3. (cf. specio) (intr.) **zurückschauen,** sich umblikken; (trans.) **sich nach etwas umsehen,** hinter sich bemerken; **zurückdenken; — berücksichtigen,** beachten; an etwas denken, für etwas sorgen; erwarten, erhoffen; — sich beziehen, angehen

respirāmen, inis n. (cf. respiro) Luftröhre

respirātio, ōnis f. (cf. respiro) das Aufatmen, Atemholen; Pause; — Ausdünstung

F. die Respiration: Atmung

respirātus, ūs m. (cf. respiro) das Aufatmen

re-spiro 1. **ausatmen; aufatmen,** Atem holen; wieder zu Atem kommen, sich erholen, zu Ruhe kommen

F. respirieren: atmen — der Respirator: Atemfilter

re-splendeo, ui 2. widerstrahlen

re-spondeo, spondi, spōnsus 2. **dagegen versprechen,** geloben, zusagen; par pari r. Gleiches mit Gleichem vergelten; — **antworten,** erwidern alci alqd; ad nur bei substantivierten Neutris z. B. ad haec; — (vom Orakel) **Bescheid geben,** Rat erteilen; — Rechtsbescheid geben; — (bei Namensaufruf) **sich melden,** erscheinen; — **entsprechen,** übereinstimmen, ähnlich sein z. B. fructus labori non respondet; — **gewachsen sein** z. B. urbs impetui non respondet; responsum, i n. Antwort; Rechtsbescheid; Orakelspruch

F. das Responsorium: kirchlicher Wechselgesang — responsabel: verantwortlich — korrespondieren: Briefe wechseln; entsprechen — der Korrespondent: Briefschreiber; Berichterstatter einer Zeitung — die Korrespondenz: Briefwechsel, Zeitungsbericht; Übereinstimmung

respōnsio, ōnis f. (cf. respondeo) **Antwort;** sibi ipsi r. Selbstwiderlegung

respōnsito 1. (cf. responso) Bescheid geben

respōnso 1. (cf. respondeo) Antwort geben; widerstehen, trotzen z. B. cupidinibus

respōnsum, i n. cf. respondeo

res publica cf. res

re-spuo, ui 3. **ausspeien; abweisen,** verschmähen, verachten

re-stāgno 1. **überfließen, austreten,** überschwemmt sein

re-stauro 1. wiederherstellen, erneuern

M. Steuer (urv.)

F. restaurieren i. a. B., erfrischen, erquicken — der Restaurator: Wiederhersteller beschädigter Kunstwerke — die Restauration: Wiederherstellung, Eerneuerung, Erfrischung, Wiedereinsetzung; Gastwirtschaft — das Restaurant (franz.): Gastwirtschaft

resticula, ae f. (dem. von restis) kleiner Strick

restinctio, ōnis f. (cf. restinguo) das Löschen

re-stinguo, stīnxi, stīnctus 3. **löschen, auslöschen; ersticken,** dämpfen, mäßigen, unterdrücken, vernichten

re-stipulor 1. ein Gegenversprechen fordern

restis, is f. (acc. im und em, abl. e) **Strick,** Tau, Seil

re-stito 1. (cf. resto) zurückbleiben; zaudern

re-stituo, ui ūtus 3. (cf. statuo) **wieder hinstellen;** wieder einsetzen, zurückversetzen; in regnum r. als König wieder einsetzen; in antiquum statum r. in den alten Zustand versetzen; in integrum r. in den alten Rechtszustand, in seine alten Rechte einsetzen; — **zurückrufen, zurückführen** z. B. in patriam; — **wiedergeben,** wiederzustellen z. B. libertatem alci r. jdm. die Freiheit wiedergeben; — wiedergewinnen z. B. populo Romano; se alci r. sich aussöhnen, wieder befreunden; — **ersetzen** z. B. damnum; — **wiederherstellen** z. B. muros; pugnam r. den Kampf erneuern *F.* restituieren i. a. B

restitūtio, ōnis f. (cf. restituo) Wiederherstellung; Wiedereinsetzung; Begnadigung

F. die Restitution i. a. B.

restitūtor, ōris m. (cf. restituo) Wiederhersteller

re-sto, stiti 1. **zurückbleiben; übrig bleiben;** restat, ut und mit inf. es steht noch aus, bleibt noch übrig, daß oder zu; nihil aliud restat, nisi oder quam es bleibt nichts andres übrig als; — noch bevorstehen; — Widerstand leisten, **widerstehen;** qua minima vi restatur wo der geringste Widerstand geleistet wird

M. Rest (L)

F. restieren i. a. B., mit seiner Zahlung im Rückstand sein — der Restant: Schuldner, plur. außenstehende Schulden; Ladenhüter

restrictus 3 cf. restringo

re-stringo, strīnxi, strictus 3. zurückbinden, fesseln; beengen, hemmen, zurückhalten; **restrictus** 3 **straff;** streng, pünktlich; **karg,** knapp

F. restringieren: zusammenziehen, einschränken — die Restriktion: Beschränkung, Einschränkung — die Restrictio mentalis: Gedankenvorbehalt

re-sūdo 1. ausschwitzen

re-sulto 1. (cf. resilio) zurückspringen, -prallen; widerhallen

F. resultieren: sich ergeben — die Resultante: die Gesamtkraft, die sich aus den Einzelkräften zusammensetzt — das Resultat: Ausgang, Ergebnis, Auflösung einer Rechenaufgabe

re-sūmo, sūmpsi, sūmptus 3. **wieder nehmen,** wieder aufnehmen, anlegen; erneuern; wieder gewinnen

re-supino 1. nach rückwärts beugen, zurückstoßen, rücklings zu Boden werfen

resupinus 3 **zurückgebogen,** -gelehnt, auf dem Rücken liegend; — hochfahrend, stolz

re-surgo, surrēxi, surrēctus 3. **wieder aufstehen,** sich wieder aufrichten; **wieder genesen,** aufblühen, erstehen
F. die Resurrektion: Auferstehung (der Toten)

re-suscito 1. wieder erregen

retardātio, ōnis f. (cf. retardo) Verzögerung

re-tardo 1. **verzögern,** zurückhalten; **aufhalten,** hemmen, hindern
M. ritardando (it.): zögernd, verlangsamend (mus.)
F. retardieren i. a. B. — die Retardation: Verzögerung, Verspätung — das Retardat: Rückstand, verzögerte Zahlung, verzögertes Geschäft

rēte, is n. **Netz,** Garn, Fisch-, Jagdnetz
F. die Retina: Netzhaut des Auges (med.) — retikular: netzförmig

re-tego, tēxi, tectus 3. **aufdecken, entblößen;** retēctus ungedeckt (durch den Schild); — sichtbar machen, erhellen, entdecken, offenbaren; pass. sichtbar werden

re-tempto 1. wieder versuchen

re-tendo, tendi, tentus (tēnsus) 3. zurück-, abspannen

re-tento 1. (cf. retineo) zurückhalten, **festhalten**

re-texo, texui, textus 3. **wieder auftrennen; ungültig, rückgängig machen,** widerrufen; **erneuern,** wiederholen

reticentia, ae f. (cf. reticeo) **das Schweigen;** Abbrechen (der Rede)

re-ticeo, ui 2. (cf. taceo) **schweigen;** (trans.) **verschweigen**

reticulum, i n. (dem. von rete) kleines Netz

Retina, ae f. E. Ort am Vesuv (Resina)

retināculum, i n. (cf. retineo) Halter, Band; Zügel, Leine; Tau, Ankertau

retinens cf. retineo

re-tineo, tinui, tentus 2. (cf. teneo) **zurück-, festhalten; behalten;** — **beibehalten,** behaupten, nicht aufgeben; alqd (in) memoria, memoriam alcis rei r. etwas in der Erinnerung bewahren; alqm in officio (fide) r. treu erhalten; — zügeln; — retinens, ntis festhaltend an (mit gen.)
M. ritenuto (it.): zurückhaltend (mus.)
F. die Retention: Zurückhaltung, Vorenthaltung

re-tinnio 4. widerklingen

re-tono, tonui 1. widerhallen

re-torqueo, torsi, tortus 2. **zurückdrehen, -wenden;** manus retortae auf dem Rücken gebundene Hände; zurückdrängen, -schlagen, -schleudern
F. retorquieren i. a. B., vergelten — die Retorsion: Vergeltungsmaßregel — die Retorte: Destilliergefäß

re-torridus 3 verdorrt, trocken; gerieben, schlau

retractātio, ōnis f. (cf. retracto) Ablehnung, Weigerung

re-tracto 1. **zurückziehen; sich weigern,** sich sträuben; **wieder betasten,** berühren, aufs neue ergreifen; — **wieder vornehmen, behandeln,** bearbeiten; — wieder erwägen; — retractātus 3 wieder bearbeitet, umgearbeitet

retractus cf. retraho

re-traho, trāxi, tractus 3. **zurückziehen,** -bringen, -holen; (Gefangene, Flüchtlinge) einbringen; — **zurückhalten,** abhalten; a re publica r. den Staatsgeschäften entziehen; se r. sich zurückhalten, fernhalten, zurückziehen ab alqa re; — **von neuem ziehen,** schleppen; wieder ans Licht ziehen; — **hinziehen,** hinführen; — z. B. in odium alcis bei jdm. verhaßt machen; — retractus 3. zurückgezogen, entfernt, versteckt
F. retrahieren i. a. B., sein Wort zurücknehmen; einen Rückwechsel ausstellen — der Retrahent: einer, der das Näherrecht ausübt (jur.) — der Retrakt: das Zurückziehen (jur.); Eintritt in die Rechte eines Verkäufers (jur.); Verkauf (jur.)

retrecto 1. = retracto

re-tribuo, ui, ūtus 3. **zurückgeben, wieder zustellen**

retrō adv. (cf. intro) **zurück, rückwärts;** mit Verben der Bewegung z .B. ire, cedere, fugere; — hinten;

— zurück, rückwärts z. B. ponere; — (zeitlich) vorher z. B. retro usque ad Romulum

F. retrodatieren: zurückdatieren — retrospektiv: rückblickend — retrograd: zurückgehend, rückläufig — retrovertieren: zurückbeugen; zurückübersetzen — die Retroversion: Zurückbeugung; Rückübersetzung; Rückwärtsbeugung, -lagerung (med.) — retroaktiv: rückwirkend — die Retrozession: Zurücktreten (med.); Wiederabtretung — die Retroflexion: Rückwärtsknickung (med.)

retrōrsum und sus adv. (cf. retro-versum) zurück, rückwärts

retro-versus (arch. vorsus) 3 zurückgewandt, -gekehrt

re-trūdo, trūsi, trūsus 3. zurückstoßen; — retrūsus 3 versteckt, verborgen

re-tundo, tudi (rettudi aus re-tutudi), retūnsus (retūsus) 3. **zurückstoßen; abstumpfen;** — **dämpfen,** zähmen, **unwirksam machen,** vereiteln; — **retūnsus** (retūsus) 3 **stumpf;** abgestumpft, stumpfsinnig

Reudigni, ōrum m. E. germanischer Volksstamm an der Elbemündung

reus, i m. (cf. res Prozeß) **der Angeklagte;** rea, ae f. die Angeklagte; alqm reum facere verklagen; reus fit er wird angeklagt; reum peragere die Klage gegen jdn. durchführen; in reos referre in die Liste der Angeklagten eintragen, in Anklagezustand versetzen; de reis eximere aus der Anklageliste streichen; mit gen. z. B. r. parricidii wegen Vatermordes; r. capitis auf den Tod angeklagt; — schuldig, zu etwas verpflichtet; r. voti zur Erfüllung des Gelübdes verpflichtet

re-valēsco, ui 3. wiedergenesen, -erstarken

re-veho, vēxi, vectus 3. **zurückfahren,** -führen, -schaffen, -bringen; — pass. zurückfahren, -kommen, -reiten

re-vello, velli (arch. volsi), vulsus (arch. volsus) 3. **weg-, los-, herausreißen;** — **aufreißen, -brechen,** öffnen

re-vēlo 1. enthüllen, entblößen

re-venio, vēni, ventum 4. **zurückkommen,** heimkehren

re-vēra adv. cf. res

re-verbero 1. zurückschlagen

F. reverberieren: das Licht zurückwerfen — die Reverberation: Rückstrahlung, Widerschein — der Reverbere: Lichtwerfer, Rückspiegelungsteller

reverens cf. revereor

reverentia, ae f. (cf. revereor) **Ehrfurcht, Achtung,** Ehrerbietung; — Göttin der Ehrfurcht

F. die Reverenz: Verbeugung, Ehrfurchtsbezeigung

re-vereor, itus sum 2. **scheuen; Ehrfurcht haben,** verehren; — **reverens,** ntis ehrerbietig, achtungsvoll

M. reverendi ministerii candidatus (abgek. r. m. c.): Pfarramtsanwärter — reverendus: ehrwürdig, hochwürdig (Titel für Geistliche)

reversio, ōnis f. (cf. revertor) **Umkehr; Rückkehr**

F. die Reversion i. a. B., Rückfall

re-vertor (arch. vortor), reverti, reversus 3. **zurückkehren, umkehren;** — (in der Rede) auf etwas zurückkommen

F. reversibel: umkehrbar, umwendbar — der Revers (franz.): Kehrseite, Rückseite (einer Münze); Umschlag (bei Mänteln, Röcken); Verpflichtungsschein, schriftl. Erklärung

re-vincio, vinxi, vinctus 4. zurückbinden; **fest-, anbinden,** befestigen; umwinden

revinco, vīci, victus 3. **siegreich niederwerfen, überwältigen,** unterdrücken; jdn. überführen, widerlegen

re-virēsco, virui 3. (cf. revireo) **wieder grünen,** wieder ausschlagen; **wieder aufblühen,** wieder erstarken; sich verjüngen

re-viso, visi 3. wiedersehen, wiederbesuchen; etwas **berichtigen**

re-vivisco, vīxi, victum 3. (cf. re-vivo) **wieder aufleben,** wieder erstarken

revocābilis, e (cf. revoco) zurückrufbar

revocāmen, inis n. (cf. revoco) Rückruf, Warnung

revocātio, ōnis f. (cf. revoco) **Rückberufung;** r. verbi Wiederholung

re-voco 1. **zurückrufen;** a morte r. ins Leben zurückrufen; — **zurückziehen,** -wenden, -setzen, **-bringen** z. B. pedem, manus, oculos; (milit.) abberufen z. B. ab opere; — **zurückhalten;** — zurückführen; **wiederherstellen,** erneuern z. B. animos r. wieder Mut fassen; memoriam alcis rei r. sich an etwas erinnern; — abbringen, zurückhalten z. B. a scelere, ab agricultura; — **widerrufen,** rückgängig machen z. B. libertatem; — **wieder rufen,** nochmals rufen; zur Wiederholung auffordern (z. B. Schauspieler); — wieder einberufen z. B. veteranos; — dagegen rufen; jdn. wieder einladen; — **auf etwas beziehen, hinweisen, zu etwas kommen lassen** z. B. rem ad populum r. die Entscheidung dem Volke anheim stellen; rem ad sortem, in partem r. es zur Losung, Teilung kommen lassen; rem ad arbitrium suum r. sich die Entscheidung vorbehalten; alqd in crimen r. etw. als Schuld auffassen

F. revozieren: widerrufen — die Revokation: Abruf, Widerruf

re-volo 1. zurückfliegen, zurückeilen

re-volvo, volvi, volūtus 3. **zurückrollen,** -wälzen; pass. zurückfallen, -sinken, -rollen, in etwas verfallen, geraten; equo revolvi vom Pferde stürzen; revoluta aequora Ebbe; dies revoluta der im Kreislauf wiederkehrende Tag; saecula revoluta vergangene Jahrhunderte; — (ein Buch) aufschlagen; — wiederholen; — etwas zurückführen; pass. zurückkommen auf etwas (bes. im Sprechen und Denken) z. B. ad memoriam revolvi wieder gedenken

F. der Revolver: drehbare Trommel oder Scheibe; Mehrladepistole — die Revolte (franz.): Empörung, Aufruhr — revoltieren: sich empören — die Revolution: Umsturz, Staatsumwälzung, gewaltsame Erschütterung — revolutionär: aufrührerisch — revolutionieren: aufwiegeln, umwandeln, umwälzen

re-vomo, ui, itum 3. wieder ausspeien

re-vortor (arch.) = revertor

rēx, rēgis m. **König,** Fürst, Herrscher; Perserkönig; Suffet (in Karthago); Prinz; pl. Königspaar, Königsfamilie, Königshaus; — **Gewaltherrscher,** Tyrann, Despot; **Opferpriester; Haupt, Herr,** Leiter, Beschützer, Patron

M. Reich, reich (urv.)

F. der Rexist: Anhänger einer belgischen katholischen Partei

Rhadamanthus und os, i m. E. Sohn Jupiters und der Europa, Richter in der Unterwelt

Rhaeti, Rhaetia cf. Raetia

Rhamnus, ūntis f. E. attischer Flekken am Euripus, mit einem Tempel der Nemesis; Rhamnūsis, idis oder Rhamnūsia, ae f. = Nemesis

Rhamses, is m. E. ägyptischer König

rhaps-ōdia, ae f. (griech.) Gesang Homers

F. die Rhapsodie: von Rhapsoden (wandernden Sängern) vorgetragenes Lied; auf Volksliedern beruhende Tondichtung

Rhea = Rea

Rhea, ae f. E. = Kybele

rheda = raeda

Rhēgium = Regium

rheno = reno

Rhēnus, i m. Rhein; flumen Rhenum (adi.) Rheinstrom

Rhēsus, i m. E. Thrazierkönig, Bundesgenosse der Troer

rhētor, oris m. (griech.) Lehrer der Beredsamkeit; **Redner**

F. der Rhetor i. a. B.

rhetoricus 3 (griech.) zum Rhetor, zur Rhetorik gehörig, rednerisch; (ars) rhetorica Redekunst

F. rhetorisch i. a. B.

rhinoceros, ōtis m. (griech.) Rhinozeros (F), Nashorn

Rhion und um, i n. E. Vorgebirge in Achaia

Rhiphaeus cf. Ripaeus

Rhizon, onis f. E. Stadt in Illyrien (Risano); Rhizonīta adi. und subst. Bewohner von Rh.

Rhoda, ae f. E. Stadt in Nordostspanien (Rosas)

Rhodanus, i m. E. Rhone

Rhodius cf. Rhodus

Rhodopa, ae und e, ēs f. E. Bergkette in Thrazien; Rhodopēius 3 rhodopeisch, thrazisch

Rhodos und us, i f. E. 1.) die bekannte Insel; Rhodius, Rhodiēnsis adi. und subst. Bewohner von Rh. 2.) die Nymphe der Insel, Geliebte des Sonnengottes

Rhoetēum, i n. E. Vorgebirge und Stadt am Hellespont; Rhoetēus und Rhoetēīus 3 trojanisch; Rhoetēum (scil. mare) das Meer bei Rh.

Rhoetus, i m. E. 1.) Zentaur 2.) Gigant

rhombus, i m. (griech.) **Kreisel,** Zauberrad der Zauberer; — Plattfisch, **Butte**

F. der Rhombus: Raute, gleichseitiges Parallelogramm

rhomphaea, ae f. (griech.) breites zweischneidiges Schwert

Rhōsus, i f. E. Seestadt in Ostcilicien; Rhosiacus 3 rhosisch

Rhoxolāni, ōrum m. E. szyth. Reitervolk

rhythmicus, i m. (griech.) Rhythmiker, Lehrer des Rhythmus

ricinium, ii n. kleines Kopftuch

rictum, i n. und rictus, ūs m. (cf. ringor) der offene Mund; offener Rachen

rīdeo, rīsi, rīsus 2. 1.) (intr.) **lachen, lächeln,** zulächeln; strahlen; — 2.) (trans.) **belachen, verlachen, über etwas lachen,** verspotten

ridiculus 3 (cf. rideo) **lächerlich; scherzhaft, spaßhaft, witzig;** — ridiculum, i n. Spaß, Scherz, Witz; per r. im Scherz; ad r. convertere ins Lächerliche ziehen

rigeo, ui 2. (cf. frigus) **starr sein,** steif sein; strotzen; **emporstarren,** emporragen

rigēsco, rigui 3. (cf. rigeo) **erstarren,** hart werden; starr emporstehen, sich sträuben

rigidus 3 (cf. rigeo) **starr, steif,** fest; **emporragend,** emporstarrend; — **fest,** unbeugsam, **unerschütterlich;** — rauh, abgehärtet, **wild, grausam**

rigo 1. Wasser wohin leiten; **bewässern;** benetzen

Rigodūlum, i n. E. Stadt an der Mosel, nördlich von Trier (Reol)

rigor, ōris m. (cf. rigeo) **Starrheit,** Steifheit; — **Kälte,** Frost; — **Härte, Strenge,** Unbeugsamkeit

F. rigoros: streng, hart — das Rigorosum: strenge Prüfung, mündl. Doktorprüfung — der Rigorismus: übertrieben strenge Handlungs- und Denkweise — der Rigorist: zu streng Denkender, Lehrender — rigoristisch: zu streng — die Rigorosität: rücksichtslose Strenge

riguus 3 (cf. rigo) bewässernd; bewässert

rima, ae f. **Ritz,** Ritze, Spalte; ignea r. der die Wolken spaltende Blitz

rimor 1. (cf. rima) **aufreißen, durchwühlen,** durchstöbern; **ausforschen**

rimōsus 3 (cf. rima) voll von Rissen, leck; auris rimosa Ohr eines Schwätzers, der nichts für sich behält

ringor 3. die Zähne fletschen; sich ärgern

rīpa, ae f. **Ufer, Flußufer;** poet. auch Meeresufer; plur. Ufergegend

Ripaeus und Riphaeus 3 E. zu einem sagenhaften Gebirge am Nordrand der Erde gehörig; nördlich, stürmisch

ripēnsis, e (cf. ripa) am Ufer liegend

rīsor, ōris m. (cf. rideo) Spötter

rīsus, ūs m. (cf. rideo) **Lachen,** Gelächter; alci risui esse von jdm. ausgelacht werden; in risum vertere lächerlich machen; — Gegenstand des Gelächters, Spott, Hohn

rite adv. (cf. ritus) **nach heiligem Brauch, nach altehrwürdiger Sitte;** — **auf rechte Weise,** gehörig, mit Recht

F. rite i. a. B., genügend (als Prüfungswertung)

ritus, ūs m. **heiliger Brauch, religiöse Satzung,** gottesdienstliche Zeremonie; — **Brauch,** Gewohnheit, Sitte; — ritu (abl. mit gen.) nach Art von, wie z. B. r. mulierum

F. der Ritus i. a. B., kirchlicher Brauch; kirchlich geregelte Vollzugsform, gottesdienstliche Handlung; Gesamtheit aller kirchlichen Gepflogenheiten einer Einzelkirche — ritual, rituell: zum Ritus gehörig — das Rituale: amtliches Buch mit Anweisungen für die Riten — der Ritualismus: dem Katholizismus sich nähernde Strömung der englischen Kirche, Richtung der Oxfordbewegung

rivālis, is m. (cf. rivus) „Bachnachbar", Mitberechtigter zum Wasserbezug, **Nebenbuhler;** sine rivali amare ohne Nebenbuhler lieben, etwas Unwertes lieben

F. der Rivale i. a. B. — rivalisieren: wetteifern

rivālitas, tātis f. (cf. rivalis) Eifersucht, Nebenbuhlerschaft

F. die Rivalität i. a. B., Wettbewerb

rivulus, i m. (dem. von rivus) Bächlein

rīvus, i m. **Bach;** e rivo flumen facere aus einer Mücke einen Elefanten machen; r. lacrimarum Tränenstrom; liquidus fortunae r. Strom lauteren Goldes; — Kanal, Wassergraben *M.* rinnen (urv.)

rixa, ae f. **Zank, Streit,** Rauferei

rixor 1. **hadern, streiten,** zanken

robīgo und rubigo, inis f. (cf. ruber) **Rost;** Zahnfäule; Brand, Rost (des Getreides); Untätigkeit; Robīgo, inis f. die gegen den Getreidebrand angeflehte Gottheit

roboreus 3 (cf. robur) eichen

rōboro 1. (cf. robur) **stärken,** kräftigen

F. Roborantia: stärkende Mittel (med.) — die Korrobation: Kräftigung

rōbur, oris n. **Eichenholz, Kern-, Hartholz;** — aus Eichenholz Bereitetes: Keule, Bank, Speer, Pflug; — unterirdischer Kerker im römischen Staatsgefängnis; — Eiche; — **Stärke, Kraft,** Festigkeit; **Stamm, Kern; Kernmannschaft, Kerntruppen;** Kernpunkt, Mittelpunkt

F. das Roburit: Sprengstoff

robustus 3 (cf. robur) **eichen, aus** Hartholz; **stark, kräftig,** stämmig

F. robust i. a. B., derb

rōdo, si, sus 3. (cf. rado) **nagen, benagen; verkleinern,** herabsetzen

F. erodieren: abnagen, wegfressen, wegbeizen — die Erosion: Zernagung, Auswaschung, Abschürfung, Zerklüftung — erosiv: auswaschend

rogālis, e (cf. rogus) des Scheiterhaufens

rogātio, ōnis f. (cf. rogo) **Gesetzvorschlag, Antrag;** rogationem ferre einen Antrag einbringen, perferre durchbringen; rogationem suadere zum Antrage raten, dissuadere vom Antrage abraten; — Bitte; — Frage (Redefigur)

F. die Rogation: Fürbitte

rogatiuncula, ae f. (dem. von rogatio) kleine Anfrage

rogātor, ōris m. (cf. rogo) Antragsteller; Stimmensammler; r. comitiorum Vorsitzender der Volksversammlung

rogātu (cf. rogo) auf Bitten

rogito 1. (cf. rogo) wiederholt fragen

rogo 1. 1.) **fragen, befragen** alqm jdn., alqd nach etwas; alqm, alqd nur, wenn die Sache das Neutrum eines pron. oder adi. ist z. B. hoc te rogo; alqm sententiam rogare einen Senator um seine Meinung befragen, abstimmen lassen; — populum, plebem, legem r. (beim Volke) ein Gesetz beantragen; alci provinciam r. für jdn. eine Statthalterschaft beantragen; — populum (plebem) magistratum r. dem Volke einen Beamten zur Wahl vorschlagen; — milites sacramento r. vereidigen, den Fahneneid schwören lassen; — 2.) **bitten,** ersuchen alqd z. B. arma, auxilium, veniam; mit acc. der Person z. B. te rogo; alqm alqd nur, wenn die Sache das Neutrum eines pron. oder adi. ist z. B. multa te rogo um vieles bitte ich dich

F. der Rogate: Name des fünften Sonntags nach Ostern

rogus, i m. (cf. rego) (das Aufgerichtete) **Scheiterhaufen;** Grab

Roma, ae f. E. Rom, 753 v. Chr. gegründet; — **Romānus,** i m. **Römer;** Romānus 3 **römisch**

M. Roma aeterna: das ewige Rom — Roma locuta, causa finita: Rom (der Papst) hat gesprochen, die Sache ist erledigt

romphaea = rhomphaea

Rōmulus, i m. E. Sohn der Rea Silvia und des Mars. Zwillingsbruder des Remus, der sagenhafte Gründer Roms; Romuleus und Romulus 3 des R.; — Romilius 3 Name einer Tribus; — Romulides, ae m. Abkomme des Romulus, Römer

rorārii, orum m. Leichtbewaffnete, hinter den Triariern aufgestellt

roridus 3 (cf. ros) betaut

rōro 1. (cf. ros) **tauen;** triefen, träufeln, feucht sein; **betauen**

F. das Rorate: die nach dem lateinischen Meßeingang (rorate coeli tauet, ihr Himmel) benannte Votivmesse in der Adventszeit

rōs, rōris m. 1.) **der Tau;** plur. Tautropfen; Naß, Feuchtigkeit; r. liquidus Quellwasser; r. stillans Blut 2.) Strauchart; ros marinus, r. maris Rosmarin (L)

rosa, ae f. (griech.) **Rosenstock; Rose** (L); Rosenkranz *M.* Rosa (V)

F. die Rosazeen: rosenartige Gewächse — rosa: blaßrot

rosārium, ii n. Rosengarten, Rosenhecke

F. das Rosarium i. a. B., Rosenkranz

rōscidus 3 (cf. ros) tauig, betaut; betauend, träufelnd

Roscius 3 E. Name eines röm. Geschlechts 1.) S. Roscius Amerīnus wurde, fälschlich des Vatermordes angeklagt, von Cicero verteidigt 2.) Q. Roscius Gallus gefeierter römischer Schauspieler zur Zeit Sullas 3.) L. Roscius Otho Volkstribun 67 v. Chr., der den Rittern die ersten 14 Theaterreihen zuwies; Rosciānus 3 des R.

Rosea und ia, ae f. E. fruchtbare Gegend in Sabinerland; Roseus und ius 3 aus R.

rosētum, i n. (cf. rosa) Rosenhecke, Rosengarten

roseus 3 (cf. rosa) rosig, rosenrot

rosmarinus cf. ros

rostrātus 3 (cf. rostrum) **geschnäbelt;** mit Schiffsschnäbeln verziert; corona rostrata Ehrenkranz für Auszeichnungen zur See; columna rostrata Ehrensäule des C. Duilius auf dem Forum mit den Schiffsschnäbeln der bei Mylae eroberten karthagischen Schiffe

rōstrum, i n. (cf. rodo) **Schnabel, Rüssel;** — **Schiffsschnabel,** Ramme; plur. **rostra,** ōrum n. **Rednerbühne** auf dem röm. Forum, mit Schiffsschnäbeln geziert

rota, ae f. **Rad, Wagenrad;** Wagen; Töpferscheibe; Folterrad; Rolle, Walze; Kreis, Kreislauf; — **Veränderlichkeit, Wechsel**

M. Rad (urv.) — Rolle (aus rotula) (L)

roto 1. im Kreise herumdrehen, schwingen, schleudern z. B. telum; — pass. sich im Kreise drehen

F. rotieren: sich um eine Achse drehen — die Rotation: drehende Bewegung um die Achse — der Rotor: Läufer (Anker), elektr. Maschine — die Rotatorien: Rädertiere — Rotaryklub (engl.): Reihumklub, internationale Organisation

rotundo 1. (cf. rotundus) rund machen, abrunden; (Geldsummen) voll machen

rotundus 3 (cf. rota) **rund;** mutare quadrata rotundis aus einem Extrem ins andere fallen; — abgerundet, vollkommen

F. die Rotunde: Rundbau

Rōxane, ēs f. E. Gemahlin Alexanders des Gr.

Roxolāni, ōrum m. E. sarmatisches Reitervolk

rube-facio, fēci, factus 3. (cf. rubeo) röten

rubeo, ui 2. (cf. ruber) **rot sein;** vor Scham erröten; — schimmern, glänzen, prangen; — rubens, ntis rot

ruber, bra, brum **rot** (urv.), gerötet, rubrum mare Persischer und Arabischer Meerbusen; Indischer Ozean
M. der Rubin (L)
F. das Rubrum: Inhaltsangabe, Aktenaufschrift (früher rot geschrieben) — die Rubrik: Aufschrift, Abteilung, Abschnitt, Spalte, Gattung — rubrizieren: mit einer (roten) Überschrift versehen, bezeichnen, einordnen — der Rubrikator: der die Anfangsbuchstaben bunt ausmalende mittelalterlicher Schreiber

rubēsco, bui 3. (cf. rubeo) rot werden

rubēta, ae f. (cf. ruber) Kröte

rubētum, i n. (cf. rubus) Brombeergesträuch

rubeus 3 (cf. rubus) vom Brombeerstrauch

Rubi, ōrum m. E. Stadt in Apulien (Ruvo)

Rubico und on, ōnis m. E. Grenzflüßchen zwischen Umbrien und dem Zisalpinischen Gallien, dort der bekannte Übergang Cäsars 49 v. Chr.

rubicundus 3 (cf. rubeo) hochrot, rot, rötlich

rubīgo = robigo

rubor, ōris m. (cf. rubeo) **Röte, Rot;** rote Schminke; rote Gesichtsfarbe; Zornesröte; — **Schamröte;** ruborem adferre alci jdn. schamrot machen; — **Verschämtheit, Schamhaftigkeit;** Beschämung, **Schande,** Schimpf

rubrīca, ae f. (cf. ruber) Rötel, Eisenocker

Rubrius 3 E. Name eines römischen Geschlechts

rubus, i m. Brombeerstrauch; Brombeere

ructo und ructor 1. rülpsen, Aufstoßen haben; — (trans.) etwas ausrülpsen, ausspeien

ructus, ūs m. (cf. ructo) das Rülpsen, Aufstoßen

rudens, ntis m. **Schiffstau;** rudentibus apta fortuna das Glück des Schiffsherrn hängt wie das Schiff an einem Seile, es ist sehr ungewiß

Rudiae, ārum f. Stadt in Apulien, Geburtsort des Dichters Ennius; Rudīnus adi. und subst. Bewohner von R., = Ennius

rudimentum, i n. (cf. rudis) **erster Versuch,** Vorschule, Probestück
F. das Rudiment: roher Anfang einer Sache, erste Grundlage — rudimentär: unausgebildet, verkümmert

Rudinus cf. Rudiae

rudis, e **roh, unbearbeitet,** kunstlos; unfertig; — **unerfahren,** ungeschickt, unkundig; rudes anni die Jugendzeit; r. litterarum, rei militaris unerfahren in...

rudis, is f. **Rapier;** Freistab, als Zeichen der Entlassung für Gladiatoren; rudem accipere, rude donari aus dem Dienst entlassen werden, ausgedient haben

rudo, īvi 3. (poet.) brüllen, schreien

rūdus, eris n. **Schutt,** Geröll; plur. Schutthaufen; — Mörtel; — Stück Erz (als Münze)

Rufrae, ārum f. E. Stadt in Kampanien

Rufrium, ii n. E. Stadt in Samnium (Ruvo)

rūfulus 3 (dem. von rufus) rötlich; subst. m. Kriegstribun (im Felde gewählt oder ernannt)

rūfus 3 (cf. ruber) rothaarig, fuchsrot; — Rufus 3 röm. Beiname
M. rot (urv.)

rūga, ae f. **Runzel;** plur. Alter; — Ernst, finsteres Wesen
M. rauh (urv.)

Rugii, ōrum m. E. germanischer Volksstamm an der Odermündung (Wort ist erhalten in Rügen)

rugōsus 3 (cf. ruga) runzelig

ruina, ae f. (cf. ruo) **das Stürzen, Fall, Sturz;** — **Untergang,** Verfall, Verderben; — r. caeli Sturzregen, Unwetter; plur. **Trümmer, Ruinen;** — Zerstörer, Vernichter
F. der Ruin: Einsturz, Verderben, Verfall, Verderb, Zerrüttung — die Ruine: verfallener Bau; plur. Trümmer — ruinieren: zerstören, zugrunde richten, verderben — ruinös: schadhaft, verderblich — die Ruinosität: Baufälligkeit

ruinōsus 3 (cf. ruina) baufällig

Rullus, i m. E. Beiname in der gens Servilia

rumex, icis m. und f. Sauerampfer

Rumīna, ae f. E. Göttin der Säugenden; Rumināli̇s, e der R.; ficus R. der Feigenbaum, unter dem eine Wölfin den Romulus und Remus säugte

rūmino 1. (cf. ructo) wiederkäuen

rūmor, ōris m. **Ruf,** Beifallsruf; — **Gerücht;** — Volksstimme, **öffentliche Meinung**

F. der Rumor: Lärm, Getümmel, Getöse, Aufsehen — rumoren: lärmen

rumpia = romphaea

rumpo, rūpi, ruptus 3. **brechen, zerbrechen, zerreißen;** pass. bersten, zerplatzen; invidiā rumpitur er platzt vor Neid; — **zersprengen, durchbrechen** z. B. aciem; viam r. sich einen Weg bahnen; — etwas hervorbrechen lassen z. B. questus; se rumpere und rumpi ausbrechen, hervorbrechen z. B. radii se rumpunt inter nubila; — **aufheben, vernichten,** vereiteln z. B. foedus pacem, fidem; imperium r. den Befehl übertreten, den Gehorsam verweigern; — **abbrechen, unterbrechen** z. B. somnum; moras r. das Zaudern abbrechen, nicht länger säumen

M. Rotte (L) (aus cohors rupta)

F. rumpieren i. a. B.; entwaffnen — die Ruptur: Durchbruch, Zerreißung innerer Organe, Bruch (med.); Friedensbruch, Uneinigkeit

rumūsculus, i m. (dem. von rumor) Geschwätz

rūna, ae f. Wurfspieß

ruo, rui, rutus (ruitūrus) 3. 1.) (intr.) **stürzen,** sich stürzen, **stürmen,** eilen; nox oceano ruit die Nacht steigt herauf; hora ruit die Stunde enteilt; sol ruit die Sonne sinkt; — sich überstürzen, unüberlegt handeln; — **nieder-, herabstürzen,** herabsinken, **einstürzen** z. B. murus, templum; — 2.) (trans.) etwas stürzen, niederwerfen, **niederreißen;** — **hervorreißen,** fortraffen, fortnehmen; ausgraben; ruta et caesa n. Gegrabenes und Gefälltes, was nicht niet- und nagelfest ist = bewegliche Habe (jur.)

rupes, is f. (cf. rumpo) **Fels,** Klippe; Kluft, Schlucht

M. Riff (urv.)

Rupilius 3 E. Name eines röm. Geschlechts 1.) P. Rupilius Konsul 132 v. Chr., Gegner des Gracchen 2.) P. Rupilius Rex von Oktavian geächtet 3.) Schauspieler zu Ciceros Zeit

ruptor, ōris m. (cf. rumpo) Brecher, Verletzer

ruri-cola, ae (cf. rus-colo) das Feld bebauend; subst. m. Bauer; Stier (der den Pflug zieht); — das Land bewohnend

ruri-gena, ae (cf. rus-gigno) auf dem Lande geboren

rūrsus, rūrsum adv. (aus re-vorsus) **rückwärts, zurück;** — **wieder, von neuem;** — **dagegen, andrerseits,** umgekehrt

rūs, rūris n. (abl. sing. rure, plur. nom. acc. rura) **das Land,** Ackerland; plur. Felder; rus aufs Land; rure vom Lande; ruri auf dem Lande; — **Landgut;** — bäurisches Wesen

M. Raum (urv.)

F. rural: ländlich, bäuerlich

Ruscino, ōnis f. E. Stadt in Gallien unweit der Pyrenäen (Roussillon)

rūscum, i n. Mäusedorn, Stachelmyrte

Rusellae, ārum f. E. Stadt in Etrurien; Rusellānus adi. und subst. Bewohner von R.

rusticānus 3 (cf. rusticus) **ländlich,** auf dem Lande, vom Lande

rusticātio, ōnis f. (cf. rusticor) Landaufenthalt

rusticitas, tātis f. (cf. rusticus) bäuerliches Wesen; Einfachheit; Plumpheit; Blödigkeit

rūsticor 1. (cf. rusticus) auf dem Lande leben

rusticulus, i m. (dem. von rusticus) Bäuerlein

rūsticus 3 (cf. rus) **ländlich;** homo r. **Bauer;** vita rustica Landleben; res

rusticae Landwirtschaft; subst. m. Bauer, subst. f. Bäuerin; — einfach, schlicht z. B. mores; **bäurisch, ungeschliffen,** plump; subst. m. grober Bauer, Grobian, Tölpel
F. rustikal, rustik: ländlich, bäuerlich — die Rustikation: Landleben — die Rustizität: bäurisches, plumpes Benehmen — die Rustika: Quadermauerwerk

rūta, ae f. (cf. rumex) **Raute** (L) (balsamische Pflanze)

ruta et caesa cf. ruo

Rutēni, orum m. E. gallischer Volksstamm in der Provence

Rutilius 3 E. Name eines römischen Geschlechts; P. Rutilius Rufus stoischer Philosoph, Geschichtsschreiber, Konsul 105 v. Chr.

rutilo 1. (cf. rutilus) **rot färben;** (intr.) rötlich schimmern

rutilus 3 (cf. ruber) **rötlich,** hochrot; goldgelb, goldrot

rutrum, ī n. (cf. ruo) Grabscheit, Schaufel

Rutuli, ōrum und um m. E. altes Volk in Latium; Rutulus adi. und subst. rutulisch, der Rutuler

S

S. = 1.) Sextus (V) 2.) salutem; S. D. = salutem dicit (Einleitungsformel in Briefen); s. v. b. e. e. v. = sī vales, bene est, ego valeo (in Briefen) 3.) S. C. = senatus consultum 4.) S. P. Q. R. = senatus populusque Romanus

Saba, ae f. E. Stadt in Arabien (Yemen), reich an Edelsteinen, Balsam, Weihrauch; — Sabaeus adi. und subst. Bewohner von S.; Sabaea, ae f. (scil. terra) das Glückliche Arabien

Sabāte, ēs f. E. Stadt in Südetrurien; Sabatīnus adi. und subst. Bewohner von S.

Sabātus, i m. Seitenfluß des Volturnus; Sabatīni, ōrum m. Anwohner des S.

Sabāzius, ii m. E. asiatischer Gott, mit Bacchus gleichgesetzt; Sabāzia, ōrum n. Fest zu Ehren des Bacchus

sabbata, ōrum n. (griech.) Sabbat der Juden; tricesima sabbata Neumondfest und Judensabbat

Sabelli, ōrum m. E. Sammelname für die Völkerschaften sabinischer Abstammung, = Sabini; Sabellus und Sabellicus 3 sabellisch, sabinisch; subst. m. auch Gutsherr im Sabinerland

Sabīni, ōrum m. Sabiner, Volksstamm in Mittelitalien; auch Landgut des Horaz im Sabinerland; — Sabīnus, i m. Sabiner; auch Heros des Stammes; Sabīna, ae f. Sabinerin; auch Sabinerland; Sabīnum, i n. (scil. vinum) Sabinerwein

Sabīnus 3 E. röm. Beiname; Poppaea Sabina Gattin Neros

Sabis, is m. E. Sambre, linker Nebenfluß der Maas

Sabrīna, ae f. E. Fluß im südlichen Britannien (Severn)

sabulum, i n. grober Sand (urv.), **Kies**

saburra, ae f. (cf. sabulum) Schiffsand (als Ballast)

Sacae, ārum m. E. Nomadenvolk in der heutigen Kirgisensteppe

sacculus, i m. (dem. von saccus) Säckchen

saccus, i m. (griech.) **Sack** (L)

sacellum, i n. (dem. von sacrum) kleines Heiligtum, **Kapelle**

sacer, cra, crum (cf. sancio) 1.) **heilig,** geheiligt, einer Gottheit geweiht;

dies sacer Festtag; mons sacer der Heilige Berg (am rechten Anioufer); sacra via und via sacra die Heilige Straße in Rom (von der Velia an der Südseite des Forums zum Kapitol) 2.) einer unterirdischen Gottheit geweiht, **verwünscht, verflucht;** — **sacrum,** i n. **heiliger Gegenstand,** Ort, heiliges Gerät; Opfergabe; Götterbild; Opferhymne; — **heilige Handlung, Opfer,** heiliger Brauch; s. facere, perpetrare ein Opfer darbringen, opfern; plur. **Gottesdienst; Opferfest,** Feier; Geheimdienst, Mysterien

F. sakra! (it.): ei verflucht! — sakral: den Gottesdienst, Heiligtümer betreffend; zum (os sacrum) Kreuzbein gehörig (med.) — der Sakristan: Küster — die Sakristei: Kirchenraum zum Umkleiden der Priester und Aufbewahrung kirchlicher Geräte

sacerdos, dōtis m. und f. **Priester, Priesterin**

sacerdotālis, e priesterlich

F. sazerdotal i. a. B.

sacerdōtium, ii n. (cf. sacerdos) **Priestertum, -amt**

sacramentum, i n. (cf. sacro) Strafsumme, **Haftgeld** (Kaution in Zivilprozessen); **Prozeß,** Prozeßführung; — **Fahneneid,** Treueid; sacramento rogare, obligare, adigere vereidigen; s. dicere den Treueid leisten; **Eid;** eidliche Verpflichtung; Kriegsdienst

F. das Sakrament i. a. B.; heilige Handlung, Gnadenmittel der Kirche — die Sakramentalien: den Sakramenten ähnliche Handlungen; geweihte Gegenstände — sakramental: heilig, auf ein Sakrament bezüglich — der Sakramentierer: Anhänger von Zwinglis Abendmahlslehre

Sacrānus 3 E. zu den Sakranern, einem alten latinischen Volksstamm, gehörig

sacrārium, ii n. (cf. sacrum) **heilige Stätte,** Sakristei (zur Aufbewahrung der Götterbilder); — Heiligtum, **Kapelle,** Tempel

F. das Sakrarium: Heiligenschrein

sacrātus 3 cf. sacro

sacri-cola, ae m. (cf. sacrum-colo) Opferpriester, -diener

sacri-fer, fera, ferum Heiligtümer tragend

sacrificālis, e (cf. sacrificium) zum Opfern gehörig

sacrificātio, ōnis f. (cf. sacrifico) Opferung

sacrificium, ii n. (cf. sacrifico) **das Opfer;** s. facere opfern; s. perficere, perpetrare Opfer vollenden

sacrifico 1. (cf. sacrum-facio) **opfern**

sacrificulus 3 opfernd; subst. m. Opferpriester (meist rex s.)

sacri-ficus 3 (cf. sacrum-facio) opfernd; — zum Opfer gehörig

sacrilegium, ii n. (cf. sacrilegus) **Tempelraub; — Religionsschändung,** -frevel

F. das Sakrileg i. a. B. — sakrilegisch: kirchenräuberisch, gotteslästerlich

sacri-legus 3 (cf. sacrum-lego) **tempelräuberisch;** subst. m. Tempelräuber; — **gottlos,** verrucht

Sacri-portus, ūs m. E. 1.) Stadt am Tarentinischen Meerbusen 2.) Ort in Latium

sacro 1. (cf. sacer) **heiligen, weihen, widmen;** geben, leisten z. B. alci honorem; — **unverletzlich machen** z. B. legem; lex sacrata Gesetz, dessen Übertretung mit Verfluchung bestraft wird; — **als heilig verehren, verewigen,** unsterblich machen, vergöttern; — **verfluchen;** — sacrātus 3 geheiligt, geweiht, vergöttert

sacro-sanctus 3 durch ein Opfer geweiht, **hochheilig, unverletzlich,** unantastbar

F. sakrosankt i. a. B.

sacrum cf. sacer

saeclum = saeculum

saeculāris, e (cf. saeculum) hundertjährig; carmen saeculare Lied zur Jahrhundertfeier

F. säkular i. a. B. — säkularisieren: verweltlichen; geweihte Personen oder Sachen verweltlichen — die Säkularisation: Einziehung von Kirchengut für staatliche oder weltliche Zwecke — die Säkularisierung: Verweltlichung geweihter Personen oder

Sachen; die Verweltlichung des Denkens und Lebens; die Erlaubnis für eine Ordensperson, außerhalb des Ordens zu leben

saeculum, i n. **Menschenalter** ($33^1/_3$ Jahr); Menschengeschlecht, **Generation; Zeitalter, Zeit; Jahrhundert; langer Zeitraum;** die Menschheit des Jahrhunderts; — **Zeitgeist**

M. per omnia saecula saeculorum: von Ewigkeit zu Ewigkeit

saepe adv. (cf. saepio) (comp. saepius, sup. saepissime) „zusammengedrängt", **oft, häufig;** quam saepissime möglichst oft

saepe-numero adv. **oftmals**

saepes, is f. (cf. saepio) **Zaun,** Einfriedung, **Umzäunung;** Garten

saepimentum, i n. (cf. saepio) Wall

Saepīnum, i n. E. Ort in Samnium (Sepino)

saepio, saepsi, saeptus 4. **umzäunen, einhegen; umgeben,** einschließen z. B. urbem muris; umhüllen, **bedekken, schützen** z. B. praesidiis saeptus

saeptum, i n. **Einfriedung,** Umzäunung (meist im plur.); — **die Schranken** für die Komitien

F. das Septum: Scheidewand (med.)

saeta, ae f. **Borste;** s. equina Pferdehaar

saeti-ger, gera, gerum (cf. saeta-gero) borstentragend

saetōsus 3 (cf. saeta) borstig

saevio 4. (cf. saevus) **wüten, toben**

saevitia, ae f. (cf. saevus) **Wut,** Wildheit, Strenge, **Härte, Grausamkeit**

saevus 3 **wütend,** rasend, tobend, **heftig, schrecklich, grausam**

sāga, ae f. (cf. sagio) **Wahrsagerin,** Zauberin

sagācitas, tātis f. (cf. sagax) **Spürkraft; Scharfsinn,** Scharfblick

F. die Sagazität i. a. B.

Sagalassus, i f. E. Stadt in Pisidien

Sāgana, ae f. (cf. saga) Name einer Zauberin

Sagaris, is und Sagarius (Sangarius), ii m. E. Fluß in Kleinasien (Sakarja); — Sagarītis, idis f. des S., Nymphe des S.

sagātus 3 (cf. sagum) im Kriegsmantel

sagax, ācis (cf. sagio) **scharf witternd;** canis s. Spürhund; anser s. scharf hörende Gans; — **scharfsinnig,** klug, schlau

sagīna, ae f. (cf. sagino) **Mästung; Fütterung,** Futterkost; — Fettleibigkeit

sagino 1. **mästen; füttern,** nähren; pass. sich mästen, sich bereichern

sagio 4. scharf spüren

sagitta, ae f. **Pfeil**

sagittārius, ii m. (cf. sagitta) **Bogenschütze**

sagitti-fer, fera, ferum pfeiletragend

sagitto 1. (cf. sagitta) mit Pfeilen schießen

sāgmina, um n. (cf. sacer) auf der Burg gepflücktes heiliges Gras

Sagra, ae m. und f. E. Fluß in Bruttium, dort Schlacht 580 v. Chr.

sagulum, i n. (dem. von sagum) Mäntelchen

sagum, i n. (kelt.) **Mantel,** Stück Wolltuch als Umwurf; **Kriegsmantel;** s. sumere sich kampfbereit machen; saga ponere die Waffen ablegen

Saguntia, ae f. E. Stadt in Spanien (Siguenza)

Saguntum, i n. und us, i f. E. Stadt an der Ostküste Spaniens (Murviedro); Saguntīnus adi. und subst. Bewohner von S.

Saïs, is f. E. Hauptstadt von Unterägypten; Saītae, ārum m. Bewohner von S.

sāl, salis m. **Salz;** Salzflut, Meer; plur. Salzgeschmack; — **Geschmack; scharfer Verstand;** (meist plur.) **Witz,** Humor; Plautini sales plautinische Witze

M. Salz, Sole (urv.) — sal ammoniacum: Ammoniaksalz, Salmiak — sal petrae: (Steinsalz) Salpeter

salaco, ōnis m. (griech.) Aufschneider

Salamis, īnis f. 1.) Insel und Stadt im Saronischen Meerbusen, dort der berühmte Sieg der Griechen über die Perser 480 v. Chr. 2.) Stadt auf Cypern, dort Schlacht 449 v. Chr.;

— Salaminius adi. und subst. Bewohner von S.

Salapia, ae f. E. Stadt in Apulien; Salapinus, Salapitānus adi. und subst. Bewohner von S.

salārius 3 (cf. sal) **zum Salze gehörig;** annona salaria jährlicher Ertrag aus dem Salze; (via) Salaria, ae f. Salzstraße (von Rom nach Reate); — salārium, ii n. Salzdeputat; Sold, Honorar, Amtsgehalt

F. das Salarium, das Salär (franz.) i. a. B.

Salassi, ōrum m. E. Alpenvolk

salax, ācis (cf. salio) geil

salebra, ae f. (cf. salio) **holperige Stelle,** Unebenheit; Schwierigkeit, Anstoß

salebrōsus 3 (cf. salebra) **holperig,** rauh

Salēius Bassus m. E. röm. Epiker zur Zeit Vespasians

Salernum, i n. E. Stadt an der kampanischen Küste (Salerno)

Saliāris cf. Salii

saliātus, us m. (cf. Salii) Salieramt

salictum, i n. (cf. salix) Weidengebüsch

salignus 3 (cf. salix) **von der Weide,** aus Weidenholz

Salii, ōrum (poet. ūm) m. (Tänzer) Salier, Priesterkollegien, die Waffentänze zu Ehren des Mars aufführten, aus je 12 Patriziern bestehend; S. Palatini das ältere, S. Collini das jüngere Kollegium; Saliāris, e saliarisch; carmen Saliare das Lied der S.

salillum, i n. (dem. von salinum) Salzfäßchen

salinus 3 (cf. sal) zum Salz gehörig; salīnum, i n. Salzfaß; — **salīnae,** arum f. **Salzwerk,** Saline (L); Salinae, arum f. 1.) Salzwerke bei Ostia 2.) Salzlager an der Porta Trigenima

salio, salui (salii) 4. **springen, hüpfen;** mica (sal) saliens das in die Höhe springende Opfersalz (ein günstiges Vorzeichen); salientes, ium m. (scil. fontes) Springbrunnen

saliunca, ae f. wilde Narde

saliva, ae f. Speichel

salix, icis f. **Weide, Weidenbaum**

M. Salweide (urv.)

F. das Salizin: in der Weiderinde enthaltener Bitterstoff (Fiebermittel) — die Salizineen: Weidengewächse

Sallentīni, ōrum m. E. Volksstamm um Tarent

Sallustius 3 E. Name eines röm. plebejischen Geschlechts 1.) C. Sallustius Crispus der bekannte Historiker 2.) Sallustius Crispus Großneffe und Adoptivsohn des 1., von Augustus hochgeehrt; — Sallustiānus 3 des S.

Salluvii, ōrum m. E. Volksstamm in der Provence

Salmacis, idis f. E. 1.) Quelle in Karien (mit angeblich verweichlichender Kraft) 2.) Nymphe der Quelle S.

Salmōneus, ei und eos m. E. Sohn des Äolus, von Jupiters Blitz erschlagen

Salōnae, ārum f. E. Stadt in Dalmatien (Salona)

Salpīnum, i n. etrurische Stadt; — Salpīnas, ātis adi. und subst. Bewohner von S.

salsamentum, i n. (cf. salsus) Fischlake

salsus 3 (cf. sal) **gesalzen; salzig;** — **beißend,** scharf; — **witzig, launig**

F. die Salse: Salzbrühe; Schlammvulkan

saltātio, ōnis f. (cf. salto) **Tanz**

saltātor, ōris m. (cf. salto) berufsmäßiger Tänzer

saltatōrius 3 (cf. saltātor) zum Tanz gehörig

saltātus, ūs m. (cf. salto) Tanz

saltem (saltim) adv. **wenigstens, mindestens**

salto 1. (cf. salio) **tanzen; tanzend darstellen** z. B. Cyclopa

F. das Salta: Brettspiel — der Salto (it.): Sprung — Salto mortale: Todessprung, gefährliches Wagnis — der Saltarello (it.): altitalienischer Volkstanz — saltatorisch: springend, hüpfend

saltuōsus 3 (cf. saltus) schluchtenreich, **gebirgig**

saltus, ūs m. (cf. salio) **Sprung**

saltus, ūs m. **Schlucht, Waldtal,** Paß; **Waldgebirge; Viehtrift,** Weideplatz im Gebirge

salūber, bris, bre und salūbris, e (cf. salvus) **heilbringend, gesund,** gesundheitsfördernd; **heilsam, vorteilhaft,** zuträglich; heil, kräftig, stark

salūbritas, tātis f. (cf. saluber) Heilsamkeit, Zuträglichkeit, Gesundheit
F. die Salubrität i. a. B.

salum, i n. **hohe See, offenes Meer**

salus, ūtis f. (cf. salvus) **Gesundheit; Wohleregehn, Wohlfahrt, Wohl, Heil;** saluti esse förderlich sein, Glück bringen; — **Rettung;** saluti esse Rettung bringen; salutem ferre, afferre Rettung bringen; — **Leben;** salutem reddere, dare das Leben schenken; — **Gruß;** salutem dicere, dare alci jdn. grüßen; — Göttin der Wohlfahrt mit einem Tempel auf dem Quirinal
M. salus publica suprema lex: die Wohlfahrt des Staates ist oberstes Gesetz — salus aegroti summa lex: die Gesundheit des Kranken ist oberstes Gesetz (ärztl. Grundsatz) — salus mundi: Heil der Welt — salutem dicit (abgek. s. d.): Eingangsformel des römischen Briefes
F. Salus: altrömische Göttin der Gesundheit

salutāris, e (cf. salus) **heilsam,** ersprießlich, **zuträglich,** littera salutāris = A (absolvo)

salutātio, ōnis f. (cf. saluto) **Begrüßung;** salutationem reddere den Gruß erwidern; — **Aufwartung,** Morgenbesuch (insbes. der Klienten)
F. die Salutation i. a. B. — das Salutatorium: Sprechzimmer in Klöstern

salutātor, ōris m. (cf. saluto) der Besucher

salūti-fer, fera, ferum (cf. salus-fero) heilbringend, rettend

salūto 1. (cf. salus) **grüßen, begrüßen;** anreden, titulieren z. B. alqm regem; — **Aufwartung, Besuch machen** alqm jdm.
F. salutieren: die Ehrenbezeigung machen — der Salut: Begrüßung, Ehrengruß

salveo, — 2. **gesund sein,** sich wohl befinden; bes. als Grußformel **salve,** salvēto, **salvēte sei (seid) gegrüßt! guten Tag!** (selten) lebe (lebet) wohl!
M. salve!: sei gegrüßt! — salve Regina: „gegrüßt seist du, Königin", marianisches Schlußgebet
F. die Salve: gleichzeitig abgegebenes Gewehr- oder Geschützfeuer

Salvius 3 E. **Name eines römischen** Geschlechts

salvus 3 **heil, wohlbehalten, unverletzt;** am Leben; ne sim salvus, salvus esse nolo, si ich will nicht länger leben, wenn; me salvo so lange ich lebe; satisne (satin) salve (scil. agis)? geht es dir gut?; — ohne Verletzung, unbeschadet; salvo officio ohne Pflichtverletzung; salva fide mit gutem Gewissen
M. salvo titulo (abgek. S. T.): unbeschadet des Titels (den ich nicht kenne), unter Weglassung des Titels — salva venia (abgek. s. v.): mit Verlaub (zu sagen) — salvo errore calculi (abgek. S. E. C.): mit Vorbehalt eines Rechenfehlers
F. die Salvation: Verwahrung, Verteidigung — der Salvator: Heiland, Erlöser — salvieren: retten, in Sicherheit bringen

Samarīa, ae f. E. mittlere Landschaft von Palästina; Samarītes, ae m. Bewohner von S.

Samarobrīva, ae f. E. Hauptstadt der Ambianer (Amiens)

sambūca, ae f. (griech.) dreieckige Harfe

sambucistria, ae f. (cf. sambuca) Harfenspielerin

sambūcus, i f. Holunderbaum

Same, ēs und Samos, i f. E. die Insel Kephallenia; Samaei, ōrum m. Bewohner von S.

Samius cf. Samos

Samnium, ii n. E. Gebirgsland des Apennin, bewohnt von den sabinisch-oskischen Stämmen; Samnītes, ium Samniter

Samos und us, i f. 1.) cf. Same 2.) die bekannte Insel und Stadt an der jonischen Küste mit berühmtem Junotempel; Samius adi. und subst. Bewohner von S.

Samo-thrāca, ae und e, ēs und ia, ae

f. E. Insel an der thrazischen Küste, bekannt durch die Kabirenmysterien; Samothrāces, um Bewohner von S.

sanābilis, e (cf. sano) heilbar

sanātio, ōnis f. (cf. sano) **Heilung**

sancio, sanxi, sanctus 4. (cf. sacer) **heiligen,** unverletzlich machen; **unverbrüchlich festsetzen, verordnen,** bestimmen; — **bestätigen, genehmigen;** — **bei Strafe verbieten;** capitis poenam s. den Tod darauf setzen; — **sanctus 3 geheiligt, geweiht; heilig, unverletzlich; ehrwürdig;** festlich z. B. dies; — **unschuldig,** gewissenhaft, lauter; keusch; fromm

M. Sancta sedes: Heiliger (apostolischer) Stuhl — das Sanctissimum: das Allerheiligste — die Sanctitas: Heiligkeit (Anrede des Papstes) — das Sanctus: Lobgesang nach der Präfation der hl. Messe

F. Sankt (abgek. St.): (in Verbindung mit Personen- oder Ortsnamen) heilig — die Sanktion: Heiligung, Weihe, Bestätigung (eines Gesetzes); Strafandrohung — sanktionieren: bestätigen, genehmigen — sanktifizieren: weihen; heilig sprechen — das Sanktuarium: Heiligtum; Allerheiligstes im Tempel der Juden; Raum um den Hochaltar; Aufbewahrungsort für Reliquien

sanctimōnia, ae f. (cf. sanctus) Heiligkeit, Ehrwürdigkeit, fehlerloser Lebenswandel

sanctio, ōnis f. (cf. sancio) Strafbestimmung bei Gesetzen

sanctitas, tātis f. (cf. sanctus) **Heiligkeit, Unverletzlichkeit;** — **Sittenreinheit, Unschuld,** Keuschheit, Frömmigkeit

sanctor, ōris m. (cf. sancio) Verordner

sanctus cf. sancio

Sancus, i m. E. auch Semo Sancus E. sabinische Gottheit

sandyx, ycis f. (griech.) roter Farbstoff, Scharlach, Mennig

sāne adv. (cf. sanus) vernünftig, verständig; — **in der Tat, fürwahr;** — (in Antworten) **ja;** auch sane quidem, sane hercle; — (mit coni. concessivus) **immerhin,** meinetwegen z. B. sint haec sane falsa; — (beim (imp.) **nur, doch** z. B. abi sane geh doch!; — (steigernd) **ganz, durchaus** z. B. sane bene ganz gut; sanequam überaus

Sangarius cf. Sagaris

sanguen, inis n. (arch.) = sanguis

sanguinārius 3 (cf. sanguis) **blutdürstig;** mörderisch

sanguineus 3 (cf. sanguis) aus Blut, **blutig; blutbespritzt,** -befleckt; — **blutrot;** — blutdürstig

sanguino 1. (cf. sanguis) blutgierig sein

sanguinolentus, sanguinulentus 3 (cf. sanguis) blutbefleckt, **blutig**

sanguis, inis m. **Blut** (im Körper); **Lebenskraft,** Stärke, Innerstes, **Kern, Mark;** — **Blutvergießen, Mord;** — **Blutsverwandtschaft, Geblüt;** — **Abkömmling, Kind**

F. der Sanguiniker: leichtblütiger, leicht erregbarer Mensch — sanguinisch: leichtblütig, leicht erregbar, temperamentvoll

sanies, ēi f. **blutiger Eiter;** Geifer, Gift

sānitas, tātis f. (cf. sanus) **Gesundheit; Vernunft, Besonnenheit;** — besonnene Sprache

F. die Sanität i. a. B., Gesundheitszustand, Krankenpflege — sanitär: gesundheitlich, auf das Gesundheitswesen bezüglich

sanna, ae f. (poet.) Grimasse

sannio, ōnis m. (cf. sanna) Grimassenschneider, Hanswurst

sāno 1. (cf. sanus) **gesund machen, heilen** alqm; — **wieder gutmachen;** — **wieder zur Vernunft bringen,** beruhigen

F. sanieren i. a. B., lebensfähig machen, aufbessern — die Sanierung: Heilung, wirtschaftliche Gesundung — assanieren: gesunde Zustände herstellen — die Assanierung: Gesundung, Aufbesserung — insanabel: unheilbar

Sanguālis, e (cf. Sancus) dem Sancus heilig

Santones, um und Santoni, ōrum und ūm m. E. keltischer Volksstamm, nördlich der Garonnemündung; Santonicus 3 santonisch

sānus 3 gesund, heil, verständig, ver-

nünftig; — nüchtern, natürlich, geschmackvoll
M. Sühne (urv.)
sapa, ae f. Saft (urv.), Most, Syrup
Sapaei, ōrum m. E. thrazisches Volk am Marmarameer
sapiens, ntis (cf. sapio) **einsichtsvoll,** klug, verständig; **weise;** subst. m. Weiser, Philosoph; — Feinschmekker
M. sapienti sat: dem Verständigen genügt es (Plautus)
sapientia, ae f. (cf. sapiens) **Einsicht, Weisheit; Philosophie;** plur. philosophische Gedanken
sapio, ivi, ii und ui 3. **schmecken; verständig sein, weise sein;** verstehen, kennen, wissen; nihil s. keinen Verstand haben, dumm sein; nil parvum s. keinen Sinn für Kleinliches haben
Sapis, is m. E. Fluß im cispadanischen Gallien (Savio)
sapor, ōris m. (cf. sapio) **Geschmack; Leckerei;** Wohlgeruch; feiner Ton, feine Manier
Sappho, ūs f. E. berühmte griechische lyrische Dichterin; Sapphicus 3 sapphisch
Sarānus = Serranus
sarcina, ae f. (cf. sarcio) **Bürde, Last;** Leibesfrucht; — plur. **Gepäck** (des Soldaten)
sarcinārius 3 (cf. sarcina) zum Gepäck gehörig
sarcinulae, ārum f. (dem. von sarcinae) kleines Gepäck
sarcio, sarsi, sartus 4. **flicken; wieder gutmachen,** wieder herstellen, **ersetzen;** detrimentum s. eine Scharte auswetzen; — sartus 3 ausgebessert, im guten Zustand, wohlerhalten
sarculum, i n. (cf. sario) kleine Hacke
Sardanapālus, i m. E. letzter König von Assyrien
Sardes cf. Sardis
Sardinia, ae f. E. Sardinien; Sardi, ōrum m. die Sarden; Sardus, Sardōus, Sardōnius 3, Sardiniēnsis sardisch; herba Sardonia eine Ranunkelart
Sardis und es, ium f. E. Hauptstadt von Lydien; Sardiāni, ōrum m. Bewohner von S.
sario 4. behacken, jäten
sarīsa, sarīssa, ae f. (griech.) lange, mazedonische Lanze
sarisophorus, i m. (griech.) mazedonischer Lanzenträger
Sarmatae, Sauromatae, ārum m. E. Bewohner des Tieflandes zwischen Ostsee und Wolga; Sarmaticus 3 sarmatisch; f. Sarmatis, idis Sarmaterin, sarmatisch
sarmentum, i n. dünner Zweig, **Reis;** plur. Reisig; fasces sarmentorum Faschinen
Sarnus, i m. E. Fluß in Kampanien (Sarno)
Sarpēdon, onis m. E. Sohn Jupiters, König der Lyzier, fiel vor Troja
Sarra, ae f. (hebr.) alter Name für Tyrus; Sarrānus 3 tyrisch
Sarrastes, um m. E. Volksstamm in Kampanien
sartus cf. sarcio
Saso, ōnis f. E. kleine Insel an der dalmatischen Küste
sat adv. = satis
sata, ōrum n. cf. sero
sat-ago 3. genug zu tun haben, in Bedrängnis sein
satelles, itis m. **Trabant, Leibwächter;** plur. **Gefolge,** Anhang; — **Begleiter,** Diener; — **Helfershelfer,** Spießgeselle
F. der Satellit i. a. B. — der Satellitenstaat: von einer Großmacht abhängiger Staat
satias, ātis f. = satietas
Saticula, ae f. E. Stadt östlich Capua; Saticulānus, Saticulus adi. u. subst. Bewohner von S.
satietas, tātis f. (cf. satis) Genüge, ausreichende Menge, **Sättigung; Übersättigung, Überdruß,** Ekel
satin und satine = satisne
satio 1. (cf. satis) satt machen, **sättigen;** — **befriedigen;** stillen; — **übersättigen;** pass. etwas satt haben; einer Sache überdrüssig sein z. B. ludo, caedis

F. die Satiabilität: Sättigungsmöglichkeit (chem.) — satiabel: zu sättigen (chem.)

satio, ōnis f. (cf. sero) **das Säen,** Aussaat, **das Pflanzen**

satira = satura

satis (sat) adv. **genug, genügend;** bei Verben, adi. und adv.; als subst. mit gen. z. B. satis temporis; non s. zu wenig; satis superque mehr als genug, übergenug; — tüchtig, gut; satius besser, vorteilhafter; — hinlänglich; recht, sehr, ganz; — satis esse genügen; satis habere für genügend halten, zufrieden sein; satis habeo es genügt mir, ich begnüge mich damit, ich beschränke mich darauf; satis dare Bürgschaft stellen, Sicherheit geben; satis facere Genüge leisten, genug tun, befriedigen; Ersatz leisten, bezahlen; sich entschuldigen, sich rechtfertigen, Genugtuung geben; genügenden Aufschluß geben, überzeugen

M. satt (urv.)

satis-datio, ōnis f. (cf. satis-do) Bürgschaft

satisdo cf. satis

satisfacio cf. satis

satisfactio, ōnis f. (cf. satisfacio) **Genugtuung, Entschuldigung**

F. die Satisfaktion i. a. B.

sator, ōris m. (cf. sero) Säer; **Erzeuger, Urheber,** Vater

satrapa, ae m. = satrapes

satrapēa, ae f. (griech.) Satrapie (F), persische Statthalterschaft

satrapes, ae und is m. (griech.) Satrap (F), persischer Statthalter

Satricum, i n. E. Stadt in Latium; Satricānus adi. und subst. Bewohner von S.

satur, ura, urum (cf. satis) **satt, gesättigt;** gefüllt, voll, reich

satura, ae f. (cf. satur) (mit allerlei Früchten gefüllte Schüssel) **Gemengsel,** Allerlei; — **Satire** (F) (zunächst poetisches Quodlibet, dann Spottgedicht)

Saturae palus f. sumpfiger See in Latium

Satureiānus 3 cf. Saturum

saturitas, tātis f. (cf. satur) **Sättigung;** Überfluß

Saturnālia, cf. Saturnus

Saturnīnus, i m. E. Beiname des Geschlechtes der Apulejer cf. Apuleius

Saturnus, i m. (cf. sero) E. altitalischer Gott der Saaten, Vater Jupiters; zu seiner Zeit das goldene Zeitalter; — der Planet Saturn; Saturnius 3 des S.; numerus S. saturnischer Vers (die alte italische Langzeile); Saturnius, ii m. Jupiter; Saturnia, ae f. Juno; Saturnalia, ium und ōrum (dat. ibus) n. die Saturnalien, altitalisches Fest vom 17. Dezember an

M. Samstag (L) (aus dies Saturni)

saturo 1. (cf. satur) satt machen, **sättigen; befriedigen**

F. saturieren i. a. B. — die Saturation: Sättigung — insaturabel: unersättlich

Saturum, i n. E. Stadt bei Tarent; Satureiānus adi. und subst. Bewohner von S.

satus, ūs m. (cf. sero) **das Säen, Pflanzen;** Saat; Zeugung, Ursprung

satyrus, i m. (griech.) Satyr (F), Begleiter des Dionysos, halb Mensch, halb Ziegenbock; plur. Satyrspiel (Nachspiel der griech. Tragödie)

saucio 1. (cf. saucius) **verwunden**

saucius 3 **verwundet,** verletzt; mit abl. und acc. z. B. umero, umerum an der Schulter

Saufēius 3 E. Name eines röm. Geschlechts

Sauromates cf. Sarmatae

savior, savium cf. suavior, suavium

saxētum, i n. (cf. saxum) Felsengegend

saxeus 3 (cf. saxum) **felsig, steinern;** gefühllos

saxi-ficus 3 (cf. saxum-facio) versteinernd

saxi-fragus 3 (cf. saxum-frango) Felsen zerbrechend

F. die Saxifraga: Steinbrech

saxōsus 3 (cf. saxum) **voll Felsen,** voll von Steinen

saxulum, i n. (dem. von saxum) kleiner Fels

saxum, i n. (cf. seco) **Stein,** Steinblock, **Felsstück;** — Saxum, i n. der Tarpejische Fels auf dem Kapitol; Saxum sacrum der heilige Fels auf dem Aventin, wo Remus die Auspizien anstellte; Saxa rubra Ort an der via Flaminia

S. C. = senatus consultum

scabellum, i n. (dem. von scamnum) **Bänkchen,** Schemel (L); — hohe Holzsohle der Schauspieler

scaber, bra, brum (cf. scabo) **rauh;** schäbig, räudig, **unsauber**

scabies, ēi f. (cf. scabo) Rauhigkeit; Krätze, Räude; — **das Jucken, Reiz**
F. die Skabies: Räude, Krätze — skabiös: räudig — die Skabiose: (Krätzkraut) ein Korbblütler

scabo, scābi schaben (urv.), kratzen
M. schaffen (urv.)

Scaea porta, ae f. E. (griech.) das Skäische Tor von Troja

scaena (seltener scēna), ae f. (griech.) Bühne, Schaubühne; in scaenam prodire auftreten; scaenam relinquere von der Bühne abtreten; scaenae ostentatio theatralische Darstellung; — **Schauplatz;** — **Öffentlichkeit, Publikum;** in scaena esse im Mittelpunkt des Interesses stehen, die Aufmerksamkeit auf sich ziehen; **Szene,** Spiel, Komödie
F. die Szene i. a. B., Vorgang, Schauplatz, Anblick, Aussicht — die Szenerie: Bühnenbild, Landschaftsbild — das Szenarium: Bühnenbuch, Spielbuch — szenisch: bühnenmäßig — inszenieren: in Szene setzen, auf die Bühne bringen

scaenicus 3 (cf. scaena) zur Bühne gehörig; subst. m. Schauspieler

Scaevola, ae m. E. Beiname röm. Geschlechter; cf. Mucius

scaevus 3 (griech.) linker; linkisch

scalae, ārum f. (cf. scando) **Leiter, Treppe;** Sturmleiter
F. die Skala i. a. B., Tonleiter; Stufenleiter, Gradeinteilung

Scaldis, is m. E. die Schelde

scalmus, i m. (griech.) der Ruderpflock; Schiff, Kahn

scalpellum, i n. (dem. von scalprum) Lanzette *M.* Schablone (L)
F. das Skalpell: chirurg. Messer

scalpo, psi, ptus 3. **kratzen,** scharren; **einschneiden,** eingraben, **gravieren**
F. skalpieren: die Schädelhaut abziehen — der Skalp: abgezogene Schädelhaut

scalprum, i n. (cf. scalpo) Schnitzmesser, Messer; **Meißel;** Schusterahle

Scamander, dri m. E. Fluß in Troas

scamnum, i n. Bank, Schemel

scando, di, sus 3. (intr.) **steigen, hinaufsteigen;** (trans.) **besteigen,** ersteigen
F. skandieren: einen Vers mit scharf betontem Versmaß lesen

scandula, ae f. (cf. scindo) Dachschindel (L)

scapha, ae f. (griech.) **Boot,** Kahn

scaphium, ii n. **Nachen;** Trinkschale

scapulae, ārum f. Schulterblätter; Schultern, Rücken
F. das Skapulier: Brust und Schultern bedeckender Teil des Ordensgewandes; um den Hals getragenes Votivbildchen

scarifo 1. (griech.) aufritzen

scarus, i m. (griech.) Lippfisch, schmackhafter Seefisch

scatebra, ae f. (cf. scateo) Sprudel

scateo, ui 2. (poet. auch scato 3.) sprudeln; wimmeln, **voll sein**

scaturrex, igis f. (cf. scaturio) sprudelnder Quell

scaturrio 4. = scateo

scaurus 3 (griech.) klumpfüßig; Scaurus, i m. E. röm. Beiname

scelerātus 3 (cf. scelero) **entweiht;** Sceleratus vicus Sündenstraße in Rom, wo Tullia über den Leichnam ihres Vaters fuhr; Sceleratus campus Ort bei der porta Collina, wo gefallene Vestalinnen lebendig eingemauert wurden; — **verbrecherisch, frevelhaft,** verrucht; subst. m. Verbrecher; — schrecklich, unheilvoll

scelero 1. (cf. scelus) durch Frevel beflecken

scelestus 3 (cf. scelus) **frevelhaft,** verrucht, **verbrecherisch**

scelus, eris n. **Verbrechen, Frevel,** Untat; sc. divinum et humanum Verbrechen gegen Götter und Menschen; sc. legatorum interfectorum das Verbrechen des Gesandtenmordes; — **Frevelmut,** Ruchlosigkeit, Tücke; — ruchloser Mensch, Schurke, Frevler; — Strafe für den Frevel

scēna cf. scaena

Scēpsis, is f. E. Stadt in Mysien, Geburtsort des Metrodorus; Scepsius adi. und subst. Bewohner von S.

scēptri-fer, fera, ferum zeptertragend

scēptrum, i n. (griech.) Herrscherstab, **Zepter** (L); — Reich, Herrschaft

sceptūchus, i m. (griech.) Zepterträger, Hofmarschall

Schoeneus, ei und eos m. E. Sohn des Athamas, König in Böotien; — Schoeneïs, idis f. Tochter des S., Atalanta

schola, a ef. (griech.) **Vortrag, Vorlesung;** — **Schule** (L); — Sekte

M. non scholae, sed vitae discimus: nicht für die Schule, sondern fürs Leben lernen wir (Seneca)

F. der Scholar: Schüler

scholasticus 3 (griech.) zur Schule gehörig; subst. m. Schüler; Rhetor

F. der Scholastiker: Vertreter der theologisch-philosophischen Wissenschaft im Mittelalter — die Scholastik: die in den Schulen des Mittelalters ausgebildete theologisch-philosophische Wissenschaft — die Scholie: Erklärung bei alten Schriftstellern; gelehrte Randbemerkung — der Scholiast: Erklärer, Ausleger alter Schriftsteller — der Scholastikus: Schulvorsteher der mittelalterlichen Klosterschulen; Anhänger und Lehrer der Scholastik; Priesteramtskandidat eines Ordens

scida, ae f. (griech.) Papierstreifen; Blatt, Zettel

sciens cf. scio

scientia, ae f. (cf. scio) **das Wissen, Kenntnis, Kunde; Einsicht,** Wissenschaft; scientia atque usus militum theoretische und praktische Erfahrung

sci-licet adv. das kann man wissen; **wohlgemerkt!;** — **selbstverständlich,** versteht sich, offenbar; — **natürlich,** kein Wunder, **allerdings**

M. scilicet (abgek. scil.): merke! ergänze! nämlich

scilla, ae f. (griech.) Meerzwiebel, kleiner Seekrebs, Krabbe

F. die Szilla: Meerzwiebel

scindo, scidi, scissus 3. **scheiden** (urv.), **spalten, zerreißen; trennen;** pass. sich trennen

M. Scheide, Scheit (urv.)

F. die Szissur: Spalte, Riß; Einschnitt (med.) — die Szission: Spaltung, Trennung — die Szissalien: schlechtgeprägte, zerschnittene, unbrauchbare Münzen

scindula cf. scandula

scintilla, ae f. **Funke**

scintillo 1. (cf. scintilla) Funken sprühen

F. szintillieren i. a. B. — die Szintillation: Lichtbild (phys.)

scio, scivi und scii, scītum 4. (scisse = scivisse, scistis = scivistis, **imp.** scito, scitōte) **wissen;** quod sciam soviel ich weiß; — **kennen, verstehen;** Graece sc. griechisch (sprechen) können; — sciens, entis wissend, wisssentlich, mit Wissen; kundig, geschickt z. B. belli, linguae Latinae

scīpio, ōnis m. (cf. cippus) **Stab** (als Zeichen der Würde)

Scipio, ōnis m. Beiname in der gens Cornelia 1.) P. Cornelius Scipio Konsul (218 v. Chr.) 2.) sein Sohn gleichen Namens Africanus maior, Sieger über Hannibal bei Zama (202 v. Chr.) 3.) dessen Bruder L. Cornelius Scipio Asiaticus, Sieger über Antiochus bei Magnesia (190 v. Chr.) 4.) Cornelia Tochter des Africanus, die berühmte Mutter des Gracchen 5.) P. Cornelius Scipio Aemilianus Africanus minor Numantinus Sohn des L. Aemilius Paulus, der Eroberer Karthagos (146 v. Chr.) und Numantias (133 v. Chr.)

Sciron, ōnis m. E. Räuber, von Theseus getötet

scirpeus 3 (cf. scirpus) aus Binsen; subst. f. Wagenkorb

scirpus, i m. **Binse**

sciscitor 1. (cf. scisco) **etwas zu erfah-**

ren suchen, sich erkundigen alqd nach etwas, ex (de, ab) alqo bei jdm.
scisco, scivi, scītus 3. (cf. scio) **beschließen, verordnen, für etwas stimmen** z. B. legem; scitum, i n. Verordnung, Bestimmung; — scitus 3 erfahren, klug, gescheit; geschmackvoll, fein
scissus cf. scindo
scitor 1. =sciscitor
scītum, i n. cf. scisco
scitus, ūs m.; nur abl. scitu auf den Beschluß
scītus 3 cf. scisco
scobis, is f. (cf. scabo) Abfall beim Sägen und Feilen, Sägespäne
Scodra, ae f. E. Stadt in Süddalmatien (Scutari); Scodrēnsis adi. und subst. Bewohner von S.
Scodrus und Scordus, i m. E. östliche Fortsetzung der dalmatisch-illyrischen Gebirge (Schar-Dagh)
scomber, bri m. (griech.) Makrele
scōpae, arum f. Reisbesen, **Besen;** scopas dissolvere große Unordnung machen
Scopas, ae m. E. griech. Bildhauer und Architekt
scopulōsus 3 (cf. scopulus) klippenreich
scōpulus, i m. (griech.) **Anhöhe, Felsen; Klippe;** scopulis ferocior härter als Stein; e scopulis natus gefühllos
Scordus = Scodrus
scorpio, ōnis m. und scorpios und ius, ii m. (griech.) **Skorpion** (L); Sternbild Sk.; Wurfmaschine
scortātor, ōris m. (cf. scortum) Dirnenjäger
scorteus 3 (cf. scortum) ledern; subst. n. plur. Lederzeug
scortum, i n. Leder; Hure, **Dirne**
scrība, ae m. (cf. scribo) **Schreiber,** Sekretär
scrībo, scripsi, scrīptus 3. **zeichnen, schreiben** (L); **aufschreiben, schriftlich aufzeichnen,** aufsetzen; in ein Verzeichnis eintragen, inventarisieren; beschreiben, schildern; **verfassen,** schriftstellern; — (Soldaten) **ausheben;** schriftlich einsetzen, **ernennen** z. B. heredem; durch schriftliche Anweisung **bezahlen**
M. quod scripsi, scripsi: was ich geschrieben habe, bleibt geschrieben (Pilatus)
F. der Skribent: Schreiber, Vielschreiber — der Skribifax: Vielschreiber — das Skriptum: schriftliche Arbeit, Schrift — der Skriptor: Schriftsteller — die Skriptur: Schriftstück
Scribōnius 3 E. Name eines röm. plebejischen Geschlechts 1.) C. Scribonius Curio Prätor 121 v. Chr., bedeutender Redner 2.) sein Sohn gleichen Namens, Konsul 76 v. Chr., Anhänger Ciceros, Gegner Cäsars 3.) L. Scribonius Servilius Libo, Freund des Pompejus und Cicero 4.) seine Schwester Scribonia, zweite Gemahlin Oktavians, Mutter der Julia
scrinium, ii n. **Kapsel,** Schachtel
M. Schrein (L)
scrīptio, ōnis f. (cf. scribo) **schriftliche Darstellung;** Wortlaut, Text
scriptito 1. (cf. scribo) **oft schreiben;** verfassen
scrīptor, ōris m. (cf. scribo) **Schreiber; Schriftsteller, Verfasser; Geschichtsschreiber;** Dichter
scrīptum, i n. (cf. scribo) Linie (auf dem Spielbrett); — **Schriftwerk, Buch,** Aufsatz; schriftliche Verordnung, **Buchstabe;** Konzept
scrīptūra, ae f. (cf. scribo) **schriftliche Darstellung;** Schriftwerk, Schriftstück; — **Weidegeld, Triftgeld**
scrīptus, ūs m. (cf. scribo) Schreiberdienst
scripulum = scropulum
scrōbis, is m. und f. **Grube,** Loch
M. schürfen (urv.)
scrūpeus 3 (cf. scrupus) steinig, schroff, steil
scrupulōsus 3 (cf. scrupulus) schroff, voll spitzer Steinchen; — skrupulös (F), ängstlich, genau, sorgfältig
scrūpulum, i n. (cf. scrupus) **das Skrupel** (F), ein Gewichtsmaß

scrūpulus, i m. (dem. von scrupus) **Skrupel** (F), ängstliche **Besorgnis,** Genauigkeit

scrūpus, i m. spitzer Stein; — = scrupulus

scrūta, ōrum n. Gerümpel, Plunder

scrutātor, ōris m. (cf. scrutor) Durchsucher

F. der Skrutator: Stimmenzähler, Wahlprüfer

scrūtor 1. untersuchen, **durchstöbern; aufstöbern, ausforschen**

M. schroten, Schrot (urv.)

F. das Skrutinium: Ermittlung der Resultate kirchlicher Wahlen, insbes. der Papstwahl

sculpo, psi, ptus 3. (cf. scalpo) **schnitzen, meißeln**

M. sculpsit: „hat es ausgestochen", Vermerk auf Kupfer-, Stahlstichen

F. skulpieren i. a. B. — die Skulptur: Bildhauerkunst, Bildhauerarbeit

sculptilis, e (cf. sculpo) geschnitzt

sculptor, ōris m. (cf. sculpo) Steinschneider, Graveur

scurra, ae f. **Possenreißer, Spaßmacher;** Stutzer

M. scherzen (urv.)

scurrīlis, e (cf. scurra) possenhaft

F. skurril i. a. B.

scurrīlitas, tātis f. (cf. scurrilis) Possenreißerei

scurror 1. (cf. scurra) den Hanswurst spielen, den Hof machen, schmarotzen

scutāle, is n. (cf. scutum) schildförmiges Schleuderleder

scutātus 3. (cf. scutum) mit dem Langschild bewaffnet

scutella, ae f. (dem. von scutula) Schale, Trinkschale

M. Schüssel (L)

scutica, ae f. (griech.) die (scyth.) Peitsche, Knute

scutula, ae f. (griech.) Walze

scutula, ae f. (dem. von scutra) flache Schüssel; Raute, Rhombus

scūtulum, i n. (dem. von scutum) kleiner Langschild

scūtum, i n. **Langschild; Schild,** Schirm

Scylacium, ii n. E. Stadt an der Ostküste Bruttiums (Squillace); — Scylacēus adi. und subst. Bewohner von S.; — Scylacēum, i n. Vorgebirge an der Ostküste von Bruttium

Scylla, ae f. (griech.) 1.) Klippe in der sizilischen Meerenge; Ungeheuer, das alles Lebende zerriß 2.) Tochter des Nisus, in einen Vogel verwandelt; — Scyllaeus 3 der S.; subst. n. östliches Vorgebirge des Peloponnes

scyphus, i m. (griech.) **Becher, Pokal;** inter scyphos beim Wein

Scȳrus und os, i f. E. 1.) Insel zwischen Euböa und Lesbos; Scȳrius 3 skyrisch; Scȳrias, adis f. Skyerin 2.) Stadt in Phrygien

scytala, ae f. (griech.) Briefstab, Rollbrief, geheimes Schreiben

Scythes und a, ae m. Szythe; Scythicus 3 scythisch; Scythissa, ae und Scythis, idis f. Szythin; Scythia, ae f. Land der Szythen

sē, sese cf. sui

sē — (Präfix) 1.) = sine ohne z. B. se-curus; beiseite, weg z. B. se-cerno 2.) (aus semi) halb z. B. se libra = semi libra; — (aus sex) sechs z. B. se-mestris

Sebēthos, i m. E. Fluß in Kampanien; — Sebēthis, idis f. Tochter des S., Nymphe

sebum, i n. **Talg**

secēdo, cessi, cessum 3. **weggehen,** sich entfernen; sich absondern, sich trennen

se-cerno, crēvi, crētus 3. **absondern, trennen;** ausscheiden; **unterscheiden; secrētus** 3 **getrennt,** gesondert; — **einsam, abgelegen;** — **geheim;** — secretum, i n. Abgeschiedenheit, Einsamkeit, Geheimnis, Heimlichkeit; secreto adv. beiseite, abseits; insgeheim, heimlich, unter vier Augen

F. sekret: geheim — das Sekret: Abgesondertes, Ausgeschiedenes, Ausscheidung; Geheimsiegel, geheimes Gemach — die Sekretion: Absonderung, Ausscheidung (med.) — der Sekretär: Schreiber; Schreibschrank, -tisch; Raubvogel — das

Sekretariat: Amt, Amtsstube eines Schreibers

secessio, ōnis f. (cf. secedo) **das Abseitsgehen, Trennung,** Absonderung, Spaltung
F. die Sezession i. a. B., Auswanderung — der Sezessionist: Teilnehmer an einer Sezession, Sonderbündler

secessus, ūs m. (cf. secedo) **Abgeschiedenheit,** Einsamkeit; — abgeschiedener Ort

secius cf. secus

se-clūdo, si, sus 3. (cf. claudo) **abschließen,** absperren; absondern, **trennen**

seco, secui, sectus (secatūrus) 1. **schneiden, abschneiden;** operieren, amputieren; — **zerfleischen, verwunden,** verstümmeln; **durchschneiden;** — **durcheilen, durchlaufen;** viam s. Bahn brechen; — abteilen, einteilen; — entscheiden z. B. lites
M. Säge, Sense, Sichel (urv.)
F. die Sekante: die den Kreis schneidende Gerade — das Segment (aus secamentum): Bogen-, Kreis-, Kugelabschnitt — segmentär: aus Segmenten bestehend, zum Segment gehörig — der Sektor: Zerschneider, Kreis-, Kugelausschnitt; ein astronomisches Instrument — die Sektion: Zerschneidung, Abschnitt, Abteilung, Zweig; Leichenöffnung — sezieren: zergliedern; eine Leiche öffnen

secrētio, ōnis f. (cf. secerno) Absonderung

secrētum cf. secerno

secrētus cf. secerno

secta, ae f. (cf. sequor) **Bahn, Weg;** — politische Partei; — philosophische **Schule,** Lehre
F. die Sekte: Richtung, Lehrmeinung, Glaubensgemeinschaft

sectātor, ōris m. (cf. sector) **Begleiter, Anhänger;** plur. Anhang, Gefolge

sectilis, e (cf. seco) geschnitten

sectio, ōnis f. (cf. seo) das Zerschneiden; — **Güterausschlachtung,** Güterparzellierung; — **Auktionsmasse,** Beutemasse

sector, ōris m. (cf. seco) Zerschneider, Abschneider, **Güterschlächter, Aufkäufer**

sector 1. (cf. sequor) **begleiten, nachlaufen;** — **verfolgen, jagen** z. B. aprum; — **nachjagen, nach etwas trachten** z. B. praedam

sectūra, ae f. (cf. seco) das Schneiden; Erzgrube; Steinbruch

sē-cubo, bui 1. allein schlafen

sēculum, sēclum, secularis cf. saeculum

sē-cum = cum se

secundānus, i m. (cf. secundus) Soldat der 2. Legion

secundārius 3 (cf. secundus) zweiter
F. sekundär: an zweiter Stelle stehend, zweitklassig

secundo 1. (cf. secundus) **begünstigen, fördern**

secundō adv. (cf. secundus) zweitens, zum zweitenmal

secundum präp. mit acc. (cf. sequor) 1.) (räuml.) **längs, entlang** z. B. secundum flumen 2.) (zeitlich) **unmittelbar nach;** secundum ea demnächst, hierauf 3.) **nächst,** zunächst z. B. heres secundum filiam der nächste Erbe nach der Tochter; — **in Übereinstimmung mit, gemäß** z. B. secundum naturam naturgemäß; — **zum Vorteil, zugunsten** z. B. decernere s. alqm

secundus 3 (cf. sequor) **der folgende, der zweite** z. B. secundum bellum Punicum; secunda vigilia die zweite Nachtwache; partes secundae zweite Rolle (im Schauspiel), zweiter Rang, zweite Stelle; — **nachstehend, geringer;** panis s. geringeres Brot, Schwarzbrot; — **mitfolgend, geleitend;** secundo flumine mit der Strömung, stromabwärts; mare secundum Ebbe; secundo vento mit dem Winde; — **günstig, geneigt, gewogen, begünstigend;** ventus secundus günstiger Wind; secundo populo unter dem Beifall des Volkes; — **glücklich;** res secundae Glück; secundum, i n. glücklicher Ausgang, Glück
F. die Sekunde: Zweiteinteilung der Stunde; zweiter Ton vom Grundton an (mus.) — die Sekunda: zweite Klasse einer höheren Schule — sekundieren: Beistand lei-

sten; begleiten (mus.) — der Sekundant: Helfer; Beistand bei einem Zweikampf — die Sekundogenitur: Zweitgeburt, Sonderrecht des zweiten Sohnes

secūri-fer, fera, ferum (cf. securisfero) beiltragend

secūri-ger, gera, gerum (cf. securisgero) beiltragend

secūris, is f. (acc. sing. im, abl. sing. i) (cf. seco) **Axt, Beil;** s. anceps Doppelaxt; securi ferire, percutere köpfen; — **Schlag,** Wunde; — **Gewalt,** Macht (von den Liktorenbeilen)

secūritas tātis f. (cf. securus) **Gemütsruhe, Sorglosigkeit;** — Fahrlässigkeit, Gleichgültigkeit; — **Sicherheit,** Sicherung

F. die Sekurität: Sicherheit, Sorglosigkeit

se-cūrus 3 (aus se-cura) **sorglos, unbesorgt,** unbekümmert; — **sorgenfrei, heiter,** fröhlich; — zu sorglos, fahrlässig; — **sicher,** geschützt

M. sicher (L)

F. assekurieren: versichern — der Assekurant: Versichernder — der Assekurat: Versicherter — die Assekuranz: Versicherung

secus n. (indekl.) (cf. sexus) **Geschlecht;** virile et muliebre s.

secus adv. (cf. secundum) **anders, auf andre Weise;** non s., haud s. mit folgendem atque, ac und quam ebenso, geradeso, ganz so wie; — **übel, schlecht,** falsch, nicht gut; recte an secus recht oder unrecht; — comp. **sequius, setius** (selten secius) **anders, weniger,** minder; nihilo setius nichtsdestoweniger, desungeachtet, gleichwohl, dennoch

sēd = se abgesondert z. B. sedulus

sed (arch. set) ci. (nach Verneinungen) **sondern** z. B. non socii sed hostes; non modo (solum, tantum) . . . sed etiam nicht nur . . . sondern auch; non modo . . . sed ne-quidem nicht nur . . . sondern nicht einmal; — (adversativ) **aber, indessen;** — doch (beim Übergang zu etwas anderem oder nach einer Abschweifung)

sedātio, ōnis f. (cf. sedo) Beruhigung

sedātus 3 cf. sedo

sē-decim und sex-decim indekl. **sechzehn**

F. das Sedez: die Sechzehntelbogengröße (buchdr.)

sedēcula, ae f. (dem. von sedes) Stühlchen, Plätzchen

sedeo, sēdi, sessum 2. **sitzen** (urv.); zu Rate, zu Gericht sitzen; — **sich aufhalten,** verweilen; **ruhig, müßig, untätig dasitzen;** zurückgezogen leben; — **stilliegen,** untätig in Stellung liegen z. B. exercitus ante urbem sedet; — **festsitzen,** hängenbleiben z. B. sedet navis vado; — **sich setzen,** sich senken

M. sitzen (urv.), Sessel (L)

F. das Sediment: Bodensatz, Niederschlag, Ablagerung, Flöz — sedimentär: durch Ablagerung, Niederschlag gebildet, geschichtet

sēdes, is f. (cf. sedeo) **Sitz;** Stuhl, Sessel; s. regia Thron; — **Wohnsitz,** Wohnung, Heimat; Ruhestätte der Toten, Grab; **Platz,** Stätte, Stelle

F. die Sedes i. a. B. (insbes. des Papstes) — die Sedisvakanz: Zeit, in der der päpstliche oder ein bischöflicher Stuhl unbesetzt ist

sedīle, is n. (cf. sedeo) Sitz, Sessel, Stuhl

sed-itio, ōnis f. das Auseinandergehen; **Zwiespalt, Zwietracht,** Zerwürfnis, Zwist; Parteikampf, **Aufstand, Empörung, Meuterei**

seditiōsus 3 (cf. seditio) **aufrührerisch,** unruhig, **meuterisch**

sēdo 1. (cf. sedeo) **zum Sitzen bringen; beruhigen, beschwichtigen; unterdrücken;** — sedātus 3 gelassen, ruhig, gesetzt

F. das Sedativ: Beruhigungsmittel (med.)

se-dūco, dūxi, ductus 3. **beiseite führen, trennen, entfernen;** — seductus 3 entfernt, entlegen

seductio, ōnis f. (cf. seduco) Beiseiteführung

sedulitas, tātis f. (cf. sedulus) **Emsigkeit,** Geschäftigkeit, Dienstbeflissenheit

sēdulus 3 (aus sed-dolo ohne List) **emsig, eifrig,** geschäftig, beflissen;

— sēdulō mit Fleiß, geflissentlich, vorsätzlich

Sedūni, ōrum m. E. Alpenstamm an der oberen Rhone (um das heutige Sitten)

Sedusii, ōrum m. E. germanischer Volksstamm zwischen Rhein und Neckar

seges, etis f. **Saat; Saatfeld,** Ackerfeld; — Menge z. B. s. telorum

Segesta, ae f. E. Stadt in Sizilien (Castellamare); — Segestānus, Segestēnsis adi. und subst. Bewohner v. S.

Segestes, is m. E. Cheruskerfürst, Vater der Thusnelda

Segimerus = Sigimerus

segmentum, i n. (cf. seco) Abschnitt; Besatz, Borte

Segni, ōrum m. E. germanischer Volksstamm östlich der Maas

sēgnis, e **lässig, langsam, schlaff;** non segnius eifriger; nihilo segnius um so eifriger

segnitia, ae und (selten) segnitas, tātis und segnities, ēī f. (cf. segnis) **Lässigkeit, Trägheit, Langsamkeit,** Schlaffheit

Segontiāci, ōrum m. E. Volksstamm in Südbritannien

sē-grego 1. (cf. grex) von der Herde **absondern, trennen,** entfernen, ausscheiden

F. segregieren i. a. B. — die Segregation: Ausscheidung

Segusiāvi, ōrum m. E. keltischer Volksstamm zwischen Rhone und Loire

Seiānus cf. Seius

se-iugātus 3 (cf. se-iugo) getrennt

sē-iugis, e (cf. sex-iugum) sechsspännig; sēiuges, ium m. (scil. equi) Sechsgespann

seiūnctim adv. (cf. seiungo) abgesondert

seiūnctio, ōnis f. (cf. seiungo) Trennung

sē-iungo, iūnxi, iūnctus 3. **trennen; unterscheiden**

Sēius 3 E. Name eines römischen Geschlechts; M. Seius, Freund des Cicero und Atticus; — Seiānus, i m. (Adoptivname); L. Aelius Seianus, der Günstling des Kaisers Tiberius

selēctio, ōnis f. (cf. seligo) Auslese

F. die Selektion i. a. B.; Zuchtwahl

Seleucēa und īa, ae f. E. 1.) Stadt am Tigris 2.) Stadt in Syrien

Seleucus, i m. E. Feldherr Alexanders d. Gr.; von ihm stammt das mächtige Herrschergeschlecht in Syrien ab

sē-libra, ae f. (cf. semi) halbes Pfund

sē-ligo, lēgi, lēctus 3. (cf. lego) **auslesen, auswählen;** selecti iudices die vom Prätor gewählten Richter in Kriminalsachen

F. die Selekta: auserwählte Klasse, Oberklasse — der Selektaner: Schüler einer Selekta — die Selektivität: Trennschärfe bei Rundfunkgeräten

Selīnus, ūntis f. E. 1.) Stadt an der Südküste Siziliens 2.) Stadt in Cilicien

sella, ae f. (aus sedla cf. sedeo) **Stuhl,** Sessel; sella curulis der Kurulische Stuhl, **Amtsstuhl** der höheren Beamten; s. aurea Thron; Lehrstuhl; Tragstuhl; Wagenbock

sellārius, ii m. (cf. sella) Wollüstling

selli-sternium, ii n. (cf. sella-sterno) Götterschmaus, bei dem die Götterbilder auf Sesseln saßen; cf. lectisternium

sellula, ae f. (dem. von sella) Sesselchen

sellulārius, ii m. (cf. sellula) sitzend arbeitender Handwerker

semel adv. **einmal;** zuerst; s. . . . iterum; — **ein für allemal,** auf einmal; — erst, überhaupt

M. semel pro semper: ein- für allemal

Semela, ae und e, ēs f. E. Tochter des Kadmus, Mutter des Bacchus; Semelēius und ēus 3 der S.

semen, inis n. (cf. sero) **Same** (urv.) Schößling; — **Geschlecht,** Stamm; **Sprößling; Ursache,** Veranlassung; Urheber

sementis, is f. (acc. im und em, abl. i und e) (cf. semen) **Aussaat;** ut sementem feceris, ita metes wie die Saat so die Ernte; — Saatgetreide

sementivus 3 (cf. semen) zur Saat gehörig; dies s. Saatfest
sem-ermis und us cf. semiermis
se-mēstris, e (cf. sex-mensis) sechsmonatig, **halbjährig**
F. das Semester: Halbjahr — semestral: halbjährig, = jährlich
sem-ēsus 3 (cf. semi-edo) halb verzehrt
se-met = se und met cf. met
semi- (in zusammengesetzten Wörtern) **halb**
F. das Semifinale: Vorschlußrunde in sportlichen Ausscheidungskämpfen — das Semikolon: Strichpunkt (Satzzeichen) — der Semivokal: Halbvokal
semi-agrestis, e halbbäuerisch
semi-animis, e und us 3 halblebend, halbtot
semi-apertus 3 halboffen
semi-bos, bovis m. Halbstier (Minotaurus)
semi-caper, pri m. Halbbock (Pan, Faun)
semi-cremus 3 (cf. cremo) halbverbrannt
semi-cubitālis, e eine halbe Elle lang
semi-deus 3 halbgöttlich
semi-doctus 3 halbgelehrt
semi-ermis, e und us 3 **halbbewaffnet**
semi-esus = semesus
semi-factus 3 halbgemacht, halbfertig
semi-fer, fera, ferum halbtierisch, halbwild
semi-germānus 3 halbgermanisch
semi-gravis, e halbbetrunken
se-migro 1. wegziehen
semi-homo, inis halbmenschlich, halbwild
semi-hora, ae f. halbe Stunde
semi-lacer, era, erum halbzerfleischt
semi-lautus 3 halbgewaschen
semi-līber, era, erum halbfrei
semi-mas, maris m. Halbmann, Zwitter
semi-mortuus 3 halbtot
seminarium, ii n. (cf. semen) Baum-, **Pflanzschule**
F. das Seminar: frühere Bezeichnung für Lehrerbildungs-Anstalt; Lehrstunde mit praktischer Übung an der Hochschule

seminātor, ōris m. (cf. semino) **Sämann;** Urheber
semi-nex, necis halbtot
sēmino 1. (cf. semen) **säen, erzeugen,** hervorbringen
semi-nūdus 3 halbnackt, fast wehrlos
semi-plēnus 3 **halbvoll,** halbvollzählig; navis semiplena halbbemanntes Schiff
semi-putātus 3 halbbeschnitten
Semiramis, idis und idos f. E. die sagenhafte Königin von Assyrien; Semiramius der S.
semi-rāsus 3 halbgeschoren
semi-refectus halbausgebessert
semi-rutus 3 halbzerstört
semis, issis m. (aus semi-as) **halber** As; **Hälfte;** ein halber Morgen; semisses sechs Prozent Zinsen jährlich
semi-sepultus 3 halbbegraben
semi-somnus 3 halb schlafend, schlaftrunken
semi-supīnus 3 halbzurückgelehnt
sēmita, ae f. **Seitenweg, Fußweg,** Fahrt; Bahn
semi-ūstus 3 = semustus
semi-vir, i m. **Halbmann** (Zentaur, Minotaurus); — Zwitter; — adi. unmännlich, weibisch; unzüchtig
semi-vivus 3 halblebendig, halbtot
Semnones, um m. Hauptstamm der Sueben zwischen Elbe und Oder
Semo, ōnis m. (cf. semen) Saatgottheit
semōtus 3 cf. semoveo
se-moveo, mōvi, mōtus 3. beiseiteschaffen, **entfernen, absondern;** — **semōtus** 3 **entfernt,** entlegen
semper adv. **immer, stets**
M. semper aliquid haeret: es bleibt immer etwas hängen (Plutarch)
sempiternus 3 **immerwährend, beständig,** ewig
Semprōnius 3 E. Name eines röm. Geschlechts cf. Gracchus; Semproniānus 3 des S.
sem-uncia, ae f. halbe Unze, der vierundzwanzigste Teil; insbes. eines Pfundes
semunciārius 3 ein Vierundzwanzig-

stel bildend; faenus semunciarium $^1/_{24}$ % monatlich

se-mūrius 3 (cf. murus) von der Stadtmauer abgelegen

sem-ustulātus 3 halb verbrannt

sem-ūstus 3 halb verbrannt

Sena, ae f. E. Küstenstadt in Umbrien (Senigaglia); — Senēnsis adi. und subst. Bewohner von S.

senāculum, i n. (cf. senatus) Sitzungssaal des Senats

senariolus, i m. (dem. von senarius) kleiner Senar

senārius 3 (cf. seni) je sechs enthaltend, **sechsfüßig;** subst. m. (scil. versus) **Senar** (F), sechsfüßiger Vers

senātor, ōris m. (cf. senatus) **Senator** (F), Mitglied des Senats

senatōrius 3 (cf. senator) **senatorisch**

senātus, ūs m. (cf. senex) **Senat** (F), Rat der Alten, Staatsrat in Rom; senatum recitare die Senatorenliste verlesen; senatu movere aus dem Senat ausstoßen; in senatum venire in den Senat aufgenommen werden; in senatum legere in den Senat wählen; senatum vocare (convocare) den Senat zur Sitzung berufen; — **Senatssitzung, -versammlung;** s. frequens stark besuchte Senatssitzung; — Rat (bei nichtrömischen Völkern); — senatus consultum, i n. (abgek. S. C.) Senatsbeschluß (mit Gesetzeskraft); — senatus auctoritas Gutachten des Senats (ohne gesetzliche Kraft)

Seneca, ae m. E. Beiname der gens Annaeus; L. Annaeus Seneca, der bekannte röm. Philosoph

senecta, ae f. (selten, poet.) = senectus

senectus 3 (cf. senex) alt, bejahrt

senectus, tūtis f. (cf. senex) **Greisenalter, hohes Alter;** — Ernst, Grämlichkeit; — graues Haar; — die Greise

seneo, ui 2. (cf. senex) alt sein

senēsco, senui 3. **alt werden, altern; abnehmen, hinschwinden,** verfallen, eingehen

senex, senis (comp. senior) **alt,** bejahrt, greis; subst. m. und f. **Greis, Greisin;** seniōres, um m. das ältere Aufgebot, die kriegspflichtigen Römer vom 45. bis 60. Lebensjahre

F. der Senior i. a. B.; Vorsitzender, Sprecher, Vorstand — das Seniorat: Ältestenwürde, Vorsitz

sēni, ae, a je sechs; — **sechs auf einmal**

Seniēnsis colonia E. Stadt in Etrurien (Siena); Seniēnsis adi. und subst. Bewohner von S.

senīlis, e (cf. senex) **greisenhaft**

F. senil i. a. B. — die Senilität: Altersschwäche

senium, ii n. **Altersschwäche;** Verfall; Trauer, Ernst, Trübsinn, Grämlichkeit

senius, ii m. (selten) = senex

Senones, um m. E. kelt. Volksstamm an der oberen Seine; — ein Zweig dieser in Italien an der Ostküste Umbriens

sensim adv. (cf. sentio) **allmählich, nach und nach,** bedächtig

sensus, ūs m. (cf. sentio) **Wahrnehmung, Sinn** 1.) (physisch) **Empfindung, Gefühl;** omnis sensus expertia gefühllose, empfindungslose Dinge; Empfindungsvermögen, Sinn z. B. s. audiendi; — die Besinnung, das Bewußtsein; plur. die Sinne z. B. sensus mero victi; 2.) (moralisch) **Gefühl** z. B. s. amandi; plur. Empfindungen, Gefühle; Sinnesart, **Gesinnung, Stimmung;** s. communis die herrschende Stimmung 3.) (geistig) **Verständnis, Urteil; Ansicht,** Meinung, Gedanke z. B. intimos sensus exprimere; **Denkkraft, Verstand;** s. communis omnium der gesunde Menschenverstand; **Sinn, Bedeutung, Inhalt** z. B. s. testamenti

M. ad sensum: dem Sinne nach, sinngemäß — quot capita, tot sensus: soviel Köpfe, soviel Sinne

F. der Sensualismus: Neigung, nach sinnlichen Antrieben zu handeln; Lehre, daß alle seelischen Erscheinungen auf Sinnesempfindungen beruhen — die Sensualität: Empfindungsvermögen, Sinnlichkeit — sensuell: sinnlich — die Sensation (franz.): Aufsehen, Aufregung, eindrucksvoller Vorgang — sensationell: Eindruck machend, Aufsehen erregend, überraschend

sententia, ae f. (cf. sentio) **Meinung, Ansicht;** meā sententiā nach meiner Ansicht; ex animi mei sententia nach bestem Wissen und Gewissen; stat (est) sententia es ist beschlossen; — **Stimme, Votum;** sententiam ferre (dare) seine Stimme abgeben; in sententiam alcis discedere oder (pedibus) ire dem Votum jds. beitreten, beipflichten; sententiam rogare zur Abstimmung aufrufen; liberis sententiis bei freier Abstimmung; — **Urteil** (des Richters); sententiam pronuntiare, dicere das Urteil verkünden; — **Sinn, Gedanke, Inhalt;** in hanc sententiam loqui in folgendem Sinne sich äußern; — **Satz, Lehrsatz,** Spruch, **Sinnspruch,** Kernspruch

M. quot homines, tot sententiae: soviel Köpfe, soviel Sinne (Terenz)

F. die Sentenz i. a. B.

sententiola, ae f. (dem. von sententia) Sprüchlein, Redensart

sententiōsus 3 (cf. sententia) gedanken-, spruchreich

F. sententiös, sentenziös i. a. B.

sentīna, ae f. **Schiffsjauche,** das schmutzige Wasser im Kielraum; Kloake; **Auswurf,** Hefe

Sentīnum, i n. E. Stadt in Umbrien; Sentīnas, ātis adi. und subst. Bewohner von S.

sentio, sēnsi, sēnsus 4. **fühlen, wahrnehmen, empfinden;** — **schmerzlich empfinden,** es zu fühlen bekommen, verspüren; — **wahrnehmen, merken,** einsehen, verstehen; — **meinen, denken, gesinnt sein;** idem s. gleichgesinnt sein; eadem de re publica s. die gleiche politische Einstellung haben; aliud loqui atque sentire anders reden als gesinnt sein; sensa, orum n. Meinungen, Gedanken, Ansichten; — **seine Ansicht aussprechen,** sich äußern, stimmen, urteilen *M.* sinnen (urv.)

F. sentieren i. a. B. — sensibel: empfindlich, empfindsam, feinfühlig — insensibel: unempfindlich — die Sensibilität: Empfindlichkeit, Feinfühligkeit, Reizbarkeit — die Insensibilität: Unempfindlichkeit, Gefühlslosigkeit — sensitiv: empfindend — die Sensitive: Mimose — die Sensitivität: Feinheit des Empfindens — das Sensorium: Bewußtsein (med.) — der Sensibilisator: Farbstoff zum Verstärken der Lichtempfindlichkeit photographischer Platten — sentimental: empfindsam, gefühlvoll, rührselig — die Sentimentalität: gesteigerte Empfindsamkeit, Rührseligkeit

sentis, is m. **Dornstrauch,** Dornbusch; — plur. quälende Gedanken, stechende Sorgen

sentus 3 (cf. sentis) dornig, rauh

se-orsum und **se-orsus** adv. (aus se-vorsus cf. verto) **abgesondert,** fern von

separābilis, e (cf. separo) trennbar

separātim adv. (cf. separatus) abgesondert, besonders

separātio, ōnis f. (cf. separo) Absonderung, Trennung

F. die Separation i. a. B.

separātus 3 cf. separo

sē-paro 1. **absondern, trennen,** ausschließen; — **separātus 3 getrennt, abgesondert,** besonders

F. separieren i. a. B. — separat: gesondert, abgesondert — der Separatismus: Loslösungsbestrebung aus dem Staatsverband — der Separatist: Sonderbündler — der Separator: Maschine zum Milchentrahmen — separabel: abtrennbar — inseparabel: untrennbar — die Inseparabilität: Unzertrennlichkeit — inseparat: ungetrennt

sepelio, ivi (selten ii), sepultus 4. **begraben,** bestatten; **vernichten, unterdrücken;** pass. in etwas versinken; vino somnoque sepultus in Schlaf und Trunkenheit versunken

sēpia, ae f. (griech.) Tintenfisch

F. die Sepia i. a. B., die von ihm kommende braune Farbe

sepio = saepio

Seplāsia, ae f. E. Straße in Capua mit Parfum- und Salbenläden

sē-pōno, posui, positus 3. **beiseite legen;** sich etwas zurücklegen, **auf-**

sparen; vorb halten, reservieren; — **absondern,** trennen, scheiden; entfernen, verbannen

sēpse = se ipse

septa cf. saeptum

septem indekl. **sieben** (urv.); septem subst. die sieben Weisen

F. das Septett: Tonstück für sieben Stimmen

September, bris, bre (siebenter) **zum September gehörig;** subst. m. (scil. mensis) **der September** (L) (ursprünglich 7., später 9. Monat des Jahres)

septem-decim = septendecim

septem-fluus 3 siebenarmig

septem-geminus (poet.) = septemfluus

septem-plex, plicis (cf. duplex) siebenfach; clipeus s. siebenhäutig

septem-trio = septentrio

septem-vir, ii m. **Siebenmann;** Mitglied eines Siebenmännerkollegiums; meist plur.

septemvirālis, e zu den Siebenmännern gehörig

septemvirātus, ūs m. Würde eines Siebenmannes

septenārius 3 (cf. septeni) aus sieben Teilen bestehend; subst. m. (cf. versus) siebenfüßiger Vers

septēni, ae (cf. septem) **je sieben;** sieben zugleich

septennium, ii n. (cf. septem-annus) Zeitraum von sieben Jahren

F. septennal: siebenjährig — das Septennat: Zeitspanne von sieben Jahren

septen-triōnes, um m. die 7 Dreschochsen, alter Name des **Siebengestirns; Norden;** Nordwind; — septentrio, ōnis m. **Siebengestirn,** Großer Bär, Wagen

septentrionālis, e **nördlich;** septentrionālia, ium n. nördliche Gegenden

septiēs und **ēns** adv. (cf. septem) **siebenmal**

septimānus, i m. (cf. septem) Soldat der 7. Legion

Septimius 3 E. Name eines röm. Geschlechts

septimus 3 (cf. septem) **siebenter;** septimum adv. zum siebentenmal

F. die Septime: siebenter Ton vom Grundton aus (mus.) — die Septima: siebente Klasse — der Septimaner: Schüler der siebenten Klasse

septingentēsimus 3. (cf. septingenti) **siebenhundertster**

septin-genti, ae, a (cf. septen-centum) **siebenhundert**

septi-rēmis, e (cf. septen-remus) siebenruderig

septuagenārius 3 (cf. septuaginta) aus siebenzig bestehend

septuagēni, ae, a (cf. septuaginta) **je siebenzig**

septuagēsimus 3 (cf. septuaginta) **siebenzigster**

septuaginta indekl. **siebenzig**

F. die Septuagesima: neunter Sonntag vor Ostern

F. die Septuaginta: älteste von 70 Schriftgelehrten angefertigte Übersetzung des Alten Testaments

septumus = septimus

sept-unx, ūncis m. (cf. septem-uncia) sieben Unzen; — sieben Zwölftel

sepulcrālis, e (cf. sepulcrum) zum Grabe gehörig

sepulcrum, i n. (cf. sepelio) **Grabstätte, Grab; Grabhügel, Grabmal;** Aufschrift auf dem Leichenstein; — der Tote; plur. die Manen

sepultūra, ae f. (cf. sepelio) **Begräbnis,** Bestattung, Verbrennung

Sēquana, ae m. E. die Seine, Grenzfluß zwischen dem keltischen und belgischen Gallien

Sēquani, ōrum m. E. mächtiger keltischer Volksstamm zwischen Saône und Jura

sequax, ācis (cf. sequor) verfolgend, nachdrängend; leicht folgend

sequester, tris, tre und tra, trum (cf. sequor) vermittelnd; subst. m. Mittelsmann, **Vermittler,** Unterhändler

F. der Sequester i. a. B., Zwangsverwalter — das Sequester: Beschlagnahme, Zwangsverwaltung; abgestorbenes Knochenstück (med.) — sequestrieren: in gerichtliche Verwaltung nehmen — die Sequestration:

Zwangsverwaltung; Ablösung toten Gewebes vom lebenden (med.)

sequius cf. secus

sequor, secūtus sum 3. **folgen, nachfolgen,** mit acc. z. B. ducem; — feindlich **verfolgen,** nachsetzen, nachrücken; — (zeitlich) **nachfolgen** z. B. sequitur aestas; anno, die sequenti; sequitur, ut dicam es kommt an die Reihe; et quae sequuntur = usw.; — **nachjagen, nachstreben,** auf etwas ausgehen, nach etwas **trachten** z. B. spem; ferro extrema s. sich mit dem Schwerte töten; — **erfolgen, eintreten,** sich einstellen, sich ergeben; sequitur, ut daraus folgt, daß; — **befolgen, Folge leisten,** nachgeben, sich fügen; — **zufallen, zuteil werden** z. B. gloria poetam sequitur

M. vivat sequens!: es lebe der Folgende! — vivant sequentes!: es leben die Folgenden!

F. die Sequenz: Folge, Reihe; alter lateinischer Kirchengesang; mehrfache Wiederholung eines Motivs (mus.)

Ser. = Servius

sera, ae f. **Torbalken, Torriegel**

Serapēum cf. Serapis

Serāpio und on, ōnis m. E. griech. Mannesname; Spottname des P. Cornelius Scipio Nasica

Serāpis, is und idis m. ägyptischer Gott der **Abgeschiedenen;** Serapēum, i n. Tempel des S.

serēnitas, tātis f. (cf. serenus) heiteres Wetter; **Heiterkeit,** gute Laune

serēno 1. (cf. serenus) heiter machen, **aufheitern**

serēnus 3 **heiter,** hell, klar; serenum, i n. heiteres Wetter, klarer Himmel; sereno bei heiterem Wetter; — fröhlich, ruhig

F. der Serenissimus: Durchlaucht, früherer Fürstentitel

Sēres, um m. E. Volk im heutigen China, berühmte Seidenhersteller; — Sēricus 3 serisch, seiden; serica, ōrum n. Seidenkleider, Seidenstoffe

Sergius 3 E. Name eines röm. patrizischen Geschlechts 1.) C. Sergius Orata bekannter Schlemmer zu Ciceros Zeit 2.) L. Sergius Catilina der berüchtigte Verschwörer

sēria, ae f. großes Tongefäß

series, ēi f. (cf. sero knüpfen) **Reihe, Kette,** Folge; — Geschlechterreihe, Stamm

M. die Serie (L)

sērio cf. serius

Serīphus, i f. E. Zykladeninsel westl. von Paros; — Serīphius adi. und subst. Bewohner von S.

sērius comp. von sero; cf. serus

sērius 3 **ernst, ernsthaft;** sērium, ii n. der Ernst; — sēriō adv. im Ernst, ernstlich

M. schwer (urv.)

F. seriös i. a. B.

sermo, ōnis m. **Unterredung,** Unterhaltung, **Gespräch;** — **gelehrtes Gespräch,** Disputation; — **Umgangssprache, Sprache;** Schriftwerk in der Umgangssprache; sermones Satiren und Episteln des Horaz; — **Redeweise, Ausdrucksweise** z. B. s. rusticus, urbanus, elegans; — **Gerede** der Leute, Gerücht; in sermonem venire ins Gerede kommen; in sermone esse in aller Munde sein

M. schwören (urv.)

F. der Sermon: Rede, Vortrag, Strafpredigt, langweiliges Gerede

sermōcinor 1. (cf. sermo) sich unterhalten, plaudern

sermunculus, i m. (dem. von sermo) Geschwätz; s. urbanus Stadtklatsch

sero, serui, sertus 3. **zusammenknüpfen, -reihen, -fügen;** sertus 3 geknüpft; lorica serta Kettenpanzer; serta, ōrum n. Gewinde, Kranz, Girlande; — **verknüpfen,** anknüpfen z. B. colloquium cum alqo s.; — pass. sich aneinanderreihen, aufeinander folgen z. B. bella ex bellis seruntur Krieg reiht sich an Krieg

sero, sēvi, satus 3. **säen** (urv.), **pflanzen; besäen,** bepflanzen; sata, ōrum n. Saaten, Saatfelder; — **erzeugen,** hervorbringen; satus 3 entsprossen; — **ausstreuen,** erregen, **verursachen**

sēro cf. serus

serpens, entis m. und f. (cf. serpo)

Schlange, Reptil, Drache; auch Sternbild
F. das Serpent: Holzblasinstrument — der Serpentin: schlangenartig geflecktes Gestein — die Serpentine: Schlangenlinie, gewundener Weg; Tanz

serpenti-gena, ae m. (cf. gigno) Schlangensprößling

serpenti-pes, pedis schlangenfüßig

serperastra, ōrum n. Knieschienen (zum Graderichten krummer Kinderbeine); — Zurechtweisungen

serpo, serpsi 3. **kriechen,** schleichen, sich schlängeln; — **sich verbreiten,** sich einschleichen z. B. morbus serpit

serpyllum, i n. (griech.) Quendel, Feldthymian

serra, ae f. Säge

serrācum und sarrācum, i n. (kelt.) zweirädiger Lastwagen

Serrānus, i m. E. Beiname in der gens Atilia

serrātus 3 (cf. serra) gesägt, gezackt, gerändert; subst. m. Silberdenar

serrula, ae f. (dem. von serra) kleine Säge

serta cf. sero (knüpfen)

Sertōrius 3 E. Name eines röm. plebejischen Geschlechts; Q. Sertorius Anhänger des Marius, tüchtiger Feldherr; Sertoriānus 3 des S.

serum, i n. Molke, Käsewasser
F. das Serum: Blutwasser, zu Heilzwecken zubereitetes immunisierendes Präparat — serös: auf Serum, Blutwasser bezüglich, daraus bestehend

sērus 3 **spät;** hiems sera ein später Winter; **verspätet, zu spät;** — serum, i n. späte Zeit; in s. noctis bis in die späte Nacht; sero diei spät am Tage; — **serō** adv. (comp. serius, sup. serissime) **spät,** verspätet, **zu spät**

serva, ae f. (cf. servus) **Sklavin**

servābilis, e (cf. servo) errettbar

servans cf. servo

servātio, ōnis f. (cf. servo) Beobachtung, Verfahren

servātor, ōris m. (cf. servo) **Erretter, Erhalter**

servātrix, īcis f. (cf. servator) Erhalterin, Retterin

servilis, e (cf. servus) **sklavisch, knechtisch**
F. servil i. a. B., kriechend — der Servilismus, die Servilität: Sklavensinn, Kriecherei

Servilius 3 E. Name eines römischen Geschlechts 1.) C. Servilius Ahala der magister equitum des Cincinnatus 2.) Q. Servilius Caepio Gegner des Saturninus 3.) Servilia Tochter von 2.) Mutter des Brutus; — Servilius 3 des S.; Servilius lacus am röm. Forum, wo die Köpfe der Geächteten aufgesteckt wurden; Serviliānus 3 des S.

servio 4. (cf. servus) **Sklave sein,** als Sklave dienen; geknechtet sein, untertan sein, **gehorchen;** — (von Grundstücken) belastet sein; — **gefällig sein; einer Sache sich hingeben,** frönen z. B. pecuniae, gloriae
F. servieren i. a. B., bedienen, aufwarten

servitium, ii n. (cf. servio) **Sklaverei, Knechtschaft;** — Dienerschaft, Gesinde, Sklaven
F. das Service (franz.): Dienst, Dienstleistung, Tafelgerät — die Serviten: Diener Mariens (Bettelorden)

servitus, tūtis f. (cf. servus) **Sklaverei, Knechtschaft;** in servitutem abstrahere, abducere, redigere unterwerfen; — **Unterwürfigkeit, Gehorsam;** — (bei Grundstücken) Belastung; — die Sklaven
F. das Servitut i. a. B.; dingliche Last, Grundstücksbelastung

Servius, ii m. röm. Vorname (abgek. Ser.)

servo 1. **beobachten,** achtgeben, hüten, aufpassen; serva! nimm dich in acht!; — (einen Ort) **hüten,** an einem Ort verweilen; domum, limen, vestibulum s. Haus hüten, zu Hause bleiben; — **bewahren,** innehalten; ordinem, ordines s. in Reih und Glied bleiben; signa s. bei der Fahne bleiben; fidem s. Treue bewahren; — **retten, erretten,** unversehrt erhalten; — **aufbewahren,**

aufheben, aufsparen; — servans, ntis beobachtend; servantissimus 3 scharf beobachtend
M. Servatius (V)
F. präservativ: vorbeugend — das Präservativ: Vorbeugungs-, Schutzmittel
servula, ae f. (dem. von serva) junge Sklavin
servulus und servolus, i m. junger Sklave
servus, a, um **dienstbar, sklavisch,** geknechtet; — servus, i m. **Sklave, Knecht**
M. Servus: Ihr Diener!, österreichischer Gruß
sēsamum, i n. (griech.) Sesam (L)
sescenārius 3 (cf. sescenti) 600 Mann stark
sesc-ennāris, e (cf. sesqui-annus) anderthalbjährig
sescēni, ae, a (cf. sescenti) **je sechshundert**
sescentēsimus 3 (cf. sescenti) **der sechshundertste**
ses-centi ae, a (cf. sex-centum) **sechshundert;** unzählige
sescentiēs und ēns adv. (cf. sescenti) sechshundertmal, unzähligemal
seselis, is f. (griech.) Steinkümmel
Sesōsis und Sesōstris, idis m. E. König von Ägypten, Ramses
sēs-qui adv. (aus ses = semis und que und einhalb) um die Hälfte mehr, halbmal; — anderthalb; — sesquihora, ae f. anderthalb Stunden; sesqui-modius, ii m. anderthalb Scheffel; sesqui-pedālis, e anderthalbfüßig; sesqui-pes, pedis m. anderthalb Fuß groß; sesqui-plāga, ae f. anderthalb Hiebe; sesqui-plex, plicis anderthalbfältig, anderthalbfach
sessilis, e (cf. sedeo) zum Sitzen geeignet
sessio, ōnis f. (cf. sedeo) **das Sitzen;** das Müßigsitzen; — die Sitzung; — Sitz, Sitzplatz
F. die Session: Sitzungszeit, Sitzung
sessito 1. (cf. sedeo) immer sitzen
sessor, ōris m. (cf. sedeo) Sitzer, Zuschauer; Insasse, Einwohner
ses-tertius, ii m. (aus sesqui-tertius der dritte As halb = $2^1/_2$ As) **Sesterz** (F), die gangbarste röm. Münze = 17 Pfg. (abgek. HS. aus LLS = libra libra semi); duo, quinque, viginti, centum sestertii 2, 5, 20, 100 Sesterzen; der gen. sestertiūm wurde später wie ein n. dekliniert und bedeutet 1000 Sesterzen: tria, decem, centum, ducenta sestertia, orum n. = 3000, 10 000, 100 000, 200 000 Sesterzen; in Verbindung mit einem Zahladverb: decies, vicies, centies sestertūm = 1 000 000, 2 000 000, 10 000 000 Sesterzen
Sestius = Sextius
Sēstos und **us,** i f. E. Stadt am thrakischen Ufer des Hellespont
set (arch.) = sed
sēta = saeta
Sētia, ae f. E. Stadt östlich von Antium; — Setīnus adi. und subst. Bewohner von S.
sētiger = saetiger
setius cf. secus
setōsus = saetosus
seu = sive
Seuthes, is m. E. König der Odrysen
sevēritas, tātis f. (cf. severus) **die Strenge, Ernst, Härte**
sevērus 3 **streng, ernst; hart,** grausam
M. Severin (V)
Sevērus, i m. E. röm. Familienname 1.) Cornelius Severus epischer Dichter, Freund Ovids 2.) T. Cassius Severus Redner unter Augustus und Tiberius 3.) L. Septimius Severus röm. Kaiser (193—211); — Severus mons Gebirgszug in Sabinum
se-voco 1. **beiseite rufen,** abrufen, aufrufen; — **abziehen,** absondern, ablenken
sevum = sebum
Sex. = Sextus
sex indekl. **sechs** (urv.)
sexagenārius 3 sechzigjährig
sexagēni, ae, a (cf. sexaginta) **je sechzig;** sechzig zusammen
sexagēsimus 3 (cf. sexaginta) **sechzigster**
F. die Sexagesima: Name des achten Sonntags vor Ostern — sexagesimal: sech-

zigteilig; auf sechzig als Grundzahl bezugnehmend

sexagiēs und **iēns** adv. (cf. sexaginta) sechzigmal; s. sestertium 60 000 000 Sesterzen

sexaginta indekl. **sechzig**

sex-angulus 3 sechseckig

sexcenārius, sexceni, sexcenti cf. sescenarius, sesceni, sescenti

sex-decim = sedecim

sex-ennis, e (cf. annus) sechsjährig

sexennium, ii n. (cf. sexennis) Zeit von sechs Jahren

sexiēs und **ēns** adv. sechsmal

sex-prīmi, ōrum m. die sechs Obersten des Stadtrates

sextadecimānus, i m. Soldat der 16. Legion

sextans, antis m. (cf. sextus) **Sechstel** eines As (= 3 Pfg.); non esse sextantis keinen Heller wert sein

sextārius, ii m. (cf. sextus) sechster Teil eines congius, Schoppen

sextīlis, e (cf. sextus) sechster; Sextīlis, is m. (scil. mensis) der Monat Sextīlis, der 6., später 8. Monat des Jahres, später Augustus genannt

Sextīlius 3 Name eines römischen Geschlechts

Sextius 3 E. Name eines römischen Geschlechts 1.) L. Sextius Lateranus Volkstribun, der mit L. Licinius Stolo durch die lex Licinia Sextia den Plebejern den Zutritt zum Konsulat eröffnete 2.) P. Sextius Freund Ciceros

sextula, ae f. (dem. von sexta) sechster Teil einer Unze oder 72. Teil eines As

sextus 3 (cf. sex) **sechster**; sextum adv. zum sechstenmal

F. die Sexta: sechste Klasse — Sextaner: Schüler der Sexta — der Sextant: sechster Teil eines Kreises; Winkelmesser — die Sexte: sechster Ton vom Grundton an (mus.) — das Sextett: Tonstück für sechs Stimmen, Sechsgesang (mus.) — die Sextole: Figur von sechs Noten (mus.) — das Sextern: sechs Bogen zum Ineinanderlegen (buchdr.)

Sextus, i m. E. röm. Vorname

sexus, ūs m. **Geschlecht**

F. der Sexus i. a. B.; sinnliche Sphäre des menschlichen Geschlechtslebens — sexuell, sexual: geschlechtlich — die Sexualität: Geschlechtlichkeit — bisexuell: zweigeschlechtig — die Intersexe (plur.): sexuelle Zwischenstufen getrennt geschlechtlicher Individuen

si ci. 1.) (in Bedingungssätzen) **wenn, wofern, falls**; (real) si dies est, lucet; (potential) si hoc dicas, erres; (irreal) si deus essem, bella prohiberem; — si minus wenn nicht, wo nicht; (relativ anknüpfend) quodsi wenn nun, wenn demnach; (vergleichend) ac si, perinde ac si, quasi als wenn (mit coni.); — **wenn anders**, wenn nämlich, **wofern nur** z. B. amicum vocabimus, si adest; — (konzessiv) **wenn auch**, auch wenn = etiamsi; — 2.) (in Wunschsätzen) **wenn doch** z. B. o mihi praeteritos referat si Iuppiter annos!; — 3.) (in indirekten Fragen) **ob, ob etwa**; insbes. nach den Verben des Versuchens, Erwartens z. B. hostes expectabant, paludem si nostri transirent

sibi cf. sui

sībilo 1. (cf. sibilus) zischen, pfeifen; trans. **auszischen**, auspfeifen

F. der Sibilant: Zischlaut

sībilus 3 zischend, pfeifend

sībilus, i m. **das Zischen, Pfeifen**, Pfiff, Säuseln

Sibusātes, um m. E. aquitanischer Volksstamm

Sibylla und Sibulla, ae f. (griech.) E. Sibylle (F), Wahrsagerin, Weissagerin; am bekanntesten die Sibylle von Cumä, von der Tarquinius Superbus die libri Sibyllīni kaufte

sic adv. (aus si-ce) 1.) **so, auf diese Weise**; meist bei Verben z. B. sic puto; — (mit folg. ut consecutivum) z. B. sic vexatus est, ut moreretur; — (vergleichend) ut (sicut, quemadmodum, quomodo, tamquam) ... sic wie ... so z. B. ut vixit, ita mortuus est; auch: zwar ... aber, wenngleich ... so doch z. B. ut nihil boni est in morte, sic certe nihil mali; — (in Wünschen, Versicherungen, Schwüren) sic ... ut so wahr ... wie, so gewiß ... wie z. B. sic mihi dii iuvent, ut omnia confessus sum; — **folgendermaßen** z. B. ego sic existimo; — (in Antworten) so ist es = **ja**; — **unter solchen Umständen; infolgedessen**; — sic ... ut (si) unter der Bedingung, Veranlassung, mit der Beschränkung, daß (wenn); — so ohne weiteres, so schlechtweg, so leichthin, gerade z. B. sic tempore laevo grade zur Unzeit; — **so sehr, dermaßen** z. B. sic servum dilexit, ut libertatem ei donaret

M. sic!: so! tatsächlich so! wörtlich! — sic transit gloria mundi: so vergeht die Herrlichkeit der Welt

sica, ae f. (cf. seco) **Dolch**

Sicambri = Sigambri

Sicāni, ōrum m. E. iberischer Volksstamm auf Sizilien; = Siculi; Sicānus und Sicānius 3 sikanisch, sizilisch; Sicānis, idis f. sikanisch; Sicānia, ae f. Sizilien

sicārius, ii m. (cf. sica) **Meuchelmörder,** Bandit; inter sicarios accusare wegen Meuchelmordes anklagen

Sicca, ae f. E. Stadt in Numidien (Kef); Siccēnsis adi. und subst. Bewohner von S.

siccine = sicine

siccitas, tātis f. (cf. siccus) **Trockenheit, Dürre;** Festigkeit, Zähigkeit; Nüchternheit, **Einfachheit**

sicco 1. (cf. siccus) trocken machen, **trocknen;** pass. trocken werden, vertrocknen, verschmachten; trokken legen; leeren, austrinken; ubera s. aussaugen; ovem s. melken

F. das Sikkativ: Mittel zum Trocknen (bei der Ölmalerei) — der Exsikkator: Austrockner (Glasgefäß zur Trocknung oder Trockenhaltung chem. Präparate)

siccus 3 **trocken,** dürr, vertrocknet; durstig; — **siccum,** i n. trockener **Boden,** festes **Land;** in sicco auf dem trockenem Lande; — **nüchtern, einfach,** schlicht, kernig

Sicelis, idis f. cf. Sicilia

Sichaeus = Sychaeus

Sicilia, ae f. E. Sizilien; Siculus adi. und subst. Siculer, Sizilier, sizilisch; Siciliēnsis, e sizilisch; Sicelis, idis f. sizilisch

sīcine (aus sīc-ne) so? also?

Sicoris, is m. E. Nebenfluß des Ebro (Segre)

sī-cubi ci. (aus si-ubi) wenn irgendwo, wo immer

sīcula, ae f. (dem. von sica) kleiner Dolch

Siculus cf. Sicilia

si-cunde ci. (aus si-unde) wenn irgendwoher

sīc-ut, sīc-uti adv. **sowie, gleichwie,** wie; — **gleichsam** z. B. s. in sentinam; — **wie wenn, gleich als wenn, gleich als ob** z. B. s. partā victoriā; wie zum Beispiel; — in dem Zustande wie, so wie z. B. s. sum so wie ich hier bin

Sicyon, onis m. und f. E. Stadt westl. von Korinth; Sicyōnius adi. und subst. Bewohner von S.

Sida, ae f. E. Stadt in Pamphylien; Sidēta adi. und subst. Bewohner von S.

sidereus 3 (cf. sidus) **gestirnt;** der Sterne; canis s. Hundsstern; — **zur** Sonne gehörig; der Sonne; lux siderea Sonnenlicht; — glänzend, strahlend

Sidicini, ōrum m. E. Volksstamm in Kampanien; Sidicinus 3 sidizinisch

sido, sēdi, sessum 3. (cf. sedeo) **sich setzen, sich niederlassen; sich senken,** sinken, hinschwinden; — **festsitzen,** sitzenbleiben

Sidon, ōnis f. E. älteste Stadt Phöniziens; (Saida); Sidōnius adi. und subst. Bewohner von S.; Sidōnis, idis f. phönizisch; Sidōnicus 3 sidonisch

sidus, eris n. **Sternbild,** Sterngruppe; — **Stern, Gestirn;** plur. Gegend; — Jahreszeit; Tag; s. brumale Wintersonnenwende; Witterung, Sturm; grave s. Sturm; **Hitze;** sidere ictus vom Sonnenstich getroffen; — plur. **Himmel;** ad sidera ferre in den

Himmel erheben; Glanz, Schmuck, Zierde

F. siderisch, sideral: auf die Sterne bezogen — der Siderismus: angeblicher Einfluß von Gestirnen auf den Menschen — der Siderit: Meteor; Eisenspat

Sigambri und **Sugambri,** ōrum m. E. german. Volksstamm zwischen Sieg, Lippe und Rhein; Sigamber, bra, brum sigambrisch

Sigēum, i n. E. Vorgebirge und Stadt am südl. Eingang des Hellesponts; Sigēus, ēius 3 sigeisch

sigillātus 3 (cf. sigillum) mit kleinen Figuren (Reliefs) verziert

sigillum, i n. (dem. von signum) **kleine Figur;** Bildchen, Relief; — **Siegel** (L)

M. sub sigillo: unter dem Siegel der Verschwiegenheit

F. das Sigill: Siegel — sigillieren: siegeln

Sigimerus, i m. E. Cheruskerfürst, Vater des Arminius

signātor, ōris m. (cf. signo) Untersiegler (einer Urkunde); signator falsus Urkunden-, Testamentsfälscher

Signia, ae f. E. Stadt südöstlich von Rom (Segni); Signīnus adi. und subst. Bewohner von S.

signi-fer, fera, ferum (cf. signumfero) Sternbilder tragend, **gestirnt;** **signifer,** eri m. **Banner-, Adler-, Fahnenträger,** Anführer

significanter cf. significo

significantia, ae f. (cf. significo) Deutlichkeit, Anschaulichkeit

significātio, ōnis f. (cf. significo) **Bezeichnung, Anzeige,** Zeichen; **Beifallszeichen, Beifall;** — **Nachdruck** (in der Rede); Sinn, **Bedeutung** (eines Wortes)

significo 1. (cf. signum-facio) **ein Zeichen geben, anzeigen, andeuten, bezeichnen,** zu erkennen geben; (Zukünftiges) anzeigen, vorher verkünden; (mit Worten) **bezeichnen,** bedeuten; significans, ntis (adv. significanter) deutlich

F. signifizieren i. a. B. — signifikant, signifikativ: bezeichnend, bedeutungsvoll

signo 1. (cf. signum) einkerben, einschneiden; eindrücken; — **mit Zeichen versehen, bezeichnen,** kenntlich machen; **versiegeln, siegeln;** — **prägen** z. B. pecuniam; — auszeichnen, schmücken; — **beobachten,** bemerken

M. signatum (abgek. Sign.): unterzeichnet — signetur (abgek. Sign.): es werde bezeichnet (auf Rezepten)

F. signieren i. a. B. — die Signatur: Bezeichnung, Aufschrift; Unterzeichnung (insbes. des Künstlers und auf Urkunden); Besiegelung; Merkmal; Bogenziffer zur Kennzeichnung der Reihenfolge im Buche (buchdr.) — der Signatar: Unterzeichner eines Vertrags — das Signet (franz.): Buchdruckerzeichen, Verlegerzeichen (buchdr.); Lesezeichen; Handsiegel — das Signal: Zeichen zur Nachrichten-, Befehlsübermittlung und zur Sicherung — das Signalement (franz.): Beschreibung einer Person im Paß, Steckbrief usw. — signalisieren: bezeichnen, durch Signale Zeichen geben, ankündigen

signum, i n. **Einschnitt, Eindruck;** signa pedum Fußstapfen; s. imprimere pecori einbrennen; **Merkmal, Zeichen;** — **Signal;** signo dato auf das gegebene Signal; signa canunt die Signale ertönen; — Parole; — **Feldzeichen, Fahne, Adler;** signa movere, tollere, ferre, vellere, convellere aufbrechen; signa inferre alci, in (contra, adversus) alqm angreifen; signa conferre cum hoste zusammenstoßen; signa relinquere; ab signis discedere fahnenflüchtig werden; signa vertere, convertere kehrt machen, eine Schwenkung machen; sub signis in Reih und Glied; signa ad hostem convertere sich dem Feinde stellen; — **Abteilung, Fähnlein, Schar;** — **Vorzeichen, Anzeichen; Beweis,** Beweisgrund, -mittel; — **Bild, Bildnis,** Standbild, Götterbild, Figur; **Siegel,** Wappen; — Himmelszeichen, **Gestirn, Sternbild**

M. in hoc signo vinces: in diesem Zeichen wirst du siegen — Segen (L)

F. das Signum: Zeichen, Unterzeichnung

Sīla, ae f. E. Waldgebirge in Bruttium

Silānus 3 E. Beiname der gens Julia

Silarus, i m. E. Fluß in Lukanien (Sele)

silentium, ii n. (cf. sileo) **Schweigen,** Stillschweigen; silentiō stillschweigend; silentio praeterire, praetervehi, transmittere mit Stillschweigen übergehen; — Verschwiegenheit; — Ruhe, Muße, Stillstand

M. silentium!: Ruhe! Stille!

F. das Silentium i. a. B.

Silēnus, i m. E. 1.) Silen (F), Erzieher des Bacchus, Satyr 2.) Begleiter Hannibals, Historiker

sileo, ui 2. 1.) (intr.) **still sein,** schweigen; sīlens, ntis schweigend, still, lautlos; nocte silenti in stiller Nacht; silentes, um m. die Verstorbenen; — Schüler des Pythagoras; — **untätig sein,** feiern, ruhen 2.) (trans.) **verschweigen,** unerwähnt lassen; silenda, ōrum n. Geheimnisse, Mysterien

siler, eris n. Spindelbaum, Pfaffenhütchen

silēsco, silui 3. (cf. sileo) **still werden,** verstummen

silex, icis m. (selten f.) Kiesel, Granit, Feuerstein; — Fels

F. das Silikat: kieselsaures Salz — das Silizium: ein chem. Grundstoff — die Silifikation: Verkieselung — silifizieren: verkieseln — die Silikose: Steinstaub

siliqua, ae f. Schote; plur. Hülsenfrüchte

Silius 3 E. Name eines röm. plebejischen Geschlechts 1.) A. Silius Freund Ciceros 2.) T. Silius General Cäsars 3.) C. Silius Konsul (13 n. Chr.)

sillus = silus

sillybus, i m. (griech.) Pergamentstreifen als Titelblatt auf Bücherrollen

silus 3 plattnasig

silva, ae f. **Wald,** Forst, Gehölz; Park; — **Menge, Fülle, Vorrat** z. B. s. telorum; — Konzept

M. Silvia, Silvana (V)

Silvānus, i m. Gott des Waldes; plur. Waldgottheiten

silvēsco 3. (cf. silva) ins Holz wachsen, verwildern

silvester, tris, tre und silvestris, e (cf. silva) **waldig, bewaldet;** subst. n. plur. Waldgegenden; — im Walde lebend, im Walde; — wildwachsend, wild

M. Silvester (V)

Silvia cf. Rea

silvi-cola, ae m. (cf. silva-colo) Waldbewohner

Silvius, ii m. E. Sohn des Äneas und der Lavinia

silvōsus 3 (cf. silva) waldig

Simbruvium, ii n. E. Ort im Gebiet der Äquer

sīmia, ae f. und selten simius, ii m. (cf. simus) **Affe;** Nachäffer

similis, e **ähnlich,** mit gen. und dat. z. B. morti s.; mei, tui, nostri, vestri s.; verisimilis wahrscheinlich; — simile, is n. Gleichnis, Beispiel

M. Endsilbe „sam“ (urv.) z. B. gleichsam similia similibus: Ähnliches durch Ähnliches (Grundsatz der Homöopathie)

F. das Similargent: Neusilber — der Similidiamant: unechter Diamant — der Similistein: unechter Edelstein — das Similor: Scheingold

similitūdo, inis f. **Ähnlichkeit,** Gleichartigkeit; s. patris mit dem Vater; — etwas Ähnliches, Nachbildung; plur. ähnliche Erscheinungen, ähnliche Fälle; Gleichnisse

simiolus, i m. (dem. von simius) Äffchen (Kose- und Schimpfwort)

simius cf. simia

Simo, ōnis m. E. Name eines Greises im Lustspiel

Simois, entis m. E. 1.) Nebenfluß des Skamander 2.) Fluß in Epirus

Simōnides, is m. E. griech. Lyriker, Erfinder der Mnemotechnik

sim-plex, plicis (aus semel und plex cf. duplex) **einfach,** nicht zusammengesetzt, nicht vermischt; — **ein einziger;** — **gewöhnlich;** — unbedingt, unabhängig; — **natürlich,** kunstlos; — **bieder, schlicht, offen,**

treuherzig, naiv; simpliciter adv. schlechtweg, geradezu, lediglich
M. simpel, simpeln, Simpel (L) — simpliciter i. a. B.
F. Simplizissimus: Titel des Romans von Grimmelshausen; Titel einer Zeitschrift — das Simplex: einfaches Grundwort (sprachl.) — die Simplizität: Einfachheit, Einfalt, Dummheit — simplifizieren: vereinfachen — die Simplifikation: Vereinfachung

simplicitas, tātis f. (cf. simplex) **Einfachheit; Biederkeit,** Aufrichtigkeit, Treuherzigkeit
M. sancta simplicitas: heilige Einfalt

simplum, i n. (cf. simplex) das Einfache
F. das Simplum: der einfache Betrag, z. B. einer Steuer

simpulum, i n. Schöpfgefäß, -kelle, -löffel; fluctus in simpulo excitare viel Lärm um nichts machen

simpuvium, ii n. Opferschale

simul (cf. similis) 1.) (adv.) **zugleich, gleichzeitig;** — (selten) = una zusammen; — simul ... simul, (häufiger) simul ... et (atque) ebensosehr ... als, teils ... teils 2.) ci. simulac, simulatque sobald als (mit ind. perf.)
F. simultan: gemeinsam, gleichzeitig — Simultanschule: paritätische Staatsschule

simulācrum, i n. (cf. simulo) **Bild,** Abbild; **Standbild,** Statue; — Traumbild, **Trugbild, Schein;** s. pugnae Scheingefecht; — Schatten; Totenschatten, Gespenst; — Charakterbild; — Nachbildung

simulāmen, inis n. (cf. simulo poet.) Nachahmung

simulans cf. simulo

simulātio, ōnis f. (cf. simulo) **Verstellung, Heuchelei;** plur. Verstellungskünste; — **Vorspiegelung, Vorwand,** Schein, Täuschung; s. timoris scheinbare Angst; simulatione, per simulationem alcis rei unter Vorspiegelung, unter dem Schein

simulātor, ōris m. (cf. simulo) Nachahmer; **Heuchler;** Meister in der Verstellungskunst

simulātus cf. simulo

simulo 1. (cf. similis) **ähnlich machen;** simulātus nachgebildet, in der Gestalt; — **abbilden, nachbilden;** nachahmen; — **etwas vorgeben, sich stellen als ob,** vorspiegeln, heucheln; Simulans der Heuchler (Titel eines Lustspiels); — morbum s. sich krank stellen; amicum s. den Freund spielen; — **simulans** nachahmend; — **simulātus** 3 erheuchelt, verstellt, scheinbar, zum Schein
F. simulieren i. a. B.; grübeln; ein Scheingeschäft abschließen (jur.) — der Simulant: Heuchler, Scheinkranker — die Simulation: Verstellung, Vorwand, Scheingeschäft

simultas, tātis f. (cf. simul) **Eifersucht,** Rivalität, **Spannung;** — Feindschaft

sīmus 3 (griech.) plattnasig

sin ci. (aus si-ne wo nicht) **wenn aber,** wofern aber; oft verstärkt: sin autem, (selten) sin vero; sin minus, sin aliter wenn aber nicht, wo nicht, widrigenfalls, sonst

sincēritas, tātis f. Unverdorbenheit, Aufrichtigkeit, Ehrlichkeit; Gesundheit

sincērus 3 (aus sine cera) **rein, unvermischt; unversehrt, unverdorben;** gesund; bloß, nichts weiter als z. B. proelium equestre sincerum ausschließliches Reitergefecht; **ehrlich, aufrichtig,** rechtschaffen

Sinda, ae f. E. Stadt in Pisidien; — Sindēnsis adi. und subst. Bewohner von S.

sine praep. mit abl. **ohne;** s. dubio ohne Zweifel; s. ullo commodo ohne allen Vorteil; s. aliquo commodo ohne bedeutenden Vorteil; non sine cura mit Sorge
M. sonder (urv.) — sine anno (abgek. s. a.): ohne Jahresangabe (der Herausgabe von Büchern) — sine tempore (abgek. s. t.): ohne akademisches Viertel, pünktlich — sine ira et studio: ohne Haß und Gunst (berühmte Objektivitätserklärung des Tacitus) — sine qua non: unerläßliche Bedingung
F. die Sinekure: (ohne Sorge) Pfründe ohne Amtsgeschäfte

singillātim (selten singulātim) adv. (cf. singuli) **einzeln,** im einzelnen

singulāris, e (cf. singuli) **einzeln, vereinzelt,** einen einzelnen betreffend; imperium singulare Alleinherrschaft; — **einzig, außerordentlich, ausgezeichnet,** vorzüglich; — **unerhört, beispiellos** (im schlechten Sinne); — singulāres, ium m. Einzelreiter, berittene Ordonnanzen

F. der Singular, Singularis: Einzahl (sprachl.) — singulär: vereinzelt, selten, auffallend — die Singularität: vereinzelte Erscheinung, Eigenheit, Sonderbarkeit

singulatim = singillatim

singuli, ae, a (cf. semel) **je einer,** jeder einzelne; in annos singulos für jedes Jahr, jährlich; singulis annis in jedem Jahr, jährlich; — einzeln, einzig, allein

singultim adv. (cf. singultus) schluchzend, stockend

singulto 1. (cf. singultus) schluchzen, röcheln; — (trans.) herausschluchzen, herausstoßen, ausröcheln

singultus, ūs m. **das Schluchzen;** das Röcheln

singulus cf. singuli

Sinis, is m. E. „Fichtenbeuger" Name eines Räubers, den Theseus erlegte

sinister, tra, trum **linker,** links befindlich; sinistri, ōrum m. die Soldaten auf dem linken Flügel; **sinistra,** ae f. (scil. manus) **linke Hand;** dextra ac sinistra rechts und links, von rechts und links; — **linkisch, ungeschickt,** verkehrt; **unheilvoll, unglücklich;** — (in der römischen Auguralsprache) **glücklich, heilkündend**

sinisteritas, tātis f. (cf. sinister) linkisches Benehmen, Ungeschicklichkeit

sinistrōrsus und um adv. (aus sinisterversus) nach links gewandt

sino, sivi (sii), situs 3. **zulassen, dulden, gestatten, erlauben;** mit acc. c. inf.; pass. mit nom. c. inf. z. B. hic accusare eum non est situs man ließ ihn nicht anklagen; — imp. sine (seltener sinite) laß sein, mag immerhin, schon gut mit coni. z. B. abeat, sine, nuntius

Sinon, ōnis m. E. Grieche, der die Troer dazu überredete, das hölzerne Pferd in die Stadt zu ziehen

Sinōpa, ae und e, ēs f. E. Stadt am Schwarzen Meer; — Sinopēnsis, Sinōpeus adi. und subst. Bewohner von S.

Sinuessa, ae f. E. Stadt in Südlatium, berühmt durch Wein und Heilquellen; — Sinuessānus adi. und subst. Bewohner von S.

sīnum, i n. Schale, Napf

sinuo 1. (cf. sinus) bogenförmig machen, biegen, krümmen; arcum s. den Bogen spannen; — pass. sich krümmen, sich winden

sinuōsus 3 (cf. sinus) gekrümmt, gewunden; vestis sinuosa faltenreiches Gewand

sinus, us m. **Krümmung, Biegung,** Rundung, Bogen, Bausch, Falte (des Kleides); — **Meerbusen, Bucht; Bausch der Toga,** Faltenwurf; — Tasche, Geldbeutel (da man das Geld im sinus der Toga verwahrte); **Brust, Busen, Schoß, Arme, Umarmung; Innerstes,** Herz z. B. hostes in sinu urbis sunt; — Gewalt, Macht

F. der Sinus: Meerbusen; trigonometrische Figur — der Kosinus: eine trigonometrische Winkelfunktion

siparium, ii n. (griech.) Vorhang (bei den Zwischenszenen der Komödie); post s. hinter den Kulissen, heimlich

Siphnos und us, i f. E. eine Insel der Zykladen

sīpho, ōnis m. (griech.) Heber; — Feuerspritze

F. der Siphon: Heber, Saugröhre; Gefäß, in dem Kohlensäure den Getränken zugeführt wird

siphunculus, i m. (dem. von sipho) kleines Springbrunnenrohr

Sipontum, i n. E. Hafenstadt in Apulien; — Sipontīnus adi. und subst. Bewohner von S.

Sipylus und os, i m. E. Gebirge in Lydien

si-quando ci. wenn einmal

sī-quidem ci **ja wenn, allerdings wenn** mit coni. imperf. oder plpf.; — **wenn anders, wenn wirklich,** insofern

Siren, ēnis f. Sirene, meist plur Sirēnes, um f. zwei Jungfrauen, die durch zauberhaften Gesang Schiffer anlockten und töteten

F. die Sirene i. a. B., Verführerin; Warnungsheulgerät — sirenenhaft: verführerisch

Sīrius, ii m. E. Hundsstern (der mitte Juli zur Zeit der größten Hitze [in den Hundstagen] aufgeht)

Sirmium, ii n. E. Stadt in Pannonium

sirpeus 3 cf. scirpeus

sīrus, i m. (griech.) Grube zur Getreideaufbewahrung

sīs = si vis wenn's beliebt

Sisapo, ōnis f. E. Stadt in Südspanien (Almaden)

Sisenna, ae m. E. Familienname in der gens Cornelia; L. Cornelius Sisenna Historiker, Zeitgenosse Ciceros

siser, eris n. (griech.) Rapunzel

sisto, stiti (selten steti), status 3. 1.) (trans.) **stellen,** stehen machen; aufstellen, errichten; — vor Gericht zum Termin stellen; vadimonium s. sich vor Gericht stellen; — zum Stehen bringen, anhalten, hemmen; gradum, pedem s. stehen bleiben = se sistere; status 3 festgesetzt, bestimmt; — 2.) (intr.) **sich stellen, stehen bleiben,** hintreten; fortbestehen, sich halten; sisti vix potest man kann nicht bestehen

F. sistieren: festnehmen, verhaften; ein Verfahren einstellen — der Transistor: Radiokristallverstärker — die Sistierung: Festnahme; Einstellung eines Verfahrens

sistrum, i n. (griech.) Klapper aus Metallstäben, beim Isiskult gebraucht

sisymbrium, ii n. (griech.) Brunnenkresse

Sisyphus und os, i m. E. Sohn des Äolus, König von Korinth, verschlagen und gewalttätig, in der Unterwelt mit dem Wälzen eines immer wieder zurückrollenden Felsblocks bestraft; Sisyphius 3 des S.; Sisyphides, ae m. Sohn des S., Odysseus (angeblich von Sisyphus mit der Antiklea vor der Vermählung mit Laertes gezeugt)

M. die Sisyphusarbeit: vergebliche Arbeit

sitella, ae f. (dem. von situla) Stimmurne

Sīthon, ōnis m. E. König des thrazischen Chersones; — Sithōnius und Sīthon, Thrazier, thrazisch

siticulōsus 3 (cf. sitis) durstig, trocken

sitienter cf. sitio

sitio, īvi (ii) 4. (cf. sitis) 1.) (intr.) **durstig sein, dürsten** alqd nach etw. z. B. aquam; — **dürr sein, trocken sein** 2.) (tr.) **nach etw. lechzen,** gierig sein, leidenschaftlich verlangen alqd z. B. gloriam; sitiens, ntis (adv. sitienter) **dürstend, durstig,** lechzend alcis rei z. B. auri

sitis, is f. (acc. im, abl. i) **Durst; Dürre,** Trockenheit; — heißes Verlangen, Begierde z. B. libertatis

Sitones, um m. E. die Finnen am Bottnischen Meerbusen

sittybus und os, i m. (griech.) = sillybus

situs, ūs m. 1.) (cf. sino) **Lage,** Stellung 2.) (cf. sitis) **Hinwelken, Verrosten; Moder,** Schmutz, Schimmel; — Mangel an Pflege; — Untätigkeit

situs 3 (cf. sino) **erbaut; begraben,** bestattet; — **gelegen, liegend;** wohnend, wohnhaft, hausend; beruhend z. B. victoria in virtute sita est

F. die Situation: Lage, Zustand — situieren: eine Stellung geben — situiert: in eine Lage gebracht

si-ve oder **seu** ci. **oder wenn, oder;** sive potius oder vielmehr; — **sive . . . sive, seu . . . seu sei es daß . . . oder daß,** mag nun . . . oder mag, entweder . . . oder z. B. amicus tibi sive comes sive dux erit

smaragdus, i m. und f. (griech.) Smaragd (L)

smilāx, acis f. Stechwinde

Smintheus, ei m. E. Kultname des Apollo

Smyrna, ae f. E. Hauptstadt Joniens

(Ismir); — Smyrnaeus adi. und subst. Bewohner von S.

soboles = suboles

sobrīnus, i m. und sobrīna, ae f. Schwesterkind, Geschwisterkind; consobrini et sobrini erste und zweite Geschwisterkinder

sobrius 3 (cf. ebrius) **nüchtern,** nicht berauscht; — **mäßig,** enthaltsam; — besonnen, vernünftig

M. sauber (L)

socculus, i m. (dem. von soccus) kleiner Schuh

M. Sockel (L)

soccus, i m. (griech.) niedriger **Schuh;** Schuh der Schauspieler; — Komödie; — Stil der Komödie, komischer Stil *M.* die Socke (L)

socer, soceri m. **Schwiegervater;** plur. Schwiegereltern

M. Schwäher (urv.)

sociābilis, e (cf. socio) gesellig, verträglich

sociālis, e (cf. socius) **kameradschaftlich,** gesellig; ehelich; — **bundesgenössisch;** sociālia, ium n. die Angelegenheit der Bundesgenossen

F. sozial: gesellschaftlich, die menschliche Gesellschaft betreffend, das Gemeinwohl betreffend — der Sozialismus: volkswirtschaftliche Lehre, die eine Lebens- und Wirtschaftsordnung unter stärkster Betonung des Gemeinschaftsgedankens erstrebt — der Sozialist: Anhänger des Sozialismus — die Sozialisierung: die Vergesellschaftung — asozial: unsozial, keine Rücksicht auf die Gesellschaft nehmend; nicht gewillt, sich der menschlichen Gesellschaft einzuordnen

societas, tātis f. (cf. socius) **Gemeinschaft;** Genossenschaft, Vereinigung; — **Bündnis,** Bundesgenossenschaft; — **Handelsgesellschaft; Pachtgesellschaft,** Gesellschaft der Steuerpächter

M. Societas Jesu (abgek. S. J.): Gesellschaft Jesu (Jesuitenorden)

F. die Sozietät: Gesellschaft, Genossenschaft

socio 1. (cf. socius) **verbinden, vereinigen;** sociātus 3 vereinigt, gemeinschaftlich

F. assoziieren: sich verbinden — die Assoziation: Verbindung, Vergesellschaftung; Handelsgesellschaft; unwillkürliche Gedankenverbindung; die Vereinigung mehrerer Einzelmoleküle zu Molekülverbänden; typische, in ihrer Zusammensetzung von Klima, Boden und Besiedlungsgeschichte abhängige Pflanzengeschichte — dissoziabel: unvereinbar — dissoziieren: trennen, auflösen — die Dissoziation: Auflösung einer Gesellschaft; Zerfall einer chem. Verbindung; Spaltung von Molekülen in kleinere Atomgruppen; Mangel und Fehlen der Verknüpfung von Bewegungen, Empfindungen und Vorstellungen

socius 3 (cf. sequor) **gemeinsam, gemeinschaftlich; verbündet;** — **socius,** ii m. **Genosse, Gefährte;** socia, ae f. Genossin, Lebensgefährtin, Ehefrau; — Verbündeter, Bundesgenosse; — Geschäfts-, Handelsgenosse; plur. die Generalsteuerpächter, Steuerpachtgesellschaft

F. der Sozius, Sozio (it.): Gesellschafter, Teilhaber — die Soziologie: Lehre von der menschlichen Gesellschaft — der Soziologe: Kenner der Soziologie — die Sozialdemokratie: eine politische Richtung, die den Staatssozialismus zu verwirklichen sucht — der Sozialdemokrat: Anhänger dieser Richtung

socordia, ae f. (cf. socors) Geistesschwäche, Beschränktheit; — **Sorglosigkeit,** Fahrlässigkeit, Gleichgültigkeit

so-cors, cordis (aus se-cor) **geistesschwach,** beschränkt, stumpfsinnig; — **sorglos,** fahrlässig

Sōcrates, is m. E. der berühmte athenische Philosoph (469—399 v. Chr.); Socraticus 3 sokratisch, des S.; subst. m. Schüler, Anhänger des S.

socrus, ūs f. (cf. socer) **Schwiegermutter**

sodalicium, ii n. (cf. sodālis) Kameradschaft, Freundschaft; — Geheimbund

sodālis, e kameradschaftlich; sodālis, is m. Genosse, **Kamerad, Gefährte; Tischgenosse;** Zechbruder; Mitglied einer geheimen Gesellschaft; plur. m. Priesterkollegium

F. der Sodale i. a. B., Mitglied einer Bruderschaft

sodālitas, tātis f. (cf. sodalis) **Kameradschaft;** Tischgesellschaft; religiöse Brüderschaft; Priesterkollegium; — **Geheimbund**
F. die Sodalität i. a. B., geistliche Bruderschaft

sōdes = si audes wenn du Lust hast, wenn du willst, gefälligst (in der Umgangssprache bes. beim imp. z. B. dic, sodes, mihi)

Sogdiāni, ōrum m. E. Bewohner der Sogdiāna regio im Nordosten des Perserreiches

sōl, solis m. **Sonne** (urv.); s. oriens Osten; s. occidens Westen; sole primo bei Sonnenaufgang; sole supremo bei Sonnenuntergang; nondum omnium dierum sol occidit es ist noch nicht aller Tage Abend; sole clarior sonnenklar; — **Sonnenlicht,** -schein, -wärme; sub sole im Sonnenschein; — **Tag;** sonniger Tag; — Öffentlichkeit; in solem procedere an die Öffentlichkeit treten; — Stern = außerordentlicher Mann; Sol m. **der Sonnengott,** später = Apollo
F. das Solarium: Sonnenuhr, Sonnenbad — die Solarisation: Überbelichtung — solarisch: die Sonne betreffend — die Insolation: Sonneneinstrahlung; Sonnenstich (med.) — die Solarkonstante: von der Sonne auf die Flächeneinheit der Erde in der Minute gestrahlte Wärmemenge — Sollux: Wärmestrahllampe

solaciolum, i n. (dem. von solacium) kleiner Trost

solācium, ii n. (cf. solor) **Trost,** Trostmittel, **Linderungsmittel;** — Entschädigung, Ersatz, Vergütung; — Tröster, Trösterin

solāmen, inis n. = solacium

solāris, e (cf. sol) zur Sonne gehörig

solārium, ii n. (cf. sol) Sonnenuhr; — flaches Sonnendach *M.* der Söller (L)

solātor, ōris m. (cf. solor) Tröster

soldus = solidus

soldurii, ōrum m. (kelt.) Verpflichtete, Getreue

solea, ae f. (cf. solum) 1.) **Sandale,** Schnürsohle 2.) Seezunge (ein Fisch)
M. die Sohle (L)

soleātus 3 (cf. solea) mit Sandalen

solemnis, solennis = sollemnis

soleo, solitus sum 2. **pflegen, gewohnt sein;** — solitus 3 (pass.) gewohnt, gewöhnlich, üblich, gebräuchlich; — solitum, i n. Gewohnheit, Gebrauch; ultra s. über das gewohnte Maß; solito maior ungewöhnlich groß; solito plus mehr als gewöhnlich

solers, solertia = sollers, sollertia

Soli, ōrum m. E. Stadt in Cilicien

soliditas, tātis f. (cf. solidus) Dichte, Festigkeit
F. die Solidität i. a. B., Gediegenheit, Haltbarkeit, Zuverlässigkeit

solido 1. (cf. solidus) dicht machen, fest machen
F. solidieren i. a. B., versichern

solidus 3 (cf. salvius) **dicht; gediegen; stark, fest,** hart; — **ganz, vollständig,** völlig; — **echt, wahrhaft,** dauerhaft
M. der Sold, Soldat (L)
F. solide i. a. B. — solidarisch: in Gesamtheit haftend — die Solidarität: gemeinsame Verbindlichkeit, Gesamthaftung — konsolidieren: befestigen, sichern — die Konsolidierung, Konsolidation: Festigung, Sicherung (insbes. angelegter Gelder), Zusammenlegung von Aktien zur Festigung des Unternehmens

soliferreum = solliferreum

solistimus = sollistimus

solitārius 3 (cf. solus) alleinstehend, einzeln; einsam, ungesellig
F. der Solitär: Einsiedler, einzeln lebendes Tier; einzeln gefaßter Brillant

solitūdo, inis f. (cf. solus) **Einsamkeit,** Stille; **Einöde,** Wildnis; — **Verlassenheit, Hilflosigkeit;** — Mangel
F. die Solitude (franz.) i. a. B., einsam gelegenes Schloß

solitus, solitum cf. soleo

solium, ii n. (cf. sedeo) Thron; Königsmacht, -reich; — Lehnsessel; — Sarg; Badewanne

soli-vagus 3 allein umherschweifend; vereinzelt

soll-emnis, e (cf. sollus und annus) alljährlich wiederkehrend, **jährlich;**

— **feierlich, festlich,** heilig; — **gewöhnlich,** üblich, regelmäßig; — sollemne, is n. Feier, Fest; Opfer; — Gebrauch, Gewohnheit, Sitte

M. Missa solemnis: feierliche Messe

F. solenn: feierlich — die Solennität: Feierlichkeit, Gepränge

soll-ers, ertis (cf. sollus-ars) **kunstfertig, erfinderisch, geschickt,** gewandt, klug, schlau, listig

sollertia, ae f. (cf. sollers) **Kunstfertigkeit, Gewandtheit,** Geschicklichkeit, Schlauheit, List; Kunstgriff

sollicitātio, ōnis f. (cf. sollicitus) Aufwiegelung, Aufhetzung

F. die Sollizitation: Bittgesuch; Betreibung einer Rechtssache

sollicito 1. (cf. sollicitus) stark **bewegen, erschüttern;** erregen, **beunruhigen; aufreizen, aufregen, aufwiegeln;** verlocken, herbeilocken

F. sollizitieren: nachsuchen, um Rechtshilfe bitten — der Sollizitant: Bittsteller, Rechtsucher — der Sollizitator: Anwalt, Sachwalter

sollicitūdo, inis f. (cf. sollicitus) **Unruhe, Kummer,** Sorge

solli-citus 3 (cf. sollus-cieo) **stark erregt; aufgeregt, bekümmert,** ängstlich, besorgt; **beunruhigt,** unruhig, sorgenvoll; beunruhigend

solli-ferreum, i n. (cf. sollus) ganz eisernes Geschoß

sollistimus 3 (sup. von sollus) vollkommen

sollus 3 (arch.) (cf. salvus) ganz, völlig

Sōlo, Sōlon, ōnis m. E. der Gesetzgeber Athens, einer der sieben Weisen; Solōnius 3 solonisch; Solōnium, ii n. und Solonius ager m. Landschaft im südlichen Latium

sōlor 1. **trösten; lindern, mildern,** erleichtern; entschädigen

solstitiālis, e (cf. solstitium) zur Sommersonnenwende gehörig; dies s. der längste Tag; nox s. die kürzeste Nacht; orbis s. Wendekreis des Krebses; — hochsommerlich

sol-stitium, ii n. (cf. sol-sisto) **Sommersonnenwende;** Hochsommer, Hitze

F. das Solstitium i. a. B.

solum, i n. **Boden, Grund; Grundlage;** Fußsohle; — **Erdboden,** Erde, **Akkerboden;** alqd solo aequare (dem Erdboden gleichmachen) völlig zerstören; quod in s. venit was einem einfällt; — Land, Gegend; — Unterlage

M. Schwelle, Saal, Sohle (urv.)

F. die Solifluktion: Bodenfließen von durchfeuchteten Schutt- und Bodenmassen

sōlus 3 (gen. solīus, dat. soli) **allein, einzig,** bloß, ausschließlich; — **einsam, verlassen; öde,** menschenleer; — solum adv. bloß, allein, nur; non solum ... sed etiam nicht nur ... sondern auch; non solum ... sed nicht allein ... sondern

M. soli deo gloria: Gott allein die Ehre

F. solo: allein — das Solo: Einzelvortrag, -tanz, -spiel — der Solist: Einzelsänger, -spieler — der Solipsismus: Anschauung, nach der nur das eigene Ich reale Existenz habe

solūtio, ōnis f. (cf. solvo) **Lösung,** Auflösung; Erschlaffung; — Zahlung, Abzahlung, Bezahlung

solvo, solvi, solūtus 3. (aus se-luo) 1.) **lösen, losbinden,** losknüpfen; crines soluti aufgelöste Haare; ancoram, navem s. (auch s. allein) die Anker lichten, auslaufen, in See stechen; — **abzahlen, bezahlen;** poenam (poenas) s. büßen; fidem s. sein Wort einlösen; **erlösen,** befreien; freisprechen alqm scelere; — **auflösen,** trennen, schmelzen; — **schwächen,** schwach machen, entkräften; solvi in somnum in Schlaf versinken; morte solvi sterben; — **aufheben,** entfernen, beendigen, beilegen, abschaffen; — **entwickeln,** erklären, aufklären z. B. errorem; — solūtus 3 frei, ohne Zwang, ungebunden; — lässig, nachlässig; — zügellos, ausgelassen; — redegewandt, leicht; prosaisch

F. solvieren: auflösen, Schuld bezahlen — solvent: zahlungsfähig — insolvent: zahlungsunfähig — die Solvenz: Zahlungsfähigkeit — die Insolvenz: Zahlungsunfähigkeit — das Solvens: auflösendes Mittel — solvabel: auflösbar, zahlungsfähig — die Solution: Auflösung, Lösung — solubel: löslich, auflösbar

Solymi, ōrum m. E. Urbewohner Lyziens

somniculōsus 3 (cf. somnus) **schläfrig**

somni-fer, fera, ferum schlafbringend, einschläfernd; todbringend

somnio 1. (cf. somnium) **träumen**; faseln

somnium, ii n. (cf. somnus) **Traum,** Träumerei, Traumbild; — leerer Wahn, Geschwätz (meist plur.)

somnus, i m. **Schlaf;** somnum capere einschlafen; se somno dare sich schlafen legen; somnos ducere schlafen; per somnum, in somno (somnis) im Schlafe, im Traume; — Todesschlaf, Tod; — **Schläfrigkeit,** Trägheit; — Schlafenszeit, Nacht; — Somnus, i m. Gott des Schlafes

F. somnambul: schlafwandlerisch, mondsüchtig, hellseherisch — der Somnambule: Nachtwandler, Hellseher — der Somnambulismus: der Nachtwandel, Mondsucht, Hellseherei — die Somnolenz: Schläfrigkeit, Schlafsucht

sonābilis, e (cf. sono) tönend

sonans cf. sono

soni-pes, pedis m. (mit dem Fuße tönend) poet. = Pferd

sonitus, ūs m. (cf. sono) **Ton, Schall,** Klang, **Geräusch,** Getöse, Geprassel, Geklirr, Donner

sonīvius 3 (cf. sonus) tönend, hörbar; sonivium tripudium Geräusch der herabfallenden Körner der heiligen Hühner

sono, sonui, sonitūrus und sonatūrus 1. **tönen, ertönen, schallen,** klingen; trans. **singen, besingen,** preisen; durch die Stimme anzeigen, verraten; — nach etwas klingen, bedeuten; unum s. im Einklang stehen, dasselbe bedeuten; sonans, ntis tönend

F. der Sonant: tönender Laut (sprachl.) — die Sonate (it.): Tonstück von drei bis vier Sätzen (mus.) — die Sonatine (it.): kleine Sonate

sonor, ōris m. = sonus

sonōrus 3 (cf. sonor) = sonans

F. sonor: klangvoll, wohlklingend, volltönend

sōns, sontis **schuldig,** sträflich; subst. m. Missetäter *M.* Sünde (urv.)

Sontiātes, um m. E. kelt. Volksstamm in Aquitanien

sonus, i m. (cf. sono) **Laut, Ton, Klang,** Schall, Geräusch; s. gravis tiefer Ton, Baß; s. acutus hoher Ton; — Wort, Stimme, Sprache; — Art der Darstellung, Redeweise

M. unisono (it.): einstimmig (mus.)

Sophēne, ēs f. E. Gegend in Westarmenien

sophisma, atis n. (griech.) Trugschluß

sophistes und a, ae m. (griech.) Sophist (F), Lehrer der Philosophie und Beredsamkeit

Sophocles, is m. E. der berühmte griech. Tragiker (496—406 v. Chr.); Sophoclēus 3 des S.

Sophoniba, a ef. E. Tochter des Hasdrubal, Gemahlin des Numiderkönigs Syphax

sophos und us 3 (griech.) weise

sōpio 4. (cf. sopor) **einschläfern;** pass. einschlafen; — **betäuben,** beschwichtigen, **beruhigen;** — sopitus 3 eingeschlafen, schlafend, schlummernd

sopor, ōris m. **tiefer Schlaf;** Todesschlaf; Schlaftrunk; — Schläfrigkeit, Trägheit; — Betäubung

F. der Sopor: Benommenheit, Betäubung, Bewußtlosigkeit — soporös: schlafsüchtig, benommen

sopōri-fer, fera, ferum schlafbringend, einschläfernd

sopōro 1. (cf. sopor) einschläfern; soporātus 3 eingeschlafen, schlummernd; — schlafbringend, schlafend, einschläfernd

sopōrus 3 (cf. sopor) schlafbringend

Sōra, ae f. E. volskische Stadt in Bruttium; Sorānus adi. und subst. Bewohner von S.

Sōracte, is n. E. Berg nördlich von Rom mit Apollotempel

sorbeo, ui 2. **einschlürfen, einziehen;** — **verschlingen,** verzehren; — schlucken, in sich fressen

F. adsorbieren: ansaugen — die Adsorption: Ansaugung

sorbitio, ōnis f. (cf. sorbeo) Trank, Brühe, Suppe

sorbum, i n. Vogelbeere, Elsbeere
F. das Sorbin, der Sorbin: chem. Verbindung aus der Sorbe

sordeo, ui 2. (cf. sordes) **schmutzig sein;** — verachtet sein, gering erscheinen

sordes, is f. (meist sordes, ium f.) **Schmutz;** — **Trauerkleidung;** s. suscipere Trauerkleidung anlegen; — Trauer, Unglück; **schmutziger Geiz,** Habgier; — **Gemeinheit,** Niedrigkeit; s. verborum gemeine Worte; — **Auswurf,** Hefe
F. die Sordität: Schmutzigkeit, Gemeinheit, Unflätigkeit

sordēsco, dui 3. (cf. sordes) schmutzig werden

sordidātus 3 (cf. sordidus) schmutzig gekleidet, im Trauergewand

sordidus 3 (cf. sordes) **schmutzig,** unreinlich; — **gemein, niedrig,** verächtlich; unedel, armselig, ärmlich; — unanständig, niederträchtig; — **schmutzig geizig,** habsüchtig
M. schwarz (urv.)
F. sordid: schmutzig, gemein, unflätig

sorex, icis m. Spitzmaus

sorītes, ae m. (griech.) Kettenschluß (in der Logik)

soror, ōris f. **Schwester** (urv.); Muhme, Geschwisterkind; Freundin, Liebling

sorōri-cīda, ae m. (cf. caedo) Schwestermörder

sorōrius 3 (cf. soror) schwesterlich

sors, tis f. (cf. sero) **Los,** Losstäbchen, Lostäfelchen; sors alcis Lostäfelchen mit jds. Namen; s. exit, excidit fällt heraus, wird gezogen; plur. Weissagungstäfelchen, Los, Orakel; — **das Losen,** Verlosung; res revocatur ad sortem es wird gelost; sorte evenit (obtingit) alci fällt durchs Los jdm. zu; provincias in sortem conicere die Provinzen durchs Los verteilen; — **Orakelspruch,** Weissagung; — (durchs Los Zugefallenes) **Anteil; Amt,** Beruf; res meae sortis est es ist meines Amtes; sortis necessitudo enge Amtsverbindung; — **Schicksal, Geschick;** s. suprema Tod; — Stand, Rang; — Art, Sorte; Geschlecht; — Teil, Anteil; in nullam sortem natus ohne jeden Anteil; sors prima = erstes Kind; — Kapital
M. Sorte (L)
F. das Sortiment: Verkaufslager, Auswahl, Einzelbuchhandlung; nach Sorten geordnetes Warenlager — das Assortiment: Auswahl, reichhaltiges Lager — der Sortimenter: Einzelbuchhändler

sorsum adv. = seorsum

sorti-legus 3 (cf. sors und lego) weissagerisch, prophetisch
F. das Sortilegium: Weissagung durch Lose

sortior 4. (cf. sors) 1.) (intr.) **losen** 2.) (trans.) **verlosen;** durchs Los bestimmen; durchs Los verteilen; durchs Los erhalten, erlosen; — **erhalten, erlangen,** bekommen; — aussuchen, auswählen; sortītus 3 (pass.) erlost; — sortitō adv. durchs Los, durch Schicksalsbestimmung
F. sortieren: nach Sorten ordnen, sondern, sichten — assortieren: nach Arten sondern, vervollständigen, ausstatten

sortītio, ōnis f. (cf. sortior) **das Losen;** s. aedilicia Losen um die Ädilität

sortītor, ōris m. (cf. sortior) Verloser

sortītus, ūs m. (cf. sortior) = sortitio

Sosilus, i m. E. Lehrer und Begleiter Hannibals

Sosius 3 E. Name eines römischen Geschlechts; die Brüder Sosii Buchhändler und Verleger des Horaz

sōspes, itis **wohlbehalten, unverletzt,** unversehrt; glücklich
M. donec eris sospes, multos numerabis amicos, tempora si fuerint nubila, solus eris: solange du glücklich bist, wirst du viele Freunde haben; sind aber die Zeiten umwölkt, wirst du allein sein

sōspita, ae f. (cf. sospes) Retterin, Erhalterin, Kultname der Juno

sōspito 1. (cf. sospes) behüten, bewahren

Sotiātes, um m. E. aquitanisches Volk an der Garonne
Sp. = Spurius
spadix, icis (griech.) dattelfarbig, braunrot
spado, ōnis m. (griech.) Eunuch
spargo, sparsī, sparsus 3. **streuen,** ausstreuen, sprengen, spritzen; venena s. Gift verspritzen, Giftmord verüben; — **ausstreuen,** säen; — **bestreuen,** besprengen; — **zerstreuen;** ausbreiten, verbreiten; — **zersplittern,** vereinzeln; in der Rede einstreuen; sparsus 3 zerstreut; ungeordnet; — gefleckt; albo sparsus weißgefleckt; coloribus sparsus buntgefleckt
M. sprengen, Spreu (urv.)
F. das Spargillum: Weihwedel
Sparta, ae und e, ēs f. E. Sparta, Hauptstadt von Lakonien; Spartānus adi. und subst. spartanisch, Spartaner; Spartiātes, ae m. Spartiat, spartanischer Vollbürger
Spartacus, i m. E. thrazischer Gladiator, Anführer der empörten Sklaven im Sklavenkrieg (73—71 v. Chr.)
F. der Spartakist: radikaler Revolutionär
spartum, i n. (griech.) Pfriemengras (aus dem man Seile, Decken, Körbe flocht)
sparus, i m. Speer (urv.), Jagdspeer
spatha, ae f. (griech.) langes, breites Schwert, Säbel
M. der Spaten (urv.)
spatior 1. (cf. spatium) **auf und ab gehen;** — lustwandeln; — sich ausbreiten
M. spazieren (L)
spatiōsus 3 (cf. spatium) **geräumig,** weit, groß; (von der Zeit) lang, langwierig
spatium, ii n. **Raum,** Weite, **Größe, Umfang;** in spatium trahere in die Länge ziehen; in s. fugere das Weite suchen; — **Zwischenraum,** Entfernung; trabes paribus spatiis intermissae gleich weit abstehende Balken; magno spatio intermisso in großem Abstand; — **Strecke, Weg,** Bahn; magnum s. emetiri (conficere) eine große Strecke zurücklegen; — **Rennbahn;** — gloriae s. Ruhmeslaufbahn; — **Lauf,** Umlauf in der Rennbahn; addere in spatia Lauf an Lauf fügen; spatia corripere die Läufe beschleunigen; — **Spaziergang;** — Promenade; — (zeitlich) **Zeitraum, Zeit;** hoc (eo) spatio während dieser Zeit; spatio trium horarum im Verlauf von drei Stunden; — **Frist,** Gelegenheit, Muße; alci s. dare jdm. Gelegenheit geben; s. sumere (sibi relinquere) sich Zeit nehmen; pugnae s. dare eine Pause im Kampf machen; irae s. dare den Zorn verrauchen lassen; — Senkblei, Meßleine
F. das Spatium i. a. B., Freirand; Füllstab (buchdr.) — spatiieren, spatinieren, spationieren: mit Zwischenräumen durchsetzen, im Druck durch Sperrung hervorheben (buchdr.) — spatiös: weit, umfassend, geräumig
species, ēi f. (cf. specio) **Anblick;** — **das Aussehen, sichere Erscheinung,** Gestalt; una specie von gleichförmigem Aussehen; speciem collis habere wie ein Hügel aussehen; **schöne Gestalt, Schönheit,** Pracht; Glanz, Würde; aetatis specie uti Jugendschönheit besitzen; species dignitasque populi Romani die Würde und das Ansehen des röm. Volkes; — **Traumbild;** Wahnbild; **Schein, Anschein;** s. imperii scheinbarer Oberbefehl; speciem facere den Anschein erwecken; specie, per (in) speciem, sub specie dem Scheine nach, zum Scheine, scheinbar; ad speciem zum Scheine, zur Täuschung; specie amicitiae unter dem Vorwand der Freundschaft; — (geistig) **Vorstellung, Begriff,** Idee z. B. s. boni imperatoris; — Ideal, Musterbild z. B. s. libertatis; — **Art,** Einzelart
F. die Spezies i. a. B., Art, Gattung, Grundrechnungsart — spezial, speziell: das Einzelne betreffend, eigens, besonders, ausschließlich, ausdrücklich — der Spezial: Busenfreund (auch Spezi) — das Spezial: ein Weinmaß — der Spezialist:

Fachmann, Sachverständiger; Facharzt — die Spezialität: Eigentümlichkeit, Besonderheit, Lieblingsbeschäftigung, Hauptgeschäftszweig — spezialisieren: aufs einzelne eingehen, einzeln behandeln — die Spezialien: Einzelheiten, Besonderheiten, genauere Umstände — spezifisch: eigenartig, eigentümlich, wesenseigentümlich — das Spezifikum: Sondermittel, Sondereigenschaft — spezifizieren: einzeln aufführen, im einzelnen darlegen — die Spezifikation: Einzelaufstellung — die Spezifität: Eigenart, Besonderheit, Eigentümlichkeit

specillum, i n. (dem. von speculum) die Sonde (des Arztes)
F. das Spezillum: Sondiernadel (med.)

specimen, inis n. (cf. specio) **Kennzeichen, Probe,** Beweis; — **Muster, Vorbild,** Ideal

specio, spexi, spectus 3. schauen, sehen *M.* Späher, spähen (urv.)

speciōsus 3 (cf. species) **in die Augen fallend,** schön, wohlgestaltet; **glänzend,** prächtig, **herrlich;** — **blendend,** bestechend, täuschend
F. speziös: ansehnlich, schön; scheinbar

spectābilis, e (cf. specto) **sichtbar; sehenswert, ansehnlich, prächtig**
F. die Spektabilität: Ansehnlichkeit (Hochschultitel)

spectāculum, i n. (cf. specto) **Platz zum Schauen;** plur. Tribüne, Theater; — **Schauspiel;** — **Anblick,** Augenweide; sp. praebere ein Schauspiel darbieten, sich beschauen lassen; alci spectaculo esse zur Augenweide dienen
F. das Spektakel: Schauspiel — der Spektakel: Lärm — spektakeln: lärmen — spektakulös: lärmend

spectātio, ōnis f. (cf. specto) **das Anschauen,** Anblick

spectātor, ōris m. (cf. specto) **Zuschauer;** Beobachter; **Beurteiler,** Kenner

spectātrix, īcis f. (cf. spectator) Zuschauerin

spectātus cf. specto

spectio, ōnis f. (cf. specio) das Recht, die Auspizien zu beobachten

specto 1. (cf. specio) 1.) (intr.) **schauen, blicken; auf etwas zielen, sich beziehen auf etwas** z. B. ad salutem, vim, bellum; — **gerichtet sein,** liegen z. B. ad orientem solem, septentriones; — **anschauen,** ansehen, betrachten, beiwohnen; spectans, ntis m. Zuschauer; — **in Betracht ziehen,** berücksichtigen; — **beurteilen,** prüfen; spectātus 3 geprüft, erprobt, bewährt; ausgezeichnet, vortrefflich; — **ins Auge fassen,** beabsichtigen; magna s. hochhinaus wollen, sich ein hohes Ziel stecken

spectrum, i n. (cf. specio) **Vorstellung,** Schemen
F. das Spektrum: Bild eines zerlegten Lichtstrahls — spektral: die Farbenerscheinungen betreffend — das Spektrometer: Gerät zur Messung der Wellenlängen von Spektrallinien — das Spektroskop: Apparat zum Untersuchen der Lichtfarben

specula, ae f. (cf. specio) **Warte,** Wartturm; — Lauer; in speculis esse auf der Lauer liegen; Anhöhe, Höhe, Befestigung

speculabundus 3 (cf. speculor) spähend, auf der Lauer liegend

speculātor, ōris m. (cf. speculor) **Kundschafter, Späher,** Spion; plur. **Spähtrupp;** Feldjäger; Auswahltruppe der kaiserlichen Garde; — Forscher, Erforscher

speculatōrius 3 (cf. speculator) zum Kundschaften dienend; speculatōria, ae f. (scil. navis) Wacht-, Spähschiff

speculātrix, īcis f. (cf. speculator) Späherin, Spionin; Forscherin

speculor 1. (cf. specula) 1.) (intr.) **auslugen, spähen** 2.) (trans.) **erspähen, auskundschaften, belauern, beobachten, erforschen**
F. spekulieren: forschen, nachdenken, philosophieren; sich in gewagte Geschäfte einlassen — der Spekulant: einer, der sich in gefährliche Geschäfte einläßt; Börsenspieler — die Spekulation: Nachdenken, philosophische Forschung; gewagtes Geschäft — spekulativ: forschend, nachdenkend, philosophisch; unternehmungslustig

speculum, i n. (cf. specio) **Spiegel** (L); Abbild

specus, ūs m. (selten n.) **Höhle, Grotte;** Kanal; Schacht; Tiefe, Vertiefung; s. **vulneris klaffende Wunde**

spelaeum, i n. (griech.) Höhle, Grotte

spelunca, ae f. (griech.) Höhle, Grotte
F. die Spelunke: elende Wohnung, Schlupfwinkel, verrufene Kneipe

Sperchēus und ius, i m. E. Fluß in Südthessalien; Sperchēis, idis f. des S.; Sperchionides, ae m. Anwohner des S.; Sperchīae, ārum f. Stadt im Spercheustale

sperno, sprēvi, sprētus 3. zurückstoßen, entfernen; — verwerfen, **verschmähen, verachten**
M. spornen (urv.)

spēro 1. (cf. spes) **erwarten; hoffen;** bene s. Gutes erwarten; mit acc. c. inf. fut. z. B. spero me victurum esse; spero fore, ut; bei posse inf. praes. z. B. spero me venire posse; mit inf. praes. und perf. glauben, annehmen, voraussetzen; — fürchten, befürchten

spes, spei f. **Hoffnung;** contra (praeter) spem wider Erwarten; alci spem facere (dare, afferre, inferre) jdm. Hoffnung machen; in spem venire (induci, adduci), spem nancisci Hoffnung schöpfen; — Erwartung, Vermutung, Aussicht; omnium spe celerius wider aller Erwarten; schneller, als alle dachten; — Befürchtung; — Gegenstand der Hoffnung *M.* in spe: zukünftig

Speusippus, i m. E. griech. Philosoph der Akademie

sphaera, ae f. (griech.) **Kugel;** Weltkugel, Himmelsglobus; Kreisbahn der Planeten
F. die Sphäre i. a. B., Gesichtskreis, Geschäftskreis, Bereich, Einflußbereich — sphärisch: kugelförmig, den Planetenkreislauf betreffend

Sphinx, ingis f. (griech.) die Sphinx (F), Ungeheuer mit Mädchenoberkörper und Löwenrumpf

spica, ae f. (selten spicum, i n. und us, i m.) **Ähre;** hellster Stern im Sternbild der Jungfrau; — **Pflanze;** s. Cilissa = Safran
M. Speicher (L) (aus spicarium)
F. die Spika: Stern der Jungfrau — das Spizilegium: Ährenlese, Nachlese

spiceus 3 (cf. spica) aus Ähren

spiculum, i n. (dem. von spicum) **Spitze,** Pfeil-, Lanzenspitze; **Pfeil,** Lanze; Stachel (der Insekten)

spicum, i n. cf. spica

spina, ae f. **Dorn, Stachel;** — Schwarzdorn; — **Gräte** (der Fische); — Rückgrat (bei Mensch und Tier); — Sorge, Pein; **Spitzfindigkeit**
F. die Spina i. a. B.; Wirbelsäule — spinal: das Rückenmark betreffend — das Spinett (it.): alte Form des Klaviers (dessen Saiten mit Dornen aus Federkielen angeschlagen werden) — spinos, spinös: dornenvoll, schwierig — spintisieren: grübeln, sinnen

spinētum, i n. (cf. spina) Dornhecke

spineus 3 (cf. spina) aus Dornen

spinōsus 3 (cf. spina) **dornig,** stachelig; stechend; — spitzfindig

Spinther, eris m. E. röm. Beiname cf. Lentulus

spinus, i f. (cf. spina) Schleh-, Schwarzdorn

spira, ae f. (griech.) Windung
F. die Spirale i. a. B., Schnecken-, Schraubenlinie — die Spirille: Schraubenbakterie

spirābilis, e (cf. spiro) hauch-, luftartig; — zum Leben dienend

spirāculum, i n. (cf. spiro) Luftloch; spiracula Ditis Öffnung der Unterwelt

spiramentum, i n. (cf. spiro) das Atmen; Luftloch; s. animae Luftröhre

spiritus, ūs m. (cf. spiro) **Hauch, Lufthauch; — Atmen, Atem;** spiritum ducere, trahere Atem holen; extremo spiritu beim letzten Atemzuge; usque ad extremum spiritum bis zum letzten Atemzug; — Seufzer; — Lebenshauch, **Leben; — Geist,** Seele; — Gesinnung, Sinn; — Begeisterung, Schwung, Feuer; — **Mut;** alci spiritus magnos facere afferre jdm. Mut einflößen; — **Übermut,** Hochmut, Stolz; — dichterisches Schaffen
M. der Spiritus rector: lenkender Geist,

Seele eines Unternehmens — der Spiritus familiaris: Haus-, Schutzgeist
F. der Spiritus i. a. B.; Weingeist (auch Sprit) — der Spiritualismus: Lehre, daß der Geist das Grundwesen aller Dinge ist — der Spiritualist: Anhänger des Spiritualismus — die Spiritualität: Geistigkeit, geistiges Wesen, inneres Leben — der Spiritual: Seelenführer — spirituell: geistig — die Spiritualien: geistige und geistliche Angelegenheiten, Glaubenssachen — spiritualisieren: vergeistigen — der Spirit: Geist, Gespenst — der Spiritismus: Geisterglaube — der Spiritist: Geistergläubiger — die Spirituosen: geistige Getränke — spirituos, spirtuös: Weingeist enthaltend

spiro 1. 1.) (intr.) **hauchen, wehen**; brausen, schnauben, zischen; — **atmen, leben**; — 2.) (trans.) **ausatmen, aushauchen**; odorem s. Duft ausströmen lassen; — voll von etwas sein, beseelt sein; maiora s. nach Höherem streben; s. tribunatum vom Geist des Tribunats erfüllt sein; s. tragicum vom tragischen Geiste erfüllt sein
M. dum spiro, spero: solange ich atme, hoffe ich
F. der Spirant: der Hauchlaut, Reibelaut — transpirieren: schwitzen, ausdünsten, durchdringen — Transpiration: Hautausdünstung, Absonderung von Schweiß

spisso 1. (cf. spissus) verdichten
F. inspissieren: eindicken, verdichten — die Inspissation: Eindickung

spissus 3 **dicht,** zusammengedrängt; sanguis s. geronnenes Blut; — gedrängt, voll z. B. theatrum; — **langsam, mühsam,** schwerfällig, schwierig

splendeo, ui 2. **schimmern, glänzen,** strahlen

splendēsco, splendui 3. **glänzend werden,** erglänzen

splendidus 3 (cf. splendeo) **glänzend,** strahlend, schimmernd; — **herrlich,** prächtig; — **glanzvoll,** ruhmvoll, angesehen; hell (von der Stimme); — frisch, lebendig
F. splendid: glänzend, kostbar, freigebig — die Splendidität: Freigebigkeit — splendabel: freigebig — Splendid isolation (engl.): glänzende Absonderung

splendor, ōris m. (cf. splendeo) **Glanz;** — Pracht, Prunk; Ansehen, Würde, Herrlichkeit; Zierde, Schmuck; — heller Klang (der Stimme)

splēnium, ii n. (griech.) Pflaster, Verband

Spolētium, ii n. E. Stadt in Umbrien (Spoleto); Spoletānus adi. und subst. Bewohner von S.

spoliātio, ōnis f. (cf. spolio) **Plünderung,** Beraubung; — **Entreißung,** Entziehung z. B. consulatūs
F. die Spoliation: Plünderung in besetzten Gebieten

spoliātor, ōris m. (cf. spolio) Plünderer

spoliātrix, īcis f. (cf. spoliator) Plünderin

spolio 1. (cf. spolium) **der Kleider berauben** mit abl. z. B. veste; **berauben, plündern;** omnibus rebus s. aller Mittel entblößen; — spoliātus 3 ausgeplündert, armselig
F. spoliieren: berauben, ausplündern — der Spoliant: unrechtmäßiger Besitzer

spolium, ii n. (meist plur.) Kleidungsstücke, dem Feinde abgenommene **Rüstung;** — abgezogenes Fell; — **Beute, Raub;** Siegesbeute, Siegespreis
F. die Spolien: erbeutete Waffenstücke; entrissenes Besitztum (jur.)

sponda, ae f. Bettstelle; Bettsofa
F. die Sponde i. a. B.

spondeo, spopondi, spōnsus 2. **feierlich versprechen, geloben;** sich verpflichten; — (vor Gericht) **sich verbürgen,** Bürgschaft leisten; — spōnsus, i m. Verlobter; sponsa, ae f. Braut; sponsum, i n. Gelöbnis
F. sponsieren: einem Mädchen den Hof machen

spondēus und **īus,** i m. (griech.) der Spondeus (F), zweisilbiger Versfuß

spongia, ae f. (griech.) **Schwamm;** — (schwammiger) weicher Panzer
F. spongiös: schwammig, locker — die Spongiae: Tiergruppe der Schwämme

sponsa cf. spondeo

sponsālia, ōrum und ium n. (cf. spondeo) **Verlobung**
F. die Sponsalien i. a. B.

spōnsio, ōnis f. (cf. spondeo) **Gelöbnis, feierliche Verpflichtung;** — feierlicher **Vertrag;** — **gerichtliche Verpflichtung,** gerichtliche Wette (jede Partei verpflichtete sich, die Strafe zu zahlen, wenn ihre Angabe nicht auf Wahrheit beruhe); alqm sponsione lacessere zur gerichtlichen Wette auffordern; sponsionem (sponsione) vincere den Prozeß gewinnen; sponsione condemnari den Prozeß verlieren; sponsionem mille nummūm facere eine Gerichtswette auf 1000 Sesterzen abschließen

spōnsor, ōris m. (cf. spondeo) **Bürge**

spōnsum, i n. cf. spondeo

spōnsus, i m. cf. spondeo

sponsus, ūs m. (cf. spondeo) Bürgschaft

sponte (abl. von spons, ntis) mit jds. Erlaubnis, nach jds. Willen; meist mit dem pron. poss. z. B. meā, tuā, suā, nostrā, vestra sponte **aus eigenem Antrieb, von selbst, freiwillig;** — **auf eigene Hand, allein,** ohne Hilfe; — an und für sich, schlechtweg z. B. virtus sua sponte laudabilis est

F. spontan: freiwillig, von selbst, aus eigenem Antrieb — die Spontaneität: eigener Antrieb, Selbsttätigkeit, Selbstbestimmung

sporta, ae f. Korb

sportella, ae f. (dem. von sportula) Körbchen, Speisekörbchen, kalte Küche

sportula, ae f. (dem. von sporta) Speisekörbchen, Geschenk

F. die Sportel: Gebühr für Amtshandlungen

sprētio, ōnis f. (cf. sperno) Verachtung

sprētor, ōris m. (cf. sperno) Verächter

spūma, ae f. **Schaum;** spumas in ore agere schäumen, Schaum im Munde haben

spumēsco 3. (cf. spumo) aufschäumen

spūmeus 3 (cf. spuma) schäumend

spūmi-fer, fera, ferum (cf. spumafero) schäumend

spūmo 1. (cf. spuma) **schäumen,** mit Schaum bedeckt sein; mit Schaum bedecken

spumōsus 3 (cf. spuma) voll Schaum

spuo, spui, sputus 3. speien (urv.), **spucken** (urv.); ausspeien; sputum, i n. Speichel

F. das Sputum: Auswurf (med.)

spurco 1. (cf. spurcus) verunreinigen, besudeln

spurcus 3 **schmutzig,** unsauber, **unflätig,** garstig, gemein

Spurīna und inna, ae m. E. Name einer etruskischen Familie

spurius 3 unehelich

Spurius, ii m. röm. Vorname; abgek. Sp.

sputatilicus 3 (cf. sputo) anspuckenswert, abscheulich

spūto 1. (cf. spuo) ausspeien

sputum cf. spuo

squāleo 2. (cf. squalor) **schuppig sein, rauh sein,** mit einer Kruste überzogen sein; von etwas **starren,** strotzen mit abl. z. B. musco; — **schmutzig sein;** — in Trauerkleidern gehen, trauern; — wüst daliegen

squālidus 3 (cf. squaleo) rauh; **schmutzig,** unsauber, wüst; unwirklich; — (von der Rede) trocken; — in Trauerkleidung

squālor, ōris m. (cf. squaleo) **Schmutz,** Unsauberkeit; — Wüstheit, Unwirtlichkeit; — Trauerkleidung; — **Trauer, Elend**

squāma, ae f. (cf. squaleo) Schuppe; — plur. Schuppenpanzer

squāmeus 3 (cf. squama) schuppig

squāmi-ger, gera, gerum Schuppen tragend, schuppig

squamōsus 3 (cf. squama) voll Schuppen

squilla = scilla

st! (intr.) st! pst! still!

Stabiae, ārum f. E. Stadt bei Pompeji, 79 n. Chr. durch den Vesuv verschüttet; — Stabiānus adi. und subst. Bewohner von St.; Stabiānum, i n. Landgut bei St.

stabilīmen, inis n. (cf. stabilio) Stütze

stabilio 4. **befestigen,** feststellen; — **aufrecht erhalten,** sichern, stärken
F. stabilieren, stabilisieren i. a. B. — die Stabilisation, Stabilisierung: Festsetzung, Befestigung

stabilis, e (cf. sto) **feststehend, fest;** pugna st. Kampf in Reih und Glied, Mann gegen Mann; — zum Stehen geignet, festen Stand gewährend z. B. solum; — **standhaft, unerschütterlich, dauerhaft**
F. stabil i. a. B.

stabilitas, tātis f. (cf. stabilis) das Feststehen, **die Festigkeit;** — Beständigkeit, Bestand
F. die Stabilität: Beständigkeit, Dauerhaftigkeit, Festigkeit

stabulo und or 1. (cf. stabulum) **im Stalle stehen;** — sich lagern, **sich aufhalten**

stabulum, i n. (cf. sto) **Standort,** Lager; — **Stall** (urv.); Behausung; — Kneipe; — Bordell

stadium, ii n. (griech.) **Stadium** (F); Längenmaß = 240 Schritt = 185 m; — Rennbahn, Bahn
F. das Stadion: griech. Längenmaß = 185 m; Kampfspielbahn — das Stadium: Rennbahn, Kampfspielbahn; Entwicklungsstufe, -abschnitt

Stagīra, ōrum n. E. mazedonische Stadt, Geburtsort des Aristoteles; — Stagirites, ae m. Bewohner von St.

stăgno 1. (cf. sto) stehen, machen, hemmen; — einen Teich machen, austreten (von Gewässern); — überschwemmt sein; — (trans.) überschwemmen
F. stagnieren: stillstehen, stocken; versumpfen — die Stagnation: Stillstand, Stockung; die Versumpfung

stăgnum, i n. (cf. sto) **stehendes Wasser, See, Teich, Lache, Pfuhl;** Bassin; — langsam fließendes Gewässer; Phrixeae sororis stagna Hellespont; plur. Meeresflut

Staiēnus, i m. E. Quästor 77 v. Chr.

stămen, inis n. (cf. sto) Aufzug am Webstuhl; — Faden; stamina digitis torquere spinnen; — Saite der Zither; — Schicksalsfaden z. B. Clotho nevit stamina

stamineus 3 (cf. stamen) voll Fäden, mit Fäden umwickelt
F. der Stramin: starkfädiges Gittergewebe

stannum, i n. **Werkblei** (2 Teile Silber, 1 Teil Blei); — **Zinn**
F. das Stanniol: Blattzinn

Staseas, ae m. E. Peripatetiker, Freund Ciceros

Stata, ae f. E. = Vesta

statārius 3 (cf. sto) **feststehend;** miles s. der in Reih und Glied fechtende Soldat; — ruhig; orator s. ruhiger Redner; — statarii, ōrum m. Schauspieler im ruhigen Charakterstück

statēra, ae f. (griech.) die Wage

Statelli, ōrum, Statellātes, um und Statellēnses, ium m. E. kleine ligurische Völkerschaft; Statellas, ātis m. (scil. ager) Landschaft der St.

Statilius 3 E. Name eines römischen Geschlechts 1.) L. Statilius Mitverschworener Catilinas 2.) T. Statilius Taurus Feldherr Oktavians

statim adv. (cf. sto) stehenden Fußes, **auf der Stelle, sofort**

statio, ōnis f. (cf. sto) **das Stehen,** Stellung; — Stelle, **Standort,** Aufenthalt; — Ankerplatz, Reede, Bucht; — (milit.) **Posten, Wachtposten, Wache,** Vorposten; in statione esse Posten stehen, Wache stehen; stationem agere Wache halten; in stationem succedere auf Posten ziehen, Posten ablösen; — **Wachmannschaft**
F. die Station i. a. B., Haltestelle, Abteilung, Abschnitt, Bahnhof — stationär: standörtlich, feststehend, dauernd, zurückgeblieben — stationieren: irgendwo auf- oder anstellen — statiös: prunkend

Statius 3 E. Name eines römischen Geschlechts 1.) L. Statius Murcus Legat Cäsars 2.) C. Caecilius Statius cf. Caecilius

statīvus 3 (cf. sto) **stehend,** feststehend; praesidium stativum Posten; statīva, ōrum n. (cf. castra) Standlager
F. das Stativ: Gestell (für Photoapparate u. a.)

stator, ōris m. (cf. sto) Amtsdiener

Stator, ōris m. (cf. sisto) „Fluchthemmer" Kultname Jupiters
Statōrius 3 E. Name eines römischen Geschlechts
statua, ae f. (cf. statuo) Standbild, Statue (F)
statūmen, inis n. (cf. statuo) Stütze; statumina navium Schiffsrippen
statuo, ui, ūtus 3. (cf. status) **hinstellen, aufstellen** alqm, alqd in mit dem abl. z. B. in medio, in loco; — **errichten, erbauen;** urbem s. eine Stadt gründen; alqm regem s. jmd. als König einsetzen; — **festsetzen, bestimmen, anordnen** z. B. tempus colloquio s.; — richterlich **beschließen, entscheiden,** das Urteil fällen z. B. gravius in alqm s. ein allzu hartes Urteil gegen jdn. fällen; res privatas s. entscheiden; — **sich entschließen, sich vornehmen** meist mit inf. z. B. belli finem facere statuit; — als bestimmt annehmen, **fest glauben** z. B. statuit sibi non exspectandum esse er glaubte nicht, warten zu dürfen
F. statuieren i. a. B., zugestehen, erlauben — ein Exempel statuieren: ein warnendes Beispiel geben — das Statut: Satzung, Verfassung — statutarisch: satzungsmäßig
statūra, ae f. (cf. status) **Körpergestalt,** Größe, Wuchs
F. die Statur i. a. B.
status 3 cf. sisto
status, ūs m. (cf. sto) **das Stehen;** — **Stellung,** Positur; statu deicere (movere) alqm jdn. aus seiner Stellung werfen, aus der Fassung bringen; — **Stand, Zustand, Lage, Verfassung,** Beschaffenheit, Verhältnisse; eo statu res erat die Sache stand so; in pristinum statum venire in den alten Zustand kommen; vitae status der Lebensstandard; — Bestand, **sichere Stellung,** Wohlstand; — **bürgerliche Stellung, Rang**
M. status quo ante: der frühere Zustand — in statu nascendi: im Zustand des Entstehens — der Staat (L)
F. der Status: Zustand, Bestand — die Statistik: Staatenkunde; Zahlwissenschaft, zahlenmäßiger Nachweis — der Statistiker: Staatenkenner; Bearbeiter zahlenmäßiger Angaben — statistisch: staatenkundlich, den Zustand des Staates beschreibend; zahlenmäßig, auf Zahlenangaben beruhend
stēlio cf. stellio
stella, ae f. **Stern** (urv.); s. vaga, errans Planet; s. inerrans Fixstern; — Gestirn; Sonne
F. die Stelleriden: Seesterne — die Konstellation: Stellung der Gestirne zueinander — interstellar: zwischen den Sternen befindlich
stellans, antis (cf. stella) von Sternen schimmernd, gestirnt; wie ein Stern schimmernd, blitzend
Stellātis ager oder campus E. fruchtbare Gegend in Kampanien nördlich von Capua; Stellatinus 3 stellatinisch
stellātus 3 (cf. stella) gestirnt; unter die Sterne versetzt
stēlli-fer, fera, ferum gestirnt
stēllio, ōnis m. (cf. stella) Sterneidechse
F. Stentorstimme: gewaltige Stimme
stercoro 1. düngen
stercus, oris n. **Dünger, Mist,** Kot
F. die Sterkoration: Düngung — der Sterkorit: aus Guano gewonnener kristallinischer Körper
sterilis, e **unfruchtbar;** ertraglos, fruchtlos; erfolglos, leer; epistula s. Brief ohne Geschenk
M. die Sterke (Kalbe) (urv.)
F. steril i. a. B., dürr, keimfrei — die Sterilität: Unfruchtbarkeit, Dürre — sterilisieren: unfruchtbar machen, entkeimen — die Sterilisation: Unfruchtbarmachung, Entkeimung
sterilitas, tātis f. (cf. sterilis) Unfruchtbarkeit
sternax, ācis (cf. sterno) (den Reiter) abwerfend, störrisch
sterno, strāvi, strātus 3. **auf den Boden streuen, hinstrecken;** se sternere, sterni sich hinstrecken, sich lagern; strātus 3 hingestreckt, ausgestreckt, liegend; — **niederstrecken,** zu Boden werfen; **niederhauen,** tot hinstrecken; **niederwerfen,** entmutigen, vernichten; — **ebenen, glätten;** venti sternunt aequora; —

pflastern; strāta, ae f. (scil. via) Straße; — **bestreuen, bedecken;** ponte s. überbrücken; — (das Lager mit Decken) **bedecken, polstern,** zurechtmachen; equum s. satteln
M. streuen, Streu, Stroh, Stirn (urv.) — die Straße (L)
F. stratifizieren: schichten — die Stratifikation: Schichtung (geol.) — die Stratographie: Schichtenkunde — die Stratosphäre: die über der atmosphärischen Luftschicht liegende äußere Luftschicht — die Stratuswolke: Schichtwolke

sternumentum, i n. (cf. sternuo) das Niesen

sternuo, ui 3. niesen; — trans. zuniesen

sterquilīnium, ii n. (cf. stercus) Misthaufen, -grube

Stertinius 3 E. Name eines römischen Geschlechts 1.) Stoiker in Rom 2.) L. Stertinius röm. Feldherr in Germanien 15 n. Chr.

sterto 3. **schnarchen**

Stesichorus, i m. E. griech. Lyriker

Sthenelus, i m. E. 1.) König in Ligurien, Vater des Cycnus 2.) Sohn des Perseus und der Andromeda; Sthenelēus 3 des S.

stigma, atis n. (griech.) Brandmal
F. das Stigma i. a. B., Stich, Wundmal; Narbe (bot.); Atmungsöffnung niederer Tiere — stigmatisieren: brandmarken; mit den Wundmalen Christi kennzeichnen — die Stigmatisation: Brandmarkung; Bezeichnung mit Christi Wundmalen

stigmatias, ae m. (griech.) Gebranntmarkter

stigmōsus 3 (cf. stigma) voller Brandmale

stilla, ae f. (dem. von stiria) **Tropfen**

stilli-cidium, ii n. (cf. stilla-cado) Dachtraufe

stillo 1. (cf. stilla) **träufeln,** triefen; — (trans.) träufeln lassen

stilus, i m. (cf. instigo) **Schreibstiftgriffel;** stilum vertere den Griffel umdrehen, das Geschriebene ausstreichen, ändern, verbessern; — **das Schreiben,** Schreibart, Darstellungsweise
M. der Stiel (L)
F. der Stil i. a. B., Bauart, Kunstrichtung — stilisieren: kunstgemäß formen, darstellen — die Stilisierung: kunstgemäße Darstellung, Formung — der Stilist: Meister des Stils — die Stilistik: Lehre vom Stil — stilistisch: die Darstellung betreffend — das Stilett (it.): kleiner Dolch

Stimula, ae f. (cf. Stimulus) Göttin der Bacchanalien

stimulātio, ōnis f. (cf. stimulo) Anreizung, Ansporn

stimulo 1. (cf. stimulus) **stacheln, antreiben, anspornen,** reizen; — quäeln, beunruhigen, peinigen
F. stimulieren i. a. B. — das Stimulans (plur. die Stimulantien): Reizmittel — die Stimulation: Anregung, Reizung

stimulus, i m. (cf. instigo) **Stachel;** — Spitzpfahl (als Fußangel); — **Treibstachel** (zum Antreiben der Tiere und Sklaven); — Pein, Qual; st. amoris Eifersucht; — **Sporn, Antrieb**
F. der Stimulus i. a. B.

stinguo 3. (arch.) 1.) stechen 2.) löschen, auslöschen

stipātio, ōnis f. (cf. stipo) das Zusammendrängen; — dichtes Gefolge

stipātor, ōris m. (cf. stipo) **Begleiter, Leibwächter,** Trabant, Bedienter; plur. Gefolge

stipendiārius (cf. stipendium) um Sold dienend, Sold empfangend; subst. m. Söldner; — **steuer-, tributpflichtig;** — subst. m. der Tributpflichtige

stipendium, ii n. (cf. stips-pendo) **Sold,** Löhnung; primum s. merere den ersten Sold verdienen, den ersten Kriengsdienst tun; — **Kriegsdienst;** stipendia facere Kriegsdienste leisten, Soldat sein; — **Dienstjahr,** Kriegsjahr, Feldzug; — **Steuer, Tribut, Abgabe;** Strafe, Buße
F. das Stipendium: Stiftung, Unterstützung für Schüler und Studierende — der Stipendiat: Stipendienempfänger

stipes, itis m. (cf. stipo) **Pfahl;** Baumstamm; Knüppel, Klotz, Keule, Scheit; — Tölpel *M.* Stift (urv.)

stipo 1. **zusammendrängen;** dicht **umdrängen,** umringen

M. steif (urv.)

stips, stipis f. **Geldbeitrag,** Gabe, Spende; **Almosen;** — Ertrag, Gewinn

stipula, ae f. (cf. stipo) **Halm;** plur. Stroh; Stoppeln; flamma de stipula Strohfeuer

M. Stoppel (L)

stipulātio, ōnis f. (cf. stipulor) **Vertrag, Kontrakt**

F. die Stipulation i. a. B.

stipulatiuncula, ae f. (dem. von stipulatio) geringfügige Zusage

stipulor 1. (cf. stipo) etwas fest abmachen, etwas ausbedingen

F. stipulieren i. a. B.

stiria, ae f. (cf. stipo) gefrorener Tropfen, Eiszapfen

stirpes, stirpis = stirps

stirpitus (adv.) (cf. stirps) mit Stumpf und Stiel

stirps, stirpis f. (poet. auch m.) **Wurzelstock, Wurzel; Pflanze,** Staude, Strauch; — **Stamm;** stirpem interficere mit Stumpf und Stiel ausrotten; a (cum) stirpe mit Stumpf und Stiel, gänzlich, von Grund aus; — **Geschlecht,** Familie; — **Herkunft,** Abkunft; — **Ursprung,** Grundlage, Anfang; — angestammte Art, Natur; — **Nachkommenschaft;** — **Sproß,** Sprößling

stiva, ae f. Pflugsterz

stlis (arch.) = lis

sto, steti, statūrus 1. **stehen** (urv.), **dastehen;** — (von Truppen) aufgestellt sein; (von Schiffen) vor Anker liegen; — **emporragen,** emporstarren; von etwas starren z. B. Soracte nive stat; — zum Verkauf, **feilstehen;** mit abl. und gen. pretii **zu stehen kommen,** kosten; gratis stare nichts kosten; magno pretio s. teuer sein; pluris s. teurer sein; — **auf jds. Seite stehen,** Partei ergreifen; cum und ab alqo s. es mit jdm. halten; pro alqo s. für jdn. eintreten; in (contra, adversus) alqm s. gegen jdn. Partei ergreifen; — **beruhen, gegründet sein, fußen;** viribus suis s. auf eigenen Füßen stehen; disciplinā militari s. auf militär. Zucht gegründet sein; stat per alqm es steht bei jdm., es liegt an jds. Schuld (meist mit ne [quominus] oder quin) z. B. per proditorem stetit, quominus urbs caperetur; — **stehen bleiben, still stehen;** stecken bleiben; untätig dastehen, säumen; zum Stehen kommen, aufhören; — feststehen, festen Fuß fassen, nicht wanken, standhalten; — bestehen, **sich halten,** sich behaupten; — bei etwas stehen bleiben, **beharren,** verharren; mit abl., selten in mit abl. z. B. promisso s. am Versprechen festhalten; in fide s. Wort halten; — **bestimmt sein,** beschlossen sein z. B. stat sententia; stat es ist fester Entschluß

M. stehen, Stätte, Stelle, Stand, stet, stetig, unstet, stets, Stadt, Stuhl, Stunde, Stamm, Gestade (urv.) — stante pede: stehenden Fußes — stabat mater: die Mutter Christi stand am Kreuze (Anfangsworte eines bekannten kirchlichen Hymnus)

F. die Statik: Gleichgewichtslehre — statisch: die Gleichgewichtslehre betreffend — statarisch: stehend, verweilend, langsam fortschreitend — der Statist: stumme Bühnenperson — der Stator: feststehender Teil der Drehstromdynamomaschine

Stobi, ōrum m. E. Stadt in Mazedonien

Stōicus 3 (griech.) stoisch (F), zur stoischen Schule gehörig; subst. m. der Stoiker; subst. n. plur. stoische Philosophie

stola, ae f. (griech.) **langes Frauengewand;** Talar

F. die Stola: priesterliches Gewandstück, schmaler Kragen (Pelz)

stolidus 3 (cf. sultus) **dumm,** tölpelhaft, **einfältig**

Stolo, ōnis m. E. Beiname in der gens Licinia

stomachor 1. (cf. stomachus) **sich ärgern,** grollen; poltern, zanken

stomachōsus 3 (cf. stomachus) unwillig, ärgerlich, gereizt

stomachus, i m. (griech.) **Schlund,** Speiseröhre; **Magen;** Geschmack; Ärger, Groll, Unwille, Zorn; sto-

machum alci facere (movere) jdn. ärgern
storea und storia, ae f. (cf. storus) **Matte,** Decke
strabo, ōnis m. (griech.) Schieler
Strabo, onis m. E. röm. Beiname
strāges, is f. (cf. sterno) **das Niederstürzen, Einsturz; Verwüstung,** Verheerung; stragem facere (dare) anrichten; — **Niedermetzelung, Blutbad,** Niederlage; — **(niedergeworfener) Haufe**
strāgulus 3 (cf. strages) zum Ausbreiten dienend; stragulum, i n. **Decke,** Teppich
F. Stragula: Linoleumersatz
strāmen, inis n. (cf. sterno) Streu, Stroh
stramentīcius 3 (cf. stramentum) aus Stroh
stramentum, i n. (cf. sterno) **Streu, Stroh;** — Packsattel
stramineus 3 (cf. stramen) aus Stroh
strangulo 1. (griech.) **erdrosseln,** erwürgen; ersticken; martern
F. strangulieren i. a. B. — die Strangulation, Strangulierung: Erdrosselung
strangūria, ae f. (griech.) Harnzwang
F. die Strangurie i. a. B.
strata cf. sterno
Strato, ōnis m. E. 1.) Schüler Theophrasts 2.) Arzt zur Zeit Ciceros
Stratonicēa, ae f. E. Stadt in Karien; Stratonicēnsis adi. und subst. Bewohner von St.
strātum, i n. (cf. sterno) **Decke,** Polster; Lager, Ruhebett; — Packsattel
Stratus, i f. E. Hauptstadt Akarnaniens
strēnae, ārum f. Geschenke zum neuen Jahr
strenuitas, tātis f. (cf. strenuus) **Rüstigkeit,** Munterkeit, Regsamkeit
strēnuus 3 **rüstig,** kräftig; **regsam,** tätig, **tatkräftig;** unternehmend, entschlossen; — unruhig
strepito 1. (cf. strepo) **andauernd lärmen**
strepitus, ūs m. (cf. strepo) **Lärm,** Getöse, Geräusch; poet. Klang, Ton
strepo, ui, itum 3. toben, **lärmen,** tosen, Geräusch machen; **ertönen,** erklingen; schmettern
strictim adv. (cf. stringo) **streifend, nur obenhin,** oberflächlich, **flüchtig;** knapp, kurz
strictūra, ae f. (cf. stringo) das Zusammenziehen, das Stählen; — das zu stählende, weißglühende Eisen
strictus cf. stringo
strīdeo, di 2. (poet. strīdo, di 3.) **zischen, pfeifen,** knirschen, schwirren; lispeln, flüstern
stridor, ōris m. (cf. strideo) **das Zischen,** Pfeifen, Knirschen, Knarren; s. suis Grunzen; s. apium Summen; s. elephantorum Trompeten; s. anguis Zischen
stridulus 3 (cf. strideo) zischend, pfeifend, knirschend, knisternd
strigilis, is f. (cf. stringo) Schabeisen, **Striegel** (L)
strigōsus 3 (cf. striga Strick) **mager, dürr;** nüchtern, schmucklos z. B. orator
stringo, strinxi, strictus 3. **streifen** (urv.), **leicht berühren; an etwas stoßen,** angrenzen; — **leicht verletzen,** ritzen; (geistig) **rühren; abstreifen,** abpflücken; remos s. Ruder anfertigen (durch Abstreifen der Zweige); — (Waffen) **zücken, blank ziehen;** gladiis strictis mit blanken Schwertern; manum s. kampfbereit machen; — **straff anziehen,** zusammenziehen, -schnüren; vulnus strictum zusammengezogene Wunde; strictus 3 straff, stramm; kurz, bündig
M. Strich, Strick, Strang (urv.) — stringendo (it.): drängend, schneller (mus.)
F. stringieren i. a. B., zusammenziehen — strikt: genau, streng, pünktlich — stringent: bündig, zwingend — die Striktur: Verengerung (med.)
strix, strigis f. (cf. strideo) **Ohreule**
Strophades, um f. E. zwei kleine Inseln im Jonischen Meer (Strivali)
strophium, ii n. (griech.) Brust-, Busenbinde, Mieder
Strophius, ii m. E. König in Phocis, Vater des Pylades

strūctor, ōris m. (cf. struo) Bauarbeiter
structūra, ae f. (cf. struo) Zusammenfügung, Bau; Bauart; — Mauerwerk
F. die Struktur i. a. B., Zusammensetzung — strukturell: das Gefüge betreffend
strues, is f. (cf. struo) Schichtung, **Haufe, Stoß, Berg;** Haufe von kleinen Opferkuchen, Opfergebäck
strūma, ae f. Drüsenschwellung, Geschwulst
F. die Struma: Kropf
struo, strūxi, strūctus 3. **schichten, aufschichten; aufbauen, erbauen;** einrichten, veranstalten; **ordnen;** structi stabant sie standen in Reih und Glied; stiften, **anstiften, ersinnen,** im Schilde führen
Strȳmo und on, onis m. E. Grenzfluß zwischen Mazedonien und Thrazien (Struma); Strymonius 3 strymonisch; Strymonis, idis f. Thrazierin
studeo, ui 2. **sich um etwas bemühen,** etwas betreiben, **nach etwas streben,** trachten mit dat. z. B. novis rebus s. auf Umsturz sinnen, Revolutionär sein; alqd nur beim n. eines pron. oder adi. z. B. id, hoc unum, nihil, omnia s.; — es mit jdm. halten, für jdn. Partei nehmen, **unterstützen, fördern;** — sich wissenschaftlich beschäftigen, studieren (F)
F. der Student: Hochschüler
studiōsus 3 (cf. studeo) **sich befleißigend, eifrig bedacht; eifrig,** emsig, sorgfältig; — einer Sache **zugetan,** gewogen; — **den Wissenschaften obliegend,** wißbegierig, gelehrt
M. studiosus (abgek. stud.): Student
F. der Studiosus, Studio: Student
studium, ii n. (cf. studeo) **Streben,** Eifer, Begierde, Lust und Liebe; studium pugnandi Kampflust; magno studio eifrig; summo studio sehr eifrig; studio leidenschaftlich; absichtlich, geflissentlich; — **Zuneigung, Ergebenheit,** Gunst, Interesse; studium rei publicae Vaterlandsliebe; studium salutis meae Interesse für meine Sicherheit; — **Parteilichkeit;** plur. Parteibestrebungen; — **Beschäftigung** mit etwas z. B. rei militaris; — **Lieblingsbeschäftigung,** Passion z. B. rei navalis; — **wissenschaftliche Beschäftigung** z. B. philosophiae; plur. wissenschaftliche Arbeiten; — Wissenschaft, Wissenszweig, Kunst
F. das Studium: wissenschaftliche Beschäftigung, wissenschaftliche Forschung — die Studie: gelehrte Vorarbeit, künstlerische Übungsarbeit — das Studio (it.): Arbeitszimmer eines Künstlers
stultitia, ae f. (cf. stultus) **Torheit, Dummheit,** Einfalt
stultus 3 (cf. stolidus) **töricht, albern, dumm,** einfältig; subst. m. Tor, Narr; f. Närrin
stūpa = stuppa
stupe-facio, fēci, factus 3. (cf. stupeofacio) **betäuben;** pass. stupefieri stutzen, betäubt werden; stupefactus erstaunt, verblüfft, außer sich
stupeo, ui 2. starr sein, steif sein; **betäubt sein,** verblüfft sein, **stutzen,** staunen (L) mit abl. z. B. carmine; — anstaunen, bewundern mit acc. z. B. solem; — stupens stutzend
F. stupend: erstaunlich
stupēsco, stupui 3. (cf. stupeo) erstaunen, stutzen
stūpeus 3 = stuppeus
stupiditas, tātis f. (cf. stupidus) Dummheit *F.* die Stupidität i. a. B.
stupidus 3 starr, **betäubt, verblüfft;** dumm, stumpfsinnig
F. stupide i. a. B.
stupor, ōris m. (cf. stupeo) **Erstarrung,** Starrheit, Gefühllosigkeit; — **Verblüfftheit, Staunen;** — **Stumpfsinn,** Dummheit
F. der Stupor: schwere Bewegungshemmung (med.)
stuppa, ae f. (griech.) Werg
stuppeus 3 (cf. stuppa) aus Werg
stuprātor, ōris m. (cf. stupro) Schänder
stupro 1. **schänden,** entehren
stuprum, i n. Vergewaltigung, **Schändung,** Entehrung; — **Unzucht**
F. das Stuprum i. a. B.
Stymphālus, i m. E. See, Fluß und Stadt in Arkadien, wo Herkules die

stymphalischen Vögel erlegte; Stymphālius 3 (f. auch Stymphālis, idis) stymphalisch

Styx, gis und gos, acc. ga und gem f. E. 1.) Fluß in der Unterwelt, bei dem die Götter schwuren; per Styga beim Styx! — Unterwelt; Stygius 3 stygisch, unterweltlich; höllisch tödlich 2.) Fluß in Nordakadien

Suāda, ae f. (cf. suadeo) Göttin der Überredung

Suadēla, ae f. = Suada

suādeo, si, sus 2. **raten, zureden;** — (trans.) etwas **anraten,** empfehlen z. B. pacem; — mit ut, ne oder bloßem coni.; — zu etwas einladen, reizen z. B. somnum; — (selten) überzeugen alci mit acc. c. inf.

F. die Suada, Suade: Beredsamkeit, gutes Mundwerk — die Suasorie: Überredungsgrund — suasorisch: überredend

suāsio, ōnis f. (cf. suadeo) Empfehlung, Empfehlungsrede

suāsor, ōris m. (cf. suadeo) **Anrater,** Ratgeber, Empfehler, Fürsprecher

suasōria, ae f. (scil. oratio; cf. suadeo) Empfehlungsrede

suāve-olens, ntis lieblich duftend

suāvi-loquens, ntis lieblich redend

suaviloquentia, ae f. (cf. suaviloquens) liebliche Rede

suaviolum, i n. (dem. von suavium) Küßchen

suāvior 1. (cf. suavium) zärtlich küssen

suāvis, e **angenehm, lieblich,** reizend, liebenswürdig; wohlschmeckend, lecker *M.* süß (urv.)

suāvitas, tātis f. (cf. suavis) **Süße, Lieblichkeit,** Annehmlichkeit

suāvium, ii n. (cf. suavis) Kuß

sub praep. I. mit acc. 1.) (räumlich auf die Frage „wohin?") **unter** z. B. sub iugum mittere unters Joch schicken; sub imperium (potestatem, dicionem) redigere unterwerfen; — **unterhalb,** nahe an, bis an z. B. sub montem, murum; sub ictum venire in Schußweite kommen 2.) (zeitlich) **gegen, um, unmittelbar vor,** (selten) unmittelbar nach z. B. sub noctem nachts, unmittelbar vor (nach) Einbruch der Nacht, sub lucem gegen Anbruch des Tages — II. mit abl. 1.) (räumlich auf die Frage „wo?") **unter, unterhalb** z. B. sub terra; sub divo unter freiem Himmel; sub oculis; sub corona vendere, sub hasta vendere; — sub armis esse unter den Waffen stehen; sub sarcinis auf dem Marsche; — **unten an, unten in,** am Fuße von z. B. sub monte, sub moenibus; sub ictu esse in Schußweite sein; sub dextra zur Rechten; sub pectore in der Tiefe der Brust 2.) (zeitlich) **gegen, um,** während, im Verlauf z. B. sub nocte; sub eodem tempore; sub ipsa profectione im Augenblick des Abmarsches 3.) (zur Bezeichnung der Unterordnung und Abhängigkeit) **unter** z. B. sub imperio; sub dicione esse in der Gewalt jds. stehen, untertan sein 4.) (zur Angabe von etwas Verborgenem, Vorgeschütztem) z. B. sub specie unter dem Vorwand; sub proditiōne unter dem Verdacht des Verrates

M. sub voce (abgek. s. v.): unter dem Stichwort — sub hasta: (unter der Lanze des Prätors bei Versteigerungen) unter dem Hammer — sub rosa: (unter der Rose als Sinnbild der Verschwiegenheit) im Vertrauen

F. sub in Fremdwörtern = unter, von unten kommend, nach z. B. subaltern: untergeordnet, abhängig — der Subdiakon: Geistlicher mit den niederen Weihen; Hilfsprediger — die Subkommission: Unterausschuß — die Subordination: Unterordnung — submarin: unterseeisch — subsumieren: unterordnen — subtropisch: an die tropische Zone grenzend — subarktisch: an die arktische Zone grenzend

sub-absurdus 3 ziemlich ungereimt

sub-accūso 1. ein wenig tadeln, bemängeln

sub-actio, ōnis f. (cf. subigo) Bearbeitung z. B. agri; geistige Durchbildung

sub-agrestis, e etwas bäurisch

sub-alāris, e (cf. ala) unter den Achseln versteckt

sub-ausculto 1. heimlich zuhören, lauschen

sub-c = succ

sub-contumeliōsus 3 etwas schimpflich

sub-debilitātus 3 etwas kleinmütig

sub-deficiens, ntis nach und nach ermattend

dub-difficilis, e ziemlich schwierig

sub-diffīdo 3. nicht recht trauen

subditīvus 3 (cf. subdo) unterschoben, untergelegt, unecht

sub-do, didi, ditus 3. **unterlegen, -setzen,** -stellen; pass. unten liegen, unten stehen; — anlegen; stimulos s. anspornen; — unterwerfen; — **unterschieben,** vorschieben z. B. testamentum; subdito rumore auf das falsche Gerücht hin

sub-dolus 3 **hinterlistig,** argwöhnisch, heimtückisch

sub-dubito 1. etwas zweifeln

sub-dūco, dūxi, ductus 3. **darunter wegziehen,** wegnehmen; **entwenden, entziehen,** vorenthalten, **heimlich entfernen;** se subducere, subduci sich entfernen, sich wegstehlen; — (unbemerkt) **wegführen,** wegziehen z. B. equites ex acie; — zusammenrechnen, berechnen; — erwägen; subducta ratione mit Überlegung; — von unten hinaufziehen, **in die Höhe ziehen;** remos s. die Ruder einziehen; — (die Segel) reffen; — Schiffe ans Land ziehen, ins Trockene bringen

subductio, ōnis f. (cf. subduco) Bergung; — Berechnung

sub-dūrus 3 ziemlich hart

sub-edo, ēdi, ēsus 3. unten anfressen

sub-eo, ii (selten īvi), itus 4. 1.) **unter etwas gehen,** kommen, treten z. B. tectum s. unter Dach und Fach kommen; aquam s. untertauchen; — **auf die Schultern nehmen,** aufnehmen z. B. iugum; — **auf sich nehmen, sich unterziehen, ertragen, erdulden,** sich gefallen lassen z. B. periculum, labores, invidiam, inimicitias; poenam s. die Strafe auf sich nehmen; tempestatem s. sich dem Unwetter aussetzen; iudicium s. sich dem Urteil unterwerfen; — 2.) **hinaufgehen, -steigen,** -fahren z. B. in montem, in muros (selten muros) ersteigen, erklimmen; — **herangehen,** -kommen, -treten alqd und ad alqd z. B. locum, ad vallum; — **sich heranschleichen,** sich einschleichen z. B. morbus, ira; — beschleichen, **befallen,** überkommen z. B. paenitentia subit servum; — in den Sinn kommen, einfallen; — **nachfolgen,** an die Stelle treten, ablösen in locum alcis oder alci, selten alqm

sūber, eris n. Korkeiche; Kork

subf = suff

subg = sugg

sub-horridus 3 ziemlich rauh

sub-iaceo, ui 2. unten liegen

sub-icio (sprich jicio), iēci, iectus 3. (cf. iacio) 1.) **unter etwas werfen,** legen, setzen, stellen, unterlegen; cervices securi s. auf den Bock legen; ignem templo s. Feuer an den Tempel legen; alqd oculis s. vor Augen stellen, sichtbar machen; pass. unter etwas liegen, stehen; — unterwerfen, unterjochen; se s. sich unterwerfen; — aussetzen, preisgeben z. B. navigationem hiemi; — unterschieben z. B. testamentum; — 2.) **in die Höhe werfen;** se s. aufsteigen, sich erheben, emporwachsen; flamma subiecta emporlodernd; — 3.) **nahe heranbringen,** heranrücken lassen z. B. aciem collibus; — **eingeben,** darbieten, einflößen, einflüstern z. B. consilium, carmen; — an die Stelle von etwas setzen, folgen lassen z. B. integras copias vulneratis; (in der Rede) hinzufügen, anschließen, entgegnen, erwidern z. B. matre subiciente auf die Antwort der Mutter; **subiectus** 3 **unterhalb liegend;** subst. n. plur. Niederung; — **angrenzend, benachbart; unterworfen,** untertan, preisgegeben

F. subjizieren: unterwerfen, unterordnen

— das Subjekt: Satzgegenstand (sprachl.); mit Denkfähigkeit ausgestattetes Wesen; verächtliche Bezeichnung eines Menschen — die Subjektion: Stellen einer Frage, die man sich selbst beantwortet — subjektiv: persönlich, auf die denkende oder redende Person beschränkt — die Subjektivität: Eigentümlichkeit, persönliche Auffassung — der Subjektivismus: Beziehung aller Dinge auf das Ich

subiectio, ōnis f. das Unterstellen; s. sub aspectum das Voraugenstellen, Veranschaulichung; s. testamenti Unterschiebung

subiecto 1. (cf. subicio) darunterlegen; stimulos s. anspornen; — in die Höhe werfen

subiector, ōris m. (cf. subicio) Unterschieber

sub-igo, ēgi, actus 3. (cf. ago) **hinauftreiben,** -führen, -fahren; — **nötigen, zwingen;** sub imperium s., sub dicionem s. **unterwerfen;** — unterjochen, bezwingen; — durcharbeiten, **bearbeiten,** zurechtmachen z. B. humum, glaebas; — **durchbilden,** schulen; — zähmen; — **hart mitnehmen,** plagen

sub-impŭdens, ntis ziemlich unverschämt

sub-inānis, e ziemlich eitel

sub-inde (poet.) gleich darauf; immer wieder, von Zeit zu Zeit, wiederholt

sub-insulsus 3 ziemlich abgeschmackt

sub-invideo 2. ein wenig beneiden, eifersüchtig sein

sub-invisus 3 ziemlich verhaßt

sub-invito 1. unter der Hand einladen

sub-irāscor 3. etwas zürnen

sub-irātus 3 etwas zornig, ein wenig böse

subitārius 3 (cf. subitus) in Eile zustande gebracht

subitus 3 (adv. subitō) **plötzlich,** unerwartet, unvermutet; consilium subitum überstürzter Entschluß; oratio subita Rede aus dem Stegreif; **subito** adv. plötzlich, unvermutet

sub-iungo, iūnxi, iūnctus 3. **verbinden;** — einspannen; — **unterwerfen,** unterjochen

sub-lābor, lāpsus sum 3. heimlich heranschleichen; — niedersinken

Sublaqueum, i n. E. Stadt am Anio (Subiaco)

sublātio, ōnis f. (cf. tollo) Erhebung

sublātus cf. tollo

sub-lego, lēgi, lēctus 3. unten auflesen; — heimlich aufschnappen, abhorchen; — nachwählen; senatum s. den Senat durch Nachwahl ergänzen

sublevātio, ōnis f. (cf. sublevo) Erleichterung, Linderung

sub-levo 1. emporheben, **aufrichten; unterstützen,** fördern; — **erleichtern,** vermindern, geringer machen z. B. periculum

sublica, ae f. (cf. sub-liqueo) Brükkenpfahl; Pfahl

sublicius 3 (cf. sublica) auf Pfählen ruhend; pons s. Pfahlbrücke in Rom

subligāculum, i n. (cf. subligo) Schürze, Schurzfell

sub-ligo 1. von unten binden, anbinden

sublīmis, e **hoch in der Luft befindlich,** über der Erde schwebend, **hoch;** alqm sublimem rapere durch die Luft entführen; sublīme, is n. Höhe; — **erhaben,** hehr; — hochstrebend; — hochfahrend; — **sublīme** adv. **in der Höhe; in die Höhe**

F. sublim: erhaben — sublimieren: erhöhen; läutern; verdampfen (chem.) — die Sublimierung: Verdampfung (chem.) — das Sublimat: Überdampfungsergebnis; Quecksilberchlorid

sublīmitas, tātis f. (cf. sublimis) Erhabenheit, Schwung

F. die Sublimität i. a. B.

sub-lūceo 2. von unten hervorleuchten, durchschimmern

sub-luo, lui, lutus 3. unten bespülen

sub-lūstris, e (cf. lustro) dämmerig

sub-mergo, mersi, mersus 3. **versenken;** pass. versinken, untergehen; ertrinken

F. die Submersion: Untertauchung

sub-ministro 1. darreichen; — herbeischaffen

sub-missio, ōnis (cf. submitto) das Senken z. B. vocis; s. orationis ruhiger Ton

sub-missus cf. submitto

sub-mitto, mīsi, missus 3. **niederlassen,** -legen, -senken, -beugen; niederschlagen z. B. oculos, faciem, vultum; — se s. sich herablassen, sich erniedrigen; — pass. sich senken, sinken; genu submitti ins Knie sinken; — **sinken lassen, nachlassen;** animos s. den Mut sinken lassen; furorem s. die Wut bezähmen; — **beugen, unterwerfen,** unterordnen; — unter der Hand schicken, **heimlich zuschicken, zur Unterstützung senden** z. B. milites auxilio s.; — **aufrichten, emporheben;** manus s. die Hände flehend erheben; — wachsen lassen z. B. barbam; — zur Zucht heranwachsen lassen z. B. equos

F. submittieren: herablassen, unterwerfen; sich als Unterbieter bewerben — submiß: ehrerbietig, untertänig — die Submission: Unterwürfigkeit; Versteigerung an den Mindestfordernden; Wettbewerb mit Unterbietung; Vergebung, Ausschreibung öffentlicher Arbeiten — der Submittent: unterbietender Bewerber

sub-molestus 3 ziemlich beschwerlich, unbehaglich

sub-morōsus 3 etwas mürrisch

sub-moveo, mōvi, mōtus 2. **entfernen,** wegschaffen; **zurückdrängen, vertreiben** alqm a, ex re und re z. B. porta, ab urbe, ex muro; wegdrängen, verdrängen; submoveri iubet er läßt Platz machen; summoto als Platz gemacht war; — **vertreiben, zurückwerfen;** — verbannen

sub-mūto 1. hin und wieder vertauschen

sub-nāscor, nātus sum 3. unten emporwachsen, nachwachsen

sub-necto, nexui, nexus 3. **unten anknüpfen,** anbinden; zusammenhalten z. B. crines; — anknüpfen, hinzufügen

sub-nego 1. abschlagen

sub-nisus und **sub-nixus** (cf. nitor) **sich stützend,** lehnend, **gestützt;** sich auf etwas verlassend, bauend auf mit abl. z. B. victoria; animus s. zuversichtlicher Sinn

sub-noto 1. unterzeichnen

sub-nuba, ae f. (cf. nubo) Kebsweib, Nebenfrau

sub-nūbilus 3 leicht bewölkt

subo 1. (griech.) brünstig sein

sub-obscēnus 3 ins Schmutzige fallend, zweideutig

sub-obscūrus 3 etwas dunkel, etwas unverständlich

sub-odiōsus 3 etwas verdrießlich

sub-oles, is f. (cf. alo) **Nachwuchs, Nachkommenschaft;** Brut; — **Nachkomme;** Sprößling, Sohn

sub-olēsco 3. nachwachsen

sub-ōrno 1. **ausrüsten,** schmücken; insgeheim **anstiften**

sub-p = supp

sub-rancidus 3 etwas ranzig, etwas stinkend

sub-raucus 3 etwas heiser

sub-rēmigo 1. nachrudern

sub-rēpo, rēpsi 3. unter etwas herankriechen, sich heimlich einschleichen

sub-rideo, rīsi 2. lächeln, zulächeln

sub-ridiculus 3 etwas lächerlich

sub-rigo, rēxi, rēctus 3. (cf. rego) poet. = surgo

rub-ringor 3. die Nase etw. rümpfen, unwillig sein

sub-ripio = surripio

sub-rogo 1. = surrogo

sub-rostrānus, i m. (cf. rostra) (bei der Rednerbühne sich herumtreibend) Bummler, Pflastertreter, Ekkensteher

sub-ruo, rui, rutus 3. **unterwühlen, untergraben;** zum Einsturz bringen; zugrunde richten

sub-rūsticus 3 etwas bäurisch

sub-scribo, scripsi, scriptus 3. **darunterschreiben, unterschreiben,** unterzeichnen; die Klageschrift unterschreiben, Kläger sein; die Klageschrift mitunterschreiben, Mitankläger sein; aufschreiben, verzeichnen; **beipflichten, unterstützen** mit dat. z. B. verbis

F. subskribieren: auf etwas zeichnen. es vorausbestellen — der Subskribent: Unterzeichner, Vorausbesteller

subscriptio, ōnis f. (cf. subscribo) **Unterschrift;** Note, Rüge (des Zensors); Mitanklage, Klage

F. die Subskription: Zeichnung auf etwas, Vorausbestellung

subscriptor, ōris m. (cf. subscribo) Mitankläger

subsecivus = subsicivus

sub-seco, secui, sectus 1. unten abschneiden

sub-sellium, ii n. (cf. sella) niedrige **Bank,** Sitz; — plur. Gerichtssaal, **Gericht**

F. das Subsellium: niedrige Bank, Sessel

sub-sequor, secūtus sum 3. **unmittelbar folgen, auf dem Fuße folgen** jdm. alqm; sich anschließen, **sich nach etwas richten**

subsicivus 3 (cf. subseco) abgeschnitten, abfallend, **erübrigt;** tempora subsiciva Nebenstunden; opera subsiciva Nebenarbeiten

subsidiārius 3 (cf. subsidium) **zur Reserve gehörig;** subst. m. plur. Reservetruppen

F. subsidiär: zur Aushilfe dienend

subsidium, ii n. (cf. sub und sedeo) **Hintertreffen, Reserve;** meist plur.; — **Beistand, Schutz,** Stütze, **Hilfe;** alci subsidio esse jdm. zum Schutze dienen; s. ferre, mittere Hilfe bringen; subsidio venire zur Hilfe eilen; — **Hilfsmittel;** Zufluchtsort, -stätte

F. das Subsidium: Hilfe, Unterstützung, Beisteuer, Rückhalt — die Subsidien: Hilfsgelder — die Subsidiarität: ein Grundgesetz naturrechtl. und christl. Sozialordnung

sub-sido, sēdi, sessum 3. **sich niedersetzen, sich niederlassen,** sich dukken, sich in Hinterhalt legen, auflauern jdm. alci und alqm; — **sich senken,** sinken, sich legen; — **zurückbleiben, sich festsetzen,** steckenbleiben

sub-signānus 3 unter der Fahne; milites subsignani Reservetruppen

sub-signo 1. verzeichnen; untersiegeln; verbürgen, verpfänden

sub-silio, silui und silii 4. (cf. salio) in die Höhe springen

sub-sisto, stiti 3. **stillstehen, haltmachen;** — innehalten, einhalten, aufhören; — **zurückbleiben, verbleiben,** verharren; — Widerstand leisten, **widerstehen** jdm. alci z. B. hostibus

F. subsistieren: bestehen, seinen Unterhalt haben — die Subsistenz: Auskommen, Lebensunterhalt

sub-sortior 4. nachlosen

subsortītio, ōnis f. (cf. subsortior) das Nachlosen

substantia, ae f. (cf. sub-sto) Bestand, das Vorhandensein; Vorrat

F. die Substanz: Stoff, Masse; das Zugrundeliegende; ein für sich bestehendes Ding; Wesen; wesentlicher Bestandteil — die Substanzialität: Wesenheit, Wirklichkeit, Selbständigkeit — substantiieren: näher ausführen, klarlegen, begründen, bevollmächtigen — substantiell: wesentlich, selbständig; kräftig, nahrhaft — das Substantiv, Substantivum: Hauptwort (sprachl.) — substantivisch: hauptwörtlich — substantivieren: zum Hauptwort machen — die Konsubstantiation: die Mitgegenwart des Leibes Christi im Abendmahlsbrot und -wein — die Transsubstantiation: die Umwandlung, Verwandlung von Brot und Wein in den Leib und das Blut Christi

sub-sterno, strāvi, strātus 3. **unterstreuen,** -breiten, -legen; unten auslegen, auspolstern; — **darbieten,** preisgeben, unterwerfen

F. das Substrat: Schicht, Lage, Grundlage, Unterlage, Keimboden

sub-stituo, ui, ūtus 3. (cf. statuo) hinter etwas stellen; hinstellen, vorstellen; **an die Stelle setzen;** alqm criminis reum s. den Verdacht auf jdn. wälzen

F. substituieren: an die Stelle setzen, dafür einsetzen; zum Nacherben ernennen — der Substitut: Stellvertreter — die Substitution: Stellvertretung, Ersetzung

sub-stringo, strinxi, strictus 3. **von unten nach oben aufbinden, in die**

Höhe binden, unterbinden; — einschränken; — substrictus 3 eingeschränkt, mager, dünn

substrūctio, ōnis f. (cf. substruo) **Unterbau,** Grundlage

F. die Substruktion i. a. B.

sub-struo, strūxi, strūctus 3. **unterbauen,** mit einem Unterbau versehen; viam s. beschottern

sub-sum, esse **darunter sein,** darunter liegen; versteckt sein; unterworfen sein; — **zugrunde liegen, vorhanden sein,** zu Gebote stehen; — **in unmittelbarer Nähe sein,** nahe sein, nahe liegen, bevorstehen

sub-suo, —, sūtus 3. unten benähen

sub-tēmen, inis n. (aus sub-texmen cf. subtexo) das Eingewobene, Gewebe, Einschlag; — Garn, Faden

subter (cf. sub) 1.) adv. **unterhalb, unten;** — 2.) (praep. mit acc.) unterhalb, **unter . . . hin, unter**

subter-cutāneus 3 (cf. cutis) unter der Haut befindlich; morbus s. Wassersucht

subter-fugio, fūgi 3. **heimlich entfliehen;** sich heimlich entziehen mit acc.

subter-lābor, lāpsus sum 3. unten weggleiten, hinfließen

sub-terrāneus 3 (cf. terra) **unterirdisch**

sub-texo, texui, textus 3. unterweben; — einen Schleier vorziehen; — einweben, verweben, einfügen

sub-tilis, e (cf. tela) fein gewebt, fein, dünn; — **feinfühlig, geschmackvoll;** — schlicht, einfach; — **feinsinnig, scharfsinnig,** scharf, gründlich, genau

F. subtil: zart, fein, spitzfindig

subtilitas, tātis f. (cf. subtilis) **Feinheit;** — **Geschmack;** — **Genauigkeit, Gründlichkeit; Schlichtheit,** Einfachheit

F. die Subtilität i. a. B., Spitzfindigkeit

sub-timeo 2. heimlich fürchten

sub-traho, trāxi, tractus 3. unter etwas hervorziehen; — **heimlich wegziehen, entziehen;** pecuniam s. Geld unterschlagen; aggerem cuniculis s. den Damm unterminieren; weglassen, unerwähnt lassen; — se s., subtrahi sich entziehen, sich zurückziehen, zurückweichen

F. subtrahieren: abziehen — der Subtrahend: die abzuziehende Zahl — die Subtraktion: das Abziehen

sub-turpiculus 3 (dem. von subturpis) etwas schimpflich

sub-turpis, e etwas schimpflich

subtus adv. (cf. intus) unterhalb, unten

sub-tūsus 3 (cf. tundo) etwas zerschlagen

sub-ūcula, ae f. (cf. exuo) Unterkleid, Hemd

Subūra, ae f. belebte Straße in Rom, östlich vom forum Augusti

sub-urbānus 3 **nahe bei der Stadt gelegen;** subst. n. Villa, Landgut bei Rom; subst. m. plur. Umwohner der Stadt Rom

sub-urbium, ii n. (cf. urbs) Vorstadt

sub-urgeo 2. **nahe herandrängen**

subvectio, ōnis f. (cf. subveho) Zufuhr

sub-vecto 1. (cf. subveho) zutragen, **herbeitragen**

subvectus, ūs m. (cf. subveho) Zufuhr

sub-veho, vexi, vectus 3. **hinaufführen,** hinbringen, heranfahren lassen; pass. **heranfahren;** subvexus 3 **von unten aufwärts gehend,** schräg

sub-venio, vēni, ventum 4. **zu Hilfe kommen,** beistehen; — abhelfen

F. subvenieren i. a. B. — die Subvention: Unterstützung — subventionieren: unterstützen

sub-vereor 2. ein wenig besorgt sein

subversor, ōris m. (cf. subverto) Umstürzer

sub-verto, verti, versus 3. **umkehren, umstürzen,** vernichten, zerstören

F. die Subversion: Umsturz, Verfall — subversiv: zerstörend, umstürzend

subvexus 3 cf. subveho

sub-volo 1. auffliegen

sub-volvo 3. emporwälzen

sub-vorto (arch.) = subverto

suc-cēdo, cessi, cessum 3. **unter etwas gehen,** treten; in etwas **eintre-**

ten; tecto s. unters Dach treten; tumulo s. beerdigt werden; — etwas auf sich nehmen, übernehmen z. B. oneri, dominationi; — **sich nähern,** herandrängen, **heranrücken,** vordringen z. B. ad castra, moenibus; — **vonstatten gehen, gelingen, glükken;** nihil bene succedit nichts glückt; succedit es gelingt; — **emporsteigen;** — **folgen, nachfolgen;** Nachfolger sein, **ablösen** z. B. integri defatigatis succedunt; in locum alcis succedere, alci s. jds. Nachfolger werden; — (zeitlich) **folgen**

F. sukzedieren: nachfolgen, gelingen — sukzessiv: allmählich eintretend, allmählich aufeinanderfolgend

suc-cendo, cendi, cēnsus 3. (cf. incendo) von unten **anzünden;** — entflammen; — succēnsus 3 entbrannt

suc-cēnseo = suscenseo

suc-centurio, ōnis m. Unterzenturio

successio, ōnis f. (cf. succedo) Nachfolge

F. die Sukzession: Nachfolge, Thronfolge; Rechtsnachfolge

successor, ōris m. (cf. succedo) **Nachfolger**

successus, ūs m. (cf. succedo) das Anrücken, Vormarsch; — **Erfolg**

F. der Sukzeß: Erfolg

succidia, ae f. (cf. sus-caedo) Speckseite

suc-cīdo, cīdi, cīsus 3. (cf. caedo) unten abhauen, abschneiden; durchhauen

suc-cido 3. (cf. cado) zu Boden fallen, niedersinken

succiduus 3. (cf. succido) niedersinkend, wankend

suc-cingo, cinxi, cīnctus 3. **aufschürzen;** succinctus 3 aufgeschürzt; arbor succincta nur am Wipfel belaubt, nacktstämmig; — **umgürten,** umgeben, umschließen; — ausrüsten, ausstatten

suc-cino 3. (cf. cano) dazu singen; einstimmen

suc-cipio = suscipio

succlamātio, ōnis f. (cf. succlamo) Zuruf

suc-clāmo 1. zurufen

suc-crēsco, crēvi, crētus 3. nachwachsen; emporwachsen

suc-crispus 3 etwas kraus

suc-cumbo, cubui 3. **niedersinken; unterliegen,** erliegen z. B. hostibus, fortunae; tempori s. sich in die Zeit schicken; animo s. im Geiste erliegen, den Mut sinken lassen

F. sukkumbieren i. a. B., straffällig werden — der Sukkubus: Teufel (in Hexenprozessen); Traumgeist — die Sukkuba; (in Hexenprozessen); weiblicher Traumgeist

suc-curro, curri, cursum 3. „unterlaufen", eine Last auf sich nehmen; — **zu Hilfe eilen, beistehen;** — **abhelfen** z. B. fami; — **in den Sinn kommen,** einfallen; succurit es kommt in den Sinn

F. der Sukkurs: Beistand, Verstärkung, Hilfe — die Sukkursale (it.): Nebenpfarrei; Zweiggeschäft

succussus, ūs m. (cf. succutio) Erschütterung

suc-cutio, cussi, cussus 3. (cf. quattio) emporwerfen, aufrütteln

su-cidia = succidia

sūcinum, i n. (cf. sucus) Bernstein

sūco, ōnis m. (cf. sugo) Blutsauger, Blutegel; — Wucherer

Sucro, ōnis m. E. Fluß und Stadt in Ostspanien; Sucronēnsis adi. und subst. Bewohner von S.

sucula, ae f. (dem. von sus) Schweinchen; Suculae, arum f. Hyaden (Gestirn)

sucus, i m. (cf. sugo) **Saft;** — **dicke** Flüssigkeit; — Geschmack; — **Saft und Kraft, Jugendfrische, Geist**

sudārium, ii n. (cf. sudo) Schweißtuch

sudis, is f. Spitzpfahl (zu militärischen Zwecken)

sūdo 1. (intr.) **schwitzen; triefen;** — **sich abmühen,** sich anstrengen; — (trans.) etwas ausschwitzen

M. schwitzen, Schweiß (urv.)

F. das Transsudat: Ausgeschwitztes, Austritt wässriger Blutbestandteile (med.)

sūdor, ōris m. (cf. sudo) **Schweiß;** s.

frigidus kalter Todesschweiß; — Ausschwitzung, Ausgeschwitztes; — **Mühe, Anstrengung**

sūdus 3 wolkenlos, heiter; sudum, i n. trockenes, heiteres Wetter

Suēbi, orum m. E. Gesamtname der germanischen Stämme vom Rhein bis zur Ostsee; Suēbus, Suēbicus suevisch; Suebia, ae f. Land der Sueven

M. Schwaben aus Suebi

suēsco, suēvi, suētus (intr.) **sich gewöhnen;** perf. gewohnt sein, pflegen; — (trans.) **an etwas gewöhnen** alqm re z. B. milites disciplina; suētus 3 gewohnt

M. Sitte (urv.)

Suessa, ae f. E. 1.) S. Aurunca Stadt nordwestlich von Capua 2.) S. Pometia Stadt in Latium an den nach ihr benannten Pomptinischen Sümpfen; — Suessānus adi. und subst. Bewohner von S.

Suessiōnes, um m. E. gallischer Volksstamm in der Gegend von Soissons

Suessula, ae f. E. Ort in Kampanien; — Suessulānus adi. und subst. Bewohner von S.

Suetōnius 3 E. Name eines röm. plebejischen Geschlechts 1.) C. Suetonius Paullinus Feldherr unter Claudius und Nero 2.) C. Suetonius Tranquillus Geschichtsschreiber

suētus cf. suesco

sūfes, etis m. (sem.) **Suffet** (F), höchster Beamter in Karthago

suf-fero, ferre auf sich nehmen, **ertragen**

suf-ficio, fēci, fectus 3. (trans.) an die Stelle **setzen,** nachwählen; consul suffectus der nachgewählte Konsul; ergänzen, ersetzen; — färben; oculi suffecti sanguine blutunterlaufene Augen; — **darreichen,** darbieten z. B. umbram; — (intr.) **ausreichen, genügen,** zu Gebote stehen z. B. vires militibus sufficiunt; — vermögen, imstande sein

F. suffizient: zureichend, hinlänglich — die Suffizienz: Hinlänglichkeit, Zulänglichkeit, Leistungsfähigkeit — insuffizient: unzulänglich, untüchtig — die Insuffizienz: Unzulänglichkeit, Untüchtigkeit, Überschuldung (jur.)

suf-figo, fīxi, fīxus 3. **aufheften, anschlagen**

F. das Suffix: Anhängsel; Ableitungs-, Nachsilbe (sprachl.)

suffīmen, inis n. (cf. suffio) Räucherwerk

suffīmentum, i n. = suffimen

suf-fio 4. räuchern, beräuchern

suf-flo 1. aufblasen

F. soufflieren: einblasen, vorsagen, zuflüstern — der Souffleur, Souffleuse (franz.): Vorsager(in) — das Soufflé: Auflauf

suf-fōco 1. (cf. fauces) **erwürgen**

suf-fodio, fōdi, fossus 3. **untergraben,** unterwühlen; — **von unten durchbohren** z. B. equos

suffragātio, ōnis f. (cf. suffragor) Begünstigung, **Empfehlung;** s. consulatus für das Konsulat

suffragātor, ōris m. (cf. suffragor) Wähler, Begünstiger, Förderer

suffragatōrius 3 (cf. suffragator) auf die Wahlen bezüglich

suf-frāgium, ii n. **Stimme, Abstimmung;** s. testularum Scherbengericht; ire in s., suffragia inire abstimmen; mittere in s. zur Abstimmung schreiten lassen; suffragia ferre abstimmen; in s. revocari noch einmal abstimmen; multitudinis suffragia Stimmenmehrheit; — die abstimmende Zenturie; — Wahl-, Stimmrecht; suffragio excludere das Stimmrecht entziehen; — Beifall, Urteil

F. der Suffragan: stimmberechtigtes Mitglied einer geistlichen Körperschaft; die einem Erzbischof unterstehenden Bischöfe und Weihbischöfe; stimmberechtigtes Synodenmitglied — die Suffragette: englische Stimmrechtlerin

suf-frāgor 1. (cf. suffragium) **für jdn. stimmen** alci; begünstigen, **empfehlen, unterstützen** z. B. consiliis; alqo suffragante auf jds. Empfehlung

suf-fringo, frēgi, frāctus 3. unten **zerbrechen,** zerschlagen z. B. crura

suf-fugio, fūgi 3. unter etwas fliehen

suffugium, ii n. (cf. suffugio) **Zufluchtsort,** Schlupfwinkel; — Zuflucht, Schutz

suf-fulcio, fulsi, fultus 4. von unten stützen

suf-fundo, fūdi, fūsus 3. **unter etwas gießen;** hinfließen lassen; pass. unter etwas fließen, unten sich ergießen, sich verbreiten; unda suffusa Wassersucht; rubor alci suffunditur Röte ergießt sich über jds. Gesicht; — mit etwas **übergießen;** pass mit etwas übergossen, überzogen werden; flammā suffundi feurig unterlaufen; oculi cruore suffusi blutunterlaufene Augen; oculi lacrimis suffusi in Tränen schwimmende Augen

F. die Suffusion: Blutunterlaufung (med.)

Sugambri = Sigambri

sug-gero, gessi, gestus 3. **darunter bringen,** unterlegen; invidiae flammam s. den Neid schüren; — **herbeischaffen,** liefern, gewähren; **eingeben;** — nachfolgen lassen, anfügen; aufhäufen

F. suggerieren: eingeben, einflüstern, beibringen — suggestibel: leicht zu beeinflussen — die Suggestibilität: Beeinflußbarkeit — die Suggestion: Beeinflussung, Willensübertragung — suggestiv: eingebend, beeinflussend, verfänglich

suggestum, i n. und suggestus, ūs m. (cf. suggero) Erhöhung, **Bühne, Tribüne;** Rednerbühne

suggilātio, suggillo = sugilatio, sugillo

sug-grandis, e ziemlich groß

sug-gredior, gressus sum 3. (cf. gradior) heranrücken

sugillātio, ōnis f. (cf. sugillo) Quetschung; — Verhöhnung, Beschimpfung

F. die Sugillation: Blutunterlaufung (med.)

sugillo 1. blau schlagen, quetschen; beschimpfen, verhönen

sūgo, sūxi, sūctus 3. **saugen** (urv.)

sui gen. sing. und plur. des pron. reflex. der 3. Pers. **seiner, ihrer;** dat. sibi; acc. und abl. se und sese; sibi oft dat. ethicus z. B. quid sibi vult was soll das bedeuten; inter se einander

Suillius 3 E. Name eines röm. Geschlechts

suillus (cf. sus) **vom Schwein**

Suiones, um m. E. Gesamtname der germanischen Bevölkerung in Schweden

Sulci, ōrum m. E. Hafenstadt an der sardinischen Südwestküste; Sulcitānus adi. und subst. Bewohner von S.

sulco 1. (cf. sulcus) furchen; durchfurchen, durchfahren

sulcus, i m. **Furche;** Furchenähnliches: Grube, Einschnitt, Rinne, Bahn

sulfur, sulfureus = sulpur, sulpureus

Sulla, ae m. E. Familienname in der gens Cornelia 1.) L. Cornelius Sulla Felix der bekannte Diktator 2.) sein Sohn Faustus Cornelius Sulla 3.) Fausta Zwillingsschwester des 2.), mit Milo verheiratet 4.) P. Cornelius Sulla Neffe des Diktators, Konsul 66 v. Chr. von Cicero wegen angeblicher Beteiligung an der Verschwörung Catilinas verteidigt; — Sullānus 3 des S.; subst. Sullaner, Anhänger des S.

Sulmo, ōnis m. E. Stadt im Sabinerland, Geburtsort Ovids (Sulmona); — Sulmonēnsis adi. und subst. Bewohner von S.

Sulpicius 3 E. Name eines röm. patrizischen Geschlechts 1.) Ser. Sulpicius Camerinus Cornutus Konsul 500 v. Chr. 2.) Ser. Sulpicius Galba Prätor 150 v. Chr., berühmter Redner 3.) P. Sulpicius Rufus Volkstribun 88 v. Chr., Gegner Sullas 4.) Ser. Sulpicius Rufus Freund Ciceros, Rechtsgelehrter 5.) Ser. Sulpicius Galba Kaiser 68 n. Chr.; — Sulpicius, Sulpicianus 3 des S.

sulpur (selten sulphur, sulfur), uris n. **Schwefel** (urv.); plur. Schwefelstücke, -dämpfe

F. die Sulfate: Salze der Schwefelsäure — die Sulfide: Metallverbindungen des Schwefelwasserstoffs — die Sulfonamide:

sehr wirksame Arzeneimittel — der Sulfit: Verbindung der schwefligen Säure

sulpureus 3 (cf. sulpur) schwefelig

sultis (arch.) = si vultis

sum, fui, esse (arch. Formen: siem (sies, siet, sient) und fuam (fuas, fuat, fuant) = sim (sis, sit, sint); fuvimus = fuimus; escit, escunt = erit, erunt) 1.) **vorhanden sein, existieren** z. B. est Deus es existiert ein Gott; periculum est es besteht die Gefahr; silentium, timor est es herrscht Ruhe, Furcht; fuimus Troes wir sind Troer gewesen, existieren nicht mehr; sunt, qui (mit ind.) z. B. sunt qui dicunt es gibt Leute, die behaupten; manche behaupten; (mit coni. z. B. sunt, qui censeant es gibt Leute, die annehmen könnten; est, ubi (mit coni.) es gibt Fälle, wo; zuweilen; est, quod (cur, quare) (mit coni.) es ist Grund vorhanden, daß; — **der Fall sein, stattfinden;** quid tibi est? was ist (mit) dir?; est, ut es ist der Fall, daß; es kommt vor, daß; — **sich aufhalten, sich befinden** z. B. domi, ruri esse; in armis esse unter den Waffen stehen; in periculo esse in Gefahr schweben; in honore esse in Ehren stehen; omnia in victoria sunt alles steht und fällt mit dem Siege; — **sich verhalten, stehen** z. B. bene, male est es steht gut, schlecht; frustra fuit es verlief erfolglos; — **wirklich sein, in Wahrheit sein, Geltung haben** z. B. ita (sic) est es ist wirklich so; sit ita! esto! es sei so! gut!; hoc est, id est = das heißt; — (mit dat.) **haben, besitzen** z. B. mihi domus est ich habe ein Haus; mihi nomen est ich heiße; — (mit dat. des Zweckes) **gereichen, dienen zu etwas** z. B. laudi esse löblich sein; honori e. ehrenvoll sein, Ehre einbringen; saluti e. Rettung bringen; calamitati e. zum Verderben gereichen, verderblich sein; argumento, documento, testimonio e. als Beweis, Zeugnis dienen; admirationi e. bewundert werden; invidiae e. beneidet werden; odio e. gehaßt werden; cordi e. lieb sein, curae e. am Herzen liegen; praesidio e. zum Schutze dienen, schützen; cui bono? wem bringt es Vorteil? 2.) (als Kopula) **sein** z. B. vita nostra brevis est; — (mit gen. poss.) **Eigentum sein, gehören** z. B. omnia, quae mulieris fuerunt, viri fiunt nomine dotis; — alcis est es ist Eigentümlichkeit, Sache, Geschäft, Gewohnheit, Pflicht, Beweis, es gehört sich, schickt sich, es verrät, es erfordert, es zeugt von, ich muß, ich kann z. B. sapientis est; aber meum (tuum usw.) est es ist meine Pflicht; — (mit gen. oder abl. qualitatis) **von etwas sein, haben** z. B. magnae prudentiae esse große Klugheit besitzen, sehr klug sein; aegroto corpore e. krank sein; — (bei Zahlenangaben mit den gen.) z. B. fossa quindecim pedum erat der Graben war 15 Fuß breit; — (mit gen. pretii) **wert sein, gelten, kosten** z. B. magni, pluris, plurimi, parvi, minoris, minimi, quanti, tanti, tantidem, permagni, maximi, nihili esse z. B. mea mihi conscientia pluris est quam omnium sermo mein Gewissen gilt mir mehr als aller Gerede

M. ist (mit est), sind (mit sunt) (urv.)

F. das Esse: das Sein, Wesen — essential, essentiell: wesentlich — die Essenz: Wesen, Wesenheit; Auszug eines wesentlichen Bestandteils einer Pflanze, eines Stoffes — der Nonsens: Unsinn, Widersinn

summa, ae f. (cf. summus) **die höchste Stelle; Summe** (L), Gesamtzahl, Geldsumme, **Betrag,** Menge; **Gesamtheit, Inbegriff** z. B. s. imperii Oberbefehl; s. belli Gesamtleitung des Krieges; s. victoriae Endsieg, völlige Entscheidung; s. rerum Gesamtgewalt, das ganze Staatswohl, Weltherrschaft, Weltall; in summa im ganzen; ad summam überhaupt, kurz; — **Hauptsache,** -punkt, -inhalt z. B. epistulae

M. summa summarum: alles in allem, überhaupt

F. die Summa: Summe — der Summand: zusammenzurechnende Größe; Zulage; Grundwert — summarisch: kurz gefaßt, bündig, abgekürzt — das Summarium: kurze Inhaltsangabe; Chorhemd — die Summation: das Zusammenzählen — summieren: zusammenrechnen

Summānus, i m. E. röm. Gottheit der nächtlichen Blitze

summārius, ii m. Packesel

summātim (adv.) (cf. summa) der Hauptsache nach, in allgemeinen Zügen, kurz

sum-mergo = submergo

sum-ministro = subministro

summissio = submissio

summissus = submissus

sum-mitto = submitto

summ-opere (adv.) (aus summo opere äußerst, überaus

sum-moveo = submoveo

summus cf. superus

sum-mūto 1. hin und wieder vertauschen

sūmo, sūmpsi, sūmptus 3. **nehmen;** in Gebrauch nehmen, gebrauchen, verwenden; pecuniam mutuam s. Geld aufnehmen, borgen; — **an sich nehmen,** zu sich nehmen z. B. venenum; (Kleider, Waffen) anlegen; liberos s. adoptieren; animum s. Mut fassen; supplicium de alqo s. die Todesstrafe an jdm. vollziehen; poenas s. sich rächen; laudem s. Lob ernten; **annehmen,** anführen, erwähnen, behaupten; alqd argumenti loco s. als Beweis nehmen; — wählen; — **festsetzen, bestimmen** z. B. diem; — **auf sich nehmen, unternehmen,** beginnen z. B. proelium; gewinnen, erlangen z. B. vires; — **sich herausnehmen, anmaßen** z. B. tantos spiritus s. so hochmütig werden; sibi iudicium s. sich das Urteil anmaßen

F. subsumieren: mit einbegreifen, ein-, unterordnen; folgern — die Subsumtion: Ein-, Unterordnung; Annahme, Voraussetzung — subsumtiv: unterstellend, voraussetzend

sumptuōsus 3 (cf. sumptus) teuer, **kostspielig;** verschwenderisch; subst. m. Verschwender

F. sumptuös: verschwenderisch

sūmptus, ūs m. (cf. sumo) **Aufwand,** Kosten; suo sumptu auf eigene Kosten; sumptu publico auf Staatskosten

Sunion und um, ii n. E. südöstliches Vorgebirge Attikas (Kap Kolonnäs)

Sunuci, ōrum m. E. germanischer Volksstamm in Belgien

suo, sui, sūtus 3. **nähen,** zusammennähen; zusammenfügen; sūtum, i n. Gefüge; aerea suta Panzer

M. schustern (L)

suovetaurilia, ium n. (cf. sus-ovis-taurus) Dreitieropfer

supellex, lectilis f. (cf. super-lectus) **Hausgerät,** Hausrat; — **Ausstattung,** Rüstzeug, Vorrat

super (cf. sub) adv. (räuml.) **darüber, oben darauf, oberhalb** z. B. humum s. spargere; — **von oben her** z. B. hostes s. urgere; — nach oben z. B. s. spectare; — **überdies, außerdem** z. B. pecuniam s. poscit; — **darüber, mehr** z. B. s. laetus noch mehr erfreut; satis superque mehr als zuviel, über die Maßen 2.) praep. a) (mit abl.) (räumlich auf die Frage „wo?") **über** z. B. ensis s. capite pendet; — (zeitlich) **um, während** z. B. nocte s. media; — **in betreff, über,** wegen z. B. s. virtute scribere; — b) (mit acc.) (räumlich auf die Frage „wohin?" und „wo?") **über, über . . . hin, oben auf** z. B. s. alqm sedere; — (bei den Verben der Ruhe) **oberhalb** z. B. consistere s. silvam; — **über . . . hinaus** z. B. s. Sunium navigare; — (zeitl.) **während, bei** z. B. s. cenam bei Tisch; — (vermehrend) **über . . . hinaus, mehr als** z. B. s. modum; — **außer** (= praeter) z. B. s. dona

M. über (urv.)

F. super: in zusammengesetzten Wörtern (z. B. superklug) über — der Supernaturalismus: Glaube an das Übernatürliche

supera = supra

superābilis, e (cf. supero) übersteigbar, überwindlich
super-addo 3. noch dazufügen
superātor, ōris m. (cf. supero) Überwinder
superbia, ae f. (cf. superbus) **Übermut, Hochmut, Stolz**
superbi-loquentia, ae f. hochmütiges Reden
superbio, — 4. (cf. superbus) **übermütig sein, stolz sein,** sich brüsten; prangen
superbus 3 **hochfahrend, übermütig,** hochmütig, stolz; **erhaben,** hoch, ausgezeichnet; — **prächtig,** prangend, prachtvoll
F. superb i. a. B.
super-cilium, ii n. **Augenbraue** (meist plur.); finsteres Wesen, **Ernst;** — **Dünkel, Hochmut;** — **Anhöhe,** Vorsprung
super-curro 3. übertreffen
super-emineo überragen
super-ficies, ēi f. (cf. facies) Oberfläche; Oberbau des Hauses
super-fixus 3 (cf. figo) aufgesteckt
super-fluo, flūxi 3. **überfließen;** im Überfluß vorhanden sein; überflüssig sein
superfluus 3 (cf. superfluo) überflüssig
super-fundo, fūdi, fūsus 3. **darüber gießen;** pass. und se s. überströmen, überfluten; — überschütten, bedekken; — superfūsus 3 ausgetreten
super-gredior, gressus sum 3. (cf. gradior) überschreiten, übertreffen
super-iacio, iēci, iactus und iectus 3. darüber-, daraufwerfen; überschreiten
super-immineo 2. sich über etwas erheben
super-impendeo 2. darüber schweben
super-impōno, posui, positus 3. oben drauflegen
super-incido 3. von oben hereinfallen
super-incubo 1. oben daraufliegen
super-incumbo 3. sich oben darauflegen
super-inicio (sprich jicio), iēci, iectus 3. darüberwerfen
super-insterno, strāvi, strātus 3. oben darüberbreiten
super-lābor, lāpsus sum 3. darüber hingleiten
superlātio, ōnis f. (cf. superfero) Übertreibung, Hyperbel
superlātus 3 (cf. superfero) übertrieben, hyperbolisch
F. der Superlativ: höchste Steigerungsform (sprachl.)
super-mitto 3. darauftun, daraufschütten
supernus 3 (cf. super) oben befindlich, oberer; — superne adv. oben; von oben her
supero 1. (cf. superus) 1.) (intr.) **hervorragen;** — **überlegen sein,** überragen, obsiegen; — **im Überfluß vorhanden sein;** — **noch vorhanden sein,** übrig sein; vitā s. leben bleiben, überleben; — noch am Leben sein 2.) (trans.) **übersteigen,** -schreiten z. B. Alpes; — **überragen,** über etwas hinausragen; — an etw. vorübergehen; etw. umsegeln, über etwas hinausfahren; — **übertreffen,** überlegen sein; — **überwinden,** überwältigen, besiegen
super-obruo 3. oben bedecken
super-occupo 1. dabei überraschen
super-pendeo 2. überhangen
super-pōno, posui, positus 3. darübersetzen, daraufsetzen
F. die Superposition: das Überlagern von einzelnen Schwingungen (phys.)
super-scando 3. übersteigen, überschreiten
super-sedeo, sēdi, sessum 2. **auf etwas sitzen;** — **sich über etwas hinwegsetzen,** sich etwas ersparen, einer Sache überhoben sein z. B. proelio
super-stāgno 1. austreten
super-sterno, strāvi, strātus 3. darüberbreiten, -häufen
super-stes, stitis (cf. sto) darüberstehend; — dabeistehend, Augenzeuge, Zeuge; — **überlebend;** fama s. dauernder Ruhm; mit dat. und gen. z. B. filio s. den Sohn überlebend
superstitio, ōnis f. (cf. super-sisto) „das vor Staunen Stehenbleiben",

Aberglaube, Wahn; plur. **abergläubische Gebräuche;** ausländischer Gottesdienst; heilige Scheu, Götterfurcht; Schwur

F. die Superstition i. a. B.

superstitiōsus 3 **abergläubisch**

F. superstitiös i. a. B.

super-sto 1. oben daraufstehen

super-struo, struxi, structus 3. darüberbauen

super-sum, fui, esse **übrig sein,** übrig bleiben, **noch vorhanden sein;** superest (mit ut oder inf.) es ist noch übrig; quod superest der Rest, als letztes noch, schließlich, übrigens; — **noch am Leben sein;** mit dat. überleben; temporibus s. die schlimmen Zeiten überleben; — **im Überfluß vorhanden sein;** überflüssig sein

super-tego 3. oberhalb bedecken

super-urgeo 2. oberhalb eindringen

superus 3 (cf. super) **oben befindlich, oberer,** zur Oberwelt gehörig; mare superum das Adriatische Meer; — **superi,** ōrum m. (gen. auch superum) die oberen, himmlischen Götter; Oberwelt; supera, ōrum n. die oberen Regionen, Oberwelt; — **superior,** ius comp. (räuml.) **höher gelegen,** weiter oben befindlich, **oberer;** Asia s. Oberasien; castra superiora der höher gelegene Teil des Lagers; locus superior höher gelegener Ort, Anhöhe; de superiore loco von oben herab; loca superiora höher gelegenes Gelände; — (zeitlich) **früher, voriger,** ehemaliger, letzter z. B. superioribus diebus an den Vortagen; superiore nocte in der vergangenen Nacht; superiōres, um m. Vorgänger; — **höher gestellt, höher** z. B. ordo s. höherer Rang; — die Oberhand behaltend, mächtiger, überlegen, **siegreich;** superior fuit er blieb siegreich, gewann die Oberhand; superior decessit ging als Sieger hervor; — **suprēmus** 3 (sup.) (räumlich) **höchster, oberster;** s. mons der Gipfel des Berges; — (zeitlich) **letzter, jüngster** z. B. suprema nocte; dies supremus Todestag; diem supremum obire sterben; ignes supremi Scheiterhaufen; os supremum ersterbender Mund; — suprēma, ōrum n. letzte Ehre, Bestattung; Sterbestunde, Tod; sterbliche Überreste, Leichnam; letzter Wille, Testament; — **der äußerste, ärgster,** härtester; — suprēmum adv. zum letztenmal; — **summus** 3 **höchster, oberster;** s. mons Gipfel des Berges; summa urbs (arx) Akropolis; summum, i n. das Oberste, die Höhe, Spitze; in summo auf der Höhe, oben; a summo von oben, an der Spitze, am oberen Ende; summum adv. höchstens; — **äußerster,** letzter; erat hiems summa der Winter ging seinem Ende zu; — **höchstgestellt, größter, bedeutendster;** aestas summa Hochsommer; hiems summa tiefer Winter; summo loco (genere) natus aus erster Familie; tempus summum höchste Not; summa res Hauptsache; Entscheidungskampf; summae res wichtigste Angelegenheiten, Oberherrschaft, höchste Gewalt, höchste Staatsinteressen; summum adv. höchstens; summe im höchsten Grade, äußerst

M. summum ius summa iniuria: das höchste Recht (Übertreibung der Gerechtigkeit) kann zum größten Unrecht werden — summa cum laude: mit höchstem Lob

F. der Supremat, die Suprematie: päpstliche Oberherrschaft — der Superior: Oberer, Vorgesetzter — die Superiorität: Überlegenheit, Übergewicht, Vorrang — der Summepiskopat: oberstes Bischofsamt, oberste Kirchengewalt der protestantischen Landesfürsten

supervacāneus 3 (cf. supervacuus) überflüssig; überzählig

super-vacuus überflüssig, unnötig; ex supervacuo zum Überfluß

super-vādo 3. übersteigen

super-vehor, vectus sum 3. über etwas hinausfahren

super-venio, vēni, ventum 4. darüberkommen, sich über etwas legen; **dazu kommen;** — **über den Hals kom-**

men, überfallen, überraschen jdn. alci.

superventus, ūs m. (cf. supervenio) das Dazukommen

super-vivo 3. überleben jdn. alci

super-volito 1. über etwas fliegen

super-volo 1. darüberfliegen

supino 1. (cf. supinus) **rückwärtsbeugen,** nach oben kehren; nasum nidore supinor ich beuge den Kopf zurück, um den Duft einzuziehen

supinus 3 (cf. super) nach oben gekehrt; **zurückgebeugt, -gebogen,** rücklings; — zurückgehend, rückgängig z. B. unda; — sanft ansteigend z. B. vallis; — müßig, lässig

F. das Supinum: lateinische Verbalform (sprachl.)

sup-paenitet 2. es gereut ein wenig

sup-par, paris ziemlich gleich, fast gleichzeitig

suppeditātio, ōnis f. (cf. suppedito) Überfluß

sup-pedito 1. (cf. pes) **beistehen,** unterstützen; — zusenden, **darreichen;** reichlich mit etwas versehen; — (intr.) reichlich vorhanden sein, vorrätig sein, zu Gebote stehen

sup-pernātus 3 (cf. perna) gelähmt, niedergehauen

suppetiae, ārum f. (cf. suppeto) Hilfe, Beistand

suppetior 1. (cf. suppetiae) helfen

sup-peto, petīvi (petii), petītum 3. **reichlich vorhanden sein,** zu Gebote stehen; **ausreichen,** genügen; si vita suppetit wenn ich am Leben bleibe

sup-planto 1. (cf. planta) ein Bein stellen jdm. alqm

sup-plaudo = supplodo

supplementum, i n. (cf. suppleo) **Ergänzung;** — Rekrutierung; — **Ergänzungsmannschaft,** Verstärkung, Reserven

F. das Supplement: Ergänzung

sup-pleo, plēvi, plētus 2. **nachfüllen,** wiederanfüllen, vollzählig machen, **ergänzen**

F. supplieren: ergänzen — suppletorisch: ergänzend — der Supplent: Ersatzmann, Stellvertreter; Hilfslehrer

sup-plex, icis (cf. supplico) **schutzflehend,** demütig bittend; subst. m. Schutzflehender

supplicātio, ōnis f. (cf. supplico) **öffentliches Buß-, Dank-, Betfest**

supplicium, ii n. (cf. supplico) das Niederknien 1.) (zum Gebet) **demütiges Bitten,** Flehen, Gebet (meist plur.); — = supplicatio 2.) (zur **Hinrichtung**); supplicio afficere alqm, supplicium sumere de alqo, ad s. ducere, dare, tradere alqm jdn. hinrichten lassen; — **harte Strafe, Bestrafung;** ad ultimum s. progredi Selbstmord verüben; s. dare alci von jdm. hart gestraft werden; — **Qual, Pein, Marter**

supplico 1. (cf. supplex) jdm. zu Füßen fallen, **demütig bitten** jdn. alci; die Götter anflehen, **beten**

F. supplizieren: bitten, eine Bittschrift einreichen — der Supplikant: Bittsteller — die Supplik: Bittschrift

sup-plōdo, plōsi, plōsum 3. (cf. plaudo) aufstampfen; pedem s. mit dem Fuße aufstampfen

supplōsio, ōnis f. (cf. supplodo) das Aufstampfen

sup-pōno, posui, positus 3. **unterlegen,** unter etwas legen; — suppositus 3 darunter befindlich; — unten anlegen, unten ansetzen; — unterordnen; — **an die Stelle setzen;** unterschieben

F. supponieren: unterschieben, voraussetzen — das Suppositum: Vorausgesetztes, Vermutetes — die Supposition: Voraussetzung, Vermutung, Unterschiebung — das Suppositorium: Stuhlzäpfchen (med.)

sup-porto 1. herbeitragen, nachführen

suppressio, ōnis f. (cf. supprimo) Unterdrückung; Unterschlagung

F. die Suppression: Unterdrückung, Verheimlichung

sup-primo, pressi, pressus 3. (cf. primo) **herunterdrücken;** navem s. ein Schiff versenken; — zurück-, **aufhalten, hemmen** z. B. hostes; iter s. den Marsch einstellen; classem s. vor Anker gehen; vocem s. die Stimme dämpfen; — **unterdrücken,** verhehlen, verbergen; — pecuniam

s. unterschlagen; — suppressus 3 gedämpft, leise

F. supprimieren: unterdrücken

sup-pudet 2. alqm jd. schämt sich ein wenig

sup-pūro 1. (cf. pus) forteitern; dolor suppuratus fortwühlender Schmerz

F. die Suppuration: Eiterung (med.)

sup-puto 1. nach-, ausrechnen

supra (cf. super) 1.) adv. (räumlich) **oberhalb**, oben z. B. s. volare; — (zeitlich) **vorher, früher** z. B. quae s. scripsi, ut s. dixi; — von früher her, von vorher, aus früherer Zeit z. B. s. repetere aus früherer Zeit anführen, weiter ausholen; — (vom Maße) **darüber hinaus, mehr** z. B. s. adicere noch mehr bieten 2.) praep. mit acc. (räumlich) oberhalb, **oben über**, oben auf z. B. s. solem; — **über ... hin**, über ... hinweg, über ... hinaus z. B. s. agros; — jenseits z. B. s. Padum; (zeitlich) vor z. B. s. hanc memoriam vor unserer Zeit; — (vom Maße) **über ... hinaus** z. B. s. tres mehr als drei; humanam s. formam über Menschengröße; — (selten) **außer** (= praeter)

F. der Supranaturalismus = Supernaturalismus — suprarenal: über der Niere gelegen (med.)

supralātio = superlātio

supra-scando 3. übersteigen

supremus cf. superus

supter = subter

sura, ae f. **Wade**

surculus, i m. (dem. von surus) Zweiglein, Reis, Setzreis

surdaster, tra, trum (cf. surdus) halb taub

surditas, tātis f. (cf. surdus) **Taubheit**

surdus 3 (cf. sordes) **taub**; surdo canere, asello surdo fabellam narrare tauben Ohren predigen; — **unempfindlich, gefühllos**; — nicht verstehend z. B. in lingua Latina; — (poet.) lautlos, still

surēna, ae m. Titel des höchsten parthischen Würdenträgers

surgo, surrēxi, surrēctus 3. (cf. subrego) (trans.) **erheben**; — (intr.) **sich erheben, aufstehen** z. B. e (de) sella; surge! auf denn!; — vom Schlafe aufstehen; — (als Redner) auftreten; — (militär.) aufbrechen; — aufsteigen, sichtbar werden; emporsteigen, wachsen, zunehmen; — anfangen, beginnen

Suri, Suria = Syri, Syria

surpite, surpuit cf. surripio

Surrentum, i n. E. Stadt nordöstlich von Neapel (Sorrento); — Surrentīnus adi. und subst. Bewohner von S.

sur-rēpo = subrepo

surrēxe = surrexisse

surrigo = subrigo

sur-ripio, ripui, reptus 3. (cf. rapio) **heimlich wegnehmen, entwenden**, rauben, stehlen; urbem s. mit List nehmen; diem s. die Zeit vergeuden; se s. sich heimlich entfernen; (surpite = suripite; surpuit, surpuerat = surripuit, surripuerat)

sur-rogo 1. nachwählen lassen, an jds. Stelle wählen

F. das Surrogat: Stellvertretung; Ersatzmittel -stoff

sursum (aus sub-vorsum) **aufwärts, in** die Höhe; (selten) in der Höhe, oben

M. sursum corda: empor die Herzen

sūs, suis m. **Schwein** (urv.), f. **Sau** (urv.); Wildschwein; sus Minervam docet cf. Minerva

sus aus subs cf. sub

Sūsa, ōrum n. E. Hauptstadt der persischen Provinz Susiana, Winterresidenz der Perserkönige (Chusistan); — Susiānus (f. auch Susis, idis) adi. und subst. Bewohner v. S.

sus-cēnseo, sui 2. (aus sub-censeo) **grollen**, zürnen

susceptio, ōnis f. (cf. suscipio) Übernahme

susceptor, ōris m. (cf. suscipio) Unternehmer

sus-cipio, cēpi, ceptus 3. (cf. capio) (von unten) **auffangen**; — **unterstützen**; (ein neugeborenes Kind) vom Boden aufnehmen, annehmen; ein Kind von einer Frau bekommen;

pass. zur Welt kommen; — **annehmen, aufnehmen**; alqm in suam potestatem; in civitatem s. als Bürger aufnehmen; — **auf sich nehmen, übernehmen** z. B. legationem; oft mit acc. gerund. z. B. alqm pecunia corrumpendum; sich etwas zu eigen machen, für etwas empfänglich sein z. B. consolationem; **erdulden, erleiden,** über sich ergehen lassen z. B. dolorem; poenam s. sich der Strafe unterziehen; — unternehmen, verrichten, veranstalten, anfangen z. B. bellum

F. suszipieren: annehmen, aufnehmen, unterstützen — suszeptibel: empfänglich, empfindlich

sus-cito 1. emportreiben, **in die Höhe bringen** z. B. humum; — zum Aufstehen bringen, **wecken**; — **erregen,** antreiben; — verursachen, veranlassen, anfachen z. B. bellum

su-specto 1. **hinaufsehen**; — jdn. **beargwöhnen,** argwöhnen

suspectus, ūs m. (cf. suspicio) **das Hinaufblicken,** Aufblick; **Bewunderung**

suspectus 3 cf. suspicio

suspendium, ii n. das Aufhängen, **Erhängen**

sus-pendo, pendi, pēnsus 3. **aufhängen, erhängen;** naso s. die Nase rümpfen; vultum s. alqa re den Blick auf etwas ruhen lassen; **emporheben,** zum Schweben bringen, schweben lassen; pass. schweben; stützen z. B. murum; — etwas unentschieden lassen; — **suspēnsus** 3 **emporgehoben,** schwebend; — **abhängig,** beruhend; — **schwankend,** ungewiß, zweifelhaft, gespannt, erwartungsvoll, unruhig

M. in suspenso: in der Schwebe, unentschieden

F. suspendieren: einstellen, vorübergehend aufheben, vorübergehend vom Amte entfernen, aufschieben, vertagen — die Suspension: vorübergehende Aufhebung, vorläufige Amtsenthebung; Aufschub, Unterbrechung; Aufhängung — suspensiv: hinhaltend — das Suspensorium: Tragbeutel (med.)

suspicax, ācis (cf. suspicor) argwöhnisch; verdächtig

su-spicio, spexi, spectus 3. (cf. specio) **emporblicken,** aufblicken; **bewundern, verehren;** beargwöhnen; — suspectus 3 beargwöhnt, verdächtig, Verdacht erregend; s. regi beim König Verdacht erregend, dem König verdächtig

F. suspekt: verdächtig

suspicio, ōnis f. (cf. suspicio) **Vermutung,** Ahnung; **Argwohn, Verdacht;** s. est es besteht Verdacht mit acc. c. inf.; non abest s., quin es liegt der Verdacht nahe, daß; in suspicionem venire Verdacht schöpfen; in Verdacht geraten; suspicionem habere Verdacht hegen; im Verdacht stehen; — **Verdachtsgrund**

suspiciōsus 3 (cf. suspicio) **argwöhnisch,** mißtrauisch; — **verdächtig**

suspicor 1. (cf. suspicio) **argwöhnen, vermuten**

suspīrātus, ūs m. (cf. suspiro) tiefer Atemzug

suspīritus, ūs m. (aus sub-spiritus) tiefes Atemholen, Seufzen, Ächzen

suspīrium, ii n. (cf. suspiro) tiefes Atmen, Seufzer

su-spiro 1. **tief Atem holen, seufzen,** schmachten

F. sospirando (it.): hauchend (mus.)

susque deque (cf. sub) mehr oder weniger

sustentāculum, i n. (cf. sustento) Stütze, Halt

sustentātio, ōnis f. (cf. sustento) Aufschub

sustento 1. (cf. sustineo) **aufrecht halten;** — unterstützen, **stützen;** aciem s. nicht weichen lassen; pugnam s. die Schlacht halten; — **unterhalten, erhalten** z. B. familiam; — **ertragen** z. B. dolorem; — standhalten, sich halten, widerstehen; — hinhalten, **zurückhalten,** verzögern

F. die Sustentation: Unterhaltung, Verpflegung — sostenuto (it.): gehalten, getragen (mus.)

sus-tineo, tinui 2. (cf. teneo) **aufrechthalten,** stützen, tragen; — **er-**

tragen, auf sich nehmen, leiden z. B. mala, poenam, iniurias; — (militär.) halten, Widerstand leisten; — über sich gewinnen, übers Herz bringen; — auf sich nehmen, übernehmen, leisten z. B. bellum; honorem s. ein Ehrenamt übernehmen; personam s. eine Rolle übernehmen; — einer Sache gewachsen sein, eine Sache meistern z. B. res gravissimas; — **unterhalten, erhalten,** ernähren; — bewahren, schützen z. B. auctoritatem; — **zurückhalten,** anhalten, hemmen, verzögern

sus-tollo 3. emporheben

susurrātor, ōris m. (cf. susurro) Flüsterer

susūrro 1. **flüstern,** zischeln, summen
M. surren, schwirren (urv.)

susūrrus, i m. (cf. susurro) das Flüstern, Zischeln, Summen

susūrrus 3 flüsternd, zischelnd

Suthul, is n. E. Kastell in Numidien

sūtilis, e (cf. suo) zusammengenäht, geflochten

sūtor, ōris m. (cf. suo) **Schuster** (L)

sutōrius 3 (cf. sutor) zum Schuster gehörig; subst. m. gewesener Schuster

sutrīnus 3 = sutorius

Sūtrium, ii n. E. Stadt in Südetrurien (Sutri); Sutrīnus adi. und subst. Bewohner von S.

sutūra, ae f. (cf. suo) Naht
F. die Sutura: Naht (med.)

suus 3 (cf. sui) (Possessivform zum Reflexivstamme) sein, ihr, **eigen;** — bisweilen verstärkt durch pte (z. B. suapte natura) und met (z. B. suamet ignavia); — sui, ōrum m. die Seinigen, Ihrigen, Angehörigen, Freunde usw.; — suum, i n. das Seine. Ihrige, sein (ihr) Eigentum; — eigentümlich, üblich, zukommend, gebührend, gehörig z. B. suo tempore zur rechten Zeit, suo iure mit gutem Recht, suo anno im gehörigen Jahre; — günstig, passend, geeignet, vorteilhaft z. B. suo loco auf günstigem Gelände, suo vento mit günstigem Winde, suis locis in günstiger Stellung
M. suum cuique: jedem das Seine

Sybaris, is f. E. 1.) Stadt in Südlukanien; — Sybaritānus (f. auch Sybarītis, idis) adi. und subst. Bewohner von S., berüchtigt durch Schwelgerei 2.) Fluß an der Ostküste von Lukanien
F. der Sybarit: Schlemmer — sybaritisch: weichlich

Sychaeus, i m. E. Gatte der Dido

Syēne, ēs f. E. Stadt in Oberägypten (Assuan); — Syenītes, ae m. Bewohner von S.

Sygambri = Sigambri

Sylla = Sulla

syllaba, ae f. (griech.) Silbe (L)

syllabātim adv. (cf. syllaba) silbenweise

syllogismus, i m. (griech.) Vernunftschluß, Syllogismus (F)

Symaethus, i m. E. Fluß an der sizilischen Ostküste; — Symaethius, Symaethēus 3 des S.; Symaethis, idis f. Flußnymphe

symbolum, i n. und us, i m. (griech.) Wahrzeichen, Symbol (F)

sympathīa, ae f. (griech.) natürlicher Zusammenhang
F. die Sympathie: Mitgefühl, Zuneigung, Seelenverwandtschaft, Geheimkraft eines Körpers auf andere

symphōnia, ae f. (griech.) harmonische Musik, Symphonie (F); — Kapelle, Orchester

symphoniacus 3 (griech.) musikalisch, zur Musik gehörig; subst. m. Musiker

Symplēgades, um f. E. Symplegaden, zwei kleine Felseninseln bei Byzanz, die nach der Sage zusammenschlugen und die Schiffe zermalmten

symposion und um, ii n. (griech.) Gastmahl, Symposion (F)

synedrus, i m. (griech.) Beisitzer eines Kollegiums

synephēbus, i m. (griech.) Jugendfreund

syngrapha, ae f. (griech.) Handschrift,

Schuldschein, Wechsel; syngrapham facere ausstellen lassen

Synnada, ōrum n. E. Ort in Großphrygien mit Marmorbrüchen; — Synnadēnsis adi. und subst. Bewohner von S.

Syphax, ācis m. E. Numiderkönig, Schwiegersohn Hasdrubals

Syracūsae, ārum E. Stadt an der Ostküste Siziliens (Siragossa); Syracusānus, Syracūsius, Syracosius adi. und subst. Bewohner von S.

Syria, ae f. E. Landschaft vom Euphrat bis zum Plateau von Balbek; Syrus, Syrius, i m. der Syrer; Syriacus, Syrius, Syrus 3 syrisch

Syrinx, ingis f. E. eine von Pan geliebte und in Schilfrohr verwandelte Nymphe

Syrius, Syrus cf. Syria

Syros, i f. E. Zykladeninsel (Syra)

Syrtis, is f. (griech.) E. Syrte, Name zweier Sandbänke an der Nordküste von Afrika; die Küstengegend an den Syrten; — Syrticus 3 syrtisch

T

T. = Titus römischer Vorname

Ti. = Tiberius römischer Vorname

tabella, ae f. (dem. von tabula) **Brettchen, Täfelchen;** Votivtäfelchen; Spielbrett; — **(kleines) Gemälde;** — **Schreibtafel;** meist plur.; Notizbüchlein; Briefchen; Urkunde; Protokoll; tabellis obsignatis agere cum alqo ein förmliches Protokoll aufnehmen, streng mit jdn. verfahren; — **Stimmtäfelchen** (bei Gericht und bei Wahlen)

F. die Tabelle: Liste, Verzeichnis, Übersicht

tabellārius 3 (cf. tabella) die Abstimmung betreffend; subst. m. Briefbote

F. tabellarisch: in Tabellenform dargestellt, listenförmig, übersichtlich — die Tabellarisierung: übersichtliche Anordnung

tābeo, ui 2. **schmelzen,** sich auflösen; verwesen; — **triefen,** naß sein

M. tauen, Tau (urv.)

taberna, ae f. **Bretterbude,** Hütte; Bude, Laden, Werkstätte; t. libraria Buchladen; t. sutrina Schusterwerkstatt; t. tonsoris Barbierstube; t. lanionis Fleischbank, Fleischladen; t. argentaria Wechselstube; — **Wirtshaus,** Kneipe; Bogengang im Zirkus

F. die Taberne, Taverne i. a. B.

tabernāculum, i n. (cf. taberna) **Hütte,** Zelt; Zelt des Feldherrn; **Schauhütte,** Beobachtungszelt der Auguren

F. das Tabernakel: Laubhütte der Juden; Sakramentshäuschen

tābes, is f. (cf. tabum) **Fäulnis, Verwesung;** — **Schlamm,** Jauche, Matsch; — das Hinsiechen, Auszehrung, **Schwindsucht,** Seuche, Pest

F. die Tabes: Auszehrung, Schwindsucht (med.)

tabēsco, bui 3. (cf. tabeo) **schmelzen, zergehen,** sich auflösen; verwesen, verfaulen; **hinschwinden,** hinsiechen

F. die Tabeszenz: Abzehrung

tabidus 3 (cf. tabes) schmelzend, zergehend; — verzehrend

F. tabisch, tabetisch: tabeskrank

tabi-ficus 3 (cf. tabes-facio) verzehrend, aufreibend

tabula, ae f. **Tafel** (L), **Brett,** Spielbrett, Votivtafel; — **Gemälde, Bild;** — **Gesetzestafel; Schreibtafel;** — Geschriebenes: **Liste,** Verzeichnis; Protokoll; Vertrag; Testament; Dokument, **Urkunde;** plur. **Rechnungsbuch,** Hauptbuch; tabulas conficere ein Hauptbuch führen; nomen in tabulas **referre** einen Schuldposten eintragen; tabulae publicae Staatsschuldenbuch; tabulae novae neue Schuldbücher (unter Aufhebung oder Herabsetzung der alten Schuldposten)

M. tabula rasa: unbeschriebenes Blatt, reiner Tisch

F. die Tabulatur: Singregel der Meistersinger; eine veraltete Tonschrift — das Intabulat: die Eintragung, Einschreibung — intabulieren: in eine Tabelle eintragen; vertäfeln — die Intabulation: Eintragung; Tafelwerk, oberster Teil des Gesimses — die Extabulation: Löschung im Grundbuch — das Tabulat: Holzverkleidung — das Tabulett: Tragkasten mit Fächern

tabulārium, ii n. (cf. tabula) Urkundensammlung, Archiv

tabulātio, ōnis f. (cf. tabula) Bretterverschlag; Gebälk, Stockwerk

tabulātus 3 (cf. tabula) mit Brettern belegt; tabulātum, i n. Bretterlage, Gebälk, Stockwerk; tabulata sequi von Stock zu Stock, von Ast zu Ast steigen

tābum, i n. (cf. tabes) **Eiter,** Jauche; Gift; Verwesung; Seuche, Pest

Taburnus, i m. E. Bergzug in Kampanien

taceo, ui, itum 2. **schweigen;** still sein; verstummen; — (trans.) **verschweigen**

M. tace: schweig! still! — si tace (it.): man schweige (mus.)

Tacita, ae f. Göttin des Schweigens

taciturnitas, tātis f. (cf. taciturnus) Stillschweigen; Verschwiegenheit

taciturnus 3 (cf. taceo) schweigend, **schweigsam;** still, ruhig

tacitus 3 (cf. taceo) (pass.) **verschwiegen,** unbesprochen, unerwähnt; tacitum tenere unbesprochen lassen; tacitum ferre, pati erreichen, dulden, daß etwas unbesprochen bleibt; tacitum, i n. Geheimnis; — **still, heimlich,** unbemerkt, geheim; — (akt.) **schweigend, stumm, still** z. B. vox; per tacitum im stillen, lautlos, ohne Geräusch

Tacitus, i m. E. Beiname der gens Cornelia; P. Cornelius Tacitus der größte röm. Historiker

F. taciteisch: nach Art des Tacitus

tactio, ōnis f. (cf. tango) Tastsinn, Gefühl

tactus, ūs m. (cf. tango) **Berührung;** — Einfluß, Wirkung; — Tastsinn, **Gefühl**

F. der Takt i. a. B., Feingefühl; Zeitmaß in der Musik

Tadius 3 E. Name eines römischen Geschlechts

taeda, ae f. **Kiefer;** Kien, Kienholz; **Kienspan, -fackel;** Hochzeitsfackel; — Hochzeit, Ehe

taedet, taeduit und taesum est 2. **Ekel, Überdruß empfinden;** mit acc. der Person und gen. der Sache z. B. puerum infamiae taedet

taedi-fer, fera, ferum (cf. taeda-fero) fackeltragend

taedium, ii n. (cf. taedet) **Ekel, Überdruß,** Widerwille; t. belli Ekel vor dem Kriege

F. tädios: ekelhaft, verdrießlich, beschwerlich, langweilig

Taenarum, i n. und us, i m. und a, ōrum n. E. Vorgebirge und Stadt in Lakonien (Cap Matapan), dort Eingang in die Unterwelt; — Taenarides, ae m. Tänaride, Lazedemonier, Hyacinthus; Taenarius 3 (f. auch Taenaris, idis) tänarisch, lakonisch

taenia, ae f. (griech.) Band, Binde

taeter, tra, trum (cf. taedet) **ekelhaft, häßlich,** garstig, abscheulich, schändlich

Tages, ētis und ae m. E. Enkel Jupiters, etrurischer Gott

tago (arch.) = tango

Tagus, i m. E. Fluß in Spanien (Tajo)

talāris, e (cf. talus) an den Knöcheln befindlich; talāria, ium n. Flügelschuhe (der Götter); — langes Gewand, Talar (F)

talārius 3 (cf. talus) zu den Würfeln (Knöcheln) gehörig; ludus t. Würfelspiel

Talāsio, ōnis und Talasius, ii m. der römische Hochzeitsgott

tālea, ae f. Stab; — Spitzpfahl; — Eisenstab, Barre

talentum, i n. (gen. plur. talentum = talentōrum) griech.) Wage, Gewicht, Talent (F); Geldsumme = 4700 Mk.

tālis, e so beschaffen; in Wechselbeziehung talis . . . qualis ein solcher . . . wie; — folgend; — so gut; — so schlecht

M. tale quale, taliter qualiter: so wie es eben ist; mittelmäßig

talpa, ae f. und m. Maulwurf

talus, i m. **Fußknöchel;** a vertice ad talos vom Scheitel bis zur Sohle; recto talo stare grade stehen, gut bestehen, Beifall finden; — **Würfel**

tam adv. **so, so sehr,** in solchem Grade; fast nur bei adi. und adv.; in Wechselbeziehung **tam . . . quam so . . . wie;** non tam . . . quam nicht sowohl . . . als vielmehr. weniger . . . als

Tamasus, i f. E. Stadt auf Zypern; Tamaseus 3 tamasisch

tam-diu adv. **solange;** in Wechselbeziehung tamdiu . . . quamdiu, tamdiu . . . quam

tamen (zu tam) **doch, dennoch,** jedoch, gleichwohl; et tamen und doch, abgesehen davon; neque tamen jedoch nicht; at (sed, verum) tamen aber dennoch; si non . . . (at) tamen wenn nicht . . . so doch wenigstens

tamen-etsi = tametsi

Tamesis, is und Tamesa, ae m. E. die Themse

tam-etsi (ci.) **obgleich, obschon;** in Hauptsätzen: indessen, jedoch

Tamphilus, i m. E. Beiname in der gens Baebia; Tamphilianus 3 des T.

tam-quam, tan-quam 1.) adv. sowie, als wie, **gleichwie, gleichsam** 2.) ci. mit coni. = tamquam si (gleich) **wie wenn, als ob**

Tanager, gri m. E. Fluß in Lukanien

Tanagra, ae f. E. Stadt in Böotien

Tanaïs, is und idis m. E. 1.) Fluß Don 2.) Fluß Jaxartes (Sir-Darja)

Tanaquil, ilis f. E. Gemahlin des Tarquinius Priscus

tandem (aus tam-dem) adv. **endlich,** zuletzt, doch endlich; **endlich einmal;** — (in Fragesätzen) **denn, denn eigentlich, in aller Welt;** quo usque tandem? wie weit eigentlich, wie weit denn noch?

Tanfāna, ae f. E. altgermanische Göttin mit einem heiligen Hain im Gebiet der Marser

tango, tetigi, tactus 3 **berühren,** anrühren, anfassen; Speisen anrühren, kosten, essen; — angrenzen; — rühren, bewegen, Eindruck machen; — anführen, erwähnen; — betrügen, prellen

M. noli me tangere: rühr mich nicht an

F. der Tangent: Berührungsstift, Hämmerchen am Klavier — die Tangente: Berührungslinie (math.) — tangential: berührend, streifend — die Kotangente: Verhältniszahl für Winkelberechnung (math.) — die Subtangente: das von der Tangente und Ordinate begrenzte Stück der Abszissenlinie für einen Punkt einer krummen Linie — intakt: unberührt, frisch — die Intaktheit: Unberührtheit, guter Zustand

tanquam = tamquam

Tantalus und os, i m. E. Sohn Jupiters, Vater der Pelops und der Niobe, wegen Verrates von Göttergeheimnissen zu ewigen Hunger- und Durstqualen verdammt; Tantaleus 3 des T.; Tantalides, ae m. Tantalide; Tantalis, idis Tantalidin

M. Tantalusqualen

tantillus 3 (arch.) = tantulus

tantis-per (cf. tantus) adv. solange; t. dum solange bis; — unterdessen, indessen

tant-opere (= tanto opere) adv. **mit so großer Mühe, so sehr;** in Wechselbeziehung tantopere . . . quantopere

tantulus 3 (dem. von tantus) **so klein, so gering,** so wenig; **tantulum,** i n. ein so Geringes, eine solche Kleinigkeit

tantum, tantummodo cf. tantus

tantus 3 (cf. tam) **so groß, so bedeutend, so viel,** so zahlreich, so stark, **so** edel **u. ä.;** (zeitlich) so lang; in

Wechselbeziehung tantus ... quantus; — **nur so groß, so klein, so gering;** — **tantum,** i n. **so vieles,** so viel, **eine solche Menge** (nur im nom. und acc., mit folg. gen.) t. pecuniae, frumenti, itineris, temporis; — (adv.) (beschränkend) **nur soviel, nur soweit, nur, bloß;** t. dico nur so viel sage ich; **tantummodo eben nur, bloß, allein,** lediglich; velis tantummodo du brauchst nur zu wollen; — **tantum non** fast schon, beinahe z. B. tantum non ad urbem fast schon an der Stadt; — **tantum quod nur weil** z. B. tantum quod aegrotavi; — **tanti** (gen. pretii) **für solchen Preis, so teuer;** t. esse so viel wert sein, so viel kosten; tanti est es steht dafür, gilt so viel, ist der Mühe wert; auch: ist nicht der Rede wert, macht wenig aus, ist mir gleichgültig, läßt mich kalt; — **tanto** (abl. compar.) **um so viel, so weit, so sehr, um so, desto** z. B. tanto melior; quanto ... tanto je ... desto

tantus-dem 3 ebensogroß; **tantundem,** n. **ebensoviel** z. B. argenti; — tantidem (gen. pretii) ebenso teuer, ebenso hoch

tapes, ētis m. (griech.) Teppich (L), Decke

M. Tapete (L)

Taprobane, es f. E. Insel Ceylon

Tarbelli, ōrum m. E. Volksstamm in Aquitanien

tardi-gradus 3 (cf. gradior) langsam schreitend

tardi-pes, pedis langsam gehend, hinkend

tarditas, tātis f. (cf. tardus) **Langsamkeit,** Verzögerung; plur. langsame Bewegungen; — langsames Wesen, Trägheit, Stumpfheit

tardo 1. (cf. tardus) (trans.) **verzögern, aufhalten,** hemmen; — (intr.) zögern, säumen

M. tardando (it.): zögernd, langsamer werdend, langsam (mus.)

F. tardieren: zögern

tardus 3 **langsam,** säumig, träge; **spät;** — lähmend; gemessen, bedächtig; — **stumpfsinnig,** beschränkt, dumm

Tarentum, i n. E. Stadt in Süditalien (Tarento); Tarentinus adi. und subts. Bewohner von T.

Tarpēia, ae f. E. Römerin, die den Sabinern die Burg verriet und getötet wurde; nach ihr der mons Tarpeius genannt, von dem die Hochverräter herabgestürzt wurden; — Tarpēius 3 tarpejisch, kapitolinisch

Tarquinii, ōrum m. E. Stadt in Etrurien (Corneto), Heimat des königlichen Geschlechtes der Tarquinier; Tarquinius, ii m. Name der beiden Könige L. Tarquinius Priscus und Superbus; Tarquiniēnsis adi. und subst. Bewohner von T.; Tarquiniānus 3 zur Familie der Tarquinier gehörig

Tarracina, ae und ae, ārum f. E. Stadt in Latium (Terracina); — Tarracinēnsis adi. und subst. Bewohner von T.

Tarraco, ōnis f. Küstenstadt im nordöstlichen Spanien (Tarragona); — Tarraconēnsis adi. und subst. Bewohner von T.

Tarsos und us, i f. E. Hauptstadt von Cilicien; — Tarsēnsis adi. u. subst. Bewohner von T.

Tartarus, i m. und Tartara, ōrum n. der Tartarus (F), Hölle, Strafort in der Unterwelt; Unterwelt; — Tartarius 3 zum Tartarus gehörig, unterirdisch, höllisch; furchtbar, schrecklich

Tartēssus, i f. E. Stadt im südwestlichen Spanien; — Tartēssius adi. und subst. Bewohner von T.

Tarusātes, ium m. E. keltischer Volksstamm in Aquitanien

Tatius, ii m. E. Sabinerkönig zur Zeit des Romulus

Taulantii, ōrum m. E. illyrischer Volksstamm

Taunus, i m. E. das Taunusgebirge

taureus 3 (cf. taurus) vom Rinde

Tauri, ōrum m. scythisches Volk in der Krim; — Tauricus 3 taurisch
tauri-fōrmis, e (cf. taurus-forma) stierähnlich, stierhäuptig
Taurii ludi m. Taurische Spiele zu Ehren der unterirdischen Götter
Taurīni, ōrum m. E. ligurischer Volksstamm am oberen Po; Augusta Taurinōrum ihre Hauptstadt Turin (Torino)
taurīnus 3 (cf. taurus) vom Stier
Tauris, idis f. E. Insel an der illyrischen Küste (Torcola)
Taurois, entis m. E. Kastell südöstl. von Massilia (Tarente)
Tauromenium, ii n. E. Stadt an der Ostküste von Sizilien (Taormina); — Tauromenitānus adi. und subst. Bewohner von T.
taurus, i m. Stier (urv.), Ochs; Sternbild Stier
Taurus, i m. E. südl. Randgebirge Kleinasiens
taxātio, ōnis f. (cf. taxo) Schätzung
F. die Taxation i. a. B.
taxillus, i m. (dem. von talus) kleiner Würfel
taxus, i f. Eibe, Taxus (L)
Taygete, ēs f. Tochter des Atlas, Plejade
Taygetus, i m. und Taygeta, ōrum n. E. rauhes Grenzgebirge zwischen Lakonien und Messenien
—te Suffix cf. iste
Teānum, i n. E. 1.) T. Apulum Stadt in Apulien 2.) T. Sidicīnum Stadt in Kampanien; — Teanēnsis adi. und subst. Bewohner von T.
Teātes, um E. apulischer Volksstamm um Teanum
Tecmēssa, ae f. E. phrygische Königstochter, Geliebte des großen Ajax
Tecmon, ōnis m. E. Stadt in Epirus
Tecta via Säulenhallenstraße in Rom
tector, ōris m. (cf. tego) Stuckarbeiter, Wandmaler
tectōrius 3 (cf. tego) zum Dachdekken dienlich; — zur Wandmalerei, Stuckarbeit gehörig; — tectōrium, ii n. Wandmalerei, Stuckarbeit
Tectosages, um und gi, ōrum m. cf. Volcae
tēctum, i n. (cf. tego) **Dach** (urv.); — Zimmerdecke; — Obdach, Wohnung, Behausung, **Haus**; t. subire unter Dach und Fach kommen
tectus cf. tego
Tegea, ae f. E. Stadt in Arkadien; Tegeaeus 3 aus T., arkadisch; Tegeaea, ae f. Tegeatin, Atalanta; — Tegeātes, ae m. Bewohner von T.
tegimen, inis n. (cf. tege) **Decke, Bedeckung,** Hülle, Bekleidung; Fell; Panzer; Schutz, Schirm
tegimentum, tegmentum, i n. (cf. tego) **Decke, Bedeckung,** Bekleidung; Schutz, Schirm
tegmen, inis = tegimen
tego, tēxi, tēctus 3 **decken** (urv.), **bedecken;** bekleiden; — **verdecken, verbergen; verhüllen,** verhehlen, verheimlichen; **schützen,** verteidigen; tectus 3 gedeckt; verdeckt, versteckt; zurückhaltend, vorsichtig
F. die Tektur: Decke, Umschlag, Deckstreifen, Deckblatt
tēgula, ae f. **(Dach) Ziegel** (L)
tegumen, tegumentum cf. tegimentum
Tēius cf. Teos
tēla, ae f. (aus texla cf. texo) **Gewebe;** Spinngewebe; Webekunst; — Ersonnenes, Anschlag; — Aufzug des Gewebes, Zettel; — Webstuhl
Telamo und on, ōnis m. E. Vater des großen Ajax und Teucer; Telamōnius 3 des T.; Telamoniades, ae m. Sohn des T.
Telchines, um m. E. kretische Priesterfamilie, in Metallarbeit und Zauberei erfahren
Teleboae, ārum m. E. arkananischer Volksstamm
Telegonus, i m. E. Sohn des Odysseus und der Circe
Telemachus, i m. E. Sohn des Odysseus und der Penelope
Telephus, i m. E. Sohn des Herkules, Myserkönig, von Achill verwundet
Telesia, ae f. E. Stadt in Samnium
Tellēna, ōrum n. E. Ort in Latium

tellus, ūris f. **Erde; Tellus Erdgöttin,** Mutter Erde; — Erdboden, Fußboden; Erdreich; Grund und Boden, Landgut; Landschaft, Land
M. Diele (urv.)
F. tellurisch: irdischen Ursprungs — das Tellurium: Lehrmittel zur Veranschaulichung der Erd- und Mondbewegung — das Tellur: chem. Grundstoff — tellurig: Tellur enthaltend

Telmēssus, i f. E. Hafenstadt in Lyzien; Telmēsses, ium m. Bewohner von T.; Telmēssius, Telmessicus 3 aus T.

tēlum, i n. **Wurfwaffe, Geschoß;** — **Angriffswaffe**, Waffe; arma et tela Schutz- und Trutzwaffen

Temenos n. (griech.) heiliger Tempelbezirk an der Südseite von Syrakus; Temenītes, ae m. der im Hain Verehrte, Apollo; — Teminītis, idis f. (scil. porta) Haintor in Tarent

temerārius 3 (cf. temere) **unbesonnen, unüberlegt, unbedacht;** verwegen, waghalsig

temere adv. (cf. tenebrae) **blindlings, aufs Geratewohl,** auf gut Glück, unüberlegt, voreilig, sorglos; ohne Grund, umsonst; ohne weiteres; non t. nicht leicht, kaum

temeritas, tātis f. (cf. temere) **Zufall;** — **Unbesonnenheit, Unbedachtsamkeit;** Leichtfertigkeit, **Verwegenheit**

temero 1. (cf. temere) verdunkeln, **beflecken; entweihen,** entehren, schänden, verletzen; fluvios venenis t. vergiften

Temese, ēs f. E. Stadt an der Westküste von Bruttium mit Erzgruben; Temesaeus 3 aus T.

temētum, i n. (arch.) Wein

temno, tempsi 3. verachten, verschmähen

Tēmnus und os, i f. E. Stadt an der Westküste Kleinasiens; Temnītes, ae m. Bewohner von T.; Tēmnius 3 aus T.

tēmo, ōnis m. Deichsel; Pflugbaum; Wagen (Gestirn)

Tempe n. plur. Tempeltal in Thessalien zwischen Olymp und Ossa

temperamentum, i n. (cf. tempero) richtige Mischung; richtiges Maß; Mäßigung
F. das Temperament: angeborene Gemütsart, Naturell

temperans cf. tempero

temperantia, ae f. (cf. temperans) **das Maßhalten, Mäßigung**
F. die Temperanz, Temperenz: Mäßigkeit, inbes. im Genuß von geistigen Getränken — Temperenzler: Antialkoholiker

temperātio, ōnis f. (cf. tempero) **die richtige Mischung;** t. caeli gemäßigtes Klima; **rechte Beschaffenheit**

temperātor, ōris m. (cf. tempero) Ordner

temperātus 3 cf. tempero

temperi adv. (alter Lokativ von tempus) zeitig, rechtzeitig; comp. temperius zeitiger

temperies, ēi f. (cf. tempero) rechte Mischung, milde Wärme, Milde

temperius cf. temperi

tempero 1. (cf. tempus) 1.) (trans.) **richtig mischen; — gehörig einrichten,** ordnen z. B. frumenti subvectionem, rem publicam; — **mäßigen,** mildern, besänftigen z. B. iram; — richtig leiten, lenken, regieren, zügeln z. B. exercitum 2.) (intr.) **Maß halten,** mäßig sein; — mit dat. **mäßigen, beherrschen** z. B. sibi t. sich beherrschen; — **schonen, verschonen** z. B. mulieribus; — **sich von etwas fernhalten,** sich zurückhalten, etwas unterlassen; mit abl. z. B. ab iniuria; temperans, antis Maß haltend, sich mäßigend, mäßig, maßvoll; — temperātus 3 richtig gemischt, temperiert; gemäßigt, mild; ruhig, gesetzt, besonnen
F. temperieren: mäßigen, mildern, abkühlen — die Tempera: besondere Behandlung von Wasserfarben — die Temperatur: Luftwärme, Wärmegrad; Einrichtung der Tonleiter unter dem Gesichtspunkt des gleichen Verhältnisses der Intervalle auf Kosten der absoluten Tonreinheit

tempestas, tātis f. (cf. tempus) **Witterung, Wetter; stürmisches Wetter,** Gewitter, Sturm, **Ungewitter;** — Ansturm, Andrang, Ungestüm z. B.

periculi; — **stürmische Zeit,** Unruhe Gefahr; Verderber, Verwüster; — **Zeitpunkt,** Zeit, Zeitlage
M. tempestoso (it.): stürmisch, ungestüm (mus.)

tempestivitas, tātis f. (cf. tempestivus) rechte Zeit, passendes Wesen

tempestīvus 3 (cf. tempestas) **rechtzeitig,** zeitgemäß, geeignet, schicklich, **passend;** parum t. ungelegen; — zeitig, reif z. B. fructus; mannbar; — frühzeitig; convivium tempestivum üppiges Mahl

templum, i n. **geweihter Bezirk, heilige Stätte;** Beobachtungsraum der Auguren; — **Tempel** (L), **Heiligtum,** Gotteshaus; templa ac delubra Weihe- und Sühnstätten

temporārius 3 (cf. tempus) den Zeitumständen angepaßt; — kurze Zeit dauernd; — wetterwendisch
F. temporär: vorübergehend, zeitweilig — kontemporär: gleichzeitig

tempori adv. = temperi

Tempsa, ae f. = Temese; Tempsānus 3 aus T.

temptabundus 3 (cf. tempto) umhertastend

temptamen, inis n. (cf. tempto) Versuch, Probe, Versuchung
F. das Tentamen: Versuch, Vorprüfung, Zwischenprüfung

temptātio, ōnis f. (cf. tempto) **Probe, Versuch**

temptātor, ōris m. (cf. tempto) Versucher

tempto 1. **angreifen, betasten,** befühlen; venam t. den Puls fühlen; — zu erobern suchen; (von Krankheiten) befallen z. B. scabies oves temptat; — **untersuchen,** prüfen, auf die Probe stellen; — **in Versuchung führen,** zu verlocken suchen, reizen, **beunruhigen;** pecuniā t. zu bestechen suchen; precibus t. mit Bitten bestürmen; — **etwas versuchen, probieren** z. B. iter t. den Marsch versuchen; spem t. versuchen, ob Hoffnung vorhanden ist; auxilium t. versuchen, ob Hilfe vorhanden ist; — poet. nach etw. streben, sich an etw. wagen z. B. maiora t. nach höherem streben; aequor t. das Meer kühn befahren
F. das Tentakel: beweglicher Anhänger zum Greifen bei niederen Tieren

tempus, oris n. **Zeit;** omni tempore zu jeder Zeit; — **Zeitabschnitt; Zeitpunkt, Augenblick;** hoc tempore in diesem Augenblick; uno tempore gleichzeitig; — Zeitraum; hoc tempore zu dieser Zeit; ad hoc t. bis auf den heutigen Tag; ad (in) t. auf einige Zeit, eine Zeit lang, für den Augenblick; — Jahreszeit; Lebenszeit, Lebensalter; — **rechte Zeit, günstiger Augenblick, rechter Zeitpunkt;** ipso tempore grade zu rechter Zeit; ad t., (in) tempore zu rechter Zeit, im rechten Augenblick; meo, tuo, suo tempore zur rechten Zeit; t. est (mit inf. oder acc. c. inf.) es ist hohe Zeit, es ist an der Zeit; — **Verhältnisse, Umstände;** tempori (temporibus) servire (cedere) dem Zeitgeist Rechnung tragen, sich nach den Umständen richten, sich in die Verhältnisse fügen; ex (pro) tempore, ad t. nach Lage der Umstände; pro tempore et re nach Zeit und Umständen; — schwere Zeit, Unglück, Gefahr (meist plur.)
M. ex tempore: unvorbereitet, aus dem Stegreif — o tempora, o mores: o Zeiten, o Sitten, welch entartete Zeit! (Cicero)
F. das Tempus: Zeitform (sprachl.) — tempieren: zeitlich bestimmen — tempi passati (it.): vergangene Zeiten — das Tempo (it.): Zeitmaß, Bewegtheit — a tempo (it.): zur rechten Zeit, sofort — al tempo (it.): streng nach dem Zeitmaß (mus.) — tempo rubato: ausdrucksvolles Zeitmaß — temporal: zeitlich — das Temporale, plur. Temporalien: weltliches Recht und Besitz des Papstes; Einkunft eines Kirchenamtes — temporell: zeitgemäß, irdisch, vergänglich — temporisieren: sich den Zeitumständen anbequemen, (trans.) hinhalten — das Extemporale: Stegreifarbeit, Klassenarbeit — extemporieren: aus dem Stegreif reden

tempus, oris n. (meist plur.) **Schläfe**
F. temporal: zur Schläfe gehörig

Tempӯra, ōrum n. E. Stadt an der thrazischen Küste

temulentus 3 (cf. temetum) trunken, berauscht

tenācitas, tātis f. (cf. tenax) das Festhalten: Geiz

F. die Tenazität: Beharrlichkeit, Zähigkeit, Hartnäckigkeit

tenax, ācis f. (cf. teneo) **festhaltend;** fest, zäh, klebrig; hemmend; — **an etwas festhaltend,** beharrlich, treu; — zusammenhaltend, **geizig,** kargend; equus t. ein störrisches Pferd

F. das Tenakel: Manuskripthalter (buchdr.)

Tencteri, ōrum m. E. germanischer Volksstamm am Unterrhein

Tendēba, ōrum n. E. Stadt in Karien

tendicula, ae f. (cf. tendo) Fallstrick, Schlinge

tendo, tetendi, tentus (selten tensus) 3. 1.) (trans.) **spannen, anspannen;** retia t. Netze spannen, stellen; — tentus 3 straff; — **ausspannen, ausdehnen; ausstrecken** z. B. manus; ausdehnen, verlängern z. B. noctem; — **hinreichen,** darreichen; — **verleihen; angedeihen lassen** z. B. praesidium; — etwas wohin richten, lenken z. B. iter; sagittas t. abschießen 2.) (intr.) **lagern, kampieren;** — **wohin eilen, marschieren,** segeln, sich begeben; quo tendis? wohin willst du?; auf jdn. losgehen z. B. in hostes; — nach etwas streben, trachten; **sich anstrengen, sich bemühen;** — **kämpfen, streiten**

M. dehnen (urv.)

F. die Tension: die Spannung — der Tensor: von der Richtung abhängige phys. math. Größe — die Tendenz: Zweck, Streben, Absicht — tendenziös: einen Zweck verfolgend, einseitig — tendieren i. a. B., trachten, bezwecken

tenebrae, ārum f. **Finsternis, Dunkelheit, Dunkel; Nacht;** Blindheit; Ohnmacht; Todesnacht; — **dunkler Ort;** finsterer Kerker; — **Verborgenheit,** Niedrigkeit, niedere Herkunft; — **Undeutlichkeit, Unklarheit;** trübe Lage, finsteres Geschick

tenebricōsus 3 (cf. tenebricus) in Dunkel gehüllt, **dunkel,** finster; **unbekannt;** verfinstert, umnachtet

tenebricus 3 (cf. tenebrae) finster, dunkel

tenebrōsus 3 = tenebricus

Tenedus und os, i f. Insel an der Küste von Troas; — Tenedius adi. und subst. Bewohner von T.

teneo, ui, tentus 2. (cf. tendo) **halten, festhalten;** alqm manu tenere mit (an) der Hand halten; umfassen, umschlingen; — geistig erfassen, **begreifen, verstehen; richten** z. B. oculos in mit acc.; iter t. einen Weg einschlagen; — **steuern, segeln,** fahren, zu **Schiffe erreichen,** landen, wohin gelangen z. B. insulam; etw. erreichen, erlangen z. B. imperium; jdn. überführt haben; teneo te da hab ich dich; meist pass. überführt werden z. B. caedis des Mordes; — **innehaben, besitzen;** — einnehmen, **bewohnen;** — **militär. besetzt halten; befehligen,** kommandieren z. B. equites; **beherrschen** z. B. summam imperii; — **umfassen;** — **festhalten, nicht loslassen; eingeschlossen halten,** gefangen halten; — **behaupten, bewahren, erhalten;** memoria t. in der Erinnerung behalten, im Gedächtnis behalten; einen Ort militärisch halten, verteidigen; — in einem Zustand erhalten z. B. alqm in servitute, officio t.; — **festhalten, beibehalten;** cursum t. den Kurs einhalten; fidem t. sein Wort halten; — (intr.) **anhalten,** fortdauern z. B. tempestas per totam noctem tenuit; — geistig **fesseln, erfreuen; beherrschen, beseelen,** erfüllen z. B. spes, religio tenet; — **verpflichten, binden;** pass. gebunden sein, verpflichtet sein z. B. iure iurando; — etwas als Recht **durchsetzen, erreichen;** causam t. den Prozeß gewinnen; — **zurückhalten, aufhalten;** me t. non possum quin ich kann mich nicht enthalten, etwas zu tun; — **in Schranken halten,** unterdrükken, mäßigen z. B. risum, lacrimas, dolorem; — bei sich behalten, verschweigen; — etwas fernhalten von ab alqo

F. tenuto (it.): Note aushalten (mus.)

tener, era, erum **zart, fein;** — **jugendlich,** jung; annus t. Frühling; — **empfindsam, weichlich;** zärtlich, verliebt

teneritas, tātis f. (cf. tener) Zartheit

tēnesmos, i m. (griech.) Stuhlzwang

Tennes, ae und is m. E. sagenhafter König von Tenedos

tenor, ōris m. (cf. teneo) **ununterbrochener Lauf;** ununterbrochener Fortgang; Fortdauer; uno tenore in einem Zuge, in einem fort, im gleichen Sinn

F. der Tenor (Ton auf der ersten Silbe) i. a. B., Haltung, Inhalt, Wortlaut — der Tenor (Ton auf der zweiten Silbe): (haltende) obere Männerstimme

Tenos und us, i f. E. eine Zykladeninsel; Tēnius adi. und subst. Bewohner von T.

tēnsa, ae f. Pracht-, Götterwagen (bei den Prozessionen)

tentabundus, tentator, tentamen cf. tempt...

tentīgo, inis f. (cf. tendo) Brunst

tento = tempto

tentōrium, ii n. (cf. tendo) Zelt

tenuiculus 3 (dem. von tenuis) ziemlich fein, ziemlich ärmlich

tenuis, e (cf. tendo) dünnfädig, **dünn,** fein; — zart; — **schmal,** eng; seicht, flach; gering, unbedeutend, schwach; — **dürftig,** ärmlich; — **niedrig,** gering, niedrig geboren; — **schlicht,** einfach

F. die Tenuis: tonloser Verschlußlaut (sprachl.)

tenuitas, tātis f. (cf. tenuis) **Dünne, Feinheit,** Schmächtigkeit; — **Dürftigkeit,** Ärmlichkeit; — **Schlichtheit,** Einfachheit

tenuo 1. (cf. tenuis) **dünn machen;** pass. dünn werden; — vermindern, schwächen, verringern

tenus n. indekl. (cf. tendo) ausgespannte Schnur; praep. mit abl. und gen. **bis an, bis zu** z. B. collo t.; verbo t. dem Worte nach, dem Namen nach, in Worten

M. verbotenus: wortwörtlich

Tenus = Tenos

Teos und us, i f. E. jonische Stadt an der lydischen Küste, Geburtsort des Anakreon; — Tēïus und Teius adi. und subst. Bewohner von T.; anakreontisch

tepe-facio, fēci, factus 3 lau machen, **erwärmen;** pass. tepefieri

tepeo, ui 2. **lau sein,** warm sein; verliebt sein

tepēsco, tepui 3. (cf. tepeo) **lau werden,** warm werden

tepidus 3 (cf. tepeo) **lau,** lauwarm, lind, mild; — schon erkaltend, kühl

tepor, ōris m. (cf. tepeo) **milde Wärme,** Mattheit; — matte Glut, Kühle

ter adv. (cf. tres) **dreimal;** — wiederholt; — überaus, sehr

ter-dēcies und ēns adv. dreizehnmal

terebinthus, i f. (griech.) Terpentinbaum (L)

terebro 1. (cf. tero) bohren, durchbohren; ausbohren

terēdo, inis f. (griech.) Holz-, Bohrwurm

Terentius 3 Name eines Geschlechts 1.) C. Terentius Varro Konsul, 216 v. Chr. bei Cannä geschlagen 2.) M. Terentius Varro (116—28) der gelehrteste römische Sprach- u. Altertumsforscher 3.) P. Terentius Varro Atacinus epischer Dichter 4.) Terentia Ciceros erste Frau 5.) P. Terentius Afer Freigelassener, bekannter Komödiendichter; — Terentiānus und Terentius 3 des T.

Terentum, i n. und us, i m. E. Platz auf dem campus Martius, Stätte der Säkularspiele; Terentīnus 3 terentinisch

teres, etis (cf. tero) abgerieben, **glatt, glattrund,** rundlich; — drall, derb; — geschmackvoll, fein z. B. oratio

Tēreus, eos und ei m. E. thrazischer König, Gemahl der Prokne, in einen Wiedehopf verwandelt

ter-geminus = trigeminus

tergeo, tersi, tersus 2. und tergo, tersi, tersus 3. **abwischen,** abtrocknen, reinigen; — kitzeln; tersus 3 rein, sauber

Tergeste, is n. E. Stadt in Istrien (Triest); — Tergestīnus adi. und subst. Bewohner von T.

tergīnum, i n. (cf. tergum) Lederpeitsche, Knute

tergiversātio, ōnis f. (cf. tergiversor) Zögerung

tergi-versor 1. (cf. tergum-verto) **Ausflüchte suchen,** Winkelzüge machen, zögern
F. tergiversieren i. a. B.

tergo cf. tergeo

tergum, i n. **Rücken;** t. vertere fliehen; terga alci dare fliehen; terga fugae dare (praebere, praestare) fliehen; a tergo von hinten, im Rükken; a tergo stare als Reserve bereitstehen; — **Hinterseite;** — **Oberfläche; Fell,** Haut, Leder; aus Leder Gefertigtes: Schlauch; Lederschild, Schildbezug; — Lage, Schicht

tergus, oris n. **Rücken;** — Haut, Fell

Terina, ae f. E. Stadt in Bruttium; — Terinaeus 3 aus T.

termes, itis m. abgeschnittener Zweig, Fruchtreis

Termēssus, i f. E. Bergstadt in Pisidien; — Termessēnsis adi. und subst. Bewohner von T.

Terminālia, ium und iōrum n. (cf. terminus) Terminalien (F), das am 23. Februar gefeierte Fest des Grenzgottes

terminātio, ōnis f. (cf. termino) Grenzbestimmung; — **Begrenzung;** — Schluß (einer Periode)

termino 1. (cf. terminus) **begrenzen, abgrenzen;** — beschränken, einschränken; — festsetzen, bestimmen; beschließen, beendigen
F. terminieren i. a. B.; bettelnd herumziehen

terminus, i m. **Grenzstein;** plur. **Grenze,** Mark; — **Schranke,** Ziel; — **Ende, Schluß;** Terminus, i m. Grenzgott
M. Terminus technicus: Fachausdruck — terminus a quo: Ausgangspunkt einer Berechnung — terminus ad quem: Endpunkt einer Berechnung
F. der Termin i. a. B., Frist, bestimmter Zeitpunkt, Liefertag, Zahlungstag, Gerichtstag, Gerichtsverhandlung — der Terme: Grenzstein, Grenzsäule — terminal: das Ende, die Grenze betreffend — die Terminologie: Gesamtheit der Fachausdrücke einer Wissenschaft — terminologisch: auf die Terminologie bezüglich

terni 3 (cf. ter) **je drei;** ter terna dreimal drei; — drei zusammen, dreifach

tero, trīvi, trītus 3. **reiben;** calcem calce t. jdm. auf den Fersen sitzen, einholen; — **abreiben,** glätten, drechseln; abnutzen; vestem t. das Kleid abtragen; frumentum t. dreschen; — **zerreiben,** zermalmen; **aufreiben,** mürbe machen; — **oft benutzen,** viel gebrauchen, abnützen; nomen tritum gebräuchliches Wort; proverbium tritum geläufiges Sprichtwort; spatium tritum oft befahrene Bahn; — **hinbringen, zubringen,** vergeuden z. B. tempus conviviis; — trītus 3 gerieben; abgerieben, abgenutzt; — oft betreten, oft gebraucht, gewöhnlich; — geübt
M. Trumm, Trümmer, drehen (urv.)

terra, ae f. (aus tersa cf. torreo) (trockene) **Erde, Land,** Festland; terrā zu Lande; terrā marique zu Lande und zu Wasser; terrae motus Erdbeben; — **Erdreich;** aquam terramque petere um Erde und Wasser bitten (als Zeichen der Unterwerfung); — **Erdboden, Boden;** — **Land, Landschaft,** Gegend; terrae die Länder, die Welt; orbis terrarum Welt; ubi terrarum? wo in aller Welt?; — Terra, ae f. Erdgöttin
M. Terra incognita: unbekanntes Land — Terra sigillata: antikes Geschirr aus roter Tonerde
F. das Terrarium: Glaskasten für kleinste Landtiere — die Terrakotta (it.) gebrannte Erde, Kunstgegenstand aus gebranntem Ton — die Terrasse: wagerechte

Erdstufe, stufenförmige Erhöhung des Bodens; flaches Dach — terrestrisch: auf die Erde bezüglich — die Terrine: irdene Suppenschüssel

Terracina = Tarracina

terraneola, ae f. (dem. von terrāneus) Haubenlerche

terrēnus 3 (cf. terra) **aus Erde gemacht, erdig,** irden; fornax terrena Ziegelofen; terrēnum, i n. Erde, Acker; — auf der Erde befindlich; — irdisch, vergänglich

terreo, ui, itus 2. **schrecken, erschrekken** alqm; pass. in Schrecken gesetzt werden, erschrecken; — verscheuchen, verjagen; jdn. abschrekken von etw. ab; t. ne, quominus etwas zu tun

terrestris, e und terrester, tris, tre (cf. terra) **zur Erde gehörig, irdisch;** — **zum Lande gehörig;** copiae terrestres Landtruppen; pugna terrestris Landschaft

terreus 3 (cf. terra) poet. aus Erde

terribilis, e (cf. terreo) **schrecklich,** Schrecken erregend; mit 2. Supin. z. B. terribili dictu *F.* terribel i. a. B.

terriculum, i n. (cf. terreo) Schreckmittel

terrifico 1. (cf. terrificus) poet. = terreo

terri-ficus 3 (cf. terror-facio) Schrekken erregend, schrecklich

terri-gena, ae m. und f. (cf. terra-gigno) erdgeboren

territo 1. (cf. terreo) **in großen Schrecken setzen**

territōrium, ii n. (cf. terra) Weichbild, Stadtgebiet

F. das Territorium i. a. B., Staatsgebiet — die Territorialität: Zugehörigkeit zum Staatsgebiet — territorial: zum Staatsgebiet gehörig; inländisch — exterritorial: außerhalb des Staatsgebietes befindlich, den Landesgesetzen nicht unterworfen — die Exterritorialität: Beibehaltung der Rechte des Ausländers; Befreiung von den Verpflichtungen des Inländers

terror, ōris m. (cf. terreo) **Schreck, Schrecken;** t. leonis Schreck vor dem Löwen; t. externus Schreck vor auswärtigen Feinden; terrorem alci afferre, inferre, inicere jdm. Schrekken einjagen; — **Schrecknis,** Schreckbild; t. caelestis Schreckbild am Himmel; — Schreckensnachricht

F. der Terror i. a. B., Schreckensherrschaft — terrorisieren: Schreckensherrschaft ausüben — der Terrorismus: Schreckensherrschaft — der Terrorist, der die Schreckensherrschaft ausübt — terroristisch: gewalttätig

tersus cf. tergeo

tertia-decumāni, ōrum m. Soldaten der 13. Legion

tertiānus 3 (cf. tertius) zum dritten gehörig, dreitägig; febris tertiana Dreitagefieber; — tertiāni, orum m. Soldaten der 3. Legion

F. die Tertiana: Malaria mit Fieberanfällen an jedem dritten Tage

tertius 3 **dritter** (urv.); pars tertia Drittel; partes tertiae dritte Rolle; — unterirdisch; tertium (adv.), tertio (adv.) zum drittenmal; drittens

M. das Tertium comparationis: Vergleichungspunkt — der Tertius gaudens: der sich freuende Dritte beim Streit zweier

F. die Tertia: dritte Klasse einer höheren Schule; Schriftgrad von 16 Punkten (buchdr.) — der Tertianer: Schüler der Tertia — das Tertial: Dritteljahr — tertiär: zu einer dritten Reihe oder Ordnung gehörig; das Tertiär betreffend — das Tertiär: älteste Schicht des Neozoikums — der Tertiarier: Laie, der im dritten Orden einen Teil der Franziskanergelübde übernommen hat — die Tertie: Stundenteil dritten Grades, $^{1}/_{60}$ Sekunde — die Terz: dritter Ton vom Grundton aus (mus.), Hiebart beim Fechten — das Terzett (it.): dreistimmiges Singstück, Dreigesang (mus.) — die Terzine: dreizeilige Strophe — der Terzerone: Abkömmling eines Weißen und einer Mulattin

tertius-decimus 3 **dreizehnter**

ter-ūncius, ii m. (cf. uncia) drei Unzen, **drei Zwölftel** eines As, **ein** viertel As; — Viertel; — ($^{1}/_{40}$ Denar) **Heller,** Pfennig

tesqua, ōrum n. Einöden

tessera, ae f. (griech.) **Würfel;** — viereckige **Marke,** viereckiges Täfelchen; — Paroletäfelchen; — Losung, **Parole**

tesserārius, ii m. (cf. tessera) Paroleoffizier

tesserula, ae f. (dem. von tessera) Würfelchen; Mosaik

testa, ae f. (aus tersta cf. torreo) Ziegelstein; **irdenes Geschirr;** — **Scherbe** (zum Abstimmen); — **Schale, Muschelschale;** — Schaltier, Muschel; — Schale, Decke

testāceus 3 (cf. testa) aus Backsteinen

testamentārius, ii m. Testamentmacher, -fälscher

testamentum, i n. (cf. testor) **Testament** (F)

testātio, ōnis f. (cf. testor) Anrufung zum Zeugen

testātus 3 cf. testor

testificātio, ōnis f. (cf. testificor) **Bezeugung,** Zeugenbeweis

testi-ficor 1. (cf. testis-facio) **zum Zeugen nehmen,** anrufen; — **bezeugen,** feierlich versichern; — beweisen, an den Tag legen; — testificātus (pass.) bezeugt

F. testifizieren: durch Zeugen beweisen — die Testifikation: Bezeugung, Beglaubigung

testimōnium, ii n. **Zeugnis,** Zeugenaussage; t. dicere, dare Zeugnis ablegen; — **Beweis**

M. Testimonium paupertatis: Armutszeugnis — Testimonium integritatis: Unbescholtenheitszeugnis

testis, is m. und f. (aus terstis cf. sto dritter neben den zwei Parteien) **Zeuge, Zeugin;** — Augenzeuge, Mitwisser, Anwesender

F. der Test: Probe; ein in England von allen Beamten verlangter Eid, daß sie nicht an die Transsubstantiation glauben — Testmethode: zahlenmäßige Zusammenfassung registrierter Prüfungsergebnisse

testis, is m. Hode (meist plur.)

testor 1. (cf. testis) **zum Zeugen nehmen,** als Zeugen anrufen; — **bezeugen;** feierlich versichern, **beweisen;** — testātus 3 (pass.) bezeugt, dargetan, offenkundig, unleugbar, klar; — ein Testament machen

F. der Testis i. a. B.

F. testieren: letztwillig verfügen; bezeugen, bescheinigen — das Testat: Zeugnis — der Testator: Erblasser; Bezeuger — die Testatrix: Erblasserin — protestieren: Einspruch erheben, widersprechen; einen Wechsel zurückweisen — der Protestant: Bekenner des lutherischen und reformierten Glaubens — der Protest, die Protestation: Einspruch, Widerspruch, Rechtsvorbehalt — intestabel: zeugnis-, testamentsunfähig — intestat: ohne Testament

testu n. indekl. (cf. testa) irdenes Geschirr; irdener Deckel

testudineus 3 (cf. testudo) mit Schildpatt ausgelegt

testūdo, inis f. (cf. testu) **Schildkröte;** — Schildpatt; — gewölbter Gegenstand: Laute, Zither, Lyra; gewölbte Halle; — **Schutz-, Schirmdach** (bei Belagerungen); **Schilddach** (von den Soldaten mit den über den Köpfen gehaltenen Schilden gebildet)

F. die Testudo: Schilddrüse (med.)

testula, ae f. (dem. von testa) irdenes Täfelchen, Scherbe

teter = taeter

Tethys, yos f. E. Gattin des Oceanus, Mutter der Meernymphen

tetrachmum, i n. (griech.) Vierdrachmenstück

tetrarches, ae m. (griech.) Tetrarch (F), **Vierfürst** (Beherrscher eines Viertels des Landes), kleiner Fürst, Regent

tetrachia, ae f. (griech.) Tetrachie (F), Gebiet eines Vierfürsten

tetricus 3 düster, finster, streng, ernst

Tetricus mons m. E. Berg im Sabinerlande

Teucer (Teucrus), cri m. E. 1.) Sohn des Telamon von Salamis, Halbbruder des Ajax, bester Bogenschütze vor Troja, Gründer von Salamis 2.) erster König von Troja; — Teucri, ōrum und um m. Teukrer, Trojaner; Teucrus und ius 3 teukrisch, trojanisch; Teucria, ae f. das troische Land; Teucris, idis f. Tochter des T.

Teuthras, antis m. E. sagenhafter König von Mysien, Vater des Thespius; — Teuthrantēus und ius 3 mysisch

Teutoburgiēnsis saltus m. E. Teutoburger Wald

Teutoni, ōrum und Teutones, um m. E. germanischer Volksstamm an der Nordsee; **Teutonicus** 3 teutonisch, germanisch

texo, texui, textus 3. **weben, flechten; verfertigen,** bauen, zustande bringen; — schriftlich abfassen

F. der Text: Wortlaut — die Text: Schriftgrad von 20 Punkten — die Textierung: Unterschrift eines Bildes

textilis, e (cf. texo) **gewebt;** pestis t. vergiftetes Gewebe; — textile, is n. Gewebe

F. textil: auf die Weberei bezüglich — die Textilien: Webwaren

textor, ōris m. (cf. texo) Weber

textrīnum, i n. (cf. texo) Weberstube, Weberei

textum, i n. (cf. texo) **Gewebe, Geflecht**

textūra, ae f. (cf. texo) Gewebe

F. die Textur i. a. B., Verbindung

textus, ūs m. (cf. texo) poet. = textum

Thabēna, ae f. E. numidische Küstenstadt; Thabenēnsis adi. und subst. Bewohner von Th.

Thāis, idis und idos f. E. Hetäre aus Athen

Thala, ae f. E. numidische Stadt

thalamus, i m. (griech.) **Frauengemach;** Braut-, Ehegemach; Ehebett; Ehe; — **Schlafgemach;** — **Wohnung**

Thalassius cf. Talasio

Thales, ētis m. E. Philosoph aus Milet, Begründer der Naturphilosophie, einer der 7 griech. Weisen

Thalīa und ēa, ae f. E. Muse des Lustspiels

Thapsacus, i f. E. Stadt am Euphrat

Thapsus und os, i f. E. 1.) Stadt an der Ostküste von Sizilien 2.) Stadt in Afrika, dort Cäsars Sieg 46 v. Chr.; Thapsitānus adi. und subst. Bewohner von Th.

Thasus und os, i f. E. Insel an der thrazischen Küste; — Thasius adi. und subst. Bewohner von Th.

Thaumas, antis m. E. Vater der Iris; Thaumantēus 3 des Th.; Thaumantis, idis und Thaumantias, adis f. Tochter des Th., Iris

theatrālis, e (cf. theatrum) zum Theater gehörig, theatralisch (F)

theātrum, i n. (griech.) **Theater** (F), **Schauspielhaus;** Zuschauer, Zuhörerschaft, **Publikum;** — **Schauplatz,** Wirkungskreis

Thebae, ārum f. E. 1.) das siebentorige Theben in Böotien 2.) das hunderttorige Theben in Ägypten 3.) Stadt in Thessalien 4.) das homerische Theben in Mysien; — Thebānus (f. auch Thēbais, idis) adi. und subst. Bewohner von Th.

Thebe, ēs f. E. 1.) Gattin des Tyrannen Alexander von Pherä 2.) die Landschaft um das homerische Theben

thēca, ae f. (griech.) Büchse, Kapsel

F. die Theke i. a. B., Laden-, Schanktisch

Themis, idis f. E. Göttin des Rechtes

Themiscȳra, ae f. E. Stadt in Pontus

Themistocles, is m. E. der bekannte athenische Feldherr und Staatsmann, Sieger bei Salamis 480 v. Chr.; — Themistoclēus 3 des Th.

thensa = tensa

Theocritus, i m. E. berühmtester Idyllendichter der Griechen

Theodectes, is m. E. griech. Redner und Tragiker

Theodōrus, i m. E. griech. Sophist

theogonia, ae f. (griech.) Theogonie (F), Ursprung der Götter

theologus, i m. (griech.) Forscher über den Ursprung der Götter, Theologe (F)

Theophanes, is m. E. Geschichtsschreiber aus Mytilene, Freund des Pompejus

Theophrastus, i m. E. griechischer Philosoph

Theopompus, i m. E. griechischer Historiker; Theopompius und ēus 3 des Th.

theorăctus, i m. (griech.) von Gott mit Wahnsinn geschlagen, Spottname des Theomnastus aus Syrakus

Thēra, ae f. E. südlichste Zykladeninsel (Santorin); — Theraeus adi. und subst. Bewohner von Th.

Therămenes, is E. athenischer Staatsmann und Feldherr, Haupt der 30 Tyrannen

Therapne, ēs f. E. Stadt östlich von Sparta, Geburtsort der Helena; Therapnaeus 3 spartanisch

Thericles, is m. E. berühmter Bildhauer und Vasenmacher in Korinth; Thericlīus und ēus 3 nach Art d. Th.

thermae, ārum f. (griech.) warme Quellen, Bäder; Thermen (F)

Thermae, ārum f. E. Stadt an der Nordostküste Siziliens mit warmen Bädern; — Thermitānus adi. und subst. Bewohner von Th.

Therme, ēs f. E. mazedonische Küstenstadt (Saloniki); Thermaeus adi. und subst. Bewohner von Th.

Thermōdon, ontis m. E. Fluß in Pontus, an dem die Amazonen wohnten; — Thermodontēus und tiacus 3 am Th., amazonisch

Thermopylae, ārum f. E. Engpaß am Ötagebirge, berühmt durch den Heldentod des Leonidas 480 v. Chr.

Therodamas, antis und Theromedon, ontis m. E. sagenhafter Szythenkönig, der seine Löwen mit Menschenfleisch fütterte

Thersites, ae m. E. der häßliche und freche Grieche vor Troja

thesaurus, i m. (griech.) Vorrat, **Schatz; Schatzkammer,** Schatzhaus; Vorratskammer; — Fundgrube

F. der Thesaurus i. a. B., Buchtitel für Sammelwerke — thesaurieren: ansammeln, aufzeichnen, aufbewahren — der Thesaurar: Hüter kirchlicher Kostbarkeiten

Thēseus, eos und ei m. E. König in Athen, attischer Nationalheros; Theseius, Thesēus 3 des Th., athenisch; Thesides, ae m. Sohn, Nachkomme des Th.

Thespiae, ārum f. E. Stadt in Böotien; Thespiēnsis (f. auch Thespias, adis) adi. u. subst. Bewohner v. Th.

Thespis, idis m. E. Begründer der attischen Komödie

M. der Thespiskarren: Wanderbühne

Thesprōtia, ae f. E. Küstenlandschaft im südwestlichen Epirus; — Thesprōtius adi. und subst. Bewohner von Th.

Thessalia, ae f. E. Landschaft Thessalien in Nordgriechenland; — Thessalus adi. und subst. Bewohner von Th.; Thessalis, idis f. Thessalierin; Thessalicus, Thessalius 3 thessalisch

Thessalonica, ae und e, ēs f. E. jüngerer Name von Therme (Saloniki); — Thessalonicēnsis adi. und subst. Bewohner von Th.

Thestius, ii m. E. sagenhafter König von Ätolien, Vater der Leda und Althäa, des Plexippus und Toxeus; — Thestiades, ae m. Sohn, Nachkomme des Th.; Thestias, adis f. Tochter des Th.

Thestorides, ae m. E. Sohn des Thestor, Kalchas

Thetis, idis f. Meergöttin, Mutter des Achilles

thiasus, i m. (griech.) Bacchusreigen

Thirmida, ae f. E. numidische Feste

Thispe, ēs f. E. 1.) Geliebte des Pyramus 2.) böotische Stadt; Thisbaeus und ēus adi. und subst. Bewohner von Th.

Thoas und ans, antis m. E. 1.) König in Tauris, bei dem Iphigenie Dianapriesterin war 2.) König von Lemnos, Vater der Hypsipyle; — Thoantēus 3 des Th.; Thoantias, adis f. Tochter des Th.

tholus, i m. (griech.) Kuppeldach (eines Tempels)

thōrax, ācis m. (griech.) Brustharnisch, Panzer

Thorius 3 E. Name eines röm. Geschlechts

Thrăcia, Thraecia, Threcia, Thraca, ae f. Thrace, Threce, ēs f. E. Thrazien, Landschaft im Nordosten von Griechenland; — Thrax, ācis, Thraex, aecis m. Thrazier, Gladiator in thrazischer Rüstung; Thracius, Thraecius 3 thrazisch; Thraeessa, Thraeissa, ae f. Thrazierin

Thraso, ōnis m. E. Name eines prahlerischen Soldaten im Eunuchus des Terenz

Thrasybūlus, i m. E. athenischer Feldherr, der die 30 Tyrannen stürzte

Threcia, Threce cf. Thracia

Thucȳdides, is und i m. E. der berühmte griechische Historiker 465 bis 400; — Thucydidēus und dīus 3 des Th.

Thule, ēs f. sagenhafte Insel im äußersten Norden

M. ultima Thule: das äußerste Thule, ein Fabelland

Thūrii, ōrum m. E. Stadt in Unteritalien; — Thurīnus adi. und subst. Bewohner von Th.

thus = tus

Thuys, ȳnis m. E. Paphlagonierfürst

thya, ae f. (griech.) Baum mit wohlriechendem Holze; — thyius 3 aus wohlriechendem Holze

Thyamis, idis m. E. Fluß in Epirus

Thyatīra, ōrum n. und ae, f. E. Stadt in Lydien

Thybris, idis m. (poet.) = Tiberis

Thyestes, ae und is m. E. Sohn des Pelops, Bruder des Atreus, Vater des Ägisthus; — Thyestēus 3 d. Th.

thyias, adis f. (griech.) Bacchantin

Thyle = Thule

thymbra, ae f. (griech.) Bohnen-, Pfefferkraut

Thymbra, ae f. E. Ebene in Troas mit Apollohain; Thymbraeus 3 aus Th.; subst. m. = Apollo

thymum, i n. und us, i m. (griech.) Thymian (L)

Thȳni, ōrum m. E. thrazischer Volksstamm; Thynia, ae f. sein Land; Thyniacus (f. auch Thȳnias, adis) 3 aus Th.

thynnus, i m. (griech.) Thunfisch (L)

Thyōne, ēs f. E. Mutter des Bacchus; — Thyōneus, ei m. Bacchus

Thyrea, ae f. E. Stadt in Argolis; — Thyreātis, idis f. (scil. terra) Gebiet von Th.

Thȳreum und ium, i n. E. Stadt im nördl. Akarnanien; — Thyriensis adi. und subst. Bewohner von Th.

thyrsus, i m. (griech.) Stengel; — Thyrsus (F), Bacchusstab mit Efeu und Weinlaub umwunden

Ti. = Tiberius

tiāra, ae f. und tiāras, ae m. (griech.) Tiara (F), Turban orientalischer Fürsten

Tibarāni, ōrum m. E. Volksstamm in Cilicien

Tiberis, is m. Tiber (Tevere); — Tiberīnus 3 tiberinisch; Tiberīnis, idis und Thybris, idis = Tiberis

Tiberius, ii m. E. römischer Vorname; Ti. Claudius Nero zweiter römischer Kaiser 14—37; Tiberiolus, i m. dem. von Tiberius; — Tiberiānus 3 des T.

tībia, ae f. Schienbein; (daraus gefertigte) Pfeife, **Flöte**; — tibiā cantare Flöte blasen; t. dextra hochgestimmte, sinistra tiefgestimmte Flöte; tibiae impares Doppelflöte mit hoher und tiefer Stimme

F. die Tibia i. a. B.; Schienbein

tībi-cen, inis m. (cf. tibia-cano) **Flötenbläser,** Pfeifer; ad tibicinem zum Flötenspiel; — Pfeiler, Säule

tibicina, ae f. (cf. tibicen) **Flötenbläserin**

tibicinium, ii n. (cf. tibicen) Flötenspiel

Tibullus, i m. (Albius T.) E. bedeutendster röm. Elegiker, Freund des Horaz

Tibur, uris n. E. (abl. e, loc. i) Stadt in Latium, Sommerfrische Roms (Tivoli); — Tiburs, rtis, Tiburtīnus, Tiburnus adi. und subst. Bewohner von T.; Tiburtīnum, i n. Landgut bei T.

Tiburnus, Tiburtus, i m. E. Sohn des Amphiaraus, Gründer von Tibur

Tīcīnum, i n. E. Stadt in Oberitalien (Pavia)

Ticinus, i m. E. linker Nebenfluß des Po (Tessino), dort Sieg Hannibals 218 v. Chr.

Tifāta, ōrum n. E. Berg in Kampanien

Tifernum, i n. E. 1.) Stadt in Umbrien 2.) am Tifernus gelegene Stadt in Samnium

Tifernus, i m. E. Berg und Fluß in Samnium

Tigellius, ii m. E. 1.) sardischer Sänger und Musiker 2.) Tigellius Hermogenes Musiker, Neffe von 1.)

tigillum, i n. (dem. von tignum) kleiner Balken

tignārius 3 (cf. tignum) zum Bauholz gehörig; faber t. Zimmermann

tignum, i n. **Balken**; t. cavum Fahrzeug

Tigrānes, is m. E. König von Armenien, Schwiegersohn des Mithridates

Tigrāno-certa, ae f. und ōrum n. Hauptstadt von Armenien

tigris, is und idis f. und m. **Tiger** (L)

Tigris, idis und is m. E. der Tigris

Tigurini, ōrum m. E. helvetischer Volksstamm; — Tigurīnus 3 tigurinisch

tilia, ae f. **Linde**

Timaeus, i m. E. pythagoreischer Philosoph, nach ihm ein Dialog Platos genannt; — griech. Historiker

Timāgenes, is m. E. Redner und Geschichtsschreiber, Günstling des Augustus, später von ihm verstoßen

Timāvus, i m. E. Fluß in Istrien (Timavo)

time-facio, fēci, factus 3. in Furcht setzen

timeo, ui 2. **fürchten, sich fürchten** vor jdm. alqm, vor etwas alqd; für etwas alci rei, für jdn. alci; wegen etwas de mit abl.; fürchten, daß ne, daß nicht ne non, ut; — **sich scheuen** mit inf.; — timens, ntis furchtsam; timendus 3 furchtbar

timiditas, tātis f. (cf. timidus) **Furchtsamkeit**, Scheu, Schüchternheit
F. die Timidität i. a. B.

timidus 3 (cf. timeo) **furchtsam, ängstlich**, schüchtern
F. timid i. a. B. — die Intimidation: Einschüchterung

Timocrates, is E. epikureischer Philosoph

Timoleon, ontis m. E. bekannter Feldherr aus Korinth; — Timoleontēus 3 des T.

Timōlus = Tmolus

Timon, ōnis m. E. Athener, sprichwörtlich durch seinen Menschenhaß

timor, ōris m. (cf. timeo) **Furcht, Besorgnis**; in magno timore esse, ne (ne non, ut) in großer Furcht sein, daß (daß nicht); — **Schrecken**; — Gott der Furcht

Timotheus, i m. E. athenischer Feldherr

tinctilis, e (cf. tingo) benetzend, flüssig

tinea, ae f. Motte, Schabe; — Raupe

Tingitāna provincia f. E. das heutige Marokko um Tanger

tingo, tīnxi, tinctus 3. **benetzen, befeuchten**, bestreichen, salben; **eintauchen**; — **färben**
M. tunken (urv.), Tinte (L)
F. die Tinktur: Anstrich, Färbung; Farbe (in der Wappenkunde); Auszug aus Pflanzen- oder Tierstoffen — tingieren i. a. B.

tinnio 4. (tonmalend) **klingeln**, klingen, klimpern

tinnītus, ūs m. (cf. tinnio) **Klingeln**, Geklingel; — Wortgeklingel

tinnulus 3 (cf. tinnio) klingelnd, klingend

tintinnabulum, i n. (cf. tinnio) die Klingel

tintino 1. = tinnio

tinus, i f. Schneeballstrauch

Tiphys, yos m. E. Steuermann der Argo

Tiresias, ae m. E. der blinde Seher in der Ödipussage

Tiridātes, is m. E. armenischer König; — ein Parther

tiro, ōnis m. **Rekrut**; — **Anfänger, Neuling**, Lehrling; — junger Mann, der zum erstenmal ins öffentliche Leben tritt

Tiro, ōnis m. E. der bekannte Freigelassene, Sekretär und Vertrauter Ciceros

tirocinium, ii n. (cf. tiro) **Rekrutenzeit, erster Kriegsdienst;** — Rekruten; — **Lehrzeit,** Anfang einer Tätigkeit; — **Probestück**

tirunculus, i m. (dem. von tiro) Neuling, Anfänger

Tiryns, ynthis f. E. Stadt in Argolis, in der Herkules erzogen wurde; Tirynthius 3 aus T.; subst. m. = Herkules; subst. f. = Alkmene, Mutter des Herkules

Tisiphone, ēs f. E. eine der drei Furien; — Tisiphonēus 3 der T.; verbrecherisch

Tissa, ae f. E. Stadt in Sizilien; — Tissēnsis adi. und subst. Bewohner von T.

Tissaphernes, is m. E. persischer Satrap in Jonien

Titān, ānis m. (cf. Titānus, i m.) E. der Titane (F); Titānes, um (selten Titāni, ōrum m.) die Titanen, das olympische, von Zeus gestürzte Göttergeschlecht; — Titānis, idis, Titānia, ae f. Titanentochter (Circe, Latona, Pyrrha, Tethys); Titānius, Titaniacus 3 titanisch

Tithōnus, i m. E. Sohn des Laomedon, Bruder des Priamus; — Tithōnius 3 des T.; subst. f. = Eos, Gattin des T.

Tities, ium, Titiēnses, ium m. die beiden römischen Urtribus

titillātio, ōnis f. (cf. titillo) **das Kitzeln;** der Kitzel

titillo 1. **kitzeln**

Titius 3 E. 1.) Name eines römischen Geschlechts; Sextus Titius Volkstribun 99 v. Chr. 2.) adi. des Sabinerkönigs Titus Tatius; sodales Titii Priesterkollegium der Titier

titubatio, ōnis f. (cf. titubo) das Wanken, Schwanken

titubo 1. **wanken, schwanken,** straucheln, stolpern; — unsicher sein, Fehler machen; — titubans, ntis schwankend, unsicher

titulus, i m. **Aufschrift, Inschrift;** Buchtitel; Grabinschrift; Haus-, Maueranschlag, Bekanntmachung; — **Titel** (L), **Ehrenname;** — Ehre, **Ruhm;** — **Vorwand,** Aushängeschild; sub titulo unter dem Vorwand

M. titulo pleno (abgek. T. p.): mit vollem Namen

F. titulieren: mit vollem Namen benennen — der Titular: Titelträger (ohne das Amt) — die Titulatur: der volle Titel, Würde; Titelwesen

Titus, i m. E. (abgek. T.) röm. Vorname

Tityos, i m. E. Sohn der Erde, ein Riese, wegen Entführung Latonas in der Unterwelt angeschmiedet

Tityrus, i m. E. Hirtenname

Tlepolemos, i m. E. Sohn des Herkules, Führer der Rhodier vor Troja

Tmarus, i m. E. Gebirgszug in Epirus bei Dodona

Tmōlus, i m. E. Stadt und Gebirge in Lydien; Tmōlius, Tmolītes adi. und subst. Bewohner von T.; n. Wein aus T.

tocullio, ōnis m. (griech.) Wucherer

tōfus, i m. Tuff (L), Tuffstein

toga, ae f. (cf. tego) **Toga** (F), das röm. nationale Obergewand; t. virilis Männertoga; togam virilem sumere die Männertoga anlegen; t. praetexta die purpurverbrämte Toga der freigeborenen Knaben und der höheren Beamten; in toga im Staatsdienst; t. purpurea die Königstoga; t. candida die neue, blendend weiße Toga des Amtsbewerbers; t. pulla oder sordida die dunkelgraue Toga, die man bei Trauerfällen oder als Angeklagter trug; — **Friedensgewand;** Friede; Buhldirne (weil diese statt der Stola eine Toga trugen)

togātus 3 **mit der Toga bekleidet** (als Bezeichnung des röm. Bürgers); — **echt römisch;** — im Friedenskleide; togātus, i m. röm. Bürger; — togata, ae f. (scil. fabula) das römische Nationalschauspiel (Komödie und Tragödie); Buhldirne

tōgula, ae f. (dem. von toga) kleine, hübsche Toga

Tolbiacum, i n. E. ubrische Stadt südwestlich von Köln (Zülpich)

Tolēnus, i m. E. Fluß in Sabinum

tolerābilis, e (cf. tolero) **erträglich,** leidlich; — geduldig

tolerandus cf. tolero

tolerantia, ae f. (cf. tolero) das Ertragen, Erdulden

F. die Toleranz: Duldsamkeit — die Intoleranz: Unduldsamkeit

tolero 1. (cf. tollo) **ertragen, aushalten,** erdulden z. B. labores, bellum, hiemem; tributa t. Abgaben aufbringen; — erhalten, ernähren; vitam t. das Leben fristen; — es noch aushalten; — tolerans, ntis ertragend, duldend, geduldig; — tolerandus 3 erträglich

F. tolerieren: dulden — tolerant: duldsam, verträglich, versöhnlich, weitherzig — intolerabel: unerträglich, unleidlich

Tolētum, i n. E. Stadt in Spanien (Toledo); Toletānus adi. und subst. Bewohner von T.

tollēno, ōnis m. (cf. tollo) Schwungbalken (Belagerungsmaschine); Hebemaschine, Kran

tollo, sustuli, sublātus 3. **empor-, aufheben, in die Höhe heben;** manus t. die Hände ausstrecken; alqm in crucem t. jdn. ans Kreuz schlagen; ignem t. das Signalfeuer aufleuchten lassen; onus t. eine Last auf sich nehmen; poenas t. Strafe erleiden; — signa t. die Feldzeichen erheben, aufbrechen; — (ein neugeborenes Kind aufheben), anerkennen und großziehen; liberos t. ex alqa rechtmäßige Kinder mit einer Frau zeugen; — ancoras t. die Anker lichten; (im Wagen oder Schiff) mitnehmen; an Bord nehmen; — erhöhen, erheben (durch Worte); alqm laudibus in caelum t. jdn. mit Lobsprüchen in den Himmel erheben; **jdn. aufrichten,** ermutigen; — jdn. **stolz machen;** proelio sublatus stolz auf den Sieg; — (ein Geschrei, Gelächter) erheben; — **wegnehmen, entfernen,** beseitigen z. B. pecuniam, praedam; alqm de (e) medio t. **jdn. aus dem Wege räumen;** jdn. töten z. B. ferro, veneno; — beendigen, beheben z. B. alci spem, timorem, metum t.; — **vernichten, vertilgen, zerstören;** — **abschaffen,** aufheben z. B. legem; — **sublātus** 3 erhoben; erhaben; sich überhebend, hochfahrend, stolz

M. dulden (urv.)

Tolōsa, ae f. E. Stadt an der Garonne (Toulouse); Tolosānus 3 aus T.; Tolosātes, ium m. Einwohner von T.

Tolumnius, ii m. E. 1.) Wahrsager der Latiner 2.) König der Vejenter

tolūtim adv. (cf. tollo) (die Beine aufhebend) im Trabe

tomentum, i n. (cf. tumeo) Polsterung

Tomi, ōrum m., Tomis, idis f. Stadt am Schwarzen Meer, Verbannungsort des Ovid; — Tomitānus 3 aus T.; Tomītae, ārum m. Bewohner von T.

tondeo, tontondi, tōnsus 2. **scheren, abscheren,** abmähen, beschneiden, abpflücken, abrupfen, abweiden, abfressen

F. die Tonsur: runde, geschorene Stelle auf dem Scheitel kath. Geistlicher

tonitrus, ūs m. und tonitruum, i n. (cf. tono) **Donner** (urv.)

tono, tonui 1. **donnern** (urv.); equi tonantes Donnerrosse Jupiters; — tönen (urv.), krachen, dröhnen; — mit Donnerstimme reden

F. tonal: musik. Werk, das einer bestimmten Tonart angehört — die Tonalität: Bezogenheit aller Klänge auf einen Grundklang

tonsa, ae f. (poet.) Ruder

tonsillae, ārum f. (cf. tumeo) Speicheldrüsen, Mandeln

F. die Tonsille: Gaumenmandel (med.)

tonsor, ōris m. (cf. tondeo) **Haarschneider, Barbier**

tonsōrius 3 (cf. tonsor) zum Scheren gehörig; culter t. Schermesser,

tonstrīcula, ae f. (dem. von tonstrix) (junge) Haarschneiderin, Barbierin

tonstrix, īcis f. (cf. tonsor) Haarschneiderin
tophus = tofus
topiārius, ii m. (griech.) **Kunstgärtner**
toral, ālis n. (cf. torus) Bettdecke, Sofadecke
torculum, i n. (cf. torqueo) Weinpresse, Kelter
toreuma, atis n. (griech.) aus Metall getriebene Arbeit, Reliefarbeit
tormentum, i n. (cf. torqueo) Drehwerk, **Winde;** — **Wurfmaschine, schweres Geschütz;** schweres Geschoß; — **Folter,** Folterbank; — **Tortur, Marter, Plage;** — Druck, Zwang
tormina, um n. (cf. torqueo) Leibschneiden, Kolik, Ruhr
torminōsus 3 (cf. tormina) an Kolik (Ruhr) leidend
torno 1. (cf. tornus) drechseln; abrunden
M. turnen (L)
F. das Turnier: mittelalterlicher Ritterwettkampf
tornus, i m. (griech.) Drechseleisen, Meißel
Torōne, ēs f. E. Stadt auf der Halbinsel Sithonia; Toronaeus adi. und subst. Bewohner von T.; Toronāïcus 3 aus T.
torōsus 3 (cf. torus) muskulös
torpēdo, inis f. (cf. torpeo) 1.) Betäubung, Erstarrung, Lähmung 2.) Zitterrochen, Zitteraal
F. der Torpedo: Zitterrochen; Sprenggeschoß
torpeo, ui 2. **starr sein, erstarrt sein; gelähmt sein, betäubt sein;** untätig sein, träge sein
M. sterben (urv.)
torpēsco, pui 3. (cf. torpeo) **erstarren, starr werden;** — erlahmen, erschlaffen, träge werden
torpidus 3 (cf. torpeo) **starr, erstarrt,** betäubt
F. torpid i. a. B.
torpor, ōris m. (cf. torpeo) **Erstarrung,** Lähmung; — Untätigkeit, Schlaffheit
F. der Torpor: Abgestumpftheit
torquātus 3 (cf. torquis) mit einer Halskette geschmückt; — Torquatus m. Beiname in der gens Manlia
torqueo, torsi, tortus 2. **drehen** (urv.), wenden, winden; stamina pollice t. spinnen; — im Kreise herumdrehen, kreisen lassen; — **schwingen, schleudern,** werfen z. B. hastam, tela, fulmen; — wenden, lenken, leiten; **verrenken, verzerren,** verdrehen; — **foltern;** — **martern, beunruhigen;** — peinlich untersuchen, ausforschen
M. drechseln (urv.)
F. der Tort (franz.): Unrecht, Nachteil, Verdruß, Possen — die Torte: feiner Kuchen aus gerührtem Teig — die Tortur: Marter, Qual — die Torsion: Drehung, Verdrehung, Drillung
torquis, is m. (selten f.) (cf. torqueo) **Halskette;** — Halsjoch, Kummet; — Blumengewinde
torrens cf. torreo
torreo, torrui, tōstus 2. **dörren** (urv.), **trocknen; backen, rösten, braten;** — **ausdörren, verbrennen,** versengen; — in Liebe entflammen, erglühen lassen; — torrens, entis brennend, glühend, heiß; — zeitweilig trocken; — **torrens,** entis m. (scil. rivus) der **Wildbach;** Wortschwall, Redestrom; — wild, reißend, ungestüm
M. dürr, Durst, Darre (urv.)
torridus 3 (cf. torreo) **gedörrt,** dürr, **ausgetrocknet,** trocken; — zusammengeschrumpft, **mager**
torris, is m. (cf. torreo) brennendes Holzscheit, Feuerbrand
tortilis, e (cf. torqueo) gewunden; aurum tortile Goldkette
tortor, ōris m. (cf. torqueo) **Folterknecht,** Henker
tortuōsus 3 (cf. tortus) voller Windungen, **gewunden;** — verwickelt, verworren; — versteckt, verstellt
tortus, ūs m. (cf. torqueo) Windung, Krümmung
torus, i m. Wulst, Anschwellung; — Schleife am Kranz; — **Muskel;** — **Polster,** Pfühl; Lager, Bett, Sofa; Ehebett; consors (socia) tori Ehege-

nossin; — Ehe, Liebe; — Leichenbett, Bahre

torvitas, tātis f. (cf. torvus) Wildheit

torvus 3 **wild aussehend; schrecklich,** grausig

tosillae = tonsillae

tot indekl. **so viele,** so viel; in Wechselbeziehung tot ... quot

toti-dem indekl. **ebensoviele;** in Wechselbeziehung totidem ... quot (ac, atque) ebensoviele ... wie

totiēs und totiēns adv. (cf. tot) **so oft;** in Wechselbeziehung toties ... quoties, totiens ... quotiens

tōtus 3 (gen. sing. totīus und totius, dat. toti, selten o und ae) **ganz;** — **gänzlich, völlig,** mit Leib und Seele; — **insgesamt, sämtlich;** plur. alle

F. total: gänzlich, vollständig — die Totalität: Gesamtheit, Inbegriff — totalisieren: zusammenzählen — der Totalisator: Gangzähler bei Maschinen; Buchmacher, Wettamt (bei Pferderennen, Sportveranstaltungen)

toxicum, i n. (griech.) Pfeilgift, **Gift**

F. das Antitoxin: Gegengift — die Intoxikation: Vergiftung, Berauschung

Tr. = tribunus, tribunicius

trabālis, e (cf. trabs) zu den Balken gehörig; rem clavo trabali figere eisenfest annageln. niet- und nagelfest machen; — balkenartig

trabea, ae f. (cf. trabs) mit breitem Purpurstreifen verbrämtes Staatskleid; Staatstoga, Purpurtoga

Trabea, ae m. E. römischer Komödiendichter

trabeātus 3 (cf. trabea) mit der Staatstoga bekleidet

trabs, trabis f. **Balken,** Baumstamm; — Schiff; — Wohnung, Dach

Trachas, antis f. E. = Tarracina

Trachin, īnis f. E. Stadt in Südthessalien, wo Herkules starb; Trachinius adi. und subst. Bewohner von T.; — Trachiniae, ārum f. die Trachinierinnen, den Tod des Herkules behandelnde Tragödie des Sophokles

tractābilis, e (cf. tracto) **berührbar;** non t. unnahbar; — **nahbar,** mild, gütig, **nachgiebig**

tractātio, ōnis f. (cf. tracto) **Handhabung, Gebrauch,** Behandlung, Beschäftigung

tractātus, us m. = tractātio

tractim adv. (cf. traho in einem Zuge, ununterbrochen

tracto 1. (cf. traho) **herumzerren,** -schleppen; — betasten, berühren; — **handhaben,** führen, gebrauchen z. B. gubernacula; secundas partes t. die zweite Rolle spielen; — **leiten,** lenken, **verwalten;** animos t. auf die Gemüter einwirken; — **jdn. behandeln;** hostes crudeliter t. die Feinde grausam behandeln; se t. sich benehmen; se ita t., ut sich so benehmen, daß; — **behandeln, bearbeiten;** erörtern, besprechen, verhandeln, unterhandeln

M. trachten (L)

F. traktieren: behandeln, bewirten — traktabel: leicht zu behandeln, fügsam, umgänglich — das Traktament: Behandlung, Bewirtung, Löhnung — die Traktanden: Behandlungsstoff — der (das) Traktat: Vertragsverhandlung; Flugschrift (insbes. religiösen Inhalts)

tractum, i n. (cf. traho) (poet.) Spinnwolle

tractus, ūs m. (cf. traho) **das Ziehen,** der Zug; das Spinnen; lunae t. Lauf des Mondes; aquārum t. Wasserströmung; — **Lage, Richtung,** Ausdehnung; arborum t. Baumreihe; flammārum t. Lichtstreifen; — Landstrich, Gegend; caeli t. Himmelsstrich, Klima; **langsame Bewegung,** Hinziehen, Verzögerung, Langsamkeit

F. der Trakt: Längenausdehnung, Straßen-, Zimmerflucht

traditio, ōnis f. (cf. trado) **Überlieferung;** Übergabe; — überlieferter Bericht

F. die Tradition: Herkommen, Überlieferung — traditionalistisch: die Lehre von der Überlieferung betreffend — traditionell: hergebracht, herkömmlich

trāditor, ōris m. (cf. trado) Ausliefe**rer, Verräter**

trādo, didi, ditus 3. (aus trans-do) **übergeben, überliefern,** einhändigen; — **überlassen, anvertrauen;** — **ausliefern** z. B. in servitutem, in vincula, ad supplicium; — **preisgeben, verraten;** — se tradere sich hingeben, sich einer Sache ergeben z. B. lacrimis, voluptatibus; — (mündlich oder schriftlich) **überliefern; erzählen, berichten;** — mündlich vortragen, lehren

F. tradieren: überliefern

tra-dūco, dūxi, ductus 3. **hinüberführen,** -bringen, -setzen; — **vorüberführen;** — für etw. gewinnen, **hinüberziehen** z. B. civitatem ad Romanos t.; — **in einen Zustand brinbringen,** versetzen z. B. ad metum; — (Zeit) zubringen, verleben z. B. noctem, iuventutem

traductio, ōnis f. (cf. traduco) **Hinüberführung,** Versetzung z. B. ad plebem; — Verlauf, Fortdauer z. B. temporis; — Metonymie (rhetorische Figur)

F. die Traduktion: Übersetzung

trādux, ducis m. (cf. traduco) Weinranke

tragicus 3 (griech.) tragisch (F), zur Tragödie gehörig; tragödienartig, erhaben, hochtrabend, pathetisch; — traurig, grausig, schrecklich; — tragicus, i m. der Tragödiendichter

tragoedia, ae f. (griech.) **Tragödie** (F), **Trauerspiel;** Pathos; — Lärm, Spektakel z. B. tragoedias excitare

tragoedus, i m. (griech.) Schauspieler in der Tragödie, Tragöde (F)

trăgula, ae f. (der mit einem Schwungriemen versehene) Wurfspieß der Gallier und Spanier

trahea, ae f. (cf. traho) Dreschschleife, -walze

traho, trāxi, tractus 3. (trāxe = traxisse) **ziehen; schleppen, schleifen,** zerren; per manus t. von Hand zu Hand schleppen, zerren; hin und her zerren, zerrütten; pecuniam t. vertun, verprassen, **hinziehen, hinüberziehen** z. B. alqm in aliam partem; — **bestimmen, verleiten,** verlocken z. B. alqm ad defectionem; — **als etwas deuten, auslegen** z. B. alqd in virtutem t. als Tapferkeit auslegen; in deterius t. schlimm deuten; — mit sich fortschleppen, wegschleppen; plündern; t. et rapere rauben und plündern; — nach sich ziehen, **hinter sich herziehen, nachschleppen;** im Gefolge haben, verursachen; — **einziehen,** einschlürfen z. B. vinum; spiritum t. atmen; — **annehmen,** bekommen; stipendia t. Sold erhalten; — **sich etwas aneignen, an sich bringen, an sich reißen** z. B. regnum; — herausziehen, heraufziehen, herleiten, ableiten; — **in die Länge ziehen, verlängern;** lanam t. spinnen; pass. sich lang hinziehen z. B. bellum trahitur; tempus t. Zeit hinbringen; vitam t. das Leben fristen; tractus 3 fließend, ruhig; — herstammend, entspringend

M. tragen (urv.)

F. der Traktor: Motorzugmaschine — die Traktur: den Anschlag der Taste weiterleitende Vorrichtung an der Orgel — die Traktorie, Traktrix: Zuglinie, eine krumme Linie höherer Ordnung (math.) — die Traktion: der Zug, das Ziehen

Traiānus, i m. E. M. Ulpius Traianus röm. Kaiser 98—117

tra-icio (sprich jicio), iēci, iectus 3. (aus trans-iacio) **hinüberwerfen, -legen,** -bringen, -schießen; — hinüberdringen, -setzen; copias flumen t. die Truppe über den Fluß setzen; se t., traici hinübergehen; — **überschreiten,** -setzen; flumen nando t. hinüberschwimmen; — **durchstoßen,** durchbohren, durchbrechen z. B. aciem

M. Trichter (L) (aus traiectorium)

F. der Trajekt: Überfahrt, Eisenbahnfähre

traiectio, ōnis f. (cf. traicio) **Überfahrt,** Übergang; — das Hinüberschieben; — t. verborum Wortversetzung; — Übertreibung, Hyperbel

traiectus, ūs m. (cf. traicio) Überfahrt, Übergang

M. tricht, trecht (L) (z. B. Maastricht, Utrecht)

tralatus cf. transfero

Tralles, ium f. E. reiche Handelsstadt in Karien; — Trallianus adi. und subst. Bewohner von T.

tra-m = trans-m

trāmes, itis m. (cf. trans-meo) **Seitenweg,** Fußpfad, Pfad, Gang

trā-nato 1. **hinüber-, durchschwimmen**

trā-no = tranato

tranquillitas, tātis f. (cf. tranquillus) **Stille, Ruhe;** Meeresstille, ruhiges Wetter; — politische Ruhe, ruhiges Leben; — Gemütsruhe; — Sanftmut

F. die Tranquilität: Ruhe, Gelassenheit

tranquillo 1. (cf. tranquillus) ruhig machen, beruhigen, zu Ruhe bringen

tranquillus 3 (cf. trans-quies) **ruhig, still;** windstill; beruhigt; — tranquillum, i n. (scil. mare) Meeresstille, Windstille

F. tranquillo (it.): ruhig (mus.)

trans praep. mit acc. 1.) (auf die Frage „wo?") **jenseits** z. B. t. Rhenum 2.) (auf die Frage „wohin?") **über, über ... hin,** über ... hinaus

trans-abeo, ii 4. hindurchgehen, durchbohren

transactor, ōris m. (cf. transigo) Vermittler

trans-adigo 3. durch etwas treiben, stoßen, durchbohren

trans-alpinus 3 jenseits der Alpen gelegen, wohnend, transalpinisch (F)

tran-scendo, scendi, scēnsus 3. (aus trans-scando) **hinübersteigen, -schreiten;** — (trans.) **überschreiten,** übersteigen, passieren z. B. Alpes; — etwas übertreten z. B. legem

F. transzendent, transzendental: die Grenze der sinnlichen Wahrnehmung überschreitend, übersinnlich, außerweltlich

tran-scribo, scripsi, scriptus 3. überschreiben, **umschreiben, abschreiben** z. B. tabulas publicas, testamentum; — auf jdn. umschreiben lassen, jdm. schriftlich übertragen; — auf jdn. übertragen

F. transkribieren i. a. B. — die Transkription: Umschrift, Übertragung

trans-curro, curri, cucurri, cursus 3. **hinüberlaufen;** zu etwas übergehen; — **vorbeilaufen,** vorüberlaufen; — (trans.) **durchlaufen**

trans-danuviānus 3 jenseits der Donau befindlich

trans-do, trans-duco cf. trado, traduco

transenna, ae f. Gitter, Netz

trāns-eo, ii, itum 4. (transīsse = transiisse, transīt = transiit) 1.) (intr.) **hinübergehen, übergehen,** übersetzen, übersiedeln; — zum Feinde **übergehen;** einer Sache beitreten; — **in etwas übergehen,** sich verwandeln; — (in Schrift, Rede) zu etwas anderem übergehen; — **vorbeigehen;** — durch etwas hindurchgehen 2.) (trans.) **etwas überschreiten, durchziehen, passieren;** etwas übertreten; etwas überstehen; etwas durchgehen, behandeln, besprechen; — an etwas vorübergehen; jdn. überholen; — (in der Rede) **etwas übergehen,** unerwähnt lassen; — Zeit zubringen

M. sic transit gloria mundi: so vergeht der Ruhm der Welt (Anfang eines lateinischen Kirchenliedes)

F. transitieren: durchgehen, vorübergehen — transitiv: überleitend, hinübergehend; zielend, in die Leideform umsetzbar (sprachl.) — intransitiv: ziellos, ohne Akkusativobjekt — das Transitivum: zielendes Zeitwort (sprachl.) — das Intransitivum: Verbum ohne Akkusativobjekt (sprachl.) — transitorisch: vorübergehend

trāns-fero, tuli, lātus, ferre **hinübertragen, -bringen, -schaffen;** signa t. ad alqm zu jdm. mit fliegenden Fahnen übergehen; — **verlegen, versetzen, verpflanzen;** bellum t. den Krieg hinüberspielen, den Kriegsschauplatz verlegen; — **übertragen** z. B. imperium ad alqm; pass. auf jdn. übergehen; — **übersetzen,** in eine andere Sprache übertragen; — (ein Wort) **in übertragenem Sinne gebrauchen;** verba translata übertragene (bildliche) Ausdrücke; — (zeitlich) **verschieben** z. B. in proximum annum; se t. **seine**

Amtsbewerbung fürs nächste Jahr verschieben

F. transferieren: übertragen, versetzen, verschieben — der Transfer: Übertragung, Berechnung von Geldsummen; Zahlungsüberweisung aus dem Auslande — der Translator: Übersetzer, Dolmetscher — die Translation: Übertragung, Übersetzung; Gradlinie, Bewegung (phys.)

trans-fīgo, fīxi, fīxus 3. **durchstoßen, durchbohren**

trans-fodio, fōdi, fossus 3. durchstechen, **durchbohren**

trans-fōrmis, e (cf. forma) umgeformt, verwandelt; — wandelbar

trans-fōrmo 1. umgestalten, verwandeln, umformen

F. transformieren i. a. B. — der Transformator: Umformer, Spannungswandler — die Transformation: Umbildung, Umformung

trānsfuga, ae m. (cf. transfugio) **Überläufer**

trans-fugio, fūgi 3. zum Feinde **überlaufen**

transfugium, ii n. (cf. transfugio) das Überlaufen

trans-fundo, fūdi, fūsus 3. in ein anderes Gefäß **übergießen;** — **übertragen**

F. transfundieren i. a. B., überleiten — die Transfusion: Umgießung; Blutübertragung (med.) — der Transfusor: Blutspender (med.)

trans-gredior, gressus sum 3. **hinüberschreiten, -gehen;** zu einer Partei übergehen in partes alcis, ad alqm; — zu etwas schreiten, übergehen; — (trans.) **etwas überschreiten** z. B. flumen

transgressio, ōnis f. (cf. transgredior) **das Überschreiten,** Übergang

F. die Transgression: Überflutung; Überschreitung eines Befehls

transgressus, ūs m. = transgressio

trans-icio, transiectio, transiectus = traicio, traiectio, traiectus

trāns-igo, ēgi, actus 3. (cf. ago) **durchführen,** zustande bringen, vollführen; — ein Geschäft abmachen; **sich vergleichen,** ein Abkommen treffen; — mit etwas fertig werden, ein Ende machen, abschließen; — **(Zeit) verbringen, verleben**

F. transigieren: verhandeln, vergleichen — die Transaktion: Vergleichsverhandlung, Vergleich; Handelsunternehmung

tran-silio, silui 4. (cf. salio) **hinüberspringen;** zu etwas übergehen; — (trans.) etwas **überspringen;** überschreiten; — übergehen (in der Rede)

transitio, ōnis f. (cf. transeo) **das Hinübergehen, Übergang,** das Überlaufen (zum Feinde); — Übertritt; — Durchgang

trānsito 1. (cf. transeo) durchpassieren

transitōrius 3 (cf. transeo) mit einem Durchgang versehen

trānsitus, ūs m. (cf. transeo) **das Hinübergehen, Überschreiten, Übergang; Durchzug;** — Übertritt zum Feinde; — das Vorübergehen; in transitu im Vorübergehen; — der Übergangsort, Paß, Furt

F. der Transit: Durchgang, Durchfuhr

translaticius 3 (cf. transfero) hergebracht, **überliefert;** — gewöhnlich, gemein

translātio, ōnis f. (cf. transfero) **Übertragung,** Verlegung; — Ablehnung; Abwälzung z. B. criminis; — übertragener (bildlicher) Ausdruck, Metapher

translātor, ōris m. (cf. transfero) Übertrager

trans-lūceo 2. hervorleuchten, durchschimmern

trans-marinus 3 jenseits des Meeres befindlich, überseeisch

F. transmarin i. a. B.

trāns-meo 1. durchziehen, passieren

trans-migro 1. übersiedeln

transmissio, ōnis f. (cf. transmitto) Überfahrt

transmissus, ūs m. = transmissio

trans-mitto, mīsi, missus 3. **hinüberschicken, -schaffen,** hinübergehen lassen, (über einen Fluß) **übersetzen lassen;** bellum t. den Kriegsschauplatz verlegen; — überlassen, übergeben, anvertrauen; — **vorübergehen lassen;** tempus t. Zeit zu-

bringen; — **unbeachtet lassen, übergehen,** nicht berücksichtigen; — (intr.) hinüberziehen, überfahren, übersetzen; — **überschreiten, passieren**
F. transmittieren: übertragen, überleiten; überliefern — die Transmission: Übertragung, Kraftübertragung, Triebwerk

trans-montānus 3 jenseits des Gebirges wohnend

trans-moveo 2. hinüberschaffen

trans-mūto 1. vertauschen, umändern
F. die Transmutation: Umwandlung, Vertauschung — Transmutationslehre: Abstammungslehre

trans-nato = tranato

trans-padānus 3 jenseits des Po, transpadanisch (F)

trans-pōno, posui, positus 3. **hinüberbringen,** hinübersetzen, **übersetzen**
F. transponieren: umstellen, versetzen; in eine andere Tonart versetzen (mus.)

trans-porto 1. **hinüberbringen,** -führen, -schaffen; **übersetzen;** milites flumen navibus t.
F. transportieren i. a. B., befördern, versenden; übertragen (bei Buchungen) — der Transport: Fortschaffung, Versand, Beförderung; Übertragung, Übertrag (bei Buchungen) — transportabel: beweglich, tragbar, beförderbar — intransportabel: unbeweglich — die Transportation: Fortschaffung, Beförderung — der Transporteur (franz.): Winkelmesser, Gradmesser; Stoffschieber an Nähmaschinen; Spediteur

trans-rhenānus 3 überrheinisch, jenseits des Rheins, transrhenanisch (F)

trans-s = tran-s

trans-tiberīnus 3 jenseits des Tibers befindlich

transtrum, i n. (cf. trans) Querbalken; plur. Verdeck; — Ruderbank

tran-sulto 1. (cf. transilio) hinüberspringen

tran-suo 3. durchnähen, durchstechen

transvectio, ōnis f. (cf. transveho) Überfahrt

trans-veho, vexi, vectus 3. **hinüberführen, -fahren,** -schaffen; übersetzen z. B. exercitum in Africam; pass. hinüberfahren; — **vorüberführen;** (im Triumph) aufführen; pass. vorüberfahren; (von der Zeit) vorübergehen, verfließen

trans-verbero 1. **durchbohren,** durchstechen

transversārius 3 querliegend; tigna transversaria Querbalken

trans-versus 3 (cf. trans-verto) **querliegend, quer,** schräg; via transversa Seitenweg; fossa transversa Quergraben; iter transversum schräge Richtung, Flankenmarsch; proelium transversum Flankenangriff; alqm transversum agere jdn. auf Abwege bringen; — in die Quere kommend, in den Weg tretend
F. transversal: querlaufend, schräg — die Transversale: Mittellinie, Querlinie durch eine ebene Figur (math.) — travers (franz.): quer, quergestreift, schief — das Travers (franz.): eine Gangart des Pferdes — die Traverse: Querlinie, Querwall, Schulterwehr; Widerwärtigkeit — traversieren: durchschneiden, auf die andere Seite gehen, (beim Fechten) seitwärts ausfallen; hintertreiben, durchkreuzen

trans-volo 1. **hinüberfliegen,** -eilen; (trans.) **überfliegen;** durchfahren z. B. mare; an etwas **vorüberfliegen,** vorübereilen z. B. urbem

trans-vorsus 3 (arch.) = transversus

trapes, ētis m. und trapētum, i n. (griech.) Ölpresse

Trapezus, ūntis f. E. Stadt an der Südküste des Schwarzen Meeres (Trebisonde)

Trasumēnus, Trasumennus, Trasimēnus 3 trasimenisch; T. lacus See in Etrurien (Lago di Perugia), dort Sieg Hannibals 217 v. Chr.

tra-v = trans-v

Trebātius, ii m. E. röm. Familienname; C. Trebatius Testa röm. Jurist, Freund Ciceros

Trebellius 3 E. Name eines röm. Geschlechts

Trebia, ae m. E. rechter Nebenfluß des Po (Trebbia), dort Sieg Hannibals 218 v. Chr.

Trebōnius 3 E. Name eines röm. plebejischen Geschlechts; C. Trebonius General Cäsars

Trebula, ae f. E. 1.) Trebula Mutusca Stadt im Sabinerland 2.) Stadt in Kampanien; Trebulānus adi. und subst. Bewohner von T,

trecēni 3 (cf. trecenti) **je dreihundert**

trecentēsimus 3 (cf. trecenti) **der dreihundertste**

tre-centi 3 (cf. tres-centi) **dreihundert;** — unzählige

trecentiēs und ēns adv. (cf. trecenti) dreihundertmal

tre-decim (cf. tres-decem) **dreizehn**

tremebundus 3 (cf. tremo) **zitternd**

treme-facio, fēci, factus 3 **zittern machen;** pass. treme-fio, factus sum, fieri erzittern

tremendus 3 (cf. tremo) **furchtbar,** schrecklich

tremēsco 3. (cf. tremo) **erzittern,** erbeben; alqd vor etwas erzittern

tremibundus = tremebundus

tremisco = tremesco

tremo, ui 3. **zittern, beben;** alqd vor etwas zittern

tremor, ōris m. **das Zittern, Beben; Erdbeben**

F. der Tremor i. a. B., Schreck, Furcht

tremulus 3 (cf. tremo) zitternd, bebend

F. tremulieren: mit zitternder Stimme singen — tremolando (it.): zitternd, bebend (mus.) — der Tremulant: Zitterton der Orgel

trepidanter adv. (cf. trepido) ängstlich

trepidātio, ōnis f. (cf. trepido) **das ängstliche Durcheinanderlaufen, Unruhe, Verwirrung,** ängstliche Hast, Ratlosigkeit

trepido 1. (cf. trepidus) **ängstlich hin und her laufen,** durcheinander laufen, in Verwirrung sein; zappeln, zucken; — **sich ängstigen,** aufgeregt sein, zittern; **schwanken,** unsicher sein, **unschlüssig sein**

trepidus 3 trippelnd, **ängstlich umherlaufend, unruhig,** verwirrt, aufgeregt; wallend, kochend; — zitternd, **ängstlich besorgt;** voll Unruhe, ratlos, unschlüssig, verlegen; — **verwirrend, beunruhigend,** aufregend

trēs, tria, ium drei (urv.); — ein paar

M. tres faciunt collegium: drei bilden ein Kollegium, drei bilden eine rechtsfähige Genossenschaft (aus den Digesten des Corpus iuris)

F. das Trio (it.): dreistimmiges Tonstück, Dreigesang (mus.) — die Triole: eine aus drei Noten bestehende mus. Figur — das Triolett (franz.): achtzeiliges Ringelgedicht — die Trias: Dreiheit; die jüngste Schicht des Mesozoikums (geol.) — triassisch: zur Trias gehörig — die Regeldetri: Dreisatzrechnung — die Trikolore: dreifarbige Flagge

tres-viri, trium virorum **Dreimännerkollegium**

Trēveri und Trēviri, ōrum m. E. germanischer Volksstamm am linken Ufer des Niederrheins bis zur Maas mit der Hauptstadt Augusta Treverorum (Trier); Trevericus 3 treverisch

triangulus 3 (cf. tres-angulus) **dreieckig;** triangulum, i n. Dreieck

F. der Triangel: Dreieck; Musikinstrument — triangulär: dreieckig — triangulieren: einen Landstrich unter Zerlegung in Dreiecke ausmessen — die Triangulation: Landvermessung

triārii, ōrum m. (cf. tres) **Triarier** (F), die in der dritten Schlachtreihe stehenden ältesten und besten Soldaten; **Reserve;** — res redit ad triarios es ist zum äußersten gekommen

Triballi, ōrum m. E. thrazischer Volksstamm im heutigen Bulgarien

Triboces, um und Triboci, ōrum m. E. germanischer Volksstamm im heutigen Elsaß

tribolus = tribulus

tribuārius 3 (cf. tribus) die Tribus betreffend

tribūlis, e (cf. tribus) zu derselben Tribus gehörig; subst. m. Landsmann, Gau-, Tribusgenosse

tribulum, i n. (cf. tero) Dreschwagen

tribulus, i m. (griech.) Burzelkraut (ein Unkraut)

tribūnal, ālis n. (cf. tribunus) **Tri-**

bunal (F), **Richterbühne**, -stuhl; — **Feldherrnsitz**; — Richterkollegium, Gerichtshof

tribunātus, ūs m. (cf. tribunus) **Tribunat** (F), Tribunenwürde

tribunicius 3 (cf. tribunus) **tribunisch** (F), des, der Tribunen, von den Tribunen veranlaßt; — tribunicius, ii m. gewesener Volkstribun

tribūnus, i m. (cf. tribus) **der Tribusvorsteher**; — t. celerum **Reiteroberst** (in der Königszeit) — t. aerarius Zahlmeister, Steuereinnehmer; — t. militum, t. militaris Kriegstribun, **Militärtribun, Oberst** (6 bei jeder Legion); — tribuni militares consulari potestate oder tribuni consulares Militärtribunen mit Konsulargewalt (von 444—367 auch den Plebejern zugängliche Magistrate statt der Konsuln); — **t. plebis Volkstribun** (zuerst zwei, später zehn zum Schutz der Plebejer gegen Patrizier und Magistrate gewählt)

tribuo, ui, ūtus 3. **einteilen**; — austeilen, verteilen; — **zuteilen**, verleihen, erteilen; — **erweisen**, schenken, gewähren; laudem t. Lob spenden; gratiam t. Dank abstatten; — **zugestehen, einräumen**, gewähren; alci multum t. jdn. hochschätzen; alci omnia t. jdn. über alles schätzen; — **zuschreiben, anrechnen**, beimessen, als etwas auslegen; alci alqd ignaviae t. jdm. etwas als Feigheit auslegen

tribus, ūs f. (cf. tribuo) **die Tribus** (F), eine der drei Stamm- oder Urtribus (Rammes, Tities, Luceres) des röm. Volkes; — örtlicher Bezirk, Abteilung der röm. Vollbürger, **Gau** des röm. Volkes (ursprünglich 30 später 35, nämlich 4 urbanae und 31 rusticae); — die Stimmen einer Tribus

tributārius 3 (cf. tributum) die Abgaben betreffend; steuerpflichtig; — tabellae tributariae reiche Geschenke versprechende Urkunden
F. tributär: zinspflichtig

tribūtim adv. (cf. tribus) **tribusweise**

tribūtio, ōnis f. (cf. tribuo) Teilung, Verteilung

tribūtum, i n. (cf. tribuo) **Tribut** (F), **Abgabe, Steuer**

tribūtus 3 (cf. tribus) nach den Tribus eingeteilt, eingerichtet

tricae, arum f. Widerwärtigkeiten, Verdruß
M. triezen (L)

Tricastīni, ōrum m. E. keltischer Volksstamm

Tricca, ae f. E. Stadt in Thessalien Trikkala)

tricēni 3 (cf. triginta) **je dreißig**

tri-ceps, cipitis (cf. tres-caput) **dreiköpfig**
F. der Trizeps: dreiköpfiger Höllenhund; dreiköpfiger Muskel (med.)

tricēsimus (tricēnsimus) (cf. triginta) **der dreißigste**; **tricesima, ae f.** (scil. dies) Neumondfest, Neumondfeier der Juden; **tricesima sabbata** Neumondfest und Sabbat (Doppelfest)

trichila, ae f. **Laube**, Lusthäuschen

triciēs und ēns adv. (cf. triginta) dreißigmal

triclīnium, ii n. (griech.) **Speisesofa; Speisezimmer**
F. das Triklinium i. a. B.

tricor 1. (cf. tricae) Schwierigkeiten machen, zögern, zaudern

tri-corpor, oris (cf. tres-corpus) dreileibig

tri-cuspis, idis (cf. tres-cuspis) dreizackig

tri-dens, entis (cf. tres-dens) dreizähnig, dreizackig; subst. m. der Dreizack
F. der Trident i. a. B.

tridenti-fer und ger 3 den Dreizack führend

tri-duum, i n. (cf. tres-dies) **Zeitraum von drei Tagen, drei Tage**
F. das Triduum i. a. B., dreitägiges Gebet

triennia, ium n. (cf. triennium) Bacchusfest (jedes dritte Jahr gefeiert)

tri-ennium, ii n. (cf. tres-annus) **Zeitraum von drei Jahren, drei Jahre**
F. das Triennium i. a. B.

triēns, entis m. dritter Teil, **Drittel**; — ein Drittelas

trientabulum, i n. (cf. triens) Drittelersatz

trierarchus, i m. (griech.) Trierenführer, Kapitän eines Dreiruderers

triēris, e (griech.) **dreiruderig;** subst. f. Dreiruderer

trietericus 3 (griech.) dreijährig, alle drei Jahre wiederkehrend

trietēris, idis f. (griech.) Zeitraum von drei Jahren; die jedes dritte Jahr wiederkehrende Bacchusfeier

Trifānum, i n. E. Stadt in Latium

tri-fāriam adv. dreifach, an drei Stellen, auf drei Punkten

tri-faux, cis (cf. fauces) dreischlündig

tri-fidus 3 (cf. tres-findo) dreifach gespalten

tri-fōrmis, e (cf. tres-forma) dreigestaltig

tri-geminus 3 **zu dritt geboren;** filii (fratres) trigemini Drillinge; porta trigemina Drillingstor (am Fuße des Aventin): — **dreigestaltig,** dreifach

F. der Trigeminus: der das Gesicht versorgende Gehirnnerv

trigēsimus 3 = tricesimus

triginta (indekl.) **dreißig**

trigon, ōnis m. (griech.) Ball (zum Spiel für drei im Dreieck stehende Personen); — Dreiballspiel

tri-lībris, e (cf. tres-libra) dreipfündig

tri-linguis, e (cf. tres-lingua) dreizüngig

tri-līx, icis (cf. tres-licium) dreifädig, dreidrähtig; lorica auro tr. Panzer aus dreifachem Golddraht

tri-mēstris und mēnstris, e (cf. tresmensis) dreimonatlich

F. das Trimester: ein Zeitraum von drei Monaten; dritter Teil eines Studienjahres

trimetrus 3 (griech.) drei Metra enthaltend, trimetrisch; — subst. m. (scil. versus) der Trimeter (F)

trīmus 3 (cf. tres-hiems) dreiwinterig, dreijährig

Trinacria, ae und Trinacris, idis f. E. „die dreispitzige", alter Name für Sizilien; Trinacrius 3 (f. auch Trinacris, idis) sicilisch

trini 3 (cf. tres) **je drei;** trinum nundinum cf. nundinum

F. die Trinität: Dreieinigkeit — Trinitatis: Dreifaltigkeitsfest, der erste Sonntag nach Pfingsten — Trinitarier: Orden der hl. Dreifaltigkeit

Trinobantes, um m. E. kelt. Volksstamm in Britannien nördlich von London

tri-nōdis, e (cf. tres-nodus) dreiknotig

trinus cf. trini

trio, ōnis m. (cf. tero) der Dreschochse; plur. das Bärengestirn, Wagen; cf. septentrio

Triocala, ōrum n. E. Stadt in Westsizilien; Triocalīnus adi. und subst. Bewohner von T.

Triopas, ae m. E. König in Thessalien, Vater des Erysichthon und Großvater der Mestra; Triopēius 3 des T., Erysichthon; Triopēis, idis f. = Mestra

tri-partītus 3 (cf. tres-partior) **in drei Teile geteilt,** dreifach; — tripartīto adv. in drei Abteilungen, in drei Teile

tri-pedālis, e (cf. tres-pes) drei Fuß lang

tri-pertītus = tripartitus

tri-pes, pedis (cf. tres-pes) dreifüßig

Triphȳlia, ae f. E. „Dreistämmeland", der südliche Teil von Elis

tri-plex, icis (cf. tres-plico) dreifach gefaltet, **dreifältig;** t. cuspis Dreizack; t. mundus Himmel, Erde, Meer; **dreifach;** drei miteinander; triplices deae die drei Parzen

F. triplieren: verdreifachen — das Triplikat: dritte Ausfertigung — der Tripel: dreifacher Nutzen — Tripelallianz: Dreibund

triplus 3 (cf. tres-duplus) dreifach

M. in triplo: dreifach

F. das Triplum: das Dreifache

Tripolis, is f. E. „Dreistadt", Gegend 1.) in Arkadien 2.) im nördlichen Thessalien 3.) im südlichen Thessalien 4.) im nördlichen Phönizien (Tarabus) 5.) in Nordafrika (Tripoli); Tripolitānus 3 aus Tr.

Triptolemus, i m. E. Erfinder des Ackerbaues, Richter in der Unterwelt; Triptolemo dare fruges etwas Überflüssiges tun

tripudio 1. (cf. tripudium) im Dreischritt tanzen; den Waffentanz (insbes. der Salier) tanzen; — frohlocken

tripudium, ii n. (cf. repudium) dreischrittiger Waffentanz (inbes. der Salier und wilder Völker); — Wahrzeichen; t. sollistimum vollgültiges Wahrzeichen (wenn die hl. Hühner gierig fraßen)

tripūs, podis m. (griech.) **Dreifuß**; — dreifüßiger Kessel; — Dreifuß der Pythia; delphisches Orakel

tri-quetrus (aus tri-quadros) dreieckig; sizilisch; cf. Trinacria

tri-rēmis, e (cf. tres-remus) **dreiruderig,** mit drei Ruderbankreihen; trirēmis, is f. (scil. navis) Dreiruderer

tris = tres

tristis, e (adv. triste) **traurig, betrübt;** — widerlich herb; — **betrübend,** niederschlagend, schmerzlich, unglücklich; — **unfreundlich,** schlecht gelaunt, mürrisch, streng, zornig; kalt, hart, rauh

F. trist: traurig, öde — die Tristien: Trauerlieder

tristitia, ae f. (cf. tristis) **Traurigkeit,** Betrübnis; — Unangenehmes, Hartes; — **unfreundliches Benehmen; strenges Wesen, Härte**

tristities, ēi f. = tristitia

tri-sulcus 3 (cf. tres-sulcus) dreifurchig; dreispaltig, dreizackig

triticeus 3 (cf. triticum) zum Weizen gehörig, aus Weizen

triticum, i n. (cf. tero) Dreschgetreide, **Weizen**

Triton, ōnis m. E. 1.) Meergott, Sohn Neptuns; plur. Tritonen, Meergötter 2.) See in Tripolis, an dem Minerva geboren wurde; Tritōnius 3 (f. auch Tritōnis, idis) vom Tritonsee stammend, tritonisch; — Tritoniacus 3 Beiname der Minerva; harundo Tritoniaca die von Minerva erfundene Flöte

tritūra, ae f. (cf. tero) das Dreschen

tritus 3 cf. tero

tritus, ūs m. (cf. tero) das Reiben

triumphālis, e (cf. triumphus) **zum Triumph gehörig**; provincia t. eine (durch ihre Unterwerfung) einen Triumph einbringende Provinz; porta t. Triumphtor; triumphalia, ium n. Insignien des Triumphes; — triumphālis, is m. Triumphator

triumpho 1. (cf. triumphus) **triumphieren** (F), einen Triumph halten; den Sieg davontragen; — **jauchzen, frohlocken;** — alqm t. über jdn. triumphieren, jdn. im Triumph aufführen (meist im pass.); jdn. völlig besiegen; triumphatus 3 besiegt, bezwungen, erbeutet

triumphus, i m. **Triumph** (F), Siegeszug, feierlicher Einzug des Feldherrn nach einem Siege in Rom; mit gen. oder mit de oder ex und abl. z. B. t. ex Gallis, t. Germanorum Triumph über die G.; — triumphum agere (deportare) de (ex) alqo einen Triumph über jdn. halten; — Sieg

trium-vir, viri m. **Triumvir** (F), Mitglied eines Dreimännerkollegiums; plur. triumviri oder tresviri (auch IIIviri geschrieben) 1.) triumviri capitales Oberkerkermeister, Aufsichtsbehörde für die Gefängnisse und den Vollzug der Hinrichtung 2.) tr. coloniae deducendae Behörde zur Abführung der Kolonien 3.) tr. agris dividendis Behörde zur Verteilung der Äcker 4.) tr. epulones sorgten für die öffentlichen Mahlzeiten bei Götterfesten, Triumphen usw. 5.) tr. mensarii Kommission zur Regulierung der öffentlichen Geldangelegenheiten 6.) tr. rei publicae constituendae das zur Ordnung des Staates geschlossene Triumvirat des Antonius, Octavianus und Lepidus 7.) tr. auro, argento, aeri flando, feriundo Münzherren, Geldprägekommission 8.) tr. militibus conquirendis Aushebungskommission 9.) tr. sacris conquirendis donisque persignandis Kommission zur Aufzeichnung der Weihegeschenke

triumvirālis, e zum Dreimännerkolle-

gium gehörig; supplicium triumvirale Hinrichtung durch den Strang
triumvirātus, ūs m. **das Triumvirat** (F), Amt eines Triumvirn
Trivīcum, i n. E. hirpinische Stadt (Trevico)
trivium, ii n. (cf. trivius) **Drei-, Kreuz-, Scheideweg;** — öffentliche Straße, Platz
F. das Trivium i. a. B., im Mittelalter die unterste Stufe des Unterrichts — trivial: zur Gasse gehörig, alltäglich, gewöhnlich, abgedroschen — die Trivialität: Alltäglichkeit, abgedroschene Redensart
tri-vius 3 (cf. tres-via) dreiwegig, an drei Wegen verehrt; — Trivia, ae f. Mondgöttin, Diana
Trōas cf. Tros
trochaeus, i m. (griech.) Trochäus (F), ein Versmaß (lang-kurz); — Tribrachys (F), ein Versmaß (kurz-kurz-kurz)
trochus, i m. (griech.) Reif (mit Schellen versehener Spielreif); — Reifschlagen, Reifspiel
Trocmi, ōrum m. E. keltischer Volksstamm in Kleinasien
Trōes cf. Tros
Troezēn, ēnis f. E. Küstenstadt in Argolis; — Troezēnius adi. und subst. Bewohner von T.
Troglodytae, ārum m. E. höhlenbewohnender Volksstamm in Nordafrika
F. der Troglodyt: Höhlenbewohner
Troia, Troianus, Troiacus cf. Tros
Trōilus, i m. E. jüngster Sohn des Priamus
Troiu-gena, ae m. und f. aus Troia stammend
tropaeum, i n. (griech.) Trophäe (F), **Siegeszeichen,** Siegesdenkmal; — **Sieg;** — Denkmal, Zeichen
Trophōnius, ii m. E. 1.) Bruder des Agamedes, Erbauer des ersten Tempels in Delphi 2.) Kultname des Zeus
Tros, ois m. E. Ahnherr Trojas; Trojaner; meist plur. Trōes, um die Troer, Trojaner; Troiānus adi. und subst. Bewohner von T.; — Trōicus, Trōius, Trōus 3 trojisch, trojanisch; — Trōia, ae f. 1.) das homerische Troja in Kleinasien 2.) das italische bei Laurentum 3.) das von Helenus gegründete epirotische 4.) das Trojaspiel, ein ritterliches Spiel patrizischer Knaben; — Trōas, adis f. troisch, trojanisch, die Trojanerin; — das troische Land, Landschaft Troja
trucidātio, ōnis f. (cf. trucido) **das Abschlachten**
trucīdo 1. **hinschlachten, abschlachten,** niedermetzeln, grausam zugrunde richten
truculentia, ae f. (cf. truculentus) Unfreundlichkeit, Rauheit des Klimas
truculentus 3 (cf. trux) finster, **unfreundlich,** griesgrämig; — **grimmig, wild**
trudis, is f. (cf. trudo) Stoß-, Brechstange
trūdo, trūsi, trūsus 3. **stoßen, drängen; fortstoßen, verdrängen;** — (von Pflanzen) wachsen lassen, hervortreiben lassen; se t. und trudi hervorwachsen; — drängen, antreiben
M. verdrießen (urv.)
F. intrudieren: einschieben, sich eindrängen — die Intrusion: das Eindrängen, einschieben (in Ämter) — intrusiv: einschiebend, eindrängend
trulla, ae f. Schöpfkelle; — Pfanne, Pech-, Feuerpfanne
trunco 1. (cf. truncus) **beschneiden, verstümmeln;** ab-, niederhauen
truncus 3 entästet, **verstümmelt;** unvollständig, beraubt
truncus, i m. **Stamm, Baumstamm, Rumpf;** — Klotz, Tölpel
F. der Trunkus i. a. B.
trūso 1. (cf. trudo) heftig stoßen
trutina, ae f. (griech.) die Wage
trux, trucis **furchtbar, schrecklich,** rauh, wild, grimmig
tū (tui, tibi, te) **du** (urv.); (plur. vos, vestrum, vestri, vobis, vos ihr); oft verstärkt: tute, tibimet usw.
tuba, ae f. **Tuba** (F), **Trompete,** Posaune

M. Tube (L)
F. die Tuba i. a. B., innerer Gehörgang (med.) — die Intubation: Einführen einer Röhre

Tubantes, um E. germanischer Volksstamm südl. der Lippe

tuber, eris n. Auswuchs, **Höker,** Beule
F. die Tuberkel: Knötchen, kleines Geschwür — tuberkulös: durch Tuberkel hervorgerufen — die Tuberkulose: Tuberkelkrankheit — die Protuberanz: Auswuchs (med.); aus dem Sonneninnern ausbrechende glühende Gasmasse — die Extuberanz: Auswuchs, Geschwulst

Tubero, ōnis m. E. Beiname in der gens Aelia

tubicen, inis m. (cf. tuba-cano) **Trompeter**

tubi-lūstrium, ii n. (cf. tuba-lustro) Trompetenweihe, Trompetenreinigungsfest (im März und Mai)

tueor, tuitus und tutātus sum 2. **ansehen, anschauen** = intueor; acerba t. wild blicken; transversa t. seitwärts blicken; — betrachten; — Sorge tragen, **beaufsichtigen** alqm, alqd; **beschützen, schützen,** verteidigen alqm, alqd ab mit abl. (seltener contra, adversus mit acc.) schützen gegen; — **bewahren,** behaupten z. B. valetudinem; legem t. das Gesetz beobachten; — in gutem Bauzustand erhalten; — **ernähren, unterhalten**

tugurium, ii n. Hütte, Schuppen

Tuisto, ōnis m. E. Germanengott

tuitio, ōnis f. (cf. tueor) Beschützung

Tulingi, ōrum m. E. germanischer Volksstamm am Bodensee

Tulliānum, i n. E. unterirdisches Gewölbe im carcer Mamertinus

Tulliola, ae f. (dem. von Tullia) kleine, liebe Tullia

Tullius, ii m. E. 1.) Servius Tullius der sechste röm. König 2.) Name eines röm. Geschlechts; M. Tullius Cicero aus Arpinum, größter röm. Redner 106—43 v. Chr.; sein Bruder Q. Tullius Cicero; Tullia Ciceros Tochter

Tullus, i m. E. röm. Vor- und Zuname; Tullus Hostilus der dritte römische König

tum adv. 1.) (zeitl.) **damals;** — **darauf, sodann;** dann, da, jetzt 2.) (aufzählend oder hinzufügend) **dann,** sodann, **ferner;** primum ... deinde ... tum ... postremo; — tum ... tum einmal ... das anderemal, bald ... bald; — **cum ... tum sowohl ... als besonders,** wenn schon ... so besonders

tume-facio, fēci, factus 3. (cf. tumeo) **schwellen machen;** tumefieri anschwellen

tumeo, ui 2. **aufgeschwollen sein,** strotzen von etwas re und a re; — **aufgeblasen sein;** — **in Unruhe sein,** gären; — **aufwallen,** aufbrausen; bellum tumet ein Krieg droht auszubrechen; — (vom Redner) schwülstig sein
M. Daumen (dicker Finger) (urv.)

tumēsco, mui 3. (cf. tumeo) zu schwellen beginnen, **anschwellen;** — aufwallen, aufbrausen; — ausbrechen
F. die Tumeszenz: Anschwellung (med.) — die Intumeszenz: Anschwellung, Aufblähung (med.)

tumidus 3 (cf. tumeo) **schwellend, geschwollen,** schwülstig; — **aufgeblasen, aufgebläht,** hochfahrend; — gärend, **unruhig;** — aufbrausend, aufwallend; — (vom Redner) schwülstig; — (act.) die Segel schwellend, stolz machend

tumor, ōris m. (cf. tumeo) **Anschwellung, Geschwulst;** — Aufwallung, Aufbrausen; **Unruhe,** Gärung; — **Aufgeblasenheit,** Stolz; (von der Rede) Schwulst
F. der Tumor: Geschwulst (med.)

tumulo 1. (cf. tumulus) mit einem Grabhügel bedecken, begraben

tumulōsus 3 (cf. tumulus) hügelig

tumultuārius 3 (cf. tumultus) **in Eile zusammengebracht,** aufgeboten; — **in aller Eile gemacht,** ungeordnet, verworren; — im Drang des Augenblicks hervorgerufen, augenblicklich

F. tumultuarisch: ungeordnet, lärmend, stürmisch
tumultuātio, ōnis f. (cf. tumultuor) Unruhe, Lärm
tumultuor 1. (cf. tumultus) **unruhig sein, lärmen;** sich empören, meutern; — bestürzt sein; — (unpers.) tumultuatur es herrscht Unruhe
F. tumultuieren i. a. B. — der Tumultuant: Unruhestifter
tumultuōsus 3 (cf. tumultus) **unruhig, lärmend;** — Unruhe verursachend, beunruhigend
tumultus, ūs (arch. auch i) m. (cf. tumeo) **Unruhe, Lärm,** Getöse; — **Aufruhr, Aufstand,** Erhebung; — **plötzliche Kriegsgefahr, Volksaufstand;** tumultum decernere den Landsturm aufbieten; — **Aufregung,** Verwirrung, Schrecken
F. der Tumult i. a. B.
tumulus, i m. (cf. tumeo) **Hügel, Grabhügel**
F. der Tumulus: vorgeschichtlicher Grabhügel
tunc adv. (aus tum-ce) **damals;** — **dann, alsdann,** da
tundo, tutudi, tūsus und tūnsus 3. **stoßen** (urv.), **schlagen;** — fruges t. ausdreschen; — zerschlagen, zerstampfen; — alqm vocibus t. jdn. mit Worten bestürmen
Tunes, ētis m. E. Stadt an der Nordküste Afrikas (Tunis)
Tungri, ōrum m. E. germanischer Volksstamm zwischen Schelde und Maas um das heutige Tongern
tunica, ae f. (sem.) **Tunika** (F), **Unterkleid, Rock,** das Haus- und Arbeitskleid der Römer; — Haut, Hülle, Pfanzenbast
M. Tünche, tünchen (L)
tunicātus 3 (cf. tunica) eine Tunika tragend, in der Tunika; t. populus das gemeine Volk, die armen Leute
tunicula, ae f. (dem. von tunica) kleine Tunika
tūor 3. (poet.) = tueor
turba, ae f. **Unruhe, Lärm, Verwirrung;** — Streit, Zank; plur. politische Unruhen; — **Gedränge, Gewühl,** Gewimmel; — Schwarm, Masse, Volk, Schar; mea turba meine Leute; exire in turbam unter die Leute kommen; — Haufe, Menge
turbamentum, i n. (cf. turba) Aufreizungsmittel
turbātio, ōnis f. (cf. turbo) **Verwirrung**
turbātor, ōris m. (cf. turbo) **Aufwiegler,** Unruhestifter, Anstifter
turbātus 3 cf. turbo
turbidus 3 (cf. turba) **aufgewühlt,** getrübt; — unruhig, stürmisch; — verwirrt, wirr; — **stürmisch, ungestüm,** heftig; aufrührerisch; turbidum, i n. Unruhe, unruhige Zeit
turbineus 3 (cf. turbo) kreisend, wirbelnd
turbo 1. (cf. turba) **Unruhe stiften,** Verwirrung anrichten; (unpers.) turbatur es herrscht Verwirrung, es bricht Unruhe aus; multa t. vieles durcheinanderwerfen; — in Unruhe sein; — **verwirren, in Verwirrung bringen;** pass. in Verwirrung kommen; — aufregen, aufwiegeln; (Wasser) **trüben;** — **zerstreuen,** vorhaben; — **stören;** — bestürzt machen, **scheu machen, ängstigen,** aufregen; turbātus 3 beunruhigt, unruhig, stürmisch; verwirrt
turbo, inis m. (cf. turba) **der Wirbel;** Wirbelwind, Orkan; — Kreisel (Spielzeug); Zauberkreisel, -rad; — Verwirrung; plur. unruhige Zeiten
F. die Turbine: Kreiselrad, Wassermotor
turbulentus 3 **stürmisch, unruhig,** aufgeregt; — **beunruhigt,** voller Wirren; — **beunruhigend,** verwirrend
F. turbulent: stürmisch, ungestüm — die Turbulenz: ungestümes Wesen
Turdetāni, ōrum m. E. Volksstamm im südlichen Spanien; Turdetānia, ae f. Landschaft T.
Turduli, ōrum m. E. Volksstamm in Südwestspanien
turdus, i m. **Drossel** (urv.), Krammetsvogel
tūreus 3 (cf. tus) von Weihrauch
turgeo 2. **geschwollen sein,** strotzen; — schwülstig sein

turgēsco 3. (cf. turgeo) **anschwellen;** — in Leidenschaft entbrennen

F. die Turgeszenz: Schwellung, Blutreichtum (med.)

turgidulus 3 (dem. von turgidus) etwas geschwollen

turgidus 3 (cf. turgeo) **geschwollen;** — schwülstig

Turia, ae m. E. Fluß in Spanien, dort Schlacht 375 v. Chr.)

turibulum, i n. (cf. tus) Räucherpfanne

turi-cremus 3 (cf. tus-cremo) Weihrauch verbrennend

tūri-fer, fera, ferum (cf. tus-fero) Weihrauch tragend

turi-legus 3 (cf. tus-lego) Weihrauch sammelnd

Turius 3 E. Name eines römischen Geschlechts

turma, ae f. **Reiterabteilung, Schwadron** (10. Teil einer ala, 30 Mann stark); — **Schwarm, Haufe,** Schar

turmālis, e (cf. turma) zu einer Schwadron gehörig; turmāles, ium m. Reiter einer Schwadron

turmātim adv. (cf. turma) in Schwadronen

Turnus, i m. E. König der Rutuler

Turones, um und Turoni, ōrum m. kelt. Volksstamm in der heutigen Touraine

turpiculus 3 (dem. von turpis) ziemlich häßlich

turpificātus 3 (cf. turpis-facio) häßlich gemacht, entsittlicht

Turpilius 3 E. Name eines römischen Geschlechts; — Sextus Turpilius röm. Komödiendichter

Turpio, ōnis m. E. Beiname des Schauspielers L. Ambivius

turpis, e **häßlich, garstig;** — entstellend; — **schändlich, schimpflich,** schmählich; entehrend, unanständig, unsittlich; — turpe, is n. das sittlich Schlechte

turpitūdo, inis f. (cf. turpis) **Häßlichkeit;** — **Schimpflichkeit,** Schändlichkeit, **Schmach;** Unsittlichkeit, Schlechtigkeit, Gemeinheit

turpo 1. (cf. turpis) **häßlich machen, entstellen;** besudeln; — entehren

Turrānius 3 E. Name eines römischen Geschlechts

turri-ger, gera, gerum (cf. turrisgero) turmtragend, mit Türmen geschmückt; — mit einer Turmkrone geschmückt

turris, is f. (acc. im, seltener em, abl. i, seltener e) (griech.) **Turm** (L); — Mauerturm; **Belagerungsturm;** — **hoher Bau, Schloß,** Burg

turritus 3 (cf. turris) mit Türmen bewehrt; — aufgetürmt; — mit einer Turmkrone geschmückt

turtur, uris m. Turteltaube (L)

tus, turis n. (griech.) **Weihrauch;** plur. Weihrauchkörner; Räucherwerk

Tūsci, ōrum E. Tusker, die Bewohner des alten Etruriens; Tuscus 3 tuskisch, etrurisch; mare Tuscum das Tyrrhenische Meer; amnis, alveus T. = Tiber; vicus T. Tuskergasse in Rom, verrufen durch liederliches Gesindel

Tusculum, i n. E. uraltes Städtchen nordöstlich von Rom (Frascati); Tusculus, Tusculānus 3 tuskulanisch; — Tusculānum, i n. (scil. praedium) das berühmte Landgut Ciceros; Tusculanēnsis, e auf den Tusculanum verlebt

tussio 4. (cf. tussis) **husten**

tussis, is f. (acc. im, abl. i) **der Husten**

M. T. convulsiva, Pertussis: Keuchhusten (med.)

tutāmen, inis n. und tutamentum, i n. (cf. tutor 1.) **Schutzmittel, Schutz**

tu-te cf. tu

tutēla, ae f. (cf. tueor) **Erhaltung, Unterhalt; Schutz, Obhut,** Aufsicht; in tutela alcis esse unter jds. Schutz stehen; — Vormundschaft; in suam tutelam venire mündig werden; — Schützer, Beschützer; — Beschützter, Schützling; — Vermögen des Mündels

F. die Tutel: Schutz, Vormundschaft — tutelarisch: vormundschaftlich

tūticus cf. medix

tuto cf. tutus

tutor 1. (cf. tueor) **verwahren, sichern, schützen** gegen jdn. ab alqo; **bewahren, behaupten;** abwehren, sich sichern gegen etwas alqd

tūtor, ōris m. (cf. tueor) Bewahrer, **Beschützer;** Vormund
F. der Tutor i. a. B.

tūtus 3 (cf. tueor) **sicher, geschützt, verwahrt,** gesichert gegen ab mit abl. oder ad, adversus, contra mit acc.; — tutum, i n. Sicherheit, Zufluchtsort; — **tuto** adv. in Sicherheit, sicher, ungefährdet, **gefahrlos;** — **behutsam, vorsichtig;** — sorglos

tuus 3 (cf. tu) pron. poss. der 2. Pers. sing. **dein, deiniger;** auch obi. z. B. amor tuus Liebe zu dir, odium tuum Haß gegen dich; — dir günstig, für dich passend z. B. tuo loco an einem für dich günstigen Ort; — tuus m. der Deinige; tui deine Angehörigen (Freunde usw.); — tuum n. das Deinige, deine Sache, Pflicht usw.; tua n. deine Angelegenheiten, dein Vermögen usw.

Tyana, ōrum n. E. alte Stadt Kappadoziens

Tyba, ae f. E. Stadt an der syrischen Grenze

Tycha, ae f. E. der volkreichste Stadtteil von Syrakus

Tydeus, ei und eos m. E. Vater des Diomedes; Tydīdes, ae m. = Diomedes

tympanum, i n. (griech.) **Handpauke,** Tamburin; — Teller, Scheibenrad
F. das Tympanum i. a. B., Trommelfell (med.); Giebelfeld eines Tempels

Tyndareus, ei m. E. König in Sparta, Gemahl der Leda, Vater des Kastor und Pollux, der Helena und Klytämnestra; Tyndarides, ae m. Sohn, Nachkomme des T.; plur. = Kastor und Pollux; Tyndaris, idis f. = Helena, Klytämnestra

Tyndaris, idis f. E. Stadt an der Nordküste von Sizilien; Tyndaritānus adi. und subst. Bewohner von T.

Tynes, ētis m. E. Tunis

Typhōeus, ei m. und Typhon, ōnis m. E. Riese, Sohn des Tartarus und der Erde; Typhōïus 3 (f. auch Typhōis, idis) des T.

typus, i m. (griech.) Figur, Bild, Typ (F)

tyranni-cīda, ae f. (cf. caedo) Tyrannenmörder

tyrannicus 3 (griech.) **tyrannisch** (F), despotisch

tyrannis, idis f. (griech.) Tyrannis (F), Gewaltherrschaft

tyrannus, i m. (griech.) Tyrann (F), Gewaltherrscher, Despot; — Wüterich; — Gebieter, Fürst

Tyras, ae m. E. Fluß in Südrußland (Njestre)

Tyriaeum, i n. E. Stadt an der Grenze von Lykaonien und Phrygien; Tyriēius 3 aus T.

Tyrius, Tyros cf. Tyrus

tyro-tarīchum, i n. (griech.) Gericht aus Käse und Hering

Tyrrhēni, ōrum und um m. E. Tyrrhener, Etrusker; Tyrrhēnia, ae f. = Etruria; Tyrrhēnus 3 tyrrhenisch, etruskisch

Tyrrheus, ei und Tyrrhus, i m. E. Hirt des Königs Latinus

Tyrtaeus, i m. E. griech. elegischer Dichter

Tyrus und os, i f. E. Seestadt in Phönizien, Mutterstadt Karthagos, berühmt durch Purpurfärbereien; Tyrius adi. und subst. Bewohner von T., karthagisch, purpurn, purpurfarbig

U

über, eris n. **Euter** (urv.), Zitze; **säugende Brust; Fruchtbarkeit, Fülle;** — fruchtbares Land

über, eris (plur. n. a, gen. plur. um) **fruchtbar,** ergiebig, reich an etwas alqa re oder alcis rei; **reichhaltig, reichlich;** — einträglich z. B. provincia; — **inhaltreich,** gedankenreich z. B. philosophus; ausführlich; — ubertim adv. reichlich

F. die Exuberanz: Überfluß, Fülle — exuberant: stark wuchernd

ubertas, tātis f. (cf. uber) **Fülle,** Ergiebigkeit, **Fruchtbarkeit;** — **Reichtum,** Überfluß, Reichhaltigkeit; an etwas alcis rei; — Redefülle

F. die Ubertät i. a. B.

ubertim cf. uber

ubi adv. 1.) (fragend) **wo?** z. B. ubi fuisti? nescio, ubi fuerim; — oft mit gen. z. B. ubi terrarum, ubi gentium? wo in aller Welt? 2.) (relat.) wo; oft statt des Relativs mit praep. z. B. oppidum, ubi (= in quo) fuimus 3.) (zeitlich) **wann, wenn,** sobald als mit ind.; (oft bei wiederholter Handlung) **jedesmal wenn, sooft;** — (mit ind. perf. oder praes. histor. oft verstärkt ubi primum) als, sobald als

M. ubi bene, ibi patria: wo ich mich wohl befinde, da ist mein Vaterland

ubi-cumque (oder cunque) adv. **wo nur immer,** überall wo; oft mit gen. z. B. ubicumque gentium

Ubii, ōrum m. E. germanischer Volksstamm am rechten Rheinufer von der Lahn bis Köln

ubi-nam adv. **wo denn?**

ubi-quāque adv. = ubicumque

ubi-que adv. **wo nur immer,** wo es auch nur sei; **überall,** allenthalben

F. die Ubiquität: das Überall-Vorhandensein

ubi-ubi adv. = ubicumque

ubi-vis adv. **wo du willst, überall,** an jedem beliebigen Orte

udus 3 (aus uvidus) **feucht, naß;** — flüssig, bewässert; betrunken

Ufens, entis m. E. Fluß in Latium; Ufentinus 3 des U.

ulcero 1. (cf. ulcus) **schwären machen,** mit Geschwüren bedecken, wund drücken; — verwunden

ulcerōsus 3 (cf. ulcus) voller Geschwüre; — verwundet

F. ulzerös: geschwürig, eitrig

ulciscor, ultus sum 3. **rächen, Rache nehmen** 1.) **etwas rächen, für etwas Rache nehmen** z. B. iniuriam; — **jdn. rächen, für jdn. Rache nehmen** alqm z. B. patrem 2.) **sich an jdm. rächen,** an jdm. Rache nehmen alqm z. B. hostem; für etwas pro z. B. pro iniuriis

ulcus, eris n. **Geschwür,** Schwär

F. das Ulkus: Geschwür, Entzündung (med.) — die Ulzeration: Geschwürbildung

uligo, inis f. (aus uviligo cf. uvidus) Feuchtigkeit, Nässe; Morast

Ulixes, is m. E. Odysseus, Sohn des Laertes, Gemahl der Penelope, Vater des Telemach, König von Ithaka, Held der Odyssee

ullus 3 (gen. ullīus, dat. ulli und f. ullae) (aus unulus dem. von unus) **irgend ein, irgend jemand** (meist adi., in negativen Sätzen z. B. sine ulla spe ohne jede Hoffnung, sine ulla dubitatione ohne alles Bedenken, vix ulla vis kaum irgendeine Gewalt)

ulmus, i f. **Ulme** (urv.), Rüster

ulna, ae f. Ellenbogen; Elle (**urv.**), als Längenmaß

Ulpius 3 E. Name eines röm. Geschlechts

uls (arch.) = ultra

ulter, tra, trum nur in ultra, ultro erhalten; — comp. **ulterior, ius jenseitig, jenseits gelegen;** — **entfernter,** weiter; vergangen, **ferner;** —

ulterius (= ultra) weiter, ferner z. B. quid ulterius fieri potuit?; — sup. **ultimus 3 entferntester,** entlegenster z. B. terra; — **letzter,** hinterster; ultima provincia äußerster Teil der Provinz; ultimi, ōrum m. die Letzten, Hintersten; n. plur. äußerste Grenze, Ende, Ausgang; — **ältester, erster;** letzter, jüngster; ultimum adv. zum letztenmal; — **höchster,** größter; ärgster, schlimmster; — **unterster, niedrigster, geringster**

F. der Ultimus: der Klassenletzte — die Ultima: die letzte Silbe — die Ultima ratio: das letzte Mittel — ultimo: am letzten (z. B. Januar) — der Ultimo: letzter Tag — das Ultimatum: letzte Forderung

ultio, ōnis f. (cf. ulciscor) **Rache,** Strafe; für, wegen etwas alcis rei; — Rachegöttin

ultor, ōris m. (cf. ulciscor) **Rächer,** Bestrafer; — adi. rächend, strafend

ultra (cf. ulter) 1.) adv. **darüber hinaus, weiter hinaus;** — nec citra nec ultra weder hierhin noch dorthin; — (zeitl.) **weiterhin, länger;** — (bei Maßen und Zahlen) weiter, ferner 2.) (praep. mit acc.) **über ... hinaus, jenseits;** — (zeitl.) über, länger als; ultra Ciceronem über Ciceros Zeit hinaus; — (bei Zahlen und Maßen) mehr als

M. ultra posse nemo obligatur: mehr zu tun, als er kann, ist niemand verpflichtet *F.* der Ultra: Heißsporn, leidenschaftlicher Parteimann — ultramarin: (übers Meer gebracht) azurblau — ultramontan: (jenseits der Berge) angeblich von Rom Weisungen erhaltend — ultramundan: überweltlich, überirdisch — ultrarot: überrot, unsichtbar rot — ultraviolett: überviolett, unsichtbar violett

ultrix, īcis f. (cf. ultor) **Rächerin;** — adi. rächend, strafend

ultro adv. 1.) **hinüber, nach jenseits,** nach der anderen Seite hin; meist ultro (et) citro, ultro citroque hinüber und herüber, hin und her, beiderseitig; — **überdies, obendrein,** noch dazu 2.) **von selbst, aus freien Stücken,** freiwillig

Ulubrae, ārum f. E. kleiner Ort in Latium

ulula, ae f. (cf. ululo) **Kauz,** Käuzchen

ululātus, ūs m. (cf. ululo) **Geheul,** Geschrei; — Siegesgeschrei; — Klagegeschrei

ululo 1. heulen (urv.), laut schreien; vom Geheul erdröhnen; — (trans.) heulend anrufen

ulva, ae f. Sumpf-, Schilfgras

Umber cf. Umbria

umbilicus, i m. (cf. umbo) **Nabel;** — **Mittelpunkt;** — Buchrollenknauf; iambos ad umbilicum adducere (die Schrift bis zum Einband) zu Ende führen; — Meerschnecke

umbo, ōnis m. Schildnabel, Schildbuckel; Schild *M.* Nabel, Nabe (urv.)

umbra, ae f. **Schatten;** in (sub) umbra im Schatten; umbram suam (umbras) timere ohne Not in Angst sein; — **Finsternis, Dunkel,** Nacht; Todesdunkel; Einsamkeit; — schattiger Ort, schattenspendender Baum; u. viridis schattiges Grün; — ständiger Begleiter z. B. gloriae; ungeladener Gast, Schmarotzer; — **Schatten eines Toten, Geist,** Gespenst; rex umbrarum = Pluto; — plur. Unterwelt; — **Schutz,** Schirm; — **Muße,** Ruhe, **Zurückgezogenheit,** Friede plur friedliche Zustände; — Abbild, Trugbild, Schein; Schreckbild

F. die Umbra: braune Farbe — umbral: den Schatten betreffend — der Umber: Kölner Braun

umbrāculum, i n. (cf. umbra) schattiger Ort, Laube; — (schattiger) Lehrsaal, Studierzimmer; — Sonnenschirm

umbrāticus 3 (cf. umbra) im Schatten

umbrātilis, e (cf. umbra) den Schatten genießend; — gemütlich, ruhig, beschaulich, häuslich; — schulmäßig

Umbria, ae f. E. Landschaft Umbrien; — Umber, i m. der Umbrer; — a, ae f. Umbrerin; Umber, bra, brum umbrisch

umbri-fer, fera, ferum (cf. umbraferum) schattenspendend
umbro 1. (cf. umbra) beschatten
umbrōsus 3 (cf. umbra) **schattenreich, schattig;** — beschattet
umecto 1. (cf. umeo) **befeuchten,** benetzen
umeo, — 2. **feucht sein,** naß sein
umerus, i m. **Schulter,** Achsel; — (bei Tieren) Bug
umēsco, — 3. (cf. umeo) **feucht werden,** naß werden
umidus 3 (cf. umeo) **feucht,** naß
umi-fer, fera, ferum (cf. umor-fero) Feuchtigkeit bringend, feucht
umor, ōris m. (cf. umeo) **Feuchtigkeit, Flüssigkeit,** Nässe; — Pflanzensaft
umquam = unquam
una cf. unus
unanimitas, tātis f. (cf. unanimus) Einmütigkeit, Eintracht
un-animus 3 **einmütig,** einträchtig
uncia, ae f. der 12. Teil eines As; Zwölftel; — **Unze** (L) = 27,3 Gramm
F. die Unziale: großer Buchstabe (buchdr.)
unciārius 3 (cf. uncia) ein Zwölftel betragend; faenus unciarium ein Zwölftel Prozent monatlich
unciātim adv. (cf. uncia) unzenweise, pfennigweise
uncinātus 3 (cf. uncus) hakenförmig
unctio, ōnis f. (cf. ungo) das Salben
unctor, ōris m. (cf. ungo) Salber
unctūra, ae f. (cf. ungo) das Salben, Einbalsamieren
unctus cf. ungo
uncus, i m. **Haken,** Widerhaken; Feuerhaken; Leichenhaken (mit dem gerichtete Verbrecher in den Tiber geschleift wurden)
M. Angel, Anker (urv.)
uncus 3 **hakig,** eingebogen, gekrümmt; pes u. kralliger Fuß
unda, ae f. **Welle, Woge;** — Wasser, Gewässer; — die Strömung, das Wogen, **Unruhe,** Strudel, Kriegsunruhen
M. Otter (urv.) — Undine (V)
F. undulieren, ondulieren: wogen, Wellen schlagen; das Haar wellen — die Undation: Wellenschlag, wellenartiger Herzschlag (med.) — die Undulation: das Wogen, Wellenschlagen, Lichtschwingung — undulatorisch: wellenförmig — der Undulist: weiche Linien liebender Maler
unde adv. (fragend und relativ) **von wo?, woher?;** unde venisti?; dic mihi, unde veneris; — oft statt des Relativpronomens mit a, de, ex z. B. castra unde (= ex quibus); — (zur Bezeichnung des Ursprungs, der Ursache, des Mittels) **wovon, woraus, wodurch,** weswegen z. B. nihil reliquit, unde efferretur er hinterließ nichts, wovon er hätte bestattet werden können; — undeunde (poet.) = undecumque
un-dē... (aus unus-de) „eins von" z. B. unde-viginti = 19, undetriginta = 29 usw.
undeciēs und **ēns** (cf. undecim) elfmal
un-decim (indekl.) (cf. unus-decem) **elf**
undecimus 3 (cf. undecim) **elfter**
unde-cumque adv. woher nur immer
un-dēni 3 (cf. undecim) je elf
undeunde = undecumque cf. unde
undique adv. **woher nur immer, von allen Seiten,** überall her; — **auf allen Seiten,** ringsum
undi-sonus 3 (cf. unda-sonus) wellenrauschend
undo 1. (cf. unda) **wogen, wallen;** sieden; — **emporwallen,** -wirbeln, -brausen; — undans wallend, schlaff, locker
undōsus 3 (cf. unda) wellenreich
un-et-vicesimānus, i m. Soldat der 21. Legion, Einundzwanziger
un-et-vicēsimus einundzwanzigster
ungo, unguo, ūnxi, ūnctus 3. **salben, bestreichen,** beschmieren; fett machen, (Speise) schmalzen; — unctus 3 gesalbt, bestrichen, benetzt; — fett gemacht, fettig, geteert; — lecker, kostbar; — (von der Rede) reich, zierlich, geschmeidig
unguen, inis n. = unguentum

unguentārius, ii m. (cf. unguentum) Salbenhändler

unguentātus 3 (cf. unguentum) gesalbt, balsamiert

unguentum, i n. (cf. unguo) Fett, Salbe, Salböl

unguiculus, i m. (dem. von unguis) Nägelchen

unguis, is m. **Nagel** (urv.) (an Fingern und Zehen); de tenero ungui von Kindesbeinen an; bis in die Fingerspitzen hinein, mit Leib und Seele; ad (in) unguem bis auf die Nagelprobe, haarscharf, aufs genaueste; ungues rodere an den Nägeln kauen (beim Nachdenken); — **Kralle,** Klaue, Huf, Tatze

M. ex ungue leonem: an der Kralle erkennt man den Löwen

ungula, ae f. (dem. von unguis) **Huf,** Pferdehuf; omnibus ungulis mit Händen und Füßen, mit allen Kräften; — Pferd; — Klaue, Kralle

unguo = ungo

uni-color, ōris einfarbig

ūnicus 3 (cf. unus) **einzig,** alleinig; — **ungewöhnlich, außerordentlich,** unvergleichlich; — einzig geliebt

F. das Unikum: das einzige in seiner Art, nur einmal Vorhandenes

uni-fōrmis, e (cf. forma) einförmig, einfach

F. uniform: gleichförmig — uniformieren: gleichmäßig gestalten; in Diensttracht kleiden — die Uniform: gleichmäßige Kleidung, Dienstkleidung — die Uniformität: Gleichförmigkeit

uni-gena, ae (cf. unus-gigno) von gleicher Geburt; — allein geschaffen, einzig

F. unigen i. a. B. — der Unigenitus: der Eingeborene (Sohn Gottes)

uni-manus 3 einhändig

unio, ōnis m. (cf. unus) einzige große Perle. Zahlperle

unitas, tātis f. (cf. unus) Einheit

F. die Unität i. a. B., Einzigkeit; Herrenhuter Brüdergemeinde — unitarisch: auf Einheit, Einigung abzielend — der Unitarier: einer, der die Gottheit in einer Person annimmt und die Trinitätslehre leugnet — der Unitarismus: Streben nach dem Einheitsstaat

universālis, e (cf. universus) allgemein

F. universal, universell i. a. B., aufs Ganze gerichtet — der Universalismus: Blick auf das Ganze, Denken vom Ganzen her

universitas, tātis f. (cf. universus) Gesamtheit; **Weltall, Welt**

F. die Universität: Gesamtheit der Studierenden, der Wissenschaften; Hochschule

uni-versus 3 (cf. unus-verto) „in eins gekehrt", **gesamt, sämtlich, ganz;** universi 3 sämtliche, alle zusammen; — universae rei dimicatio, pugna universa Entscheidungsschlacht; — universum, i n. Gesamtheit, Weltall; — in universum, universe adv. im allgemeinen, überhaupt

F. das Universum: Weltall, die ganze Welt

un-quam und um-quam adv. irgend einmal, **jemals,** je (bes. in verneinenden, Frage-, Bedingungssätzen); nec unquam und niemals; nemo u. niemals jemand; nullus u. niemals einer

unus 3 (gen. unius, dat. uni) 1.) **einer** (urv.); in der Regel mit ex oder de z. B. unus e multis; — plur.: beim plur. tantum z. B. una castra; in der Bedeutung „allein", „ein und derselbe"; uni ... alii die einen ... andere; uni ... alteri ... tertii die einen ... die andern ... die dritten; — unus et alter ein Paar, dieser und jener; unus vel (aut) alter einer bis zwei; unus aut duo einer oder gar zwei; non unus mehr als einer; ad unum omnes alle bis auf den letzten Mann; in unum cogere zu einem Ganzen vereinigen 2.) **nur einer, ein einziger;** unus deus est es gibt nur einen Gott; allein, nur, bloß z. B. tu unus defuisti; unus quisque jeder einzelne, ein jeder; — **ein und derselbe, der nämliche;** uno tempore zu ein und derselben Zeit; — **unā adv. zusammen,** beisammen, gemeinschaftlich, zugleich (räumlich und zeitlich); oft mit cum z. B. una cum reliquis, una vobiscum

M. unus pro multis: einer für viele (Vergil)

F. uniieren: vereinigen, vereinen — unifizieren: gleichmachen, vereinheitlichen — die Union: Einheit, Vereinigung, Verbindung, Bund; die Vereinigten Staaten von Amerika; britische Reichsflagge — der Unionist: Anhänger der Union; Nordamerikaner, im Gegensatz zum Südstaatler — uni (franz.): einfach, ungemustert, einfarbig, schlicht — Una Sancta: Name für die Bestrebungen zur Einigung der christlichen Konfessionen

unusquisque, unaquaeque, unumquidque (subst.), unumquodque (adi.) **ein jeder, jeder einzelne**

upilio = opilio

upupa, ae f. (cf. epops) Wiedehopf

Urania, ae f. E. Urania (F), Muse der Astronomie

urbānitas, tātis f. (cf. urbanus) **städtisches Wesen,** Stadtleben; — **Feinheit,** Bildung, feines Benehmen; — **Witz,** Scherz

F. die Urbanität: feine Lebensart, Feinheit, Höflichkeit

urbānus 3 (cf. urbs) **städtisch;** — subst. m. Stadtbewohner, Städter, Großstädter; — in der Stadt Rom, römisch; subst. m. Römer; res urbanae Verhältnisse in Rom; motus u. Unruhe in Rom; gratia urbana Einfluß in Rom; — **feingebildet,** geschmackvoll; — **geistreich, witzig;** — **höflich,** artig; — dreist, keck

M. Urban (V)

F. urban: städtisch, höflich

Urbinum, i n. E. Stadt in Umbrien (Urbino); — Urbīnas, ātis adi. und subst. Bewohner von U.

Urbius (scil. clivius), i m. Gasse in Rom

urbs, urbis f. **Stadt, Hauptstadt;** — Stadt Rom; — Stadtbewohner, Städter

M. urbi et orbi: der Stadt Rom und der Welt

urceus, i m. Wasserkrug

urēdo, inis f. (cf. uro) Getreidebrand

urgeo (urgueo), ursi 2. 1.) **drängen,** stoßen; — **nachdrängen,** sich drängen 2.) **bedrängen,** bedrücken, verfolgen; altum u. auf die hohe See hindrängen; nihil me urget ich habe keine Eile; — (von Örtlichkeiten) hart anstoßen, ganz nahe liegen; (zeitlich) nahe bevorstehen; — in die Enge treiben; (mit Bitten) bestürmen; — fest auf etwas bestehen, von etwas nicht ablassen; immerfort erwähnen, betonen; — **mit Eifer betreiben,** sich bei etwas abmühen alqd z. B. opus; iter u. die Reise, den Marsch beschleunigen

M. rächen (urv.)

F. urgieren: drängen, nachdrücklich um etwas bitten — urgent: dringend, unaufschiebbar — die Urgenz: Mahnung, nachdrückliche Forderung; Drangsal

urīna, ae f. Urin (L), Harn

urīnātor, ōris m. (cf. urinor) Taucher, Wasservogel

urinor 1. (cf. urina) tauchen

urios 3 (griech.) guten Fahrwind verleihend

urna, ae f. (aus urcna cf. urceus) **Urne** (L), **Krug,** Wasserkrug; — Stimm-, Los-, Schicksalsurne; — Aschenurne

urnula, ae f. (dem. von urna) Krüglein

ūro, ūssi, ūstus 3. **etwas verbrennen, brennen,** sengen; **einäschern,** durch Feuer vernichten, verheeren; — Farben einbrennen, enkaustisch malen; — **austrocknen,** ausdörren, versengen, (auch vom Frost) erfrieren machen; — wundreiben, -machen, -drücken; — **leidenschaftlich entzünden, entflammen;** pass. in Leidenschaft entbrennen; — jdn. beunruhigen, heimsuchen

ursa, ae f. (cf. ursus) **Bärin;** Bär; — Bärengestirn, der Große und Kleine Bär

M. Ursula, Ursel (V)

ursus, i m. **Bär;** — Bärenhatz

urtica, ae f. (cf. uro) **Brennessel;** Nesselgemüse

urus, i m. (germ.) **Ur, Auerochs**

Uscāna, ae f. E. Stadt in Ostillyrien;

— Uscanēnsis adi. und subst. Bewohner von U.
Usipites, um und Usipii, Usipi, ōrum m. E. germ. Volksstamm am Unterrhein, Ruhr und Lippe
usitātus 3 (cf. utor) **gebräuchlich, gewöhnlich,** üblich
uspiam adv. **irgendwo**
usquam adv. (meist in Verneinungs- und Bedingungssätzen) 1.) **irgendwo;** nec u. und nirgends; nemo u. nirgends jemand; nullus u. nirgends ein; mit gen. z. B. u. terrarum; — **in irgend etwas, bei irgendeiner Sache** 2.) **irgendwohin**
usque adv. ohne Unterbrechung, **in einem fort** 1.) (zeitlich) **immerfort, ununterbrochen** 2.) mit adv. der Zeit z. B. inde u. von da an; u. eo solange; — des Ortes z. B. u. eo bis dahin, soweit; u. istinc von dort an; — des Grades z. B. u. eo so sehr, in dem Grade (ut daß); u. eo non, ut so wenig, daß 3.) mit praep. ab, ex, ad, in (selten sub, trans) z. B. usque ad bis ... zu, u. in bis ... hin; u. Romam oder Romam u. bis vor (nach) Rom
usque-quāque adv. **überall,** allenthalben; (zeitlich) ununterbrochen
Ustica, ae f. E. Berghalde gegenüber dem Sabinergute des Horaz
ūstilo 1. (dem. von uro) verbrennen
ūstor, ōris m. (cf. uro) Leichenverbrenner
ūstulo = ustilo
usu-capio, cēpi, captus 3. durch (Gebrauch) Verjährung erwerben
usu-capio, ōnis f. Eigentumsrecht durch Verjährung; Besitzverjährung
F. die Usukapion i. a. B.
usūra, ae f. (cf. utor) **Gebrauch,** Genuß, Nutzung; — Zinsen
F. die Usur i. a. B. — das Interusurium: Zwischenzinsen
usurpātio, ōnis f. (cf. usurpo) **Gebrauch, Benutzung,** Ausübung, Beanspruchung
usūrpo 1. (aus usu-rapio) **in Gebrauch nehmen,** gebrauchen, **benutzen,** ausüben; — **in Besitz nehmen, sich aneignen** (rechtlich und widerrechtlich); — **beanspruchen,** sich anmaßen; — Wörter gebrauchen, erwähnen, besprechen; — **nennen, benennen**
F. usurpieren: gewaltsam sich aneignen — die Usurpation: gewaltsame Aneignung — der Usurpator: Thronräuber, Räuber
usus, ūs m. (cf. utor) **Gebrauch, Verwendung,** Benutzung; in usu habere gebrauchen; est mihi in usu ich bin gewohnt, pflege; usui esse gebraucht werden; — **Nießbrauch; Nutzen, Vorteil;** usus (et) fructus Nießbrauch und Genuß eines fremden Eigentums; ex usu esse nützlich sein; Ausübung; u. forensis Ausübung advokatorischer Tätigkeit; — **Übung, Erfahrung, Praxis;** u. belli Kriegserfahrung; ars et u. Theorie und Praxis; nec usu nec ratione weder erfahrungsgemäß noch rationell; — **Bedarf, Notwendigkeit, Bedürfnis;** usui esse nötig, erforderlich sein; ad usum belli nach dem Bedarf des Krieges; — **Verkehr, Umgang;** u. domesticus Verkehr von Haus zu Haus
M. ex usu: durch Übung — ad usum proprium: zu eigenem Gebrauch — in usum Delphini: zum Gebrauche des Dauphins, nur zum Gebrauch des Schülers — usus est tyrannus: das Herkommen (Gewohnheit) ist ein Tyrann
F. der Usus: Gebrauch, Gewohnheit, Herkommen, Sitte — der Abusus: Mißbrauch — usuell: üblich, nach Gewohnheitsrecht
usū-venit es kommt zur Ausübung, tritt ein, ereignet sich, kommt vor
ut (verstärkt uti) I. adv. **wie** 1.) (fragend) **wie?** z. B. ut vales?, quaero ut sese res habeat 2.) (in Ausrufen) **wie! wie sehr!** z. B. ut doleo wie sehr leide ich! 3.) (relativ) **wie, auf welche Weise,** in welcher Art z. B. perge, ut coepisti; bes. in Zwischensätzen z. B. erras, ut video 4.) (vergleichend) **gleichwie, wie;** mit ita, sic, item u. ä. z. B. ut sementem feceris, ita metes; — ut quisque ... ita (sic) je nachdem ein jeder (wie gerade einer) ... so z. B. ut quisque

aetate antecedit, ita sententiae principatum tenet 5.) (gegensätzlich) **wenn auch ... so doch, zwar ... aber** z. B. ut errare potuisti, sic decipi te non potuisse quis non videt? 6.) (in Schwüren und Beteuerungen) **so wahr** z. B. ita vivam, ut maximos sumptus facio 7.) (zur Erläuterung und Begründung) z. B. dixisti ut sapiens; possum falli ut homo 8.) (einschränkend) als, soweit es möglich ist z. B. Ubii civitas ampla, ut est captus Germanorum 9.) (oft vor dem Relativum) **ut qui** mit ci. **weil er ja** z. B. amicus me offendit, ut qui ab aliis incitatus contra me sit 10.) (einen ganzen Nebensatz einführend) wie ja, wie nämlich, soweit nämlich z. B. Cicero, ut erat humanus, Tirone familiariter usus est 11.) ut si mit ci. **wie wenn, als ob** 12.) (Beispiele einleitend) z. B. multi fortiter mortui sunt ut Socrates, ut Leonidas — II. ci. 1.) (zeitlich mit ind.) **wie, sowie**, sobald, meist mit ind. perf. oder praes. histor. (oft verstärkt durch primum) z. B. pater, ut in urbem venit, ad medicum iit; — seitdem, seit z. B. ut me reliquisti, non scripsisti 2.) (in Absichtssätzen) **daß, auf daß, damit, um zu** (verneint ne); nach den Verben des Fürchtens = ne non daß nicht; edo, ut vivam, non vivo, ut edam 3.) (in Folgesätzen) **daß, so daß** (verneint ut non) z. B. in eo statu res nostrae sunt, ut non possint esse miseriores 4.) (einräumend) **gesetzt daß**, zugegeben daß, wenn auch z. B. ut fremant omnes, ego non tacebo 5.) (in Fragen zum Ausdruck des Staunens, des Unwillens) **ist es möglich (glaublich), daß?** z. B. te ut ulla res frangat; — seltener = utinam o daß doch

M. ut desint vires, tamen est laudanda voluntas: mögen auch die Kräfte fehlen, so ist doch der gute Wille zu loben (Ovid)

ut-cumque adv. **wie nur immer**, wie eben; je nachdem; (ohne Verbum) so gut es geht, nach Möglichkeit, jedenfalls; — sobald nur, wann nur

utens cf. utor

Utens, entis m. E. Küstenfluß in Norditalien (Montone)

utensilia, ium n. cf. utor) Hausbedarf Gerätschaften; Lebensmittel

F. die Utensilien: Geräte, Ausstattung

uter, tris m. **Schlauch; Geck, aufgeblasener Mensch**

uter, utra, utrum (gen. utrius, dat. utri) 1.) (fragend) **wer von beiden?** uter nostrum wer von uns beiden; doppelt: uter utri wer von beiden dem anderen? 2.) (relat.) **welcher von beiden**; — (indefinit) = utercumque wer immer von beiden

uter-cumque 3 **wer immer von beiden**

uter-libet 3 **ein beliebiger von beiden**

uter-que, utraque, utrumque **jeder von beiden, jeder**; uterque consul cecidit beide Konsuln sind gefallen; utraque manus beide Hände; utraque fortuna Glück und Unglück; in utramque partem auf beide Seiten, auf beide Fälle, für und wider; uterque Phoebus Morgen- und Abendsonne; uterque oceanus Ost- und Westmeer; — im plur. nur bei plur. tantum z. B. in utrisque castris; in Bezug auf zwei Teile, welche beide z. B. utrique beide Parteien

F. der Utraquist: Anhänger der hussitischen Richtung, die den Laienkelch verlangte

uterus, i m. **Mutterleib**, Schoß; — Leibesfrucht; — Geburtswehen; — Leib, Bauch

F. der Uterus: Gebärmutter (med.) — uterin: die Gebärmutter betreffend (med.)

uter-vis, utravis, utrumvis **jeder beliebige von beiden**, einer von beiden, beide (aber jeder einzeln für sich gedacht)

uti = verstärktes ut

Utica, ae f. tyrische Kolonie in Nordafrika; — Uticēnsis adi. und subst. Bewohner von U.

utilis, e (cf. utor) **brauchbar, nützlich, tauglich**, vorteilhaft

utilitas, tātis f. (cf. utilis) **Brauchbarkeit, Tauglichkeit; Nützlichkeit,**

Nutzen; u. communis Staatswohl; — nützliche Beschäftigung, guter Dienst

F. die Utilität i. a. B., Vorteil — der Utilitarismus: Nützlichkeitslehre, auf den größten Nutzen gerichtetes Streben — der Utilitarier: Nützlichkeitsförderer, den größten Nutzen Erstrebender — utilitaristisch: auf Nutzen bedacht; gemeinnützig

uti-nam ci. mit coni., (verneint u. ne) **o daß doch! wenn doch!**; (ohne Verbum) wollte Gott!

uti-que adv. **jedenfalls, durchaus,** gewiß, unbedingt; — **besonders,** vorzüglich, zumal

ūtor, ūsus sum 3. **gebrauchen, benutzen, verwenden, sich bedienen** mit abl. z. B. medico, pecunia, armis, verbis usw.; in (adversus) alqm gegen jdn.; pro mit abl. statt, als z. B. cornibus urorum pro poculis u.; mit dopp. abl. z. B. te teste utor; male u. mißbrauchen; oratione u. reden; exemplo u. ein Beispiel anführen; pace u. Frieden halten; — etwas **genießen, sich erfreuen** z. B. bona valetudine; — **haben, besitzen** z. B. portu u. einen Hafen besitzen; — **ausüben, zeigen,** beweisen z. B. prudentia u. Klugheit zeigen; — **verkehren, Umgang haben, umgehen** mit jdm. alqo; familiariter u. freundschaftlich verkehren; — utens, entis gebrauchend; utentior mehr ausgebend, größeren Aufwand treibend

ut-pote adv. nämlich; u. qui mit coni. **da er ja**

utrimque adv. (cf. uterque) **von (auf) beiden Seiten;** femina u. nobilis eine väterlicher- und mütterlicherseits vornehme Frau

utrō adv. (cf. uter) nach welcher von beiden Seiten?

utrobīque = utrubique

utroque adv. (cf. uterque) **nach beiden Seiten**

utrubīque adv. (cf. uter-ubique) **auf beiden Seiten,** hier wie dort; hostes u. habere Feinde zu Wasser und zu Lande haben

utrum adv. (cf. uter) Fragepartikel; **utrum ... an ob ... oder**

ut-ut adv. = ut cumque

uva, ae f. **Traube, Weintraube;** — Traubensaft, Wein; Weinstock; — traubenförmiger Klumpen

F. die Uvula: Zäpfchen am Gaumen (med.) — die Uvulitis: Zäpfchenentzündung (med.)

uvēsco 3. (cf. uveo) feucht werden, sich anfeuchten, zechen

uvidulus 3 (cf. uvidus) etwas feucht

uvidus 3 **feucht, naß;** — bewässert; — weinfeucht, berauscht

Uxellodūnum, i n. E. fester Platz der Kadurker im Aquitanischen Gallien

Uxii, ōrum m. E. Räubervolk an der Grenze von Persis

uxor, ōris f. **Ehefrau, Gattin;** uxorem ducere heiraten

uxōrius 3 (cf. uxor) **der Ehefrau gehörig,** die Gattin betreffend; res uxoriae Heiratsgut, Mitgift; — der Gattin zu sehr ergeben

V

Vacalus, i m. E. die Waal, westlichster Arm der Rheinmündung

vacātio, ōnis f. (cf. vaco) **das Freisein,** Entlastung von alcis rei oder a re z. B. militiae, a labore; v. adulescentiae (gen. causae) Befreitsein wegen Jugendlichkeit; — **Dienstbefreiung, Beurlaubung;** — Ablösungssumme

vacca, ae f. **Kuh**

F. das Vakzin: Kuhlymphe, Impfstoff — vakzinieren: mit Kuhlymphe impfen —

revakzinieren: wiederimpfen — die Vakzination: Pockenschutzimpfung — die Revakzination: Wiederimpfung — die Vakzinoide: Wundpocke (med.)

Vacca, Vaga, ae f. E. Stadt in Numidien; — Vagēnsis adi. und subst. Bewohner von V.

Vaccaei, ōrum m. E. Volk in Spanien am Ebro

vaccīnium, ii n. eine Hyazinthenart; auch Heidelbeere

vaccula, ae f. (dem. von vacca) kleine Kuh

vacillo 1. **wackeln, wanken,** schwanken; unzuverlässig sein

vacīvus 3 (cf. vacuus) leer, frei von etwas alcis rei; adv. in Muße

văco 1. **leer, frei, ledig sein;** agri vacant die Felder sind unbebaut, unbewohnt; — **herrenlos sein;** vacantia, ium herrenloses Gut; **von etwas frei sein;** ohne etwas sein z. B. curā, a periculis; — **Muße haben, Zeit haben;** — **sich einer Sache widmen** z. B. sermoni; — vacat es ist Zeit vorhanden, es ist vergönnt, es steht frei; mihi vacat ich habe freie Zeit

F. vazieren: frei sein; offen, unbesetzt sein, unbeschäftigt sein — vakant: frei, unbesetzt, erledigt — die Vakanz: offene Stelle, Ferien, Ruhezeit — das Vakat: unausgefüllte Stelle; leere Seite hinter dem Titelblatt eines Buches (buchdr.) — die Vakation: Befreiung, Freisein von Verpflichtungen

vacue-facio, fēci, factus 3. **leer, freimachen** für etwas alci rei; entvölkern; — pass. vacue-fio, factus sum, fieri frei, leer werden

vacuitas, tātis f. (cf. vacuus) **das Freisein,** Befreiung von alcis rei oder a re

Vacūna, ae f. E. altsabinische Flurgöttin; Vacunālis, e der V. geweiht

vacuo 1. (cf. vacuus) **leer machen**

vacuus 3 (cf. vaco) **leer, frei, ledig** von etw. abl. oder a re; **ohne etwas** z. B. v. culpā ohne Schuld; — vacuum, i n. Leere, leerer Raum; — menschenleer, öde, entvölkert; — **offen, offenstehend,** zugänglich; — **ledig,** unverheiratet; — verwitwet, verwaist; unbeschützt, schutzlos; — **erledigt, herrenlos;** — **frei von Geschäften,** unbeschäftigt, müßig; **von** Leistungen befreit; von Sorgen befreit; von Liebe unberührt; **freien** Spielraum habend; — **inhaltsleer,** nichtig, müßig

F. das Vakuum: luftleerer Raum — die Vakuole: kugelförmiges, flüssigkeitsgefülltes Bläschen in der pflanzlichen oder tierischen Zelle — vakuieren: ausleeren — evakuieren: leeren, räumen — die Evakuation: Räumung, Leerung

Vada, ae f. E. Kastell im belgischen Gallien

Vada, ōrum n. E. 1.) Hafenstadt in Etrurien 2.) Küstenstadt in Ligurien (Savona)

Vadimōnis lacus m. E. See in Etrurien (Lago di Bassano)

vadimōnium, ii n. (cf. vas) **Bürgschaftsleistung;** v. alci imponere jdn. zur Bürgschaft zwingen, vor Gericht fordern; — **das Erscheinen vor Gericht;** v. facere, obire, sistere sich gerichtlich stellen; — **Termin;** v. obire den Termin einhalten, deserere versäumen

vado 3. **wandeln,** schreiten, gehen

M. waten (urv.) — quo vadis?: wohin gehst du?

F. das Vademekum: „Gehmitmir", Taschenbuch, Ratgeber, Leitfaden

vador 1. (cf. vas) **zur Bürgschaft verpflichten, vor Gericht fordern;** vadato nach geleisteter Bürgschaft

vadōsus 3 (cf. vadum) **voller Untiefen, seicht**

vadum, i n. (cf. vado) **seichte Stelle, Untiefe, Furt;** — seichtes Wasser, Gewässer

vae (int. des Schreckens) **wehe!** (urv.), ach! o weh!

M. vae victis: wehe den Besiegten!

vaecors, vaegrandis, vaesanus cf. vecors, vegrandis, vesanus

vae-pallidus 3 totenbleich

vafer, fra, frum **schlau,** verschmitzt

Vaga cf. Vacca

vagātio, ōnis f. (cf. vagor) das Umherschweifen

vagina, ae f. **Scheide,** Balg, Hülle; Ährenhülse
F. die Vagina: Scheide (med.) — vaginal: die Scheide betreffend
vāgio, vagii 4. **wimmern**
vagitus, ūs m. (cf. vagio) **das Wimmern**
vagor 1. (cf. vagus) **umherschweifen,** umherstreifen, sich umhertreiben; (von Schiffen) kreuzen; (von Gestirnen) wandern; — **sich verbreiten;** (von der Rede) weitschweifig sein, abschweifen
M. wackeln, wanken (urv.)
F. vagieren: umherstreifen — der Vagant: umherziehender Schüler, fahrender Sänger — vagabundieren: sich herumtreiben, stromern — der Vagabund: Landstreicher, Stromer — extravagant: ausschweifend, übertrieben, närrisch — die Extravaganz: Ausschweifung, Überspanntheit — divagieren: umherschweifen
vagus 3 **umherschweifend,** unstet; nomadisierend; — **unbeständig,** haltlos, (von der Rede) sich verbreitend, weitschweifig; — **ungenau,** unbestimmt, zu allgemein
F. vag: unstet, schwankend, unbestimmt — die Vagheit: Unstetheit, Unbestimmtheit, undeutlicher Ausdruck
Vahalis = Vacalus
valde adv. (aus valide) sehr, besonsonders, stark
vale-dico 3. Lebewohl sagen, Abschied nehmen
valens cf. valeo
Valentia, ae f. E. 1.) Stadt in Spanien (Valencia) 2.) Stadt in Gallia Narbonensis (Valence) 3.) Stadt in Bruttium; — Valentinus adi. und subst. Bewohner von V.
valeo, ui, itūrus 2. **kräftig sein, stark sein;** pedibus v. gut zu Fuß sein; animo parum v. geistesschwach sein; — **gesund sein, sich wohlbefinden;** vale lebewohl! adieu!; cura ut valeas bleib hübsch gesund; valeas gehab dich wohl; (abweisend) fort mit dir!; — **imstande sein, mächtig sein,** Einfluß, Macht, Geltung haben, gelten, vermögen, ausrichten; multum v. großen Einfluß haben, stark sein; plus v. stärker, überlegen sein, die Oberhand gewinnen; — **Erfolg haben,** zu Geltung kommen, siegen; — **geeignet sein;** — **abzielen, sich auf etwas beziehen;** — (von Wörtern) **bedeuten,** heißen; valens, entis stark, kräftig; gesund, wohlauf; mächtig, wirksam
M. walten (urv.) — vale: lebe wohl — valete: lebt wohl — Valentin, Valentine (V)
F. das Valet: Abschied, Lebewohl — die Valenz: Kraft, Wert; Wertigkeit (chem.) — die Invalenz: Unvermögen, Kraftlosigkeit — das Äquivalent: Ersatz, Entschädigung — äquivalent: gleichwertig — die Äquivalenz: Gleichwertigkeit — bivalent: zweiwertig (chem.) — der Valor: Wert, Gültigkeit von Münzen — die Valor (it.): Wertpapier — Valorisierung: Wertung, Preisveranschlagung — valuieren, valvieren, valutieren: Münzwert abschätzen — die Valuta (it.): Währung, Münzfuß — devaluieren: den Münzwert herabsetzen — die Devaluation, Devalvation: Abwertung — die Ambivalenz: die Eigenschaft von Vorstellungen, entgegengesetzte Gefühle auszulösen — die Revalorisierung: Erhöhung der Währung oder Aktie auf den ursprünglichen Wert
Valerius 3 E. Name eines röm. patrizischen Geschlechts 1.) L. Valerius Poplicola Konsul 509 v. Chr. 2.) Konsul gleichen Namens 449 v. Chr. 3.) M. Valerius Maximus Messalla Konsul 264 v. Chr. 4.) L. Valerius Flaccus Anhänger des Marius 5.) M. Valerius Messalla Corvinus Redner und Gelehrter, Freund Ovids und Tibulls 6.) Q. Valerius Antias röm. Annalist 7.) Valerius Maximus Historiker unter Tiberius
valēsco, valui 3. (cf. valeo) **stark werden, erstarken**
valetudinārium, ii n. (cf. valetudo) Krankenhaus, Lazarett
valetūdo, inis f. (cf. valeo) **Befinden,** Gesundheitszustand; bona v. Gesundheit, mala v. Krankheit; — Gesundheit; Krankheit
Valgius 3 E. Name eines röm. Geschlechts; C. Valgius Rufus Dichter, Freund des Horaz
validus 3 (cf. valeo) (adv. valide, häu-

figer valde) **stark, kräftig**; — **gesund**, rüstig; — **befestigt**, fest; — **einflußreich**, mächtig; senatus consultum validum ein noch gültiger Senatsbeschluß

F. valid: kräftig, rechtsgültig — die Validität: Rechtsgültigkeit — validieren: bestätigen, anerkennen, gültig machen; Rechtskraft erhalten, gültig sein

vallāris, e (cf. vallum) den Wall betreffend; corona v. Ehrenkranz (für den, der zuerst den feindlichen Wall erstieg)

vallis und **valles**, es f. **Tal**

vallo 1. (cf. vallum) mit einem Wall umgeben, verschanzen; — **schützen, sichern**

vallum, i n. (cf. vallus) **Wall** (L), Verschanzung; **Schutzwehr**

vallus, i m. **Pfahl**; — Schanzpfahl, Palisade; — Verschanzung, Wall

valvae, ārum f. (cf. volvo) **Türflügel**, Flügeltür

F. die Valvula: Herzklappe (med.)

Vandali, Vandili und ii, ōrum m. Vandalen, germanischer Volksstamm in der Odergegend

vanēsco 3. (cf. vanus) **verschwinden**, vergehen

Vangiones, um m. E. germanischer Volksstamm in der Pfalz am linken Rheinufer

vani-loquentia, ae f. (cf. vaniloquus) eitles Gerede, Prahlerei

vani-loquus 3 (cf. vanus-loquor) prahlerisch

vānitas, tātis f. (cf. vanus) **eitles Wesen, Einbildung**, leerer Schein; — **Erfolglosigkeit**, Mißerfolg; — **Prahlerei**, Eitelkeit

M. vanitas vanitatum: Eitelkeit der Eitelkeiten

vannus, i f. Getreideschwinge

M. Wanne (urv.)

vānus 3 inhaltslos, leer; — **nichtig, eitel**; — **erfolglos**, vergeblich, fruchtlos, unwirksam; **falsch**, unwahr, eingebildet, lügenhaft; — **eitel, prahlerisch**; — vanum, i n. Schein, Einbildung, Unwahrheit, Grundlosigkeit; ex vano habere (haurire) aus der Luft greifen; ex vano aus der Luft gegriffen, grundlos *M.* Wahn, wähnen (urv.)

vapor, ōris m. **Dampf, Dunst; Rauch**; Wärme; Feuer

F. vaporös: blähend, dunstig — die Vaporisation: Verdampfung, Zerstäubung — vaporisieren: verdampfen, zerstäuben — das Vaporimeter: Meßgerät zur Bestimmung des Alkoholgehalts von Flüssigkeiten aus der Spannkraft der Dämpfe — die Evaporation: Verdampfung, Ausdünstung — evaporieren: abdampfen, ausdünsten

vaporārium, ii n. (cf. vapor) Dampfrohr, Dampfheizung

vapōro 1. (cf. vapor) **durchräuchern**; wärmen

vappa, ae f. (cf. vapor) umgeschlagener Wein; Krätzer; — Tunichtgut

vāpulo 1. Prügel bekommen; eine Schlappe erleiden

Varagri = Veragri

Vardaei, ōrum m. E. Volksstamm in Norddalmatien

Varguntēius, i m. E. (Lucius) römischer Senator, Anhänger Catilinas

Varia, ae f. E. Ort im Sabinerland (Vico Varo)

Variānus cf. Varus

variātio, ōnis f. (cf. vario) **Verschiedenheit**

M. Variatio delectat: Abwechslung erfreut

F. die Variation: Abwechslung, Schwankung (der Magnetnadel, des Barometers); veränderte Wiederholung eines Themas (mus.); Abart, Spielart, Zusammenstellung gegebener Größen in verschiedener Anordnung

varietas, tātis f. (cf. varius) **Buntheit; Mannigfaltigkeit**, Verschiedenheit, **Wechsel**; — wechselndes Glück; — Meinungsverschiedenheit; — **Wankelmut**, Unbeständigkeit

M. varietas delectat: Abwechslung ergötzt

F. die Varietät: Verschiedenheit, Abweichung, Spielart — das Varieté (franz.): Theater für leichte Unterhaltung

Varini, ōrum m. E. germ. Volksstamm im heutigen Mecklenburg

vario 1. (cf. varius) 1.) (trans.) **bunt machen**, sprenkeln; — **mannigfaltig machen**, abwechselnd machen, **mit etwas wechseln**, etwas verändern;

vices v. die Wachen wechseln, ablösen; — verschieden darstellen, abweichend berichten; sententiis variatur es herrscht Meinungsverschiedenheit 2.) (intr.) **mannigfaltig sein, verschieden sein, sich verändern, schwanken;** verschiedener Meinung sein; wechselnden Erfolg haben; variat es herrscht Meinungsverschiedenheit, keine Einigkeit
F. variieren i. a. B. — die Variante: abweichende Lesart — die Invariante: unveränderliche Größe (math.) — die Variable: veränderlicher Wert (math.) — variabel: veränderlich, unbeständig — invariabel: unveränderlich, unwandelbar — die Variabilität: Veränderlichkeit — variato (it.): verändert (mus.)

Varisci, Varisti, ōrum m. E. germ. Volksstamm in der Oberpfalz

varius 3 **bunt,** scheckig, gesprenkelt; — **verschieden, mannigfaltig,** abwechselnd; sermo v. Gespräch über Verschiedenes; adsensus v. geteilte Zustimmung; — **vielseitig, gewandt** z. B. vir; — **veränderlich, wankelmütig,** launenhaft z. B. homo
F. Varia: Verschiedenes, Allerlei

Varius 3 E. Name eines röm. Geschlechts 1.) Q. Varius Hybrida Volkstribun 91 v. Chr., nach ihm lex Varia de maiestate 2.) L. Varius Rufus Dichter, Freund des Vergil und Horaz

vārix, icis f. (selten m.) Krampfader
F. Varix (plur. Varizen) i. a. B. (med.)

Varro, ōnis m. Beiname römischer Geschlechter; Varroniānus 3 des V.

vārus 3 auseinandergebogen, krumm, krummbeinig; — entgegengesetzt

Vārus, i m. E. Beiname in mehreren römischen Geschlechtern 1.) Q. Attius Varus Feldherr im Bürgerkrieg 2.) P. Attius Varus Pompejaner 3.) P. Alfenus Varus bedeutender Rechtsgelehrter zur Zeit des Horaz 4.) P. Quintilius Varus Konsul 13 v. Chr., besiegt 9 n. Chr. im Teutoburger Walde; — Variānus 3 des V.

Varus, i m. E. Grenzfluß zwischen Italien und Gallien (Var)

vas, vadis m. **Bürge** (im Zivil- und Kriminalprozeß)
M. Wette (urv.)

vās, vāsis n. (plur. vasa, vasōrum, vasis) **Gefäß,** Gerät, Geschirr; v. vinarium Weinglas, Pokal; — plur. **Gepäck, Bagage,** Kriegsgeräte; vasa colligere sich reisefertig, marschbereit machen; vasa conclamare das Signal zum Aufbruch geben
M. Vase (L)
F. die Vasomotoren: Gefäßnerven (med.) — vasomotorisch: durch Blutgefäße verengert und erweitert werdend (Nerv)

vasārium, ii n. (cf. vas) Geschirr-, Ausstattungs-, Equipierungsgeld

Vascones, um m. E. die heutigen Basken

vasculārius, ii m. (cf. vasculum) Gefäßarbeiter, Goldschmied

vāsculum, i n. (dem. von vas) kleines Gefäß
M. Flasche (L)

vastātio, ōnis f. (cf. vasto) **Verwüstung**

vastātor, ōris m. (cf. vasto) Verwüster

vasti-ficus (cf. vastus-facio) verwüstend

vastitas, tātis f. (cf. vastus) **Öde, Verödung,** Leere; — **Verwüstung,** Verheerung

vasto 1. (cf. vastus) **öde machen,** menschenleer machen; pass. wüst werden, verwildern; — **verwüsten, verheeren;** brandschatzen; — zerrütten
F. vastieren i. a. B.

vastus 3 **leer, öde, wüst,** menschenleer; — verwüstet, verheert; — **unermeßlich, weit, riesig,** gewaltig; vaste adv. weithin; — entsetzlich; — unförmlich, ungeschlacht, **plump, roh,** ungebildet
M. wüst, Wust, Wüste (urv.)

vātes, is m. und f. (gen. plur. vatum) **Wahrsager, Wahrsagerin, Prophet, Seher;** — gottbegeisterter Sänger, **Dichter**
M. Wut (urv.)

Vaticānus collis m. E. der Vatikan,

einer der sieben Hügel Roms auf dem rechten Tiberufer

F. der Vatikan i. a. B., Hof des Papstes

vaticinātio, ōnis f. (cf. vaticinor) **Weissagung**

vaticinātor, ōris m. (cf. vaticinor) Weissager

vaticinor 1. (cf. vaticinus) **weissagen,** prophezeien; — warnen; — lehren, vortragen, predigen; — **schwärmen,** träumen

vati-cinus 3 (cf. vates-cano) weissagend, prophetisch

vatillum, i n. Schaufel; Kohlenbekken

Vatinius 3 E. Name eines röm. Geschlechts; P. Vatinius Anhänger Cäsars, im Prozeß von Cicero erbittert angegriffen; — Vatiniānus 3 des V.

vatis = vates

ve (enkl. Partikel) **oder** z. B. plus minusve; — (bei Zahlen) **bis** z. B. novem decemve diebus; **ve ... ve entweder ... oder**

Vecilius mons m. E. Berg in Latium

vecordia, ae f. (cf. vecors) **Wahnsinn,** Tobsucht

ve-cors, cordis (cf. cor) **wahnsinnig, unsinnig**

vectigal, ālis n. (cf. vectigalis) **Wegegeld; indirekte Steuer, Zoll, Abgabe;** vectigalia imponere Steuern auflegen, exigere eintreiben, pendere (pensitare) zahlen; — (meist plur.) **Staatseinkünfte;** Einnahmequelle; Steuerbereich; — **Einkommen, Einkünfte**

vectigālis, e (cf. veho) **tributsteuerpflichtig;** — **gezahlt,** geliefert

vectio, ōnis f. (cf. veho) das Bewegen, Fahren, Reiten

vectis, is m. (cf. veho) Hebebaum, Hebel; Brechstange; Türbalken, Balkenriegel

vecto 1. (cf. veho) **führen, fahren;** pass. geführt werden, gefahren werden, fahren, reiten

vector, ōris m. (cf. veho) Träger; — Fahrgast, Passagier, Seefahrer

F. der Vektor: Geschwindigkeit; Strecke (math.)

vectōrius 3 (cf. veho) zum Transport dienend

vectūra, ae f. **das Fahren;** Transport; Fuhrleistung, Zufuhr, Fuhre

Vē-diovis cf. Vē-iovis

Vedius 3 E. Name eines röm. Geschlechts

vegetus 3 (von vegeo bewegen cf. vigeo) **rüstig,** rührig, **lebhaft,** munter

M. wecken, wachen (urv.)

F. die Vegetation: Pflanzenwuchs, -welt — vegetarisch: die Pflanzenkost betreffend — der Vegetarier, Vegetarianer: Pflanzenkostesser — vegetieren: ein Pflanzenleben ohne Empfindung und Verstand führen, dürftig sein Leben fristen — die Vegetabilien: Gewächse, Pflanzenstoffe, pflanzliche Nahrungsmittel — vegetabilisch: pflanzlich, das Pflanzenreich betreffend (von vegetare beleben)

ve-grandis, e (ungroß) klein, winzig; — unverhältnismäßig groß

vehemens (poet. auch vēmens), entis (cf. veho) **heftig, leidenschaftlich,** hitzig; — **energisch, nachdrücklich,** entschieden, streng; — **stark, gewaltig,** bedeutend; — adv. vehementer ungemein, gewaltig

F. vehement i. a. B. — die Vehemenz: Heftigkeit, Gewalt, Ungestüm

vehiculum, i n. (cf. veho) **Fuhrwerk, Fahrzeug:** Wagen, Schiff, Sänfte

F. das Vehikel: Fahrzeug; Lösungsmittel bei Arzneien (med.)

veho, vexi, vectus 3. **in Bewegung setzen,** fortschaffen, **etwas fahren,** ziehen; — pass. gefahren werden, fahren; equo vehi reiten; nave vehi segeln

M. bewegen, wiegen, wägen, Weg, Wage, Wiege, Gewicht, wichtig (urv.)

Vēii, Vēi, ōrum m. E. uralte etruskische Stadt; Veiens, entis adi. und subst. Bewohner von V.; Veientānus 3 aus V.; subst. n. (scil. vinum) Veienterwein

Vē-iovis, is m. Jupiter als Rachegott

vel (imp. von velle „wähle") 1.) **oder** (ohne ausschließende Kraft); (berichtigend) **oder vielmehr** z. B. laudandus vel etiam amandus est; (mit potius verbunden den ersten Ausdruck verbessernd) z. B. post obitum vel potius excessum Romuli; — **vel ... vel entweder ... oder,** sei es ... oder sei es (ohne ausschließende Kraft) z. B. nihil est tam conveniens ad res vel secundas vel adversas quam amicitia 2.) (adv.) **sogar, selbst, auch** z. B. vel torquebatur; — **wohl, unstreitig** z. B. haec domus vel pulcherrima est; — **schon** z. B. vel hac ex re schon daraus

Velābrum, i n. E. Name zweier Marktplätze in Rom, wo man Lebensmittel kaufte

velāmen, inis n. (cf. velo) **Hülle,** Decke; Kleidung, Gewand; Schleier; Fell

velamentum, i n. (cf. velo) (mit Wollbinden umwundene Ölzweige der Schutzflehenden) **Bittzweige**
F. das Velament: Binde, Decke, Hülle; Scheingrund; Künstlerhonorar

Veleda, ae f. E. germ. Wahrsagerin bei den Brukterern um 70 v. Chr.

vēles, itis m. (cf. velox) Plänkler; — Spaßmacher

Velia, ae f. E. 1.) Küstenstadt in Lukanien; Veliēnsis adi. und subst. Bewohner von V.; Velīnus 3 aus V. 2.) Anhöhe in Rom zwischen dem Forum und dem Titusbogen

veli-fer, fera, ferum (cf. velum-fero) segeltragend

velificātio, ōnis f. (cf. velificor) das Segeln

Velīnus 3 1.) cf. Velia 2.) m. Fluß im Sabinerlande; adi. im Tal des Velinus 3.) Sumpfsee im Sabinerlande

veli-ficor und fico 1. (cf. velum-facio) die Segel setzen, segeln

Veliocasses, ium und cassi, ōrum m. E. kelt. Volksstamm in der Normandie

velitāris, e (cf. veles) zu den Plänklern gehörig

Velitrae, ārum f. E. Stadt in Südlatium (Velletri); — Veliternus adi. und subst. Bewohgner von V.

veli-volans, ntis und volus 3 (cf. velum-volo) segelbeflügelt; von Segeln umflattert

Vellaunodūnum, i n. E. Stadt der Sennonen (Chateau Landon)

Vellāvii, ōrum m. E. kelt. Volksstamm in den Cevennen

Vellēius 3 E. Name eines röm. Geschlechts; C. Velleius Volkstribun 91 v. Chr., epikureischer Philosoph

vellico 1. (cf. vello) rupfen, zupfen; — durchhecheln, schmähen

vello, velli, vulsus und volsus 3. **zupfen, rupfen,** zausen; **ausrupfen; ausreißen;** signa v. die Feldzeichen aus der Erde reißen, aufbrechen

vellus, velleris n. Wolle, Schafwolle; Gespinst, Fäden; — Schäfchenwolken; — Schaffell, Vlies; — Fell, Tierhaut
M. Wolle, Vlies (urv.)

vēlo 1. (cf. velum) **verhüllen, einhüllen, bedecken; bekleiden;** umwinden, umgeben, schmücken; — **verbergen, verheimlichen,** bemänteln
F. velieren: verhüllen — das Velarium: Sonnenschutzdach, Zeltdach — die Revelation: Entdeckung, Offenbarung

velōcitas, tātis f. (cf. velox) **Geschwindigkeit, Schnelligkeit,** Behendigkeit; (von der Rede) Lebendigkeit, Schwung
F. die Velozität: Geschwindigkeit

vēlox, ōcis (cf. veles) **schnell, geschwind,** behend; gewandt, rüstig
F. veloce (it.): schnell (mus.) — velocissimo (it.): sehr schnell — das Velodrom: Radrennbahn — das Veloziped: Fahrrad

vēlum, i n. 1.) **Segel;** vela facere (pandere) die Segel setzen, mit vollem Winde segeln; vela dare die Segel hissen; vela dare ventis mit dem Winde abfahren; vela deducere, contrahere, legere die Segel reffen; — Schiff 2.) **Hülle, Tuch,** Vorhang, Decke; Zelttuch, -decke
M. Velum palatium: Gaumensegel (med.)
F. das Velum i. a. B., Vorhang; Kelchtuch; Schultertuch kath. Priester — velar: mit dem Gaumensegel gebildet (sprachl.)

velut und veluti adv. 1.) (vergleichend) **wie, gleichwie;** — **gleich-**

sam; — **so zum Beispiel**; — **velut si** mit coni. **gleich als ob, wie wenn** z. B. Sequani absentis Ariovisti crudelitatem, velut si coram adesset, horrebant

vemens = vehemens

vēna, ae f. **Vene, Ader**; Pulsader; venae Puls; — Wasser-, Gesteins-, Holz-, Metallader; Saftgefäß, Blattader der Pflanze; — Anlage; innerstes Wesen, Charakter, Inneres, Mark, Herz

F. die Vene: Blutader, die das Blut zum Herzen führt — venös: zu den Venen gehörig, aderreich — intravenös: ins Innere der Vene einfließend

venābulum, i n. (cf. venor) Jagdspieß

Venāfrum, i n. E. Ort in Kampanien; Venafrānus 3 aus V.

venalicius 3 (cf. venalis) zum Verkauf gehörig, verkäuflich; — subst. m. Sklavenhändler

venālis, e (cf. venum) **verkäuflich, käuflich**, feil; subst. m. verkäuflicher Sklave; — bestechlich

F. venal i. a. B. — die Venalität: Bestechlichkeit, Feilheit

venāticus 3 (cf. venor) **zur Jagd gehörig**; canis v. Jagdhund

venātio ōnis f. (cf. venor) **Jagd; Tierhetze** im Zirkus; — Jagdbeute, Wildbret

venātor, ōris m. (cf. venor) **Jäger**, Weidmann; — Nachspürer, Forscher

venatōrius 3 weidmännisch; galea venatoria Jägerhut

venātrix, icis f. (cf. venator) Jägerin

venātus, ūs m. (cf. venor) **Jagd**

vendibilis, e (cf. vendo) **verkäuflich**; Anklang findend, beliebt

venditātio, ōnis f. (cf. vendito) **das Feilbieten**, Anpreisen, Großtun, **Prahlerei**, Aufdringlichkeit

venditātor, ōris m. (cf. vendito) Anpreiser, Aufdränger, Prahler

venditio, ōnis f. (cf. vendo) **Verkauf; Versteigerung**

vēndito 1. (cf. vendo) **feilbieten, Ware anpreisen, ausbieten**; — etwas **verhandeln**, verschachern; — anzubringen suchen, aufdrängen, **anpreisen**

vēnditor, ōris m. (cf. vendo) **Verkäufer**; Verschacherer

vēndo, didi, ditus 3 (pass. wird ersetzt durch ven-eo, ii 4.) (aus vēnum-do) zum Verkauf geben, **verkaufen**; mit abl. oder gen. pretii z. B. parvo pretio, pluris; — **versteigern; verpachten**; an den Mann bringen; — verhandeln, verschachern, preisgeben

Venedi, orum m. E. die Wenden

venēfica, ae f. (cf. veneficus) Giftmischerin, Zauberin

veneficium, ii n. (cf. veneficus) Giftmischerei; Gifttrank; — Zauberei; Zauber-, Liebestrank

venē-ficus 3 (cf. venenum-facio) giftmischerisch; zauberisch, bezaubernd; — subst. m. Giftmischer, Zauberer

Venelli, ōrum m. E. kelt. Volksstamm in der Normandie

venenātus cf. veneno

venēni-fer, fera, ferum giftig

venēno 1. (cf. venenum) **vergiften**; — begeifern; — venenātus 3 vergiftet; giftig; zauberisch, bezaubernd

venēnum, i n. (aus venes-num cf. venus) **Zaubermittel**, -trank; Liebestrank; **Gift**; Gifttrank; — Unheil, Verderben; — Geifer; — Färbemittel

vēn-eo, ii 4. (aus venum-eo) zum Verkauf gehen, **verkauft werden**; sub corona v. als Sklave verkauft werden; — mit abl. oder gen. pretii z. B. auro, pluris

venerābilis, e (cf. veneror) verehrungswürdig, ehrwürdig

F. venerabel i. a. B. — das Venerabile: das Hochwürdigste (Sakrament)

venerabundus 3 (cf. veneror) ehrfurchtsvoll, ehrerbietig

venerātio, ōnis f. (cf. veneror) **Verehrung**, Hochachtung; — Ehrwürdigkeit, Würde

F. die Veneration i. a. B.

venerātor, ōris m. (cf. veneror) Verehrer

venereus und ius cf. venus

veneror 1. (cf. venus) **verehren, anbeten,** ehrfurchtsvoll begrüßen; venerātus 3 verehrt, angebetet; venerandus 3 verehrungswürdig; — anflehen

F. venerieren: verehren, hochschätzen

Veneti, ōrum m. E. 1.) gallischer Volksstamm in der heutigen Bretagne; Venetia, ae f. Land der V.; Veneticus 3 venetisch 2.) Volk im Gebiet des heutigen Venedig; Venetia, ae f. ihr Land

venia, ae f. (cf. venus) Liebesdienst, **Gefälligkeit, Gunst, Gnade, Nachsicht;** veniam alci dare jdm. eine Gunst erweisen, jdm. etwas vergönnen, seiner Bitte willfahren; veniam alcis rei ab alqo petere jdn. um eine Gunst in einer Sache bitten; bonā (cum) veniā mit gütiger Erlaubnis, mit Verlaub; — **Erlaubnis;** veniam dare die Erlaubnis geben; — **Verzeihung,** Vergebung; veniam alcis rei impetrare ab alqo von jdm. Verzeihung für etwas erlangen

M. sit venia verbo (abgek. s. v. v.): man gestatte den Ausdruck — Venia legendi: Erlaubnis, Vorlesungen zu halten

venio, vēni, ventum 4. **kommen;** mit 1. supin. z. B. oratum, salutatum v.; alci auxilio (subsidio) v. jdm. zu Hilfe kommen; venio moriturus ich komme, um zu sterben; **heranrükken, vorrücken** cum exercitu contra alqm, ad urbem; gegen jdn. auftreten; — (von der Zeit) **anbrechen, nahen,** bevorstehen; ventūrus 3 zukünftig, bevorstehend; ventūrum, i n. Zukunft; — **erscheinen,** hervorkommen, zum Vorschein kommen, sich zeigen; — alci v. **zukommen, zufallen,** zuteil werden z. B. regnum mihi venit; — **vorkommen, sich ereignen,** eintreten, sich zutragen z. B. id aliter venit; — **wohin kommen, anlangen, gelangen,** geraten z. B. in periculum, in discrimen v. in Gefahr geraten; alci in amicitiam v. mit jdm. befreundet werden; in consuetudinem v. zur Gewohnheit, gebräuchlich werden; in proverbium v. sprichwörtlich werden; in sermonem v. ins Gerede kommen; in spem venire Hoffnung schöpfen; — (in der Rede) **auf etwas kommen,** auf etwas übergehen

M. kommen, Ankunft (urv.) — veni, vidi vici: ich kam, sah, siegte (das berühmte Telegramm Cäsars nach seinem Sieg über Pharnaces)

F. kontravenieren: zuwiderhandeln — der Kontravenient: Übertreter — die Kontravention, Kontravenienz: Übertretung eines Gesetzes

veno cf. venus

venor 1. **jagen, Jagd auf etw. machen**

M. Weid-mann (urv.)

venter, tris m. **Bauch, Leib;** Magen; — **Schlemmerei,** Gefräßigkeit; — Mutterleib; — Leibesfrucht; — Bauchiges; in ventrem crescere bauchartig anschwellen

M. plenus venter, studet libenter: ein voller Bauch studiert nicht gern — Wanst (urv.)

F. ventral: bauchwärts, auf den Bauch bezüglich (med.) — ventrikular: auf den Magen bezüglich (med.)

ventilātor, oris m. (cf. ventilo) Taschenspieler, Gaukler

ventilo 1. (cf. ventus) in der Luft schwenken, schwingen; — anfachen, in Aufregung bringen

F. ventilieren: lüften, mit einer Lüftungsanlage versehen; erörtern, zur Sprache bringen — das Ventil: Luftklappe, Verschlußvorrichtung; Auslaß — die Ventilation: Lüftung — der Ventilator: Lüfter, Luftsauger, Lufterneuerer

ventito 1. (cf. venio) häufig kommen, zu kommen pflegen

ventōsus 3 (cf. ventus) **windreich,** windig; windschnell; eitel, prahlerisch; — **wetterwendisch,** unbeständig

ventriculus, i m. (dem. von venter) kleiner Bauch; v. cordis Herzkammer

F. der Ventrikel: Hohlraum des Körpers

ventus, i m. **Wind** (urv.); v. secundus günstiger, adversus ungünstiger Wind; v. ferens günstiger Wind; in ventos recedere in die Lüfte schwinden; dare verba ventis sein Versprechen in den Wind schlagen, nicht halten; verba in ventos dare in den Wind reden; rem ventis tradere der Vergessenheit überlassen, vergessen; ventis remis mit allen Kräften; — **Sturm,** Unruhe; **Gerücht,** Ruf

venūcula, ae f. (cf. uva) eine Weintraubenart

vēnus, i m. **Verkauf** (nur acc. venum und dat. veno); venum do = vendo; venum eo = veneo; veno feil, verkäuflich; veno do = vendo

venus, eris f. **Liebe, Liebeslust,** Liebesgenuß; — **Schönheit, Anmut,** Liebreiz; venerius 3 sinnlich, geschlechtlich, unzüchtig; — **Venus,** eris f. **Venus,** Göttin der Liebe und der Schönheit, Tochter des Jupiter, Mutter des Amor und Äneas, Stammutter der Julier; — Planet Venus; — Venerius 3 der Venus gehörig, geweiht; homo V. Venusknecht; servi Venerii die Diener, Hierodulen der Eryzinischen Venus
M. Wonne, wünschen (urv.)
F. venerisch: geschlechtskrank

Venusia, ae f. E. Stadt in Apulien, Geburtsort des Horaz (Venosa); Venusīnus adi. und subst. Bewohner von V.

venustas, tātis f. (cf. venus) **Anmut,** Reiz, **Schönheit, Liebenswürdigkeit,** guter Geschmack

venustus 3 (cf. venus) **schön, anmutig,** lieblich, **reizend,** zierlich, liebenswürdig

ve-pallidus 3 totenbleich

veprēcula, ae f. (dem. von vepres) kleiner Dornbusch

vepres und is, is m. **Dornstrauch,** Dornbusch

ver, veris n. **Frühling;** v. sacrum Weihefrühling (in dem in Notzeiten die Geburten der Gottheit geopfert wurden)

Veragri, ōrum m. E. kelt. Volksstamm in den Alpen

verax, ācis (cf. verus) **wahrhaftig,** die Wahrheit redend

verbēna, ae f. **Zweig;** plur. **heilige Kräuter,** heiliges Laub (zur Bekränzung von Altären und Opfertieren)

verber, eris n. (cf. verbena) **Schlag, Wurf;** plur. Hiebe, **Prügel,** Züchtigung, Geißelung; — Peitsche, Geißel; Schleuderriemen

verberātio, ōnis f. (cf. verbero) Züchtigung

verbero 1. (cf. verber) **peitschen, schlagen,** geißeln, prügeln; — schmerzhaft treffen, empfindlich verletzen

verbero, ōnis m. einer der Prügel verdient, Schlingel

Verbigenus pagus m. E. einer der 4 helvetischen Gaue

verbōsus 3 (cf. verbum) **wortreich, weitläufig,** weitschweifig

verbum, i n. **Wort** (urv.), **Ausdruck;** nullum v. facere kein Wort verlieren; plur. **Worte, Rede;** verba falsa (ficta) Lügen; verba facere eine Rede halten; — **leere Worte,** leere Rede; alci verba dare jdn. hinters Licht führen, jdn. anführen; — (gramm.) **Zeitwort;** — **Äußerung, Ausspruch,** Sprichwort; — verbi causa (gratia) beispielshalber; verbum verbo reddere Wort für Wort übersetzen; ad verbum aufs Wort, wörtlich, Wort für Wort, buchstäblich; uno verbo mit einem Worte; verbis meis in meinem Namen; regis verbis im Namen, im Auftrag des Königs
M. a verbo: von der Stammform aus
F. das Verbum: Zeitwort (sprachl.) — verbal: zeitwörtlich; mündlich — das Verbale: wörtliche Äußerung; von einem Tätigkeitswort hergeleitetes Nennwort — verbalisieren: mündlich unterhandeln; unnütze Worte machen — verbaliter: Wort für Wort — das Adverbium, Adverb: Umstandswort (sprachl.) — adverbial: als Umstandswort (sprachl.)

Vercellae, ārum f. E. Stadt in Oberitalien (Vercelli), dort Sieg über die Cimbern 101 v. Chr.

Vercingetorix, īgis m. E. der berühmte Arvernerfürst

vere cf. verus

verecundia, ae f. (cf. verecundus) **Scheu,** Zurückhaltung, **Schüchternheit;** — **Anstandsgefühl, Zartgefühl;**

— Scham, Schamgefühl; — **Ehrfurcht**, heilige Scheu

verecundor 1. (cf. verecundus) **sich scheuen, schüchtern, zaghaft, blöde sein**

verecundus 3 (cf. vereor) **schüchtern, bescheiden**, rücksichtsvoll; — **sittsam, verschämt**, schamhaft

vereor, veritus sum 2. **Bedenken tragen, sich scheuen, sich fürchten, scheuen**; mit inf. z. B. verebar te orare; besorgt sein für etwas alci rei, in betreff de re; — (trans.) **verehren, hochachten**; verendus 3 ehrwürdig; — **befürchten, sich vor etwas fürchten** z. B. bellum; vereor ne ich fürchte, daß; ne non (ut) daß nicht; veritus 3, verens, ntis fürchtend, aus Furcht

verētrum, i n. (cf. vereor) Schamglied

vergiliae, ārum f. Siebengestirn

Vergilius 3 E. Name eines röm. Geschlechts; P. Vergilius Maro der berühmte röm. Dichter 70—19 v. Chr.

Verginius 3 E. Name eines röm. Geschlechts; Decimus Verginius Zenturio, der seine von Appius Claudius geschändete Tochter erstach

vergo, versi 3. **sich neigen, sich senken; sich erstrecken, liegen** z. B. Gallia vergit ad septentriones; — **sich dem Ende zuneigen**, ausgehen, abnehmen z. B. nox vergit ad lucem; annis vergens alternd; sich jdm. zuneigen, sich einer Sache zuwenden

M. renken, Ranke, Ränke, ringen (urv.)

F. konvergieren: sich nähern, zusammenlaufen (math.) — konvergent: übereinstimmend; zusammenlaufend (math.) — die Konvergenz: Annäherung — divergieren: auseinandergehen, abweichen (math.); anderer Meinung sein — divergent: auseinanderlaufend, in entgegengesetzter Richtung gehend — die Divergenz: Auseinandergehen, Abweichung; Meinungsverschiedenheit

vergobretus, i m. (kelt.) Rechtswirker (höchste Behörde bei den Häduern

veri-dicus 3 (cf. verus-dico) wahrsagend

veri-similis, e wahrscheinlich

veri-similitūdo, inis f. Wahrscheinlichkeit

vēritas, tātis f. (cf. verus) **Wahrheit; Wirklichkeit; — Wahrhaftigkeit**, Aufrichtigkeit, Offenheit; — **Rechtlichkeit**, Unparteilichkeit

vermiculātus 3 (cf. vermiculus Würmchen) wurmförmig; gewürfelt

vermis, is m. **Wurm** (urv.)

verna, ae m. und f. **Haussklave**

vernāculus 3 (cf. verna) zu den Haussklaven gehörig; — inländisch, einheimisch, römisch; — hauptstädtisch, großstädtisch

vernilis, e (cf. verna) **sklavisch, knechtisch**, kriechend; — mutwillig, frech

verno 1. (cf. ver) Frühling machen, sich verjüngen; avis vernat der Vogel singt Frühlingslieder

vernus 3 (cf. ver) zum Frühling gehörig

vero cf. verus

Verōna, ae f. E. Stadt in Oberitalien (Verona); Veronēnsis adi. und subst. Bewohner von V.

verpa, ae f. das männliche Glied

verpus, i m. der Beschnittene

verres, is m. **Eber**

Verres, is m. E. Beiname in der gens Cornelia; C. Cornelius Verres Proprätor in Sizilien, wegen seiner Erpressungen von Cicero gerichtlich belangt; Verrius 3 von V. stammend; Verrīnus 3 den V. betreffend

verrīnus 3 (cf. verres) vom Eber

verro, —, versus 3. **kehren, fegen**; zusammenfegen; — am Boden schleifen, **schleppen; — über etwas hingleiten**, hinfahren z. B. aequora remis v.

M. verwirren (urv.)

verrūca, ae f. Warze

verrucōsus 3 (cf. verruca) voller Warzen

Verrūgo, inis f. E. volskische Stadt in Latium

verrunco 1. (arch.) sich wenden; ea mihi bene verruncent das möge zu meinem Heil ausgehen

verrūtum = verūtum

versābilis, e (cf. verso) beweglich, unbeständig

versātilis, e (cf. verso) drehbar; gewandt, vielseitig

versi-color, ōris (cf. verto) **buntfarbig, schillernd**

versiculus, i m. (dem. von versus) kleine Zeile; Verschen; Gedichtchen

versi-ficātor, ōris m. (cf. versus-facio) Verskünstler

F. der Versifikator i. a. B. — der Versifex: Versedrechsler

verso 1. (cf. verto) **oft drehen, hin und her drehen,** herumdrehen, umkehren, **umwenden;** — **hin und her wenden;** domum v. das Haus auf den Kopf stellen; se huc et illuc v. nicht aus noch ein wissen; — **lenken,** wenden z. B. mentem; — **in Unruhe versetzen,** ängstigen, bestürmen; — **jdn. bearbeiten,** für sich zu gewinnen suchen; — **überlegen, überdenken;** — pass. **sich ständig drehen,** sich hin und her drehen, **sich wälzen;** — **sich aufhalten,** befinden, verkehren; — **sich bewegen,** leben, schweben z. B. in periculo, in timore; — **in etwas tätig sein** z. B. in re publica; — **sich mit etwas abgeben, beschäftigen,** etwas betreiben; auf etwas beruhen, in etwas bestehen

versum adv. = versus adv.

versūra, ae f. (cf. verto) Gläubigerwechsel, **Anleihe** zur Tilgung einer Schuld; versuram facere eine Anleihe machen; versurā dissolvere alte Schulden mit neuen bezahlen

F. die Versur: Geldaufnehmen; Zinseszinsenwucher; Warenumsatz

versus 3 cf. verto und verro

versus, versum adv. **nach ... hin, gegen ... hin,** auf ... zu z. B. Romam versus, in Italiam v., ad mare v.; — hinter einem adv. z. B. quoquo versus nach allen Seiten hin

versus, ūs m. (cf. verro) **Reihe, Linie; Zeile; Vers** (L)

versūtia, ae f. (cf. versutus) **Verschlagenheit,** List

versuti-loquus 3 (cf. loquor) schlau redend, schlau

versūtus 3 (cf. verto) **gewandt, verschlagen,** schlau, listig

vertex, icis m. (cf. verto) **Wirbel,** Strudel; Flammen-, Windwirbel; — Drehpunkt der Erde, Pol; — Kopfwirbel, **Scheitel;** a vertice ad imos vom Wirbel bis zur Sohle; — Kopf; — **Gipfel, Spitze,** Höhe

F. vertikal: senkrecht

verticōsus 3 (cf. vertex) voller Strudel

vertigo, inis f. (cf. verto) das Drehen, **Umdrehung,** Umschwung, Wirbel; — Schwindel

verto, verti, versus 3. 1.) (trans.) **wenden, drehen,** kehren; — **hinwenden, hinkehren** z. B. cogitationes in bellum v.; omnium rerum causas in deos v. die Ursache aller Dinge den Göttern zuschreiben; quo me vertam? wohin soll ich mich wenden?; — **wozu machen, gereichen lassen,** als etwas ansehen, auslegen z. B. alqd in crimen v. etwas zum Verwurf machen; alqd alci in superbiam v. jdm. etwas als Stolz auslegen; — **etwas ablaufen lassen,** ausschlagen lassen z. B. in gloriam alqd v. etwas zum Ruhme ausschlagen lassen; — **umwenden, umdrehen, umkehren;** arma v. die Waffen senken; — zur Flucht umkehren, **in die Flucht schlagen;** terga v., se v. die Flucht ergreifen, fliehen; — (das Meer, die Erde) umwühlen, umpflügen; — (aufrecht Stehendes) **umstürzen, umwerfen** z. B. muros; — **zugrunde richten, verderben, vernichten;** — **verändern, verwandeln,** vertauschen; se vertere umschlagen; — aus einer fremden Sprache übersetzen z. B. librum ex Graeco in Latinum v. 2.) (intr.) pass. **vertor, versus sum, verti sich wenden, drehen, sich kehren;** sich hinkehren, **sich hinwenden;** — nach einer Richtung hin liegen; — **ablaufen,** ausfallen, ausschlagen; in bonum, bene verti sich zum Guten wenden; — **sich umdrehen;** in fugam vertere fliehen; — **sich bewegen, sich befinden;** ante ora verti vor Augen schweben; — (von der Zeit) **verlaufen;** annus vertens das laufende Jahr; — auf etwas beruhen, von etwas abhängen z. B. omnia in tua voluntate vertuntur; spes vertitur in virtute; — **sich verändern, sich verwandeln** z. B. fortuna vertit das Glück schlägt um; verso Marte als das Kriegsglück umgeschlagen war; in naturam verti zur (zweiten) Natur werden

M. wärts (z. B. vorwärts) (urv.) — vertatur (abgek. vert.), vertas, verte: wende! schlage um!

F. vertieren: wenden, kehren, umwenden; übersetzen, dolmetschen — versieren: verkehren, umdrehen; sich mit etwas beschäftigen — versiert: gewandt, geübt — die Version: Wendung, andere Gestaltung einer Nachricht, andere Lesart, andere Fassung eines Ausdrucks; Übertragung, Übersetzung — die Versalie: großer Anfangsbuchstabe (buchdr.) — reversibel: umkehrbar — irreversibel: nicht umkehrbar

Vertumnus, i m. (cf. verto) Gott des Wandels und Verkehrs, der Veränderlichkeit

veru, ūs n. **Spieß;** — **Bratspieß;** — Wurfspieß

Verulanium, ii n. E. Stadt in Britannien (Verulam)

verum-enim-vero adv. **aber wahrhaftig**

verum-tamen adv. **aber doch,** gleichwohl, indessen

vērus 3 **wahr** (urv.), **wahrhaft, echt;** verum, i n. Wahrheit, Wirklichkeit; ex vero der Wahrheit gemäß; — wahrheitsliebend, wahrhaftig, aufrichtig; — **richtig recht** und billig, vernünftig; verum, i n. das Rechte; — vere adv. **wahr,** der Wahrheit gemäß; **in Wahrheit, wirklich,** tatsächlich; ernstlich, aufrichtig; — **verō** adv. **in Wahrheit, in der Tat,** wirklich, wahrhaftig; et vero und wirklich, und in der Tat; nec vero non und jedenfalls, und sicherlich; enim vero ja wahrhaftig, ja fürwahr; — **jawohl, allerdings** (in Antworten) oft mit pron. z. B. ego vero; — (nachgestellt, steigernd) **erst gar, vollends;** aut vero oder gar erst; iam vero ferner vollends, ferner nun; si vero wenn vollends, wenn nun gar; — **aber, jedoch;** neque vero aber nicht; — verum aber, indessen; **sondern**

M. Vera (V)

F. das Verdikt: Wahrspruch, Geschworenenspruch — verifizieren: beglaubigen, beurkunden — die Verifikation: Bekräftigung, Beglaubigung, Beurkundung, Beleg — der Verismus: Drang nach Wahrheitstreue — veritabel: wahrhaft, wirklich, aufrichtig, echt

verūtum, i n. (cf. veru) **Wurfspieß**

verūtus 3 (cf. veru) mit dem Wurfspieß bewaffnet

vervex, ēcis m. **Hammel,** Schöps

vesānia, ae f. (cf. vesanus) Wahnsinn

vesānus 3 wahnsinnig, unsinnig, rasend; ungeheuer

Vescia, ae f. E. latinisches Städtchen; — Vescīnus adi. und subst. Bewohner von V.

vēscor, — 3. **sich von etwas nähren, von etwas leben,** etwas essen, genießen (nur vom Menschen gesagt) etwas re z. B. lacte et carne v.; — speisen, tafeln; — genießen z. B. voluptatibus

vēscus 3 (cf. vescor) zehrend, fressend; — abgezehrt, mager

Veseris, is m. E. Fluß in Kampanien

Vesēvus (poet.) = Vesuvius

vesica, ae f. Blase, Harnblase

vesicula, ae f. (dem. von vesica) Bläschen

Vesontio, ōnis m. E. Hauptstadt der Sequaner (Besançon)

vespa, ae f. **Vespe** (urv.)

M. weben (urv.)

Vespasiānus, i m. E.; T. Flavius Vespasianus 69—79 röm. Kaiser

vesper, eri m. (abl. vespere und o) Abendstern; **Abend;** vesperi (locat.) am Abend; primo vespere bei Anbruch des Abends; — Westen (urv.)

vespera, ae f. (selten) **Abend;** ad vesperam zur Abendzeit, gegen Abend

M. die Vesper (L): Abendgottesdienst, Mahlzeit am Nachmittag

vesperāsco, rāvi 3 (cf. vesper) abendlich werden; vesperascit es wird Abend

vespertilio, ōnis f. (cf. vesper) Fledermaus

vespertinus 3 (cf. vesper) **abendlich,** am Abend; — westlich

vespillo, ōnis m. (cf. vesper) Leichenträger (für die abends bestatteten Armen)

Vesta, ae f. E. Vesta, Göttin des häuslichen Herdes, des Familienlebens; — Herd, Feuer; — Vestatempel; — Vestālis, e der Vesta geweiht; Vestālis, is f. (scil. virgo) Vestalin (F), Priesterin der Vesta; Vestālia, ium Fest der Vesta (am 9. Juni)

M. Wesen (urv.)

vester, tra, trum (arch. voster) **euer, euriger;** odium vestrum euer Haß, Haß gegen euch

vestibulum, i n. **Vorplatz, Vorhof; Vorhalle im Hause;** — **Eingang, Zugang**

F. das Vestibül i. a. B.

vestigium, ii n. **Fußspur, Fußstapfe,** Fährte; vestigia figere schreiten; vestigia premere stillstehen; vestigia referre zurückgehen; patris vestigiis ingredi in die Fußstapfen des Vaters treten; vestigia alcis sequi jdm. auf den Fersen nachfolgen; — **Spur, Merkmal,** Kennzeichen; — Überreste, Trümmer; — **Fußtritt, Schritt,** — **Fußsohle; Fuß;** — **Standort, Stätte,** Stelle; eodem vestigio manere (haerere) auf derselben Stelle bleiben; se vestigio movere sich vom Platze rühren; — v. temporis Zeitpunkt, Augenblick; e (in) vestigio auf der Stelle, sogleich, augenblicklich

M. Steig (urv.) — Vestigia terrent: die Spuren schrecken

vestigo 1. (cf. vestigium) **nachspüren, nachforschen, ausspüren,** ausfindig machen

vestimentum, i n. (cf. vestio) **Kleidungsstück, Kleid**

Vestini, ōrum m. E. Volk an der Ostküste Mittelitaliens

vestio 4. (cf. vestis) **kleiden, bekleiden;** — **bedecken,** umgeben, bepflanzen; schmücken

F. investieren: einkleiden, einsetzen, belehnen, Geld anlegen — die Investitur: Einweisung in ein niederes Kirchenamt, Belehnung

vestis, is f. **Kleidung, Kleider,** Tracht, **Anzug;** vestem mutare die Kleider wechseln; Trauer anlegen; — Dekken, Teppiche

M. Weste (L)

vestitus, ūs m. (cf. vestio) **Kleidung,** Anzug, **Tracht;** vestitum mutare Trauer anlegen; — **Bekleidung,** Bedeckung; — v. orationis Redeprunk

Vesulus, i m. E. Berg in den Kottischen Alpen (Monte Viso)

Vesūvius, ii m. E. Vesuv, Vulkan in Kampanien

Vetera, um und Vetera castra festes Lager und Stadt am Niederrhein (Xanten)

veterānus 3 (cf. vetus) **altgedient,** altbewährt; exercitus v. aus alten Soldaten bestehend; — subst. m. der gediente Soldat, **Veteran** (F)

veterātor, oris m. (cf. vetus) alt geworden; geübt; — subst. m. alter Fuchs, Schlaukopf

veteratōrius 3 (cf. veterator) schlau, durchtrieben

veternōsus (cf. veternus) schläfrig

veternus, i m. (cf. vetus) Schlafsucht; — Schläfrigkeit, Trägheit

veto, ui, itus 1. **verbieten, nicht zulassen, nicht gestatten, befehlen, daß nicht** mit acc. c. inf.; im pass. persönlich mit nom. c. inf. z. B. vetaris haec facere man verbietet dir, dies zu tun; — hemmen, **hindern;** quid vetat quaerere? was hindert uns zu fragen?; — vetitum, i n. Verbot

F. das Veto: Einspruch

Vettones, um m. E. Volksstamm in Italien

vetulus 3 (dem. von vetus) ziemlich alt, ältlich

M. die Vettel: altes Weib

vetus, veteris (abl. vetere, n. plur. a, gen. plur. um, comp. vetustior, sup. veterrimus) **alt, bejahrt, langjährig;** alterprobt, erprobt, altgedient; — **schon vorhanden, bisherig;** — **ehemalig, vormalig, früher;** — veteres, um m. **die Alten,** Männer der Vorzeit; Veteranen; — plur. f. (scil. tabernae) die alten Wechslerstuben an der Südseite des Forums

F. der Veterinär: Tierarzt (von veterina das alte, schon einspannfähige Zugtier)

vetustas, tātis f. (cf. vetus) **das hohe Alter,** lange Dauer, langes Bestehen; vetustatem habere, ferre lange Dauer haben, ein hohes Alter erreichen; — Bejahrtheit; — **alte Bekanntschaft,** Freundschaft; — **Altertum,** alte Zeit; — späte Zeit; Nachwelt

vetustus 3 (cf. vetus) **alt, bejahrt;** — langjährig, lange bestehend; — altehrwürdig, altertümlich

vexātio, ōnis f. (cf. vexor) **Beschwerde,** Strapaze, Qual; — **Mißhandlung,** Plage

vexātor, ōris m. (cf. vexo) **Peiniger,** Plagegeist, Störer

vexillārius, ii m. (cf. vexillum) **Fahnenträger, Fähnrich;** — plur. m. Unterabteilung der Veteranen (die, vom Kriegseide entbunden, in einem vexillum weiter dienen)

vexillum, i n. (dem. von velum) **Fahne,** Standarte; — **Signalflagge** (am Feldherrnzelt zum Zeichen des Angriffs); — **Fähnlein,** Abteilung

vexo 1. **hin- und herbewegen,** hin- und herreißen, **erschüttern;** — **mißhandeln,** plagen, quälen, heimsuchen; — **verheeren, plündern,** brandschatzen

F. vexieren: plagen, necken, foppen, irreführen — die Vexation, Vexiererei: Plakkerei, Neckerei, Fopperei — vexatorisch: belästigend, irreführend

via, ae f. Weg, Straße Fahrweg, Landstraße z. B. via Appia; — **Gasse;** — **Bahn, Fahrt;** viam inire, ingredi eine Bahn einschlagen; alci viam dare jdm. Platz machen; alci viam facere jdm. den Weg öffnen; rectā viā geradeswegs, gerade heraus; — Kanal, Röhre; vocis via (Stimmweg) Kehle; spirandi viae Atemwege; — **Gang, Reise, Marsch;** tridui viam procedere drei Tagesmärsche vorrücken; — **verfahren, Art und Weise,** Vorgang, Methode; via vivendi, vitae Lebensweise; viā, viā et ratione methodisch; — Mittel, Gelegenheit

M. Via triumphalis: Siegesstraße — Via mala: bekannte Alpenstraße — Via dolorosa: der Kreuzweg (in Jerusalem)

F. der Viadukt: Talbrücke — deviabel: ablenkbar

viārius 3 (cf. via) die **Wege betreffend**

viāticus 3 (cf. via) **zur Reise gehörig;** — **viaticum,** i n. **Reisegeld, Zehrgeld**

F. das Viatikum: Reisegeld, Wegzehrung; letzte Ölung

viātor, ōris m. **Wanderer,** Reisender; — **Amtsbote** (höherer Magistrate)

Vibidius 3 E. Name eines röm. Geschlechts

Vibius 3 E. Name eines röm. Geschlechts

Vibo, ōnis f., auch V. Valentia E. Stadt in Bruttium (Bivona); Vibonēnsis adi. und subst. Bewohner von V.

vibro 1. 1.) (trans.) **schwingen, in zitternde Bewegung setzen, schütteln;** pass. **zittern, zucken;** — **werfen, schleudern** 2.) (intr.) **zittern, zukken;** — **schimmern, schillern,** blitzen, funkeln

M. vibrato (it.): lebend (mus.) — Wipfel (urv.)

F. vibrieren: beben, zittern, schwingen — die Vibration: Schwingung, Erschütterung

viburnum, i n. Mehlbeerbaum, Schneeball

vicānus 3 (cf. vicus) dörflich; subst. m. Dorfbewohner
Vica Pota, ae f. (cf. vinco-potior) Beiname der Siegesgöttin
vicārius 3 (cf. vicis) stellvertretend; vicarius, ii m. Stellvertreter; Untersklave
F. der Vikar i. a. B.; Hilfsgeistlicher — das Vikariat: Amt des Vikars — vikarieren: stellvertreten
vicātim adv. (cf. vicus) hofweise, dorfweise; — straßenweise, von Gasse zu Gasse
vice, vicem cf. vicis
vicēni 3 (cf. viginti) **je zwanzig**
vices cf. vicis
vicesimānus, i m. (cf. vicesimus) Soldat der 20. Legion
vicesimārius (cf. vicesimus) den 20. Teil betragend; vicesimarium aurum fünfprozentige Steuer bei Freilassung von Sklaven
vicēsimus, vicēnsimus 3 (cf. viginti) **zwanzigster;** — subst. f. der 20. Teil, fünf Prozent, fünfprozentige Steuer
Vicētia, ae f. E. Stadt in Venetien (Vicenza); — Vicentīnus adi. und subst. Bewohner von V.
vicia, ae f. Wicke (L)
viciēs und ēns adv. (cf. viginti) **zwanzigmal;** v. sestertium 2 000 000 Sesterzen
vicilīnus 3 (cf. vigil) der Wachsame, Beiname Jupiters
vicinālis, e (cf. vicinus) nachbarlich
F. vizinal i. a. B.
vicīnia, ae f. (cf. vicinus) Nachbarschaft, Nähe; — Nachbarn
vicīnitas, tātis f. (cf. vicinus) **Nachbarschaft,** Nähe; Umgegend; — **Nachbarn**
vicīnus 3 (cf. vicus) **benachbart,** nahe, in der Nähe; — nahekommend, ähnlich; — subst. m. Nachbar; subst. f. Nachbarin
vicis gen. sing. (nom. und dat. sing. fehlen) acc. vicem, abl. vice, plur. vices (gen. und dat. fehlen) abl. vicibus f. **Abwechslung, Wechsel;** benigna vice; nox peragit vicem die Nacht vollzieht ihren Wechsel; vices peragere, v. mutare sich verändern; suis vicibus in bestimmter Abwechslung; versa vice umgekehrt; alterna vice, per (in) vices abwechselnd; — Schicksalswechsel, Los z. B. deus volvit vices; — Wechselfall im Kriege; vices rerum Wechselfälle des Krieges; — **Stelle, Aufgabe, Rolle,** Platz, Geschäft; sortiri vices um die Stelle losen; vicem officii explere der Pflicht Genüge tun; — Entgegnung, Erwiderung, Vergeltung; vicem (vices) alci reddere, referre, exsolvere jdm. Gleiches mit Gleichem vergelten; — **vicem und vice** alcis wegen, **mit Rücksicht auf** z. B. maestus sum non meam vicem sed fratrum; — nach Art, wie z. B. Socratis vicem mori wie Sokrates sterben; — statt, anstatt z. B. vestram omnium vicem unus consulo; — in vicem cf. invicem
M. vice versa (abgek. v. v.): umgekehrt, wechselweise — Wechsel, Woche, weichen (urv.)
vicissim adv. (cf. vicis) **wechselweise,** abwechselnd; — **umgekehrt,** dagegen, andrerseits
vicissitūdo, inis f. (cf. vicis) **Wechsel,** Abwechslung, **Wechselseitigkeit,** Gegenseitigkeit
victima, ae f. **Opfertier, Schlachtopfer,** Opfer
M. weihen (urv.)
victimārius, ii m. (cf. victima) Opferdiener
victor, ōris m. (cf. vinco) **Sieger;** — adi. siegreich
M. Viktor (V)
victōria, ae f. (cf. victor) **Sieg;** victoriam conclamare Siegesgeschrei erheben; victoriam parere, ferre, adipisci ex alqo einen Sieg erringen über; — Erfolg; — Victōria, ae f. Siegesgöttin
F. Viktoria i. a. B., (V)
victoriātus 3 (cf. victoria) mit dem Bild der Victoria versehen; subst. m. (scil. nummus; gen. plur. ōrum und um) halber Dinar

Victoriola, ae f. (dem. von Victoria) Victoriastatuette

victrix, icis f. (cf. victor) Siegerin; adi. siegreich; — siegkündend; arma victricia siegreiche Waffen

victus, ūs m. (cf. vivo) **Lebensunterhalt, Nahrung**, Speise und Trank, Kost; — **Lebensweise, -art**
F. die Viktualien: Lebensmittel

viculus, i m. (dem. von vicus) Dörfchen, Gehöft

vicus, i m. **Dorf, Gehöft**; — **Stadtviertel**, -teil; — **Straße**, Gasse
M. Weich(bild) (urv.)

vide-licet adv. (cf. video-licet) **offenbar, sicherlich**, selbstverständlich, **natürlich**; — (erklärend) **nämlich**

video, vīdi, vīsus 2. 1.) (Akt.) **sehen**, Sehkraft haben; — **wahrnehmen, erblicken**; meist mit acc. c. inf., mit acc. c. part. z. B. te ridentem video; videres man hätte sehen können; — **Augenzeuge sein, erleben**; — **besuchen**, aufsuchen; — geistig sehen, **wahrnehmen**, merken, begreifen, einsehen; — **schauen, anschauen**; eum videre non possum ich kann ihn nicht ausstehen; — **gleichgültig zuschauen**, untätig mit ansehen; — **überlegen, bedenken**; — **sich um etwas kümmern**, für etwas sorgen; — **etwas im Auge haben, beabsichtigen**; — **darauf achten**, sich hüten mit ut, ne, ne non z. B. vide, ut te corrigas; oft der bloße coni. z. B. vide venias; — vide, ne; videte, ne; videamus, ne = ob vielleicht z. B. videte, ne hoc vobis turpe sit dies ist vielleicht für euch schändlich; — pass. **videor, vīsus sum** 2. gesehen werden, **erscheinen, sich zeigen**; videndus 3 sichtbar; visa, ōrum n. das Gesehene, Traumgesicht; — **scheinen**, den Anschein haben, gelten, für etwas gehalten werden; persönlich mit nom. c. inf. z. B. copiae nostrae vicisse videntur; bisweilen ohne inf. z. B. ferendus non videtur; oft adv. durch „offenbar, offensichtlich" übersetzbar z. B. amicus aegrotus esse videtur der Freund ist offensichtlich krank; — sibi videri sich dünken, sich einbilden z. B. rem bene gessisse nobis videmur wir denken, Erfolg gehabt zu haben; — (unpersönlich) **alci videtur es scheint richtig, gut**; es dünkt gut, gefällt, beliebt; es glaubt jd., er beschließt z. B. senatui visum est legatos mittere; si videtur wenn es beliebt
M. wissen (urv.) — videant consules, ne quid res publica detrimenti capiat: die Konsuln mögen zusehen, daß der Staat keinen Schaden nähme (Ermächtigungsgesetz für kritische Lagen; Warnung vor Gefahr) — vide (abgek. v.): sieh! — vidi: ich habe es gesehen — vidit: er hat gesehen
F. vidieren: durch Unterschrift beglaubigen — das Vidi: Beglaubigungszeichen — das Visum: Beglaubigung, Sichtvermerk — revidieren: durchsehen, prüfen, mustern — die Revision: Durchsicht, Prüfung, Musterung — der Revisor: Nachprüfer — der Revident: der sich des Rechtsmittels der Revision Bedienende — die Superrevision: Überprüfung

vidua, ae f. (cf. viduus) **Witwe** (urv.)

viduitas, tātis f. (cf. viduus) **Witwenstand**

viduo 1. (cf. viduus) **zur Witwe machen, leer machen, berauben** z. B. urbem civibus

viduus 3 (cf. di-vido) **verwitwet**; — **ehelos**, unvermählt, ledig; **einsam**; — **leer, entblößt, ohne** mit abl. oder gen. z. B. v. amoris
M. Witwer (urv.)

Vienna, ae f. Hauptstadt der Allobroger; — Viennēnsis adi. und subst. Bewohner von V.

viētus 3 (cf. viēsco verwelken) welk, verschrumpft
M. verwelken, verwesen, verwittern (urv.)

vigeo, vigui 2. (cf. vegetus) **lebenskräftig sein, stark sein**; animo v. frischen Mut haben; memoria v. in vollem Besitz des Gedächtnisses sein; — **blühen, in Ansehen stehen**; — **herrschen**, gedeihen, glänzen

vigēsco 3. (cf. vigeo) kräftig werden

vigēsimus = vicesimus

vigil, ilis m. (cf. vigeo) **Wächter;** adi. wachsam
vigilans cf. vigilo
vigilantia, ae f. (cf. vigil) **Wachsamkeit**
F. die Vigilanz i. a. B., Vorsicht — die Invigilanz: Lässigkeit
vigilax, ācis (cf. vigilo) **stets wach**
vigilia, ae f. (cf. vigil) **das Wachen, Nachtwachen;** Wache, Wachehalten; **die Nachtwache,** Viertel der Nacht; de tertia vigilia drei Uhr morgens; — **Wachtposten;** vigilias ponere Wachen ausstellen; — Wachsamkeit
F. die Vigilie: Nachtwache; Vorabend eines kirchlichen Festes
vigilo 1. (cf. vigil) **wachen,** wach sein; — **wachsam sein, vorsichtig sein;** — (trans.)durchwachen; etw. wachend verrichten z. B. zustandebringen, ersinnen z. B. carmen; — vigilans, antis wach, wachsam, unermüdlich
F. vigilieren i. a. B. — vigilant: aufmerksam, aufgeweckt — der Vigilant: Aufpasser, Spitzel — der Vigiland: Häftling — invigilieren: aufpassen
viginti (indekl.) **zwanzig** (urv.)
viginti-virātus, ūs m. (cf. vir) Kollegium der Zwanzigmänner; — viginti-viri, ōrum m. die Zwanzigmänner
vigor, ōris m. (cf. vigeo) **Lebenskraft, Frische, Vollkraft,** Feuer
F. der Vigor i. a. B. — vigorös: kräftig, lebhaft
vilica, ae f. (cf. vilicus) Schaffnerin, Verwalterin
vilico 1. (cf. vilicus) Verwalter sein
vilicus, i m. (cf. villa) **Verwalter,** Meier
vilis, e **wohlfeil, billig;** — **wertlos,** gering, verächtlich, **gemein;** alqd vile (inter vilia) habere etwas geringschätzen, verachten; — überall zu kaufen
vilitas, tātis f. (cf. vilis) **Wohlfeilheit,** Billigkeit; Feilheit, Feilbietung; — **Wertlosigkeit**
villa, ae f. (cf. vicus) **Landhaus, -gut,** Meierei; villa publica „Stadtgut“ Gebäude auf dem Marsfeld zur Abhaltung des Zensus und der Truppenaushebungen
M. Weiler (L)
F. die Villa i. a. B.
villica, villico, villicus = vilica, vilico, vilicus
villōsus 3 (cf. villus) zottig, rauhhaarig
villula, ae f. (dem. von villa) kleines Landhaus
villus, i m. (cf. vellus) meist plur. zottiges Haar
vimen, inis n. **Weide** (urv.); — **biegsame** Rute, Gerte; — **meist plur. Flechtwerk,** Rutengeflecht
vimentum, i n. (cf. vimen) Flechtwerk, Faschine
Viminālis collis m. E. einer der sieben Hügel Roms zwischen Quirinalis und Esquilinus
vimineus 3 (cf. vimen) aus Ruten geflochten
vin = visne? cf. volo
vināceus, i m. (cf. vinum) Weinbeerkern
Vinālia, ium n. (cf. vinum) Weinfest in Rom am 22. April
vinārius 3 (cf. vinum) **zum Weine gehörig;** subst. m. Weinhändler; subst. n. Weinkrug
vincio, vinxi, vinctus 4. schnüren, **binden, fesseln;** — **umwinden,** umkränzen, umgeben, umschließen; — binden, **verpflichten;** — **bannen,** bezaubern; — **einschränken, hemmen;** — (von der Rede) kunstvoll verbinden
vinclum = vinculum
vinco, vīci, victus 3. 1.) (intr.) **siegen, Sieger sein; die Oberhand** gewinnen, behalten; — (trans.) **besiegen,** überwinden; — **umstimmen,** erweichen, **übertreffen,** übersteigen; etwas siegreich erweisen, überzeugend dartun, erhärten
M. sich weigern (urv.) — vincere scis, Hannibal, victoria uti nescis: Hannibal, zu siegen verstehst du, den Sieg auszunutzen verstehst du nicht (Ausspruch Maharbals) — Vinzenz, Vinzentia (V)

vinculum, i n. (cf. vincio) **Band, Fessel,** Schnur, Strick, Schlinge, Riemen, Leine, Seil; v. galeae Helmband; — plur. **Fesseln, Bande;** ex vinculis gefesselt; — **Gefängnis, Kerker;** in vincula conicere (ducere) ins Gefängnis werfen; — **Hemmnis, Hindernis,** Schranke; — **Bindemittel, Verknüpfung** z. B. v. amicitiae; v. iugale Band der Ehe

F. vinkulieren: binden, verpflichten, festlegen; außer Kurs setzen — die Vinkulation: Bindung, Festlegung, Verpflichtung

Vindelici, ōrum m. E. kelt. Volksstamm zu beiden Seiten des Lech; Augusta Vindelicōrum Augsburg

vin-dēmia, ae f. (cf. vinum-demo) Weinlese

vindemiātor, ōris m. (cf. vindemia) Winzer; auch Sternbild

vindēmitor = vindemiator

vindex, icis m. und f. **Verteidiger, Verteidigerin, Beschützer,** Retter, Befreier; auch mit gen. obi. z. B. v. periculi Retter aus Gefahr; — Bürge; — **Rächer, Bestrafer;** v. rerum capitalium Henker

vindicātio, ōnis f. (cf. vindico) Beschützung; Rechtsanspruch

F. die Vindikation: Anspruch, Beanspruchung, Eigentumsklage, Rückforderung — die Revindikation: Anspruchserhebung auf Herausgabe des Eigentums (jur.)

vindiciae, ārum f. (cf. vindico) **Rechtsanspruch,** gerichtliche Beanspruchung; — **Anspruch;** vindicias postulare Rechtsanspruch erheben; vindicias dare dem Rechtsanspruch Folge geben; secundum libertatem vindicias postulare Freisprechung erlangen; vindicias dare secundum libertatem für frei erklären; decernere vindicias secundum servitutem für unfrei zu erklären beschließen; vindicias ab libertate in servitutem dare einen Freien für unfrei erklären; — vindicias ab libertate dicere die Freiheit absprechen

vindico 1. (cf. vindex) **Rechtsansprüche erheben, gerichtlich beanspruchen;** — **beanspruchen,** sich zuschreiben, sich zueignen z. B. Chii Homerum suum vindicant; regnum sibi vindicat; — **befreien, in Freiheit setzen** z. B. servum; oft mit in libertatem z. B. rem publicam in libertatem v.; — **sichern, schützen,** bewahren alqm ab (ex) re z. B. innocentem a supplicio v.; — gegen jd. strafend einschreitend, jdn. bestrafen z. B. in proditorem graviter v.; — **etwas ahnden, rächen** z. B. mortem, crudelitatem

F. vindizieren: fordern, zueignen, beanspruchen — revindizieren: als sein Eigentum beanspruchen

vindicta, ae f. (cf. vindico) **Befreiung, Rettung;** auch mit gen. obi. z. B. v. vitae Erlösung von dem Leben; — Befreiungsstab (mit dem der Prätor den freizulassenden Sklaven berührte); — Rache, Strafe

Vindobona, ae f. E. fester Platz an der Donau, jetzt Wien

Vindonissa, ae f. E. Stadt an der Aar (Windisch)

vinea, ae f. (cf. vinum) **Weinstock;** — Weinberg, Weingarten; — **Schutz-, Schirmdach, Laufhalle** (zum Schutz gegen Geschosse)

vinētum, i n. (cf. vinum) Weingarten, Weinberg; vineta sua caedere sich ins eigene Fleisch schneiden (sprichw.)

vinitor, ōris m. (cf. vinum) Winzer (L)

vinolentia, ae f. (cf. vinolentus) **Trunkenheit;** — **Trunksucht**

vinolentus 3 (cf. vinum-oleo) **betrunken;** trunksüchtig

vinōsus 3 (cf. vinum) **voll Wein**

vinulentia, vinulentus = vinolentia, vinolentus

vinum, i n. **Wein** (L); — Weinsorte; — **das Weintrinken;** per (intra) v. beim Wein

M. in vino veritas: im Wein liegt Wahrheit

viola, ae f. **Veilchen** (L); in viola aut rosa auf Veilchen oder Rosen gebettet; — Levkoje

M. Violine, Fidel (L)

F. violett: veilchenblau — die Violazee:

Veilchengewächs — das Violin: Veilchenstoff
violābis, e (cf. violo) **verletzbar**
violārium, ii n. (cf. viola) Veilchenbeet
violātio, ōnis f. (cf. violo) **Verletzung**, Entehrung
violātor, ōris m. (cf. violo) Verletzer, Schänder
violens, entis (cf. vis) **gewaltsam, gewalttätig; ungestüm, heftig**, stürmisch, wild
F. violent i. a. B.
violentia, ae f. (cf. violens) **Gewalttätigkeit**, Wildheit, **Ungestüm**, Grausamkeit, Tücke
F. die Violenz i. a. B.
violentus 3 (cf. vis) **gewalttätig, ungestüm, gewaltsam**
violo 1. (cf. vis) **mißhandeln, verletzen**; verheeren; beflecken, besudeln; — **entweihen, schänden**; verletzen, versehren; **beleidigen**, kränken
vipera, ae f. **die Viper** (L), Natter, Schlange
vipereus 3 (cf. vipera) von Schlangen; genus vipereum Natternbrut; anima viperea Gifthauch
viperinus = viperius
Vipsānius 3 E. Name eines röm. Geschlechts (cf. Agrippa)
Vir, viri m. (cf. vis) **Mann** (im Gegensatz zu Weib und Kind); — **Ehemann**; — **Kriegsmann**, Krieger, Streiter, Held; virum te praesta bewähre dich als Mann; — **Soldat**; plur. Fußsoldaten, Infanterie; — der einzelne, jeder einzelne z. B. vir virum legit; — plur. Leute, Menschen
F. die Viripotenz: Mannbarkeit, Zeugungskraft
virāgo, inis f. (cf. vir) Heldenjungfrau, Heldin
F. die Virago: Mannweib
Virbius, ii m. E. Heros im Haine bei Aricia, mit Diana verehrt
virectum, i n. (cf. vireo) grüner Platz,
vireo, ui 2. (cf. vivo) **grünen, grün sein**; frisch, **kräftig sein**; — virens, entis grünend, grün; blühend, jugendfrisch
virēsco, virui 3. **grün werden**, sprießen
F. vireszieren i. a. B.
virētum = virectum
virga, ae f. **Reis, Rute**, Zweig; v. viscata Leimrute; — Pfropfreis, Setzling; — Stock, Stab; plur. **die Stäbe** (in den fasces der Liktoren); Stockschläge; — Zauberrute, -stab
virgātus 3 (cf. virga) aus Ruten geflochten; gestreift
virgētum, i n. (cf. virga) Weidengebüsch
virgeus 3 (cf. virga) aus Ruten, Reisern
Virgilius = Vergilius
virginālis, e (cf. virgo) **jungfräulich**, mädchenhaft
virgineus 3 (cf. virgo) **jungfräulich**, mädchenhaft; — aus der Wasserleitung Virgo in Rom
virginitas, tātis f. (cf. virgo) Jungfrauschaft, **Jungfräulichkeit**, **Unschuld**
F. die Virginität i. a. B.
Virginius = Verginius
virgo, inis f. **Jungfrau**; v. Saturnia = Vesta; v. Tritonia = Minerva; v. dea = Diana; virginis aequor = Hellespont; — adi. jungfräulich, unverheiratet; — Neuvermählte, junge Frau; — Sternbild; — aqua Virgo Wasserleitung in Rom
M. Virginia (V)
virgula, ae f. (dem. von virga) Zweiglein, Stäbchen; — Zauberstab, Wünschelrute
virgultum, i n. (cf. virga) **Gebüsch, Gesträuch**, Buschwerk; — Setzling
virgūncula, ae f. (dem. von virgo) Mägdlein
Viriātus und thus, i m. E. lusitanischer Hirt, Anführer gegen die Römer
viridārium, ii n. (cf. viridis) Hausgarten, Lustgarten, Park
F. das Viridarium: Lustgarten, Kalthaus, Gewächshaus
viridis, e (cf. vireo) **grün**; avis v. Pa-

pagei; grünlich z. B. marc; begrünt, grasig, baumreich, fruchtbar; — jung, **frisch, rüstig** *M.* Wirsing (L)
F. das Viridin: grüner Pflanzenstoff

viriditas, tātis f. (cf. viridis) **grüne Farbe; Jugendkraft, Frisch**

virido 1. (cf. viridis) grün machen; — (intr.) grünen

Viridomārus, i m. E. gallischer Fürst, Führer der Häduer gegen Cäsar

Viridovix, icis m. E. Venellerfürst

virīlis, e (cf. vir) **männlich;** toga virilis Männertoga; — auf einen Mann kommend, **persönlich;** pro virili parte nach Maßgabe der Kräfte, soviel einer zu leisten hat; — **mannhaft,** kräftig, mutig
F. viril i. a. B.

virīlitas, tātis f. (cf. virilis) **Männlichkeit;** — Mannkeit, **Manneskraft**
F. die Virilität i. a. B.

virītim adv. (cf. vir) **Mann für Mann,** männiglich, jeden (jedem) einzeln; — Mann gegen Mann
F. viritim i. a. B.

Viromandui, ōrum m. belgische Völkerschaft

virōsus 3 (cf. virus) stark riechend, stinkend

virtus, tūtis f. (cf. vir) Mannheit, **Mannhaftigkeit; — Tapferkeit, Mut, Standhaftigkeit; Entschlossenheit;** plur. tapfere Taten, **Heldentaten; — Tüchtigkeit, Vorzüglichkeit, Vortrefflichkeit,** gute Eigenschaft; plur. **Vorzüge,** Verdienste; — **Tugend, Tugendhaftigkeit,** sittliche Vollkommenheit; — Virtus f. Göttin 1.) der Tapferkeit 2.) der Tugend
F. die Virtus i. a. B. — virtuos: kunstgerecht, meisterhaft — der Virtuose: hervorragender Künstler, Meister — die Virtuosität: Meisterschaft — das Virtuosentum: Kunstfertigkeit (im Gegensatz zur wahren Künstlerschaft) — virtuell, virtual: der Kraft nach vorhanden, aber noch nicht wirklich; möglich, gedacht

virus, i n. Schleim; Gift; Geifer
F. das Virus: Krankheitserreger — virulent: giftig, eitrig, bösartig — die Virulenz: Grad der Giftigkeit; Übertragung von Krankheitserregern

vīs (acc. vim, abl. vī, plur. vīres, vīrium, vīribus) f. 1.) sing. **Kraft, Stärke, Gewalt;** summā (maximā) vi mit aller Macht; — **Waffengewalt, Angriff,** Sturm; castra vi (per vim) expugnare das Lager im Sturm erobern; — **Gewalttätigkeit, Gewalttat,** Zwang, Druck; vim facere Gewalt anwenden; alci vim affere, inferre, adhibere, facere jdm. Gewalt antun; vi, per vim mit Gewalt, gewaltsam; — **Bedrängtheit,** Bedrängnis; — **Wirkung, Einfluß, Wirksamkeit;** maximam vim habere ad alqd den größten Einfluß auf etwas, die größte Bedeutung für etwas haben; — **Inhalt, Wesen, Natur,** Beschaffenheit, Geltung, Bedeutung z. B. vis verborum, legis; — **Menge, Masse;** vis lacrimarum Tränenstrom 2.) plur. **Kräfte, Körperkraft,** Stärke; **Mittel, Vermögen,** Fähigkeit, Können; pro viribus nach Kräften; — **Streitmacht, Streitkräfte,** Truppen
M. Vis maior: höhere Gewalt — Vis legeslativa· Gesetzgebung — Vis iudicativa: Rechtsprechung — Vis administrativa: Verwaltung — viribus unitis: mit vereinten Kräften

viscātus 3 (cf. viscum) mit Vogelleim bestrichen

viscerātio, ōnis f. (cf. viscus) Fleischverteilung, Fleischspende ans Volk

viscum, i n. Mistel; (der aus der Mistelbeere bereitete) Vogelleim

viscus, eris n., meist plur. viscera, um n. **Fleisch; — Eingeweide;** Mutterleib; — eigenes Fleisch und Blut, **das Teuerste,** Liebste, **die eigenen Kinder; — das Innerste, Herz;** in viscera vires vertere gegen die eigenen Mitbürger kämpfen; Vermögen, Geldmittel
F. die Viscera: Eingeweide — viszeral: die Eingeweide betreffend

visendus cf. viso

visio, ōnis f. (cf. video) **das Sehen,** Anblick; **Erscheinung; Vorstellung, Anschauung**
F. die Vision i. a. B., Traumbild — vi-

sionär: in der Art eines Traumbildes, traumhaft, entrückt — der Visionär: Geisterseher

visito 1. (cf. viso) **besuchen**
F. visitieren: besichtigen, untersuchen, prüfen — die Visitation: Besichtigung, Untersuchung, Prüfung — der Visitator: Besichtiger, Prüfer — die Visite (franz.): Besuch

viso, visi (meist vidi) 3. (cf. video) **besehen, besichtigen;** — visendus 3 sehenswert; — **besuchen,** heimsuchen
F. visieren: genau besichtigen, eichen, beglaubigen; aufs Korn nehmen — das Visier: Helmgitter, Zielvorrichtung am Gewehr

Vistula, ae m. E. Grenzfluß zwischen Germanien und Sarmatien, Weichsel

visum, i n. (cf. video) Erscheinung, Gesicht, Traumbild

Visurgis, is m. (acc. im) E. Weser

visus, ūs m. (cf. video) **das Sehen, Anblick;** terribilis visu schrecklich anzusehen; — **Erscheinung;** — Aussehen, Gestalt
F. visuell: auf unmittelbarem Sehen beruhend

vita, ae f. (cf. vivo) **das Leben;** vitam ponere das Leben lassen, seinen Geist aufgeben; (a, ex) vita cedere, excedere, discedere, abire aus dem Leben scheiden; — **Lebensweise, -art, -führung, -lauf; Lebensbeschreibung,** Biographie; — Leben (als Kosewort), Liebling
M. vita brevis, ars longa: das Leben ist kurz, die Kunst aber lang
F. vital: das Leben betreffend, bedingend — dieVitalität: Lebenskraft, Lebensdauer, durchschnittliche Lebensdauer — der Vitalismus: Lehre von der Lebenskraft und vom Lebensstoff — das Vitamin: lebensnotwendiger Ergänzungsnährstoff

vitābilis, e (cf. vito) meidenswert

vitabundus 3 (cf. vito) **vermeidend,** ausweichend; mit acc. z. B. tela

vitālis, e (cf. vita) des Lebens, **zum Leben gehörig;** aura v. lebenspendende Luft; — **belebend;** — lebenswert

vitātio, ōnis f. (cf. vito) **das Vermeiden**

Vitellia, ae f. E. Stadt im Äquerlande (Civitella)

Vitellius 3 E. Name eines röm. Geschlechts; A. Vitellius röm. Kaiser; Vitelliānus 3 des V., Soldat, Anhänger des V.

vitellus, i m. (dem. von vitulus) Hühnchen im Ei, Eidotter

viteus 3 (cf. vitis) vom Weinstocke

viticula, ae f. (dem. von vitis) Weinstöckchen

vitiligo, inis f. (cf. vitium) Hautkrankheit, Flechte
F. die Vitiligo: Pigmentschwund (med.)

vitio 1. (cf. vitium) **verderben, beschädigen,** entstellen; entehren, schänden; **fälschen, verfälschen;** memoriam v. Geschichte fälschen; — einen Tag für ungeeignet erklären (wegen ungünstiger Vorzeichen)

vitiōsitas, tātis f. (cf. vitiosus) Fehlerhaftigkeit, Lasterkaftigkeit

vitiōsus 3 (cf. vitium) **fehlerhaft, mangelhaft,** verkehrt, krankhaft; puer v. mit Fehlern behafteter Sklave; — **gegen die Auspizien gewählt, ungültig** z. B. consul; — **lasterhaft,** verworfen
F. vitiös: fehlerhaft, bösartig, lasterhaft

vitis, is f. (cf. vimen) **Weinrebe;** — Kommandostab der Zenturionen, Korporalstock; — **Weinstock;** — vitis alba Zaunrübe, Gichtwurz
M. Weide (Baum) (urv.)

viti-sator, ōris m. (cf. vitis-sero) Weinpflanzer

vitium, ii n. **Fehler,** Mangel, Gebrechen, Schaden; v. castrorum ungünstige Lage des Lagers; v. metallorum Schacke; v. aëris schlechte Luft; — **Fehltritt, Versehen,** Mißgriff; — **Fehler in den Auspizien;** vitio gegen die Auspizien, fehlerhaft; — **Laster,** plur. Lasterhaftigkeit; alci alqd vitio dare, vertere jdm. etwas als Fehler auslegen, anrechnen

vito 1. **meiden,** ausweichen; — **ver-**

meiden, entgehen alqd z. B. mortem, periculum

vitreus 3 (cf. vitrum) **gläsern;** — **kristallklar,** durchsichtig; — gleißend, **trügerisch**

vitricus, i m. Stiefvater

vitrum, i n. **Glas**

M. Firnis (L)

F. die Vitrine (franz.): Glaskasten, Ausstellungsschrank

vitrum, i n. Waid (urv.) (blaufärbende Pflanze)

vitta, ae f. (cf. vimen) **Binde, Band; Kopfband,** Kopfbinde

vittātus 3 (cf. vitta) mit einer Binde geschmückt

vitula, ae f. (cf. vitulus) **Kalbe,** Färse

vitulīnus 3 (cf. vitulus) vom Kalbe; caro v. Kalbfleisch

vitulus, i m. (cf. vetus) **Jährling, Kalb;** — junges Tier, Füllen

M. Widder (urv.)

vituperābilis, e (cf. vitupero) tadelnswert

vituperātio, ōnis f. (cf. vitupero) **der Tadel,** Vorwurf; in vituperationem venire getadelt werden; — tadelnswertes Benehmen

vituperātor, ōris m. (cf. vitupero) **Tadler**

vitupero 1. (cf. vitium-paro) **tadeln, schelten**

vivārium, ii n. (cf. vivus) Gehege für lebende Tiere; Tiergarten, Tierpark; Fischteich; Vogelhaus

M. der Weiher (L)

vivax, ācis (cf. vivo) **langlebig; dauerhaft,** zäh; lebhaft, kräftig

M. vivace (it.): lebhaft (mus.)

F. die Vivazität: Lebhaftigkeit, Munterkeit

vividus 3 (cf. vivo) lebensvoll, **belebt;** — **lebhaft,** feurig, **tatkräftig**

vivi-rādix, icis f. Wurzelsetzling, Ableger

vivo, vixi, victūrus 3. **leben, am Leben sein;** ita vivam! sowahr ich lebe! ne vivam, si ich will des Todes sein, wenn; — **noch leben, fortdauern, bestehen, aushalten;** vivit vulnus die Wunde ist noch da; — **sich aufhalten,** zu Hause sein, wohnen; — (mit cum) gemeinsam leben, **umgehen,** verkehren; secum vivere sich selbst leben

M. quick, erquicken, Quecksilber, keck (urv.) — vivat!: er lebe! — vivant!: sie sollen leben!

F. das Vivat: das Lebehoch

vivus 3 (cf. vivo) **lebend, lebendig;** — **bei Lebzeiten;** me vivo solange ich lebe; — **frisch,** dauernd, grünend; — **natürlich** z. B. saxum; — **lebhaft,** freudig; — vivum, i n. das Lebendige, das lebendige Fleisch; rem ad vivum resecare bis aufs Fleisch wegschneiden, die Sache haarscharf untersuchen; — Kapital

M. omne vivum ex vivo: alles Leben aus dem Leben — redivivus: wiedererstanden, erneuert

F. viv, vif (franz.): lebendig, munter, frisch — die Vivisektion: Zergliederung lebender Tiere zu med. Zwecken — die Vivifikation: Belebung, Lebendigmachung — die Viviparie: lebendige Junge gebärendes Tier

vix adv. (cf. vicis) **kaum, mit Mühe;** vix credendum est es ist kaum zu glauben; vix notus kaum bekannt; vix quisquam kaum jemand; — (zeitlich) **kaum noch, kaum erst, gerade,** eben z. B. vix me contineo quin; vix dixeram, cum amicus intravit

vix-dum adv. **kaum noch**

vocābulum, i n. (cf. voco) **Benennung,** Bezeichnung; — **Wort,** Name; — **Vorwand**

F. die Vokabel i. a. B. — das Vokabularium, Vokabular: Wörterbuch

vocālis, e (cf. vox) stimmbegabt, klangvoll, tönend; — vocālis, is f. (scil. littera) Vokal (F), Selbstlaut

F. vokal: die Stimme betreffend — vokalisch: in der Art eines Klanglautes — vokalisieren: mit Klanglauten versehen — die Vokalisation: Bezeichnung mit Klanglauten; Singen der Tonleiter nur mit Klanglauten (mus.)

Vocātes, ium m. E. aquitanisches Volk an der Garonne

vocātus, ūs m. das Rufen, Ruf; — das Flehen; Ladung, Einladung

Vocētius, ii m. E. (scil. mons) östl. Ausläufer des Jura

vociferātio, ōnis f. (cf. vociferor) Notschrei, Jammerruf

voci-feror und o 1. (cf. vox-fero) die Stimme erheben, laut rufen, schreien; mit de z. B. de clade

vocito 1. (cf. voco) **zu nennen pflegen; laut rufen,** schreien

voco 1. (cf. vox) **rufen; herbeirufen,** berufen; alqm auxilio v. jdn. zur Hilfe rufen; — mit dopp. acc. nennen, benennen z. B. te amicum voco; pass. (mit dopp. nom.) heißen z. B. Socrates sapientissimus vocatur; — Götter anrufen, anflehen; — **vor Gericht laden, vorladen;** — als Gast **einladen;** — reizen, locken; in spem v. Hoffnung machen; — herausfordern z. B. alqm ad bellum v., hostem v.; — **in eine Lage versetzen,** bringen; ad poenam v. zur Bestrafung bringen; alqm in odium (in vidiam) v. jdn. verhaßt machen; in crimen v. beschuldigen; alqd in commune v. gemeinsam machen; alqm in partem curarum v. jdn. an den Sorgen teilnehmen zu lassen

M. der Vogt (L) (aus vocatus)

F. vozieren: berufen, vorladen — der Vokativ, Vokativus: Anredefall im Lateinischen — die Vokation: Berufung, Bestellung

Vocōnius 3 E. Name eines röm. Geschlechts; Q. Voconius Saxa Volkstribun 169 v. Chr., von ihm die lex Voconia, nach der die Frauen nicht erben, sondern nur Legate erhalten sollten

Vocontii, ōrum m. E. Volk in der heutigen Provence

vŏcula, ae f. (dem. von vox) schwache Stimme, schwacher Ton

Volaterrae, ārum f. E. Stadt in Etrurien (Volterra); — Volaterrānus adi. und subst. Bewohner von V.

volāticus 3 (cf. volatus) fliegend; flüchtig, unbeständig

volātilis, e (cf. volatus) **fliegend, geflügelt;** — flüchtig, schnell, vergänglich

volātus, ūs m. (cf. volo) das Fliegen, Flug

Volcacius 3 E. Name eines röm. Geschlechts; T. Volcacius Tullus Konsul 66 v. Chr., Gegner Catilinas

Volcae, ārum m. E. kelt. Volksstamm in der gallischen Provinz

Volcanus = Vulcanus

volēmus 3 (cf. vola hohle Hand) die Hand füllend; pirum volemum Pfundbirne

volens cf. volo

volgus, volgaris cf. vulgus, vulgaris

volito 1. (cf. volo) **hin und her fliegen,** umherfliegen; **fliegen,** sich bewegen; — **umhereilen,** -schweifen, -schwärmen, -laufen, **sich tummeln;** — **keck sein,** sich brüsten

volnus, volnero (arch.) = vulnus, vulnero

volo 1. **fliegen;** volantes, ium f. Vögel; — **eilen,** sich schnell bewegen, sausen

F. volabel: flüchtig, stehlbar — die Volabilität: Flüchtigkeit — der Volant (franz.): fliegender Besatz an Frauenkleidern — volatisieren: verflüchtigen; flüchtig machen (chem.)

volo, volui, velle **wollen** (urv.), wünschen, verlangen, begehren; velim nolim ich mag wollen oder nicht; mit inf. und acc. c. inf. z. B. volo scire; volo te valere; esse im acc. c. inf. fällt bisweilen aus z. B. omnes salvos volo; oft mit bloßem coni. z. B. volo hoc dicas; vellem abesset; — bestimmen, beschließen, festsetzen; (formelhaft bei Gesetzverschlägen) velitis iubeatis, ut; (von Beschlüssen der Gottheit) di meliora velint die Götter mögen Besseres beschließen, mögen mich davor bewahren; — **annehmen, behaupten,** meinen z. B. me vult fuisse Romae; — lieber wollen, vorziehen z. B. servire vellem? ich hätte lieber Sklave sein wollen?; — **bedeuten, heißen** z. B. quid vult clamor?; oft mit sibi z. B. quid haec verba sibi volunt? was haben diese Worte zu bedeuten?; — volens, entis mit Wissen

und Willen, absichtlich; — willig, gern, von Herzen; — günstig, gewogen, geneigt
M. volens nolens: wollend nichtwollend, wohl oder übel — wählen (urv.)
volo, ōnis m. (cf. volo) Freiwilliger
Vologēsus, i und gēses, is m. E. Name parthischer Könige
volpes, volpecula (arch.) = vulpes, vulpecula
Volsci, ōrum m. E. altitalischer Volksstamm in Latium; — Volscus 3 volskisch
Volsinii, ōrum E. etruskische Stadt südlich von Clusium (Bolsena); — Volsiniēnsis adi. und subst. Bewohner von V.
Voltinius 3 E. Name einer röm. Tribus; — Voltiniēnsis, is m. Bürger dieser Tribus
Voltumna, ae f. E. Göttin des Bundestempels der zwölf etruskischen Staaten
voltur, voltus (arch.) = vultus
Volturnus = Vulturnus
volūbilis, e (cf. volvo) **drehbar,** kreisend; — **rollend,** sich hinwälzend; — **wandelbar,** unbeständig; — **geläufig,** zungenfertig
F. volubel: beweglich, biegsam, schnell
volubilitas, tātis f. (cf. volubilis) **Drehbarkeit,** Beweglichkeit; — **Wandelbarkeit, Unbeständigkeit;** — **Geläufigkeit;** v. linguae Zungenfertigkeit
F. die Volubilität: Beweglichkeit, Gelenkigkeit
volucer, cris, cre (cf. volo) **fliegend, beflügelt;** v. equus = Pegasus; volucris, is f. (poet. auch m.) Vogel; v. peregrina Zugvogel; — Insekt; v. parvula Fliege; — **beflügelt, beschwingt;** — eilend, schnell; — flüchtig, vergänglich
volūmen, inis n. (cf. volvo) **Krümmung,** Windung; v. siderum Kreislauf der Gestirne; — **Papyrusrolle, Schriftrolle, Buch, Schrift; Band**
F. das Volumen: Buch, Band; Umfang; Rauminhalt — voluminös: umfangreich, dick
Volumnius 3 E. Name eines röm. Geschlechts 1.) L. Volumnius Flamma Violens Konsul 307 und 295 v. Chr., Sieger über die Samniten 2.) P. Volumnius Eutrapelus Anhänger des Antonius 3.) Volumnia Gattin des Coriolanus 4.) Volumnia Schauspielerin, Geliebte des Antonius, = Cythēris
voluntārius 3 (cf. voluntas) **freiwillig;** subst. m. Freiwilliger
F. der Volontär (franz.): Freiwilliger, Gehilfe, Hilfsarbeiter — der Voluntarismus: philos. Lehre, die dem Willen des Menschen das Übergewicht gibt
voluntas, tātis f. (cf. volo) **Wille, Wunsch, Absicht,** Vorhaben; — freier Wille, Bereitwilligkeit; meā voluntate aus freiem Willen; mit meiner Einwilligung; voluntate consulis mit Genehmigung des Konsuls; — **Neigung, Wohlwollen;** — **Gesinnung,** Stimmung; — letzter Wille, Testament
volup adv. (cf. volo) erfreulich, vergnüglich
Volupia, ae f. Göttin der Lust
voluptārius 3 (cf. voluptas) **die Lust betreffend;** Vergnügen bringend, **genußreich;** — dem Vergnügen ergeben, **genußsüchtig**
voluptas, tātis f. (cf. volup) **Lust, Vergnügen,** Freude; — **Sinnenlust,** Lüste, Wollust; — plur. **Vergnügungen;** — **Wonne, Freude** (als Kosename); — Voluptas f. Göttin der Freude
Volūsius 3 E. Name eines röm. Geschlechts
volutābrum, i n. (cf. voluto) Schweinesiele
volutabundus 3 (cf. voluto) sich herumwälzend
volūto 1. (cf. volvo) **wälzen, rollen;** pass. sich herumwälzen; volutans, ntis sich wälzend; — Töne rollen lassen, verbreiten; verba v. Worte in Umlauf setzen; — **hin und her überlegen, erwägen;** animo secum v. in seinem Geiste überdenken

F. die Volute: Schneckenverzierung am jonischen Kapitell; Walzenschnecke

volva, ae f. (cf. volvo) Gebärmutter (der Sau, als Leckerbissen)

volvo, volvi, volūtus 3. **wälzen** (urv.), **rollen,** drehen; — Schriftrollen aufrollen, lesen; — **im Wirbel fortreißen;** — durch Kreisbewegungen bilden; orbem v. einen Kreis bilden; — turmas v. mit den Geschwadern einen Kreis bilden; — pass. sich rollen, sich wälzen, sich winden; humi volvi sich am Boden wälzen; — Worte dahinrollen lassen, geläufig vortragen; oratio volvitur die Rede strömt dahin; — (im Geiste) **hin und her wälzen, überlegen, erwägen;** — Leidenschaften in sich wogen lassen, hegen z. B. iras; — die Zeit umrollen lassen, **kreisen lassen;** multa saecula v. viele Jahrhunderte an sich vorüberrollen lassen; pass. umlaufen, kreisen; volventibus (volvendis) annis im Kreislauf der Jahre; volvenda dies der kreisende Tag; — bestimmen, verhängen z. B. Jupiter volvit negotia humana

M. wallen (urv.)

F. volvieren: wälzen, rollen, umdrehen

vōmer, eris m. Pflugschar; Pflug

vomica, ae f. (cf. vomo) Geschwür, Eiterbeule; — Unheil

F. die Vomika: Eiterhöhle, Kaverne (med.)

vōmis, eris m. = vomer

vomitio, ōnis f. (cf. vomo) das Speien, Erbrechen

vomitus, ūs m. = vomitio

vomo, ui, itus 3. **speien, sich erbrechen;** — trans. ausbrechen, ausspeien

F. vomieren i. a. B. — das Vomitiv: Brechmittel

vorācitas, tatis f. (cf. vorax) Gefräßigkeit

F. die Vorazität: Freßgier

vorāgo, inis f. (cf. voro) **Schlund, Abgrund;** Strudel; — Verprasser, Schlemmer; — Verderben, Unheil

vorax, ācis (cf. voro) **alles verschlingend, gefräßig**

voro 1. verschlingen, **gierig fressen**

vorso, vorsus, vorto (arch.) = **verso,** versus, verto

vos cf. tu

Vosegus, i m. E. Wasgenwald, Vogesen

voster (arch.) = vester

votīvus 3 (cf. votum) **durch ein Gelübde versprochen,** gelobt, verheißen

F. votiv i. a. B.

votum, i n. (cf. voveo) **Gelübde, Gelöbnis;** vota solvere, dissolvere Gelübde erfüllen; — **Gebet;** — **Verwünschung,** Fluch, **Wunsch,** Verlangen; hoc erat in votis das war mein Wunsch

M. ex voto: nach Wunsch, einem Gelübde gemäß

F. das Votum i. a. B., Wahlstimme, Stimmabgabe, Abstimmung, Gutachten

voveo, vōvi, vōtus 3. **geloben, feierlich versprechen;** — **wünschen,** erflehen

F. votieren: abstimmen, wählen — der Votant: Abstimmender, Wähler

vōx, vōcis f. **Stimme** (von Menschen und Tieren); laute Stimme, plur. Geschrei; — **Laut, Ton, Schall, Klang, Ruf;** — Aussprache z. B. v. rustica; — Rede, Sprache; Latina voce loqui lateinisch reden; — **Wort,** Bezeichnung; — Äußerung, Ausspruch, Ausruf; — **Gebot, Befehl;** — Formel, Zauberspruch; — Betonung, Akzent

M. Vox media: ein Wort, das im guten oder schlechten Sinne gebraucht werden kann — vox populi, vox dei: des Volkes Stimme (ist) Gottes Stimme

F. äquivok: doppelsinnig, vieldeutig, zweideutig

Vulcānus, i m. E. Gott des Feuers und der Schmiedekunst, Gemahl der Venus; — **Feuer;** — **insula Vulcani** die südlichste der Liparischen Inseln (Volcanella); Vulcānius 3 vulkanisch, des V.; — **Vulcanālia, ium** n. **Fest des Vulcanus am 23. August**

F. der Vulkan i. a. B., feuerspeiender Berg — vulkanisch: feuerspeiend; vom feuerspeienden Berg herrührend — vulkanisieren: Kautschuk mit Schwefel versetzen

— der Vulkanismus: das Emporsteigen feuerflüssiger Gesteinsmassen aus dem Erdinneren; Lehre, daß vulkanische Kräfte zur Gestaltung der Erdrinde beigetragen haben

vulgāris, e (cf. vulgus) **gewöhnlich, alltäglich, gemein**

F. vulgär i. a. B.

vulgātus cf. vulgo

vulgo 1. (cf. vulgus) **allgemein machen, verbreiten;** pass. Gemeingut werden; — allgemein bekannt machen, **veröffentlichen;** pass. bekannt werden, sich verbreiten; — **preisgeben** z. B. corpus; — vulgātus 3 allgemein bekannt, verbreitet; — allen zugänglich, preisgegeben

F. die Vulgata: Name der kirchlich anerkannten lateinischen Bibelübersetzung

vulgo adv. cf. vulgus

vulgus, i n. **das Volk, die Masse,** die große Menge; — **Pöbel,** gemeines Volk; — in vulgus für jedermann, beim gemeinen Mann, allgemein; — **vulgō adv.** in Menge, massenhaft; allgemein, allenthalben, überall, häufig, gewöhnlich

M. vulgo: allgemein, gewöhnlich

vulnerātio, ōnis f. (cf. vulnero) **Verwundung**

vulnero 1. (cf. vulnus) **verwunden;** verletzen, kränken

F. vulnerabel: verwundbar, verletzlich — die Vulnerabilität: Verwundbarkeit, Anfälligkeit für Krankheiten

vulni-ficus 3 (cf. vulnus-facio) Wunden schlagend

vulnus, eris n. (cf. vello) **Wunde; Schlag, Hieb,** Stoß, Schnitt; — Geschoß, Schwert, Lanze; — **Verlust, Schaden,** Unglück; alci multa vulnera inferre jdm. großen Schaden zufügen; — Seelenwunde, **Schmerz, Kummer;** Liebeskummer

vulpēcula, ae f. (dem. von vulpes) Füchslein, kleiner Fuchs

vulpes, is f. **Fuchs;** Fuchsbalg

vulpīnus 3 (cf. vulpes) vom Fuchs

vultuōsus 3 (cf. vultus) grimassenhaft

vultur, uris m. Geier

Vultur, uris m. E. Berg in Apulien

vulturius, ii m. Geier; — raubgieriger Mensch

Vulturnus, i m. E. 1.) Süd-, Südostwind 2.) Küstenfluß in Kampanien (Volturno); an seiner Mündung die Stadt Vulturnum, i n. (Castel Volturno)

vultus, ūs m. **Gesichtsausdruck, Miene;** vultum fingere seine Miene beherrschen; vultus trahere ein finsteres Gesicht machen; — **strenges, finsteres Gesicht,** zornige Miene z. B. alqm vultu terrere; — (meist plur.) **Gesicht,** Antlitz; — **Aussehen,** äußere Gestalt

vulva = volva

X

X als Zahlenzeichen = 10; auf Münzen = denarius

Xanthippe, ēs f. E. Frau des Sokrates

Xanthippus, i m. E. 1.) Vater des Perikles, Sieger bei Mykale (479 v. Chr.) 2.) Spartaner, Söldnerführer, siegte über Regulus im 1. Punischen Kriege

Xanthus und os, i m. E. 1.) Beiname des Flusses Skamander in Troas 2.) Fluß in Lyzien

xenium, ii n. (griech.) Gastgeschenk

F. die Xenien: Sinngedicht der Martial; literaturkritische Distichen von Goethe und Schiller

Xenocles, is m. E. Redner, Freund Ciceros

Xenocrates, is m. E. griech. Philosoph, Schüler Platos

Xenophanes, is m. E. griech. Philosoph, Gründer der Eleatischen Schule

Xenophon, ōntis m. E. Schüler des Sokrates, Geschichtsschreiber, Feldherr und Philosoph; Xenophontēus und īus 3 des X.

Xerxes und Xerses, is m. E. Perserkönig 486—465 v. Chr.

Xyniae, ārum f. E. Stadt in Thessalien

xystus, i m. (griech.) bedeckter Säulengang in den griech. Gymnasien; bei den Römern offene Halle vor den Landhäusern

Z

Zacynthos und us, i f. E. Insel im Jonischen Meer (Zante); Zacynthius 3 aus Z.

Zaleucus, i m. E. Gesetzgeber im Epizephyrischen Lokri um 650 v. Chr.

Zama, ae f. E. feste Stadt in Numidien, hier besiegte Scipio den Hannibal (202 v. Chr.)

Zancle, ēs f. E. alter Name für Messina; Zanclaeus und Zanclēīus 3 aus Z.

Zela, ae f. E. fester Ort im westlichen Pontus, dort Schlachten 67 und 47 v. Chr.

Zenobia, ae f. E. Tochter des Königs Mithridates von Armenien

Zeno und Zenon, ōnis m. 1.) aus Elea, griech. Philosoph, Lehrer des Perikles 2.) aus Citium auf Cypern, Begründer der stoischen Philosophie 3.) epikureischer Philosoph, Lehrer Ciceros

Zephyrium, ii n. E. 1.) Vorgebirge in Bruttium 2.) Vorgebirge und fester Ort in Cilizien

zephyrus, i m. (griech.) sanfter Südwestwind; milder Wind
F. der Zephyr, Zephir i. a. B.

Zerynthus, i f. Stadt in Thrazien; Zerynthius 3 aus Z.

Zetes, ae m. E. geflügelter Sohn des Boreas, Argonaute

Zethus, i m. E. Zwillingsbruder des Amphion, Gemahl der Thebe, Gründer Thebens

Zeugma, atis n. E. Stadt am Euphrat

Zeuxis, idis und is m. E. berühmter griech. Maler, um 425 v. Chr.

zmaragdus = smaragdus

Zmyrna = Smyrna

Zōilus, i m. E. griech. Rhetor und Grammatiker zu Alexandria, kleinlicher Tadler Homers

zona, ae f. (griech.) **Gürtel;** Frauengürtel, Symbol der Jungfräulichkeit; — Geldkatze; — z. Orionis ein Gestirn; — **Erdgürtel,** Zone
F. die Zone i. a. B.; der zwischen parallelen Kreisen liegende Teil der Kugeloberfläche (math.); zwischen zwei Parallelkreisen eingeschlossene Klimazone (geogr.) — die Bizone: Doppelzone

zōnārius, ii m. (cf. zona) Gürtelmacher

zōnula, ae f. (dem. von zona) Gürtelchen

Zophyrus, i m. E. 1.) berühmter Physiognom zur Zeit des Sokrates 2.) vornehmer Perser, der durch seine Selbstverstümmelung dem Darius zur Eroberung Babylons verhalf

Zoroastres, is m. E. Zoroaster, Erneuerer der altiranischen Religion

Zoster, ēris m. E. Vorgebirge und Hafenstadt an der Südwestküste Attikas

Alphabetisches Verzeichnis

der angeführten und verdeutschten Fremdwörter, die aus dem Latein stammen oder über das Latein entstanden sind, und der noch heute gebräuchlichen lateinischen Redewendungen.

A

abalienieren — abalieno
Abbreviation — brevis
Abbreviatur — brevis
abbrevieren — brevis
Abdikation — abdicatio
abdizieren — abdico
Abdomen — abdomen
Abduktion — abduco
abduzieren — abduco
abhorrent — abhorreo
Abhorreszenz — abhorreo
abhorreszieren — abhorreo
abhorrieren — abhorreo
ab irato — iratus
Abitur — abeo
Abiturient — abeo
Abjudikation — abiudico
abjudizieren — abiudico
Abjuration — abiuro
abjurieren — abiuro
Ablaktation — lac
ablaktieren — lac
Ablation — aufero
Ablativ — aufero
Abluentia — abluo
Ablution — abluo
Abnegation — abnego
abnegieren — abnego
abnorm — abnormis
Abnormität — abnormis
abolieren — aboleo
Abolition — aboleo
Abolitionismus — aboleo
abominabel — abominor
Abomination — abominor
aboral — os
Abort — abortus
abortiv — abortus
Abortivum — abortus
ab ovo — ovum
Abrasion — rado
abreagieren — ago
Abrogation — abrogatio
abrogieren — abrogo
abrupt — abrumpo
absent — absens
Absentation — absens
Absentismus — absens
Absenz — absentia
Absinth — absinthium
absistieren — absisto
absit — absum
absolut — absolvo
Absolute — absolvo
Absolution — absolvo
Absolutismus — absolvo
absolutistisch — absolvo
absolvieren — absolvo
absorbieren — absorbeo
Absorbentia — absorbeo
Absorption — absorbeo
absorptiv — absorbeo
Abstergens — abstergeo
abstergieren — abstergeo
Abstinenz — abstineo
Abstinenzler — abstineo
abstrahieren — abstraho
abstrakt — abstraho
Abstraktion — abstraho
Abstraktum — abstraho
abstrus — abstrudo
Abstrusion — abstrudo
absumieren — absumo
Absumption — absumo
absurd — absurdus
Absurdität — absurdus
abszedieren — abscedo
Abszeß — abscessus
abundant — abundo
Abundanz — abundantia
abundieren — abundo
ab urbe condita — condo
Abusus — usus
accelerando — accelero
Achillesferse — Achilles
ad absurdum — absurdus
ad acta — ago
ad annum — annus
adaptabel — apto
Adaptibilität — apto
adaptieren — apto
Adaptierung — apto
adäquat — adaequo
adäquieren — adaequo
a dato — do
ad deliberandum — delibero
Addenda — addo
addieren — addo
Addition — addo
additional — addo
addizieren — addico
Adduktor — adduco
adduzieren — adduco
Adeps — adeps
Adept — adipiscor
Adhärenz — adhaereo
adhärieren — adhaereo
Adhäsion — adhaereo
adhäsiv — adhaereo
Adhibendum — adhibeo
adhibieren — adhibeo
Adduktion — adduco
Adhibition — adhibeo
ad hoc — ad
Adhortation — adhortatio
Ädil — aedilis
Ädilität — aedilitas
ad infinitum — infinitus
Adjazent — adiacio
Adjektion — adiectio
adjektivisch — adicio
Adjektivum — adicio
Adjudikation — adiudico
adjudizieren — adiudico
adjungieren — adiungo
Adjunkt — adiungo
Adjunktion — adiungo
adjustieren — iustus
Adjutant — adiuvo
ad libitum — libet
Adlatus — affero
Administration — administratio
administrativ — administratio
Administrator — administrator
admirabel — admirabilis
Admiration — admiratio
admissibel — admitto
Admission — admitto
admittieren — admitto
admonieren — admoneo
Admonition — admonitio
ad notam — nota
ad nutum — nutus
ad oculos — oculus
Adoleszenz — adolescentia
Adonis — Adonis
adonisieren — Adonis
adoptieren — adopto
Adoption — adoptio

aliquant — aliquantus
Aliquanto — aliquantus
aliquot — aliquot
allegieren — allego
Allegierung — allego
allegramento — alacer
allegretto — alacer
allegro — alacer
Alligation — alligo
Alliteration — littera
alliterieren — littera
Allokution — allocutio
alludieren — alludo
Allusion — alludo
alluvial — alluvio
Alluvion — alluvio
Alluvium — alluvio
Alma mater — almus
alter ego — alter
alternativ — alterno
Alternative — alterno
alternieren — alterno
Altruismus — alter
Altruist — alter
altruistisch — alter
Alumnat — alumnus
Alumnus — alumnus
Alumne — alumnus
Amadeus — amo
Amanuensis — manus
Amazone — Amazon
Ambient — ambio
ambieren — ambio
Ambition — ambitio
ambitiös — ambitiotus
Ambivalenz — valeo
Ambrosia — ambrosius
ambrosianisch — ambrosius
ambrosisch — ambrosius
ambulant — ambulo
Ambulanz — ambulo
Amelioration — melior
ameliorieren — melior
amikabel — amicus
Amikabilität — amicus
amön — amoenus
Amor — amor
Amorette — amor
Amortisation — mors
amortisieren — mors
Amphora — amphora
Amplifikation — amplificatio
Amplitude — amplitudo
Ampulle — ampulla
amputieren — amputo
Anapäst — anapaestus
Angina — angina
Angina pectoris — angina
angular — angulus
animalisch — animal
animalisieren — aminal
Animalität — animal
animieren — animo
Animismus — animo
animos — animosus
Animosität — animosus
annal — annus
Annalen — annalis
Annalist — annalis
Annalistik — annalis
Annaten — annus
annektieren — annecto
Annex — annexus
Annexion — annecto
Annexionist — annecto
anni currentis — curro
anni futuri — annus
Annihilation — nihilum
annihilieren — nihilum
Anniversarien — anniversarius
anno — annus
annullieren — nullus
Annullierung — nullus
Annuziation — annuntio
anormal — norma
ante Christum natum — ante
antedatieren — do
Antifebrin — febris
ante lineam — ante
Antenne — antemna
Antependium — pendeo
Antepänultima — ante
anteponieren — antepono
Antezedens — antecedo
antezedieren — antecedo
Antezessor — antecedo
Antidot — antidotum
antik — antiquus
Antike — antiquus
antikisieren — antiquus
Antiqua — antiquus
Antiquar — antiquarius
Antiquariat — antiquarius
antiquarisch — antiquarius
antiquieren — antiquo
Antiquität — antiquitas
Antitoxin — toxicum
antizipando — anticipo
Antizipation — antecipatio
antizipieren — anticipo
anzeps — anceps
Äolsharfe — Aeolus
Aperientia — aperio
Aperitiv — aperio
apert — aperio
apertus — aperio
Apex — apex
Apoll — Apollo
apollinisch — Apollo
apollisch — Apollo
Apolog — apologus
a posteriori — posterus
Aposteriori — posterus
aposteriorisch — posterus
Apotheke — apotheca
a potiori — potis
Apparat — apparatus
Apparatur — apparatus
apparent — appareo
Apparenz — appareo
Apparition — appareo
Appell — appello
appellabel — appello
Appellant — appello
Appellat — appello
Appellation — appellatio
Appellativum — appello
appellieren — appello
Appendix — appendix
Appendizitis — appendix
Apperzeption — percipio
apperzipieren — capio
Appetit — appetitus
appetitlich — appetitus
applanieren — planus
Applanierung — planus
applaudieren — applaudo
Applaus — applaudo
applikabel — applico
Applikant — applico
Applikation — applicatio
Applikatur — applico
applizieren — applico
Apposition — appono
appositionell — appono
Apprehension — apprehendo
a priori — prior
Apriori — prior
Approbation — approbatio
approbieren — approbo
Appropriation — proprius
appropriieren — proprius
Approximation — prope
approximativ — prope
Aquädukt — aquaeductus
Äqualität — aequalitas
Aquamarin — aqua
Aquarell — aqua
aquarellieren — aqua
Aquarium — aquarius

Äquation — aequo
Äquator — aequo
Aquavit — aqua
äqui . . — aequus
äquinoktial — aequinoctalis
Äquinoktium — aequinoctium
äquipollent — polleo
Äquität — aequitas
Äquivalent — valeo
Äquivalenz — valeo
äquivok — vox
Ära — aes
Ärar — aer
ärarial — aerarius
ärarisch — aerarius
arbiter elegantiarum — arbiter
arbiträr — arbitror
arbitrieren — arbitror
archilochisch — Archilochus
Architekt — architectus
architektonisch — architectus
Architektur — architectura
Archont — archon
Area — area
Areal — area
Arena — arena
Argument — argumentum
Argumentation — argumentatio
argumentieren — argumentor
Argusaugen — Argus
Ariadnefaden — Ariadne
arid — aridus
Aridität — aridus
Arier — Arii
arisch — Arii
Arkade — arcus
arkadisch — Arcadia
Arkanum — arcanus
Armatur — armatura
armieren — armo
Armierung — armo
Äroplan — aër
arrogant — arrogans
Arroganz — arrogantia
Arrosion — arrodo
Artefakt — ars
Arterie — arteria
Artikel — articulus
artikular — articulus
Artikulation — articulus
artikulieren — articulus
Artist — ars
artistisch — ars
Äskulapstab — Aesculapius
äsopisch — Aesopus
asozial — socialis
Aspekt — aspectus
aspergieren — aspergo
Aspersion — aspergo
Aspersorium — aspergo
Aspirant — aspiro
Aspirata — aspiro
Aspiration — aspiratio
aspiratorisch — aspiro
aspirieren — aspiro
Aspis — aspis
Assanierung — sano
Assekurant — securus
Assekuranz — securus
Assekurat — securus
assekurieren — securus
assentieren — assentior
Assentierung — assentior
Assertion — assero
assertorisch — assero
Asservat — asservo
Asservation — asservo
asservieren — asservo
Assessor — assideo
Asseveration — asseveratio
Assiduität — assiduitas
Assignation — assignatio
Assignant — assigno
Assignat — assigno
Assignate — assigno
assignieren — assigno
Assimilation — assimulo
assimilieren — assimulo
Assistent — assisto
Assistenz — assisto
Assonanz — assono
assonieren — assono
assortieren — sortior
Assortiment — sors
Assoziation — socio
assoziieren — socio
assumieren — assumo
Assumtion — assumptio
Assyriologie — Assyria
assistieren — assisto
Aster — astrum
Asteriskus — astrum
asterisch — astrum
Asteroid — astrum
Ästimation — aestimatio
ästimatorisch — aestimo
ästimieren — aestimo
astral — astrum
Astrologe — astrologus
Astrologie — astrologia
Asyl — asylum
Aszendent — ascendo
Aszendenz — ascendo
aszendieren — ascendo
Atavismus — atavus
atavistisch — atavus
Atellane — Atella
Äther — aether
ätherisch — aetherius
Athlet — athleta
Atlas — Atlas
Atrium — atrium
Attentat — attento
Attentäter — attento
Attention — attentio
attestieren — attestor
attisches Salz — Attica
Attraktion — attraho
attraktiv — attraho
Attribut — attribuo
Attribution — attribuo
Attizismus — Attica
Attrition — attero
audiatur et altera pars — alter
Audienz — audientia
Audion — audio
Auditorium — auditorium
Augment — augeo
Augmentation — augeo
augmentieren — augeo
Augurenlächeln — augur
augurieren — auguro
Augurium — augurium
Augustaner — Augustus
Auktion — auctio
Aula — aula
Aureole — aureolus
Aurikel — auricula
Aurikularkonfession — auricula
Aurora — aurora
Auskultant — ausculto
Auskultation — ausculto
Auskultator — ausculto
auskultieren — ausculto
Auspizien — auspicium
austral — australis
aut Caesar aut nihil — aut
Autor — auctor
autorisieren — auctor
Autorität — auctor
autoritativ — auctor
aurea mediocritas — mediocritas
Automobil — mobilis
Ave, Caesar, morituri te salutant — aveo
Ave Maria — aveo

a verbo — verbum
avernalisch — Avernus
avernisch — Avernus
Avers — averto
Aversal — averto
Aversion — averto
Aversum — averto
Aviatik — avis
Aviatiker — avis
aviatisch — avis
Avulsion — avello
axial — axis
axillar — axilla
azerb — acerbus
Azerbation — acerbo
azerbieren — acerbo
Azetat — acetum
Azetometer — acetum
Azeton — acetum
Azetylen — acetum
Azidation — acidus
Azidität — acidus
Azidum — acidus
azinös — acinus

B

Bacchanal — Bacchanal
Bacchant — bacchor
Bacchantin — Baccha
Bacchus — Bacchus
Bakel — baculum
Balliste — ballista
Ballistik — ballista
ballistisch — ballista
Balneographie — balnea
Balneologie — balnea
balsamieren — balsamum
Balsamine — balsamum
balsamisch — balsamum
Barbar — barbarus
Barbarei — barbarus
barbarisch — barbarus
Barbarismus — barbarus
Barbier — barba
Base — basis
basieren — basis
Basilika — basilicus
Basis — basis
basisch — basis
Bazillus — bacillum
Beatifikation — beatus
beati possidentes — beatus
Bellona — Bellona
bene — bene
Benediktiner — bene
Benediktion — bene
Benefiz — beneficium
Benefiziant — beneficium
Benefiziat — beneficium
Benignität — benignitas
bestialisch — bestia
Bestialität — bestia
Bestie — bestia
Bibliothek — bibliotheca
Bicinium — cano
Biduum — biduum
Biennium — biennium
Biest — bestia
biferisch — bifer
bifilar — filum
bifolisch — folium
Bifolium — folium
Bifurkation — bifurcus
bigenerisch — genus
Bikarbonat — carbo
bikonkav — concavus
bikonvex — convexus
Bikornen — bicornis
bikornisch — bicornis
bilabial — labium
bilateral — latus
biliar — bilis
biliös — bilis
bimanuell — manus
bimembrisch — membrum
binär — bini
Bination — bini
Binokel — oculus
binokular — oculus
binominal — nomino
bipartit — partio
Bipede — pes
bipedisch — pes
bipolar — polus
Bipolarität — polus
Biqudrat — quadratus
bis dat qui cito dat — bis
bisexuell — sexus
Bitumen — bitumen
bituminös — bitumen
bivalent — valeo
bizentrisch — centrum
Bizeps — biceps
Bizone — zona
Bombast — bombus
bombastisch — bombus
bona fide — fides
Bonität — bonitas
Bonus — bonus
boreal — boreas
Boreas — boreas
brachial — bracchium
Breve — brevis
Brevier — brevis
brevi manu — brevis
brutal — brutus
Brutalität — brutus
brutto — brutus
Bukoliker — bucolicus
bukolisch — bucolicus

C

Cantus planus — planus
Captatio benevolentiae — captatio
Caritas — caritas
caritativ — caritas
carpe diem — carpo
Cäsarentum — Caesar
cäsarisch — Caesar
Cäsarismus — Caesar
Casa sancta — casa
Casus belli — casus
Casus obliquus — casus
Catilinarische Existenz — Catilina
cave canem — canis
Cent — centum
ceteris paribus — ceteri
Ceterum censeo — censeo
Chaos — chaos
Chimäre — chimaera
chimärisch — chimaera
Chiragra — chiragra
Chirograph — chirographum
chirographisch — chirographum
Chor — chorus
Cicero — Cicero
Circa — circa
Circe — Circe
Circulus vitiosus — circulus
Ciste — cista
citissime — citus
cito — citus
Civis academicus — civis
Civis Romanus sum — civis
Cölestin — caelum
cölestisch — caelum
Coetus — coetus
Collegium — collegium
Condicio sine qua non — condicio
confer (cf.) — confero
Conopeum — conopeum
Consecutio temporum — consecutio

Consilium abeundi — consilium
consummatum est — consummo
Contradictio in adiecto — contradictio
coram publico — coram
Corpus delicti — corpus
Corpus iuris — corpus
Corrigenda — corrigo
crescat — cresco
cui bono — bonus
Culpa lata — culpa
Culpa levis — culpa
cum grano salis — granum
cum infamia — infamia
cura posterior — posterus
Curriculum vitae — curriculum

D

da — do
Daktyl — dactylicus
Damast — Damascus
Damaszener — Damascus
Damnifikant — damnunm
Damnifikat — damnunm
Damno — damnum
Damnum — damnum
Damoklesschwert — Damocles
dat, dicat, dedicat — do
datieren — do
Dativ — do
datum — do
Datum — do
Debellation — debello
Debent — debeo
Debet — debeo
debil — debilis
Debilität — debilitas
Debitor — debitor
Dechanei — decimus
Dechant — decimus
de dato — de
Dedikation — dedicatio
dedizieren — dedico
Deduktion — deductio
deduktiv — deduco
deduzieren — deduco
de facto — facio
defekt — deficio
Defekt — defectus
defektieren — deficio
Defektivum — deficio
Defendend — defendo
defendieren — defendo
Defension — defensio
defensional — defensio
defensiv — defensio
Defensive — defensio
Defensor — defensor
Defensor fidei — defensor
defensorisch — defensor
Defensor vinculi — defensor
deferieren — defero
Deferent — defero
Deferenz — defero
de fide — fides
definieren definio
Definition — definitio
definitiv — definio
Definitivum — definio
Definitor — definio
definitorial — definio
Definitum — definio
Defizit — deficio
Deflation — inflatio
deflektieren — deflecto
Deflektion — deflecto
Deflektor — deflecto
Defloration — defloresco
deflorieren — defloresco
defluieren — defluo
Defluktion — defluo
Deformation — deformatio
deformieren — deformo
Deformität — deformitas
Defraudant — defraudo
Defraudation — defraudo
defraudieren — defraudo
Defunkta — defungor
Degeneration — degenero
Defunktus — defungor
degenerieren — degenero
Degradation — gradus
degradieren — gradus
de gustibus non est disputandum — gustus
Deifikation — deus
Deismus — deus
Deist — deus
deistisch — deus
de iure — ius
dekadent — cado
Dekadenz — cado
Dekan — decimus
Dekanat — decimus
Deklamation — declamatio
Deklamator — declamator
Deklamatorik — declamator
deklamatorisch — declamator
deklamieren — declamo
Deklaration — declaro
deklaratorisch — declaro
deklarativ — declaro
deklarieren — declaro
deklinabel — declino
Deklinabilität — declino
Deklination — declinatio
Deklinator — declino
deklinatorisch — declino
Deklinatorium — declino
deklinieren — declino
dekliv — declivis
Deklivität — declivitas
Dekokt — decoquo
Dekollation — collum
Dekolleté — collum
dekolletieren — collum
Dekolletierung — collum
dekollieren — collum
Dekoration — decoro
dekorativ — decoro
Dekret — decerno
Dekretale — decerno
dekretieren — decerno
Dekretist — decerno
dekretorisch — decerno
Dekubitus — decumbo
Dekurie — decuria
Dekurio — decurio
Dekurs — decursus
dekursiv — decursus
Delat — defero
Delation — defero
delatorisch — defero
Deleatur — deleo
Delegation — delego
delegieren — delego
Delegierte — delego
delektieren — delecto
delikat — delicatus
Delikatesse — delicatus
Delikt — delinquo
Delinquent — delinquo
delirando — deliro
Delirant — deliro
delirieren — deliro
Delirium — deliro
deliziös — deliciosus
Dementi — mentior
Dementia paralytica — dementia
Dementia praecox — dementia
dementieren — mentior
Demenz — dementia
demiss — demitto
Demission — demitto

Demobilisation — mobilis
demobilisieren — mobilis
demolieren — demolior
Demolierung — demolior
Demonstration — demonstratio
demonstrativ — demonstro
Demonstrativ — demonstro
Demonstrator — demonstrator
Demonstrant — demonstro
demonstrieren — demonstro
Demoralisation — mos
demoralisieren — mos
Denaturalien — naturalis
denaturalisieren — natura
denaturieren — natura
Denomination — nomino
dental — dens
Dental — dens
Dentalis — dens
Dentin — dens
Dentist — dens
Dentur — dens
Denudation — denudo
Denunziant — denuntio
Denunziation — denuntiatio
denunzieren — denuntio
Deo gratias — deus
Dependance — dependeo
dependent — dependeo
Dependenz — dependeo
dependieren — dependeo
Depilation — pilus
Depilatorium — pilus
depilieren — pilus
Deponens — depono
Deponent — depono
deponieren — depono
Deportation — deporto
deportieren — deporto
Depositen — depono
Depositar — depono
Depositorium — depono
Depositum — depono
depossedieren — possideo
Depossession — possideo
Depravation — depravatio
depravieren — depravo
Deprekation — deprecatio
depressieren — deprimo
Depression — deprimo
deprezieren — deprecor
deprimieren — deprimo
de profundis — profundus
Depuration — purus
depurativ — purus
Depurgation — purgo
depurgativ — purgo
depurgieren — purgo
depurieren — purus
Deputat — deputo
Deputation — deputo
Deputatist — deputo
deputieren — deputo
Deputierter — deputo
Derivat — derivo
derivativ — derivo
Derivativ — derivo
derivieren — derivo
Derogation — derogo
derogieren — derogo
deserieren — desero
desert — desero
Deserteur — desertor
desertieren — desero
Desertion — desertor
desiderabel — desidero
Desiderat — desidero
Designation — designatio
designieren — designo
Desinfektion — inficio
Desinfektor — inficio
Desinfizienz — inficio
desinfizieren — inficio
deskribieren — describo
Deskription — describo
Desodorierung — odoro
despektieren — despecto
desolat — desolo
desolant — desolo
desolieren — desolo
Despektion — despecto
Desperado — despero
Desperation — desperatio
Destillat — destillo
Destillation — destillo
Destille — destillo
destillieren — destillo
Destination — destinatio
destinieren — destino
destruieren — destruo
destruktiv — destruo
desultorisch — desultorius
deszendieren — descendo
Deszendent — descendo
Deszendenz — descendo
Deszension — descendo
deszensional — descendo
Detektei — detego
Detektiv — detego
Detektor — detego
detenieren — detineo
Detention — detineo
Detentor — detineo
Deterioration — deterior
deteriorieren — deterior
determinabel — determino
determinando — determino
Determinante — determino
Determination — determinatio
determinativ — determino
determinato — determino
determinieren — determino
Determinismus — determino
Determinist — determino
detestabel — detestabilis
detestieren — detestor
Detestion — detestabilis
Detonation — detono
Detonator — detono
detonieren — detono
detrahieren — detraho
Detraktion — detractio
Detrition — detero
Detritus — detero
detur — do
Deus ex machina — machina
Devaluation — valeo
devaluieren — valeo
Devalvation — valeo
Devastation — devasto
devastieren — devasto
deviabel — via
Deviation — devius
deviativ — devius
deviieren — devius
Devise — divido
Devolution — devolvo
devolvieren — devolvo
Devoration — devoro
devorieren — devoro
devot — devoveo
Devotion — devotio
Dexterität — dexteritas
dextral — dexter
Dextrin — dexter
Dextrose — dexter
dezedieren — decedo
Dezember — december
Dezemvir — decemviri
Dezemvirat — decemviratus
dezent — deceo
Dezenz — decentia
Dezeption — decipio
Dezeptor — decipio
Dezernat — decerno
Dezernent — decerno
dezernieren — decerno
Dezession — decessio

Dissolution — dissolutio
dissonant — dissonus
Dissonanz — dissonus
dissonieren — dissonus
dissoziabel — socio
Dissoziation — socio
dissoziieren — socio
Distanz — distantia
distanzieren — distantia
distinguieren — distinguo
Distinkt — distinguo
distinktiv — distinguo
distorquieren — distorqueo
Distorsion — distortio
Distraktion — distractio
Distribuent — distribuo
distribuieren — distribuo
Distribution — distributio
distributiv — distribuo
Distrikt — distringo
Disturbation — disturbatio
disturbieren — disturbo
Disziplin — disciplina
disziplinar — disciplina
disziplinarisch — disciplina
disziplinieren — disciplina
Dithyrambus — dithyrambus
Diurnale — diurnus
Diurnalist — diurnus
Diva — divus
divagieren — vagor
divergent — vergo
Divergenz — vergo
divergieren — vergo
divers — diversus
Diversion — diversus
divertieren — diversus
Divertikel — deverticulum
dividatur — divido
divide et impera — divido
Dividend — divido
Dividende — divido
dividieren — divido
Dividualität — dividuus
Dividuum — dividuus
Divina comoedia — divinus
Divination — divinatio
divinatorisch — divinatio
Divinität — divinitas
Division — divisio
Divisor — divisor
Divisorium — divisor
Divulsion — divello
divulsiv — divello
dixi — dico
docendo discimus — doceo
Dochmius — dochmius
doktern — doctor
Doktor — doctor
Doktorand — doctor
Doktorat — doctor
doktorieren — doctor
Doktrin — doctrina
doktrinär — doctrina
Doktrinär — doctrina
Doktrinarismus — doctrina
Dokument — documentum
dokumentarisch — documentum
dokumentieren — documentum
dolo malo — dolus
dolos — dolosus
Dolus eventualis — dolus
Domestik — domesticus
Domestikum — domesticus
Dominante — dominor
Domina — domina
dominieren — dominor
Dominikaner — dominus
Dominium — dominium
dominus vobiscum — dominus
Domizil — domicilium
domizilieren — domicilium
Donatar — dono
Donator — dono
Dormitorium — dormitorius
Dotation — doto
dotieren — doto
do ut des — do
Dozent — doceo
dozieren — doceo
dozil — docilis
Drachme — drachma
drakonisch — Draco
Druiden — Druidae
Dryade — Dryas
Dual — duo
Dualismus — duo
Dualist — duo
dubios — dubius
dubitativ — dubito
Dublette — duplus
Duell — duellum
Duellant — duellum
duellieren — duellum
Duett — duo
Dulzinea — dulcis
Duo — duo
duo cum faciunt idem, non est idem — duo
duodenal — duodeni
Duodenum — duodeni
Duodez — duodecies
duodezimal — duodecimus
Duodezime — duodecimus
duplex — duplex
duplieren — duplus
Duplikat — duplico
duplizieren — duplico
Duplizität — duplex
Duplum — duplus
Dur — durus
durabel — durabilis
Dynast — dynastes
Dynastie — dynastes

E

Ecce homo — ecce
Echinus — echinus
ediderunt (edd.) — edo
edidit (ed.) — edo
edieren — edo
Edikt — edico
Ediktalzitation — edico
Edition — editio
Editor — edo
Edukation — educatio
Edukator — educator
Edukt — educo
eduzieren — educo
Effekt — effectus
Effekten — effectus
effektiv — effectus
effeminieren — effemino
Effloreszens — effloresco
Effusion — effusio
effusiv — effundo
Effusivgestein — effundo
Egoismus — ego
Egoist — ego
egoistisch — ego
Egotismus — ego
Egotist — ego
egozentrisch — centrum
Egreß — egressus
Ejakulation — eiaculor
ejakulieren — eiaculor
Ejektion — eiectio
Ejektor — eicio
ejizieren — eicio
Ekloge — ecloga
Elation — effero
Elaborat — elaboro
Elativ — effero
elegant — elegans
Eleganz — elegantia
Elegie — elegia
Elektion — eligo

elektiv — eligo
Elektorat — eligo
Element — elementum
elementar — elementum
elementarisch — elementum
Elevation — elevo
Elevator — elevo
elidieren — elido
eligieren — eligo
Elimination — elimino
eliminieren — elimino
Elision — elido
Eloge — elogium
Elokation — loco
Elokution — eloquor
eloquent — eloquor
Eloquenz — eloquentia
elozieren — loco
Elukubration — elucubro
Elution — eluo
Eluvium — eluvies
elyseisch — Elysium
elysisch — Elysium
Elysium — Elysium
Emanation — emano
emanieren — emano
Emanzipation — emancipo
emanzipieren — emancipo
Emazeration — macer
Emblem — emblema
emblematisch — emblema
Embolie — embolium
Emendation — emendatio
emendieren — emendo
emergieren — emergo
Emerit — emereo
emeritieren — emereo
Emersion — emergo
Emigrant — emigro
Emigration — emigro
emigrieren — emigro
eminent — emineo
Eminenz — eminentia
Emissar — emissarius
Emissär — emissarius
Emission — emitto
emittieren — emitto
Emotion — emoveo
Emolument — emolumentum
Emporium — emporium
Emulsion — mulgeo
Emundation — mundus
emundieren — mundus
Enervation — nervus
Enklave — clavis
enorm — enormis
Enormität — enormis
entnationalisieren — natio
eo ipso — ipse
Eosin — Eos
Epigone — epigonus
Epigramm — epigramma
Epigrammatiker — epigramma
epigrammatisch — epigramma
Epiker — epicus
Epikureer — Epicurus
epikureisch — Epicurus
Epilog — epilogus
Epistel — epistula
Epistula non erubescit — erubesco
Epitaph — epitaphius
Epode — epodus
epodisch — epodus
Epos — epos
eradieren — erado
Erektion — erigo
erigibel — erigo
erigieren — erigo
Erinnye — Erinys
erodieren — rodo
Erosion — rodo
erosiv — rodo
Errare humanum est — erro
erratisch — erro
Erratum — erro
eruieren — eruo
Eruption — eruptio
eruptiv — eruptio
Esse — sum
essential — sum
essentiell — sum
Essenz — sum
etcetera (etc.) — ceterus
Eumeniden — Eumenides
Eunuch — eunuchus
Evakuation — vacuus
Evaporation — vapor
evaporieren — vapor
Evasion — evado
eventual — eventus
Eventualität — eventus
eventuell — eventus
evident — evidens
Evidenz — evidens
Evitation — evito
Evokation — evoco
Evolution — evolvo
Evolutionist — evolvo
evolvieren — evolvo
evomieren — evomo
evozieren — evoco
ex abrupto — abrumpo
exakt — exigo
Exaktheit — exigo
Exaltation — altus
exaltieren — altus
exaltiert — altus
Exaltiertheit — altus
Examen — examen
Examinand — examino
Examination — examino
Examinator — examino
examinieren — examino
exaugurieren — exauguro
exauktorieren — exauctoro
ex cathedra — cathedra
excudit — excudo
ex decreto — decerno
exeat — exeo
Exedra — exedra
exekutieren — exsequor
Exekution — executio
Exekutive — exsequor
Exekutor — exsequor
exekutorisch — exsequor
Exempel — exemplum
Exempla docent — exemplum
Exemplar — exemplar
exemplarisch — exemplaris
Exemplifikation — exemplum
exemplifizieren — exemplum
exemt — eximo
Exemtion — eximo
Exequent — exsequor
Exequien — exsequiae
exerzieren — exerceo
Exerzitium — exercitium
ex est — ex
Exhalation — exhalatio
exhalieren — exhalo
Exhaustor — exhaurio
exheredieren — exheredo
exhibieren — exhibeo
Exhibit — exhibeo
Exhibition — exhibeo
Exhibitionismus — exhibeo
Exhibitionist — exhibeo
Exhorte — exhortor
exhumieren — humo
Exil — exsilium
exilieren — exsilium
eximieren — eximo
Existentialismus — existo
Existenz — exsisto
existenziell — exsisto
Existenzminimum — exsisto

existieren — exsisto
Exitus — exitus
Exklamation — exclamatio
Exklave — clavis
exkludieren — excludo
Exklusion — excludo
exklusiv — excludo
exklusive — excludo
Exklusivität — excludo
Exkommunikation — communico
Exkrement — excrementum
Exkret — excerno
Exkretion — excerno
Exkubation — excubo
Exkurs — excursus
Exkursion — excursio
exkusabel — excusabilis
exküsieren — excuso
Exkussion — excutio
Exlibris — liber
Exmatrikel — mater
Exmatrikulation — mater
exmatrikulieren — mater
ex officio — officium
exorbitant — orbita
Exorbitanz — orbita
Exordium — exordium
exorzisieren — Orcus
Exorzismus — Orcus
Exorzist — Orcus
expandieren — expando
expansibel — expando
Expansion — expando
expansiv — expando
expatriieren — pater
Expediatur — expedio
Expedient — expedio
Expedienz — expedio
expedieren — expedio
Expedition — expeditio
Expeditor — expedio
Expektoration — expectoro
expektorieren — expectoro
Expensarium — expendo
Expensen — expendo
Experienz — experentia
Experiment — experimentum
experimental — experimentum
experimentell — experimentum
experimentieren — experimentum
expert — experior
Experte — experior
Expertise — experior
expertisieren — experior
expiabel — expio
Expiation — expiatio
Explanation — explanatio
Explikation — explico
explizieren — explico
explizite — explico
explodieren — explodo
Exploration — exploratio
explorieren — exploro
Explosion — explodo
explosiv — explodo
Exponent — expono
exponential — expono
exponieren — expono
Exportation — exportatio
Exporten — exporto
Exporteur — exporto
exportieren — exporto
Exposition — expositio
Expositur — expono
Expositus — expono
expreß — exprimo
Expreß — exprimo
Expresse — exprimo
Expressionismus — exprimo
Expressionist — exprimo
expressionistisch — exprimo
expressiv — exprimo
exprimieren — exprimo
Exprobration — exprobratio
Expropriation — proprius
Expulsion — expulsio
Expurgation — expurgo
expurgieren — expurgo
exquisit — exquiro
Exsequatur — exsequor
Exsikkator — sicco
exskribieren — exscribo
Exspektant — exspecto
Exspektanz — exspecto
exspektativ — exspecto
Exspiration — exspiratio
exspiratorisch — exspiro
exspirieren — exspiro
Exstirpation — exstirpo
Exstirpator — exstirpo
exstirpieren — exstirpo
Exsudat — exsudo
Extemporale — extemporalis
extemporieren — extemporalis
Extensität — extendo
Extension — extendo
extensiv — extendo
Extermination — extermino
exterminieren — extermino
extern — externus
Externat — externus
Externe — externus
Externist — externus
exterritorial — territorium
Exterritorialität — territorium
extra — extra
Extrahent — extraho
extrahieren — extraho
Extrakt — extraho
Extraktion — extraho
extraktiv — extraho
extramundan — extra
Extraneer — extraneus
extraordinär — extraordinarius
Extraordinariat — extraordinarius
Extraordinarium — extraordinarius
Extraordinarius — extraordinarius
extrapolieren — extra
extravagant — vagor
Extravaganz — vagor
Extrem — exter
extrem — exter
Extremität — extremitas
Extuberanz — tuber
exuberant — uber
Exuberanz — uber
Exulant — exulo
Exultation — exulo
ex voto — votum
Exzedent — excedo
exzedieren — excedo
exzellent — excello
Exzellenz — excellentia
exzellieren — excello
Exzenter — centrum
exzentrisch — centrum
Exzeption — exceptio
exzeptionell — exceptio
exzernieren — excerno
exzerpieren — excerpo
Exzerpt — excerpo
Exzeß — excessus
exzessiv — excedo
exzidieren — excido
exzipieren — excipio
Exzision — excido
exzitabel — excito
Exzitabilität — excito
Exzitatorium — excito
exzitieren — excito

F

Fabrik — fabrica
Fabrikant — fabricor
Fabrikation — fabricatio
fabrizieren — fabricor
Fabulant — fabulor
fabulieren — fabulor
Fabulist — fabulor
Facultas docendi — facultas
Fäkalien — faex
Faksimile — facio
Faktion — factio
faktiös — factiosus
faktitiv — factito
Faktitivum — factito
Faktor — facio
Faktorei — facio
Faktotum — facio
Faktum — factum
fakturieren — facio
Fakultas — facultas
Fakultät — facultas
fakultativ — facultas
Fakundität — facundia
fallibel — fallo
Fallibilität — fallo
fallieren — fallo
Fallit — fallo
Falsifikat — falsus
Falsifikation — falsus
falsifizieren — falsus
Falsum — fallo
Fama — fama
familiär — familiaris
familiarisieren — familiaris
Familiarität — familiaritas
famos — famosus
famulieren — famulor
Famulus — famulus
Fanatiker — fanaticus
fanatisch — fanaticus
fanatisieren — fanaticus
Fanatismus — fanaticus
Farin — farina
Faschismus — fascis
Faschist — fascis
Faszes — fascis
Faszination — fascino
faszinieren — fascino
fatal — fatalis
Fatalismus — fatalis
fatigant — fatigo
fatigieren — fatigo
favete linguis — faveo
Favorit — favor
Favoritin — favor
Fazetien — facetiae
fazial — facies
Fazialis — facies
Fazit — facio
febril — febris
fecit (fec.) — facio
Felizitation — felix
feminin — femina
Femininum — femina
Feminismus — femina
feministisch — femina
Feneration — fenerator
Feralien — feralis
Ferien — feriae
Ferment — fermentum
Fermentation — fermentum
fermentieren — fermentum
fertil — fertilis
Fertilität — fertilis
fervent — ferveo
festina lente — festino
Festivität — festivitas
festivo — festivus
Fetiale — fetialis
fiat — fio
Fibrille — febra
Fibrin — febra
Fibroin — febra
fibrös — febra
Fibula — fibula
Fideikommiß — fides
Fideismus — fides
fidel — fidelis
Fidelität — fidelitas
Fiduz — fidicia
fiduzit — fiducia
figural — figura
Figurant — figuro
figurieren — figuro
Figurine — figura
figürlich — figura
Fiktion — fictio
fiktiv — fingo
Filament — filum
filial — filia
Filiale — filia
Filiation — filia
Filialkirche — filia
final — finis
Finale — finis
Finalität — finis
Finalsatz — finis
fingieren — fingo
firm — firmus
Firma — firmus
Firmament — firmamentum
firmen — firmo
firmieren — firmus
Firmung — firmo
fiskalieren — fiscus
fiskalisch — fiscus
Fiskus — fiscus
fissil — fissilis
Fimbrien — fimbriae
Fissipeden — findo
Fissur — findo
Fistelstimme — fistula
fistulieren — fistula
fix — figo
Fixateur — figo
Fixativ — figo
Fixer — figo
Fixstern — figo
Fixum — figo
flagrant — flagro
Flatulenz — flatus
flektierbar — flecto
flektieren — flecto
flexibel — flexibilis
Flexion — flexio
Flexur — flexus
Flor — flos
floreat — floreo
Floreszenz — floresco
Florida — floridus
florieren — floreo
Florilegium — florilegus
Florin — Florentia
Florist — flos
floristisch — flos
Floskel — flosculus
fluid — fluidus
Fluidität — fluidus
Fluidum — fluidus
Fluktuation — fluctuatio
fluktuieren — fluctuo
fluktuös — fluctuo
Fluor — fluo
Fluoreszein — fluo
Fluoreszenz — fluo
fluoreszieren — fluo
fluvial — fluvialis
Fluxion — fluo
föderalisieren — foedus
Föderalismus — foedus
Föderalist — foedus
föderativ — foedus
föderieren — foedus
fokal — focus
Fokus — focus
Foliant — folium
Folie — folium
Folio — folium
Follikel — folliculus

follikular — folliculus
Foment — fomentum
fomentieren — fomentum
Fontäne — fons
Fontanell — fons
forensal — forensis
Forense — forensis
forensisch — forum
formal — forma
Formalien — forma
Formalität — forma
Formalismus — forma
Format — forma
Formation — forma
formativ — forma
formidabel — formidabilis
formieren — formo
Formular — formula
formulieren — formula
Fort — fortis
forte — fortis
fortes fortuna adiuvat — fortis
fortifikatorisch — fortis
Fortifikation — fortis
fortissimo — fortis
fortiter in re, suaviter in modo — fortis
Fortuna — fortuna
Forum — forum
fossil — fodio
Fossilien — fodio
fötal — fetus
Fötation — fetus
Fötus — fetus
fragil — fragilis
Fragilität — fragilitas
Fragment — fragmentum
Fraktion — frango
fraktionieren — frango
Fraktionismus — frango
Fraktur — frango
fraternisieren — fraternus
Fraternität — fraternitas
Fratres minores — frater
frenetisch — phreneticus
frequent — frequens
Frequentation — frequento
Frequentant — frequento
Frequentativum — frequento
frequentieren — frequento
Frequenz — frequentia
frigid — frigidus
Frigidarium — frigidus
Frigidität — frigidus
frikativ — frico
Frikativlaut — frico
frivol — frivolus
Frivolität — frivolus
Front — frons
frontal — frons
frugal — frugalis
Frugalität — frugalitas
Fruktifikation — fructus
fruktifizieren — fructus
Friktion — frico
Friktorium — frico
Fruktose — fructus
fudit — fundo
fugato — fuga
Fuge — fuga
Fulguration — fulgur
Fulgurit (das) — fulgur
Fulgurit (der) — fulgur
fulminant — fulmino
Fulminat — fulmino
Fulminatin — fulmino
fulminieren — fulmino
Fumarolen — fumus
Fumet — fumus
Fundament — fundamentum
fundamental — fundamentum
fundamentieren — fundamentum
Fundation — fundo
fundieren — fundo
Fundus — fundus
Funeralien — funero
fungibel — fungor
fungieren — fungor
Fungin — fungus
Fungit — fungus
fungös — fungus
Fungosität — fungus
Funktion — functio
funktional — functio
Funktionalität — functio
Funktionär — functio
funktionell — functio
funktionieren — functio
Furie — furia
furios — furiosus
furiös — furiosus
furioso — furiosus
Furor Teutonicus — furor
Furunkel — furunculus
Furunkulose — furunculus
Fusion — fusio
fusionieren — fusio
fusionistisch — fusio
futil — futtilis
Futilität — futtilitas
Futurismus — futurus
Futurist — futurus
futuristisch — futurus
Futurum — futurus
Futurum exactum — futurus

G

gallikanisch — Gallia
gallikoman — Gallia
Gallikomanie — Gallia
Gallizismus — Gallia
galloman — Gallia
Gallomanie — Gallia
gallophil — Gallia
galloromanisch — Gallia
gaudeamus igitur — gaudeo
Gaudium — gaudium
Gemination — geminatio
geminieren — gemino
Gemme — gemma
Genealoge — genealogus
Genealogie — genealogus
genealogisch — genealogus
general — generalis
General — generalis
Generalisation — generalis
generalisieren — generalis
Generator — generator
generell — generalis
Generation — genero
generieren — genero
generisch — genus
generös — generosus
Generosität — generosus
generoso — generosus
genial — genialis
Genialität — genialis
Genie — genius
genital — genitalis
Genitalien — genitalis
Genitiv — genitivus
Genius loci — genius
gentil — gentilis
Gentilismus — gentilis
genuin — genuinus
Genus — genus
Geographie — geographia
Geometer — geometres
Geometrie — geometria
Georgika — georgicus
gerieren — gero
Germination — germino
germinativ — germino
Geste — gestus
Gestikulation — gestus

H

horribile dictu — horribilis
Horror — horror
Horror vacui — horror
Hortensie — hortus
Hortikultur — hortus
Hortologe — hortus
Hortologie — hortus
Hospital — hospitalis
Hospitalität — hospitalitas
Hospitant — hospes
hospitieren — hospes
Hospiz — hospitium
Hostie — hostia
Hostilität — hostilis
huius mensis — mensis
human — humanus
Humaniora — humanus
humanisieren — humanus
Humanist — humanus
humanistisch — humanus
humanitär — humanitas
Humanität — humanitas
Humifikation — humus
humifizieren — humus
humos — humus
Humus — humus
Hyazinth — hyacinthus
Hyazinthe — hyacinthus
Hybride — hibrida
hybridisch — hibrida
hydraulisch — hydraulus
Hymne — hymnus
Hymnus — hymnus
Hyperazidität — acidus

I

Ibis — ibis
Iden — idus
Identifikation — idem
identifizieren — idem
identisch — idem
Identität — idem
Idiot — idiota
Ignipunktion — ignis
Ignipunktur — ignis
Ignominie — ignominia
ignorant — ignoro
Ignorant — ignoro
Ignoranz — ignorantia
ignorieren — ignoro
ignoti nulla curatio morbi — ignotus
Iktus — ictus
illegal — lex
illegalisieren — lex
Illegalität — lex
illegibel — lego
illegitim — legitimus
Illegitimität — legitimus
illiberal — liberalis
Illiberalismus — liberalis
Illiberalität — liberalis
illimitiert — limes
illiquid — liquidus
Illiquidität — liquidus
Illuminat — illumino
Illumination — illumino
illuminieren — illumino
Illusion — illusio
Illusionist — illusio
illusorisch — illusio
illuster — illustris
Illustration — illustro
illustrieren — illustro
imaginabel — imago
imiginär — imaginarius
Imagination — imaginatio
Imago — imago
imbezill — imbecillus
Imbezillität — imbecillitas
Imitatio Christi — imitatio
Imitation — imitatio
Imitator — imitator
imitieren — imitor
Immaculata conceptio — conceptio
Immakulata — maculo
immanent — maneo
Immanenz — maneo
immanieren — maneo
immaterialisieren — materia
Immaterialismus — materia
Immaterialist — materia
Immaterialität — materia
immateriell — materia
Immatrikulation — mater
immatrikulieren — mater
immatur — immaturus
Immaturität — immaturitas
immediat — medius
immediatisieren — medius
immemorabel — immemor
immemorial — immemor
immens — immensus
Immensität — immensitas
immensurabel — mensura
Immensurabilität — mensura
Immerget — immergo
immergieren — immergo
Immersion — immergo
Immigrant — immigro
Immigration — immigro
immigrieren — immigro
imminent — immineo
Imminenz — immineo
Immission — immissio
immiszibel — immisceo
Immiszibilität — immisceo
immiszieren — immisceo
immobil — immobilis
immobilia — immobilis
Immobiliar — immobilis
Immobilien — immobilis
immobilisieren — immobilis
Immobilität — immobilis
immoderat — immoderatus
Immoderation — immoderatio
immodest — immodestus
Immoralismus — mos
Immoralität — mos
Immortalisation — immortalitas
immortalisieren — immortalitas
Immortalität — immortalitas
immortell — immortalis
Immortelle — immortalis
immun — immunis
immunisieren — immunis
Immunisierung — immunis
Immunität — immunitas
immutabel — immutabilis
Immutabilität — immutabilitas
impar — impar
Imparität — impar
impenetrabel — impenetrabilis
imperativ — impero
Imperativ — impero
imperativisch — impero
Imperator Rex — imperator
Imperfectum de conatu — conatus
imperfekt — imperfectus
Imperfekt — imperfectus
imperial — imperium
Imperialismus — imperium
Imperium Romanum — imperium
impermeabel — permeo
impersonal — persona
Impersonale — persona
Impersonalität — persona
impersonell — persona
Impetrant — impetro
Impetrat — impetro
Impetration — impetro

impetuoso — impetus
Impietät — impietas
implakabel — implacabilis
Implakabilität —
implacabilis
Implantation — planta
implicite — implico
Implikation — implicatio
implizieren — implico
Implorant — imploro
Implorat — imploro
implorieren — imploro
Impluvium — impluvium
Imponderabilien — pondus
imponieren — impono
Import — importo
Importanz — importo
Importation — importo
Importe — importo
Importeur — importo
importieren — importo
importun — importunus
Importunität — importunitas
imposant — impono
impossibel — possum
Impost — impono
impotent — impotens
Impotenz — impotens
Imprekation — imprecor
Imprimatur — imprimo
Impression — impressio
Impressionismus — impressio
Impressionist — impressio
Impressum — imprimo
Improbität — improbitas
Improvisation — improvisus
Improvisator — improvisus
improvisieren — improvisus
Impuls — impulsus
impulsiv — impulsus
Impulsivität — impulsus
Impunität — impunitas
imputabel — imputo
Imputabilität — imputo
Imputation — imputo
imputieren — imputo
in abstracto — abstraho
in aeternum — aeternus
inaktiv — ago
inaktivieren — ago
Inaktivierung — ago
Inaktivitas — ago
inan — inanus
Inanität — inanitas
Inanition — inanis
in annum — annus
inappellabel — appello
Inappetenz — appetto
inapplikabel — applico
Inapplikabilität — applico
Inapplikation — applicatio
in articulo mortis —
articulus
Inauguraldissertation —
inauguro
Inauguration — inauguro
inaugurieren — inauguro
in bona pace — pax
inchoativ — incoho
Inchoative — incoho
Inchoativum — incoho
in concreto — concresco
in contumaciam —
contumacia
in corpore — corpus
Indefinitum — definio
indeklinabel — declino
Indemnisation — indemnatus
indemnisieren — indemnatus
Indemnität — indemnatus
Indetermination —
determino
indeterminiert — determino
Indeterminismus —
determino
Indeterminist — determino
indemnisieren — indemnatus
indifferent — differo
Indifferentismus — differo
Indifferenz — differentia
Index — index
indezent — indeceo
Indezenz — indeceo
indigen — indigena
Indigestion — indigestus
Indigenat — indigena
Indignation — indignatio
indignieren — indignor
indigniert — indignor
Indignität — indignitas
Indikat — indico
Indikation — indico
indikativ — indico
Indikativ — indico
indikativisch — indico
Indikator — indico
Indikatrix — indico
Indiktion — indico
indiskret — discerno
Indiskretion — discerno
indispensabel — dispenso
Indispensabilität — dispenso
Indisponibilität — dispono
Indisponiert — dispono
indisponsibel — dispono
Indisposition — dispositio
Individualisation — dividuus
individualisieren —
dividuus
Individualismus — dividuus
Individualität — dividuus
individuell — dividuus
Individuum — dividuus
Indiz — indicium
indizieren — indico
indiziert — indico
indolent — indolentia
Indolenz — indolentia
in dubio — dubius
in dubio pro reo — dubius
Induktanz — induco
Induktion — induco
induktiv — induco
Induktivität — induco
Induktophon — induco
Induktorium — induco
Induktor — induco
in dulci iubilo — dulcis
Indulgens — indulgeo
indulgent — indulgeo
Indult — indulgeo
Induration — induro
industrialisieren — industria
Industrialismus —
industria
Industrie — industria
industriell — industria
Industrielle — industria
induzieren — induco
Ineditum — ineditus
in effigie — effigies
inert — iners
Inertie — inertia
in extenso — extendo
infallibel — fallo
Infallibilität — fallo
infam — infamis
Infamie — infamia
infamierend — infamo
Infant — infans
Infanterist — infans
infantil — infans
Infantilismus — infans
Infarkt — farcio
in favorem — favor
Infektion — inficio
infektiös — inficio
inferieren — infero
inferior — inferus
Inferior — inferus
Inferiorität — inferus

Infernalität — infernus
Inferno — infernus
Infertilität — fertilis
in figura — figura
infinit — infinitus
infinitesimal — infinitus
Infinitesimalrechnung — infinitus
Infinitiv — infinitus
Infinitum — infinitus
Infirmaria — infirmus
Infirmität — infirmitas
infizierbar — inficio
infizieren — inficio
Infizierung — inficio
in flagranti — flagro
inflammabel — flammo
Inflammation — flammo
inflammieren — flammo
inflatieren — inflatio
Inflation — inflatio
Inflationist — inflatio
Inflektor — inflecto
inflektieren — inflecto
inflexibel — inflecto
Inflexibele — inflecto
Inflexibilität — inflecto
Inflexion — inflecto
Infliktion — infligo
in floribus — flos
Infloreszenz — floresco
Influenz — influo
Influenza — influo
influieren — influo
Influxion — influo
Information — informatio
informativ — informo
Informativum — informo
Informator — informatio
informieren — informo
Infraktion — infringo
Infraktor — infringo
Infrarot — infra
Inful — infula
infulieren — infula
Infundibulum — infundo
infundieren — infundo
Infusion — infundo
Infusorien — infundo
Infusorium — infundo
in genere — genus
ingeneriert — ingenero
ingeniös — ingeniosus
Ingeniosität — ingeniosus
Ingenuität — ingenuitas
Ingesta — ingero
Ingestion — ingero
Ingrediens — ingredior
Ingredienz — ingredior
Ingreß — ingressus
Ingression — ingressio
Inhalation — halo
Inhalatorium — halo
inhalieren — halo
inhärent — inhaereo
Inhärenz — inhaereo
inhärieren — inhaereo
Inhäsivbescheid — inhaereo
inhibieren — inhibeo
Inhibition — inhibeo
Inhibitorialien — inhibeo
in honorem — honor
inhuman — inhumanus
Inhumanität — inhumanitas
in infinitum — infinitus
Initiale — initium
Initiation — initium
Initiative — initium
Initiativrecht — initium
Initien — initium
Injektion — inicio
Injektor — inicio
injizieren — inicio
Injuriant — iniuria
Injuriat — iniuria
Injurie — iniuria
injuriös — iniuria
inkapabel — capax
Inkapazität — capacitas
inkarnal — caro
Inkarnat — caro
inkarnieren — caro
Inkarzeration — carcer
inkarzerieren — carcer
inklinant — inclino
Inklination — inclinatio
inklinieren — inclino
Inklinometer — inclino
inkludieren — includo
Inklusion — includo
inklusive — includo
Inklusum — includo
inkognito — incognitus
Inkognito — incognitus
inkohärent — cohaereo
Inkohärenz — cohaereo
Inkohäsion — cohaereo
inkommodieren — incommodus
Inkommodität — incommoditas
inkomparabel — comparabilis
Inkomparabile — comparabilis
inkompetent — competo
Inkompetenz — competo
inkongruent — congruo
Inkongruenz — congruo
inkonsequent — consequor
Inkonsequenz — consequor
inkonsistent — consisto
Inkonsistenz — consisto
Inkontinenz — incontinentia
inkonvenient — inconveniens
Inkonvenienz — inconveniens
Inkorporalia — corpus
Inkorporation — corpus
inkorporieren — corpus
inkorregibel — incorrectus
inkorrekt — incorrectus
Inkorrektheit — incorrectus
Inkorrigibilität — incorrectus
inkriminieren — crimen
Inkrustation — incrusto
inkrustieren — incrusto
Inkubation — incubo
Inkubator — incubo
Inkubus — incubo
Inkulpant — culpo
Inkulpat — culpo
inkulpieren — culpo
Inkunabel — incunabila
inkurabel — curo
Inkurabilität — curo
Inkursion — incursio
in loco — locus
Inkursus — incursus
in medias res — medius
in memoriam — memoria
in natura — natura
Innervation — nervus
innominabel — nomino
Inobservanz — observantia
in nuce — nux
inoffensiv — offendo
inoffiziell — officium
inoffiziös — officium
inopportun — opportunus
Inopportunität — opportunitas
in partibus fidelium — pars
impassibel — patior
Impassibilität — patior
Impatibilität — patior
Impatienz — patior
in persona — persona
in petto — pectus
in puncto — punctum

interponieren — interpono
Interposition — interpono
Interpret — interpres
Interpretation — interpretatio
Interpretator — interpretor
interpretieren — interpretor
interpungieren — interpungo
Interpunktion — interpunctio
Interregnum — interregnum
Interrogation — interrogo
interrogativ — interrogo
Interrogativ — interrogo
Interrogatorium — interrogo
Interruption — interrumpo
Intersexe — sexus
interstellar — stella
Interusurium — usura
Intervall — intervallum
intervenieren — intervenio
Intervention — intervenio
interventiv — intervenio
Interversion — interverto
intervertieren — interverto
Interzedent — intercedo
interzedieren — intercedo
Interzeption — intercipio
Interzession — intercedo
Interzessor — intercedo
Interzident — intercido
Interzidenz — intercido
interzidieren — intercido
interzipieren — intercipio
Interzision — intercido
intestabel — testor
intestat — testor
intestin — intestinus
intestinal — intestinus
Intimität — intimus
Intimus — intimus
intolerabel — tolero
intolerant — intolerans
Intoleranz — intolerantia
Intonation — intono
intonieren — intono
Intrade — intro
intraintestinal — intestinus
intraktabel — intractabilis
Intraktabilität — intractabilis
intramundan — mundanus
intra muros — murus
intransitiv — transeo
Intransitivum — transeo
intransitorisch — transeo
intransportabel — transporto
intravenös — vena
intrikat — intrico
in triplo — triplus
Introduktion — introductio
introduktiv — introductio
introduzieren — introduco
Introitus — introitus
Intromission — intromitto
intrudieren — intrudo
Intrusion — intrudo
intrusiv — intrudo
Intubation — tuba
Intuition — intueor
intuitiv — intueor
Intumeszenz — tumesco
intus — intus
Inundation — inundatio
inurban — inurbanus
Inurbanität — inurbanus
in usum delphini — delphin
Invalenz — valeo
invalid — invalidus
Invalide — invalidus
Invalidität — invalidus
invariabel — vario
Invariante — vario
Invasion — invado
Invektive — inveho
Inventar — invenio
Inventarisation — invenio
inventarisieren — invenio
inventieren — invenio
Invention — invenio
Inventur — invenio
Inversion — inverto
invertieren — inverto
investieren — vestio
Investigation — investigatio
Investigator — investigator
investigieren — investigo
Investitur — vestio
Inveteration — inveteratio
inveteriert — invetero
Invigilanz — vigilantia
invigilieren — vigilo
Invitation — invitatio
invitieren — invito
Invocabit — invoco
involvieren — involvo
Involution — involvo
Inzens — incendo
Inzensation — incendo
Inzest — incestus
inzident — incido
Inzidenz — incido
Inzision — incido
inzisiv — incido
Inzisur — incido
ipse dixit — ipse
ipse fecit — ipse
Ipsismus — ipse
ipso facto — ipse
ipso iure — ipse
Iris — Iris
irisieren — Iris
Iritis — Iris
Ironie — ironia
irrational — ratio
Irrationalismus — ratio
irrationell — ratio
irreal — res
Irreal (is) — res
Irrealität — res
irregulär — regula
Irregularität — regula
irrelativ — refero
Irrelativität — refero
irrelevant — relevo
Irrelevanz — relevo
irreligiös — irreligiosus
Irreligiosität — irreligiosus
irreparabel — irreparabilis
Irreparabilität — irreparabilis
irresistibel — resisto
Irresistibilität — resisto
irresolut — resolvo
Irresolution — resolvo
irresoluto — resolvo
irreversibel — verto
Irrigation — irrigator
Irrigator — irrigo
Irritabilität — irrito
Irritation — irritatio
irritieren — irrito
irrumpieren — irrumpo
Irruption — irruptio
Isola — insula
Isolation — insula
Isolationismus — insula
Isolator — insula
isolieren — insula
Isolierung — insula
item — item
Itinerarium — iter
Iteration — itero
Iterativum — itero
iterieren — itero

J

jambisch — iambicus
Jambus — iambus
Jaspis — iaspis
jokos — iocosus
Jokus — iocus

jovial — Juppiter
Jovialität — Juppiter
Judika — iudico
Judikation — indico
judikatorisch — iudico
Judikatur — iudico
Judiz — iudicium
judizial — iudicium
judiziar — iudicium
judiziarisch — iudicium
judizieren — iudico
judiziös — iudicium
Jugulation — iugulo
jugulieren — iugulo
junior — iuvenis
Junior — iuvenis
Juniorat — iuvenis
Junktur — iunctura
junonisch — Juno
Jupiter pluvius — Juppiter
Jura — ius
Jurisdiktion — iurisdictio
Jurisprudenz — ius
Jurist — ius
Jus — ius
Jussiv — iubeo
justament — iustus
justieren — iustus
Justierer — iustus
Justierung — iustus
Justifikatorium — iustus
Justitium — iustitium
Justiz — iustitia
Justiziar — iustitia
juvenil — iuvenilis
Juwel — iuvo
juxta — iuxta

K

Kadaver — cadaver
kadent — cado
Kadenz — cado
kaduk — caducus
kaduzieren — caducus
Kaduzierung — caducus
Kalamität — calamitas
kalefaktern — calefacio
Kalefaktor — calefacio
Kalender — calendae
Kaligation — caligo
Kalixtiner — calix
Kalkulation — calculus
Kalkulator — calculus
kalkulieren — calculus
kallös — callum
Kallosität — callum
Kallus — callum
Kalorie — calor
Kalorik — calor
Kalorimeter — calor
Kalmus — calamus
Kalvarienberg — calva
Kalzifikation — calx
kalzinieren — calx
Kalzium — calx
Kamene — Camena
Kamera — camera
Kameralien — camera
Kameralist — camera
kampieren — campus
Kanapee — conopeum
Kanker — cancer
kankrös — cancer
Kandidat — candidatus
Kandidatur — candidatus
kandidieren — candidatus
Kaniden — canis
Kanister — canistra
kannelieren — canna
Kannelierung — canna
Kantharide — cantharis
Kantilene — cantilena
Kantate — canto
Kantor — cantor
Kantorat — cantor
Kantorei — cantor
Kantus — cantus
kapabel — capax
Kapazität — capacitas
Kaper — capio
Kaperei — capio
kapieren — capio
kapillar — capillus
Kapillarität — capillus
Kapistrum — capistrum
kapital — capitalis
Kapitel — capitulum
Kapital — caput
Kapitale — caput
kapitalisieren — caput
Kapitalist — caput
kapitalistisch — caput
Kapitol — Capitolium
kapitolinisch — Capitolium
Kapitulant — capitulum
Kapitular — capitulum
kapitulieren — capitulum
Kapriole — capreolus
Kaption — captio
kaptiös — captiosus
Kaptivation — captivus
Kaptivität — captivitas
kaptivieren — captivus
Kaptus — captus
Karbid — carbo
Karbol — carbo
Karbolineum — carbo
Karbonat — carbo
karbonisch — carbo
karbonisieren — carbo
Karbonit — carbo
Karbunkel — carbo
kardinal — cardo
Kardinal — cardo
Karenz — careo
Karfunkel — carbo
Karies — caries
kariös — cariosus
karnal — caro
Karnalität — caro
Karnation — caro
Karnifikation — caro
Karnosität — caro
Karzer — carcer
kasteien — castus
Kasteiung — castus
Kastell — castellum
Kastellan — castellanus
Kastrat — castro
Kastration — castro
kastrieren — castro
kasual — casus
Kasualismus — casus
Kasualist — casus
Kasualität — casus
Kasuist — casus
Kasuistik — casus
Kasus — casus
Katapult — catapulta
Katarakt — cataracta
Katheder — cathedra
Kathedra — cathedra
kathedral — cathedra
Kathedrale — cathedra
katonisch — Cato
kaudinisch — Caudium
kausal — causa
Kausalität — causa
kausativ — causa
Kausativum — causa
Kautel — caveo
Kaution — cautio
kautionieren — cautio
Kavent — caveo
Kavet — caveo
Kaverne — caverna
kavernös — caverna
kavieren — caveo
klarieren — claro
Klasse — classis

Klassifikation — classis
klassifizieren — classis
Klassifizierung — classis
Klassik — classis
Kassiker — classis
klassisch — classis
Klassizität — classis
Klausel — clausula
Klausur — claudo
Klient — clienta
Klientel — clienta
klimakterisch — climacterius
Klimakterium — climacterius
Klio — Clio
Koagulat — coagulum
koagulieren — coagulum
koaleszieren — coalesco
koalieren — coalesco
Koalition — coalesco
Kodex — codex
Kodifikation — codex
kodifizieren — codex
Kodizill — codicillus
Koedukation — educatio
koerzibel — coerceo
Koerzitivkraft — coerceo
Koerzitivmaßregel — coerceo
Koexistenz — exsisto
koexistieren — exsisto
Kognat — cognatus
Kognation — cognatio
Kognition — cognitio
Kohabitation — habitatio
Kohärenz — cohaereo
kohärieren — cohaereo
Kohäsion — cohaereo
kohäsiv — cohaereo
kohibieren — cohibeo
Kohorte — cohors
koinzidieren — incido
Koitus — coco
Kolation — colo
Kolatur — colo
Kollaborant — laboro
kollaborieren — laboro
Kollaps — collabor
Kollare — collum
Kollation — confero
kollationieren — confero
Kollatur — confero
Kollege — collega
kollegial — collega
Kollegialität — collega
Kollegium — collegium
Kollekte — collecta
Kollektion — collectio
kollektiv — collectio
Kollektiv — collectio
Kollektivist — collectio
kollidieren — collido
Kollimation — limo
Kollision — collido
Kollektaneen — colligo
Kollektor — colligo
kolletieren — collum
Kolloquium — colloquium
kolludieren — colludo
Kollusion — colludo
Kolonat — colonus
Kolone — colonus
kolonial — colonia
Kolonie — colonia
Kolonisation — colonia
kolonisieren — colonia
Kolonist — colonia
kolorieren — coloro
Kolorin — color
Kolorist — coloro
Kolorit — color
Kolumbarium — columba
Kolumbine — columbinus
Kolumbinlack — columbinus
Kolumne — columna
Kombination — bini
kombinatorisch — bini
Komet — cometes
Komik — comicus
Komiker — comicus
komisch — comicus
Komitat — comitatus
Kommandant — mando
Kommandantur — mando
Kommandeur — mando
kommandieren — mando
Kommanditär — mando
Kommandite — mando
Kommanditist — mando
Kommando — mando
Kommemorabilien — commemorabilis
Kommemoration — commemoratio
kommemorieren — commemoro
kommendabel — commendo
Kommende — commendo
kommensurabel — cometior
Kommensurabilität — commetior
Kommentar — commentor
Kommentator — commentor
kommentieren — commentor
Kommers — commercium
Kommerz — commercium
kommerzial — commercium
kommerziell — commercium
Kommerzienrat — commercium
Kommilitone — commilito
Kommittent — committo
kommittieren — committo
Kommiß — committo
kommisarisch — committo
Kommissarius — committo
Kommission — committo
Kommissoriale — committo
Kommissorium — committo
kommod — commodus
Kommode — commodus
Kommodität — commoditas
Kommotion — commoveo
kommun — communis
kommunal — communis
kommunalisieren — communis
Kommune — communis
Kommunikant — communico
Kommunikat — communico
Kommunikation — communico
Kommunion — communio
Kommunismus — communis
Kommunist — communis
kommunistisch — communis
kommunizieren — communico
Komödiant — comoedus
Komödie — commoedia
kompakt — compactus
Kompaktheit — compactus
komparabel — comparabilis
Komparation — comparatio
Komparativ — comparo
komparent — compareo
komparieren — comparo
kompendiös — compendium
Kompendium — compendium
Kompensation — compensatio
kompensieren — compensatio
kompetent — competo
Kompetenz — competo
Kompilator — compilo
Kompilation — compilo
kompilieren — compilo
komplektieren — complector
Komplement — complementum
komplett — compleo

komplettieren — compleo
Komplettierung — compleo
Komplex — complector
Komplikation — complico
komplizieren — complico
Komponente — compono
komponieren — compono
Komponist — compono
Komposite — compono
Komposition — compositio
Kompositum — compono
kompreß — comprimo
kompressibel — comprimo
Kompresse — comprimo
Kompressibilität — comprimo
Kompression — comprimo
komprimieren — comprimo
Komprobation — comprobo
Kompromiß — compromitto
kompromittieren — compromitto
Komputabilität — computo
Konchylie — conchylium
Kondensation — condenso
Kondensator — condenso
kondensieren — condenso
Kondensor — condenso
Kondition — conditio
konditional — conditio
Konditionalis — conditio
Konditionalismus — conditio
konditionell — conditio
konditionieren — conditio
Konditor — condio
Kondolenz — condoleo
kondolieren — condoleo
Kondominium — dominium
Kondukt — conduco
Konduktor — conduco
Konfekt — conficio
Konfektion — confectio
Konferenz — confero
konferieren — confero
Konfession — confessio
konfessionell — confessio
konfidentiell — confidentia
Konfidenz — confidentia
Konfiguration — figura
Konfirmand — confirmo
Konfirmation — confirmatio
konfirmieren — confirmo
Konfiskation — fiscus
konfiszieren — fiscus
Konflikt — conflictus
Konföderation — foedus
konföderieren — foedus
Konföderierte — foedus
konfokal — focus
Konfrater — frater
Konfraternität — fraternitas
Konfrontation — frons
konfrontieren — frons
konfundieren — confundo
konfus — confundo
Konfusion — confusio
konfutabel — confuto
Konfutation — confuto
kongenial — genialis
Kongenialität — genialis
Kongestion — congero
Konglobation — conglobatio
konglobieren — conglobo
Konglomerat — glomero
konglomerieren — glomero
konglutinieren — conglutino
Kongregat — congrego
Kongregation — congregatio
Kongreß — congressus
Kongrua — congruo
kongruent — congruo
Kongruenz — congruentia
kongruieren — congruo
Konifere — conifer
konisch — conus
Konjektur — coniectura
konjektural — coniectura
konjizieren — conicio
Konjugation — coniugo
konjugieren — coniugo
konjungieren — coniungo
Konjunktion — coniungo
Konjunktiv — coniungo
Konjunktiva — coniungo
konjunktivisch — coniungo
Konjunktivitis — coniungo
Konjunktur — coniungo
konkav — concavus
Konkavität — cavus
Konklave — conclave
konkludent — concludo
konkludieren — concludo
Konklusion — conclusio
konklusiv — concludo
Konkordat — concordo
konkordant — concordo
Konkordanz — concordo
Konkordia — concordia
Konkrement — concresco
konkret — concresco
Konkretion — concretio
Konkretum — concresco
Konkubinat — concubinus
Konkubine — concubina
Konkurrent — concurro
Konkurrenz — concurro
konkurrieren — concurro
Konkurs — concursus
Konnex — conecto
Konnexion — conecto
Konrektor — rector
Konsanguinität — consanguinitas
Konsekration — consecratio
konsekrieren — consecro
konsekutiv — consequor
konsequent — consequor
Konsequenz — consequor
Konsens — consensus
Konservatismus — conservo
konservativ — conservo
Konservator — conservator
konservatorisch — conservo
Konservatorium — conservo
Konserve — conservo
konservieren — conservo
konsiderabel — considero
konsignant — consigno
Konsignation — consigno
Konsignator — consigno
konsignieren — consigno
Konsilium — consilium
konsistent — consisto
Konsistenz — consisto
Konsistorialrat — consisto
Konsistorium — consisto
konskribieren — conscribo
Konskription — conscribo
Konsolidation — solidus
konsolidieren — solidus
Konsonant — consono
konsonantisch — consono
Konsonanz — consono
Konsorte — consors
Konsortium — consortium
Konsoziation — consociatio
konsoziieren — consocio
Konspekt — conspectus
Konspiration — conspiratio
konspirieren — conspiro
konstant — constans
Konstante — consto
Konstanz — constantia
Konstellation — stella
Konsternation — consternatio
konsternieren — consterno
Konstipation — constipo
Konstituent — constituo
konstituieren — constituo
Konstitut — constituo
Konstitution — constitutio

Konstitutionalismus — constitutio
konstitutionell — constitutio
konstitutiv — constitutio
Konstriktion — constringo
Konstriktor — constringo
konstringieren — constringo
konstruieren — construo
Konstruktion — construo
konstruktiv — construo
Konsubstantiation — substantia
Konsul — consul
konsularisch — consularis
Konsulat — consulatus
Konsulent — consulo
konsulieren — consulo
Konsult — consulo
Konsultation — consultatio
konsultativ — consulto
konsultieren — consulto
Konsum — consumo
Konsument — consumo
konsumieren — consumo
Konsumptibilien — consumo
Konsumption — consumo
Kontagionist — contagium
kontagiös — contagium
Kontagiosität — contagium
Kontagium — contagium
Kontakt — contactus
Kontamination — contamino
kontaminieren — contamino
Kontemplation — contemplatio
kontemplativ — contemplor
kontemplatorisch — contemplor
kontemporär — temporarius
kontestabel — contestor
kontestieren — contestor
Kontext — contextus
Kontextur — contextus
Kontinent — contineo
kontinental — contineo
Kontingent — contingo
kontingentieren — contingo
Kontingenz — contingo
kontinuieren — continuo
Kontinuation — continuo
kontinuierlich — continuo
Kontorsion — contorqueo
Kontrabaß — contra
Kontrabuch — contra
Kontradiktion — contradico
kontradiktorisch — contradico
Kontradizent — contradico
kontradizieren — contradico
Kontrahent — contraho
kontrahieren — contraho
kontrakt — contraho
Kontrakt — contraho
kontraktibel — contraho
Kontraktibilität — contraho
kontraktil — contraho
Kontraktion — contractio
konträr — contrarius
Kontrarium — contrarius
Kontravenient — venio
Kontravenienz — venio
kontravenieren — venio
Kontravention — venio
Kontribuieren — contribuo
Kontribution — contribuo
Kontrition — contero
kontrovers — controversus
Kontroverse — controversia
Kontumaz — contumacia
kontundieren — contundo
Kontusion — contundo
Konus — conus
Konvenienz — convenientia
konvenieren — convenio
Konvent — conventus
Konventikel — conventiculum
Konvention — conventio
konventionell — conventio
konvergent — vergo
Konvergenz — vergo
konvergieren — vergo
Konversation — conversatio
Konversion — conversio
konvertieren — converto
Konvertit — converto
konvex — convexus
Konvexität — convexus
Konvikt — convictus
Konviktorist — convictor
Konvivium — convivium
konvolut — convolvo
Konvolute — convolvo
Konvulsion — convello
konvulsivisch — convello
konzedieren — concedo
Konzentration — centrum
konzentrieren — centrum
konzentrisch — centrum
Konzept — concipio
konzeptibel — concipio
Konzert — concerto
konzessibel — concedo
Konzession — concessio
konzessiv — concedo
Konzessivsatz — concedo
Konzil — concilium
konziliant — concilio
Konzilianz — concilio
konzinn — concinnus
Konzinnität — concinnitas
Konzipient — concipio
konzipieren — concipio
Konzipist — concipio
konzis — concisus
Kooperation — operoror
kooperativ — operor
Kooperator — operor
kooperieren — operor
Kooptation — cooptatio
kooptieren — coopto
Koordinate — ordino
Koordination — ordinatio
koordinieren — ordino
Kopie — copia
kopios, ös — copiosus
Kopist — copia
Kopula — copula
kopulativ — copulo
Kopulativ — copulo
Kopulation — copulatio
kopulieren — copulo
koram — coram
koramieren — coram
kordial — cor
Kordiale — cor
Kordialität — cor
Kornea — cornu
Korona — corona
Koronararterie — corona
Korporale — corpus
Korporation — corpus
korporativ — corpus
korporell — corpus
Korpus — corpus
Korpuskel — corpusculum
korpuskular — corpusculum
Korreferat — refero
korreferieren — refero
korrekt — corrigo
Korrektheit — corrigo
Korrektion — correctio
Korrektiv — corrigo
Korrektor — corrector
Korrektum — corrigo
Korrektur — corrigo
Korrelat — refero
Korrelation — refero
korrelativ — refero
Korrespondent — respondeo
Korrespondenz — respondeo

korrespondieren — respondeo
Korrigend — corrigo
korrigibel — corrigo
korrigieren — corrigo
Korrobation — roboro
korrodieren — corrodo
Korrosion — corrodo
korrosiv — corrodo
korrumpieren — corrumpo
korrupt — corrumpo
Korruption — corruptio
korybantisch — Corybantes
Koryphäe — coryphaeus
Kosinus — sinus
Kotangente — tango
Kothurn — cothurnus
krass — crassus
Kraßheit — crassus
Krater — crater
Kreation — creo
Kreatur — creo
Kredit — creditum
kreditiv — credo
Kreditor — creditor
Kredo — credo
kreieren — creo
krepieren — crepo
Krepitation — crepo
Kreszenz — cresco
kriminal — crimen
Kriminalist — crimen
Kriminalität — crimen
kriminell — crimen
Kritiker — criticus
Krösus — Croesus
Krudität — cruditas
Kruzifere — crux
Kruzifixus — crucifixus
kulinarisch — culina
Kulm — culmen
Kulmination — culmen
kulminieren — culmen
Kult — cultus
kultisch — cultus
Kultivation — cultus
kultivieren — cultus
Kultivierung — cultus
Kultur — cultura
kulturell — cultura
Kultus — cultus
Kumulation — cumulo
kumulativ — cumulo
kumulieren — cumulo
Kumulierung — cumulo
Kumulus — cumulus
Kur — cura
kurabel — curo
Kuratel — curator
Kurator — curator
Kurat — curatus
Kuratorium — curator
Kurie — curia
kurial — curia
Kurialien — curia
Kurialstil — curia
kurieren — curo
kurios — curiosus
Kuriosität — curiosus
Kuriosum — curiosus
Kurrende — curro
kurrendieren — curro
kurrent — curro
Kurrentschrift — curro
Kurs — cursus
kursibel — cursus
kursieren — curso
Kursist — cursus
kursiv — curro
Kursivschrift — curro
kursorisch — curso
Kursus — cursus
kurulisch — curulis
Kurvatur — curvo
Kurve — curvus
kurvisch — curvus
Kustodiat — custos
Kustodie — custos
Kustos — custos

L

labial — labium
Labial — labium
Labiate — labium
labil — labor
Labilität — labor
labiodental — labium
Labiodental — labium
Labium — labium
Laborant — laboro
Laboratorium — laboro
laborieren — laboro
laboriös — laboro
Laboriosität — laboro
Labyrinth — labyrinthus
Lacrimae Christi — lacrima
Lädent — laedo
lädieren — laedo
Lädierung — laedo
Laetare — laetor
laeva manu — laevus
Lagune — lacuna
lakrimabel — lacrimabilis
laktant — lacto
Laktat — lacto
Laktation — lac
Laktein — lacto
laktieren — lacto
laktisch — lacto
Laktometer — lacto
Laktose — lacto
Lamelle — lamina
lamentabile — lamentor
Lamentation — lamentatio
lamentieren — lamentor
Lamento — lamenta
lamentoso — lamentor
Lametta — lamina
Lanoform — lana
Lanolin — lana
Laokoon — Laocoon
lapidar — lapis
Lapidär — lapis
Lapidarium — lapis
Lapidarschrift — lapis
Lapidation — lapis
Lapidifikation — lapis
Lapilli — lapillus
Lapislazuli — lapis
Lapsus — lapsus
Lapsus calami — lapsus
Lapsus linguae — lapsus
Lapsus memoriae — lapsus
Laren — Lar
Läsion — laesio
lasziv — lascivus
Laszivität — lascivia
latent — lateo
Latenz — lateo
lateral — latus
laterisieren — latus
Laterna magica — lanterna
Latifundium — fundus
Lätitia — laetitia
Latus — latus
Laureat — laureatus
Laureation — laureatus
lavabel — lavo
Lavabo — lavo
Lavakrum — lavo
Lavation — lavo
lavieren — lavo
Laxans — laxo
Laxativ — laxo
laxieren — laxo
Laxismus — laxus
Laxität — laxus
lazerabel — lacero
Lazeration — lacero
lazerativ — lacero
lazerieren — lacero

Lazerte — lacerta
legal — lex
Legalinspektion — lex
Legalisation — lex
legalisieren — lex
Legalität — lex
Legat (das) — legatum
Legat (der) — legatus
Legator — legatum
Legation — legatio
legato — ligo
Legatur — ligo
legendarisch — lego
legendär — lego
Legendarium — lego
Legende — lego
legieren — ligo
legieren — lego
Legierung — ligo
Legion — legio
Legionär — legionarius
legislativ — lex
Legislative — lex
Legislatur — lex
legitim — legitimus
Legitimität — legitimus
Legitimation — legitimus
legitimieren — legitimus
legitimistisch — legitimus
Legitimismus — legitimus
Legitimist — legitimus
Legumin — legumen
Leguminosen — legumen
Lektion — lectio
Lektor — lector
Lektorat — lector
Lektüre — lego
Lemur — lemures
Leniens — lenio
Lenitiv — lenis
lentando — lento
lento — lentus
Lento — lentus
Lethargie — lethargus
lethargisch — lethargus
Lethe — Lethe
Levade — levo
Levator — levo
Levatorium — levo
Lex — lex
Levitation — levo
Libation — libatio
Libell — libellus
liberal — liberalis
Liberale — liberalis
Liberalismus — liberalis
liberalistisch — liberalis
Liberalität — liberalitas
Libertas — libertas
Libertin — libertinus
Libertiner — libertinus
libertinieren — libertinus
Libertinismus — libertinus
Libertus — libertus
Libidinist — libidinosus
libidinös — libidinosus
Libidinosität — libidinosus
Librairie — librarius
Librarius — librarius
Licentiatus — licentia
Liga — ligo
Ligament — ligamen
Ligation — ligo
ligato — ligo
Ligatur — ligo
Ligist — ligo
ligistisch — ligo
Lignit — lignum
lignös — lignum
Lignose — lignum
Liguster — ligustrum
Liktor — lictor
Limes — limes
Limitation — limes
Limite — limes
Limitum — limes
limitativ — limes
limitieren — limes
lineal — linea
Lineal — linea
linear — linea
linearisch — linea
Lineatur — linea
lingual — lingua
Lingual — lingua
Linguist — lingua
linguistisch — lingua
liniieren — linea
Linierung — linea
Liniment — lino
Linkrusta — incrusto
liquid — liquidus
Liquida — liquidus
Liquidation — liquidus
Liquidator — liquidus
liquidieren — liquidus
Liquidität — liquidus
Liquor — liquor
litera — littera
literal — littera
Literat — litteratus
Literatur — litteratura
litoral — litorius
Litorale — litorius
Lizentiat — licentia
Lizenz — licentia
Lizitant — liceo
Lizitation — liceor
lizitieren — liceor
loco — locus
loco citato — locus
loco laudato — locus
loco sigilli — locus
lokal — loco
Lokal — loco
Lokalis — loco
lokalisieren — loco
Lokalität — loco
Lokation — loco
Lokativ — loco
Lokomobile — locus
Lokomotive — locus
Lokus — locus
longitudinal — longitudo
lozieren — loco
Lues — lues
luetisch — lues
lukrativ — lucrativus
Lukubration — lucubratio
lukullisch — Lucullus
Lumbago — lumbus
Lumen — lumen
Lumineszenz — lumen
luminös — lumen
Luna — luna
lunarisch — luna
lunatisch — luna
Lunatismus — luna
Lunistitium — luna
lunular — luna
Lupe — lupus
Lupus — lupus
Lustration — lustratio
lustrieren — lustro
Lustrum — lustrum
Lux — lux
luxuriös — luxuriosus
Luxus — luxus
Luzifer — lucifer
Lymphe — lympha
Lyra — lyra
Lyrik — lyra
lyrisch — lyra
Lyzeum — Lyceum

M

Mäander — Maeander
mäandrisch — Maeander
Machination — machinatio
maestoso — maestus

Magie — magus
Magier — magus
Magister — magister
Magistrat — magistratus
Magistratur — magistratus
Magna Charta — charta
Magnat — magnus
Magnet — Magnesia
magnifik — magnificus
Magnifizenz — magnificentia
Majestät — maiestas
majestätisch — maiestas
Major — magnus
Majorat — magnus
Major domus — magnus
majorenn — magnus
Majorennität — magnus
majorisieren — magnus
Majorität — magnus
Majuskel — magnus
makulieren — maculo
Makulatur — macula
Malefikant — maleficus
Malefikus — maleficus
Malefiz — maleficus
Malignität — malignitas
Malize — malitia
maliziös — malitiosus
Maliziosität — malitiosus
Mänadin — maenas
Mandant — mando
Mandat — mandatum
Mandatar — mando
Manen — manes
Manifest — manifestus
Manifestant — manifestus
Manifestation — manifestus
manifestieren — manifestus
Manikur — manus
Maniküre — manus
maniküren — manus
Manipel (der) — manipulus
Manipel (die) — manipulus
Manipulation — manipulus
manipulieren — manipulus
Manko — mancus
Manualdruck — manus
Manuale — manus
manu dextra — manus
manuell — manus
Manufakt — manus
Manufaktur — manus
manufakturieren — manus
Manufakturist — manus
manu propria — manus
manu sinistra — manus
Manuskript — manus

Margarit — margarita
Margarita — margarita
Margarite — margarita
marginal — margo
Marginale — margo
marginieren — margino
marin — marinus
Marine — marinus
marinieren — marinus
maritim — maritimus
Marodeur — morator
martialisch — Mars
maskulinisch — masculinum
Maskulinum — masculinum
massiv — massa
Massiv — massa
Mater — mater
Mater dolorosa — dolor
Material — materia
Materialist — materia
Materialismus — materia
Materie — materia
materiell — materia
matern — mater
Mathematik — mathematicus
mathematisch —
mathematicus
Matriarchat — mater
Matrikel — mater
Matrize — mater
Matur — maturus
Matura — maturus
Maturand — maturus
Maturität — maturitas
Mausoleum — Mausolus
Maxima — magnus
maximal — magnus
Maxime — magnus
Maximierung — magnus
Maximum — magnus
Mäzen — Maecenas
Mäzenatentum — Maecenas
Mazeration — macero
mazerieren — macero
Media — medius
medial — medius
Mediane — medius
Mediante — medius
Mediation — medius
mediatisieren — medius
Mediatisierung — medius
mediäval — medius
Mediäval — medius
Mediävist — medius
Medikament — medicamen
Medikaster — medicor
Medikus — medicus

medio — medius
medioker — mediocris
Mediokrität — mediocritas
Meditation — meditatio
mediterran — mediterraneus
meditieren — meditor
Medium — medius
Medizin — medicina
Mediziner — medicina
medizinisch — medicina
Meduse — Medusa
mefitisch — mephitis
Megäre — Megaera
Melancholie — melancholicus
Melancholiker —
melancholicus
melancholisch —
melancholicus
Melioration — melior
meliorieren — melior
melisch — melicus
Melodie — melos
melodisch — melos
Melos — melos
Membrane — membrana
membrieren — membrum
Memento — memini
Memnonssäule — Memnon
Memorabilien — memorabilis
Memorial — memoria
memorieren — memoria
Memorandum — memoria
Memorial — memoria
Mendazität — mendax
Mendikant — mendico
Mensa — mensa
Mensel — mensa
mensis currentis — mensis
Menstruation — menstruus
Mensul — mensa
Mensur — mensura
mensurabel — mensura
Mensurabilität — mensura
mensural — mensura
Mensuralmusik — mensura
mental — mens
Mentalität — mens
Mentalreservation — mens
mente captus — mens
Mentor — moneo
Meridian — meridianus
meridional — meridianus
meritieren — mereo
meritorisch — mereo
Meritum — mereo
merkantil — mercor
merkantilisch — mercor

Merkantilismus — mercor
Merkantilist — mercor
Merkur — Mercurius
Messaline — Messalina
Messe — mitto
Metamorphose — metamorphosus
Metrik — metior
metrisch — metior
Metrologie — metior
Metropole — Metropolis
Metropolit — Metropolis
Metrum — metior
Milan — miluus
militant — miles
Militarismus — miles
Militarist — miles
Miliz — militia
Mille — mille
Millenium — mille
Milliarde — mille
Milligramm — mille
Million — mille
Mime — mimus
Mimik — mimus
mimisch — mimus
Mimodrama — mimus
Mimus — mimus
Mine — mina
Miniatur — minium
minimal — parvus
Minimum — parvus
Minister — minister
Ministerium — ministerium
Ministrant — ministro
Minium — minium
Minorat — parvus
minorenn — parvus
Minorennität — parvus
Minorit — parvus
Minorität — parvus
Minuend — minuo
minus — parvus
Minuskel — minusculus
Minus — parvus
Minute — minuo
minutiös — minuo
Minuzien — minuo
Mirabilien — mirabilis
Mirakel — miraculum
mirakulös — miraculum
misce — misceo
miserabel — miserabilis
Misere — miseria
Misericordias domini — misericordia
Miserere — misereor
Missal — mitto
Missale — mitto
Missa sollemnis — sollemnus
Mission — missio
Missionar — missio
missiv — mitto
Missive — mitto
Mitra — mitra
Miszellanen — misceo
Miszellen — misceo
Mixer — misceo
Mixtion — misceo
Mixtur — misceo
mobil — mobilis
Mobiliar — mobilis
Mobilien — mobilis
Mobilisierung — mobilis
mobilisieren — mobilis
modal — modus
Modalität — modus
Mode — modus
Moderateur — moderor
Moderation — moderor
moderato — moderor
Moderato — moderor
moderieren — moderor
modern — modus
Modernität — modus
modifizieren — modifico
Modifizierung — modifico
Modul — modulus
Modulation — modulor
modulieren — modulor
Modus — modus
Molekel — moles
Molekül — moles
molekular — moles
Molesten — molestus
molestieren — molestus
Moll — mollis
Molluske — mollis
Molossus — Molossi
Moment — momentum
momentan — momentum
mondän — mundus
Moneten — moneta
monieren — moneo
Monitor — moneo
Monitorium — moneo
Monitum — moneo
Monogramm — monogrammus
Monokel — oculus
Monster — monstrum
Monstranz — monstro
Monstrosität — monstrum
Monstrum — monstrum
montan — mons
Monument — monomentum
monumental — monumentum
Moral — mos
moralisch — mos
moralisieren — mos
Moralist — mos
morbid — morbus
Morbidität — morbus
Morbosität — morbus
Mordazität — mordax
morendo — morior
Moribundus — moribundus
moriente — morior
Morphinismus — Morpheus
Morphinist — Morpheus
Morphium — Morpheus
Mortalität — mors
Mortifikation — mors
mortifizieren — mors
Motion — moveo
Motiv — moveo
motivieren — moveo
Motivierung — moveo
Motor — moveo
Motorik — moveo
motorisch — moveo
motorisieren — moveo
movieren — moveo
movimento — moveo
multilateral — latus
multipel — multiplico
Multiplikand — multiplico
Multiplikator — multiplico
multiplizieren — multiplico
Mulus — mulus
mundan — mundanus
mundieren — mundus
Mundum — mundus
Munifizenz — munificentia
Munition — munitio
munizipal — municipalis
Munizipium — municipium
Muriat — muria
muriatisch — muria
Muse — Musa
Museum — Musa
Muta — mutus
Mutation — muto
mutatis mutandis — muto
Mutator — muto
Mutazismus — mutus
mutieren — muto
Mutismus — mutus
mutual — mutuus
mutuell — mutuus
mysteriös — mysterium

N

O

obligatorisch — obligo
Obligatorium — obligo
obligieren — obligo
Obligo — obligo
Obliteration — oblittero
obliterieren — oblittero
oblong — oblongus
Oblong — oblongus
Obsequien — obsequium
Observant — observo
Observanz — observantia
Observation — observatio
Observatorium — observo
obskur — obscurus
Obskurant — obscuro
Obskurität — obscuritas
obsolet — obsolesco
obstinat — obstino
Obstination — obstinatio
Obstipantia — obstipus
Obstipation — obstipus
obstruieren — obstructio
Obstruktion — obstructio
obstruktiv — obstructio
obszön — obscenus
Obszönität — obscenitas
Obturation — obturo
Obturator — obturo
odios — odiosus
Odiosa — odiosus
Odiosität — odiosus
Odium — odium
offensiv — offendo
Offensive — offendo
Offerent — offero
offerieren — offero
Offerte — offero
Offertorium — offero
Offizial — officium
Offiziant — officium
offiziell — officium
Offizien — officium
Offizier — officium
offizinal — officina
offizinell — officina
offiziös — officiosus
Offizium — officium
Okkasion — occasio
Okkasionalismus — occasio
Okkasionalist — occasio
okkasionell — occasio
Okklusion — occludo
okkult — occultus
Okkultismus — occultus
Okkultist — occultus
Okkupation — occupatio
okkupatorisch — occupatio
okkupieren — occupatio
Oktaeder — octo
Oktant — octo
Oktav — octavus
Oktava — octavus
Oktave — octavus
Oktett — octo
Oktogon — octo
okular — oculus
Okular — oculus
Okulation — oculus
Okuli — oculus
okulieren — oculus
Okulist — oculus
Okzident — occidens
okzidental — occidens
(seit) Olims Zeiten — olim
oliv — oliva
Olymp — Olympos
Olympiade — Olympias
Olympier — Olympos
olympisch — Olympias
olympisch — Olympos
Omen — omen
ominös — omen
Omnibus — omnis
omnipotent — omnipotens
Omnipotenz — omnipotens
Omnivore — omnis
ondulieren — unda
onerös — onerosus
Onyx — onyx
Oper — opus
Operateur — operor
operativ — operor
operieren — operor
Opponent — oppono
opponieren — oppono
opportun — opportunus
Opportunismus — opportunus
Opportunist — opportunus
Opportunität — opportunitas
Opposition — oppono
oppositionell — oppono
Oppression — oppressio
oppressiv — oppressio
Optant — opto
Optativ — opto
optieren — opto
optima fide — optimus
optima forma — optimus
Optimaten — optimas
optime — optimus
Optimismus — optimus
Optimist — optimus
optimistisch — optimus
Optimum — optimus
Option — optio
opulent — opulentus
Opulenz — opulentia
Opus — opus
ora et labora — oro
Orakel — oraculum
oral — os
Oratio obliqua — obliquus
Oratio recta — oratio
oratorisch — oratorius
Oratorium — oratorius
Orbis pictus — orbis
ordinär — ordinarius
Ordinariat — ordinarius
Ordinarium — ordinarius
Ordinarius — ordinarius
Ordination — ordinatio
ordinieren — ordino
oremus — oro
Orgie — orgia
Orient — oriens
orientalisch — oriens
Orientalist — oriens
orientieren — oriens
Orientierung — oriens
original — origo
Original — origo
Originalität — origo
originell — origo
Orkus — Orcus
Ornament — ornamentum
ornamentieren — ornamentum
Ornat — ornatus
Orpheum — Orpheus
Orphiker — Orpheus
orphisch — Orpheus
Ossarium — os
ossifizieren — os
Ossuarium — os
Ostentation — ostentatio
ostentativ — ostento
Ostitis — os
Oszillation — oscillum
oszillieren — oscillum
Oszilloskop — oscillo
Otium cum dignitate — otium
oval — ovum
Oval — ovum
Ovarium — ovum
Ovation — ovatio
Ovulation — ovum
Ozean — Oceanus
ozeanisch — Oceanus

P

Päan — paean
Pädagoge — paedagogus
Pädagogium — paedagogium
paganisieren — paganus
Paganismus — paganus
Pagina — pagina
Pagina mea — pagina
paginieren — pagina
paktieren — paciscor
Paladium — Pallas
Palästra — palaestra
palatal — palatum
Palatal — palatum
Palimpsest — palimpsestus
Palisade — palus
Palliation — pallium
Palliativ — pallium
Pallium — pallium
Palmarum — palma
Palpation — palpor
Palpe — palpor
Panegyriker — panegyricus
Panegyrikus — panegyricus
panegyrisch — panegyricus
panem et circenses — panis
Pange lingua — pango
panieren — panis
Panik — Pan
panisch — Pan
Pänultima — paene
Päon — paeon
papillar — papilla
Papille — papilla
papillös — papilla
paradox — paradoxus
Paraphrase — paraphrasis
Parasit — parasitus
parat — paro
Parentalien — parentalis
Parentel — parens
parentieren — parento
Parfum — fumus
pari — par
Pari — par
parieren — pareo
parieren — paro
pari passu — par
Parität — par
paritätisch — par
Parnaß — Parnassus
parochial — parochus
Parochian — parochus
Parochie — parochus
par ratio — par
Parrizida — parricida
Parrizidium — parricidium
Pars pro toto — pars
Part — pars
partial — pars
partiell — pars
Partei — pars
partieren — partio
Partikel — particula
partikulär — particula
Partikularismus — particula
Partikularist — particula
partikularistisch — particula
partimento — pars
Partisan — pars
Partition — partitio
partitiv — partio
Partitur — partio
Partizipant — participo
partizipial — participo
partizipieren — participo
Partizipium — participo
Parze — Parca
Partner — pars
Parzelle — pars
parzellieren — pars
Paß — passus
Passage — passus
passibel — patior
passieren — passus
Passion — patior
passionato — patior
passioniert — patior
passiv — patior
Passiv — patior
Passiva — patior
passivisch — patior
Passivismus — patior
Passivist — patior
Passivität — patior
Passus — passus
Pastille — pastillus
Pastor — pastor
pastoral — pastoralis
Pastorale — pastoralis
Pastorat — pastor
Pastor primarius — pastor
Patene — patina
patent — pateo
Patent — pateo
patentieren — pateo
Pater — pater
Paternität — pater
Paternoster — pater
Pater peccavi — pater
Patience — patior
Patient — patior
Patina — patina
Patriarch — pater
patriarchalisch — pater
Patriarchat — pater
Patrimonium — patrimonium
Patriot — patrius
Patriotismus — patrius
Patristik — pater
Patristiker — pater
Patrizat — pater
Patrize — pater
Patrizier — patricius
Patrologie — pater
Patron — patronus
Patronat — patronus
Patrozinium — patrocinium
Pauperismus — pauper
Paupertät — pauper
Pax vobiscum — pax
Pazifik — pacificus
Pazifismus — pax
Pazifist — pax
pazifizieren — pax
Pazifizierung — pax
Pedal — pes
Pedicure — pes
Pedometer — pes
Pegasus — Pegasos
pektoral — pectus
Pektorale — pectus
pekuniär — pecunia
Peltast — peltasta
Penaten — penates
Pendant — pendeo
Pendule — pendulus
penetrabel — penetrabilis
penetrant — penetro
penibel — poena
Penicillin — penicillus
Penicillium — penicillus
Peninsula — peninsula
peninsular — paeninsula
Penis — penis
Pennal — penna
Pennäler — penna
Penne — penna
pennen — penna
Pension — pensio
Pensionär — pensio
Pensionat — pensio
Pensum — pendo
Penurie — penuria
per — per
per aspera ad astra — asper
Pereat — pereo
Peremption — perimo
peremptorisch — perimo

perennieren — perennis
perennierend — perennis
per fas et nefas — fas
perfekt — perficio
Perfekt — perficio
perfektibel — perficio
Perfektibilismus — perficio
Perfektibilist — perficio
Perfektibilität — perficio
Perfektion — perfectio
perfektionieren — perfectio
Perfektionierung — perfectio
Perfektionismus — perfectio
perfide — perfidus
Perfidie — perfidia
perfizieren — perficio
Perforation — perforo
Perforatorium — perforo
perforieren — perforo
Pergament — Pergamum
perhorreszieren — perhorresco
Periculum in mora — periculum
Periode — periodus
periodisch — periodus
Periodizität — periodus
peripatetisch — peripateticus
Peristyl — peristylum
Perkussion — percutio
perkutieren — percutio
perlustrieren — perlustro
permanent — permaneo
Permanenz — permaneo
permeabel — permeo
Permeabilität — permeo
Permiß — permitto
Permission — permissio
permittieren — permitto
permutabel — permutatio
Permutation — permutatio
permutieren — permutatio
per nefas — nefas
perniziös — perniciosus
peroral — os
Peroration — peroratio
per os — os
per pedes — pes
Perpendikel — perpendiculum
perpetuell — perpetuus
perpetuieren — perpetuo
Perpetuum mobile — perpetuus
perplex — perplexus
per saldo — per
per se — per
Perseveranz — perseverantia
persistent — persisto
Persistenz — persisto
persistieren — persisto
Persona grata — persona
personal — persona
Personal — persona
Personalien — persona
Personalismus — persona
personell — persona
Personifikation — persona
personifizieren — persona
Perspektiv — perspicio
Perspektive — perspicio
perspektivisch — perspicio
Pertussis — tussis
pervers — perverto
Perversität — perversitas
Perzeption — percipio
Pessimismus — malus
Pessimist — malus
pessimistisch — malus
Pestilenz — pestilentia
Petent — peto
Petition — petitio
petitionieren — petitio
Petrefakt — petra
petrifizieren — petra
Petroleum — petra
Petulanz — petulantia
Phalanx — phalanx
Pharus — Pharos
Philippika — Philippus
Philologe — philologus
Philologie — philologia
Philosoph — philosophus
Philosophie — philosophia
Phönix — phoenix
Phrase — phrasis
phrenetisch — phreneticus
Physik — physikus
physikalisch — physicus
Physiologie — physiologia
Pieta — pietas
Pietät — pietas
Pietismus — pietas
Pietist — pietas
Pigment — pigmentum
Pignoration — pignus
Pilaster — pila
Piment — pigmentum
pinxit — pingo
Pirat — pirata
Plagiat — plagiarius
planieren — planus
Plantage — planta
platonisch — Plato
plausibel — plausibilis
Plazenta — placenta
Plazet — placeo
Plebejer — plebeius
Plebs — plebes
Plebiszit — plebes
Plejaden — Pleias
Plektron — plectrum
plenar — plenus
Plenipotenz — plenus
Plenum — plenus
Plural — plures
Plurale tantum — plures
Pluralis maiestatis — plures
Pluralismus — plures
plus — plures
Plusquamperfekt — plures
Pluviale — pluvialis
Podagra — podagra
Podex — podex
Poem — poema
Poesie — poesis
Poet — poeta
Pokal — poculum
pokulieren — poculum
polar — polus
Polarimeter — polus
Polarisation — polus
Polarität — polus
Polenta — polenta
polieren — polio
Politik — politicus
Politur — polio
politisch — politicus
Pollution — polluo
Polyp — polypus
Pomologe — pomum
pomologisch — pomum
Pomologie — pomum
Pomp — pompa
pomologisch — pomum
Ponderabilien — pondus
Pönitentiarier — paenitentia
Pönitenz — paenitentia
Pontifex — pontifex
pontifikal — pontifex
Pontifikat — pontificatus
Ponton — ponto
populär — popularis
popularisieren — popularis
Popularität — popularis
portabel — porto
Portal — porta
portativ — porto
Portion — portio
Porto — porto
Position — positio

Positiv (das) — pono
Positiv (der) — pono
Positivismus — pono
Positur — positura
possessiv — possideo
Possessiv — possideo
possessorisch — possideo
Possessorium — possideo
Post — pono
post cenam stabis, seu passus mille meabis — cena
Posteriora — posterus
Posteriorität — posterus
Posterität — posterus
post festum — post
posthum — posterus
Posthumus — posterus
postieren — pono
Postludium — ludo
post nubila phoebus — nubilus
postnumerando — numero
Postskriptum — post
Postulant — postulo
Postulat — postulatum
postulieren — postulo
postum — posterus
Postumus — posterus
potent — potens
Potentat — potens
potential — potens
Potential — potens
Potentialis — potens
Potentialität — potens
potentiell — potens
Potenz — potens
potenzieren — potens
Pourlemérite — mereo
Prä — prae
Präambel — prae
Präbendar — praebeo
Präbende — praebeo
Prädestination — praedestino
prädestinieren — praedestino
Prädeterminismus — determino
prädikabel — praedico
Prädikant — praedico
Prädikat — praedico
prädikativ — praedico
Prädisposition — dispono
prädizieren — praedico
prädominieren — dominor
praemissis praemittendis — praemitto
praemisso titulo — praemitto
Praesumptio iuris — praesumo
praeter propter — praeter
Präexistenz — existo
präexistieren — exsisto
Präfation — praefatio
Präfekt — praefectus
Präfektur — praefectura
Präferenz — praefero
Präferenzialabkommen — praefero
Präfix — praefigo
Präformation — formo
präformieren — formo
prägnant — praegnans
Prägnanz — praegnans
prägravieren — gravo
Prähistorie — historicus
prähistorisch — historicus
Präjudiz — iudicium
präjudizial — iudicium
präjudiziell — iudicium
präkavieren — caveo
präkludieren — praecludo
Präklusion — praecludo
präklusiv — praecludo
Präkonisation — praeco
präkonisieren — praeco
Prälat — praefero
Prälatur — praefero
präliminar — limen
Präliminare — limen
präludieren — ludo
Präludium — ludo
Prämaturität — maturitas
Prämeditation — meditatio
prämeditieren — meditor
Prämie — praemium
prämieren — praemium
Prämisse — praemitto
Pränomen — praenomen
pränumerando — numero
Präokkupation — praeoccupo
präokkupieren — praeoccupo
Präparand — praeparo
Präparat — praeparo
Präparation — praeparatio
präparieren — praeparo
Präponderanz — praepondero
präponderieren — praepondero
Präposition — praepositio
präpositional — praepositio
Präpositur — praepono
präpotent — praepotens
Präpotenz — praepotens
Prärogativ — praerogativus
Prärogative — praerogativus
präsens — praesens
präsent — praesens
Präsent — praesens
Präsentant — praesens
Präsentatum — praesens
präsentieren — praesens
Präsenz — praesentia
Präsepe — praesepe
präservativ — servo
Präservativ — servo
Präses — praeses
Präsident — praesideo
präsidial — praesideo
präsidieren — praesideo
Präsidium — praesidium
präskribieren — praescribo
Präskription — praescriptio
prästabel — praestabilis
prästabilieren — praestabilis
prästieren — praesto
präsumieren — praesumo
Präsumption — praesumptio
Prätendent — praetendo
prätendieren — praetendo
Prätension — praentendo
Prätention — praetendo
prätentiös — praetendo
Präteritio — praetereo
präterieren — praetereo
Präteritum — praetereo
Prätext — praetexo
Prätor — praetor
Prätorianer — praetorius
Prätur — praetura
prävalieren — praevaleo
prävenieren — praevenio
Prävention — praevenio
präventiv — praevenio
Präzedens — praecedo
Präzedenzfall — praecedo
Präzeptor — praeceptor
Präzession — praecedo
Präzipitation — praecipito
Präzipitat — praecipito
Präzipitin — praecepito
Präzipuum — praecipuus
präzis — praecido
präzisieren — praecido
Präzision — praecido
Präzisierung — praecido
prekär — precarius
pressant — premo
Pression — premo
Pretiosen — pretiosus
preziös — pretiosus
Preziosa — pretiosus

Prim — primus
Prima — primus
Primadonna — primus
Primaner — primanus
primär — primarius
Primarius — primarius
Primas — primus
Primat — primus
Prime — primus
Primel — primus
primitiv — primus
Primitiven — primus
Primitivum — primus
Primiz — primitiae
Primiziant — primitiae
Primogenitur — primus
Primus — primus
Primus inter pares — primus
Primzahl — primus
principaliter — principalis
Prinzip — principium
prinzipal — principalus
Prinzipal (das) — principalis
Prinzipal (der) — principalis
Prinzipat — principatus
prinzipiell — principium
Prior — prior
Priorität — prior
privat — privatim
Private — privatim
Privatier — privatim
privatim — privatim
Privation — privo
privatisieren — privatim
privatissime — privatim
Privatissimum — privatim
privatio — privo
Privileg — privilegium
privilegieren — privilegium
Pro — pro
pro anno — pro
probabel — probabilis
Probabilität — probabilitas
Probalismus — probabilis
probat — probo
probieren — probo
prodigiös — prodigium
Produkt — produco
Produktion — produco
Produktivität — produco
Produzent — produco
produzieren — produco
profan — profanus
Profanation — profano
Profanierung — profano
profanieren — profano
Profeß (der) — profiteor
Profeß (die) — profiteor
Profession — professio
Professional — professio
professionell — professio
professioniert — professio
Professionist — professio
Professor — professor
Professur — professor
proficiat — proficio
pro forma — forma
Profoß (Profos) — propono
profund — profundus
profus — profundo
Progreß — progredior
Progression — progredior
Progressionist — progredior
progressiv — progredior
prohibieren — prohibeo
Prohibition — prohibitio
Prohibitorium — prohibeo
prohibitiv — prohibeo
Projekt — proicio
projektieren — proicio
Projektil — proicio
Projektion — proiectio
projizieren — proicio
Proklamation — proclamo
proklamieren — proclamo
Prokonsul — proconsul
prokonsularisch —
proconsularis
Prokonsulat — proconsulatus
Prokura — procuro
Prokuration — procuratio
Prokurator — procurator
Prokuratur — procuratio
Prokurist — procuro
Prolet — proletarius
Proletariat — proletarius
Proletarier — proletarius
proletarisch — proletarius
prolatorisch — prolato
Prolog — prologus
Promemoria — memoria
Promesse — promitto
prominent — promineo
Prominenz — promineo
promiscue — promiscuus
Promiskuität — promiscuus
Promissar — promitto
Promittent — promitto
Promotion — promoveo
promovieren — promoveo
prompt — promptus
Promptheit — promptus
Promulgation — promulgatio
promulgieren — promulgo
Pronomen — nomen
prononcieren — pronutio
Pronunciamento — pronuntio
Pronunciamiento —
pronuntio
pronunzieren — pronuntio
Proömium — prooemium
Propaganda — propago
propagandistisch — propago
Propagation — propago
propagieren — propago
Propeller — propello
proper — proprius
Proponendum — propono
Proponent — propono
proponieren — propono
Proportion — portio
Proportionale — portio
Proportionalität — portio
proportioniert — portio
Proporzwahl — portio
Propositum — propono
Proprätor — propraetor
Proprietät — proprietas
propulsiv — propello
Propyläen — propylaea
Proquästor — proquaestor
Prorektor — rector
Prorogation — prorogatio
prorogieren — prorogo
Proruption — prorumpo
Prosa — prosa
Prosektion — proseco
Prosektor — proseco
Proseminar — prosemino
prosit — prosum
Prosit — prosum
Proskribieren — proscribo
Proskription — proscriptio
Prospekt — prospectus
prosperieren — prospero
Prosperität — prosperitas
prostituieren — prostituo
Prostitution — prostituo
Prostration — prosterno
Proszenium — proscaenium
Protegé — protego
protegieren — protego
Protektion — protego
Protektionismus — protego
Protektor — protego
Protektorat — protego
Protest — testor
Protestant — testor
Protestation — testor
protestieren — testor
Proteus — Proteus

Protonotar — notarius
Protuberanz — tuber
Provenienz — provenio
Proverb — proverbium
proverbial — proverbium
Proviant — provideo
proviantieren — provideo
providentiell — providentia
Providenz — providentia
Provinzial — provincialis
Provinzialismus — provincialis
Provision — provisio
Provisor — provisor
Provisorium — provisor
Provokation — provoco
provokatorisch — provoco
provozieren — provoco
Provozierung — provoco
prozedieren — procedo
Prozedur — procedo
Prozent — centum
Prozeß — procedo
prozessieren — procedo
Prozession — procedo
Psalterium — psalterium
Pubes — pubes
Pubertät — pubertas
publice — publicus
publik — publicus
Publikandum — publico
Publikation — publico
Publikum — publicus
publizieren — publico
Publizist — publico
Publizistik — publico
Pueralfieber — puerilis
pueril — puerilis
Puerilien — puerilis
Puerilität — puerilis
puerperal — puerpera
Puerparalfieber — puerpara
Pulpa — pulpamentum
Pulpitis — pulpamentum
pulsieren — pulso
Pulsometer — pulsus
Punctum puncti — punctum
Punctum saliens — punctum
Punktalglas — pungo
Punktation — pungo
punktieren — pungo
Punktion — pungo
Punktualität — pungo
Punktur — pungo
pupillar — pupillaris
Pupille (der) — pupillus
Pupille (die) — pupilla
Purgation — purgatio
Purgativ — purgo
Purgatorium — purgo
purgieren — purgo
Purifikation — purifico
Purifikatorium — purifico
purifizieren — purifico
Purismus — purus
Purist — purus
Puristerei — purus
Puritaner — purus
puritanisch — purus
Puritanismus — purus
Purität — purus
putativ — puto
Putrefaktion — putrefacio
Putreszenz — putresco
Pyramide — pyramis
pythisch — Pytho

Q

Quadragesima — quadragesimus
Quadragesimä — quadragesimus
Quadragesimo anno — quadragesimus
Quadrant — quadrans
Quadrat — quadratus
Quadratur — quadratus
quadrieren — quadro
Quadriga — quadrigae
Quadrivium — quadrivium
quadrupel — quadruplex
Quadrupelallianz — quadruplex
Quadruped — quadrupes
quadruplizieren — quadruplex
Quaestio facti — quaestio
Quaestio iuris — quaestio
Qualifikation — qualis
qualifizieren — qualis
qualifiziert — qualis
Qualität — qualitas
qualitativ — qualitas
Quant — quantus
Quantentheorie — quantus
Quantität — quantitas
quantitativ — quantitas
Quantum — quantus
Quart — quartus
Quarta — quartus
Quartal — quartus
Quartaner — quartanus
Quartant — quartus
quartär — quartus
Quartär — quartus
Quartett — quartus
quarternär — quaterni
Quarterne — quaterni
Quartier — quartus
quasi — quasi
Quasimodogeniti — quasi
quästionieren — quaestio
quästioniert — quaestio
Quästor — quaestor
Quästion — quaestio
Quästur — quaestura
Quatember — quattuor
Querele — querela
querelieren — querela
Querulant — querulus
querulieren — querulus
quid pro quo — quis
Quieszenz — quiesco
quiszieren — quiesco
Quietismus — quies
Quietist — quies
Quinquagesima — quinquagesimus
qinquennal — quinquennium
Quinquennium — quinquennium
Quinta — quintus
Quintaner — quintanus
Quinte — quintus
Quintessenz — quintus
Quintett — quintus
Quintole — quintus
Quirinal — Quirinus
Quiriten — Quiris
quod bonum felix faustumque sit — bonus
quod deus bene vertat — deus
quod erat demonstrantum — demonstro
Quodlibet — quilibet
quod non — qui
Quorum — qui
quos ego — qui
quot capita tot sensus — caput
Quote — quotus
quot homines, tot sensus — quot
Quotient — quoties
quotieren — quotus
quotisieren — quotus
quo vadis — vado

R

Rabies — rabies
Rabulist — rabula
radial — radius
Radiant — radius
radiär — radius
Radiat — radiatus
Radiator — radiatus
radieren — rado
radikal — radix
Radikal — radix
Radikale — radix
Radikalismus — radix
Radikand — radix
Radikula — radicula
Radio — radius
Radiologie — radius
Radium — radius
Radius — radius
radizieren — radix
Radix — radix
rapid — rapidus
rapidamente — rapidus
Raptus — raptus
rar — rarus
Rarität — raritas
rasieren — rado
Raster — raster
Rastral — raster
rastrieren — raster
Rasur — rado
Rate — reor
Ratifikation — reor
ratifizieren — reor
Ration — ratio
rational — ratio
Rationale — ratio
Rationalisierung — ratio
Rationalismus — ratio
Rationalist — ratio
rationalistisch — ratio
rationell — ratio
Reagens — ago
Reagenz — ago
reagieren — ago
Reaktion — ago
reaktionär — ago
reaktiv — ago
reaktivieren — ago
Reaktivierung — ago
real — res
Realien — res
Realismus — res
Realist — res
realistisch — res
Realität — res
realiter — res
Rebell — rebellis
rebellieren — rebello
Rebellion — rebellio
Rebus — res
Rezidiv — recidivus
recipe — recipio
recitando — recito
recte — rego
recto folio — rego
Rector magnificus — magnificus
Redakteur — redigo
Redaktion — redigo
redaktionell — redigo
Redaktor — redigo
redatieren — do
Redhibition — redhibeo
redigieren — redigo
redivivus — vivus
reduktibel — reduco
Reduktion — reduco
Reduplikat — duplico
reduplizieren — duplico
reduzibel — reduco
reduzieren — reduco
reell — res
Reellität — res
Refektorium — refectorium
Referat — refero
Referendar — refero
Referent — refero
Referenz — refero
referieren — refero
Reflektant — reflecto
reflektieren — reflecto
Reflektor — reflecto
reflektorisch — reflecto
Reflex — reflecto
Reflexion — reflecto
reflexiv — reflecto
Reflexiv — reflecto
Reflux — refluo
Reform — reformo
Reformation — reformo
Reformator — reformator
reformatorisch — reformo
Reformer — reformo
reformieren — reformo
Reformismus — reformo
refraktär — refringo
Refraktion — refringo
Refrigerator — refrigero
Refugié — refugus
Refugium — refugium
Refugium peccatorum — refugium
Refusion — refundo
Refutation — refuto
Regal — regula
Regalien — regalis
regalieren — regalis
Regalität — regalis
Regeldetri — tres
Regeneration — genero
regenerieren — genero
Regens — rego
Regent — rego
Regest — regero
Regesten — gero
regieren — rego
Regierung — rego
Regime — regimen
Regiment — rego
Region — regio
regional — regio
Regionalismus — regio
regionär — regio
Register — regero
Regreß — regressus
regressiv — regressus
Regula — regula
Regula falsi — regula
Regularen — regula
Regularität — regula
Regulativ — regula
Regulator — regula
regulieren — regula
Rehabilitation — habilitas
rehabilitieren — habilitas
Rejektion — reicio
Rejektorium — reicio
rejizieren — reicio
Reklamant — reclamo
Reklamation — reclamatio
Reklame — reclamo
reklamieren — reclamo
rekludieren — recludo
Rekluse — recludo
Reklusion — recludo
Rekognition — recognitio
rekognoszieren — recognosco
Rekognoszierung — rekognosco
Rekollekten — recolligo
Rekollektion — recolligo
Rekommandation — commendo
rekommandieren — commendo
rekompensieren — compenso
rekonstruieren — construo
Rekonstruktion — construo
Rekonvaleszent — convalesco

Rekonveleszenz — convalesco
Rekonziliation — reconciliatio
Rekordation — recordatio
Rekreation — recreo
rekreieren — recreo
Rekrimination — crimen
rektal — rego
Rektaszension — rego
Rektifikation — rego
Rektifikator — rego
rektifizieren — rego
Rektion — rego
Rektitis — rego
Rekto — rego
Rektor — rector
Rektorat — rector
Rektum — rego
Rekuperator — recuperator
rekurrend — recurro
Rekurrenzfieber — recurro
Rekurs — recursus
rekurrieren — recurro
relata refero — refero
Relation — refero
relativ — refero
Relativ — refero
Relativismus — refero
Relativität — refero
Relativitätstheorie — refero
Relegation — relegatio
relegieren — relego
relevant — relevo
Religion — religio
religiös — religiosus
Religiosen — religiosus
Religiosität — religiosus
Relikt — relinquo
Relikte — relinquo
Reliquiar — reliquiae
Reliquien — reliquiae
Remedium — remedium
Reminiszenz — reminiscor
Reminiszere — reminiscor
remis — remitto
Remise — remitto
Remission — remissio
Remittende — remitto
Remittent — remitto
remittieren — remitto
Remonstration — monstro
Remotion — remotio
removieren — removeo
Remuneration — remuneratio
remunerieren — remuneror
Renegat — nego
renitent — renitor
Renitenz — renitor
Renovation — renovatio
renovieren — renovo
Renunziation — renuntio
renunzieren — renuntio
reparabel — reparabilis
Reparabilität — reparabilis
Reparation — reparo
Reparatur — reparo
reparieren — reparo
repartieren — partio
Repartition — partitio
repartriieren — pater
Repertoire — repertor
Repertorium — repertor
Repetent — repeto
repetieren — repeto
Repetition — repetitio
Repetitor — repetitor
Repetitorium — repetitor
Replantation — planta
Replik — replico
replizieren — replico
reponieren — repono
Report — reporto
Reportage — reporto
Reporter — reporto
reportieren — reporto
Repositorium — repono
Repräsentant — repraesento
Repräsentation — repraesento
repräsentativ — repraesento
repräsentieren — repraesento
Repressalie — reprimo
Repression — reprimo
repressiv — reprimo
Reprobation — probatio
reprimieren — reprimo
reprobieren — probo
Reproduktion — produco
reproduktiv — produco
reproduzieren — produco
Reptil — repo
Republik — res
Repudiation — repudiatio
Repuls — repello
Repulsion — repello
repulsiv — repello
Reputation — reputatio
Requiem — requies
requirieren — requiro
Requisit — requiro
Requisition — requiro
Rerum novarum — res
Res dubia — dubius
Resektion — reseco
Reservat — reservo
Reservation — reservo
Reserve — reservo
reservieren — reservo
reserviert — reservo
Resident — resideo
Residenz — resido
residieren — resido
Residuum — residuus
Resignation — resigno
resignieren — resigno
Resistenz — resisto
Reskript — rescribo
resolut — resolvo
resolutieren — resolvo
Resolution — resolvo
resolvieren — resolvo
Resonanz — resono
resonieren — resono
resorbieren — resorbeo
Resorption — resorbeo
Respekt — respectus
respektabel — respecto
respektieren — respecto
respektierlich — respecto
respektive — respectus
Respiration — respiratio
Respirator — respiro
respirieren — respiro
responsabel — respondeo
Responsorium — respondeo
Restant — resto
Restaurant — restauro
Restauration — restauro
Restaurator — restauro
restaurieren — restauro
restieren — resto
restituieren — restituo
Restrictio mentalis — restringo
Restriktion — restringo
restringieren — restringo
Resultante — resulto
Resultat — resulto
resultieren — resulto
Resurrektion — resurgo
Retardat — retardo
Retardation — retardo
Retention — retineo
retikular — rete
Retina — rete
retorquieren — retorqueo
Retorsion — retorqueo
Retorte — retorqueo
Retrahent — retraho
retrahieren — retraho
Retrakt — retraho

retroaktiv — retro
retrodatieren — retro
Retroflexion — retro
retrospektiv — retro
Retroversion — retro
retrovertieren — retro
Retrozession — retro
Revakzination — vacca
revakzinieren — vacca
Revalorisierung — valeo
Revelation — velo
Reverberation — reverbero
Reverbere — reverbero
reverberieren — reverbero
reverendus — revereor
Reverenz — reverentia
Revers — revertor
reversibel — reversio
Reversion — reversio
Revident — video
revidieren — video
Revindikation — vindicatio
revindizieren — vindico
Revision — video
Revisor — video
Revokation — revoco
Revolte — revolvo
revoltieren — revolvo
Revolution — revolvo
revolutionär — revolvo
revolutionieren — revolvo
Revolver — revolvo
revozieren — revoco
Rexist — rex
Rezensent — recenseo
rezensieren — recenseo
Rezension — recenseo
rezent — recens
Rezepisse — recipio
Rezeptakulum — receptaculum
rezeptieren — recipio
Rezeption — recipio
rezeptiv — recipio
Rezeptivität — recipio
Rezeptor — recipio
Rezeptur — recipio
Rezess — recedo
rezessiv — recedo
rezidiv — recidivus
Rezipiend — recipio
Rezipient — recipio
rezipieren — recipio
reziprok — reciprocus
Reziprozität — reciprocus
Rezitation — recitatio
Rezitator — recitator
Rezitativ — recito
rezitieren — recito
Rhapsode — rhapsodia
Rhapsodie — rhapsodia
Rhetor — rhetor
rhetorisch — rhetor
Rhombus — rhombus
Rigorismus — rigor
Rigorist — rigor
rigoros — rigor
Rigorosität — rigor
Rigorosum — rigor
ritardando — retardo
rite — rite
ritenuto — retineo
ritual — ritus
Rituale — ritus
Ritualismus — ritus
rituell — ritus
Ritus — ritus
Rivale — rivalis
rivalisieren — rivalis
Rivalität — rivalitas
Roborantia — roboro
Roburit — robur
robust — robustus
Rogate — rogo
Rogation — rogatio
Rorate — roro
rosa — rosa
Rosarium — rosarium
Rosazeen — rosa
Rotaryklub — roto
Rotation — roto
rotieren — roto
Rotor — roto
Rotunde — rotundus
Rubrik — ruber
Rubrikator — ruber
rubrizieren — ruber
Rubrum — ruber
Rudiment — rudimentum
rudimentär — rudimentum
Ruin — ruina
Ruine — ruina
ruinieren — ruina
ruinös — ruina
Ruinosität — ruina
Rumor — rumor
rumoren — rumor
rumpieren — rumpo
Ruptur — rumpo
rural — rus
Rustika — rusticus
rustikal — rusticus
Rustizität — rusticus
Rustikation — rusticus

S

sacerdotal — sacerdotalis
Sagazität — sagacitas
sakra — sacer
sakral — sacer
Sakrament — sacramentum
sakramental — sacramentum
Sakramentalien — sacramentum
Sakramentierer — sacramentum
Sakrarium — sacrarium
Sakrileg — sacrilegium
sakrilegisch — sacrilegium
Sakristan — sacer
Sakristei — sacer
sakrosankt — sacrosanctus
säkular — saecularis
Säkularisation — saecularis
säkularisieren — saecularis
Säkularisierung — saecularis
Salär — salarius
Salarium — salarius
Salizin — salix
Salizineen — salix
Salmiak — sal
Salpeter — sal
Salse — salsus
Salta — salto
Saltarello — salto
saltatorisch — salto
Salto — salto
Salto mortale — salto
Salubrität — salubritas
Salus — salus
Salut — saluto
Salutation — salutatio
salutieren — saluto
Salvation — salvus
Salvator — salvus
salva venia — salvus
Salve — salveo
salvieren — salvus
salvo errore calculi — salvus
salvo titulo — salvus
Sancta sedes — sanctus
Sancta simplicitas — simplicitas
Sanctissimum — sanctus
Sanctus — sanctus
Sanguiniker — sanguis
sanguinisch — sanguis
sanieren — sano
Sanierung — sano
sanitär — sanitas

Sanität — sanitas
sanktifizieren — sanctus
Sanktion — sanctus
sanktionieren — sanctus
Sanktuarium — sanctus
sapienti sat — sapiens
Satellit — satelles
satiabel — satio
Satiabilität — satio
Satire — satura
Satisfaktion — satisfactio
Satrap — satrapes
Satrapie — satrapea
Saturation — saturo
saturieren — saturo
Satyr — satyrus
Saxifrage — saxifragus
Schablone — scalpellum
Scholar — schola
Scholasticus — scholasticus
Scholastik — scholasticus
Scholastiker — scholasticus
Scholiast — schola
Scholie — schola
scilicet — scilicet
sculpsit — sculpo
Sedativ — sedo
Sedes — sedes
Sedez — sedecim
Sediment — sedeo
sedimentär — sedeo
Sedisvakanz — sedes
Segment — seco
segmentär — seco
Segregation — segrego
segregieren — segrego
Sekante — seco
sekret — secerno
Sekret — secerno
Sekretär — secretus
Sekretariat — secretus
Sekretion — secerno
Sekte — secta
Sektion — seco
Sektor — seco
Sekunda — secundus
Sekundant — secundus
sekundär — secundarius
Sekunde — secundus
sekundieren — secundus
Sekundogenitur — secundus
Sekurität — securitas
Selekta — seligo
Selektaner — seligo
Selektion — selectio
Selektivität — seligo
Semester — semestris
semestral — semestris
Semifinale — semi
Semikolon — semi
Seminar — seminarium
semipermeabel — permeo
Semivokal — semi
semper aliquid haeret — haereo
Senar — senarius
Senat — senatus
Senator — senator
senil — senilis
Senior — senex
Seniorat — senex
Sensation — sensus
sensationell — sensus
sensibel — sentio
Sensibilisator — sentio
Sensibilität — sentio
sensitiv — sentio
Sensitive — sentio
Sensitivität — sentio
Sensorium — sentio
Sensualismus — sensus
Sensualität — sensus
sensuell — sensus
sententiös — sententiosus
Sentenz — sententia
sentieren — sentio
sentimental — sentio
Sentimentalität — sentio
separabel — separo
separat — separo
Separation — separatio
Separatismus — separo
Separatist — separo
Separator — separo
separieren — separo
Sepia — sepia
septennal — septennium
Septennat — septennium
Septett — septem
Septima — septimus
Septimaner — septimus
Septime — septimus
Septuagesima — septuagesimus
Septuaginta — septuaginta
Septum — saeptum
Sequenz — sequor
Sequester (das) — sequester
Sequester (der) — sequester
Sequestration — sequester
sequestrieren — sequester
Serenissimus — serenus
seriös — serius
Sermon — sermo
Serpent — serpens
Serpentin — serpens
Serpentine — serpens
Serum — serum
Service — servitium
servieren — servio
servil — servilis
Servilität — servilis
Serviten — servitium
Servitut — servitus
Session — sessio
Sexagesima — sexagesimus
sexagesimal — sexagesimus
Sexta — sextus
Sextaner — sextus
Sextant — sextus
Sexte — sextus
Sextett — sextus
Sextern — sextus
Sextole — sextus
sexual — sexus
Sexualität — sexus
sexuell — sexus
Sexus — sexus
Sezession — secessio
Sezessionist — secessio
sezieren — seco
Sibilant — sibilo
sic — sic
siderisch — sidus
Siderismus — sidus
Siderit — sidus
Sigill — sigillum
sigillieren — sigillum
Signal — signo
Signalement — signo
signalisieren — signo
Signator — signo
signatum — signo
Signatur — signo
Signet — signo
signetur — signo
signieren — signo
signifikant — significo
signifikativ — significo
signifizieren — significo
Signum — signum
Sikkativ — sicco
Silen — Silenus
Silentium — silentium
Silifikation — silex
silifizieren — silex
Silikat — silex
Silikose — silex
Silizium — silex
Similargent — similis
similia similibus — similis

Similidiamant — similis
Similistein — similis
Similor — similis
Simplex — simplex
simpliciter — simplex
Simplifikation — simplex
simplifizieren — simplex
Simplizität — simplex
Simplizissimus — simplex
Simplum — simplum
Simulant — simulo
Simulation — simulo
simulieren — simulo
simultan — simul
sine anno — sine
sine ira et studio — sine
Sinekure — sine
sine qua non — sine
sine tempore — sine
Singular (is) — singularis
singulär — singularis
Singularität — singularis
Sinus — sinus
Siphon — sipho
Sirene — Siren
sistieren — sisto
Sistierung — sisto
Sisyphusarbeit — Sisyphus
Situation — situs
situieren — situs
sit venia verbo — venia
Skabies — scabies
skabiös — scabies
Skabiose — scabies
Skala — scala
Skalp — scalpo
Skalpell — scalpellum
skalpieren — scalpo
skandieren — scando
Skapulier — scapulae
Skribent — scribo
Skriptor — scribo
Skriptum — scribo
Skriptur — scribo
Skrutator — scrutator
Skrutinium — scrutor
skulpieren — sculpo
Skulptur — sculpo
skurril — scurrilis
Societas Jesu — societas
Sodale — sodalis
Sodalität — sodalitas
Solarisation — sol
solarisch — sol
Solarium — sol
Solarkonstante — sol
solenn — sollemnis
solidarisch — solidus
Solidarität — solidus
solide — solidus
solidieren — solido
Solidität — soliditas
Solifluktion — solum
Solipsismus — solus
Solist — solus
Solitär — solitarius
Solitude — solitudo
Sollizitant — sollicito
Sollizitation — sollicitatio
Sollizitator — sollicito
sollizitieren — sollicito
Sollux — sol
solo — solus
Solo — solus
Solstitium — solstitium
solubel — solvo
Solution — solvo
solvabel — solvo
Solvens — solvo
solvent — solvo
Solvenz — solvo
solvieren — solvo
somnambul — somnus
Somnambule — somnus
Somnambulismus — somnus
Somnulenz — somnus
Sonate — sono
Sonatine — sono
Sonant — sono
sonor — sonorus
Sophist — sophistes
Sopor — sopor
soporös — sopor
Sorbin — sorbum
sordid — sordidus
sortieren — sortior
Sortilegium — sortilegus
Sortiment — sors
Sortimenter — sors
sospirando — suspiro
sostenuto — sustento
Souffleur — sufflo
Souffleuse — sufflo
soufflieren — sufflo
sozial — socialis
Sozialdemokrat — socius
Sozialdemokratie — socius
Sozialisierung — socialis
Sozialismus — socialis
Sozialist — socialis
Sozietät — societas
Sozio — socius
Soziologe — socius
Soziologie — socius
Sozius — socius
Sordität — sordes
Spargillum — spargo
Spartakist — Spartacus
spatinieren — spatium
spationieren — spatium
spatiös — spatium
spatiieren — spatium
Spatium — spatium
spazieren — spatior
Spektabilität — spectabilis
Spektakel (der) — spectaculum
Spektakel (das) — spectaculum
spektakeln — spectaculum
spektakulös — spectaculum
spektral — spectrum
Spektrometer — spectrum
Spektroskop — spectrum
Spektrum — spectrum
Spekulant — speculor
Spekulation — speculor
spekulativ — speculor
spekulieren — speculor
Spelunke — spelunca
spezial — species
Spezial (das) — species
Spezial (der) — species
Spezialien — species
spezialisieren — species
Spezialist — species
Spezialität — species
speziell — species
Spezies — species
Spezifikation — species
Spezifikum — species
spezifisch — species
Spezifität — species
spezifizieren — species
Spezillum — specillum
speziös — speciosus
Sphäre — sphaera
sphärisch — sphaera
Spika — spica
Spina — spina
spinal — spina
Spinett — spina
spinos — spina
spinös — spina
spintisieren — spina
Spirale — spira
Spirant — spiro
Spirille — spira
Spirit — spiritus
Spiritist — spiritus
Spiritual — spiritus

Substrat — substerno
Substruktion — substructio
subsumieren — sumo
Subsumption — sumo
subsumptiv — sumo
Subtangente — tango
subtil — subtilis
Subtilität — subtilitas
Subtrahend — subtraho
subtrahieren — subtraho
Subtraktion — subtraho
subtropisch — sub
subvenieren — subvenio
Subvention — subvenio
subventionieren — subvenio
Subversion — subverto
sub voce — sub
subversiv — subverto
Suffix — suffigo
suffizient — sufficio
Suffizienz — sufficio
Sufflé — sufflo
Suffragan — suffragium
Suffragette — suffragium
Suffusion — suffundo
Suggestibilität — suggero
suggerieren — suggero
Suggestion — suggero
suggestiv — suggero
Sugillation — sugillatio
Suizid — caedo
Sukarnation — caro
Sukkuba — succumbo
Sukkubus — succumbo
sukkumbieren — succumbo
Sukkurs — succurro
Sukkursale — succurro
sukzedieren — succedo
Sukzeß — successus
Sukzession — successio
sukzessiv — succedo
Sulfat — sulpur
Sulfide — sulpur
Sulfit — sulpur
Sulfonamide — sulpur
Summa — summa
Summand — summa
summarisch — summa
Summarium — summa
Summa sumaarum — summa
Summation — summa
Summepiskopat — superus
summieren — summa
sumptuös — sumptuosus
super — super
superb — superbus

Superintendantur — intendo
Superintendant — intendo
Superior — superus
Superiorität — superus
Superlativ — superlatus
Supernaturalismus — super
Supernumerar — numerus
Superposition — superpono
Superrevision — video
Superstition — superstitio
superstitiös — superstitiosus
Supinum — supinus
Supplement — supplementum
Supplent — suppleo
suppletorisch — suppleo
supplieren — suppleo
Supplik — supplico
Supplikant — supplico
supplizieren — supplico
supponieren — suppono
Suppositorium — suppono
Suppositum — suppono
Suppression — suppressio
supprimieren — supprimo
Suppuration — suppuro
Supranaturalismus — supra
suprarenal — supra
Supremat — superus
Suprematie — superus
Surrogat — surrogo
sursum corda — sursum
suspekt — suspicio
suspendieren — suspendeo
Suspension — suspendeo
suspensiv — suspendeo
Suspensorium — suspendeo
Sustentation — sustento
suszeptibel — suscipio
suszipieren — suscipio
Sutura — sutura
suum cuique — quisque
Sybarit — Sybaris
sybaritisch — Sybaris
Syllogismus — syllogismus
Symbol — symbolum
Sympathie — sympathia
Symphonie — symphonia
Symposion — symposion
Szenarium — scaena
Szene — scaena
Szenerie — scaena
Szilla — scilla
szintillieren — scintillo
Szissalien — scindo
Szission — scindo
Szissum — scindo

T

taciteisch — Tacitus
tädiös — taedium
Takt — tactus
Tangent — tango
Tangente — tango
tangential — tango
Tantalusqualen — Tantalus
tardando — tardo
tardieren — tardo
Tartarus — Tartarus
Taxation — taxatio
Tedeum — deus
Te deum laudaumus — deus
Tektur — tego
Tellur — tellus
tellurig — tellus
telluisch — tellus
Tellurium — tellus
Tempera — tempero
Temperament — temperamentum
Temperanz — temperantia
Temperatur — tempero
Temperenz — temperantia
Temperenzler — temperentia
temperieren — tempero
tempestoso — tempestas
temporal — tempus (Schläfe)
temporär — temporarius
Tenazität — tenacitas
Tendenz — tendo
tendenziös — tendo
tendieren — tendo
Ténor — tenor
Tenór — tenor
Tension — tendo
Tensor — tendo
Tentakel — tempto
Tentamen — temptamen
Tenuis — tenuis
tenuto — teneo
tergiversieren — tergiversor
Terme — terminus
Termin — terminus
Terminalien — Terminalia
terminieren — termino
Terminologie — terminus
terminologisch — terminus
Terminus technicus — terminus
Terra incognita — terra
Terrakotta — terra
Terrarium — terra
Terrasse — terra

Triarier — triarii
Trias — tres
triassisch — tres
Tribrachys — trochaeus
Tribun — tribunus
Tribunal — tribunal
Tribunat — tribunatus
tribunizisch — tribunicius
Tribus — tribus
Tribut — tributum
tributär — tributarius
Triduum — triduum
Triennium — triennium
Trifolium — folium
Trigeminus — trigeminus
Triklinium — triclinium
Trikolore — tres
trilateral — latus
Trimester — trimestris
trimetrisch — trimetrus
Trinitarier — trini
Trinität — trini
Trinitatis — trini
Trio — tres
Triole — tres
Triolett — tres
Tripel — triplex
Tripelallianz — triplex
triplieren — triplex
Triplikat — triplex
Triplum — triplus
trist — tristis
Tristien — tristis
Triumph — triumphus
triumphieren — triumpho
Triumvir — triumvir
Triumvirat — triumviratus
trivial — trivium
Trivialität — trivium
Trivium — trivium
Trizeps — triceps
Trochäus — trochaeus
Troglodyt — Troglodytae
Trophäe — trophaeum
Trunkus — truncus
Tuba — tuba
Tuberkel — tuber
Tuberkulose — tuber
Tumeszenz — tumesco
Tumor — tumor
Tumult — tumultus
Tumultuant — tumultuor
tumultuarisch — tumultuarius
tumultuieren — tumultuor
Tumulus — tumulus
Tunika — tunica
Turbine — turbo
turbulent — turbulentus
Turbulenz — turbulentus
Turgeszenz — turgesco
Turnier — torno
Tutel — tutela
tutelarisch — tutela
Tutor — tutor
Tympanum — tympanum
Typ — typus

U

Ubertät — ubertas
ubi bene ibi patria — bene
Ubiquität — ubique
Ulkus — ulcus
Ultima — ulter
Ultima ratio — ulter
ultima Thule — Thule
Ultimatum — ulter
ultimo — ulter
Ultimo — ulter
Ultimus — ulter
Ultra — ultra
ultramarin — ultra
ultramontan — ultra
ultramundan — ultra
ultrarot — ultra
ultraviolett — ultra
Ulzeration — ulcus
ulzerös — ulcerosus
Umber — umbra
Umbra — umbra
Undation — unda
undulieren — unda
Undulist — unda
Una sankta — unsus
uni — unus
unifizieren — unus
uniform — uniformis
Uniform — uniformis
uniformieren — uniformis
Uniformität — uniformis
unigen — unigena
Unigenitus — unigena
uniieren — unus
Unikum — unicus
Union — unus
Unionist — unus
unipolar — polus
unisono — sonus
Unitarier — unitas
unitarisch — unitas
Unitarismus — unitas
Unität — unitas
universal — universalis
Universalismus — universalis
universell — universalis
Universität — universitas
Universum — universus
unqualifizierbar — qualis
Unziale — uncia
Urania — Urania
Urban — urbanitas
Urbanität — urbanitas
urbi et orbi — urbs
Urgens — urgeo
urgent — urgeo
urgieren — urgeo
usuell — usus
Usukapion — usucapio
Usur — usura
Ursurpation — usurpo
Ursupator — usurpo
usurpieren — usurpo
Usus — usus
Utensilien — utensilia
uterin — uterus
Uterus — uterus
Utilarismus — utilitas
utilaristisch — utilitas
Utilität — utilitas
Utraquist — uterque
Uvula — uva
Uvulitis — uva

V

Vademekum — vado
vae victis — vae
vag — vagus
vagabundieren — vagor
Vagabund — vagor
Vagant — vagor
Vagheit — vag
vagieren — vagor
Vagina — vagina
vaginal — vagina
vakant — vaco
Vakanz — vaco
Vakat — vaco
Vakation — vaco
vakuieren — vacuus
Vakuole — vacuo
Vakuum — vacuus
Vakzin — vacca
Vakzination — vacca
vakzinieren — vacca
Vakzinoide — vacca
Valenz — valeo
Valet — valeo
valid — validus
validieren — validus
Validität — validus

Vitalismus — vita
Vitalität — vita
Vitamin — vita
Vitiligo — vitiligo
vitiös — vitiosus
Vitrine — vitrum
viv — vivus
vivace — vivax
vivant — vivo
vivant sequentes — sequor
vivat — vivo
Vivat — vivo
vivat sequens — sequor
Vivazität — vivax
Vivikation — vivus
Viviparie — vivus
Vivisektion — vivus
vizinal — vicinalis
Vokabel — vocabulum
Vokabular (ium) — vocabulum
vokal — vocalis
Vokal — vocalis
Vokalisation — vocalis
vokalisch — vocalis
vokalisieren — vocalis
Vokation — voco
Vokativ(us) — voco
volabel — volo I.
Volabilität — volo I.
Volant — volo I.
volatisieren — volo I.
volens nolens — volo
Volontär — voluntarius
volubel — volubilis
Volumen — volumen
voluminös — volumen
Voluntarismus — voluntarius
Volute — voluto
volvieren — volvo
vomieren — vomo
Vomika — vomica
Vomitiv — vomo
Vorazität — voracitas
votieren — voveo
votiv — votivus
Votum — votum
Vox media — vox
vozieren — voco
vulgär — vulgaris
Vulgata — vulgo
vulgo — vulgus
Vulkan — Vulcanus
vulkanisch — Vulcanus
vulkanisieren — Vulcanus
Vulkanismus — Vulcanus
vulnerabel — vulnerabilis
Vulnerabilität — vulnerabilis

X

Xenien — xenium

Z

Zälatur — caela
Zäsur — caedo
Zedent — cedo
zedieren — cedo
Zelebrant — celebro
zelebrieren — celebro
Zelebrität — celebritas
zullular — cella
zellular — cella
zellulös — celle
Zement — caementum
Zementation — caementum
zementieren — caementum
Zenakel — cenaculum
Zensierung — censeo
Zensor — censor
Zensur — censura
Zensus — census
Zentenar — centum
Zentenarium — centum
zentesimal — centesimus
Zentifolie — centum
Zentigrad — centum
Zentimeter — centum
Zentner — centum
zentral — centrum
Zentrale — centrum
Zentralisation — centrum
zentralisieren — centrum
Zentralismus — centrum
Zentralist — centrum
zentralistisch — centrum
zentrieren — centrum
zentrifugal — centrum
Zentrifuge — centrum
zentripetal — centrum
zentrisch — centrum
Zentrobarik — centrum
Zentroskopie — centrum
Zentrosoma — centrum
Zentrosphäre — centrum
Zentrum — centrum
Zephir — zephyrus
Zerat — cera
Zeration — cera
Zeremonial — caeremonia
Zeremonie — caeremonia
zeremoniell — caeremonia
Zeremoniell — caeremonia
zeremoniös — caeremonia
Zerealien — Ceres
Zerin — cera
Zerographie — cera
Zeroplastik — cera
Zertamen — certamen
Zertifikat — certus
zertifizieren — certus
Zession — cedo
Zessionar — cedo
Ziborium — ciborium
Zimbel — cymbalum
Zinerarie — cinis
Zingulum — cingulum
Zippus — cippus
Zirkonflex — circumflecto
zirkular — circulus
Zirkulation — circulus
zirkumflektieren — circumflecto
Zirkumvallation — circumvallo
Zirkumzision — circumcido
Zirkus — circus
Zitat — cito
Zitation — cito
zitieren — cito
zivil — civilis
Zivil — civilis
Zivilisation — civilis
Zivilist — civilis
Zölibat — caelebs
Zone — zona
Zykliker — cyclus
zyklisch — cyclus
Zylinder — cylindrus
zylindrisch — cylindrus
Zyniker — Cynicus
zynisch — Cynicus
Zynismus — Cynicus